EUROPA-FACHBUCHREIHE
für Mechatronik

W0220485

J. Dillinger W. Escherich M. Lex T. Neumayr B. Schellmann R. Zweckstätter

Rechnen und Projektieren – Mechatronik

Projektieren · Problemlösen

5. Auflage

VERLAG EUROPA-LEHRMITTEL · Nourney, Vollmer GmbH & Co. KG
Düsselberger Straße 23 · 42781 Haan-Gruiten

Europa-Nr.: 18618

Autoren:

Dillinger, Josef	München
Escherich, Walter	München
Lex, Martin	München
Neumayr, Thomas	München
Schellmann, Bernhard	Kißlegg
Zweckstätter, Robert	München

Lektorat und Leitung des Arbeitskreises:
Josef Dillinger München

Bildentwürfe: Die Autoren
Bildbearbeitung: Zeichenbüro des Verlages Europa-Lehrmittel, Ostfildern

5. Auflage 2020

Druck 5 4 3 2 1

Alle Drucke derselben Auflage sind parallel einsetzbar, da sie bis auf korrigierte Druckfehler untereinander unverändert sind.

ISBN 978-3-8085-1786-4

http://www.europa-lehrmittel.de
Satz: Satz+Layout Werkstatt Kluth GmbH, 50374 Erftstadt
Umschlag: braunwerbeagentur, 42477 Radevormwald
Umschlagfotos: Festo AG & Co. KG, Esslingen
Druck: mediaprint solutions GmbH, 33100 Paderborn

Vorwort

Das vorliegende Buch **„Rechnen und Projektieren – Mechatronik"** ist ein Lehr- und Übungsbuch für die Ausbildung im Berufsfeld **Mechatronik**.

Das Buch bietet Lehrenden und Lernenden die Möglichkeit Berechnungen in den entsprechenden Lernfeldern durchzuführen und durch eine Vielfalt an Aufgaben das Lösen von Problemen zu üben.

Das Buch ist so aufgebaut, dass die in den einzelnen Lernfeldern auftretenden Berechnungsprobleme mithilfe von Beispielen und Lösungen aufgezeigt werden. Eine Vielzahl von Aufgaben schließen sich den entsprechenden Themenbereichen an. Der Bezug zu den Lernfeldern wird über die Zuordnung der Kapitel zu den Inhalten des KMK-Rahmenlehrplanes geschaffen.

Ein Hauptaugenmerk dieses Buches liegt auf den Problemstellungen der Automatisierungstechnik, die für das Berufsfeld Mechatronik von zentraler Bedeutung sind.

Die Automatisierungstechnik wird unterteilt in

- Verbindungsprogrammierte Steuerungen und
- Speicherprogrammierte Steuerungen,

wobei die Speicherprogrammierten Steuerungen getrennt nach Kleinsteuerungen und modularen Systemen behandelt werden.

Die Einteilung der Steuerungen erfolgt nach der verwendeten Steuerenergie:

- Pneumatische Steuerungen
- Hydraulische Steuerungen
- Elektrische Steuerungen
- Elektropneumatische Steuerungen
- Elektrohydraulische Steuerungen

Die meisten Kapitel wie auch das Kapitel Projekt- und Prüfungsaufgaben sind themenübergreifend angelegt. Sie bieten somit die Möglichkeit der Leistungskontrolle und der Vorbereitung für die Abschlussprüfung im Berufsfeld Mechatronik.

Das Lösungsheft zu **„Rechnen und Projektieren – Mechatronik"** enthält für die Auszubildenden einen möglichen Lösungsweg der Aufgaben, um die eigenen Lösungen zu überprüfen. Das Lösungsheft erleichtert dem Lehrer die Unterrichtsvorbereitung und ist für das Selbststudium eine wesentliche Hilfe.

Vorwort zur 5. Auflage

In der neuen Auflage wurden die Themenbereiche durch **Animationen** und **17 interaktive Simulationen** angereichert, so dass sich die Lernfeldkonzeption in Verbindung mit digitalen Medien im Unterricht umsetzen lässt. Die digitalen Inhalte können auch auf kleinen Displays (Smartphone, Tablet) verifiziert werden. Können Aufgaben mittels Simulationen überprüft werden, wird im Buch ein entsprechender Hinweis gegeben.

Der neue Abschnitt **Simulationsaufgaben** beinhaltet 12 Seiten und ermöglicht durch einfache Aufgaben den Einstieg in die entsprechende Thematik. Entsprechend können durch den Einsatz der Simulationen Zusammenhänge erkannt und Lösungen überprüft werden. Die Konzeption beinhaltet folgende Thematik:

- **Konstante geradlinige Bewegung**
- **Schiefe Ebene**
- **Ohmsches Gesetz**
- **ISO-Toleranzen**
- **Konstante kreisförmige Bewegung**
- **Druck und Kolbenkraft**
- **Reihen- und Parallelschaltung**
- **ISO-Passungen**
- **Hebelgesetz**
- **Hydraulische Presse**
- **Gemischte Schaltung von Widerständen**
- **Einfache Übersetzungen**

Für Anregungen und kritische Hinweise an lektorat@europa-lehrmittel.de sind wir dankbar.

Sommer 2020

Die Autoren

Inhaltsverzeichnis

1 Grundlagen

1.1 Rechnen mit Zahlen und Variablen

Für das Rechnen mit Zahlen und Variablen müssen verschiedene Regeln und Gesetzmäßigkeiten berücksichtigt werden **(Tabelle 1)**. Dabei gilt vom Grundsatz her, dass Punktrechnung vor Strichrechnung durchgeführt werden muss.

Variablen sind Platzhalter für beliebige Zahlenwerte. Für die Variablen werden meist Kleinbuchstaben verwendet. Schreibt man ein Mehrfaches einer Variablen, z. B. $4 \cdot a = 4a$, oder das Produkt aus zwei Variablen, z. B. $a \cdot b = ab$, dann kann das Multiplikationszeichen gesetzt oder weggelassen werden.

Tabelle 1: Gesetze und Regeln

Kommutativgesetz		
Vertauschen von Summanden	$2 - 8 + 4 = 4 + 2 - 8 = \mathbf{-2}$	$a - b + c = a + c - b$
Vertauschen von Faktoren	$6 \cdot 3 \cdot 4 = 4 \cdot 6 \cdot 3 = \mathbf{72}$	$a \cdot b \cdot c = c \cdot a \cdot b$
Assoziativgesetz		
Zusammenfassen von Summanden	$4 - 3 + 9 = (4 + 9) - 3 = \mathbf{10}$	$6a + 4b - 3a = (6a - 3a) + 4b = \mathbf{3a + 4b}$
Zusammenfassen von Faktoren	$2 \cdot 5 \cdot 6 = (6 \cdot 5) \cdot 2 = \mathbf{60}$	$a \cdot b \cdot c = (a \cdot c) \cdot b$
Vorzeichenregeln		
Summieren von Zahlen	$13 + (7 - 2) = 13 + 7 - 2 = \mathbf{18}$ $13 - (7 - 2) = 13 - 7 + 2 = \mathbf{8}$	$a - (b - c) = a - b + c$
Multiplizieren von Zahlen	$3 \cdot 5 = \mathbf{15}$ $(-3) \cdot (-5) = \mathbf{15}$ $(-3) \cdot 5 = 3 \cdot (-5) = \mathbf{-15}$	$a \cdot x = \mathbf{ax}$ $(-a) \cdot (-x) = \mathbf{ax}$ $(-a) \cdot b = a \cdot (-b) = \mathbf{-ab}$
Minuszeichen vor der Klammer	$9 - 2 - 5 = 9 - (2 + 5) = \mathbf{2}$	$a - b - c = a - (b + c)$
Distributivgesetz		
Multiplizieren mit Summen	$3 \cdot (6 + 2) = 3 \cdot 6 + 3 \cdot 2 = \mathbf{24}$	$a \cdot (b - c) = a \cdot b - a \cdot c$
Multiplizieren von Summen	$(7 + 2) \cdot (5 - 3)$ $= 7 \cdot 5 - 7 \cdot 3 + 2 \cdot 5 - 2 \cdot 3$ $= 9 \cdot 2 = \mathbf{18}$	$(a - b) \cdot (c + d)$ $= ac + ad - bc - bd$

Aufgaben **Rechnen mit Zahlen und Variablen**

1. a) 217,583 – 27,14 · 0,043 + 12 b) 16,25 + 14,12 · 6,21
c) 7,1 + 16,27 +14,13 · 17,0203 d) 74,24 – 1,258 · 12,8
e) 857 – 3,52 · 97,25 – 16,386 + 1,1 f) 119,2 + 327,351 – 7,04 · 7,36

2. a) 17,13 + 13,25 + 15,35 : 2 b) 34,89 + 241,17 : 21,35 – 12,46 : 2,2

3. a) 243 : 0,04 – 92,17 – 13,325 + 124,3 : 3,5 b) 507 : 0,05 – 261,17 – 114,325 + 142,3 : 18,4

4. a) $(a - b) \cdot 3y$ b) $(x + 2) \cdot 4x$
c) $(-a - b) \cdot (-4)$ d) $(22a - 4ab) : 2a$

5. a) $4a \cdot 2c \cdot 3b$ b) $6 \cdot 3{,}5b - b \cdot 4$

c) $(-2{,}5b) \cdot (-4a + 3b)$ d) $(-a + 4b - \frac{1}{2}c) \cdot 2b$

6. a) $18 \cdot (-5) + (-3) \cdot (-7)$ b) $120 : (-6) - (-15) : 5$

c) $\frac{-96}{16} + \frac{65}{-15}$ d) $\frac{148}{37} - \frac{-85}{17}$

7. a) $\frac{24{,}75 + 15}{12{,}5} + \frac{38{,}7 - 2{,}08}{0{,}36} - \frac{44{,}2 \cdot 13{,}1}{20{,}05 - 1{,}7}$ b) $34{,}2 \cdot \frac{23{,}4 - 8{,}6}{2{,}4} - \frac{13{,}8 + 22{,}7}{27 - 3{,}5} \cdot 20{,}6$

c) $(23{,}7 - 2{,}8) \cdot \frac{15{,}1 - 3{,}7}{16{,}9}$ d) $\frac{25 \cdot (20{,}1 - 16{,}58)}{(34{,}85 - 2{,}97) \cdot 4{,}6}$

8. a) $3a \cdot 4b - 10a \cdot 2b$ b) $25x \cdot (-10y) + 13x \cdot (-5y)$

c) $-8m \cdot 2n + 7{,}5m \cdot (-2n)$ d) $(-16a) \cdot (-5c) - (-5a) \cdot (-2c)$

9. a) $-3a \cdot (8x - 5x) - 2a \cdot (20x - 12x)$ b) $-3x \cdot (8x - 5x) + 3x \cdot (-12x - 33x)$

Die Klammerausdrücke sind zu multiplizieren.

10. a) $6 \cdot (a + b)$ b) $2a \cdot (5a + 3b)$ c) $(3x - 2y) \cdot a$ d) $(3x + 4y) \cdot (6a + 9b)$

e) $(a - 5) \cdot (6 + b)$ f) $(a + b) \cdot (a + b)$ g) $(a - b) \cdot (a - b)$ h) $(a + b) \cdot (a - b)$

11. a) $(a + b)(x - 2)$ b) $(3a - 2b)(3x - 4)$

c) $3a(4 - b)(2 - 3a)$ d) $4a \cdot 3b(-x) + 3b \cdot 2a$

12. a) $4x - (0{,}5x + 3{,}5y) - (2x + 8y) \cdot 3$

b) $3ax(c - 4)(3a - 2d)$

1.2 Rechnen mit Brüchen

Beim Rechnen mit Brüchen besteht der Rechenausdruck aus einen Zähler und einem Nenner, die durch eine Linie getrennt sind. Die Linie steht beim Bruchrechnen für den Doppelpunkt der einfachen Division. In der Tabelle sind die Gesetzmäßigkeiten der Bruchrechnung zusammengefasst **(Tabelle 1)**.

Tabelle 1: Gesetze und Regeln zum Bruchrechnen

Erweitern und Kürzen	$\frac{2}{3} = \frac{2 \cdot 3}{3 \cdot 3} = \mathbf{\frac{6}{9}}$ $\frac{10}{4} = \frac{5}{2} = \mathbf{2\frac{1}{2}}$ $\frac{6a}{4b} = \mathbf{\frac{3a}{2b}}$
Addieren von Brüchen	$\frac{1}{4} - \frac{2}{3} + \frac{3}{5} = \frac{1 \cdot 15 - 2 \cdot 20 + 3 \cdot 12}{60} = \frac{15 - 40 + 36}{60} = \mathbf{\frac{11}{60}}$
Bruchrechnen mit Summen	$\frac{2}{3} - \frac{a+3}{b-4} = \frac{2(b-4) - 3(a+3)}{3 \cdot (b-4)} = \frac{2b - 8 - 3a - 9}{3b - 12} = \mathbf{\frac{2b - 3a - 17}{3b - 12}}$
Multiplizieren von Brüchen	$\frac{2}{3} \cdot \frac{3}{5} = \frac{2 \cdot 3}{3 \cdot 5} = \frac{6}{15} = \mathbf{\frac{2}{5}}$ $5 \cdot \frac{3}{4} = \frac{5 \cdot 3}{1 \cdot 4} = \mathbf{\frac{15}{4}}$
Dividieren von Brüchen	$\frac{3}{4} : \frac{3}{5} = \frac{\frac{3}{4}}{\frac{3}{5}} = \frac{3 \cdot 5}{4 \cdot 3} = \mathbf{\frac{5}{4}}$
Dezimalbruch	$3 : \frac{3}{4} = 3 \cdot \frac{4}{3} = \frac{12}{3} = \mathbf{4}$ $\frac{2}{3} : 4 = \frac{2 \cdot 4}{3} = \frac{2}{12} = \mathbf{\frac{1}{6}}$ $\frac{3}{8} = \mathbf{0{,}375}$ $0{,}65 = \frac{65}{100} = \mathbf{\frac{13}{20}}$

Aufgaben Rechnen mit Brüchen

1. Die folgenden Brüche sind zu addieren bzw. zu subtrahieren.

a) $\frac{1}{5}+\frac{5}{6}+\frac{4}{9}+\frac{3}{12}+\frac{5}{7}$ b) $\frac{3}{4}+\frac{4}{5}+\frac{3}{8}-\frac{7}{10}$

c) $3\frac{3}{4}-5\frac{7}{8}-\frac{2}{3}+9\frac{4}{5}$ d) $\frac{13{,}5+6{,}5}{42{,}8-12{,}8}-\frac{48+12}{50}$

2. Die folgenden Brüche sind zu multiplizieren.

a) $\frac{13}{4}$; $7\frac{2}{7}$; $12\frac{1}{3}$ jeweils mit 5

b) $\frac{1}{6}$; $\frac{7}{16}$; $\frac{9}{23}$ jeweils mit $\frac{1}{3}$

3. Die folgenden Brüche sind zu dividieren.

a) $\frac{6}{7}$; $\frac{12}{15}$; $\frac{27}{35}$ jeweils durch 7

b) $7\frac{2}{5}$; $8\frac{7}{9}$; $14\frac{1}{6}$ jeweils durch $\frac{3}{5}$

4. Folgende Brüche sind auf 3 Kommastellen gerundet in Dezimalbrüche zu verwandeln.

a) $\frac{1}{4}$; $\frac{4}{15}$; $\frac{1}{3}$; $\frac{3}{7}$; $\frac{1}{6}$

b) $\frac{1}{21}$; $\frac{7}{29}$; $\frac{1}{125}$; $\frac{38}{45}$; $\frac{97}{12}$

5. Die folgenden Ausdrücke sind zu vereinfachen.

a) $4ab : \frac{1}{2}a$ b) $\frac{5x}{y} : 3x$

6. Die Doppelbrüche sind zu vereinfachen.

b) $\dfrac{5}{\frac{3}{14}+\frac{8}{21}}$ b) $\dfrac{51}{\frac{7}{10}-\frac{23}{28}}$

7. Die Dezimalbrüche sind in Brüche zu verwandeln.

a) 0,9375 b) 0,375 c) 0,85

8. Berechnen Sie folgende Brüche.

a) $\frac{1}{R_1}+\frac{1}{R_2}$ b) $\frac{x}{y}:\frac{r}{t}$

c) $\frac{a}{b}:c$ d) $\frac{5}{a\cdot b}-\frac{20}{ac}+10$

9. Berechnen Sie die Doppelbrüche

a) $\dfrac{1}{\frac{2}{m}+\frac{3}{n}}$ b) $\dfrac{2}{\frac{10}{r}-\frac{2}{s}}$ c) $x+y/\frac{1}{x}+\frac{1}{y}$ d) $\dfrac{15a+10}{\frac{3}{2}+\frac{1}{a}}$ e) $\dfrac{2m-n}{\frac{1}{m}-\frac{2}{n}}$ f) $\dfrac{5x-6y}{\frac{3}{2x}-\frac{5}{4y}}$

10. Zusammenfassen von Brüchen

a) $\frac{2x}{5a-3}-\frac{2}{5a+3}+\frac{10a-6}{25a^2-9}$ b) $\frac{2}{a-1}+\frac{4}{a-2}+\frac{4a}{2a^2-6a+4}$

11. Multiplizieren und Dividieren von Bruchtermen

a) $\frac{x+2}{ac}\cdot\frac{x-2}{x}\cdot\frac{acx}{(x-2)^2}$ b) $\frac{2ax}{4n}\cdot\frac{12mn}{3c}\cdot\frac{4}{(-y)}$

c) $\dfrac{2+\frac{a}{b}+\frac{b}{a}}{b+a}$ d) $\frac{a^2-b^2}{a+b}\cdot\frac{3b}{a-b}$

1.3 Gleichungen und Formeln

Mathematische und naturwissenschaftliche Gesetze und Zusammenhänge lassen sich durch Gleichungen und Formeln darstellen.

In Formeln verwendet man für häufig vorkommende Größen bestimmte Buchstaben als Formelzeichen.

1.3.1 Gleichungen

Tabelle 1: Gleichungsarten

Gleichungsart	Beispiel
Größengleichungen (Formeln) stellen die Beziehungen zwischen Größen dar.	$v = \pi \cdot d \cdot n$
Zahlenwertgleichungen geben die Beziehungen von Zahlenwerten und Größen wieder. Sie sollten nur in besonderen Fällen verwendet werden.	$P = \frac{Q \cdot p_e}{600}$ gilt nur für: Q Volumenstrom in l/min; p_e Druck in bar; P Leistung in kW
Bestimmungsgleichungen sind algebraische Gleichungen, bei denen der Wert einer Variablen zu berechnen ist	$x + 3 = 8 \quad \vert -3$ $x = 8 - 3$ $x = 5$ Der Wert von x ist durch die übrigen Größen 3 und 8 eindeutig bestimmt.

Aufbau von Gleichungen

Man kann eine Gleichung mit einer Waage im Gleichgewicht vergleichen **(Bild 1)**.

Dabei sind die Werte auf der linken Seite und die Werte auf der rechten Seite gleich groß. Zwischen der linken und der rechten Größe steht das Gleichheitszeichen.

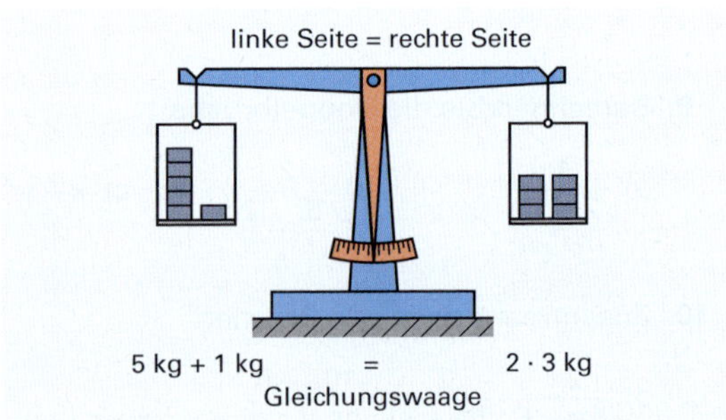

Bild 1: Balkenwaage

Umstellen von Gleichungen

Die Waage bleibt im Gleichgewicht, wenn die Inhalte der rechten und der linken Waagschale vertauscht werden.

Wird der Inhalt einer Waagschale verändert, so bleibt die Waage nur dann im Gleichgewicht, wenn der Inhalt der anderen Waagschale ebenso verändert wird. Daraus ergeben sich für das Lösen von Gleichungen folgende Regeln:

- Die Seiten einer Gleichung können vertauscht werden.
- Verändert man eine Seite der Gleichung, so muss man auch die andere Seite um den gleichen Wert verändern.
- Soll die in einer Gleichung enthaltene Unbekannte berechnet werden, formt man die Gleichung so um, dass die gesuchte Größe allein auf der linken Seite im Zähler steht und positiv ist.
- Stellt man eine Größe einer Gleichung von der einen Seite der Gleichung auf die andere Seite, so erhält sie das entgegengesetzte Rechenzeichen.

Tabelle 1: Umformen von Gleichungen

Rechenart	Zahlenbeispiel	Algebraisches Beispiel	Anwendungsbeispiele
Addieren	$x+7=18$ $x+7=18 \quad \vert -7$ $x+7-7=18-7$ $x=18-7$ $x=\mathbf{11}$	$x+a=b$ $x+a=b \quad \vert -a$ $x+a-a=b-a$ $x=b-a$ $x=\boldsymbol{b-a}$	**Addieren, Subtrahieren** $x-27+3x=6x-22-3x$ $x+3x-27=6x-3x-22$ $4x-27=3x-22 \quad \vert -3x$ $4x-3x-27=3x-3x-22$ $x-27=-22 \quad \vert +27$ $x-27+27=22+27$ $x=\mathbf{5}$
Subtrahieren	$y-5=9$ $y-5=9 \quad \vert +5$ $y-5+5=9+5$ $y=9+5$ $y=\mathbf{14}$	$y-c=d$ $y-c=d \quad \vert +c$ $y-c+c=d+c$ $y=d+c$ $y=\boldsymbol{d+c}$	$-x+2=13 \quad \vert \cdot(-1)$ $(-x)\cdot(-1)+2\cdot(-1)=(-13)\cdot(-1)$ $+x-2=+13 \quad \vert +2$ $x-2+2=13+2$ $x=\mathbf{15}$
Multiplizieren	$6\cdot x=23$ $6\cdot x=23 \quad \vert :6$ $6\cdot\frac{x}{6}=\frac{23}{6}$ $x=\frac{23}{6}$ $x=\mathbf{3\frac{5}{6}}$	$a\cdot x=b$ $a\cdot x=b \quad \vert :a$ $\frac{a\cdot x}{a}=\frac{b}{a}$ $x=\boldsymbol{\frac{b}{a}}$	**Multiplizieren** $\frac{9}{x}=3$ $\frac{9}{x}=3 \quad \vert \cdot x$ $\frac{9}{x}\cdot x=3\cdot x$ $9=3x$ $3x=9 \quad \vert :3$ $\frac{3x}{3}=\frac{9}{3}$ $x=\mathbf{3}$
Dividieren	$\frac{y}{3}=7$ $\frac{y}{3}=7 \quad \vert \cdot 3$ $\frac{y\cdot 3}{3}=7\cdot 3$ $y=7\cdot 3$ $y=\mathbf{21}$	$\frac{y}{c}=d$ $\frac{y}{c}=d \quad \vert \cdot c$ $\frac{y\cdot c}{c}=d\cdot c$ $y=d\cdot c$ $y=\boldsymbol{d\cdot c}$	
Potenzieren	$\sqrt{x}=12$ $\sqrt{x}=12 \quad \vert ()^2$ $(\sqrt{x})^2=(12)^2$ $x=\mathbf{144}$	$\sqrt{x}=m$ $\sqrt{x}=m \quad \vert ()^2$ $(\sqrt{x})^2=(m)^2$ $x=\boldsymbol{m^2}$	**Radizieren** $\sqrt{15-x}=\sqrt{3+x} \quad \vert \cdot ()^2$ $(\sqrt{15-x})^2=(\sqrt{3+x})^2 \quad \vert \cdot ()^2$ $15-x=3+x \quad \vert +x$ $15-x+x=3+x+x$ $15=3+2x \quad \vert -3$ $15-3=3-3+2x$ $12=2x \quad \vert :2$ $\frac{12}{2}=\frac{2x}{2}$ $6=x$ $x=\mathbf{6}$
Radizieren	$x^3=64$ $x^3=64 \quad \vert \sqrt[3]{}$ $\sqrt[3]{x^3}=\sqrt[3]{4^3}$ $x^{\frac{3}{3}}=4^{\frac{3}{3}}$ $x=\mathbf{4}$	$x^3=c^3$ $x^3=c^3 \quad \vert \sqrt[3]{}$ $\sqrt[3]{x^3}=\sqrt[3]{c^3}$ $x^{\frac{3}{3}}=c^{\frac{3}{3}}$ $x=\boldsymbol{c}$	

Aufgaben **Gleichungen**

Die nachstehenden Bestimmungsgleichungen sind nach der Unbekannten x aufzulösen.

1. a) $x + 25 = 40$ b) $79 + x = 130$ c) $12 + x = 21$
d) $27x - 21 = 27 + 3x$ e) $112{,}06 = x + 62\frac{3}{4}$ f) $3\frac{4}{5} + x = 39\frac{1}{2}$

2. a) $x - 7 = 16$ b) $x - 175{,}2 = 24{,}08$ c) $8 - x = 7$
d) $8x - 17 = 7x - 20$ e) $7{,}5 = x - 13{,}1$ f) $3 = 10x - 7$

3. a) $x \cdot 9 = 45$ b) $13 \cdot x = 5{,}2$ c) $8{,}5x = 59{,}5$
d) $7{,}3x = 87{,}6$ e) $x \cdot b = a$ f) $2397 = 51x$
g) $163{,}54 = x \cdot 14{,}8$ h) $145\frac{1}{2} = 11{,}64x$ i) $-30 = 7{,}5x$
k) $c = d \cdot x$ l) $6\frac{1}{2} = 1{,}3x$ m) $15x = 4{,}5a$

4. a) $\frac{x}{5} = 17$ b) $\frac{x}{12} = 0{,}4$ c) $7\frac{x}{3} = 14$
d) $\frac{x}{3} = -6$ e) $\frac{x+16}{3} = 40$ f) $15 = \frac{x}{12}$

5. a) $\frac{(2x-3) \cdot 3}{7} = 3$ b) $\frac{2 \cdot (50x - 4)}{7} = 6$ c) $\frac{4 \cdot (17 + 20x)}{11} = 8$
d) $\frac{6 \cdot (13 + 10x)}{5} = 18$ e) $7 = \frac{14 \cdot (5 - 3x)}{9}$ f) $4 = \frac{2 \cdot (41 - 7x)}{17}$
g) $9 = \frac{3 \cdot (35 - 8x)}{11}$ h) $12 = \frac{4 \cdot (41 - 12x)}{13}$ i) $\frac{6 \cdot (x + 7)}{17 \cdot (x - 4)} = 1$

6. a) $\frac{x}{36} = \frac{320}{256}$ b) $\frac{500}{300} = \frac{x}{15}$ c) $\frac{3}{4}x = \frac{48}{2}$
d) $\frac{15ac}{x} = \frac{9bc}{6bd}$ e) $\frac{x-4}{9} = \frac{x}{10}$ f) $\frac{x-9}{x} = \frac{4}{5}$

7. a) $19 = \frac{57}{x}$ b) $\frac{100}{x} = 20$ c) $\frac{97{,}5}{x} = 32{,}5$
d) $\frac{a^2bc}{0{,}2x} = c$ e) $\frac{4}{x} = \frac{2}{3}$ f) $\frac{15a^2b^2}{2x} = 10ab$

8. a) $\frac{4x}{5} - \frac{3}{4} = \frac{2x+3}{4} + 6$ b) $\frac{11x+7}{20} - \frac{9x-7}{5} = -2$ c) $\frac{2x}{7} + \frac{3x+1}{84x-7} = \frac{14x+2}{49}$

9. a) $3x^2 - 7 = 41$ b) $(x+3)^2 = (x-1)^2$ c) $x^3 - 122 = 3$

10. a) $7 + 4\sqrt{x+7} = 23$ b) $\sqrt{x^2 - 5x + 2} = x - 3$ c) $\sqrt{x+1} - 2 = \sqrt{x - 11}$

1.3.2 Formeln

Formeln sind Gleichungen, die technische oder naturwissenschaftliche Zusammenhänge beschreiben. Für die Umformung gelten die gleichen Regeln wie bei den Gleichungen:

- Auf beiden Seiten müssen immer die gleichen Veränderungen vorgenommen werden.
- Die gesuchte Größe muss bei der Lösung allein auf der linken Seite im Zähler stehen und muss positiv sein.

Beispiel 1

Die Formel $\frac{n_1}{n_2} = \frac{z_2}{z_1}$ soll nach z_1 umgestellt werden.

$$\frac{n_1}{n_2} = \frac{z_2}{z_1} \quad | \cdot n_2 \cdot z_1$$

$$\frac{n_1 \cdot n_2 \cdot z_1}{n_2} = \frac{z_2 \cdot n_2 \cdot z_1}{z_1}$$

$$n_1 \cdot z_1 = z_2 \cdot n_2 \quad | : n_1$$

$$\frac{n_1 \cdot z_1}{n_1} = \frac{z_2 \cdot n_2}{n_1}$$

$$z_1 = \frac{\mathbf{z_2 \cdot n_2}}{\mathbf{n_1}}$$

Beispiel 2

Die Formel $R = \frac{\varrho \cdot l}{A}$ soll nach l umgestellt werden.

$$R = \frac{\varrho \cdot l}{A} \quad | \cdot A$$

$$R \cdot A = \frac{\varrho \cdot l \cdot A}{A}$$

$$R \cdot A = \varrho \cdot l \quad | : \varrho$$

$$\frac{R \cdot A}{\varrho} = \frac{\varrho \cdot l}{\varrho}$$

$$l = \frac{\mathbf{R \cdot A}}{\boldsymbol{\varrho}}$$

Aufgaben | Formeln

Die Formeln sind nach den einzelnen Größen umzustellen.

1. a) $L = l + l_a$ b) $F_1 = F_2 + F_3$ c) $F_A = F_1 - F_B$
d) $L = l + l_a + l_u$ e) $d_a = d + 2m$ f) $d_f = d_a - 2h$

2. a) $U = \pi \cdot d$ b) $U = l \cdot n$ c) $m = V \cdot \varrho$
d) $P = U \cdot I$ e) $F = A \cdot p$ f) $d = m \cdot z$
g) $A_M = \pi \cdot d \cdot h$ h) $V = \pi \cdot d \cdot n$ i) $V = l \cdot b \cdot h$
k) $F = \frac{G}{n}$ l) $m = \frac{p}{\pi}$ m) $p = \frac{25{,}4}{g}$
n) $A = \frac{l_1 + l_2}{2} \cdot b$ o) $\frac{z_t}{z_g} = \frac{z_1 \cdot z_3}{z_2 \cdot z_4}$ p) $A = \frac{\pi \cdot D \cdot d}{4}$
q) $t_n = \frac{L \cdot i}{f \cdot n}$ r) $\sin \alpha = \frac{a}{c}$ m) $\tan \alpha = \frac{a}{b}$
t) $A = \frac{2}{3} \cdot l \cdot b$ u) $\tan \frac{\alpha}{2} = \frac{D - d}{2 \cdot l}$ v) $v = \frac{s}{t}$

3. a) $\frac{n_t}{n_g} = \frac{z_g}{z_t}$ b) $\frac{P}{P_L} = \frac{z_t}{z_g}$ c) $\frac{P}{P_L} = \frac{z_1 \cdot z_3}{z_2 \cdot z_4}$
d) $F \cdot s = G \cdot h$ e) $F_1 \cdot l_1 = F_2 \cdot l_2$ f) $F_1 \cdot a = F_2 \cdot b$

4. a) $F_B = (F_1 + F_2) - F_A$ b) $U = 2 \cdot (l + b)$ c) $A_O = 2A + A_M$
d) $i = T \cdot n_K + \frac{z_t}{z_g}$ e) $Q = c \cdot m \cdot (t_2 - t_1)$ f) $a = \frac{m \cdot (z_1 + z_2)}{2}$

5. a) $U_{20} = U \cdot \frac{R_2}{R_1 + R_2}$ b) $F = \frac{K \cdot M}{100} + Z \cdot l$ c) $Z_L = \frac{R_C \cdot R_L}{R_C + R_L}$

1.4 Winkelberechnungen

In der Technik werden Winkelangaben in Grad und überwiegend als Dezimalbruch angegeben, weil damit einfacher gerechnet und programmiert werden kann. Winkelmaße können auch in Grad, Minute und Sekunde ermittelt und mit dem Faktor 60 umgerechnet werden **(Tabelle 1)**.

Tabelle 1: Einheiten der Winkel

Einheitenname	Umrechnung	Umrechnungsfaktoren
Grad	$1° = 60'$	Grad in Minute: 60 Grad in Sekunde: $60 \cdot 60 = 3600$
Minute	$1' = 60'' = \frac{1°}{60}$	Minuten in Sekunde: 60 Minuten in Grad: $\frac{1}{60}$
Sekunde	$1'' = \frac{1'}{60} = \frac{1°}{3600}$	Sekunde in Minute: $\frac{1}{60}$ Sekunden in Grad: $\frac{1}{60 \cdot 60} = \frac{1}{3600}$

Bild 1: Taschenrechner

Beispiel 1

Ein Kegelwinkel beträgt 2° 51′ 40″. Wie groß ist der Wert des Winkels als Dezimalbruch **(Bild 1)**?

Lösung:

$2° = 2{,}00°$

$51' = \frac{51°}{60} = 0{,}85°$

$40'' = \frac{40°}{60 \cdot 60} = 0{,}011°$

$2°51'40'' = \mathbf{2{,}861°}$

Rechnereingabe:

2 [° ′ ″] 51 [° ′ ″] 40 [° ′ ″] [=]

2°51°40°
2°51°40°

Ausgabe:

[SHIFT] [° ′ ″]

2°51°40°
2,861111111°

Beispiel 2

Die Winkelangabe $\alpha = 15{,}71°$ ist in Grad, Minuten und Sekunden umzurechnen.

Lösung:

$15° = 15°$

$0{,}71° = 0{,}71 \cdot 60' = 42{,}6'$

$0{,}6' = 0{,}6 \cdot 60'' = 36''$

$15{,}71° = \mathbf{15°42'36''}$

Rechnereingabe:

15,71 [° ′ ″] [=]

Ausgabe:

15.71
15°42°36°

≙ 15°42′36″

Winkelarten

Für Winkel an Parallelen und sich schneidenden Geraden bestehen durch ihre Lage bestimmte geometrische Zusammenhänge **(Bild 2)**.

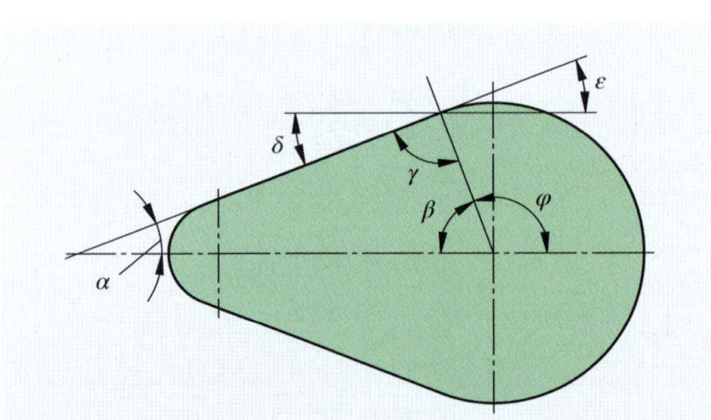

Bild 2: Winkelarten

Nebenwinkel an Geraden

$\beta + \varphi = 180°$

Scheitelwinkel an Geraden

$\varepsilon = \delta$

Stufenwinkel an Parallelen

$\alpha = \varepsilon$

Winkelsumme im Dreieck

$\alpha + \beta + \gamma = 180°$

Aufgaben Winkelberechnungen

1. **Umrechnungen.** Die folgenden Winkel sollen in Grad und in Minuten angegeben werden: 27,5°; 62,67°; 38,23°.

2. **Umrechnung.** Rechnen Sie folgende Angaben um:
a) In Grad und Minuten: 362'; 89'; 582', 1324'.
b) In Minuten und Sekunden: 16,42'; 49,6'; 0,06'.

3. **Platte (Bild 1).** Die Winkel α, β, γ und δ der Platte sind zu berechnen.

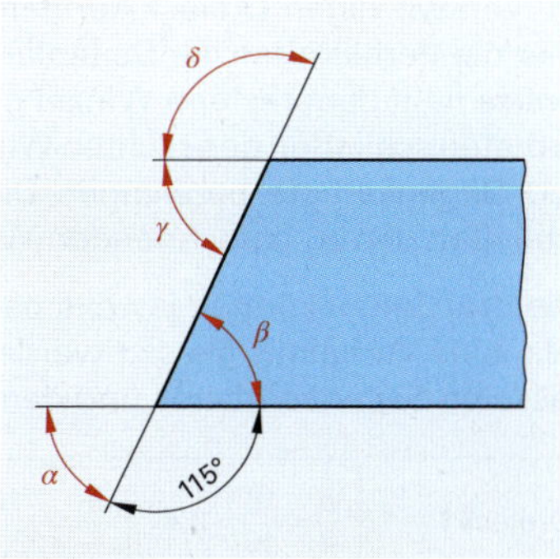

Bild 1: Platte

4. **Winkel im Dreieck (Bild 2).** Wie groß ist jeweils der dritte Dreieckswinkel, wenn gegeben sind:
a) $\alpha = 17°$; $\beta = 47°$
b) $\gamma = 72°$; $\beta = 31°$
c) $\alpha = 121°$; $\gamma = 56°41'$

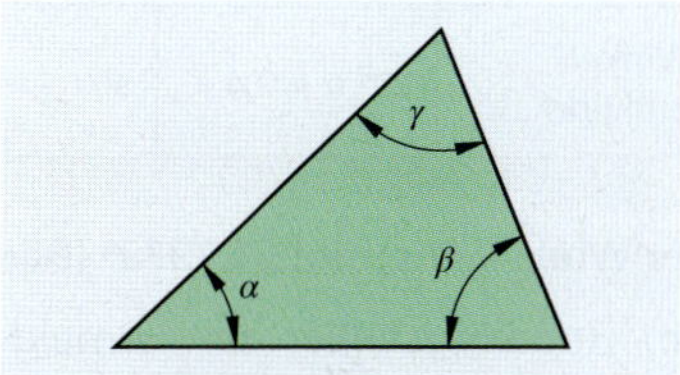

Bild 2: Winkel im Dreieck

5. **Mittelpunktswinkel.** Wie groß sind jeweils der Mittelpunktswinkel α und der Eckenwinkel β im regelmäßigen Sechs-, Acht- und Zehneck?

6. **Flansch.** Auf dem Lochkreis eines Flansches sind 5 Bohrungen gleichmäßig verteilt. Wie groß ist der Mittelpunktswinkel zwischen je zwei Bohrungen?

7. **Drehmeißel.** Von einem Drehmeißel sind folgende Winkel bekannt: Freiwinkel $\alpha = 17°$, Spanwinkel $\gamma = 15°$.
Wie groß ist der Keilwinkel β?

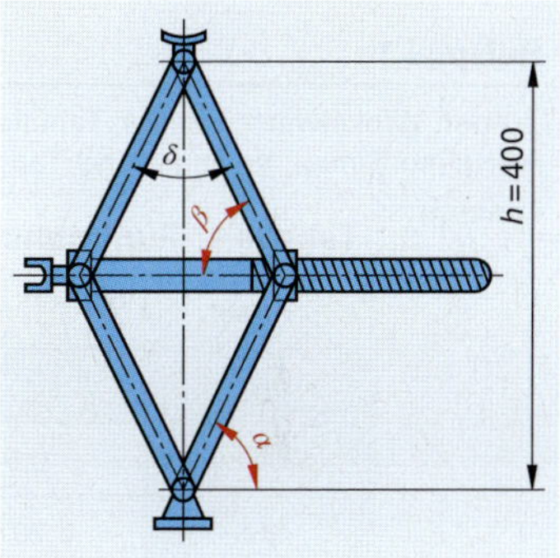

Bild 3: Wagenheber

8. **Wagenheber (Bild 3).** Die maximale Höhe eines Wagenhebers beträgt h = 400 mm. Die Schere hat dann oben einen Öffnungswinkel von $\delta = 50°$.

Wie groß sind die Winkel α und β?

9. **Schablone (Bild 4).** Die Winkel α, β und γ der Schablone sind mithilfe der Winkel 65° und 118° zu berechnen.

10. **Zahnriementrieb (Bild 5).** Wie groß sind die Umschlingungswinkel α und β des Zahnriementriebes?

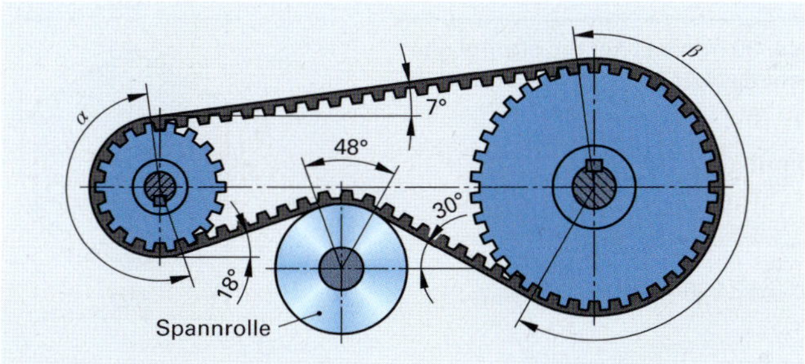

Bild 5: Zahnriementrieb

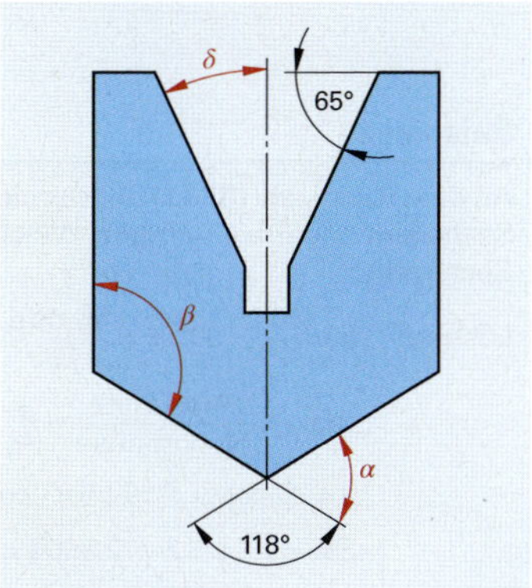

Bild 4: Schablone

1.5 Winkelfunktionen im rechtwinkligen Dreieck

Im rechtwinkligen Dreieck können Winkel mit Hilfe von Funktionen über die Verhältnisse der Seitenlängen berechnet werden. Die **Hypotenuse** liegt dem rechten Winkel gegenüber und ist am größten. Die Katheten schließen den rechten Winkel ein und werden mit **Ankathete** und **Gegenkathete** bezeichnet. Die Ankathete und die Hypotenuse schließen den zu berechnenden Winkel ein **(Bild 1)**.

Alle drei Seiten können jeweils paarweise zur Berechnung des Winkels α ins Verhältnis gesetzt werden. Dabei haben ähnliche Dreiecke dasselbe Seitenverhältnis und den gleichen Winkel α **(Bild 2)**.

Dreieck I	$\frac{b}{a} = \frac{16}{40} = 0{,}4$	$\frac{b}{c} = \frac{16}{43{,}08} = 0{,}3714$	$\frac{a}{c} = \frac{40}{43{,}08} = 0{,}9285$
Dreieck II	$\frac{b}{a} = \frac{24}{60} = 0{,}4$	$\frac{b}{c} = \frac{24}{64{,}62} = 0{,}3714$	$\frac{a}{c} = \frac{60}{64{,}62} = 0{,}9285$
Winkelfunktion	$\tan\alpha = 0{,}4$	$\sin\alpha = 0{,}3714$	$\cos\alpha = 0{,}9285$

Der Winkel α beträgt 21,7978° **(Bild 2)**.

Um Rundungsfehler zu vermeiden, sollte der Funktionswert der Winkelfunktion mindestens vierstellig im Taschenrechner verarbeitet und angegeben werden.

Definition der Winkelfunktion

$$Sinus = \frac{Gegenkathete}{Hypotenuse}$$

$$Kosinus = \frac{Ankathete}{Hypotenuse}$$

$$Tangens = \frac{Gegenkathete}{Ankathete}$$

c	Hypothenuse	mm
a, b	Kathete (An-, Gegen-)	mm
α, β	Winkel	°
sin	Sinus	
cos	Kosinus	
tan	Tangens	

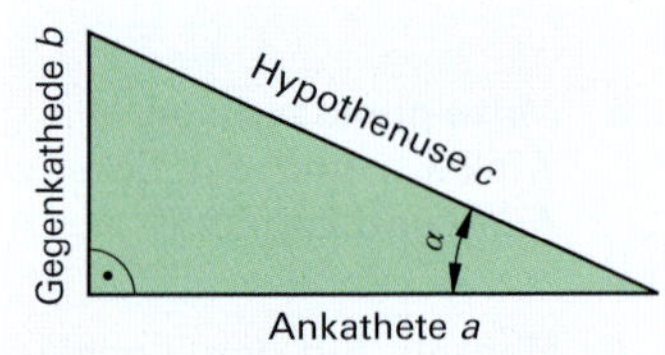

Bild 1: Bezeichnungen im rechtwinkligen Dreieck

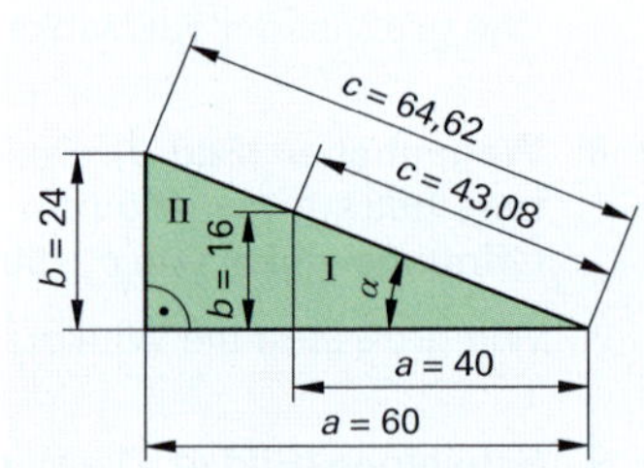

Bild 2: Seitenverhältnisse ähnlicher Dreiecke

Beispiel 1

Zu den Winkelwerten in der Tabelle sind die entsprechenden Funktionswerte der Sinus-, Kosinus- und Tangens-Funktion zu berechnen.

Lösung:

Tabelle 1: Funktionswerte für verschiedene Winkel

Winkel	Funktionswerte		
α	$\sin\alpha$	$\cos\alpha$	$\tan\alpha$
30°	0,5	0,866	0,5774
45°	0,7071	0,7071	1
90°	1	0	nicht def.

Beispiel 2

An dem Rundstahl **(Bild 3)** mit Durchmesser 30 mm soll der größtmögliche Sechskant angefräst werden. Welche Schlüsselweite ergibt sich für den Sechskant?

Lösung: $\alpha = \frac{60°}{2} = 30°$; $c = \frac{30\text{ mm}}{2} = 15\text{ mm}$

$$\cos\alpha = \frac{\text{Ankathete}}{\text{Hypotenuse}} = \frac{a}{c}$$

$$a = c \cdot \cos\alpha = 15\text{ mm} \cdot \cos 30° = 12{,}9904\text{ mm}$$

$$SW = 2 \cdot a = 2 \cdot 12{,}9904\text{ mm}$$

$$SW = 25{,}9808\text{ mm} \approx \mathbf{26\text{ mm}}$$

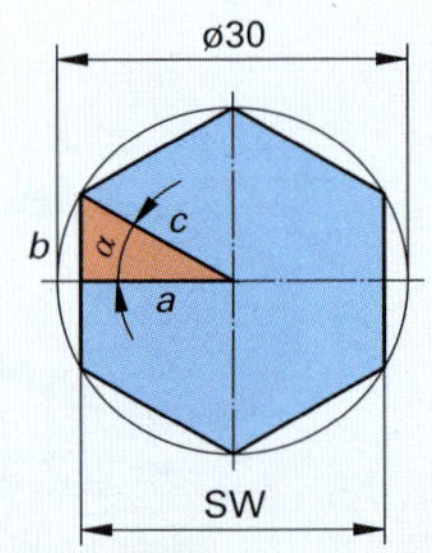

Bild 3: Sechskant

Aufgaben Winkelfunktionen im rechtwinkligen Dreieck

1. **Berechnungen im Dreieck.** Die fehlenden Werte in der **Tabelle 1** sind zu berechnen.

Tabelle 1: Berechnungen im Dreieck

	a	b	c	d	e
Hypotenuse *c* in mm	62		350	784	
Kathete *a* in imm		30			760
Kathete *b* in mm		40			
$\sphericalangle \alpha$	55°				42°40′
$\sphericalangle \beta$			50°	17,67°	

2. **Kegelräder (Bild 1):** Zwei Kegelräder, deren Achsen senkrecht aufeinander stehen, haben die Teilkreisdurchmesser $d_1 = 160$ mm und $d_2 = 88$ mm. Gesucht sind die Teilkreiswinkel δ_1 und δ_2.
3. **Prismenführung (Bild 2):** Für die Prismenführung ist das Maß *x* zu berechnen.
4. **Sinuslineal (Bild 3):** Mit dem Sinuslineal werden Winkel geprüft. Den Abstand *E* setzt man aus Endmaßen zusammen.

   Wie groß ist *E* für den Winkel $\alpha = 24{,}5°$, wenn die Länge des Sinuslineals $L = 100$ mm beträgt?
5. **Drehteil (Bild 4):** Wie groß ist der Kegelwinkel α am Drehteil?
6. **Trägerkonstruktion (Bild 5):** Die Längen der 4 Stäbe *d* bis *g* sind zu berechnen.
7. **Profilplatte (Bild 6):** Die Außenkontur der Profilplatte wird in einem Schnitt auf einer NC-Maschine gefräst. Für die Konturpunkte P1 bis P8 sind die *x*- und die *y*-Koordinaten zu berechnen.
8. **Leistungsdreieck (Bild 7):** An einer Wechselspannung von 230 V 50 Hz wurden die Werte des Leistungsdreiecks ermittelt.

   Berechnen Sie a) die Scheinleistung *S*, b) die Blindleistung Q_L und c) die Teilspannungen U_W und U_{bl}.

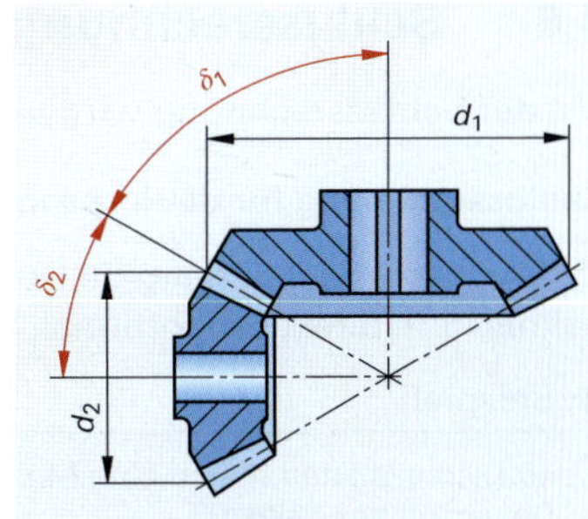

Bild 1: Kegelräder

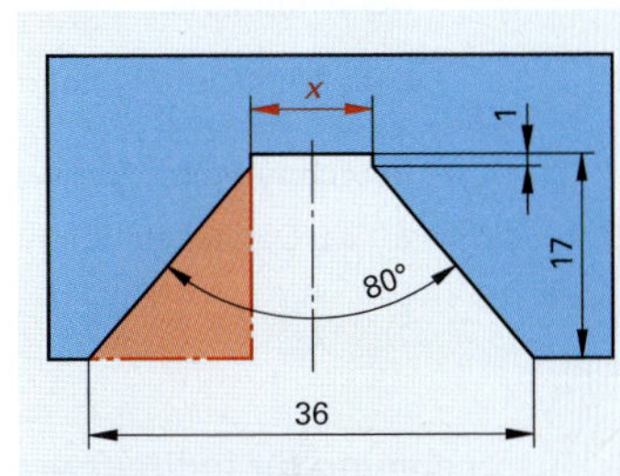

Bild 2: Prismenführung

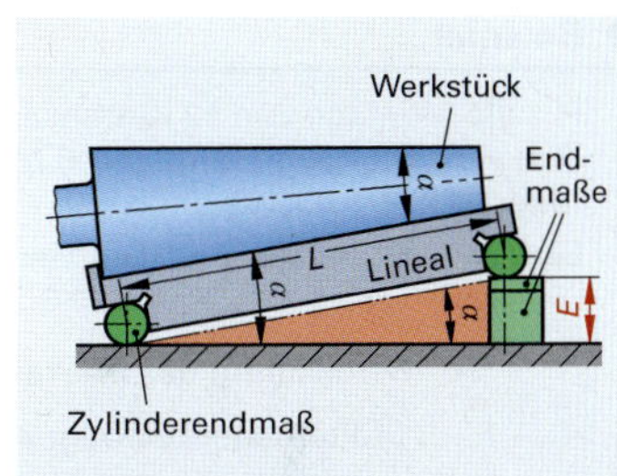

Bild 3: Sinuslineal

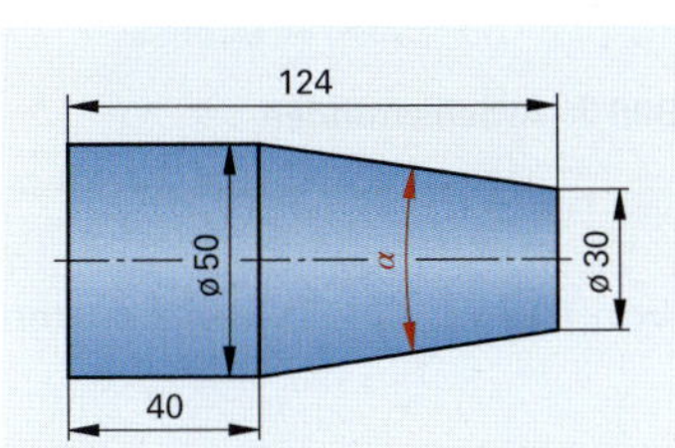

Bild 4: Drehteil

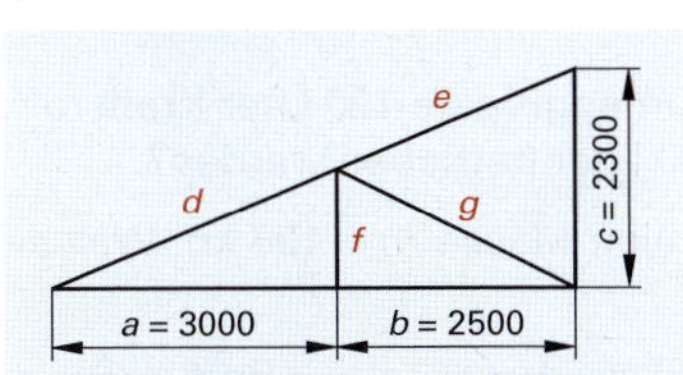

Bild 5: Trägerkonstruktion

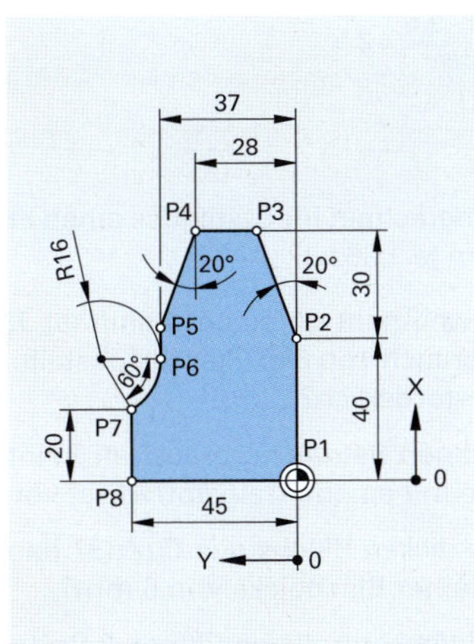

Bild 6: Profilplatte

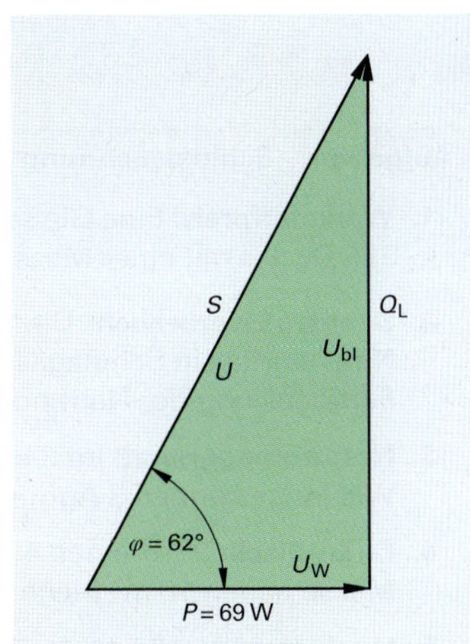

Bild 7: Leistungsdreieck

1.6 Schlussrechnung (Dreisatzrechnung)

Mit der Schlussrechnung wird in drei Schritten die Lösung ermittelt.

Schlussrechnung für direkt proportionale Verhältnisse

Zwei voneinander abhängige Größen verhalten sich im gleichen Verhältnis, d. h. direkt proportional, zueinander.

Beispiel

25 Distanzplatten haben eine Masse $m = 2800$ g. Welche Masse haben 6 Distanzplatten **(Bild 1)**?

Lösung: **Grundaussage:** Die Menge $A_m = 25$ Distanzplatten hat die Masse $A_w = 2800$ g.

Berechnung des Wertes für die Menge *A* = 1 Stück (St):

Eine Distanzplatte hat die Masse $\frac{A_w}{A_m} = \frac{2800\ \text{g}}{25\ \text{St}} = \mathbf{112\ \frac{g}{St}}$

Berechnung des Endwertes E_w die Endmenge E_m:

$E_m = 6$ Distanzplatten haben die Masse

$$E_w = \frac{A_w}{A_m} \cdot E_m = \frac{2800\ \text{g}}{25\ \text{St}} \cdot 6\ \text{St} = \mathbf{672\ g}$$

Schlussrechnung für indirekt proportionale Verhältnisse

Zwei voneinander abhängige Größen verhalten sich im umgekehrten Verhältnis, d. h. indirekt proportional, zueinander.

Beispiel

Für die Montage von 12 Kettensägen benötigen 4 Mitarbeiter 3 Stunden. Wie viele Stunden benötigen 6 Mitarbeiter für die gleiche Anzahl Sägen **(Bild 2)**?

Lösung: **Grundaussage:** Die Menge $A_m = 4$ Mitarbeiter benötigen die Zeit $A_w = 3$ Stunden.

Berechnung des Wertes für die Menge *A* = 1 Mitarbeiter:

1 Mitarbeiter benötigt $A_m \cdot A_w = 4 \cdot 3$ Stunden = **12 Stunden**

Berechnung des Endwertes E_w die Endmenge E_m:

$E_m = 6$ Mitarbeiter benötigen die Zeit

$$E_w = \frac{A_m \cdot A_w}{E_m} = \frac{4\ \text{Mitarbeiter} \cdot 3\ \text{h}}{6\ \text{Mitarbeiter}} = \mathbf{2\ h}$$

Endwert bei direkt proportionalem Verhältnis

$$E_w = \frac{A_w}{A_m} \cdot E_m$$

Endwert bei indirekt proportionalem Verhältnis

$$E_w = \frac{A_w \cdot A_m}{E_m}$$

A_m	Ausgangsmenge
A_w	Ausgangswert
E_m	Endmenge
E_w	Endwert

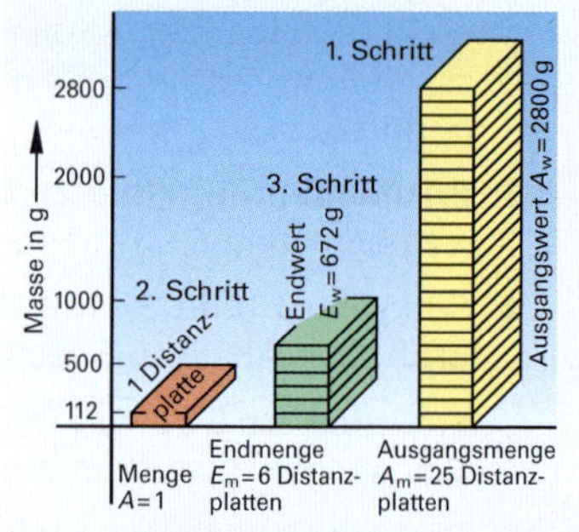

Bild 1: Distanzplatten

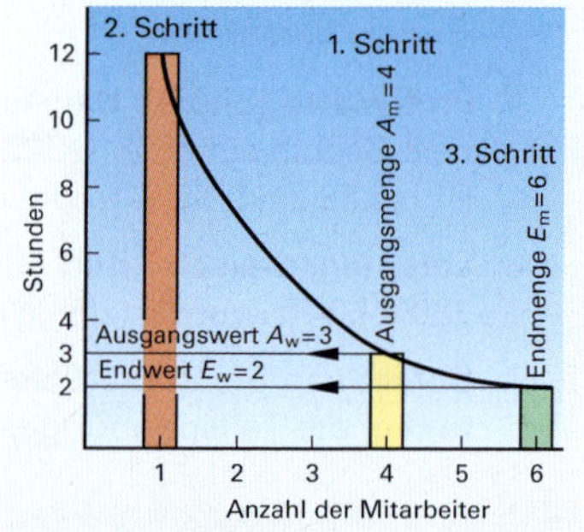

Bild 2: Arbeitsstunden

Aufgaben | Schlussrechnung

1. **Werkstoffpreis:** Eine Gießerei berechnet für Stahlguss einen Preis von 1,08 EUR/kg. Wie viel kosten 185 Deckel mit einer Masse von je 1,35 kg?
2. **Schutzgasverbrauch:** Die Schweißnaht an einem Schiff ist 78 m lang. Nach 23 m geschweißter Naht wurde ein Schutzgasverbrauch von 640 Liter festgestellt. Wie viel Liter Schutzgas sind für die Fertigstellung der Naht noch erforderlich?
3. **Notstromaggregat:** Im 3-stündigen Betrieb verbrauchen 2 Notstromaggregate 120 Liter Kraftstoff. Wie lange können 3 Aggregate mit einem Treibstoffvorrat von 240 Liter betrieben werden?
4. **CuZn-Blech:** 3 m^2 eines 4 mm dicken Blechs aus CuZn37 haben eine Masse $m = 136$ kg. Welche Masse haben 10 m^2 Blech mit einer Blechdicke von 6 mm?
5. **Qualitätskontrolle:** In der Qualitätskontrolle benötigen 3 Prüfer 14 Stunden für einen Prüfvorgang. Wie viele Prüfer müssten eingesetzt werden, um die Kontrollarbeiten in etwa 8 Stunden zu schaffen?

1.7 Prozentrechnung

Bei der Prozentrechnung wird der Prozentsatz eines Grundwerts berechnet und als Prozentwert angegeben.

Prozentwert

$$P_w = \frac{G_w}{100\,\%} \cdot P_s$$

Endwert (Schlussregelung)

$$E_w = \frac{A_w}{A_m} \cdot E_m$$

P_s	Prozentsatz	%
G_w	Grundwert	–
P_w	Prozentwert	%
E_w	Endwert	–
A_m	Ausgangsmenge	–
E_m	Endmenge	–
A_w	Ausgangswert	–

Beispiel 1

Wie groß ist der Prozentwert P_w in EUR für einen Grundwert G_w = 500 EUR bei einem Prozentsatz P_s = 40 % **(Bild 1)**?

Lösung: $P_w = \frac{G_w}{100\,\%} \cdot P_s = \frac{500\text{ EUR}}{100\,\%} \cdot 40\,\% = \mathbf{200\text{ EUR}}$ oder

$E_m = \frac{A_w}{A_m} \cdot E_m;\ E_m = \frac{A_m}{A_w} \cdot E_w = \frac{500\text{ EUR}}{100\,\%} \cdot 40\,\% = \mathbf{200\text{ EUR}}$

Beispiel 2

Von 600 gefertigten Zahnriemen sind 17 Ausschuss. Der Prozentsatz P_s für den Ausschuss ist zu berechnen.

Lösung: $P_w = \frac{G_w}{100\,\%} \cdot P_s;\ G_w = \frac{100\%}{G_w} \cdot P_w = \frac{100\,\%}{600} \cdot 17 = \mathbf{2{,}83\,\%}$ oder

$E_w = \frac{A_w}{A_m} \cdot E_m;\ A_m = \frac{100\,\%}{600} \cdot 17 = \mathbf{2{,}83\,\%}$

Beispiel 3

Ein schadhafter Behälter verlor 38,84 Liter Flüssigkeit, das sind 16% der Flüssigkeit.

Wie viel Liter Flüssigkeit enthielt der Behälter?

Lösung: $P_w = \frac{G_w}{100\,\%} \cdot P_s;\ P_s = \frac{100\%}{P_s} \cdot P_w = \frac{100\,\%}{16\,\%} \cdot 38{,}84\text{ l} = \mathbf{242{,}75\text{ l}}$ *oder*

$E_w = \frac{A_w}{A_m} \cdot E_w;\ A_w = \frac{A_w}{E_w} \cdot E_m = \frac{100\,\%}{16\,\%} \cdot 38{,}84\text{ l} = \mathbf{242{,}75\text{ l}}$

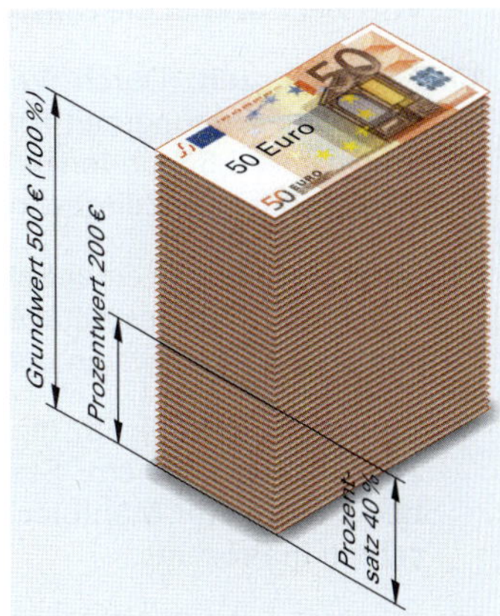

Bild 1: Begriffe beim Prozentrechnen

Aufgaben Prozentrechnung

1. **Prozentwert**: Zu berechnen sind:
   a) 3 % von 54 EUR
   b) 3,5 % von 270,6 g
   c) 0,5 % von 541 m
   d) 4,5 % von 132 min
   e) 0,2 % von 234,3 bar
   f) 125 % von 240,25 EUR

2. **Festplatte (Bild 2)**: Eine Bilddatei benötigt 80 MByte Speicherplatz auf einer Festplatte.
   Wie viel Prozent Festplattenspeicher werden für das Bild auf einer 10-GByte-Festplatte beansprucht?

3. **Scanzeit**: Ein Flachbettscanner benötigt für den Scanvorgang einer Fotografie 2 min. Das Nachfolgemodell des Scanners soll bei dem gleichen Arbeitsauftrag 24% schneller sein.
   Berechnen Sie die Scanzeit des neuen Scannermodells.

4. **Aktienfonds (Bild 3)**: Vor mehr als einem Jahr kauften Sie 15 Anteile eines Technologiefonds zu einem Preis von 85 EUR mit einem Ausgabeaufschlag von 5,25%. Der Fonds hat vom Kauftag bis heute eine Wertsteigerung von 11 %.
   a) Welchen Gesamtbetrag mussten Sie für die 15 Anteile bezahlen?
   b) Welcher Gewinn wäre bei einem Verkauf zu erwarten?

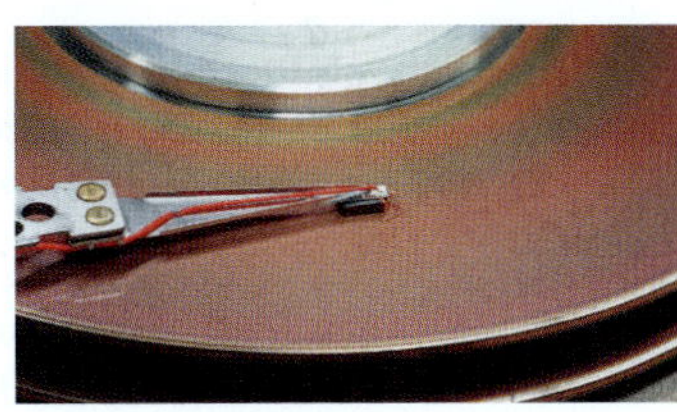

Bild 2: Festplatte

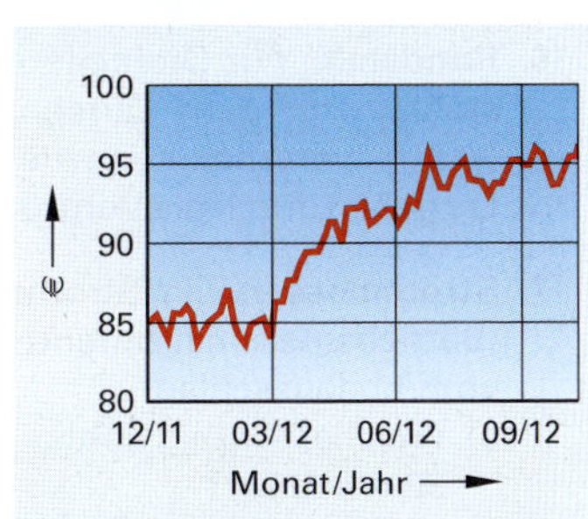

Bild 3: Aktienfonds

5. **Preiserhöhung (Bild 1):** Wie viel Prozent beträgt die jeweilige Preiserhöhung, wenn folgende Preise um je 0,20 EUR steigen: 1,60 EUR; 3,75 EUR; 12,75 EUR; 17,45 EUR?

6. **Preissenkung (Bild 2):** Wie viel Prozent beträgt die jeweilige Preisermäßigung, wenn folgende Preise um je 0,18 EUR herabgesetzt werden: 3,00 EUR; 5,73 EUR; 2,50 EUR; 9,10 EUR?

7. **Gussstück:** Ein Gussstück wiegt nach der Bearbeitung 126 kg; der Rohling wog 150 kg. Wie groß ist die zerspante Menge in Prozent?

8. **Dehnung:** Eine 1,5 m lange Stange wird auf Zug beansprucht und verlängert sich dabei um 1 mm. Gesucht ist die Dehnung in Prozent.

9. **NC-Maschine:** Eine NC-Drehmaschine wird für 87 500,00 EUR mit 15 % Verlust gegenüber dem Anschaffungspreis verkauft. Wie viel EUR hat die Maschine ursprünglich gekostet?

10. **Fertigungszeit:** Durch Verbesserung des Arbeitsverfahrens wird die Fertigungszeit für ein Werkstück, für dessen Herstellung bisher 6,5 Stunden gebraucht wurden, um 22 % verringert. Wie groß ist der Zeitgewinn in Stunden?

11. **Lotherstellung:** In einer Schmelze sollen 150 kg des Weichlotes L-Sn63Pb37 hergestellt werden. Berechnen Sie die Einzelmassen an Zinn und Blei in der Schmelze.

12. **Verschnitt (Bild 3):** Für die Herstellung von Blechdosen ist ein Zuschnitt von 160 cm^2 Stahlblech notwendig. Als Abfall ergeben sich 44 cm^2 Stahlblech. Gesucht ist der Zuschlag für Verschnitt in Prozent.

13. **Zugfestigkeit:** Durch Vergüten wurde die Zugfestigkeit eines Stahles um 42 % auf 1250 N/mm^2 erhöht. Wie groß war die Zugfestigkeit des Werkstoffes vor der Wärmebehandlung?

14. **Kreisschaubild (Bild 4):** Die chemische Untersuchung eines Eisenerzes ergab die in dem Kreisschaubild dargestellten Prozentanteile. Wie viel kg jedes Stoffes enthalten 1630 kg dieses Erzes?

15. **Gehäusegewicht:** Um wie viel Prozent vermindert sich das Gewicht eines Gehäuses, das bisher aus 1 mm dickem Stahlblech (Dichte $\varrho = 7{,}85\ kg/dm^3$) bestand und nun aus 2 mm dickem Aluminiumblech (Dichte $\varrho = 2{,}6\ kg/dm^3$) hergestellt werden soll?

16. **Rundstahl:** Für Drehteile muss anstelle des fehlenden Rundstahles mit dem Durchmesser 25 mm ein Rundstahl mit 30 mm verarbeitet werden. Wie viel Prozent des Werkstoffes gehen durch die Vergrößerung des Durchmessers verloren?

17. **Strommesser:** Ein Strommesser der Genauigkeitsklasse 1,5 (Betriebsmessinstrument) hat einen Anzeigefehler von ±1,5 % vom Endausschlag.
    a) Welcher Anzeigefehler ergibt sich, wenn der Messbereich 50 A beträgt?
    b) Welche Grenzwerte des Stromes sind zulässig, wenn dieses Messgerät 12 A anzeigt?

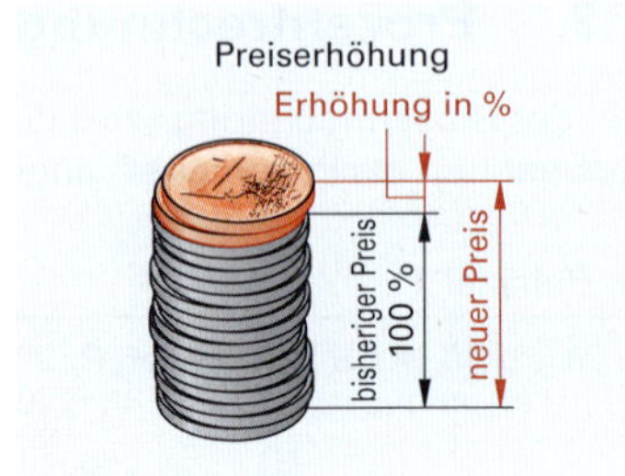

Bild 1: Preiserhöhung

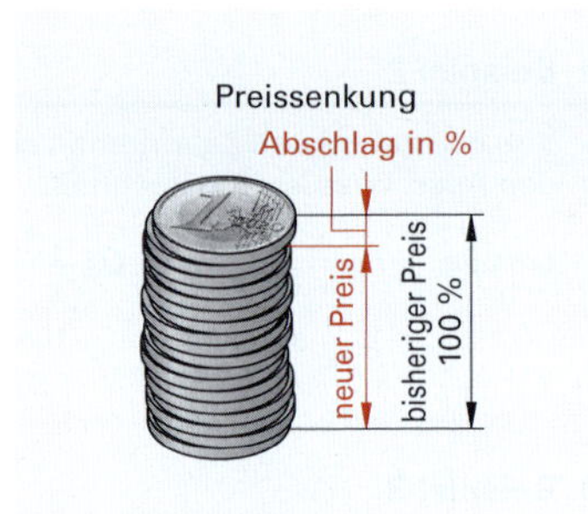

Bild 2: Preissenkung

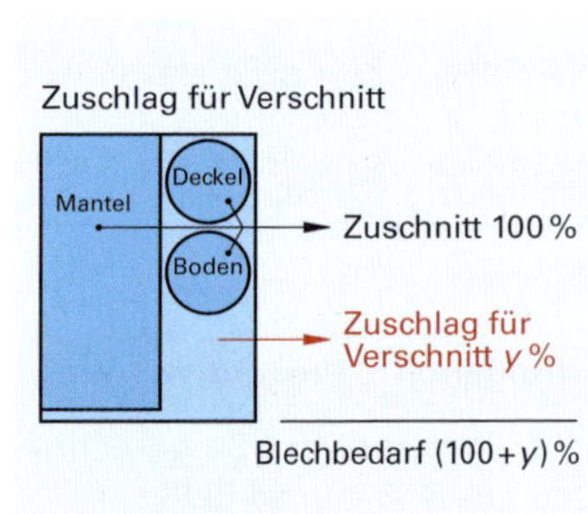

Bild 3: Verschnitt

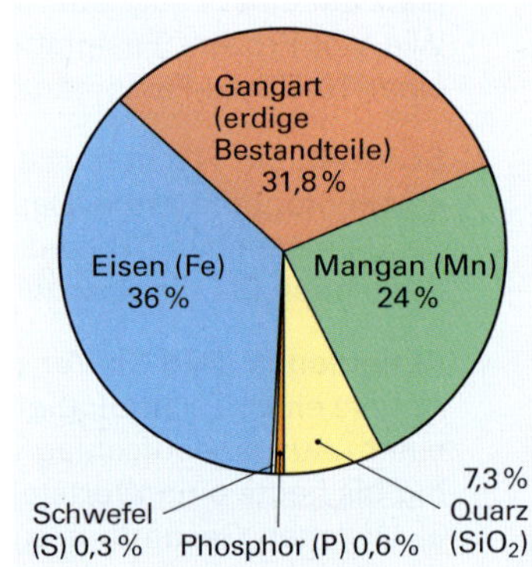

Bild 4: Kreisschaubild

1.8 Flächen

Tabelle: Flächen

Quadrat	Rechteck	Dreieck	Kreis	Kreisring
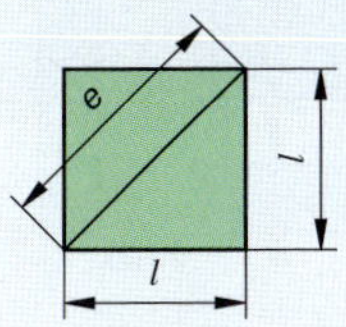	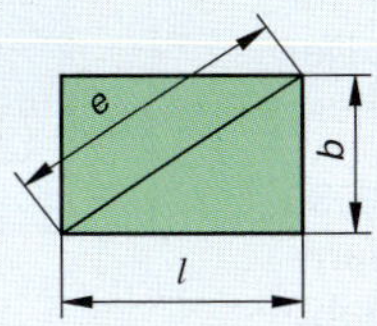	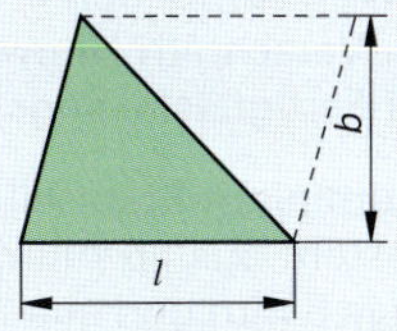	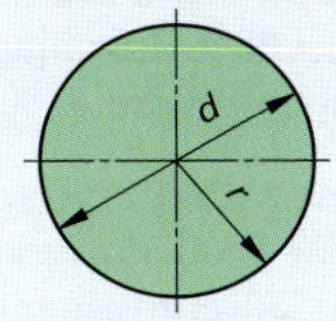	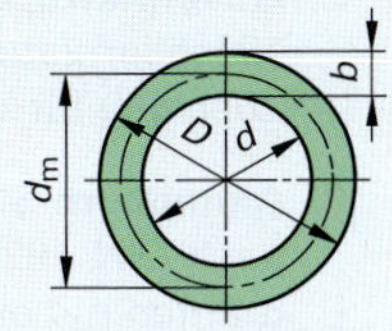
$A = l^2$ $e = \sqrt{2} \cdot l$ $U = 4 \cdot l$	$A = l \cdot b$ $e = \sqrt{l^2 + b^2}$ $U = 2 \cdot (l + b)$	$A = l \cdot \frac{b}{2}$ $U =$ Summe der Seitenlängen	$A = \frac{\pi \cdot d^2}{4}$ $A = \pi \cdot r^2$ $U = \pi \cdot d = \pi \cdot 2 \cdot r$	$A = \frac{\pi}{4}(D^2 - d^2)$ $d_m = \frac{D + d}{2}$ $b = \frac{D - d}{2}$

A Fläche
l Länge
e Diagonale (Eckenmaß)
b Breite (bzw. Höhe)
D, d Durchmesser
d_m mittlerer Durchmesser
U Umfang
r Radius

Zusammengesetzte Flächen werden aus ihren Teilflächen berechnet.

Beispiel 1

Der Flächeninhalt des Schließbleches **Bild 1** ist zu berechnen.

Lösung: $A = A_1 + A_2 - 2 \cdot A_3 - A_4 - A_5$

$$= \frac{\pi \cdot 12^2\ \text{mm}^2}{4} + 34\ \text{mm} \cdot 12\ \text{mm} - 2 \cdot \frac{\pi \cdot 6{,}4^2\ \text{mm}^2}{4}$$

$$- \frac{\pi \cdot 6^2 \cdot \text{mm}^2}{4} - 19\ \text{mm} \cdot 6\ \text{mm}$$

$$= 113{,}1\ \text{mm}^2 + 408\ \text{mm}^2 - 64{,}3\ \text{mm}^2 - 28{,}3\ \text{mm}^2 - 114\ \text{mm}^2$$

$$= \mathbf{314{,}5\ mm^2}$$

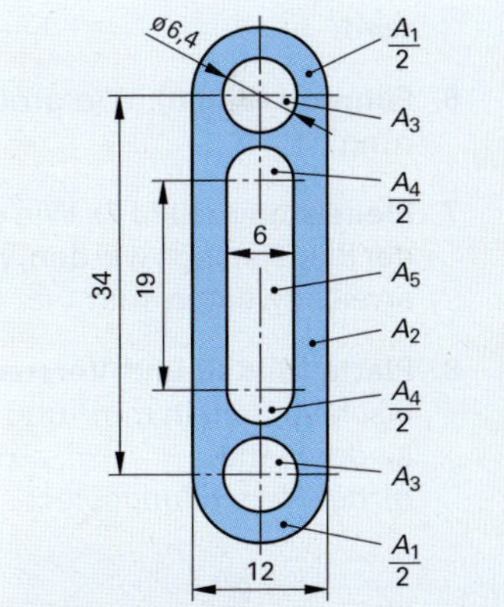

Bild 1: Schließblech

Die Teile eines Rohteiles, die nicht für das Werkstück benötigt werden, sind Verschnitt. Der Verschnitt wird meistens als prozentualer Wert angegeben. Dieser Wert bezieht sich auf die Ausgangsfläche. Bei der Berechnung geht man davon aus, dass die Ausgangsfläche 100 % ist.

Verschnitt in %

$$A_{V\%} = \frac{A_{Ges} - A_W}{A_{Ges}} \cdot 100\,\%$$

A_{Ges}	Ausgangsfläche	mm^2
A_w	Werkstückfläche	mm^2
A_V	Verschnittfläche	mm^2
$A_{V\%}$	Verschnitt	%

Beispiel 2

Aus einer Blechtafel 1000 mm x 2000 mm soll das Knotenblech **Bild 2** hergestellt werden. Der Verschnitt ist in mm^2 und in Prozent zu berechnen.

Lösung: $A_V = A_{Ges} - A_W$

$$A_{Ges} = 1000\ \text{mm} \cdot 2000\ \text{mm} = 2\,000\,000\ \text{mm}^2$$

$$A_W = \frac{1100\ \text{mm} \cdot 1000\ \text{mm}}{2} + \frac{700\ \text{mm} + 1000\ \text{mm}}{2} \cdot 800\ \text{mm}$$

$$A_W = 1\,230\,000\ \text{mm}^2$$

$$A_V = 2\,000\,000\ \text{mm}^2 - 1\,230\,000\ \text{mm}^2 = \mathbf{770\,000\ mm^2}$$

$$A_{V\%} = \frac{A_{Ges} - A_W}{A_{Ges}} \cdot 100\,\% = \frac{2\,000\,000\ \text{mm}^2 - 1\,230\,000\ \text{mm}^2}{2\,000\,000\ \text{mm}^2} \cdot 100\,\%$$

$$A_{V\%} = \mathbf{38{,}5\,\%}$$

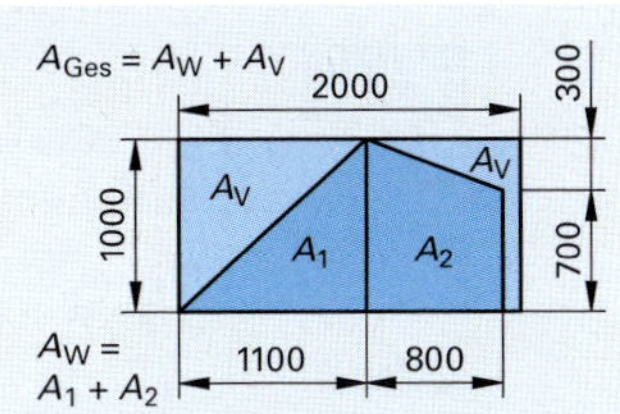

Bild 2: Knotenblech

Aufgaben | Flächen

1. **Blechschnitt (Bild 1):** Welchen Flächeninhalt in cm^2 haben die beiden Bleche des Blechschnittes DC04?

2. **Isolierplatte (Bild 2):** Wie hoch ist der Werkstoffbedarf in cm^2 für 12 Isolierplatten bei 65 % Zuschlag für Verschnitt? Hinweis: Der Zuschlag für Verschnitt wird in % der Fertigfläche angegeben.

3. **Aluminium-Stahlseil (Bild 3):** Das Aluminium-Stahlseil 185/30 nach DIN 48204 für Freileitungen besteht aus 26 Aluminiumdrähten mit einem Durchmesser von je 3 mm und aus 7 Stahldrähten mit je 2,33 mm Durchmesser. Berechnen Sie
   a) den gesamten Aluminiumquerschnitt,
   b) den gesamten Stahlquerschnitt,
   c) das Verhältnis von Al-Querschnitt zu St-Querschnitt.

4. **Profil (Bild 4):** Die Querschnittsfläche des Profils ist zu berechnen.

5. **Behälter (Bild 5):** Ein oben offener Behälter ist aus Stahlblech herzustellen. Der erforderliche Blechbedarf ist zu berechnen, wenn für Falze und Verschnitt ein Zuschlag von 18 % benötigt wird.

6. **Führung (Bild 6):** Wie groß ist die Querschnittsfläche der Führung?

7. **Pleuelstange (Bild 7):** Wie groß muss das Maß *x* im Querschnitt der Pleuelstange werden, wenn eine Gesamtfläche von 42,9 cm^2 erreicht werden soll?

8. **Platte (Bild 8) und Versteifungsblech (Bild 9):** Gesucht ist der Flächeninhalt in mm^2 und in cm^2.
   a) der Platte,
   b) des Versteifungsbleches.

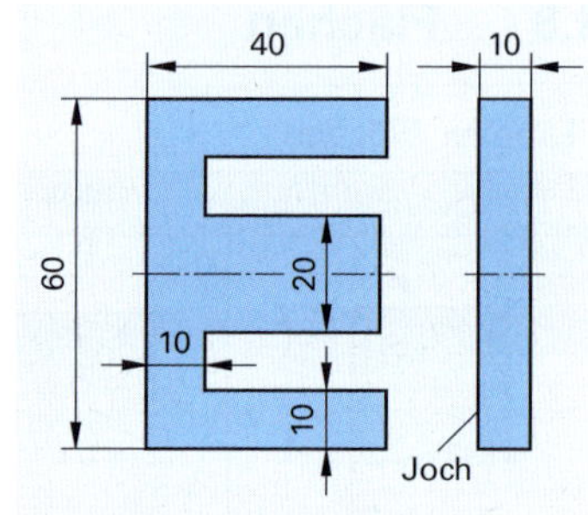

Bild 1: Blechschnitt DC04

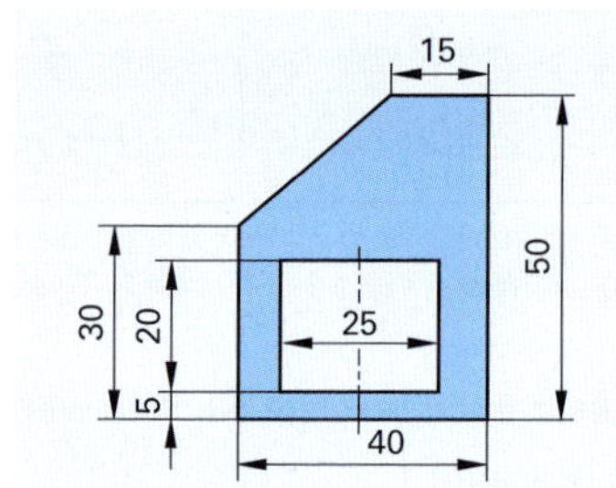

Bild 2: Isolierplatte

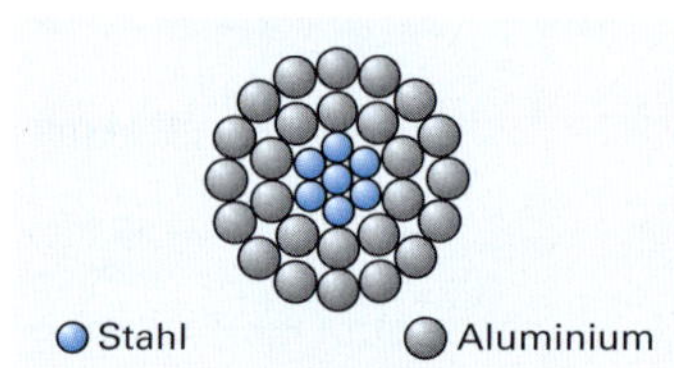

Bild 3: Aluminium-Stahlseil

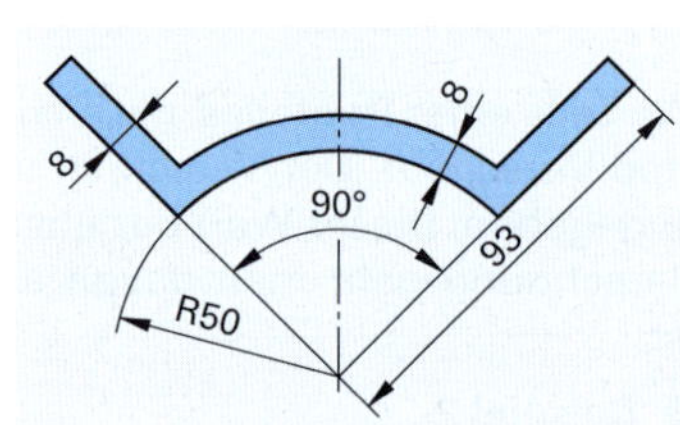

Bild 4: Profil

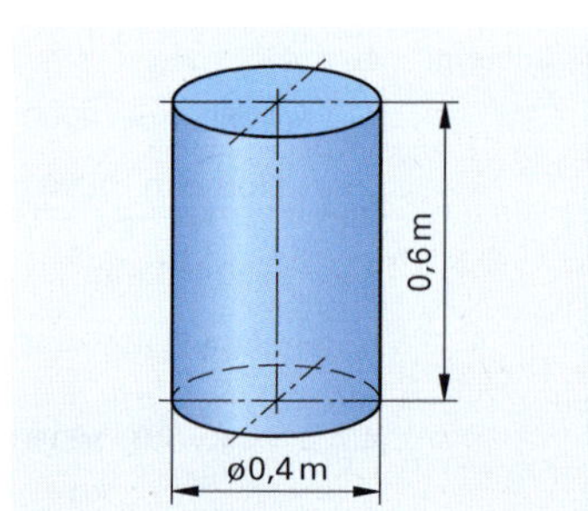

Bild 5: Behälter

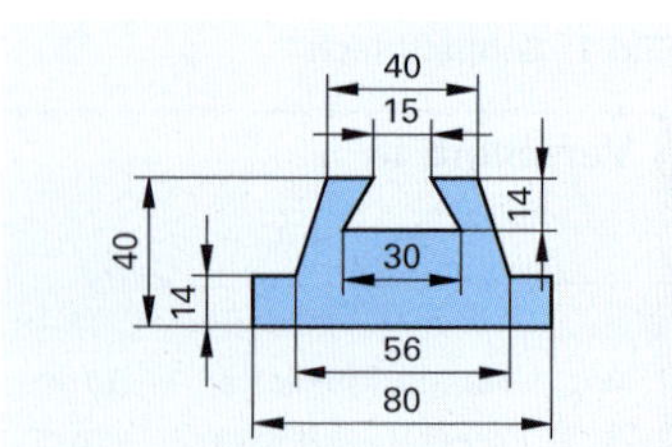

Bild 6: Führung

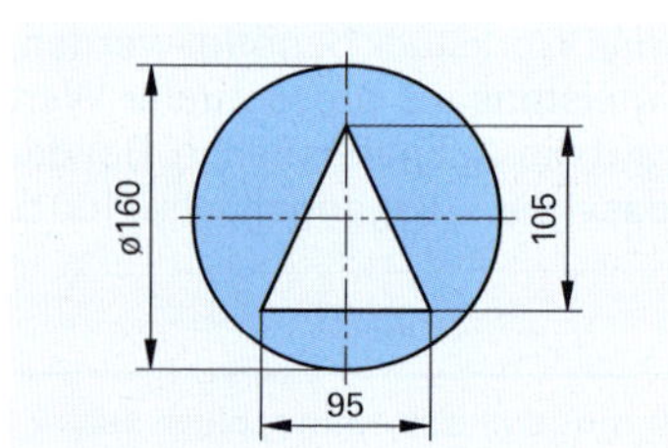

Bild 8: Platte

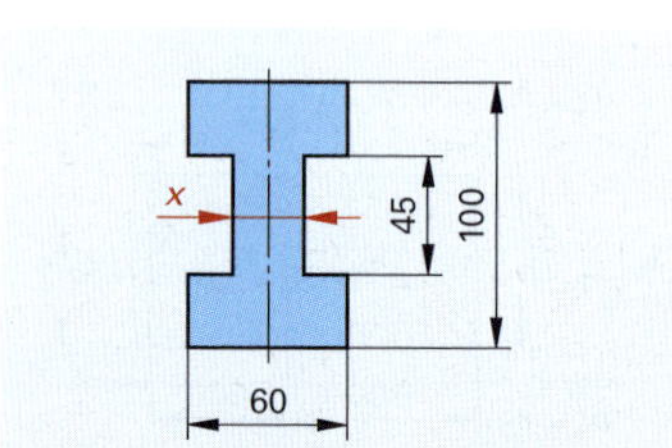

Bild 7: Pleuelstange

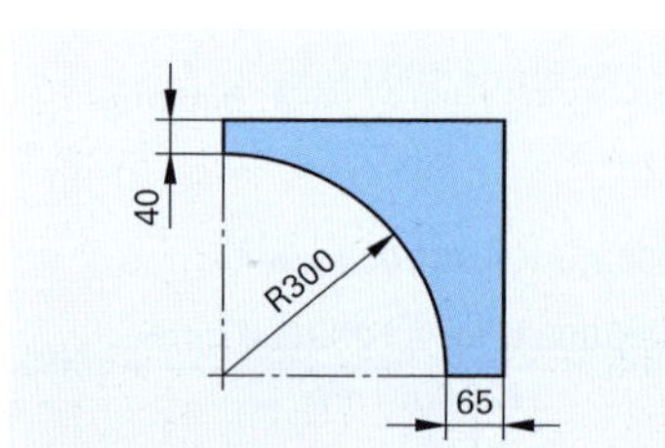

Bild 9: Versteifungsblech

1.9 Rauminhalt, Masse und Gewichtskraft

1.9.1 Rauminhalt

Tabelle 1: Rauminhalt (Volumen)

Würfel	Prisma	Zylinder	Kegel	Pyramide
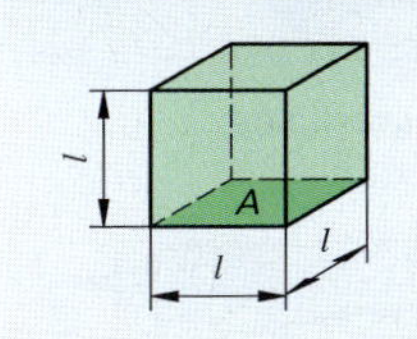	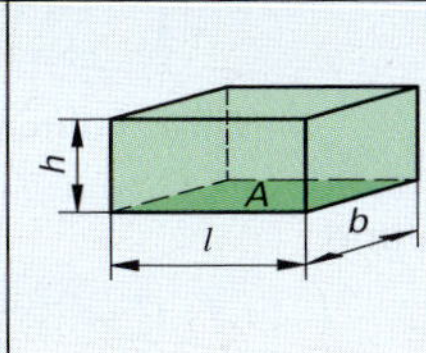	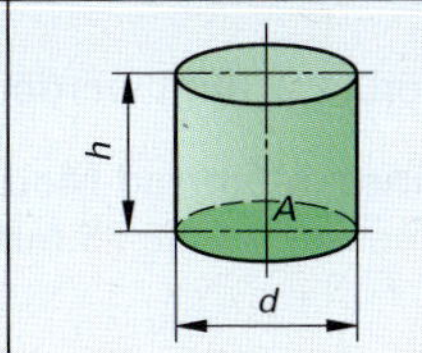	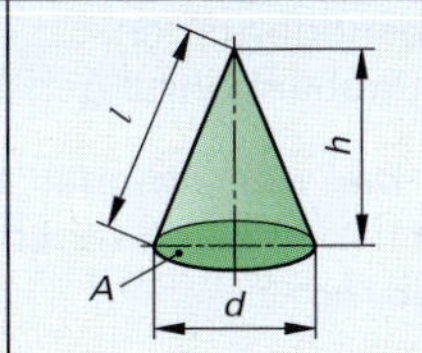	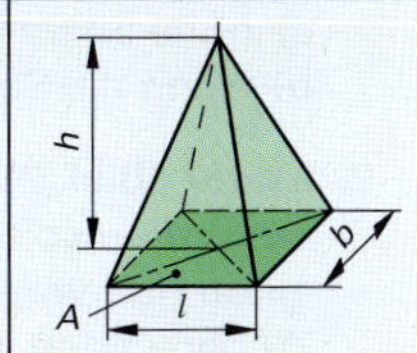
$V = A \cdot l$	$V = A \cdot h$	$V = A \cdot h$	$V = \frac{A \cdot h}{3}$	$V = \frac{A \cdot h}{3}$
$V = l^3$	$V = l \cdot b \cdot h$	$V = \frac{\pi \cdot d^2 \cdot h}{4}$	$V = \frac{\pi \cdot d^2 \cdot h}{12}$	$V = \frac{l \cdot b \cdot h}{3}$

V Volumen A Grundflächen d Durchmesser l Länge b Breite h Höhe

● **Beispiel**

Spannpratze (Bild 1): Volumenberechnung zusammengesetzter Körper

Lösung: $V = V_1 + V_2 - V_3$

$= A_1 \cdot h + A_2 \cdot h - A_3 \cdot h = (A_1 + A_2 - A_3) \cdot h$

$= \left(38\ \text{mm} \cdot 5\ \text{mm} + \frac{22\ \text{m} \cdot 25\ \text{mm}}{2} - \frac{\pi \cdot (15\ \text{mm})^2}{4}\right) \cdot 12\ \text{mm}$

$= (950\ \text{mm}^2 + 275\ \text{mm}^2 - 176{,}7\ \text{mm}^2) \cdot 12\ \text{mm}$

$V = 12\,580\ \text{mm}^3 \approx \mathbf{12{,}6\ cm^3}$

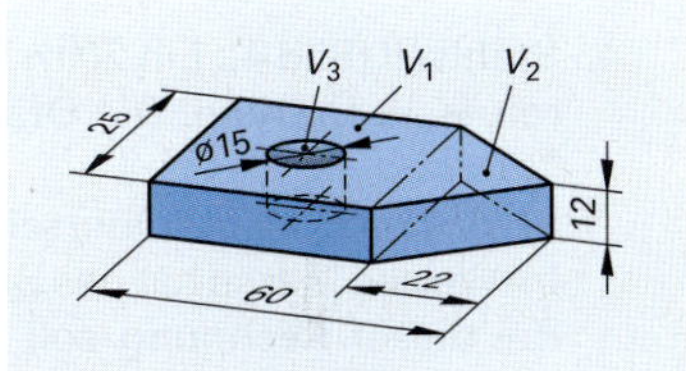

Bild 1: Spannpratze

1.9.2 Masse und Gewichtskraft

■ Masse

Die Masse (Stoffmenge) eines Körpers kann durch Wiegen oder durch Berechnen bestimmt werden.

Die Masse m eines Körpers hängt ab von

- dem Volumen V und
- der Dichte ϱ[1].

Die Dichte kann Tabellen entnommen werden **(Tabelle 2)**.

● **Beispiel**

Wie groß ist die Masse einer 120 mm langen Stange aus quadratischem Stahl mit 50 mm Kantenlänge?

Lösung: $V = A \cdot h = (0{,}5\ \text{dm}^2) \cdot 1{,}2\ \text{dm} = 0{,}3\ \text{dm}^3$

$m = V \cdot \varrho = 0{,}3\ \text{dm}^3 \cdot 7{,}85\ \text{kg/dm}^3 = \mathbf{2{,}355\ kg}$

■ Gewichtskraft

Die Gewichtskraft G eines Körpers hängt ab von

- der Masse m und
- der Fallbeschleunigung g.

Da die Fallbeschleunigung zwischen den Polen und dem Äquator schwankt, wird allgemein mit dem Normwert $g = 9{,}80665\ \text{m/s}^2 \approx 9{,}81\ \text{m/s}^2$ gerechnet.

● **Beispiel**

Wie groß ist die Gewichtskraft der Stange aus dem vorigen Beispiel?

Lösung: $G = m \cdot g = 2{,}355\ \text{kg} \cdot 9{,}81\ \text{m/s}^2 = 23{,}1\ \text{kg} \cdot \text{m/s}^2 = \mathbf{23{,}1\ N}$

1 ϱ rho, griechischer Kleinbuchstabe

Masse

$$m = V \cdot \varrho$$

Gewichtskraft

$$G = m \cdot g$$

V	Volumen	dm^3
ϱ[1)]	Dichte	kg/dm^3
G	Gewichtskraft	N
m	Masse	kg
g	Fallbeschleunigung	m/s^2

Einheiten der Dichte

feste Stoffe und Flüssigkeiten:
$1\ \text{g/cm}^3 = 1\ \text{kg/dm}^3 = 1\ \text{t/m}^3$

Gase:
$1\ \text{g/dm}^3 = 1\ \text{kg/m}^3$

Tabelle 2: Dichte ϱ einiger Stoffe in kg/dm^3

Stoff	Dichte	Stoff	Dichte
Stahl	7,85	Aluminium	2,7
Gusseisen	7,25	Kupfer	8,9
Blei	11,3	Titan	4,5
Gold	19,3	Wasser	1,0

Aufgaben Rauminhalt, Masse und Gewichtskraft

1. **Führungsschiene (Bild 1):** Die obere Schiene der Wälzführung einer Flachschleifmaschine besteht aus gehärtetem Stahl. Sie ist 1200 mm lang und wird durch 12 Schrauben befestigt.
Wie groß ist die Masse der Schiene
a) ohne Schraubenbohrungen,
b) wenn die Schraubenbohrungen berücksichtigt werden?

2. **Motor (Bild 2):** Die vier Zylinder eines Motorrad-Motors in Boxer-Bauweise haben einen Durchmesser von je 75 mm und einen Hub von 68 mm.
Zu berechnen sind
a) der Hubraum des Motors,
b) der restliche Hub des Kolbens bis zum oberen Totpunkt (OT) bei der Zündung 30° vor OT.

3. **Zylinderstift (Bild 3):** Gesucht sind die Masse und die Gewichtskraft von 200 Zylinderstiften ISO 2338 – 20 × 100 – St.

4. **Stahlseil (Bild 4):** Ein 20 m langes Stahlseil besteht aus 6 Litzen mit je 19 Drähten. Die Drähte haben einen Durchmesser von 1,6 mm.
a) Wie groß ist die Querschnittsfläche aller Drähte zusammen?
b) Welche Masse hat das Seil ohne Berücksichtigung der Seele?
Bei dieser Rechnung soll berücksichtigt werden, dass durch den Drall des Seiles die Drähte etwa 3% länger sind als die angegebene Seillänge.

5. **Deckel (Bild 5):** Der abgebildete Deckel eines Pneumatikzylinders aus der Aluminium-Knetlegierung EN AW-AlMg2 wird aus einem 14 mm dicken quadratischen Abschnitt 105 × 105 mm gefräst.
a) Welche Masse haben Rohteil und Fertigteil?
b) Wie viel Prozent weniger Werkstoffverlust würde sich ergeben, wenn ein Strangpressprofil 100 × 100 mit den fertigen Radien R15 zur Verfügung stehen würde?

6. **Zentrierspitze (Bild 6):** Wie groß sind die Masse, die Gewichtskraft und die Oberfläche der Zentrierspitze aus Werkzeugstahl?

7. **Spannpratze (Bild 7):** Für die Spannpratze aus C55E soll die Masse berechnet werden.
a) ohne die Nut 10 × 37, die Ausfräsung 14 × 48 und die Gewindebohrung M12,
b) in fertig bearbeitetem Zustand.

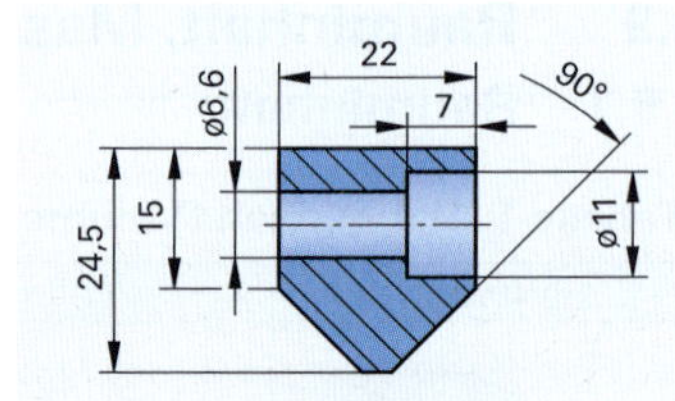

Bild 1: Führungsschiene

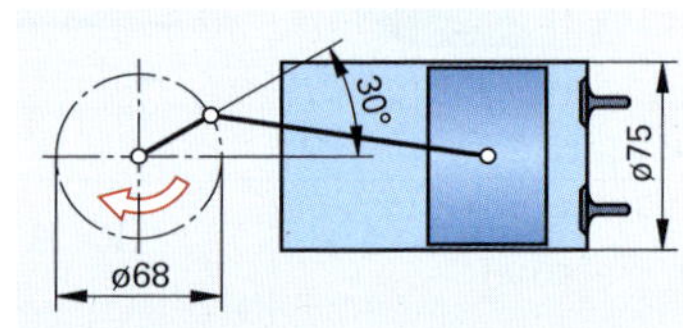

Bild 2: Motor

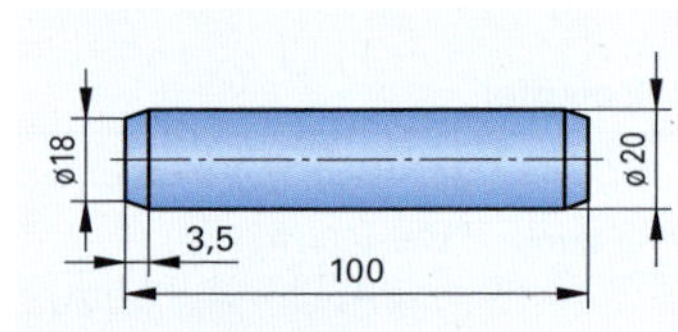

Bild 3: Zylinderstift

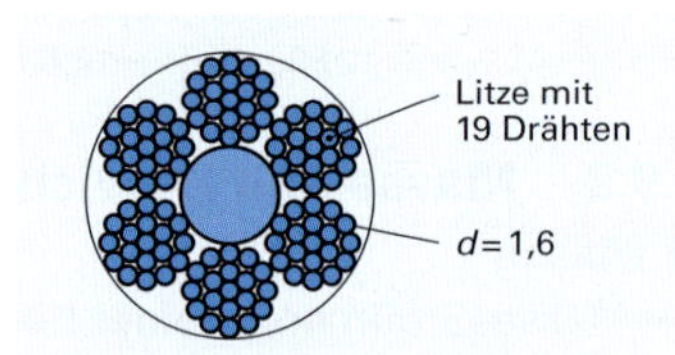

Bild 4: Stahlseil

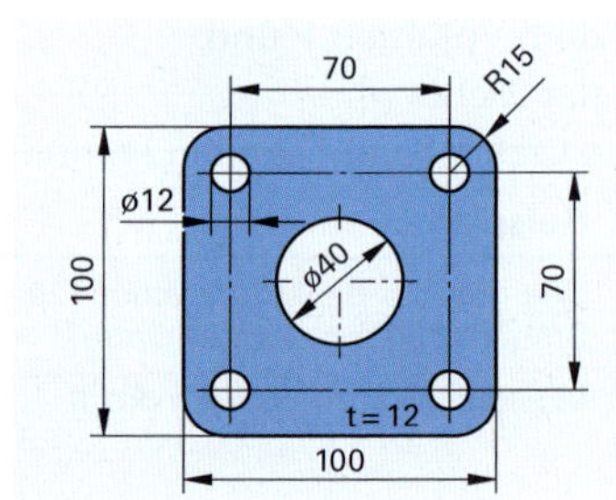

Bild 5: Deckel

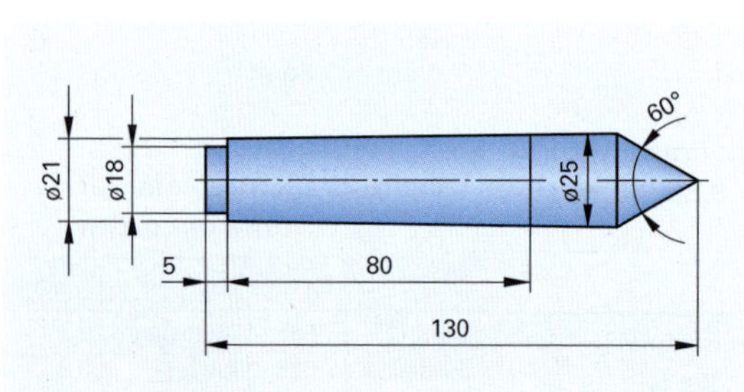

Bild 6: Zentrierspitze

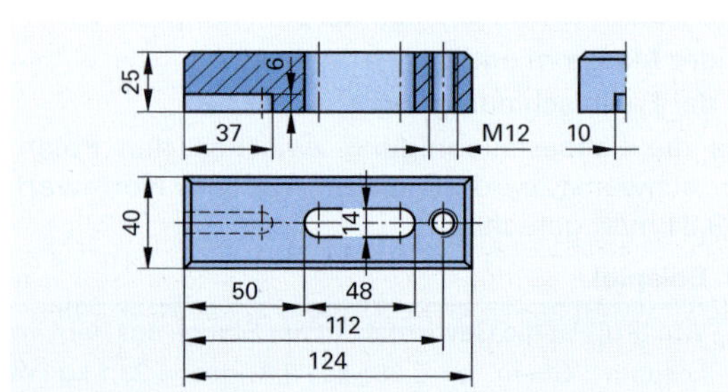

Bild 7: Spannpratze

1.10 Diagramme

Unter einem Diagramm versteht man die grafische Darstellung von Werten meist in einem Koordinatensystem. Mit Diagrammen lassen sich Änderungen einer Größe anschaulich darstellen. Man unterscheidet das Kreisdiagramm, das Balken- oder Säulendiagramm sowie das Histogramm und das Paretodiagramm[1].

1.10.1 Kreisdiagramm

Kreisdiagramme eignen sich vor allem zur übersichtlichen Darstellung der Aufteilung eines Ganzen in seine Einzelanteile.

Beispiel

Die Anteile der an der Erzeugung elektrischer Energie der Bundesrepublik Deutschland beteiligten Energieträger sind in einem Kreisdiagramm darzustellen **(Bild 1)**.

1.10.2 Balkendiagramm

Balkendiagramme verwenden zur Darstellung der Daten Säulen statt Kreissegmente **(Bild 2)**.

1.10.3 Histogramm und Paretodiagramm

Spezielle Balkendiagramme werden z.B. im Rahmen des Qualitätsmanagements verwendet.

Histogramm

Dieser Diagrammtyp wird verwendet, um die Häufigkeitsverteilung von Merkmalen zu zeigen.

Beispiel

Die Länge 40 ± 0,2 mm eines Bauteils wird stichprobenartig gemessen. Die Messwerte werden bestimmten Klassen zugeordnet **(Bild 2)**, z.B. der Klasse von 39,95 mm bis 40 mm. Die meisten Werte (Säulen 4; 5) befinden sich links und rechts von der Mitte. Man spricht von einer Normalverteilung (= natürliche Verteilung) der Werte **(siehe Kapitel 4.1)**.

Paretodiagramm

In einem Säulendiagramm werden die einzelnen Werte der Größe nach von links nach rechts geordnet wiedergegeben.

Beispiel

Tabelle 1 zeigt mögliche Fehlerarten von 79 Elektrogeräten. Im Paretodiagramm **(Bild 3)** werden die Fehlerhäufigkeiten als Säulen sortiert, die höchste Fehlerzahl steht links.
Das Liniendiagramm entsteht durch Aufsummieren der prozentualen Häufigkeiten.

„ABC-Analyse" bedeutet, dass die A-Merkmale etwa 80 % und die B- und C-Merkmale zusammen etwa 20 % von allen Fehlern ausmachen. Die wirkungsvollste Fehlerbekämpfung wäre, bei „A-Merkmalen" nur wenige Fehler zu erreichen.

1 Vilfredo Pareto, 1884–1923, franz.-ital. Soziologe

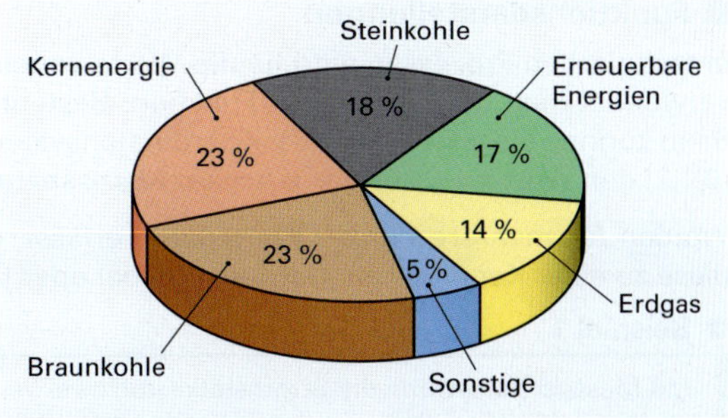

Bild 1: Kreisdiagramm

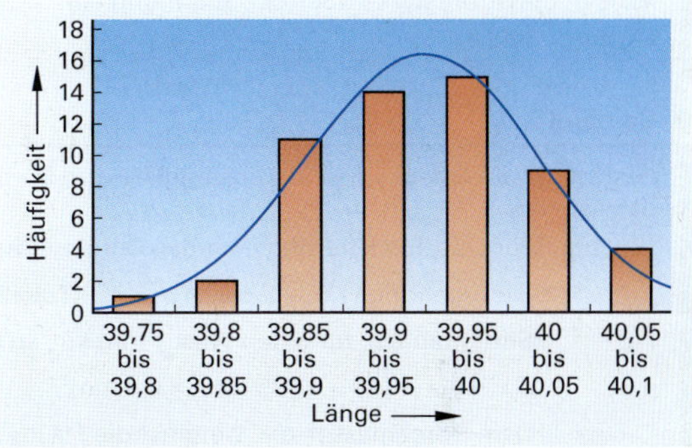

Bild 2: Histogramm einer Messreihe

Tabelle 1: Elektrogeräte

Fehlerart	Absolute Häufigkeit n_i	Relative Häufigkeit h_j in %
Kratzer	15	18,75
Fehlende Kabel	8	10
Hebel abgebrochen	2	2,5
Defekte Anzeige	6	7,5
Lose Schraube	25	31,25
Falsche Anleitung	19	23,75
Defektes Netzteil	5	6,25
Summe:	80	100

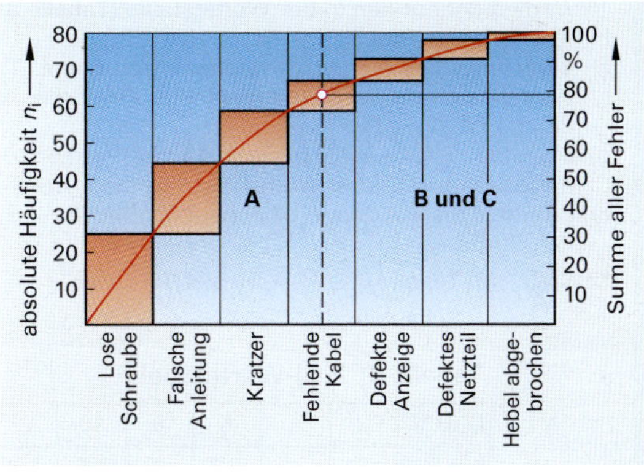

Bild 3: Paretodiagramm

Funktionsdarstellungen

In technischen Prozessen sind häufig Werte voneinander abhängig. Für dieses Abhängigkeitsverhältnis verwendet man den Begriff der Funktion. Besteht eine Funktion aus zweiwertigen Punkten **(Tabelle 1)**, dann können diese in einem *x*-*y*-Koordinatensystem dargestellt werden. Beispielsweise hat der Punkt P1 (6/1,2) den Wert $x = 6$ auf der *x*-Achse (Abszisse) und den Wert $y = 1,2$ auf der *y*-Achse (Ordinate).

Werden für mehrere Punkte Wertepaare erfasst, so verbindet man diese zu einer Kennlinie als Gerade, Parabel oder Hyperbel **(Bild 1)**.

Tabelle 1: Wertetabelle Widerstände

U (V)	2	4	6	8	10	12	14
I_1 (A)	0,4	0,8	1,2	1,6	2	2,4	2,8
I_2 (A)	0,1	0,2	0,3	0,4	0,5	0,6	0,7

Beispiel 1

Mit Messgeräten wurde die Stromstärke von zwei verschiedenen Widerständen in Abhängigkeit von der Spannung erfasst.
Zeichnen Sie die Kennlinie der Widerstände und tragen Sie an den Achsen die Stromstärke über der Spannung ein.

Lösung: **Bild 1**

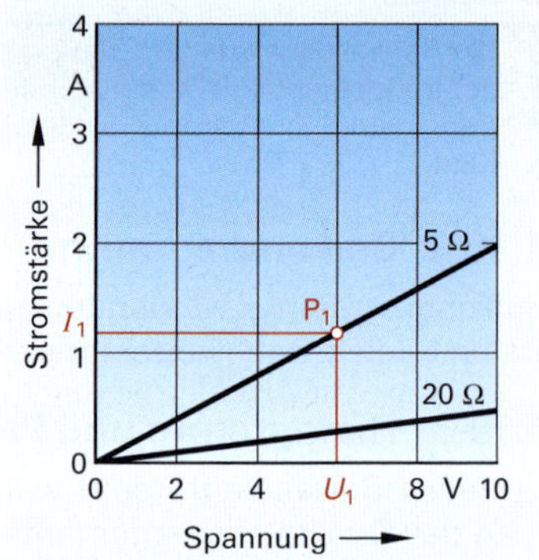

Bild 1: Widerstandskennlinie

Beispiel 2

Parabel: Die Kreisfläche *A* ist in Abhängigkeit vom Durchmesser *d* grafisch darzustellen.

Lösung: Für verschiedene Werte für den Durchmesser *d* berechnet man die zugehörige Kreisfläche $A = \frac{\pi \cdot d^2}{4}$ **(Tabelle 2)**.

Setzt man z. B. für *d* den Wert 1 mm ein, so erhält man:

$$A = \frac{\pi \cdot 1^2 \text{ mm}^2}{4} = 0{,}785 \text{ mm}^2 \approx 0{,}8 \text{ mm}^2$$

Dem Durchmesser $d = 1$ mm ist die Fläche $A = 0{,}8$ mm² zugeordnet. Durch das Wertepaar (1/0,8) ist der Punkt P_2 im Koordinatensystem festgelegt **(Bild 2)**.

A und *d* bilden bei diesem Beispiel die beiden Koordinatenachsen. Wenn man die eingezeichneten Punkte verbindet, erhält man als Schaubild der Funktion

$A = \frac{\pi \cdot d^2}{4}$ eine Parabel.

Tabelle 2: Kreisfläche *A* in Abhängigkeit vom Durchmesser *A*

Punkte	P_1	P_2	P_3	P_4	P_5	P_6	P_7
d in mm	0	1	2	3	4	5	6
A in mm²	0	0,8	3,1	7,1	12,6	19,6	28,3

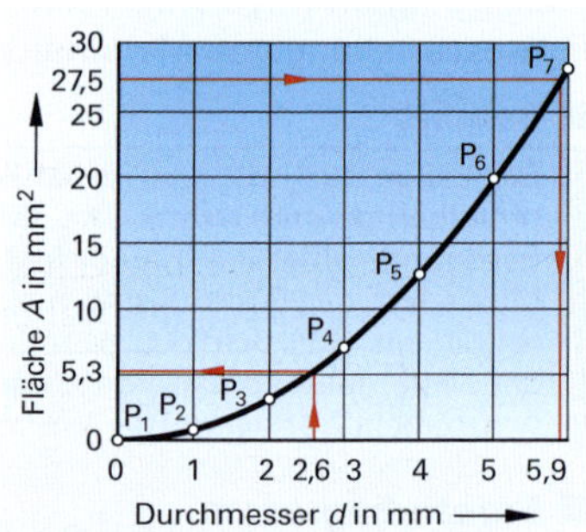

Bild 2: Parabel

Beispiel 3

Hyperbel: Gegeben sind die Funktionsgleichung $I = P/U$ für die Leistung $P = 16$ W, die Spannungen in der Wertetabelle **(Tabelle 3)** und ein Gitternetz mit Werteskalen **(Bild 3)**.

a) Berechnen Sie die zugeordneten Stromwerte. Tragen Sie die *U*-*I*-Wertepaare in eine Wertetabelle ein. Einheiten, Ampere gleich Watt durch Volt: A = W/V.

b) Markieren Sie für jedes berechnete *U*-*I*-Wertepaar den Punkt im Koordinatensystem und verbinden Sie die Punkte durch die $I(U)$-Kennlinie.

c) Ermitteln Sie aus dem $I(U)$-Schaubild **(Bild 3)** zur Spannung $U_7 = 7{,}0$ V den Strom I_7.

Lösung: a) Tabelle 3; b) Bild 3.

c) Schaubild: $U_7 = 7{,}0 \text{ V} \Rightarrow I_7 = 2{,}3 \text{ A}$

Tabelle 3: $I(U)$-Wertetabelle

U in V	2	4	6	8	10	12	14	16	20
I in A	8	4	2,7	2	1,6	1,3	1,1	1	0,8

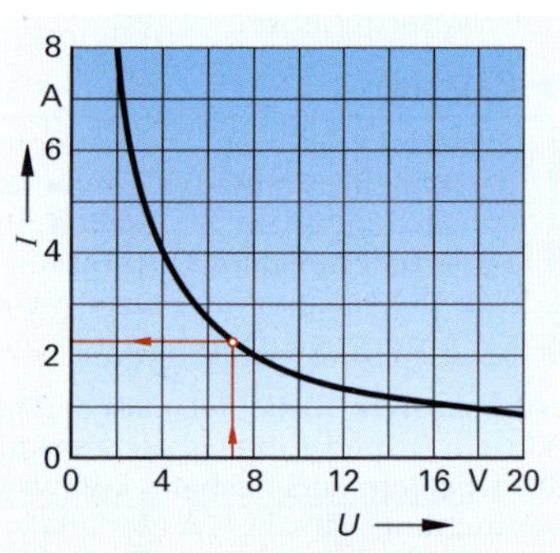

Bild 3: $I(U)$-Kennlinie (Leistungshyperbel) für $P = 16$ W

Durch die Verwendung logarithmisch geteilter Achsen kann die Hyperbel zu einer Linie gestreckt werden. Erfasst man beispielsweise Widerstände mit nicht linearem Verhalten, dann werden deren Kennlinien nicht gerade sein **(Bild 1)**. Logarithmische Darstellungen kommen vor allem dann zum Einsatz, wenn große Wertebereiche abgebildet werden müssen.

Aufgaben | Schaubilder

1. **NTC-Widerstände (Bild 1):** Für NTC-Widerstände vom Typ S891 wurden Kennlinien aufgenommen.
   a) Ermitteln Sie aus den Kennlinien die Widerstandsänderung in den Bereichen –20 °C bis 20 °C und 80 °C bis 120 °C.
   b) Stellen Sie in einer Tabelle alle Widerstandswerte vom NTC mit $R_{25} = 2\,\Omega$ für die Temperaturen 0 °C bis 100 °C dar.
   c) Bestimmen Sie für den 10-kΩ-NTC die Temperaturwerte für die Widerstände von 100 Ω, 800 Ω, 4 kΩ, 10 kΩ.
2. **Flächenberechnung:** Die Kreisfläche $A = \frac{\pi \cdot d^2}{4}$ ist für den Durchmesserbereich von $d = 0$ mm bis $d = 60$ mm darzustellen.
3. **Drehzahldiagramm (Bild 2):** In Bauteile aus den Werkstoffen nach **Tabelle 1** sind Löcher zu bohren. Mithilfe des Drehzahldiagramms sind die einzustellenden Drehzahlen zu bestimmen.
4. **Batterie (Bild 3):** Die Entladekennlinie zeigt die Klemmenspannung U einer Batterie als Funktion der Entladezeit t.
   a) Welchen Wert U_1 hat die Spannung nach der Zeit $t_1 = 16$ h?
   b) Nach welcher Zeit t_2 beträgt die Spannung $U_2 = 12$ V?
5. **Ohmsches Gesetz:** Gegeben ist das Ohmsche Gesetz in der Form $I = U/R$. Zu betrachten ist der Strom I als Funktion der Spannung U für einen Widerstand $R = 20\,\Omega$.
   a) Berechnen Sie die Ströme, die den Spannungen 0 V, 10 V, 20 V, ..., 60 V zugeordnet sind.
   b) Legen Sie für die ermittelnden U-I-Wertepaare eine Wertetabelle an.
   c) Zeichnen Sie die Kennlinie für die U-I-Wertepaare.
   d) Ermitteln Sie aus dem erstellten $I(U)$-Schaubild den Strom I_1 für die Spannung $U_1 = 25$ V. Überprüfen Sie das Ergebnis durch Rechnung.
   e) Ermitteln Sie die Steigung der U-I-Kennlinie.

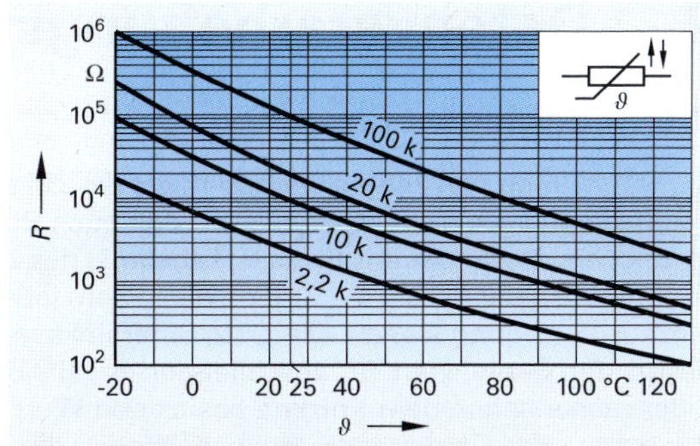

Bild 1: Kennlinien von NTC-Widerständen

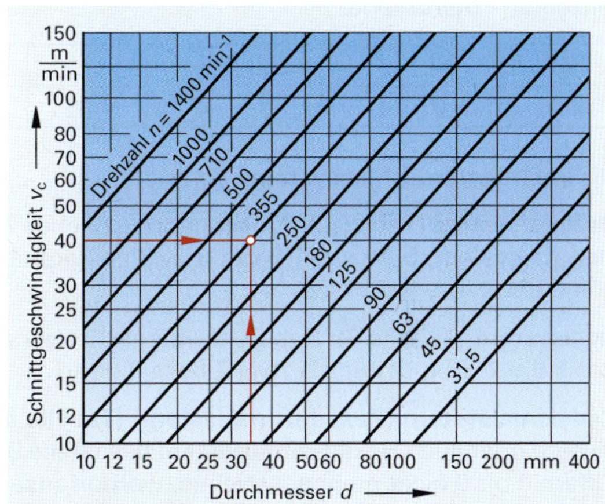

Bild 2: Drehzahldiagramm

Tabelle 1: Drehzahlbestimmung

Werkstoff	Durchmesser d	Schnittgeschwindigkeit v_c
Baustahl	15 mm	35 $\frac{m}{min}$
CuZn	20 mm	60 $\frac{m}{min}$
Gusseisen	60 mm	25 $\frac{m}{min}$
Thermoplaste	20 mm	32 $\frac{m}{min}$

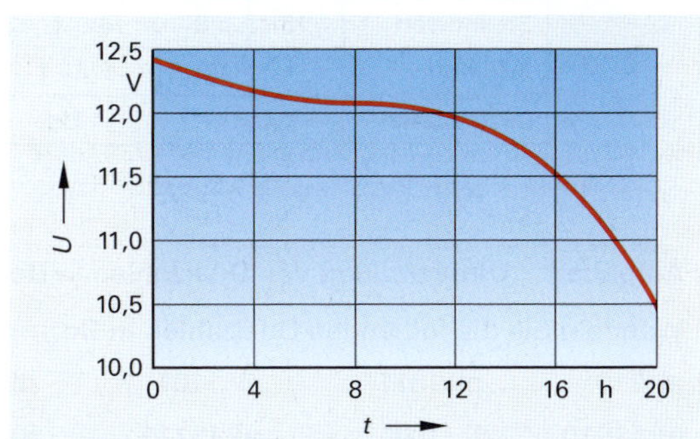

Bild 3: Entladekennlinie $U(t)$ einer Batterie

2 Datenverarbeitungstechnik

2.1 Zahlensysteme

Zur Darstellung von Zahlen werden meist die Ziffern 0 bis 9 verwendet; reichen diese nicht mehr aus, werden auch Buchstaben als Zahlenzeichen verwendet. Als **Basis B (Tabelle 1)** des Zahlensystems bezeichnet man die Anzahl der Ziffern, die in dem jeweiligen Zahlensystem zur Verfügung stehen. Die erste Ziffer links neben dem Komma besitzt den Stellenwert B^0, anschließend B^1, B^2, B^3, ..., B^n, die erste Ziffer rechts neben dem Komma besitzt den Wert B^{-1}, anschließend B^{-2}, B^{-3}, ..., B^{-n}. Der Potenzwert einer Ziffer ist das Produkt aus Ziffer und Stellenwert, den Wert der Zahl erhält man durch Addieren der einzelnen Potenzwerte.

Ziffer	4	3	2	1	–1	–2
Potenz	$\cdot B^4$	$\cdot B^3$	$\cdot B^1$	$\cdot B^0$	$\cdot B^{-1}$	$\cdot B^{-2}$

Tabelle 1: Überblick über die Zahlensysteme

Zahlensystem	Basis	Ziffern
Dual	2	0, 1
Dezimal	10	0, 1, 2, 3, 4, 5, 6, 7, 8, 9
Hexadezimal	16	0, 1, 2, 3, 4...9 A, B, C, D, E, F

Die wichtigsten Zahlensysteme sind:

Dezimalsystem (Tabelle 2): Unser gebräuchliches Zahlensystem, das Dezimalsystem, besitzt die Basis B = 10; es enthält die zehn Ziffern von 0 bis 9.

Dualsystem (Tabelle 3): Das Dualsystem (Zweiersystem) besitzt die Basis B = 2. Es gibt nur die zwei Ziffern 0 und 1.

Sedezimalsystem (Hexadezimalsystem) (Tabelle 4): Das Sedezimalsystem oder auch Hexadezimalsystem besitzt die Basis B = 16. Da die Ziffern 0 bis 9 nicht mehr ausreichen, werden zusätzlich die Buchstaben A, B, C, D, E und F verwendet.

Tabelle 2: Dezimalzahlen

Zahlen-Beispiel	3	5	6,	2
Stelle	3	2	1	–1
Zehnerpotenz	10^2	10^1	10^0	10^{-1}
Stellenwert	100	10	1	0,1

$3 \cdot 10^2 + 5 \cdot 10^1 + 6 \cdot 10^0 + 2 \cdot 10^{-1} = 356{,}2$

2.1.1 Umwandlung von Dualzahlen in Dezimalzahlen

Dualzahlen werden in Dezimalzahlen umgewandelt, indem die Potenzwerte der einzelnen Ziffern addiert werden **(Tabelle 3):**

Beispiel

Die Dualzahl 10110,1 soll umgewandelt werden in eine Dezimalzahl:

Lösung:

Dualzahl	1	0	1	1	0,	1
Stelle	5	4	3	2	1	–1
Zweierpotenz	2^4	2^3	2^2	2^1	2^0	2^{-1}
Stellenwert	16	8	4	2	1	0,5
Addition	$\mathbf{1} \cdot 16 + \mathbf{0} \cdot 8 + \mathbf{1} \cdot 4 + \mathbf{1} \cdot 2 + \mathbf{0} \cdot 1 + \mathbf{1} \cdot 0{,}5$					
Dezimalzahl	22,5					

Tabelle 3: Dualzahlen

Zahlen-Beispiel	1	0	1,	1
Stelle	3	2	1	–1
Zehnerpotenz	2^2	2^1	2^0	2^{-1}
Stellenwert	4	2	1	0,5

$1 \cdot 2^2 + 0 \cdot 2^1 + 1 \cdot 2^0 + 1 \cdot 2^{-1} = 5{,}5$ Dez.

Aufgaben | **Umwandlung von Dualzahlen in Dezimalzahlen**

Wandeln Sie die folgenden Dualzahlen in Dezimalzahlen um:

a) 110	b) 1011	c) 1101	d) 1100
e) 11010	f) 10011	g) 11111	h) 11001
i) 1101,1	j) 1001,11	k) 1110,01	l) 11110,11

Tabelle 4: Sedezimalzahlen

Zahlen-Beispiel	2	D	A
Stelle	3	2	1
Zehnerpotenz	16^2	16^1	16^0
Stellenwert	2	13	10

$2 \cdot 16^2 + 13 \cdot 16^1 + 10 \cdot 16^0 = 730$

2.1.2 Umwandlung von Sedezimalzahlen (Hexadezimalzahlen) in Dezimalzahlen

Sedezimalzahlen **(Tabelle 1)** werden in Dezimalzahlen umgewandelt, indem die Potenzwerte der einzelnen Ziffern addiert werden **(Tabelle 2 und Tabelle 3)**:

Beispiel

Die Hexadezimalzahl (Sedezimalzahl) 4B3F soll umgewandelt werden in eine Dezimalzahl:

Lösung:

Hexadezimalzahl	4	B	3	F
Ziffernwert	4	11	3	15
Stelle	4	3	2	1
Potenz	16^3	16^2	16^1	16^0
Stellenwert	4096	256	16	1
Addition	$\mathbf{4} \cdot 16^3 + \mathbf{11} \cdot 16^2 + \mathbf{3} \cdot 16^1 + \mathbf{15} \cdot 16^\circ =$ $4 \cdot 4096 + 11 \cdot 256 + 3 \cdot 16 + 15 \cdot 1 =$			
Dezimalzahl	**19263**			

Aufgaben **Umwandlung von Sedezimalzahlen in Dezimalzahlen**

Wandeln Sie die folgenden Sedezimalzahlen in Dezimalzahlen um:

a) 3F b) 29 c) B5 d) 87

e) 2B4 f) 35F g) C3A h) 777

i) 24AB j) ABCD k) E3F,2 l) 27F,A

2.1.3 Umwandlung von Dezimalzahlen in Dualzahlen

Zerlegungsverfahren: Die Dezimalzahl wird bei der Umwandlung in eine Dualzahl in eine Summe von Zweierpotenzen zerlegt:

Beispiel

Die Dezimalzahl 25 soll in eine Dualzahl umgewandelt werden:

Stelle	5	4	3	2	1
Dualzahl	1	1	0	0	1

Lösung:

- Die höchste vorkommende Zweierpotenz ist $2^4 = 16$; die fünfte Ziffer der Dualzahl ist 1:
- Als Rest bleib $25 - 16 = 9$; die höchste im Rest 9 enthaltene Zweierpotenz ist $2^3 = 8$, der Wert der vierten Stelle ist also ebenfalls 1:
- Als Rest bleibt $9 - 8 = 1$ die höchste im Rest 1 enthaltene Zweierpotenz ist $2^0 = 1$; die Werte der dritten Stelle ($2^2 = 4$) und der zweiten Stelle ($2^1 = 2$) sind jeweils 0, der Wert der ersten Stelle $2^0 = 1$ dagegen wird 1 gesetzt:

Die Dualzahl 11001 entspricht der Dezimalzahl 25.

Tabelle 1: Dezimalzahlen/ Sedezimalzahlen

Dezimalzahl	Sedezimalzahl
0	0
1	1
2	2
3	3
4	4
5	5
6	6
7	7
8	8
9	9
10	A
11	B
12	C
13	D
14	E
15	F

Tabelle 2: Sedezimalzahlen 1

Zahlen-Beispiel	A	9	B
Ziffern-wert	10	9	11
Stelle	3	2	1
Zehner-potenz	16^2	16^1	16^0
Stellen-wert	256	16	1

$10 \cdot 16^2 + 9 \cdot 16^1 + 11 \cdot 16^0 = 2715$ Dez.

Tabelle 3: Sedezimalzahlen 2

Zahlen-Beispiel	2	D	A
Ziffern-wert	2	13	10
Stelle	3	2	1
Zehner-potenz	16^2	16^1	16^0
Stellen-wert	2	13	10

$2 \cdot 16^2 + 13 \cdot 16^1 + 2 \cdot 10^0 = 730$

Resteverfahren: Die Dezimalzahl wird immer wieder durch die Basis des gewünschten Zahlensystems dividiert und der Rest notiert, bis das Ergebnis der Division 0 wird. Der Rest in umgekehrter Reihenfolge notiert ergibt die Dualzahl:

● **Beispiel**

Die Dezimalzahl 25 soll mit Hilfe des Resteverfahrens in eine Dualzahl umgewandelt werden:

Lösung:

Division		Dualzahl
25 : 2 = 12	Rest **1**	
12 : 2 = 6	Rest **0**	
6 : 2 = 3	Rest **0**	
3 : 2 = 1	Rest **1**	
1 : 2 = 0	Rest **1**	
		1 1 0 0 1

Aufgaben | **Umwandlung von Dezimalzahlen in Dualzahlen**

Wandeln Sie die folgenden Dezimalzahlen nach dem Zerlegungsverfahren **(vgl. Tabelle 1)** bzw. Resteverfahren in Dualzahlen um:

a) 243 b) 29 c) 435 d) 87
e) 354 f) 125 g) 4064 h) 777
i) 2466 j) 6543 k) 4536 l) 6576

2.1.4 Umwandlung von Dezimalzahlen in Sedezimalzahlen

Bei der Umwandlung von Dezimalzahlen in Sedezimalzahlen lassen sich wieder das Zerlegungsverfahren und das Resteverfahren anwenden **(vgl. vorherige Seite)**.

● **Beispiel**

Die Dezimalzahl 2538 soll in eine Sedezimalzahl umgewandelt werden:

Ziffer	3	2	1
Sedezimalzahl	9	E	A

Lösung:
- Die höchste vorkommende Potenz ist $16^2 = 256$, die 3. Ziffer
  2538 : 256 = 9
  Rest 234
- 2. Ziffer $16^1 = 16$:
  234 : 16 = 14 (entspr. E)
  Rest 10
- 1. Ziffer $16^0 = 1$
  10 : 1 = 10 (entspr. A)

Resteverfahren:

Division		Sedezimalzahl
2538 : 16 = 158	Rest **10**	
158 : 16 = 9	Rest **14**	
9 : 16 = 0	Rest **9**	
		9 E A

Aufgaben | **Umwandlung von Dezimalzahlen in Sedezimalzahlen**

Wandeln Sie die folgenden Dezimalzahlen nach dem Zerlegungsverfahren **(vgl. Tabelle 2)** bzw. Resteverfahren in Sedezimalzahlen um:

a) 2343 b) 429 c) 7435 d) 8657
e) 3254 f) 1257 g) 84064 h) 5777

Tabelle 1: Zweierpotenzen

Stelle	Zweierpotenz	Potenzwert
1	2^0	1
2	2^1	2
3	2^2	4
4	2^3	8
5	2^4	16
6	2^5	32
7	2^6	64
8	2^7	128
9	2^8	256
10	2^9	512
11	2^{10}	1024
12	2^{11}	2048
13	2^{12}	4096
14	2^{13}	8192

Tabelle 2: Sechzehnerpotenzen (Sedezimalzahlen)

Stelle	Zweierpotenz	Potenzwert
1	16^0	1
2	16^1	16
3	16^2	256
4	16^3	4096
5	16^4	65536

Tabelle 3: Sedezimalzahlen

Dezimalzahl	Sedezimalzahl
0	0
1	1
2	2
3	3
4	4
5	5
6	6
7	7
8	8
9	9
10	A
11	B
12	C
13	D
14	E
15	F

2.1.5 Umwandlung von Dualzahlen in Sedezimalzahlen

Dualzahlen kann man in Sedezimalzahlen umwandeln, indem man die Dualzahl von rechts beginnend in Vierergruppen aufteilt und die jeweilige Vierergruppe durch die entsprechende Sedezimalziffer ersetzt:

● **Beispiel**

Die Dualzahl 11010110101 soll in eine Sedezimalzahl umgewandelt werden:

Lösung:

Dualzahl	**110 1011 0101**		
Vierergruppen	0110	1011	0101
Dezimal	6	11	5
Sedezimalzahl	**6**	**B**	**5**

Aufgaben **Umwandlung von Dualzahlen in Sedezimalzahlen**

Wandeln Sie die folgenden Dualzahlen in Sedezimalzahlen um:

a) 10110101 b) 11001011 c) 110110
d) 1101101 e) 100100101011 f) 01101001
g) 00101100101 h) 101101 i) 11001100110

2.1.6 Umwandlung von Sedezimalzahlen in Dualzahlen

Sedezimalzahlen können in Dualzahlen umgewandelt werden, indem man jede Ziffer der Sedezimalzahl durch eine entsprechende vierstellige Dualzahl ersetzt:

● **Beispiel**

Die Sedezimalzahl 3FC soll in eine Dualzahl umgewandelt werden:

Lösung:

Sedezimalzahl	**3**	**F**	**C**
Dezimal	3	15	12
Vierergruppen	0011	1111	1100
Dualzahl	**11 1111 1100**		

Aufgaben **Umwandlung von Sedezimalzahlen in Dualzahlen**

Wandeln Sie die folgenden Sedezimalzahlen in Dualzahlen um:

a) 3F b) 29 c) B5 d) 87
e) 2B4 f) 35F g) C3Y h) 777
i) 24AB j) ABCD k) E3F l) 27F

2.2 BCD-Code[1]

Mit Hilfe des BCD-Codes werden Dezimalzahlen binär verschlüsselt, indem jede einzelne Ziffer durch eine vierstellige Dualzahl ausgedrückt wird **(Tabelle 1)**:

● **Beispiel**

Die Dezimalzahl 293 soll im BCD-Code dargestellt werden:

Lösung:

Dezimalzahl	**2**	**9**	**3**
BCD-Code	0010	1001	0011

Aufgaben **BCD-Code**

Stellen Sie die folgenden Zahlen im BCD-Code dar:

a) 35 b) 29 c) 75 d) 243
e) 356 f) 735 g) 9476 h) 3645

Tabelle 1: BCD-Code

Dezimalzahl	BCD-Code	
1		0001
2		0010
3		0011
4		0100
5		0101
6		0110
7		0111
8		1000
9		1001
10	0001	0000
11	0001	0001
12	0001	0010
13	0001	0011
14	0001	0100
15	0001	0101
16	0001	0110
17	0001	0111
18	0001	1000
19	0001	1001
20	0010	0000

Eine vierstellige Dualzahl im BCD-Code wird als Tetrade[2] bezeichnet.
Die nicht benötigten Dualzahlen
10 = 1010
11 = 1011
12 = 1100
13 = 1101
14 = 1110
15 = 1111
nennt man Pseudotetraden.

1 BCD = **B**inary **C**oded **D**ecimal (engl.) = binär codiertes Dezimalsystem
2 Tetrade (griech.) = Vierergruppe

2.3 Potenzen und Wurzeln

Die Potenz besteht aus Basis und Exponent.

Der Potenzwert errechnet sich, in dem man die Basis so oft mit sich selbst multipliziert, wie der Exponent angibt.

Die Wurzel besteht aus Wurzelexponent und Radikand.

Beispiele

a) $3^4 = 3 \cdot 3 \cdot 3 \cdot 3 = 81$ $\qquad 2^5 = 2 \cdot 2 \cdot 2 \cdot 2 \cdot 2 = 32$

$2^3 \cdot 2^3 = 2^{3+3} = 2^6 = 64$ $\qquad 4^2 \cdot 4^4 = 4^{2+4} = 4^6 = 4096$

b) $\frac{2^5}{2^3} = 2^{5-3} = 2^2 = 4$ $\qquad \frac{4^2}{4^{-3}} = 4^{2-(-3)} = 4^{2+3} = 4^5 = 1024$

c) $(3^3)^2 = 3^{3 \cdot 2} = 3^6 = 729$ $\qquad (4^{-2})^{-3} = 4^{-2 \cdot (-3)} = 4^6 = 4096$

d) $4^{-3} = \frac{1}{4^3} = \frac{1}{64} = 0{,}0156$ $\qquad 5^{-2} = \frac{1}{5^2} = \frac{1}{25} = 0{,}04$

e) $5^2 \cdot 3^2 = (5 \cdot 3)^2 = 15^2 = 225$ $\qquad 4^3 \cdot 2^3 = (4 \cdot 2)^3 = 8^3 = 512$

f) $\frac{8^4}{2^4} = \left(\frac{8}{2}\right)^4 = 4^4 = 256$ $\qquad \left(\frac{6}{3}\right)^{-2} = 2^{-2} = \frac{1}{2^2} = \frac{1}{4} = 0{,}25$

g) $\sqrt[3]{27} = 27^{1/3} = 3$ $\qquad \sqrt[4]{256} = 256^{1/4} = 4$

Aufgaben | **Potenzen und Wurzeln**

Berechnen Sie die folgenden Ausdrücke:

1. a) 3^2 **b)** 30^2 **c)** 5^2 **d)** 50^2

2. a) 2^2 **b)** $0{,}2^2$ **c)** $0{,}02^2$ **d)** $0{,}002^2$

3. a) $(-3)^0$ **b)** $(-3)^1$ **c)** $(-3)^2$ **d)** $(-3)^3$

4. a) 10^1 **b)** 10^0 **c)** 10^{-1} **d)** 10^{-2}

5. a) $(-5)^{-2}$ **b)** $(-5)^{-3}$ **c)** $(-5)^{-4}$ **d)** $(-5)^0$

6. a) $3^3 \cdot 3^4$ **b)** $4^4 \cdot 4^{-2}$ **c)** $5^{-2} \cdot 5^5$ **d)** $10^3 \cdot 10^{-4}$

7. a) $x^3 \cdot x^{-4}$ **b)** $5^a \cdot 5^a$ **c)** $a^{bc} \cdot a^c$ **d)** $3a^2 \cdot 4a^3$

8. a) $\frac{5^3}{5^2}$ **b)** $\frac{10^{2ax}}{10^{ax}}$ **c)** $\frac{10^{-2}}{10^{-4}}$ **d)** $\frac{2^{n+1}}{2^n}$

9. a) $\frac{x^4}{x^2}$ **b)** $\frac{a^{2bc}}{a^{3bc}}$ **c)** $\frac{x}{x^{-n}}$ **d)** $\frac{y^{2a+1}}{y^2}$

10. a) $(3^2)^4$ **b)** $(x^3)^2$ **c)** $(3^x)^3$ **d)** $(a^2)^n$

11. a) $3^x \cdot 4^x$ **b)** $2b^x \cdot 3c^x$ **c)** $ab^2 \cdot ac^2$ **d)** $2(ab)^2 \cdot c^2$

12. a) $\frac{9^3}{3^3}$ **b)** $\frac{24^x}{8^x}$ **c)** $\frac{25x^{-3}}{5y^{-3}}$ **d)** $\frac{ab^{x-3}}{ac^{x-3}}$

13. a) $\left(\frac{10^{2ax}}{10^{ax}}\right)^4$ **b)** $\sqrt[3]{\frac{2^{n+1}}{2^n}}$ **c)** $\left(\frac{25x^{-3}}{5y^{-3}}\right)^2$ **d)** $\frac{(3a)^{x-3}}{a^{x-3}} \cdot 3^{-x}$

Berechnen Sie die folgenden Ausdrücke, wandeln Sie sie gegebenenfalls in Potenzen um:

14. a) $\sqrt{1}$ **b)** $\sqrt{10}$ **c)** $\sqrt{100}$ **d)** $\sqrt{1000}$

15. a) $\sqrt{90}$ **b)** $\sqrt{9}$ **c)** $\sqrt{0{,}9}$ **d)** $\sqrt{0{,}09}$

16. a) $\sqrt[4]{16}$ **b)** $\sqrt[3]{2374}$ **c)** $\sqrt[3]{3^3}$ **d)** $\sqrt[5]{32^4}$

Potenzen

$$c = a^n$$

$$c = \underbrace{a \cdot a \cdot a \cdot a \cdot \ldots}_{n \text{ Faktoren}}$$

c	Potenzwert
a	Basis
n	Exponent

Wurzeln

$$a = \sqrt[n]{c}$$

$$c = \underbrace{a \cdot a \cdot a \cdot a \cdot \ldots}_{n \text{ Faktoren}}$$

a	Wurzel
c	Radikant
n	Wurzelexponent

Potenzgesetze

Multiplikation mit gleicher Basis:

$$a^m \cdot a^n = a^{m+n}$$

Division mit gleicher Basis:

$$\frac{a^m}{a^n} = a^{m-n}$$

Potenzieren von Potenzen:

$$(a^m)^n = a^{m \cdot n}$$

Potenzen mit negativen Exponenten:

$$a^{-m} = \frac{1}{a^m}$$

Multiplikation mit gleichem Exponenten:

$$a^m \cdot b^m = (a \cdot b)^m$$

Division mit gleichem Exponenten:

$$\frac{a^m}{b^m} = \left(\frac{a}{b}\right)^m$$

Umwandlung einer Wurzel in eine Potenz:

$$\sqrt[n]{c^m} = c^{\frac{m}{n}} \qquad \sqrt{c} = c^{\frac{1}{2}}$$

2.4 Zehnerpotenzen, Vorsätze

Die Verwendung der Basiseinheiten führt in der Technik schnell zu sehr großen bzw. sehr kleinen Zahlen. Um die Darstellung kürzer und übersichtlicher zu gestalten, verwendet man Zehnerpotenzen, die durch die entsprechenden Vorsätze ersetzt werden. Der zugehörige Vorsatz wird direkt vor die eigentliche Maßeinheit geschrieben. Bei Rechnungen mit Vorsätzen wird die entprechende Zehnerpotenz eingesetzt.

Ausnahmen gibt es z. B. in der Datenverarbeitungstechnik und bei der Masse, wo bereits die Basiseinheit mit **Kilo**gramm bezeichnet wird **(Tabelle 2)**.

Beispiel

Berechnen Sie die Ausdrücke und stellen Sie das Ergebnis in den Basiseinheiten mit entsprechenden Vorsätzen bzw. Zehnerpotenzen dar:

Lösung:

1. $23\ \text{km} \cdot 2{,}7\ \text{dm} = 23 \cdot 2{,}7\ \text{km} \cdot \text{dm} = 62{,}1 \cdot 10^3\ \text{m} \cdot 10^{-1}\ \text{m}$
$= 62{,}1 \cdot 10^2\ \text{m}^2$

2. $$\frac{1{,}3\ \text{kN}}{22\ \text{cm}^2} = \frac{1{,}3 \cdot 10^3\ \text{N}}{22 \cdot (10^{-2}\ \text{m})^2} = \frac{1{,}3 \cdot 10^3\ \text{N}}{22 \cdot 10^{(-2) \cdot 2}\ \text{m}} = \frac{1{,}3 \cdot 10^3\ \text{N}}{22 \cdot 10^{-4}\ \text{m}}$$
$$= 0{,}059 \cdot 10^{3-(-4)} \frac{\text{N}}{\text{m}^2} = 0{,}059 \cdot 10^7 \frac{\text{N}}{\text{m}^2}$$
$$= 0{,}59 \cdot 10^6 \frac{\text{N}}{\text{m}^2} = 0{,}59 \frac{\text{MN}}{\text{m}^2} = 590 \frac{\text{kN}}{\text{m}^2} = 590\,000 \frac{\text{N}}{\text{m}^2}$$

Aufgaben Zehnerpotenzen, Vorsätze

Geben Sie die folgenden Ausdrücke sowohl als geeignete Zehnerpotenz als auch mit dem entsprechenden Vorsatz an:

1. a) 0,0035 V **b)** 2700 **c)** 1 300 000 m

2. a) 430 000 000 N **b)** 0,0000052 s **c)** 0,0000047 F

3. a) 0,035 ms **b)** 350 000 kΩ **c)** 2300 dm

4. a) 3500 kg **b)** 0,0025 kN **c)** 76 000 ms

Berechnen Sie die folgenden Ausdrücke. Geben Sie die Ergebnisse mithilfe der Zehnerpotenzen in den Basiseinheiten an und wählen Sie anschließend eine geeignete Darstellung mit Vorsätzen:

5. a) $\frac{12\ \text{m}^2}{14\ \text{m}}$ **b)** $\frac{3{,}5\ \text{cm}}{26\ \text{ms}}$

6. a) $\frac{12\ \text{cm} \cdot 2{,}2\ \text{dm}}{1{,}2\ \text{dm}}$ **b)** $\frac{42\ \text{m}^2 \cdot 1{,}5\ \text{ms}}{14\ \text{dm}}$

7. a) $\frac{4{,}7\ \text{kN} \cdot 24\ \text{cm}^3}{92\ \text{dm}^2}$ **b)** $\frac{12\ \text{cm}^2 \cdot 14{,}7\ \text{mm}}{14\ \text{m}}$

8. a) $\frac{32\ \text{cm} \cdot 54\ \text{mm} \cdot 2{,}2\ \text{dm}}{1{,}2\ \text{cm}^2}$ **b)** $\frac{32\ \text{mV} \cdot 54\ \text{nA}}{86\ \mu\text{A}}$

9. a) $\frac{75\ \text{kVA} \cdot 54\ \text{ms}}{0{,}2\ \text{nVs}}$ **b)** $\frac{220\ \text{GVA} \cdot 60\ \text{s}}{748\ \text{kA} \cdot 87\ \text{mV}}$

10. a) $\frac{243 \frac{\text{kAs}}{\text{V}} \cdot 4\ \text{ms}}{46\ \text{mVa} \cdot 2{,}7 \frac{\text{s}}{\text{V}}}$ **b)** $\frac{43\ \text{MVA} \cdot 54 \frac{\text{mV}}{\text{A}}}{15 \frac{\text{KA}}{\text{s}} \cdot 2{,}7\ \text{kVs}}$

Tabelle 1: Vorsätze

Vergrößernde Vorsätze:		
	Vorsatz	Faktor
h	Hekto	$10^2 = 100$
k	Kilo	$10^3 = 1000$
M	Mega	$10^6 = 1\,000\,000$
G	Giga	$10^9 = 10\,000\,000$
Beispiele:		
1 hl	1 Hektoliter	100 l
1 km	1 Kilometer	1000 m
1 MW	1 Megawatt	1 000 000 W
1 GV	1 Gigavolt	10 000 000 V
Verkleinernde Vorsätze:		
	Vorsatz	Faktor
d	Dezi	$10^{-1} = 0{,}1$
c	Zenti	$10^{-2} = 0{,}01$
m	Milli	$10^{-3} = 0{,}001$
µ	Mikro	$10^{-6} = 0{,}000001$
n	Nano	$10^{-9} = 0{,}000000001$
p	Piko	$10^{-12} = 0{,}000000000001$
Beispiele:		
1 dm	1 Dezimeter	0,1 m
1 cm	1 Zentimeter	0,01 m
1 mV	1 Millivolt	0,001 V
1 µF	1 Mikrovolt	0,000001 V
1 nF	1 Nanofarad	0,000000001 F
1 pF	1 Pikofarad	0,000000000001 F

Tabelle 2: Ausnahmen

Kilogramm	
Basiseinheit: 1 kg 1 t = 1 Tonne = 1000 kg = $1 \cdot 10^3$ kg	
Datenverarbeitungstechnologie	
1 kByte	1024 Byte
1 MByte	1024 kByte
1 GByte	1024 MByte

3 Prüf- und Messtechnik

Elektrotechnik und Messtechnik sind untrennbar miteinander verbunden. Messen macht aber nur dann Sinn, wenn das Ergebnis als aussagekräftiger Wert interpretiert werden kann. Da kein Messgerät fehlerfrei bei der Messung arbeitet, sondern mit Messfehlern behaftet ist, bedarf es das Wissen über die Messgeräte bezüglich ihrer Fehlerquellen. Diese sind abhängig vom Gerätetyp, ob es sich um ein analoges Messgerät oder ein digitales Messgerät handelt.

3.1 Messfehler analoger elektrischer Messgeräte

Bei der Handhabung von Analogmessgeräten sind bestimmte Symbole auf dem Messgerät zu beachten **(Bild 1)**. Bei den Messungen weicht der wahre Wert W der Messgröße vom angezeigten Wert A nach oben oder unten ab. Dadurch entsteht ein absoluter Fehler F. Der zulässige absolute Fehler hängt von der Genauigkeitsklasse k **(Tabelle 1)** des Messgerätes ab. Bei einem Messgerät der Genauigkeitsklasse $k = 1{,}5$ darf der wahre Wert W um höchstens $\pm 1{,}5\,\%$ vom Skalenendwert abweichen. Der absolute Fehler F ist über den gesamten Messbereich konstant, deshalb soll die Messung im letzten Drittel des Messbereiches vorgenommen werden, damit der relative Fehler f möglichst gering bleibt.

Wahrer Wert

$$W = A \pm F$$

Absoluter Fehler

$$F = \frac{k \cdot E}{100}$$

Relativer Fehler

$$f = \frac{F}{W}$$

W	wahrer Wert	V, A
A	angezeigter Wert	V, A
F	absoluter Fehler	V, A
f	relativer Fehler	%
E	Skalenendwert	V, A
k	Genauigkeitsklasse	%

Tabelle 1: Genauigkeitsklasse *k* von Messgeräten

Gerätetypen	*k*			
Feinmessgeräte	0,1	0,2	0,5	–
Betriebsmessgeräte	1	1,5	2,5	5

Bild 1: Bildzeichen für Analogmessgeräte

● **Beispiel**

Ein Vielfachmessgerät **(Bild 2)** wird im 30-V-Bereich benutzt und ein Wert von $U = 26{,}6$ V abgelesen.

a) Welche Genauigkeitsklasse besitzt das Gerät?

b) Was bedeutet die Genauigkeitsklasse?

c) Wie groß ist der absolute Messfehler F?

d) Zwischen welchen Grenzen liegt der wahre Wert W?

e) Wie groß ist der relative Fehler f?

f) Welcher relative Fehler ergibt sich bei der Messung von $U = 6$ V im 30-V-Bereich?

Lösung: a) Die Genauigkeitsklasse $k = \mathbf{1{,}5}$

b) Der gemessene Wert darf um höchstens **1,5 % vom Skalenendwert** abweichen.

c) $F = \frac{k \cdot E}{100} = \frac{1{,}5 \cdot 30\text{ V}}{100} = \mathbf{0{,}45\text{ V}}$

d) $W = A \pm F = 26{,}6\text{ V} \pm 0{,}45\text{ V}$;

$\mathbf{26{,}15\text{ V} \leq W \leq 27{,}05\text{ V}}$

e) Der größtmögliche relative Fehler ergibt sich beim kleinsten wahren Wert $W = 26{,}15$ V:

$f = \frac{F}{W} = \frac{0{,}45\text{ V}}{26{,}15\text{ V}} = 0{,}017 = \mathbf{1{,}7\,\%}$

f) $W = A \pm F = 6\text{ V} \pm 0{,}45\text{ V}$

$\mathbf{5{,}55\text{ V} \leq W \leq 6{,}45\text{ V}}$

Der größtmögliche relative Fehler ergibt sich beim kleinsten wahren Wert $W = 5{,}55$ V:

$f = \frac{F}{W} = \frac{0{,}45\text{ V}}{5{,}55\text{ V}} = 0{,}081 = \mathbf{8{,}1\,\%}$

Der relative Fehler wird umso größer, je weiter man bei der Messung vom Skalenendwert entfernt ist.

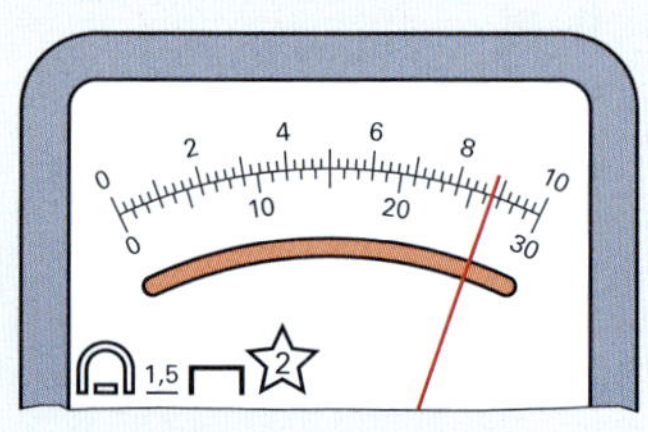

Bild 2: Spannungsmessung

3.2 Messfehler digitaler elektrischer Messgeräte

Der Messfehler bei digitalen Messgeräten setzt sich aus dem Grundfehler und aus dem Quantisierungsfehler zusammen **(Bild 1)**. Daraus wird der wahre Fehler ermittelt.

- Der **Grundfehler** ist ein Fehler in den Bauteilen des Analog-Digital-Wandlers und wird in Prozent vom angezeigten Messwert angegeben. Der Grundfehler liegt meist zwischen 0,5 % und 1,5 %.
- Der **Quantisierungsfehler** beruht auf der Auflösung des Analog-Digital-Wandlers und liegt zwischen 1 und 5 Digits.

Die Fehlergrenzen werden vom Hersteller angegeben.

Beispiel 1

Ein Digitalmessgerät hat im Bereich AC[1] 750 V nach Herstellerangaben folgenden Fehler:

± (Auflösung 1 V; 0,75 % v. Mw.[2] + 3 Digits)

Für die Anzeige 240,0 V sind zu berechnen

a) der absolute Fehler *F*,

b) die Bereiche für den wahren Wert *W*,

c) der größtmögliche relative Fehler *f*.

Lösung: a) $F = \frac{x \cdot A}{100} + n \cdot D = \frac{0{,}75 \cdot 240{,}0\ \text{V}}{100} + 3 \cdot 1\ \text{V} = \mathbf{4{,}8\ V}$

b) $W = A \pm F = 240{,}0\ \text{V} \pm 4{,}8\ \text{V}$;

$\mathbf{235{,}2\ V \leq \mathit{W} \leq 244{,}8\ V}$

c) Der größtmögliche relative Fehler ergibt sich beim kleinsten wahren Wert $W = 235{,}2$ V:

$f = \frac{F}{W} = \frac{4{,}8\ \text{V}}{235\ \text{V}} = \mathbf{0{,}020 = 2\,\%}$

Beispiel 2

Ein elektrisches Vielfachmessgerät mit Digitalanzeige (Herstellerangaben **Tabelle 1**) zeigt eine Gleichspannung von 161,3 V im 200-Volt-Bereich an.

Zu berechnen sind

a) der absolute Fehler *F*,

b) die Bereiche für den wahren Wert *W*,

c) der größtmögliche relative Fehler *f*.

Lösung: Die Werte *x*, *D* und *n* sind **Tabelle 1** zu entnehmen.

a) $F = \frac{x \cdot A}{100} + n \cdot D = \frac{0{,}2 \cdot 161{,}3\ \text{V}}{100} + 1 \cdot 0{,}1\ \text{V}$

$F = 0{,}3226\ \text{V} + 0{,}1\ \text{V} = \mathbf{0{,}4226\ V \approx 0{,}4\ V}$

b) $W = A \pm F = 161{,}3\ \text{V} \pm 0{,}4\ \text{V}$;

$\mathbf{160{,}9\ V \leq \mathit{W} \leq 161{,}7\ V}$

c) Der größtmögliche relative Fehler ergibt sich beim kleinsten wahren Wert $W = 160{,}9$ V:

$f = \frac{F}{W} = \frac{0{,}4\ \text{V}}{160{,}9\ \text{V}} = \mathbf{0{,}0025 = 0{,}25\,\%}$

1 AC Alternating Current (englisch) = Wechselstrom
2 v. Mw. (Abkürzung) = vom Messwert
3 DC Direct Current (englisch) = Gleichstrom

Wahrer Wert

$$W = A \pm F$$

Absoluter Fehler

$$F = \frac{x \cdot A}{100} + n \cdot D$$

Relativer Fehler

$$f = \frac{F}{W}$$

W	wahrer Wert	V, A
A	angezeigter Wert	V, A
E	Anzeigenbereich	V, A
F	absoluter Fehler	V, A
f	relativer Fehler	%
x	Fehlergrenze	% + Digits
n	Anzahl der Digits	–
D	Auflösung	V, A

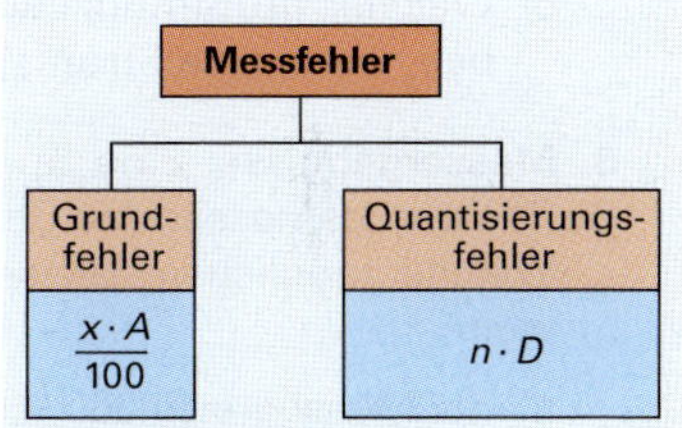

Bild 1: Messfehler digitaler Messgeräte

Tabelle 1: Digitalmessgerät DC[3]

Messbereich	Auflösung *D*	Fehlergrenze *x* % v. Mw.	Fehlergrenze *x* Digits
Spannungsmessung			
± 0,2 V	100 µV	0,2	1
± 2 V	1 mV	0,2	1
± 20 V	10 mV	0,2	1
± 200 V	100 mV	0,2	1
± 1000 V	1 V	0,2	1
Strommessung			
± 20 mA	10 µA	0,75	1
± 200 mA	100 µA	0,75	1
± 2 A	1 mA	0,75	1
± 10 A	10 mA	1	1

Aufgaben | Messfehler elektrischer Messgeräte

Messfehler analoger elektrischer Messgeräte

1. **Spannungsmessung (Bild 1):** Das Dreheisenmessgerät wird im Wechselspannungs-Messbereich 130 V betrieben.
   a) Welche Spannung *U* wird angezeigt?
   b) Wie groß ist bei dieser Spannung der absolute Fehler *F*?
   c) Zwischen welchen Werten liegt der wahre Wert *W*?
   d) Der größtmögliche relative Fehler *f* ist zu berechnen.

2. **Strommessung:** Ein Strommessgerät der Güteklasse 1,5 hat einen Messbereich von 10 A.
   a) Zwischen welchen Werten kann der wahre Wert liegen, wenn der Zeiger einen Strom von $I = 8{,}0$ A anzeigt?
   b) Wie groß ist bei dieser Anzeige der größtmögliche relative Fehler *f*?
   c) Welcher größtmögliche relative Fehler *f* würde sich ergeben, wenn eine Stromstärke von $I = 2{,}5$ A gemessen wird?

3. **Messergebnisse:** Eine Spannung von 240 V wird mit einem Spannungsmesser der Genauigkeitsklasse $k = 2{,}5$ gemessen. Welche möglichen Messergebnisse können sich einstellen, wenn
   a) der Messbereich 300 V,
   b) der Messbereich 1000 V gewählt wird?
   c) Für beide Bereiche ist der größtmögliche relative Fehler zu berechnen.

Messfehler digitaler elektrischer Messgeräte

4. **Digitalmessgerät (Bild 2):** Mit einem Digitalmessgerät wird im eingestellten 200-Volt-Bereich eine Gleichspannung von 138,2 V gemessen. Der Hersteller gibt für diesen Messbereich folgende Daten an: Auflösung 100 mV; Fehlergrenze 0,2 % vom Messwert + 1 Digit.

   Für die gemessene Spannung sind zu berechnen:
   a) der absolute Fehler,
   b) die Bereiche für den wahren Wert,
   c) der größtmögliche relative Fehler.

5. **Messbereich (Tabelle 1):** Mit einem Digitalmessgerät wird die Netzwechselspannung gemessen und ein Wert von 231,2 V abgelesen.
   a) Welcher Messbereich muss eingestellt werden?
   b) In welchen Grenzen liegt der wahre Wert der Spannung?

6. **Messfehler (Tabelle 1, vorherige Seite):** Mit einem Multimeter wird eine Gleichspannung von 18,1 V im 20-Volt-Bereich und im 200-V-Bereich gemessen. Für beide Fälle ist der absolute Fehler und der größtmögliche relative Fehler zu berechnen.

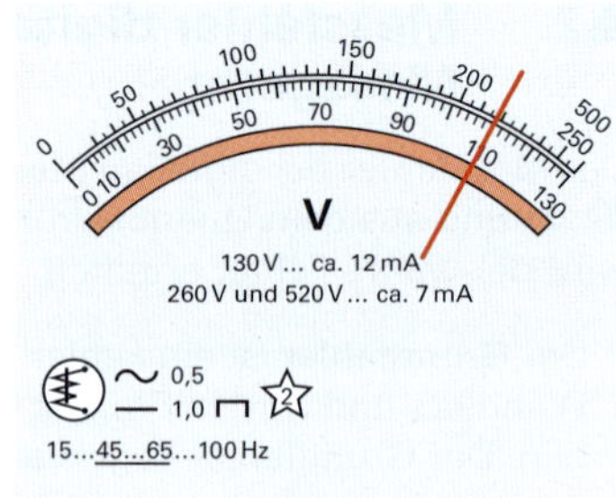

Bild 1: Spannungsmessung

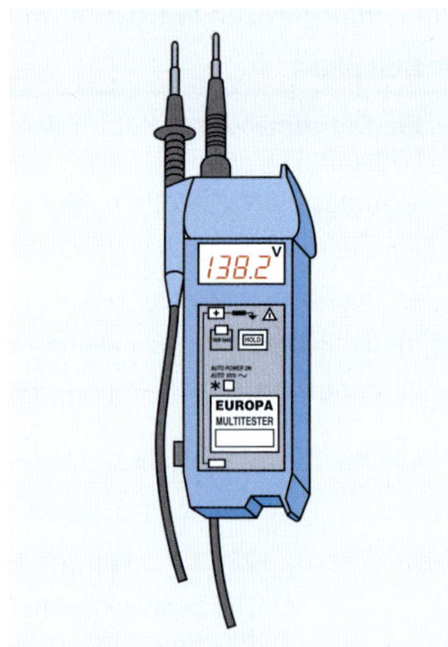

Bild 2: Digitalmessgerät

Tabelle 1: Digitalmessgerät AC

Messbereich 0 bis …	Auflösung *D*	Fehlergrenze *x* % v. Mw.	Digits
Spannungsmessung			
200 mV	100 µV	0,75	3
2 V	1 mV	0,75	3
20 V	10 mV	0,75	3
200 V	100 mV	0,75	3
750 V	1 V	0,75	3
Strommessung			
20 mA	10 µA	1,5	3
200 mA	100 µA	1,5	3
2 A	1 mA	1,5	3
10 A	10 mA	1,5	3
30 A	100 mA	1,5	3

4 Qualitätsmanagement

4.1 Grundlagen der Statistik

Qualitätsprüfung nach Stichprobenverfahren

Mithilfe der Statistik werden Daten aller Art planmäßig erfasst, geordnet und ausgewertet. In der statistischen Qualitätskontrolle können durch die Prüfung von Stichproben Fehler während des Arbeitsprozesses vermieden werden.

Arithmetischer Mittelwert, Medianwert

Der **arithmetische Mittelwert** $\bar{x}$ wird aus den Einzelmesswerten n einer Stichprobe berechnet, indem man die Summe aller Werte durch die Anzahl n der Messwerte dividiert.

Beispiel

Aus einer Tagesproduktion von 400 Blechen wurden 8 Stichproben mit je 5 Blechen entnommen und die Messwerte für das Maß 1,00 ± 0,02 mm in einer Urliste **(Tabelle 1)** zusammengefasst.
Wie groß ist der arithmetische Mittelwert $\bar{x}$?[1]

Tabelle 1: Urliste

Prüfmerkmal: Blechdicke 1,00 ± 0,02

Stichproben: 8

	1	2	3	4	5	6	7	8
x_1	0,97	1,01	0,98	1,03	1,00	1,03	1,03	1,03
x_2	0,98	0,98	0,99	0,99	1,01	1,01	1,02	1,02
x_3	0,99	0,99	1,01	1,02	0,99	1,02	1,02	1,00
x_4	1,00	1,02	1,00	1,00	1,02	1,00	1,00	1,02
x_5	1,00	1,00	1,01	1,01	1,01	1,01	1,01	1,01
$\bar{x}$	0,988	1,00	0,988	1,01	1,006	1,014	1,016	1,016
$\tilde{x}$	0,99	1,00	1,00	1,01	1,01	1,02	1,02	1,02
R	0,03	0,04	0,03	0,04	0,03	0,03	0,03	0,03

Lösung:

$$\bar{x} = \frac{x_1 + x_2 + x_3 + x_4 + \ldots + x_n}{n}$$

$$\bar{x} = \frac{(1 \cdot 0{,}97 + 3 \cdot 0{,}98 + \ldots + 4 \cdot 1{,}03)\ \text{mm}}{40}$$

$$\bar{x} = \frac{40{,}24\ \text{mm}}{40} = \mathbf{1{,}006\ mm}$$

Der **Medianwert** $\tilde{x}$ ist der mittlere Messwert einer Stichprobe, z. B. bei der Stichprobe 4: $\tilde{x}$ = 1,01 **(Tabelle 1)**. Über und unter $\tilde{x}$ liegt die gleiche Anzahl an Messwerten: 0,99; 1,00; 1,01; 1,02; 1,03.

Histogramm der Häufigkeitsverteilung

In einem Histogramm wird die Häufigkeit der Messwerte als absoluter Wert n_j oder als relativer (prozentualer) Wert h_j dargestellt **(Bild 1)**. Bildet man in jeder Messwertklasse j fortlaufend die Summe der Häufigkeiten von Messwerten, dann spricht man von der absoluten Summenhäufigkeit G_j oder der relativen (prozentualen) Summenhäufigkeit F_j **(Tabelle 2)**. Sie gibt einen Aufschluss über die prozentuale Verteilung der Messwerte außerhalb der Toleranzgrenzen.

Arithmetischer Mittelwert

$$\bar{x} = \frac{x_1 + x_2 + x_3 + x_4 + \ldots + x_n}{n}$$

Relative Häufigkeit

$$h_j = \frac{n_j}{n} \cdot 100\,\%$$

Bezeichnungen:

$\bar{x}$	arithmetischer Mittelwert	–
$x_1, x_2 \ldots x_n$	Einzelmesswerte	–
n	Anzahl der Messwerte	–
$\tilde{x}$	Median- oder Zentralwert	–
s	Standardabweichung	–
x_{max}	größter Messwert	–
x_{min}	kleinster Messwert	–
R	Spannweite	–
$\bar{R}$	gemittelte Spannweite	–
n_j	absolute Häufigkeit	%
h_j	relative Häufigkeit	%
G_j	absolute Summenhäufigkeit	%
F_j	relative Summenhäufigkeit	%

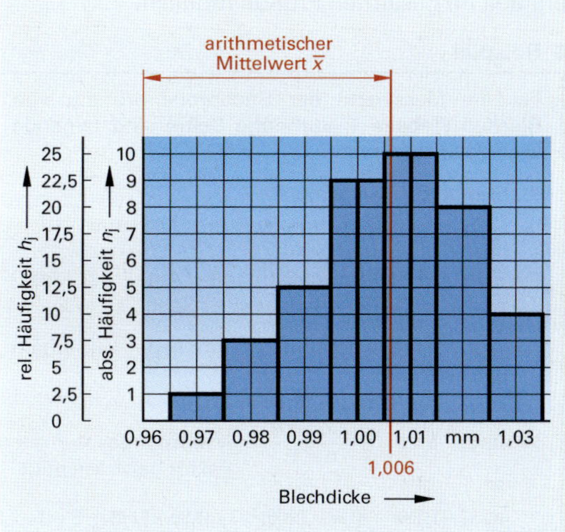

Bild 1: Histogramm der Häufigkeitsverteilung

Tabelle 2: Summenhäufigkeit

Messwerte	0,97	0,98	0,99	1,00	1,01	1,02	1,03
h_j in %	2,5	7,5	12,5	22,5	25	20	10
F_j in %	2,5	10	22,5	45	70	90	100

1 Mehrmaliges Auftreten von gleichen Messwerten wird über einen entsprechenden Faktor berücksichtigt.

Standardabweichung, Spannweite

Werden die Häufigkeitsverteilungen verschiedener Messreihen miteinander verglichen, so fällt auf, dass sie einen ähnlichen Kurvenverlauf besitzen. Die Verteilung hat häufig einen glockenförmigen Verlauf, die sogenannte Gaußsche[1] Normalverteilung **(Bild 1)**. Sie tritt nach den Regeln der Wahrscheinlichkeit infolge der zufälligen Einflüsse bei der Fertigung auf. Die Lage der Glockenkurve wird durch den Mittelwert $\overline{x}$ bestimmt.

Die **Standardabweichung *s*** besagt, dass 68,26 % aller Messwerte innerhalb der Grenzen von $\pm s$ um den Mittelwert $\overline{x}$ liegen **(Bild 1)**. Die Werte von $+s$ und $-s$ liegen in den Wendepunkten der Glockenkurve.

Die **Spannweite *R*** ist die Differenz zwischen dem größten Messwert x_{max} und dem kleinsten Messwert x_{min} einer Stichprobe.

Die Standardabweichung s und die Spannweite R sind ein Maß für die Streuung der Merkmalswerte, d. h. für die Breite der Glockenkurve. Wenn der Mittelwert $\overline{x}$, die Standardabweichung s und die Summenhäufigkeit einer Stichprobe bekannt sind, ist eine ausreichend sichere Aussage über den Fehleranteil im gesamten Prüflos möglich.

Standardabweichung, Stichprobenprüfung

$$s = \sqrt{\frac{\Sigma(x_i - \overline{x})^2}{n-1}}$$

Spannweite

$$R = x_{max} - x_{min}$$

gemittelte Spannweite

$$\overline{R} = \frac{R_1 + R_2 + R_3 + \dots R_n}{n}$$

Standardabweichung, näherungsweise

$$s = 0{,}4 \cdot \overline{R}$$

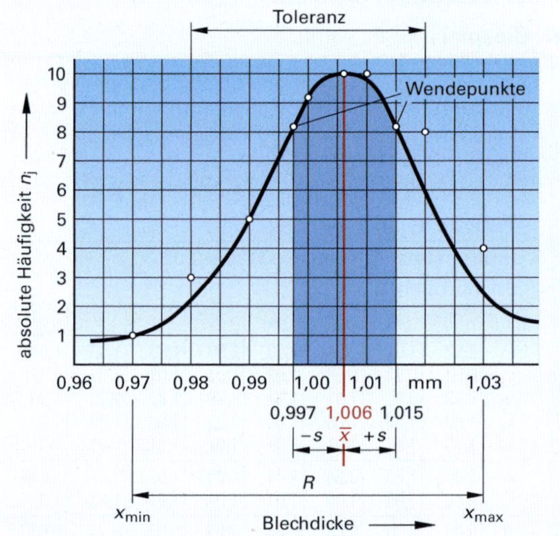

Bild 1: Gaußsche Normalverteilung

Beispiel

Für die Messwerte der Stichprobenprüfung von Blechen **(Tabelle 1, vorherige Seite)** sind folgende Werte zu bestimmen:

a) Standardabweichung s

b) Spannweite R

c) Schätzen Sie den prozentualen Anteil der Messwerte ab, der innerhalb von $\pm s$ liegt.

d) Wie viel Prozent der Messwerte liegen außerhalb der Toleranz?

Lösung: a) $s = \sqrt{\frac{\Sigma(x_i - \overline{x})^2}{n-1}}$ Mehrmaliges Auftreten von gleichen Messwerten wird über einen entsprechenden Faktor berücksichtigt.

$$= \sqrt{\frac{[(0{,}97-1{,}006)^2 + (0{,}98-1{,}006)^2 \cdot 3 + (0{,}99-1{,}006)^2 \cdot 5 + (1-1{,}006)^2 \cdot 9 + (1{,}01-1{,}006)^2 \cdot 10 + (1{,}02-1{,}006)^2 \cdot 8 + (1{,}03-1{,}006)^2 \cdot 4]\ \text{mm}^2}{40-1}}$$

$$= \sqrt{\frac{0{,}00896\ \text{mm}^2}{39}} = \sqrt{0{,}00023\ \text{mm}^2} = \mathbf{0{,}015\ mm}$$

$s = 0{,}4 \cdot \overline{R} = 0{,}4 \cdot 0{,}0325\ \text{mm} = \mathbf{0{,}013\ mm}$

b) $R = x_{max} - x_{min} = 1{,}03\ \text{mm} - 0{,}97\ \text{mm} = \mathbf{0{,}06\ mm}$

c) Die absoluten Häufigkeiten 8, 9 und 10 liegen innerhalb $\pm s$. Dies entspricht einer prozentualen Häufigkeit $h_j = 20\,\% + 22{,}5\,\% + 25\,\% = 67{,}5\,\%$.

d) Es liegen **5 Werte** außerhalb der Toleranz, das entspricht **12,5 %**.

[1] Gauß, deutscher Mathematiker und Astronom, 1777–1855

Aufgaben Grundlagen der Statistik

1. **Unfälle:** Während eines Jahres werden die Betriebsunfälle statistisch für jeden Monat erfasst: 15; 7; 2; 8; 9; 1; 1; 0; 2; 4; 11; 13 Unfälle werden gezählt.
   Wie groß ist der arithmetische Mittelwert der Unfälle pro Monat?

2. **Ausschussstücke (Tabelle 1):** In einem Betrieb mit Fließbandproduktion wurde die Anzahl der Ausschussstücke an den einzelnen Wochentagen gezählt.
   Wie groß ist der arithmetische Mittelwert der Ausschussstücke je Tag?

3. **Eignungstest (Tabelle 2):** Bei einem Eignungstest für Mechatroniker war ein Eignungsgrad von 0 (ungenügend) bis 10 (sehr gut) zu erreichen.
   Wie groß sind:
   a) der arithmetische Mittelwert $\bar{x}$,
   b) der Medianwert $\tilde{x}$,
   c) die Häufigkeit h_j in % und
   d) die Standardabweichung s?

4. **Wellendurchmesser (Tabelle 3):** Die Stichprobenmessungen des Durchmessers einer Welle mit einem Sollwert $d = 15 \pm 0{,}01$ mm ergaben die Werte der Tabelle.
   a) Wie groß ist der arithmetische Mittelwert $\bar{x}$?
   b) Zeichnen Sie ein Balkendiagramm der relativen Häufigkeitsverteilung in %.

5. **Widerstände (Tabelle 4):** Bei der Messung von 200 Widerständen ergaben sich die in der Tabelle dargestellten Werte.
   Zu berechnen sind:
   a) der arithmetische Mittelwert $\bar{x}$ und
   b) die Spannweite R.
   c) Zeichnen Sie das Histogramm für die absolute Verteilung der gemessenen Werte.

6. **Lochkreisdurchmesser (Bild 1):** Gegeben ist die Häufigkeitsverteilung der Stichprobe für einen Lochkreis mit $d = 10 \pm 0{,}5$ mm. Für die 120 Messwerte sind zu berechnen:
   a) der arithmetische Mittelwert $\bar{x}$,
   b) die Spannweite R,
   c) die Standardabweichung s.
   d) Wie viel Prozent der Messwerte liegen innerhalb der Standardabweichung?
   e) Ermitteln Sie die relative Häufigkeitsverteilung h_j und die Summenhäufigkeit F_j.

Tabelle 1: Ausschussstücke

Tag	Mo	Di	Mi	Do	Fr
Häufigkeit n_j	50	34	32	40	44

Tabelle 2: Eignungstest

Eignungsgrad	0	2	4	6	8	10
Häufigkeit n_j	2	16	21	19	8	3

Tabelle 3: Wellendurchmesser

Messwerte in mm	14,999	15,000	15,001	15,002	15,003
Häufigkeit n_j	1	2	3	2	1

Tabelle 4: Widerstände

Widerstand in Ω	98	99	100	101	102	103
Häufigkeit n_j	22	33	39	45	41	20

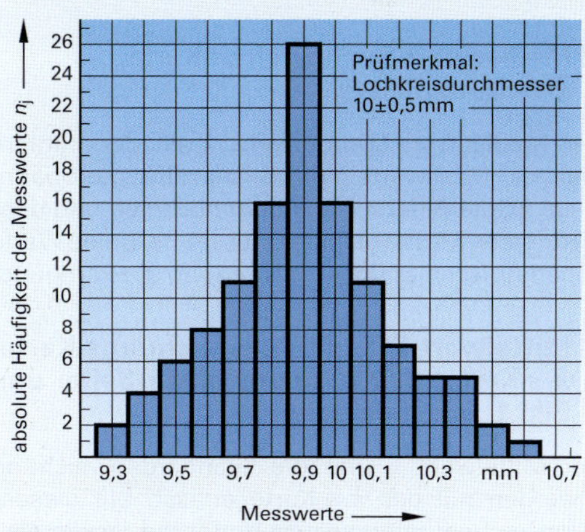

Bild 1: Lochkreisdurchmesser

4.2 Statistische Prozesslenkung mit Qualitätsregelkarten

Bei der Prozesslenkung wird in regelmäßigen Abständen eine bestimmte Anzahl Werkstücke, eine Stichprobe, aus der laufenden Fertigung entnommen und geprüft. Dadurch lässt sich feststellen, ob die Fertigung noch innerhalb der Toleranzgrenzen ist oder ob beispielsweise durch Werkzeugverschleiß ein Eingriff in den Fertigungsprozess notwendig wird.

Bezeichnungen:

OEG	Obere Eingriffsgrenze
UEG	Untere Eingriffsgrenze
OWG	Obere Warngrenze
UWG	Untere Warngrenze
$\tilde{x}$	Medianwert (Zentralwert)
$\bar{x}$	arithmetischer Mittelwert
R	Spannweite
$\bar{R}$	gemittelte Spannweite
s	Standardabweichung
n	Anzahl der Stichproben

Qualitätsregelkarte (Bild 1)

Die Messwerte werden auf der senkrechten Achse, die Prüfzeit oder Nummer der Stichprobe auf der waagerechten Achse abgetragen.

Die Qualitätsregelkarte zeigt den Istzustand der Qualität sowie das Auftreten systematischer Störungen auf. Die Kurve wird durch die Warn- und Eingriffsgrenzen eingeschlossen.

- Die Eingriffsgrenzen umfassen den Bereich aller zulässigen Werte (Toleranz).
- Die Warngrenzen schließen 95 % aller Messwerte bei störungsfreier Fertigung ein.

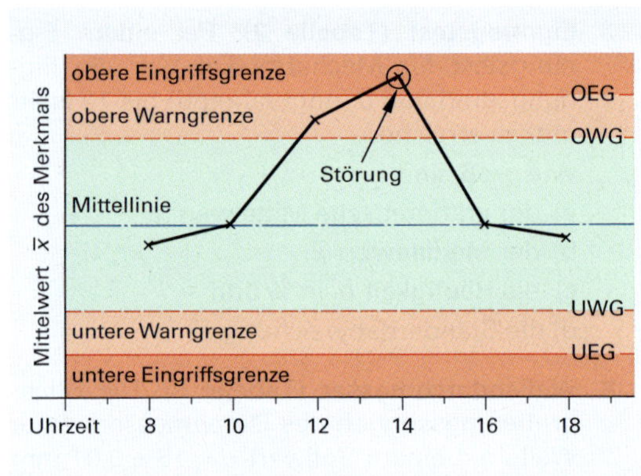

Bild 1: Qualitätsregelkarte

Urwertkarte (Bild 2, übernächste Seite)

Die Messwerte einer Stichprobe werden nach der Prüfung zunächst in einer Urliste **(Tabelle 1, folgende Seite)** festgehalten. Um einen ersten Überblick über die Verteilung zu erhalten, werden die Messwerte in eine Urwertkarte übertragen. Dabei werden gleiche Messwerte mit einer Häufigkeitszahl versehen. Die Urwertkarte stellt die Lage der Messwerte und die Streuung innerhalb einer Stichprobe dar.

Medianwert-Spannweiten-Karte, $\tilde{x}$-R-Karte (Bild 2)

Der Medianwert (Zentralwert) $\tilde{x}$ ist der mittlere Wert der Messwerte einer Stichprobe. Die Spannweite ist die Differenz aus dem höchsten und dem niedrigsten Messwert einer Messreihe. Beide Werte geben Aufschluss über die Streuung der Fertigung.

Mittelwert-Standardabweichungs-Karte, $\bar{x}$-s-Karte (Bild 3, übernächste Seite, und Bild 1, folgende Seite)

Der Mittelwert $\bar{x}$ und die Standardabweichung s werden mit der $\bar{x}$-s-Karte erfasst. Mit diesem meist rechnerunterstützten Verfahren lassen sich auch Veränderungen und Abweichungen im Fertigungsprozess über einen längeren Zeitraum überwachen.

Teil-Nr.:	Prüfmerkmal: Durchmesser
Los-Nr.:	Kontrollmaß: ⌀6,2±0,06
Prüfintervall: 60 min	Stichproben-Umfang: 5

Messwerte $\frac{1}{100}$ mm															
x_1	20	18	22	14	22	18	23	20	22	22	24	21	20	19	22
x_2	20	18	17	21	20	23	17	23	17	23	20	21	26	19	23
x_3	20	19	20	26	19	17	18	18	20	19	21	20	25	23	22
x_4	19	20	21	21	21	18	23	19	21	23	25	18	22	20	24
x_5	24	20	25	20	16	24	21	19	25	21	16	23	24	27	22
$\tilde{x}$	20	19	21	21	20	18	21	19	21	22	21	21	24	20	22
R	5	2	8	12	6	7	6	4	8	4	9	5	6	8	2

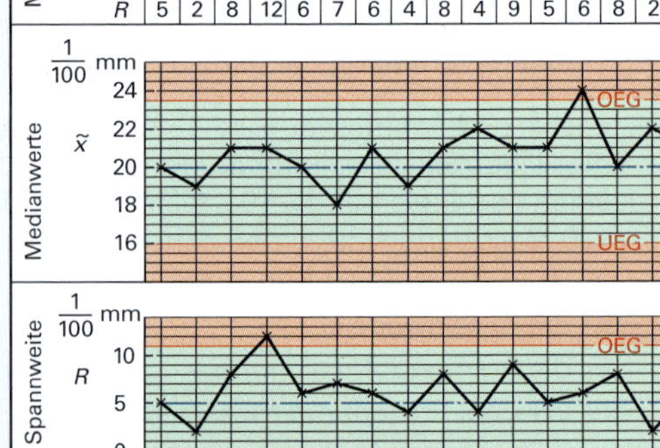

Prüfzeit	7	8	9	10	11	12	14	15	16	17	18	19	20	21	22

Bild 2: $\tilde{x}$-R-Karte

Prozessbewertung

Durch systematische Störungen im Fertigungsprozess, z. B. durch Verschleiß der Werkzeugschneide, streuen die Mittelwerte der Stichprobe nicht mehr zufällig um die Mittellage. Die Lage der aufeinander folgenden Messwerte kennzeichnet einen Trend, einen Run oder ein Middle Third **(Bild 2)**.

Trend: Es steigen oder fallen 7 Werte hintereinander. Die Ursache ist beispielsweise der Werkzeugverschleiß oder eine fehlerhafte Maschineneinstellung.

Run: Es liegen 7 Werte hintereinander entweder oberhalb oder unterhalb der Mittellinie. Die Ursache kann Werkzeugverschleiß, Werkzeugbruch, ein klemmendes Messgerät oder ein falsches Einstellmaß sein.

Middle Third: In einem Fall können die Werte zu nah an den oberen und unteren Eingriffsgrenzen liegen. Dies lässt darauf schließen, dass eine Stichprobe aus verschiedenen Fertigungslinien entnommen oder mit unterschiedlichen Messgeräten geprüft wurde. Im anderen Fall liegen die Werte zu nah am Prozessmittelwert. Dieser Fall tritt dann auf, wenn die Eingriffsgrenzen nicht richtig festgelegt wurden.

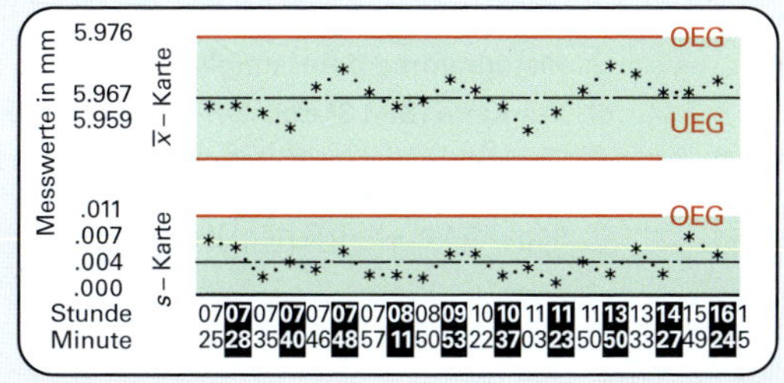

Bild 1: $\bar{x}$-s-Karte

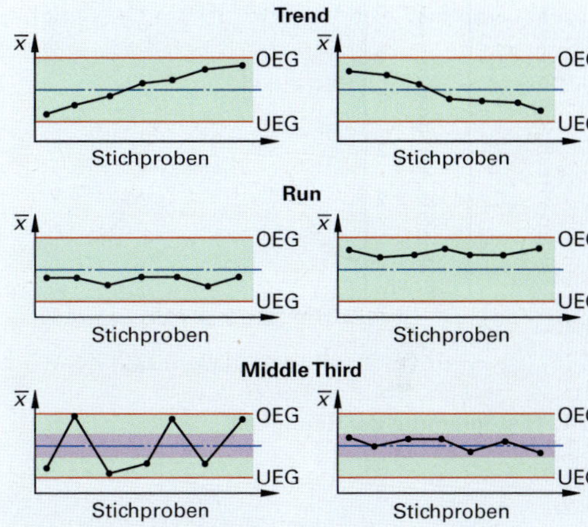

Bild 2: Prozessbewertung

4

Beispiel

Bei der Fertigung von Wellen wird pro Stunde eine Stichprobe mit 5 Werkstücken entnommen und die Messwerte in einer Urliste für den Durchmesser d = 40f7 festgehalten **(Tabelle 1)**.

a) Ermitteln Sie den arithmetischen Mittelwert $\bar{x}$, den Medianwert $\tilde{x}$, die Spannweite R und die Standardabweichung s.

b) Erstellen Sie die Urwertkarte. Tragen Sie darin die Eingriffsgrenzen OEG = 39,975 mm und UEG = 39,950 mm sowie die Warngrenzen OWG = 39,970 mm und UWG = 39,955 mm ein.

c) Zeichnen Sie je ein Histogramm mit der absoluten (n_j) und relativen (h_j) Häufigkeit sowie mit der Summe der absoluten (G_j) und relativen (F_j) Häufigkeit.

d) Stellen Sie die Messergebnisse in der $\tilde{x}$-R-Karte und der $\bar{x}$-s-Karte dar.

e) Beurteilen Sie den Fertigungsprozess.

Lösung: a) Die Werte in **Tabelle 1** werden mit den Formeln von Seite 37 und Seite 38 berechnet.

Die Standardabweichung wird näherungsweise über die gemittelte Spannweite $\bar{R}$ berechnet:

$$s = 0{,}4 \cdot \bar{R} = 0{,}4 \cdot \frac{R_1 + R_2 + \ldots + R_8}{8} = 0{,}4 \cdot 0{,}014 = \mathbf{0{,}006}$$

Tabelle 1: Urliste

Prüfmerkmal: Durchmesser 40f7				
Stichproben: 8/Stichprobenumfang: 5				
	1	2	3	4
x_1	39,952	39,968	39,965	39,954
x_2	39,947	**39,962**	39,952	39,957
x_3	39,962	39,954	**39,957**	39,965
x_4	**39,957**	39,957	39,954	39,968
x_5	39,962	39,965	39,962	**39,962**
$\bar{x}$	39,956	39,961	39,958	39,961
$\tilde{x}$	39,957	39,962	39,957	39,962
R	0,015	0,014	0,013	0,01

Urliste (Fortsetzung)				
	5	6	7	8
x_1	39,968	**39,974**	39,968	39,979
x_2	39,965	39,982	**39,974**	39,987
x_3	39,974	39,968	39,979	39,974
x_4	39,979	39,965	39,982	39,987
x_5	**39,968**	39,979	39,974	**39,982**
$\bar{x}$	39,971	39,974	39,975	39,982
$\tilde{x}$	39,968	39,974	39,974	39,982
R	0,014	0,017	0,014	0,013

b) Urwertkarte **(Bild 2)**

c) Histogramme der Häufigkeit **(Bild 1)**

d) $\bar{x}$-s-Karte **(Bild 3)** und $\tilde{x}$-R-Karte **(Bild 4)**

e) Der arithmetische Mittelwert sollte etwa in der Toleranzmitte liegen, er wandert jedoch nach oben aus. Der Wellendurchmesser wird im Verlauf der Fertigung größer, der Trend ist ansteigend. Die Ursache liegt im Verschleiß der Werkzeugschneide.

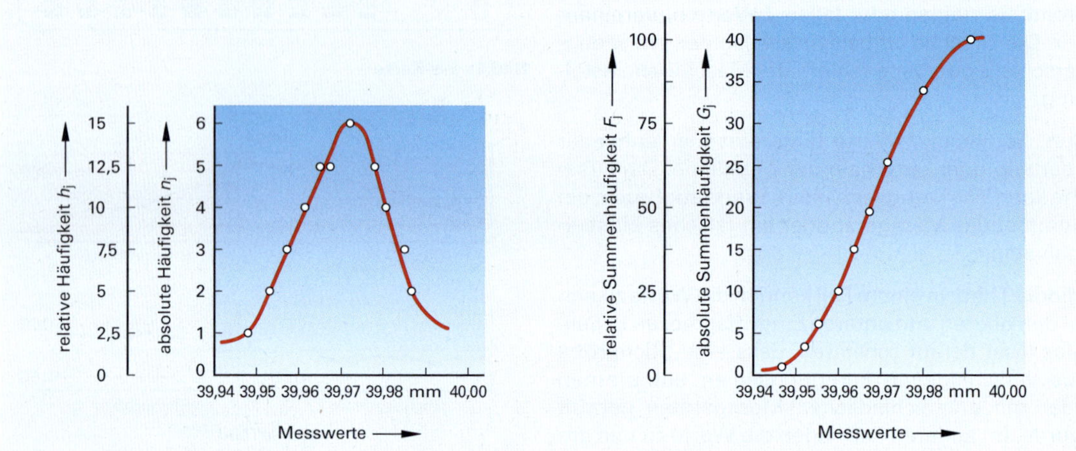

Bild 1: Histogramme der Häufigkeit

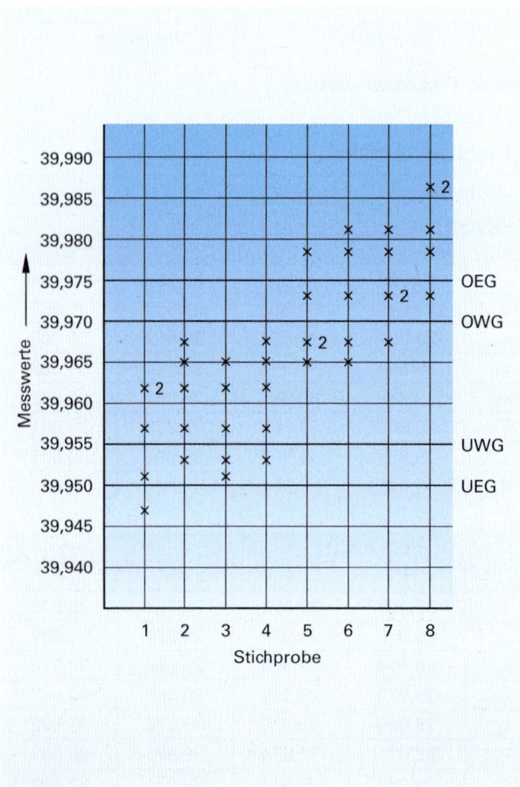

Bild 2: Urwertkarte

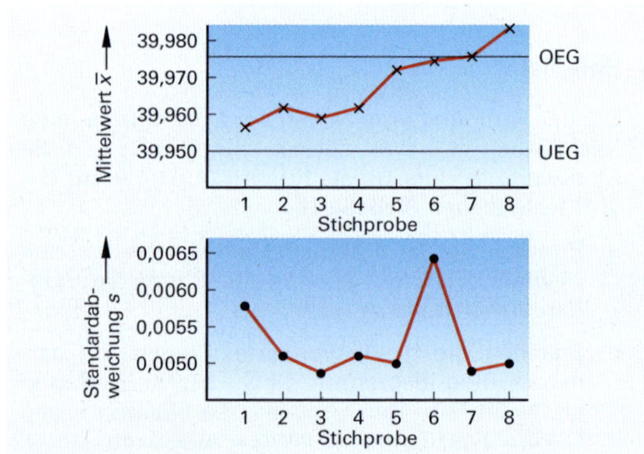

Bild 3: $\bar{x}$-s-Karte

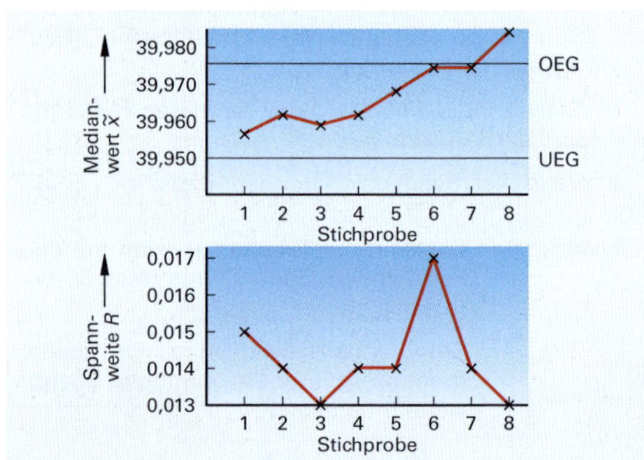

Bild 4: $\tilde{x}$-R-Karte

Aufgaben Statistische Prozesslenkung mit Qualitätsregelkarten

1. **Bohrungen (Tabelle 1):** Bei der Qualitätskontrolle von 50 Bohrungen mit $d = 30H7$ wurden die Abweichungen vom Nennmaß in einer Strichliste zusammengefasst. Der arithmetische Mittelwert aller Stichproben beträgt $\bar{x} = 30{,}008$ mm.
   a) Stellen Sie in einem Diagramm die absolute und relative Häufigkeitsverteilung der Messwerte jeder Messwertklasse dar.
   b) Bewerten Sie die Entwicklung des Fertigungsprozesses.

2. **Dehnschraube (Tabelle 2):** Zur Kontrolle des Nennmaßes für den Schaftdurchmesser $d = 11k6$ der Dehnschraube werden in zwei Schichten 8 Stichproben entnommen.
   Berechnen Sie mit den Messwerten für die Abweichungen vom Nennmaß
   a) den Stichprobenmittelwert $\bar{x}$,
   b) die Spannweite R,
   c) die Standardabweichung s.
   d) Wie viel Prozent der Messwerte liegen außerhalb des Toleranzbereiches?

3. **Prozessregelkarten:** Mithilfe der Messwerte für die Dehnschraube (Aufgabe 2) sollen das Histogramm der Häufigkeitsverteilung, die Spannweitenkarte ($\tilde{x}$-R-Karte) und die Mittelwertkarte ($\bar{x}$-s-Karte) erstellt werden. Interpretieren Sie die Entwicklung der Messwerte.

4. **Objektivlinse (Tabelle 3):** Bei einer Stichprobenkontrolle der Dicke von Objektivlinsen wurden 50 Messwerte gemessen. Die Häufigkeitsverteilung der Messwerte ist in dem Auswerteblatt **(Bild 1)** in logarithmischer Teilung eingetragen.
   a) Ermitteln Sie aus der grafischen Darstellung den arithmetischen Mittelwert $\bar{x}$ und die Standardabweichung s und stellen Sie fest, wie viel Prozent Ausschuss zu erwarten sind.
   b) Prüfen Sie durch Rechnung die abgelesenen Werte $\bar{x}$ und s nach.
   c) Stellen Sie die Messwerte in der $\bar{x}$-s-Karte und $\tilde{x}$-R-Karte dar.

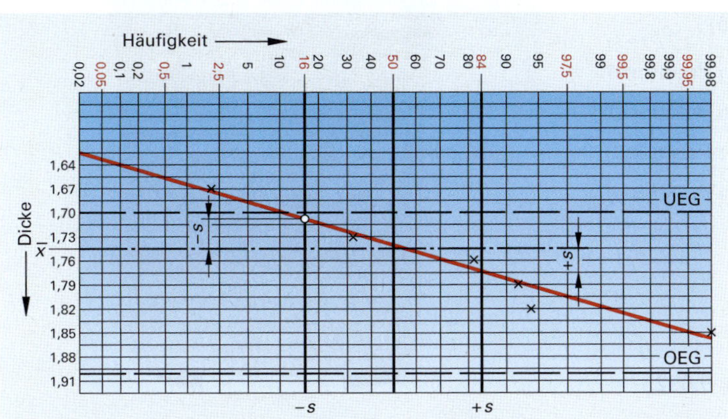

Bild 1: Objektivlinse (Logarithmisches Auswerteblatt)

Tabelle 1: Bohrungen (Histogramm/Strichliste)

KL	von	bis	Anzahl der Messwerte
1	–15	–10	𝍷
2	–10	–05	𝍷𝍷
3	–05	0	𝍷𝍷𝍷𝍷
4	0	+05	𝍸 𝍸 𝍷
5	05	10	𝍸 𝍸 𝍸 𝍷
6	10	15	𝍸 𝍷𝍷𝍷
7	15	20	𝍸 𝍷
8	20	25	𝍷𝍷
9	25	30	

Tabelle 2: Dehnschraube (Urliste)

Stichproben: 8/
Stichprobenumfang: 5

	1	2	3	4
x_1	10,999	10,999	11,003	11,004
x_2	11,001	11,001	11,001	11,003
x_3	11,003	11,006	11,004	11,006
x_4	11,004	11,004	11,006	11,008
x_5	11,003	11,003	11,004	11,006
	5	**6**	**7**	**8**
x_1	11,004	11,006	11,011	11,013
x_2	11,006	11,008	11,008	11,008
x_3	11,008	11,008	11,011	11,012
x_4	11,011	11,011	11,012	11,013
x_5	11,006	11,006	11,008	11,012

Tabelle 3: Objektivlinse (Urliste)

Stichproben: 10/
Stichprobenumfang: 5

	1	2	3	4	5
x_1	1,80	1,74	1,65	1,73	1,82
x_2	1,70	1,75	1,74	1,73	1,74
x_3	1,78	1,72	1,77	1,72	1,73
x_4	1,74	1,84	1,74	1,68	1,71
x_5	1,71	1,75	1,76	1,77	1,70
	6	**7**	**8**	**9**	**10**
x_1	1,73	1,70	1,74	1,74	1,75
x_2	1,72	1,77	1,84	1,74	1,68
x_3	1,68	1,73	1,72	1,73	1,75
x_4	1,71	1,73	1,73	1,68	1,74
x_5	1,74	1,68	1,74	1,74	1,74

Wahrscheinlichkeitsnetz

Trägt man die Werte der relativen Summenhäufigkeiten in das Diagramm mit logarithmischem Maßstab ein, so ergibt sich bei einer Normalverteilung annähernd eine Gerade **(Bild 1)**.

Auf der Abszissen-Achse werden die Merkmalswerte nach der Klasseneinteilung (z.B. Durchmesser) eingetragen. Auf der Ordinaten-Achse liest man die Summenhäufigkeiten in Prozent ab. Zieht man eine Waagerechte an der Stelle der Normalverteilung (u = 0) bis zum Schnittpunkt der Wahrscheinlichkeitsgerade, so kann man auf der Abszissen-Achse den Mittelwert $\bar{x}$ ablesen. Zum Ablesen der Standardabweichung *s* wird an der Ordinaten-Achse in gleicher Weise verfahren.

Wenn man die obere und untere Toleranzgrenze in das Wahrscheinlichkeitsnetz eingezeichnet hat, dann lässt sich eine Aussage über den zu erwartenden bzw. vorhandenen prozentualen Ausschuss treffen.

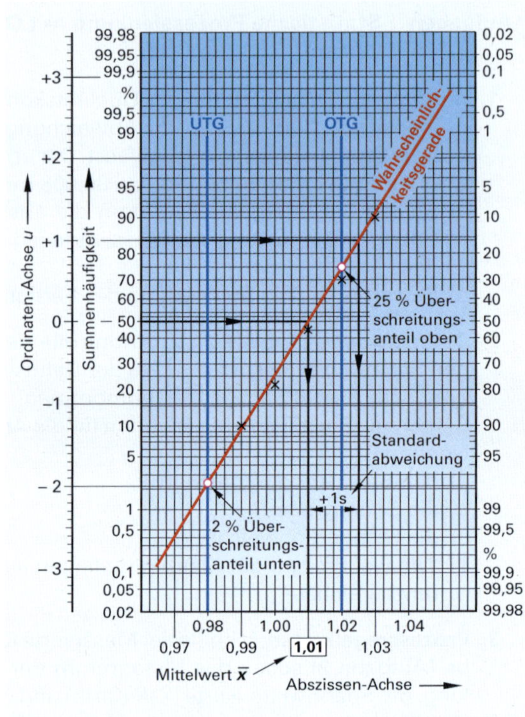

Bild 1: Wahrscheinlichkeitsnetz

4.3 Statistische Berechnungen mit dem Taschenrechner

Ermittlung des arithmetischen Mittelwertes und der Standardabweichung von Stichproben mit dem Taschenrechner am Beispiel der Casio-Reihe fx-85DE Plus **(Bild 2)**.

1. Einstellen des Statistikmodus:
   > [Mode] > [2] > [1] – Anzeige: 1 : 1-VAR
2. Einstellen des Speichers:
   > [Shift] > [9 (CLR)] > [2] – Anzeige: Memory
   > [=: Yes] > [AC] – Bestätigung
3. Eingabe der Werte:
   > [Shift] > [1] > [2] (Data)
   z.B.: 9,05 [=] – Anzeige x-Wert an Position 1
   9,04 [=] – Anzeige x-Wert an Position 2
   9,12 [=] – Anzeige x-Wert an Position 3
   9,16 [=] – Anzeige x-Wert an Position 4
4. > [AC]
5. Ausgabe von $\bar{x}$ und *s*
   > [Shift] > [1 (STAT)] > [4 (VAR)]
   für $\bar{x}$: > [2] – Anzeige, z.B.: $\bar{x} = 9{,}0925$
   für *s*: > [4] – Anzeige, z.B.: $s = 0{,}0574$

Bild 2: Casio fx-85DE Plus

5 Werkstofftechnik und Hilfsstoffe

5.1 Wärmetechnik

5.1.1 Längenänderung bei Erwärmung

Metalle und viele andere feste Stoffe dehnen sich bei Erwärmung aus. Die Wärmeausdehnung erstreckt sich auf alle drei Raumachsen: Der Körper dehnt sich in die Länge, in die Breite und in die Höhe (Raumausdehnung). Bei dünnen und langen Werkstücken, wie Drähten, Leitungen, Stäben, Schienen oder Rohren, tritt aber vor allem die Längenausdehnung in Erscheinung **(Bild 1)**.

Die Längenänderung Δl ist umso größer, je größer die Anfangslänge l_1, die Temperaturänderung Δt und der Längenausdehnungskoeffizient α sind.

Der Längenausdehnungskoeffizient α hängt vom Werkstoff ab **(Tabelle 1, folgende Seite)**.

In der Längenprüftechnik müssen Messgerät und Werkstück die Bezugstemperatur 20 °C haben, andernfalls ergeben sich Messfehler durch die Wärmedehnung **(Bild 2)**.

Umgekehrt nutzt man z.B. bei Pressverbindungen durch Schrumpfen die Maßverkleinerung eines zuvor erwärmten Bauteils beim Abkühlen **(Bild 3)**.

Längenänderung bei Erwärmung

$$\Delta l = \alpha \cdot l_1 \cdot \Delta t$$

Δl	Längenänderung	mm
α	Längenausdehnungskoeffizient	1/°C
l_1	Anfangslänge	mm
Δt	Temperaturänderung	°C

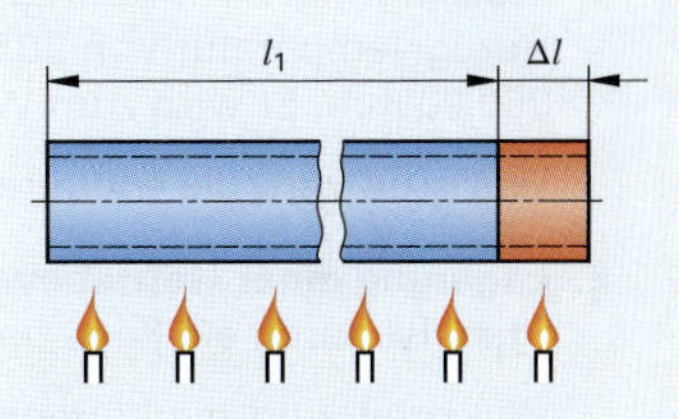

Bild 1: Längenänderung bei Erwärmung

Beispiel 1

Ein Zylinder aus Aluminium (α = 0,0000238 1/°C) mit einer Anfangslänge von 120 mm wurde durch Sonneneinstrahlung von 20 °C auf 40 °C erwärmt **(Bild 2)**.
Wie groß ist die Längenänderung Δl?

Lösung: Temperaturänderung $\Delta t = t_2 - t_1$

Δt = 40 °C – 20 °C = 20 °C

Längenänderung $\Delta l = \alpha \cdot l_1 \cdot \Delta t$

Δl = 0,0000238 1/°C · 120 mm · 20 °C

Δl = **0,057 mm**

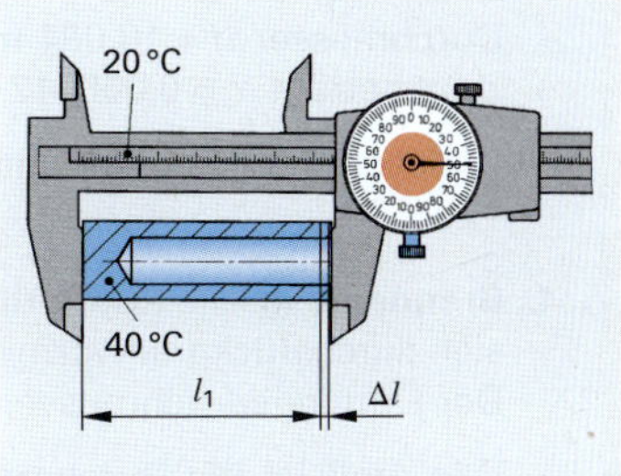

Bild 2: Abweichung von der Bezugstemperatur

Beispiel 2

Ein Wälzlager aus Stahl (α = 0,000016 1/°C) mit einem Innendurchmesser von 50 mm soll mit Übermaßpassung auf einer Welle montiert werden. Die Pressverbindung erfolgt durch Schrumpfen **(Bild 3)**. Auf welche Temperatur ausgehend von der Bezugstemperatur 20 °C muss das Wälzlager erwärmt werden, wenn das Übermaß 0,04 mm beträgt und außerdem 0,05 mm Fügespiel erforderlich sind?

Lösung: Erforderliche Längenänderung

Δl = 0,04 mm + 0,05 mm

Δl = 0,09 mm

Erforderliche Temperaturänderung

$$\Delta t = \frac{0{,}09\ \text{mm}}{0{,}000016\ 1/°\text{C} \cdot 50\ \text{mm}} = 112{,}5\ °\text{C}$$

Temperatur des Wälzlagers

$t_2 = \Delta t + t_1$

t_2 = 112,5 °C + 20 °C = **132,5 °C**

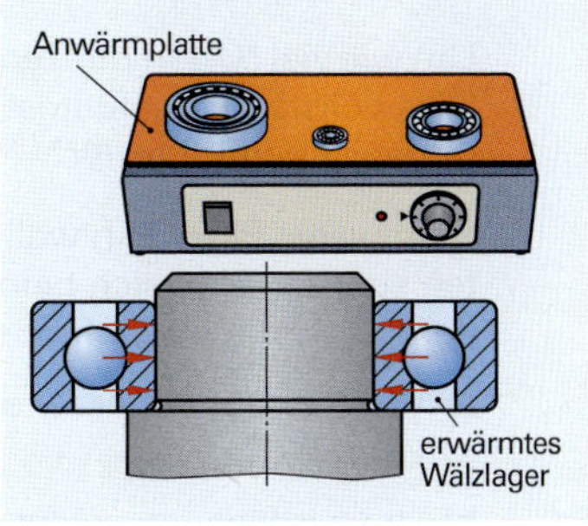

Bild 3: Pressverbindung durch Schrumpfen

5.1.2 Volumenänderung bei Erwärmung

Bei Volumenänderungen entspricht dem Längenausdehnungskoeffizienten α_l der Volumenausdehnungskoeffizient α_V **(Tabelle 2)**. Er ist bei festen Stoffen etwa dreimal so groß wie der Längenausdehnungskoeffizient.

Beispiel

Eine Hydraulikanlage wird mit 200 l Druckflüssigkeit betrieben. Dabei steigt die Temperatur von 20 °C auf 80 °C.
Wie groß ist die Volumenänderung?

Lösung: $\Delta V = \alpha_V \cdot V_1 \cdot \Delta t$

$\Delta t = 80\,°C - 20\,°C = 60\,°C \triangleq 60\,K$

$\Delta V = 0{,}00093\,1/K \cdot 200\,l \cdot 60\,K = \mathbf{11{,}2\,l}$

Volumenänderung bei Erwärmung

$$\Delta V = \alpha_V \cdot V_1 \cdot \Delta t$$

$$\alpha_V \approx 3 \cdot \alpha_l$$

ΔV	Volumenänderung	l
α_V	Volumenausdehnungskoeffizient	1/K
α_l	Längenausdehnungskoeffizient	1/K
V_1	Anfangsvolumen	l
Δt	Temperaturänderung	°C; K

Aufgaben Längen- und Volumenänderung

1. **Messingring:** Ein Messingring mit $\alpha = 0{,}000018$ 1/°C hat bei einer Bezugstemperatur von 20 °C einen mittleren Durchmesser von 250,00 mm. Er wird zum Warmaufziehen auf 300 °C erwärmt.

   Wie groß wird der mittlere Durchmesser des Ringes?

2. **Lagerung einer Getriebewelle (Bild 1):** Eine Getriebewelle aus Stahl ist durch ein Fest- und ein Loslager gelagert.

   Wie groß sind die Längenänderungen des Mittelteiles, wenn sich die Welle gegenüber der Einbautemperatur im Betrieb um 45 °C erwärmt bzw. im Stillstand um 15 °C abkühlt?

3. **Kolbenbolzen:** Ein Kolbenbolzen aus Stahl hat bei 20 °C einen Durchmesser d = 18,004 mm. Der Längenausdehnungskoeffizient beträgt $\alpha_l = 0{,}000012$ 1/K.

   Welchen Durchmesser hat der Bolzen bei einer Abkühlung auf –20 °C?

4. **Brennerdüse:** Die Kupferdüse eines Schneidbrenners erwärmt sich durch Rückprallwärme von Raumtemperatur auf t = 186 °C. Der Öffnungsdurchmesser der Düse ist 2,8 mm.

   Wie groß ist die Durchmesserzunahme der Düse, wenn α_l = 0,000017 1/°C ist?

5. **Fass:** Ein Fass hat ein Volumen von 200 l. Es ist mit 198 l Maschinenöl gefüllt.

   Um wie viel °C darf die Temperatur theoretisch steigen, bis das Fass vollständig gefüllt ist, wenn die Ausdehnung des Fasses unberücksichtigt bleibt?

6. **Stahlwelle:** Eine Stahlwelle, die den Durchmesser 35h6 erhalten soll, erwärmt sich beim Drehen auf 65 °C. Bei dieser Temperatur wird ein Durchmesser von 35,001 mm gemessen.

   a) Welcher Durchmesser ergibt sich für eine Bezugstemperatur von 20 °C?

   b) Um wie viel µm weicht der unter a) ermittelte Durchmesser vom zulässigen Mindestmaß ab?

Tabelle 1

Werkstoff	Längenausdehnungskoeffizient α_l in 1/K
Stahl	0,000012
Gusseisen	0,000010
Aluminium	0,000024
CuZn-Leg.	0,000018
Polystyrol	0,00007
Beton	0,000012

Tabelle 2

Stoff	Volumenausdehnungskoeffizient α_V in 1/K
Benzin	0,00166
Maschinenöl	0,00093
Wasser	0,00018

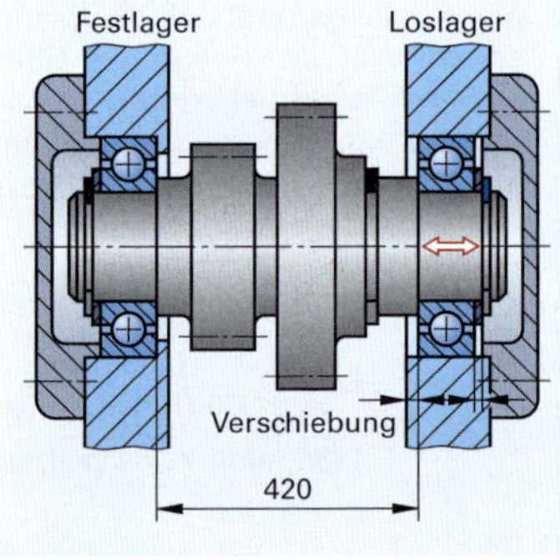

Bild 1: Lagerung einer Getriebewelle

5.2 Viskosität von Druckflüssigkeiten

Unter Viskosität versteht man die Zähflüssigkeit von Stoffen. Flüssigkeiten mit hoher Viskosität sind zähflüssig, solche mit niedriger Viskosität sind dünnflüssig. Die kinematische Viskosität ist die wichtigste Kenngröße von Hydraulikflüssigkeiten. Die Ermittlung der Viskosität erfolgt nach genormten Verfahren, indem die Durchlaufzeit der Flüssigkeit durch eine Kapillare gemessen wird (Kapillarviskosimeter). Je länger die Durchlaufzeit ist, desto höher ist die Viskosität.

Kinematische Viskosität

$$\nu = K \cdot t_K$$

ν	kinemat. Viskosität	mm^2/s
K	Gerätekonstante	mm^2/s^2
t_K	Durchlaufzeit	s

■ Viskositäts-Temperatur-Diagramm

Die Viskosität von Druckflüssigkeiten sinkt mit zunehmender Temperatur **(Bild 1)**. Dieser Zusammenhang wird im ν-t-Diagramm dargestellt. Bei einem logarithmischen Maßstab für die Achse der Viskosität ergeben sich gerade Kennlinien für die einzelnen Hydrauliköle **(Bild 3)**. Beim Ablesen von Werten auf logarithmischen Maßstäben sind die unterschiedliche Teilung und die Verteilung der Zwischenwerte besonders zu beachten. Der gleiche Abstand zwischen zwei Teilstrichen entspricht je nach Lage auf dem Maßstab ganz unterschiedlich großen Zahlenwerten. Durch die Verwendung von logarithmischen Maßstäben in Diagrammen können sehr große Wertebereiche bei guter Ablesbarkeit wiedergegeben werden. **Bild 2** zeigt ein Ablesebeispiel für einen logarithmischen Maßstab.

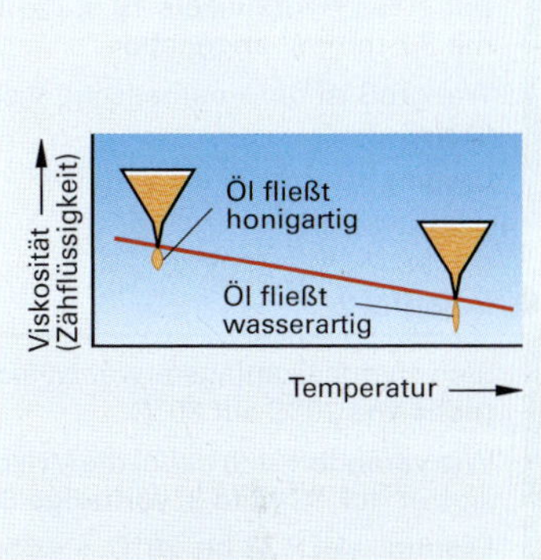

Bild 1: Zusammenhang zwischen Viskosität und Temperatur

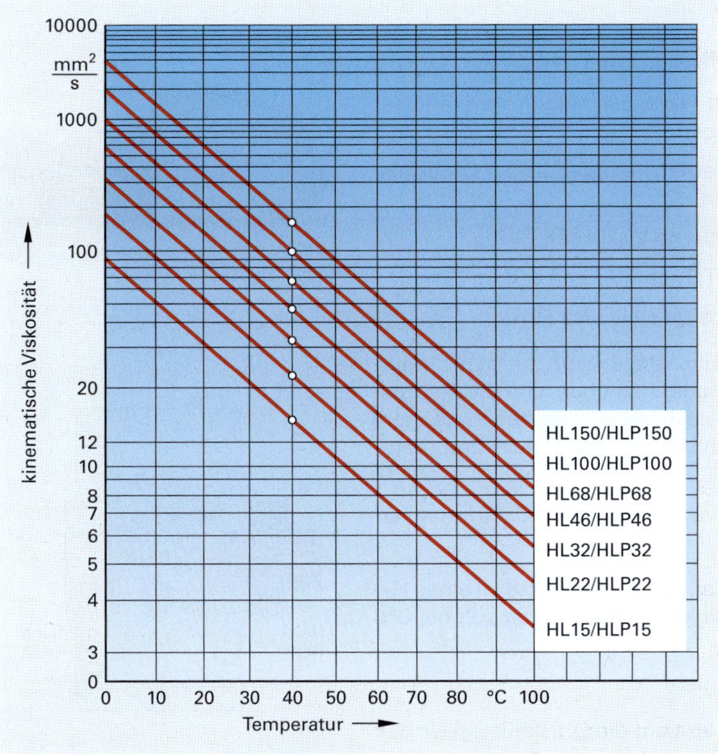

Bild 3: Viskositäts-Temperatur-Diagramm

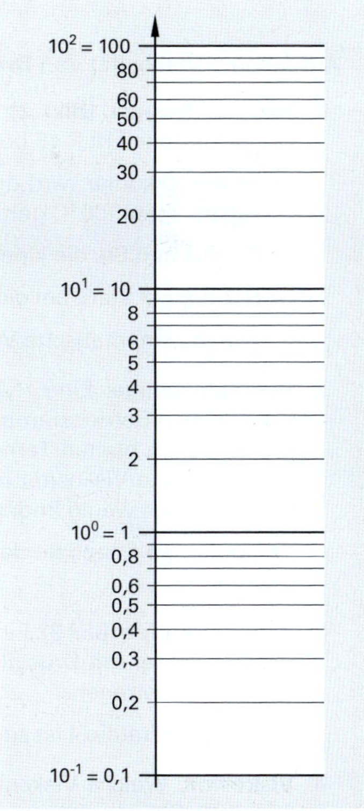

Bild 2: Logarithmischer Maßstab

Viskositäts-Druck-Diagramm

Die Viskosität von Hydraulikölen steigt mit dem Druck **(Bild 1)**. Dieser Zusammenhang wird im σ-p-Diagramm dargestellt. Bei Drücken über 200 bar bewirkt die Zunahme der Viskosität besonders an Drosselstellen, z. B. Ventilen, übermäßige Druckverluste und Erwärmung.

Beispiel 1

Bei einem Kapillarviskosimeter beträgt die Durchlaufzeit eines Hydrauliköls 10 s, die Gerätekonstante ist mit 3,2 mm^2/s^2 angegeben.

Wie groß ist die kinematische Viskosität des Hydrauliköls?

Lösung: $\nu = K \cdot t_K = 3{,}2\ mm^2/s^2 \cdot 10\ s = \mathbf{32\ mm^2/s}$

Beispiel 2

Eine Hydraulikanlage erwärmt sich während des Betriebs von 20 °C auf 80 °C.

Wie verändert sich dabei die Viskosität der Druckflüssigkeit HLP 32 **(Bild 3, vorherige Seite)**?

Lösung: HLP 32 bei 20 °C: $\nu = 75\ mm^2/s$

HLP 32 bei 80 °C: $\nu = \mathbf{8{,}7\ mm^2/s}$

Die Viskosität sinkt von 75 auf 8,7 mm^2/s

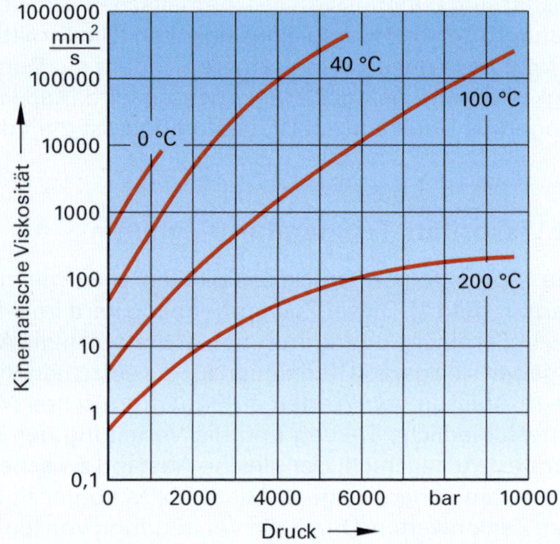

Bild 1: Viskositäts-Druck-Diagramm

Aufgaben | **Viskosität von Druckflüssigkeiten**

1. **Hydraulikbagger (Bild 2):** Ein Hydraulikbagger wird mit der Druckflüssigkeit HLP 46 betrieben.
   a) Mittels Ölkühler wird die Betriebstemperatur der Druckflüssigkeit unter 100 °C gehalten.

      Bestimmen Sie die kinematische Viskosität.

   b) Der Bagger steht bei einer Temperatur von 0 °C im Freien.

      Welche kinematische Viskosität stellt sich ein?

2. **Hydraulikanlage:** Eine Hydraulikanlage wird mit stark unterschiedlichen Betriebstemperaturen betrieben. Um das Hydrauliköl in einem breiten Temperaturbereich einsetzen zu können, soll sich seine Viskosität in Abhängigkeit von der Temperatur nur möglichst wenig ändern.

   Wie muss die Kennlinie des Hydrauliköls im ν-t-Diagramm verlaufen?

3. **Zahnradpumpe (Bild 3):** Eine Zahnradpumpe versorgt einen Hydraulikzylinder mit Druckflüssigkeit. Die Viskosität soll bei 0 °C 300 mm^2/s betragen.

   Welches Hydrauliköl ist zu wählen?

4. **Viskosität:** Welche Viskosität erreicht die Druckflüssigkeit HLP 15 bei 40 °C?

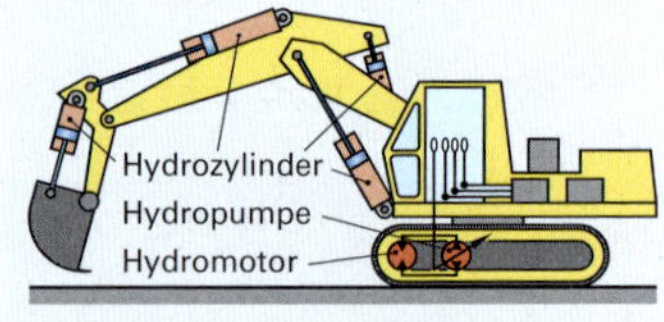

Bild 2: Hydraulikbagger

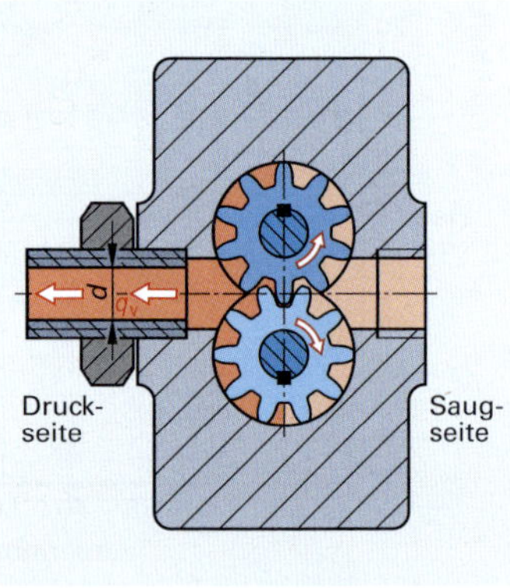

Bild 3: Zahnradpumpe

5.3 Festigkeitsberechnung

Wirken auf Bauelemente in Maschinen und Anlagen Kräfte ein, so setzt der Werkstoff diesen Beanspruchungen von außen einen inneren Widerstand entgegen. Es entstehen Spannungen im Werkstoff. Als Spannung bezeichnet man die Kraft je Flächeneinheit der Querschnittsfläche S **(Bild 1)**.

Je nach Lage eines Bauelements und der Richtung der angreifenden Kräfte unterscheidet man Beanspruchungen auf Zug, Druck, Biegung, Schub, Flächenpressung und Torsion. Jede einzelne Beanspruchungsart verursacht in den Bauelementen die entsprechende Spannung.

Zugspannung

$$\sigma_z = \frac{F}{S}$$

zulässige Zugspannung

$$\sigma_{z\,zul} = \frac{R_e}{\nu}$$

F	Zugkraft	N
S	Querschnittsfläche	mm^2
σ_z [1]	Zugspannung	N/mm^2
$\sigma_{z\,zul}$	zulässige Zugspannung	N/mm^2
R_e	Streckgrenze	N/mm^2
R_m	Zugfestigkeit	N/mm^2
ν [2]	Sicherheitszahl	–

5.3.1 Beanspruchung auf Zug

Wird ein Bauteil durch eine Kraft von außen auf Zug beansprucht, so setzt der Werkstoff dieser Beanspruchung einen inneren Widerstand entgegen. Die Zugkraft je Flächeneinheit der Querschnittsfläche ist die Zugspannung. Die Querschnittsfläche liegt senkrecht zur angreifenden Kraftrichtung **(Bild 1)**.

Beispiel 1

Eine Probe mit einer Querschnittsfläche $S = 379\ mm^2$ wird mit einer Zugkraft $F = 30\,320$ N belastet.

Wie groß ist die auftretende Zugspannung σ_z?

Lösung: $\sigma_Z = \frac{F}{S} = \frac{30\,320\ N}{379\ mm^2} = \mathbf{80}\ \frac{\mathbf{N}}{\mathbf{mm^2}}$

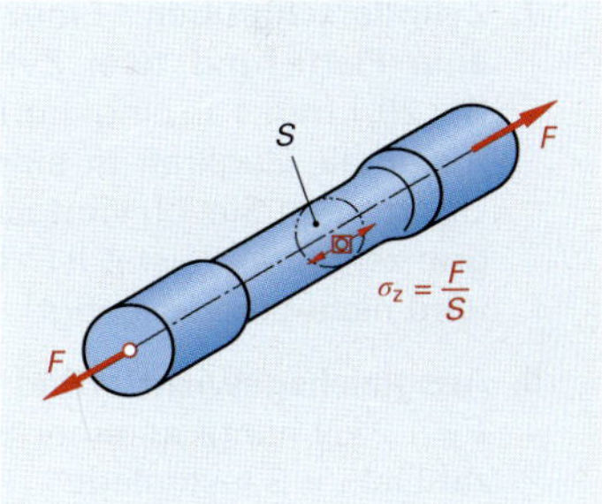

Bild 1: Kräfte auf eine Zugprobe

Bauelemente müssen so bemessen sein, dass angreifende Kräfte keine bleibenden Verformungen hervorrufen. Dabei darf die Streckgrenze nicht überschritten werden.

Aus Sicherheitsgründen nutzt man bei Bauteilen die Spannungen R_e und R_m nicht aus. Die Zugspannung, mit der ein Werkstoff belastet wird, heißt zulässige Zugspannung $\sigma_{z\,zul}$.

Die zulässige Spannung $\sigma_{z\,zul}$ ergibt sich aus der um die Sicherheitszahl verringerten Streckgrenze.

Bei Zugbeanspruchung verwendet man als Werkstoffkennwerte

- die Streckgrenze R_e bei Sicherheit gegen Fließen.

Die Werkstoffkennwerte werden in Spannungs-Dehnungsdiagrammen **(Bild 2)** ermittelt oder können Tabellen entnommen werden.

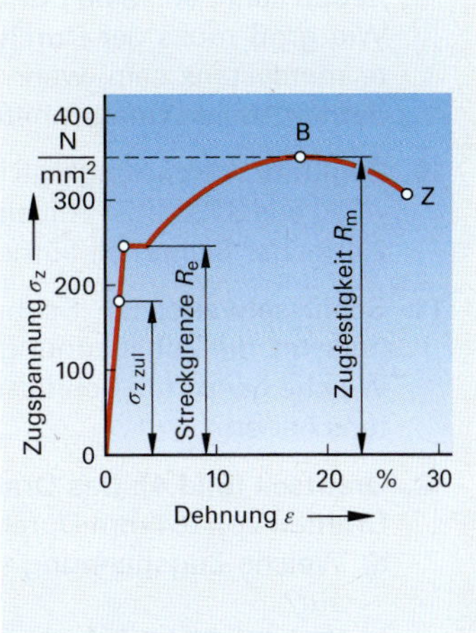

Bild 2: Spannungs-Dehnungs-Diagramm

Beispiel 2

Wie groß ist für einen Zugstab aus S235JR die zulässige Zugspannung $\sigma_{z\,zul}$ bei $\nu = 2{,}5$?

Lösung: Aus Tabellen: $R_e = 235\ N/mm^2$

$$\sigma_{z\,zul} = \frac{R_e}{\nu} = \frac{235\ N}{mm^2/2{,}5} = \mathbf{94}\ \frac{\mathbf{N}}{\mathbf{mm^2}}$$

1 σ sigma, griechischer Kleinbuchstabe

2 ν nü, griechischer Kleinbuchstabe

vel.plus/RMECH01

Aufgaben – Beanspruchung auf Zug

1. **Zugspannung:** Wie groß ist die Zugspannung in einem Zugstab mit $d = 10$ mm, wenn eine Kraft $F = 2{,}5$ kN wirkt?

2. **Zugkraft:** Welche Zugkraft F wirkt in einer Strebe mit der Querschnittsfläche $A = 180\ \text{mm}^2$, wenn die Zugspannung $\sigma_z = 168\ \text{N/mm}^2$ beträgt?

3. **Querschnittsfläche:** Welche Querschnittsfläche hat eine Zugstange, wenn bei einer Kraft von 12,8 kN eine Spannung von $160\ \text{N/mm}^2$ wirkt?

4. **Zulässige Zugspannung:** Wie groß ist die zulässige Zugspannung $\sigma_{z\ zul}$ für einen Stahl mit der Streckgrenze $360\ \text{N/mm}^2$, wenn die Sicherheitszahl $\nu = 1{,}5$ beträgt?

5. **Sicherheit:** Das Verbindungsstück einer Mastverspannung besteht aus Stahl mit der Streckgrenze $R_e = 240\ \text{N/mm}^2$. Die zulässige Zugspannung beträgt $85\ \text{N/mm}^2$.
   Wie groß ist die Sicherheit?

6. **Halbzeuge (Bild 1):** Die Stabstähle und Rohre werden mit einer Zugkraft von 50 kN belastet. Die auftretende Zugspannung in den Halbzeugen ist zu berechnen.

7. **Zylinderschrauben:** Eine vertikale Lineareinheit wird über eine Platte und zwei Zylinderschrauben ($R_e = 300\ \text{N/mm}^2$; $S = 20{,}1\ \text{mm}^2$) an einer horizontalen Lineareinheit befestigt. Die maximale Zugkraft in einer Zylinderschraube beträgt 1,5 kN. Überprüfen Sie, ob vierfache Sicherheit gegenüber der Streckgrenze gewährleistet ist? (Die Vorspannkraft in der Schraube wird nicht berücksichtigt).

8. **Ausgleichsgewicht (Bild 2):** Ein Ausgleichsgewicht mit $F = 1{,}2$ kN hängt an einer Stange aus S235JR. Als Sicherheitszahl ist $\nu = 3$ festgelegt.
   a) Wie groß ist die zulässige Spannung in der Stange?
   b) Wie groß sind Querschnittsfläche und Durchmesser der Stange?

9. **Rundstahlkette (Bild 3):** Für einen Kran, der eine Last von 10 kN heben kann, soll eine Rundstahlkette ausgewählt werden.
   Wie groß muss der Durchmesser des Rundstahls für die Kette mindestens sein, wenn die zulässige Spannung $64\ \text{N/mm}^2$ beträgt? Beide Querschnitte eines Kettengliedes tragen gleich.

10. **Zugkraft:** Welche Zugkraft kann ein Formstahl T-Profil EN 10055 – T50 aus S235JRG1 mit einer Streckgrenze von $235\ \text{N/mm}^2$ bei 2,4-facher Sicherheit aufnehmen?

11. **Schlüsselweite:** Ein Sechskantstahl wird mit 38 kN auf Zug belastet, die Zugspannung soll $76\ \text{N/mm}^2$ nicht überschreiten. Welche genormte Schlüsselweite muss das Halbzeug mindestens haben?

12. **Drahtseil (Bild 4):** Das Drahtseil besteht aus 6 Litzen mit je 19 Drähten von 0,4 mm Durchmesser.
    a) Welche Zugspannung tritt bei einer Belastung von 3000 N auf?
    b) Welche Sicherheit gegen Bruch ist vorhanden, wenn die Bruchlast 22 kN beträgt?

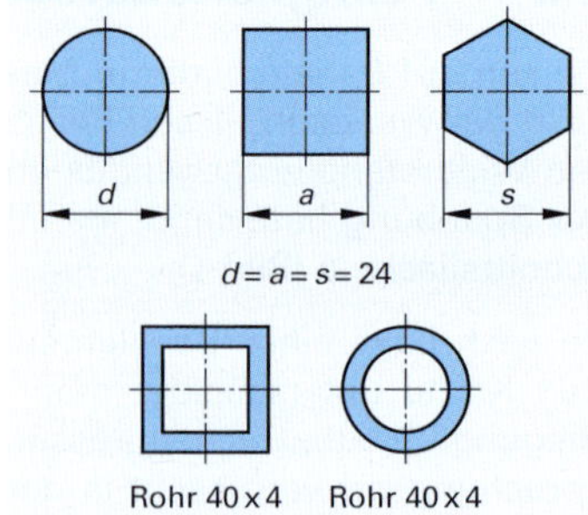

Bild 1: Halbzeuge

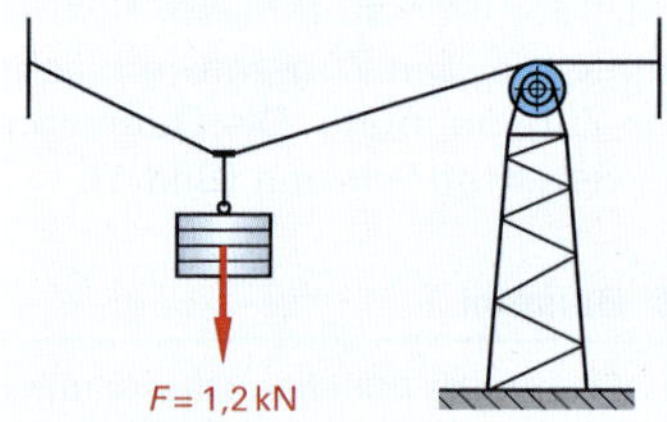

Bild 2: Ausgleichsgewicht

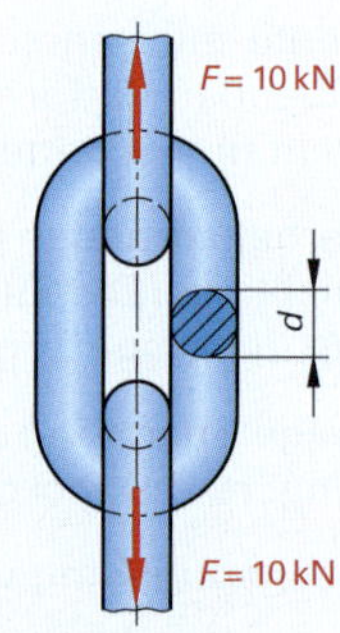

Bild 3: Rundstahlkette

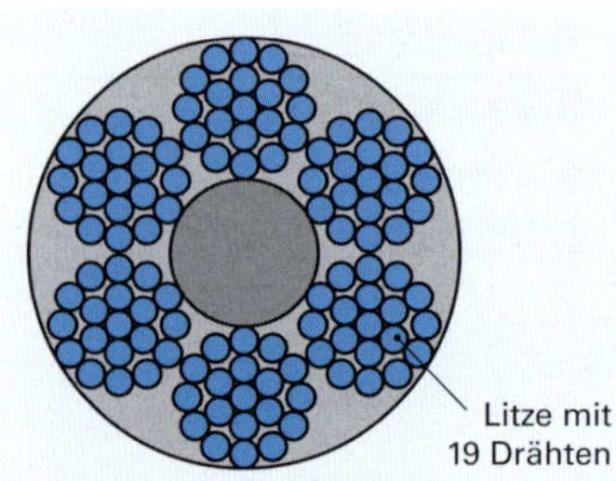

Bild 4: Drahtseil

5.3.2 Beanspruchung auf Druck

Die Berechnung der Druckspannung **(Bild 1)** und der zulässigen Druckspannung in Bauelementen erfolgt sinngemäß wie bei der Beanspruchung auf Zug. Sie wird jedoch nur an kurzen, kräftigen Bauteilen durchgeführt, da an langen, schlanken Bauelementen Knickung auftreten kann, bevor die zulässige Druckspannung erreicht wird.

Bei der Beanspruchung eines Werkstückes auf Druck berechnet man die Druckspannung σ_d und die zulässige Druckspannung $\sigma_{d\,zul}$ sinngemäß wie bei einer Beanspruchung auf Zug **(Bild 1)**.

Druckspannung

$$\sigma_d = \frac{F}{S}$$

zulässige Druckspannung

$$\sigma_{d\,zul} = \frac{\sigma_{dB}}{v}$$

$$\sigma_{d\,zul} = \frac{\sigma_{dF}}{v} = \frac{R_e}{v}$$

F	Druckkraft	N
S	Querschnittsfläche	mm²
R_e	Streckgrenze	N/mm²
v	Sicherheitszahl	–
σ_d	Druckspannung	N/mm²
σ_{dB}	Druckfestigkeit	N/mm²
σ_{dF}	Quetschgrenze	N/mm²
$\sigma_{d\,zul}$	zulässige Druckspannung	N/mm²

Beispiel 1

Eine Säule aus Gusseisen **(Bild 2)** mit dem Querschnitt $S = 138\ \text{cm}^2$ wird mit der Druckkraft $F = 3{,}5$ MN belastet.

Wie groß ist die Druckspannung σ_d?

Lösung: $\sigma_d = \frac{F}{S} = \frac{3\,500\,000\ \text{N}}{13\,800\ \text{mm}^2} = \mathbf{254\ \frac{N}{mm^2}}$

Beispiel 2

Bei einer Gusslegierung wird in einem Versuch die Druckfestigkeit $\sigma_{dB} = 252\ \text{N/mm}^2$ ermittelt.

Wie groß darf die zulässige Druckspannung sein, wenn eine Sicherheit $v = 1{,}5$ vorgesehen ist?

Lösung: $\sigma_{d\,zul} = \frac{\sigma_{dB}}{v} = \frac{252\ \frac{\text{N}}{\text{mm}^2}}{1{,}5} = \mathbf{168\ \frac{N}{mm^2}}$

Bei zähen Metallen, z. B. Stahl, wird die zulässige Druckspannung $\sigma_{d\,zul}$ aus der Quetschgrenze σ_{dF} berechnet. Diese gibt die Grenze der elastischen Verformung bei Druckbeanspruchung an. Ist die Quetschgrenze nicht bekannt, rechnet man mit der Streckgrenze R_e **(Bild 3)**.

Bei spröden Werkstoffen, z. B. bei Gusseisen mit Lamellengraphit, setzt man zur Berechnung der zulässigen Spannung für die Quetschgrenze σ_{dF} die Druckfestigkeit $\sigma_{dB} \approx 4 \cdot R_m$ ein.

Beispiel 3

In einer Robotereinheit wird für Elemente, die auf Druck belastet werden, Material aus E295 gewählt.

Berechnen Sie die zulässige Druckspannung bei vierfacher Sicherheit.

Lösung: $\sigma_{d\,zul} = \frac{R_e}{v} = \frac{295\ \frac{\text{N}}{\text{mm}^2}}{4} = \mathbf{73{,}75\ \frac{N}{mm^2}}$

Beispiel 4

Ein Bauteil aus Gusseisen EN-GJL-100 wird statisch auf Druck belastet. Zu berechnen sind
a) die Druckfestigkeit σ_{dB},
b) die zulässige Druckspannung $\sigma_{d\,zul}$ bei $\sigma = 3{,}5$.

Lösung: a) Aus Tabellen: EN-GLJ-100: $R_m = 100\ \frac{\text{N}}{\text{mm}^2}$

$\sigma_{dB} \approx 4 \cdot R_m = 4 \cdot 100\ \frac{\text{N}}{\text{mm}^2} = \mathbf{400\ \frac{N}{mm^2}}$

b) $\sigma_{d\,zul} = \frac{\sigma_{dB}}{v} = \frac{400\ \frac{\text{N}}{\text{mm}^2}}{3{,}5} = \mathbf{114\ \frac{N}{mm^2}}$

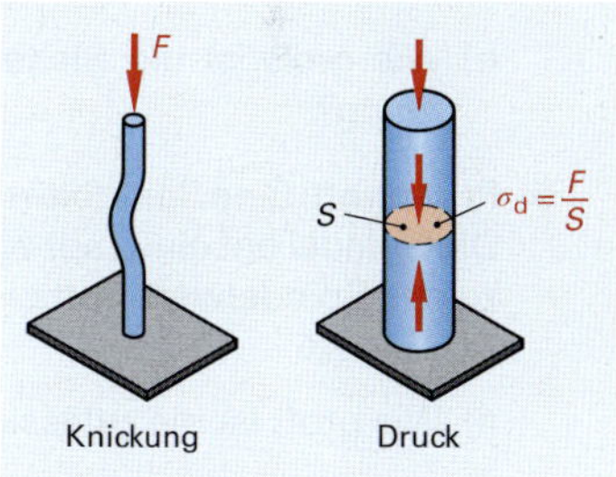

Bild 1: Druckspannung

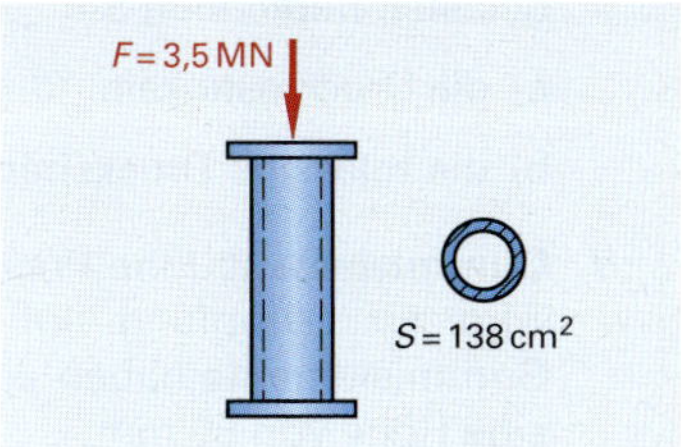

Bild 2: Säule

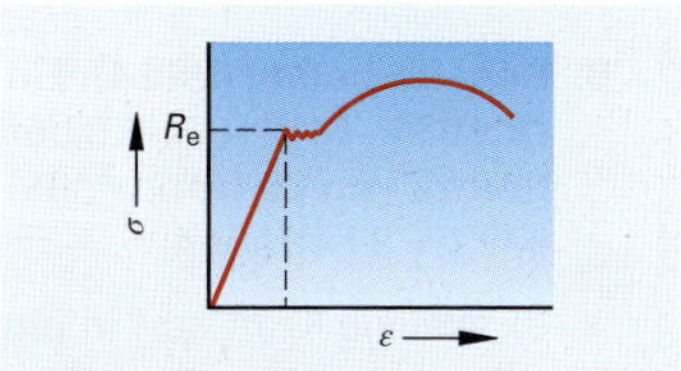

Bild 3: Streckgrenze

Aufgaben – Beanspruchung auf Druck

1. **Rundsäule:** Eine Rundsäule aus Gusseisen mit einem Durchmesser von 120 mm wird mit einer Last von 2,8 MN belastet.

   a) Wie groß ist die Druckspannung σ_d in der Säule?

   b) Wie groß wäre die Druckspannung in einer quadratischen Säule aus dem gleichen Material, die eine Diagonale von 120 mm hat?

2. **Strebe:** Eine Strebe aus L EN 10056 – 140 × 20 × 4 wird mit einer Kraft F = 10,5 kN auf Druck beansprucht.

   Wie groß ist die Druckspannung σ_d in der Strebe?

3. **Dämpfungsscheibe (Bild 1):** Die Dämpfungsscheibe eines Behälterauflagers darf höchstens mit einer Druckspannung σ_d = 25 N/mm² beansprucht werden.

   Wie groß muss die Auflagerfläche mindestens sein?

4. **Rohr (Bild 2):** Ein kurzes Rohrstück DIN 2440 DN 100 dient als Abstützung. Es wird mit F = 125 kN auf Druck beansprucht. Die Quetschgrenze beträgt 280 N/mm².

   a) Welche Druckspannung herrscht in der Rohrwandung?

   b) Wie groß ist die Sicherheitszahl gegen plastische Verformung?

5. **Presskraft:** Eine Spindelpresse erzeugt die Presskraft von 50 kN. Die Spindel hat ein Trapezgewinde TR 36 × 6. Die Quetschgrenze des Spindelwerkstoffs ist σ_{dF} = 295 N/mm², die Sicherheitszahl ν = 2,5.

   a) Wie groß ist die zulässige Druckspannung in der Spindel?

   b) Welche Druckspannung wirkt im Querschnitt der Gewindespindel bei maximaler Presskraft?

6. **Bauteil (Bild 3):** Ein Bauteil EN-GJL-100 wird statisch auf Druck belastet. Berechnen Sie

   a) die Druckfestigkeit,

   b) die zulässige Druckspannung bei 3,5-facher Sicherheit.

7. **Gummielement:** Eine Presse mit der Gewichtskraft F_G = 30 kN wird zur Dämpfung auf vier Gummipuffern gelagert. Die Gummielemente haben einen Durchmesser von 250 mm und eine Höhe von 80 mm.

   a) Welche Druckspannung entsteht in jedem Element?

   b) Wie groß ist die Sicherheit gegenüber einer zulässigen Druckspannung von 5 N/mm²?

8. **Behälterboden (Bild 4):** Ein Behälterboden ist mit 16 Schrauben DIN 931 – M12 × 60-6.8 befestigt. Die Dichtung hat die Quetschgrenze von 80 N/mm², die Sicherheit gegen Herausquetschen soll ν = 3 betragen.

   a) Welche Kraft darf in einer Schraube höchstens wirken?

   b) In welcher Reihenfolge werden die Schrauben angezogen?

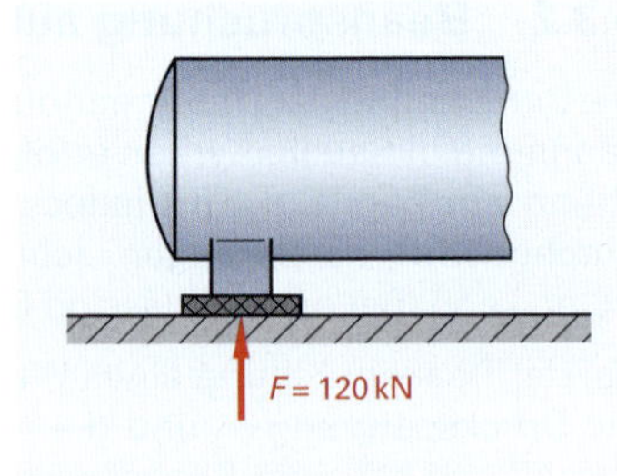

Bild 1: Dämpfungsscheibe

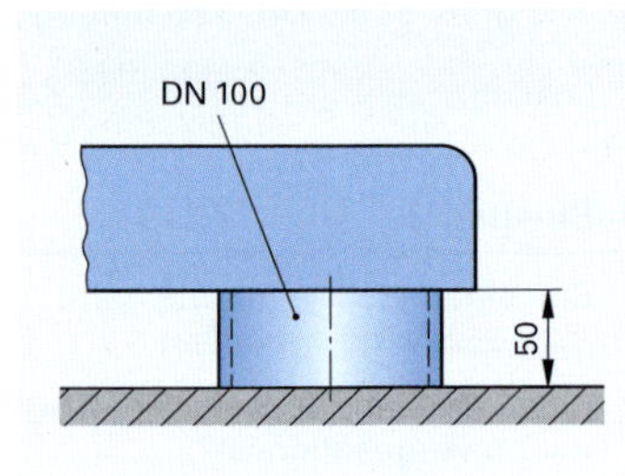

Bild 2: Rohr

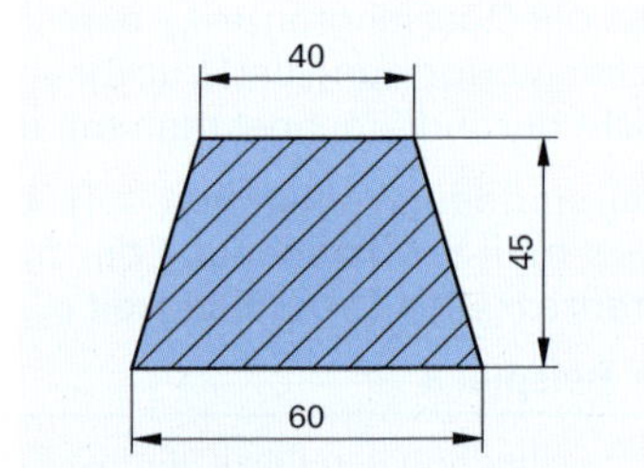

Bild 3: Bauteil

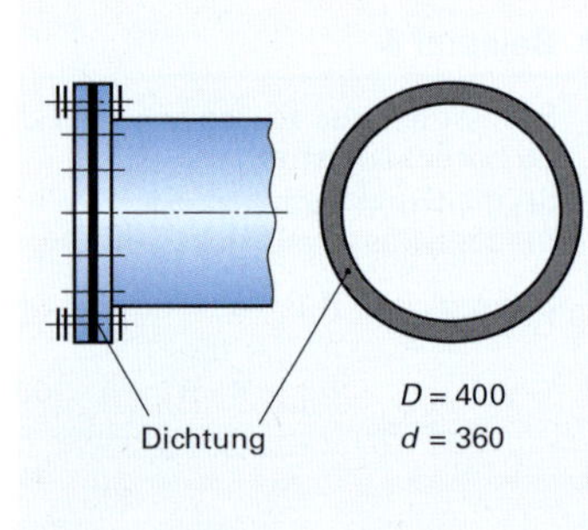

Bild 4: Behälterboden

5.3.3 Beanspruchung auf Flächenpressung

Sind die Berührflächen zweier Bauelemente auf Druck beansprucht, so bezeichnet man die dort auftretende Druckspannung als Flächenpressung **(Bild 1)**.

Ist die Berührfläche nicht senkrecht zur Kraftrichtung oder ist sie gekrümmt, wird in die Rechnung die in Kraftrichtung projizierte Fläche eingesetzt **(Bild 2)**. Bei Bolzen, Nieten und Schrauben bezeichnet man die Flächenpressung auch als Lochleibungsdruck.

Flächenpressung

$$p = \frac{F}{A}$$

p	Flächenpressung	N/mm²
F	Kraft	N
A	Berührungsfläche projizierte Fläche	N/mm²

Beispiel 1

Zum Ausschneiden eines Werkstückes mit dem Durchmesser $d = 32$ mm benötigt man eine Schneidkraft $F = 96400$ N **(Bild 1)**.

Wie groß ist die Flächenpressung p am Kopf des Stempels?

Lösung: $p = \frac{F}{A} = \frac{96400\ \text{N}}{\frac{\pi}{4} \cdot (32\ \text{mm})^2} = \frac{96000\ \text{N}}{804\ \text{mm}^2} = \mathbf{168\ \frac{N}{mm^2}}$

Beispiel 2

Die Kraft $F = 90$ kN **(Bild 2)** verteilt sich zu gleichen Teilen auf die beiden Lager mit $l = 16$ mm und $d = 40$ mm.

Wie groß ist die Flächenpressung in einer Lagerschale?

Lösung: Projizierte Fläche:

$A = l \cdot d = 16\ \text{mm} \cdot 40\ \text{mm} = 640\ \text{mm}^2$

$p = \frac{F}{A} = \frac{45000\ \text{N}}{640\ \text{mm}^2} = \mathbf{70\ \frac{N}{mm^2}}$

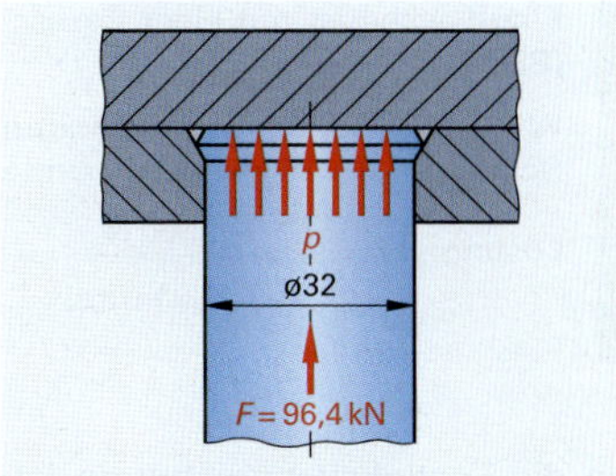

Bild 1: Flächenpressung

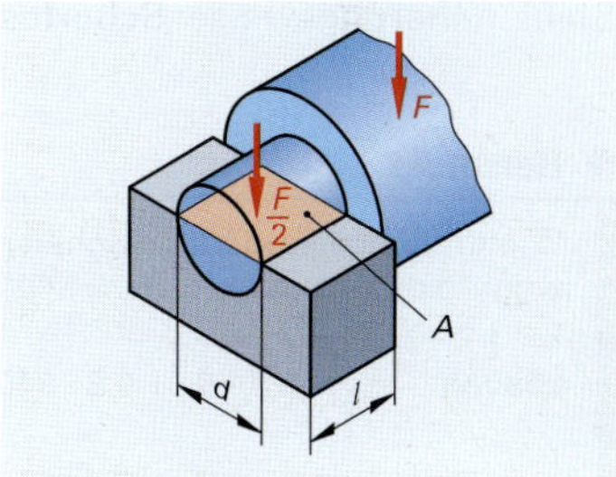

Bild 2: Gleitlager

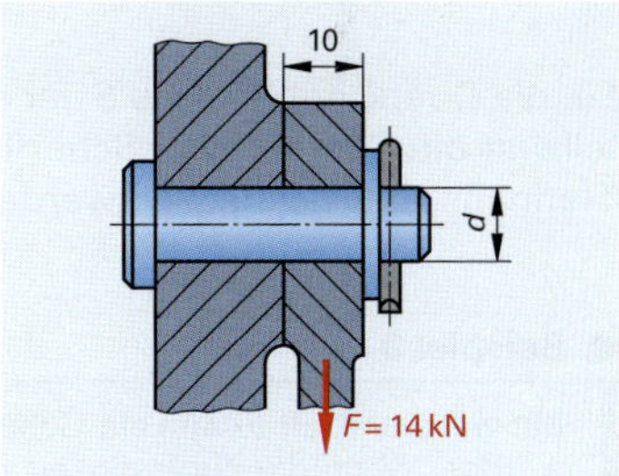

Bild 3: Bolzenverbindung

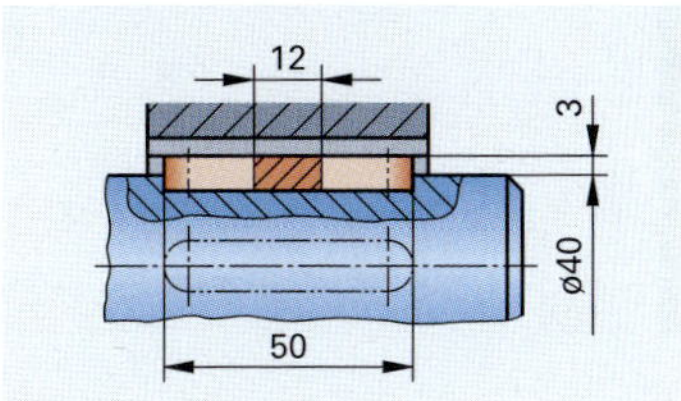

Bild 4: Passfeder

vel.plus/ RMECH02

Aufgaben	Beanspruchung auf Flächenpressung

1. **Schneidstempel:** Ein rechteckiger Schneidstempel wird mit einer Kraft $F = 80$ kN belastet.
   Wie groß ist die Flächenpressung p am Kopf des Stempels?

2. **Schneidstempelkopf:** Die Flächenpressung am Kopf eines Schneidstempels von 5 mm Durchmesser darf 200 N//mm² nicht überschreiten.
   Wie groß darf die Schneidkraft höchstens werden?

3. **Gleitlager (Bild 2):** Das Gleitlager einer Welle soll eine Lagerkraft $F = 50$ kN aufnehmen. Das Lager hat eine Länge $l = 90$ mm und einen Durchmesser $d = 45$ mm.
   a) Wie groß ist die projizierte Fläche?
   b) Wie groß ist die Flächenpressung in der Lagerschale?

4. **Bolzenverbindung (Bild 3):** An einer 10 mm dicken Lasche aus Stahl hängt eine Last von 14 kN.
   Welchen Durchmesser muss der Bolzen mindestens haben, wenn die Flächenpressung in der Lasche 105 N/mm² nicht überschreiten darf?

5. **Passfeder (Bild 4):** Die Passfeder soll das Drehmoment $M = 200$ Nm übertragen.
   Berechnen Sie die Flächenpressung zwischen Passfeder und Nabe.

5.3.4 Beanspruchung auf Schub (Scherung)

Bei der Beanspruchung einer formschlüssigen Fügeverbindung (z. B. durch Bolzen, Niete, Schrauben) durch äußere Kräfte tritt nicht nur Flächenpressung an den Bohrungsleibungen auf. Die Kräfte versuchen auch, das Maschinenelement an den Berührstellen der Bauteile abzuscheren, das heißt, quer zur Faserrichtung zu trennen **(Bild 1)**.

Scherspannung

$$\tau_a = \frac{F}{S}$$

zulässige Scherspannung

$$\tau_{a\,zul} = \frac{\tau_{aB}}{\nu}$$

Scherfestigkeit

$$\tau_{aB} = 0{,}8 \cdot R_m$$

F	Scherkraft	N
S	Scherfläche	mm^2
R_m	Zugfestigkeit	N/mm^2
ν	Sicherheitszahl	–
τ_a	Scherspannung	N/mm^2
$\tau_{a\,zul}$	zulässige Scherfestigkeit	N/mm^2
τ_{aB}	Scherfestigkeit	N/mm^2

Beispiel 1

Eine Lasche ist mit einer Passschraube M20 an einem Träger befestigt **(Bild 2)**.

Wie groß ist die Scherspannung τ_a im Schraubenschaft, wenn eine Scherkraft $F = 25$ kN auftritt und die Reibung nicht berücksichtigt wird?

Lösung: $\tau_a = \frac{F}{S} = \frac{2500\ \text{N}}{\frac{\pi}{4} \cdot (21\ \text{mm})^2} = \mathbf{72\ \frac{N}{mm^2}}$

In die Festigkeitsberechnung ist die durch Versuche ermittelte oder Tabellen entnommene Scherfestigkeit τ_{aB} des Werkstoffs einzusetzen.

Ist die Scherfestigkeit nicht bekannt, so gilt bei zähen Metallen, z. B. Stahl, näherungsweise: **Scherfestigkeit ≈ 0,8 · Zugfestigkeit**.

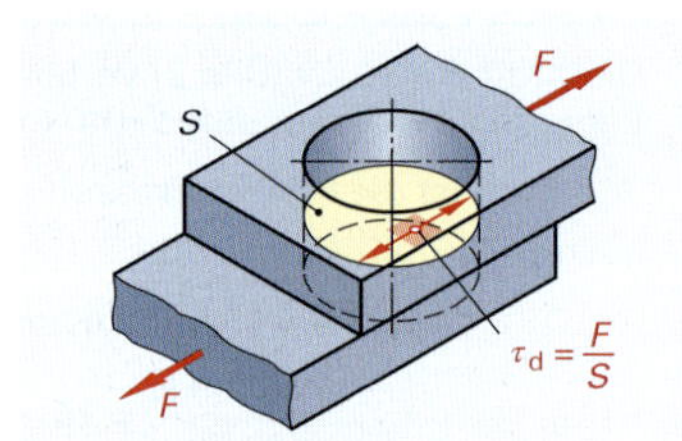

Bild 1: Abscherung

Beispiel 2

Wie groß ist die zulässige Scherspannung $\tau_{a\,zul}$ für ein Fügeteil aus Stahl, wenn die Zugfestigkeit $R_m = 340\ N/mm^2$ beträgt und die Sicherheitszahl $\nu = 1{,}5$ sein soll?

Lösung: $\tau_{aB} \approx 0{,}8 \cdot R_m = 0{,}8 \cdot 340\ \frac{N}{mm^2} = \mathbf{272\ \frac{N}{mm^2}}$

$$\tau_{a\,zul} = \frac{\tau_{aB}}{\nu} = \frac{272\ \frac{N}{mm^2}}{1{,}5} = \mathbf{181\ \frac{N}{mm^2}}$$

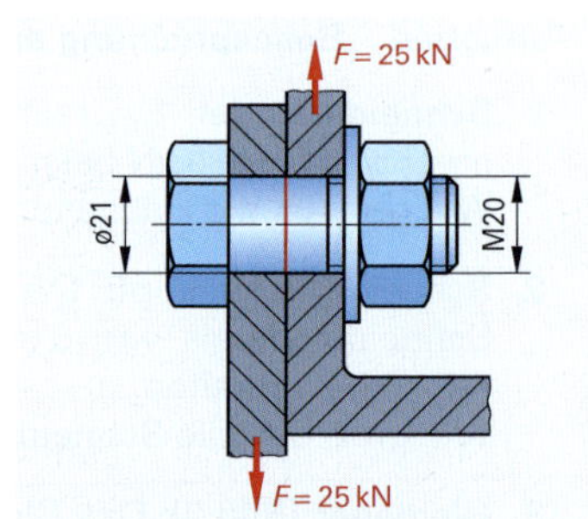

Bild 2: Schraubenschaft

Für die Querschnittsfläche S der auf Abscherung beanspruchten Bauteile ist die Summe aller Scherflächen einzusetzen, die im Falle des Trennens zu Bruchflächen werden können.

vel.plus/ RMECH03

Beispiel 3

Mit welcher Kraft F kann ein Gelenkbolzen **(Bild 3)** aus Stahl beansprucht werden, wenn die Zugfestigkeit $R_m = 360\ N/mm^2$ beträgt und 1,5-fache Sicherheit verlangt wird?

Lösung: Die Verbindung ist **zweischnittig**, d. h., die angreifende Kraft F verteilt sich auf zwei Querschnitte.

$$\tau_{a\,zul} = \frac{\tau_{aB}}{\nu} = \frac{0{,}8 \cdot R_m}{\nu} = \frac{0{,}8 \cdot 360\ \frac{N}{mm^2}}{1{,}5} = 192\ \frac{N}{mm^2}$$

$$F = 2 \cdot A \cdot \tau_{a\,zul} = \frac{2 \cdot \pi \cdot (16\ \text{mm})^2 \cdot 192\ \frac{N}{mm^2}}{4} = \mathbf{77\,207{,}8\ N}$$

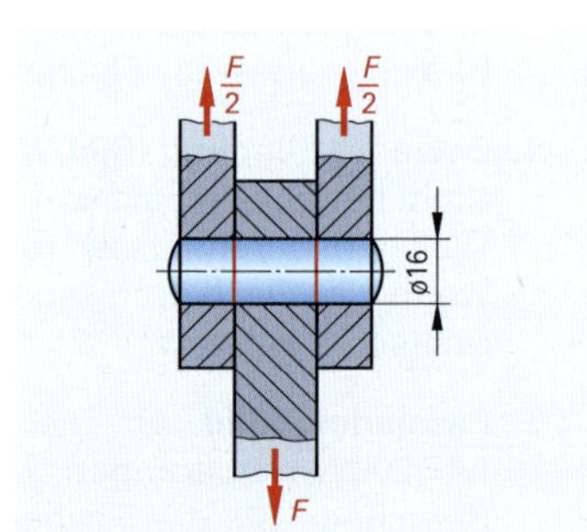

Bild 3: Gelenkbolzen

1 τ tau, griechischer Kleinbuchstabe

Aufgaben | Beanspruchung auf Schub (Scherung)

1. **Tragbolzen (Bild 1):** Der Tragbolzen der Seilrolle hat einen Durchmesser $d = 20$ mm.
   Wie groß ist die Scherspannung τ_a, wenn eine Belastung von $F = 25$ kN auftritt?

2. **Scherversuch (Bild 2):** Im Scherversuch wird eine Probe aus Baustahl bei 18,8 kN abgeschert.
   Wie groß ist die Scherfestigkeit?

3. **Laschenkette (Bild 3):** Die Laschenkette wird mit 60 kN belastet.
   Wie groß muss der Durchmesser d der Gelenkbolzen sein, wenn die zulässige Scherspannung 48 N/mm² beträgt?

4. **Abscherstift:** Ein Abscherstift mit $d = 6$ mm aus S235JR soll eine Hebelschere vor Überlastung schützen.
   Bei welcher Kraft wird der Stift getrennt, wenn der Kraftangriff einschnittig ist und $R_m = 370$ N/mm² beträgt?

5. **Zylinderstift (Bild 4):** Um ein Getriebe vor Überlastung zu schützen, soll die Wellen-Nabenverbindung bei einem maximalen Drehmoment von 200 N · m abgeschert werden. Als Sicherungselement wird ein Zylinderstift mit einer Zugfestigkeit von 470 bis 610 N/mm² verwendet.
   Welcher Stiftdurchmesser muss gewählt werden?

6. **Nietverbindung (Bild 5):** Zwei Stäbe aus Flachstahl sind durch 3 Niete aus S235JRG1 mit der Zugfestigkeit $R_m = 340$ N/mm² verbunden. Es wirkt eine Zugkraft $F = 115$ kN. Die Sicherheit soll 1,7-fach sein.
   Wie groß muss der Nietdurchmesser sein, wenn angenommen wird, dass alle Niete gleichmäßig auf Scherung beansprucht werden und die Reibung zwischen den Stäben nicht berücksichtigt wird?

7. **Passschraube:** Eine Passschraube DIN 7968 – M20 × 80-8.8 wird mit 130 kN auf Scherung beansprucht.
   Wie groß ist die Sicherheit gegen Abscherung?

8. **Passfeder (Bild 6):** Die Passfeder an der Seilrolle einer Aufzuganlage wird mit einer Umfangskraft von $F = 6$ kN beansprucht. Die zulässige Scherspannung beträgt $\tau_{a\,zul} = 80$ N/mm².
   Wie groß ist die Sicherheit gegen Abscherung der Passfeder?

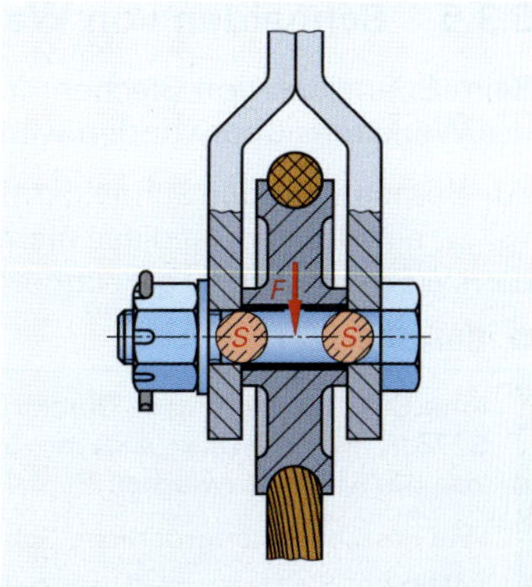

Bild 1: Tragbolzen

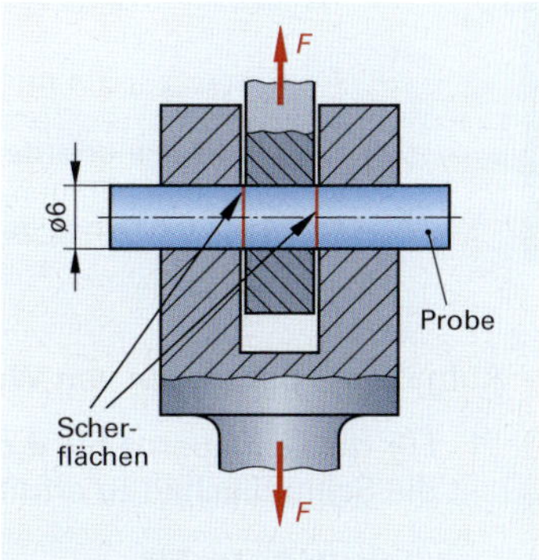

Bild 2: Scherversuch

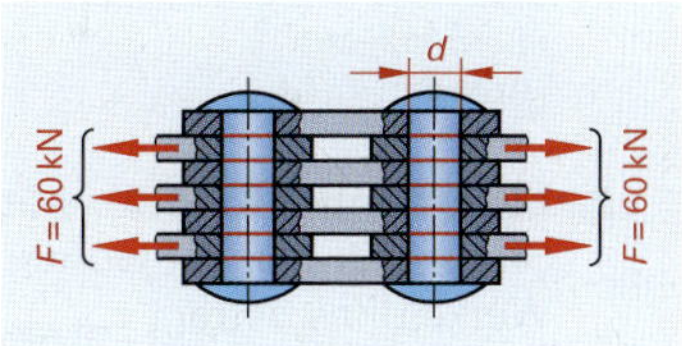

Bild 3: Laschenkette

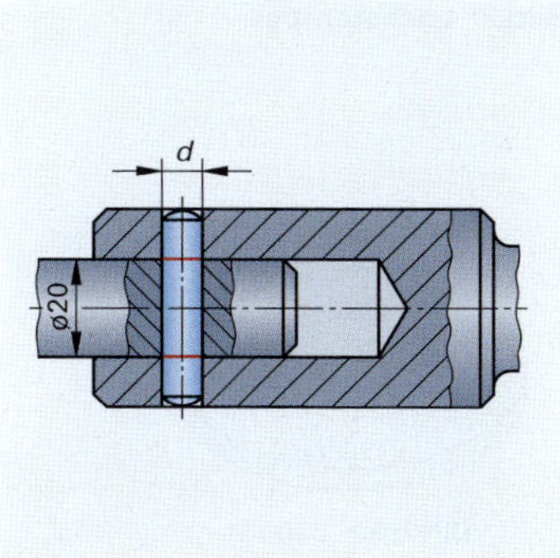

Bild 4: Zylinderstift

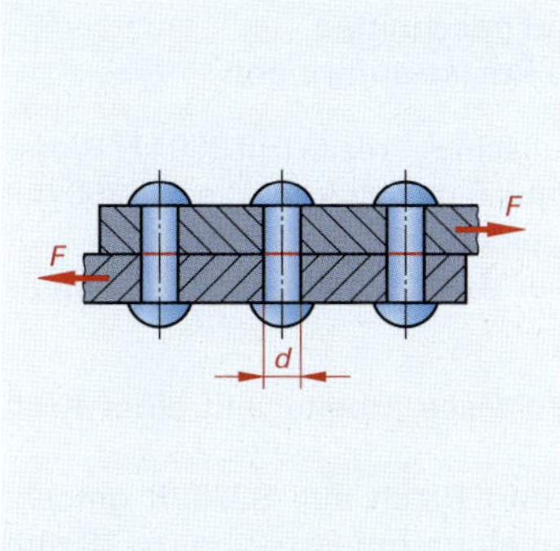

Bild 5: Nietverbindung

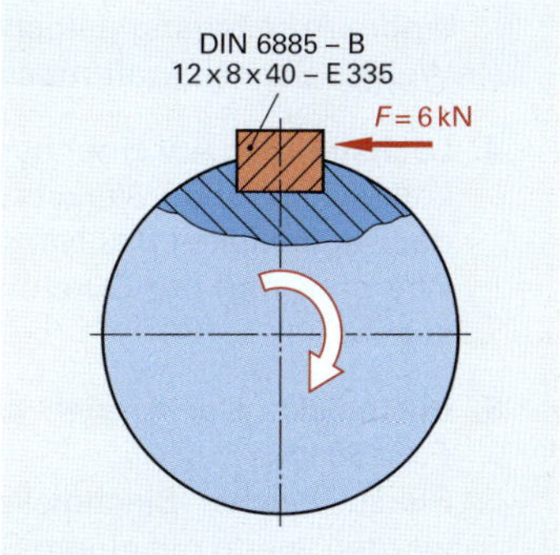

Bild 6: Passfeder

5.3.5 Schneiden von Werkstoffen

Beim Schneiden von Blechen und Profilen muss die Scherfestigkeit des Werkstoffs überwunden werden.

Zur Berechnung der Schneidkraft F ist die maximale Scherfestigkeit $\tau_{aB\,max}$ einzusetzen. Ist diese nicht bekannt, kann näherungsweise mit dem Wert $0{,}8 \cdot R_{m\,max}$ gerechnet werden.

Beispiel

Eine Scheibe mit einem Durchmesser d = 20 mm wird aus Stahlblech S275JR mit einer Dicke s = 5 mm ausgeschnitten **(Bild 1)**. Die Zugfestigkeit von S275JR liegt zwischen $R_m = 410\ \text{N/mm}^2$ und $R_m = 560\ \text{N/mm}^2$.

Wie groß ist die erforderliche Scherkraft?

Lösung: $S = U \cdot s = \pi \cdot d \cdot s = \pi \cdot 20\ \text{mm} \cdot 5\ \text{mm} = 314\ \text{mm}^2$

Die größte Festigkeit $R_{m\,max} = 560\ \text{N/mm}^2$ ist in die Rechnung einzusetzen.

$$\tau_{aB\,max} = 0{,}8 \cdot R_{m\,max} = 0{,}8 \cdot 560 \frac{\text{N}}{\text{mm}^2} = 448 \frac{\text{N}}{\text{mm}^2}$$

$$F = S \cdot \tau_{aB\,max} = 314\ \text{mm}^2 \cdot 448 \frac{\text{N}}{\text{mm}^2} = 140\,673\ \text{N} \approx \mathbf{141\ kN}$$

Die tatsächlich erforderliche Scherkraft lässt sich durch konstruktive Maßnahmen, wie ziehenden Schnitt oder Schrägschleifen von Schneidstempeln, vermindern.

Schneidkraft

$$F = S \cdot \tau_{aB\,max}$$

maximale Scherfestigkeit

$$\tau_{aB\,max} = 0{,}8 \cdot R_{m\,max}$$

F	Schneidkraft	N
S	Schnittfläche	mm²
$\tau_{aB\,max}$	maximale Scherfestigkeit	N/mm²
$R_{m\,max}$	maximale Zugfestigkeit	N/mm²

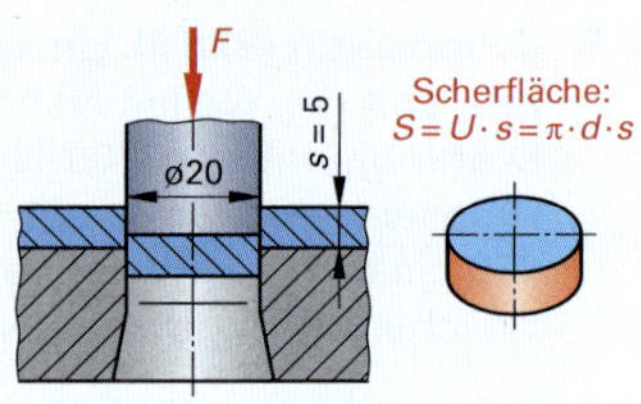

Bild 1: Ausschneiden

Aufgaben Schneiden von Werkstoffen

1. Für die Aufgaben **a** bis **d** der **Tabelle 1** sind aus Profiltabellen die Schnittflächen zu ermitteln.

Tabelle 1: Profile

	a	b	c	d
Profil	Fl 22 × 5	Rd 16	L 40 × 4	T 30 × 30 × 3
Schnittfläche in mm²	?	?	?	?

2. **Lochstempel (Bild 2):** Mit dem Stempel soll 0,8 mm dickes Stahlblech gelocht werden. Die maximale Scherfestigkeit des Werkstoffes beträgt $\tau_{aB\,max} = 320\ \text{N/mm}^2$. Berechnen Sie
   a) die erforderliche Schneidkraft F,
   b) die Flächenpressung p am Kopf des Stempels.

3. **Scheibe (Bild 3):** Scheiben für Stahlkonstruktionen werden in einem Arbeitsgang gelocht und geschnitten.
   Welche Schneidkraft muss die Presse aufbringen?

4. **Lochstempel:** Auf einer hydraulischen Presse mit 300 kN Presskraft sollen runde Werkstücke aus 6 mm dickem Blech E360 mit der Zugfestigkeit 830 N/mm² gelocht werden.
   Wie groß darf der Durchmesser des Lochstempels höchstens sein?

5. **Blechdicke:** Der Antrieb einer Presse arbeitet mit einer Kraft F = 150 kN.
   Bis zu welcher Blechdicke s darf Blech aus S275JR gelocht werden, wenn mit einem Stempeldurchmesser von d = 18 mm gearbeitet wird?

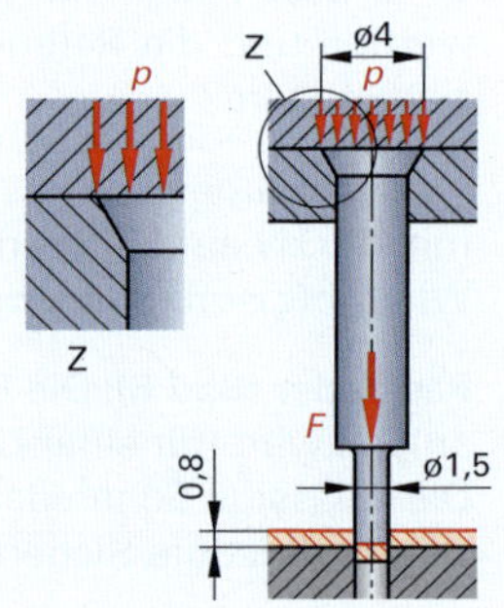

Bild 2: Lochstempel

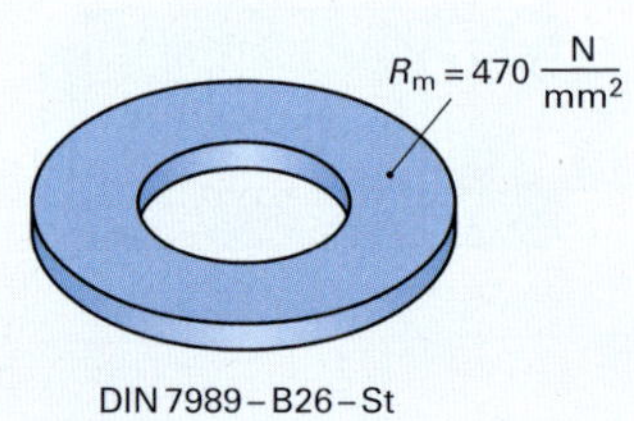

Bild 3: Scheibe

5

6. **Wasserablaufschlitze (Bild 1):** Wasserablaufschlitze in Aluminiumsystemprofilen stellt man mit einfachen Handhebelstanzen her.
   a) Wie groß ist die Scherfläche *S* in mm²?
   b) Welche Kraft *F* in kN ist am Stempel notwendig?

7. **Schließblech (Bild 2):** Ein Schließblech aus S235JR wird im ersten Arbeitsgang gelocht und dann ausgeschnitten.
   a) Wie groß sind für jeden Arbeitsgang die Scherflächen?
   b) Welche Schneidkraft muss die Presse mindestens aufbringen?

8. **L-Profil (Bild 3):** Für die Herstellung eines Gitterrahmens müssen L-Profile 50 × 5 DIN 1022 aus S235JR vor dem Biegen ausgeklinkt werden.
   a) Wie groß ist die Scherfläche?
   b) Welche Kraft muss die Profilstanze aufbringen?

9. **Blechformteil (Bild 4):** Beim Nibbeln von Blechformteilen schneidet der Stempel bei jedem Hub einen sichelförmigen Span und trennt so den Werkstoff.
   a) Wie groß ist die Scherfläche?
   b) Welche Kraft ist zum Nibbeln eines Formteils aus DC04 notwendig?

10. **Schnittfläche (Tabelle 1):** Für die Aufgaben **a** bis **d** sind aus Profiltabellen die Schnittflächen zu ermitteln und die Schnittkräfte zu berechnen.

11. **Schneidkräfte:** Wie groß sind die Schneidkräfte für das Vorlochen und Ausschneiden
   a) der Sicherungsscheibe **(Bild 5)** aus S235JR mit einer Zugfestigkeit $R_{m\,max} = 470\ N/mm^2$,
   b) des Rohrhalters **(Bild 6)** aus CuZn40 mit einer Zugfestigkeit $R_{m\,max} = 450\ N/mm^2$?

Tabelle 1: Schnittflächen

	a	b	c	d
Profil	Fl 50 × 5	L 20 × 3	T 20 × 30 × 2	L 10 × 10 × 1,5
Schnittfläche in mm	?	?	?	?
Werkstoff	S235JR	S355JR	EN AW AlMg1	EN AW AlmgSi
Schnittkraft in kN	?	?	?	

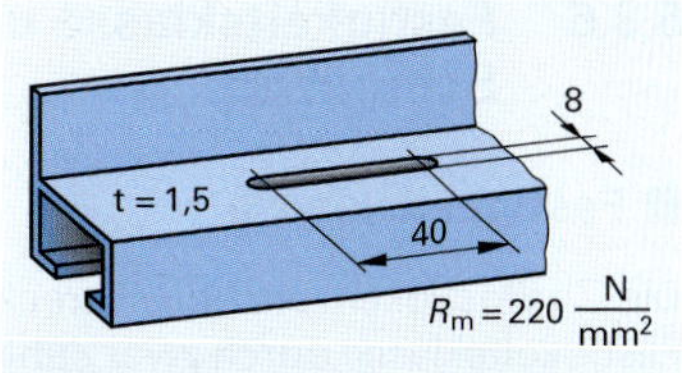

Bild 1: Wasserablaufschlitz

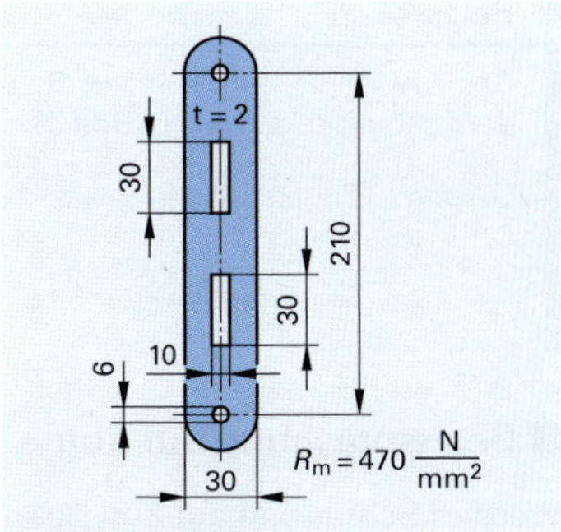

Bild 2: Schließblech

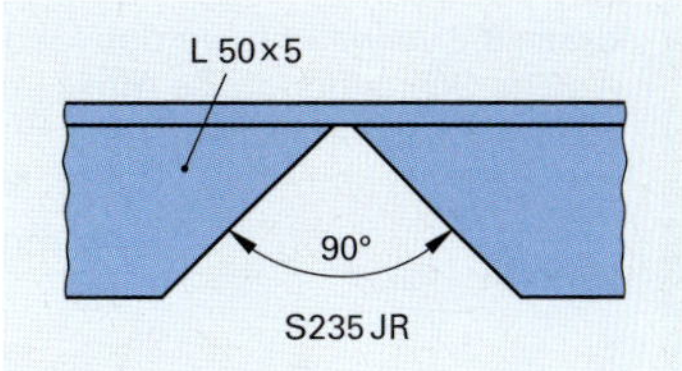

Bild 3: L-Profil

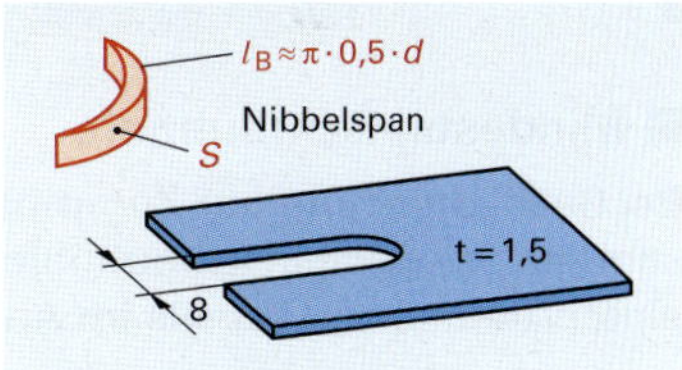

Bild 4: Blechformteil

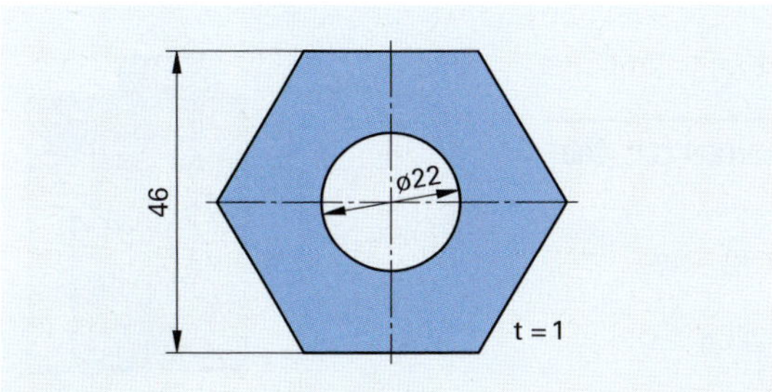

Bild 5: Sicherheitsscheibe

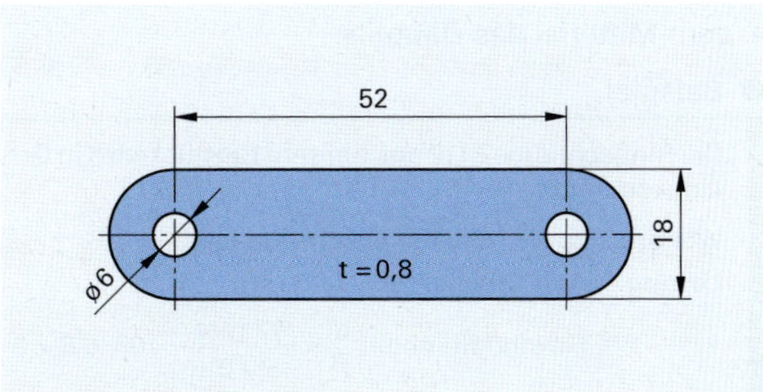

Bild 6: Rohrhalter

5.3.6 Festigkeitsklasse und Einschraubtiefe bei Schrauben

Festigkeitsklasse

Die Zugfestigkeit und die Streckgrenze von Schrauben werden als Festigkeitsklasse durch zwei Zahlen $X.Y$ in N/mm² angegeben **(Bild 1)**. Dabei muss die erste Zahl mit 100 multipliziert werden, um die Zugfestigkeit R_m zu erhalten, die Streckgrenze R_e erhält man, wenn das Produkt der beiden Zahlen mit 10 multipliziert wird.

Beispiel

Gesucht ist die Zugfestigkeit R_m und die Streckgrenze R_e einer Schraube der Festigkeitsklasse 5.6 **(Bild 1)**.

Lösung: Zugfestigkeit $R_m = 5 \cdot 100 = \mathbf{500\ \frac{N}{mm^2}}$

Streckgrenze $R_e = 5 \cdot 6 \cdot 10 = \mathbf{300\ \frac{N}{mm^2}}$

Beanspruchung auf Zug

Werden Schrauben auf Zug beansprucht, wird als Querschnittsfläche S der Spannungsquerschnitt des Gewindes eingesetzt.

Beispiel

Zum Anheben einer Last sollen Ringschrauben **(Bild 2)** der Festigkeitsklasse 8.8 verwendet werden. Jede Schraube wird mit $F = 34$ kN belastet. Welche Schraubengröße muss verwendet werden, wenn eine Sicherheit von $v = 1{,}5$ gefordert wird?

Lösung: $\sigma_{z\,zul} = \frac{R_e}{v} = \frac{8 \cdot 8 \cdot 10\ \frac{N}{mm^2}}{1{,}5} = \frac{640\ \frac{N}{mm^2}}{1{,}5} = 426{,}6\ \frac{N}{mm^2}$

$\sigma_{z\,zul} = \frac{F}{S};\quad S = \frac{F}{\sigma_{z\,zul}} = \frac{34000\ N}{426{,}6\ \frac{N}{mm^2}} = 79{,}7\ mm^2$

Gewählt aus Tabellen: **M12** ($S = 84{,}3$ mm²)

Mindesteinschraubtiefe

Bei Beanspruchung auf Zug müssen Schrauben in Grundlöcher bestimmte Mindesteinschraubtiefen **(Bild 3)** aufweisen. Die Mindesteinschraubtiefe l_e **(Tabelle im Anhang)** ist abhängig

- von der Gewindefeinheit $\frac{d}{P}$,
- der Festigkeitsklasse der Schraube,
- dem Material des Bauteils.

Beispiel

Die Ringschraube M12 aus obigem Beispiel wird in Gusseisen EN-GJL-200 eingeschraubt.

Wie groß ist die Mindesteinschraubtiefe?

Lösung: Aus Tabellen: $P = 1{,}75$ mm

Gewindefeinheit: $\frac{d}{P} = \frac{12\ mm}{1{,}75\ mm} = 68$; $6{,}8 < 9 \Rightarrow k = 1{,}0$

$l_e = k \cdot d = 1{,}0 \cdot 12\ mm = \mathbf{12\ mm}$

Zugfestigkeit

$$R_m = X \cdot 100$$

Streckgrenze

$$R_e = X \cdot Y \cdot 10$$

Mindesteinschraubtiefe

$$l_e = k \cdot d$$

R_m	Zugfestigkeit	N/mm²
R_e	Streckgrenze	N/mm²
X	1. Faktor	–
Y	2. Faktor	–
l_e	Mindesteinschraubtiefe	mm
k	Konstante (abhängig von der Gewindefeinheit)	–
d	Gewinde	mm

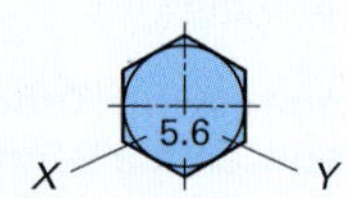

Bild 1: Festigkeitsklasse

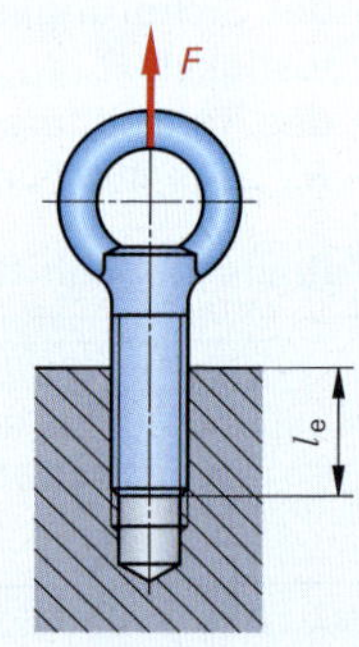

Bild 2: Ringschraube

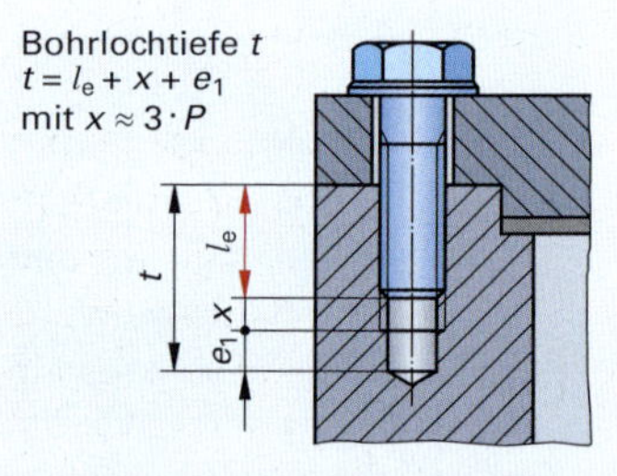

Bild 3: Einschraubtiefe

Aufgaben	Festigkeitsklasse und Einschraubtiefe bei Schrauben

1. **Anpresskraft**: Zwei Kupplungshälften sollen mit vier Sechskantschrauben M10 × 40-8.8 verbunden werden. Dabei muss jede Schraube eine Anpresskraft von 6500 N erzeugen.
   Genügen die gewählten Schrauben den Anforderungen, ohne dass 90 % der Streckgrenze überschritten werden?

2. **Vorschubeinheit (Bild 1)**: Ein Zylinder in einer Vorschubeinheit ist mit vier Schrauben M10 × 60-8.8 mittels zweier Befestigungswinkel (S235JR) am Maschinenbett (EN-GJL-250) verschraubt. Beim Ausfahren des Kolbens wirkt eine Kraft von 10 kN.
   a) Berechnen Sie die zulässige Längskraft in der Schraube, wenn 90 % der Streckgrenze zu berücksichtigen sind.
   b) Wie groß ist die maximal wirkende Reibkraft zwischen Befestigungswinkel und Maschinenbett, wenn die Haftreibungszahl $\mu = 0{,}2$ beträgt?
   c) Wie groß ist die Sicherheit?

3. **Ringschraube (Bild 2)**: Auf einer Ringschraube, die zum Heben von Lasten verwendet wird, ist folgende Angabe zu lesen: M16 × 1,5 × 80-10.9.
   a) Was bedeutet diese Angabe?
   b) Mit welcher Kraft darf diese Schraube maximal auf Zug belastet werden, wenn 3-fache Sicherheit gefordert wird?
   c) Berechnen Sie für diese Schraube die Mindesteinschraubtiefe in Gusseisen.
   d) Wie tief muss für diese Schraube das Grundloch mindestens gebohrt werden?

4. **Krangeschirr (Bild 3)**: Die Baueinheit einer Anlage aus Gusseisen muss zur Montage mit einem Kran angehoben und befördert werden. Das Krangeschirr, das nur die Nutzung von zwei Ringschrauben zulässt (das Seil hat keine tragende Funktion), wird zum Heben verwendet. Es stehen Ringschrauben der Festigkeitsklasse 8.8 zur Verfügung.
   a) Berechnen Sie die Gewichtskraft F_G der Baueinheit.
   b) Welche Schraubengröße muss verwendet werden, wenn eine Sicherheit von 2,5 gefordert wird und symmetrische Lastverteilung vorliegt?
   c) Berechnen Sie für diese Schraube die Mindesteinschraubtiefe.
   d) Wie tief muss das Grundloch sein?

5. **Sechskantschrauben**: Eine Antriebseinheit wird mit vier Sechskantschrauben M12 × 1 × 80-10.9 in eine Grundplatte (S235JR) geschraubt.
   a) Welche Bedeutung hat die Schraubenbezeichnung?
   b) Berechnen Sie die Mindesteinschraubtiefe der Schraube.
   c) Die Schrauben werden mit einem Schlüssel angezogen. Welche Schlüsselweite ist erforderlich?
   d) Die wirksame Hebellänge beim Anziehen beträgt 145 mm. Welche Klemmkraft entsteht zwischen Antrieb und Grundplatte, wenn mit einer Handkraft von 120 N gezogen wird?

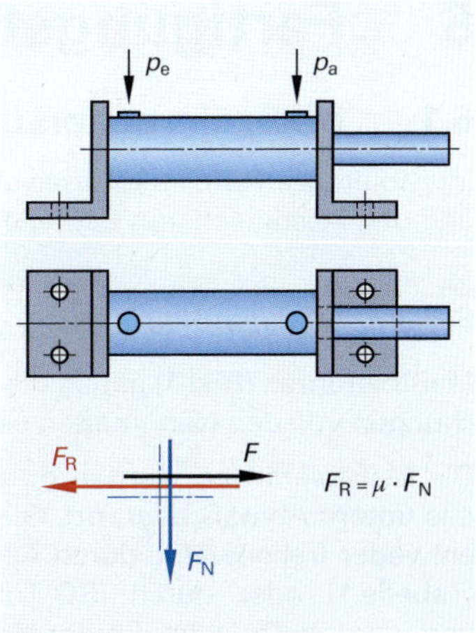

Bild 1: Vorschubeinheit

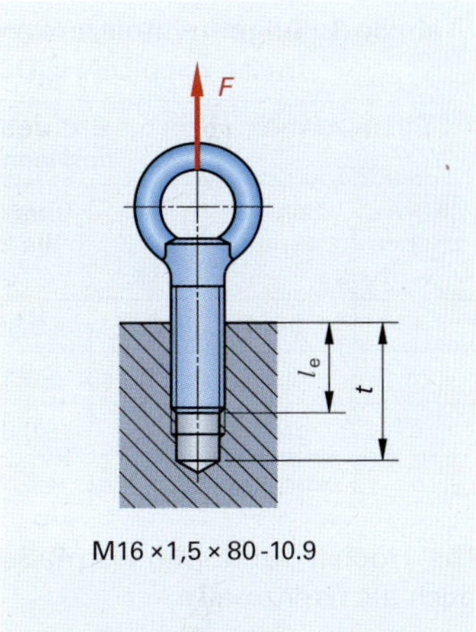

Bild 2: Ringschraube

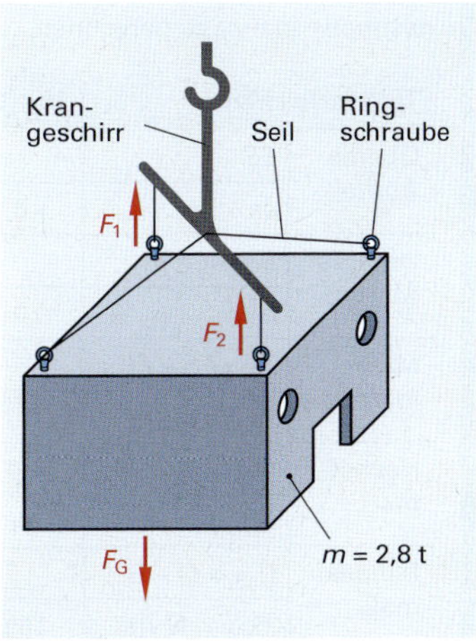

Bild 3: Krangeschirr

6 Fertigungstechnik

6.1 Maßtoleranzen und Passungen

Maßtoleranzen und Passungen stellen die Funktion und den Austausch von Bauteilen sicher.

6.1.1 Maßtoleranzen

Maßtoleranzen **(Bild 1)** geben die zulässigen Abweichungen von den Nennmaßen eines Bauteils an.

Die Maßtoleranzen werden durch das obere und das untere Abmaß begrenzt. Die Abmaße können entweder frei gewählt, durch Allgemeintoleranzen **(Tabelle 1)** oder durch ISO-Toleranzen angegeben werden. Die Istmaße der Werkstücke müssen zwischen dem Höchstmaß und dem Mindestmaß liegen.

Tabelle 1: Allgemeintoleranzen für Längenmaße nach DIN ISO 2768

Toleranzklasse		Grenzabmaße in mm für Nennmaßbereiche			
Kurzzeichen	Benennung	0,5 bis 3	über 3 bis 6	über 6 bis 30	über 30 bis 120
f	fein	± 0,05	± 0,05	± 0,1	± 0,15
m	mittel	± 0,1	± 0,1	± 0,2	± 0,3
c	grob	± 0,2	± 0,3	± 0,5	± 0,8
v	sehr grob	–	± 0,5	± 1	± 1,5

Die Höchst- und Mindestmaße bezeichnet man auch als Grenzmaße.

Beispiel

Für die Maße 16 + 0,1, 20H7 und 50 der Leiste **(Bild 2)** sind die Maßtoleranzen sowie die Höchst- und Mindestmaße in mm zu berechnen.

Toleriertes Maß		16 + 0,1	20H7	50
Oberes Abmaß	ES		+ 0,021	
	es	+ 0,1		+ 0,3
Unteres Abmaß	EI		0	
	ei	0		– 0,3
Maßtoleranz	$T_B = ES - EI$		0,021	
	$T_W = es - ei$	0,1		0,6
Höchstmaß	$G_{oB} = N + ES$		20,021	
	$G_{oW} = N + es$	16,1		50,3
Mindestmaß	$G_{uB} = N + EI$		20,000	
	$G_{uW} = N + ei$	16,0		49,7

Höchstmaß der Bohrung

$$G_{oB} = N + ES$$

Höchstmaß der Welle

$$G_{oW} = N + es$$

Mindestmaß der Bohrung

$$G_{uB} = N + EI$$

Mindestmaß der Welle

$$G_{uW} = N + ei$$

Maßtoleranz der Bohrung

$$T_B = G_{oB} - G_{uB}$$

$$T_B = ES - EI$$

Maßtoleranz der Welle

$$T_W = G_{oW} - G_{uW}$$

$$T_W = es - ei$$

Bohrungen

N	Nennmaß	mm
T_B	Maßtoleranz	mm
G_{oB}	Höchstmaß	mm
G_{uB}	Mindestmaß	mm
ES	Oberes Abmaß	mm
EI	Unteres Abmaß	mm

Wellen

N	Nennmaß	mm
T_W	Maßtoleranz	mm
G_{oW}	Höchstmaß	mm
G_{uW}	Mindestmaß	mm
es	Oberes Abmaß	mm
ei	Unteres Abmaß	mm

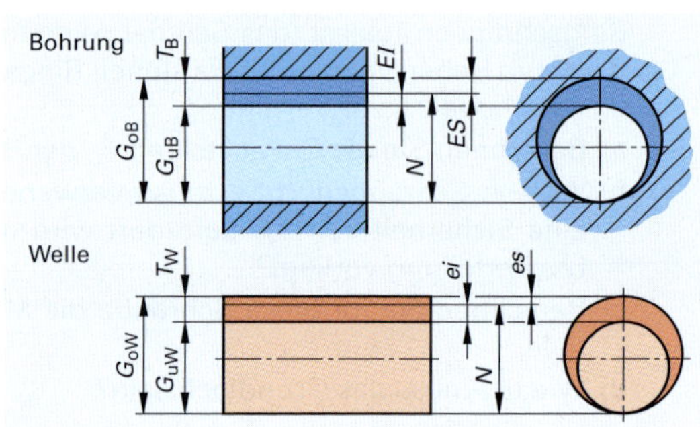

Bild 1: Bezeichnungen bei Maßtoleranzen

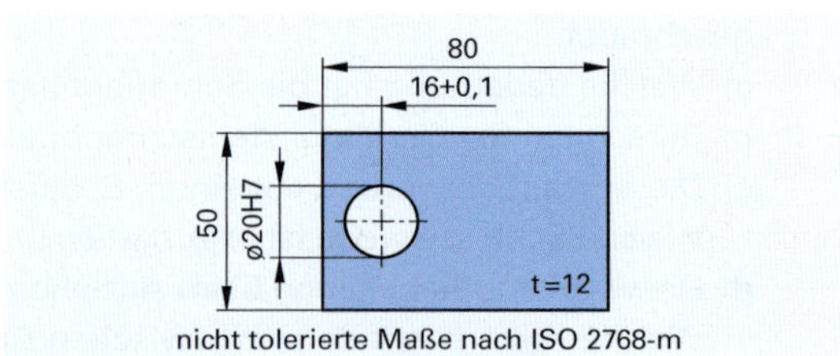

Bild 2: Leiste

Aufgaben Maßtoleranzen

1. **Maßtoleranzen (Tabelle 1):** Für die in der Tabelle angegebenen Maße sind die Maßtoleranzen sowie die Höchst- und Mindestmaße zu berechnen.
2. **Buchse (Bild 1):** Die Durchmesser der Buchse sind nach ISO, die Längen frei toleriert. Zu bestimmen sind die Höchst- und Mindestmaße sowie die Maßtoleranzen.
3. **Lehre (Bild 2):** Alle Abmessungen der Lehre sind frei toleriert.
   Wie groß sind für die Längen *a* und *b* Höchstmaß, Mindestmaß und Maßtoleranz?
4. **Anschlagleiste (Bild 3):** Die Anschlagleiste wird mit zwei Schrauben befestigt. Die Bohrungen sind mit ∅ 6,5 + 0,2, ihr Abstand mit 26 ± 0,1 toleriert. Welches Höchstmaß G_O und Mindestmaß G_U kann das Kontrollmaß *x* annehmen?
5. **Welle (Bild 4):** In eine Welle wird eine Passfedernut gefräst. Die Frästiefe wird mithilfe eines Parallelendmaßes kontrolliert, das in die Nut eingelegt wird.
   Zwischen welchen Grenzmaßen G_O und G_U muss das Kontrollmaß *x* liegen?
6. **Gehäuse (Bild 5):** Im Prüfprotokoll **(Tabelle 2** für das Gehäuse sollen die fehlenden Abmaße ergänzt werden. Außerdem ist zu entscheiden, ob die Istmaße zwischen den Höchst- und Mindestmaßen liegen.

Tabelle 2: Prüfprotokoll für Gehäuse

Prüfschritt	Prüfmerkmal	Prüfmaß mm	Abmaße *ES, es, EI, ei* mm		Istmaß mm
1	Schlüsselweite	27 ± 0,1			27,05
2	Gesamtlänge	65 ± 0,15			64,85
3	Einstichbreite	2,5H11			2,52
4	Durchmesser	25h9			24,95
5	Flanken-Ø	M20×1,5	+0,22	+0,03	20,20
6	Durchmesser	30 ± 0,03			29,99

Welche Größt- und Kleinstmaße können dabei für die Hülsenlänge auftreten?

● 7. **Antriebseinheit (Bild 6):** Beim Zusammenbau der Welle mit dem Zahnrad summieren sich die Längentoleranzen der Welle und des Zahnrades. Die Distanzhülse soll aber den linken Absatz der Welle immer um 0,1 mm überragen. Die dafür notwendige Länge der Hülse wird nach dem Aufstecken des Zahnrades auf die Welle gemessen und die Hülse auf dieses Maß *x* gekürzt.
   Welche Größt- und Kleinstmaße können dabei für die Hülsenlänge auftreten?

Tabelle 1: Maßtoleranzen

a	b	c	d	e
$80^{+0,05}_{+0,02}$	5 ± 0,15	28 – 0,08	120 j6	50 k7

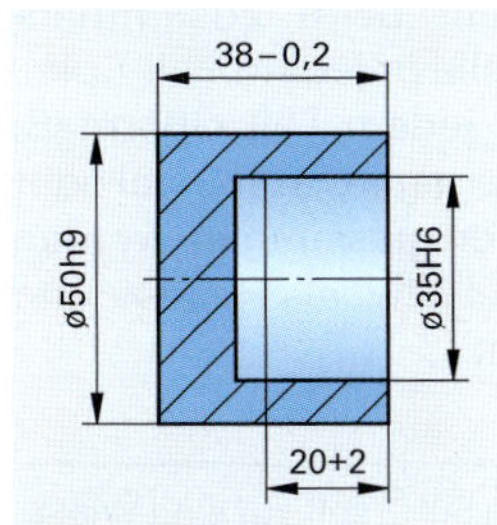

Bild 1: Buchse

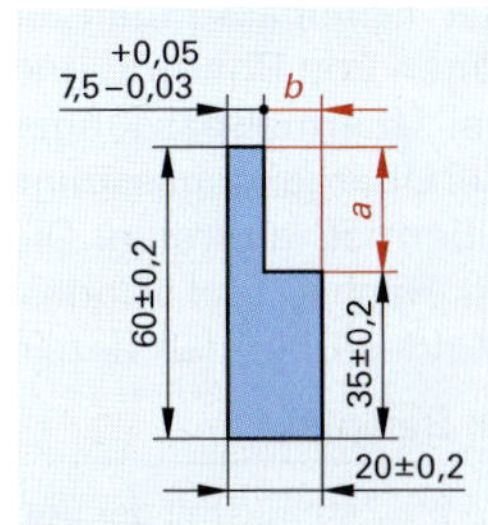

Bild 2: Lehre

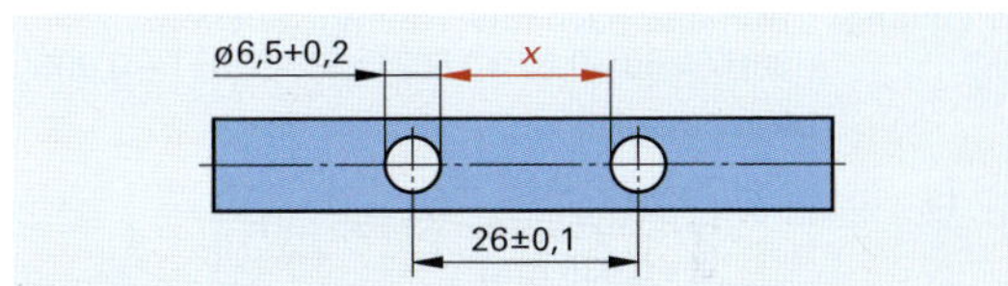

Bild 3: Anschlagleiste

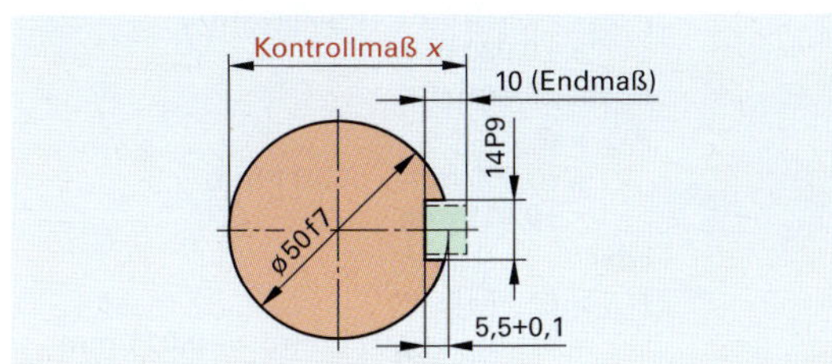

Bild 4: Welle mit Passfedernut

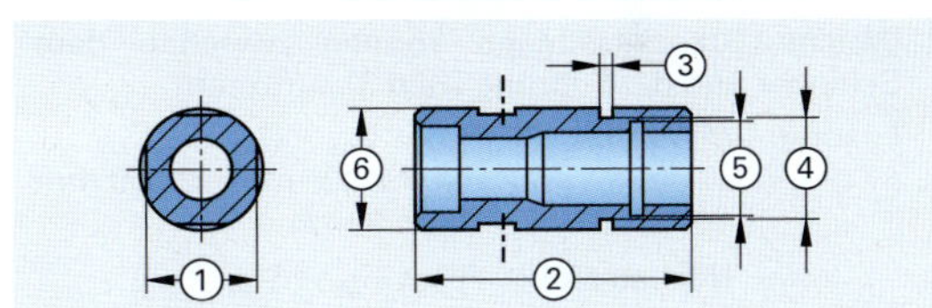

Bild 5: Gehäuse

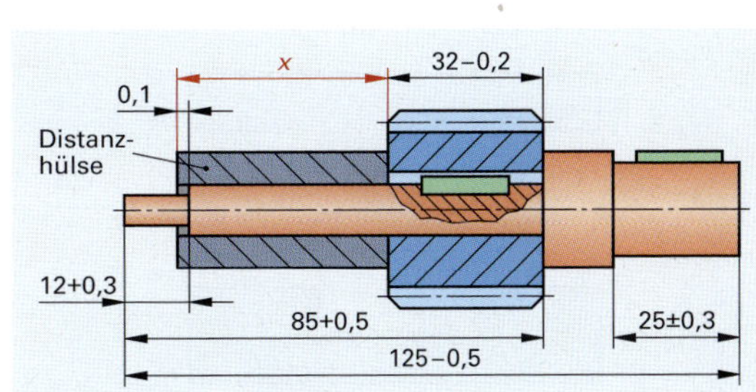

● **Bild 6: Antriebseinheit**

S. 345

6.1.2 Passungen

Als Passung bezeichnet man den Unterschied zwischen dem Maß der Bohrung und dem Maß des dazugehörigen Wellendurchmessers. Dabei können Spiel oder Übermaß auftreten **(Bild 1)**.

Bei **Spielpassungen** entsteht beim Zusammenfügen von Bohrung und Welle in jedem Fall Spiel, bei **Übermaßpassungen** in jedem Fall Übermaß. Bei **Übergangspassungen** dagegen kann Spiel oder Übermaß auftreten. Die **Grenzpassungen** werden als Höchst- und Mindestspiel bzw. als Höchst- und Mindestübermaß bezeichnet.

Beispiel 1

Ein Zahnrad mit der Bohrung 50H7 soll auf eine Welle mit dem Durchmesser 50j6 montiert werden **(Bild 2)**. Wie groß sind Höchstspiel und Höchstübermaß?

Lösung: Abmaße nach ISO-Toleranztabellen:
50H7 = 50 +0,025/0 50j6 = 50 +0,011/– 0,005

Höchstspiel:

$P_{SH} = G_{oB} - G_{uW}$
$= 50{,}025\ \text{mm} - 49{,}995\ \text{mm}$
$= \mathbf{+0{,}030\ mm}$

oder

$P_{SH} = ES - ei$
$= +0{,}025\ \text{mm} - (-0{,}005\ \text{mm})$
$= \mathbf{+0{,}030\ mm}$

Höchstübermaß:

$P_{ÜH} = G_{uB} - G_{oW}$
$= 50{,}000\ \text{mm} - 50{,}011\ \text{mm}$
$= \mathbf{-0{,}011\ mm}$

oder

$P_{ÜH} = EI - es$
$= 0\ \text{mm} - (+0{,}011\ \text{mm}) = \mathbf{-0{,}011\ mm}$

Beispiel 2

Welche Grenzpassungen können zwischen dem Schieber und der Führung **(Bild 3)** auftreten?

Lösung:

Mindestspiel: $P_{SM} = G_{uB} - G_{oW}$
$P_{SM} = 20{,}00\ \text{mm} - 20{,}00\ \text{mm}$
$P_{SM} = \mathbf{0\ mm}$

Höchstspiel: $P_{SH} = G_{oB} - G_{uW}$
$P_{SH} = 20{,}05\ \text{mm} - 19{,}95\ \text{mm}$
$P_{SH} = \mathbf{+\ 0{,}1\ mm}$

Höchstspiel

$$P_{SH} = G_{oB} - G_{uW}$$
$$P_{SH} = ES - ei$$

Mindestspiel

$$P_{SW} = G_{uB} - G_{oW}$$
$$P_{SH} = EI - es$$

Höchstübermaß

$$P_{ÜH} = G_{uB} - G_{oW}$$
$$P_{ÜH} = EI - es$$

Mindestübermaß

$$P_{ÜM} = G_{oB} - G_{uW}$$
$$P_{ÜH} = ES - ei$$

Bohrungsmaße			**Wellenmaße**		
G_{oB}	Höchstmaß	mm	G_{oW}	Höchstmaß	mm
G_{uB}	Mindestmaß	mm	G_{uW}	Mindestmaß	mm
ES	Oberes Abmaß	mm	es	Oberes Abmaß	mm
EI	Unteres Abmaß	mm	ei	Unteres Abmaß	mm
Passungen					
P_{SH}	Oberes Abmaß	mm	P_{SM}	Mindestspiel	mm
$P_{ÜH}$	Unteres Abmaß	mm	$P_{ÜM}$	Mindestübermaß	mm

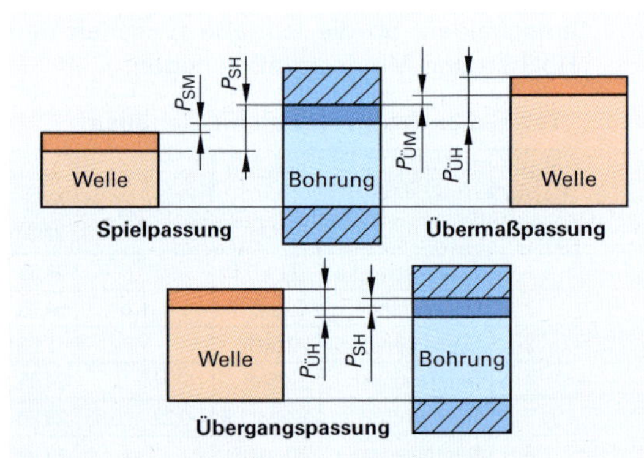

Bild 1: Bezeichnungen bei Passungen

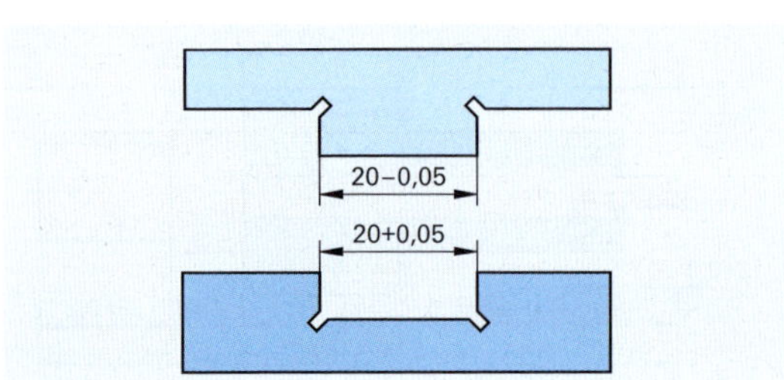

Bild 3: Schieber mit Führung

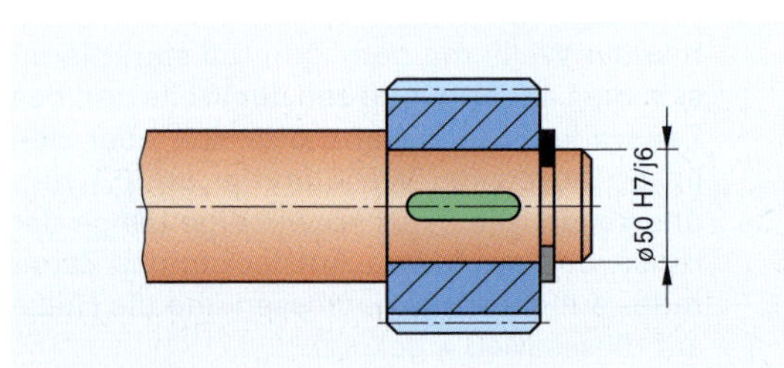

Bild 2: Welle mit Zahnrad

6.1.3 ISO-Passungen

Das **ISO-Passungssystem** ist nach dem System **Einheitsbohrung** und **Einheitswelle** aufgebaut. In der Praxis wird häufig das System Einheitsbohrung verwendet, da in diesem Fall die **Bohrung** das **Grundabmaß** *H* (unteres Abmaß = 0) besitzt, was den Einsatz von Werkzeugen vereinfacht (geringe Werkzeuglagerhaltung).

Beim System Einheitswelle wird die **Welle** nach dem **Grundabmaß** *h* (oberes Abmaß = 0) gefertigt. Das jeweilige Gegenstück mit den Buchstaben *A* bis *Z* für die Bohrungen bzw. *a* bis *z* für die Wellen wird so kombiniert, dass eine Spiel-, Übergangs- oder Übermaßpassung entsteht **(Bild 1).**

ISO-Passmaße sind immer eine Kombination aus Buchstabe und Zahl. So gibt der Buchstabe die Lage des Toleranzfeldes zur Nulllinie an und die Zahl gibt an, wie groß das Toleranzfeld ist. In der Feinwerktechnik, z.B. Uhren- und Medizintechnik, fertigt man beispielsweise mit IT3, im allgemeinen Maschinenbau mit IT6 bis IT8 und im Metallbau und Schwermaschinenbau ab IT10 aufwärts. Stehen keine fertigen Abmaßtabellen für die ISO-Toleranzen zur Verfügung, kann man die Abmaße für beliebige ISO-Passmaße mithilfe von Tabellen berechnen.

Beispiel

Bestimme die Abmaße für die ISO-Toleranzmaße 30k8, 100f6, 80F7 und 24M7 mithilfe von Tabellen.

Lösung:

ISO-Toleranzmaß ∅ 30k8 (Welle)

1. Ermitteln der Grundtoleranzen **(Tabelle 1)**
   Nennmaß: 30 mm
   Grundtoleranzgrad: **IT8**
   Grundtoleranz: **33 µm**
2. Grundabmaß *es* bzw. *ei* für Wellen **(Tabelle 2)**
   unteres Abmaß: $ei = \mathbf{0\ \mu m}$
   oberes Abmaß: $es = ei + IT$
   $es = 0 + 33\ \mu m = \mathbf{+33\ \mu m}$

ISO-Toleranzmaß ∅ 100f6 (Welle)

1. Ermitteln der Grundtoleranzen **(Tabelle 1)**
   Nennmaß: 100 mm
   Grundtoleranzgrad: **IT6**
   Grundtoleranz: **22 µm**
2. Grundabmaß *es* bzw. *ei* für Wellen **(Tabelle 2)**
   oberes Abmaß: $es = \mathbf{-36\ \mu m}$
   unteres Abmaß: $ei = es - IT$
   $ei = -36 - 22\ \mu m = \mathbf{-58\ \mu m}$

Tabelle 1: Grundtoleranzen (Auszug)

Nennmaß über ... bis mm	IT3	IT6	IT7	IT8	IT9	IT10	IT11	IT12	IT13
	Grundtoleranzen µm							mm	
10 ... 18	3	11	18	27	43	70	110	0,18	0,27
18 ... 30	4	13	21	**33**	52	84	130	0,21	0,33
30 ... 50	4	16	25	39	62	100	160	0,25	0,39
50 ... 80	5	19	30	46	74	120	190	0,3	0,46
80 ... 120	6	22	35	54	87	140	220	0,35	0,54
120 ... 180	8	25	40	63	100	160	250	0,4	0,63

Unteres Abmaß Welle: $ei = es - IT$
Oberes Abmaß Welle: $es = ei + IT$

Unteres Abmaß Bohrung: $EI = ES - IT$
Oberes Abmaß Bohrung: $ES = EI + IT$

Bezeichnungen:

A ... Z	Grundabmaß für Bohrungen	
IT1 ... 18	Grundtoleranzgrad	µm, mm
a ... z	Grundabmaß für Wellen	
Δ	Verrechnungswert für Grundtoleranzgrade	µm
es	oberes Abmaß Welle	µm, mm
ei	unteres Abmaß Welle	µm, mm
ES	oberes Abmaß Bohrung	µm, mm
EI	unteres Abmaß Bohrung	µm, mm

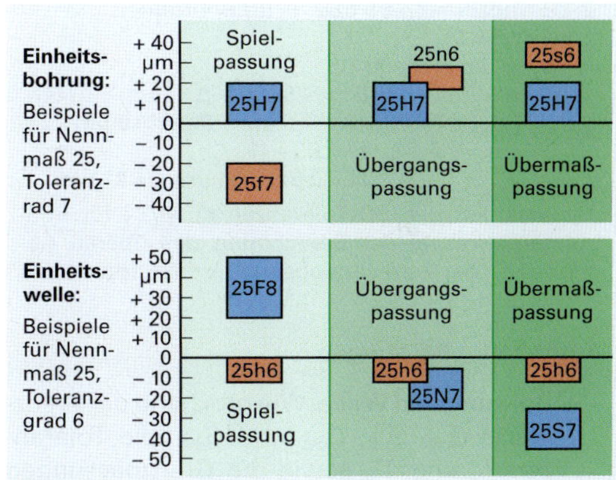

Bild 1 Beispiele für ISO-Passungen

Tabelle 2: Grundabmaße für Wellen (Auszug)

Grundabmaße	f	g	h	j	k	
genormte Grundtoleranzgrade	IT3 bis IT10	IT3 bis IT10	IT1 bis IT18	IT5 bis IT8	IT3 bis IT13	
Tabelle gültig für ...	alle genormten Grundtoleranzgrade			IT7	IT4 bis IT7	**IT8 bis IT13**
Nennmaß über ... bis mm	oberes Abmaß *es* in µm			unteres Abmaß *ei* in µm		
bis 3	− 6	− 2	0	− 4	0	0
3 ... 6	− 10	− 4	0	− 4	+ 1	0
6 ... 10	− 13	− 5	0	− 5	+ 1	0
10 ... 18	− 16	− 6	0	− 6	+ 1	0
18 ... **30**	− 20	− 7	0	− 8	+ 2	**0**
30 ... 40 40 ... 50	− 25	− 9	0	− 10	+ 2	0
50 ... 65 65 ... 80	− 30	− 10	0	− 12	+ 2	0
80 ... 100 **100** ... 120	− 36	− 12	0	− 15	+ 3	0

6

Lösung:

ISO-Toleranzmaß ∅ 80F7 (Bohrung)

1. Ermitteln der Grundtoleranzen **(Tabelle 1, vorherige Seite)**:
   Nennmaß: 80 mm
   Grundtoleranzgrad: **IT7**
   Grundtoleranz: **30 µm**
2. Grundabmaße *ES* bzw. *EI* für Bohrungen **(Tabelle 1)**
   unteres Abmaß: $EI = +30\ \mu m$
   oberes Abmaß: $ES = EI + IT$
   $ES = 30\ \mu m + 30\ \mu m = +60\ \mu m$

ISO-Toleranzmaß ∅ 24M7 Bohrung

1. Ermitteln der Grundtoleranzen **(Tabelle 1, vorherige Seite)**:
   Nennmaß: 24 mm
   Grundtoleranzgrad: **IT7**
   Grundtoleranz: **21 µm**
2. Grundabmaße *ES* bzw. *EI* für Bohrungen **(Tabelle 1)**
   $\Delta = 8\ \mu m$ **(Tabelle 2)**
   oberes Abmaß: $ES = -8\ \mu m + \Delta$
   $= -8\ \mu m + 8\ \mu m = 0\ \mu m$
   unteres Abmaß: $EI = ES - IT$
   $EI = 0\ \mu m - 21\ \mu m = -21\ \mu m$

Hinweis: Für die ISO-Toleranzen K, M, N für Bohrungen wird bei der Berechnung des oberen Abmaßes *ES* der Verrechnungswert Δ dazu addiert.

Tabelle 1: Grundabmaße für Bohrungen (Auszug)

Grundabmaße	E	**F**	G	H	K	M	N
genormte Grundtoleranzgrade	IT5 bis IT10	**IT3 bis IT10**	IT3 bis IT10	IT1 bis IT18	IT3 bis IT10	IT3 bis IT10	IT3 bis IT11
Tabelle gültig für ...	alle genormten Grundtoleranzgrade				IT3 bis IT8		
Nennmaß über ... bis mm	unteres Abmaß *EI* in µm				oberes Abmaß *ES* in µm		
bis 3	+14	+ 6	+ 2	0	0	−2	−4
3 ... 6	+20	+10	+ 4	0	−1+Δ	− 4+Δ	− 8+Δ
6 ... 10	+25	+13	+ 5	0	−1+Δ	− 6+Δ	−10+Δ
10 ... 18	+32	+16	+ 6	0	−1+Δ	− 7+Δ	−12+Δ
18 ... 30	+40	+20	+ 7	0	−2+Δ	− 8+Δ	−15+Δ
30 ... 40 40 ... 50	+50	+25	+ 9	0	−2+Δ	− 9+Δ	−17+Δ
50 ... 65 65 ... 80	+60	**+30**	+10	0	−2+Δ	−11+Δ	−20+Δ
80 ... 100 100 ... 120	+72	+36	+12	0	−3+Δ	−13+Δ	−23+Δ

Tabelle 2: Werte für D in µm (Auszug)

Grundtoleranzgrad	**Nennmaß über ... bis in mm**				
	10 bis 18	**18 bis 30**	**30 bis 50**	**50 bis 80**	**80 bis 120**
IT3	1	1,5	1,5	2	2
IT4	2	2	3	3	4
IT5	3	3	4	5	5
IT6	3	4	5	6	7
IT7	7	8	9	11	13
IT8	9	12	14	16	19

Tabelle 3: Berechnung von Passungen

Durchmesser in mm		50	100	10	25
Toleranzklassen und Toleranzen	Bohrung	H7	+0,05	F7	K6
	Welle	g6	−0,05	m6	h5

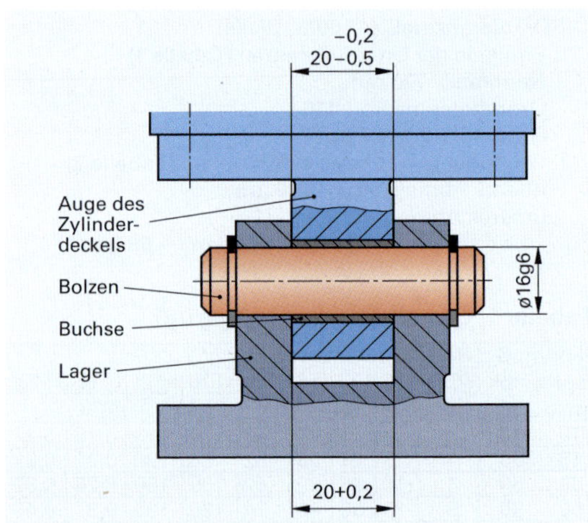

Bild 1: Schwenklager eines Hydraulikzylinders

Aufgaben	**Passungen**

1. **Bohrung und Welle.** Wie groß sind die Grenzmaße G_{oB}, G_{uB}, G_{oW} und G_{uW}, die Toleranzen T_B und T_W sowie die Grenzpassungen Höchst- und Mindestspiel bei den Werkstücken, die mit tolerierten Durchmessern ∅ 100H9/f8 hergestellt werden?
2. **Passungen (Tabelle 3).** Die Bohrungen und Wellen (∅ 50, ∅ 100, ∅ 10 und ∅ 25) werden mit den angegebenen Toleranzen hergestellt. Berechnen Sie die Grenzmaße und die Grenzpassungen.
3. **Schwenklager (Bild 1).** Der Hydraulikzylinder eines Baggers wird am Deckel in einem gabelförmigen Lagerbock drehbar befestigt. Das Auge des Deckels ist mit einer wartungsfreien Buchse versehen. Die Buchse ist eingepresst, damit sie sich beim Schwenken nicht mitdreht. Auch der Bolzen soll sich nicht im Lager drehen. Zu bestimmen sind geeignete ISO-Toleranzen
   a) für die Bohrung der Lagerbuchse, wenn der Bolzen mit der Toleranzklasse g6 gefertigt wird,
   b) für die Bohrungen im Lagerbock,
   c) für die Bohrung im Zylinderdeckel, welche die Gleitlagerbuchse aufnimmt, wenn die Buchse außen die Toleranzklasse r6 aufweist.

d) Die frei gewählten Tolerierungen 20 +0,2 und 20 −0,2/−0,5 sollen durch ISO-Toleranzen ersetzt werden. Ermitteln Sie die Toleranzklassen, die den vorgegebenen Toleranzen am nächsten kommen.

4. **Gleitlager.** Wellenzapfen, die mit der Toleranzklasse f7 gefertigt werden, laufen in Lagerbuchsen mit der Toleranzklasse H8. Wie groß sind für Bohrung und Welle beim Nennmaß 200 mm
   a) die Maßtoleranzen,
   b) Höchstmaße und Mindestmaße,
   c) Höchstspiel und Mindestspiel?

5. **Grenzrachenlehre (Bild 1).** In der Serienfertigung von Wellen soll eine Prüfung bestimmter Durchmesser direkt am Arbeitsplatz mit eigens dafür angefertigten Grenzrachenlehren durchgeführt werden. Ermitteln Sie zur Herstellung der Grenzrachenlehren für die Durchmesser 24f6 und 30k7 die Maße für die Gut- und Ausschussseite.

6. **Grundplatte (Bild 2).** In einer Grundplatte sollen zwei Zylinderstifte ISO 2338 – ∅ 12m6 × 20 in die Bohrungen ∅ 12M7 gefügt werden. Bestimmen Sie jeweils das obere und untere Abmaß, die Grenzmaße und die Passungsart.

7. **Passungsart.** In einer Baugruppenzeichnung steht an einem Wellenende die Maßeintragung ∅ 60G8/p7. Zeigen Sie mithilfe der Grenzmaße, um welche Passungsart es sich handelt.

8. **Passungen beim Einbau verschiedener Normteile (Bild 3).** Welche Grenzpassungen ergeben sich im Passungssystem „Einheitsbohrung", wenn in Bohrungen ∅ 20H7 eingefügt werden
   a) Zylinderstifte ISO 2338,
   b) Zylinderstifte ISO 8734,
   c) Bolzen ISO 2340,
   d) Bohrbuchsen DIN 179?

   Erstellen Sie bei der Lösung eine Grafik entsprechend **Bild 2**, in der zunächst die Toleranzfelder der Bohrung und der Normteile („Wellen") und anschließend die Grenzpassungen maßstäblich eingetragen werden.

● 9. **Bestimmung einer Wellentoleranz (Bild 4).** Eine Kupplung mit der Bohrung ∅ 35H7 wird auf eine Welle montiert. Dabei sollen das Höchstspiel P_{SH} = +0,008 mm und das Höchstübermaß $P_{ÜH}$ = −0,033 mm betragen. Welche ISO-Toleranzklasse muss dann für die Welle gewählt werden?

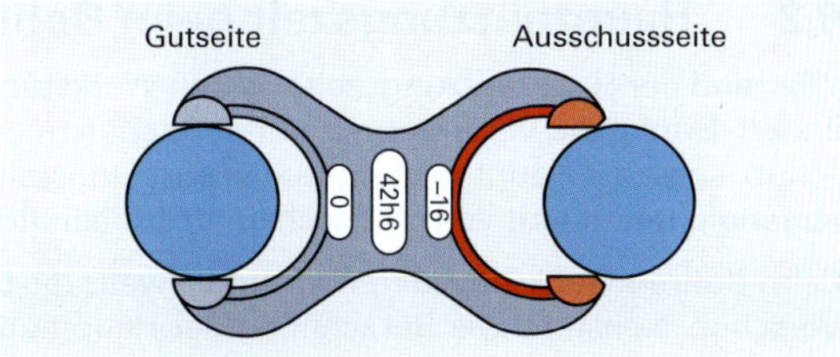

Bild 1: Grenzrachenlehre

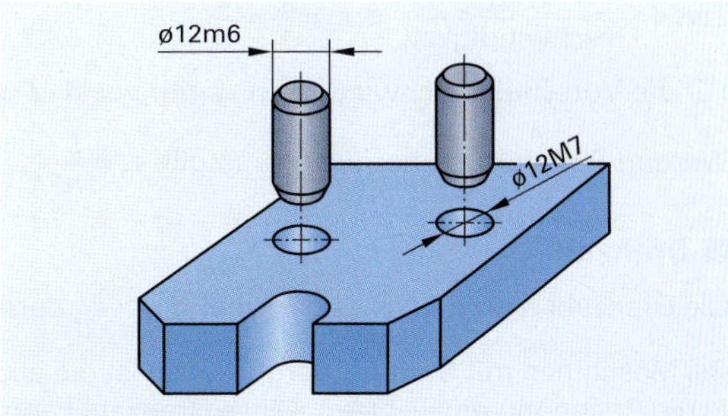

Bild 2: Grundplatte

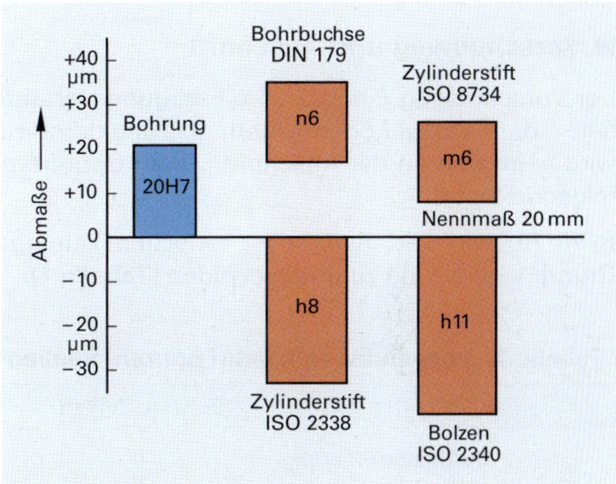

Bild 3: Passungen beim Einbau verschiedener Normteile

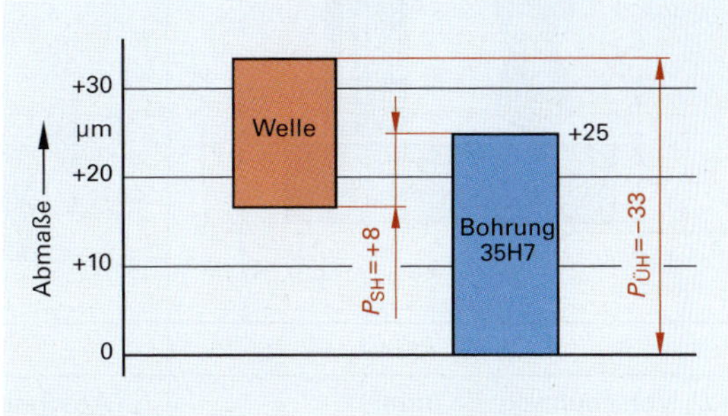

● **Bild 4: Bestimmung einer Wellentoleranz**

6

6.2 Hauptnutzungszeit beim Bohren, Senken und Reiben

Während der Hauptnutzungszeit werden Werkstücke planmäßig verändert. Erfolgt die Veränderung durch Spanen mit selbsttätigem Vorschub, so ist die Hauptnutzungszeit von der Einstellung der Maschine abhängig und damit vom Menschen nicht beeinflussbar.

Beim Bohren, Senken und Reiben sind jeweils die Drehzahl n und der Vorschub f konstant. Die Berechnung der Hauptnutzungszeit t_h erfolgt nach den Regeln der gleichförmig geradlinigen Bewegung **(Bild 1)**.

Hauptnutzungszeit

$$\text{Zeit} = \frac{\text{Weg}}{\text{Geschwindigkeit}} \Rightarrow t_h = \frac{s}{v} = \frac{L}{v_f}$$

Für die Vorschubgeschwindigkeit v_f gilt: $v_f = n \cdot f \Rightarrow t_h = \dfrac{L}{n \cdot f}$

Werden i Bohrungen hergestellt, so gilt: $t_h = \dfrac{L \cdot i}{n \cdot f}$

Drehzahl

Die Drehzahl n wird nach der Formel $n = \dfrac{v_c}{\pi \cdot d}$ berechnet.

Bei Maschinen mit Stufenrädergetrieben ist die einstellbare Drehzahl in die Rechnung einzusetzen. Diese Drehzahl kann aus Schaubildern ermittelt werden **(Bild 1, folgende Seite)**. Bei Ergebnissen, die zwischen zwei vorhandenen Drehzahlen liegen, ist die nächst kleinere Drehzahl zu wählen.

Vorschubweg und Anschnitt

Der Vorschubweg L hängt vom Fertigungsverfahren, der Bohrungstiefe l, dem Anlauf l_a, dem Überlauf l_u und dem Anschnitt l_s ab. Dabei wird beim Bohren der Anschnitt l_s vom Bohrertyp bestimmt **(Bild 2, folgende Seite)**.

Beim Bohren und Reiben ist zwischen Durchgangsbohrung und Grundlochbohrung zu unterscheiden **(Tabelle 1)**.

Hauptnutzungszeit

$$t_h = \frac{L \cdot i}{n \cdot f}$$

Drehzahl

$$n = \frac{v_c}{\pi \cdot d}$$

t_h	Hauptnutzungszeit	min
L	Vorschubweg	mm
i	Anzahl der Bohrungen	–
f	Vorschub je Umdrehung	mm
n	Drehzahl	min^{-1}
v_{cw}	Schnittgeschwindigkeit	m/min
d	Werkzeugdurchmesser	mm

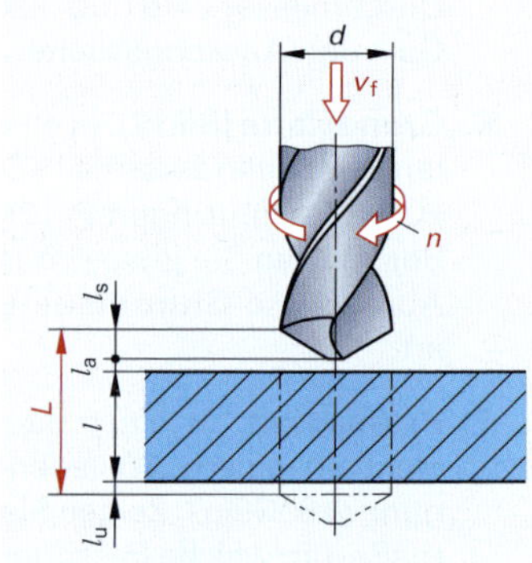

Bild 1: Bohren

Tabelle 1: Vorschubweg L beim Bohren, Senken und Reiben

Bohren, Reiben		Senken
Durchgangsbohrung 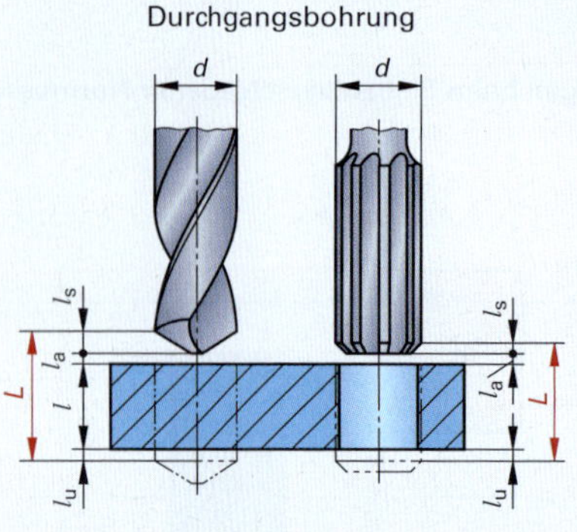	Grundlochbohrung 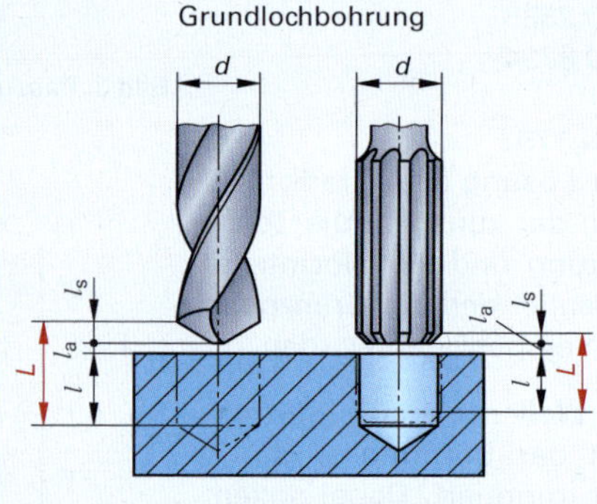	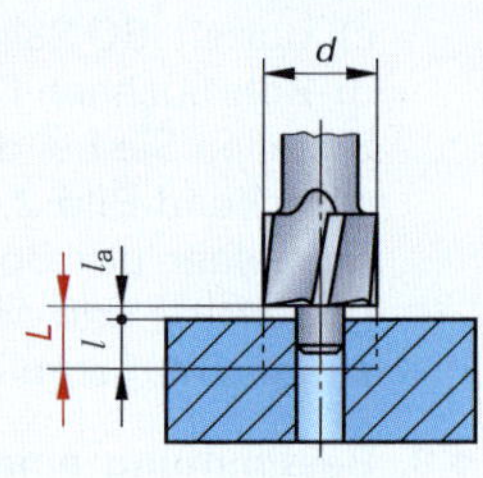
$L = l + l_s + l_a + l_u$	$L = l + l_s + l_a$	$L = l + l_a$
L Vorschubweg mm l Bohrungstiefe mm	l_s Anschnitt mm l_u Überlauf mm	l_a Anlauf mm

Beispiel 1

In ein 45 mm dickes Werkstück aus S355JO sind 18 Durchgangsbohrungen mit dem Durchmesser d = 20 mm, der Schnittgeschwindigkeit v_c = 25 m/min und dem Vorschub f = 0,12 mm zu bohren.

Wie groß sind

a) der Vorschubweg L, wenn der Anlauf l_a = 1 mm, der Überlauf l_u = 2 mm sind,

b) die Drehzahl n nach **Bild 1**,

c) die Hauptnutzungszeit t_h?

Lösung: a) $L = l + l_s + l_a + l_u$; $l_s = 0{,}3 \cdot d$

$L = 45\text{ mm} + 0{,}3 \cdot 20\text{ mm} + 1\text{ mm} + 2\text{ mm}$

$= \mathbf{54\ mm}$

b) nach **Bild 1:** $n = \mathbf{355\ min^{-1}}$

c) $t_h = \dfrac{L \cdot i}{n \cdot f} = \dfrac{54\text{ mm} \cdot 18}{355\text{ min}^{-1} \cdot 0{,}12\text{ mm}}$

$= \mathbf{22{,}82\ min}$

Beispiel 2

In einer Aluminiumplatte sind 12 Grundlochbohrungen mit l = 28 mm Tiefe auf das Passmaß 12H7 zu reiben. Für die Schnittgeschwindigkeit v_c = 15 m/min und den Vorschub f = 0,25 mm sind zu ermitteln

a) der Vorschubweg L bei l_a = 0,8 mm und l_s = 4 mm,

b) die Drehzahl n bei stufenloser Einstellung,

c) die Hauptnutzungszeit t_h.

Lösung: a) $L = l + l_a + l_s$

$= 28\text{ mm} + 0{,}8\text{ mm} + 4\text{ mm} = \mathbf{32{,}8\ mm}$

b) $n = \dfrac{v_c}{\pi \cdot d} = \dfrac{15\ \frac{\text{m}}{\text{min}}}{\pi \cdot 0{,}012\text{ m}} = \mathbf{398\ min^{-1}}$

c) $t_h = \dfrac{L \cdot i}{n \cdot f} = \dfrac{32{,}8\text{ mm} \cdot 12}{398\text{ min}^{-1} \cdot 0{,}12\text{ mm}}$

$= \mathbf{3{,}95\ min}$

Beispiel 3

Für die Senkungen des Lagerdeckels **Bild 3** sind zu berechnen

a) der Vorschubweg L bei l_a = 0,5 mm,

b) die Drehzahl n nach **Bild 1** für v_c=12 m/min,

c) die Hauptnutzungszeit t_h bei f = 0,1 mm.

Lösung: a) $L = l + l_a = 11\text{ mm} + 0{,}5\text{ mm} = \mathbf{11{,}5\ mm}$

b) nach **Bild 1:** $n = \mathbf{180\ min^{-1}}$

c) $t_h = \dfrac{L \cdot i}{n \cdot f} = \dfrac{11{,}5\text{ mm} \cdot 4}{180\text{ min}^{-1} \cdot 0{,}1\text{ mm}}$

$= \mathbf{2{,}56\ min}$

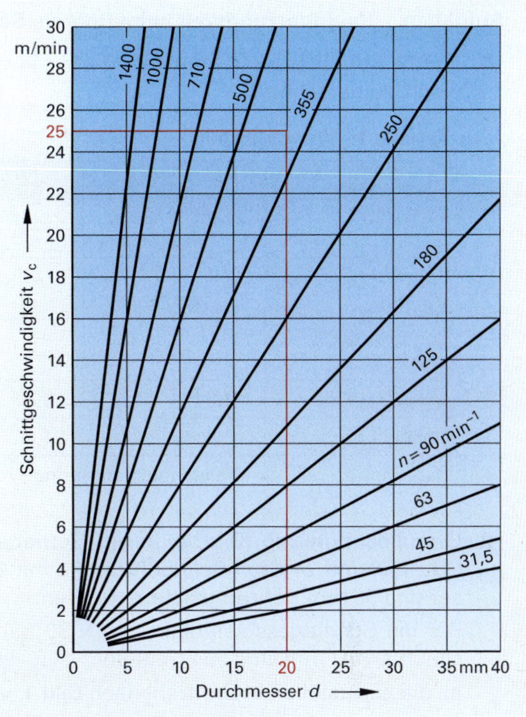

Bild 1: Drehzahldiagramm

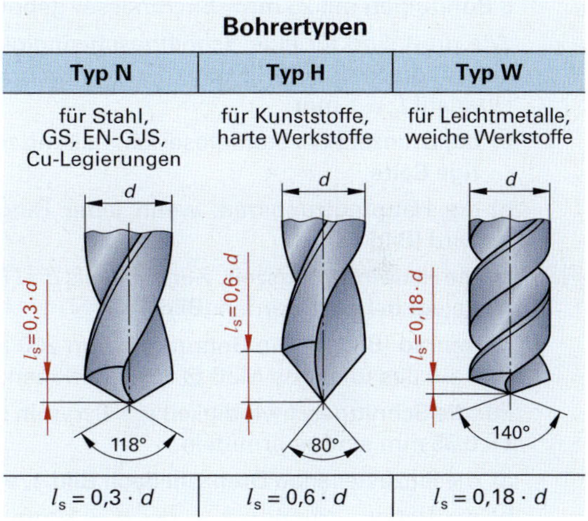

Bild 2: Anschnitt l_s

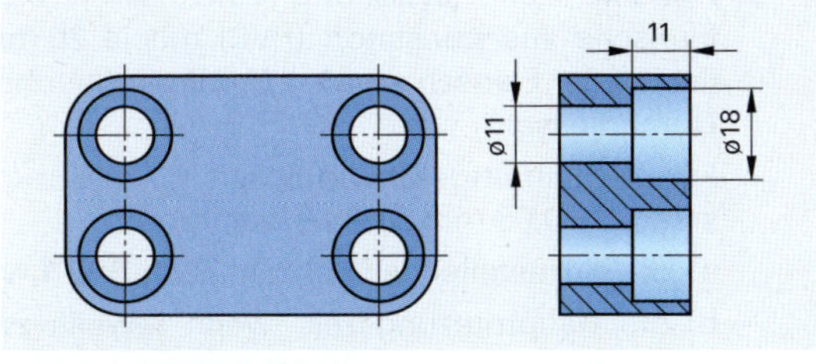

Bild 3: Lagerdeckel

6

Aufgaben Hauptnutzungszeit beim Bohren, Senken und Reiben

1. Für die Aufgaben **a** bis **e** der **Tabelle 1** ist jeweils der Vorschubweg L zu berechnen.

Tabelle 1: Vorschubweg

	a	b	c	d	e
Werkstoff	Stahl	Gusseisen	Leichtmetall		Kunststoff
Bohrdurchmesser d in mm	10	12	4	16	20
Bohrungstiefe l in mm	16	12	10	20	28
Anlauf l_a in mm	1,0	1,5	0,8	1,0	0,6
Überlauf l_u in mm	1,0	2,0	1,0	–	–
Bohrungsart	Durchgangsbohrung			Grundlochbohrung	

2. Grundlochbohrung (Bild 1): In ein Getriebegehäuse aus EN-GJL-150 sind 24 Grundlochbohrungen mit 24 mm Durchmesser und 50 mm Bohrungstiefe zu bohren.

Für die Schnittgeschwindigkeit v_c = 30 m/min und den Vorschub f = 0,7 mm sind zu ermitteln

a) die einzustellende Drehzahl nach **Bild 1, vorherige Seite,**

b) die Hauptnutzungszeit, bei einem Anlauf l_a = 1,2 mm.

3. Flanschring (Bild 2): In 60 Flanschringe aus S235JR werden je 8 Bohrungen mit 25 mm Durchmesser gebohrt.

Wie groß sind für eine Schnittgeschwindigkeit v_c = 28m/min, einen Vorschub f = 0,12 mm, den Anlauf l_a = 0,5 mm und den Überlauf l_u = 1 mm

a) die Drehzahl bei stufenloser Einstellung nach **Bild 1, vorherige Seite,**

b) die Hauptnutzungszeit, wenn jeder Ring einzeln gebohrt wird **(Bild 1a),**

c) die Hauptnutzungszeit, wenn jeweils drei Ringe aufeinander gelegt gebohrt werden **(Bild 1b)**?

4. Kettenrad (Bild 3): Die Bohrungen von 200 Kettenrädern werden auf das tolerierte Maß ∅ 25H7 gerieben.

Für die Schnittgeschwindigkeit v_c = 8 m/min und den Vorschub f = 0,35 mm sind zu ermitteln

a) die einzustellende Drehzahl nach **Bild 1, vorherige Seite,**

b) die Hauptnutzungszeit, t_h bei l_a = 1 mm, l_u = 1,5 mm und l_s = 4 mm.

5. Flansch: Zur Herstellung von Rohrverbindungen sind 80 Flansche aus Kunststoff (PVC) mit je 20 mm Dicke erforderlich. Jeder Flansch erhält 4 Durchgangsbohrungen mit 18 mm Durchmesser.

Für die Schnittgeschwindigkeit v_c = 16 m/min und den Vorschub f = 0,08 mm sind zu bestimmen

a) die einzustellende Drehzahl nach **Bild 1, vorherige Seite,**

b) die Hauptnutzungszeit, wenn jeweils zwei Flansche aufeinander liegend gebohrt werden und $l_a = l_u$ = 1 mm ist.

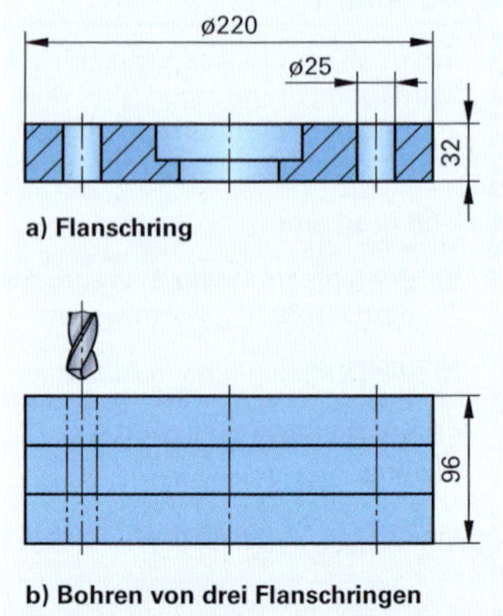

Bild 1: Grundlochbohrung

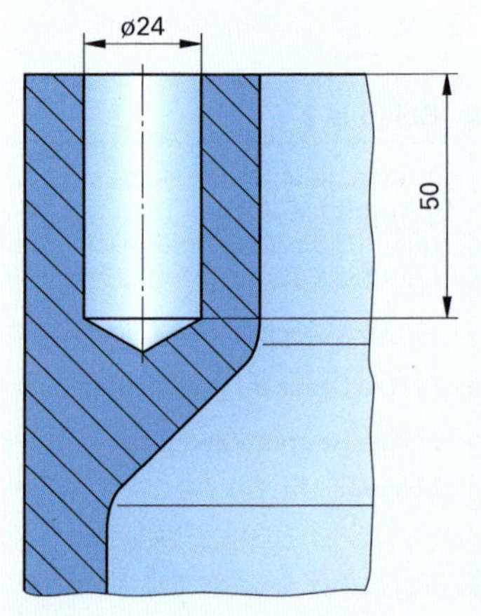

Bild 2: Flanschring

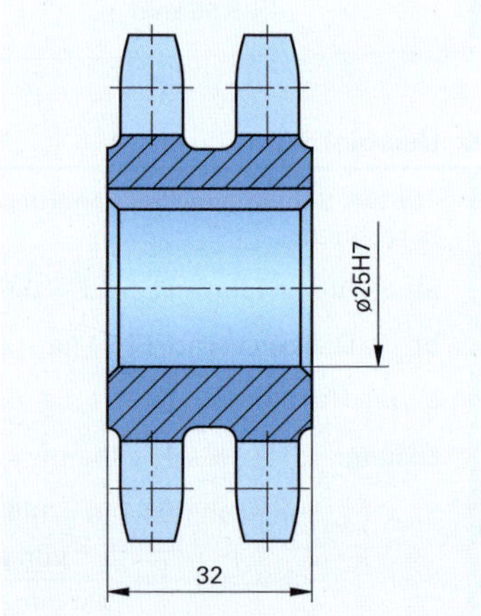

Bild 3: Kettenrad

6.3 Kostenrechnung, Kalkulation

Damit der Angebotspreis eines Produktes kalkuliert werden kann, benötigt man die Kostenrechnung. In der Vorkalkulation werden die Kosten auf der Basis vorangegangener Projekte abgeschätzt. Nach der Herstellung überprüft man die tatsächlichen Kosten mit einer Nachkalkulation. Die Begriffe für die Kostenrechnung sind in **Tabelle 1** erläutert.

Tabelle 1: Begriffe bei der Kostenrechnung

Begriff	Erläuterung
Verkaufspreis	Selbstkosten plus Gewinn, ohne Mehrwertsteuer
Selbstkosten	Werkstoffkosten plus Fertigungslöhne plus Gemeinkosten
Werkstoffkosten	Kosten für Werkstoff eines Produkts plus Verschnitt plus Abfall
Fertigungslöhne	Lohnkosten, die dem Produkt direkt zugeordnet werden können
Gemeinkosten	Kosten, die dem Produkt nicht direkt zugeordnet werden können, z. B. für Energie, Rechnungswesen, Vertrieb. Sie werden den Einzelkosten, z. B. den Fertigungslöhnen, nach einem prozentualen Verteilerschlüssel zugeschlagen.
Platzkosten	Stundenlohn plus Gemeinkostenzuschlag für ein oder mehrere Arbeitsplätze einer Abteilung (Kostenstelle)
Gewinn	Differenz aus Verkaufspreis und Selbstkosten. Der Geldwert des Gewinns wird prozentual bezogen auf die Selbstkosten.

Einfache Kostenrechnung

Mit einer einfachen Kostenrechnung kann man den Verkaufspreis eines Produktes berechnen. Dadurch erhält man jedoch nicht die Aufschlüsselung der Kosten für die einzelnen Kostenstellen. Die einfache Kostenrechnung dient in erster Linie der Vorkalkulation in der Angebotsphase.

Beispiel

Zu berechnen ist der Verkaufspreis für eine Hebelstange bei Aufteilung der Gemeinkosten in Werkstoffgemeinkosten (5 %), Fertigungsgemeinkosten (150 %) und Verwaltungs- und Vertriebsgemeinkosten (12 %).

Lösung:

	Werkstoffkosten	4,92 EUR	
+	Werkstoffgemeinkosten 5 % von 4,92 EUR	0,25 EUR	
=	**Brutto-Werkstoffkosten ①**		**5,17 EUR**
+	Fertigungslöhne	19,30 EUR	
+	Fertigungsgemeinkosten 150 % von 19,30 EUR	28,95 EUR	
=	**Fertigungskosten ②**		**48,25 EUR**
	① + ② = Herstellkosten ③		**53,42 EUR**
+	Verwaltung und Vertrieb ④ 12 % von 53,42 EUR		6,41 EUR
	③ + ④ = **Selbstkosten** ⑤		**59,83 EUR**
+	Gewinn = 10 % von 59,83 EUR ⑥		5,98 EUR
	⑤ + ⑥ = **Verkaufspreis** ohne Mehrwertsteuer		**65,81 EUR**

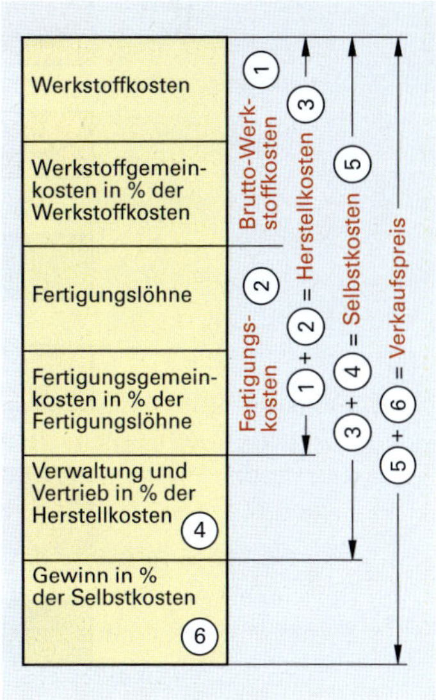

Bild: Einfache Kostenrechnung

Erweiterte Kalkulation mit Maschinenkosten

Mit einer erweiterten Kalkulation **(Bild 2)** ist es möglich, die einzelnen Kostenverursacher (Kostenstellen) dem Produkt genauer zuzuordnen.

Die Fertigungsgemeinkosten berücksichtigen nicht die unterschiedlich hohen Maschinenkosten, die für ein Produkt anfallen. Die Kostenrechnung kann dadurch stark verfälscht werden. Für eine genauere Kalkulation werden die Kosten von teuren Maschinen (Maschinenstundensatz) aus den Fertigungsgemeinkosten herausgenommen **(Bild 1)**. Daraus ergibt sich ein genauerer Kostenanteil für den betreffenden Maschineneinsatz. Die verbleibenden Gemeinkosten werden als Restgemeinkosten den Fertigungslöhnen zugeschlagen.

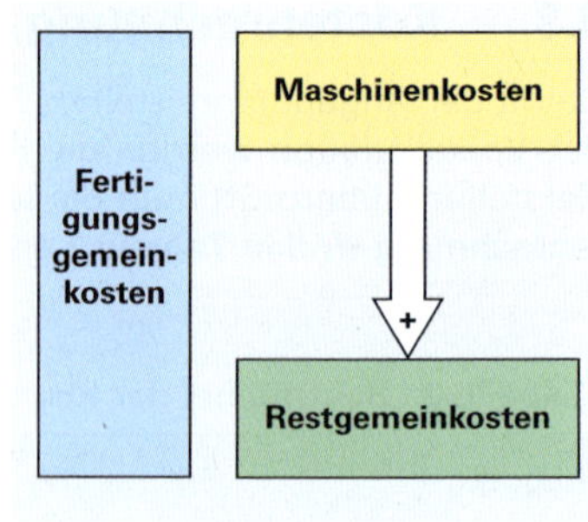

Bild 1: Kostenaufteilung

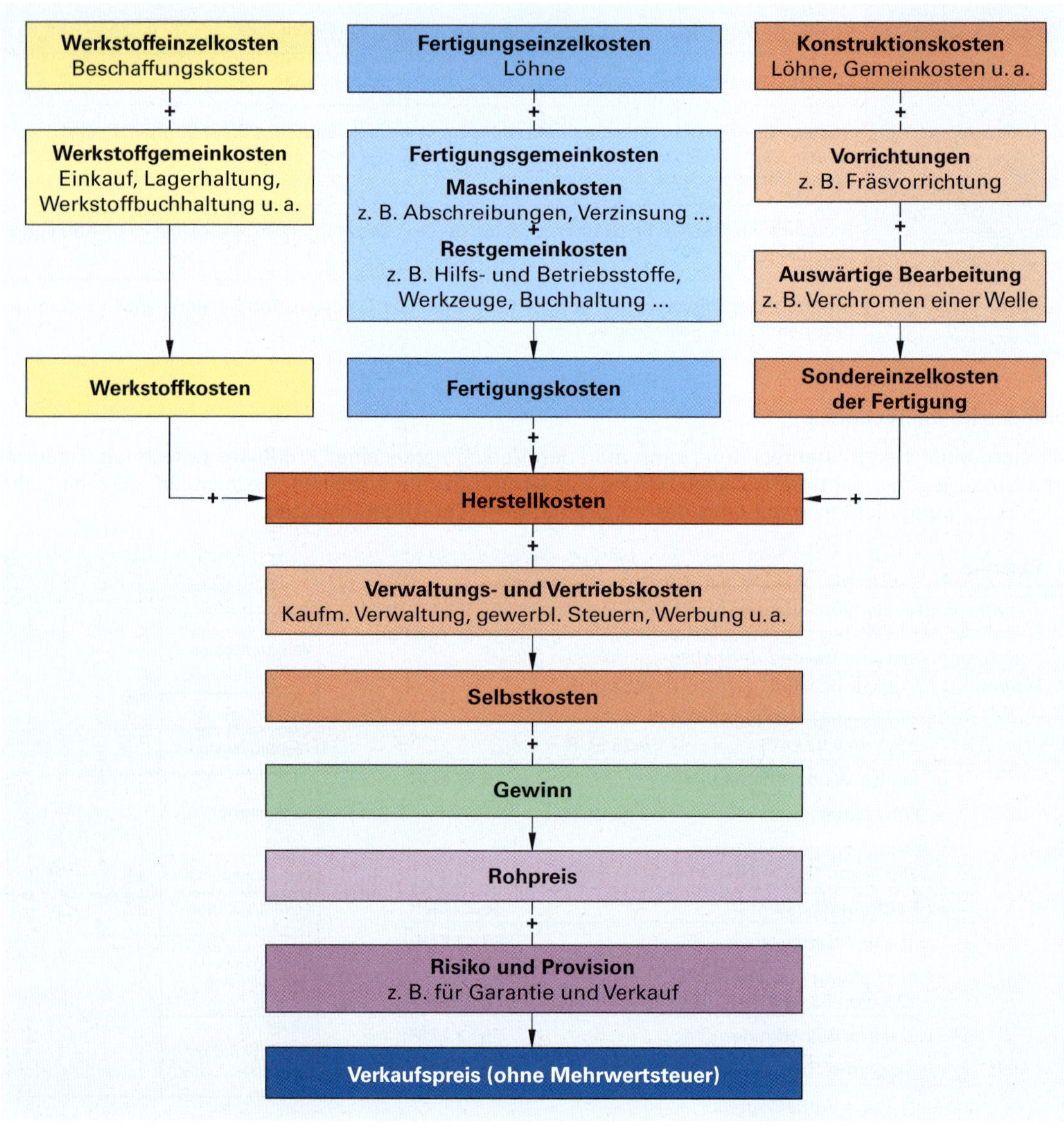

Bild 2: Erweiterte Kalkulation mit Maschinen- und Sondereinzelkosten

Beispiel einer erweiterten Kostenrechnung

Berechnung des Verkaufspreises für eine Spannvorrichtung nach der erweiterten Kostenrechnung.

Stückzahl	Spannvorrichtung	Auftrags-Nr.: 1245
1	Type: SV 205	

Werkstoffe	**Masse kg**	**Preis €/kg**	**Gesamtpreis €**		
Gusseisen, Halbzeug	20,0	7,50	150,00		
Stahl, Halbzeug	12,0	6,75	81,00		
Zinnbronze, Halbzeug	3,5	8,20	28,70		
Normteile			72,00		
Σ Werkstoffeinzelkosten				**331,70**	
Werkstoffgemeinkosten 8 % (von 331,70 €)				26,54	
Werkstoffkosten					**358,24 €**

Kosten der Fertigungskostenstellen	**Zeit T; T_{bB} h**	**Stundensatz €/h**	**Fertigungskosten €**	
Allg. KoSt. : Zuschnitt				
Fertigungslohn	0,5	22,80	11,40	
Allg. Gemeinkosten 280 % (von 11,40 €)			31,92	
Fertigung 1: Drehen				
Maschinenbelegung	7,5	45,00	337,50	
Fertigungslohn	8,0	24,50	196,00	
Restgemeinkosten 175 % (von 196,00 €)			343,00	
Fertigung 2: Fräsen				
Maschinenbelegung	3,0	57,00	171,00	
Fertigungslohn	3,5	24,50	85,75	
Restgemeinkosten 170 % (von 85,75 €)			145,78	
Fertigung 3: Montage				
Fertigungslohn	16,0	26,30	420,80	
Montagegemeinkosten 325 % (von 420,80 €)			1.367,60	
Fertigungskosten				**3.110,75 €**

Erfasste Sondermaßnahmen	**Kosten €**	
Kalkulierte Kosten für die Konstruktion	375,00	
Beschaffung eines Sonderwerkzeuges	51,00	
Auswärtige Bearbeitung: Wärmebehandlung	235,00	
Sondereinzelkosten der Fertigung		**661,00 €**

Herstellkosten	**4.129,99 €**
Verwaltungs- und Vertriebsgemeinkosten 12 % (von 4.129,99 €)	495,60 €
Selbstkosten	**4.625,59 €**
Gewinnzuschlag 10 % (von 4.625,59 €)	462,56 €
Rohpreis	**5.088,15 €**
Risiko + Provision: 6 % des Verkaufspreises bzw. Rohpreis entspricht 94 % = $\frac{5.088,15\,€ \cdot 6\,\%}{94\,\%}$	324,78 €
Verkaufspreis ohne Mehrwertsteuer	**5.412,93 €**

6

Aufgaben Kostenrechnung, Kalkulation

1. **Gemeinkosten:** In einem Betrieb betragen die Gemeinkosten eines Geschäftsjahres 172 200,00 EUR bei einer Jahreslohnsumme von 184 000,00 EUR.

   Welchen Gemeinkostensatz hat der Betrieb im nächsten Jahr bei der Kostenrechnung zu verwenden?

2. **Selbstkosten:** Berechnen Sie die Selbstkosten für ein Werkstück, wenn die Werkstoffkosten 70,00 EUR, die Fertigungslöhne 152,00 EUR und die Gemeinkosten 140 % der Fertigungslöhne betragen.

3. **Verkaufspreis:** Wie hoch ist der Verkaufspreis, wenn die Werkstoffkosten 78,00 EUR, die Fertigungslöhne 143,00 EUR, die Gemeinkosten 135 % der Fertigungslöhne und der Gewinn 9 % betragen?

4. **Gewinn:** Die Nachkalkulation für einen Auftrag ergibt, dass die Selbstkosten um 26,40 EUR höher sind als in der Vorkalkulation, bei der sie mit 1280,00 EUR ermittelt wurden.

   Wie viel Prozent Gewinn verbleiben, wenn ursprünglich 12 % vorgesehen waren?

5. **Selbstkosten:** Ein Betrieb übernimmt einen Auftrag für 1000 Gelenke zum Preis von 6400,00 EUR.

   Wie hoch dürfen die Selbstkosten sein, damit ein Gewinn von 10 % verbleibt?

6. **Provision:** Ein Hersteller muss vom Verkaufspreis 5 % Vertreterprovision bezahlen.

   Wie groß ist dieser Betrag und wie hoch wird der Verkaufspreis des Werkstücks, wenn die Selbstkosten 360,00 EUR und der Gewinn 10 % betragen?

7. **Platzkosten:** Ein Zerspanungsmechaniker hat einen Stundenlohn von 14,30 EUR. Die Gemeinkosten für seine Maschine betragen 550 % seines Lohnes.

   Mit welchen stündlichen Platzkosten sind die Arbeiten zu kalkulieren?

8. **Verkaufspreis:** Wie hoch ist der Verkaufspreis für eine Lagerbuchse nach den folgenden Angaben?

Werkstoffkosten	5,88	EUR	Verwaltung und Vertrieb	14 %
Werkstoffgemeinkosten	6,00	%	Gewinn	10 %
Fertigungslöhne	11,86	EUR	Risiko und Provision	5 %
Fertigungsgemeinkosten	310	%		

9. **Jahresabrechnung:** Bei der Jahresabrechnung eines Betriebes wurden für die Fertigungsabteilung die Summen nach **Tabelle 1** ermittelt.

   Wie groß sind für jede Abteilung der Gemeinkostenzuschlag auf die Fertigungslöhne und die Platzkosten?

Tabelle 1:	Sägerei	Dreherei	Schleiferei	Zusammenbau
Fertigungslöhne EUR	83 980,00	293 280,00	109 900,00	488 800,00
Gemeinkosten EUR	218 340,00	835 850,00	324 130,00	879 840,00
Jahresstunden h	11 280	37 843	13 136	62 355

10. **Getriebegehäuse:** Für die Bearbeitung eines Getriebegehäuses wurden folgende Fertigungszeiten ermittelt: Drehen 1,8 h, Fräsen 1,6 h, Schleifen 1,1 h. Die Platzkosten je Stunde betragen für die Dreherei 32,00 EUR, die Fräserei 43,00 EUR und die Schleiferei 60,00 EUR. Wie hoch ist der Verkaufspreis, wenn die Brutto-Werkstoffkosten 70,20 EUR und die Zuschläge für Verwaltung und Vertrieb 12 %, für Gewinn 11 % und für Risiko und Provision insgesamt 7 % ausmachen?

6.4 Schnittkraft und Leistungsbedarf beim Zerspanen

Kräfte beim Zerspanen

Für die Bestimmung des Leistungsbedarfs einer Werkzeugmaschine muss zunächst die Schnittkraft ermittelt werden.

Die Schnittkraft F_C entsteht durch das Abtrennen des Spans vom Werkstück und wirkt in Schnittrichtung auf den Schneidkeil des Werkzeugs **(Bild 1)**.

Die Schnittkraft F_C ist umso größer, je größer die spezifische Schnittkraft k_C und der Spanungsquerschnitt A sind.

Die spezifische Schnittkraft k_C ist hauptsächlich abhängig vom Werkstoff des zu bearbeitenden Werkstücks und von der Spanungsdicke h. Sie wird in Laborversuchen ermittelt und ist aus **Tabelle 1 (folgende Seite)** zu entnehmen.

Der Spanungsquerschnitt A unterscheidet sich bei den einzelnen Fertigungsverfahren.

Schnittkraft beim Zerspanen

$$F_C = A \cdot k_C$$

F_C	Schnittkraft	N
A	Spanungsquerschnitt	mm²
k_C	spezifische Schnittkraft	N/mm²

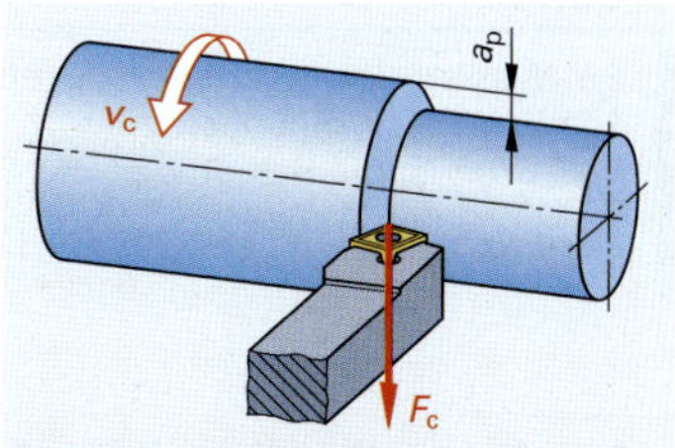

Bild 1: **Schnittkraft beim Drehen**

vel.plus/RMECH04

Spanungsquerschnitt beim Drehen

Durch Anwendung der Winkelfunktionen kann der Spanungsquerschnitt A mit den Einstellwerten an der Drehmaschine berechnet werden. Die Schnitttiefe a entspricht der halben Zustellung am Werkzeugschlitten, der Vorschub je Umdrehung f wird am Vorschubgetriebe eingestellt. Der Einstellwinkel κ[1] gibt die Stellung der Schneide des Drehmeißels zur Werkstückachse an und kann beispielsweise über die Verzahnung des Schnellwechselhalters verändert werden.

Nach **Bild 2** ergeben sich folgende Zusammenhänge:

$$A = b \cdot h; \quad b = \frac{a_p}{\sin \kappa}; \quad h = f \cdot \sin \kappa;$$

$$A = \frac{a_p \cdot f \cdot \sin \kappa}{\sin \kappa} = a_p \cdot f$$

Spanungsquerschnitt beim Drehen

$$A = a_p \cdot f$$

A	Spanungsquerschnitt	mm²
a_p	Schnitttiefe	mm
f	Vorschub je Umdrehung	mm
b	Spanungsbreite	mm
h	Spanungsdicke	mm
κ	Einstellwinkel	°

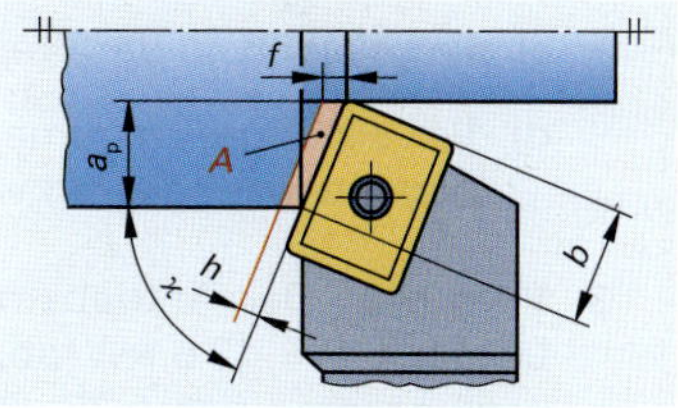

Bild 2: **Spanungsquerschnitt beim Drehen**

Beispiel 1

Wie groß ist der Spanungsquerschnitt A, wenn die Zustellung am Werkzeugschlitten 8 mm beträgt und ein Vorschub von $f = 0{,}35$ mm eingestellt ist?

Lösung: $A = a_p \cdot f = \frac{8\text{ mm}}{2} \cdot 0{,}35\text{ mm} = \mathbf{1{,}4\ mm^2}$

Der Spanungsquerschnitt A ist umso größer, je größer die Schnitttiefe a und je größer der Vorschub je Umdrehung f sind.

Beispiel 2

Eine Welle aus E295 wird in einem Schnitt von $d_0 = 60$ mm auf $d = 50$ mm längsrundgedreht **(Bild 3)**.
Wie groß sind für den Vorschub $f = 0{,}35$ mm
a) die Schnitttiefe a_p,
b) die spezifische Schnittkraft k_C **(Tabelle 1, folgende Seite)**,
c) die Schnittkraft F_C?

Lösung:
a) $a_p = \frac{d_0 - d}{2} = \frac{60\text{ mm} - 50\text{ mm}}{2} = \mathbf{5\ mm}$
b) $h = f \cdot \sin \kappa = 0{,}35\text{ mm} \cdot \sin 60° = \mathbf{0{,}3\ mm}$
$\Rightarrow \mathbf{k_C = 2130\ N/mm^2}$ (aus Tabelle)
c) $A = a_p \cdot f = 5\text{ mm} \cdot 0{,}35\text{ mm} = 1{,}75\text{ mm}^2$
$F_C = A \cdot k_C = 1{,}75\text{ mm}^2 \cdot 2130\text{ N/mm}^2 = \mathbf{3727{,}5\ N}$

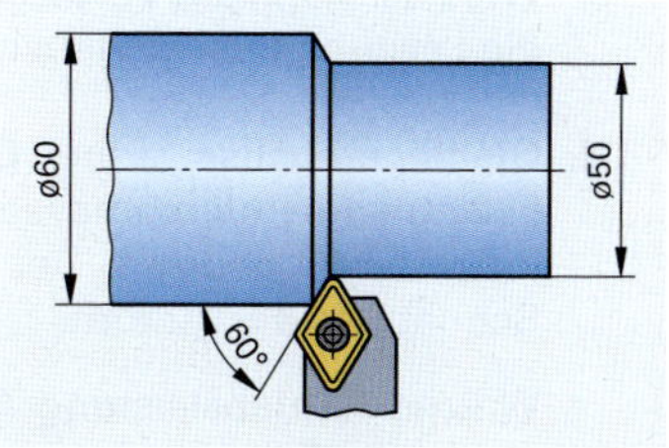

Bild 3: **Längsrunddrehen**

1 κ kappa, griechischer Kleinbuchstabe

Schnittleistung

Die Schnittleistung ist die Grundlage für den wirtschaftlichen Einsatz von Werkzeugmaschinen. Die Berechnung der Schnittleistung ist notwendig für die Auslegung der Antriebsleistung. Mit ihrer Hilfe lassen sich Aussagen darüber treffen, ob die Leistungsfähigkeit des Antriebsmotors für die vorgesehene Zerspanungsarbeit ausreicht.

Die Schnittleistung wird aus der Schnittkraft und der Schnittgeschwindigkeit berechnet. Die erforderliche Antriebsleistung der Werkzeugmaschine erhält man durch Berücksichtigung ihres Wirkungsgrades.

Schnittleistung

$$P_C = F_C \cdot v_C$$

P_C	Schnittleistung	W
F_C	Schnittkraft	N
v_C	Schnittgeschwindigkeit	m/s

Beispiel

Ein Werkstück wird auf einer Drehmaschine mit der Schnittgeschwindigkeit v_c = 120 m/min bearbeitet.
Wie groß ist die Schnittleistung P_C bei einer Schnittkraft F_C = 3700 N?

Lösung: $P_C = F_C \cdot v_C = 3700\ \text{N} \cdot 120\ \frac{\text{m}}{60\ \text{s}} = 7400\ \frac{\text{Nm}}{\text{s}} = \mathbf{7{,}4\ kW}$

Tabelle 1: Spez. Schnittkraft in N/mm² beim Drehen

Werkstoff	Spanungsdicke h in mm			
	0,16	0,20	0,31	0,5
E295	2600	2430	2130	1845
C45	2380	2240	1990	1750
16MnCr5	2425	2270	1990	1725
CuZn37	1555	1500	1405	1310

Aufgaben — Schnittkraft und Leistungsbedarf beim Zerspanen

1. **Wellenzapfen (Bild 1):** Der Wellenzapfen aus 42CrMo4 wird in zwei Schnitten mit gleicher Schnitttiefe vorgedreht.

   Wie groß sind für den Vorschub f = 0,4 mm und die spezifische Schnittkraft k_C = 1950 N/mm² der Spanungsquerschnitt A und die Schnittkraft F_C?

2. **Welle (Bild 2):** Eine Welle wird auf einer Drehmaschine in einem Schnitt gefertigt. Dabei wird mit folgenden Schnittdaten gearbeitet: Drehzahl $n = 275\ \text{min}^{-1}$, Schnitttiefe a = 6 mm, Vorschub f = 0,6 mm, spezifische Schnittkraft k_C = 2620 N/mm².

   Zu berechnen sind:

   a) die Schnittgeschwindigkeit v_C,

   b) die Schnittkraft F_C,

   c) die Leistung an der Werkzeugschneide P_C,

   d) die Leistungsaufnahme P_{Mot} des Antriebsmotors bei einem Gesamtwirkungsgrad von 65 %!

3. **Vorschub:** Der Antriebsmotor einer Drehmaschine gibt die Leistung P = 18,5 kW ab. Die Maschine hat einen Gesamtwirkungsgrad von 0,75. Die Schnitttiefe soll 3,5 mm und die Schnittgeschwindigkeit 230 m/min betragen. Die spezifische Schnittkraft k_C ist mit 1850 N/mm² angegeben.

   Wie hoch kann der Vorschub höchstens gewählt werden, damit die Leistung des Antriebsmotors ausreicht?

4. **Gleitlagerbuchse:** Eine Gleitlagerbuchse aus CuZn37 mit 520 mm Innendurchmesser wird mit der Drehzahl $n = 20\ \text{min}^{-1}$ innen längs gedreht. Der Vorschub beträgt f = 1,5 mm, die Schnitttiefe a = 4,2 mm.

   Welche Antriebsleistung P_{Mot} ist bei einem Gesamtwirkungsgrad von 85 % nötig?

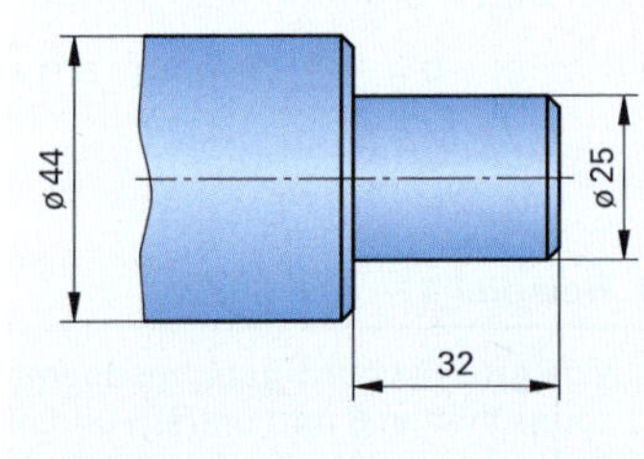

Bild 1: Wellenzapfen

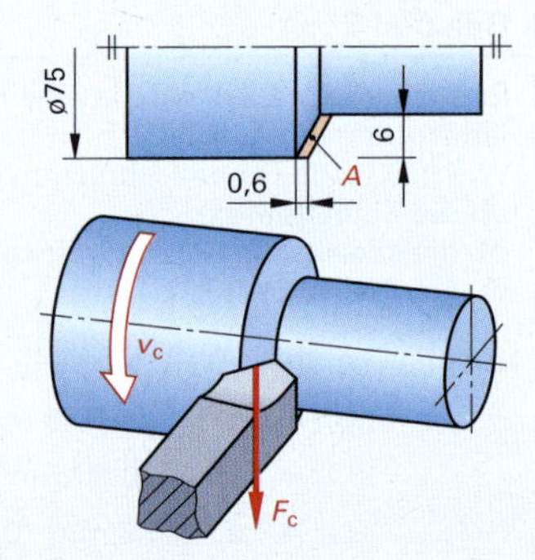

Bild 2: Welle

7 Mechanische Systeme

7.1 Berechnungen am Zahnrad

Zahnräder übertragen Bewegungen und Drehmomente formschlüssig und mit konstanter Übersetzung.

7.1.1 Zahnradmaße außen- und innenverzahnter Stirnräder mit Geradverzahnung

Bei Zahnrädern bezeichnet man als Teilung p die Bogenlänge, von Zahnmitte zu Zahnmitte, gemessen auf dem Teilkreis.

Für ein Zahnrad mit der Zähnezahl z berechnet sich die Teilung

$p = \frac{\pi \cdot d}{z}$.

Das Verhältnis $\frac{p}{\pi}$ wird als Modul m bezeichnet.

Durch Umformen und Einsetzen erhält man $\frac{p}{\pi} = \frac{d}{z} \Rightarrow m = \frac{d}{z}$.

- Der Modul m ist nach DIN 780 genormt und ist die bestimmende Größe für die Zahnradmaße. Er ist für zwei kämmende Zahnräder gleich groß.

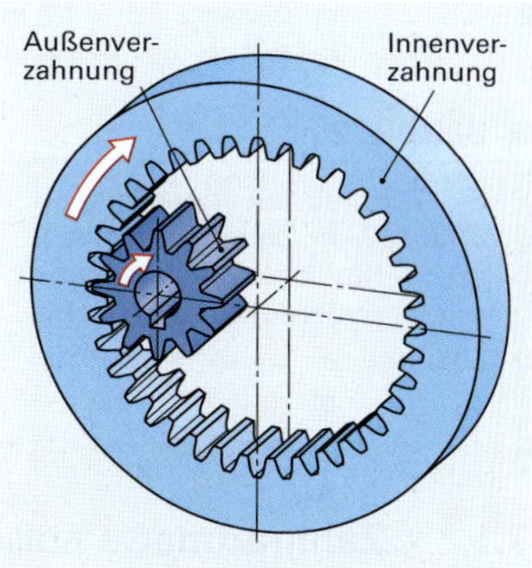

Bild 1: Außen- und innenverzahntes Zahnrad

- Durch die Rundungen am Zahnfuß ist ein Kopfspiel c notwendig. $c = (0{,}1 \ldots 0{,}3) \cdot m$.

Tabelle 1: Zahnradmaße geradverzahnter Zahnräder

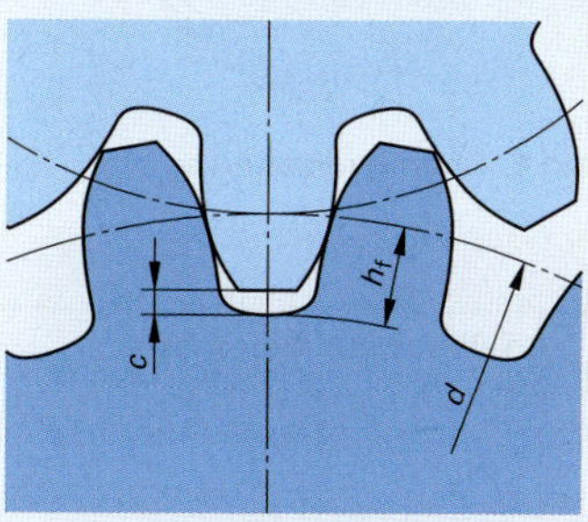	**Teilkreisdurchmesser** $d = m \cdot z$ **Zahnfußhöhe** $h_f = m + c$	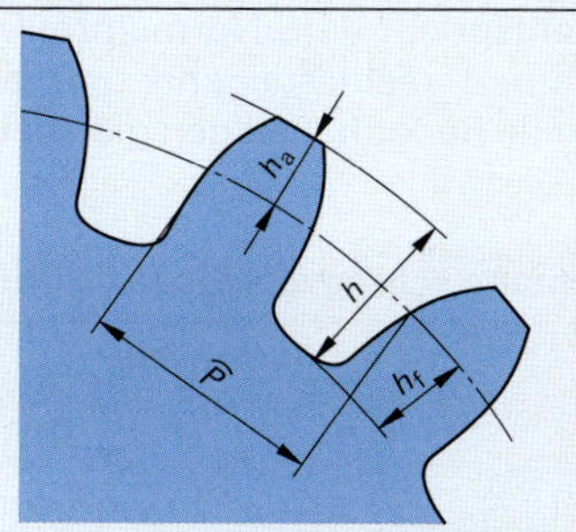	**Teilung** $p = \pi \cdot m$ **Zahnkopfhöhe** $h_a = m$ **Zahnhöhe** $h = h_a + h_f$
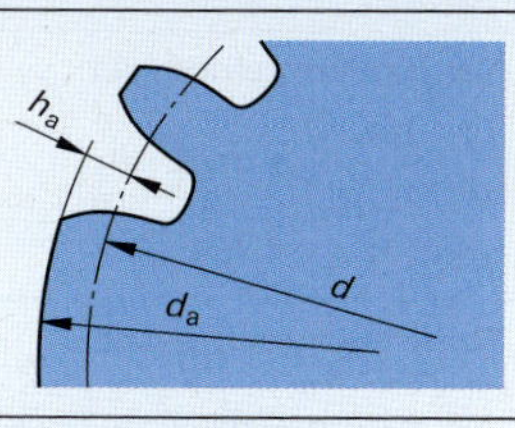	**Kopfkreisdurchmesser Außenverzahnung** $d_a = d + 2 \cdot h_a$	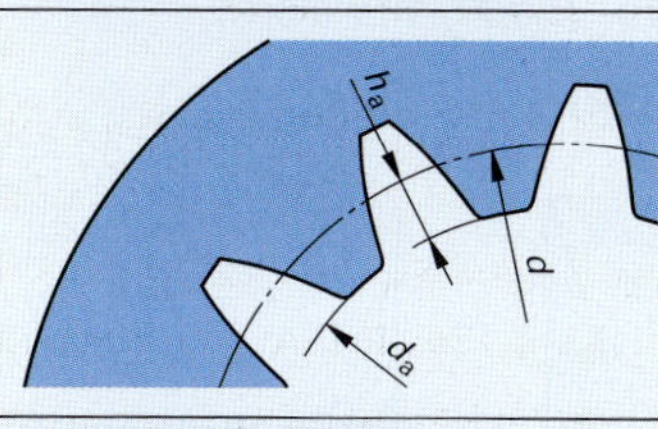	**Kopfkreisdurchmesser Innenverzahnung** $d_a = d - 2 \cdot h_a$
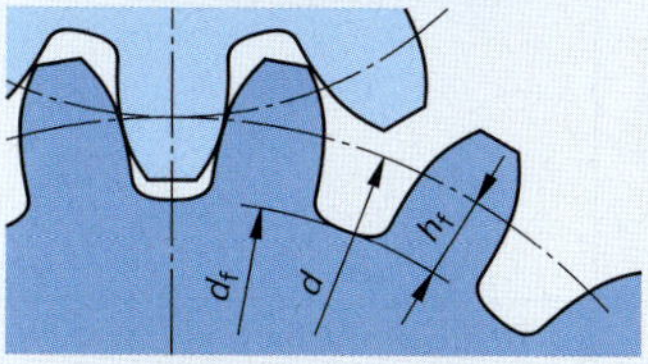	**Fußkreisdurchmesser Außenverzahnung** $d_f = d - 2 \cdot h_f$	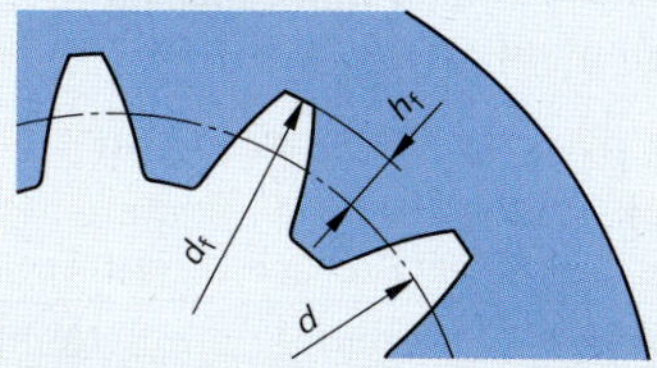	**Fußkreisdurchmesser Innenverzahnung** $d_f = d + 2 \cdot h_f$

d	Teilkreisdurchmesser	mm	h	Zahnhöhe	mm	p	Teilung	mm
d_a	Kopfkreisdurchmesser	mm	h_a	Zahnkopfhöhe	mm	z	Zähnezahl	–
d_f	Fußkreisdurchmesser	mm	h_f	Zahnfußhöhe	mm	c	Kopfspiel	mm
m	Modul	mm						

Beispiel 1

Ein außenverzahntes Zahnrad hat $z = 15$ Zähne und einen Modul $m = 1{,}5$ mm. Das Kopfspiel beträgt $c = 0{,}167 \cdot m$.
Zu berechnen sind
a) der Teilkreisdurchmesser d, b) die Teilung p, c) die Zahnfußhöhe h_f,
d) die Zahnhöhe h, e) der Kopfkreisdurchmesser d_a, f) der Fußkreisdurchmesser d_f.

Lösung: a) $d = m \cdot z = 1{,}5\ \text{mm} \cdot 15 = \mathbf{22{,}5\ mm}$
b) $p = p \cdot m = p \cdot 1{,}5\ \text{mm} = \mathbf{4{,}712\ mm}$
c) $h_f = m + c = 1{,}5\ \text{mm} + 0{,}167 \cdot 1{,}5\ \text{mm} = \mathbf{1{,}75\ mm}$
d) $h = m + m + c = 2 \cdot m + c = 2 \cdot 1{,}5\ \text{mm} + 0{,}167 \cdot 1{,}5\ \text{mm} = \mathbf{3{,}251\ mm}$
e) $d_a\ m \cdot (z + 2) = 1{,}5\ \text{mm} \cdot (15 + 2) = 1{,}5\ \text{mm} \cdot 17 = \mathbf{25{,}5\ mm}$
f) $d_f = d - 2 \cdot h_f = 22{,}5\ \text{mm} - 2 \cdot 1{,}75\ \text{mm} = \mathbf{19\ mm}$

Beispiel 2

Ein Zahnrad mit Innenverzahnung soll 40 Zähne erhalten. Der Modul beträgt $m = 1{,}5$ mm und das Kopfspiel $c = 0{,}167 \cdot m$. Zu berechnen sind
a) der Kopfkreisdurchmesser d_a,
b) der Fußkreisdurchmesser d_f.

Lösung: a) $d = m \cdot z = 1{,}5\ \text{mm} \cdot 40 = \mathbf{60\ mm}$; $d_a = d - 2 \cdot h_a = 60\ \text{mm} - 2 \cdot 1{,}5\ \text{mm} = \mathbf{57\ mm}$
b) $d_f = d + 2 \cdot h_f$
$d_f = d + 2 \cdot (m + c) = 60\ \text{mm} + 2 \cdot (1{,}5\ \text{mm} + 0{,}167 \cdot 1{,}5\ \text{mm}) = 60\ \text{mm} + 2 \cdot 1{,}75\ \text{mm} = \mathbf{63{,}5\ mm}$

7.1.2 Zahnradmaße außenverzahnter Stirnräder mit Schrägverzahnung

Bei Zahnrädern mit Schrägverzahnung liegen Normalteilung p_n und Normalmodul m_n in einer Ebene senkrecht zur Verzahnungsrichtung. Stirnteilung p_t und Stirnmodul m_t liegen in Umfangsrichtung. Sie werden an der Stirnfläche gemessen **(Tabelle 1)**.

Das Profil der Werkzeuge zur Herstellung von Stirnrädern mit Schrägverzahnung entspricht dem Normalprofil. Bei einem Zahnradpaar ist ein Zahnrad rechtssteigend und das andere Zahnrad linkssteigend. Beide Räder haben den gleichen Schrägungswinkel β **(Bild 1)**.

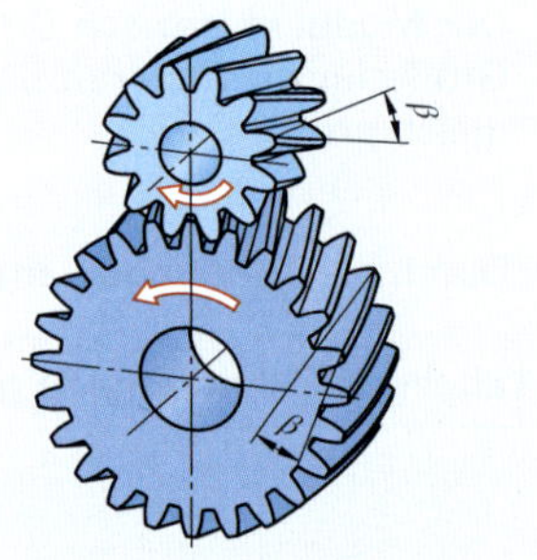

Bild 1: Schrägverzahnung

Tabelle 1: Zahnradmaße schrägverzahnter Stirnräder

<table>
<tr>
<td rowspan="3">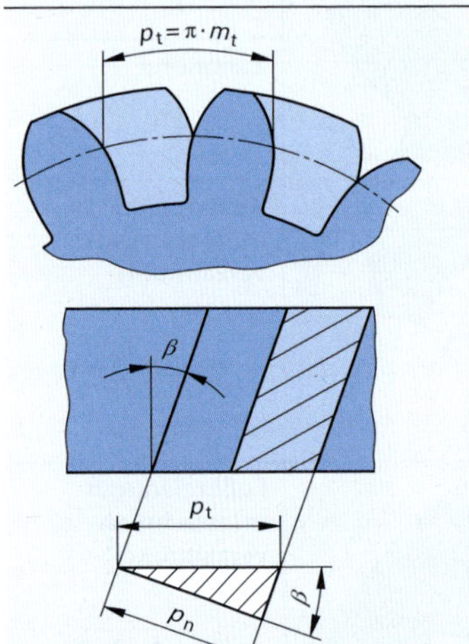
</td>
<td rowspan="3">Stirnmodul
$m_t = \frac{m_n}{\cos \beta}$
Stirnteilung
$p_t = \frac{p_n}{\cos \beta}$
Normalteilung
$p_n = \pi \cdot m_n$</td>
<td rowspan="2">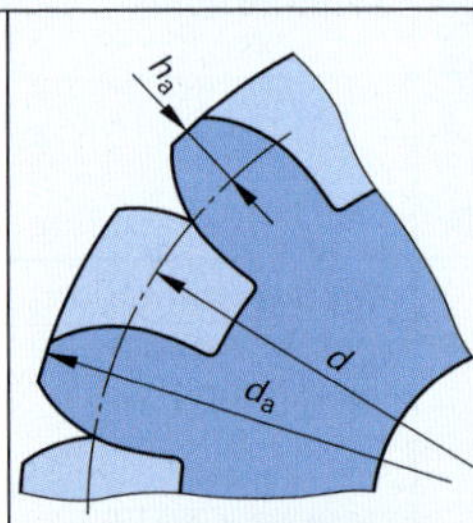
</td>
<td>Teilkreisdurchmesser
$d = m_t \cdot z$</td>
</tr>
<tr>
<td>Kopfkreisdurchmesser
$d_a = d + 2 \cdot h_a$
$h_a = m_n$</td>
</tr>
<tr>
<td>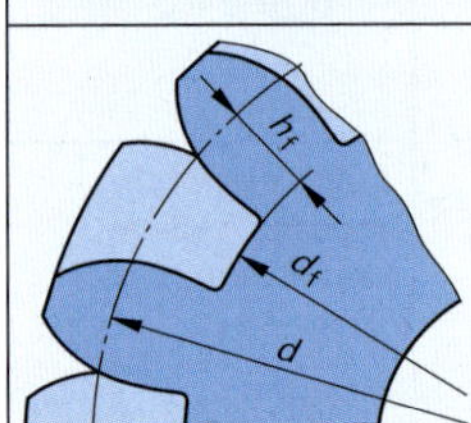
</td>
<td>Fußkreisdurchmesser
$d_f = d - 2 \cdot h_f$
$h_f = m_n + c$</td>
</tr>
</table>

d	Teilkreisdurchmesser	mm	p_n	Normalteilung	mm	h_a	Zahnkopfhöhe	mm
d_a	Kopfkreisdurchmesser	mm	p_t	Stirnteilung	mm	h_f	Zahnfußhöhe	mm
β	Schrägungswinkel	°	m_n	Normalmodul	mm	c	Kopfspiel	mm
z	Zähnezahl	–	m_t	Stirnmodul	mm			

Beispiel

Für die Herstellung eines schrägverzahnten Stirnrades **(Bild 1)** sind die Zähnezahl $z = 36$, der Normalmodul $m_n = 2$ mm, das Kopfspiel $c = 0{,}25 \cdot m_n$ und der Schrägungswinkel $\beta = 10°$ gegeben. Alle nicht aufgeführten Maße sind gleich wie bei den geradverzahnten Zahnrädern. Zu berechnen sind

a) der Stirnmodul m_t,

b) die Stirnteilung p_t,

c) der Teilkreisdurchmesser d,

d) der Kopfkreisdurchmesser d_a und

e) der Fußkreisdurchmesser d_f.

Lösung: a) $m_t = \frac{m_n}{\cos\beta} = \frac{2\text{ mm}}{\cos 10°} = \mathbf{2{,}03\text{ mm}}$

b) $p_t = \frac{p_n}{\cos\beta} = \frac{\pi \cdot m_n}{\cos\beta} = \frac{\pi \cdot 2\text{ mm}}{\cos 10°} = \mathbf{6{,}38\text{ mm}}$

c) $d = m_t \cdot z = 2{,}03\text{ mm} \cdot 36 = \mathbf{73{,}08\text{ mm}}$

d) $d_a = d + 2 \cdot h_a = 73{,}08\text{ mm} + 2 \cdot 2\text{ mm} = \mathbf{77{,}08\text{ mm}}$

e) $d_f = d - 2 \cdot h_f = d - 2 \cdot (m_n + c)$

$d_f = 73{,}08\text{ mm} - 2 \cdot (2\text{ mm} + 0{,}25 \cdot 2\text{ mm}) = \mathbf{68{,}08\text{ mm}}$

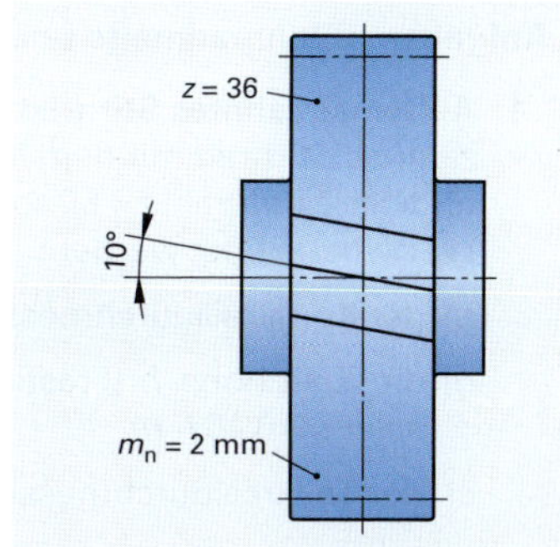

Bild 1: Schrägverzahntes Stirnrad

Achsabstand bei Außenverzahnung

$$a = \frac{d_1 + d_2}{2}$$

$$a = \frac{m \cdot (z_1 + z_2)}{2}$$

Achsabstand bei Innenverzahnung

$$a = \frac{d_2 - d_1}{2}$$

$$a = \frac{m_t \cdot (z_2 - z_1)}{2}$$

a	Achsabstand	mm
m	Modul	mm
Treibendes Rad:		
d_1	Teilkreisdurchmesser	mm
z_1	Zähnezahl	–
Getriebenes Rad:		
d_2	Teilkreisdurchmesser	mm
z_2	Zähnezahl	–

7.1.3 Achsabstand bei Zahnrädern

Der Achsabstand bei außenverzahnten Stirnrädern **(Bild 2)** ist gleich der Summe der Teilkreishalbmesser, bei innenverzahnten Stirnrädern **(Bild 2, folgende Seite)** ist er gleich der Differenz der Teilkreishalbmesser.

Beispiel 1

Zwei geradverzahnte Zahnräder mit $z_1 = 24$, $z_2 = 36$ Zähnen und dem Modul $m = 2{,}5$ mm arbeiten zusammen **(Bild 2)**.

Wie groß ist der Achsabstand a?

Lösung: $a = \frac{m \cdot (z_1 + z_2)}{2} = \frac{2{,}5\text{ mm} \cdot (24 + 36)}{2} = \mathbf{75\text{ mm}}$

Beispiel 2

Bei einem innenverzahnten Antrieb soll das Antriebsrad einen Teilkreisdurchmesser $d_1 = 60$ mm haben. Das getriebene Rad hat $z_2 = 175$ Zähne und einen Modul $m = 2{,}5$ mm.

Wie groß sind

a) der Teilkreisdurchmesser d_2 und

b) der Achsabstand a?

Lösung: a) $d_2 = m \cdot z_2 = 2{,}5\text{ mm} \cdot 175 = \mathbf{437{,}5\text{ mm}}$

b) $a = \frac{d_2 - d_1}{2} = \frac{437{,}5\text{ mm} - 60\text{ mm}}{2} = \mathbf{188{,}75\text{ mm}}$

Hinweis: Für Schrägverzahnungen ist bei der Berechnung des Achsabstandes der Stirnmodul m_t anstelle des Normalmoduls m_n einzusetzen.

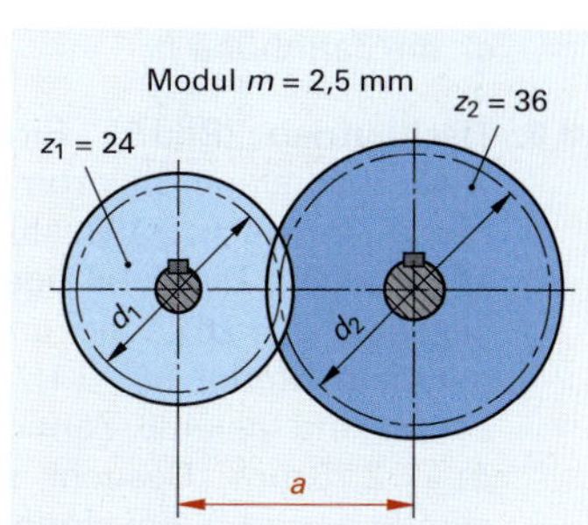

Bild 2: Achsabstand

Aufgaben Zahnradmaße und Achsabstände

1. **Außenverzahntes Stirnrad:** Für ein geradverzahntes Stirnrad mit dem Modul $m = 1{,}5\,\text{mm}$ und der Zähnezahl $z = 50$ sollen die folgenden Werte berechnet werden:
   a) der Kopfkreisdurchmesser d_a,
   b) die Zahnhöhe h (Frästiefe) für ein Kopfspiel $c = 0{,}167 \cdot m$,
   c) der Teilkreisdurchmesser d.

2. **Zahnradtrieb (Bild 1):** Drei geradverzahnte Zahnräder mit den Zähnezahlen $z_1 = 64$, $z_2 = 24$ und $z_3 = 40$ mit einem Modul $m = 2\,\text{mm}$ laufen miteinander. Wie groß sind die Achsabstände a_1 und a_2?

3. **Innenverzahnung (Bild 2):** Bei einer Innenverzahnung mit dem Modul $m = 1{,}5\,\text{mm}$ und einem Kopfspiel $c = 0{,}25 \cdot m$ soll das treibende Rad 28 Zähne und das getriebene Rad 80 Zähne erhalten. Berechnen Sie:
   a) die Teilkreisdurchmesser d_1 und d_2,
   b) die Kopfkreisdurchmesser d_{a1} und d_{a2},
   c) die Fußkreisdurchmesser d_{f1} und d_{f2},
   d) die Zahnhöhe h,
   e) den Achsabstand a.

4. **Zahnradpumpe (Bild 3):** Die beiden geradverzahnten Zahnräder der Zahnradpumpe haben je 11 Zähne und einen Kopfkreisdurchmesser $d_a = 32{,}5\,\text{mm}$. Wie groß ist der Achsabstand a?

● 5. **Schrägverzahntes Zahnradpaar (Bild 4):** Für ein schrägverzahntes Zahnradpaar mit den Zähnezahlen $z_1 = 17$ und $z_2 = 81$, dem Kopfspiel $c = 0{,}2 \cdot m_n$ und dem Normalmodul $m_n = 4\,\text{mm}$ sind zu berechnen:
   a) die Kopfkreisdurchmesser d_{a1} und d_{a2},
   b) die Stirnteilung p_t,
   c) die Zahnhöhe h.

● 6. **Tischantrieb (Bild 5):** Ein Maschinentisch wird über einen Elektromotor und ein Getriebe mit schrägverzahnten Zahnrädern angetrieben. Die Zahnräder haben die Zähnezahlen $z_1 = 26$ Zähne und $z_2 = 130$ Zähne mit dem Modul $m_{n1} = 1{,}75\,\text{mm}$ und $z_3 = 34$ Zähne und $z_4 = 136$ Zähne mit dem Modul $m_{n2} = 2{,}75\,\text{mm}$. Gesucht sind die Achsabstände a_1 und a_2 bei einem Schrägungswinkel $\beta = 10°$.

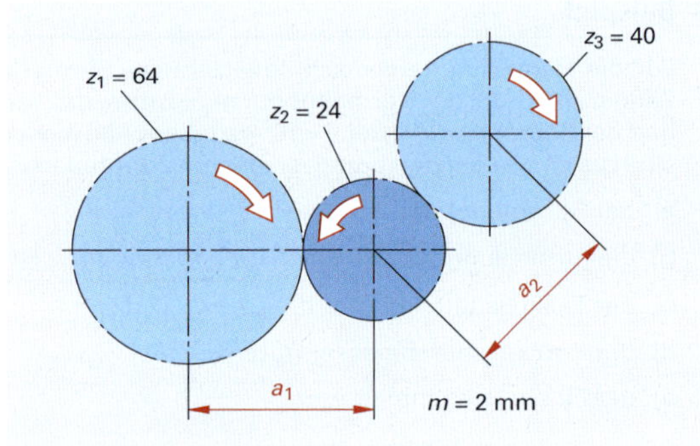

Bild 1: Zahnradtrieb

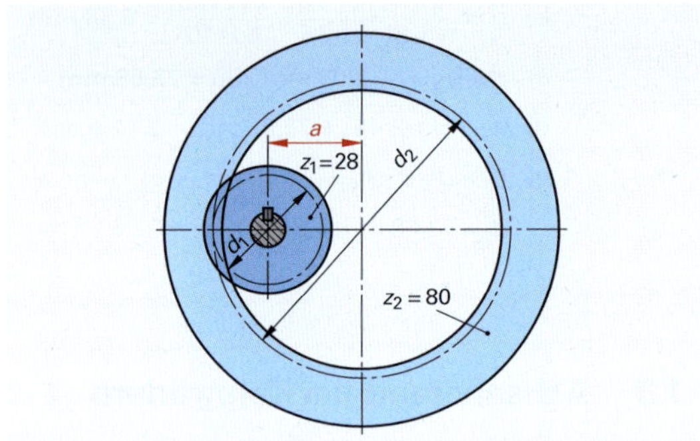

Bild 2: Innenverzahnung

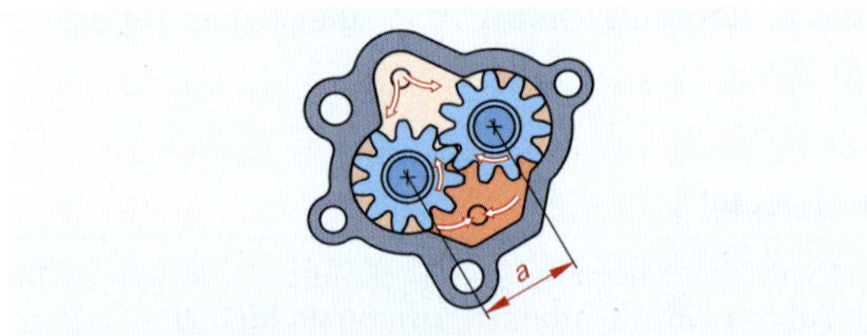

Bild 3: Zahnradpumpe

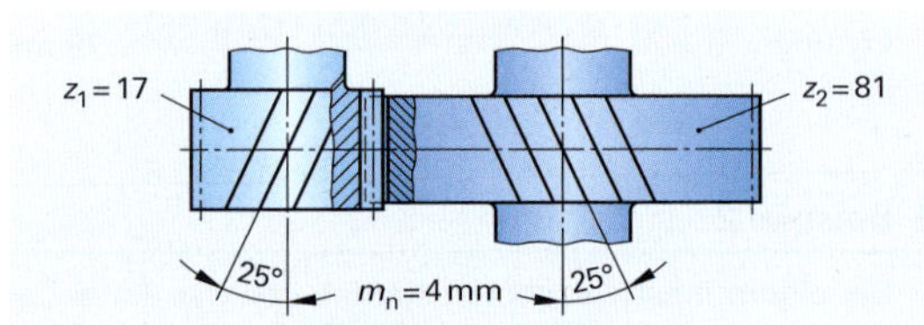

● **Bild 4: Schrägverzahntes Zahnradpaar**

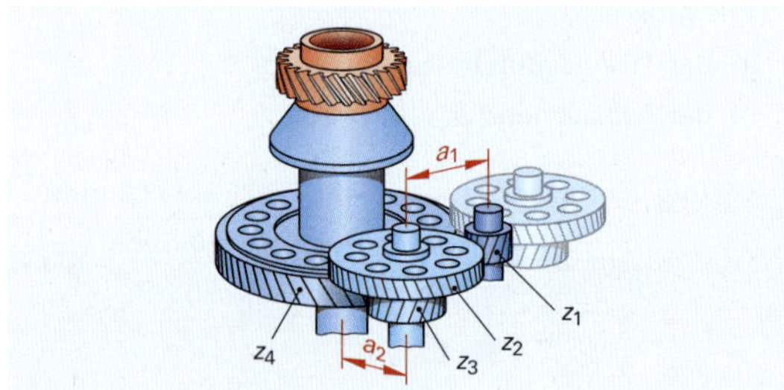

● **Bild 5: Tischantrieb**

7.2 Übersetzungen und Getriebe

Getriebe übersetzen Drehzahlen und Drehmomente durch Zahnräder oder Riemen. Man unterscheidet einfache und mehrfache Übersetzungen.

7.2.1 Einfache Übersetzungen

Bei einfachen Übersetzungen wird die Eingangsdrehzahl und das Eingangsdrehmoment durch zwei Riemenscheiben bzw. zwei Zahnräder einmal geändert.

Zahnrad-, Zahnriemen-, Kettentrieb

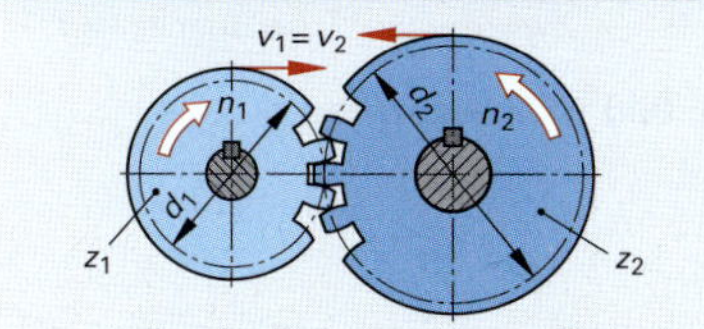

treibendes Rad getriebenes Rad

Die Umfangsgeschwindigkeiten v_1 und v_2 sind gleich groß:

$$v_1 = v_2$$

$$n_1 \cdot \pi \cdot d_1 = n_2 \cdot \pi \cdot d_2$$

$$\boxed{n_1 \cdot d_1 = n_2 \cdot d_2}$$

Riementrieb

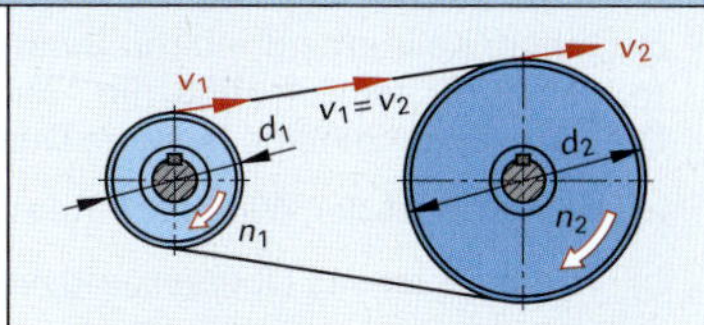

treibende Scheibe getriebene Scheibe

Setzt man beim Zahnrad für $d_1 = m \cdot z_1$ und für $d_2 = m \cdot z_2$, dann ergibt sich folgende Beziehung:

$$n_1 \cdot m \cdot z_1 = n_2 \cdot m \cdot z_2$$

$$\boxed{\frac{n_1}{n_2} = \frac{z_2}{z_1}}$$

Bei Zahnradübersetzungen verhalten sich die Drehzahlen umgekehrt wie die Zähnezahlen.

Beim Flachriemen gelten folgende Beziehungen:

$$n_1 \cdot d_1 = n_2 \cdot d_2$$

$$\boxed{\frac{n_1}{n_2} = \frac{d_2}{d_1}}$$

Bei Riemenübersetzungen verhalten sich die Drehzahlen umgekehrt wie die Durchmesser.

Übersetzungsverhältnisse:

$i = \frac{n_1}{n_2}$	$i = \frac{d_2}{d_1}$	$i = \frac{z_2}{z_1}$

***i* < 1:** Übersetzung ins Schnelle
***i* > 1:** Übersetzung ins Langsame
***i* = 1:** keine Drehzahländerung

Schneckentrieb: Beim Schneckentrieb ist die Schnecke das treibende Rad mit der Zähnezahl z_1. Für z_1 wird die Gangzahl der Schnecke eingesetzt.

Übersetzungsverhältnis:

$i = \frac{n_1}{n_2}$	$i = \frac{z_2}{z_1}$

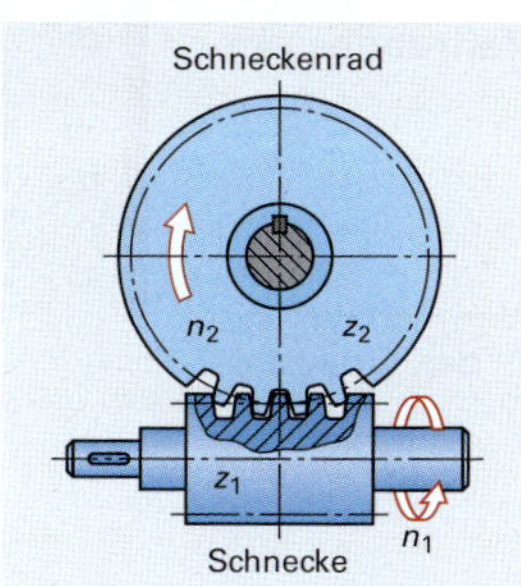

Keilriementrieb: Zur Berechnung des Übersetzungsverhältnisses wird der Wirkdurchmesser d_w der Scheiben eingesetzt.

Übersetzungsverhältnis:

$i = \frac{n_1}{n_2}$	$i = \frac{d_{w2}}{d_{w1}}$

Wirkdurchmesser:
$\boldsymbol{d_w = d_a - 2 \cdot c}$

(Korrekturwert *c* aus Tabellen)

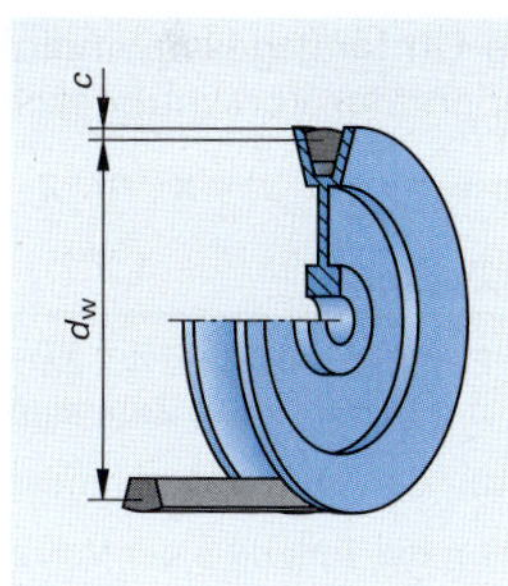

i	Übersetzungsverhältnis	–	m	Modul	mm
d_a	Kopfkreisdurchmesser	mm	d_w	Wirkdurchmesser	mm

Treibende Scheiben/Zahnräder:

v_1	Umfangsgeschwindigkeit	m/min
d_1, d_3, d_5	Durchmesser	mm
n_1, n_3, n_5	Drehzahlen	1/min
z_1, z_3, z_5	Zähnezahlen	–

Getriebene Scheiben/Zahnräder:

v_2	Umfangsgeschwindigkeit	m/min
d_2, d_4, d_6	Durchmesser	mm
n_2, n_4, n_6	Drehzahlen	1/min
z_2, z_4, z_6	Zähnezahlen	–

Beispiel 1

Von zwei Zahnrädern hat das treibende Rad $z_1 = 32$ Zähne und eine Drehzahl $n_1 = 440\ \text{min}^{-1}$.

Wie groß sind n_2 und i, wenn das getriebene Rad $z_2 = 80$ Zähne hat?

Lösung: $n_1 \cdot z_1 = n_2 \cdot z_2 \quad n_2 = \frac{n_1 \cdot z_1}{z_2} = \frac{440\ \text{min}^{-1} \cdot 32}{80} = \mathbf{176\ min^{-1}}$

$i = \frac{n_1}{n_2} = \frac{440\ \text{min}^{-1}}{176\ \text{min}^{-1}} = \mathbf{2{,}5} \quad \text{oder } i = \frac{z_2}{z_1} = \frac{80}{32} = \mathbf{2{,}5}$

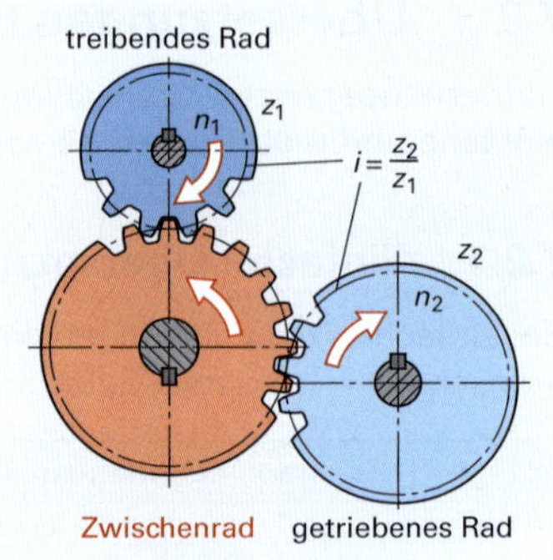

Bild 1: Zwischenrad

Beispiel 2

Bei einem Keilriementrieb mit Schmalkeilriemen beträgt die Drehzahl der treibenden Scheibe $n_1 = 600\ \text{min}^{-1}$ und der Wirkdurchmesser $d_{w1} = 112$ mm. Die getriebene Scheibe hat eine Drehzahl $n_2 = 900\ \text{min}^{-1}$.

a) Wie groß ist der Wirkdurchmesser d_{w2} der getriebenen Scheibe?

b) Wie groß ist das Übersetzungsverhältnis i?

Lösung: a) $n_1 \cdot d_{w1} = n_2 \cdot d_{w2}$

$d_{w2} = \frac{n_1 \cdot d_{w1}}{n_2} = \frac{600\ \text{min}^{-1} \cdot 112\ \text{mm}}{900\ \text{min}^{-1}} = \mathbf{74{,}67\ mm}$

b) $i = \frac{n_1}{n_2} = \frac{600\ \text{min}^{-1}}{900\ \text{min}^{-1}} = \mathbf{0{,}67} \quad \text{oder} \quad i = \frac{d_2}{d_1} = \frac{74{,}67\ \text{mm}}{112\ \text{mm}} = \mathbf{0{,}67}$

Zahnradtrieb mit Zwischenrad (Bild 1)

Zwischenräder ändern die Drehrichtung, jedoch nicht das Übersetzungsverhältnis und das Drehmoment. Das getriebene Rad dreht sich bei einem Zwischenrad in die gleiche Richtung wie das treibende Zahnrad.

Zahnstangentrieb

Die Teilung $p = \pi \cdot m$ ist am Zahnrad und an der Zahnstange gleich **(Bild 2)**. Bei einer vollen Umdrehung des Zahnrades entspricht der Weg $s = z \cdot p$ der Zahnstange dem Umfang $s = \pi \cdot d$ oder $s = \pi \cdot m \cdot z$ auf dem Teilkreis des Zahnrades.

Die Umfangsgeschwindigkeit auf dem Teilkreis des Zahnrades entspricht der Vorschubgeschwindigkeit der Zahnstange.

$v = v_f = \pi \cdot d \cdot n = \pi \cdot m \cdot z \cdot n = p \cdot z \cdot n$

Vorschubgeschwindigkeit der Zahnstange

$$v_f = n \cdot z \cdot p$$

$$v_f = p \cdot d \cdot n$$

Zahnstangenweg für beliebige Drehwinkel

$$s = z \cdot p \cdot \frac{\alpha}{360°}$$

v_f	Vorschubgeschwindigkeit	m/min
s	Weg der Zahnstange	mm
α	Drehwinkel Zahnrad	°
d	Teilkreisdurchmesser	mm
m	Modul	mm
n	Drehzahl	1/min
p	Teilung	mm
z	Zähnezahl	–

Beispiel

Ein Zahnrad mit 48 Zähnen und $m = 4$ mm treibt mit der Drehzahl $n = 15\ \text{min}^{-1}$ eine Zahnstange an. Wie groß sind

a) der Teilkreisdurchmesser d des Zahnrades,

b) die Teilung p der Verzahnung,

c) der Hub s der Zahnstange, wenn sich das Zahnrad um den Winkel $\alpha = 35°$ dreht,

d) die Vorschubgeschwindigkeit v_f der Zahnstange?

Lösung: a) $d = m \cdot z = 4\ \text{mm} \cdot 48 = \mathbf{192\ mm}$

b) $p = \pi \cdot m = \pi \cdot 4\ \text{mm} = \mathbf{12{,}57\ mm}$

c) $s = z \cdot p \frac{\alpha}{360°} = 48 \cdot 12{,}57\ \text{mm} \cdot \frac{35°}{360°} = \mathbf{58{,}66\ mm}$

d) $v_f = \pi \cdot d \cdot n = \pi \cdot 192\ \text{mm} \cdot 15 \frac{1}{\text{min}} = 9047{,}8 \frac{\text{mm}}{\text{min}} \approx \mathbf{9 \frac{m}{min}}$

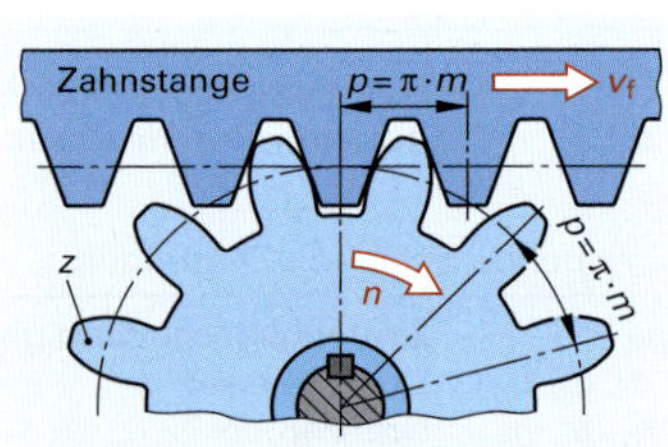

Bild 2: Zahnstangentrieb

Aufgaben Einfache Übersetzungen

1. **Rädertrieb:** Das Übersetzungsverhältnis zweier Zahnräder beträgt $i = 1{,}2$. Das treibende Rad hat $z_1 = 80$ Zähne. Der Teilkreisdurchmesser des getriebenen Rades ist $d_2 = 120$ mm.
Berechnen Sie
a) die Zähnezahl z_2 des getriebenen Rades,
b) den Achsabstand a beider Räder.

2. **Zahnstange:** Das Zahnrad eines Zahnstangentriebes hat 16 Zähne und einen Modul $m = 2$ mm.
Wie groß ist der Zahnstangenweg, wenn das Zahnrad um 180° gedreht wird?

3. **Riementrieb (Bild 1):** Die Wasserpumpe und die Lichtmaschine eines Kfz-Motors werden über einen Schmalkeilriemen angetrieben. Die Riemenbreite beträgt $b_o = 9{,}7$ mm, der Korrekturwert $c = 2$ mm.
Berechnen Sie
a) die Drehzahl n_2 der Wasserpumpe,
b) den Wirkdurchmesser d_w der Keilriemenscheibe an der Lichtmaschine, wenn diese mit einer Drehzahl von $n_3 = 1200\ \text{min}^{-1}$ drehen soll.

4. **Bohrspindel (Bild 2):** Die Pinole der Bohrspindel soll eine Vorschubgeschwindigkeit $v_f = 162$ mm/min erhalten. Das Antriebsritzel hat 18 Zähne und einen Modul $m = 4$ mm.
Wie groß sind
a) der Teilkreisdurchmesser und die Drehzahl des Antriebsritzels,
b) der Vorschubweg in 0,6 min,
c) der Drehwinkel des Ritzels für den berechneten Vorschubweg?

5. **Schneckenrad (Bild 3):** Das Schneckenrad eines Kleinlastkrans hat 60 Zähne. Schneckenrad und Seiltrommel werden von einer zweigängigen Schnecke mit 900 min^{-1} angetrieben.
a) Wie groß ist die Drehzahl des Schneckenrades?
b) Mit welcher Geschwindigkeit wird eine Last hochgezogen, wenn die Seiltrommel einen Durchmesser $d = 200$ mm hat?

6. **Tischantrieb (Bild 4):** Die Gewindespindel eines Fräsmaschinentisches hat die Steigung $P = 5$ mm. Sie wird durch einen Elektromotor über einen Zahnriementrieb oder über die Handkurbel mit Zahnradgetriebe angetrieben. Im Eilgang arbeitet der Elektromotor mit einer Drehzahl $n_1 = 600\ \text{min}^{-1}$.
a) Wie lange dauert es, bis der Tisch, angetrieben durch den Elektromotor, eine Strecke von 200 mm zurückgelegt hat?
b) Wie viele Kurbelumdrehungen werden für dieselbe Strecke benötigt?

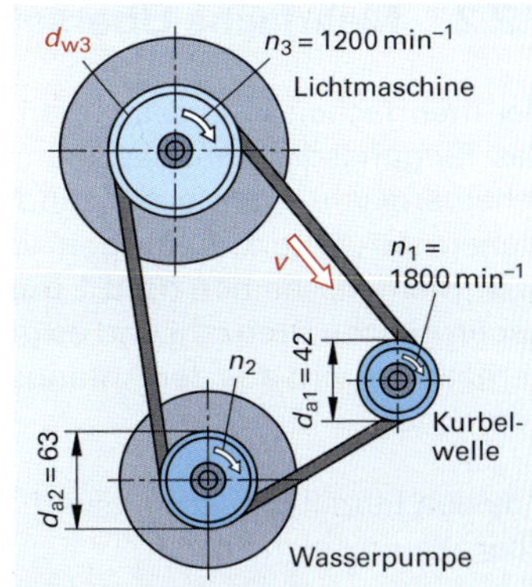

Bild 1: Riementrieb

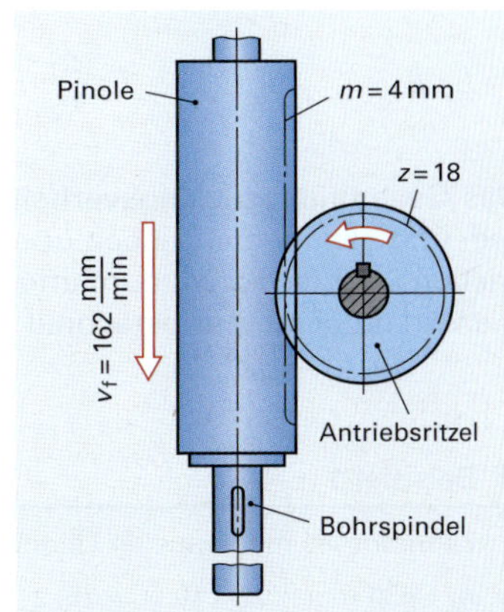

Bild 2: Bohrspindel

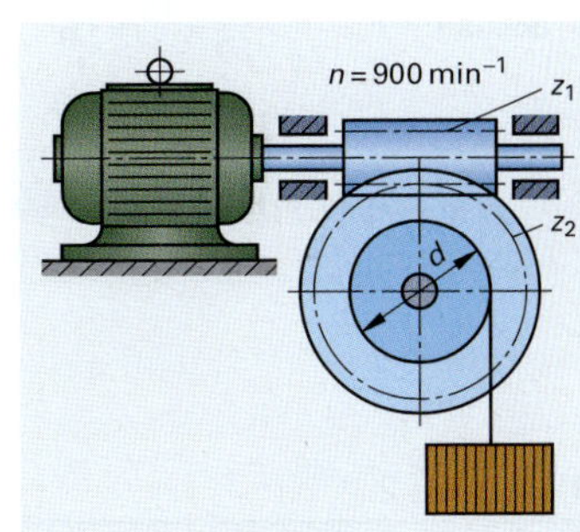

Bild 3: Schneckenrad

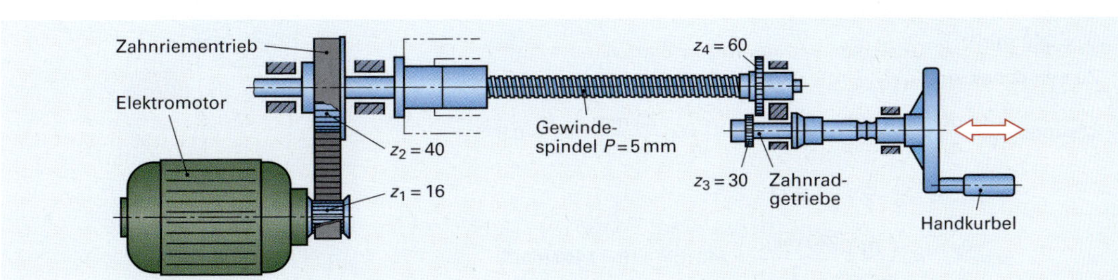

Bild 4: Tischantrieb

7.2.2 Mehrfache Übersetzungen

Bei mehrfachen Übersetzungen werden die Eingangsdrehzahl und das Eingangsdrehmoment durch mehrere Zahnrad- bzw. Riemenscheibenpaare mehrfach geändert. Mehrfache Übersetzungen entstehen durch Verknüpfungen von Einzelübersetzungen. Zahnräder bzw. Riemenscheiben **(Bild 1 und Bild 2)**, die auf einer Achse sitzen, haben gleiche Drehzahl und es gilt $n_2 = n_3$. Das Gesamtübersetzungsverhältnis i wird aus der Anfangsdrehzahl n_a und der Enddrehzahl n_e berechnet.

Aus den Einzelübersetzungsverhältnissen ergibt sich für das Gesamtübersetzungsverhältnis i:

$$i = \frac{n_a}{n_e}; \qquad i_1 = \frac{n_1}{n_2}; \quad i_2 = \frac{n_3}{n_4}$$

$$i = i_1 \cdot i_2 \qquad i = \frac{n_1 \cdot n_3}{n_2 \cdot n_4} \qquad \text{da } n_2 = n_3 \Rightarrow i = \frac{n_1}{n_4}$$

Das Gesamtübersetzungsverhältnis kann darüber hinaus bei Zahnrad- und Zahnriementrieben über die Zähnezahlen, bei Flachriementrieben über die Außendurchmesser und bei Keilriementrieben über die Wirkdurchmesser berechnet werden.

Gesamtübersetzungsverhältnis

$$i = \frac{n_a}{n_e}$$

$$i = i_1 \cdot i_2 \ldots$$

$$i = \frac{z_2 \cdot z_4 \ldots}{z_1 \cdot z_3 \ldots}$$

$$i = \frac{d_2 \cdot d_4 \ldots}{d_1 \cdot d_3 \ldots}$$

$i > 1$: Übersetzung ins Langsame
$i < 1$: Übersetzung ins Schnelle

n_a	Anfangsdrehzahl
n_e	Enddrehzahl
i	Gesamtübersetzungsverhältnis
$i_1, i_2, \ldots$	Einzelübersetzungsverhältnisse

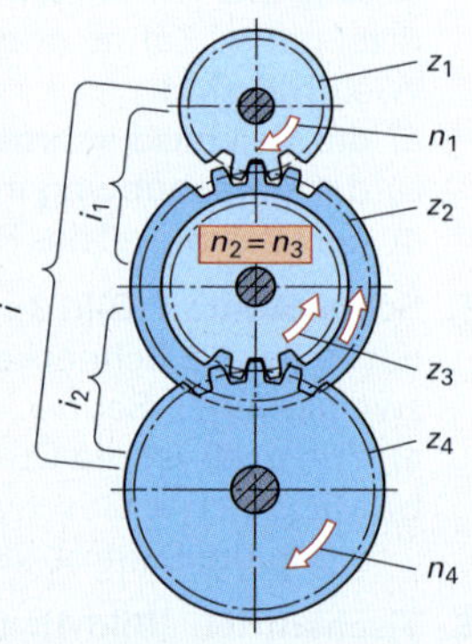

Bild 1: Mehrfache Übersetzung mit Zahnrädern

Beispiel 1

Zahnradtrieb mit doppelter Übersetzung:

$n_a = 630\ \text{min}^{-1}$; $z_1 = 50$; $z_2 = 75$; $z_3 = 35$; $z_4 = 104$ Zähne

Zu berechnen sind i_1, i_2, i, n_e.

Lösung: $i_1 = \frac{z_2}{z_1} = \frac{75}{30} = \frac{1{,}5}{1} = \mathbf{1{,}5} \qquad i_2 = \frac{z_4}{z_3} = \frac{105}{35} = \frac{3}{1} = \mathbf{3}$

$i = i_1 \cdot i_2 = 1{,}5 \cdot 3 = \mathbf{4{,}5}$

$i = \frac{n_a}{n_e}; \quad n_e = \frac{n_a}{i} = \frac{630\ \text{min}^{-1}}{4{,}5} = \mathbf{140\ min^{-1}}$ oder

$n_e = \frac{n_a \cdot z_1 \cdot z_3}{z_2 \cdot z_4} = \frac{630\ \text{min}^{-1} \cdot 50 \cdot 35}{75 \cdot 105} = \mathbf{140\ min^{-1}}$

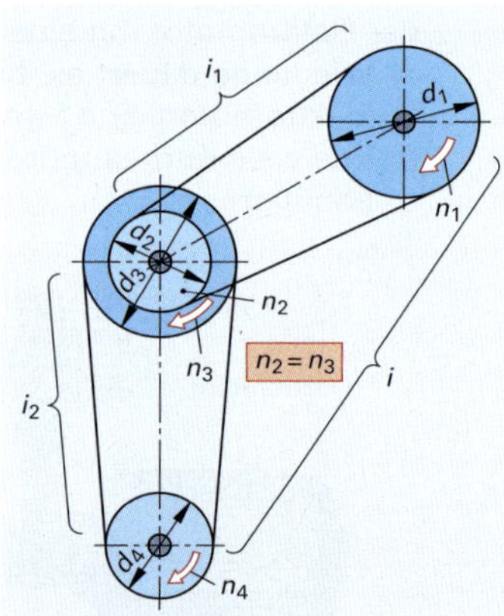

Bild 2: Mehrfache Übersetzung mit Riemen

Beispiel 2

Riementrieb mit doppelter Übersetzung:

$d_1 = 375$ mm; $d_2 = 125$ mm; $d_3 = 160$ mm; $d_4 = 80$ mm;

$n_a = 240\ \text{min}^{-1}$

Zu berechnen sind i_1, i_2, i, n_e.

Lösung: $i_1 = \frac{d_2}{d_1} = \frac{125\ \text{mm}}{375\ \text{mm}} = \mathbf{\frac{1}{3}} \qquad i_2 = \frac{d_4}{d_3} = \frac{80\ \text{mm}}{160\ \text{mm}} = \mathbf{\frac{1}{2}} = \mathbf{0{,}5}$

$i = i_1 \cdot i_2 = \frac{1}{3} \cdot \frac{1}{2} = \frac{1}{6} = \mathbf{0{,}17}$

$i = \frac{n_a}{n_e}; \quad n_e = \frac{n_a}{i} = \frac{240\ \text{min}^{-1}}{\frac{1}{6}} = 240\ \text{min}^{-1} \cdot 6 = \mathbf{1440\ min^{-1}}$

Aufgaben | Mehrfache Übersetzungen

1. **Tischantrieb (Bild 1):** Ein Elektromotor mit n_1= 6000 min^{-1} treibt über ein Getriebe die Spindel einer Zahnradfräsmaschine an.
Durch Austauschen von vier verschiedenen Zahnradpaaren sind vier Abtriebsdrehzahlen möglich. Folgende Zahnradkombinationen für das Paar z_1/z_2 sind möglich: 26/130; 40/120; 44/110; 52/104. Die zweite Übersetzung mit z_3= 34 und z_4 = 136 ist nicht veränderlich.
Berechnen Sie
   a) die Einzel- sowie die vier Gesamtübersetzungsverhältnisse,
   b) die möglichen Drehzahlen am Maschinentisch.

2. **Handbohrmaschine (Bild 2):** Ein Elektromotor mit stufenloser Drehzahlregelung treibt über ein zweistufiges Getriebe die Spindel einer Handbohrmaschine an. Die Stirnräder haben die Zähnezahlen $z_1 = 10$, $z_2 = 52$, $z_3 = 24$, $z_4 = 36$, $z_5 = 16$ und $z_6 = 44$. An der Spindel stehen zwei Drehzahlbereiche zur Verfügung.
Berechnen Sie
   a) die Übersetzungsverhältnisse i_1 und i_2 der Getriebestufen,
   b) die maximale Spindeldrehzahl, wenn der Elektromotor eine Drehzahl von 6000 min^{-1} besitzt.

3. **Stufenloses Getriebe (Bild 3):** Die Spindel einer Ständerbohrmaschine wird über einen stufenlosen Riementrieb mit anschließendem Schaltgetriebe angetrieben. Der Motor arbeitet mit einer Drehzahl $n_1 = 1400$ min^{-1}. Das Übersetzungsverhältnis des Riementriebs ins Langsame beträgt $i_g = 7$, ins Schnelle $i_k = 0{,}7$.
Berechnen Sie die kleinste und größte Drehzahl für beide Stufen, wenn das Schaltgetriebe ein Übersetzungsverhältnis $i_1 = 1{,}6$ bzw. $i_2 = 0{,}32$ besitzt.

4. **Spindelhubgetriebe (Bild 4):** Die Hubspindel einer Hubeinrichtung wird von einem Elektromotor über einen Zahnriementrieb und Schneckentrieb angetrieben.
Wie groß sind
   a) die Drehzahl der Trapezspindel,
   b) die maximale Hubgeschwindigkeit v_f der Hubspindel?

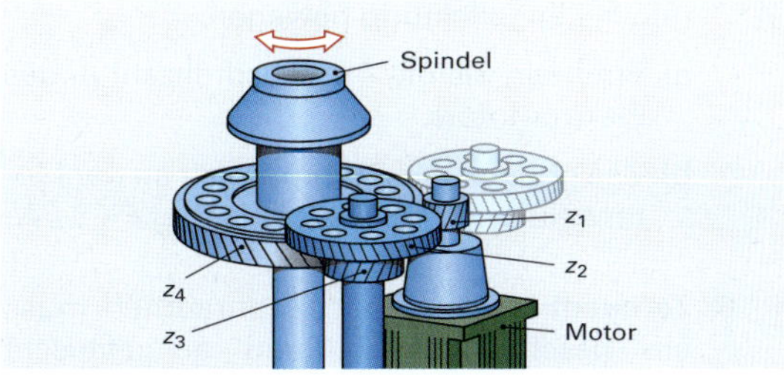

Bild 1: Tischantrieb

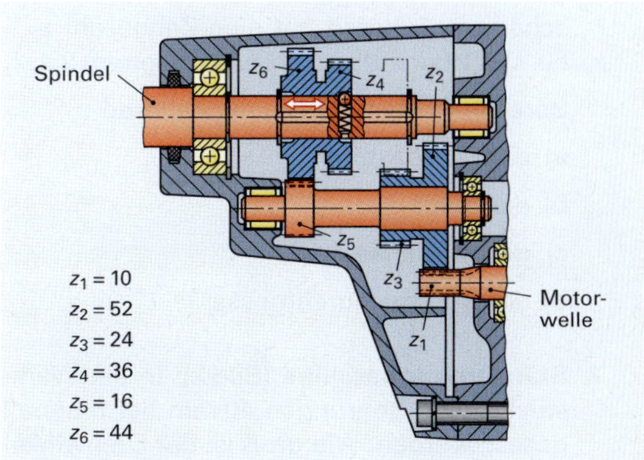

Bild 2: Handbohrmaschine

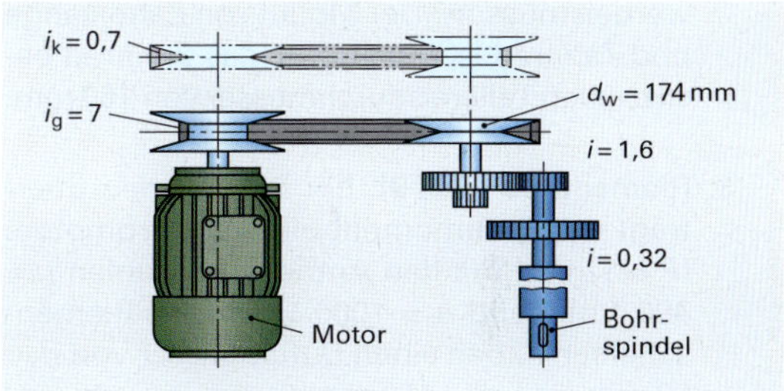

Bild 3: Stufenloses Getriebe

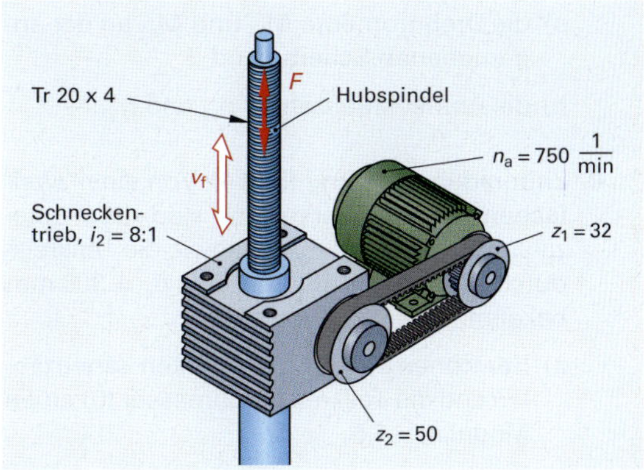

Bild 4: Spindelhubgetriebe

5. **Maschinentisch (Bild 1):** Ein Maschinentisch soll sich mit einer Geschwindigkeit $v_f = 20$ m/min in Längsrichtung bewegen.
   a) Ermitteln Sie die Antriebsdrehzahl n_1 des Elektromotors.
   b) Wie groß ist das Drehmoment an der Motorwelle bei einer Motorleistung $P = 5$ kW.

6. **Zahnradtrieb:** In einem Zahnradtrieb muss ein beschädigtes Zahnrad ausgetauscht werden.

   Der Modul beträgt $m = 1{,}5$ mm, das unbeschädigte Zahnrad hat eine Zähnezahl $z_2 = 60$. Das Übersetzungsverhältnis beträgt 2,4 : 1.

   Berechnen Sie für das neue Zahnrad
   a) die Zähnezahl,
   b) die Teilung,
   c) den Kopfkreis,
   d) den Teilkreisdurchmesser.

7. **Ständerbohrmaschine (Bild 2):** In ein Werkstück sollen Bohrungen 40 mm tief manuell gesetzt werden. Wie groß ist der Drehwinkel am Vorschubhandkreuz, wenn für Anlauf und Anschnitt des Bohrers 10 mm berücksichtigt werden müssen? Der Modul von Zahnstange und Zahnrad ist $m = 4$ mm, das Zahnrad besitzt einen Teilkreisdurchmesser von 160 mm.

8. **Riementrieb (Bild 3):** Ein Riementrieb überträgt das Drehmoment eines Elektromotors ($P = 12$ kW) mit den Antriebsdrehzahlen $n_I = 400$ 1/min und $n_{II} = 1000$ 1/min. Die Riemenscheiben haben einen Durchmesser von $d_1 = 60$ mm und $d_2 = 150$ mm.

   Berechnen Sie
   a) die Drehmomente M_{a1} und M_{a2} an der angetriebenen Scheibe und
   b) die Antriebsdrehzahlen n_{a1} und n_{a2}.

9. **Zahnradübersetzung (Bild 4):** Von einer zweifachen Zahnradübersetzung sind die Zähnezahlen $z_2 = 100$ und $z_3 = 50$ sowie die Teilkreisdurchmesser $d_1 = 60$ mm und $d_4 = 300$ mm bekannt.
   a) Berechnen Sie die unbekannten Zähnezahlen und die Teilkreisdurchmesser für einen Modul $m = 1{,}5$.
   b) Bestimmen Sie das Gesamtübersetzungsverhältnis i_{ges}.

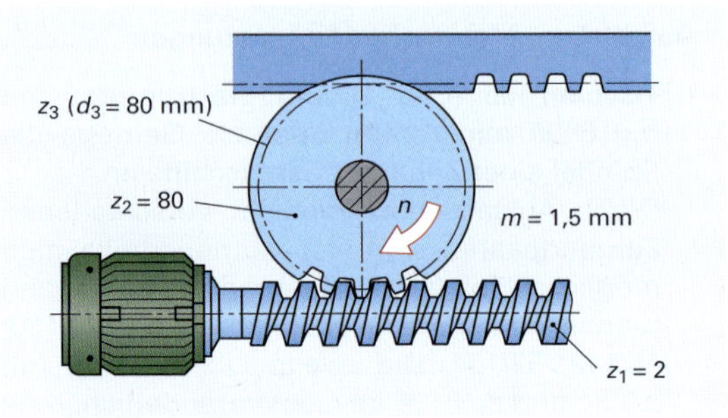

Bild 1: Maschinentisch

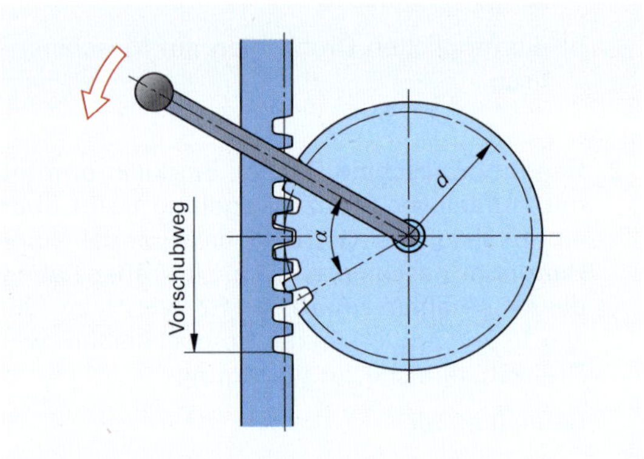

Bild 2: Ständerbohrmaschine

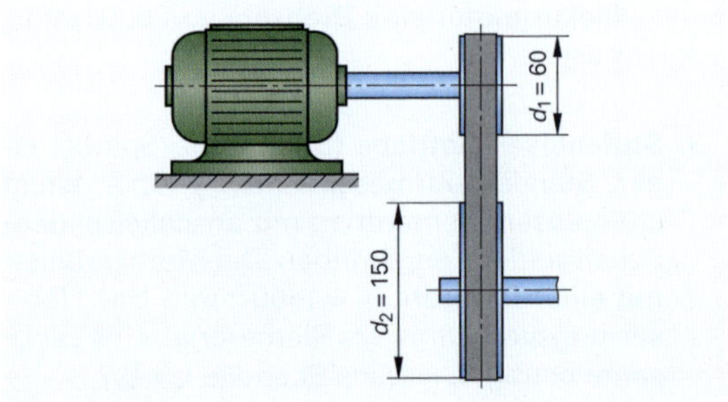

Bild 3: Riementrieb

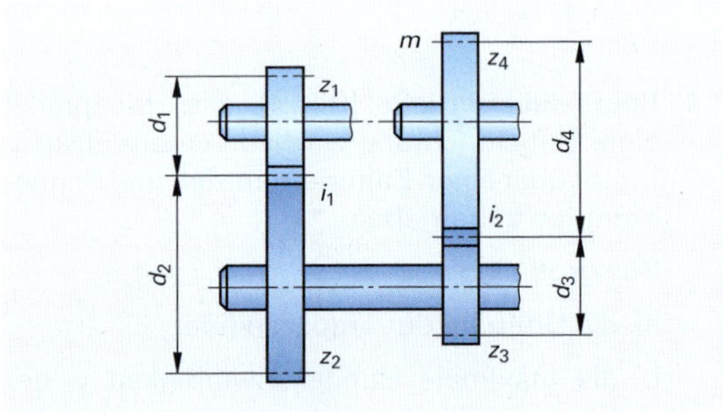

Bild 4: Zahnradübersetzung

7.3 Bewegungslehre

Bewegungen unterscheiden sich in ihrer Richtung und in der Form ihrer Geschwindigkeit. Die Richtung der Bewegung kann geradlinig oder kreisförmig, die Geschwindigkeit gleichförmig konstant oder ungleichförmig beschleunigt sein.

Geschwindigkeit, Durchschnittsgeschwindigkeit

$$v = \frac{s}{t}$$

v	Geschwindigkeit	m/s
s	Weg	m
t	Zeit	s

7.3.1 Gleichförmige Bewegung

Geradlinige konstante Bewegung

Die auf einer Transferstraße bearbeiteten Motorblöcke werden mit einem Förderband abtransportiert **(Bild 1)**. Der Bewegungsablauf wird mit einem Schreiber in einem Weg-Zeit-Diagramm **(Bild 2)** aufgezeichnet. In gleichen Zeitabständen werden jeweils gleiche Wege zurückgelegt. Die Bewegung ist gleichförmig.

Die Geschwindigkeit v ist der in einer Zeiteinheit t zurückgelegte Weg s. Sie ist für die gesamte Bewegung konstant **(Bild 3)**.

Beispiel 1

Aus den Weg- und Zeitangaben in **Bild 1** ist die Geschwindigkeit zu berechnen.

Lösung: $v = \frac{s}{t}$; $v = \frac{s_1}{t_1} = \frac{1{,}5\ \text{m}}{2\ \text{s}} = \mathbf{0{,}75\ \frac{m}{s}}$

oder

$v = \frac{s_2}{t_2} = \frac{3{,}0\ \text{m}}{4\ \text{s}} = \mathbf{0{,}75\ ms}$

Beispiel 2

Ein Wälzlager wird auf einen Wellenschenkel gepresst.
Wie lange dauert der Vorgang, wenn der Pressweg 108 mm beträgt und der Presszylinder mit einer Geschwindigkeit von 0,06 mm/s arbeitet?

Lösung: $v = \frac{s}{t}$; $t = \frac{s}{v} = \frac{108\ \text{mm}}{0{,}06\ \text{mm/s}} = 1800\ \text{s} = \mathbf{30\ min}$

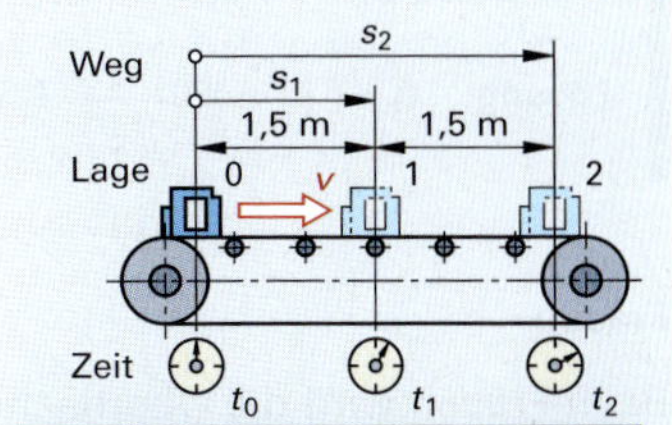

Lage	0	1	2
Zeit	$t_0 = 0$ s	$t_1 = 2$ s	$t_2 = 4$ s
Weg	$s_0 = 0$ m	$s_1 = 1{,}5$ m	$s_2 = 3$ m

Bild 1: Förderband

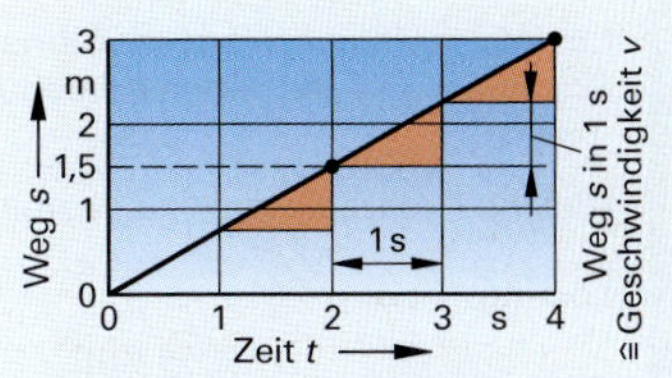

Bild 2: Weg-Zeit-Schaubild

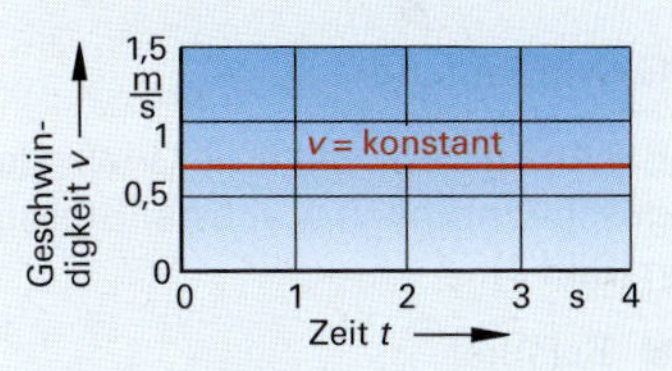

Bild 3: Geschwindigkeit-Zeit-Schaubild

Durchschnittsgeschwindigkeit

Die meisten Bewegungsabläufe haben keine konstante Geschwindigkeit. Sie sind ungleichförmig. Zur Vereinfachung der Rechnung und für den praktischen Gebrauch genügt es oft, den Verlauf einer solchen Bewegung als gleichförmig anzunehmen und mit einer Durchschnittsgeschwindigkeit zu rechnen **(Bild 4)**.

Für die Einheit der Geschwindigkeit gilt: $1\ \frac{\text{m}}{\text{s}} = 60\ \frac{\text{m}}{\text{min}} = 3{,}6\ \frac{\text{km}}{\text{h}}$

Beispiel

Ein Auszubildender fährt mit seinem Leichtkraftrad von der Ausbildungsstelle nach Hause. Dabei hat sich der Kilometerstand von 5621,1 km auf 5645,4 km erhöht. Für den zurückgelegten Weg benötigte er eine Fahrtzeit von 26 Minuten.

Welche Durchschnittsgeschwindigkeit in km/h erreichte der Auszubildende bei seiner Heimfahrt **(Bild 4)**?

Lösung: $v = \frac{s}{t} = \frac{5\,645\,400\ \text{m} - 5\,621\,100\ \text{m}}{20 \cdot 60\ \text{s}} = \frac{24\,300\ \text{m}}{1560\ \text{s}} = 15{,}58\ \frac{\text{m}}{\text{s}}$

$1\ \frac{\text{m}}{\text{s}} = 3{,}6\ \frac{\text{km}}{\text{h}}$; $\Rightarrow 15{,}58\ \frac{\text{m}}{\text{s}} = 15{,}58 \cdot 3{,}6\ \frac{\text{km}}{\text{h}} = \mathbf{56\ \frac{km}{h}}$

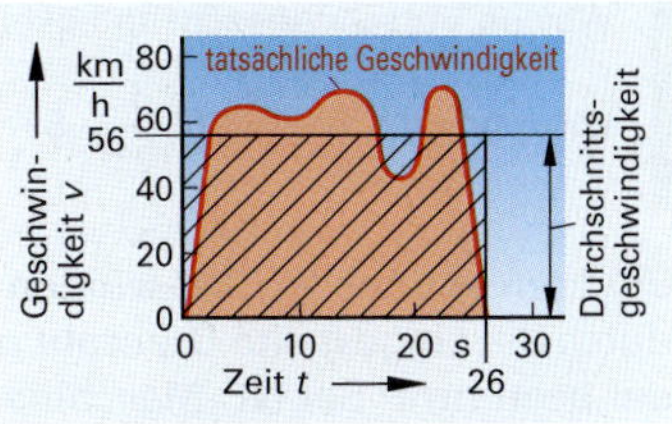

Bild 4: Durchschnittsgeschwindigkeit

Vorschubgeschwindigkeit

Drehen, Bohren, Senken, Reiben

Die Vorschubgeschwindigkeit v_f in mm/min bei der spanenden Bearbeitung ergibt sich aus dem Vorschub f in mm, den das Werkzeug oder das Werkstück je Umdrehung zurücklegt, und aus der eingestellten Drehzahl n in 1/min **(Bild 1)**.

Beispiel

An einer Drehmaschine sind der Vorschub f = 0,3 mm und die Spindeldrehzahl n = 450 min^{-1} eingestellt.

Wie groß ist die Vorschubgeschwindigkeit v_f des Drehmeißels?

Lösung: $v_f = n \cdot f = 450\,\frac{1}{\text{min}} \cdot 0{,}3\text{ mm} = \mathbf{135\,\frac{mm}{min}}$

Fräsen

Beim Fräsen wird die Oberflächengüte und die Schneidenbelastung vom Vorschub beeinflusst.

Beim Fräsen kann die Vorschubgeschwindigkeit v_f auch aus dem Vorschub f_z je Schneide, der Anzahl z der Schneiden und der Drehzahl n berechnet werden **(Bild 2)**.

Beispiel

Ein Walzenfräser mit z = 8 Zähnen ist bei einem Vorschub f_z = 0,2 mm je Schneide und mit einer Vorschubgeschwindigkeit v_f = 72 mm/min eingesetzt.

Welche Drehzahl muss eingestellt werden?

Lösung: $v_f = n \cdot f_z \cdot z$

$$n = \frac{v_f}{f_z \cdot z} = \frac{72\,\frac{\text{mm}}{\text{min}}}{0{,}2\text{ mm} \cdot 8} = \mathbf{45\,\frac{1}{min}}$$

Gewindespindel

Bei Antrieben über eine Gewindespindel errechnet sich die Vorschubgeschwindigkeit v_f aus der Steigung P des Gewindes und der Drehzahl n **(Bild 3)**.

Beispiel

An einer Werkzeugmaschine wird der Universaltisch durch einen Kugelgewindetrieb bewegt. Die Kugelgewindespindel hat eine Steigung P = 8 mm und eine Drehzahl n = 70 min^{-1}.

Welche Vorschubgeschwindigkeit v_f erhält der Tisch?

Lösung: $v_f = n \cdot P = 70\,\frac{1}{\text{min}} \cdot 8\text{ mm} = \mathbf{560\,\frac{mm}{min}}$

Bei konventionellen Maschinen wird die Vorschubgeschwindigkeit durch die eingestellte Drehzahl n und die Steigung der Gewindespindel bestimmt. Bei NC-Maschinen wird sie direkt ins Programm geschrieben, die Maschinensteuerung errechnet sich dann alle Werte für den Bewegungsablauf.

Vorschubgeschwindigkeit Drehen, Bohren, Senken, Reiben

$$v_f = n \cdot f$$

Fräsen

$$v_f = n \cdot f_z \cdot z$$

Gewindespindel

$$v_f = n \cdot P$$

v_f	Vorschubgeschwindigkeit	mm/min
n	Drehzahl	1/min
f	Vorschub	mm
f_z	Vorschub je Schneide	mm
z	Anzahl der Schneiden	–
P	Steigung	mm

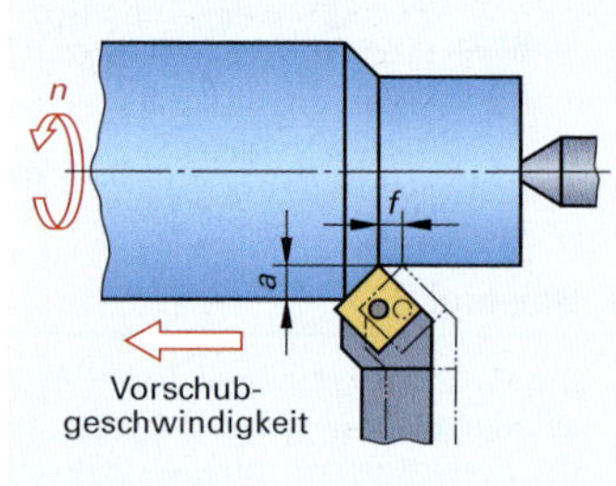

Bild 1: Drehen

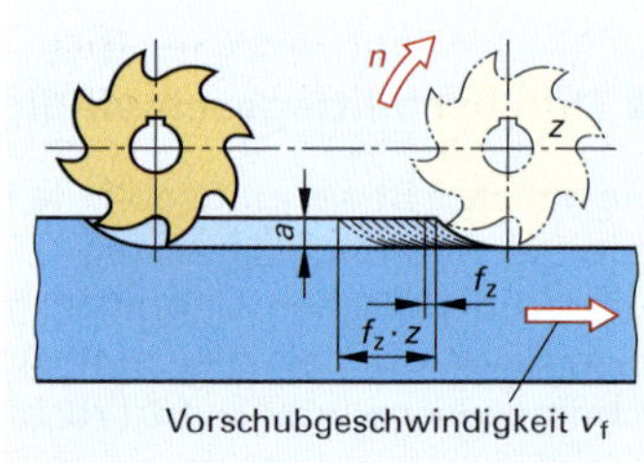

Bild 2: Fräsen

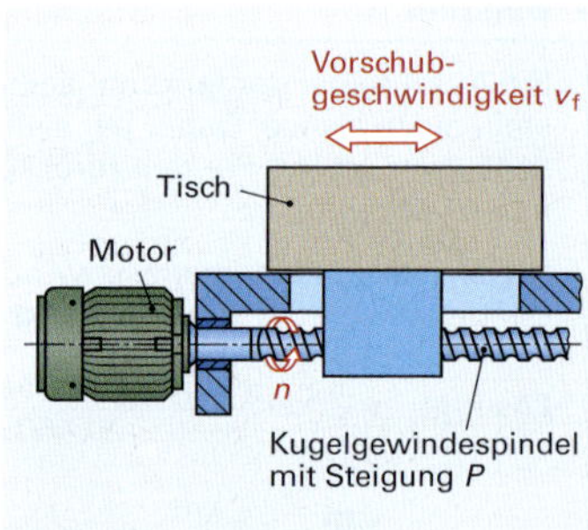

Bild 3: Gewindespindel

Aufgaben Gleichförmige Bewegung

1. **Hubgeschwindigkeit:** Die Hebebühne einer Reparaturwerkstatt hebt einen Pkw in 11 s auf 1,80 m Höhe.

   Wie groß ist die Hubgeschwindigkeit der Hebebühne?

2. **Höhenunterschied:** Der Personenaufzug in einem Hochhaus fährt mit einer Geschwindigkeit $v = 204$ m/min.

   Welchen Höhenunterschied legt er in 13,6 s zurück?

3. **Welle (Bild 1):** Die Welle soll auf eine Länge von 124 mm und auf eine Länge von 82 mm in je einem Schnitt mit $f = 0{,}8$ mm bei einer Drehzahl $n = 280\ \text{min}^{-1}$ geschruppt werden. Anschließend wird die Bohrung mit $v_c = 8$ m/min und $n = 160\ \text{min}^{-1}$ gerieben.

   Wie groß sind

   a) die Vorschubgeschwindigkeit beim Schruppen,

   b) die Gesamtzeit für die beiden Schruppvorgänge,

   c) die Vorschubgeschwindigkeit beim Reiben mit $f = 0{,}4$ mm?

4. **Kastenprofil (Bild 2):** Auf einem Schweißautomaten werden U-Profile DIN 1026 U 80 mit $v_f = 0{,}3$ m/min zu einem Kastenprofil verschweißt. Die Wege zwischen den Schweißnähten werden im Eilgang mit $v_f = 5$ m/min überbrückt.

   Wie lange benötigt der Schweißautomat zur Fertigstellung einer Profilseite?

5. **Drehzahlberechnung:** Ein Fräser mit 8 Zähnen arbeitet mit einer Drehzahl $n = 240\ \text{min}^{-1}$. Er wird durch einen anderen Fräser mit 6 Zähnen ersetzt. Der Vorschub je Schneide mit $f_z = 0{,}08$ mm und die Vorschubgeschwindigkeit sollen gleich bleiben.

   Welche Drehzahl muss für den Fräser eingestellt werden?

6. **Grundlochbohrung (Bild 3):** An einer Bohrmaschine werden folgende Werte eingestellt: Drehzahl 710 min^{-1}, Vorschub 0,12 mm.

   a) Wie groß ist die Vorschubgeschwindigkeit in mm/min?

   b) Welche Zeit wird zum Bohren einer 63 mm tiefen Grundlochbohrung benötigt, wenn für den Anschnitt $l_s = 3$ mm und für den Anlauf $l_a = 2$ mm berücksichtigt werden sollen?

   c) Wie viele Bohrungen können in einer Stunde hergestellt werden, wenn für Rückweg, Spannen und sonstige Nebenzeiten 15 % Zeitzuschlag angesetzt werden?

7. **Laufkran (Bild 4):** Ein Laufkran bewegt eine Last senkrecht nach oben und gleichzeitig in waagerechter Richtung. Die Hubgeschwindigkeit beträgt $v_H = 6{,}3$ m/min, die Geschwindigkeit in waagerechter Richtung $v_W = 19$ m/min.

   a) Wie groß ist die resultierende Geschwindigkeit v, mit der die Last bewegt wird?

   b) Welchen Weg legt die Last in 24 s zurück?

   c) Unter welchem Winkel α zur Horizontalen bewegt sich die Last nach oben?

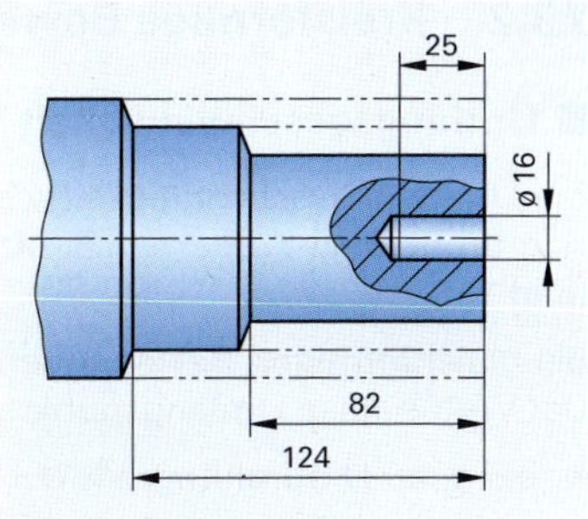

Bild 1: Welle

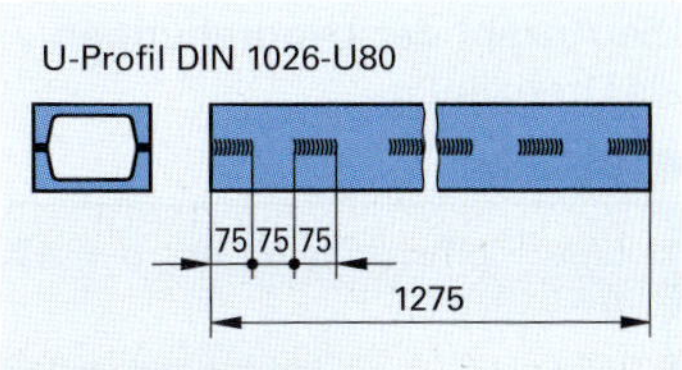

Bild 2: Kastenprofil

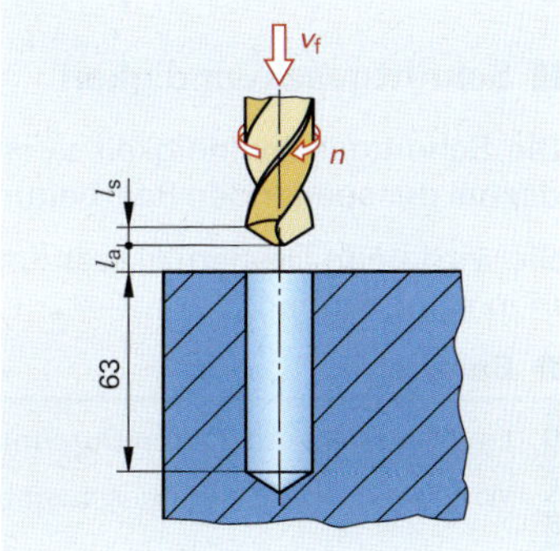

Bild 3: Grundlochbohrung

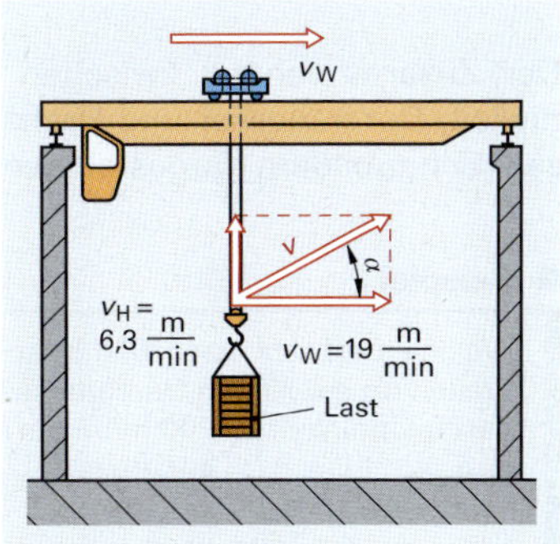

Bild 4: Laufkran

S. 336

7.3.2 Kreisförmige Bewegung

Umfangsgeschwindigkeit

Die Umfangsgeschwindigkeit v ist der Weg s, den ein Punkt P eines sich drehenden Körpers, z. B. einer Scheibe, in der Zeit t zurücklegt **(Bild 1)**.

Bei gleichförmigen Bewegungen gilt für die Geschwindigkeit $v = \frac{s}{t}$. Der Weg s eines Umfangspunktes ist

- bei einer Umdrehung: $s = U = \pi \cdot d$
- bei z Umdrehungen: $s \cdot z = \pi \cdot d \cdot z$

Für die Geschwindigkeit v gilt bei z Umdrehungen:

$$v = \frac{\pi \cdot d \cdot z}{t} = \pi \cdot d \cdot \frac{z}{t} = \pi \cdot d \cdot n$$

Die Anzahl der Umdrehungen z in der Zeiteinheit t bezeichnet man als Drehzahl n.

Beispiel

Eine Riemenscheibe mit d = 420 mm Durchmesser hat eine Drehzahl $n = 540\ \text{min}^{-1}$.

Wie groß ist die Umfangsgeschwindigkeit in m/s?

Lösung: $v = \pi \cdot d \cdot n = \pi \cdot 0{,}42\ \text{m} \cdot 540\ \frac{1}{\text{min}} = 712{,}51\ \frac{\text{m}}{\text{min}}$

$= \frac{712{,}51}{60}\ \frac{\text{m}}{\text{s}} = \mathbf{11{,}88}\ \frac{\mathbf{m}}{\mathbf{s}}$

Umfangsgeschwindigkeit

$$v = \pi \cdot d \cdot n$$

Schnittgeschwindigkeit

$$v_c = \pi \cdot d \cdot n$$

v	Umfangsgeschwindigkeit	m/s
v_c	Schnittgeschwindigkeit	m/min
d	Durchmesser	m
n	Drehzahl	1/min

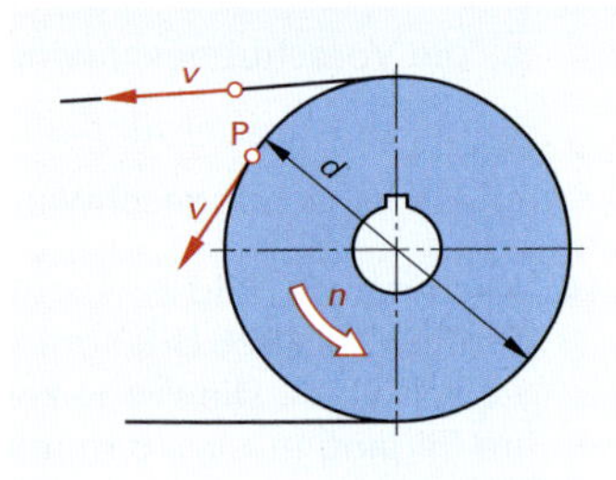

Bild 1: Umfangsgeschwindigkeit

Schnittgeschwindigkeit

Die Schnittgeschwindigkeit v_c ist die Umfangsgeschwindigkeit, mit der bei der spanenden Bearbeitung die Spanabnahme erfolgt **(Bild 2)**.

Sie wird beim Drehen, Fräsen und Bohren in m/min, beim Schleifen in m/s angegeben.

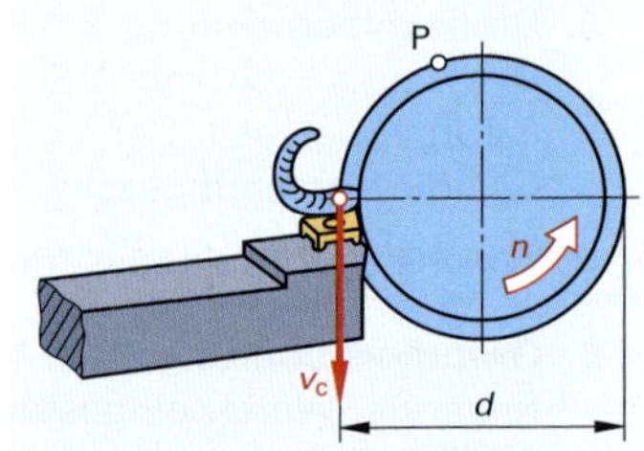

Bild 2: Schnittgeschwindigkeit

Beispiel 1

Ein Rundstahl mit 35 mm Durchmesser wird mit 1200 min^{-1} überdreht.

Wie groß ist die Schnittgeschwindigkeit in m/min?

Lösung: $v_c = \pi \cdot d \cdot n = \pi \cdot 0{,}035\ \text{m} \cdot 1200\ \frac{1}{\text{min}}$

$= \mathbf{132}\ \frac{\mathbf{m}}{\mathbf{min}}$

Der Zusammenhang zwischen Schnittgeschwindigkeit, Durchmesser und Drehzahl kann in Drehzahl-Schaubildern dargestellt werden **(Bild 3)**.

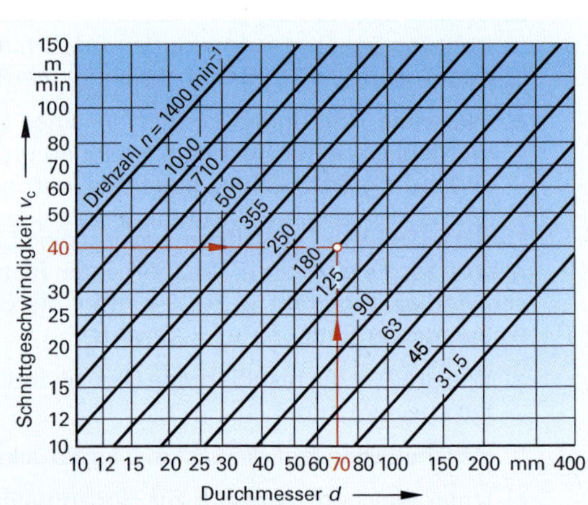

Bild 3: Drehzahl-Schaubild

Beispiel 2

Welche Drehzahl nach **Bild 3** ist zum Drehen einer Welle von d = 70 mm Durchmesser bei einer Schnittgeschwindigkeit v_c = 40 m/min erforderlich?

Lösung: Aus dem Schaubild abgelesene Drehzahl:

$n = \mathbf{180}\ \frac{\mathbf{1}}{\mathbf{min}}$

Aufgaben Kreisförmige Bewegung

1. **Winkelschleifer (Bild 1):** Die Trennscheibe eines Winkelschleifers hat einen Durchmesser d = 230 mm und eine Drehzahl n = 6000 min^{-1}.

   Wie groß ist die Geschwindigkeit am Umfang der Scheibe?

2. **Drehzahlen aus Schaubild:** Welche Drehzahlen sind nach dem Drehzahl-Schaubild **Bild 3, vorherige Seite,** zum Längsdrehen der Durchmesser d = 25, 40, 80, 150 mm bei v_c = 70 m/min erforderlich?

3. **Riemenscheibe (Bild 2):** Wie groß ist die Umfangsgeschwindigkeit der Riemenscheibe eines Elektromotors, wenn die Scheibe einen Durchmesser d = 90 mm hat und mit n = 2800 min^{-1} umläuft?

4. **Maximale Drehzahl:** Für eine Schleifscheibe ist als höchstzulässige Umfangsgeschwindigkeit 25 m/s bei Zustellung von Hand und 35 m/s bei maschineller Zustellung angegeben.

   Welche Drehzahl darf eine Schleifscheibe mit 180 mm Durchmesser in beiden Fällen höchstens haben?

5. **Schleifscheibe (Bild 3):** Eine Schleifscheibe mit 45 mm Durchmesser soll mit einer Schnittgeschwindigkeit von 18 m/s arbeiten.

   Welche Drehzahl ist dafür notwenig?

6. **Bohrer (Bild 4):** Ein Bohrer mit 18 mm Durchmesser arbeitet mit einer Drehzahl von 355 min^{-1}.

   Berechnen Sie die Schnittgeschwindigkeit.

7. **Walzendurchmesser:** Welcher größte Walzendurchmesser kann auf einer Drehmaschine mit einer niedrigsten Drehzahl von 14 min^{-1} noch bearbeitet werden, wenn die Schnittgeschwindigkeit nicht höher als 24 m/min sein darf?

8. **Durchmesserberechnung:** Welchen Durchmesser muss die Antriebsrolle eines Transportbandes haben, wenn bei der Drehzahl n = 315 min^{-1} eine Transportgeschwindigkeit von 40 m/min erreicht werden soll?

9. **Drehzahlberechnung:** Ein Schaftfräser mit 6 mm Durchmesser soll mit einer Schnittgeschwindigkeit von 33 m/min arbeiten.

   Welche Drehzahl ist erforderlich?

10. **Seiltrommel (Bild 5):** Eine Seiltrommel kann mit zwei Drehzahlen angetrieben werden.

    a) Mit welcher Geschwindigkeit v_1 wird das Seil bei der Drehzahl n_1 = 30 min^{-1} eingeholt?

    b) Wie groß muss die Drehzahl n_2 sein, wenn das Seil mit v_2 = 70 m/min ablaufen soll?

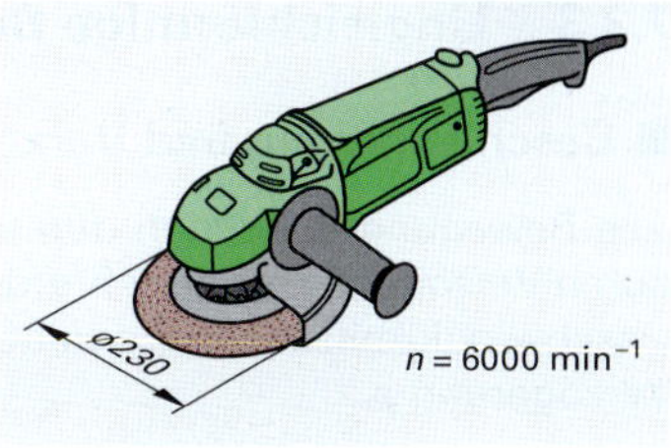

Bild 1: Winkelschleifer

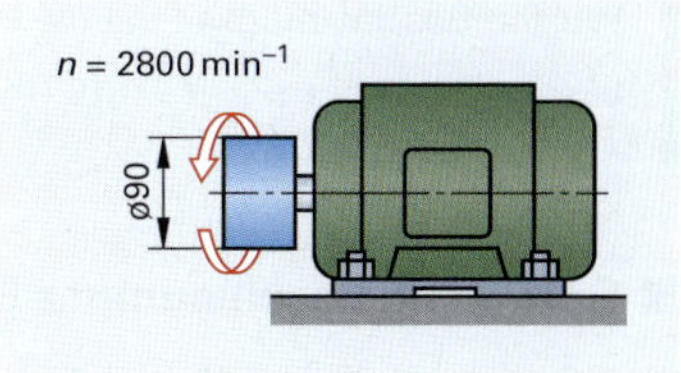

Bild 2: Riemenscheibe

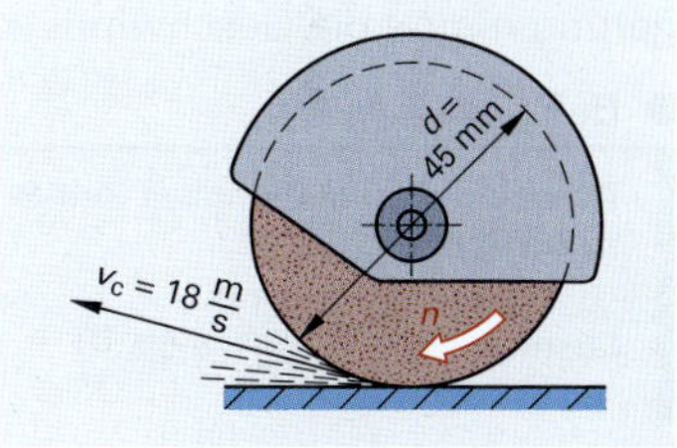

Bild 3: Schleifscheibe

vel.plus/ RMECH05

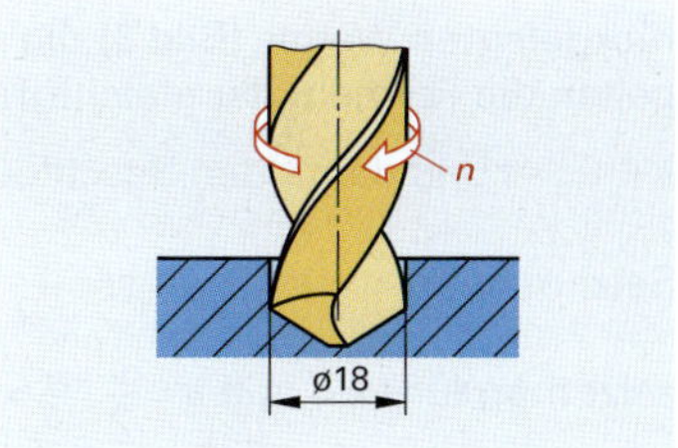

Bild 4: Bohrer

vel.plus/ RMECH06

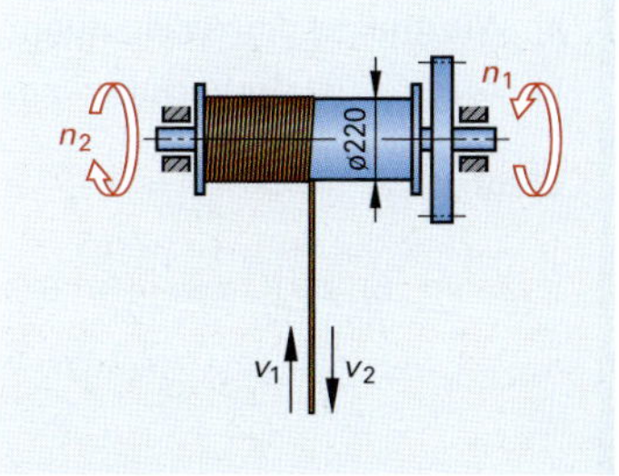

Bild 5: Seiltrommel

7.3.3 Ungleichförmige Bewegung

Beschleunigung und Verzögerung

Alle Bewegungen werden durch Beschleunigungen eingeleitet und durch Verzögerungen abgebremst bzw. zum Stillstand gebracht. Die Geschwindigkeitsänderung in der Zeit t ist die Beschleunigung bzw. Verzögerung a.

Beispiel

Ein Gabelstapler arbeitet beim Anheben im Standgas mit einer Beschleunigung $a = 0{,}16\ \text{m/s}^2$ **(Bild 1)**.

Welche Geschwindigkeit hat die Last nach der Zeit $t = 3$ s?

Lösung: $a = \frac{v}{t}$; $v = a \cdot t = 0{,}16\ \frac{\text{m}}{\text{s}^2} \cdot 3\ \text{s} = \mathbf{0{,}48\ \frac{m}{s}}$

Geradlinig beschleunigte Bewegung

Das Geschwindigkeit-Zeit-Schaubild **(Bild 2)** zeigt den Bewegungsablauf des Kolbens in einem Pneumatikzylinder. Während der Beschleunigungszeit von 2 Sekunden nimmt die Geschwindigkeit in gleichen Zeitabschnitten um den gleichen Betrag zu. Bei der Verzögerung nimmt die Geschwindigkeit entsprechend ab.

Beispiel

Aus dem Geschwindigkeit-Zeit-Schaubild **(Bild 2)** ist die Beschleunigung zu berechnen.

Lösung: $a = \frac{v}{t} = \frac{1\ \frac{\text{m}}{\text{s}}}{2\ \text{s}} = \mathbf{0{,}5\ \frac{m}{s^2}}$

Beschleunigungsweg

Verwendet man für die Berechnung des bei der Beschleunigung zurückgelegten Weges **(Bild 3)** die mittlere Geschwindigkeit $v_m = \frac{v}{2}$, so gelten die Formeln der gleichförmig geradlinigen Bewegung:

$s = v_m \cdot t$ und damit den Beschleunigungsweg $s = \frac{v}{2} \cdot t$.

Setzt man für $v = a \cdot t$, gilt $s = \frac{a \cdot t}{2} \cdot t = \frac{a \cdot t^2}{2}$,

setzt man für $t = \frac{v}{a}$, gilt $s = \frac{v}{2} \cdot \frac{v}{a} = \frac{v^2}{2 \cdot a}$.

Beispiel

Ein Pkw fährt mit einer Geschwindigkeit $v = 54$ km/h. Das Fahrzeug wird in 6 s zum Stand abgebremst.

a) Wie groß ist die Verzögerung?

b) Wie groß ist der Verzögerungsweg (Bremsweg)?

Lösung: a) $v = 54\ \frac{\text{km}}{\text{h}} = 15\ \frac{\text{m}}{\text{s}}$; $a = \frac{v}{t} = \frac{15\ \frac{\text{m}}{\text{s}}}{6\ \text{s}} = \mathbf{2{,}5\ \frac{m}{s^2}}$

b) $s = \frac{v}{2} \cdot t = \frac{15\ \frac{\text{m}}{\text{s}}}{2} \cdot 6\ \text{s} = 45\ \text{m}$ oder

$s = \frac{a \cdot t^2}{2} = \frac{2{,}5\ \frac{\text{m}}{\text{s}^2} \cdot 36\ \text{s}^2}{2} = 45\ \text{m}$; $s = \frac{v^2}{2 \cdot a} = \frac{225\ \frac{\text{m}^2}{\text{s}^2}}{2 \cdot 2{,}5\ \frac{\text{m}}{\text{s}^2}} = \mathbf{45\ m}$

Beschleunigung und Verzögerung

$$a = \frac{v}{t}$$

Beschleunigungs- und Verzögerungsweg

$$s = \frac{v}{2} \cdot t$$

$$s = \frac{a \cdot t^2}{2}$$

$$s = \frac{v^2}{2 \cdot a}$$

a	Beschleunigung, Verzögerung	m/s^2
v	Geschwindigkeit	m/s
t	Zeit	s
s	Weg	m

Bild 1: Gabelstapler

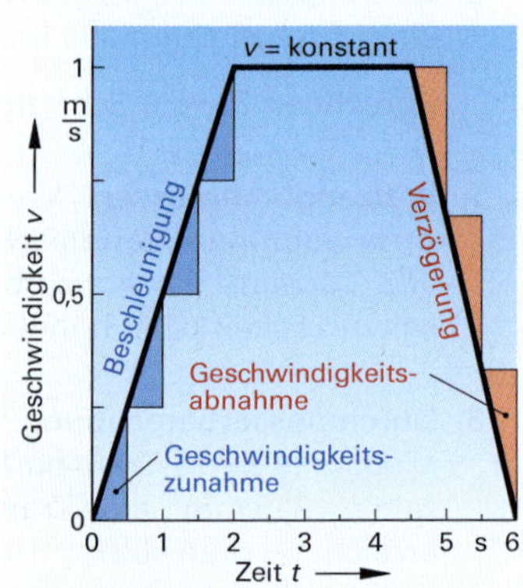

Bild 2: Geschwindigkeit-Zeit-Schaubild

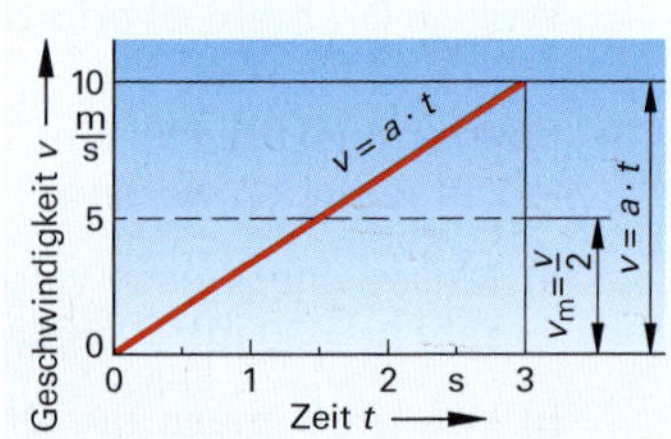

Bild 3: Mittlere Geschwindigkeit

Aufgaben Ungleichförmige Bewegung

1. **Tabelle 1:** Für die Aufgaben a bis d sind die fehlenden Werte zu berechnen.

2. **Rennwagen:** Ein Rennwagen beschleunigt in 2,8 s von 0 auf 100 km/h.

   Berechnen Sie

   a) die Beschleunigung a,

   b) den Beschleunigungsweg s.

3. **Geschwindigkeit-Zeit-Diagramm (Bild 1):** Das Geschwindigkeit-Zeit-Diagramm zeigt die Beschleunigung von zwei Fahrzeugen.

   Ermitteln Sie mithilfe des Schaubilds die Beschleunigung.

4. **Bremsversuche (Bild 2):** Bei Bremsversuchen wurde ein Fahrzeug aus verschiedenen Geschwindigkeiten bis zum Stillstand abgebremst.

   Berechnen Sie mit den aus dem Geschwindigkeit-Zeit-Schaubild entnommenen Werten die Bremswege.

5. **Werkzeugschlitten:** Ein Werkzeugschlitten soll mit einer Verzögerung a = 2 m/s^2 aus einer Vorschubgeschwindigkeit v_f = 16 m/min zum Stillstand abgebremst werden.

   Welche Verzögerungszeit und welchen Verzögerungsweg benötigt der Schlitten?

6. **Maschinentisch (Bild 3):** Auf einer Langhobelmaschine werden Werkstücke mit l = 1600 mm Länge mit einer Schnittgeschwindigkeit v_c = 30 m/min bearbeitet. Der Anlauf l_a = 125 mm und der Überlauf l_u = 100 mm dienen zur Beschleunigung bzw. Verzögerung des Maschinentisches.

   Berechnen Sie die Gesamtzeit für einen Arbeitshub.

7. **Bohreinheit (Bild 4):** Die Bohreinheit einer flexiblen Fertigungszelle hat zwischen Startpunkt und Bohrposition folgenden Bewegungsablauf:

   - Beschleunigung auf Eilgangsgeschwindigkeit v = 0,2 m/s,
   - Weiterfahrt mit v = 0,2 m/s,
   - Verzögerung zum Stillstand.

   Wie groß ist die Gesamtzeit des Bewegungsablaufes, wenn die Beschleunigung und die Verzögerung mit a = 2,2 m/s^2 erfolgen?

Tabelle 1: Beschleunigte Bewegung

Größen	a	b	c	d
v	54 m/s		36 m/min	
s		120 m		18 mm
t	18 s			0,5 s
a		5 m/s^2	1,5 m/s^2	

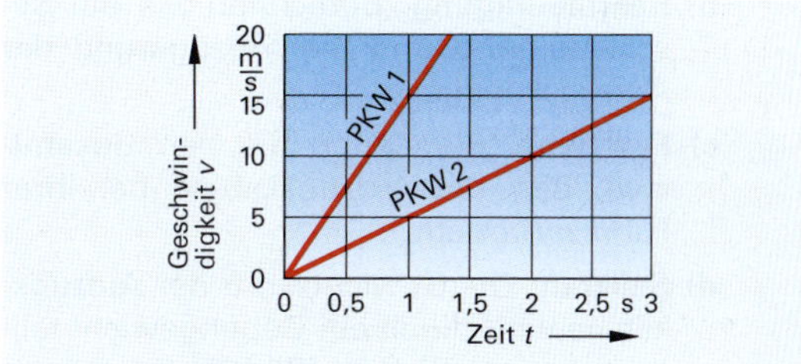

Bild 1: Geschwindigkeit-Zeit-Diagramm

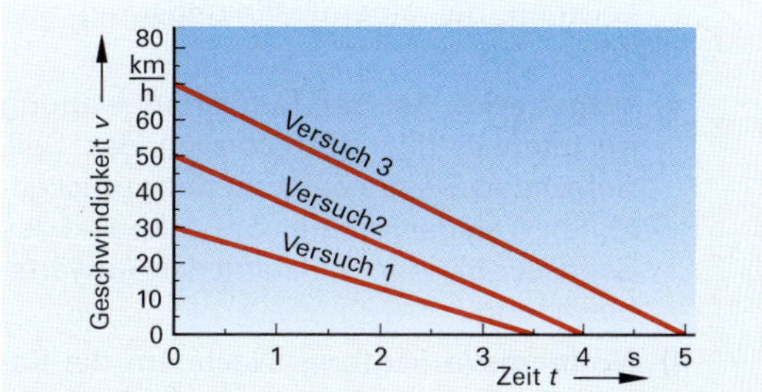

Bild 2: Bremsversuche

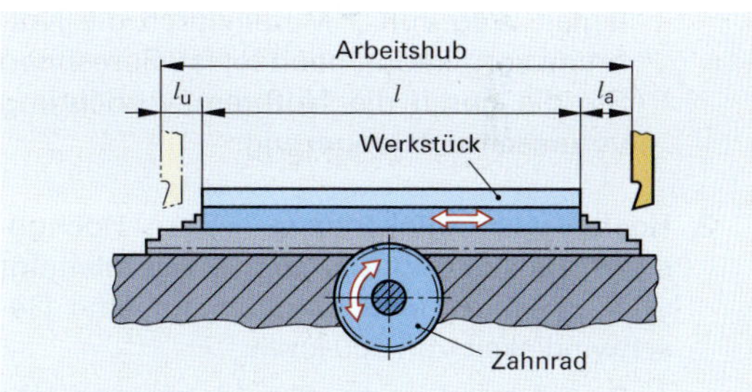

Bild 3: Maschinentisch

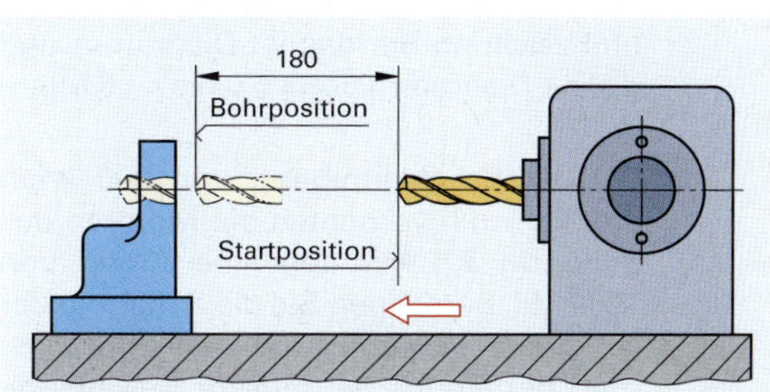

Bild 4: Bohreinheit

Aufgaben Geschwindigkeit – Beschleunigung

1. **Aufzug für Personen:** Die Geschwindigkeit eines Personenaufzuges ist in drei Intervalle eingeteilt, die in einem Geschwindigkeit-Zeit-Diagramm dargestellt sind **(Bild 1)**.
   a) **Bewegungsverlauf.** Beschreiben Sie den Bewegungsverlauf der Aufzugskabine in den Abschnitten (I) bis (III).
   b) **Beschleunigung.** Berechnen Sie die Beschleunigung und die Verzögerung der Aufzugskabine.
   c) **Fahrtweg.** Berechnen Sie den Gesamtweg, den die Aufzugskabine bei ihrer Fahrt zurücklegt.
   d) **Seilkraft.** Die Gewichtskraft der Aufzugskabine wird durch ein Gegengewicht teilweise ausgeglichen **(Bild 2)**. Berechnen Sie die in Abschnitt (II) im Seil wirkende Kraft und die vom Motor aufgenommene Leistung bei einem Wirkungsgrad von 70 %.
   e) **Wegstrecke.** Bei der Aufwärtsbewegung im Intervall (II) reißt plötzlich das Seil. Berechnen Sie die Zeit und den zurückgelegten Weg der Kabine vom Zeitpunkt des Seilrisses bis zum Stillstand der Aufwärtsbewegung.
   f) **Notbremsvorrichtung.** Nachdem die Kabine die Aufwärtsbewegung beendet hat, setzt die Fallbewegung der Kabine ein, die nach 0,3 Sekunden bei einem zurückgelegten Weg von 1 Meter durch die Notbremsvorrichtung beendet ist. Berechnen Sie die durch die Notbremsvorrichtung verursachte Verzögerung.

2. **Hochgeschwindigkeitszug:** Der Hochgeschwindigkeitszug ICE **(Bild 3)** beschleunigt vom Stillstand in 6 Minuten auf eine Geschwindigkeit von 300 km/h.
   a) Berechnen Sie die Beschleunigung des Hochgeschwindigkeitszuges.
   b) Wählen Sie einen geeigneten Maßstab und zeichnen Sie das v-t-Diagramm und das s-t-Diagramm von t = 0 bis t = 6 Minuten.
   c) Bei der Beschleunigung von 300 km/h auf 330 km/h verrichten die Motoren des Zuges in 2,5 Minuten eine Arbeit von 1200 MJ. Berechnen Sie die Zunahme der kinetischen Energie und den Wirkungsgrad des Zuges bei diesem Beschleunigungsvorgang.

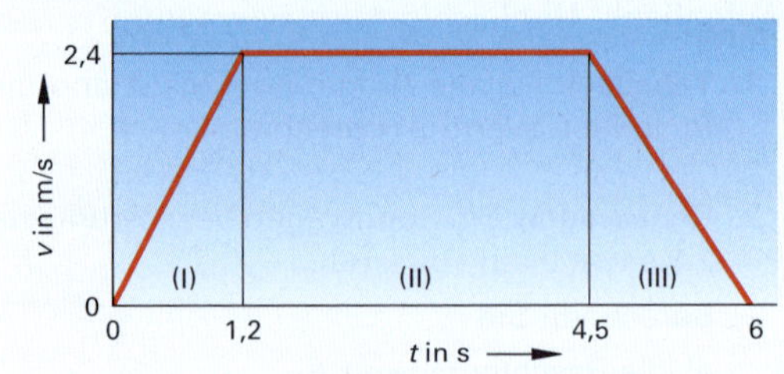

Bild 1: Geschwindigkeit-Zeit-Diagramm

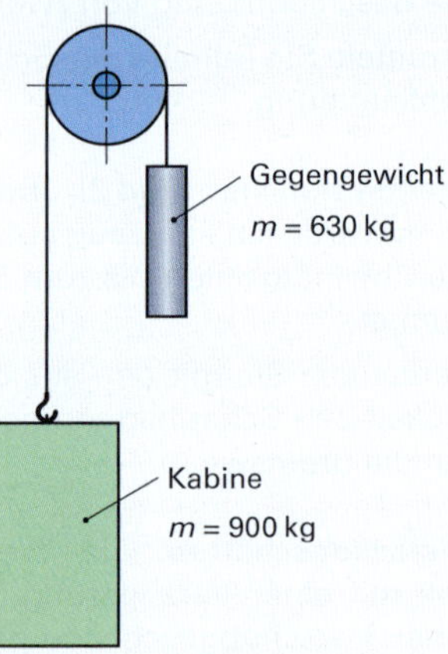

Bild 2: Kabine mit Gegengewicht

Zuglänge:	200 m
Sitzplätze:	415
Leistung:	8 MW
Beschleunigung:	0 - 300 km/h in 6 min
Spitzengeschwindigkeit:	330 km/h
Masse (voll besetzt):	270 t

Bild 3: Hochgeschwindigkeitszug

7.4 Kräfte

Kräfte treten sowohl in der Mechanik (z. B. Reibkraft, Gewichtskraft, Schnittkraft) als auch in der Elektrotechnik (Kraftwirkung des elektrischen bzw. des magnetischen Feldes) auf **(Bild 1)**. Kräfte sind die Ursache für die Anziehung, Verformung oder Bewegungsänderung von Körpern.

7.4.1 Darstellen von Kräften

Kräfte sind vektorielle Größen. Sie werden durch Pfeile grafisch dargestellt **(Bild 2)**. Zur eindeutigen Festlegung einer Kraft gehören:

- **der Betrag,** dargestellt durch die Pfeillänge l für die Größe der Kraft,
- **die Richtung,** dargestellt durch die Pfeilspitze,
- **die Lage der Wirkungslinie,** auf ihr greift die Kraft im Angriffspunkt an und wirkt auf ihr.

Die Einheit der Kraft wird in Newton (N) angegeben.

Soll eine Kraft grafisch dargestellt werden, so muss erst ein geeigneter Kräftemaßstab M_K festgelegt werden.

Länge des Kraftpfeils

$$l = \frac{F}{M_K}$$

l	Pfeillänge	mm
F	Kraft	N
M_K	Kräftemaßstab	N/mm

Einheit der Kraft

$$1\ \text{N} = 1\ \frac{\text{kg} \cdot \text{m}}{\text{s}^2}$$

7

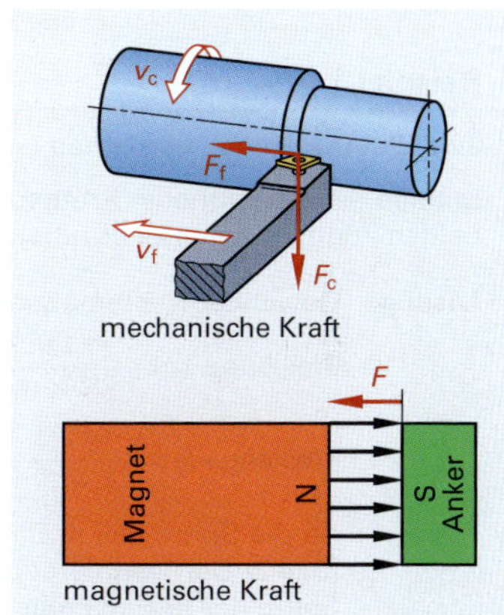

Bild 1: Kräfte

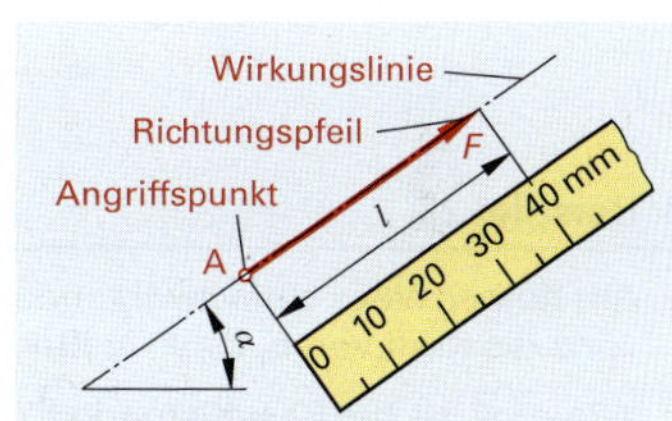

Bild 2: Darstellung der Kraft

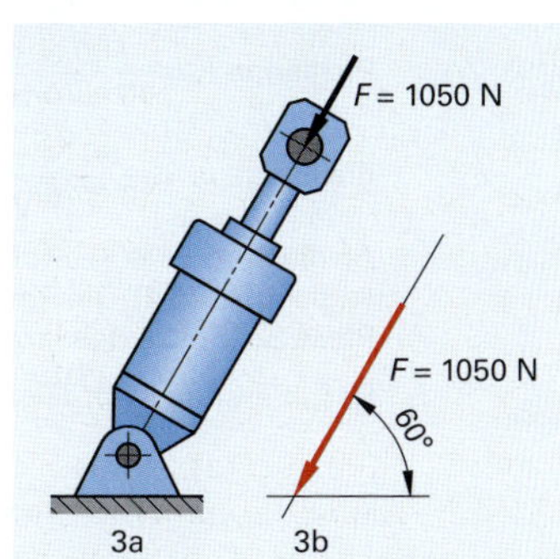

Bild 3: Grafische Darstellung

Beispiel

Auf einen Hydraulikarbeitszylinder wirkt eine Kraft von $F = 1{,}05$ kN unter einem Winkel von 60° **(Bild 3a)**.

Die Kraft ist mithilfe eines geeigneten Maßstabs grafisch darzustellen.

Lösung: Gewählter Kräftemaßstab: 1 mm Pfeillänge ≙ 35 N

$$\Rightarrow M_K = 35\ \frac{\text{N}}{\text{mm}}.$$

Pfeillänge: $l = \dfrac{F}{M_K} = \dfrac{1050\ \text{N}}{35\ \dfrac{\text{N}}{\text{mm}}} = \mathbf{30\ mm}$

Grafische Darstellung: **Bild 3b**

Aufgaben	Darstellen von Kräften

1. **Zugkraft**: Eine Zugkraft $F = 150$ N, die unter einem Winkel $\alpha = 45°$ zur Waagerechten nach links unten wirkt, ist mithilfe eines geeigneten Kräftemaßstabs grafisch darzustellen.

2. **Kräftemaßstab**: In einer Detailzeichnung für ein Zahnradgetriebe sind Kraftpfeile eingezeichnet. Als Kräftemaßstab ist $M_K = 120$ N/mm angegeben.

   Welcher Kraft entspricht ein Pfeil mit 3,2 cm Länge?

3. **Gewichtskraft**: Ein Kran zieht eine Palette mit Gussteilen senkrecht nach oben. Das Kranseil, die Palette und die Gussteile haben zusammen eine Masse von 612 kg.

   Wählen Sie einen geeigneten Kräftemaßstab und stellen Sie die Zugkraft grafisch dar.

7.4.2 Zusammensetzen von Kräften

Wirken mehrere Kräfte auf einen Körper, so kann man diese zu einer Ersatzkraft, der Resultierenden, zusammensetzen. Die Resultierende hat die gleiche Wirkung auf den Körper wie die einzelnen Kräfte, aus denen sie gebildet wurde. Das Zusammensetzen der Resultierenden stellt eine geometrische Addition dar. Dabei wird an die Spitze des ersten Kraftpfeils der Anfang des nächsten Kraftpfeils gesetzt usw. Die Resultierende Kraft ist der Pfeil, der vom Anfang des ersten Pfeils zur Spitze des letzten Pfeils reicht.

Kräfte auf einer Wirkungslinie

$$F = F_1 \pm F_2$$

F	Resultierende Kraft	N
F_1, F_2	Teilkräfte	N

Kräfte mit gleicher Wirkungslinie

Besitzen mehrere Kräfte eine gemeinsame Wirkungslinie, so findet man die Resultierende als Summe oder Differenz aller Einzelkräfte.

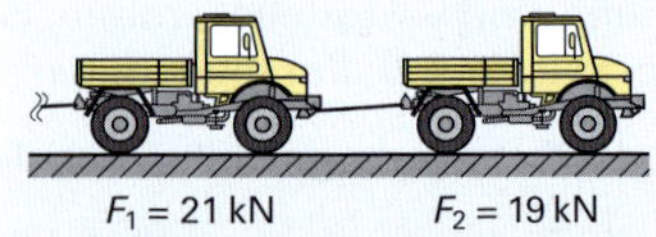

Bild 1: Zugmaschinen

Beispiel 1

Zwei Zugmaschinen versuchen ein defektes Fahrzeug zu bergen **(Bild 1)**.

Mithilfe eines geeigneten Kräftemaßstabs ist die Resultierende Kraft der beiden Zugmaschinen zu ermitteln.

Lösung: Gewählter Kräftemaßstab M_K = 1 kN/mm.

Pfeillänge $l_1 = \frac{21\text{ kN}}{1\text{ kN/mm}} = 21\text{ mm}$

Pfeillänge $l_2 = \frac{19\text{ kN}}{1\text{ kN/mm}} = 19\text{ mm}$

An die Spitze des Kraftpfeils F_1 wird der Kraftpfeil F_2 angelegt **(Bild 2)**. Die Resultierende Kraft vom Anfang des ersten Pfeils zur Spitze des letzten Pfeils hat eine Länge von 40 mm.

Resultierende Kraft $F = l_R \cdot M_K$ = 40 mm · 1 kN/mm = **40 kN**

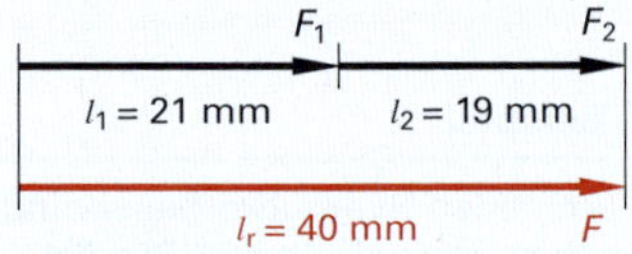

Bild 2: Resultierende Kraft

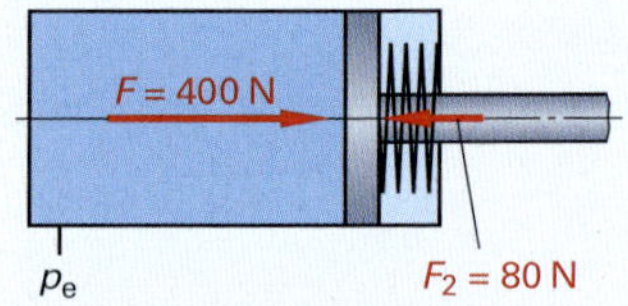

Bild 3: Pneumatikzylinder

Beispiel 2

Am Kolben eines einfachwirkenden Pneumatikzylinders mit Rückholfeder wirkt die Kraft von F_1 = 400 N **(Bild 3)**.

Wie groß ist die Resultierende Kraft F des Zylinders, wenn die Rückholfeder mit F_2 = 80 N gespannt ist?

Lösung: Gewählter Kräftemaßstab M_K = 10 N/mm.

Pfeillänge $l_1 = \frac{400\text{ N}}{10\text{ N/mm}} = 40\text{ mm}$

Pfeillänge $l_2 = \frac{80\text{ N}}{10\text{ N/mm}} = 8\text{ mm}$

An die Spitze des Kraftpfeils F_1 wird der Anfang des Kraftpfeils F_2 angelegt **(Bild 4)**. Die Resultierende Kraft vom Anfang des ersten Pfeils zur Spitze des letzten Pfeils hat eine Länge von 32 mm.

Resultierende Kraft $F = l_R \cdot M_K$ = 32 mm · 10 N/mm = **320 N**

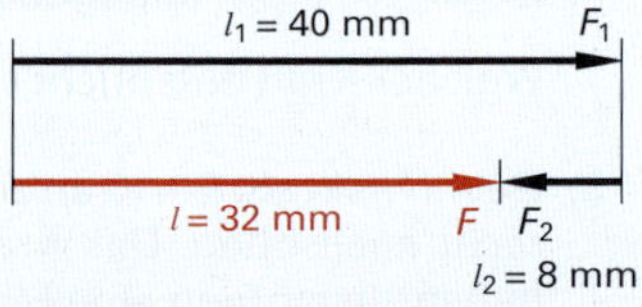

Bild 4: Resultierende Kraft

Wirken Kräfte auf einer Wirkungslinie, so erhält man die Resultierende Kraft durch Addition bzw. Subtraktion der Beträge der Einzelkräfte.

Kräfte auf sich schneidenden Wirkungslinien

Die Ermittlung der Resultierenden bei Kräften, die nicht auf einer Wirkungslinie angreifen, kann

- **grafisch,** durch Addition der Kraftpfeile, oder
- **algebraisch,** mithilfe des Kosinussatzes, erfolgen.

Greifen die Kräfte unter einem Winkel von 90° an, kann die Resultierende mit dem Lehrsatz des Pythagoras berechnet werden.

Resultierende Kraft

$$F = \sqrt{F_1^2 + F_2^2 - 2 \cdot F_1 \cdot F_2 \cdot \cos\alpha}$$

F	Resultierende Kraft	N
F_1, F_2	Teilkräfte	N
α	Winkel zwischen den Teilkräften	°

Beispiel

Die Spannseile eines Zeltdaches sind verankert und übertragen die Kräfte F_1 = 60 kN und F_2 = 40 kN **(Bild 1)**.

Die Resultierende F ist

a) mithilfe eines geeigneten Kräftemaßstabs grafisch zu ermitteln,

b) mittels Kosinussatz zu berechnen.

Lösung: a) Kräftemaßstab $M_K = 2\,\frac{\text{kN}}{\text{mm}}$;

Pfeillängen der Teilkräfte:

$$l_1 = \frac{F_1}{M_K} = \frac{60\ \text{kN}}{2\,\frac{\text{kN}}{\text{mm}}} = 30\ \text{mm}$$

$$l_2 = \frac{F_2}{M_K} = \frac{40\ \text{kN}}{2\,\frac{\text{kN}}{\text{mm}}} = 20\ \text{mm}$$

An die Spitze des Kraftpfeils F_1 wird der Kraftpfeil F_2 gesetzt. Die Resultierende F, vom Anfang des Kraftpfeils F_1 zur Spitze des Kraftpfeils F_2, hat eine Länge l_r = 33 mm **(Bild 2)**.

$$F = l_r \cdot M_K = 33\ \text{mm} \cdot 2\,\frac{\text{kN}}{\text{mm}} = \mathbf{66\ kN}$$

b) Winkel zwischen den wirkenden Kräften

$$\alpha = 50° + 30° = 80°$$

$$F = \sqrt{F_1^2 + F_2^2 - 2 \cdot F_1 \cdot F_2 \cdot \cos\alpha}$$

$$= \sqrt{(60\ \text{kN})^2 + (40\ \text{kN})^2 - 2 \cdot 60\ \text{kN} \cdot 40\ \text{kN} \cdot \cos 80°}$$

$$= \mathbf{66{,}08\ kN}$$

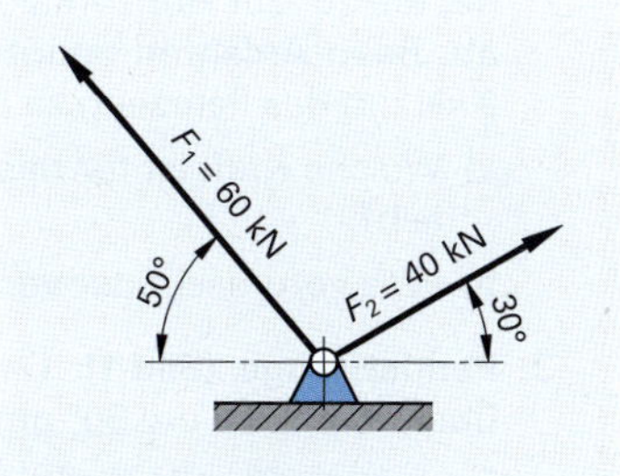

Bild 1: Spannseile

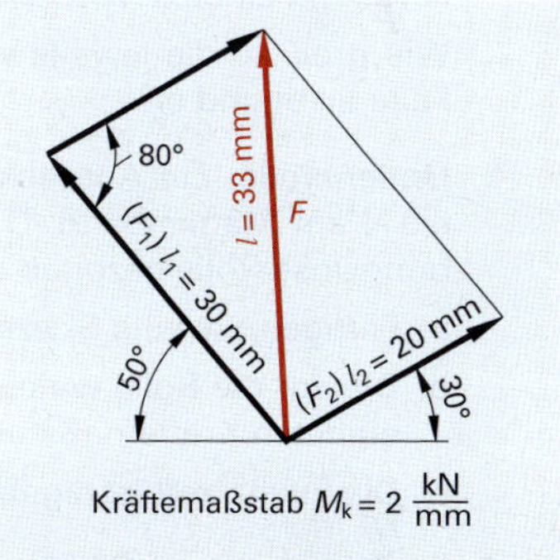

Bild 2: Grafische Lösung

7.4.3 Zerlegen von Kräften

Eine Kraft F kann in Teilkräfte F_1 und F_2 zerlegt werden, welche zusammen dieselbe Wirkung haben wie die angreifende Kraft.

Beispiel

Eine Antenne mit einer Gewichtskraft F = 320 N **(Bild 3)** ist an einer Wand befestigt. Mit welcher Kraft F_Z zieht die Antenne am Seil und mit welcher Kraft F_D drückt sie gegen die Wand?

Lösung: Die Teilkräfte **(Bild 3)** können mit den Winkelfunktionen im rechtwinkligen Dreieck berechnet werden.

$$\sin\alpha = \frac{0{,}6\ \text{m}}{1{,}2\ \text{m}} = 0{,}5 \Rightarrow \alpha = 30°$$

$$F_Z = \frac{F_G}{\cos 30°} = \frac{320\ \text{N}}{0{,}866} = \mathbf{369{,}5\ N}$$

$$F_D = F_G \cdot \tan 30° = 320\ \text{N} \cdot 0{,}577 = \mathbf{184{,}7\ N}$$

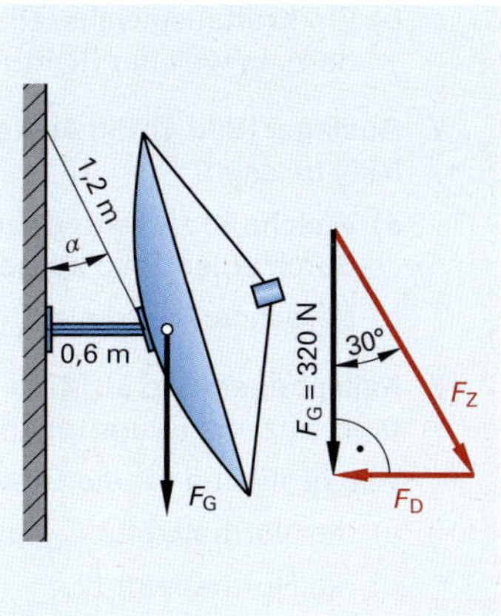

Bild 3: Antenne

Aufgaben Zusammensetzen oder Zerlegen von Kräften

1. **Spannzylinder**: Am Kolben eines mit Druckluft beaufschlagten einseitigwirkenden Spannzylinders wirkt eine Kraft von 460 N. An der Rückholfeder im Zylinder wirkt im gespannten Zustand eine Kraft von 80 N.
   a) Fertigen Sie eine Skizze der Anordnung.
   b) Berechnen Sie die auf das Werkstück wirkende Spannkraft.

2. **Zugmaschine**: Eine Zugmaschine schleppt mithilfe einer Stange, die 20° zur Horizontalen geneigt ist, ein defektes Fahrzeug ab. Beim Anfahren benötigt die Zugmaschine eine Kraft von 2 kN um das Fahrzeug zu bewegen.
   a) Welche Kraft ist für das Anfahren des Fahrzeuges erforderlich?
   b) Was verursacht der vertikale Kraftanteil am Fahrzeug?

3. **Pendelstange (Bild 1)**: Das Zugseil einer Förderanlage wird über eine Rolle um 90° umgelenkt.
   Berechnen Sie die Kraft in der Stange, wenn eine Kraft von F = 42 kN wirkt.

4. **Zugkraft in den Seilen (Bild 2)**: Mit einem Seil werden Förderkörbe mit einer Gewichtskraft von F_G = 3 kN angehoben.
   Wie groß ist die jeweils wirkende Kraft in den Seilen für die Fälle a), b) und c)?

5. **Umlenkrolle**: Ein Antriebsmotor zieht mit einer Zugkraft von 0,3 N am Magnetband. Das Magnetband wird über eine reibungslose Rolle gezogen und um 120° umgelenkt.
   a) Fertigen Sie eine Skizze.
   b) Die auf die Rolle wirkende Ersatzkraft ist mithilfe eines geeigneten Kräftemaßstabs grafisch zu ermitteln.
   c) Die Ersatzkraft ist algebraisch zu berechnen.

6. **Freileitungsmast (Bild 3)**: Auf einer Betriebsbaustelle wird ein Freileitungsmast durch zwei waagerecht gespannte Drähte mit den Kräften F_1 = 800 N und F_2 = 1200 N belastet.
   a) Wie groß ist die Resultierende F_r der beiden Spannseile?
   b) Ein Kraftausgleichsseil soll die Biegung des Mastes verhindern. In welcher Richtung ist es anzubringen?

7. **Ausleger (Bild 4)**: Ein Ausleger wird mit einer Gewichtskraft von 5 kN belastet.
   a) Welche Kraft kann dabei durch ein Seil, welche Kraft muss durch einen Stab aufgenommen werden?
   b) Berechnen Sie die auftretenden Kräfte.

8. **Keilspanner (Bild 5)**: Mit dem Keilspanner werden bei der Montage einzelne Baugruppen justiert.
   Wie groß sind für die Gewichtskraft F_G = 25 kN
   a) die Normalkräfte F_{NA} und F_{NB},
   b) die Normalkraft F_{NC},
   c) die Zugkraft F in der Schraube?

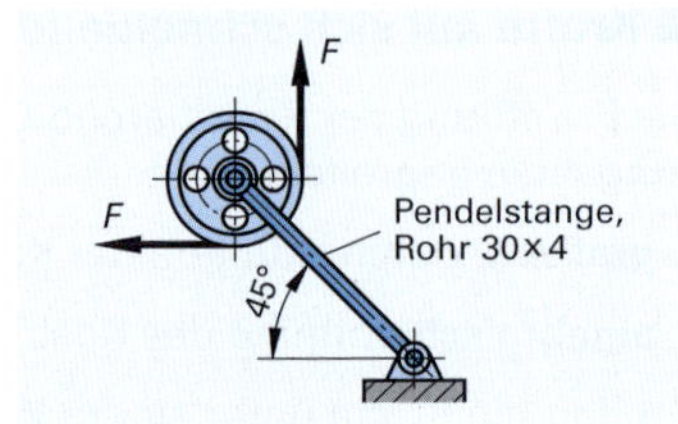

Bild 1: Pendelstange

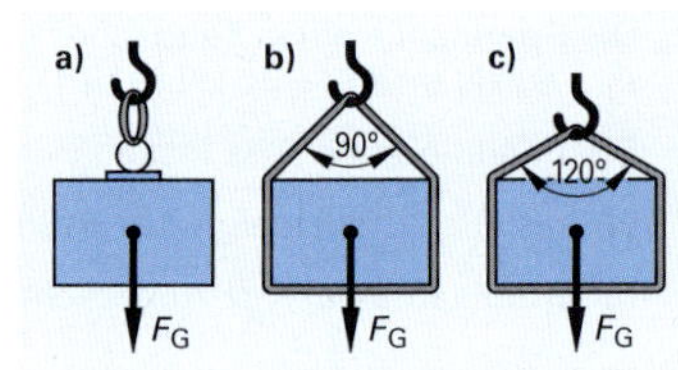

Bild 2: Zugkraft in den Seilen

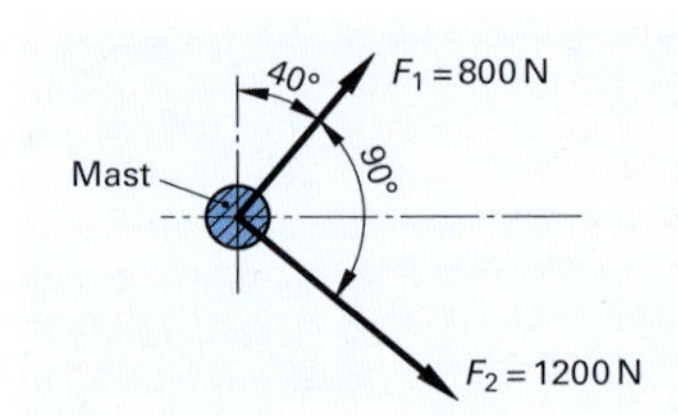

Bild 3: Freileitungsmast

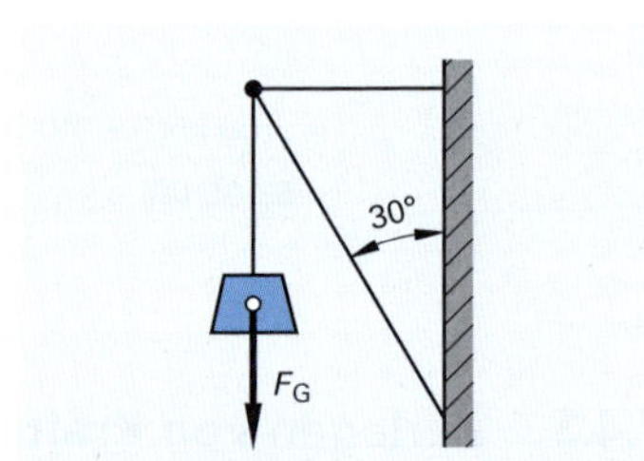

Bild 4: Ausleger

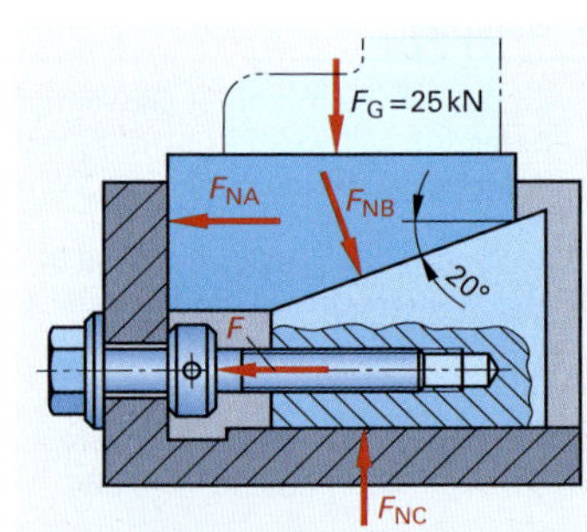

Bild 5: Keilspanner

7.4.4 Reibungskräfte

Reibung tritt an den Kontaktflächen zweier sich berührender und bewegender Körper auf. Die Reibungskraft wirkt stets parallel zur Kontaktfläche und ist der Bewegung entgegengesetzt **(Bild 1)**. Man unterscheidet Haftreibung, Gleitreibung und Rollreibung.

Es gilt: Haftreibung > Gleitreibung > Rollreibung.

Reibungskraft

$$F_R = \mu \cdot F_N$$

Rollreibungskraft

$$F_R = \frac{f}{r} \cdot F_N$$

F_R	Reibungskraft	N
F_N	Normalkraft	N
μ	Reibungszahl	–
f	Rollreibungszahl	mm
r	Radius	mm

Haftreibung

Haftreibung wirkt zwischen zwei ruhenden Körpern, z. B. bei einer Kupplung oder bei einer Schraubenverbindung. Sie ist dem Betrag nach gleich der entgegengerichteten äußeren Kraft.

Beispiel

Ein Auszubildender versucht einen Behälter mit Bauteilen wegzuschieben **(Bild 2)**.

Welche Kraft muss er aufwenden, wenn der Behälter mit Inhalt eine Gewichtskraft von 750 N hat und die Haftreibungszahl zwischen Boden und Behälter $\mu = 0{,}26$ beträgt?

Lösung: $F_R = \mu \cdot F_N = \mu \cdot F_G = 0{,}26 \cdot 750\ \text{N} = \mathbf{195\ N}$

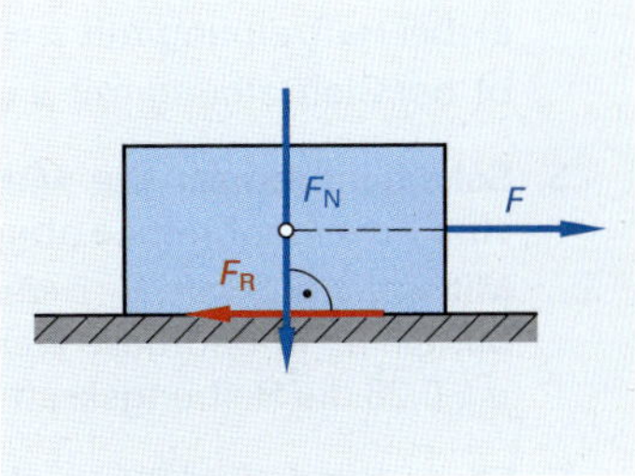

Bild 1: Reibungskraft

Gleitreibung

Gleitreibung tritt zwischen sich bewegenden und berührenden Flächen auf, z. B. bei Gleitlagern. Sie ist unabhängig von der Geschwindigkeit.

Beispiel

Welche Kraft muss der Auszubildende **(Bild 2)** aufwenden, wenn er den Behälter mit gleich bleibender Geschwindigkeit verschiebt und die Gleitreibungszahl $\mu = 0{,}21$ beträgt?

Lösung: $F_R = \mu \cdot F_N = \mu \cdot F_G = 0{,}21 \cdot 750\ \text{N} = \mathbf{157{,}5\ N}$

Rollreibung

Rollreibung tritt auf, wenn der Körper auf der Unterlage rollt. Sie ist sehr viel kleiner als die Gleitreibung und abhängig vom Radius des Rades (Rolle). Bei Berechnungen wird entweder in der Rollreibungszahl μ der Radius des Rades und die Reibung in den Lagern berücksichtigt oder mit der Reibungszahl f und dem Radius r der Rolle gerechnet.

Beispiel 1

Der Behälter **(Bild 2)** wird auf eine Vorrichtung mit Rädern gehoben und vom Auszubildenden geschoben.

Welche Kraft ist erforderlich, wenn die Reibungszahl $\mu = 0{,}015$ beträgt?

Lösung: $F_R = \mu \cdot F_N = \mu \cdot F_G = 0{,}015 \cdot 750\ \text{N} = \mathbf{11{,}25\ N}$

Beispiel 2

Ein Rad einer Laufkatze in einem Laufkran hat einen Durchmesser von 24 cm und wird mit einer Normalkraft von 16 kN belastet.

Wie groß ist die vom Antriebsmotor aufzubringende Kraft zur Überwindung der Rollreibung, wenn für $f = 0{,}5$ mm gilt?

Lösung: $F_R = \frac{f}{r} \cdot F_N = \frac{0{,}5\ \text{mm}}{120\ \text{mm}} \cdot 16000\ \text{N} = \mathbf{66{,}67\ N}$

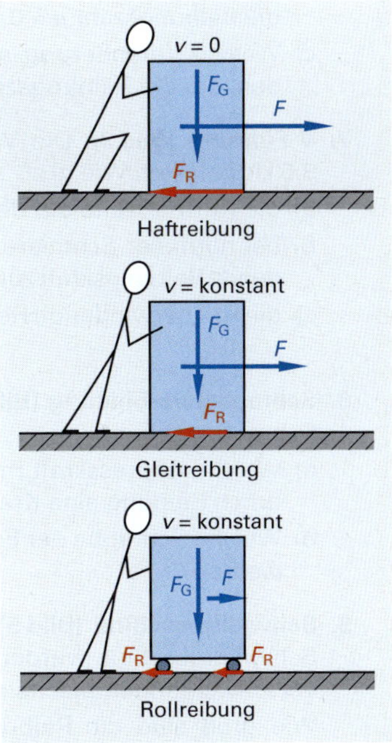

Bild 2: Reibungsarten

7

Aufgaben Reibungskräfte

1. **Bremsweg:** Warum ist der Bremsweg bei nasser Straße länger als bei trockener Straße?

2. **Stockschießen (Bild 1):** Warum verwenden beim Stockschießen auf einer Asphaltbahn die Teilnehmer verschiedene Bodenplatten am Turnierstock?

3. **Hallentor:** Ein Hallentor, Masse 1,4 Tonnen, wird über Zahnrad und Zahnstange bewegt.
   Wie groß sind
   a) die notwendige Kraft beim Anfahren des Tores aus der Ruhe bei $\mu = 0{,}012$,
   b) die Kraft für die Weiterbewegung bei $\mu = 0{,}007$?

4. **Gleitschuh:** Ein Gleitschuh drückt mit $F = 1{,}2$ kN senkrecht auf eine Führung. Wie groß sind die Reibungskräfte
   a) bei Haftreibung mit $\mu = 0{,}2$,
   b) bei Gleitreibung mit $\mu = 0{,}06$?

5. **Scheibenbremse:** Die Motorwelle eines Aufzugs wird durch eine Scheibenbremse abgebremst.
   Mit welcher Kraft F_N muss die Bremsscheibe gegen die Reibungsfläche gedrückt werden, wenn bei einer Reibungszahl $\mu = 0{,}28$ die Reibungskraft $F_R = 1{,}2$ kN erzeugt werden soll?

6. **Förderband (Bild 2):** In einer Fertigungsstraße müssen Elektronikbauteile mit einer Gewichtskraft von 4 N über ein Förderband eine Etage höher transportiert werden.
   a) Berechnen Sie die Reibungszahl in Abhängigkeit des Steigungswinkels α.
   b) Wie groß darf der Steigungswinkel α maximal sein, wenn die Reibungszahl $\mu = 0{,}21$ beträgt?
   c) Welche Veränderung am Band muss vorgenommen werden, um die Reibungszahl μ zu erhöhen?

7. **V-Führung (Bild 3):** Die V-Führung wird mit einer Kraft von 3,5 kN belastet. Wie groß sind
   a) die Normalkräfte auf den Gleitflächen,
   b) bei normaler Schmierung der Gleitflächen die zu überwindende Reibungskraft zum Anfahren aus der Ruhe bei $\mu = 0{,}11$,
   c) die zu überwindende Reibungskraft zum Weiterschieben bei $\mu = 0{,}01$?

8. **Schraubenverbindung (Bild 4):** Zwei Zugstäbe werden mittels Schrauben gefügt.
   a) Welche Anpresskraft muss bei $\mu = 0{,}2$ erzeugt werden, um durch Reibung eine Kraft von 3,2 kN zu übertragen?
   b) Welche Schraube der Festigkeitsklasse 8.8 muss verwendet werden?

9. **Schweißmaschine (Bild 5):** Die Elektroden einer Rollennaht-Schweißmaschine werden mit der Kraft von 2 kN auf die zu verschweißenden Bleche gedrückt.
   Wie groß sind die Reibungskräfte bei der Rollreibungszahl $f = 6$ mm?

Bild 1: Turnierstock

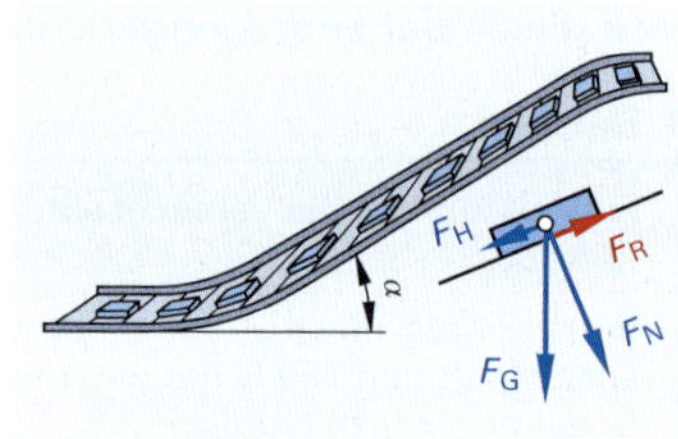

Bild 2: Förderband

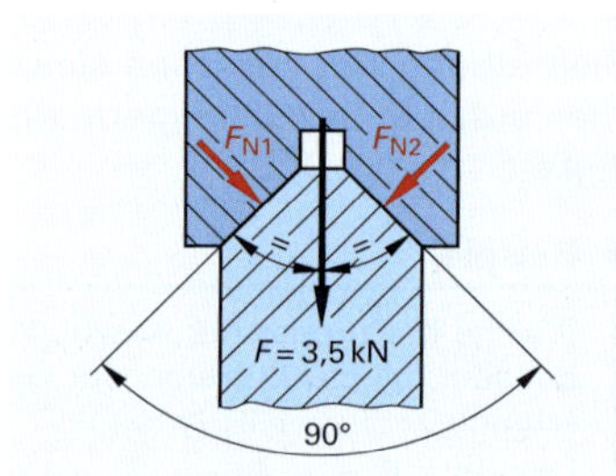

Bild 3: V-Führung

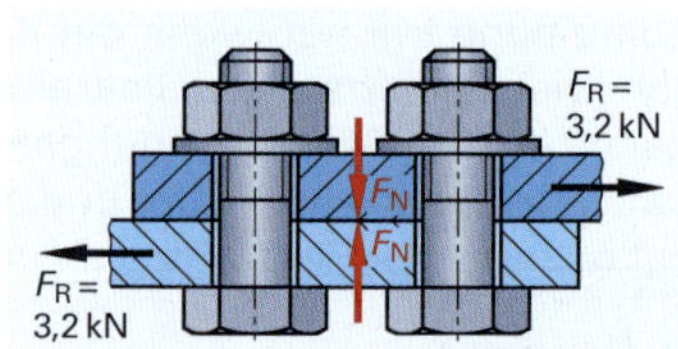

Bild 4: Schraubenverbindung

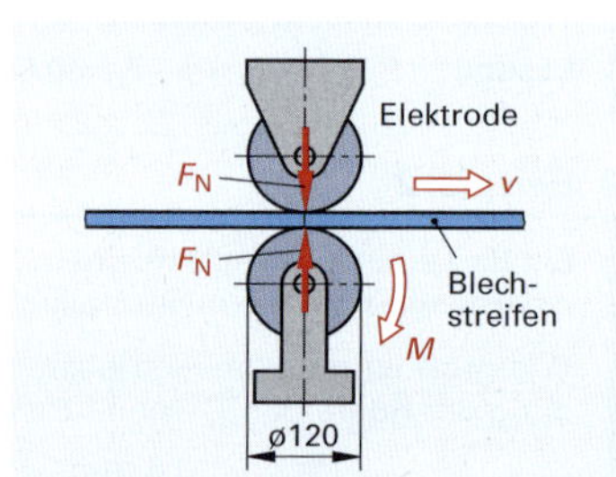

Bild 5: Schweißmaschine

7.5 Rollen und Flaschenzüge

Rollen und Flaschenzüge sind einfache Maschinen und dienen zum Heben von Lasten. Man unterscheidet zwischen losen Rollen, festen Rollen und Rollenflaschenzügen. Auch bei Flaschenzügen gilt die „Goldene Regel der Mechanik“: Was an Kraft gespart wird, muss an Weg zugesetzt werden.

Feste Rolle

$$F = F_G$$

$$s = h$$

Lose Rolle

$$F = \frac{F_G}{2}$$

$$s = 2 \cdot h$$

Rollenflaschenzüge

$$F = \frac{F_G}{n}$$

$$s = n \cdot h$$

F	Kraft, Handkraft	N
F_G	Last, Gewichtskraft	N
s	Kraftweg	m
h	Lastweg	m
n	Anzahl der tragenden Seile	–

Feste Rolle

Eine feste Rolle **(Bild 1)** kann nur die Richtung der Kraft ändern, der Betrag der Kraft und die Länge des Weges bleiben gleich.

Beispiel

Mithilfe einer festen Rolle wird bei Reparaturarbeiten am Mauerwerk ein Behälter mit Mörtel hochgezogen.

a) Mit welcher Kraft muss am Seil gezogen werden, wenn der Mörtel mit Behälter eine Gewichtskraft von 120 N hat?

b) Wie viele Meter Seil müssen bewegt werden, wenn der Behälter 12 Meter gehoben werden muss?

Lösung: a) $F = F_G = \mathbf{120\ N}$

b) $s = h = \mathbf{12\ m}$

Lose Rolle

Bei einer losen Rolle **(Bild 2)** verteilt sich die Last auf zwei Seile. Jedes Seil trägt die halbe Last. Die Kraft wird halbiert und der Kraftweg verdoppelt.

Beispiel

Mithilfe einer losen Rolle wird bei Reparaturarbeiten am Mauerwerk ein Behälter mit Mörtel hochgezogen.

a) Mit welcher Kraft muss am Seil gezogen werden, wenn der Mörtel mit Behälter eine Gewichtskraft von 120 N hat?

b) Wie viele Meter Seil muss der Handwerker bewegen, wenn der Behälter 12 Meter gehoben werden muss?

Lösung: a) $F = \frac{F_G}{2} = \frac{120\ N}{2} = \mathbf{60\ N}$

b) $s = 2 \cdot h = 2 \cdot 12\ m = \mathbf{24\ m}$

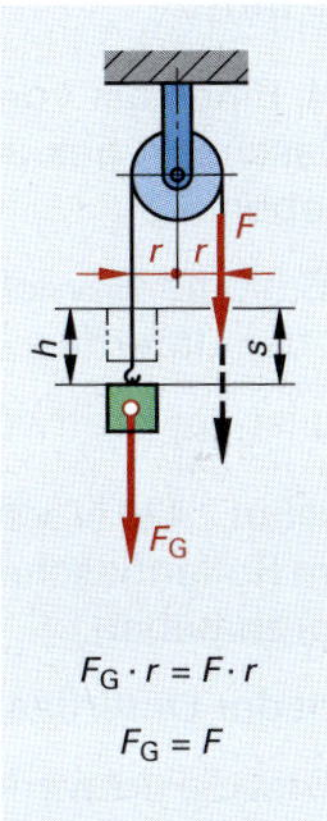

Bild 1: Feste Rolle

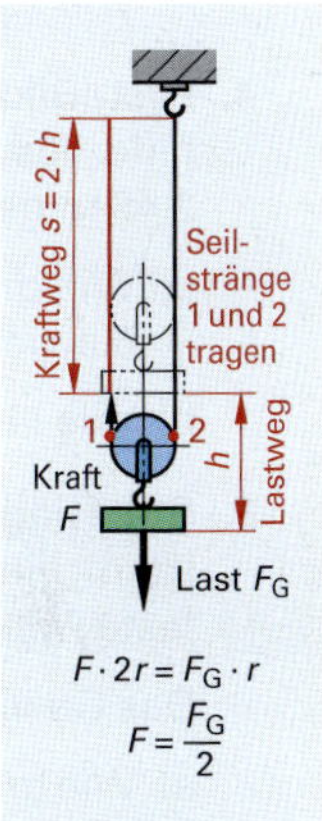

Bild 2: Lose Rolle

Rollenflaschenzüge

Rollenflaschenzüge werden zum Heben schwerer Lasten verwendet. Sie bestehen aus festen und losen Rollen. Die Kräfte verteilen sich auf die tragenden Seile **(Bild 3)**. Die Anzahl der tragenden Seile entspricht meist der Anzahl der Rollen.

Beispiel

Eine Last $F_G = 960$ N soll durch einen Rollenflaschenzug mit vier tragenden Seilen bzw. zwei festen Rollen und zwei losen Rollen **(Bild 3)** auf eine Höhe von 0,9 m gehoben werden.

a) Welche Kraft F ist hierfür notwendig?

b) Wie lang ist der Kraftweg s?

Lösung: a) $F = \frac{F_G}{n} = \frac{960\ N}{4} = \mathbf{240\ N}$

b) $s = n \cdot h = 4 \cdot 0{,}9\ m = \mathbf{3{,}6\ m}$

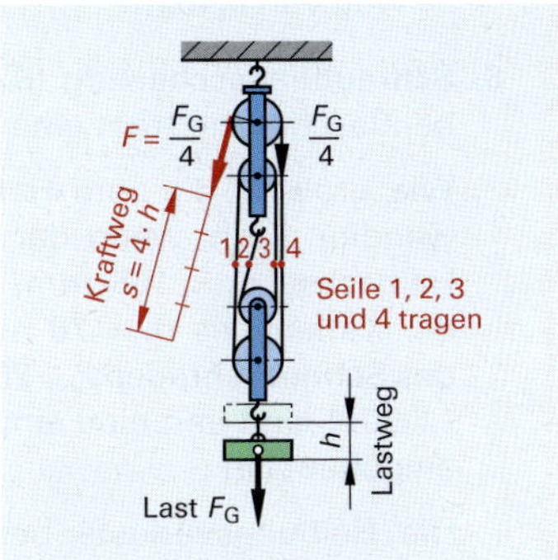

Bild 3: Rollenflaschenzug

7

Aufgaben Rollen und Flaschenzüge

1. **Lose Rolle (Bild 1):** Mithilfe der losen Rolle, die eine Gewichtskraft von 40 N hat, ist ein 4750 N schwerer Träger hochzuheben.

   a) Welche Kraft ist aufzuwenden?

   b) Wie groß ist der Lastweg h bei einem Kraftweg $s = 1{,}75$ m?

2. **Rollenflaschenzug:** Ein Rollenflaschenzug besitzt 3 feste und 3 lose Rollen.

   Wie groß sind bei einem Kraftaufwand $F = 300$ N

   a) die anzuhebende Last,

   b) der Kraftweg bei $h = 11$ m?

3. **Flaschenzug (Bild 2):** Eine Last von 1780 N soll mithilfe des Flaschenzuges angehoben werden.

   a) Welche Zugkraft muss aufgebracht werden, wenn das Gewicht der Unterflasche 120 N beträgt?

   b) Wie lang ist der Kraftweg bei einem Hub von 2500 mm?

4. **Last (Bild 3):** Eine Last von 2130 N wird mithilfe des Flaschenzuges auf eine Höhe von 2,45 m gehoben.

   a) Wie groß ist die Gewichtskraft, wenn das Gewicht der Unterflasche 85 N beträgt?

   b) Wie lang ist der Kraftweg?

5. **Stahlträger:** Ein 2420 N schwerer Stahlträger ist mit einem Rollenflaschenzug (3 lose und 3 feste Rollen) zu heben.

   Das Gewicht der Unterflasche beträgt 120 N.

   a) Wie groß ist die notwendige Kraft am Zugseil bei 20 % Reibungsverlusten?

   b) Wie groß ist der Lastweg bei einem Kraftweg von 6,40 m?

6. **Schraubenflaschenzug (Bild 4):** Der Schraubenflaschenzug trägt eine Last von 12 kN.

   Wie groß ist die zum Heben der Last notwendige Kraft, wenn der Durchmesser der Halbachse d_2 = 165 mm, der Durchmesser der Kettennuss d_1 = 76 mm, die Zähnezahl des Schneckenrades $z_2 = 20$, die Übersetzung $i = 20:1$ sind und eine eingängige Schnecke eingebaut ist?

   Die Reibungsverluste betragen insgesamt 55 %.

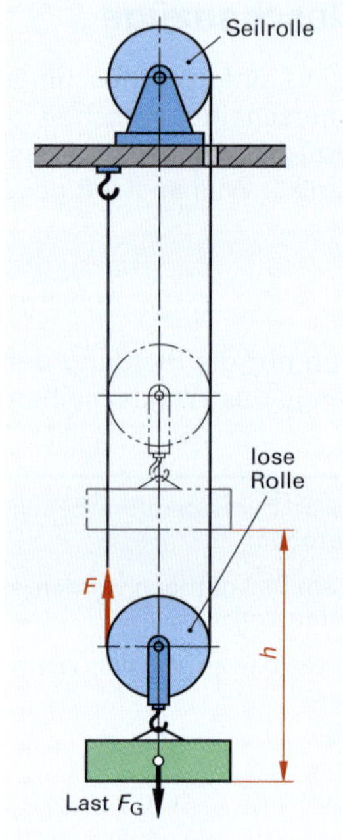

Bild 1: Lose Rolle

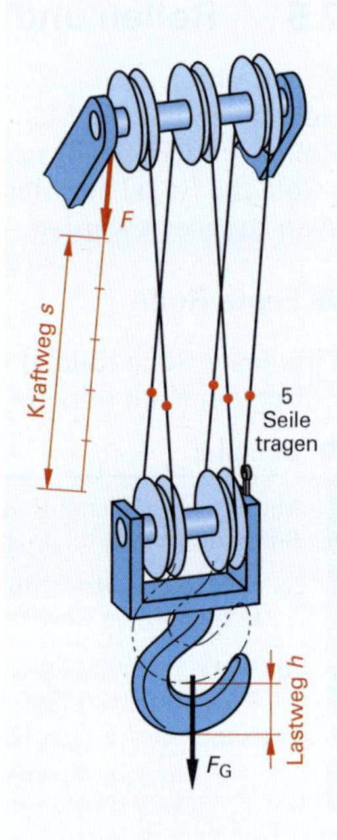

Bild 2: Flaschenzug

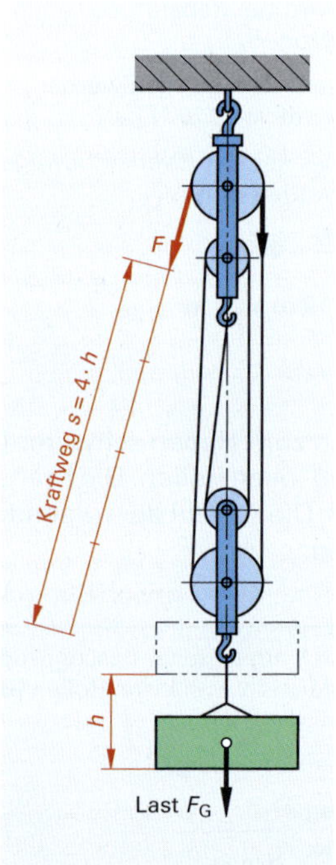

Bild 3: Last

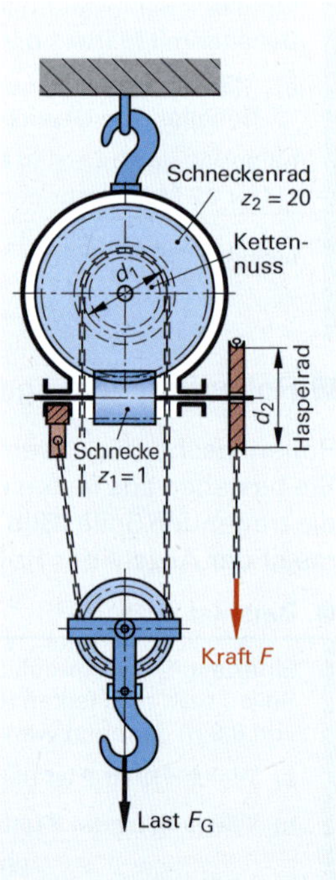

Bild 4: Schraubenflaschenzug

7.6 Hebel und Drehmoment

Hebel

Der Hebel kann als einfache Maschine bezeichnet werden. Man versucht damit Kraft auf Kosten des Weges oder Weg auf Kosten der Kraft zu sparen.

Der Hebel wird zur Änderung der Kraftrichtung und zur Kraftübersetzung verwendet. Er ist ein um eine Achse drehbares, starres Bauelement. Auf seiner Wirkung beruhen zum Beispiel Zangen, Scheren, Zahnräder und Schraubenschlüssel.

Man unterscheidet zwischen einseitigem Hebel, zweiseitigem Hebel und Winkelhebel **(Bild 1)**.

Drehmoment

Greifen an einem Hebel Kräfte an, so bewirken sie Drehmomente. Das Drehmoment hängt ab

- von der Größe der Kraft und
- von der wirksamen Hebellänge.

Die wirksame Hebellänge ist der senkrechte Abstand von der Wirkungslinie der Kraft zum Drehpunkt **(Bild 1)**.

Drehmoment

$$M = F \cdot l$$

M	Drehmoment	Nm
F	Kraft	N
l	wirksame Hebellänge	m

Beispiel 1

Welches Drehmoment verursacht die Gewichtskraft F_G eines Autos auf den Wagenheber **(Bild 2)**?

Lösung: $M = F_G \cdot l = 3000\ \text{N} \cdot 0{,}15\ \text{m} = \mathbf{450\ Nm}$

Beispiel 2

Eine Sechskantschraube M22 wird mit einem Schraubenschlüssel **(Bild 3)** angezogen. Die am Schraubenschlüssel wirksame Kraft beträgt 120 N.

a) Wie groß ist das erzeugte Drehmoment?

b) Welches Drehmoment kann maximal erzeugt werden?

Lösung: a) $M = F \cdot l = 120\ \text{N} \cdot 0{,}155\ \text{m} = \mathbf{18{,}6\ Nm}$

b) Das maximale Drehmoment wird erreicht, wenn die Richtung der Kraft senkrecht zur Linie $\overline{AB}$ wirkt.

$M = F \cdot l = 120\ \text{N} \cdot 0{,}18\ \text{m} = \mathbf{21{,}6\ Nm}$.

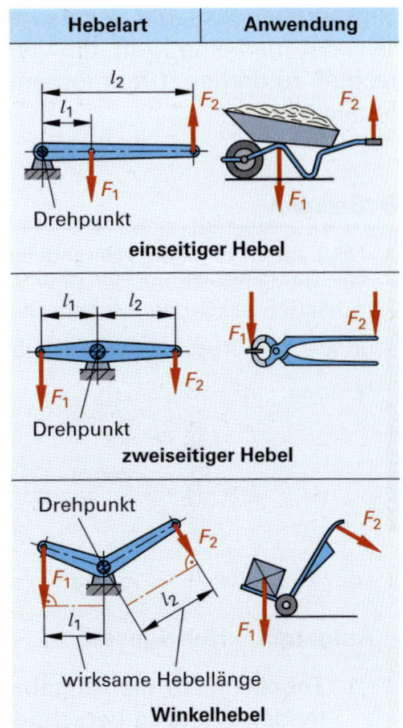

Bild 1: Hebelarten

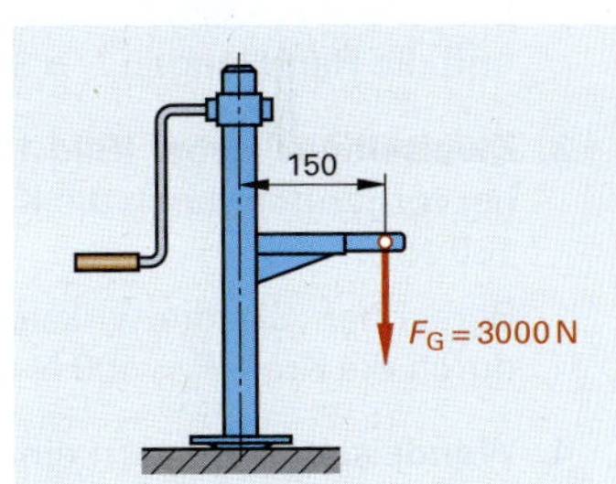

Bild 2: Wagenheber

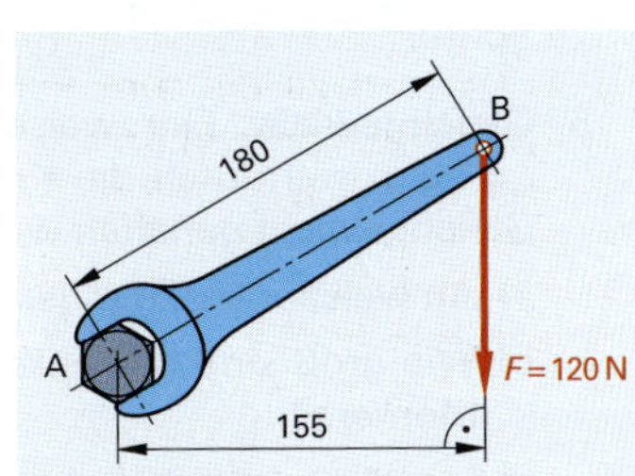

Bild 3: Schraubenschlüssel

Aufgaben	Hebel und Drehmoment

1. **Riemenscheibe:** An einer Riemenscheibe mit dem Durchmesser 400 mm entsteht ein Drehmoment von 320 Nm.

   Wie groß ist die am Umfang der Scheibe wirkende Kraft?

2. **Drehstrommotor**: Bei einem Drehstrommotor beträgt das Nennmoment 60 Nm.

   Welchen Durchmesser darf die Riemenscheibe höchstens haben, wenn an ihrem Umfang eine Kraft von 720 Nm benötigt wird?

7

7.6.1 Hebelgesetz

Beim Hebelgesetz kommt die **Goldene Regel der Mechanik** zur Anwendung:

Was an Kraft gespart wird, muss an Weg zugesetzt werden

Ein Hebel ist im Gleichgewicht, wenn die Summe der linksdrehenden Momente gleich der Summe der rechtsdrehenden Momente ist. Als „linksdrehendes oder rechtsdrehendes Drehmoment" **(Bild 1)** bezeichnet man eine Kraft, die versucht, einen Hebel nach „links oder rechts" zu drehen. Drehmomente werden sehr häufig als Momente bezeichnet.

Hebelgesetz

$$M_l = M_r$$

$$F_1 \cdot l_1 = F_2 \cdot l_2$$

$$\Sigma M_l = \Sigma M_r$$

M_l	linksdrehendes Drehmoment	Nm
M_r	rechtsdrehendes Drehmoment	Nm
ΣM	Summe alle Drehmomente	Nm
F_1, F_2	Kräfte	N
l_1, l_2	wirksame Hebellängen	mm

Beispiel

Die Einfahrt zu einem Firmengelände soll eine Schranke erhalten **(Bild 2)**. Um die Schranke mit der Gewichtskraft F_1 = 400 N leichter öffnen bzw. schließen zu können, wird ein Gegengewicht mit der Kraft F_2 montiert.

In welchem Abstand vom Drehpunkt muss es montiert werden?

Lösung: $M_l = M_r$

$F_1 \cdot l_1 = F_2 \cdot l_2$

$l_2 = \frac{F_1 \cdot l_1}{F_2} = \frac{400\ \text{N} \cdot 1{,}6\ \text{m}}{800\ \text{N}} = \mathbf{0{,}8\ m}$

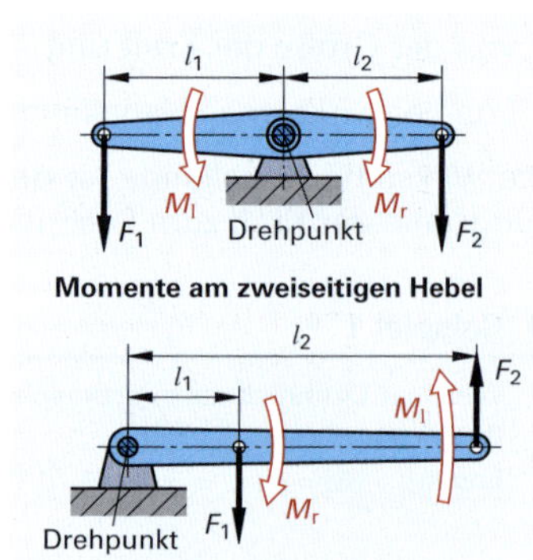

Bild 1: Momente am Hebel

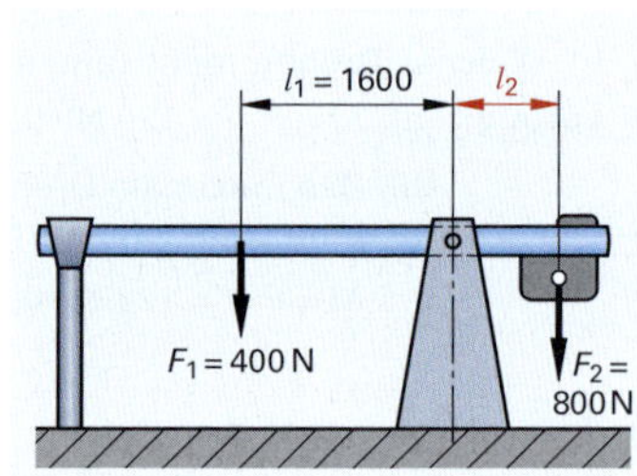

Bild 2: Schranke

Aufgaben | Hebelgesetz

1. **Tabelle 1:** Für die Aufgaben **a** bis **c** der **Tabelle 1** sind die fehlenden Werte zu berechnen.
2. **Einseitiger Hebel (Bild 1):** Welchen Betrag muss die Kraft F_2 haben, wenn F_1 = 600 N den Hebel nach rechts zu drehen versucht und die Hebellängen l_1 = 300 mm und l_2 = 900 mm betragen?
3. **Zweiseitiger Hebel (Bild 1):** Das linksdrehende Drehmoment, hervorgerufen durch die Kraft F_1 = 300 N, hat einen Betrag von 180 Nm.

   Berechnen Sie die wirksame Hebellänge l_2, wenn der Hebel durch die Kraft F_2 = 400 N im Gleichgewicht gehalten wird.
4. **Wendeisen:** An einem einarmigen Wendeisen mit einer wirksamen Hebellänge von 46 cm wirkt eine Kraft von 120 N.

   Wie groß ist der Schneidwiderstand an einem M18-Gewindebohrer?
5. **Gleichgewicht:** Ein zweiseitiger Hebel mit der Gesamtlänge l = 1,8 m soll durch die Kräfte F_l = 1,8 kN und F_r = 1,2 kN im Gleichgewicht gehalten werden.
   a) An welcher Stelle muss sich der Drehpunkt befinden?
   b) Wie groß sind das linksdrehende und das rechtsdrehende Moment?
   c) In welchem Verhältnis stehen die beiden Längen der Hebelarme bzw. die beiden Kräfte?

Tabelle 1

Kraft (N)		500	180
Hebelarm (mm)	250		125
Moment (Nm)	100	125	

6. Kettentrieb (Bild 1): Der Kettentrieb überträgt ein Drehmoment $M = 144$ Nm.

Wie groß ist die Zugkraft F in der Kette?

7. Endschalter (Bild 2): Zum Betätigen eines Schaltstifts am Endschalter ist eine Kraft von 7,35 N erforderlich. Zu berechnen sind

a) die Betätigungskraft am Ende des Hebelarms,

b) das Moment am Schaltstift,

c) das Betätigungsmoment.

8. Winde (Bild 3): Mit der Winde wird eine Last von 800 N hochgehoben.

Wie groß sind

a) das Drehmoment an der Seiltrommel,

b) die Handkraft F_1?

9. Seitenschneider (Bild 4): Wie groß muss an einem Seitenschneider die Handkraft zum Trennen eines Drahtes sein, wenn zum Trennen des Drahtes eine Kraft von 700 N erforderlich ist?

10. Sackwagen (Bild 5): Ein Arbeiter transportiert eine Kiste mit einem Sackwagen. Laut Frachtbrief hat sie eine Masse von 150 kg.

a) Welche Kraft F in N muss aufgebracht werden ($g = 9{,}81$ m/s^2)?

b) Was muss der Arbeiter machen, damit die Kraft den Wert 0 N erreicht?

c) Welche Aussage kann für den Fall $F = 0$ N über die Hebellänge l_2 und die Wirkungslinie der Gewichtskraft F_G gemacht werden?

11. Tor (Bild 6): Um eine Reparatur an einem Tor mit der Gewichtskraft $F_G = 2000$ N durchführen zu können, muss es ausgehängt werden.

a) Welche Kraft muss aufgewendet werden, um das Tor auszuheben?

b) Warum reicht die errechnete Kraft in der Praxis meist nicht aus?

12. Spanneisen (Bild 7): Ein Werkstück wird über ein Spanneisen und eine Schraube auf den Maschinentisch gespannt.

Mit welcher Kraft F_2 wird das Werkstück auf den Tisch gepresst, wenn die Spannkraft der Schraube $F_1 = 12$ kN beträgt?

13. Auswerfer (Bild 8): Am Auswerfer soll die Kraft $F_1 = 2{,}2$ kN wirken. Welche Kraft F_2 ist erforderlich, wenn die Druckfeder auf $F_3 = 180$ N vorgespannt ist?

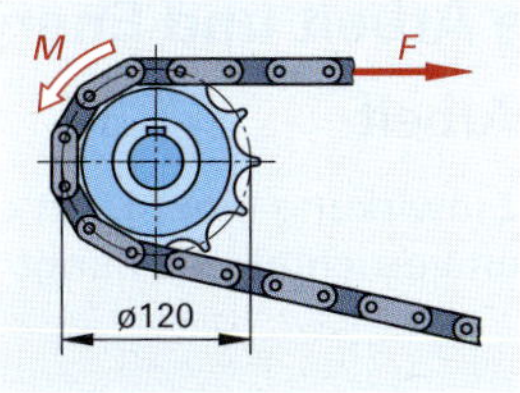

Bild 1: Kettentrieb

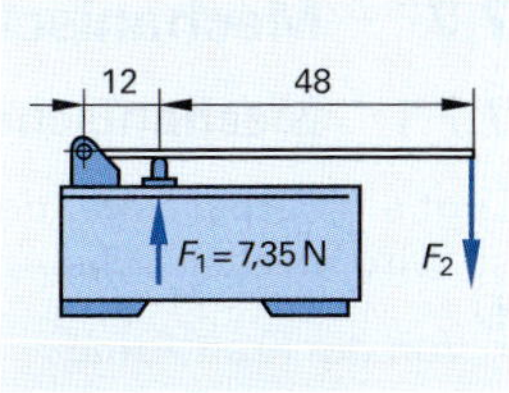

Bild 2: Endschalter

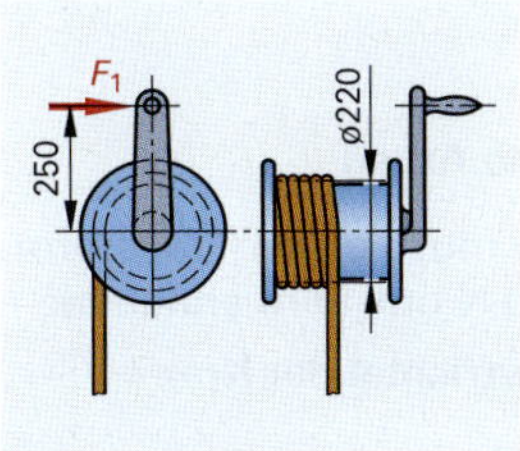

Bild 3: Winde

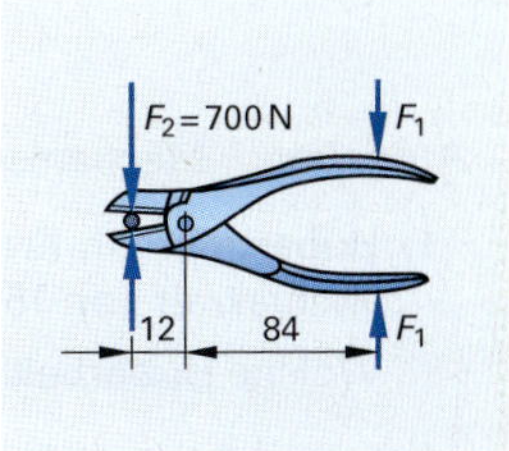

Bild 4: Seitenschneider

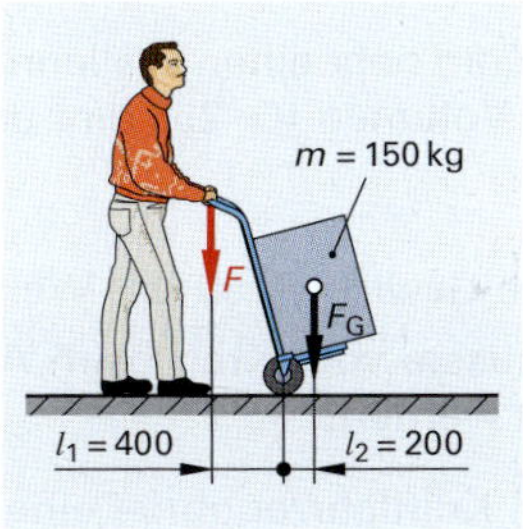

Bild 5: Sackwagen

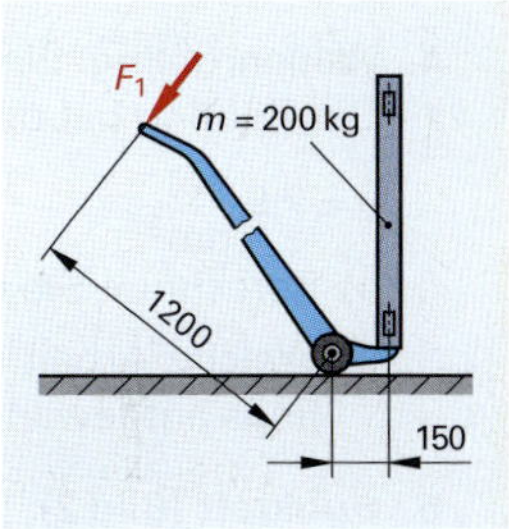

Bild 6: Tor

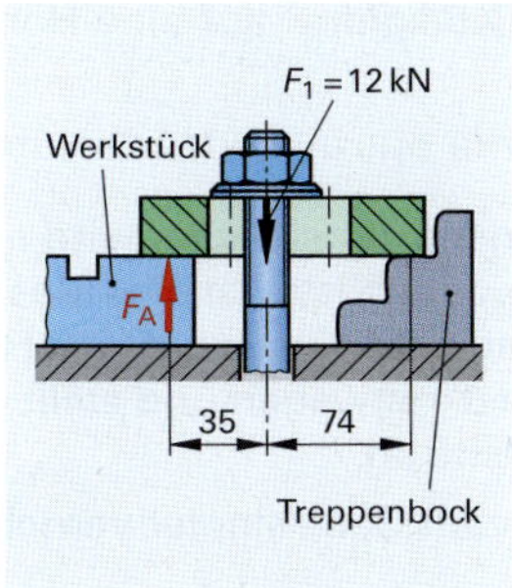

Bild 7: Spanneisen

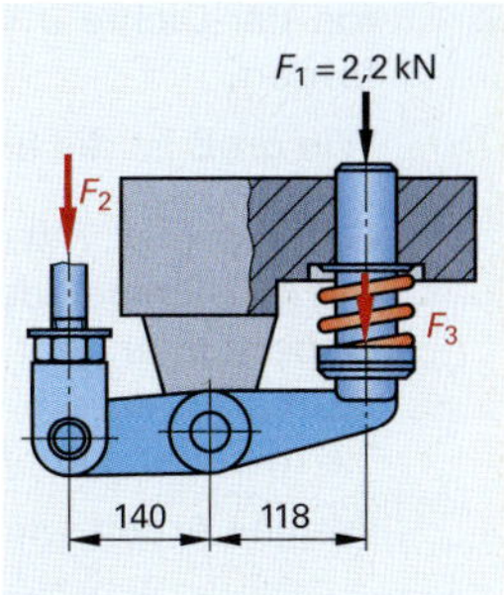

Bild 8: Auswerfer

7

7.7 Mechanische Arbeit und Energie

7.7.1 Mechanische Arbeit

vel.plus/ RMECH07

Legt ein Körper unter der Einwirkung einer Kraft einen Weg zurück, so wird mechanische Arbeit verrichtet. Sie hängt ab

- von der Kraft F und
- vom Weg s in Richtung dieser Kraft.

Beispiel

Mit einem Gabelstapler wird eine Kiste 2,2 m hochgehoben. Die Kiste hat eine Gewichtskraft F_G = 2943 N **(Bild 1)**. Welche Arbeit wird verrichtet?

Lösung: $W = F \cdot s$ = 2943 N · 2,2 m = 64 746 Nm = **64 746 J**

Mechanische Arbeit

$$W = F \cdot s$$

W	Arbeit	J (Joule)[1]
F	Kraft	N
s	Kraftweg	m

Einheiten für die Arbeit

1 Nm = 1 J = 1 W · s

Aufgaben Mechanische Arbeit

1. **Hubarbeit:** Ein Kran muss einen Transformator mit einer Gewichtskraft von 1500 N um 12 m anheben.
   Welche Hubarbeit verrichtet der Kran?

2. **Verschiebearbeit:** Wie groß ist die mechanische Arbeit beim Verschieben eines Abfallbehälters, wenn eine Kraft von 6000 N auf einer Strecke von 4,2 m nötig ist?

3. **Hubweg:** Beim Heben einer 9 kN schweren Last wird eine Arbeit von 180 kJ verrichtet.
   Berechnen Sie den Hubweg.

4. **Wellenrohling:** Ein Kran hebt einen Wellenrohling 3 Meter an. Der Rohling hat das Volumen V = 258 dm³ und die Dichte
   $\varrho = 7{,}9\,\frac{\text{kg}}{\text{dm}^3}$.
   a) Berechnen Sie die Gewichtskraft des Wellenrohlings.
   b) Welche Arbeit musste vom Kran beim Anheben des Rohlings aufgewandt werden?

5. **Hubkraft (Bild 2):** Im Kraftfahrzeugbrief eines Autos steht m = 1200 kg. Berechnen Sie, mit g = 9,81 m/s²,
   a) die Kraft, mit der der Hubzylinder die Hebebühne anhebt, wenn die Hebevorrichtung eine Masse m = 0,08 t hat,
   b) die Arbeit, wenn das Auto 1,9 m angehoben wird.

6. **Betonpumpe (Bild 3)**: Durch die Betonpumpe werden 5 m³ Beton der Dichte ϱ = 2,45 kg/dm³ auf eine Höhe von 11,5 m gefördert.
   Wie groß ist die hierfür aufzuwendende Hubarbeit?

7. **Gabelstapler:** Mit einem Gabelstapler wird ein Lastkraftwagen mit 4 Kisten beladen. Jede Kiste hat eine Masse von 300 kg. Der Gabelstapler hebt dabei die Kisten auf eine Höhe von 1,9 m an, fährt sie 6 m zum Lastkraftwagen und stellt die Kisten auf der 1,6 m hohen Ladefläche ab.
   Welche Arbeit wird vom Gabelstapler verrichtet?

Bild 1: Gabelstapler

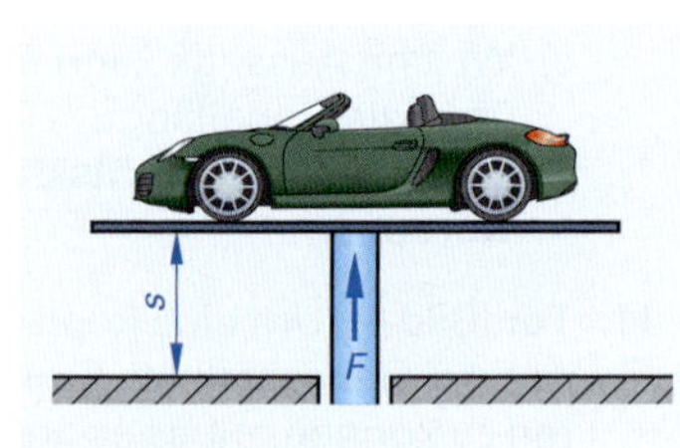

Bild 2: Hebebühne

Bild 3: Betonpumpe

1 Joule, englischer Physiker (1818 bis 1889)

7.7.2 Die schiefe Ebene

Mithilfe der schiefen Ebene lässt sich Kraft auf Kosten des Weges sparen. Jede Verringerung der Kraft hat eine Verlängerung des Weges zur Folge. Dieses Gesetz wird als „Goldene Regel der Mechanik" bezeichnet und wird bei der schiefen Ebene angewandt.

Was an Kraft gespart wird, muss an Weg dazugegeben werden

Goldene Regel der Mechanik

$$F \cdot s = F_G \cdot h$$

F	Kraft	N
F_G	Gewichtskraft	N
s	Kraftweg	m
h	Hubweg	m

Beispiel

Ein Ölfass mit der Gewichtskraft $F_G = 1000$ N soll auf die 1,4 m hohe Laderampe angehoben werden **(Bild 1)**.

a) Wie groß ist die hierfür notwendige mechanische Arbeit W_1, wenn das Fass über die 2,80 m lange Verladerampe gerollt wird? Energieverluste bei diesem Vorgang bleiben unberücksichtigt.

b) Wie groß ist die mechanische Arbeit W_2, wenn das Fass durch einen Hubstapler senkrecht angehoben wird?

Lösung: a) $W_1 = F \cdot s = 500\ \text{N} \cdot 2{,}8\ \text{m} = \mathbf{1400\ Nm}$

b) $W_2 = F_G \cdot h = 1000\ \text{N} \cdot 1{,}4\ \text{m} = \mathbf{1400\ Nm}$

Der Vergleich der Ergebnisse zeigt, dass die zu verrichtende Arbeit in beiden Fällen gleich groß ist.

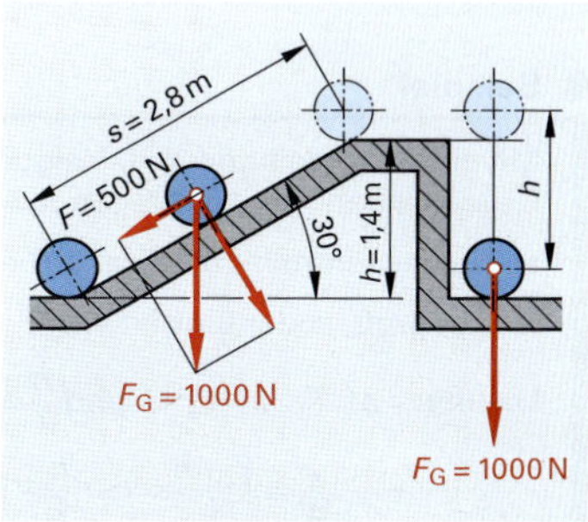

Bild 1: Verladerampe

Aufgaben | Die schiefe Ebene

1. **Förderband (Bild 2):** Eine Last mit der Gewichtskraft $F_G = 600$ N wird mithilfe eines Förderbandes, das eine Länge von 7,5 m hat, auf eine Höhe von 4 m gebracht.

   Wie groß muss die Zugkraft sein, wenn Reibungsverluste unberücksichtigt bleiben?

2. **Weglänge:** Ein Hubwagen hat mit Ladung eine Gewichtskraft $F_G = 2$ kN. Er wird von zwei Arbeitern auf einer wendelförmigen Auffahrt zur 2. Etage einer Messehalle in 12 m Höhe gezogen.

   Welche Weglänge besitzt die Auffahrt, wenn die Arbeiter zusammen mit einer Kraft von 800 N ziehen?

3. **Stahlfass (Bild 3):** Ein Stahlfass mit einer Masse von 12 kg ist mit 200 l Altöl der Dichte $\varrho = 0{,}92$ kg/dm^3 gefüllt. Es soll mit einem Transporter, dessen Ladefläche eine Höhe von 1,2 m hat, zu einer Sammelstelle für Wertstoffe transportiert werden (Energieverluste bleiben unberücksichtigt).

   a) Welche Länge muss eine schiefe Ebene besitzen, wenn zwei Arbeiter beim Hochrollen des Fasses zusammen eine Kraft von 950 N aufbringen?

   b) Es soll auch noch ein fahrbarer Schweißtrafo mit $F_G = 700$ N auf den Transporter geladen werden. Mit welcher Kraft muss ein Arbeiter den Trafo schieben?

4. **Kessel (Bild 4):** Ein Kessel wird auf 4,8 m langen Ladebalken mit 650 N Zugkraft auf die 1,2 m hohe Ladefläche eines Güterwagens gerollt.

   a) Wie groß ist die Gewichtskraft des Kessels?

   b) Die auf die Ladebalken wirkende Kraft F_N ist zu berechnen.

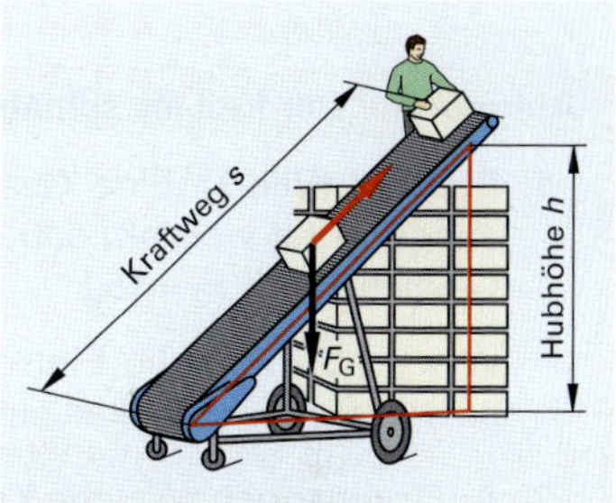

Bild 2: Förderband

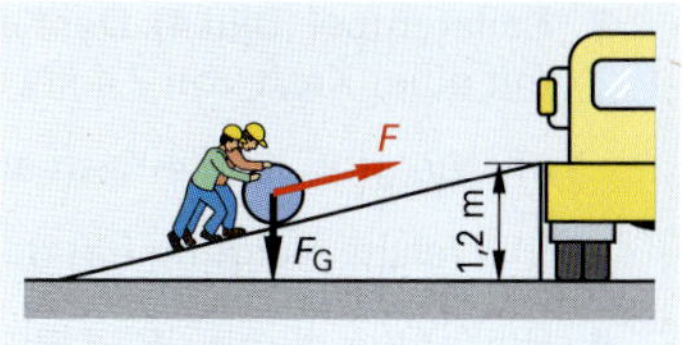

Bild 3: Stahlfass

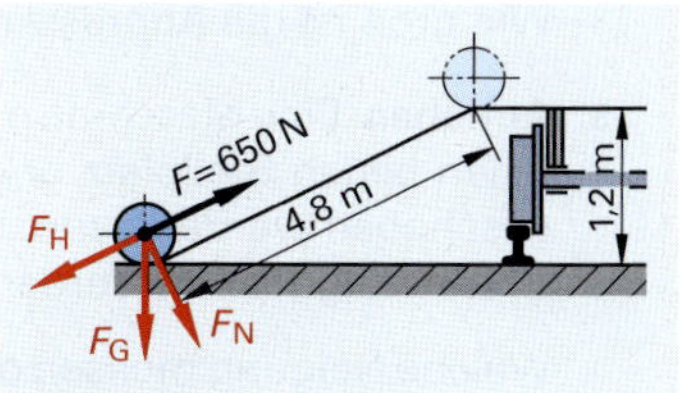

Bild 4: Kessel

7.7.3 Der Keil als schiefe Ebene

Die Einsatzgebiete der Keile **(Bild 1)** sind vielfältig.

- Anheben schwerer Lasten; z. B. Ausrichten von Maschinen oder von Maschinenteilen.
- Befestigung von Maschinenteilen; z. B. Kegelstifte
- Austreiben von Werkzeugen; z. B. Bohrer

■ Bei Keilen wird sehr häufig die Neigung angegeben.

Für die Neigung gilt: **Neigung = 1:** $\frac{\textbf{Eintreibweg}}{\textbf{Hubweg}}$

● Beispiel

Mit einem einseitigen Keil, Neigung 1 : 6, soll ein Maschinenfuß mit einer Gewichtskraft F_2 = 1800 N um h = 20 mm angehoben werden **(Bild 2)**.

a) Welche Eintreibkraft F_1 ist erforderlich?

b) Wie groß ist der Eintreibweg?

Lösung: a) $F_1 \cdot l = F_2 \cdot h$ und $\frac{h}{l} = 1:6$

$$F_1 = \frac{F_2 \cdot h}{l} = F_2 \cdot \frac{h}{l} = 1800\ \text{N} \cdot \frac{1}{6} = \mathbf{300\ N}$$

b) Neigung $1:6 = \frac{h}{l}$; $l = h \cdot 6 = 20\ \text{mm} \cdot 6 = \mathbf{120\ mm}$

Aufgaben	Der Keil als schiefe Ebene

1. **Stellkeil (Bild 3):** Eine Gesenkbiegepresse soll mit Stellkeilen ausgerichtet werden, dabei trifft auf einen Maschinenfuß eine Gewichtskraft F_2 = 15 kN.

   Wie groß muss die Eintreibkraft (Stellkraft) F_1 der Schraube sein, wenn der Stellkeil eine Neigung 1:20 hat?

2. **Austreiblappen:** Welche Kraft wirkt auf den Austreiblappen eines Bohrers, wenn auf den Austreibkeil, Neigung 1:20, durch einen Hammerschlag eine Treibkraft von 120 N wirkt?

3. **Keilstempel (Bild 4):** Der Keilstempel des Biegewerkzeugs wirkt mit einer Kraft von 2,4 kN auf den Seitenschieber.

   a) Wie groß ist die Kraft auf den Seitenschieber?

   b) Welche Neigung hat der Keil?

4. **Wellenkupplung (Bild 5):** Eine Wellenkupplung wird durch einen einseitigen Querkeil, Neigung 1:40, miteinander verbunden. Der Widerstand gegen das Eintreiben beträgt 420 N.

   Wie groß ist die Anpresskraft?

5. **Anheben:** Eine Maschine mit einer Gewichtskraft F_G = 40 kN soll einen neuen Stellplatz bekommen. Damit ein Kranseil durchgeschoben werden kann, soll die Maschine durch 4 Keile um 30 mm angehoben werden.

   Welche Neigung müssen die Treibkeile bei einer Treibkraft von 500 N haben?

Kräfteverhältnisse am Keil

$$F_1 \cdot l = F_2 \cdot h$$

Neigung

$$\text{⊿} = 1 : \frac{l}{h}$$

F_1	Eintreibkraft	N
F_2	Hubkraft	N
l	Eintreibweg	m
h	Hubweg	m
⊿	Neigung	–

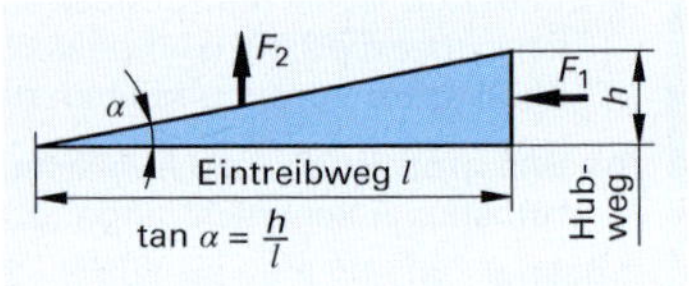

Bild 1: Keil

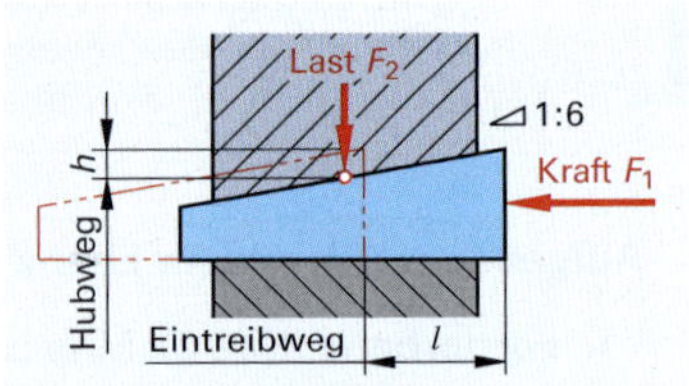

Bild 2: Maschinenfuß

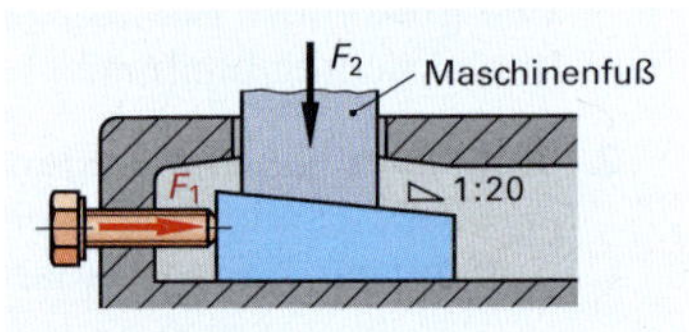

Bild 3: Stellkeil

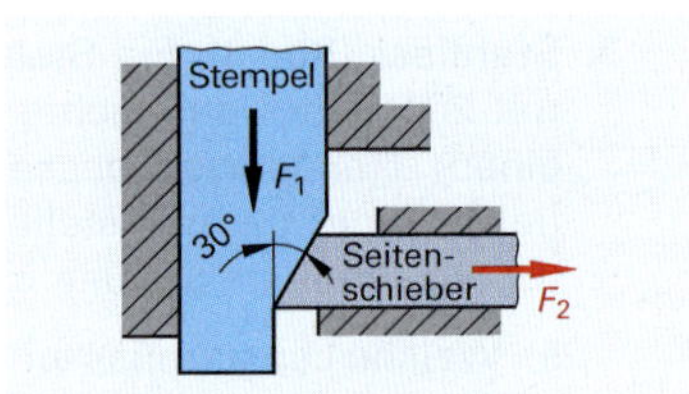

Bild 4: Keilstempel

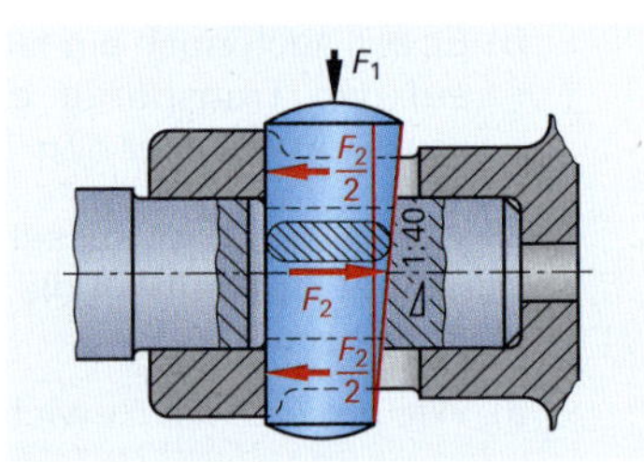

Bild 5: Wellenkupplung

7.7.4 Die Schraube als schiefe Ebene

Wird eine schiefe Ebene um einen Zylinder gewickelt **(Bild 1)**, so entsteht eine Schraubenlinie. Dabei entspricht ihre Basis dem Zylinderumfang und ihre Höhe der Steigung P der Schraubenlinie.

Wird eine Schraube oder Mutter angezogen, so wird die Handarbeit W_1 bei einer Umdrehung des Schraubenschlüssels in Spannarbeit W_2 in der Schraubenachse umgewandelt. Es gilt $W_1 = W_2$.

Verhältnisse an Schrauben

$$F_1 \cdot s = F_2 \cdot P$$

F_1	Handkraft	N
F_2	Spannkraft	N
s	Handweg	m
P	Gewindesteigung	mm

Handarbeit

$$W_1 = F_1 \cdot s = F_1 \cdot \pi \cdot d$$

Spannarbeit

$$W_2 = F_2 \cdot P$$

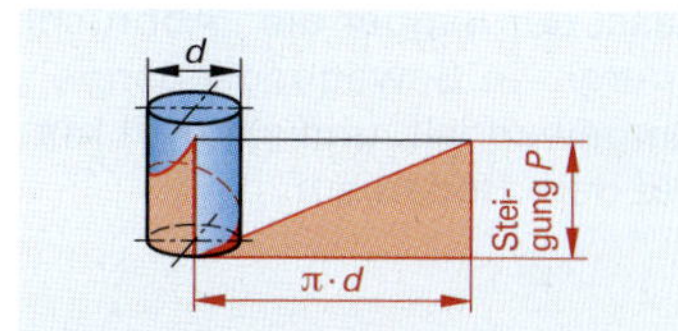

Bild 1: Schraubenlinie

Beispiel

Eine Schraube **(Bild 2)** mit der Steigung $P = 1{,}75$ wird mit einem Schraubenschlüssel von 140 mm wirksamer Hebellänge mit einer Handkraft $F_1 = 60$ N angezogen. Wie groß ist die in Richtung der Schraubenachse wirkende Kraft F_2, wenn die Reibverluste unberücksichtigt bleiben?

Lösung: $F_1 \cdot s = F_2 \cdot P$

$$F_1 \cdot \pi \cdot d = F_2 \cdot P;\ F_2 = \frac{F_1 \cdot \pi \cdot d}{P} = \frac{60\ \text{N} \cdot \pi \cdot 280\ \text{mm}}{1{,}75\ \text{mm}} = \mathbf{30\,159\ N}$$

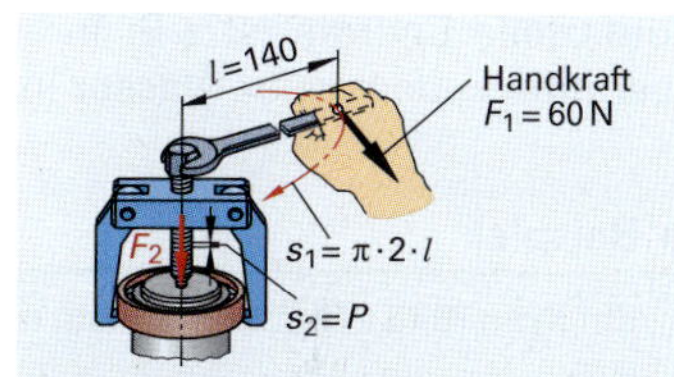

Bild 2: Bewegungsgewinde

Aufgaben	**Die Schraube als schiefe Ebene**

1. **Spindelpresse (Bild 3):** Ein U-Profil soll auf einer Spindelpresse gerichtet werden. Wie groß ist die Kraft F_2, wenn der Raddurchmesser $d = 1{,}5$ m, die Steigung des Trapezgewindes $P = 24$ mm und die Handkraft $F_1 = 150$ N ist?

2. **Schraubstock (Bild 4):** Mit welcher Handkraft muss der Spannhebel des Schraubstocks angezogen werden, damit eine Spannkraft von 12 kN erreicht wird? Die Reibungsverluste betragen 70 %.

3. **Spindelpresse:** Eine Spindelpresse hat ein Handrad von 800 mm Durchmesser und eine Spindel mit 16 mm Steigung. Das Handrad wird mit einer Handkraft von 96 N gedreht.

   a) Welche theoretische Presskraft wird in der Spindel erreicht?

   b) Mit welcher Kraft muss das Handrad gedreht werden, um eine Presskraft von 15,7 kN, bei 65 % Reibungsverlusten, zu erzeugen?

4. **Wagenheber (Bild 5):** Der Wagenheber wird über eine Kurbel mit $r = 125$ mm betätigt.

   a) Mithilfe von Kräfteparallelogrammen sind für die Gewichtskraft $F_G = 10$ kN die Stangenkräfte F_I und F_{II} sowie die Kraft F_2 in Schraubenachse zeichnerisch zu ermitteln.

   b) Welche Handkraft ist an der Kurbel, bei 65 % Reibungsverlusten, aufzubringen?

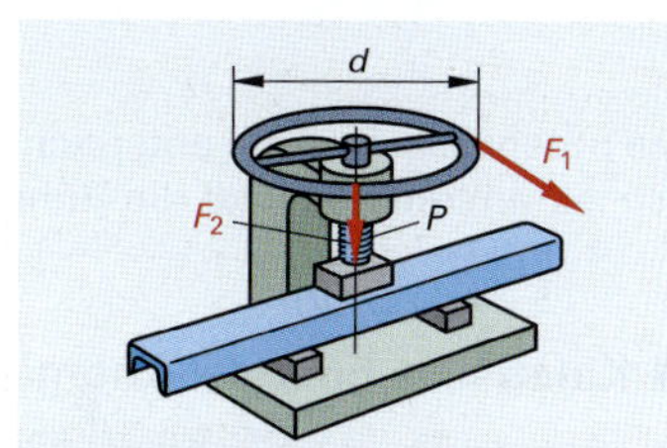

Bild 3: Spindelpresse

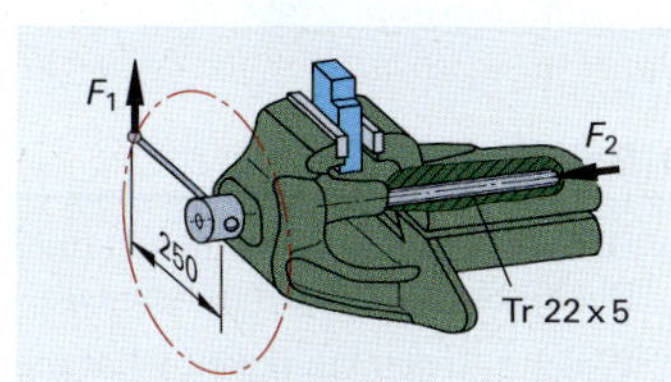

Bild 4: Schraubstock

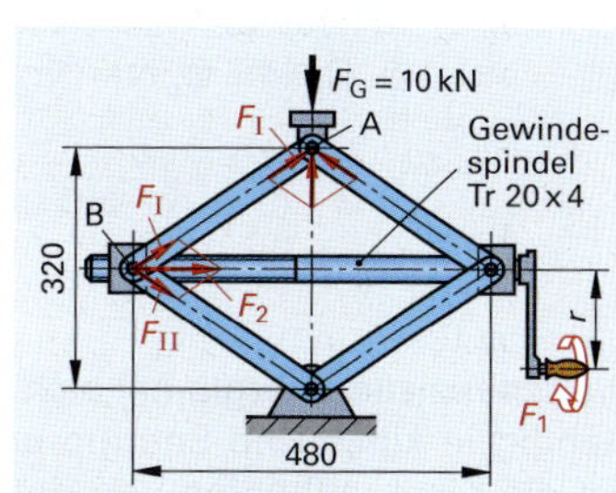

Bild 5: Wagenheber

7.7.5 Mechanische Energie

Energie ist gespeicherte Arbeit. Der Bagger **(Bild 1)** verrichtet mechanische Arbeit, wenn er die „Abbruchbirne" hochzieht.

Die in der „Abbruchbirne" gespeicherte Arbeit in der Höhe h **(Bild 1)** wird als Lageenergie oder **potenzielle Energie** bezeichnet, die nur von der Höhe über dem Ausgangsniveau abhängt.

Lässt der Bagger die „Abbruchbirne" fallen **(Bild 1)**, wird die Lageenergie in Bewegungsenergie, die auch **kinetische Energie** heißt, umgewandelt, und sie trifft mit einer bestimmten Geschwindigkeit auf dem Boden auf.

Potenzielle Energie

$$W_p = F_G \cdot h$$

Kinetische Energie

$$W_{kin} = \frac{1}{2} \cdot m \cdot v^2$$

W_p	potenzielle Energie	J
W_{kin}	kinetische Energie	J
F_G	Gewichtskraft	N
h	Höhe	m
m	Masse	kg
v	Geschwindigkeit	m/s

Potenzielle Energie (Energie der Lage)

vel.plus/ RMECH08

Potenzielle Energie ist z. B. in schwebenden Lasten, Druckluft, gespannten Federn oder Wasser in Speicherseen enthalten.

Beispiel

Ein Kran **(Bild 2)** hebt eine Kiste mit der Masse 300 kg auf eine Höhe von 4 m.

Welche potenzielle Energie ist in der Kiste gespeichert?

Lösung: $W_p = F_G \cdot h = m \cdot g \cdot h = 300\ \text{kg} \cdot 9{,}81\ \frac{\text{m}}{\text{s}^2} \cdot 4\ \text{m} = \mathbf{11\,772\ J}$

Die potenzielle Energie entspricht der geleisteten Arbeit, die erforderlich ist, um die Kiste auf die Höhe von 4 m zu heben.

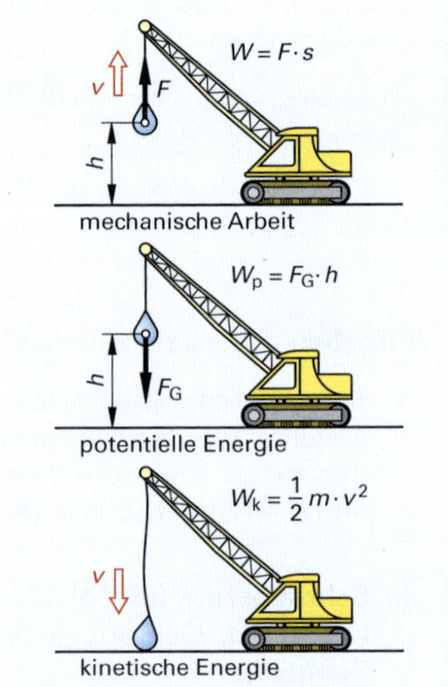

Bild 1: Arbeit und Energie

Kinetische Energie (Energie der Bewegung)

vel.plus/ RMECH09

Kinetische Energie ist in jeder bewegten Masse vorhanden, z. B. in fahrenden Autos, in fallenden Gegenständen oder in rotierenden Schleifscheiben.

Beispiel

Das verwendete Kranseil hält die Zugbelastung nicht aus; es reißt **(Bild 2)**. Die Kiste stürzt aus 4 m Höhe ab.

Welche Geschwindigkeit v hat die Kiste beim Auftreffen auf dem Boden?

Lösung: Die potenzielle Energie wird in kinetische Energie umgewandelt.

$$W_{kin} = W_p$$

$$\frac{1}{2} \cdot m \cdot v^2 = W_p$$

$$v = \sqrt{\frac{2 \cdot W_p}{m}} = \sqrt{\frac{2 \cdot 11\,772\ \text{J}}{300\ \text{kg}}} = \mathbf{8{,}86\ \frac{m}{s}}$$

Die potenzielle Energie hat sich beim Aufprall auf dem Boden vollständig in kinetische Energie umgewandelt. Während des Fallens hat die Kiste, abhängig von der Höhe, sowohl potenzielle Energie als auch kinetische Energie.

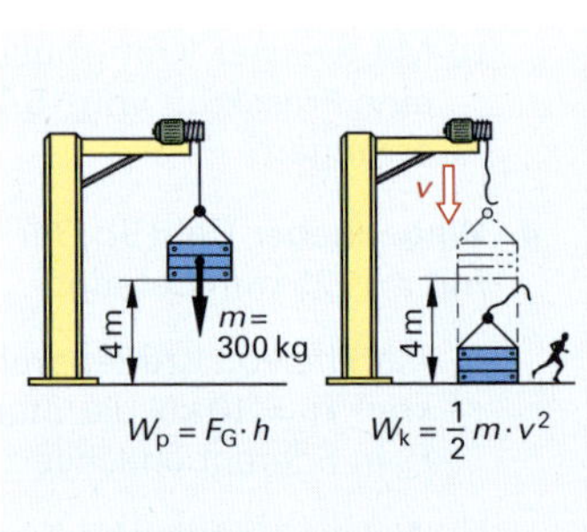

Bild 2: Energiezustände

Aufgaben	Mechanische Energie

1. **Gabelstapler (Bild 1):** Mit einem Gabelstapler wird ein Lkw mit 6 Kisten, deren Masse je 300 kg beträgt, beladen.

   a) Welche mechanische Arbeit wird vom Gabelstapler verrichtet, wenn zum Anheben der Kisten und Ablegen auf dem Lkw der Kraftweg 2 m beträgt?

   b) Wie groß ist die potenzielle Energie der Kisten, wenn sich die Ladefläche 1,6 m über dem Boden befindet?

2. **Umbauarbeiten:** Bei Umbauarbeiten im Betrieb befindet sich die Baustelle im 2. Stockwerk auf 6 m Höhe.

   a) Welche Arbeit wird beim Hochtragen eines Werkzeugkastens mit der Masse m = 18 kg verrichtet, wenn durch Anheben und Abstellen zusätzlich ein Kraftweg von 0,8 m hinzukommt?

   b) Welche potenzielle Energie besitzt der Werkzeugkasten nach dem Abstellen?

   c) Ein Arbeiter verschiebt den am Boden stehenden Werkzeugkasten mit dem Fuß um 1,2 m.

   Welche Arbeit verrichtet er, wenn zwischen Boden und Werkzeugkiste die Reibungszahl μ = 0,6 gilt?

3. **Winkelschleifer (Bild 2):** Ein Winkelschleifer arbeitet mit einer Schnittgeschwindigkeit v_c = 80 m/s. Vom Umfang der Schleifscheibe löst sich ein Teilchen der Schleifscheibe mit der Masse m = 1,2 Gramm.

   Wie groß ist die kinetische Energie des Teilchens beim Wegfliegen?

4. **Hammerschlag:** Zum Einschlagen eines Nagels wird die kinetische Energie des Handhammers ausgenutzt.

   Wie groß ist die kinetische Energie eines Hammers mit der Masse 500 Gramm, wenn er mit einer Geschwindigkeit von 3 m/s den Nagel trifft?

5. **Betonpumpe (Bild 3):** Durch die Betonpumpe werden 15 Tonnen Beton auf eine Höhe von 11,5 m gefördert.

   a) Berechnen Sie die von der Pumpe verrichtete Arbeit.

   b) Beim Schwenken mit dem Pumpenschlauch wird ein Kieselstein mit 12 Gramm von der Decke gewischt.

   Mit welcher Geschwindigkeit trifft er am Boden auf?

6. **Elektromotor (Bild 4):** Mit der Formel $W_{kin} = \frac{1}{2} \cdot J \cdot \omega^2$ kann die kinetische Energie bei rotierenden Bewegungen berechnet werden. Dabei ist J das Trägheitsmoment der rotierenden Masse und ω deren Winkelgeschwindigkeit.

   Eine Werkzeugmaschine wird von einem Elektromotor mit einem Trägheitsmoment von 4 kgm² und einer Drehzahl von 1440 min⁻¹ angetrieben.

   Berechnen Sie die kinetische Energie des Motors bei dieser Drehzahl.

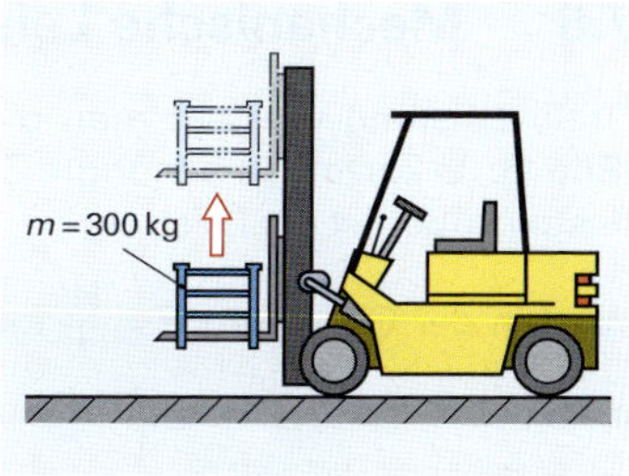

Bild 1: Gabelstapler

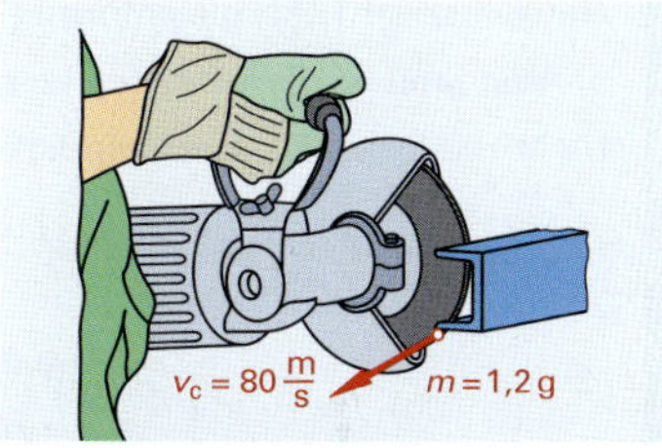

Bild 2: Winkelschleifer

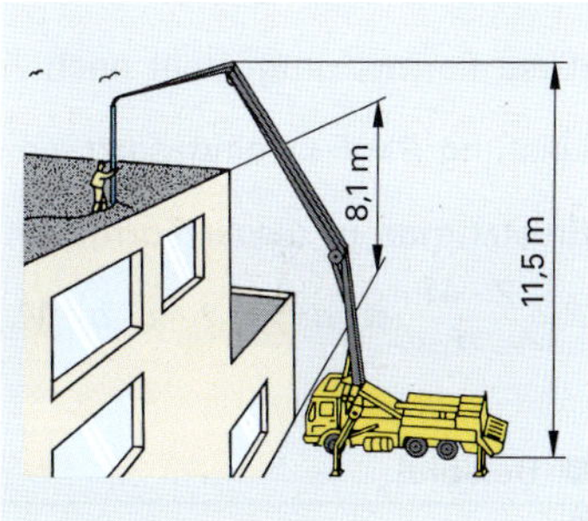

Bild 3: Betonpumpe

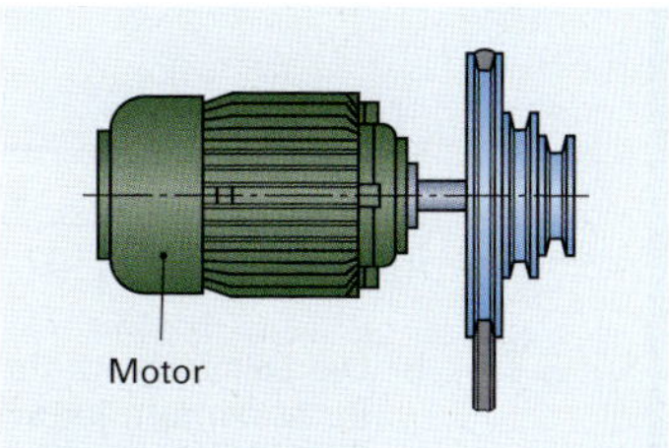

Bild 4: Elektromotor

7.8 Mechanische Leistung

Unter Leistung versteht man die verrichtete Arbeit pro Zeiteinheit **(Bild 1)**. Je kürzer die benötigte Zeit für die zu verrichtende Arbeit ist, desto größer ist die Leistung.

Wird in der Gleichung $P = \frac{W}{t}$ für die Arbeit $W = F \cdot s$ eingesetzt, so erhält man $P = \frac{F \cdot s}{t} = F \cdot \frac{s}{t}$. Ersetzt man in dieser Gleichung den Faktor $\frac{s}{t} = v$, so ergibt sich die Formel $P = F \cdot v$.

Beispiel

Ein Hubstapler **(Bild 1)** hebt in 12 s eine Palette mit Elektroblechen mit der Gewichtskraft 12 kN gleichförmig 4 m hoch.

a) Wie groß ist die erbrachte Leistung?

b) Mit welcher Hubgeschwindigkeit wird hochgehoben?

Lösung: a) $P = \frac{W}{t} = \frac{F \cdot s}{t} = \frac{12000\ \text{N} \cdot 4\ \text{m}}{12\ \text{s}} = 4000\ \frac{\text{Nm}}{\text{s}} = \mathbf{4\ kW}$

b) $P = F \cdot v;\ v = \frac{P}{F} = \frac{4000\ \frac{\text{Nm}}{\text{s}}}{12000\ \text{N}} = \mathbf{0{,}33\ \frac{m}{s}}$

Mechanische Leistung

$$P = \frac{W}{t}$$

$$P = \frac{F \cdot s}{t}$$

$$P = F \cdot v$$

Leistung bei Drehbewegungen

$$P = F \cdot \pi \cdot n \cdot d$$

$$P = 2 \cdot \pi \cdot n \cdot M$$

P	Leistung	W
W	Arbeit	Nm
F	Kraft	N
M	Drehmoment	Nm
v	Geschwindigkeit	m/s
s	Kraftweg	m
t	Zeit	s
n	Drehzahl	s^{-1}
d	Durchmesser	m

Leistung bei gleichförmiger Drehbewegung

Bei Drehbewegungen gilt für das Drehmoment $M = F \cdot r = F \cdot \frac{d}{2}$. Wird diese Formel umgestellt nach $F = \frac{2 \cdot M}{d}$ und in die Formel für die Leistung $P = F \cdot v$ eingesetzt, so folgt für die Leistung $P = \frac{2 \cdot M}{d} \cdot v$. Ersetzt man in dieser Formel $v = \pi \cdot d \cdot n$, so gilt für die Leistung $P = \frac{2 \cdot M}{d} \cdot \pi \cdot d \cdot n = 2 \cdot \pi \cdot n \cdot M$.

Beispiel

In **Tabelle 1** sind die Messdaten eines Prüfprotokolls für einen Motor auf einem Motoren-Prüfstand gegeben. Die Drehzahlen n sind in min^{-1} und das Drehmoment in Nm angegeben.

a) Für die Messdaten von a bis f ist die Leistung zu berechnen.

b) Das Ergebnis ist zu deuten.

Lösung: a) $P = 2 \cdot \pi \cdot n \cdot M = 2 \cdot \pi \cdot 1000\ \frac{1}{60\ \text{s}} \cdot 82\ \text{NM} = \mathbf{8587\ W}$

Leistung P in kW

	a	b	c	d	e	f
P	**8,59**	**37,18**	**56,08**	**68,80**	**74,06**	**67,86**

b) Die Leistung erhöht sich mit steigender Drehzahl, erreicht ihr Maximum jedoch bei $n = 5200\ \text{min}^{-1}$ und nicht bei der höchsten Drehzahl.

Einheiten für die Leistung

$$1\ \text{W} = 1\ \frac{\text{W}}{t} = 1\ \frac{\text{Nm}}{\text{s}}$$

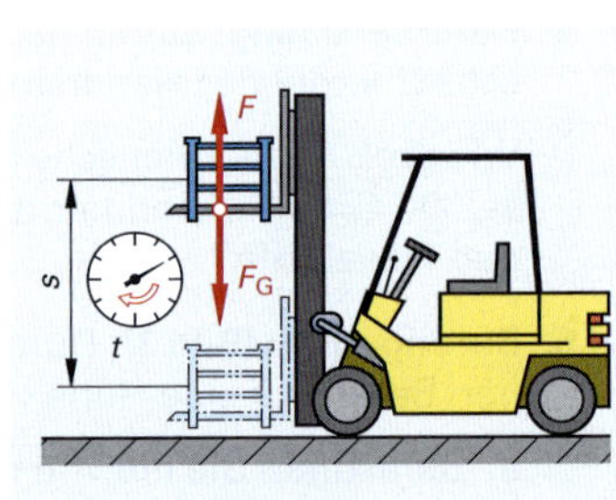

Bild 1: Hubstapler

Tabelle 1: Messdaten

	a	b	c
n	1000	2500	3500
M	82	142	153
	d	**e**	**f**
n	4500	5200	6000
M	146	136	108

7.9 Wirkungsgrad

Eine Maschine nimmt stets eine höhere Leistung auf, als sie abgibt, da durch Reibung und ungenutzte Wärme Verluste entstehen **(Bild 1)**. Die abgegebene Leistung P_2 ist stets kleiner als die zugeführte Leistung P_1. Das Verhältnis aus abgegebener Leistung zu zugeführter Leistung bezeichnet man als Wirkungsgrad η[1]. Der Wirkungsgrad ist stets kleiner als 1 bzw. kleiner als 100 %.

Beispiel 1

Einem Elektromotor **(Bild 2)** wird eine Leistung von 3,37 kW zugeführt. Die am Wellenende abgegebene Leistung beträgt 3,0 kW. Der Wirkungsgrad des Motors ist zu berechnen.

Lösung: $\eta = \frac{P_{ab}}{P_{zu}} = \frac{3{,}0\ \text{kW}}{3{,}37\ \text{kW}} = 0{,}89 \mathrel{\hat{=}} \mathbf{89\,\%}$

Beispiel 2

Ein Motor soll die Leistung von 12 kW abgeben.

Wie groß muss die zugeführte Leistung sein, wenn er einen Wirkungsgrad von 87 % hat?

Lösung: $P_{zu} = \frac{P_{ab}}{\eta} = \frac{12\ \text{kW}}{0{,}87\ \text{kW}} = \mathbf{13{,}8\ kW}$

Gesamtwirkungsgrad

Die von einem Motor abgegebene Leistung P_{ab} ist die zugeführte Leistung P_{zu} für ein Getriebe **(Bild 3)**. Die vom Getriebe abgegebene Leistung ist wegen Reibungsverlusten kleiner als die aufgenommene Leistung vom Motor. Das bedeutet, dass zum Wirkungsgrad des Motors η_{Motor} noch der Wirkungsgrad des Getriebes $\eta_{Getriebe}$ dazukommt. Der Gesamtwirkungsgrad des Systems η errechnet sich aus dem Produkt der Einzelwirkungsgrade.

Beispiel

Ein Elektromotor **(Bild 3)** treibt das Getriebe für ein Förderband an.

a) Welchen Wirkungsgrad hat der Elektromotor, wenn die aufgenommene Leistung 4,5 kW und die am Wellenstumpf abgegebene Leistung 4,0 kW beträgt?

b) Wie groß ist der Wirkungsgrad des Getriebes, wenn am Getriebeausgang 3,68 kW zur Verfügung stehen?

c) Wie groß ist der Gesamtwirkungsgrad von Motor und Getriebe?

Lösung:

a) $\eta_1 = \frac{P_{ab}}{P_{zu}} = \frac{P_{M2}}{P_{M1}} = \frac{4{,}0\ \text{kW}}{4{,}5\ \text{kW}} = 0{,}89 = \frac{89}{100} = \mathbf{89\,\%}$

b) $\eta_2 = \frac{P_{ab}}{P_{zu}} = \frac{P_{G2}}{P_{G1}} = \frac{3{,}68\ \text{kW}}{4{,}0\ \text{kW}} = 0{,}92 = \frac{92}{100} = \mathbf{92\,\%}$

c) $\eta = \eta_1 \cdot \eta_2 = 0{,}89 \cdot 0{,}92 = \frac{82}{100} = \mathbf{82\,\%}$

Der Gesamtwirkungsgrad kann auch aus der dem System zugeführten Leistung und der vom System abgegebenen Leistung errechnet werden.

$\eta_1 = \frac{P_{ab}}{P_{zu}} = \frac{P_{G2}}{P_{M1}} = \frac{3{,}68\ \text{kW}}{4{,}5\ \text{kW}} = 0{,}82 = \frac{82}{100} = \mathbf{82\,\%}$

1 η eta, griechischer Kleinbuchstabe

Wirkungsgrad

$$\eta = \frac{\text{J}}{\text{s}}$$

Gesamtwirkungsgrad

$$\eta = \eta_1 \cdot \eta_2 \cdot \eta_3 \cdot \ldots$$

P_{ab}	abgegebene Leistung	W
P_{zu}	zugeführte Leistung	W
η	Wirkungsgrad, Gesamtwirkungsgrad	–
η_1, η_2	Einzelwirkungsgrade	–

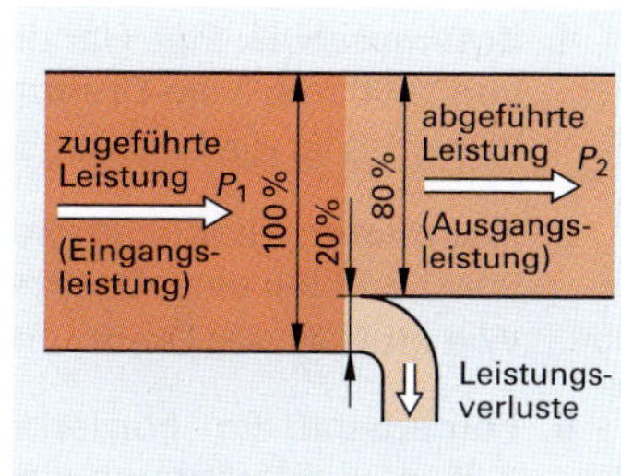

Bild 1: Leistungsdiagramm

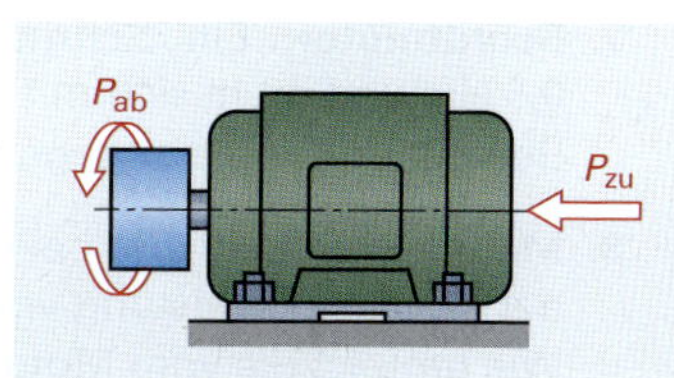

Bild 2: Elektromotor

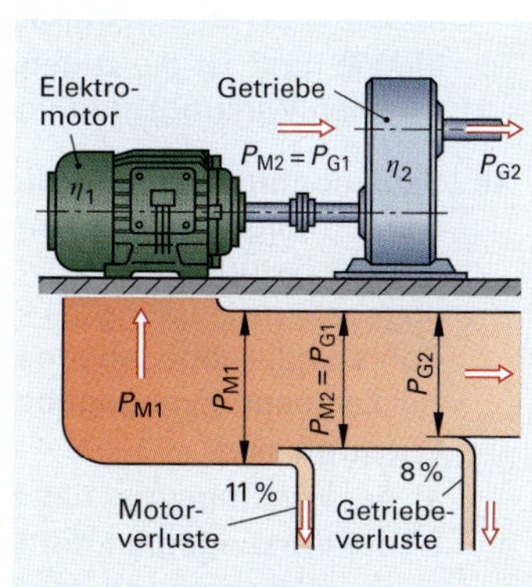

Bild 3: Motor und Getriebe

Aufgaben Mechanische Leistung und Wirkungsgrad

1. **Kran:** Ein Kran hebt eine Last von 2,5 kN in 2 Sekunden auf eine Höhe von 3 m. Berechen Sie
   a) die Geschwindigkeit, mit der angehoben wird,
   b) die vom Kran verrichtete Leistung.

2. **Hubstapler (Bild 1):** Ein Hubstapler hebt eine 4620 N schwere Last in ein 1,8 m hohes Regal.
   a) Welche Leistung muss der Antriebsmotor abgeben, wenn die Hubzeit 3 s beträgt?
   b) Mit welcher Geschwindigkeit wird angehoben?

3. **Elektroauto:** Ein Elektroauto muss eine Reibkraft von 600 N überwinden und soll eine Geschwindigkeit von 72 km/h erreichen.
   Welche Antriebsleistung ist erforderlich?

4. **Bohrmaschine:** Eine Handbohrmaschine hat bei einer Drehzahl von 1600 min^{-1} ein Drehmoment von 8 Nm.
   Wie groß ist die Leistungsabgabe an der Bohrspindel?

5. **Kleinmotor:** Ein Kleinmotor gibt an seiner Welle eine Leistung von 1,8 W bei einer Drehzahl von 1800 min^{-1} ab.
   Wie groß ist das Drehmoment an der Welle?

6. **Förderband:** Ein Förderband hat eine Geschwindigkeit von 1,25 m/s und wird von einem 20-kW-Trommelmotor angetrieben.
   Berechnen Sie, mit welcher Kraft das Band gezogen wird, wenn Verluste unberücksichtigt bleiben.

7. **Schrittmotor:** Ein Schrittmotor hat ein Drehmoment von 0,5 Nm und dreht sich mit 1200 min^{-1}.
   Berechnen Sie die abgegebene Leistung.

8. **Motor:** Ein Motor gibt bei einem Wirkungsgrad von $\eta = 0{,}9$ an der Welle eine Leistung von 2,3 kW ab.
   Wie groß ist die vom Motor aufgenommene Leistung?

9. **Aufzug (Bild 2):** Das Seil des Aufzugs ist für eine Höchstlast von 50 kN ausgelegt. Das Gegengewicht hat eine Gewichtskraft von 38 kN, die Hubgeschwindigkeit beträgt 2,3 m/s.
   a) Wie groß ist die Antriebsleistung der Seilrolle?
   b) Wie groß ist die zugeführte Leistung des Motors, wenn er einen Wirkungsgrad von $\eta = 0{,}88$ hat?

10. **Säulenbohrmaschine (Bild 3):** An einer Säulenbohrmaschine werden folgende Leistungsdaten ermittelt: dem Motor zugeführte Leistung 2,5 kW; vom Motor an die Keilriemenscheibe abgegebene Leistung 2,1 kW; von der Keilriemenscheibe an die Bohrspindel abgegebene Leistung 1,6 kW; von der Bohrspindel zur Zerspanung abgegebene Leistung 1,4 kW.
    Wie groß sind
    a) der Wirkungsgrad des Elektromotors,
    b) der Wirkungsgrad der Keilriemenübertragung,
    c) der Wirkungsgrad der Bohrspindel,
    d) der Gesamtwirkungsgrad?

Bild 1: Hubstapler

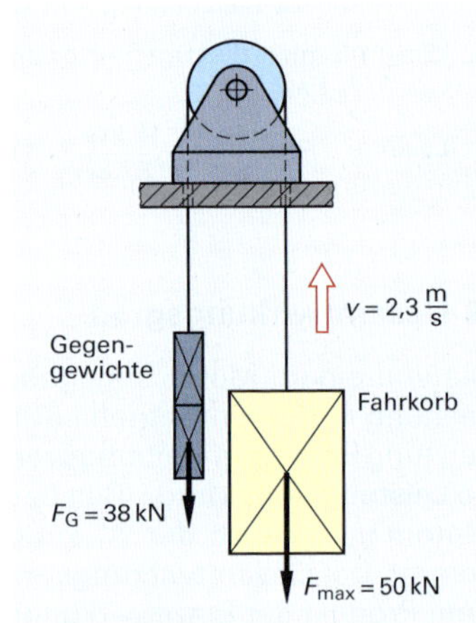

Bild 2: Aufzug

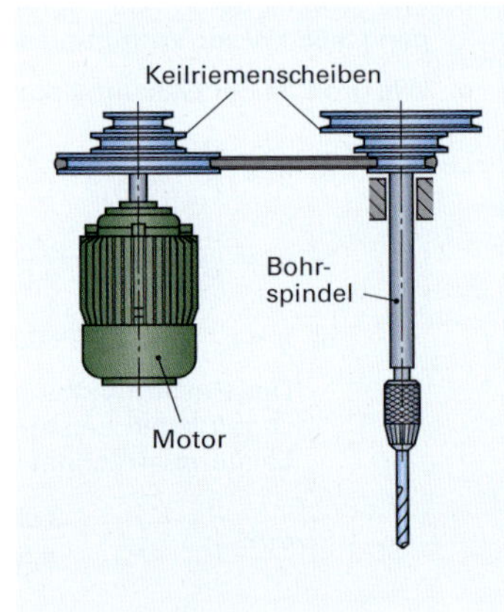

Bild 3: Säulenbohrmaschine

11. Antriebseinheit (Bild 1): Der Elektromotor in einer elektrohydraulischen Antriebseinheit gibt an die Verstellpumpe eine Leistung von 2,4 kW ab.
Wie groß sind
a) die aufgenommene Leistung des Elektromotors,
b) die abgegebene Leistung der Verstellpumpe,
c) die abgegebene Leistung des Hydraulikmotors,
d) der Gesamtwirkungsgrad der Antriebseinheit?

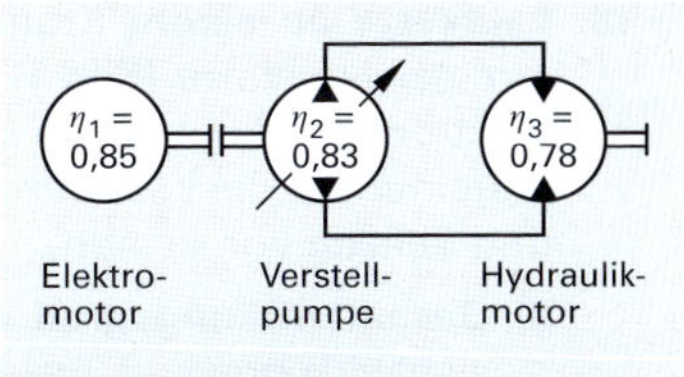

Bild 1: Antriebseinheit

12. Stabilisiertes Netzgerät (Bild 2): Für das aus vier Baugruppen bestehende Netzgerät sind
a) die Ausgangsleistung vom Transformator,
b) die Ausgangsspannung vom Gleichrichter,
c) der Wirkungsgrad vom Glättungsteil,
d) die Ausgangsspannung vom Stabilisierungsteil,
e) der Gesamtwirkungsgrad zu berechnen.

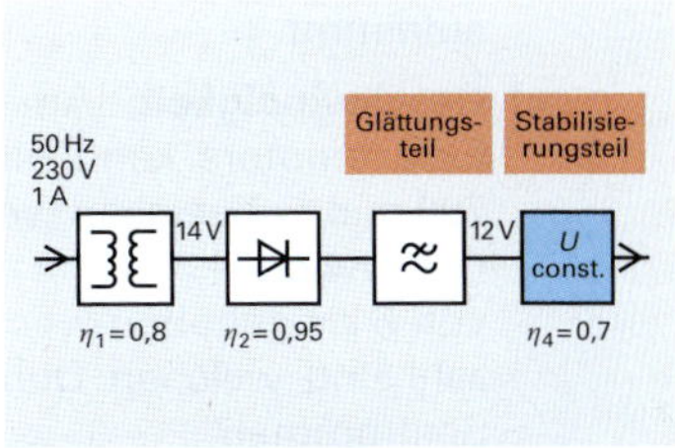

Bild 2: Stabilisiertes Netzgerät

13. Werkzeugmaschine: Am Prototyp einer Werkzeugmaschine werden die folgenden Leistungsdaten ermittelt: vom Motor aufgenommene Leistung 12,5 kW; vom Motor an das Getriebe abgegebene Leistung 9,8 kW; vom Getriebe an die Arbeitsspindel abgegebene Leistung 7,72 kW.
Wie groß sind
a) der Wirkungsgrad des Elektromotors,
b) der Wirkungsgrad des Getriebes,
c) der Gesamtwirkungsgrad?

14. Belastung: Ein Aufzug ist für eine Leistung von 7,5 kW ausgelegt. Wie groß darf die Belastung werden, wenn die Hubgeschwindigkeit 1,5 m/s beträgt und aus Sicherheitsgründen nur 25 % der Hubleistung ausgenutzt werden sollen?

15. Aufzug (Bild 3): Das Seil eines Aufzugs ist für eine höchstzulässige Tragkraft von 50 kN ausgelegt. Das Gegengewicht wirkt mit einer Gegenkraft von 38 kN. Der Antriebsmotor hat eine Leistungsabgabe von 33 kW.
Zu berechnen sind
a) die Leistungsaufnahme des Antriebsmotors, wenn er einen Wirkungsgrad von 0,9 hat,
b) die Hubgeschwindigkeit des Systems.

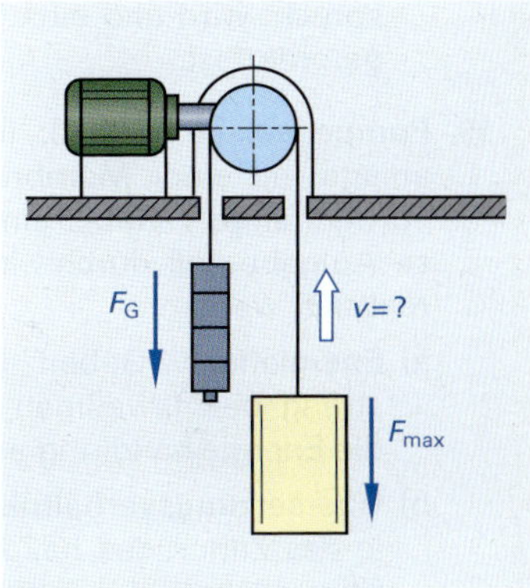

Bild 3: Aufzug

16. Hydraulikkolben: Beim Strangpressen eines Profils muss der Hydraulikkolben eine Kraft von 120 kN bei einer Geschwindigkeit von 12,5 m/min aufbringen.
Zu berechnen sind
a) die Leistung des Zylinders,
b) die notwendige Leistung der Hydraulikpumpe bei einem Wirkungsgrad von 84 %.

17. Kaltkreissäge (Bild 4): Das Sägeblatt einer Kaltkreissäge läuft mit einer Drehzahl von 18 min^{-1} und hat einen Durchmesser von 630 mm. Der Antriebsmotor entnimmt dem Stromnetz 4,3 kW Leistung. Der Gesamtwirkungsgrad der Kaltkreissäge beträgt 65 %.
a) Wie groß ist die Leistung am Sägeblatt?
b) Welche Kraft tritt am Umfang des Sägeblattes auf?

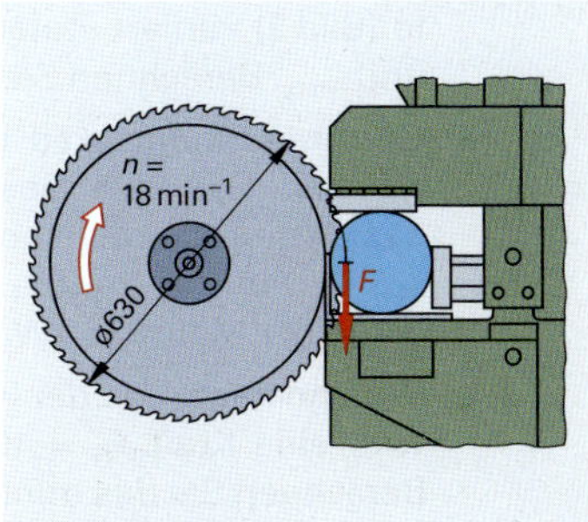

Bild 4: Kaltkreissäge

18. Laufkatze an einem Kran: Die Seiltrommel in einer Laufkatze **(Bild 1)** wird durch einen Elektromotor über ein zweistufiges Getriebe angetrieben. Die Laufkatze dient zum Heben und Senken von Lasten.

a) Gesamtwirkungsgrad. Wie groß ist der Gesamtwirkungsgrad, wenn der Elektromotor einen Wirkungsgrad von 91 % und das Getriebe einen Wirkungsgrad von 88 % hat?

b) Leistung an der Trommel. Berechnen Sie die Leistung an der Trommel, wenn der Elektromotor eine Leistung von 4,5 kW aufnimmt.

c) Geschwindigkeit. Am Typenschild des Elektromotors kann die Drehzahl n von 700 min^{-1} abgelesen werden. Mit welcher Geschwindigkeit kann eine wirkende Last von 6 kN gehoben werden, welche Drehzahl und welchen Durchmesser hat die Seiltrommel?

d) Seiltrommelwelle. Die Seiltrommelwelle aus C45E hat einen Durchmesser von 40 mm. Prüfen Sie, ob der Durchmesser der Seiltrommelwelle von 40 mm ausreicht, wenn maximal auf Torsion beansprucht wird und eine Sicherheit von 3,5 gefordert ist.

19. Pumpenanlage (Bild 2): In einer Pumpenanlage mit einer Membranpumpe soll die Fördermenge variabel einstellbar sein. Diese Aufgabe soll durch ein Reibradgetriebe realisiert werden.

a) Energiefluss. Geben Sie im Antriebsstrang den jeweiligen Energiefluss und die Energiewandlung an.

b) Übersetzungsverhältnis. Die Ritzelwelle des Zahnrades hat 20 Zähne und das Stirnrad hat 112 Zähne. Berechnen Sie das Übersetzungsverhältnis der Zahnradstufe.

c) Variables Übersetzungsverhältnis. Das Übersetzungsverhältnis der Reibradstufe **(Bild 3)** variiert stufenlos zwischen i_{min} und i_{max}. Berechnen Sie i_{gesmin} und i_{gesmax}.

d) Gesamtwirkungsgrad und Leistung. Berechnen Sie den Gesamtwirkungsgrad des Getriebes und geben Sie die Leistung an, die an die Pumpe abgegeben wird, wenn der Motor 15 kW liefert.

e) Drehmoment. Von der Reibscheibe **(Bild 3)** wird eine Kraft F_N = 1080 N übertragen. Berechnen Sie das minimale und das maximale Drehmoment des Reibrades.

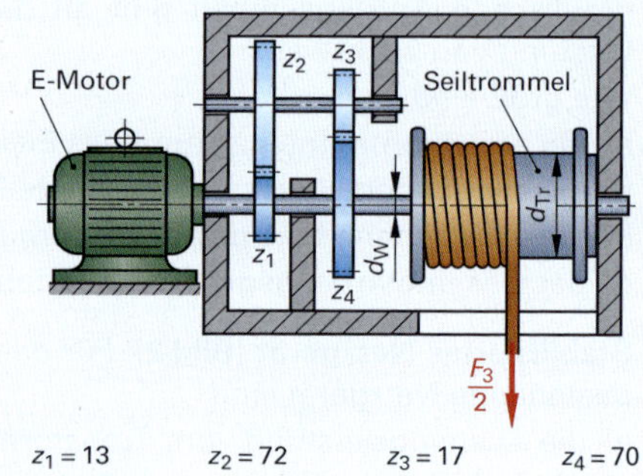

Bild 1: Laufkatze an einem Kran

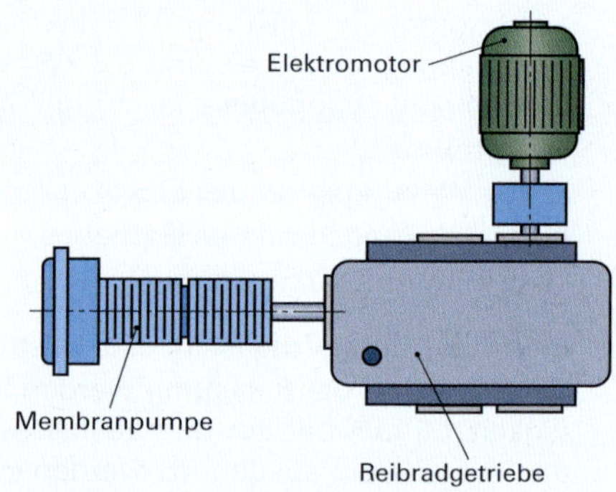

Betriebsdaten:

Reibradgetriebe

Reibradstufe:	Wirkungsgrad η_R = 65%
	Reibungszahl μ = 0,45
Zahnradstufe:	Wirkungsgrad η_R = 95%

Bild 2: Pumpenanlage

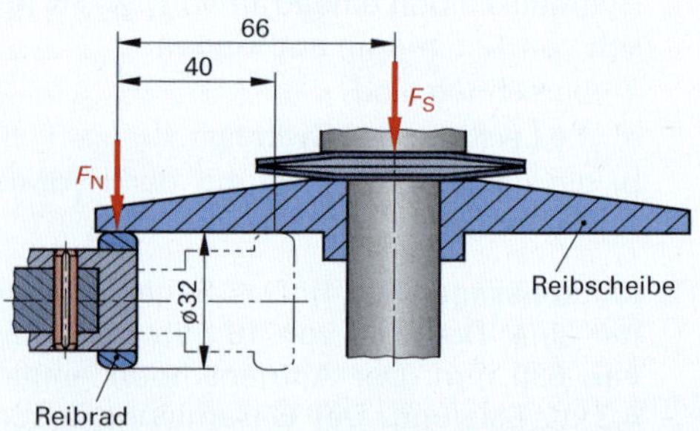

Bild 3: Reibradstufe

8 Gleichstromtechnik

8.1 Elektrische Ladung und Stromstärke

Die grundlegendste Größe der Elektrotechnik ist die elektrische Ladung Q. Sie ist quantisierbar, d. h. es gibt eine kleinste unteilbare Ladungsmenge e. Ein Elektron bzw. ein Proton besitzt genau diese Ladungsmenge. Sie wird auch als Elementarladung bezeichnet. Die Ladungsmenge Q (elektrische Ladung) errechnet sich aus der Summe der Elementarladungen.

Stromfluss ist bewegte Ladung. Die Stromstärke ist bewegte Ladung pro Zeiteinheit und kann somit berechnet werden.

Elektrische Ladung

$$Q = n \cdot e$$

Stromstärke

$$I = \frac{Q}{t}$$

Elementarladung

$$e = \pm 1{,}6022 \cdot 10^{-19}\ \text{C}$$

Q	elektrische Ladung	C
n	Anzahl der Ladungsträger (z. B. Elektronen)	–
e	Elementarladung	C
I	elektrische Stromstärke	A
t	Zeit	s

$$[Q] = 1\ \text{C} = 1\ \text{As}$$

$$[I] = \frac{\text{As}}{\text{s}} = \text{A}$$

Beispiel

Beim Gehen über einen PVC-Teppichboden entsteht eine statische Aufladung von $Q = 2\ \mu\text{C}$. Die Entladung am Treppengeländer dauert $t = 1$ ms.

Berechnen Sie

a) die mittlere Stromstärke I der Entladung,

b) die Ladungsträgeranzahl n, die abfließt.

Lösung: a) $I = \frac{Q}{t} = \frac{2\ \mu\text{As}}{1\ \text{ms}} = \mathbf{2\ mA}$

b) $Q = n \cdot e \Rightarrow n = \frac{Q}{e} = \frac{2\ \mu\text{c}}{1{,}6022 \cdot 19^{-19}} = \mathbf{12{,}5 \cdot 10^{12}}$

Aufgaben | Elektrische Ladung und Stromstärke

1. **Weidezaungerät:** Zum Schutz von Mensch und Tier darf ein Weidezaungerät eine maximale Stromstärke von 5 mA nur 10 ms lang abgeben, damit die abgegebene Energie im zulässigen Bereich bleibt.

   Welche Ladung fließt dabei über den Körper ab?

2. **Akkumulator (Bild 1):** Ein gängiger Kfz-Akkumulator hat die dargestellten Angaben aufgedruckt.

   a) Welche Ladungsmenge besitzt der Akkumulator im geladenen Zustand?

   b) Berechnen Sie die Restladung des Akkumulators, wenn 40 min lang ein Strom von 3,75 A entnommen wurde.

3. **Plattenkondensator (Bild 2):** Auf den Platten eines Kondensators ist eine Ladung von 200 µC gespeichert. Nach welcher Zeit hat sich der Kondensator entladen, wenn bei Betätigung von S1 ein mittlerer Entladestrom von

   a) 2,5 mA,

   b) 100 µA fließt?

4. **Mikroprozessor:** Für einen flüchtigen Speicher eines Mikroprozessors soll eine Kondensatorbatterie nach Stromausfall noch 5 min lang einen Strom von 600 µA liefern können.

   Welche Ladung muss die Kondensatorbatterie speichern können, wenn eine Speichertoleranz von 20 % berücksichtigt werden muss?

Bild 1: Akkumulator

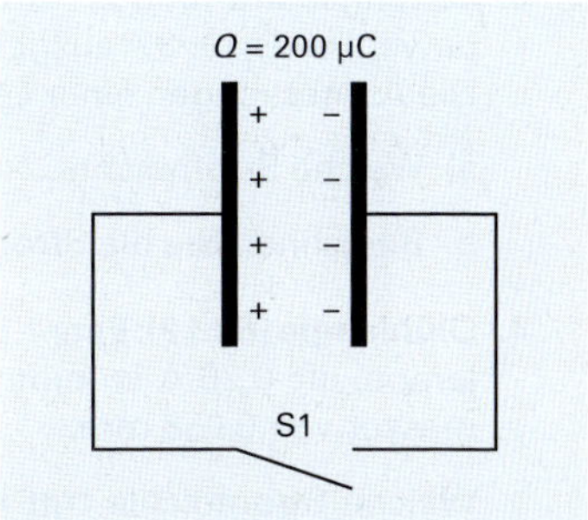

Bild 2: Plattenkondensator

8.2 Stromdichte

Leiterwerkstoffe erwärmen sich bei Stromfluss durch Reibung der Elektronen an den Atomrümpfen. Je höher die Stromstärke und damit die Anzahl der Elektronen, die durch den Leiter fließen, desto größer ist die Erwärmung. Um eine Zerstörung des Leiters und Schäden an der Installation zu vermeiden, darf ein maximal zulässiger Strom nicht überschritten werden. Wie hoch dieser sein darf, hängt von mehreren Größen ab **(siehe Tabellen)**, vor allem aber auch vom Leiterquerschnitt. Die Stromdichte beschreibt den Zusammenhang zwischen Stromstärke und Leiterquerschnitt.

Stromdichte

$$J = \frac{I}{A}$$

J	Stromdichte	$\frac{\text{A}}{\text{mm}^2}$
I	elektrische Stromstärke	A
A	Querschnitt	mm^2

$$[J] = \frac{\text{A}}{\text{mm}^2}$$

Beispiel

Ein handelsüblicher Föhn nimmt bei Gebrauch einen Strom von $I = 2{,}3\ \text{A}$ auf.

Berechnen Sie

a) die Stromdichte J in der Zuleitung, wenn diese einen Querschnitt von $A = 1\ \text{mm}^2$ hat,

b) den Durchmesser d der Heizwendel, wenn die Stromdichte J in ihr $11{,}5\ \frac{\text{A}}{\text{mm}^2}$ beträgt.

Lösung: a) $J = \frac{I}{A} = \frac{2{,}3\ \text{A}}{1\ \text{mm}^2} = \mathbf{2{,}3\ \frac{A}{mm^2}}$

b) $A = \frac{I}{J} = \frac{2{,}3\ \text{A}}{11{,}5\ \frac{\text{A}}{\text{mm}^2}} = 0{,}2\ \text{mm}^2$

$A = \frac{d^2}{4} \cdot \pi \Rightarrow d = \sqrt{\frac{0{,}2\ \text{mm}^2 \cdot 4}{\pi}} = \mathbf{0{,}5\ mm}$

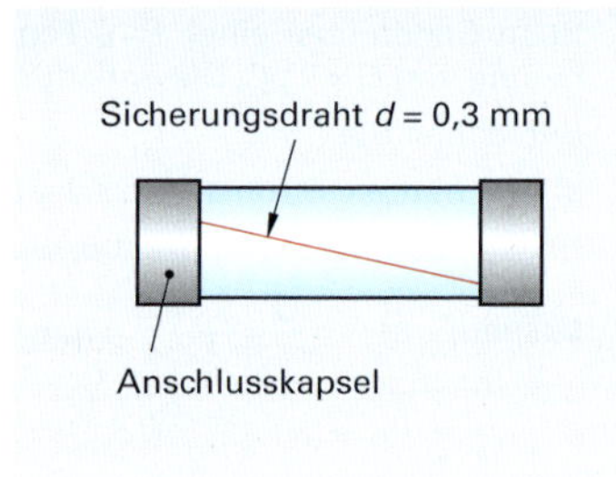

Bild 1: Feinsicherung

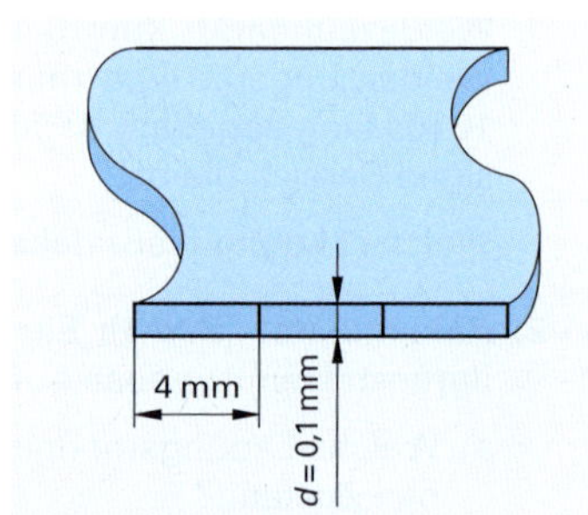

Bild 2: Leitungsband

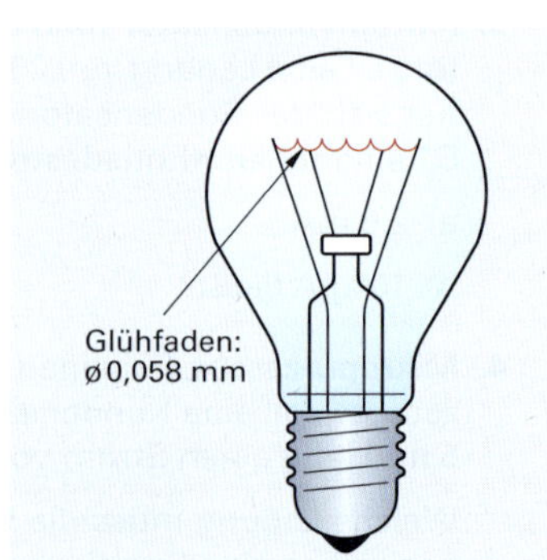

Bild 3: Glühlampe

Aufgaben Stromdichte

1. **Feinsicherung (Bild 1):** Eine Feinsicherung hat einen Drahtdurchmesser von $d = 0{,}3$ mm.

   Bei welcher Stromstärke schmilzt der Draht durch, wenn eine maximale Stromdichte von 14 A/mm² zulässig ist?

2. **Kupferlitze:** In einer Kupferlitze fließt ein Strom von $I = 6{,}8$ A. Für die äußeren Bedingungen, in denen die Leitung verlegt ist, ist eine Stromdichte von $J = 8\ \text{A/mm}^2$ erlaubt.

   a) Welchen Querschnitt muss die Leitung laut Rechnung haben?

   b) Wählen Sie den nötigen Normquerschnitt aus (aus Tabellen).

3. **Leitungsband (Bild 2):** In einer Industrie-Diagonalsäge ist ein bewegliches, für 3 A ausgelegtes Leitungsband durchgebrannt. Die Abmessungen einer Leiterbahn betragen 4 mm × 0,1 mm.

   a) Welche Stromdichte J tritt in einer Leitung auf?

   b) Berechnen Sie die Stromdichte J für 20 A im Fehlerfall.

4. **Glühlampe (Bild 3):** Eine 1,5-mm²-Zuleitung versorgt eine Glühlampe, die 0,26 A aufnimmt. Der Glühfaden hat einen Durchmesser von 0,058 mm.

   Welche Stromdichte tritt in der Zuleitung und im Glühfaden auf?

8.3 Widerstand und Leitwert

Durch den unterschiedlichen atomaren und kristallinen Aufbau der Leiterstoffe wird dem elektrischen Strom ein unterschiedlich großer Widerstand entgegengesetzt. Der Kehrwert des Widerstandes ist der elektrische Leitwert **(Bild 1)**.

Widerstand eines Leiters

Der Widerstand eines Leiters hängt ab

- vom spezifischen Widerstand ϱ des Leiterwerkstoffes,
- von der Leiterlänge l,
- von der Querschnittsfläche A des Leiters.

Der **spezifische Widerstand** gibt den Widerstand eines Leiters mit 1 Meter Länge und 1 mm² Leiterquerschnitt bei einer Temperatur von 20 °C an **(Bild 2)**.

Leitwert

Die **elektrische Leitfähigkeit** gibt an, welche Länge in Metern ein Leiter mit einem Leiterquerschnitt von 1 mm² haben muss, damit er den Widerstand von 1 Ohm hat. Es gilt: $\gamma = 1/\varrho$ und somit für den elektrischen Leitwert $G = 1/R$. Die Einheit wird in Siemens (S) angegeben.

Widerstand

$$R = \frac{\varrho \cdot l}{A}$$

Leitfähigkeit

$$\gamma = \frac{1}{\varrho}$$

Elementarladung

$$G = \frac{1}{R}$$

ϱ[1]	spezifischer Widerstand	$\frac{\Omega \cdot \text{mm}^2}{\text{m}}$
γ[2]	elektrische Leitfähigkeit	$\frac{\text{m}}{\Omega \cdot \text{mm}^2}$
R	Widerstand	Ω
G	Leitwert	S
l	Länge des Leiters	m
A	Querschnittsfläche des Leiters	mm²

$$[G] = 1\ \text{S} = \frac{1}{\Omega}$$

Beispiel 1

Aus einem Kupferdraht mit $d = 1$ mm soll eine Spule mit dem Widerstand $R = 3{,}5\ \Omega$ gewickelt werden.

a) Geben Sie die Leitfähigkeit γ für Kupfer an.

b) Welche Länge muss der Kupferdraht haben?

Lösung: Nach Tabellen: $\varrho_{Cu} = 0{,}0178\ \frac{\Omega \cdot \text{mm}^2}{\text{m}}$

a) $\gamma = \frac{1}{\varrho}$; $\gamma = \frac{1}{0{,}017}\ \frac{\text{m}}{\Omega \cdot \text{mm}^2} = \mathbf{56{,}17\ \frac{m}{\Omega \cdot mm^2}}$

b) $A = \frac{\pi \cdot d^2}{4} = \frac{\pi \cdot (1\ \text{mm})^2}{4} = 0{,}785\ \text{mm}^2$; $R = \frac{\varrho \cdot l}{A}$

$$l = \frac{R \cdot A}{\varrho} = \frac{3{,}5\ \Omega \cdot 0{,}785\ \text{mm}^2}{0{,}0178\ \frac{\Omega \cdot \text{mm}^2}{\text{m}}} = 154{,}35\ \text{m} \approx \mathbf{154\ m}$$

Beispiel 2

Ein Golddraht hat eine Länge l von 22,7 m und einen Querschnitt $A = 1$ mm². Zu berechnen sind

a) der Widerstand R des Drahtes und

b) der Leitwert G.

Lösung: Nach Tabellen: $\varrho_{Au} = 0{,}022\ \frac{\Omega \cdot \text{mm}^2}{\text{m}}$

a) $R = \frac{\varrho \cdot l}{A} = \frac{0{,}022\ \frac{\Omega \cdot \text{mm}^2}{\text{m}} \cdot 22{,}7\ \text{m}}{1\ \text{mm}^2} = 0{,}499 \approx \mathbf{0{,}5\ \Omega}$

b) $G = \frac{1}{R} = \frac{1}{0{,}5\ \Omega} = \mathbf{2\ S}$

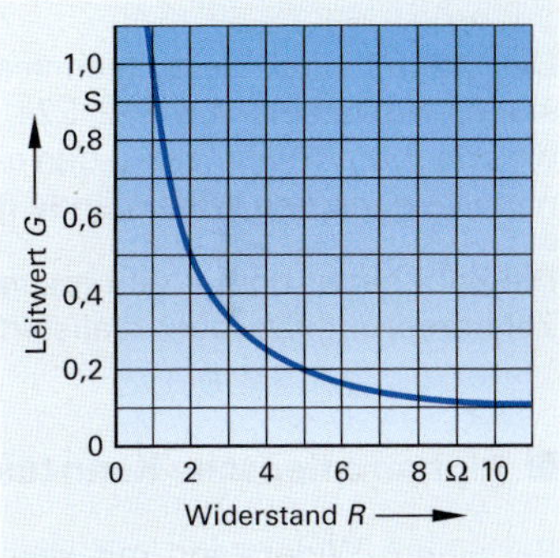

Bild 1: Widerstand und Leitwert

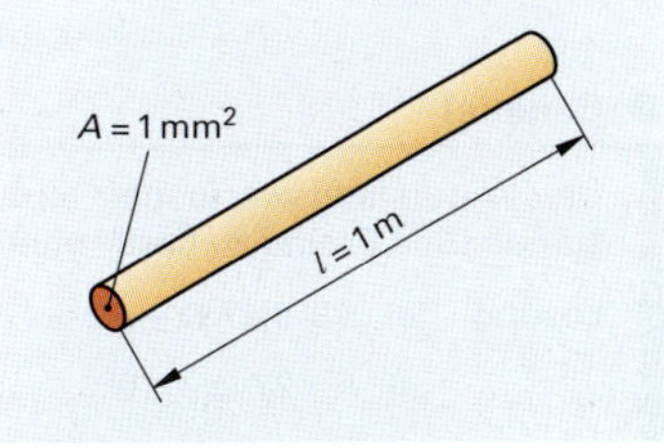

Bild 2: Spezifischer Widerstand

1 ϱ rho, griechischer Kleinbuchstabe
2 γ gamma, griechischer Kleinbuchstabe

8

Farbschlüssel für Widerstände

Bei Widerständen mit kleinen Abmessungen, wie z. B. Schichtwiderständen, sind Widerstand und Toleranz durch entsprechende Farbringe auf dem Widerstand angegeben **(Bild 1)**. Um die korrekten Werte zu ermitteln, muss der Widerstand so betrachtet werden, dass der 1. Ring näher am linken Ende des Widerstandes liegt. Dieser Ring kennzeichnet die erste Ziffer.

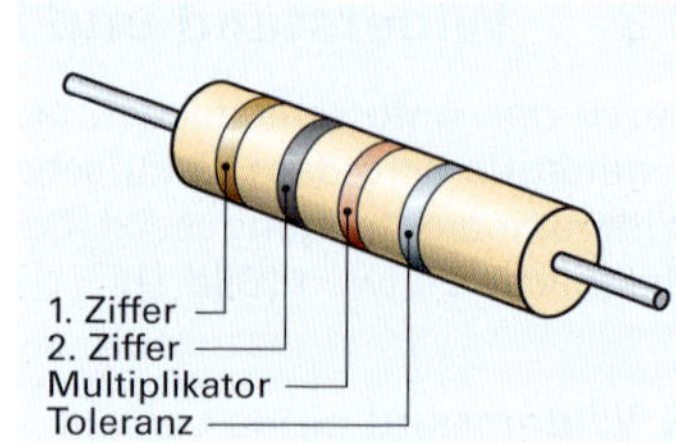

Bild 1: Farbringe

Farbringe

Handelsübliche Widerstände haben 4 Farbringe. Dabei geben die ersten zwei Ringe die zwei Ziffern des Widerstandswertes, der dritte Ring den Multiplikator und der vierte Ring die Toleranz an **(siehe Tabellen)**.

Diese Farbkennzeichnung gilt auch für Kondensatoren.

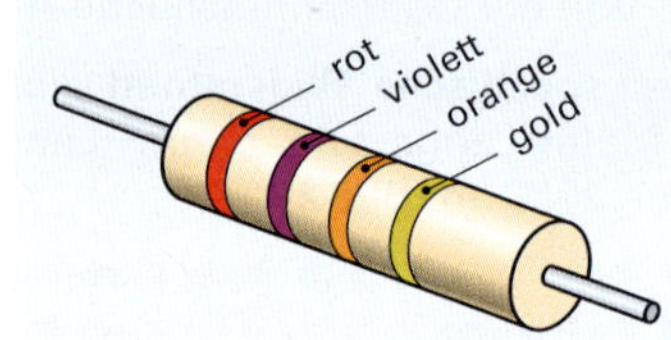

Bild 2: Widerstand

Beispiel

Ein Widerstand hat in der Ablesereihenfolge die Farbringe Rot-Violett-Orange-Gold **(Bild 2)**.

Wie groß sind der Widerstandswert und die Toleranz des Widerstands?

Lösung: Rot Violett Orange Gold

2 7 mal 10^3 $\pm 5\,\%$

lies: $27 \cdot 10^3\,\Omega \pm 5\,\% \Rightarrow$ **27 kΩ, Toleranz ± 1,35 kΩ**

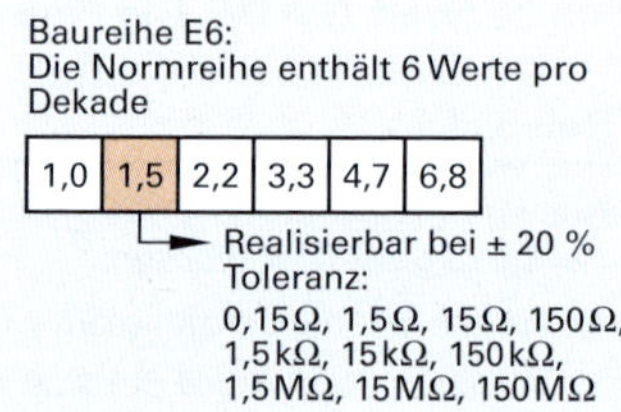

Bild 3: Baureihe E6

Norm-Baureihen

Die International Electrotechnical Commission (IEC) hat die Widerstands-Normreihen E6, E12, E24, E48, E96 und E192 entwickelt. Durch die erlaubten Toleranzen in den einzelnen Reihen **(siehe Tabellen)** können alle gängigen Widerstände gefertigt werden.

Die Zahl hinter dem E gibt an, wie viele Widerstandswerte in einem Zehnersprung (Dekade) realisiert sind **(Bild 3)**.

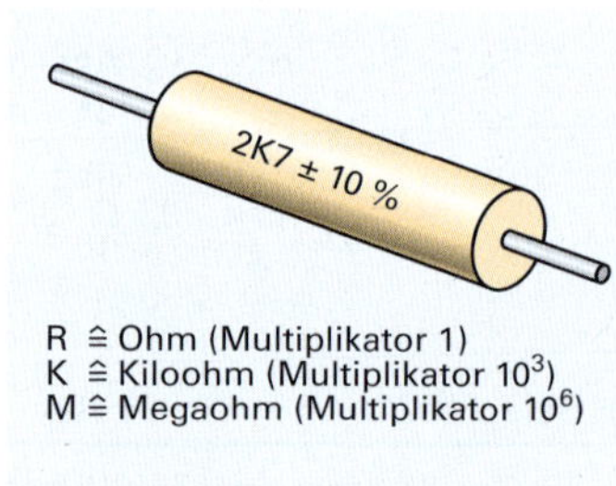

Bild 4: Alphanumerische Bezeichnung

Alphanumerische Kennzeichnung

Bei einem Widerstand mit kleiner Abmessung kann der Wert des Widerstandes alphanumerisch angegeben werden **(Bild 4)**. Dabei werden zur Kennzeichnung die Buchstaben R, K und M verwendet. Die Stellung der Zahl, vor oder hinter dem Buchstaben, gibt den Wert an, der Buchstabe ersetzt das Komma.

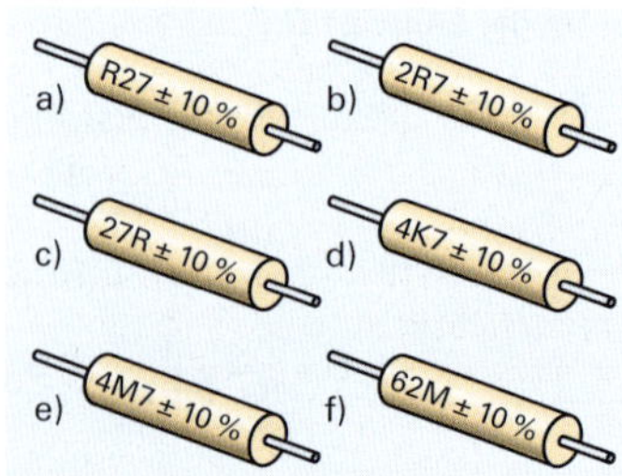

Bild 5: Widerstände

Beispiel

Die Widerstandswerte der alphanumerisch gekennzeichneten Widerstände **(Bild 5)** sind zu bestimmen.

Lösung: a) $R =$ **0,27 Ω ± 10 %** b) R = **2,7 Ω ± 10 %**

c) $R =$ **27 Ω ± 10 %** d) $R =$ **4,7 kΩ ± 10 %**

e) $R =$ **4,7 MΩ ± 10 %** f) $R =$ **62 MΩ ± 10 %**

Aufgaben Widerstand und Leitwert

1. **Widerstand:** Welchen Widerstand hat ein Kupferdraht mit 44 m Länge und 1 mm² Querschnitt?

2. **Freileitung:** Eine Freileitung aus Aluminium ist 25 km lang. Ihr Querschnitt beträgt 95 mm².

   Bestimmen Sie
   a) den Leitwert für Aluminium,
   b) den Widerstand der Leitung.

3. **Widerstand und Leitwert (Tabelle 1):** Berechnen Sie zu den Widerständen *R* die Leitwerte *G* und umgekehrt.

4. **Heizleiterkennlinie (Bild 1):** Das Schaubild für einen Heizleiter zeigt den Zusammenhang zwischen der Länge *l* und dem Widerstand *R*.
   a) Die jeweiligen Werte des Widerstandes *R* sind für $l = 5$ m, $l = 4{,}5$ m, $l = 2{,}8$ m und $l = 1{,}6$ m aus dem Schaubild zu ermitteln.
   b) Wie groß sind die Querschnittsfläche und der Durchmesser des Heizleiterdrahtes, mit $\varrho = 1{,}37\,\frac{\Omega \cdot \text{mm}^2}{\text{m}}$?

5. **Vorwiderstand:** Der Draht für einen Vorwiderstand aus CuNi44 mit $\varrho = 0{,}49\,\frac{\Omega \cdot \text{mm}^2}{\text{m}}$ hat einen Durchmesser von 0,12 mm und eine Länge von 2,31 m.
   a) Der Widerstandswert des Vorwiderstandes ist zu berechnen.
   b) Welche Länge müsste ein CuMn12Ni-Draht mit 0,1 mm Durchmesser haben, um den gleichen Widerstandswert aufzuweisen?

6. **Farbschlüssel:** Bestimmen Sie Widerstand und Toleranz nach den in Ablesereihenfolge angegebenen Farbringen:
   a) Grau-Rot-Braun-Silber
   b) Braun-Grün-Rot-Gold
   c) Gelb-Violett-Rot

7. **Widerstände (Bild 2):** Bestimmen Sie für die zwei Widerstände
   a) den Widerstandsnennwert,
   b) den zulässigen Größt- und Kleinstwert,
   c) die zugehörige E-Reihe.

8. **Baureihe E24:** Wie viele Werte enthält die Baureihe E24 pro Dekade und welche größtmögliche Toleranz sind für jeden Widerstand aus dieser Baureihe erlaubt?

9. **Alphanumerischer Aufdruck (Bild 3):** Geben Sie für die vier Widerstände
   a) den Widerstandsnennwert,
   b) den maximalen Widerstandswert R_{max} sowie den minimalen Widerstandswert R_{min} an.

Tabelle 1: Widerstand und Leitwert

	a)	b)	c)	d)
R	30 Ω	0,8 mΩ	2 MΩ	15 kΩ
G	?	?	?	?
G	2 mS	0,5 S	3 kS	2 MS
R	?	?	?	?

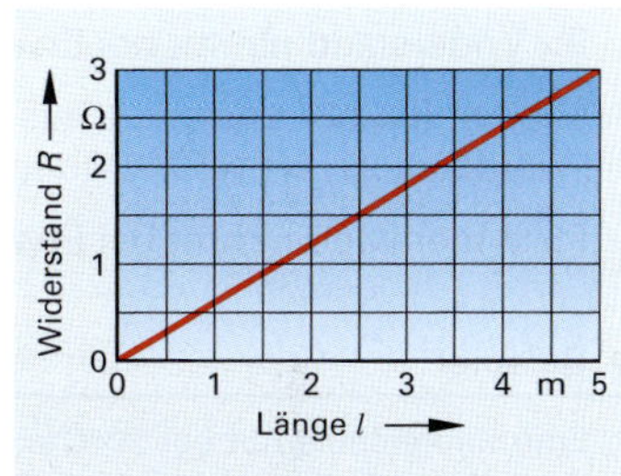

Bild 1: Heizleiterkennlinie

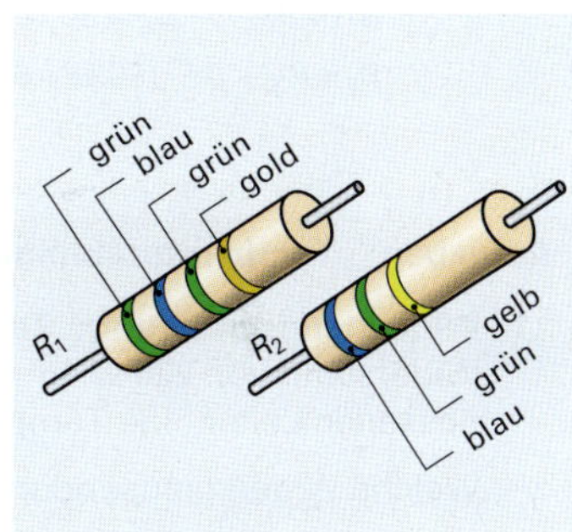

Bild 2: Widerstände

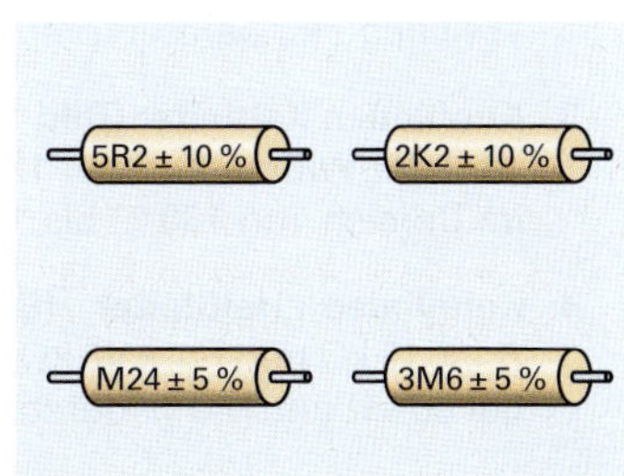

Bild 3: Alphanumerischer Aufdruck

8.4 Temperaturabhängige Widerstände

Der Widerstand eines Leiters hängt nicht nur vom Leitermaterial und den geometrischen Daten, sondern auch von der Temperatur ab. Solche temperaturabhängigen Widerstände werden als Thermistoren bezeichnet.

Thermistoren

Temperaturabhängige Widerstände ändern ihren Widerstand mit der Temperatur. Die Änderung hängt vom Werkstoff ab **(siehe Tabellen im Anhang)**. Es wird zwischen Kaltleitern und Heißleitern unterschieden.

Kaltleiter (Bild 1) bestehen aus ferroelektrischer Keramik. Sie werden auch als PTC[1]-Widerstände bezeichnet.

- Ihr Widerstand nimmt bei Erwärmung zu.

Heißleiter (Bild 2) bestehen aus polykristalliner Mischoxidkeramik. Sie werden auch als NTC[2]-Widerstände bezeichnet.

- Ihr Widerstand nimmt bei Erwärmung ab.

Widerstandsänderung

$$\Delta R = R_{20} \cdot \alpha \cdot \Delta\vartheta$$

Temperaturabhängiger Widerstand

$$R_\vartheta = R_{20} + \Delta R$$

$$R_\vartheta = R_{20}\,(1 + \alpha \cdot \Delta\vartheta)$$

R_ϑ	Widerstand bei der Temperatur ϑ	Ω
R_{20}	Widerstand bei 20 °C	Ω
ΔR	Widerstandsänderung	Ω
α	Temperaturkoeffizient (T_k-Wert)	$\frac{I}{K}$
ϑ	Temperatur	K
$\Delta\vartheta$	Temperaturdifferenz	K

Beispiel

Eine Kupferspule hat bei 20 °C einen Widerstand von 80 Ω. Bei Stromdurchfluss erwärmt sich die Spule auf 42 °C.

Welchen Widerstand hat die Spule bei dieser Temperatur?

Lösung: $\Delta\vartheta = 42\,°C - 20\,°C = 22\,°C = 22\ K$;

Nach Tabellen: $\alpha_{Cu} = 0{,}0039\ 1/K$

$\Delta R = R_{20} \cdot \alpha \cdot \Delta\vartheta = 80\ \Omega \cdot 0{,}0039\ 1/K \cdot 22\ K = 6{,}87\ \Omega$

$R_\vartheta = R_{20} + \Delta R = 80\ \Omega + 6{,}87\ \Omega = \mathbf{86{,}87\ \Omega}$

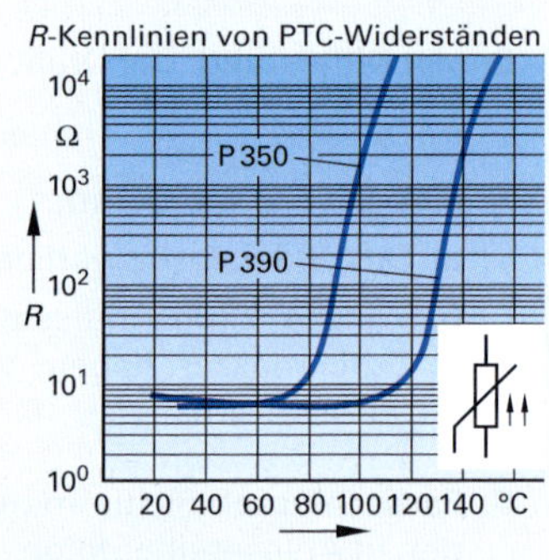

Bild 1: Kaltleiter

Aufgaben Temperaturabhängige Widerstände

1. **Widerstandsänderung:** Ein Kupferleiter hat bei 20 °C einen Widerstand von 220 Ω. Im Betrieb stellt sich beim stromdurchflossenen Leiter eine Temperatur von 48 °C ein.

   Welche Widerstandsänderung tritt ein?

2. **Temperaturkoeffizient α:** Bei einem Temperaturfühler mit Platinmesselement wird bei einer Temperatur von 20 °C ein Widerstand von 107,79 Ω und bei einer Temperatur von 40 °C ein Widerstand von 115,54 Ω gemessen.

   Welchen Temperaturkoeffizient α hat Platin?

3. **Kennlinien Kaltleiter (Bild 1):** Für den PTC-Widerstand P390-14 sind der Widerstand bei 120 °C und die Widerstandsänderung im Bereich von 130 °C bis 140 °C zu ermitteln.

4. **Kennlinien Heißleiter (Bild 2):** Für die NTC-Widerstände $R_{20} = 10\ k\Omega$ und $R_{20} = 40\ k\Omega$ sind die zugehörigen Temperaturen bei 60 kΩ und die Widerstände bei 60 °C zu ermitteln.

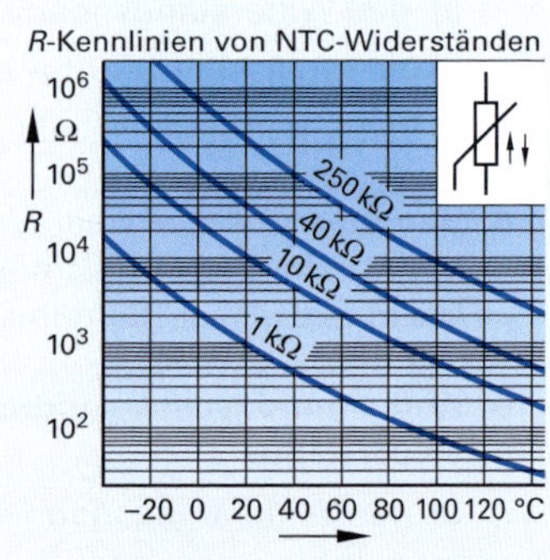

Bild 2: Heißleiter

1 **P**ositive **T**emperature **C**oefficient
2 **N**egative **T**emperature **C**oefficient

8.5 Ohmsches Gesetz

Das Ohmsche Gesetz drückt den Zusammenhang zwischen Stromstärke, Spannung und Widerstand in einem geschlossenen Stromkreis aus.

Spannung/Widerstand/Strom

In einem geschlossenen Stromkreis ist die Stromstärke I umso größer, je größer die anliegende Spannung U und je kleiner der Widerstand R ist **(Bild 1)**. Dabei gilt: Der Strom I ist direkt proportional zur Spannung U und umgekehrt proportional zum Widerstand R.

Ohmsches Gesetz

$$I = \frac{U}{R}$$

I	Stromstärke, Strom	A (Ampere)[1]
U	Spannung	V (Volt)[2]
R	Widerstand	Ω (Ohm)[3]

Einheiten

$$1\,\text{A} = \frac{1\,\text{V}}{1\,\Omega}$$

$$1\,\text{V} = 1\,\Omega \cdot 1\,\text{A}$$

$$1\,\Omega = \frac{1\,\text{V}}{1\,\text{A}}$$

Beispiel

Am Lötkolben liegt eine Spannung von $U = 24$ V an. Der Widerstand der Heizwicklung beträgt $R = 9{,}6\ \Omega$.

Wie groß ist der Strom I bei geschlossenem Stromkreis?

Lösung: $I = \frac{U}{R} = \frac{24\ \text{V}}{9{,}6\ \Omega} = \mathbf{2{,}5\ A}$

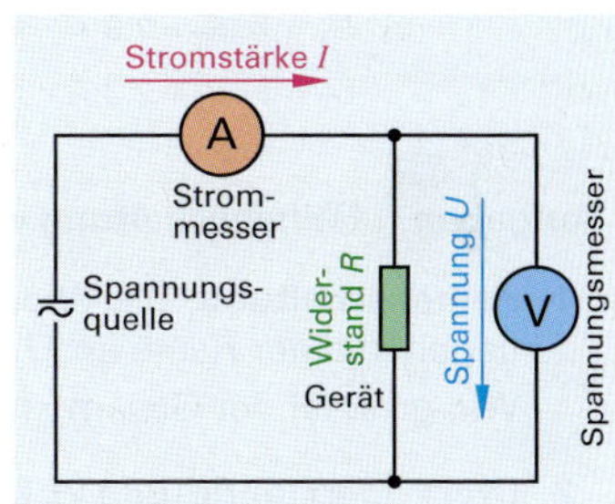

Bild 1: Stromkreis

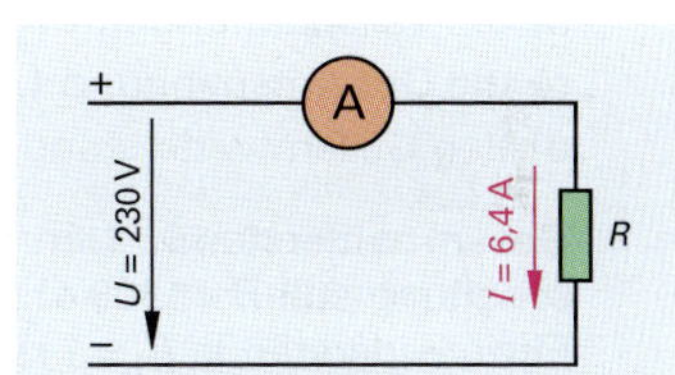

Bild 2: Widerstand

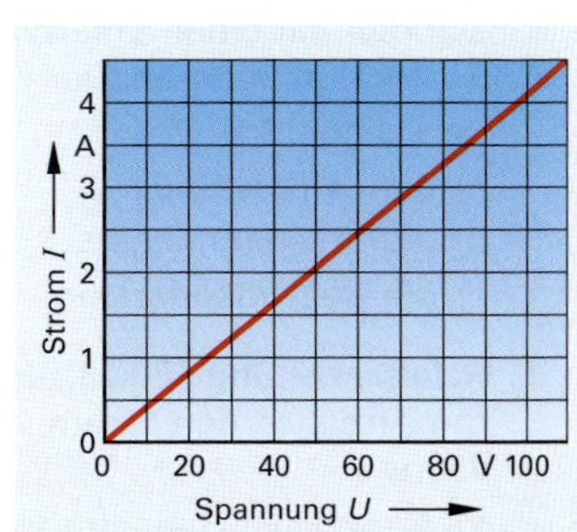

Bild 3: Spannungs-Strom-Schaubild

Aufgaben – Ohmsches Gesetz

1. **Spannung:** In einem Leiter mit dem Widerstand 12 Ω fließen 4,2 A Strom.

   Wie groß ist die angelegte Spannung?

2. **Strom:** Der Widerstand einer Kfz-Scheinwerfer-Lampe beträgt 4 Ω. Die Lampe liegt an 12 Volt Spannung.

   Welcher Strom fließt durch die Lampe?

3. **Widerstand (Bild 2):** Durch den Widerstand fließt ein Strom von 6,4 A; er liegt an einer Spannungsquelle von 230 V.

   a) Wie groß ist der Wert des Widerstands?

   b) Was würde sich ändern, wenn der Widerstand bei gleicher Spannung durch einen halb so großen ersetzt wird?

4. **Spannungs-Strom-Schaubild (Bild 3):** Beim Prüfen eines unbekannten Widerstandes mit verschiedenen Spannungen erhält man ein Spannungs-Strom-Schaubild.

   a) Welche zugehörigen Stromstärken können aus dem Schaubild für die Spannungen 20 V, 30 V, 40 V, 70 V und 85 V abgelesen werden?

   b) Wie groß ist der jeweilige Widerstand R?

   c) Übertragen Sie das Schaubild auf ein Blatt Papier und zeichnen Sie die Graphen für zwei weitere Widerstände mit $R = 12{,}5\ \Omega$ und $R = 50\ \Omega$ in das Spannungs-Strom-Schaubild ein.

1 Ampere, französischer Physiker (1775 bis 1836)
2 Volta, italienischer Physiker (1745 bis 1827)
3 Ohm, deutscher Physiker (1787 bis 1854)

S. 342

8.6 Reihenschaltung von Widerständen

Sind in einem Stromkreis mehrere Einzelwiderstände hintereinander (in Reihe) angeordnet, so nennt man diese Schaltung Reihenschaltung **(Bild 1)**. Dabei fließt durch jeden Einzelwiderstand derselbe Strom, während sich die Gesamtspannung in Teilspannungen aufteilt und der Gesamtwiderstand aus der Summe der Teilwiderstände besteht.

Gesamtstrom

$$I = I_1 = I_2 = I_3 = \ldots = I_n$$

Gesamtspannung

$$U = U_1 + U_2 + \ldots + U_n$$

Gesamtwiderstand

$$R = R_1 + R_2 + \ldots + R_n$$

I	Gesamtstrom	A
I_1, I_2	Teilströme	A
U	Gesamtspannung	V
U_1, U_2	Teilspannungen	V
R	Gesamtwiderstand	Ω
R_1, R_2	Einzelwiderstände	Ω

Beispiel

Die Einzelwiderstände $R_1 = 40\ \Omega$ und $R_2 = 60\ \Omega$ werden in Reihe geschaltet und liegen an einer Gleichspannung $U = 230$ V.

Gesucht werden

a) der Gesamtwiderstand R,

b) der Gesamtstrom I,

c) die Teilspannungen U_1 und U_2.

Lösung: a) $R = R_1 + R_1 = 40\ \Omega + 60\ \Omega = \mathbf{100\ \Omega}$

b) $I = \frac{U}{R} = \frac{230\ \text{V}}{100\ \Omega} = \mathbf{2{,}3\ A}$

c) $U_1 = I \cdot R_1 = 2{,}3\ \text{A} \cdot 40\ \Omega = \mathbf{92\ V}$

$U_2 = I \cdot R_2 = 2{,}3\ \text{A} \cdot 60\ \Omega = \mathbf{138\ V}$

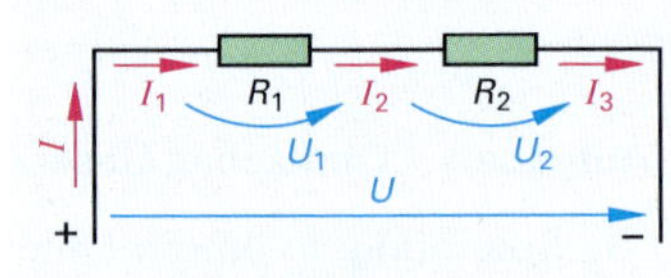

Bild 1: Reihenschaltung

Aufgaben – Reihenschaltung von Widerständen

1. **Reihenschaltung:** Die Widerstände $R_1 = 100\ \Omega$ und $R_2 = 150\ \Omega$ liegen in einer Reihe an $U = 230$ V.
   Wie groß ist der Gesamtstrom I?

2. **Drei Widerstände (Bild 2):** Die Widerstände $R_1 = 50\ \Omega$, $R_2 = 150\ \Omega$ und $R_3 = 250\ \Omega$ liegen in einer Reihe.
   Berechnen Sie
   a) die Stromstärke I,
   b) die Teilspannungen U_1 und U_3,
   c) die Gesamtspannung U,
   d) den Gesamtwiderstand (Ersatzwiderstand) R.

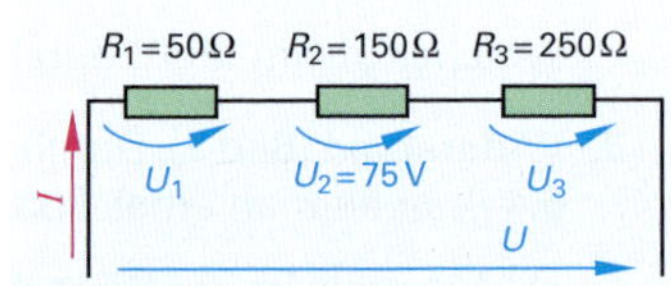

Bild 2: Drei Widerstände

3. **Gesamtwiderstand:** Der Gesamtwiderstand einer Reihenschaltung soll $R = 1300\ \Omega$ betragen. In der Schaltung sind die Einzelwiderstände $R_1 = 1\ \text{k}\Omega$, $R_2 = 200\ \Omega$ und ein veränderbarer Widerstand R_3 eingebaut.
   Auf welchen Widerstandswert ist R_3 einzustellen?

4. **Ersatzwiderstand:** Eine Reihenschaltung aus zwei Widerständen hat einen Ersatzwiderstand von 140 Ω und wird von $I = 2$ A durchflossen. Der Widerstand R_1 hat 50 Ω.
   Berechnen Sie
   a) den Widerstand R_2,
   b) die Teilspannungen,
   c) die Gesamtspannung.

5. **Relaisschaltung (Bild 3):** Ein 24-V-Relais benötigt zum sicheren Anziehen den Strom von 60 mA; als Haltestrom genügen 45 mA.
   a) An welcher Spannung liegt die Spule im Betriebszustand?
   b) Welchen Wert darf der Vorwiderstand R_V haben?

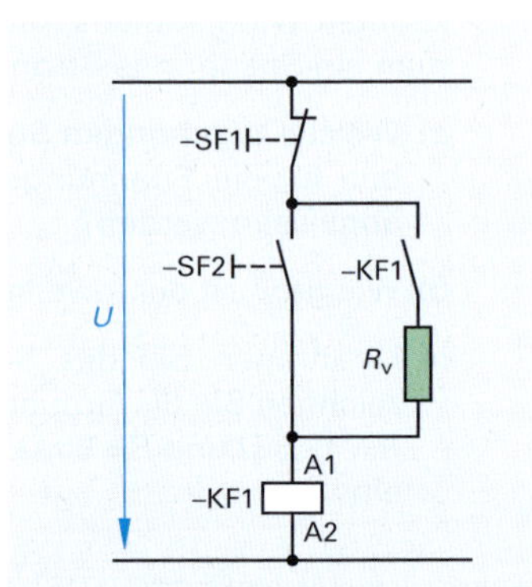

Bild 3: Relaisschaltung

8.7 Parallelschaltung von Widerständen

Sind die Einzelwiderstände in einem Stromkreis nebeneinander (parallel) angeordnet, so wird diese Schaltung als Parallelschaltung bezeichnet **(Bild 1)**. Bei dieser Anordnung wird jeder Einzelwiderstand mit der gleichen Spannung versorgt, während sich der Gesamtstrom aus den Teilströmen durch die einzelnen Widerstände zusammensetzt und der Gesamtleitwert aus der Summe der Leitwerte der einzelnen Widerstände gebildet wird.

Der elektrische Leitwert eines Verbrauchers im Stromkreis gibt an, wie gut oder wie schlecht der Strom durch den Verbraucher geleitet wird. Das bedeutet, je größer der Widerstand des Verbrauchers ist, desto geringer ist der Leitwert und umgekehrt. Deshalb wird der Widerstand R als Kehrwert des Leitwertes G bezeichnet. Für n Widerstände gilt:

$$G = G_1 + G_2 + \ldots + G_N \text{ bzw. } \frac{1}{R} = \frac{1}{R_1} + \frac{1}{R_2} + \ldots + \frac{1}{R_n}$$

Für zwei Widerstände gilt· $\frac{1}{R} = \frac{1}{R_1} + \frac{1}{R_2} = \frac{R_2 + R_1}{R_1 \cdot R_2}$

Der Kehrwert auf beiden Seiten der Gleichung ergibt den Gesamtwiderstand R für zwei parallel geschaltete Widerstände.

Gesamtspannung

$$U = U_1 = U_2 = \ldots = U_n$$

Gesamtspannung

$$I = I_1 + I_2 + I_3 + \ldots + I_n$$

Leitwert

$$G = \frac{1}{R}$$

Gesamtwiderstand

$$R = \frac{1}{\frac{1}{R_1} + \frac{1}{R_2} + \ldots + \frac{1}{R_n}}$$

Gesamtwiderstand für zwei parallele Widerstände

$$R = \frac{R_1 \cdot R_2}{R_1 + R_2}$$

U	Gesamtspannung	V
U_1, U_2	Teilspannungen	V
I	Gesamtstrom	A
I_1, I_2	Teilströme	A
G	Leitwert	S
G_1, G_2	Einzelleitwerte	S
R	Gesamtwiderstand	Ω
R_1, R_2	Einzelwiderstände	Ω

Beispiel

Die Einzelwiderstände $R_1 = 4\ \Omega$ und $R_2 = 6\ \Omega$ liegen parallel an einer Spannung von 12 V **(Bild 1)**.

Gesucht sind

a) der Gesamtwiderstand R,

b) der Gesamtleitwert G,

c) der Gesamtstrom I,

d) die Teilströme I_1 und I_2.

Lösung: a) $\frac{1}{R} = \frac{1}{R_1} + \frac{1}{R_2} = \frac{1}{4\ \Omega} + \frac{1}{6\ \Omega} = \frac{6+4}{24\ \Omega} = \frac{5}{12\ \Omega}$;

$R = \frac{12\ \Omega}{5} = \mathbf{2{,}4\ \Omega}$

b) $G = \frac{1}{R} = 1/2{,}4\ \Omega = \mathbf{0{,}416\ S}$

c) $I = \frac{U}{R} = \frac{12\ V}{2{,}4\ \Omega} = \mathbf{5\ A}$

d) $I_1 = \frac{U}{R_1} = \frac{12\ V}{4\ \Omega} = \mathbf{3\ A}$; $I_2 = \frac{U}{R_2} = \frac{12\ V}{6\ \Omega} = \mathbf{2\ A}$

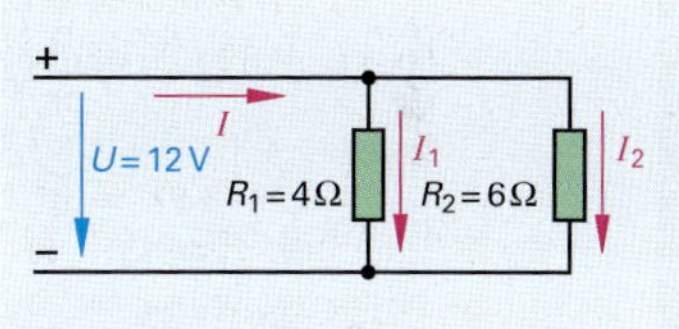

Bild 1: Parallelschaltung

Aufgaben	**Parallelschaltung von Widerständen**

1. **Zwei Widerstände**: Zwei gleiche Widerstände mit je 30 Ω sind parallel geschaltet.
   Wie groß ist der Gesamtwiderstand R?

2. **Gesamtwiderstand**: Welcher Widerstand R_2 muss dem Widerstand $R_1 = 7\ k\Omega$ parallel geschaltet werden, damit die Schaltung den Gesamtwiderstand $R = 5\ k\Omega$ hat?

3. **Drei Widerstände (Bild 2)**: Die Parallelschaltung mit drei Widerständen liegt an 100 V und nimmt 2 A auf. Bekannt sind die Widerstände $R_1 = 80\ \Omega$ und $R_2 = 200\ \Omega$.
   Berechnen Sie I_1, I_2 und I_3 sowie R_3.

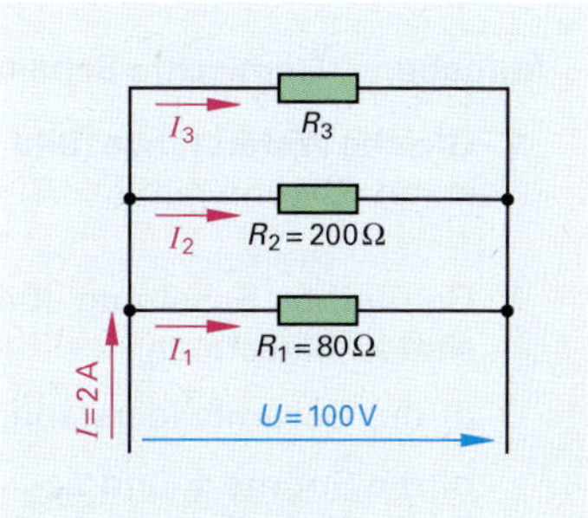

Bild 2: Drei Widerstände

8

8.8 Gemischte Schaltungen

In Stromkreisen kommen oft Kombinationen aus Reihenschaltungen und Parallelschaltungen vor **(Bild 1)**. Solche Schaltungen bezeichnet man als Gemischte Schaltungen.

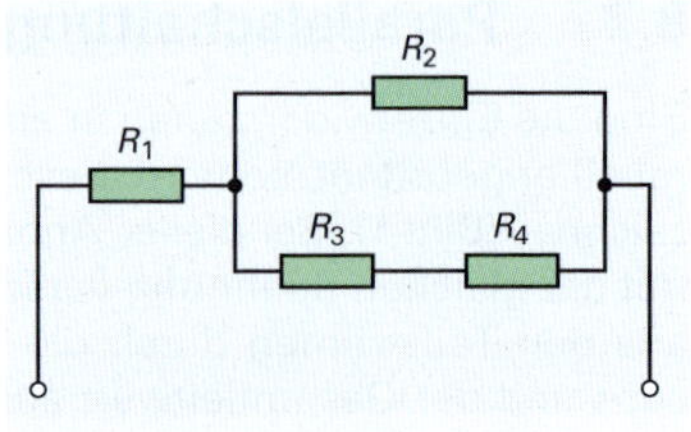

Bild 1: Gemischte Schaltung

Bei der Berechnung von gemischten Schaltungen wendet man das Ohmsche Gesetz und die Gesetze der Reihenschaltung und Parallelschaltung in einzelnen Stromzweigen an. Deshalb versucht man Widerstände in einzelnen Zweigen zu einem Ersatzwiderstand zusammenzufassen und dies so lange fortzuführen, bis nur noch ein Widerstand vorhanden ist **(Bild 2)**.

Beispiel

Die Widerstände $R_1 = 220\ \Omega$, $R_2 = 40\ \Omega$, $R_3 = 10\ \Omega$ und $R_4 = 30\ \Omega$ liegen an 24 V Spannung an und sind nach **Bild 1** geschaltet.

Zu berechnen sind

a) der Gesamtwiderstand R,

b) die Teilspannungen U_1 bis U_4,

c) der Gesamtstrom I und die Teilströme I_1 bis I_4.

Lösung: a) Um den Gesamtwiderstand zu berechnen, werden die einzelnen Widerstände schrittweise zusammengefasst **(Bild 2)**.

1. Schritt: $R_{3,4} = R_3 + R_4 = 10\ \Omega + 30\ \Omega = 40\ \Omega$

2. Schritt: $R_{2,3,4} = \frac{R_{3,4} \cdot R_2}{R_{3,4} + R_2} = \frac{40\ \Omega \cdot 40\ \Omega}{40\ \Omega + 40\ \Omega} = \mathbf{20\ \Omega}$

3. Schritt: $R = R_1 + R_{2,3,4} = 220\ \Omega + 20\ \Omega = \mathbf{240\ \Omega}$

b) U_1 kann über das Ohmsche Gesetz berechnet werden, da der Gesamtstrom I durch R_1 fließen muss.

$U_1 = I_1 \cdot R_1 = I \cdot R_1 = 0{,}1\ \text{A} \cdot 220\ \Omega = \mathbf{22\ V}$

Am Parallelzweig liegen 24V – 22V = 2 V an, deshalb gilt

$U_2 = 2\ \text{V}$ und $U_3 + U_4 = 2\ \text{V}$. $U_3/R_3 = 2\ \text{V}/R_{3,4}$;

$U_3 = 10\ \Omega \cdot 2\ \text{V}/40\ \Omega = \mathbf{0{,}5\ V}$

$U_4 = 2\ \text{V} - 0{,}5\ \text{V} = \mathbf{1{,}5\ V}$

c) $I = \frac{U}{R} = \frac{24\ \text{V}}{240\ \Omega} = 0{,}1\ \text{A} = \mathbf{100\ mA}$; $I_1 = I = \mathbf{100\ mA}$;

$I_2 = \frac{U_2}{R_2} = \frac{2\ \text{V}}{40\ \Omega} = 0{,}05\ \text{A} = \mathbf{50\ mA}$

$I_2 + I_{3,4} = 100\ \text{mA}$; $I_{3,4} = I_3 = I_4 = 100\ \text{mA} - 50\ \text{mA} = \mathbf{50\ mA}$

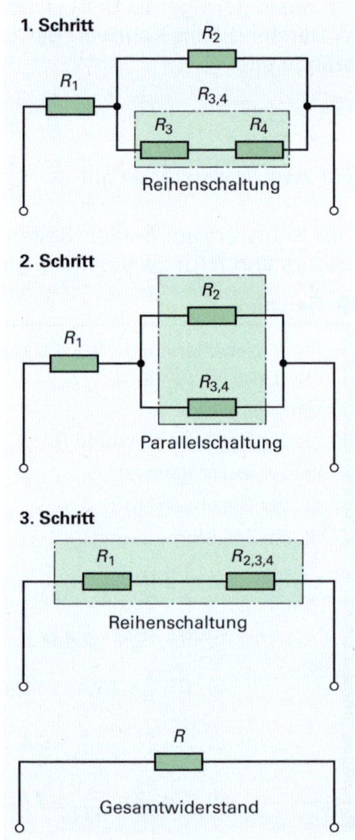

Bild 2: Vereinfachen einer gemischten Schaltung

Aufgaben Gemischte Schaltungen

1. **Gleiche Widerstände (Bild 1):** Berechnen Sie den Gesamtwiderstand R, wenn gilt $R_1 = R_2 = R_3 = R_4$.

2. **Gemischte Schaltung (Bild 3):** Für die gemischte Schaltung sind zu berechnen

   a) der Gesamtwiderstand,

   b) die Ströme I_1 und I_2,

   c) die Teilspannungen und die Gesamtspannung.

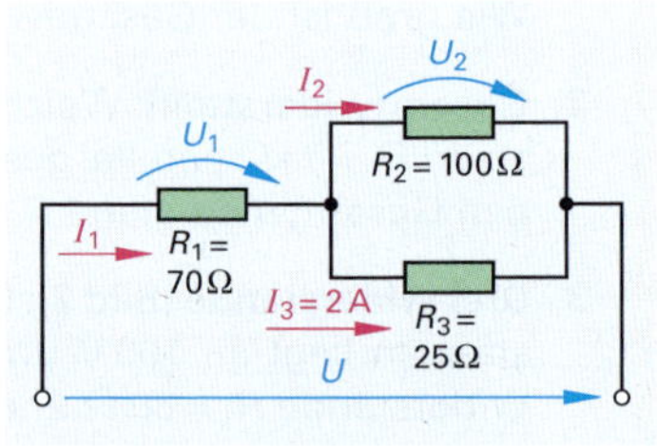

Bild 3: Gemischte Schaltung

Aufgaben | Widerstände und Schaltung von Widerständen

Widerstand und Leitwert

1. **Relaisspule:** Die Spule eines Relais ist aus Kupferdraht mit 0,24 mm Durchmesser gewickelt. Die Drahtlänge beträgt 3,024 m.
   Wie groß sind Widerstand und Leitwert der Relaisspule?

2. **Farbschlüssel:** Bestimmen Sie für die in Ablesereihenfolge angegebenen Farbringe die zugehörigen Widerstände mit Toleranz:
   a) Rot-Violett-Grün-Silber
   b) Grün-Blau-Rot-Gold
   c) Grau-Rot-Gelb-Gold
   d) Gelb-Violett-Orange-Silber

3. **Gleicher Widerstand:** Eine Kupferleitung soll durch eine widerstandsgleiche Aluminiumleitung ersetzt werden.
   Welchen Querschnitt muss die Aluminiumleitung haben?

Schaltung von Widerständen

4. **Heizwiderstände (Bild 1):** Ein 3-kW-Wärmespeicher hat 4 gleiche Heizwiderstände und einen Nennstrom von 13 A. Die Schalter Q1 bis Q3 (Stufe 1 bis Stufe 3) werden nacheinander geschlossen.
   Zu berechnen sind
   a) ein Einzelwiderstand,
   b) die Ersatzwiderstände der Schaltstufen 1 bis 3,
   c) die Gesamtströme der Schaltstufen 1 bis 3.

5. **Hydraulikventil (Bild 2):** An einer elektrisch gesteuerten Hydraulikanlage sind fünf Magnetventile eingebaut, die an 24 V anliegen. Der Widerstand einer Spule beträgt 48 Ω.
   a) Warum müssen die Spulen parallel geschaltet sein?
   b) Welcher Strom fließt insgesamt, wenn alle fünf Ventile gleichzeitig angesteuert werden?
   c) Ist eine Kontrolllampe mit $R = 8\ \Omega$ parallel oder in Reihe zur Spule zu schalten? Führen Sie die Berechnung durch.

6. **Gemischte Schaltung (Bild 3):** In einer gemischten Schaltung haben alle Widerstände den gleichen Widerstandswert. Bei einer Messung werden $U = 12$ V und $I = 600$ mA festgestellt.
   Berechnen Sie
   a) die Einzelwiderstände,
   b) die Spannungen U_1, U_3 und U_5.

7. **Relaisschaltung (Bild 4):** Durch ein Gleichstromrelais fließt bei geöffnetem Taster S1 ein Strom von 8 mA. Wird der Taster S1 geschlossen, dann sinkt die Spannung an der Relaisspule um 8 V.
   Berechnen Sie
   a) die Widerstände R_1 und R_2,
   b) den Strom, der bei geschlossenem Taster S1 durch die Relaisspule fließt.

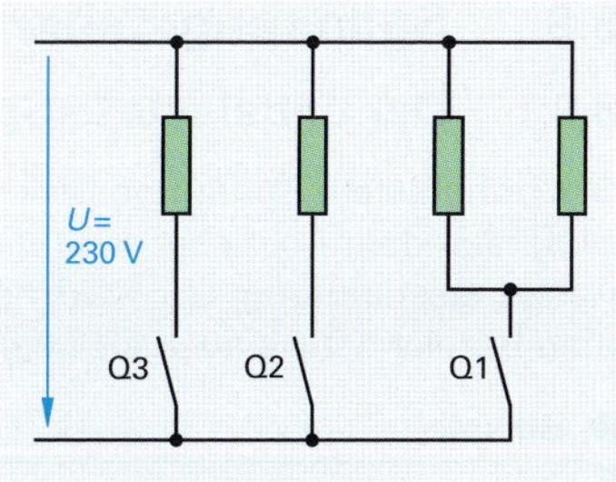

Bild 1: Heizwiderstände

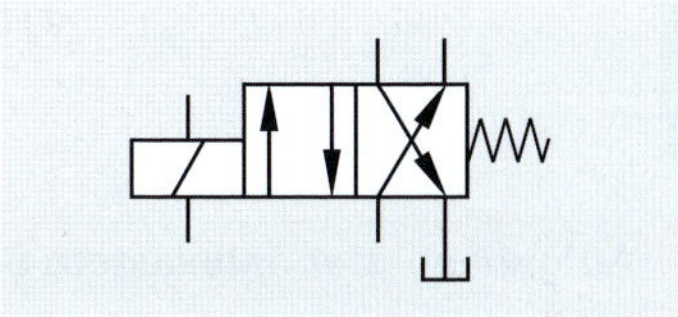

Bild 2: Hydraulikventil

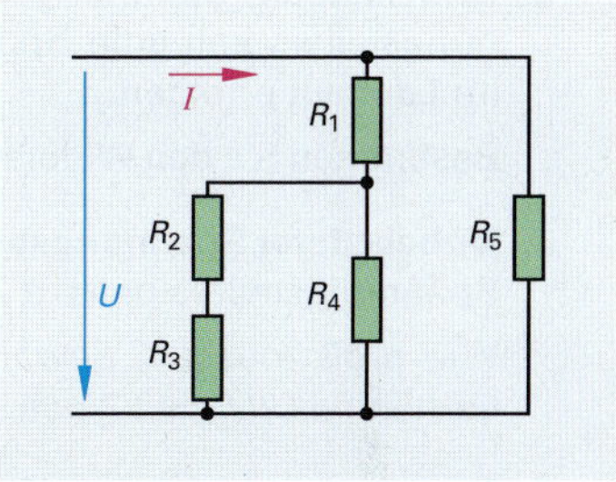

Bild 3: Gemischte Schaltung

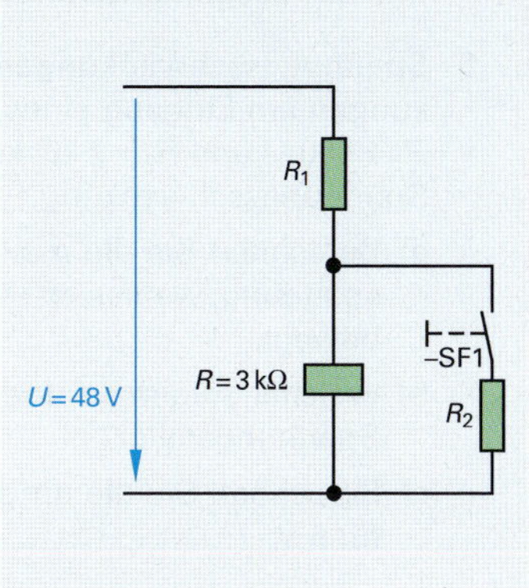

Bild 4: Relaisschaltung

8

8.9 Spannungsteiler

8.9.1 Der unbelastete Spannungsteiler

Der unbelastete Spannungsteiler ist eine Reihenschaltung aus zwei Widerständen. An dieser wird die Gesamtspannung U angelegt. Die Ausgangsspannung U_{20} wird am zweiten Widerstand abgegriffen, man bezeichnet sie auch als Leerlaufspannung.

Ausgangsspannung

$$U_{20} = U \cdot \frac{R_2}{R_1 + R_2}$$

U	Gesamtspannung	V
U_{20}	Leerlaufspannung	V
R_1, R_2	Teilwiderstände	Ω

Beispiel

An einem unbelasteten Spannungsteiler **(Bild 1)** liegen $U = 60$ V Gesamtspannung an. R_1 hat den Wert 1 kΩ.

Berechnen Sie R_2 für eine Ausgangsspannung von $U_{20} = 15$ V.

Lösung: $U_{20} = U \cdot \frac{R_2}{R_1 + R_2}$; $(R_1 + R_2) \cdot U_{20} = U \cdot R_2$; $\frac{R_1 + R_2}{R_2} = \frac{\mathbf{U}}{\mathbf{U_{20}}}$

$\frac{R_1}{R_2} + 1 = \frac{U}{U_{20}}$; $R_2 = \frac{R_1}{\frac{U}{U_{20}} - 1}$; $R_2 = \frac{1\,\text{k}\Omega}{\frac{60\,\text{V}}{15\,\text{V}} - 1} = \frac{1}{3}\,\text{k}\Omega = \mathbf{333\,\Omega}$

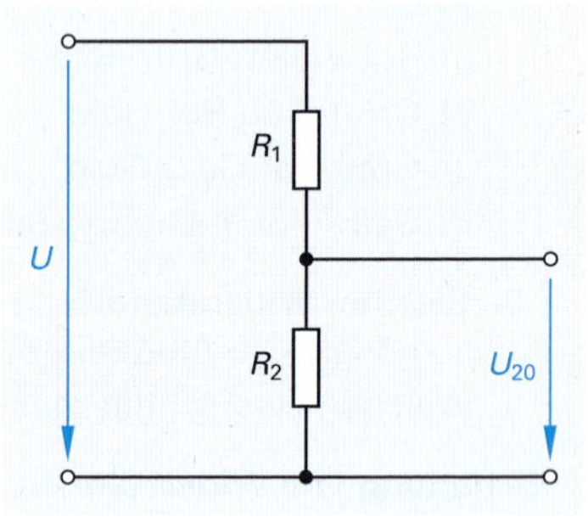

Bild 1: Unbelasteter Spannungsteiler

Aufgaben — Der unbelastete Spannungsteiler

1. **Unbelasteter Spannungsteiler (Bild 1):** Die Widerstände $R_1 = 1$ kΩ und $R_2 = 7$ kΩ liegen an der Versorgungsspannung $U = 110$ V.

   Wie groß ist die Ausgangsspannung U_{20}?

2. **Unbelasteter Spannungsteiler (Bild 1):** Mittels eines Spannungsteilers soll eine Spannungsteilung von 10 zu 1 (U/U_{20}) im Leerlauf erfolgen.

   Bestimmen Sie den Widerstand R_1 für $U_{20} = 30$ V und $R_2 = 330$ Ω.

3. **Unbelasteter Spannungsteiler (Bild 1):** Der Widerstand R_2 eines Spannungsteilers beträgt 23 Ω.

   Wie groß muss R_1 gewählt werden, damit das Spannungsverhältnis $U/U_{20} = 3/2$ beträgt?

4. **Temperaturabhängiger Widerstand (Bild 2):** Der zweite Widerstand R_2 eines Spannungsteilers ist temperaturabhängig. Die Widerstandszunahme bei Erwärmung beträgt 120 Ω.

   Berechnen Sie die Spannungsdifferenz ΔU_{20}, wenn der Widerstand R_1 einen Wert von 270 Ω hat, die Eingangsspannung 12 V und die Ausgangsspannung im kalten Zustand 8 V beträgt.

5. **Spannungsschwankungen (Bild 3):** Durch Spannungsschwankungen am Eingang eines unbelasteten Spannungsteilers mit $R_1 = 500$ Ω und $R_2 = 2$ kΩ kommt es auch am Ausgang zu einer Spannungsschwankung.

   a) Berechnen Sie die maximale und die minimale Ausgangsspannung, wenn sich die Spannung U zwischen 4 V und 5 V bewegt.

   b) Welcher minimale und maximale Strom fließt durch den Spannungsteiler?

   c) Berechnen Sie die umgesetzte Gesamtleistung für 4 V und für 5 V.

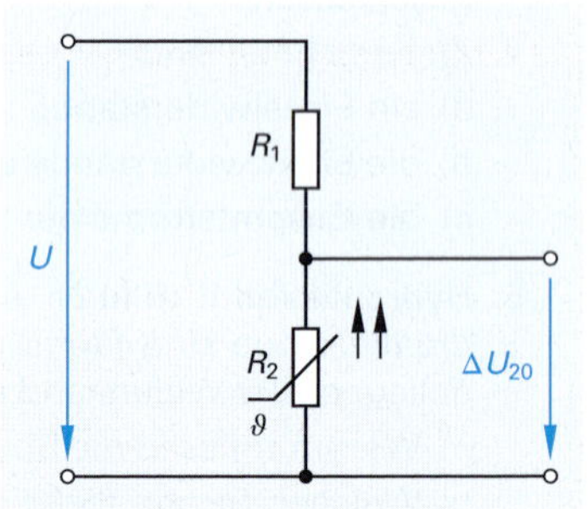

Bild 2: Temperaturabhängiger Widerstand

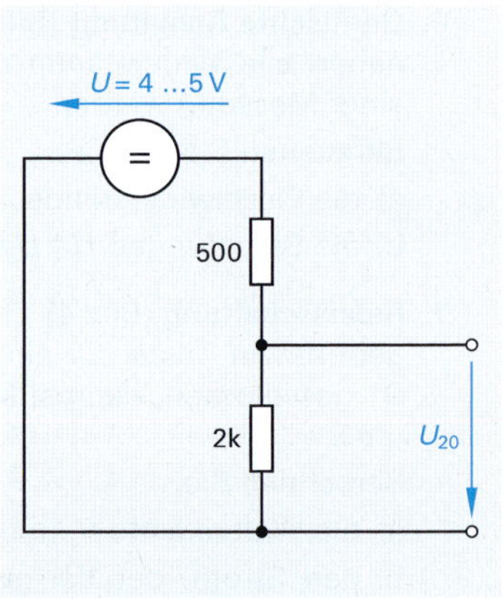

Bild 3: Spannungsschwankungen

8.9.2 Der belastete Spannungsteiler

Wenn ein Bauteil mit einer niedrigeren Spannung als mit der Versorgungsspannung betrieben werden soll und gleichzeitig diese Spannung möglichst konstant sein muss, so setzt man hierfür einen Spannungsteiler ein. Der Lastwiderstand liegt parallel zu R_2 des Spannungsteilers. Es entsteht eine gemischte Schaltung.

Beispiel

Durch einen belasteten Spannungsteiler **(Bild 1)** mit den Widerständen $R_1 = 2{,}2\ \text{k}\Omega$ und $R_2 = 840\ \Omega$ fließt ein Gesamtstrom $I_G = 25$ mA. Berechnen Sie für eine Gesamtspannung von $U = 70$ V

a) die Ausgangsspannung U_2,

b) den Querstromfaktor q,

c) den Lastwiderstand R_L.

Lösung: a) $U_1 = I_G \cdot R_1 = 25\ \text{mA} \cdot 2{,}2\ \text{k}\Omega = 55\ \text{V}$;

$U_2 = U_G - U_1 = 70\ \text{V} - 55\ \text{V} = \mathbf{15\ V}$

b) $I_q = \frac{U_2}{R_2} = \frac{15\ \text{V}}{840\ \Omega} = 17{,}9\ \text{mA} \Rightarrow I_L = I_G - I_q = 7{,}1\ \text{mA}$

$q = \frac{I_q}{I_L} = \frac{17{,}9\ \text{mA}}{7{,}1\ \text{mA}} = \mathbf{2{,}52}$

c) $R_L = q \cdot R_2 = 2{,}52 \cdot 840\ \Omega = \mathbf{2{,}12\ k\Omega}$

Ausgangsspannung

$$U_2 = U \cdot \frac{R_P}{R_1 + R_P}$$

Ersatzwiderstand

$$R_P = \frac{R_2 \cdot R_L}{R_2 + R_L} = \frac{1}{\frac{1}{R_2} + \frac{1}{R_L}} = \frac{U_2}{I_G}$$

Ströme und Querstromfaktor

$$I_G = I_q + I_L;\ q = \frac{I_q}{I_L} = \frac{R_L}{R_2}$$

R_L	Lastwiderstand	Ω
R_P	Ersatzwiderstand	Ω
R_1, R_2	Teilerwiderstände	Ω
U	Gesamtspannung	V
U_2	Ausgangsspannung	V
I_G	Gesamtstrom	A
I_L	Laststrom	A
I_q	Querstrom	A
q	Querstromfaktor	–

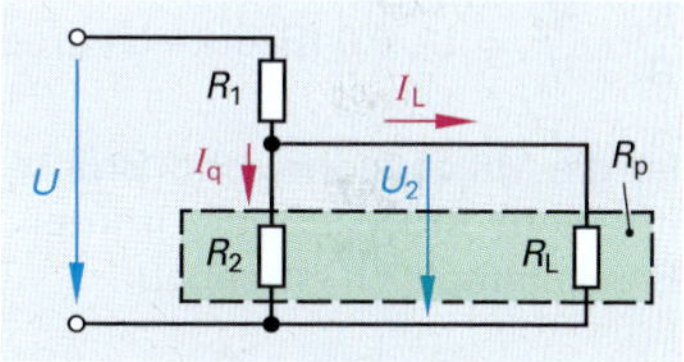

Bild 1: Spannungsteiler

Aufgaben – Der belastete Spannungsteiler

1. **Spannungsteiler:** Gegeben sind die Widerstände $R_1 = 1{,}2\ \text{k}\Omega$, $R_2 = 200\ \Omega$ und $R_L = 560\ \Omega$.
   Berechnen Sie für $U = 30$ V den Querstromfaktor q sowie die Ausgangsspannung U_2.

2. **Relais (Bild 2):** Ein Relais mit den Kenndaten 12 V/50 mA arbeitet in einer Schaltung mit $U = 24$ V Versorgungsspannung.
   Dimensionieren Sie einen Spannungsteiler für ein Querstromverhältnis von $q = 5$.

3. **Messgerät:** An einer Reihenschaltung aus $R_1 = 500\ \text{k}\Omega$ und $R_2 = 1\ \text{M}\Omega$ an $U = 150$ V wird mit einem Spannungsmesser (Innenwiderstand 10 MΩ) die Spannung U_2, gemessen.
   Berechnen Sie die Spannung an R_2, wenn
   a) der Spannungsmesser angeschlossen ist,
   b) der Spannungsmesser abgeklemmt wird.

4. **Transistor (Bild 3):** In einer Transistorschaltung soll der Transistor über einen Basisspannungsteiler gleichspannungsseitig eingestellt werden ($U_2 = 0{,}7$ V).
   Berechnen Sie R_1 und R_2, wenn der Basisstrom $I_L = 400\ \mu\text{A}$, das Querstromverhältnis $q = 7$ und $U = 15$ V ist.

5. **Spannungsregelung (Bild 4):** R_1 eines Spannungsteilers ist 560 Ω, der zweite Widerstand ist ein Potenziometer. Der Ausgang wird mit $R_L = 600\ \Omega$ belastet.
   Wie groß muss bei $U = 72$ V das Potenziometer gewählt werden, wenn die Ausgangsspannung von 30 V bis 32 V regelbar sein soll?

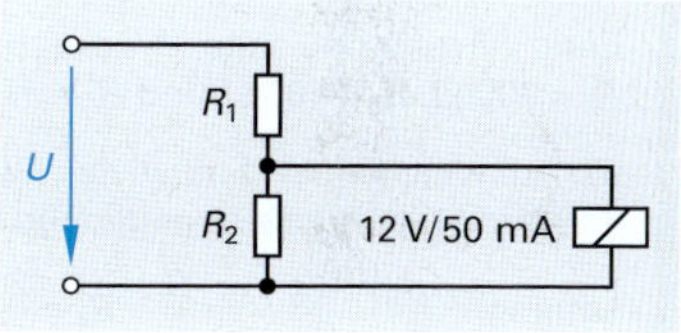

Bild 2: Relais

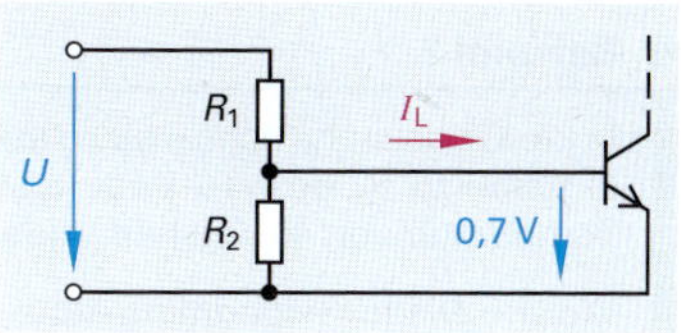

Bild 3: Transistor

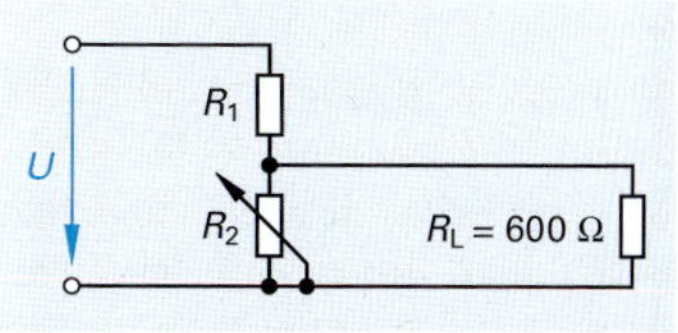

Bild 4: Spannungsregelung

8

8.10 Wheatstone'sche Brückenschaltung

Die Wheatstone'sche Brückenschaltung ist eine in der Mess- und Regelungstechnik häufig vorkommende Grundschaltung.

Im einfachsten Fall besteht die Wheatstone'sche Brücke **(Bild 1)** aus den vier Widerständen R_1 und R_3, die in Reihenschaltung im linken Brückenzweig so wie R_2 und R_4, die in Reihenschaltung im rechten Brückenzweig angebracht sind. Die beiden Brückenzweige sind parallel zueinander geschaltet.

An die Brückenpunkte *A* und *C* wird eine Gleichspannung, die Brückenspannung U_b (Polarität *A*+ und *C*–) angelegt. Die für die Mess- und Regelungstechnik interessante und verwertbare Größe ist die zwischen den Messpunkten *B* und *D* auftretende Diagonalspannung U_d.

Die Diagonalspannung U_d ist vom Quotient der Brückenzweige abhängig und es gilt:

$\frac{R_1}{R_3} = \frac{R_2}{R_4} \Rightarrow U_d = 0$ (Brücke ist „abgeglichen")

$\frac{R_1}{R_3} < \frac{R_2}{R_4} \Rightarrow U_d > 0$ (Brücke ist „links-plus-verstimmt")

$\frac{R_1}{R_3} > \frac{R_2}{R_4} \Rightarrow U_d < 0$ (Brücke ist „rechts-plus-verstimmt")

Ist die Wheatstone'sche Brücke Teil einer Messeinrichtung, so ist in einem Brückenzweig immer ein veränderbarer Widerstand zum Brückenabgleich eingebaut.

Abgleichbedingung

$$\frac{R_1}{R_3} = \frac{R_2}{R_4}$$

Diagonalspannung

$$U_d = U_b \cdot \left(\frac{R_2}{R_2 + R_4} - \frac{R_1}{R_1 + R_3}\right)$$

Links-plus-verstimmt

$$\frac{R_1}{R_3} < \frac{R_2}{R_4}$$

Rechts-plus-verstimmt

$$\frac{R_1}{R_3} > \frac{R_2}{R_4}$$

R_1, R_3	Widerstände im linken Zweig	Ω
R_2, R_4	Widerstände im rechten Zweig	Ω
U_d	Diagonalspannung	V
U_b	Brückenspannung	V

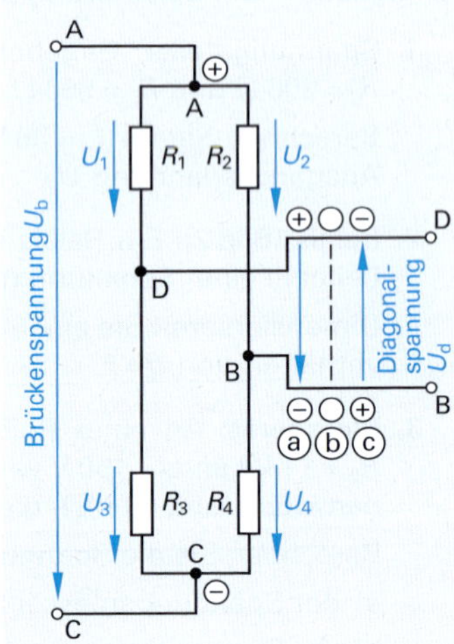

Bild 1: Wheatstone'sche Brücke

● **Beispiel 1**

Eine Wheatstone'sche Brücke **(Bild 1)** besteht aus den Widerständen $R_1 = 200\ \Omega$, $R_3 = 400\ \Omega$ und $R_4 = 120\ \Omega$.

a) Auf welchen Wert muss der Widerstand R_2 **(Bild 2a)** eingestellt werden, damit die Brücke abgeglichen ist?

Lösung: $\frac{R_1}{R_3} = \frac{R_2}{R_4}$; $R_2 = \frac{R_1}{R_3} \cdot R_4 = \frac{200\ \Omega}{400\ \Omega} \cdot 120\ \Omega = \mathbf{60\ \Omega}$

● **Beispiel 2**

In die Wheatstone'sche Brücke aus **Beispiel 1** ist im rechten Brückenzweig in Reihe zu R_2 ein NTC-Widerstand R_ϑ eingebaut **(Bild 2b)**, der bei einer Temperatur von 40 °C einen Widerstand von 50 Ω hat.

Welche Diagonalspannung kann gemessen werden, wenn die Brückenspannung 12 V beträgt?

Lösung: $U_d = U_b \cdot (\frac{R_2 + R_\vartheta}{R_2 + R_\vartheta + R_4} - \frac{R_1}{R_1 + R_3})$

$U_d = 12\ \text{V} \cdot \left(\frac{(60 + 50)\ \Omega}{(60 + 50 + 120)\ \Omega} - \frac{200\ \Omega}{(200 + 400)\ \Omega}\right)$

$= 12\ \text{V} \cdot \left(\frac{110}{230} - \frac{200}{600}\right)$ $12\ \text{V} \cdot 0{,}145 = \mathbf{1{,}74\ V}$

U_d ist positiv ⇒ die Brücke „links-plus-verstimmt"

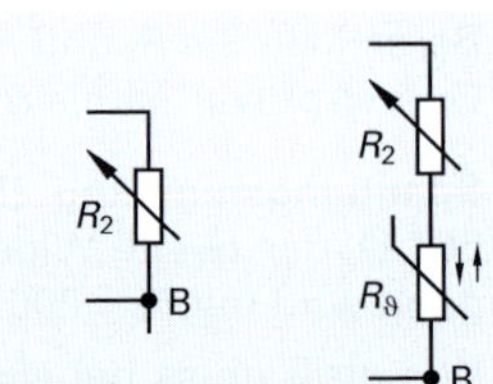

Bild 2: Veränderbarer Widerstand

Aufgaben **Wheatstone'sche Brückenschaltung**

1. Wheatstone'sche Messbrücke:

Die Wheatstone'sche Brücke **(Bild 1)** dient zur Messung von Temperaturen im Bereich von 20 °C bis 120 °C. Für die Widerstände gilt bei einer Temperatur von 20 °C: $R_1 = 1$ kΩ, $R_2 = 2{,}2$ kΩ, $R_3 = 1{,}5$ kΩ und $R_\vartheta = 1$ kΩ. Die Messbrücke wird mit einer Spannung von 9 V betrieben.

a) Auf welchen Wert muss der Widerstand R_4 eingestellt werden, damit die Brücke bei 20 °C abgeglichen ist?

b) Der Widerstand R_ϑ mit $\alpha = -0{,}005$ 1/K hat eine lineare Kennlinie. Wählen Sie einen geeigneten Maßstab und zeichnen Sie den Graph der Kennlinie für $20\,°C \leq \vartheta \leq 120\,°C$.

c) Welche Diagonalspannung stellt sich ein, wenn am Messwiderstand R_ϑ eine Temperatur von 85 °C herrscht?

d) Wie groß sind bei einer Temperatur von 20 °C die Einzelströme und der Gesamtstrom in der Messbrücke?

2. Füllstandsmessung:

Der Flüssigkeitsstand in einem Behälter wird mithilfe einer Brückenschaltung **(Bild 2)** gemessen. Dabei steigt durch die geringere Kühlwirkung beim Absinken der Flüssigkeit die Temperatur im Widerstand R_1 an, dabei ändert sich die Diagonalspannung in der Messbrücke. Der außen am Tank angebrachte Widerstand R_2 gleicht den Einfluss der Temperatur der Flüssigkeit auf die Füllstandsanzeige weitgehend aus. Für die beiden NTC-Widerstände R_1 und R_2 gilt die abgebildete Kennlinie in **Bild 3**.

a) Auf welchen Widerstandswert muss bei 20 °C R_p eingestellt werden, damit bei vollem Tank die Brücke abgeglichen ist?

b) Bei leerem Tank erhöht sich im Widerstand R_1 die Temperatur durch Eigenerwärmung auf 40 °C. Welche Diagonalspannung stellt sich an der Messbrücke ein?

(Außentemperatur $\vartheta = 20\,°C$)

c) Bei welcher Temperatur hat die Diagonalspannung U_d einen Wert von +1,76 V?

(Außentemperatur $\vartheta = 20\,°C$)

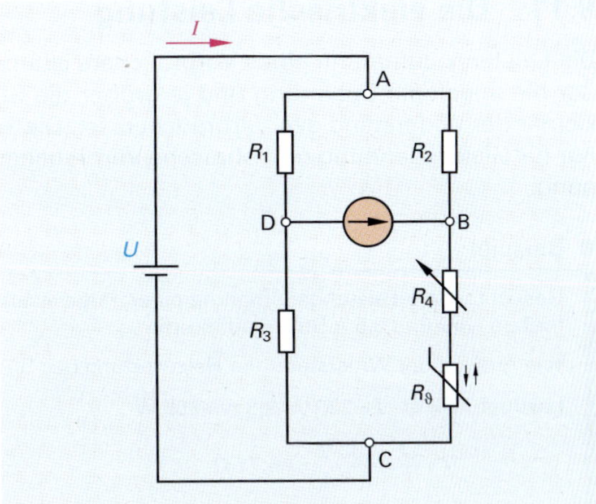

Bild 1: Wheatstone'sche Brücke

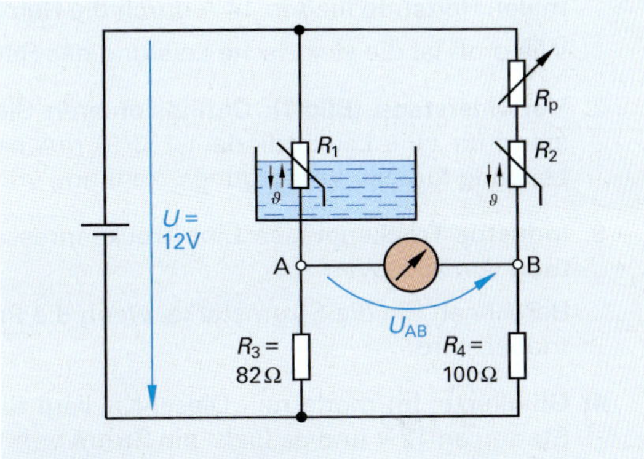

Bild 2: Brückenschaltung

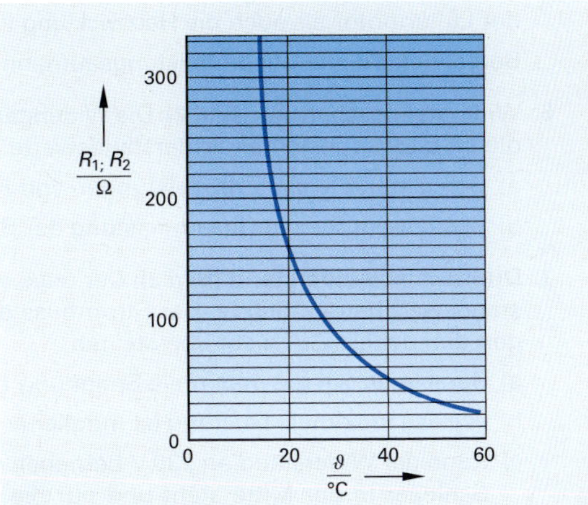

Bild 3: NTC-Kennlinie

8.11 Die elektrische Leistung

Die Leistungsaufnahme eines Verbrauchers ist umso größer, je größer die angelegte Spannung und je größer die Stromstärke bzw. je kleiner der Widerstand des Verbrauchers ist. Die Formel $P = U \cdot I$ gilt nur für Gleichspannung und ohmsche Verbraucher an Wechselspannung.

Elektrische Leistung

$$P = U \cdot I = I^2 \cdot R = \frac{U^2}{R}$$

P	elektrische Spannung	W
U	Spannung	V
I	Stromstärke	A
R	Widerstand	Ω

$$[P] = \text{W} = \text{V} \cdot \text{A} = \frac{\text{J}}{\text{s}} = \frac{\text{Nm}}{\text{s}}$$

Beispiel

Gesucht ist die Leistungsaufnahme eines Bügeleisens, das an 230 V betrieben wird und 3,5 A Strom aufnimmt.

Wie groß ist der Widerstand der Heizwicklung des Bügeleisens?

Lösung: $P = U \cdot I = 230\ \text{V} \cdot 3{,}5\ \text{A} = \mathbf{805\ W}$

$$R = \frac{U}{I} = \frac{230\ \text{V}}{3{,}5\ \text{A}} = \mathbf{65{,}71\ \Omega}$$

Aufgaben | Die elektrische Leistung

1. **Ölradiator:** Ein Ölradiator ist für 230 V ausgelegt. In der maximalen Heizstufe fließen 14 A durch die Heizwicklung.
   Wie groß ist die elektrische Leistung des Radiators?
2. **Vorwiderstand (Bild 1):** Dimensionieren Sie einen Vorwiderstand für eine Leuchtdiode 1,2 V/10 mA nach Ohmwert und Leistung für eine Versorgungsspannung von 25 V.
3. **Industrie-Trockenpresse:** Eine Trockenpresse hat eine Heizleistung von 25 kW.
   Berechnen Sie die Stromstärke, wenn die Presse an 400 V betrieben wird.
4. **Glühkerze:** Im modernen Diesel-Kfz liegt die Glühkerze beim Starten an 12 V und es fließt ein Strom von 11,5 A.
   Berechnen Sie Leistung und Widerstand der Glühkerze. Welche Leistung benötigt man bei 4 Glühkerzen (4 Zylinder)?
5. **Heizlüfter:** Der Lüftermotor eines Heizlüfters hat 100 Watt. Durch die Heizwicklung fließen im Betrieb 9 A Strom. Sowohl der Lüftermotor als auch die Heizwicklung liegen an 230 V.
   Berechnen Sie die Gesamtleistungsaufnahme des Heizlüfters.
6. **Widerstandsschaltung (Bild 2):** Die Widerstandsanordnung hat die im Bild dargestellten Widerstandswerte.
   a) Berechnen Sie die Einzelleistungen von R_1 bis R_5.
   b) Bestimmen Sie die Gesamtleistung der Schaltung.
7. **Drahtschiebewiderstand (Bild 3):** Der max. einstellbare Widerstandswert beträgt 500 Ω. Der Stromfluss durch die Wicklungen darf dabei 1,3 A nicht übersteigen.
   a) Berechnen Sie die maximale Spannung U.
   b) Welche maximale Leistung ist möglich?
   c) Kann der Widerstand an 230 V betrieben werden, wenn der Schleifer in der Mitte steht und nur die Hälfte des Widerstandswertes abgreift?

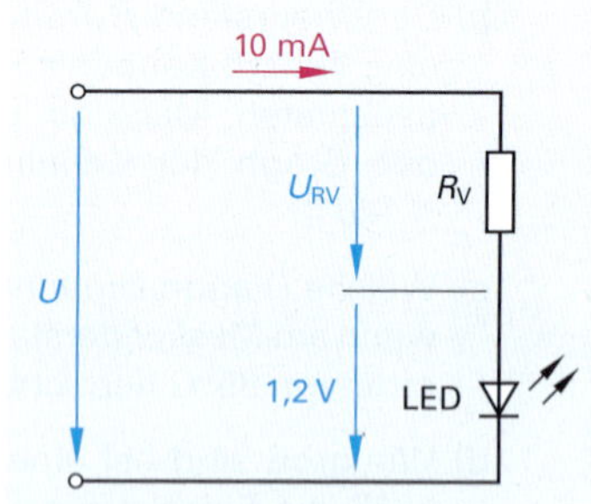

Bild 1: Vorwiderstand

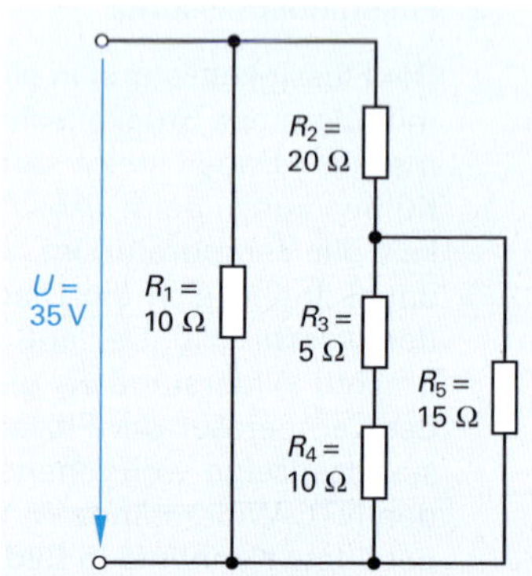

Bild 2: Widerstandsschaltung

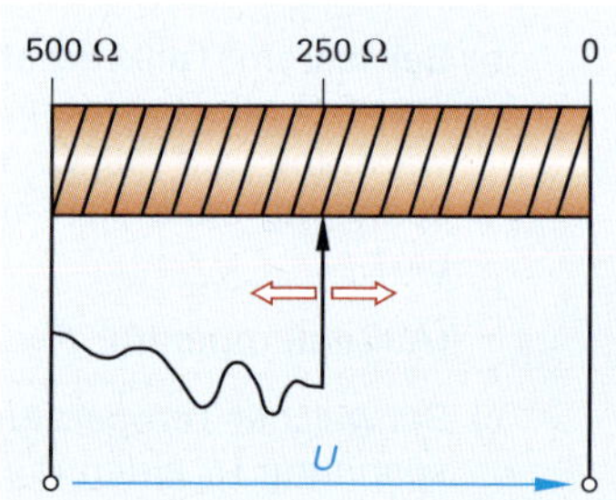

Bild 3: Drahtschiebewiderstand

8.12 Die elektrische Arbeit

In jedem Hausanschluss befindet sich ein Induktionszähler (Arbeitszähler) **(Bild 1)**. Die Energie-Versorgungs-Unternehmen (EVU) ermitteln anhand des Zählerstandes die vom Kunden „verbrauchte" elektrische Arbeit und stellen ihm diese in Rechnung. Dabei dreht sich die Zählerscheibe umso schneller, je größer die Stromstärke in der Zuleitung ist.

Beispiel

Ein elektrischer Heizofen mit einer Leistung von $P = 1{,}8$ kW ist 12 Stunden in Betrieb.

Berechnen Sie

a) die umgesetzte elektrische Arbeit W,

b) die Zählerkonstante C_Z des Arbeitszählers, wenn sich die Zählscheibe 750 mal gedreht hat,

c) die Kosten K, wenn 1 kWh Arbeit 21 Cent kostet.

Lösung: a) $W = P \cdot t = 1{,}5\ \text{kWh} \cdot 4\ \text{h} = \mathbf{6\ kWh}$

b) $C_Z = \frac{n}{W} = \frac{750}{6\ \text{kWh}} = \mathbf{125\ \frac{1}{kWh}}$

c) $K = W \cdot K_P = 6\ \text{kWh} \cdot 0{,}21\ \frac{€}{\text{kWh}} = \mathbf{1{,}26\ €}$

Aufgaben | Die elektrische Arbeit

1. **Sparlampe:** Zwei Brüder schlafen im selben Zimmer und lesen abends gerne ein Buch. Einer der beiden verwendet als Leselampe eine 75-Watt-Glühbirne, der andere eine Sparlampe mit 9 Watt. Berechnen Sie
   a) die elektrische Arbeit W für eine Lesedauer von 2 Stunden,
   b) die Arbeitsersparnis der Sparlampe in kWh für 200 Tage,
   c) die Mehrkosten für b), wenn eine kWh 26 Cent kostet.
2. **Elektroheizgerät:** Bei einem Elektroheizgerät an 230 V soll die Leistung ermittelt werden. Dazu hat man die Umdrehungen des Zählers 1 Minute lang gezählt: 35 Umdrehungen bei einer Zählerkonstante von 450 U/kWh. Berechnen Sie die Leistung P und die Stromaufnahme I des Gerätes.
3. **PC:** Ein Computer mit einem 17″-Monitor nimmt eine Leistung von 100 W auf. Er ist in einem Büro täglich 8 Stunden, 5 Tage in der Woche in Betrieb. Welche Energiekosten fallen jährlich (bei 53 Kalenderwochen) an, wenn pro kWh 22 Cent verrechnet werden?
4. **Energiesparlampen:** In einem Haushalt werden alle Glühlampen mit einem Anschlusswert von 800 W durch Energiesparlampen ersetzt, die nur 1/5 der Leistung umsetzen. Welche Einsparung erzielt man, wenn die Lampen im Durchschnitt 4,5 Stunden pro Tag an 365 Tagen im Jahr in Betrieb sind, wenn das EVU für eine kWh 24 Cent verlangt?
5. **Leistungsschild (Bild 2):** Ein Heizlüfter hat die im Bild angegebenen Daten. Berechnen Sie die Arbeit W, die der Lüfter umsetzt, wenn er 5 Stunden in Betrieb ist. Mit welcher Stromstärke belastet er die Zuleitung?
6. **Vorwiderstand:** Wie groß ist die umgesetzte Arbeit im Vorwiderstand $R_V = 50\ \Omega$, wenn dieser an $U = 230$ V für $t = 9$ h angeschlossen ist?

Elektrische Arbeit

$$W = P \cdot t = U \cdot I \cdot t$$
$$W = I^2 \cdot R \cdot t = \frac{U^2}{R} \cdot t$$

Zählerkonstante

$$C_Z = \frac{n}{W}$$

Kosten

$$K = W \cdot K_P$$

W	elektrische Arbeit	Ws; kWh
P	elektrische Leistung	W
C_Z	Zählerkonstante	$\frac{1}{\text{kWh}}$
n	Zählumdrehungen	
t	Zeit	s
U	Spannung	V
I	Strom	A
R	Widerstand	Ω
K	Kosten	€
K_P	Arbeitspreis	$\frac{€}{\text{kWh}}$

$$[W] = \text{W} \cdot \text{s} = \text{V} \cdot \text{A} \cdot \text{s} = \text{J} = \text{Nm}$$

$$1\ \text{kWh} = 3{,}6 \cdot 10^6\ \text{Ws}$$

8

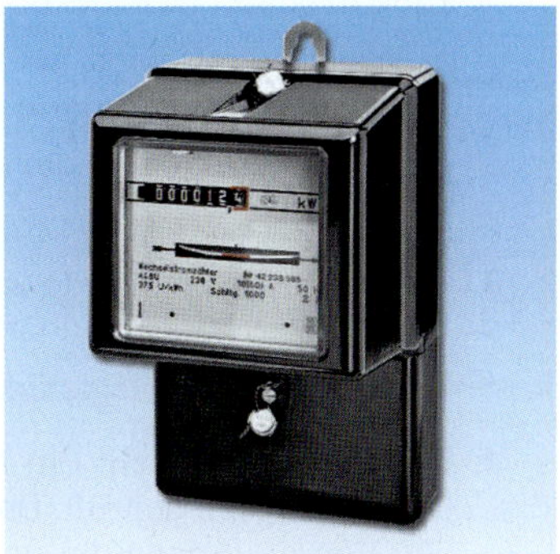

Bild 1: Induktionszähler

Bild 2: Leistungsschild

8.13 Das elektrische Feld

Zwischen zwei an Spannung angeschlossenen elektrisch leitfähigen Platten entsteht ein elektrisches Feld, das umso stärker ist, je näher die Platten beieinander liegen (ohne sich zu berühren) und je größer die an die Platten angelegte elektrische Spannung ist. Wird eine Ladung Q zwischen die Platten gebracht, so wird diese angezogen bzw. abgestoßen. Es wirkt also eine Kraft F auf sie, die direkt proportional der Feldstärke E des elektrischen Feldes ist.

Elektrische Feldstärke

$$E = \frac{U}{d}$$

$$E = \frac{F}{Q}$$

E	elektrische Feldstärke	$\frac{V}{m}$
U	Plattenspannung	V
d	Plattenabstand	m
Q	elektrische Ladung	As
F	Kraft auf die Ladung	N

$$[E] = \frac{N}{As} = \frac{V \cdot As}{m \cdot As} = \frac{V}{m}$$

Beispiel

Zwischen zwei Platten eines Plattenkondensators **(Bild 1)** mit dem Abstand $d = 2$ mm wirkt auf ein frei bewegliches Elektron mit der Ladung $Q = e = 1{,}6 \cdot 10^{-19}$ As eine Kraft von $F = 320$ pN.

Wie groß sind die elektrische Feldstärke E und die angelegte Spannung U zwischen den Platten?

Lösung: $E = \frac{F}{Q} = \frac{320 \text{ pN}}{1{,}6 \cdot 10^{-19} \text{ As}} = \mathbf{200 \frac{kV}{m}}$

$E = \frac{U}{d} \Rightarrow \quad U = E \cdot d = 200 \frac{\text{kV}}{\text{m}} \cdot 2 \text{ mm}$

$\mathbf{U = 400 \text{ V}}$

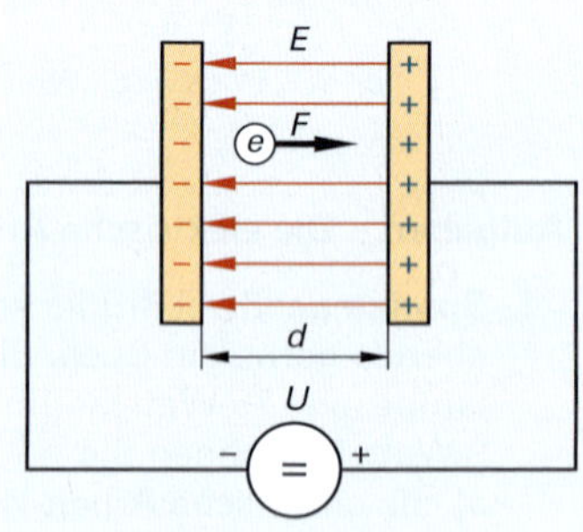

Bild 1: Plattenkondensator

Aufgaben | Das elektrische Feld

1. **Plattenkondensator (Bild 1):** Zwischen den Platten eines Kondensators mit $d = 0{,}6$ mm wirkt ein elektrisches Feld $E = 140 \frac{\text{kV}}{\text{m}}$.

   An welcher Spannung liegt der Kondensator?

2. **Oszilloskopablenkung (Bild 2):** Die Platten zur Vertikalablenkung in einem Oszilloskop haben 1,5 cm Abstand.
   a) Welche Kraft wirkt auf ein Elektron des Elektronenstrahls, wenn die Plattenspannung 2 kV beträgt?
   b) Wie groß ist dabei die elektrische Feldstärke zwischen den Platten?

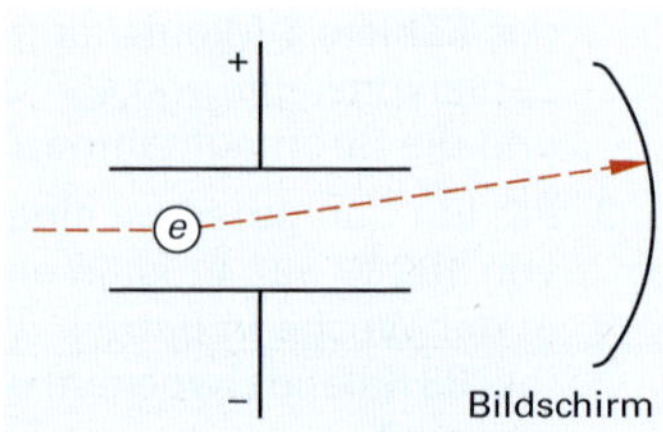

Bild 2: Oszilloskopablenkung

3. **Kondensator:** Ein Kondensator, der für 400 V Spannung entwickelt wurde, hat einen Plattenabstand von 0,2 µm.

   Berechnen Sie die Feldstärke, die zwischen den Platten herrscht.

4. **Durchschlagversuch:** Ein Kondensator wird auf seine Spannungsfestigkeit geprüft. Dabei schlägt bei einer Feldstärke von 500 V/m die Spannung über das Dielektrikum auf die andere Platte des Kondensators durch. Der herstellungsbedingte Plattenabstand beträgt 0,4 µm.

   Wie groß war die angelegte Spannung?

5. **Versuchsplatten (Bild 3):** Zwischen zwei Versuchsplatten, die in einem Abstand von 20 cm aufgestellt wurden, wird eine bewegliche Styroporkugel, welche mit $Q = 100$ mC aufgeladen wurde, angeordnet.
   a) Welche Kraft wirkt auf die Styroporkugel, wenn die Spannung U zwischen den Platten 13 kV beträgt?
   b) Berechnen Sie die elektrische Feldstärke zwischen den Platten.

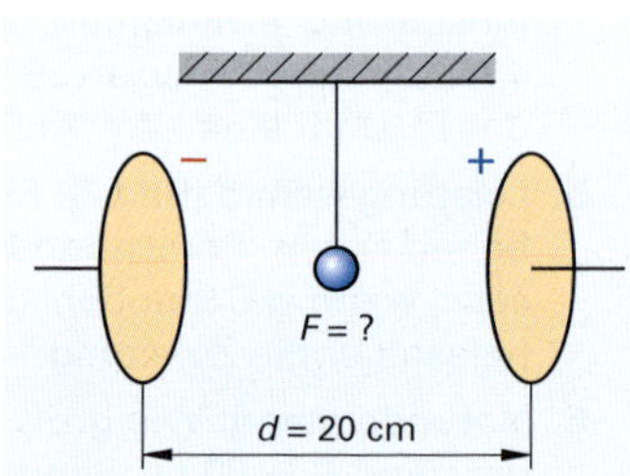

Bild 3: Versuchsplatten

8.14 Kondensator

8.14.1 Ladung und Kapazität eines Kondensators

Abhängig von der Höhe der angelegten Spannung kann ein Kondensator mehr oder weniger Ladung speichern. Der Zusammenhang ist linear, d. h., doppelte Spannung führt zu doppelter Ladungsmenge. Der Quotient aus Ladung und Spannung ist daher eine Konstante und wird als Kapazität C des Kondensators bezeichnet.

Kapazität

$$C = \frac{Q}{U}$$

Ladung

$$Q = I \cdot t$$

Arbeit – Energie

$$W = \frac{C \cdot U^2}{2};\ W = \frac{Q \cdot U}{2}$$

C	Kondensatorkapazität	F
U	Spannung	V
I	Strom	A
t	Zeit	s
Q	Ladung	C
W	Arbeit/Energie	Ws

$$[W] = \text{VAs} = \text{Ws} = \text{J}$$

Beispiel

An einem Kondensator mit Vorwiderstand **(Bild 1)** liegt eine Spannung von $U = 24$ V an. Er ist im voll geladenen Zustand. Der Ladevorgang dauerte 0,5 s, dabei wurde ein mittlerer Stromfluss von 35 mA gemessen.

a) Welche Ladung ist auf dem Kondensator gespeichert?

b) Wie groß ist seine Kapazität?

c) Wie viel Energie ist im Kondensator gespeichert?

d) Wählen Sie eine Kapazität nach der E24-Reihe.

Lösung: a) $Q = I \cdot t = 35\ \text{mA} \cdot 0{,}5\ \text{s} = \mathbf{17{,}5\ mC}$

b) $C = \frac{Q}{U} = \frac{17{,}5\ \text{mC}}{24\ \text{V}} = \mathbf{729\ \mu F}$

c) $W = \frac{Q \cdot U}{2} = \frac{17{,}5\ \text{mC} \cdot 24\ \text{V}}{2} = \mathbf{210\ mWs}$

d) E24-Reihe ⇒ C = **750 µF (Tabelle im Anhang)**

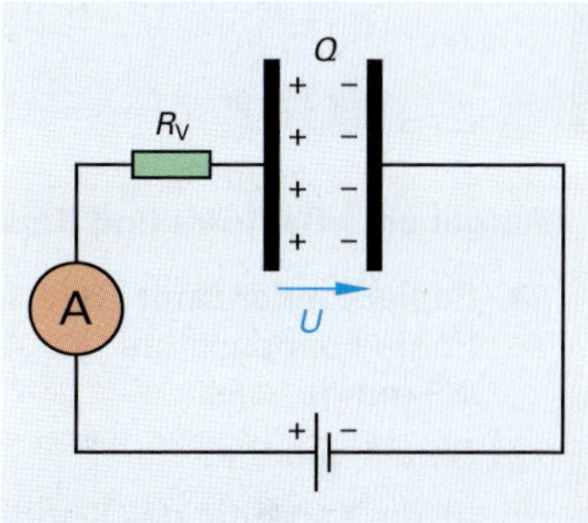

Bild 1: Kondensator

Aufgaben | Ladung und Kapazität eines Kondensators

1. **Kondensator (Bild 1):** Von einem Kondensator ohne Kapazitätsaufdruck soll die Kapazität ermittelt werden. Dazu wird der Kondensator in 5 ms mit einem gleichbleibenden Ladestrom von 7 mA geladen. Er erreicht dabei eine Endspannung von 260 V. Ermitteln Sie:

   a) die Kapazität des Kondensators,

   b) die gespeicherte Ladungsmenge,

   c) die gespeicherte Energie.

2. **Folienkondensator:** Ein Folienkondensator hat die Kapazität 2,2 µF und ist an 500 V Gleichspannung angeschlossen.

   Wie groß ist die gespeicherte Ladungsmenge?

3. **Kapazitätsgerade (Bild 2):** Ermitteln Sie aus dem Diagramm die Kapazität C des Kondensators.

   Welche Energie kann man in dem Kondensator speichern, wenn er mit maximal 150 V bzw. 400 V geladen werden darf?

4. **Spannungserhöhung:** Ein Kondensator, der eine Kapazität von 33 nF hat, ist mit 100 nC geladen.

   a) Welche Spannung war erforderlich um ihn zu laden?

   Die Spannung wird nun stufenweise erhöht auf 16 V, 24 V und 50 V. Ermitteln Sie für jeden der 3 Fälle

   b) die Ladungsmenge sowie

   c) die im Kondensator gespeicherte Energie.

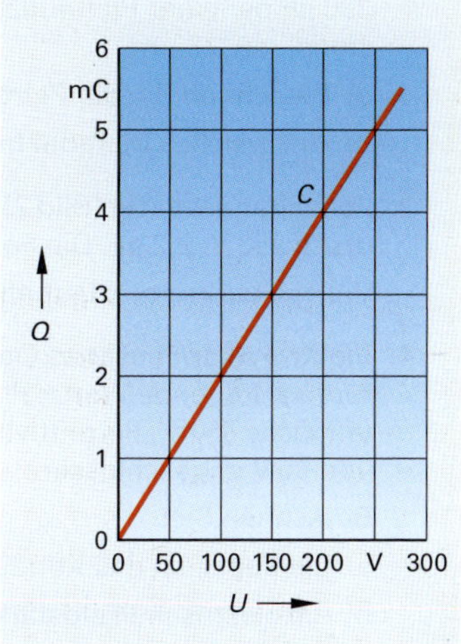

Bild 2: Kapazitätsgerade

8

8.14.2 Bauform und Kapazität eines Kondensators

Die Kapazität C eines Kondensators kann durch seinen Aufbau beeinflusst werden. Grundsätzlich besteht jeder Kondensator aus zwei leitfähigen Flächen und einer Isolierschicht dazwischen. Abhängig von der Größe der Flächen A, deren Abstand d zueinander und der Permittivität ε (Güte) des dazwischen liegenden Isolierstoffes, ergibt sich die Größe der Kapazität.

Die Permittivitätszahl ε_r gibt an, um wie viel mal besser der Isolierstoff als Zwischenschicht ist, als Luft.

Beispiel

Ein Plattenkondensator mit Luftfüllung hat einen Plattenabstand $d = 1$ mm und eine wirksame Plattenfläche von 100 mm².

Welche Kapazität hat der Kondensator?

Wie ändert sich seine Kapazität, wenn an Stelle von Luft eine Hartpapierplatte ($\varepsilon_r = 4$) eingeschoben wird?

Lösung: Luftfüllung:

$$C = \varepsilon \cdot \frac{A}{d} = \varepsilon_0 \cdot \varepsilon_r \cdot \frac{A}{d} = 8{,}85 \cdot 10^{-12}\,\frac{\text{As}}{\text{Vm}} \cdot 1 \cdot \frac{100\ \text{mm}^2}{1\ \text{mm}}$$

$\boldsymbol{C = 88{,}5\ \text{pF}}$

mit Hartpapier:

$$C = \varepsilon \cdot \frac{A}{d} = \varepsilon_0 \cdot \varepsilon_r \cdot \frac{A}{d} = 8{,}85 \cdot 10^{-12}\,\frac{\text{As}}{\text{Vm}} \cdot 4 \cdot \frac{100\ \text{mm}^2}{1\ \text{mm}}$$

$\boldsymbol{C = 354\ \text{pF}} \Rightarrow C_{\text{Hartpapier}} = \boldsymbol{4 \cdot C_{\text{Luft}}}$

Kapazität

$$C = \varepsilon \cdot \frac{A}{d}$$

Permittivität

$$\varepsilon = \varepsilon_0 \cdot \varepsilon_r$$

C	Kondensatorkapazität	F
ε_0	elektrische Feldkonstante $\varepsilon_0 = 8{,}85 \cdot 10^{-12}\,\frac{\text{As}}{\text{Vm}}$	
ε_r	Permittivitätszahl	–
ε	Permittivität	$\frac{\text{As}}{\text{Vm}}$
I	Stromstärke	A
R	Widerstand	Ω

Tabelle 1: Permittivitätszahlen

Luft	1
Lackpapier	3...6
Hartpapier	4...8
Melaminharz	6...10
Bariumtitanat	bis 3000

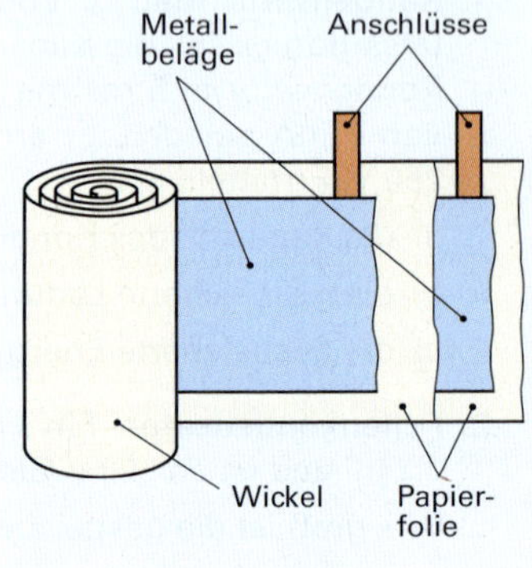

Bild 1: Papierkondensator

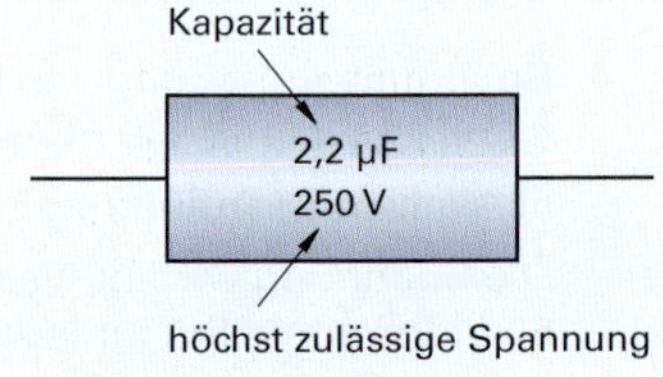

Bild 2: Folienkondensator

Aufgaben | **Bauform und Kapazität eines Kondensators**

1. **Papierkondensator (Bild 1):** Die wirksame Plattenfläche eines Papierkondensators ist 40 cm² bei einer Papierdicke von 0,5 mm ($\varepsilon_r = 5$).
   Berechnen Sie:
   a) die Kapazität des Kondensators,
   b) die Kapazität für Papier mit $d = 0{,}25$ mm.

2. **Permittivitätszahl:** Ein Kondensator hat eine Kapazität von 330 µF bei einer Plattenfläche von 2 m² und einem Plattenabstand von 0,5 µm.
   a) Berechnen Sie die Permittivitätszahl des Isolierwerkstoffes.
   b) Um welches Material handelt es sich?

3. **Folienkondensator (Bild 2):** Ein Folienkondensator hat den Aufdruck 250 V; 2,2 µF. Die Foliendicke beträgt 0,2 µm ($\varepsilon_r = 3{,}3$).
   Welche wirksame Plattenfläche hat der Folienkondensator?

4. **Elektrolytkondensator:** Der Aufbau eines Elektrolytkondensators hat folgende Werte: Plattenabstand 7,2 µm, wirksame Plattenfläche 45 m², Permittivitätszahl 8. Er wird an eine Spannung von 50 V angeschlossen.
   Berechnen Sie:
   a) die Kapazität des Kondensators,
   b) die elektrische Feldstärke E,
   c) die Ladungsmenge Q auf dem Kondensator.

8.14.3 Schaltungsarten von Kapazitäten

Kapazitäten können parallel oder in Reihe verschaltet werden. Dementsprechend ergeben sich andere Gesamtkapazitäten und Ladungsmengen. Werden beide Schaltungsarten gleichzeitig verwandt, bilden sich gemischte Schaltungen, die zur Berechnung wiederum in Parallel- und Reihenschaltung zerlegt werden können.

Beispiel

Zwei Kondensatoren $C_1 = 100$ pF und $C_2 = 150$ pF sind in Reihe geschaltet und liegen an einer Gesamtspannung von $U_g = 48$ V.

Berechnen Sie

a) die Gesamtkapazität der Schaltung,

b) die Gesamtladungsmenge,

c) die Teilladungen auf den Kondensatoren C_1 und C_2.

Lösung: a) $C_g = \frac{1}{\frac{1}{C_1} + \frac{1}{C_2}} = \frac{1}{\frac{1}{100\text{ pF}} + \frac{1}{150\text{ pF}}} = \mathbf{60\text{ pF}}$

b) $Q_g = C_g \cdot U_g = 60\text{ pF} \cdot 48\text{ V} = \mathbf{2{,}88\text{ nC}}$

c) $Q_g = Q_1 = Q_2 = \mathbf{2{,}88\text{ nC}}$

Parallelschaltung

$$U_g = U_1 = U_2 = U_3 = \ldots$$
$$C_g = C_1 + C_2 + C_3 + \ldots$$
$$Q_g = Q_1 + Q_2 + Q_3 + \ldots$$

Reihenschaltung

$$U_g = U_1 + U_2 + U_3 + \ldots$$
$$\frac{1}{C_g} = \frac{1}{C_1} + \frac{1}{C_2} + \frac{1}{C_3} + \ldots$$
$$Q_g = Q_1 = Q_2 = Q_3 = \ldots$$

Ladung

$$Q_g = Q = C \cdot U$$

Q_g	Gesamtladung	C
U_g	Gesamtspannung	V
C_g	Gesamtkapazität	F
$Q_1 \ldots Q_3$	Teilladungen	C
$U_1 \ldots U_3$	Teilspannungen	V
$C_1 \ldots C_3$	Einzelkapazitäten	F

Aufgaben | **Schaltungsarten von Kapazitäten**

1. **Unbekannter Kondensator:** Die Gesamtkapazität einer Reihenschaltung zweier Kondensatoren beträgt 50 pF.
   Berechnen Sie die zweite Kapazität, wenn der erste Kondensator einen Wert von 200 pF hat.

2. **Reihenschaltung (Bild 1):** Bei einer Reihenschaltung aus $C_1 = 4{,}7$ µF, $C_2 = 10$ µF und einem dritten vom Wert her unbekannten Kondensator C_3 wird nach dem Aufladen der kompletten Schaltung mit $U_g = 100$ V am Kondensator C_3 eine Spannung von 40 V gemessen.
   a) Berechnen Sie die Gesamtladung Q_g der Schaltung.
   b) Berechnen Sie den unbekannten Wert von C_3.

3. **Parallelschaltung (Bild 2):** Die Gesamtkapazität einer Parallelschaltung zweier Kondensatoren beträgt 47 µF. Werden die beiden Kondensatoren in Reihe geschaltet, so ergibt sich eine Ersatzkapazität von 9,1 µF.
   Berechnen Sie die Kapazitätswerte der beiden Kondensatoren.

4. **Gemischte Schaltung (Bild 3):** Entnehmen Sie die Werte der Kondensatoren aus der Abbildung und berechnen Sie:
   a) die Gesamtkapazität,
   b) die Ladungen auf den Kondensatoren C_1 bis C_3,
   c) die Teilspannungen an C_2 und C_3.

5. **Kapazitätserhöhung:** Um die Kapazität eines Kondensators $C_1 = 1000$ µF zu erhöhen, wird ein weiterer Kondensator C_2 mit 4700 µF geschaltet.
   a) Welche Gesamtkapazität ergibt sich?
   b) Wie muss der Kondensator zugeschaltet werden?
   c) Wie groß ist C_g bei falscher Verschaltung?

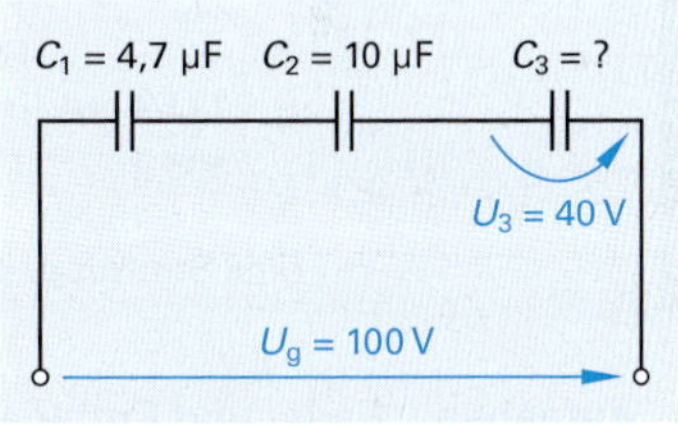

Bild 1: Reihenschaltung

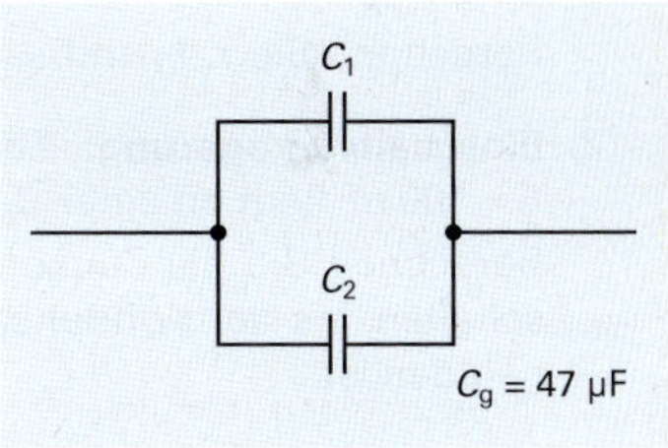

Bild 2: Parallelschaltung

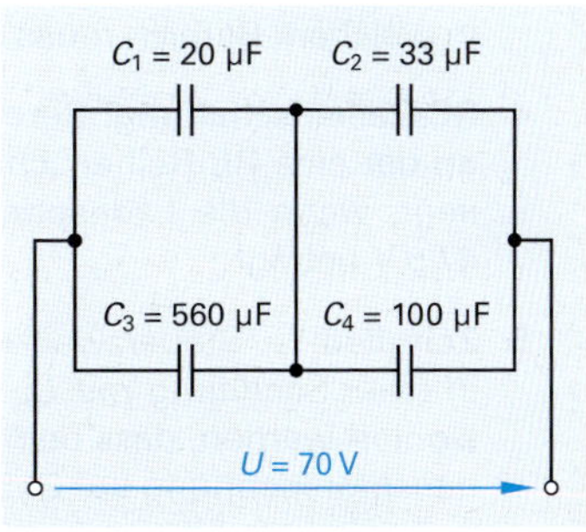

Bild 3: Gemischte Schaltung

8

8.14.4 Lade- und Entladeverhalten eines Kondensators

Lade- und Entladevorgang dauern bei einem Kondensator in unveränderter Schaltung immer gleich lang. Abhängig von der Kapazität des Kondensators und dem vorgeschalteten Widerstand verändert sich die benötigte Zeit. Nach einer Zeit von 5 τ ist jeder Kondensator zu fast 100 % geladen. Dies bedeutet, dass τ eine veränderliche Zeitkonstante ist, die umso größer ist, je länger der Lade- oder Entladevorgang dauert.

Beispiel

In einer RC-Verzögerungsschaltung liegt ein Widerstand R, mit einem Wert von 120 Ω, mit einem Kondensator $C = 47$ µF in Reihe an einer Gesamtspannung von $U_0 = 12$ V.

Berechnen Sie

a) die Zeitkonstante τ,

b) die Zeit, nach der der Kondensator vollständig geladen ist.

Ermitteln Sie aus der Ladekurve

c) den Stromfluss nach der Zeit $t = 2\,\tau$.

Lösung: a) $\tau = R \cdot C = 120\,\Omega \cdot 47\,\mu\text{F} = \mathbf{5{,}64\ ms}$

b) $t_C = 5 \cdot \tau = 5 \cdot 5{,}64\ \text{ms} = \mathbf{28{,}2\ ms}$

c) 1.) $i_C = \frac{U_0}{R} \cdot e^{\frac{-t}{\tau}} = \frac{12\ \text{V}}{120} \cdot e^{\frac{-2\tau}{\tau}} = 100\ \text{mA} \cdot e^{-2}$

$i_C = \mathbf{13{,}53\ mA}$ (mit Rechnung)

2.) $i_C = \frac{100\ \text{mA} \cdot 14\,\%}{100\,\%} = 0{,}14 \cdot 100\ \text{mA} = \mathbf{14\ mA}$

(aus Stromladekurve)

Aufgaben	Lade- und Entladeverhalten eines Kondensators

1. **RC-Glied:** Eine Reihenschaltung aus $R = 2$ kΩ und $C = 57$ nF liegt an $U = 60$ V.
   Berechnen Sie τ, t_C und u_C nach 0,2 ms.

2. **Einschaltverzögerung:** Eine Schaltung aus $R = 400$ Ω und $C = 100$ µF liegt an einer Betriebsspannung von 24 V.
   Berechnen Sie die Zeitkonstante τ sowie die Zeit t beim Einschalten, bis der Kondensator auf 86 % der Betriebsspannung geladen ist.

3. **Potenziometer:** Mit einem einstellbaren Potenziometer R soll die Ladedauer eines RC-Gliedes mit $C = 10$ µF in einem Bereich von $t_C = 0{,}5 \ldots 2$ s einstellbar sein.
   In welchem Bereich muss das Potenziometer regelbar sein?

4. **RC-Reihenschaltung:** Berechnen Sie die Betriebsspanung U_0, an der eine RC-Reihenschaltung mit $R = 330$ Ω und $C = 33$ µF liegt, wenn die Ladespannung des Kondensators nach 3 τ 47,5 V beträgt.

5. **Zeitglied:** Für Steuerzwecke wird ein RC-Zeitglied mit $R = 220$ kΩ in einer Schaltung mit $U_0 = 15$ V eingesetzt. Es soll so dimensioniert werden, dass beim Ausschalten nach $t = 10$ s die Kondensatorspannung auf 37 % abgesunken ist.
   Berechnen Sie C und wählen Sie nach der E12-Reihe aus.

Ladevorgang

$$u_C = U_0 \cdot \left(1 - e^{\frac{-t}{\tau}}\right)$$

$$i_C = \frac{U_0}{R} \cdot e^{\frac{-t}{\tau}}$$

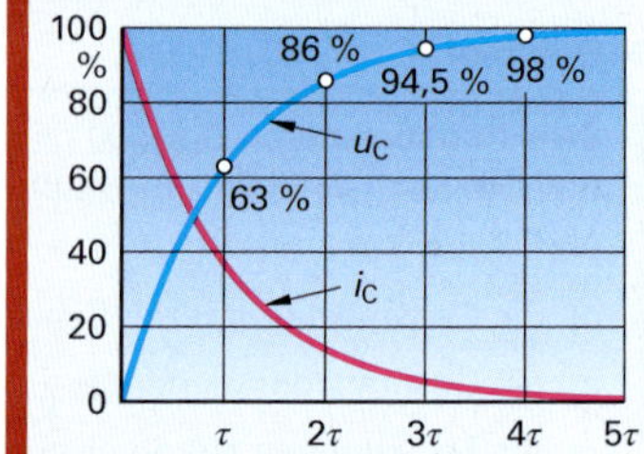

Entladevorgang

$$u_C = U_0 \cdot e^{\frac{-t}{\tau}}$$

$$i_C = \frac{U_0}{R} \cdot e^{\frac{-t}{\tau}}$$

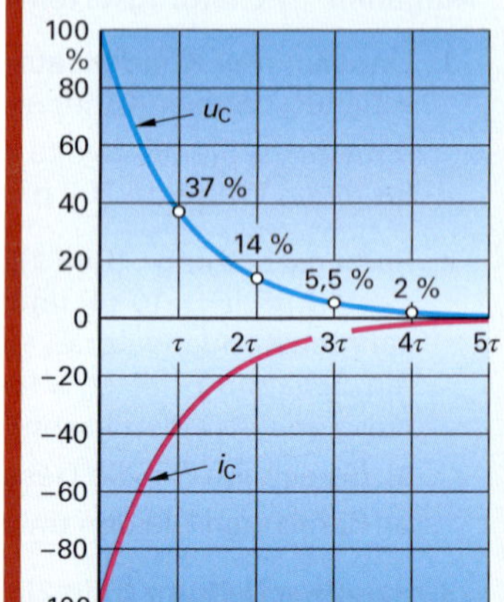

Zeitkonstante

$$\tau = R \cdot C$$

$$t_C = 5 \cdot \tau$$

U_0	Betriebsspannung	V
I_C	Kondensatorstrom	A
u_C	Kondensatorspannung	V
C	Kondensatorkapazität	F
R	Widerstand	Ω
t	Zeit	s
t_C	Lade-/Entladezeit	s
τ	Zeitkonstante	s
e	Eulersche Konstante	2,7182818

$$[\tau] = \Omega \cdot \text{F} = \frac{\text{V}}{\text{A}} \cdot \frac{\text{As}}{\text{V}} = \text{s}$$

8.15 Spulen

8.15.1 Bauform und Induktivität einer Spule

Die Induktivität L einer Spule hängt vom Aufbau des Spulenkörpers sowie vom Material der Kernfüllung ab. Die Permeabilitätszahl μ_r **(Bild 1)** ist der Faktor, um den das Kernmaterial besser magnetisch leitet als Luft ($\mu_r = 1$).

Beispiel

Eine mit einem Eisenkern ($\mu_r = 1200$) gefüllte Spule hat $N = 300$ Windungen. Die Kernabmessungen betragen 10 cm × 10 cm. Der Spulenkörper ist 15 cm lang. l_m beträgt 90 cm.

Berechnen Sie

a) die Permeabilität μ,

b) die Induktivität L_1 der Spule,

c) die Induktivität L_2 der Spule, ohne Eisenkern.

Lösung:

a) $\mu = \mu_0 \cdot \mu_r = 1{,}257 \cdot 10^{-6}\,\frac{\text{Vs}}{\text{Am}} \cdot 1200 = \mathbf{1{,}51 \cdot 10^{-3}\,\frac{Vs}{Am}}$

b) $A = b \cdot h = 10\text{ cm} \cdot 10\text{ cm} = 0{,}1\text{ m} \cdot 0{,}1\text{ m} = 0{,}01\text{ m}^2$

$l_m = 90\text{ cm} = 0{,}9\text{ m}$

$$L_1 = \frac{\mu \cdot A \cdot N^2}{l_m} = \frac{1{,}51 \cdot 10^{-3}\,\frac{\text{Vs}}{\text{Am}} \cdot 0{,}01\text{ m}^2 \cdot 300^2}{0{,}9\text{ m}} = \mathbf{1{,}51\ H}$$

c) $$L_2 = \frac{\mu_0 \cdot A \cdot N^2}{l} = \frac{1{,}257 \cdot 10^{-6}\,\frac{\text{Vs}}{\text{Am}} \cdot 0{,}01\text{ m}^2 \cdot 300^2}{0{,}15\text{ m}} = \mathbf{7{,}543\ mH}$$

Aufgaben | **Bauform und Induktivität einer Spule**

1. **Trafoblech (Bild 2):** Eine Transformatorwicklung hat als Kern warmgewalztes Transformatorblech mit 4% Silizium und einem Kernquerschnitt von 29 cm², $l = 40$ cm.
   Bestimmen Sie
   a) die Permeabilität μ bei einer Feldstärke von $H = 6$ A/cm,
   b) die Induktivität L_1, wenn bei einer mittleren Feldlinienlänge von 160 cm die Windungszahl 5000 ist,
   c) die Induktivität L_2, ohne Transformatorblechfüllung, wenn für $l_m = l$ gilt.
2. **Spulenkörper:** Berechnen Sie die Induktivität einer Spule ohne Eisen mit folgenden Abmessungen: $A = 900$ mm², $l = 5$ cm für
   a) 400 b) 4000 c) 11 050 Windungen.
3. **Luftspule (Bild 3):** Die Induktivität einer luftgefüllten Spule beträgt 40 mH. Wie ändert sich die Induktivität, wenn ein Eisenkern mit
   a) $\mu_r = 200$ b) $\mu_r = 2200$ eingeführt wird und $l_m = 4 \cdot l$ gilt?
4. **Drosselspule:** Der Aufbau einer Drosselspule ist zylindrisch. Der Radius des luftgefüllten Kerns beträgt 0,6 cm, die Länge des Spulenkörpers ist 1,2 cm. Berechnen Sie für $N = 680$
   a) die Induktivität der Drossel,
   b) die Induktiviät mit Eisenkern ($\mu_r = 800$; $l_m = 3{,}4$ cm).
5. **Siebspule:** Zur Verringerung der Brummspannung einer Gleichrichterschaltung ist eine Spule mit $L = 400$ mH und folgenden Abmessungen zugeschaltet: $N = 250$, $l = 6$ cm, $A = 1$ cm². Wie groß ist die Permeabilitätszahl μ_r des Kerns?

Induktivität

Luftspule:	mit Eisenkern:
$L = \frac{\mu \cdot A \cdot N^2}{l}$	$L = \frac{\mu \cdot A \cdot N^2}{l_m}$

Permeabilität

$$\mu = \mu_0 \cdot \mu_r$$

L	Spuleninduktivität	H
μ_0	Magnetische Feldkonstante $\mu_0 = 1{,}257 \cdot 10^{-6}\,\frac{\text{Vs}}{\text{Am}}$	
μ_r	Permeabilitätszahl	–
μ	Permeabilität	$\frac{\text{Vs}}{\text{Am}}$
l	Spulenkörperlänge	m
l_m	mittlere Feldlinienlänge	m
N	Windungszahl	–
A	Kernquerschnitt	m²

Permeabilitätszahlen μ_r:

Luft:	1
Gusseisen:	200...300
Dynamoblech:	2000...4000

Bild 1: Permeabilitätszahlen

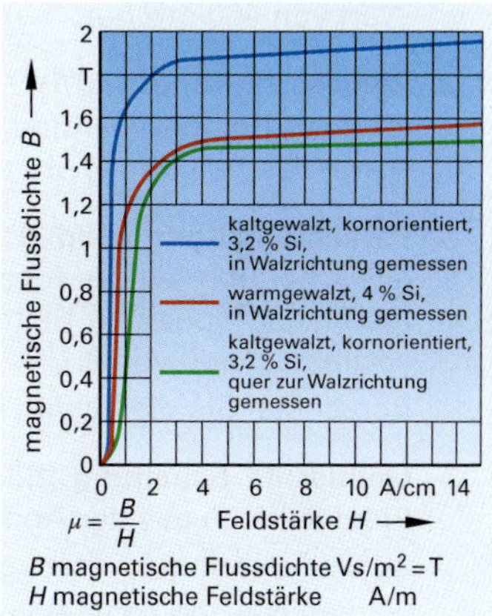

Bild 2: Trafobleche

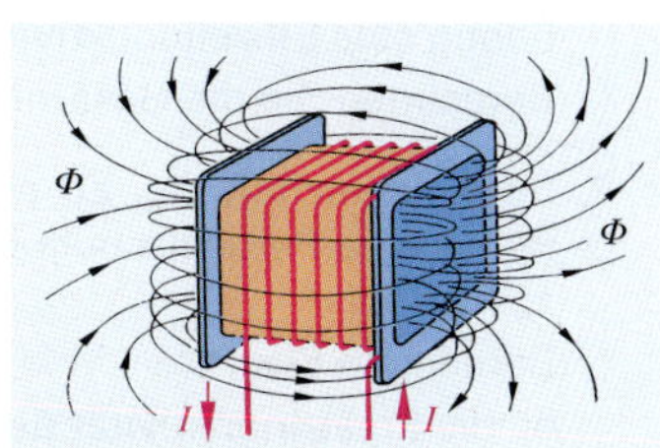

Bild 3: Luftspule

8.15.2 Schaltungsarten von Induktivitäten

Induktivitäten (ideale Spulen) können parallel oder in Reihe verschaltet werden. Die Berechnung der Gesamtinduktivität L_g verläuft nach den gleichen Rechenregeln wie die Berechnung der Reihen- und Parallelschaltung von Widerständen.

Reihenschaltung

$$L_g = L_1 + L_2 + L_3 + \ldots$$

Parallelschaltung

$$\frac{1}{L_g} = \frac{1}{L_1} + \frac{1}{L_2} + \frac{1}{L_3} + \ldots$$

L_g	Gesamtinduktivität	H
$L_1 - L_3$	Einzelinduktivitäten	H

Beispiel

Zwei Induktivitäten $L_1 = 120$ mH und $L_2 = 150$ mH sind parallel geschaltet.

Berechnen Sie

a) die Gesamtinduktivität der Schaltung,

b) die Gesamtinduktivität der Schaltung bei Reihenschaltung.

Lösung: a) $L_g = \dfrac{1}{\dfrac{1}{L_1} + \dfrac{1}{L_2}} = \dfrac{1}{\dfrac{1}{120\text{ mF}} + \dfrac{1}{150\text{ mF}}} = \mathbf{66{,}67\text{ mH}}$

b) $L_g = L_1 + L_2 = 120\text{ mH} + 150\text{ mH} = \mathbf{270\text{ mH}}$

Aufgaben – Schaltungsarten von Induktivitäten

1. **Ideale Spulen:** Zwei ideale Spulen mit $L_1 = 230$ mH und $L_2 = 1{,}4$ H sind parallel geschaltet.
   Berechnen Sie L_g. Welche Gesamtinduktivität ergibt sich, wenn beide Spulen in Reihe geschaltet werden?

2. **Unbekannte Induktivität:** Die Gesamtinduktivität einer Parallelschaltung zweier idealer Spulen beträgt 370 mH.
   Berechnen Sie die zweite Induktivität, wenn die erste einen Wert von 460 mH hat.

3. **Reihenschaltung (Bild 1):** Zu berechnen ist die Gesamtinduktivität einer Reihenschaltung aus den Induktivitäten $L_1 = 200$ mH sowie den beiden von ihr abhängigen Induktivitäten L_2 und L_3.

4. **Parallelschaltung (Bild 2):** Die Gesamtinduktivität einer Parallelschaltung zweier idealer Spulen beträgt 2,2 H. Werden die beiden Spulen in Reihe geschaltet, so ergibt sich eine Ersatzinduktivität von 9,7 H.
   Berechnen Sie die beiden Induktivitäten.

5. **Gemischte Schaltung (Bild 3):** Entnehmen Sie die Werte der Induktivitäten aus der Abbildung und berechnen Sie:
   a) die Ersatzinduktivität von L_1 und L_2,
   b) die Ersatzinduktivität von L_3 und L_4,
   c) die Gesamtinduktivität der Schaltung.

6. **Dreieckverschaltung (Bild 4):** Drei gleich große ideale Spulen haben eine Einzelinduktivität von $L = 700$ mH.
   Berechnen Sie die Gesamtinduktivität der Schaltung.

7. **Spulenverschaltung:** Zu einer Spule mit $L_1 = 350$ mH liegt in Reihe eine Parallelschaltung aus $L_2 = 40$ mH, $L_3 = 50$ mH und $L_4 = 0{,}2$ H.
   Berechnen Sie
   a) die Ersatzinduktivität der Parallelschaltung,
   b) die Gesamtinduktivität der Schaltung.

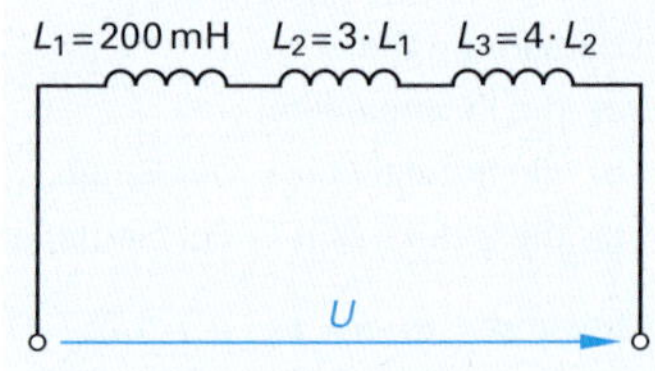

Bild 1: Reihenschaltung

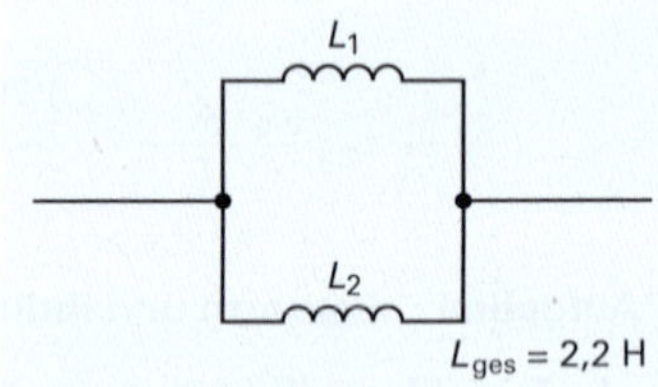

Bild 2: Parallelschaltung

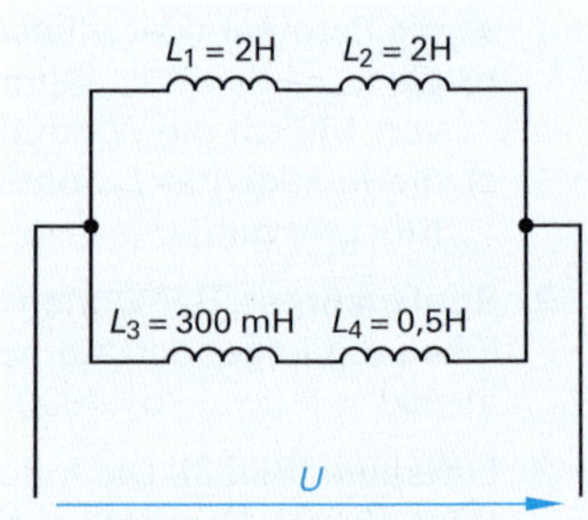

Bild 3: Gemischte Schaltung

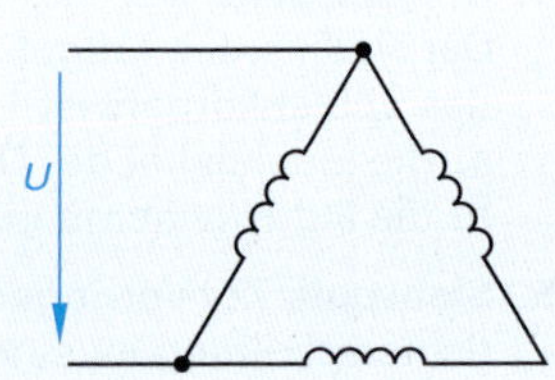

Bild 4: Dreieckverschaltung

8.15.3 Ein- und Ausschaltverhalten einer Spule

Eine Spule verhält sich beim Ein- bzw. Ausschalten entgegengesetzt wie ein Kondensator. Im Einschaltmoment wird in der Spule eine Gegenspannung induziert, die den Einschaltstrom für kurze Zeit hemmt (Einschaltverzögerung). Beim Ausschalten und Kurzschließen des Spulenkreises wird eine Gegenspannung induziert, die den Stromfluss für kurze Zeit aufrechterhält (Ausschaltverzögerung). Da in diesem Fall die Spule zur Spannungsquelle wird, ist der Stromfluss entgegengesetzt der unsprünglichen Richtung. Nach einer Zeit von 5 τ sind diese Verzögerungsvorgänge zu fast 100 % abgeschlossen.

Beispiel

Eine Drosselspule wird an $U_0 = 24$ V betrieben und hat eine Induktivität $L = 1000$ mH sowie einen ohmschen Widerstand $R = 8\ \Omega$.

Berechnen Sie:

a) die Zeitkonstante τ,

b) die Spulenspannung u_L für $t_L = 2\ \tau$,

c) die Spulenspannung u_L für $t_L = 1{,}25$ s.

Lösung: a) $\tau = \frac{L}{R} = \frac{1\ \text{H}}{8\ \Omega} = \mathbf{125\ mS}$

b) $u_L = U_0 \cdot e^{\frac{-t}{\tau}} = 24\ \text{V} \cdot e^{\frac{-2\tau}{\tau}} = 24\ \text{V} \cdot e^{-2} = \mathbf{3{,}25\ V}$

c) $u_L = U_0 \cdot e^{\frac{-t}{\tau}} = 24\ \text{V} \cdot e^{\frac{-1{,}25}{0{,}125}} = 24\ \text{V} \cdot e^{-10} \approx \mathbf{0\ V}$

Aufgaben | Ein- und Ausschaltverhalten einer Spule

1. **Relais:** Die Spule in einem Relais setzt sich aus einer Induktivität $L = 22$ mH und einem ohmschen Anteil $R = 25\ \Omega$ zusammen.

   Berechnen Sie die Zeit t_L beim Einschalten, bis die komplette Betriebsspannung anliegt.

2. **Ringspule:** Die Induktivität einer Ringspule beträgt $L = 1{,}2$ H. Der Gesamtwiderstand der Schaltung ist $R = 150\ \Omega$.

   Wie groß ist der Strom beim Ausschalten und Kurzschließen (durch eine Freilaufdiode) nach 4 ms, wenn die Betriebsspannung $U_0 = 50$ V beträgt?

3. **Schaltrelais:** Ein Schaltrelais hat folgende Kenndaten: 12 V/ 200 mH/2,1 kΩ. Das Relais braucht $t = 50$ µs, bis es nach dem Einschalten der Spannung anzieht.

   Berechnen Sie den Strom i_L, der dazu benötigt wird.

4. **Luftspule:** Eine Luftspule an $U_0 = 110$ V ist mit einem Widerstand $R = 3{,}3$ kΩ in Reihe geschaltet. Nach dem Ausschalten vergehen 0,25 s, bis der Strom auf 14 % seines ursprünglichen Wertes abgesunken ist.

   Berechnen Sie

   a) die Zeitkonstante τ,

   b) die Induktivität L der Spule.

Einschaltvorgang

$$u_L = U_0 \cdot e^{\frac{-t}{\tau}}$$

$$i_L = \frac{U_0}{R} \cdot \left(1 - e^{\frac{-t}{\tau}}\right)$$

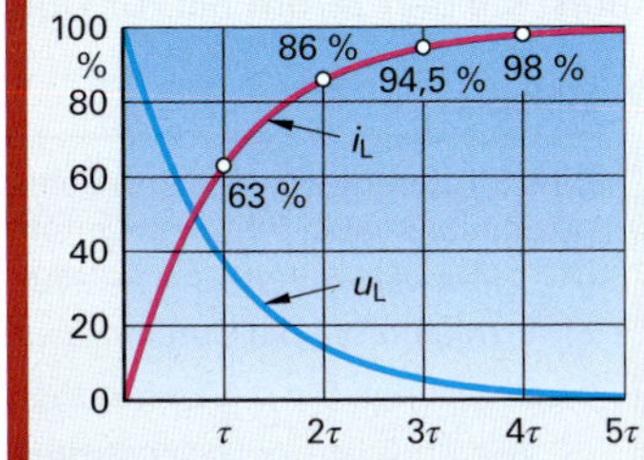

Ausschaltvorgang

$$u_L = -U_0 \cdot e^{\frac{-t}{\tau}}$$

$$i_L = \frac{U_0}{R} \cdot e^{\frac{-t}{\tau}}$$

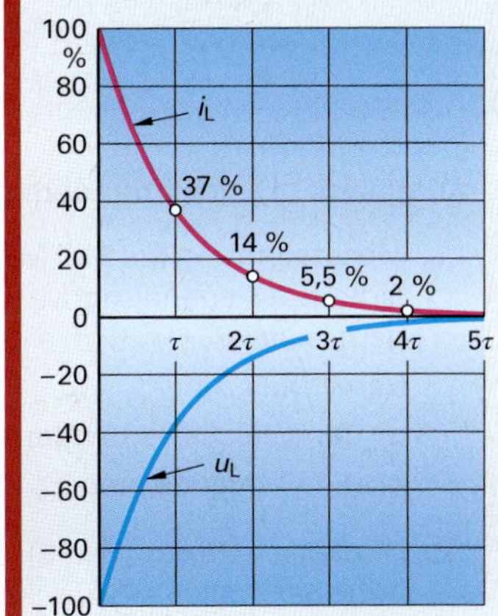

Zeitkonstante

$$\tau = \frac{L}{R}$$

$$t_L = 5 \cdot \tau$$

U_0	Betriebsspannung	V
i_L	Spulenstrom	A
u_L	Spulenspannung	V
R	Widerstand	Ω
t	Zeit	s
t_L	Feldauf-/Feldabbauzeit	s
τ	Zeitkonstante	s
L	Spuleninduktivität	H
e	Eulersche Konstante	2,7182818

$$[\tau] = \frac{\text{H}}{\Omega} = \frac{\text{Vs}}{\text{A}} \cdot \frac{\text{A}}{\text{V}} = \text{s}$$

8.16 Gleichstromverhalten von Halbleiterdioden

Eine Diode besteht aus einer *n*- und einer *p*-dotierten Schicht, zwischen welchen sich eine Sperrschicht ausbildet. Polt man eine Diode in Durchlassrichtung, wird sie ab der Schwellspannung leitend. Typische Werte der Schwellspannung sind für Siliziumdioden 0,7 V und für Germaniumdioden 0,3 V. Wird die Diode in Sperrrichtung gepolt, sperrt sie den Strom bis zur Durchbruchspannung **(Bild 1)**.

Gleichstromwiderstand

$$R_F = \frac{U_F}{I_F}$$

$$R_R = \frac{U_R}{I_R}$$

Verlustleistung

$$P_{VF} = U_F \cdot I_F$$

$$P_{VR} = U_R \cdot I_R$$

R_F, R_R	Widerstand	Ω
U_F, U_R	Spannung	V
I_F, I_R	Strom	A
P_{VF}, P_{VR}	Verlustleistung	W
U_S	Schleusenspannung	V
Index F	Durchlassbereich	
Index R	Sperrbereich	

Beispiel

Eine Siliziumdiode wird zum Schutz gegen Verpolung in Durchlassrichtung geschaltet, dabei fließt ein Durchlassstrom von $I_F = 40$ mA **(Bild 1, Bild 2)**. Die Betriebsspannung U_0 beträgt 50 V.

a) Ermitteln Sie die Durchlassspannung für diesen Strom.

b) Berechnen Sie die Spannung an der Belastung.

c) Wie groß ist der Gleichstromwiderstand der Diode?

d) Welchen Widerstand hat die angeschlossene Belastung?

e) Berechnen Sie die Verlustleistung P_V.

Lösung: a) $U_F = \mathbf{0{,}9\ V}$ (aus Kennlinie)

b) $U_B = U_0 - U_F = 50\ V - 0{,}9\ V = \mathbf{49{,}1\ V}$

c) $R_F = \frac{U_F}{I_F} = \frac{0{,}9\ V}{40\ mA} = \mathbf{22{,}5\ \Omega}$

d) $R_B = \frac{U_B}{I_F} = \frac{49{,}1\ V}{40\ mA} = \mathbf{1{,}23\ k\Omega}$

e) $P_V = U_F \cdot I_F = 0{,}9\ V \cdot 40\ mA = \mathbf{36\ mW}$

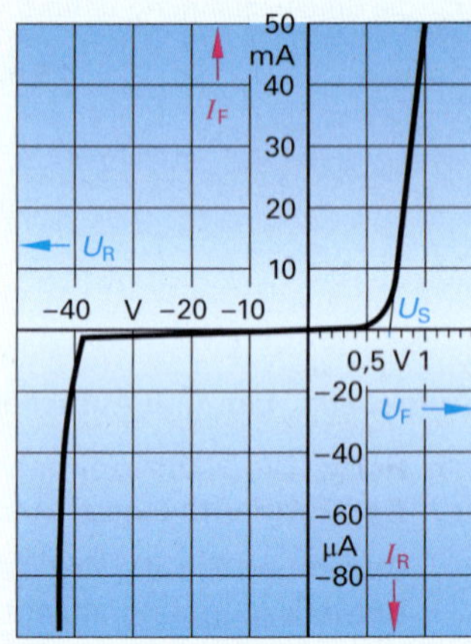

Bild 1: Diodenkennlinie

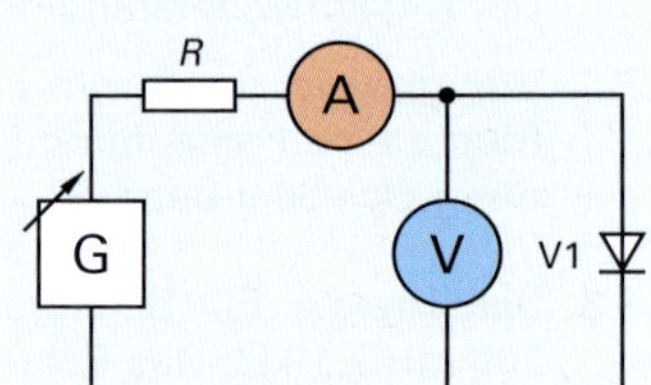

Bild 2: Messschaltung

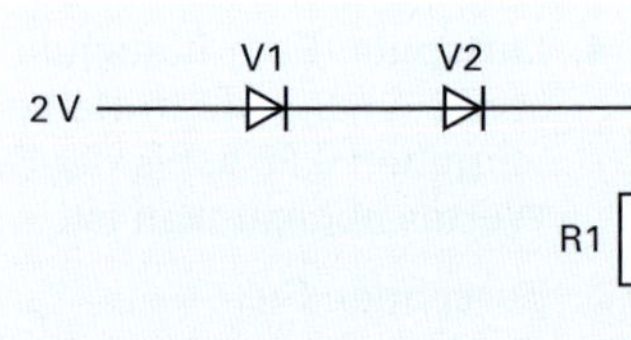

Bild 3: Diodenschaltung

Aufgaben Gleichstromverhalten von Halbleiterdioden

1. **Messschaltung (Bild 2):** Mithilfe einer Messschaltung wurde bei einer Sperrspannung $U_R = -340$ V ein Sperrstrom $I_R = -120$ µA gemessen.
   Berechnen Sie
   a) den Gleichstromwiderstand R_R in Sperrrichtung,
   b) die Verlustleistung P_V in diesem Punkt.

2. **Diodenschaltung (Bild 3):** Eine Schaltung ist aus 2 Si-Dioden mit einer Schleusenspannung von $U_S = 0{,}7$ V und einem Widerstand $R_1 = 10\ \Omega$ aufgebaut.
   Berechnen Sie
   a) die Spannung U_{R1} am Widerstand R_1,
   b) den Gesamtstrom der Schaltung.
   c) Wie groß wäre der Strom, wenn eine dritte Diode desselben Typs in Reihe geschaltet würde?

3. **Kennlinienaufnahme:** Die Kennlinienaufnahme einer Diode ergibt folgende Messreihe:

U_F/V	0	0,2	0,4	0,6	0,7	0,8	0,9	1
I_F/mA	0	1	5	11	15	32	54	80

   a) Berechnen Sie für alle Messpunkte den Gleichstromwiderstand R_F der Diode.
   b) Zeichnen Sie die Durchlasskurve.
   (X: 0,5 cm = 0,1 V; Y: 1 cm = 10 mA)

8.17 Bipolartransistor

8.17.1 Bipolartransistor als Gleichstromverstärker

Mit Bipolartransistoren können durch kleine Steuerströme größere Ausgangsströme geregelt werden. Das Verhältnis von Steuer- zu Ausgangsstrom wird über das Gleichstromverhältnis beschrieben.

Man unterscheidet dabei zwischen zwei Aufbauten wie in **Bild 1** dargestellt: PNP-Typ und NPN-Typ; Aufbau und Schaltzeichen.

Beispiel

Ein Transistor ist wie folgt eingestellt: $U_{CE} = 12{,}1$ V, $U_{CB} = 11{,}6$ V.

a) Berechnen Sie die Basis-Emitter-Spannung U_{BE}.

b) Welcher Basisstrom fließt, wenn bei einem Gleichstromverhältnis von $B = 120$ der Kollektorstrom $I_C = 0{,}52$ A beträgt?

c) Berechnen Sie die Verlustleistung P_V.

Lösung: a) $U_{BE} = U_{CE} - U_{CB} = 12{,}1\text{ V} - 11{,}6\text{ V} = \mathbf{0{,}5\text{ V}}$

b) $B = \frac{I_C}{I_B} \Rightarrow I_B = \frac{I_C}{B} = \frac{0{,}52\text{ A}}{120} = \mathbf{4{,}33\text{ mA}}$

c) $P_V = U_{CE} \cdot I_C = 12{,}1\text{ V} \cdot 0{,}52\text{ A} = \mathbf{6{,}29\text{ W}}$

Kollektor-Emitter-Spannung

$$U_{CE} = U_{CB} + U_{BE}$$

Emitterstrom

$$I_E = I_C + I_B$$

Verlustleistung

$$P_V = U_{CE} \cdot I_C$$

Gleichstromverhältnis

$$B = \frac{I_C}{I_B}$$

U_{CE}	Kollektor-Emitter-Spannung	V
U_{CB}	Kollektor-Basis-Spannung	V
U_{BE}	Basis-Emitter-Spannung	V
I_E	Emitterstrom	A
I_C	Kollektorstrom	A
I_B	Basisstrom	A
P_V	Verlustleistung	W
B	Gleichstromverhältnis	–

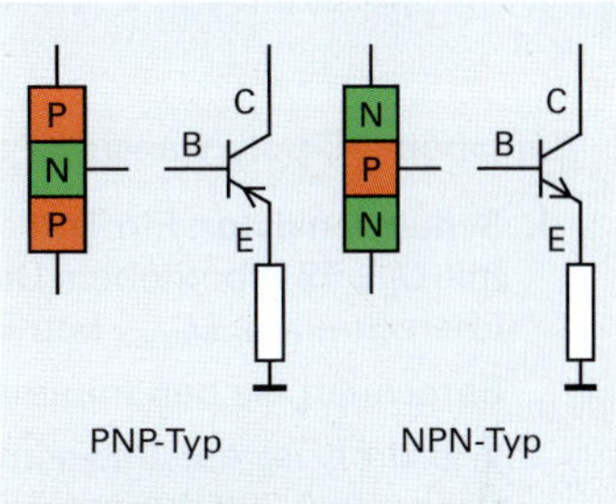

Bild 1: Schichtfolge

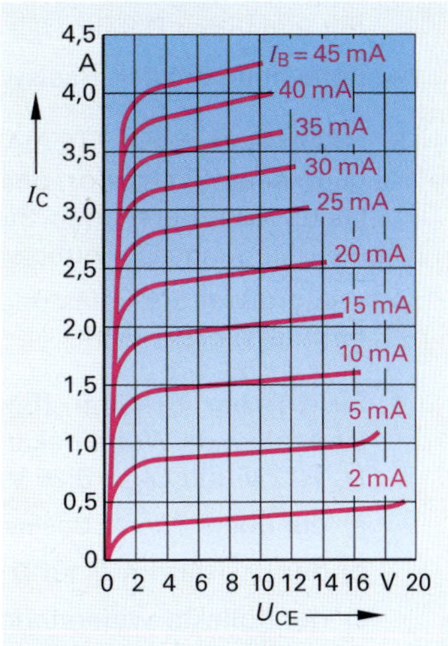

Bild 2: Ausgangskennlinie

Aufgaben | **Bipolartransistor als Gleichstromverstärker**

1. **Schichtfolge (Bild 1):** Ein Transistor hat nach Datenblatt bei $U_{CE} = 5$ V und $I_C = 30$ mA ein Gleichstromverhältnis von $B = 80$.
   a) Berechnen Sie den Basisstrom I_B, den Emitterstrom I_E und die Verlustleistung P_V.
   b) Welchen Schichtaufbau hat der Transistor?

2. **Verlustleistung:** Der Basisstrom eines Transistors beträgt 88 µA, der Kollektorstrom 2,4 mA und die Kollektor-Emitter-Spannung 5 V.
   Berechnen Sie den Emitterstrom I_E, das Gleichstromverhältnis B sowie die Verlustleistung P_V.

3. **Emitterstrom:** In einem Transistor fließt ein Emitterstrom von $I_E = 40$ mA. Das Gleichstromverhältnis beträgt dabei $B = 70$.
   Wie groß sind der Basisstrom I_B und der Kollektorstrom I_C?

4. **Ausgangskennlinie (Bild 2):** Ein Transistor wird mit einer Kollektor-Emitter-Spannung von $U_{CE} = 8$ V betrieben.
   a) Ermitteln Sie aus der Kennlinie den Emitterstrom I_E, wenn der Transistor mit einem Basisstrom von $I_B = 10$ mA bzw. $I_B = 30$ mA angesteuert wird.
   b) Wie groß ist die Verlustleistung P_V in beiden Fällen?

5. **Gleichstromverhältnis:** Das Gleichstromverhältnis von Transistoren ist nicht konstant, sondern hängt von der Höhe der Ströme ab, die im Transistor fließen.
   Berechnen Sie für die Wertepaare I_B und I_C das jeweilige Gleichstromverhältnis B.

I_B/mA	0,09	0,21	0,85	1,50	5,81	12,0	31,0
I_C/A	0,01	0,03	0,11	0,19	0,73	1,5	3,4

8.17.2 Bipolartransistor als Schalter

Verwendet man einen Bipolartransistor als Schalter, so ist darauf zu achten, dass die Punkte A1 und A2 außerhalb der P_{tot}-Kennlinie **(Bild 2)** liegen (sonst Zerstörung des Transistors). Um dies zu erreichen, übersteuert man im Ein-Zustand die Basis des Transistors mit einem um den Faktor *ü* größeren Basisstrom I_B.

Beispiel

Ein Bipolartransistor wird wie in **Bild 1** gezeigt betrieben. Der Lastwiderstand R_C beträgt 400 Ω, die Betriebsspannung $U_B = 12$ V. Zum Durchschalten benötigt der Transistor einen Basisstrom $I_B = 18$ mA. Dabei ist die Basis-Emitter-Spannung $U_{BE} = 0{,}65$ V.

Berechnen Sie:

a) $I_{Bü}$ bei einer Übersteuerung um den Faktor 3,

b) den Basiswiderstand R_B für $U_1 = 5$ V,

c) den maximalen Kollektorstrom I_{Cmax} für $U_{CEsat} = 0{,}1$ V,

d) die Verlustleistung P_V des Transistors.

Lösung: a) $I_{Bü} = I_B \cdot ü = 18\ \text{mA} \cdot 3 = \mathbf{54\ mA}$

b) $R_B = \dfrac{U_1 - U_{BE}}{I_{Bü}} = \dfrac{5\ \text{V} - 0{,}65\ \text{V}}{54\ \text{mA}} = \mathbf{80{,}5\ \Omega}$

c) $I_{Cmax} = \dfrac{U_B - U_{CEsat}}{R_C} = I_{Cmax} = \dfrac{12\text{V} - 0{,}1\ \text{V}}{400\ \Omega} = \mathbf{29{,}75\ mA}$

d) $P_V = U_{CEsat} \cdot I_{Cmax} = 0{,}1\ \text{V} \cdot 29{,}75\ \text{mA} = \mathbf{2{,}98\ mW}$

Aufgaben	Bipolartransistor als Schalter

1. **Schalttransistor:** Ein Transistor BC107 wird in einer Schaltung mit $U_B = 15$ V betrieben. Die Verlustleistung darf 250 mW nicht überschreiten. U_{CEsat} beträgt 0,1 V.
   Berechnen Sie den minimalen Kollektorwiderstand R_C.
   Wie groß ist der Basisstrom, wenn der 4-fach übersteuerte Basisstrom 200 mA beträgt?

2. **Kippschaltung:** In einer Kippschaltung arbeitet ein Transistor mit folgenden Daten: $U_1 = 4{,}5$ V, $U_{BE} = 0{,}7$ V, $I_{Bü} = 100$ mA.
   Berechnen Sie den Basiswiderstand R_B.

3. **NAND-Gatter:** Ein TTL-NAND-Gatter mit $U_B = 5$ V hat am Ausgang einen Transistor, der mit einem Strom von $I_C = 8$ mA belastet wird. Berechnen Sie den Belastungswiderstand, wenn die Sättigungsspannung vernachlässigbar klein ist.
   Wie groß ist der Belastungswiderstand, wenn sich der Kollektorstrom verdreifacht?

4. **Elektrischer Schalter (Bild 1):** Für eine Transistorschaltung sind folgende Werte bekannt: $U_1 = 3$ V, $R_B = 150\ \Omega$, $U_{BE} = 0{,}7$ V, $U_B = 12$ V und $U_{CE} = 0{,}25$ V. Wie groß sind
   a) der übersteuerte Basisstrom $I_{Bü}$,
   b) der Basisstrom I_B für $ü = 3$,
   c) der Kollektorwiderstand R_C für $I_{Cmax} = 500$ mA,
   d) die Verlustleistung P_V des Transistors?

Schaltzustand Ein (A2)

$$U_{CE} = U_{CEsat} \approx 0{,}1 \ldots 0{,}2\ \text{V}$$

$$I_C = I_{Cmax} = \frac{U_B - U_{CEsat}}{R_C}$$

$$P_V = U_{CEsat} \cdot I_{Cmax}$$

$$I_{Bü} = I_B \cdot ü$$

$$R_C = \frac{U_B - U_{CE}}{I_C}$$

$$R_B = \frac{U_1 - U_{BE}}{I_{Bü}}$$

Schaltzustand Aus (A1)

$$U_{CE} \approx U_B$$

$$I_C \approx 0\ \text{A}$$

U_{CE}	Kollektor-Emitter-Spannung	V
U_{CEsat}	gesättigt	V
U_B	Betriebsspannung	V
U_1	Eingangsspannung	V
U_{BE}	Basis-Emitter-Spannung	V
I_C	Kollektorstrom	A
I_{Cmax}	maximaler Kollektorstrom	A
I_B	Basisstrom	A
$I_{Bü}$	übersteuerter Basisstrom	A
$ü$	Übersteuerungsfaktor	(2...5)
P_V	Verlustleistung	W

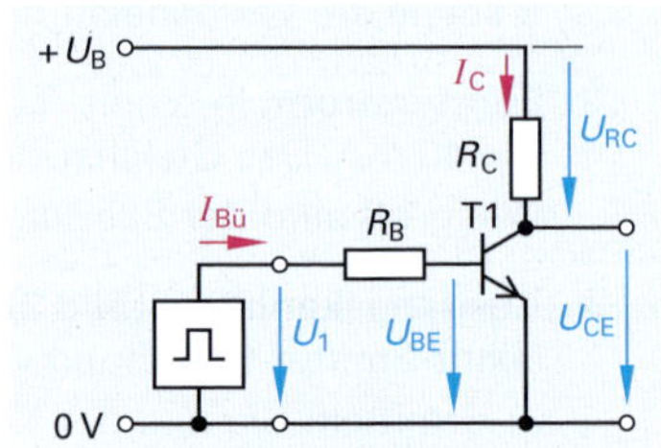

Bild 1: Schaltungsaufbau

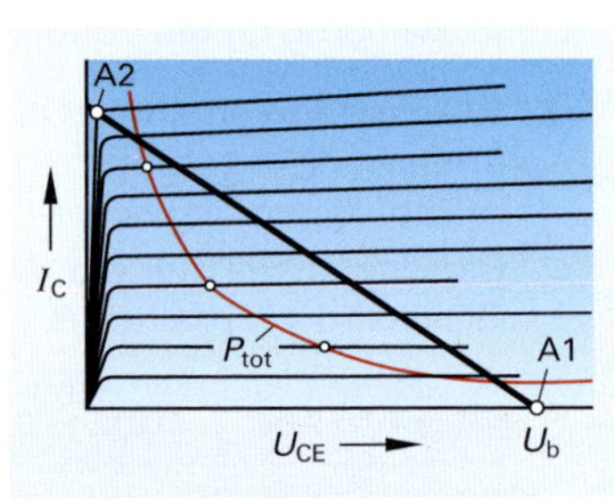

Bild 2: Schaltkennlinie

9 Wechselstrom

Wechselspannung und Wechselstrom unterscheiden sich grundlegend von Gleichspannung und Gleichstrom **(Bild 1)**. Während bei der Gleichspannung immer der Strom in die gleiche Richtung fließt, ändert sich bei der Wechselspannung fortlaufend die Polarität der Spannung, z. B. bei einer Sinusfunktion von z. B. –325 V bis +325 V. Der Strom fließt beim Anlegen einer Wechselspannung eine halbe Periodendauer in die eine Richtung und dann in die andere Richtung.

9.1 Periodendauer, Frequenz und Kreisfrequenz

Unter Periodendauer oder Periode T versteht man die Zeit, die ein periodisch wiederkehrendes Signal für einen Durchlauf benötigt **(Bild 1)**. Die Anzahl der Perioden je Sekunde wird als

Frequenz f bezeichnet und in Hertz $\left(\text{Hz} = \frac{1}{\text{s}}\right)$ angegeben.

Die Frequenz ist der Kehrwert der Periodendauer $\left(f = \frac{1}{T}\right)$.

Die Winkelgeschwindigkeit ist der pro Zeiteinheit überstrichene Winkel einer Leiterschleife bei der Erzeugung der Wechselspannung. Sie wird auch als Kreisfrequenz bezeichnet und es gilt: $\omega = 2 \cdot \pi \cdot f$.

Wird für $f = \frac{1}{T}$ gesetzt, erhält man $\omega = \frac{2 \cdot \pi}{T}$.

Beispiel

Unser Versorgungsnetz wird mit einer Wechselspannung gespeist, deren Frequenz $f = 50$ Hertz beträgt.

Wie groß sind die Periodendauer T und die Kreisfrequenz ω?

Lösung: Periodendauer: $T = \frac{1}{f} = \frac{1}{50\ \text{s}} = 0{,}020\ \text{s} = \mathbf{20\ ms}$

Kreisfrequenz: $\omega = 2 \cdot \pi \cdot f = 2 \cdot \pi \cdot 50\ \frac{1}{\text{s}} = \mathbf{314\ \frac{1}{s}}$

9.2 Momentanwert der Spannung

Die Wechselspannung hat den Verlauf einer Sinusfunktion und hat somit innerhalb einer Periode fortlaufend andere Momentanwerte u **(Bild 1)**. Für den Momentanwert u der Wechselspannung gilt: $u = \hat{u} \cdot \sin(\omega \cdot t)$.

Ersetzt man ω durch $2 \cdot \pi \cdot f$ und f durch $\frac{1}{T}$, so gilt:

$u = \hat{u} \cdot \sin(2 \cdot \pi \cdot f \cdot t) = \hat{u} \cdot \sin\left(\frac{2 \cdot \pi}{T} \cdot t\right)$.

(Der Taschenrechner muss bei der Berechnung von u vom Modus **DEG** auf **RAD** umgestellt werden.)

Beispiel

Ein Versorgungsnetz liefert bei einer Frequenz $f = 50$ Hz eine Maximalspannung von 325 V.

Wie groß ist der Momentanwert der Spannung u nach $t = 2{,}5$ ms nach dem Nulldurchgang?

Lösung: (Rechner in Modus RAD) $\hat{u} = u \cdot \sin(\omega \cdot t) = u \cdot \sin(2 \cdot \pi \cdot f \cdot t)$

$= 325\ \text{V} \cdot \sin(2 \cdot \pi \cdot 50\ \frac{1}{\text{s}} \cdot 0{,}0025\ \text{s}) = \mathbf{229{,}8\ V}$

Periodendauer

$$T = \frac{1}{f}$$

Kreisfrequenz

$$\omega = 2 \cdot \pi \cdot f$$

$$\omega = \frac{2 \cdot \pi}{T}$$

Momentanwert der Spannung

$$u = \hat{u} \cdot \sin(\omega \cdot t)$$

$$u = \hat{u} \cdot \sin(2 \cdot \pi \cdot f \cdot t)$$

$$u = \hat{u} \cdot \sin\left(\frac{2 \cdot \pi}{T} \cdot t\right)$$

T	Periodendauer	s
f	Frequenz	$\frac{1}{\text{s}}$
ω	Kreisfrequenz	$\frac{1}{\text{s}}$
t	Zeit	s
u	Momentanwert der Spannung	V
$\hat{u}$	Scheitelwert der Spannung	V

9

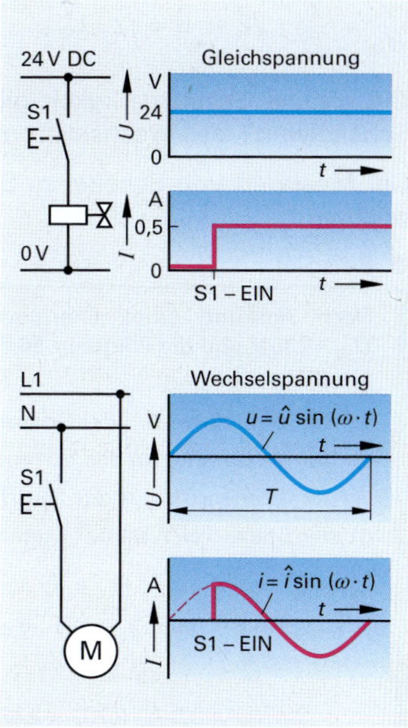

Bild 1: Gleichspannung und Wechselspannung

9.3 Momentanwert des Stroms

Der Wechselstrom hat den Verlauf einer Sinusfunktion und hat somit innerhalb einer Periode fortlaufend andere Momentanwerte i **(Bild 1, vorherige Seite)**. Für den Momentanwert i des Wechselstromes gilt: $i = \hat{i} \cdot \sin(\omega \cdot t)$.

Ersetzt man ω durch $2 \cdot \pi \cdot f$ und f durch $\frac{1}{T}$ so gilt:

$i = \hat{i} \cdot \sin(2 \cdot \pi \cdot f \cdot t) = \hat{i} \cdot \sin(\frac{2 \cdot \pi}{T} \cdot t)$.

Beispiel

Ein Wechselstrom hat bei einer Frequenz von 50 Hz einen maximalen Strom $\hat{i} = 5$ A.

Wie groß ist der Momentanwert des Stroms 2 ms nach dem Nulldurchgang?

Lösung: (Rechner in Modus RAD) $i = \hat{i} \cdot \sin(2 \cdot \pi \cdot f \cdot t)$

$= 5\ \text{A} \cdot \sin(2 \cdot \pi \cdot 50\ \frac{1}{s} \cdot 0{,}002\ \text{s}) = \mathbf{2{,}94\ A}$

Momentanwert des Stroms

$$i = \hat{i} \cdot \sin(\omega \cdot t)$$

Maximalwert der Spannung

$$\hat{u} = \sqrt{2} \cdot U_{eff}$$

Maximalwert des Stroms

$$\hat{i} = \sqrt{2} \cdot I_{eff}$$

Spitze-Tal-Wert

$$\underset{\smile}{\hat{u}} = 2 \cdot \hat{u}$$

$$\underset{\smile}{\hat{i}} = 2 \cdot \hat{i}$$

U, U_{eff}	Effektivwert der Spannung	V
$\hat{u}$, u_{max}	Scheitelwert der Spannung	V
I, I_{eff}	Effektivwert der Stromstärke	A
i	Momentanwert des Stromes	A
$\hat{i}$, i_{max}	Scheitelwert des Stromes	A
f	Frequenz	s^{-1}
T	Periodendauer	$\frac{1}{s}$
ω	Kreisfrequenz	$\frac{1}{s}$
t	Zeit	s
$\underset{\smile}{\hat{u}}$, $\underset{\smile}{\hat{i}}$	Spitze-Tal-Wert	V, A

9.4 Effektivwert und Scheitelwert von Spannung und Strom

Wird von einer Wechselspannung an einem ohmschen Widerstand R die gleiche Leistung erbracht wie von einer Gleichspannung, so wird sie als Effektivspannung U_{eff} bezeichnet. Bei Angaben in der Energietechnik, z.B. 230 V, wird der Effektivwert genannt.

Der Effektivwert der Spannung U_{eff} ist mit dem Momentanwert der Spannung u bei sin (45°) identisch. Der Scheitelwert oder Maximalwert der Spannung $\hat{u}$ ist mit dem Momentanwert der Spannung u bei sin (90°) identisch **(Bild 1)**. Es gilt:

$\hat{u} = \sin(90°) = 1$; $U_{eff} = \sin(45°) = 0{,}707 = \frac{\sqrt{2}}{2}$;

$\frac{\hat{u}}{U_{eff}} = \frac{2}{\sqrt{2}} = \sqrt{2} \Rightarrow \hat{u} = \sqrt{2} \cdot U_{eff}$.

Die gleiche Gesetzmäßigkeit gilt für den Effektivwert I_{eff} und den Scheitelwert $\hat{i}$ des Wechselstroms.

Der Messwert von Scheitel zu Scheitel wird als Spitze-Tal-Wert bezeichnet.

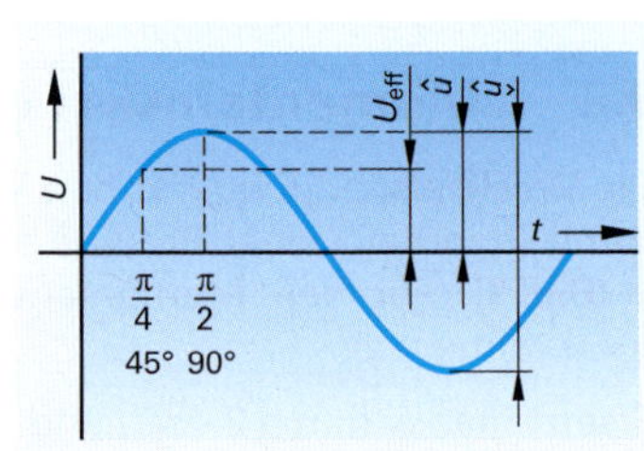

Bild 1: Effektiv- und Maximalwert

Beispiel

Nach Auskunft eines Energieversorgers beträgt die Netzspannung $U_{eff} = 230$ V und die Frequenz 50 Hz **(Bild 2)**.

Zu berechnen sind

a) der Maximalwert $\hat{u}$ der Spannung,

b) der Maximalwert $\hat{i}$ des Stromes bei $I_{eff} = 2{,}48$ A,

c) der Momentanwert des Stromes 2,5 ms nach dem Nulldurchgang,

d) der Spitze-Tal-Wert der Spannung.

Lösung: a) $\hat{u} = \sqrt{2} \cdot U_{eff} = \sqrt{2} \cdot 230\ \text{V} = \mathbf{325\ V}$

b) $\hat{i} = \sqrt{2} \cdot I_{eff} = \sqrt{2} \cdot 2{,}48\ \text{A} = \mathbf{3{,}5\ A}$

c) $i = \hat{i} \cdot \sin(2 \cdot \pi \cdot f \cdot t) = 3{,}5\ \text{A} \cdot \sin(2 \cdot \pi \cdot 50\ \frac{1}{s} \cdot 0{,}0025\ \text{s})$

$= 3{,}5\ \text{A} \cdot 0{,}707 = \mathbf{2{,}48\ A}$ (Rechner in Modus RAD)

d) $\underset{\smile}{\hat{u}} = 2 \cdot \hat{u} = 2 \cdot 325\ \text{V} = \mathbf{650\ V}$

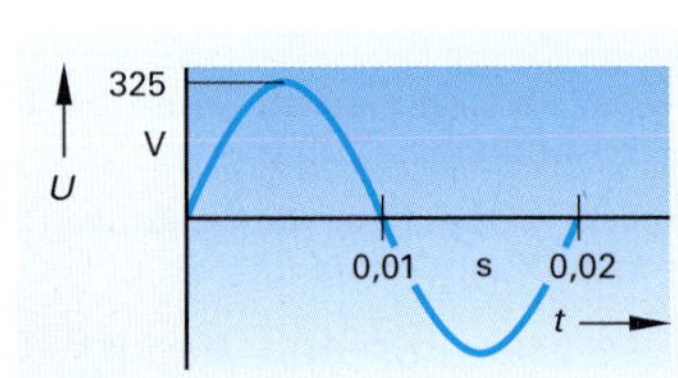

Bild 2: Netzspannung

Aufgaben | **Momentanwert und Effektivwert beim Wechselstrom**

1. **Frequenz der DB:** Das Netz der Deutschen Bahn hat eine Frequenz von 16⅔ Hz.
   Zu berechnen sind
   a) die Periodendauer T und
   b) die Kreisfrequenz ω.

2. **Periodendauer:** Die Periodendauer einer Wechselspannung beträgt $T = 50$ ms.
   Berechnen Sie die Frequenz f und die Kreisfrequenz ω.

3. **Oszillogramm (Bild 1):** Aus dem Oszillogramm einer Wechselspannung sind die Periodendauer T, die Frequenz f und die Kreisfrequenz ω für
   a) $x = 10\,\frac{\text{ms}}{\text{div}}$; $y = \frac{1\text{ V}}{\text{div}}$,
   b) $x = 10\,\frac{\mu\text{s}}{\text{div}}$; $y = \frac{2\text{ V}}{\text{div}}$ zu berechnen.

4. **Autoradio:** Der Frequenzbereich der Ultrakurzwelle (UKW) eines Autoradios reicht von 87,5 MHz bis 108 MHz.
   Berechnen Sie
   a) die Kreisfrequenz ω von Anfangs- und Endfrequenz,
   b) die Periodendauer T von Anfangs- und Endfrequenz.

5. **Momentanwert der Stromstärke (Bild 2):** Berechnen Sie den Momentanwert des sinusförmigen Wechselstroms für $t = 17$ ms nach dem Nulldurchgang.

6. **Sinusförmige Wechselspannung (Tabelle 1):** Für eine sinusförmige Wechselspannung mit $f = 50$ Hz und $U_{max} = 325$ V sind
   a) der Momentanwert der Wechselspannung zu berechnen,
   b) die Kennlinie der Wechselspannung zu zeichnen.
   (Maßstab: 1 cm = 2 ms; 1 cm = 100 V)

7. **Effektivwerte (Tabelle 2):** Für die Effektivwerte sind die Maximalwerte der Spannung in Volt und die Maximalwerte des Stroms in Ampere zu berechnen.

8. **Zündtrafo:** Die Isolation eines Zündtrafos mit $U = 10$ kV für einen Brenner an einer Heizungsanlage wird mit der 2,5-fachen Nennspannung geprüft.
   Für welche maximale Spannung muss die Isolation ausgelegt sein?

9. **Wechselstrom (Bild 3):** Eine Spannung von 230 V und einer Frequenz von 50 Hz verursacht bei einem ohmschen Widerstand einen maximalen Stromfluss von 150 mA.
   Zu berechnen sind:
   a) die Stromstärke 5 ms nach dem Nulldurchgang,
   b) die Zeiten nach dem Nulldurchgang, bei denen die Spannung die Werte 100 V und 230 V erreicht,
   c) der Maximalwert der Spannung,
   d) der Effektivwert des Stroms,
   e) der ohmsche Widerstand.

Tabelle 1: Zeit für Momentanwerte

Zeitpunkt	t_1	t_2	t_3	t_4	t_5
Zeit in ms	1	3	5	7	10
u in Volt					
Zeitpunkt	t_6	t_7	t_8	t_9	t_{10}
Zeit in ms	11	13	15	17	20
u in Volt					

Tabelle 2: Effektivwerte

	a)	b)	c)
U_{eff}	0,6 V	110 V	10 kV
I_{eff}	2 A	3 mA	100 µA

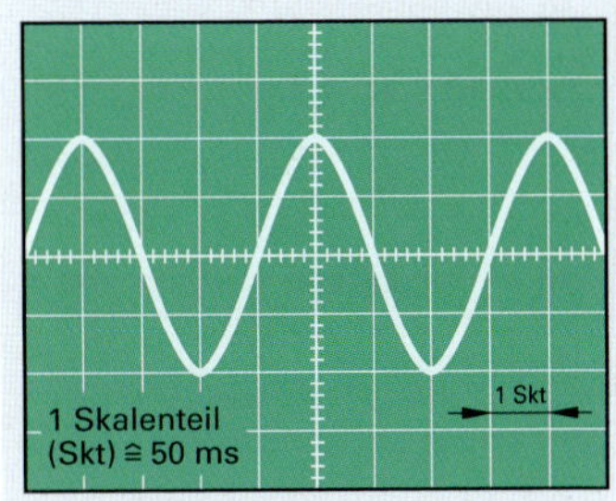

Bild 1: Oszillogramm

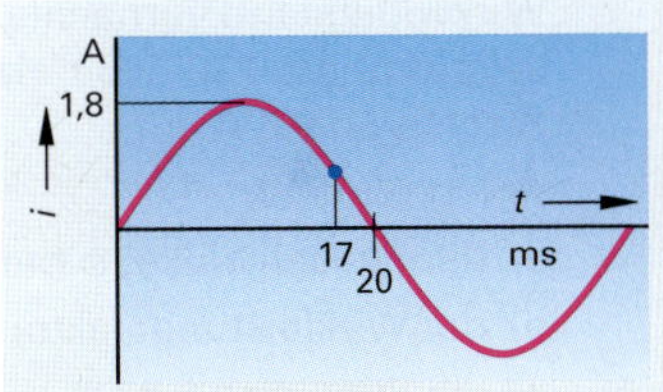

Bild 2: Momentanwert

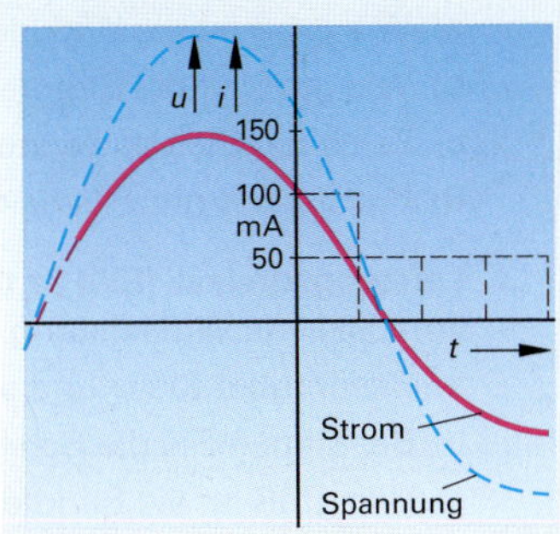

Bild 3: Wechselstrom

9

9.5 Leistung im Wechselstromkreis

Durch induktive und kapazitive Verbraucher wie z.B. Motoren und Kondensatoren entstehen phasenverschobene Ströme, die keine echte Wirkleistung erzeugen. Soll die Wirkleistung P im Wechselstromkreis ermittelt werden, so darf nur der Wirkanteil von Strom und Spannung berücksichtigt werden. Der Wirkleistungsfaktor $\cos\varphi$ gibt das Verhältnis von Scheinleistung S zur Wirkleistung P an. Somit ist es möglich, mit dem Produkt von Spannung und Strom den Anteil der Wirkleistung zu berechnen. Bei rein ohmscher Belastung ist $\cos\varphi = 1$.

Scheinleistung

$$S = U \cdot I$$

$$S = \sqrt{P^2 + Q^2}$$

Wirkleistung

$$P = U \cdot I \cdot \cos\varphi = S \cdot \cos\varphi$$

Blindleistung

$$Q = U \cdot I \cdot \sin\varphi = S \cdot \sin\varphi$$

U	Effektivspannung	V
I	Effektivstrom	A
S	Scheinleistung	VA
P	Wirkleistung	W
Q	Blindleistung	var
$\cos\varphi$	Wirkleistungsfaktor	–
$\sin\varphi$	Blindleistungsfaktor	–
φ	Phasenwinkel	°

Beispiel

Eine Bohrmaschine mit Universalmotor ($\cos\varphi = 0{,}88$) wird am Wechselstromnetz mit $U = 230\text{V}/50\text{Hz}$ betrieben. Der Motor erzeugt mit $\eta = 0{,}9$ eine Wirkleistung von $P_2 = 850$ W.

Berechnen Sie:

a) die Scheinleistung S,

b) den aufgenommenen Strom I,

c) den Phasenwinkel φ,

d) die Blindleistung Q.

Lösung: a) $S = \frac{P_1}{\cos\varphi} = \frac{P_2}{\eta \cdot \cos\varphi} = \frac{850\text{ W}}{0{,}9 \cdot 0{,}88} = \mathbf{1073{,}2\ VA}$

b) $I = \frac{S}{U} = \frac{1073{,}2\text{ W}}{230\text{ V}} = \mathbf{4{,}67\ A}$

c) $\cos\varphi = 0{,}88 \Rightarrow \varphi = 28{,}36° \Rightarrow \sin\varphi = \mathbf{0{,}47}$

d) $Q = U \cdot I \cdot \sin\varphi = 230\text{ V} \cdot 4{,}67\text{ A} \cdot 0{,}47 = \mathbf{504{,}8\ var}$

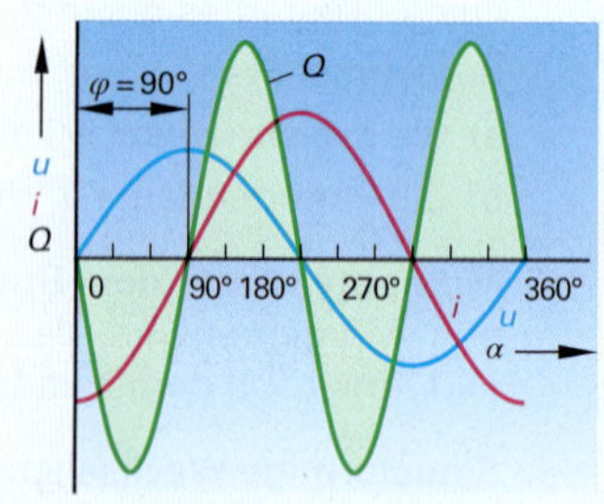

Bild 1: Induktive Blindleistung

Aufgaben **Leistung im Wechselstromkreis**

1. **Induktive Blindleistung (Bild 1):** Eine fast ideale Spule, deren Wirkwiderstand vernachlässigt werden kann, ist an das Wechselstromnetz 230 V/50 Hz angeschlossen und nimmt einen Strom von 0,5 A auf.
   Wie groß sind
   a) der Phasenwinkel φ bei reinen Induktivitäten,
   b) der Wirkleistungsfaktor $\cos\varphi$,
   c) die Blindleistung Q?

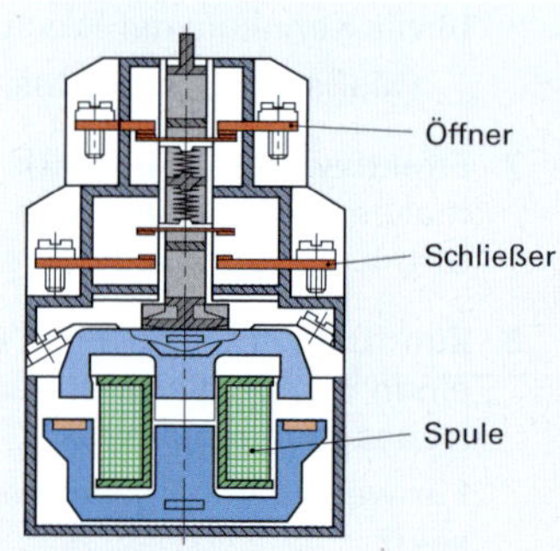

Bild 2: Schütz

2. **Schütz (Bild 2):** Die Spule eines Schützes nimmt am 230-V-Netz eine Scheinleistung von 5 W bei einem $\cos\varphi$ von 0,5 auf.
   a) Wie groß ist die Wirkleistung P?
   b) Wie groß ist die Blindleistung Q?
   c) Zeichnen Sie das Leistungsdreieck.
   d) Welcher Strom I fließt durch die Relaisspule?

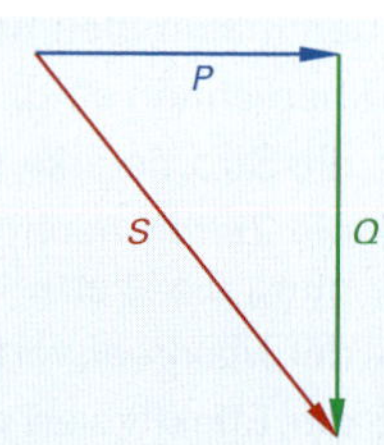

Bild 3: Leistungsdreieck

3. **Leistungsdreieck (Bild 3):** Das Leistungsdreieck hat einen $\cos\varphi$ von 0,64, die Wirkleistung P beträgt 1 kW.
   a) Bestimmen Sie φ und seine Lage im Dreieck.
   b) Berechnen Sie die Scheinleistung S.
   c) Wie groß ist die Blindleistung Q?
   d) Berechnen Sie den Strom I bei einer Gesamtspannung von 230 V/50 Hz.

Aufgaben Leistung im Wechselstromkreis

4. Motor (Bild 1): Ein Motor nimmt an 230 V/50 Hz einen Strom von 1,65 A auf.

a) Berechnen Sie die Scheinleistung.

b) Wie groß ist die Wirkleistung des Motors, wenn $\cos\varphi = 0{,}81$ ist?

c) Berechnen Sie die Blindleistung des Motors.

d) Zeichnen Sie das Leistungsdreieck.

e) Mittels eines Kondensators soll der $\cos\varphi$ auf 0,95 verbessert werden. Welche Blindleistung muss dabei kompensiert werden?

f) Zeichnen Sie das neue Leistungsdreieck, das nach der Kompensation entsteht.

5. Haushaltsgeräte (Bild 2): Im Stromkreis der Küche ist an 230 V/50 Hz eine Teigknetmaschine mit einer Scheinleistung $S_1 = 2500$ VA und einem $\cos_{\varphi 1} = 0{,}82$ in Betrieb. Gleichzeitig läuft der Staubsauger mit $S_2 = 2000$ VA und $\cos_{\varphi 2} = 0{,}78$.

a) Berechnen Sie den Strom in der Zuleitung zur Küche.

b) Berechnen Sie die Gesamtwirkleistung der beiden Geräte.

c) Wie groß ist die Gesamtblindleistung?

d) Welcher Gesamtwirkleistungsfaktor ergibt sich?

e) Lösen Sie die Aufgabe zeichnerisch, indem Sie die jeweiligen Leistungspfeile der beiden Verbraucher maßstabsgetreu grafisch addieren.

6. Heizgerät (Bild 3): Ein Heizgerät mit rein ohmschen Heizelementen kann in zwei Heizstufen mit 1000 W oder 2000 W an 230 V/50 Hz betrieben werden.

a) Wie groß sind Schein-, Wirk- und Blindleistung in beiden Fällen?

b) Stellen Sie den Zustand grafisch dar und geben Sie $\cos\varphi$ an.

7. Tauchpumpe (Bild 4): Eine einphasige Tauchmotorpumpe aus dem Baumarkt für 230 V ~ hat das Typenschild wie in Bild 4 dargestellt.

a) Berechnen Sie die Scheinleistung des Motors.

b) Wie groß ist die Blindleistung?

c) Wie groß ist der $\cos\varphi$ und der Phasenwinkel φ?

d) Zeichnen Sie das Zeigerdiagramm der Leistungen.

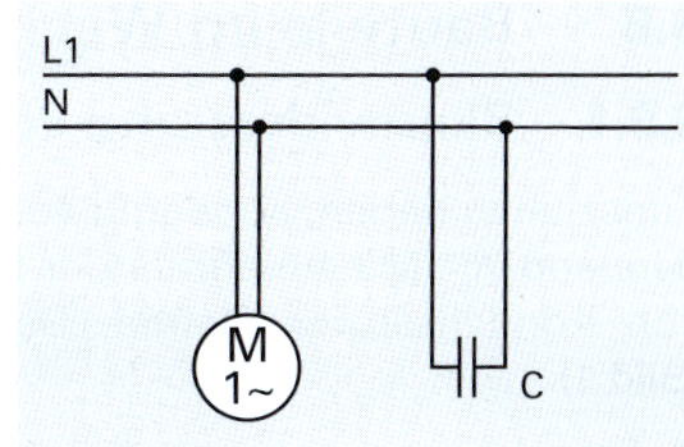

Bild 1: Motor

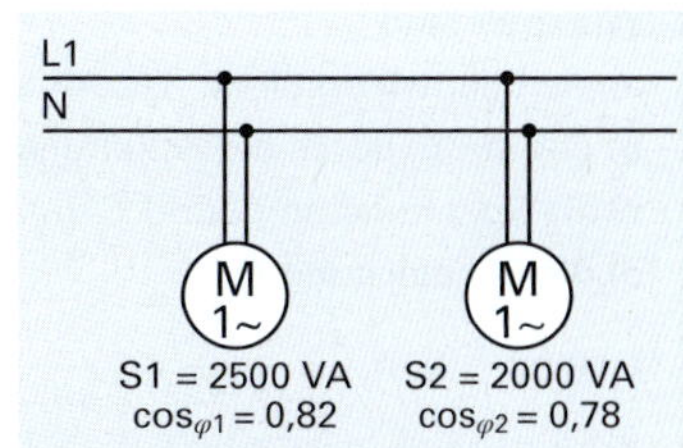

Bild 2: Haushaltsgeräte

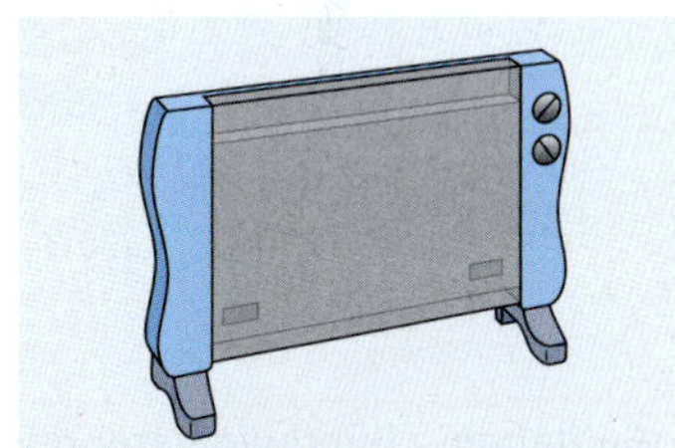

Bild 3: Heizgerät

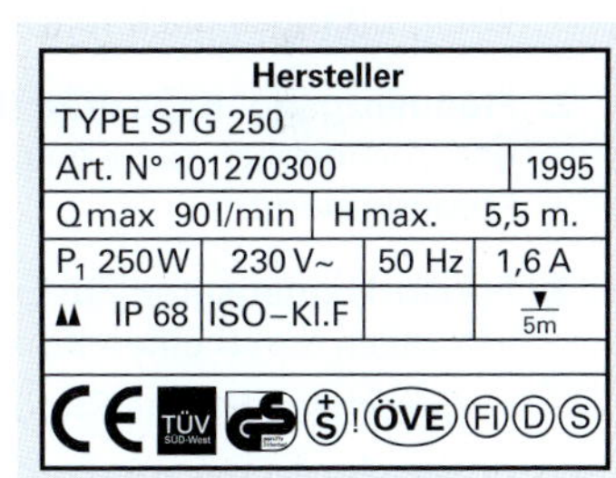

Bild 4: Tauchpumpe

8. Wertetabelle: Ergänzen Sie die fehlenden Werte der Tabelle durch Rechnung.

	U~	I	S	P	Q	cos φ
a)	127 V	10 A				0,5
b)	235 V		5500 VA	3800 W		
c)	60 V	6 A			100 var	
d)	230 V			12 kW		0,7
e)	224 V		1300 VA			0,8

9

9.6 Bauteile im Wechselstromkreis

9.6.1 Blindwiderstand von Kapazitäten

Kapazitäten haben, abhängig von der Frequenz, einen variablen Widerstand X_C. Mit zunehmender Frequenz wird der Blindwiderstand von Kondensatoren kleiner. Der Zusammenhang ist nicht linear **(Bild 1)**.

Beispiel

Zwei Kondensatoren $C_1 = 20\ \mu F$ und $C_2 = 330\ \mu F$ sind in Reihe geschaltet und liegen an einer Gesamtspannung von $U = 230\ V$, $f = 50\ Hz$.

Wie groß sind

a) die Blindwiderstände X_{C1}, X_{C2} und X_C,

b) der Strom durch die Schaltung,

c) die Spannung an C_1 und C_2 und

d) die Blindleistung Q_C?

Lösung: a) $X_{C1} = \frac{1}{\omega \cdot C_1} = \frac{1}{2 \cdot \pi \cdot f \cdot C_1} = \frac{1}{2 \cdot \pi \cdot 50\ Hz \cdot 20\ \mu F} = 159\ \Omega$

$X_{C2} = \frac{1}{\omega \cdot C_2} = \frac{1}{2 \cdot \pi \cdot f \cdot C_2} = \frac{1}{2 \cdot \pi \cdot 50\ Hz \cdot 330\ \mu F} = 9{,}65\ \Omega$

$X_C = X_{C1} + X_{C2} = 159\ \Omega + 9{,}65\ \Omega = \mathbf{168{,}65\ \Omega}$

b) $I_C = \frac{U}{X_C} = \frac{230\ V}{168{,}65\ \Omega} = \mathbf{1{,}36\ A}$

c) $U_{C1} = X_{C1} \cdot I_C = 159\ \Omega \cdot 1{,}36\ A = 216{,}24\ V$

$\Rightarrow U_{C2} = U - U_{C1} = 230\ V - 216{,}24\ V = \mathbf{13{,}76\ V}$

d) $Q_C = U \cdot I_C = 230\ V \cdot 1{,}36\ A = \mathbf{312{,}8\ var}$

Für sinusförmige Spannungen

$$\omega = 2 \cdot \pi \cdot f$$

$$X_C = \frac{1}{\omega \cdot C}$$

$$U_C = I_C \cdot X_C$$

$$Q_C = I_C \cdot U_C$$

Reihenschaltung

$$X_C = X_{C1} + X_{C2} + X_{C3} + \ldots$$

Parallelschaltung

$$\frac{1}{X_C} = \frac{1}{X_{C1}} + \frac{1}{X_{C2}} + \frac{1}{X_{C3}} + \ldots$$

ω	Kreisfrequenz	1/s
f	Frequenz	Hz
X_C	Blindwiderstand	Ω
C	Kapazität	F
U_C	Kondensatorspannung	V
I_C	Kondensatorstrom	A
Q_C	Blindleistung	var

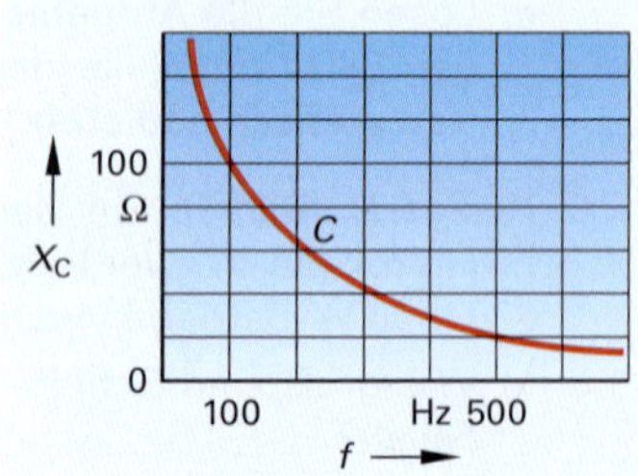

Bild 1: Frequenzgang Kapazität

Aufgaben — Blindwiderstand von Kapazitäten

1. **Filterschaltung:** Für eine Filterschaltung wird bei 1 kHz ein Blindwiderstand von 420 Ω benötigt.

   Wie groß muss die Kapazität des Kondensators sein?

2. **Frequenzgang Kapazität (Bild 1):** Ermitteln Sie zeichnerisch und rechnerisch die Kapazität des Kondensators aus seinem Frequenzgang.

3. **Entstörkondensator:** Ein Entstörkondensator mit $C_1 = 1\ \mu F$ wird irrtümlich durch einen Kondensator mit $C_2 = 0{,}5\ \mu F$ ersetzt.

   a) Berechnen Sie die Blindwiderstände für 50 Hz.

   b) Welche Auswirkung auf den Stromfluss ist zu erwarten?

4. **Gemischte Schaltung (Bild 2):** Ermitteln Sie die Gesamtkapazität und den Gesamtblindwiderstand der Schaltung bei 25 kHz, wenn alle Kondensatoren einen Wert von 33 µF haben.

5. **Blindwiderstandsänderung:** Ein Kondensator hat bei 50 Hz einen Blindwiderstand von 300 Ω.

   Um wie viel Prozent ändert sich dieser Wert, wenn die Frequenz verdoppelt bzw. halbiert wird?

6. **Reihenschaltung (Bild 3):** Ermitteln Sie die Einzelblindwiderstände sowie die Teilspannungen an den Kondensatoren.

   Welche Blindleistung wird aufgenommen?

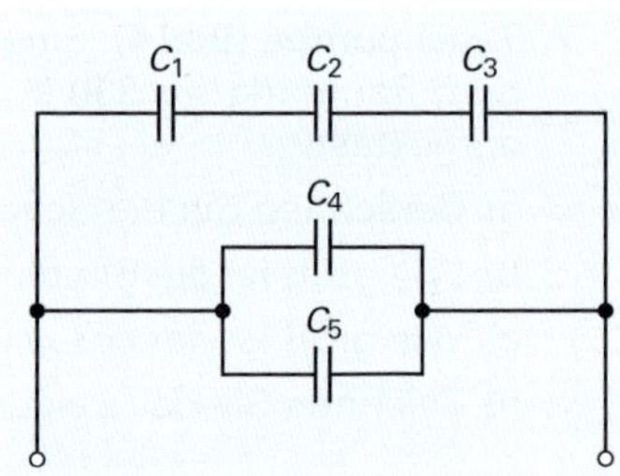

Bild 2: Gemischte Schaltung

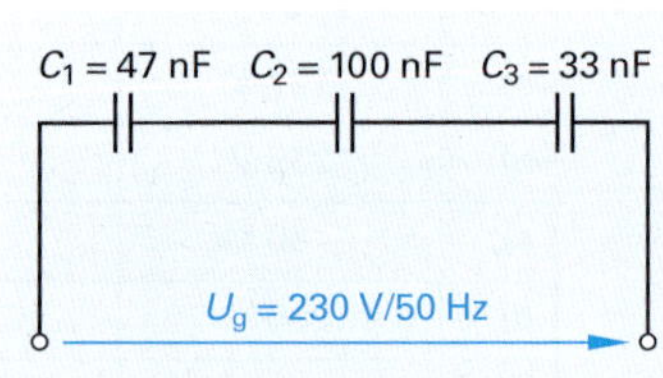

Bild 3: Reihenschaltung

9.6.2 Blindwiderstand von Induktivitäten

Ideale Spulen sind reine Induktivitäten. Ihr Widerstand X_L nimmt mit steigender Frequenz linear zu **(Bild 1)**.

Beispiel

Drei Induktivitäten $L_1 = 2{,}2$ H, $L_2 = 1{,}5$ H und $L_3 = 500$ mH sind in Reihe geschaltet und liegen an einer Gesamtspannung von $U = 400$ V, $f = 50$ Hz.

Berechnen Sie

a) die Blindwiderstände X_{L1}, X_{L2}, X_{L3} und X_L,

b) den Strom durch die Schaltung,

c) die Spannung an L_1, L_2 und L_3 sowie

d) die aufgenommene Blindleistung Q_L.

Lösung:

a) $X_{L1} = \omega \cdot L_1 = 2 \cdot \pi \cdot f \cdot L_1 = 2 \cdot \pi \cdot 50\ \text{Hz} \cdot 2{,}2\ \text{H} = \mathbf{691\ \Omega}$

$X_{L2} = 2 \cdot \pi \cdot 50\ \text{Hz} \cdot 1{,}5\ \text{H} = \mathbf{471\ \Omega}$

$X_{L3} = 2 \cdot \pi \cdot 50\ \text{Hz} \cdot 0{,}5\ \text{H} = \mathbf{157\ \Omega}$

$X_L = X_{L1} + X_{L2} + X_{L3} = 691\ \Omega + 471\ \Omega + 157\ \Omega = \mathbf{132\ \Omega}$

b) $I_L = \dfrac{U}{X_L} = \dfrac{400\ \text{V}}{1{,}32\ \text{k}\Omega} = \mathbf{303\ mA}$

c) $U_{L1} = X_{L1} \cdot I = 691\ \Omega \cdot 303\ \text{mA} = \mathbf{209{,}4\ V}$

$U_{L2} = X_{L2} \cdot I = 471\ \Omega \cdot 303\ \text{mA} = \mathbf{142{,}7\ V}$

$U_{L3} = X_{L3} \cdot I = 157\ \Omega \cdot 303\ \text{mA} = \mathbf{47{,}6\ V}$

d) $Q_L = U \cdot I = 400\ \text{V} \cdot 303\ \text{mA} = \mathbf{121{,}2\ var}$

Für sinusförmige Spannungen

$$\omega = 2 \cdot \pi \cdot f$$

$$X_L = \omega \cdot L$$

$$U_L = I_L \cdot X_L$$

$$Q_L = I_L \cdot U_L$$

Reihenschaltung

$$X_L = X_{L1} + X_{L2} + X_{L3} + \ldots$$

Parallelschaltung

$$\frac{1}{X_L} = \frac{1}{X_{L1}} + \frac{1}{X_{L2}} + \frac{1}{X_{L3}} + \ldots$$

ω	Kreisfrequenz	1/s
f	Frequenz	Hz
X_L	Blindwiderstand	Ω
L	Induktivität	H
U_L	Spulenspannung	V
I_L	Spulenstrom	A
Q_L	Blindleistung	var

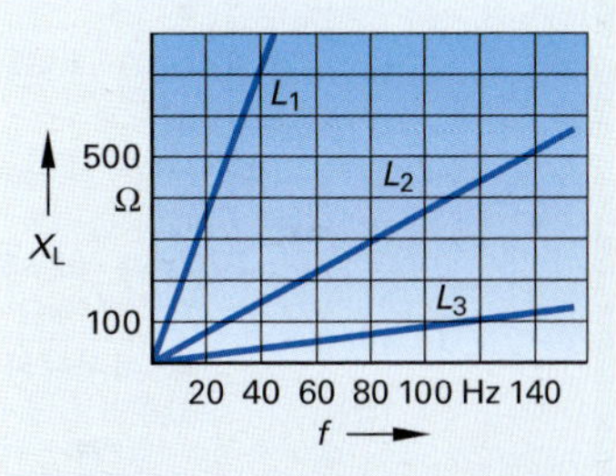

Bild 1: Frequenzgang Induktivität

Aufgaben Blindwiderstand von Induktivitäten

1. **Induktivitätsberechnung:** Gesucht ist die Induktivität L einer idealen Spule, die an 10 V/3,8 kHz eine Blindleistung von 200 var aufnimmt.

2. **Frequenzgang Induktivität (Bild 1):**
   a) Ermitteln Sie zeichnerisch und rechnerisch die Induktivitätswerte L_1, L_2 und L_3.
   b) Wie groß ist der Strom durch eine Reihenschaltung aus L_1, L_2 und L_3 bei einer Spannung von 230 V/50 Hz?

3. **Spulenschaltung (Bild 2):** Berechnen Sie den Gesamtblindwiderstand und die Gesamtblindleistung der Schaltung, wenn gilt $L_1 = L_6 = 12$ mH, $L_2 = L_3 = L_4 = L_5 = 28$ mH.

4. **Ringspule (Bild 3):** Eine Ringspule hat 40 Windungen mit je 0,5 mH Induktivität.
   Ermitteln Sie
   a) die Gesamtinduktivität der Ringspule,
   b) den Blindwiderstand einer Windung,
   c) den Blindwiderstand der Ringspule.

5. **Drosselspulen:** Zwei Drosselspulen mit $L_1 = 0{,}6$ H und $L_2 = 0{,}5$ H sind in Reihe geschaltet. Für welche Frequenz ergibt sich ein Blindwiderstand von 3,14 kΩ?

6. **Induktivitäten:** Zwei Induktivitäten $L_1 = 100$ mH und $L_2 = 1$ H liegen parallel an 230 V/50 Hz.
   Berechnen Sie den Gesamtblindwiderstand sowie die Teilströme der Induktivitäten.

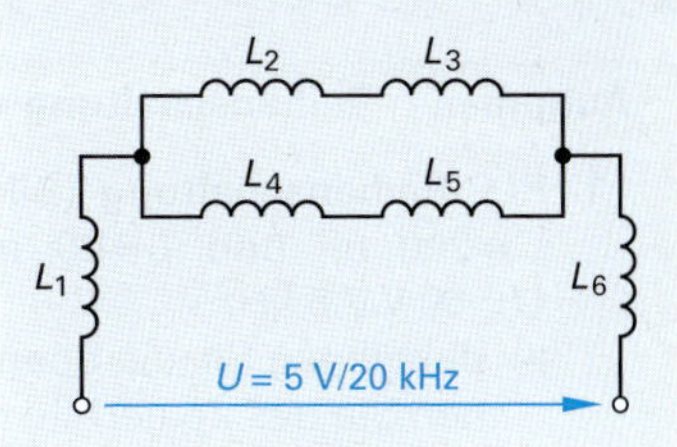

Bild 2: Spulenschaltung

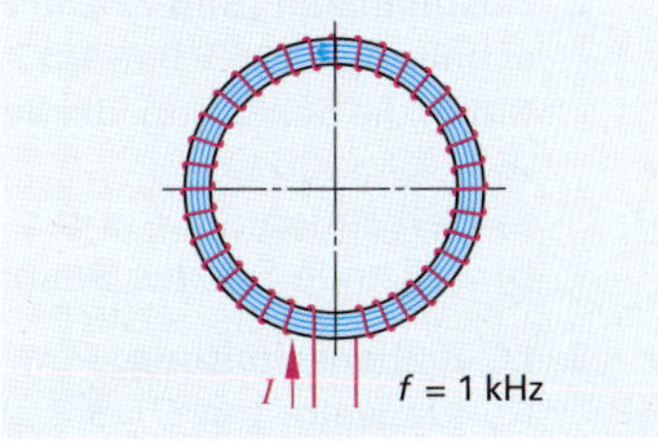

Bild 3: Ringspule

9

9.7 Schwingkreise

9.7.1 Reihenschaltung von *R*, *L* und *C*

Werden ein Kondensator *C* und eine Spule *L* mit ihrem ohmschen Anteil *R* in Reihe geschaltet, so entsteht eine gemischte Schaltung. Diese wird bei einer bestimmten Frequenz, der sogenannten Resonanzfrequenz, zum realen Reihenschwingkreis. Das ist dann der Fall, wenn der Blindwiderstand des Kondensators gleich dem Blindwiderstand der Spule ist.

Beispiel

Eine Reihenschaltung **(Bild 1)** aus einer realen Spule mit der Induktivität $L = 2$ H mit einem Wirkanteil von $R = 100\ \Omega$ und einem Kondensator mit der Kapazität $C = 10\ \mu$F liegt an $U = 230$ V/50 Hz.

a) Berechnen Sie die Spannungen und zeichnen Sie das Zeigerbild.
b) Wie groß ist der Phasenwinkel?
c) Wie hoch wäre die Resonanzfrequenz der Schaltung?

Lösung: a) $X_C = \frac{1}{\omega \cdot C} = \frac{1}{2 \cdot \pi \cdot f \cdot C} = \frac{1}{2 \cdot \pi \cdot 50\ \text{Hz} \cdot 10\ \mu\text{F}} = 318{,}31\ \Omega$

$X_L = \omega \cdot L = 2 \cdot \pi \cdot f \cdot L = 2 \cdot \pi \cdot 50\ \text{Hz} \cdot 2\ \text{H} = 628{,}3\ \Omega$

$Z = \sqrt{R^2 + (X_L - X_C)^2}$

$= \sqrt{(1\ \text{k}\Omega)^2 + (628{,}3\ \Omega - 318{,}31\ \Omega)^2} = 1047\ \Omega$

$I = \frac{U}{Z} = \frac{230\ \text{V}}{1047\ \Omega} = 220\ \text{mA}$

$U_R = I \cdot R$

$= 220\ \text{mA} \cdot 1\ \text{k}\Omega = \mathbf{220\ V}$

$U_C = I \cdot X_C$

$= 220\ \text{mA} \cdot 318{,}31\ \Omega = \mathbf{70\ V}$

$U_L = I \cdot X_L$

$= 220\ \text{mA} \cdot 628{,}3\ \Omega = \mathbf{138\ V}$

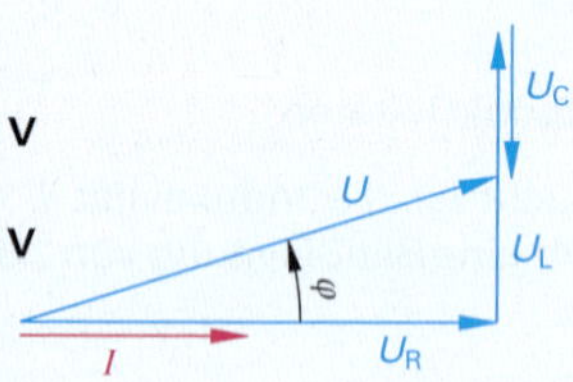

b) $\cos\varphi = \frac{R}{Z} = \frac{1\ \text{k}\Omega}{1{,}047\ \text{k}\Omega}$

$= 0{,}955 \Rightarrow \varphi = \mathbf{17{,}23°}$

c) $f_r = \frac{1}{2 \cdot \pi \cdot \sqrt{L \cdot C}}$

$= \frac{1}{2 \cdot \pi \cdot \sqrt{2\ \text{H} \cdot 10\ \mu\text{F}}} = \mathbf{35{,}6\ Hz}$

Aufgaben	**Reihenschaltung von *R*, *L* und *C***

1. **RLC-Reihenschaltung (Bild 1):** Eine Schaltung mit $R = 500\ \Omega$, $C = 200$ nF und $L = 20$ mH liegt an einer Spannung von $U = 50$ V/2,5 kHz.
   a) Berechnen Sie die Spannungen an den Bauteilen und zeichnen Sie das Zeigerbild der Widerstände.
   b) Bei welcher Frequenz tritt der Resonanzfall ein?
   c) Ermitteln Sie den Phasenwinkel.

2. **Resonanzfall (Bild 2):** Die Resonanzfrequenz einer RLC-Reihenschaltung an 15 V beträgt 7,8 kHz. Es fließt ein Strom von 125 mA durch die Schaltung, der Widerstandswert beträgt 120 Ω. Es gilt: $X_L = X_C = 300\ \Omega$.
   a) Berechnen Sie *L* und *C* der Schaltung.
   b) Zeichnen Sie das Spannungszeigerbild.

3. **LC-Reihenschaltung:** Eine Induktivität mit $L = 1{,}2$ mH und ein Kondensator mit $C = 8{,}2\ \mu$F sind in Reihe geschaltet. Berechnen Sie die Resonanzfrequenz f_r.

Scheingrößen

$$Z = \sqrt{R^2 + (X_L - X_C)^2} = \frac{U}{I}$$

$$U = \sqrt{U_R^2 + (U_L - U_C)^2}$$

$$S = \sqrt{P^2 + (Q_L - Q_C)^2} = U \cdot I$$

Wirkgrößen

$$R = Z \cdot \cos\varphi = \frac{U_R}{I}$$

$$P = S \cdot \cos\varphi$$

Blindgrößen

$$X = Z \cdot \sin\varphi = \frac{U_X}{I}$$

$$X_{C/L} = \frac{U_{C/L}}{I}$$

$$Q = S \cdot \sin\varphi$$

Resonanzfall

$$X_L = X_C$$

$$f_r = \frac{1}{2 \cdot \pi \cdot \sqrt{L \cdot C}}$$

f_r	Resonanzfrequenz	Hz
U_X	resultierende Blindspannung	V

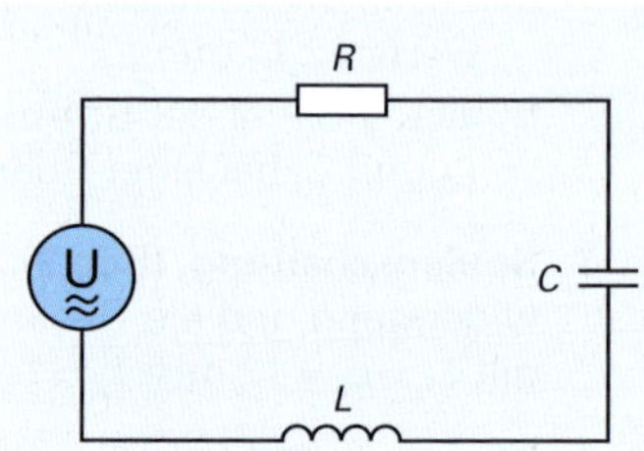

Bild 1: RLC-Reihenschaltung

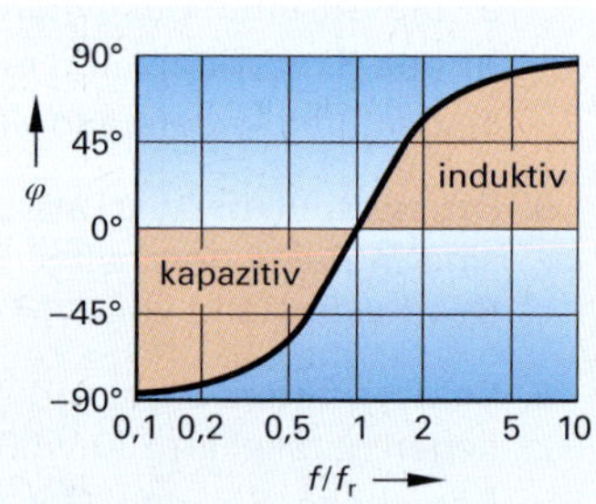

Bild 2: Resonanzfall

Aufgaben **Reihenschaltung von *R*, *L* und *C***

4. **Schaltplan (Bild 1):** Eine RLC-Reihenschaltung wird mit einer Frequenz $f = 150$ kHz betrieben. Für die Bauteilwerte gilt: $C = 620$ pF, $R_1 = 820\ \Omega$, L = 7,5 mH und $R_2 = 2{,}2$ kΩ.
   a) Wie groß ist der Gesamtwirkwiderstand *R* der Schaltung?
   b) Berechnen Sie den kapazitiven und induktiven Widerstand der Schaltung.
   c) Welcher Gesamtblindwiderstand ergibt sich?
   d) Berechnen Sie den Gesamtscheinwiderstand.
   e) Zeichnen Sie das Widerstandsdreieck.

5. **Schaltung (Bild 2):** Eine Schaltung mit den gegebenen Werten liegt an 12 V/1,5 MHz.
   a) Wie groß sind der Blind-, Wirk- und Scheinwiderstand der Schaltung?
   b) Berechnen Sie die Einzelspannungen an den Bauteilen.
   c) Welcher cos φ ergibt sich in dieser Schaltung?
   d) Ist die Schaltung kapazitiv oder induktiv?

6. **Spannungsdreieck (Bild 3):** Das Spannungsdreieck hat die im Bild gegebenen Werte. Die dazugehörende Schaltung wurde mit $f = 1$ kHz betrieben. Bestimmen Sie:
   a) die Wirk-, Blind- und Scheinwiderstände der Schaltung,
   b) die Wirk-, Blind- und Scheinleistung der Schaltung,
   c) den Phasenwinkel φ der Schaltung.

7. **Potenziometer (Bild 4):** Eine Schaltung mit Potenziometer wird an 5 V/4,2 MHz betrieben und hat folgende Werte: $C = 150$ pF, $L = 0{,}12$ mH. Das Potenziometer ist regelbar im Bereich von 0 bis 20 kΩ.
   a) Welchen Einfluss hat die Stellung des Potenziometers auf den Wirkleistungsfaktor?
   b) Wie wirkt sich die Stellung des Potenziometers auf die Resonanzfrequenz aus?
   c) Berechnen Sie die Resonanzfrequenz.
   d) Geben Sie den Scheinwiderstand der Schaltung für die beiden Endbereiche des Potenziometers bei Resonanz an.
   e) Berechnen Sie den Gesamtstrom der Schaltung für die Mittelstellung des Potenziometers mit $R = 10$ kΩ bei Resonanz.
   f) Berechnen Sie ebenfalls für die Mittelstellung die Teilspannungen der Bauteile bei Resonanz.

8. **Drehkondensator (Bild 5):** Eine Reihenschaltung besteht aus $R = 12\ \Omega$, $L = 2$ mH und einem von 0 bis 910 pF einstellbarem Drehkondensator und liegt an 24 V.
   a) Welche Resonanzfrequenz ergibt sich bei der Einstellung des Kondensators auf 400 pF?
   b) Wie groß ist der Scheinwiderstand der Schaltung im Fall, wenn 400 pF eingestellt sind?
   c) Berechnen Sie die Bauteilspannungen für diesen Fall.
   d) Die Resonanzfrequenz von 200 kHz soll eingestellt werden, welchen Wert muss der Drehkondensator haben?

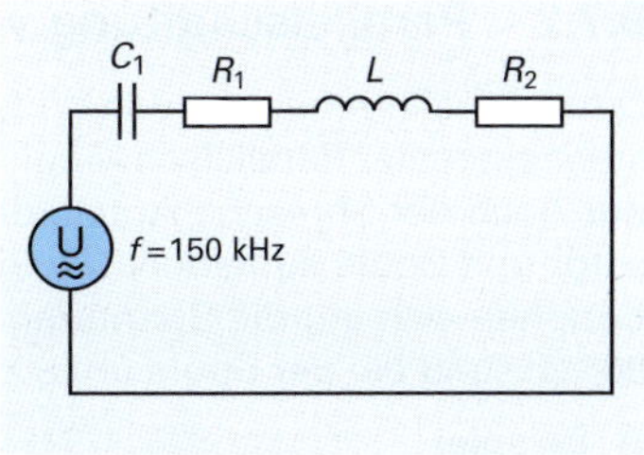

Bild 1: Schaltplan

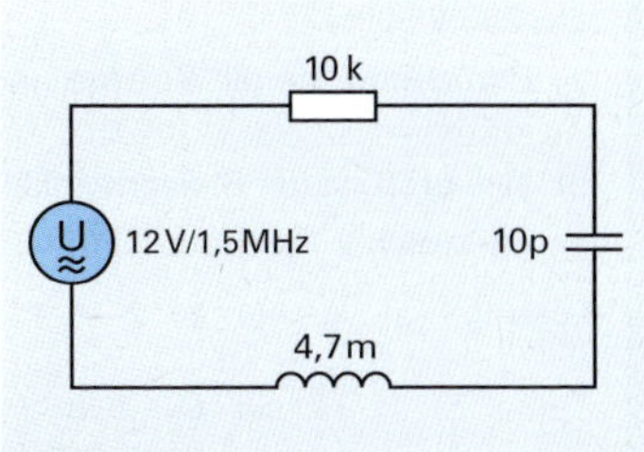

Bild 2: Schaltung

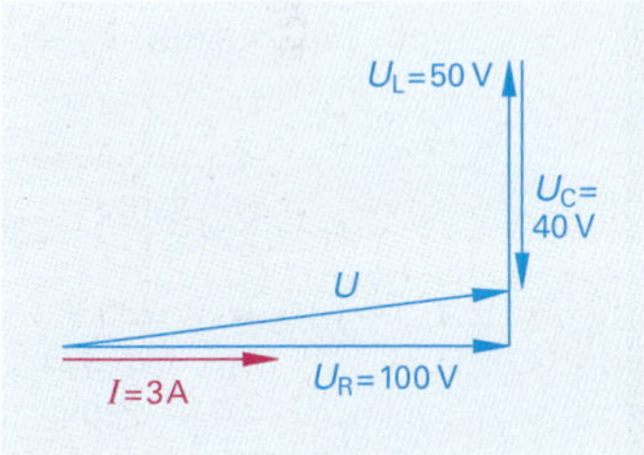

Bild 3: Spannungsdreieck

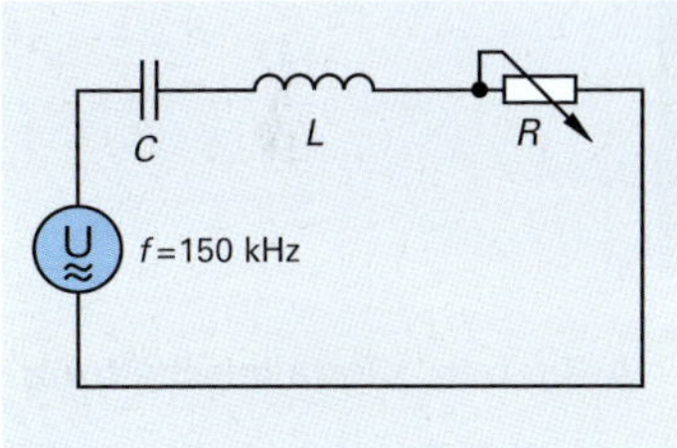

Bild 4: Potenziometer

Bild 5: Drehkondensator

9.7.2 Parallelschaltung von *R, L* und *C*

Durch Parallelschaltung von Widerstand, Kondensator und Spule entsteht ein realer Parallelschwingkreis. Bei der Resonanzfrequenz wirkt nur noch der ohmsche Anteil, da sich die Blindanteile von Kondensator und Spule aufheben. Die Richtungen der Ströme im Zeigerbild beziehen sich auf die Spannung *U* und eilen beim Kondensator um 90° vor und bei der Spule um 90° nach.

Beispiel

Eine Parallelschaltung **(Bild 1)** aus einer Spule $L = 2$ H, einem Widerstand $R = 1$ kΩ und einem Kondensator $C = 10$ µF liegt an einer Spannung von $U = 230$ V/50 Hz.

a) Berechnen Sie die Ströme und zeichnen Sie das Zeigerbild der Leitwerte.

b) Wie groß ist der Phasenwinkel?

c) Bei welcher Frequenz ist die Schaltung in Resonanz?

Lösung: a) $X_L = \omega \cdot L = 2 \cdot \pi \cdot f \cdot L = 2 \cdot \pi \cdot 50\ \text{Hz} \cdot 2\ \text{H} = 528{,}3\ \Omega$

$$X_C = \frac{1}{\omega \cdot C} = \frac{1}{2 \cdot \pi \cdot f \cdot C} = \frac{1}{2 \cdot \pi \cdot 50\ \text{Hz} \cdot 10\ \mu\text{F}} = 318{,}31\ \Omega$$

$$\Rightarrow G = \frac{1}{R} = 1\ \text{mS};\ B_L = \frac{1}{X_L} = 1{,}6\ \text{mS};\ B_C = \frac{1}{X_C} = 3{,}1\ \text{mS};$$

$$Y = \sqrt{G^2 + (B_L - B_C)^2} = \sqrt{(1\ \text{mS})^2 + (1{,}6\ \text{mS} - 3{,}1\ \text{mS})^2}$$

$$= 1{,}8\ \text{mS} \Rightarrow Z = \frac{1}{Y} = 555{,}56\ \Omega$$

$$I = \frac{U}{Z} = \frac{230\ \text{V}}{555{,}56\ \Omega} = \mathbf{414\ mA}$$

$$I_R = \frac{U}{R} = \frac{230\ \text{V}}{1\ \text{k}\Omega} = \mathbf{230\ mA}$$

$$I_L = \frac{U}{X_L} = \frac{230\ \text{V}}{628{,}3\ \Omega} = \mathbf{366\ mA}$$

$$I_C = \frac{U}{X_C} = \frac{230\text{V}}{318{,}31\ \Omega} = \mathbf{724\ mA}$$

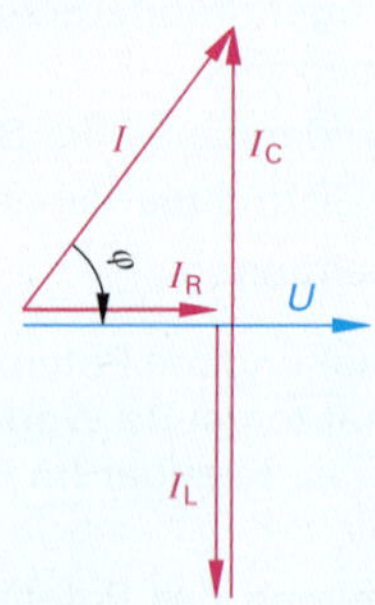

b) $$\cos\varphi = \frac{Z}{R} = \frac{G}{Y} = \frac{1\ \text{mS}}{1{,}8\ \text{mS}} = 0{,}556 \Rightarrow \varphi = \mathbf{56{,}25°}$$

c) $$f_r = \frac{1}{2 \cdot \pi \cdot \sqrt{L \cdot C}} = \frac{1}{2 \cdot \pi \cdot \sqrt{2\ \text{H} \cdot 10\ \mu\text{F}}} = \mathbf{35{,}6\ Hz}$$

Scheingrößen

$$Y = \sqrt{G^2 + (B_L - B_C)^2} = \frac{1}{Z}$$

$$I = \sqrt{I_R^2 + (I_L - I_C)^2}$$

$$S = \sqrt{P^2 + (Q_L - Q_C)^2} = U \cdot I$$

Wirkgrößen

$$G = Y \cdot \cos\varphi = \frac{1}{R}$$

$$P = S \cdot \cos\varphi$$

Blindgrößen

$$B = Y \cdot \sin\varphi = \frac{1}{X}$$

$$B_{C/L} = \frac{1}{X_{C/L}}$$

$$Q = S \cdot \sin\varphi$$

Resonanzfall

$$X_L = X_C$$

$$f_r = \frac{1}{2 \cdot \pi \cdot \sqrt{L \cdot C}}$$

Y	Scheinleitwert	S
G	Wirkleitwert	S
B	Blindleitwert	S
f_r	Resonanzfrequenz	Hz

$$[\text{S}] = \frac{1}{[\Omega]};\ \text{S: Siemens}$$

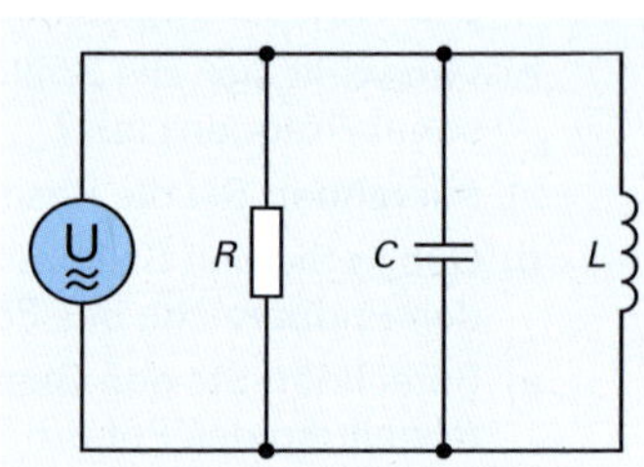

Bild 1: RLC-Parallelschaltung

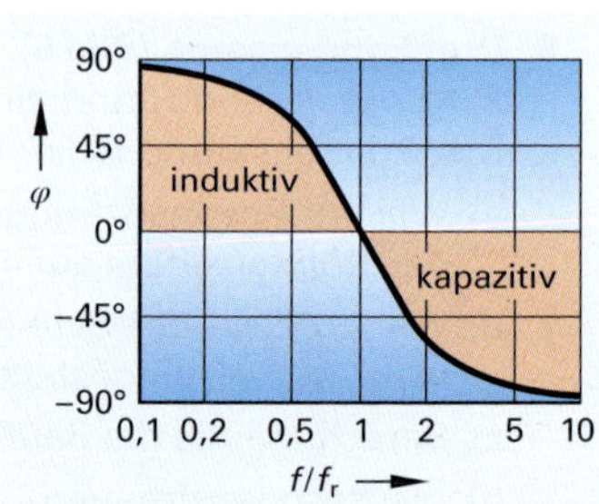

Bild 2: Resonanzfall

Aufgaben | **Parallelschaltung von *R, L* und *C***

1. **RLC-Parallelschaltung (Bild 1):** Ein Widerstand $R = 4$ kΩ, ein Kondensator $C = 68$ µF und eine Spule $L = 30$ mH liegen an einer Spannung von 6,3 V/1,2 GHz.

   Berechnen Sie die Leitwerte der Bauteile und den Gesamtleitwert und zeichnen Sie das Zeigerbild der Leitwerte.

2. **Resonanzfall (Bild 2):** Eine RLC-Schaltung an 9 V/1 kHz besteht aus $R = 10$ kΩ, $L = 0{,}23$ mH und $C = 22$ µF.

   a) Ist die Schaltung kapazitiv oder induktiv?

   b) Berechnen Sie die Resonanzfrequenz.

3. **Blindleistung:** Eine Spule $L = 670$ mH und ein Kondensator $C = 580$ nF sind an 5 V/100 Hz parallel geschaltet.

   Berechnen Sie die Bauteilströme sowie die Blindleistungen.

Aufgaben | **Parallelschaltung von *R*, *L* und *C***

4. **Spulenunterbrechung (Bild 1):** Eine Schaltung aus $R = 120\ \Omega$, $C = 5{,}1\ \mu F$ und einer unkenntlich gewordenen, defekten Spule mit Unterbrechung liegt an 20 V/3,9 kHz.
   a) Berechnen Sie die Stromaufnahme der defekten Schaltung.
   b) Welche Induktivität hatte die Spule, wenn diese für den Resonanzfall ausgelegt war?
   c) Wie groß ist der Strom I im reparierten Zustand?
   d) Zeichnen Sie das Zeigerdiagramm der Leitwerte im defekten und reparierten Zustand.

5. **Leitwertangabe (Bild 2):** Von einer Schaltung sind die Einzelleitwerte bekannt. Sie liegt an 50 V/1,7 kHz.
   a) Berechnen Sie den Scheinleitwert.
   b) Zeichnen Sie das Zeigerbild der Leitwerte.
   c) Wie groß ist die Induktivität der Spule?
   d) Welche Kapazität hat der Kondensator?
   e) Ist die Schaltung kapazitiv oder induktiv?

6. **Idealer Schwingkreis (Bild 3):** Von einem als idealen Schwingkreis in Resonanz, der an 3,5 V/12 MHz liegt, ist der Blindleitwert der Spule, $B_L = 9$ mS, bekannt.
   a) Welchen Blindleitwert hat der Kondensator?
   b) Berechnen Sie die Induktivität der Spule und die Kapazität des Kondensators.
   c) Skizzieren Sie das Zeigerbild der Ströme.
   Durch den Austausch des Quarzes ändert sich die Frequenz auf 8 MHz.
   d) Wird die Schaltung kapazitiv oder induktiv?
   e) Berechnen Sie die Kapazität eines neuen Kondensators, wenn die Spule gleich bleibt und wieder der Resonanzfall hergestellt werden soll.

7. **Kompensation (Bild 4):** Ein Gerät an 230 V/50 Hz hat einen ohmschen Anteil von 330 Ω und einen induktiven Anteil von 120 mH. Die Schaltung ist nicht kompensiert.
   a) Welcher $\cos_{\varphi 1}$ liegt vor?
   Mittels eines Kondensators C_K soll der $\cos_{\varphi 1}$ auf $\cos_{\varphi 2} = 0{,}9$ verbessert werden.
   b) Wie groß muss C_K gewählt werden?
   c) Berechnen Sie den Scheinleitwert der Schaltung vor und nach der Kompensation.
   d) Wie groß sind die Wirk-, Blind- und Scheinleistung nach der Kompensation?
   e) Zeichnen Sie das Zeigerbild der Leistungen.

8. **Gemischte Schaltung (Bild 5):** Die gegebene Schaltung liegt an 7,5 V/2,4 MHz. Berechnen Sie
   a) den Wirkleitwert G der Schaltung,
   b) den Blindleitwert B der Schaltung,
   c) den Scheinwiderstand Z der Schaltung,
   d) die Scheinleistung S der Schaltung,
   e) den $\cos \varphi$ der Schaltung.

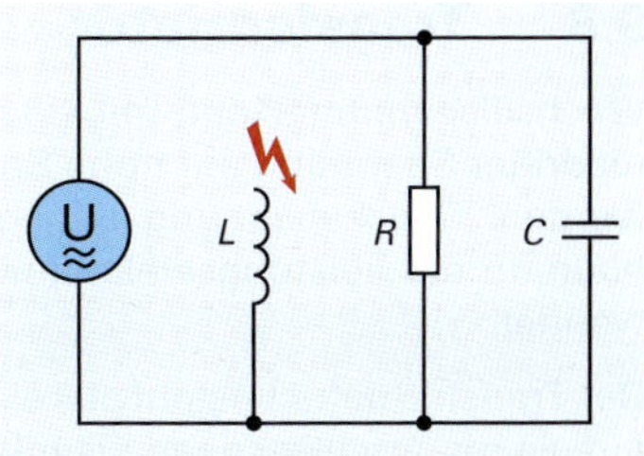

Bild 1: Spulenunterbrechung

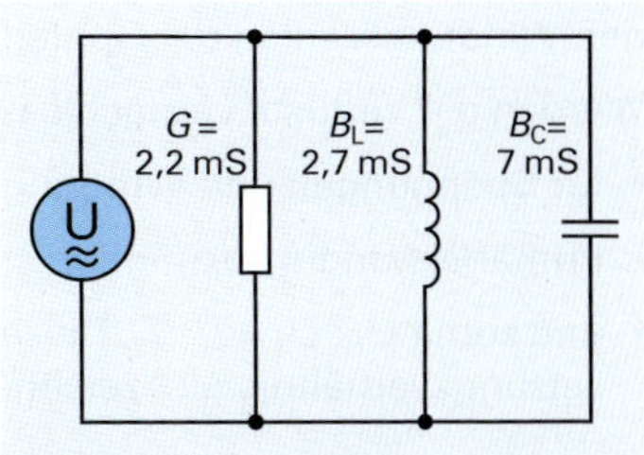

Bild 2: Leitwertangabe

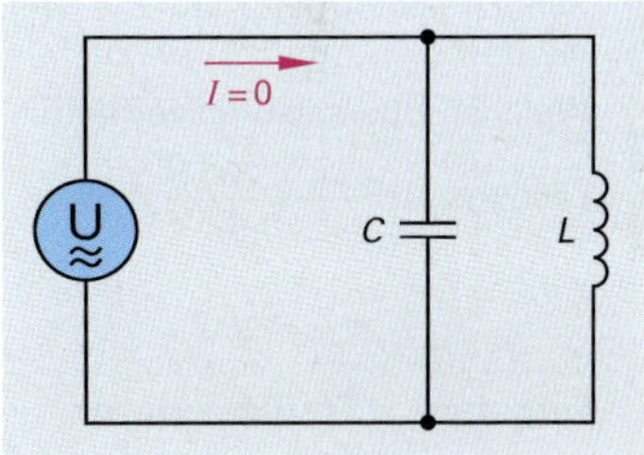

Bild 3: Idealer Schwingkreis

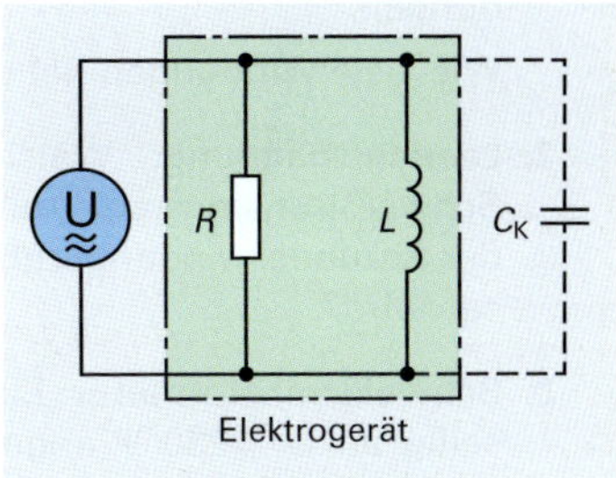

Bild 4: Kompensation

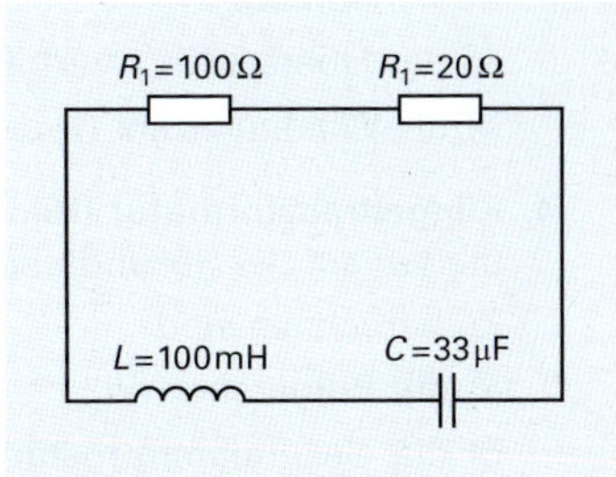

Bild 5: Gemischte Schaltung

9

9.8 Transformator

Wechselspannung kann mit einem Transformator (Umspanner) von niedriger Spannung auf hohe Spannung und umgekehrt umgeformt werden. Gleichspannung dagegen nicht. Aus diesem Grund wird heute in der Leistungselektrik überwiegend Wechselspannung verwendet.

Der Transformator besteht aus einer Primär- und einer Sekundärspule auf einem geschlossenen Eisenkern **(Bild 1)**.

Wird an der Primärspule eine Wechselspannung angelegt, entsteht durch elektromagnetische Induktion in der Sekundärspule eine von den Windungszahlen der Spulen abhängige Wechselspannung.

Werden die Verluste vernachlässigt, so gilt beim Transformator

- für Spannungen und Windungszahlen: $U_1 : U_2 = N_1 : N_2$
- Primärleistung = Sekundärleistung: $U_1 \cdot I_1 = U_2 \cdot I_2$
- und somit $U_1 : U_2 = I_2 : I_1$. Diese Zusammenhänge werden als Übersetzungsverhältnis $ü$ bezeichnet.

Übersetzungsverhältnis

$$ü = \frac{U_1}{U_2} = \frac{N_1}{N_2}$$

$$ü = \frac{U_1}{U_2} = \frac{I_2}{I_1}$$

U_1	Primärspannung	V
U_2	Sekundärspannung	V
N_1	Windungszahl der Primärspule	–
N_2	Windungszahl der Sekundärspule	–
I_1	Primärstromstärke	A
I_2	Sekundärstromstärke	A
$ü$	Übersetzungsverhältnis	–

Beispiel

Eine Handlampe für $U_2 = 42$ V soll aus Sicherheitsgründen über einen Schutztransformator an die Netzspannung $U_1 = 230$ V angeschlossen werden.
Welches Übersetzungsverhältnis $ü$ muss der Transformator haben?

Lösung: $ü = \frac{U_1}{U_2} = \frac{230\ \text{V}}{42\ \text{V}} = 5{,}476 = \mathbf{5{,}5}$

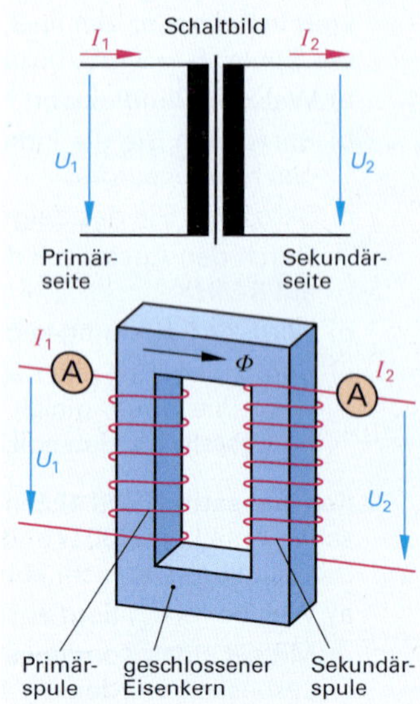

Bild 1: Transformator

Aufgaben Transformator

1. **Schutztransformator:** Bei einem Schutztransformator mit der Spannungsangabe 230/42 V hat die Sekundärspule 913 Windungen.
   Wie viele Windungen hat die Primärspule?
2. **Leerlaufspannung:** Welche Leerlaufspannung besitzt ein Schweißtransformator mit der Primärwindungszahl 160 und der Sekundärwindungszahl 70 , wenn er an 230 V angeschlossen wird?
3. **Schweißtransformator:** Ein Schweißtransformator ist primärseitig an $U_1 = 230$ V angeschlossen und gibt sekundärseitig eine Leerlaufspannung $U_2 = 58$ V ab. Die Sekundärspule hat 70 Windungen.
   Berechnen Sie
   a) das Übersetzungsverhältnis $ü$,
   b) die Windungszahl N_1 der Primärspule.
4. **Klingeltransformator (Bild 2):** Bei einem Klingeltransformator fließen auf der Sekundärseite 2,5 A Strom bei 12 V Spannung.
   Zu berechnen sind
   a) der Primärstrom I_1,
   b) die Sekundärstromstärken und Übersetzungsverhältnisse für die Anschlüsse 10 V und 8 V.

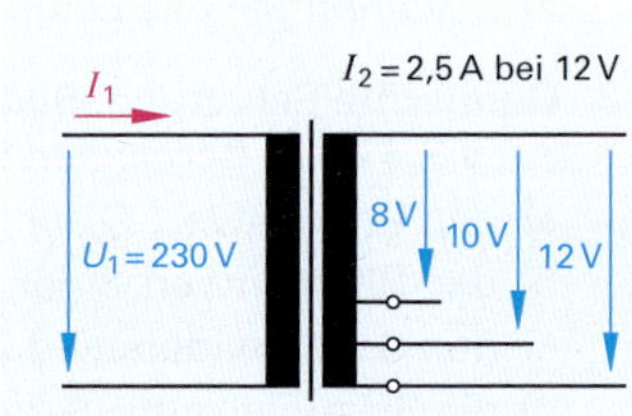

Bild 2: Klingeltransformator

10 Dreiphasenwechselstrom (Drehstrom)

Für die Umsetzung größerer elektrischer Leistungen kommen Drehstrommotoren zum Einsatz. Auch Heizwicklungen wie z. B. Elektroherde werden am dreiphasigen Wechselstromnetz betrieben. Man unterscheidet dabei die Art und Weise, wie die drei spannungsführenden Phasen des Drehstromnetzes mit dem Verbraucher verschaltet sind. Es gibt die Stern- und die Dreieckschaltung. Häufig wird durch eine gezielte Umschaltung von Stern- auf Dreieckschaltung eine Leistungsvariation oder auch ein schonenderer Anlauf von Motoren bewirkt.

10.1 Sternschaltung (symmetrisch, gleichartig)

In der Sternschaltung entspricht der Leiterstrom I dem Strangstrom I_{Str}. Da bei symmetrischer Belastung die Ströme der einzelnen Leiter zueinander um 120° phasenverschoben sind, ergibt deren Addition zu jedem beliebigen Zeitpunkt 0. Somit fließt im Neutralleiter N kein Strom. Die Strangspannung U_{Str} ist um den Verkettungsfaktor $\sqrt{3}$ kleiner als die Leiterspannung U.

Sternschaltung

$$U = \sqrt{3} \cdot U_{Str}$$

$$I = I_{Str}$$

$$I_N = 0$$

$$R = \frac{U_{Str}}{I}$$

U	Leiterspannung	V
U_{Str}	Strangspannung	V
I	Leiterstrom	A
I_{Str}	Strangstrom	A
I_N	Strom im Neutralleiter	A
R	Widerstand	Ω

Beispiel

Eine Sternschaltung **(Bild 1)**, mit R1 = R2 = R3 = R = 560 Ω liegt an einer Leiterspannung von U = 230 V.

Ermitteln Sie rechnerisch:

a) die Strangspannung U_{Str} und

b) den Strangstrom I_{Str}.

Ermitteln Sie zeichnerisch:

c) den Strom I_N im Neutralleiter.

Lösung: a) $U_{Str} = \frac{U}{\sqrt{3}} = \frac{230\text{ V}}{\sqrt{3}} = \mathbf{132{,}80\ V}$

b) $I_{Str} = \frac{U_{Str}}{R} = \frac{132{,}80\text{ V}}{560\ \Omega} = \mathbf{237\ mA}$

c)

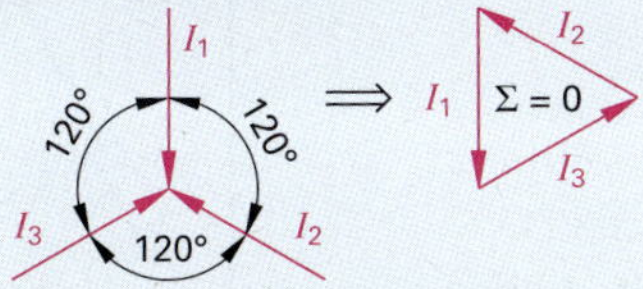

$\Rightarrow I_N = I_1 + I_2 + I_3 = 0$
(Geometrische Addition)

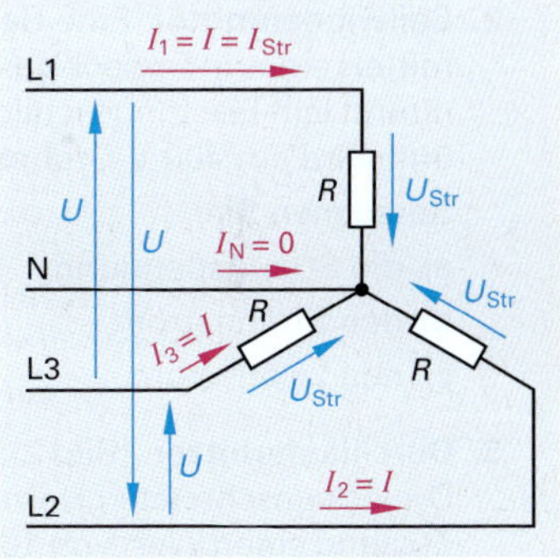

Bild 1: Symmetrischer Stern

Aufgaben | Sternschaltung

1. **Symmetrischer Stern (Bild 1):** Die Widerstände der Schaltung sind bekannt und betragen R = 115 Ω.

   Berechnen Sie die anliegende Leiterspannung, wenn ein Strangstrom von I_{Str} = 2 A fließt.

2. **Heizlanze (Bild 2):** In einem Warmwasserboiler ist zur Notfallabsicherung eine Heizlanze mit drei gleichen Heizwendeln an eine Leiterspannung von U = 400 V in Stern geschaltet. Der Strangstrom I_{Str} beträgt 13 A.

   Welchen Widerstand haben die einzelnen Heizwendeln?

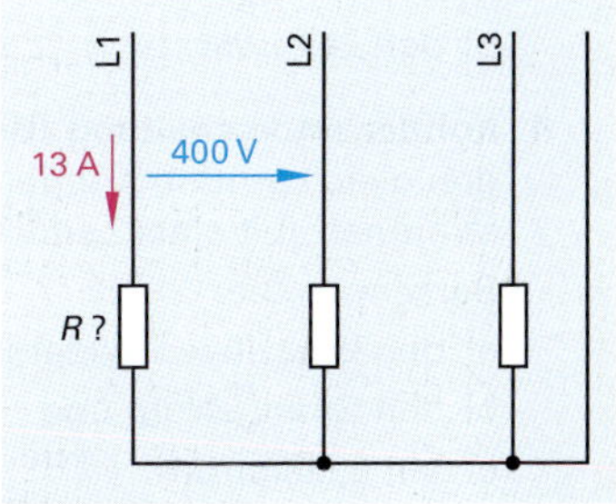

Bild 2: Heizlanze

10

10.2 Dreieckschaltung (symmetrisch, gleichartig)

Im Drehstromnetz in Dreieckschaltung werden nur drei Leitungen, L1, L2 und L3 benötigt. Der vierte Leiter (Neutralleiter) wird überflüssig. Durch diese Verschaltung liegt an jedem Strang die volle Leiterspannung an. Die Leiterströme teilen sich in diesem Fall auf und die Strangströme sind um den Verkettungsfaktor $\sqrt{3}$ kleiner als die Leiterströme.

Dreieckschaltung

$$U = U_{Str}$$

$$I = \sqrt{3} \cdot I_{Str}$$

$$R = \frac{U}{I_{Str}}$$

U	Leiterspannung	V
U_{Str}	Strangspannung	V
I	Leiterstrom	A
I_{Str}	Strangstrom	A
R	Widerstand	Ω

Beispiel

Eine symmetrische Dreieckschaltung **(Bild 1)** liegt an einer Leiterspannung von 400 V. Alle Widerstände sind gleich groß und betragen 1,2 kΩ.

Berechnen Sie:

a) die Strangspannung U_{Str},

b) den Strangstrom I_{Str} und

c) den Leiterstrom I.

Lösung: a) $U_{Str} = \boldsymbol{U = 400\ V}$

b) $I_{Str} = \frac{U_{Str}}{R} = \frac{400\ V}{1{,}2\ k\Omega} = \mathbf{0{,}33\ A}$

c) $I = \sqrt{3} \cdot I_{Str} = \sqrt{3} \cdot 0{,}33\ A = \mathbf{0{,}57\ A}$

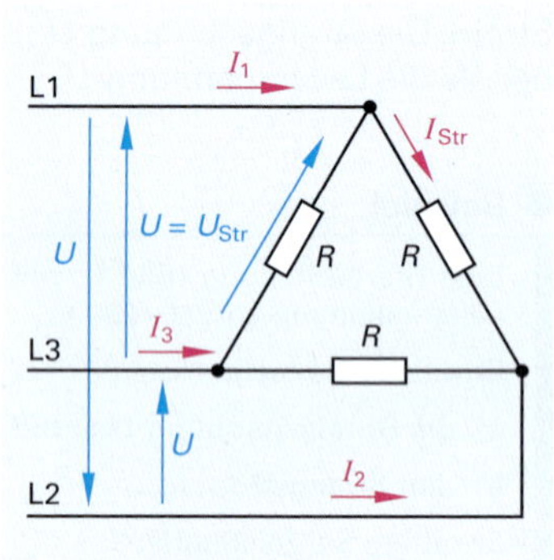

Bild 1: Dreieckschaltung, symmetrisch

Aufgaben	**Dreieckschaltung**

1. **Dreieckschaltung, symmetrisch (Bild 1):** Die Widerstände der Schaltung sind bekannt und betragen $R = 115\ \Omega$.
   Berechnen Sie die anliegende Leiterspannung, wenn ein Strangstrom von $I_{Str} = 2$ A fließt.

2. **Seilwindenmotor:** Eine Seilwinde zum Heben von Lasten wird mittels eines in Dreieck geschalteten Motors bewegt. Der Motor nimmt laut Leistungsschild einen Nennstrom von $I = 3{,}75$ A auf und wird am 400-V-Drehstromnetz betrieben.
   Berechnen Sie:
   a) die Strangspannung,
   b) den Strangstrom,
   c) den Leiterstrom.

3. **Durchlauferhitzer (Bild 2):** Ein Durchlauferhitzer mit drei in Dreieck geschalteten Heizstäben, von denen jeder im warmen Zustand einen Wert von 16 Ω hat, liegt an einer Leiterspannung von 400 V.
   Berechnen Sie:
   a) den Strangstrom,
   b) den Leiterstrom.

4. **Kondensatorschaltung (Bild 3):** Eine Kondensatorbatterie mit drei gleich großen Kondensatoren von je 22 µF liegt am Drehstromnetz mit einer Leiterspannung von 400 V/50 Hz.
   Berechnen Sie:
   a) den kapazitiven Widerstand X_C eines Kondensators,
   b) den Strangstrom und
   c) den Leiterstrom.

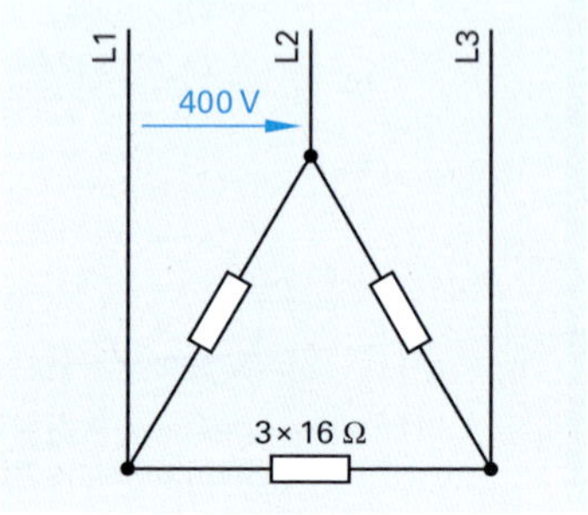

Bild 2: Durchlauferhitzer

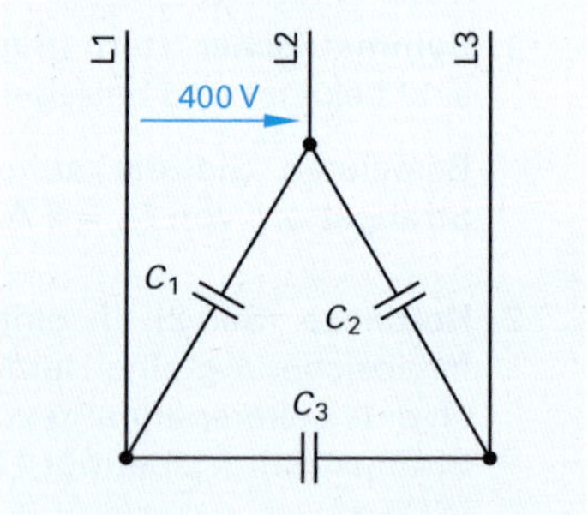

Bild 3: Kondensatorschaltung

Aufgaben	Stern-Dreieckschaltung

1. **Sternschaltung:** Drei Widerstände mit R1 = R2 = R3 = 78 Ω sind in Stern an eine Leiterspannung von U = 127 V angeschlossen.

   Wie groß sind Strangspannung, Leiterstrom und Strangstrom?

2. **Leiterspannung:** Ermitteln Sie die Leiterspannung einer symmetrischen Widerstands-Sternschaltung mit R = 260 Ω, wenn ein Strangstrom von 0,78 A fließt.

3. **Strangwiderstand:** Drei gleich große Widerstände sind an das 400-V-Drehstromnetz in Sternschaltung angeschlossen. Es fließt ein Strangstrom von 4,2 A.

   a) Wie groß ist der Strangwiderstand eines Strangs?

   Nun werden die Widerstände in Dreieckschaltung betrieben.

   b) An welcher Spannung liegt jetzt ein Strang und welchen Strom nimmt er auf?

4. **Leiterbruch Y (Bild 1):** Bei einer Sternschaltung von drei gleich großen Widerständen wird eine Zuleitung unterbrochen.

   a) Zeichnen Sie die neu entstandene Schaltung mit und ohne Anschluss des Neutralleiters N.

   Berechnen Sie für eine Leiterspannung von 400 V jeweils mit und ohne Anschluss des Neutralleiters N:

   b) den Strangstrom der Stränge,

   c) die an den Strängen anliegende Spannung.

5. **Leiterbruch Δ (Bild 2):** Drei gleiche Widerstände von R = 120 Ω sind in Dreieckschaltung an das 400-V-Drehstromnetz geschaltet.

   Berechnen Sie

   a) den Strangstrom,

   b) den Leiterstrom.

   Durch Überlastung von L1 spricht die Überstromschutzeinrichtung an und es liegen nur noch L2 und L3 an der Schaltung an.

   c) Berechnen Sie für diesen Fall die Strangströme.

6. **Strangausfall Δ (Bild 3):** Durch einen Materialfehler fällt eine Heizwicklung eines Heizgerätes aus, das an das 400-V-Drehstromnetz in Dreieckschaltung angeschlossen ist.

   Ermitteln Sie die Strom- und Spannungswerte der einzelnen noch verbleibenden Wicklungen, wenn diese einen Wicklungswiderstand von 22 Ω haben.

7. **Motorklemmbrett Y (Bild 4):** Ein Drehstrommotor an einem Drehstromnetz mit einer Leiterspannung von 2,4 kV ist am Klemmbrett in Stern verschaltet. Der Motor nimmt dabei einen Strangstrom von 61 A auf.

   Berechnen Sie den Leiterstrom und die Strangspannung.

8. **Motorklemmbrett Δ (Bild 5):** Das Klemmbrett eines Asynchronläufers ist auf Dreieckschaltung verklemmt.

   Berechnen Sie den Strangstrom, wenn der Motor bei einer Leiterspannung von 400 V einen Leiterstrom von 12 A aufnimmt.

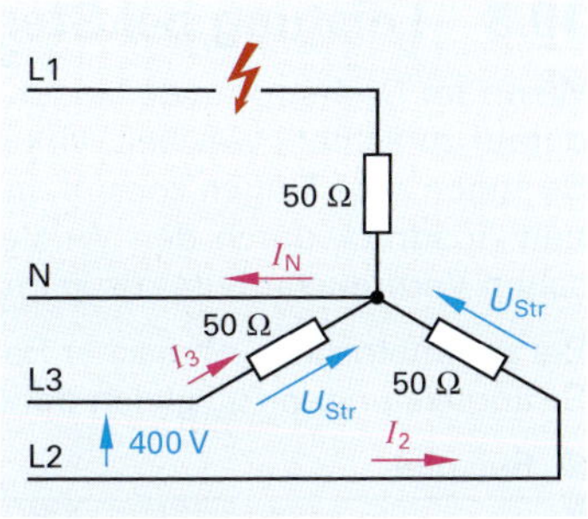

Bild 1: Leiterbruch Y

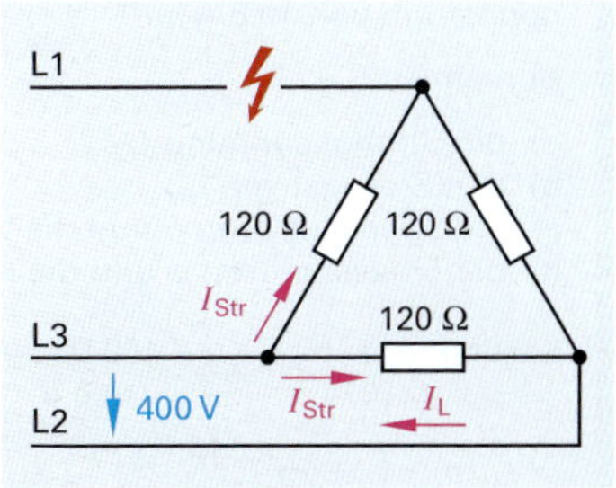

Bild 2: Leiterbruch Δ

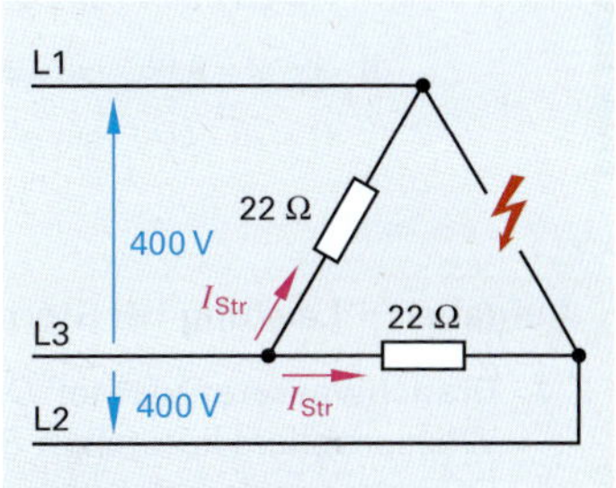

Bild 3: Strangausfall Δ

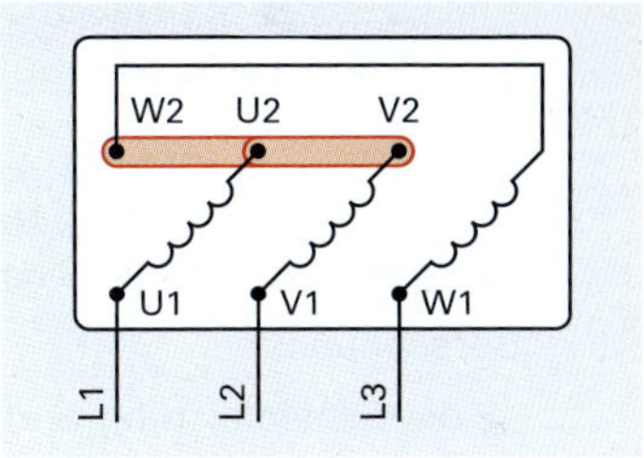

Bild 4: Motorklemmbrett Y

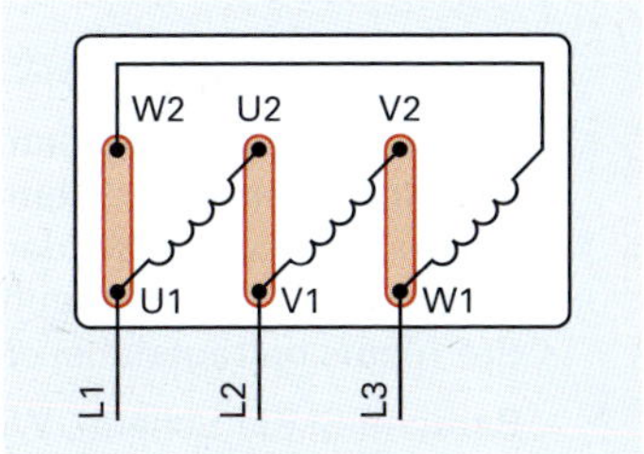

Bild 5: Motorklemmbrett Δ

10.3 Leistung bei Stern-Dreieckschaltung (symmetrisch)

Wenn im Drehstromnetz Leistungen berechnet werden müssen, ist darauf zu achten, welcher Wirkanteil (ohmscher Widerstand) in den Strängen zum Tragen kommt. In der Leistungsformel findet dies seinen Ausdruck durch den Wirkleistungsfaktor cos φ. Bei rein ohmschen Verbrauchern ist cos φ immer 1.

Bei symmetrischer, ohmscher Belastung ist die Summe der einzelnen Strangleistungen P_{Str} gleich der Gesamtleistung P.

Beispiel

Ein Drehstrommotor mit cos $\varphi = 0{,}86$, der an einem Drehstromnetz mit $U = 400$ V/50 Hz betrieben wird, nimmt in Dreieckschaltung einen Leiternennstrom von 10,5 A auf.

Berechnen Sie:

a) die Strangspannung U_{Str},
b) den Strangstrom I_{Str},
c) die Scheinleistung S und die Wirkleistung P,
d) den Phasenwinkel φ und die Blindleistung Q.

Lösung: a) $U_{Str} = U = \mathbf{400\ V}$

b) $I_{Str} = \frac{I}{\sqrt{3}} = \frac{10{,}5\ \text{V}}{\sqrt{3}} = \mathbf{6{,}06\ A}$

c) $S = \sqrt{3} \cdot U \cdot I = \sqrt{3} \cdot 400\ \text{V} \cdot 10{,}5\ \text{A} = \mathbf{7{,}27\ kVA}$

$P = \sqrt{3} \cdot U \cdot I \cdot \cos\varphi = \sqrt{3} \cdot 400\ \text{V} \cdot 10{,}5\ \text{A} \cdot 0{,}86 = \mathbf{6{,}25\ kW}$

d) $\cos\varphi = 0{,}86 \Rightarrow \varphi = 30{,}68° \Rightarrow \sin\varphi = 0{,}51$;

$Q = \sqrt{3} \cdot U \cdot I \cdot \sin\varphi = \sqrt{3} \cdot 400\ \text{V} \cdot 10{,}5\ \text{A} \cdot 0{,}51 = \mathbf{3{,}94\ kvar}$

Scheinleistung

$$S = \sqrt{3} \cdot U \cdot I$$
$$S = \sqrt{P^2 + Q^2}$$

Wirkleistung

$$P = P_{Str1} + P_{Str2} + P_{Str3} = 3 \cdot P_{Str}$$
$$P = \sqrt{3} \cdot U \cdot I \cdot \cos\varphi = S \cdot \cos\varphi$$
$$P_{Str} = U_{Str} \cdot I_{Str} \cdot \cos\varphi$$

Blindleistung

$$Q = \sqrt{3} \cdot U \cdot I \cdot \sin\varphi$$

U	Leiterspannung	V
U_{Str}	Strangspannung	V
I	Leiterstrom	A
I_{Str}	Strangstrom	A
S	Scheinleistung	VA
P	Wirkleistung	W
Q	Blindleistung	var
cos φ	Wirkleistungsfaktor	–
sin φ	Blindleistungsfaktor	–
φ	Phasenwinkel	°

Aufgaben — Leistung bei Stern-Dreieckschaltung

1. **Brauchwassererwärmer:** Die drei gleichen Heizwicklungen eines Wasserboilers können in Stern oder in Dreieck am 400 V/50 Hz Drehstromnetz betrieben werden.

   Ermitteln Sie für beide Fälle die Gesamtleistung sowie die Einzelleistungen der Wicklungen, wenn diese einen Widerstand von $R = 17\ \Omega$ haben.

2. **Wasserpumpe (Bild 1):** Ein Wasserpumpenmotor liegt am Drehstromnetz 400 V/50 Hz. Der Leiternennstrom I beträgt 2 A. Der Wirkleistungsfaktor cos φ beträgt 0,8.

   Berechnen Sie

   a) die Scheinleistung S, die Wirkleistung P und die Blindleistung Q,

   b) den Phasenwinkel φ,

   c) den Strangstrom I_{Str}, wenn Sternschaltung vorliegt.

3. **Y-Δ-Schalter (Bild 2):** Durch einen Stern-Dreieck-Schalter soll ein Motor mit einer Nennstromaufnahme von $I = 7{,}3$ A und einem cos φ von 0,87, der am Drehstromnetz 400 V/50 Hz angeschlossen ist, schonend anlaufen. Der Strom am Ende des Sternlaufs beträgt dabei ein Drittel des Nennstroms in Dreieck.

   Berechnen Sie Schein-, Wirk- und Blindleistung des Motors in Stern und in Dreieckschaltung.

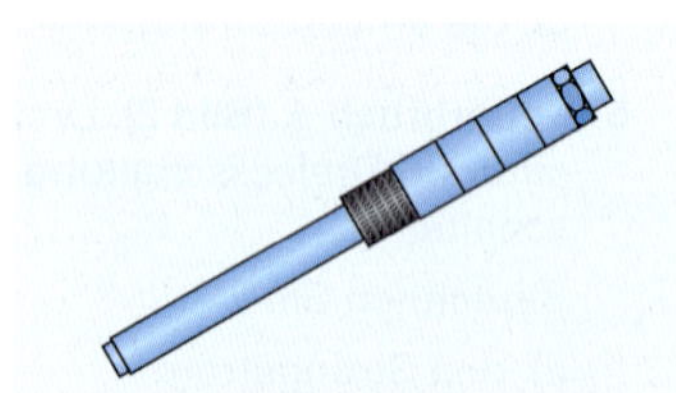

Bild 1: Wasserpumpe

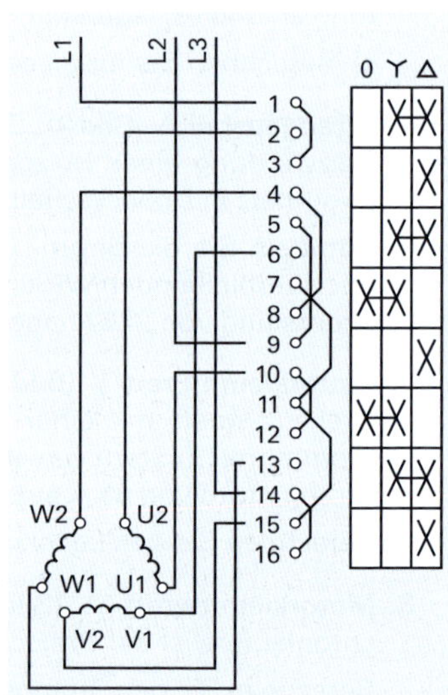

Bild 2: Y-Δ-Schalter

10.4 Drehstromkompensation

Größere Blindleistungserzeuger wie z. B. Motoren müssen kompensiert werden. Um keine Schwingkreise zu erzeugen, wird nicht auf cos $\varphi = 1$ kompensiert, sondern immer etwas darunter. Schaltet man die Kompensationskondensatoren in Stern, benötigt man die dreifache Kondensatorkapazität als bei Dreieckschaltung. Die Durchschlagspannung der Kondensatoren kann dafür um $1/\sqrt{3}$ kleiner sein. Die Schaltungsart (Y/Δ) der Kondensatoren ist unabhängig von der Schaltungsart des Blindleistungserzeugers.

Beispiel

Ein Drehstrommotor **(Bild 1)** nimmt $P = 2{,}33$ kW Wirkleistung auf. Der Leistungsfaktor cos $\varphi = 0{,}8$ soll auf 0,95 verbessert werden.

Zu berechnen sind:

a) die zu kompensierende Blindleistung Q_{ges},

b die Gesamtkapazität der Kondensatoren in Δ-Schaltung,

c) die Gesamtkapazität der Kondensatoren in Y-Schaltung.

Lösung: a) $\cos \varphi_1 = 0{,}8 \Rightarrow \varphi_1 = 36{,}87° \Rightarrow \tan \varphi_1 = 0{,}75$

$\cos \varphi_2 = 0{,}95 \Rightarrow \varphi_1 = 18{,}19° \Rightarrow \tan \varphi_2 = 0{,}32$

$Q_{ges} = P \cdot (\tan \varphi_1 - \tan \varphi_2)$

$= 2{,}33 \text{ kW } (0{,}75 - 0{,}32)$

$= 2{,}33 \text{ kW} \cdot 0{,}43 = \mathbf{1\ kvar}$

b) $C_{ges\Delta} = \dfrac{Q_{ges}}{\omega \cdot U_{Str\Delta}^2} = \dfrac{1 \text{ kvar}}{315 \text{ Hz} \cdot (400 \text{ V})^2} = \mathbf{20\ \mu F}$

c) $C_{gesY} = \dfrac{Q_{ges}}{\omega \cdot U_{StrY}^2} = \dfrac{1 \text{ kvar}}{315 \text{ Hz} \cdot (400 \text{ V})^2} = \mathbf{60\ \mu F}$

Zur Kompensation von 1 kvar Blindleistung benötigt man in Δ-Schaltung 20 µF; in Y-Schaltung 60 µF.

Kapazität

$$C_{ges} = \frac{Q_{ges}}{\omega \cdot U_{Str}^2}$$

$$C_{Str} = \frac{C_{ges}}{3}$$

Blindleistung

$$Q_{ges} = P \cdot (\tan \varphi_1 - \tan \varphi_2)$$

U_{Str}	Strangspannung	V
C_{ges}	Gesamtkapazität	F
C_{Str}	Strangkapazität	F
Q_{ges}	zu kompensierende Blindleistung	var
P	Wirkleistung	W
φ_1	Phasenwinkel vor der Kompensation	°
φ_2	Phasenwinkel nach der Kompensation	°
ω	Kreisfrequenz	Hz

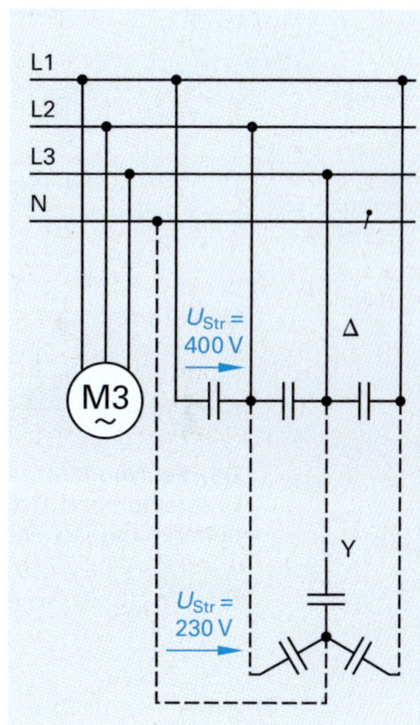

Bild 1: Kompensationsarten

10

Aufgaben Drehstromkompensation

1. **Kondensatorbatterie:** Ein Drehstrommotor an 400 V/50Hz hat eine Scheinleistung von $S = 4{,}7$ kW. cos φ_1 beträgt dabei 0,71. Er soll mittels einer in Dreieck geschalteten Kondensatorbatterie auf cos $\varphi_2 = 0{,}9$ verbessert werden.
   Berechnen Sie die Gesamtkapazität C_{ges} und die Einzelkapazitäten C_1 bis C_3.

2. **Induktionsofen:** Die drei Spulen eines Induktionsofens werden in Dreieckschaltung an 400 V/50 Hz betrieben. Der Spulenstrom I_S einer Spule beträgt 55 A, ihr Wirkungsgrad η ist 0,95 bei einer Leistung $P_{ab} = 18{,}4$ kW.
   a) Berechnen Sie Q_C für cos $\varphi_2 = 0{,}98$.
   b) Wie groß ist die Gesamtkapazität C_{ges} für Δ-Schaltung?

3. **Zentralkompensation (Bild 2):** In einem Handwerksbetrieb sind zwei Drehstrommotoren M1 ($P_{ab} = 2{,}4$ kW; $\eta = 0{,}9$; cos $\varphi = 0{,}85$) und M2 ($P_{ab} = 11$ kW; $\eta = 0{,}85$; cos $\varphi = 0{,}78$) sowie ein Leuchtstoffband ($S = 1{,}8$ kVA, cos $\varphi = 0{,}45$) zentral kompensiert.
   a) Berechnen Sie die vorhandene Gesamtblindleistung.
   b) Wie groß müssen die Kondensatoren C_1, C_2 und C_3 in Δ-Schaltung bemessen werden, wenn 95% der Blindleistung kompensiert werden sollen?

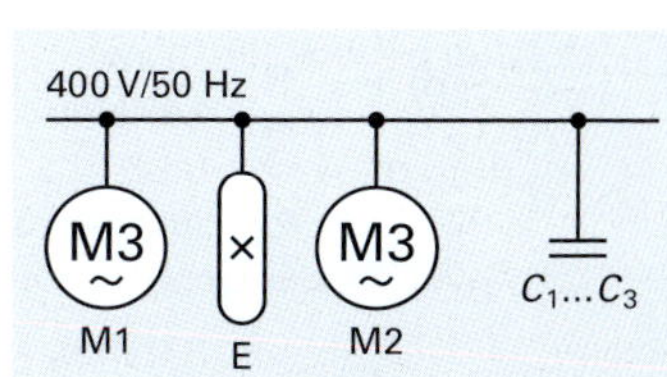

Bild 2: Zentralkompensation

11 Elektrische Antriebe

11.1 Drehstrom-Asynchronmotor

Drehstrom-Asynchronmotoren **(Bild 1)** sind aufgrund ihres einfachen und wartungsfreien Aufbaus sehr häufig eingesetzte Antriebsmaschinen. Im Leerlauf entspricht die Läuferdrehzahl annähernd der Drehfelddrehzahl; bei Belastung ist die Läuferdrehzahl stets kleiner als die Drehfelddrehzahl.

Beispiel

In einem Datenblatt für Drehstrommotoren sind für einen 3-kW-Motor folgende Nennwerte angegeben: $U = 400\ \text{V}$; $I = 8{,}1\ \text{A}$; $f = 50\ \text{Hz}$; $n = 720\ \text{min}^{-1}$; $\cos\varphi = 0{,}8$.

Berechnen Sie

a) die Polpaarzahl,
b) den Schlupf,
c) die aufgenommene Wirkleistung,
d) den Wirkungsgrad,
e) das Nennmoment des Motors.

Lösung: a) Die Drehfelddrehzahl kann, je nach Polpaarzahl, nur ein ganzzahliger Teiler der maximalen Drehfelddrehzahl mit der Polpaarzahl $p = 1$ sein:

$$p = 1:\ n_s = \frac{f \cdot 60\,\frac{\text{s}}{\text{min}}}{p} = \frac{50\ \text{Hz} \cdot 60\,\frac{\text{s}}{\text{min}}}{1} = 3000\,\frac{1}{\text{min}}$$

$$p = 2:\ n_s = \frac{f \cdot 60\,\frac{\text{s}}{\text{min}}}{p} = \frac{50\ \text{Hz} \cdot 60\,\frac{\text{s}}{\text{min}}}{2} = 1500\,\frac{1}{\text{min}}$$

$$p = 3:\ n_s = \frac{f \cdot 60\,\frac{\text{s}}{\text{min}}}{p} = \frac{50\ \text{Hz} \cdot 60\,\frac{\text{s}}{\text{min}}}{3} = 1000\,\frac{1}{\text{min}}$$

$$p = 4:\ n_s = \frac{f \cdot 60\,\frac{\text{s}}{\text{min}}}{p} = \frac{50\ \text{Hz} \cdot 60\,\frac{\text{s}}{\text{min}}}{4} = 750\,\frac{1}{\text{min}}$$

$$p = 5:\ n_s = \frac{f \cdot 60\,\frac{\text{s}}{\text{min}}}{p} = \frac{50\ \text{Hz} \cdot 60\,\frac{\text{s}}{\text{min}}}{5} = 600\,\frac{1}{\text{min}}$$

Da die Nenndrehzahl immer geringfügig kleiner als die Drehfelddrehzahl ist, muss die Drehfelddrehzahl den nächsthöheren möglichen Wert besitzen:

$$n = 720\,\frac{1}{\text{min}} \Rightarrow n_s = 750\,\frac{1}{\text{min}} \Rightarrow \boldsymbol{p = 4}$$

b) $$s = \frac{n_s - n}{n_s} \cdot 100\,\% = \frac{750\,\frac{1}{\text{min}} - 720\,\frac{1}{\text{min}}}{750\,\frac{1}{\text{min}}} \cdot 100\,\% = \mathbf{4\,\%}$$

c) $$P_{zu} = \sqrt{3} \cdot U \cdot I \cdot \cos\varphi = \sqrt{3} \cdot 400\ \text{V} \cdot 8{,}1\ \text{A} \cdot 0{,}8 = \mathbf{4{,}49\ kW}$$

d) $$\eta = \frac{P_{ab}}{P_{zu}} = \frac{3\ \text{kW}}{4{,}49\ \text{kW}} = \mathbf{0{,}67}$$

e) $$M = \frac{P_{ab} \cdot 30\,\frac{\text{s}}{\text{min}}}{\pi \cdot n} = \frac{3\ \text{kW} \cdot 30\,\frac{\text{s}}{\text{min}}}{\pi \cdot 720\,\frac{1}{\text{min}}} = \mathbf{39{,}8\ Nm}$$

Drehfelddrehzahl

$$n_s = \frac{f \cdot 60\,\frac{\text{s}}{\text{min}}}{p}$$

Schlupf

$$s = \frac{n_s - n}{n_s} \cdot 100\%$$

Zugeführte Wirkleistung

$$P_{zu} = \sqrt{3} \cdot U \cdot I \cdot \cos\varphi$$

Wirkungsgrad

$$\eta = \frac{P_{ab}}{P_{zu}}$$

Drehmoment

$$M = \frac{P_{ab} \cdot 30\,\frac{\text{s}}{\text{min}}}{\pi \cdot n}$$

n_s	Synchrone Drehzahl	$\frac{1}{\text{min}}$
n	Drehfelddrehzahl Läuferdrehzahl	$\frac{1}{\text{min}}$
s	Schlupf	%
U	Leiterspannung	V
I	Leiterstromstärke	A
P_{zu}	zugeführte Wirkleistung	W
P_{ab}	abgegebene Wirkleistung	W
η	Wirkungsgrad	–
M	Drehmoment	Nm
$\cos\varphi$	Leistungsfaktor	–
p	Polpaarzahl	–
f	Frequenz	Hz

Bild 1: Drehstrom-Asynchronmotor

Aufgaben Drehstrom-Asynchronmotor

1. **Firmenprospekt:** In einem Firmenprospekt für Drehstrommotoren sind für einen 3-kW-Motor folgende Nennwerte angegeben: $U = 400$ V; $I = 8{,}1$ A; $n = 720$ 1/min; $\cos\varphi = 0{,}7$.

   Der Anzugstrom beträgt bei direktem Einschalten das 4-fache des Nennstroms, das Anzugmoment das 1,9-fache des Nennmoments.

   Berechnen Sie

   a) die Polpaarzahl,
   b) den Schlupf,
   c) die aufgenommene Wirkleistung,
   d) den Wirkungsgrad,
   e) den Anzugstrom,
   f) das Nennmoment des Motors,
   g) das Anzugmoment des Motors.

Hersteller			
Typ			
3~ **Mot.**	**Nr.**		
Δ 400 **V**		193 **A**	
100 **kW**		**cos** φ 0,86	
1485 **/min**		50 **Hz**	
Lfr		**A**	
Isol.-Kl. B/F	**IP 44**	**Kg**	
DIN VDE...			

Bild 1: Leistungsschild

2. **Motorkennlinien (Bild 1, Bild 2):** An einem Drehstrom-Asynchronmotor mit dem angegebenen Leistungsschild werden die Drehmoment-Drehzahl-Kennlinie und die Stromstärke-Drehzahl-Kennlinie aufgenommen.

   Berechnen Sie

   a) das Nennmoment des Motors,
   b) den Wirkungsgrad des Motors bei Nennbetrieb,
   c) den Schlupf bei Nennbetrieb.

   Ermitteln Sie mithilfe der Kennlinien

   d) das Kippmoment M_K,
   e) das Verhältnis des Kippmoments zum Nennmoment $\frac{M_K}{M_N}$,
   f) das kleinste Drehmoment (Sattelmoment) bei Y-Δ-Anlauf,
   g) den Einschaltstrom bei Y-Schaltung,
   h) den Einschaltstrom bei Δ-Schaltung,
   i) das Drehmoment, wenn der Motor in Δ-Schaltung betrieben wird und der Motor einen Strom von 100 A aufnimmt,
   j) das Verhältnis $\frac{I_{Anz}}{I_N}$ bei Y- und bei Δ-Schaltung.

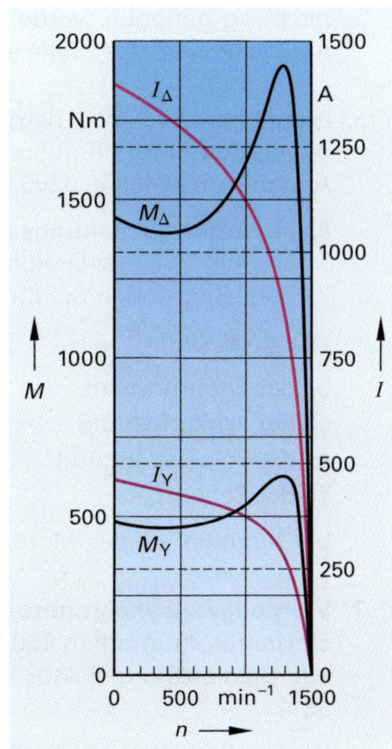

Bild 2: Kennlinien

3. **Leistungsschild (Bild 3):** Ein Drehstrommotor besitzt die auf seinem Leistungsschild angegebenen Nenndaten.

   a) In welcher Schaltungsart schließen Sie den Motor an das gebräuchliche Drehstromnetz an? Begründen Sie Ihre Antwort.
   b) Ist der Motor für Y-Δ-Anlauf geeignet? Begründen Sie Ihre Antwort.
   c) Berechnen Sie das Nennmoment des Motors.
   d) Wie groß ist der Wirkungsgrad bei Nennbetrieb?
   e) Ermitteln Sie die Leerlaufdrehzahl.
   f) Wie groß ist die Leerlaufdrehzahl, wenn der Motor über einen Frequenzumrichter mit 40 Hz betrieben wird?

Hersteller			
Typ			
3~ **Mot.**	**Nr.**		
400/690 **V**		12/6,9 **A**	
5,5 **kW**		**cos** φ 0,82	
950 **/min**		50 **Hz**	
Lfr		**A**	
Isol.-Kl. B/F	**IP 44**	**Kg**	
DIN VDE...			

Bild 3: Leistungsschild

4. **Schleifmaschine (Bild 1):** Bei einer Schleifmaschine sitzt die Schleifscheibe direkt auf der Welle eines Drehstrom-Asynchronmotors mit dem angegebenen Leistungsschild **(Bild 2)**. Die Schleifscheibe besitzt einen Durchmesser von 280 mm.
   a) Berechnen Sie den Wirkungsgrad des Motors.
   b) Wie groß ist das Drehmoment?
   c) Welche Kraft wird bei Nennbetrieb am Rand der Schleifscheibe erzeugt?
   d) Welcher Scheibendurchmesser wäre maximal möglich, wenn eine Kraft von mindestens 20 N zur Verfügung stehen soll?

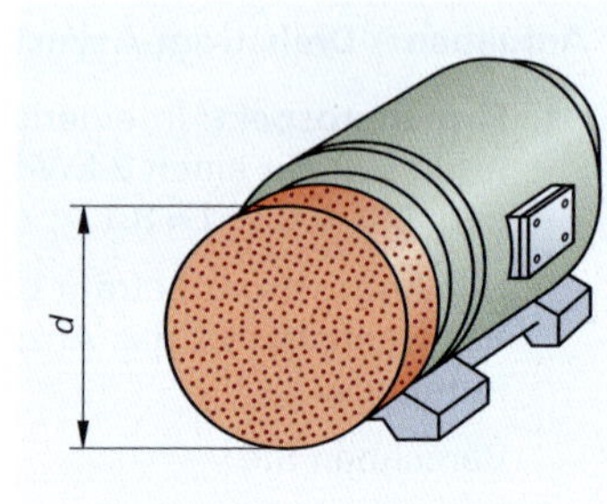

Bild 1: Schleifmaschine

5. **Hebekran:** Eine Seiltrommel mit einem Durchmesser von 100 mm ist direkt an der Welle eines Drehstrommotors mit einer Nenndrehzahl von 720 min^{-1} befestigt. Es sollen Lasten bis 80 kg gehoben werden. Welche Leistung muss der Motor mindestens an der Welle abgeben können?

Hersteller		
Typ		
3~ **Mot.**	**Nr.**	
Δ 400 **V**		2,5 **A**
1,1 **kW**		**cos** φ 0,84
2830 **/min**		50 **Hz**
Lfr		**A**
Isol.-Kl. B/F	**IP 44**	**Kg**
DIN VDE...		

Bild 2: Leistungsschild Schleifmaschine

6. **Pumpenantrieb:** Auf dem Leistungsschild eines Drehstrom-Asynchronmotors für eine Pumpenanlage finden Sie folgende Angaben: 690/400 V; 9,5/5,5 A; 5,5 kW; cos $\varphi = 0,87$; 2890 1/min.
   a) In welcher Schaltungsart ist der Motor an das gebräuchliche 400-V-/50-Hz-Dreiphasenwechselstrom-Netz anzuschließen? Begründen Sie Ihre Antwort.

   Wie groß sind
   b) das Drehmoment,
   c) der Wirkungsgrad,
   d) die Polpaarzahl und
   e) der Schlupf

   bei Nennbetrieb des Motors?

7. **Vierpoliger Asynchronmotor:** Ein Vierpoliger Drehstrom-Asynchronmotor nimmt an 400 V/50 Hz einen Nennstrom von 5,4 A auf. Sein Leistungsfaktor beträgt 0,78 und sein Wirkungsgrad 82 %.

   Wie groß sind
   a) die Scheinleistung,
   b) die aufgenommene Wirkleistung und
   c) die Nennleistung des Motors?

8. **Lüftungsanlage (Bild 3):** Ein Drehstrommotor treibt eine Lüftungsanlage an. Bei Belastung beträgt die Motordrehzahl 1420 1/min, an der Motorwelle gibt der Motor dabei ein Drehmoment von 9,6 Nm ab. An der Zuleitung des Motors sind ein Wattmeter, ein Amperemeter und ein Voltmeter angeschlossen.

   Berechnen Sie
   a) die aufgenommene Wirkleistung,
   b) den Leistungsfaktor,
   c) die abgegebene Leistung,
   d) den Wirkungsgrad,
   e) den Schlupf.

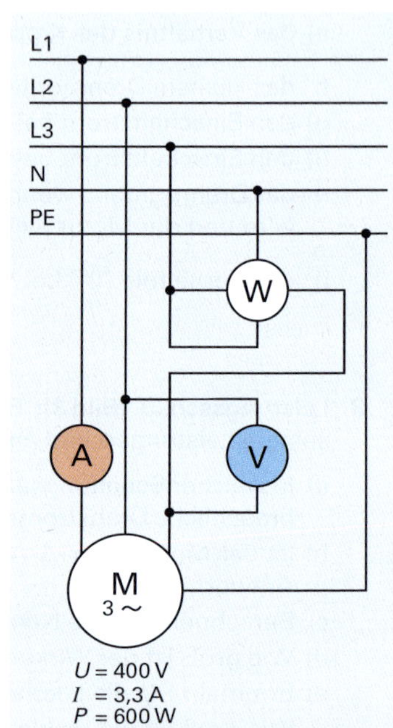

Bild 3: Lüftungsanlage

11.2 Gleichstrommotoren

11.2.1 Nebenschlussmotor/Fremderregter Motor

Gleichstrom-Nebenschlussmotoren und Fremderregte Gleichstrommotoren besitzen ein nahezu identisches Betriebsverhalten. Der Unterschied besteht darin, dass beim Nebenschlussmotor die Feldwicklung so ausgelegt ist, dass sie parallel zum Ankerkreis geschaltet werden kann, wobei ein Fremderregter Nebenschlussmotor meist eine separate Spannungsversorgung benötigt.

Die Drehzahl von Nebenschlussmotoren und Fremderregten Motoren kann man durch Herabsetzen der Ankerspannung verkleinern, durch eine Verringerung des Feldstromes kann man die Drehzahl über die Nenndrehzahl hinaus erhöhen.

Während des Betriebs wird im Anker eine Gegenspannung U_0 induziert, die den Ankerstrom begrenzt und deren Höhe von der Drehzahl n und dem Feldstrom (= Erregerstrom) I_F abhängt.

Beim Anlassen des Motors beträgt die induzierte Gegenspannung 0 V; der Anlaufstrom muss deshalb häufig begrenzt werden durch

- Anlasser (Widerstand in Reihe zum Anker), der nach dem Hochlaufen des Motors wieder auf 0 Ω gestellt wird, oder
- Herabsetzen der Ankerspannung.

Wendepolwicklungen (und zusätzlich bei größeren Maschinen Kompensationswicklungen) werden, falls vorhanden, in Reihe zum Anker geschaltet.

Klemmenbezeichnung bei Gleichstrommotoren:

A1, A2	Anker
B1, B2	Wendepolwicklung
C1, C2	Kompensationswicklung
D1, D2	Feldwicklung bei Gleichstrom-Reihenschlussmotoren
E1, E2	Feldwicklung bei Gleichstrom-Nebenschlussmotoren
F1, F2	Feldwicklung bei Fremderregten Gleichstrommotoren

Klemmenspannung

$$U = U_0 + I_A \cdot (R_A + R_{WP} + R_V)$$

Gesamtstromstärke

$$I = I_A + I_F$$

Anlaufstromstärke

$$I_{Anl} = \frac{U}{R_A + R_{WP} + R_V} + I_F$$

Widerstand der Feldwicklung

$$R_F = \frac{U}{I_F}$$

U	Klemmenspannung	V
U_0	Induzierte Gegenspannung	V
I	Gesamtstromstärke	A
I_{Anl}	Anlaufstrom	A
I_A	Ankerstrom	A
I_F	Feldstrom (Erregerstrom)	A
R_A	Ankerwiderstand	Ω
R_F	Widerstand der Feldwicklung	Ω
R_{WP}	Widerstand der Wendepolwicklung	Ω
R_V	Anlasserwiderstand	Ω

11

Beispiel

Die Nennstromstärke eines Gleichstrom-Nebenschlussmotors **(Bild 1)** für Anschluss an 200 V beträgt 25 A. Der Widerstand des Ankers beträgt 0,5 Ω, der der Wendepolwicklung 1,0 Ω. Durch die Feldwicklung fließt bei Nennspannung ein Strom von 0,8 A. Gesucht sind

a) der Widerstand der Feldwicklung R_F,
b) die induzierte Gegenspannung im Nennbetrieb,
c) der Anlaufstrom I_{Anl} ohne Anlasserwiderstand,
d) ein Anlasserwiderstand R_V, so dass der Anlaufstrom I_{Anl} nur noch das 1,5-fache der Nennstromstärke beträgt.

Lösung: a) $R_F = \frac{U}{I_F} = \frac{200\ \text{V}}{0{,}8\ \text{A}} = \mathbf{250\ \Omega}$

b) $I = I_A + I_F$; $I_A = I - I_F = 25\ \text{A} - 0{,}8\ \text{A} = \mathbf{24{,}2\ A}$

$U = U_0 + I_A \cdot (R_A + R_{WP} + R_V)$

Im Nennbetrieb wird der Anlasserwiderstand R_V auf 0 Ω eingestellt:

$U_0 = U - I_A \cdot (R_A + R_{WP})$

$U_0 = 200\ \text{V} - 24{,}2\ \text{A} \cdot (0{,}5\ \Omega + 1\ \Omega)$

$U_0 = \mathbf{163{,}7\ V}$

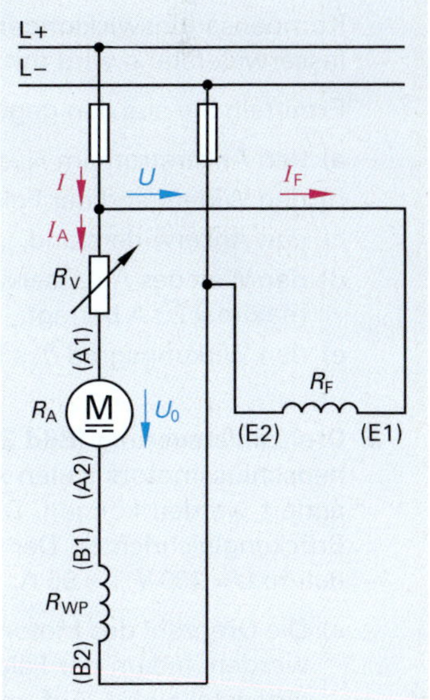

Bild 1: Nebenschlussmotor

c) R_V beträgt 0 Ω:

$$I_{Anl} = \frac{U}{R_A + R_{WP}} + I_F$$

$$I_{Anl} = \frac{200V}{0,5\,\Omega + 1\,\Omega} + 0,8\text{ A} = \mathbf{134,1\text{ A}}$$

d) $I_{Anl} = I \cdot 1,5 = 25\text{ A} \cdot 1,5 = 37,5\text{ A}$

$$I_{Anl} = \frac{U}{R_A + R_{WP} + R_V} + I_F$$

$$R_V = \frac{U}{I_{Anl} - I_F} - R_A - R_{WP}$$

$$R_V = \frac{200V}{37,5\text{ A} - 0,8\text{ A}} - 0,5\,\Omega - 1,0\,\Omega = \mathbf{3,9\,\Omega}$$

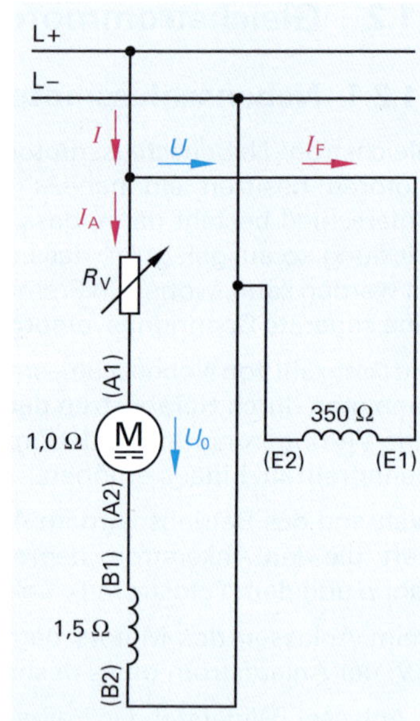

Bild 1: Nebenschlussmotor

Aufgaben Nebenschlussmotor/Fremderregter Motor

1. **Nebenschlussmotor (Bild 1):** Bei dem dargestellten Gleichstrom-Nebenschlussmotor fließt bei Nennbetrieb an 220 V ein Gesamtstrom I von 12 A.

   a) Berechnen Sie den Strom durch die Erregerwicklung (Feldwicklung).

   b) Wie groß ist der Anlaufstrom ohne Anlaufwiderstand?

   c) Auf welchen Wert muss der Anlasser eingestellt werden, damit der Anlaufstrom maximal das 2-fache des Nennstromes beträgt?

   d) Berechnen Sie die induzierte Gegenspannung im Nennbetrieb.

2. **Leistungsschild (Bild 2):** Ein Gleichstrom-Nebenschlussmotor besitzt das dargestellte Leistungsschild. Mithilfe des Klemmbrettes erkennt man, dass der Motor keine Wendepol- und Kompensationswicklungen enthält. Der Anlaufstrom ohne Anlasserwiderstand wird mit 32 A angegeben.

   Ermitteln Sie aus den gegebenen Nenndaten

   a) den Ankerstrom im Nennbetrieb,

   b) den Widerstand der Feldwicklung,

   c) den Ankerwiderstand,

   d) den Wert des Anlasserwiderstandes, damit der Anlaufstrom maximal 20 A beträgt.

   e) den Wirkungsgrad des Motors bei Nennbetrieb.

Hersteller			
Typ			
- **Mot.**	**Nr.**		
200 **V**		14 **A**	
2,5 **kW**		**cos** φ –	
1900 **/min**		– **Hz**	
Lfr		I_F 0,3 **A**	
Isol.-Kl. B/F	**IP** 54	**Kg**	
DIN VDE...			

Bild 2: Leistungsschild

3. **Drehzahlsteuerung (Bild 3):** Zur Drehzahlsteuerung eines Nebenschlussmotors sollen Ankerspannung und Feldstrom verändert werden können. Dies geschieht über zwei gesteuerte Brückengleichrichter. Der Motor besitzt die folgenden Nenndaten: $U = 230$ V; $I = 95$ A; $R_F = 50\,\Omega$; $R_A = 0,10\,\Omega$; $R_{WP} = 0,05\,\Omega$.

   a) Die Drehzahl des Motors soll über die Nenndrehzahl erhöht werden, indem der Feldstrom auf 80% seines Nennwertes eingestellt wird. Auf welchen Wert muss die Spannung U_F eingestellt werden?

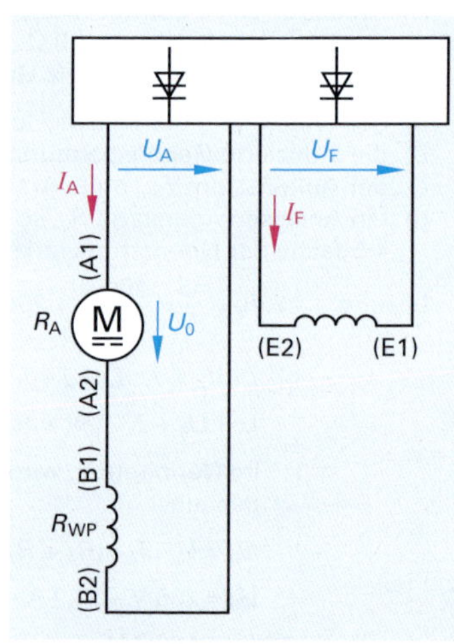

Bild 3: Drehzahlgesteuerter Motor

b) Wie groß ist der Ankerstrom, wenn der Motor mit der vollen Ankerspannung angeschaltet wird?

c) Auf welchen Wert muss die Ankerspannung beim Einschalten des Motors begrenzt werden, damit der Nennstrom im Anker nicht überschritten wird?

4. Nennbetrieb: An einem Nebenschlussmotor im Nennbetrieb mit einem Ankerwiderstand $R_A = 0{,}15\ \Omega$ und einem Widerstand der Feldwicklung $R_F = 40\ \Omega$ werden folgende Werte gemessen: $U = 200$ V; $I = 62$ A.

a) Wie groß ist der Ankerstrom im Nennbetrieb?

b) Welche Stromwärmeverluste entstehen im Nennbetrieb durch Ankerwiderstand und Widerstand der Feldwicklung?

c) Wie groß ist der Anlaufstrom ohne Anlasser?

5. Klemmbrett (Bild 1, Bild 2): Ein Motor besitzt das dargestellte Leistungsschild sowie das zugehörige Klemmbrett.

a) Um welchen Motor handelt es sich?

b) Ankerspannung und Erregerstrom werden aus zwei unabhängigen Quellen gespeist. Welche Quelle muss zuerst eingeschaltet werden? Begründen Sie Ihre Antwort.

c) Berechnen Sie den Widerstand der Feldwicklung.

d) Welchen Wirkungsgrad besitzt der Motor im Nennbetrieb?

e) Der Widerstand des Ankers beträgt 0,3 Ω und der Widerstand der Wendepolwicklung 0,15 Ω. Auf welchen Wert muss die Ankerspannung beim Einschalten begrenzt werden, damit der Nennstrom des Motors nicht überschritten wird?

f) Welches Drehmoment gibt der Motor bei Nennbetrieb an der Welle ab?

6. Feldstellanlasser (Bild 3): Ein Gleichstrom-Nebenschlussmotor mit einer Nennleistung von 6 kW wird über einen Feldstellanlasser an ein Gleichstromnetz angeschlossen. Aus den Firmenunterlagen lassen sich folgende Werte entnehmen: $R_F = 65\ \Omega$; $R_A = 0{,}6\ \Omega$; $R_{WP} = 0{,}4\ \Omega$; $U = 220$ V; $I = 36{,}3$ A.

a) Beschreiben Sie die Wirkungsweise des Feldstellanlassers.

b) Berechnen Sie den Nenn-Feldstrom.

c) Der Feldstrom soll zwischen 60 % und 100 % des Nenn-Feldstromes einstellbar sein. Welchen Widerstand darf der Feldstellteil maximal besitzen?

d) Beim Einschalten des Motors soll maximal der 2-fache Nennstrom fließen. Auf welchen Widerstandswert muss der Anlassteil eingestellt werden?

e) Welche Leistung wird dann im Anlaufaugenblick im Anlassteil in Wärme umgesetzt?

f) Berechnen Sie die induzierte Gegenspannung im Nennbetrieb.

g) Welchen Wirkungsgrad besitzt der Motor im Nennbetrieb?

h) Berechnen Sie die Stromwärmeverluste, wenn durch den Anker der Ankernennstrom fließt, der Feldstellteil jedoch auf 75 % des Nennfeldstromes eingestellt ist.

Hersteller		
Typ		
Mot.	Nr.	
500 V	412 A	
180 kW		cos φ
3000 /min	Hz	
U_F 300V	I_F 7,8 A	
Isol.-Kl. B/F	IP 44	1100 Kg
DIN VDE...		

Bild 1: Leistungsschild

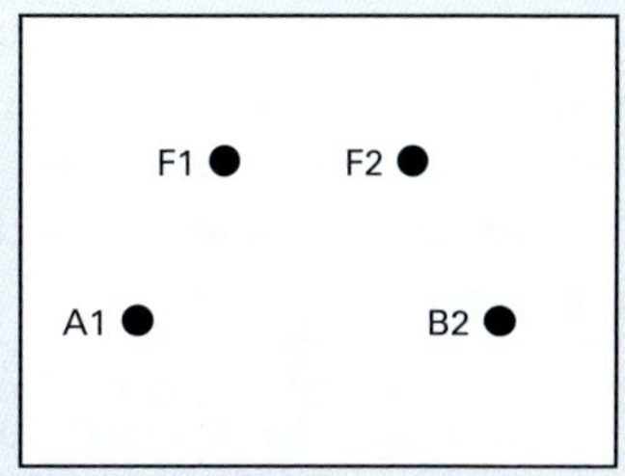

Bild 2: Klemmbrett

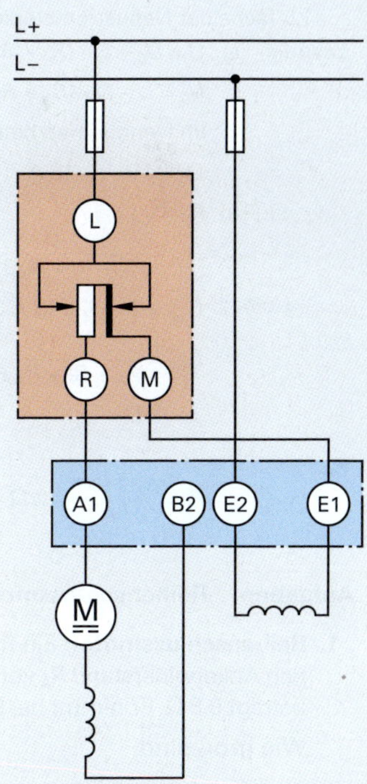

Bild 3: Feldstellanlasser

11.2.2 Reihenschlussmotor/Doppelschlussmotor

Bei Gleichstrom-Reihenschlussmotoren wird die Feldwicklung in Reihe zum Anker geschaltet. Der Motor besitzt ein sehr hohes Anzugsmoment; er darf jedoch nicht ohne Last betrieben werden, da hier die Drehzahl unzulässig stark ansteigen würde („Motor geht durch").

Bei einem Doppelschlussmotor wird dies verhindert, indem zusätzlich zur Reihenschlusswicklung noch eine Nebenschlusswicklung verwendet wird.

Während des Betriebs wird im Anker eine Gegenspannung U_0 induziert, die den Ankerstrom begrenzt.

Beim Anlassen des Motors beträgt die induzierte Gegenspannung $U_0 = 0$ V; der Anlaufstrom muss deshalb häufig begrenzt werden durch

- Anlasser (Widerstand in Reihe zum Anker), der nach dem Hochlaufen des Motors wieder auf 0 Ω gestellt wird, oder
- Herabsetzen der Ankerspannung.

Wendepolwicklungen (und Kompensationswicklungen) werden, falls vorhanden, in Reihe zum Anker geschaltet.

Klemmenbezeichnung bei Gleichstrommotoren: siehe 11.2.1

Beispiel

Ein Gleichstrom-Reihenschlussmotor für Anschluss an 110 V nimmt im Nennbetrieb einen Strom I = 18 A auf. Sein Ankerwiderstand beträgt R_A = 1,2 Ω, der Widerstand der Wendepolwicklung R_{WP} = 0,5 Ω und der Feldwicklungswiderstand R_F = 0,8 Ω.

Gesucht sind
a) die induzierte Gegenspannung U_0 im Nennbetrieb,
b) der Anlaufstrom I_{Anl} ohne Anlasser,
c) ein Anlasserwiderstand R_V, sodass der Anlaufstrom I_{Anl} nur noch das 1,5-fache der Nennstromstärke beträgt.

Lösung: a) $U = U_0 + I_A \cdot (R_A + R_F + R_{WP} + R_V)$

$U_0 = U - I_A \cdot (R_A + R_F + R_{WP} + R_V)$

Im Nennbetrieb beträgt $R_V = 0\ \Omega$:

$U_0 = 110\ \text{V} - 18\ \text{A} \cdot (1{,}2\ \Omega + 0{,}5\ \Omega + 0{,}8\ \Omega) = \mathbf{65\ V}$

b) $R_V = 0\ \Omega$

$$I_{Anl} = \frac{U}{R_A + R_F + R_{WP} + R_V} = \frac{110\text{V}}{1{,}2\ \Omega + 0{,}5\ \Omega + 0{,}8\ \Omega} = \mathbf{44\ A}$$

c) $I_{Anl'} = I \cdot 1{,}5 = 18\ \text{A} \cdot 1{,}5 = 27\ \text{A}$

$$I_{Anl'} = \frac{U}{R_A + R_F + R_{WP} + R_V}$$

$$R_V = \frac{U}{I_{Anl'}} - (R_A + R_F + R_{WP})$$

$$R_V = \frac{100\ \text{V}}{27\ \text{A}} - (1{,}2\ \Omega + 0{,}5\ \Omega + 0{,}8\ \Omega) = \mathbf{1{,}57\ \Omega}$$

Aufgaben **Reihenschlussmotor/Doppelschlussmotor**

1. **Reihenschlussmotor:** Ein Reihenschlussmotor für 220 V besitzt einen Ankerwiderstand R_A von 1,7 Ω, der Feldwicklungswiderstand R_F beträgt 0,8 Ω. Er nimmt bei Nennbetrieb einen Strom von 14 A auf.

   Wie groß sind

   a) die induzierte Gegenspannung bei Nennbetrieb,

   b) der Anlaufstrom ohne Anlasser?

Klemmenspannung

$$U = U_0 + I_A \cdot (R_A + R_F + R_{WP} + R_V)$$

Gesamtstromstärke

$$I = I_A + I_F$$

Anlaufstromstärke

$$I_{Anl} = \frac{U}{R_A + R_F + R_{WP} + R_V}$$

U	Klemmenspannung	V
U_0	Induzierte Gegenspannung	V
I	Gesamtstromstärke	A
I_{Anl}	Anlaufstrom	A
I_A	Ankerstrom	A
I_F	Feldstrom (Erregerstrom)	A
R_A	Ankerwiderstand	Ω
R_F	Widerstand der Feldwicklung	Ω
R_{WP}	Widerstand der Wendepolwicklung	Ω
R_V	Anlasserwiderstand	Ω

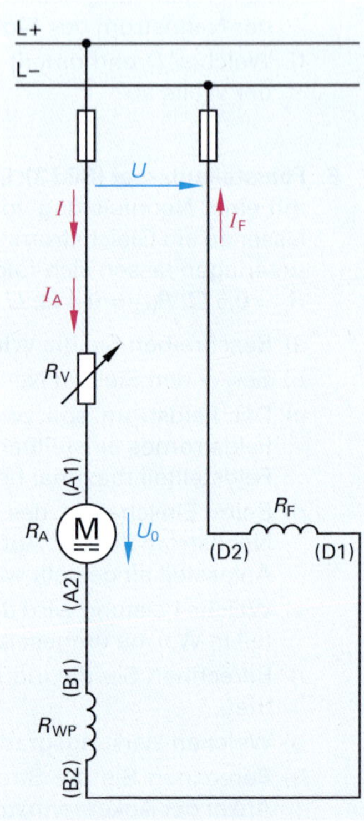

Bild 1: Reihenschlussmotor

2. Autoanlasser: Durch einen 12 V-Autoanlasser fließt ein maximaler Strom von 120 A.

Wie groß ist der Widerstand des Ankers, wenn R_F = 0,03 Ω beträgt?

3. Nennbetrieb: An einem Reihenschlussmotor im Nennbetrieb mit einem Ankerwiderstand R_A = 0,15 Ω, einem Widerstand der Wendepolwicklung R_{WP} = 0,3 Ω und einem Widerstand der Feldwicklung R_F = 0,4 Ω werden folgende Werte gemessen: U = 200 V; I = 62 A.

a) Welche Stromwärmeverluste entstehen im Nennbetrieb durch Ankerwiderstand, Widerstand der Wendepolwicklung und Widerstand der Feldwicklung?

b) Wie groß ist der Anlaufstrom ohne Anlasser?

c) Welchen Wert muss ein Anlasswiderstand besitzen, damit eine maximale Stromstärke von 100 A nicht überschritten wird?

d) Berechnen Sie die induzierte Gegenspannung im Nennbetrieb.

4. Leistungsschild (Bild 1): Ein Reihenschlussmotor besitzt das dargestellte Leistungsschild. Der Widerstand der Wendepolwicklung beträgt 0,4 Ω, der Feldwicklungswiderstand 0,3 Ω. Kompensationswicklungen sind nicht vorhanden. Beim direkten Einschalten des Motors ohne Anlasserwiderstand fließt ein Strom von 160 A. Berechnen Sie

a) den Widerstand des Ankers,

b) die induzierte Gegenspannung im Nennbetrieb.

c) Welchen Wirkungsgrad besitzt der Motor im Nennbetrieb?

d) Welches Drehmoment gibt der Motor bei Nennbetrieb an der Welle ab?

5. Doppelschlussmotor (Bild 2): Ein Gleichstrom-Doppelschlussmotor hat die folgenden Nenndaten: 12 kW; 500 V; 30 A; 1500 1/min; R_A = 1,2 Ω; R_{WP} = 0,3 Ω; R_{Fser} = 0,8 Ω; R_{Fpar} = 80 Ω.

a) Welchen Vorteil besitzt ein Doppelschlussmotor im Vergleich zu einem Reihenschlussmotor?

b) Berechnen Sie den Ankerstrom im Nennbetrieb.

c) Wie groß ist der Anlaufstrom ohne Anlasser?

d) Berechnen Sie den Wirkungsgrad des Motors.

e) Beim Einschalten des Motors soll maximal der 2-fache Nennstrom fließen. Auf welchen Widerstandswert muss der Anlassteil eingestellt werden?

f) Welche Leistung wird dann im Anlaufaugenblick im Anlassteil in Wärme umgesetzt?

6. Klemmbrett (Bild 3): Ein Motor besitzt das dargestellte Klemmbrett.

a) Um welchen Motor handelt es sich?

b) Welche Wicklungen sind in dem Motor enthalten?

c) Schließen Sie den Motor zeichnerisch über einen Motorschutzschalter im Rechtslauf an.

Hersteller			
Typ			
Mot.	**Nr.**		
200 V			**42 A**
7,5 kW		**cos φ**	
1200 /min			**Hz**
Lfr			
Isol.-Kl. B/F	**IP 44**		**Kg**
DIN VDE...			

Bild 1: Leistungsschild

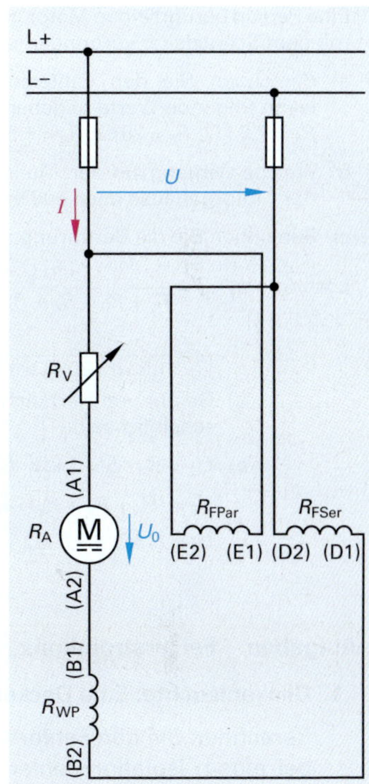

Bild 2: Doppelschlussmotor

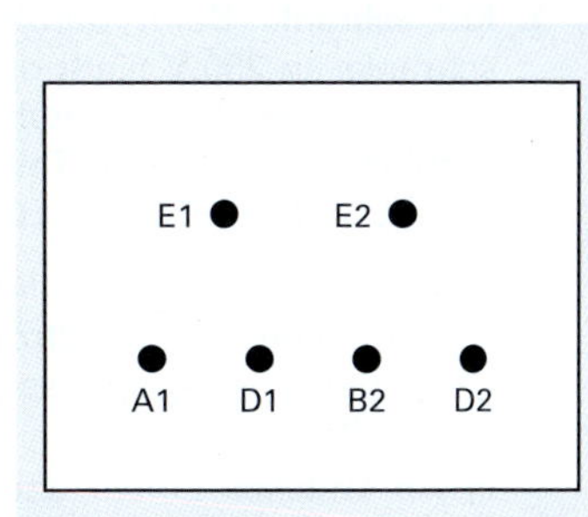

Bild 3: Klemmbrett

12 Elektrische Anlagen

12.1 Fehlerstromkreis

Entsteht in einem TN- oder TT-System aufgrund eines Isolationsfehlers ein Körperschluss **(Bild 1)**, so tritt zwischen Gehäuse und Erde eine Fehlerspannung U_F auf. Die Berührungsspannung U_B ist der Teil der Fehlerspannung U_F, der vom Menschen überbrückt werden kann **(Bild 2)**. Die Wirkungen des elektrischen Stromes auf den Menschen hängen ab von der Frequenz, der Einwirkdauer und der Stromstärke (vgl. **Tabelle Stromgefährdung im Anhang**).

Fehlerstrom

$$I_F = \frac{U_0}{R_L + R_F + R_K + R_X + R_E + R_B}$$

Berührungsspannung

$$U_B = R_K \cdot I_F$$

U_0	Nennspannung gegen Erde	V
R_L	Leiterwiderstand	Ω
R_F	Widerstand der Fehlerstelle	Ω
R_K	Körperwiderstand	Ω
R_X	Isolationswiderstand des Fußbodens	Ω
R_E	Erdübergangswiderstand	Ω
R_B	Erdungswiderstand des Betriebserders	Ω
I_F	Fehlerstrom	A
U_F	Fehlerspannung	V
U_B	Berührungsspannung	V

Beispiel

Eine Person berührt einen Motor im 230/400-V-Netz, dessen Gehäuse nicht mit dem Schutzleiter verbunden ist.

a) Berechnen Sie den Fehlerstrom im Falle eines Isolationsfehlers, wenn folgende Werte gegeben sind: $R_L = 1{,}5\ \Omega$; $R_F = 80\ \Omega$; $R_K = 1\ k\Omega$; $R_X = 2{,}5\ k\Omega$; $R_E = 25\ \Omega$; $R_B = 1{,}5\ \Omega$.

b) Welche Wirkung auf den Menschen ist zu erwarten, wenn die Person das Motorgehäuse nach 500 ms wieder loslässt?

c) Berechnen Sie die Berührungsspannung und die Fehlerspannung.

Lösung: a) $I_F = \frac{U_0}{R_L + R_F + R_K + R_X + R_E + R_B}$

$$I_F = \frac{230\ V}{1{,}5\ \Omega + 80\ \Omega + 1\ k\Omega + 2{,}5\ k\Omega + 25\ \Omega + 1{,}5\ \Omega} = \mathbf{63{,}7\ mA}$$

b) Gefahr von Herzkammerflimmern mit mehr als 50 % Wahrscheinlichkeit.

c) $U_B = R_K \cdot I_F = 1\ k\Omega \cdot 63{,}7\ mA = \mathbf{63{,}7\ V}$

$U_F = (R_K + R_X + R_E) \cdot I_F$

$U_F = (1\ k\Omega + 2{,}5\ k\Omega + 25\ k\Omega) \cdot 63{,}7\ mA = \mathbf{224{,}5\ V}$

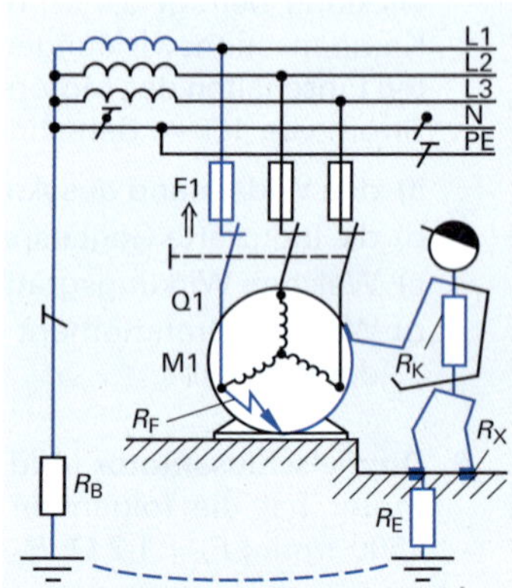

Bild 1: Fehlerstromkreis

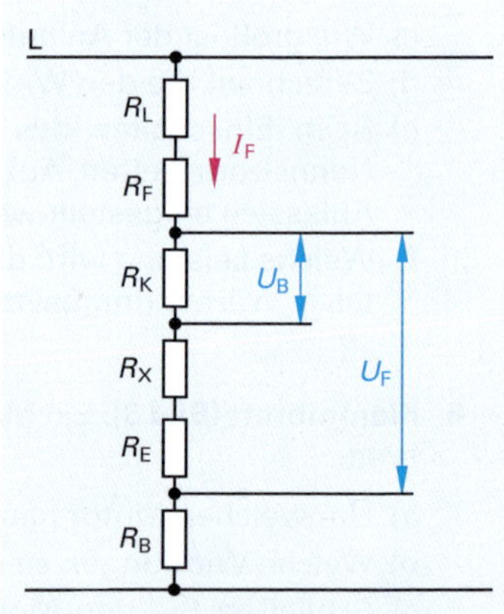

Bild 2: Ersatzschaltbild

Aufgaben Fehlerstromkreis

1. **Deckenleuchte:** Eine Deckenleuchte wird mit 230 V betrieben.

   Berechnen Sie den Fehlerstrom und die Berührungsspannung bei einem Isolationsfehler mit $R_F = 50\ \Omega$, wenn eine Person mit einem Körperwiderstand R_K von 1,2 kΩ die Lampe berührt. ($R_E = 40\ \Omega$; $R_X = 3{,}5\ k\Omega$; R_B und R_L können vernachlässigt werden.)

2. **Kühlschrank:** Beim Berühren eines nicht geerdeten Kühlschranks an 230 V fließt durch einen Isolationsfehler ein Fehlerstrom von 85 mA durch eine Person, die den Kühlschrank berührt. Die einzelnen Teilwiderstände betragen: $R_L = 1{,}5\ \Omega$; $R_F = 25\ \Omega$; $R_E = 60\ \Omega$; $R_B = 0{,}5\ \Omega$ und $R_K = 1350\ \Omega$.

   a) Berechnen Sie den Isolationswiderstand des Fußbodens.

   b) Wie lange darf der Strom maximal auf den menschlichen Körper einwirken, dass „meist keine schädliche Wirkung" eintritt?

   c) Ab welcher Einwirkdauer besteht die Gefahr des Herzkammerflimmerns mit einer Wahrscheinlichkeit von bis zu 50 %?

3. **Bügeleisen (Bild 1):** Der Schutzleiter in einer Bügeleisenzuleitung ist unterbrochen. Durch einen Isolationsfehler kommt es zu einem Körperschluss mit einem Widerstand an der Fehlerstelle R_F = 50 Ω. Der Leitungswiderstand R_L der Verbraucheranlage bis zum Bügeleisen beträgt 0,6 Ω. Der Widerstand des Fußbodens R_X wird mit 1200 Ω angegeben, der Erdübergangswiderstand R_E mit 100 Ω. Der Erdungswiderstand des Betriebserders kann vernachlässigt werden. Die Hausfrau steht mit beiden Füßen auf dem Boden und berührt mit einer Hand das Bügeleisen.
   a) Wie groß ist in etwa der Körperwiderstand der Frau nach **Tabelle 1**?
   b) Welcher Fehlerstrom kommt zum Fließen, wenn das Bügeleisen mit 230 V/50 Hz betrieben wird?
   c) Innerhalb welcher Zeit muss die Frau wieder loslassen, wenn die Wahrscheinlichkeit von Herzkammerflimmern unter 5 % bleiben soll?
   d) Wie groß ist die Berührungsspannung?
   e) Wie groß ist die Fehlerspannung?

Tabelle 1: Elektrische Körperwiderstände

Hand-Hand	1000 Ω
Hand-Fuß	1000 Ω
Hand-Füße	750 Ω
Hand-Rumpf	500 Ω
Hände-Rumpf	250 Ω
Rumpf	100 Ω

Ungefährer Körperwiderstand bei 230 V/50 Hz. Bei feuchter Haut sind die Widerstände deutlich niedriger.

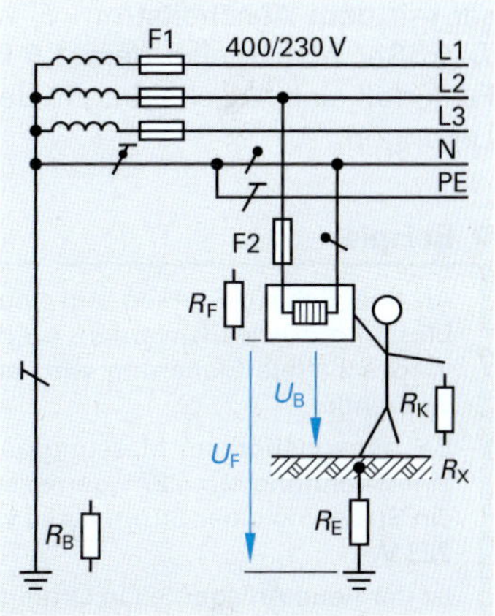

Bild 1: Bügeleisen

4. **Fehlerstromkreis:** Eine Person berührt mit einer Hand ein defektes Gerät mit einem Körperschluss, bei dem der Schutzleiter nicht angeschlossen ist. Der Widerstand an der Fehlerstelle beträgt 40 Ω, der Leiterwiderstand 1,5 Ω, der Erdübergangswiderstand 30 Ω und der Widerstand des Betriebserders 0,5 Ω. Das Gerät wird mit 230 V/50 Hz versorgt.

   Berechnen Sie den Fehlerstrom durch den menschlichen Körper, wenn
   a) die Person mit beiden Füßen auf dem Boden steht und Turnschuhe trägt, wobei sich zusätzlich ein Isolationswiderstand von 100 kΩ ergibt, und
   b) die Person mit dem Rumpf den geerdeten Heizkörper berührt.
   c) Welche Wirkung haben die beiden unterschiedlichen Ströme auf den Menschen?
   d) Ermitteln Sie für beide Fälle die Berührungsspannung und die Fehlerspannung.

5. **Wandauslass (Bild 2):** Ein Mann streift zufällig, während er beim Gehen auf einem Bein steht, eine nicht isolierte Leitung, die aus einer Wand hängt, mit seiner Hand. Der Übergangswiderstand zwischen seiner Hand und der Leitung beträgt 25 Ω, Leitungswiderstände und der Erdungswiderstand des Betriebserders sind zu vernachlässigen.
   a) Wie groß ist der Isolationswiderstand seiner Arbeitsschuhe, wenn der Isolationswiderstand des Fußbodens 1,3 kΩ beträgt und bei einer Spannung von 230 V/50 Hz ein Fehlerstrom von 50 mA zum Fließen kommt?
   b) Berechnen Sie die auftretende Fehlerspannung U_F sowie die Berührungsspannung U_B.

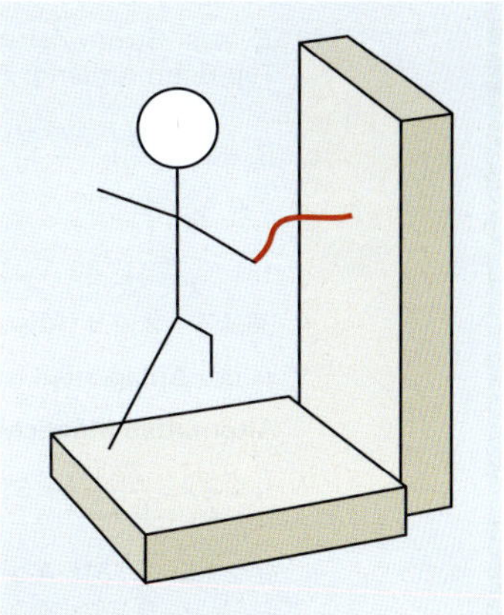

Bild 2: Wandauslass

12.2 Schutz durch Abschaltung mit Überstrom-Schutzeinrichtungen im TN-System

Entsteht in einem TN-System aufgrund eines Isolationsfehlers ein Körperschluss, so wird dieser zu einem Kurzschluss und es muss innerhalb der in **Tabelle 1** angegebenen Zeiten eine Abschaltung erfolgen.

Um die Abschaltbedingung zu überprüfen, wird eine Schleifenimpedanzmessung durchgeführt (die Schleifenimpedanz ist der Scheinwiderstand des Stromweges im Fehlerfall). Zur Bestimmung der Schleifenimpedanz wird die Spannung zwischen L und PE bzw. PEN einmal unbelastet und einmal mit dem Strom I belastet gemessen und Z_S nach der nebenstehenden Formel errechnet. Da die Schleifenimpedanz bei kalten Leitungen gemessen wird und sich die Leitungen bei einem Kurzschluss erwärmen, muss der Wert der Schleifenimpedanz noch mit einem Faktor 1,5 multipliziert werden.

Der Abschaltstrom der jeweiligen Überstrom-Schutzeinrichtung wird aus den zugehörigen Kennlinien ermittelt.

In der Praxis wird häufig der Kurzschlussstrom I_K berechnet und dieser mit dem Abschaltstrom I_a verglichen. Ist der Kurzschlussstrom I_K größer oder gleich dem 1,5-fachen Abschaltstrom I_a, erfolgt im Fehlerfall eine Abschaltung in der geforderten Zeit auch bei warmen Leitungen.

Abschaltbedingung

$$1{,}5 \cdot Z_S \cdot I_a \leq U_0$$

$$I_K = \frac{U_0}{Z_S}$$

$$I_K \geq 1{,}5 \cdot I_a$$

Schleifenimpedanz

$$Z_S = \frac{U_0 - U}{I}$$

Z_S	Schleifenimpedanz	Ω
I_a	Abschaltstrom	A
I_K	Kurzschlussstrom	A
I	Belastungsstrom	A
U_0	Netzspannung gegen Erde (unbelastet)	V
U	Netzspannung gegen Erde (belastet)	V

Beispiel

An einer Schuko-Steckdose in einem TN-System mit 230 V/400 V soll durch Messung überprüft werden, ob die Abschaltbedingung erfüllt wird. Als vorgeschaltete Sicherung wird ein Leitungsschutzschalter Typ B, 16 A, verwendet.

Bei der zugehörigen Messung nach **Bild 1** wird bei geöffnetem Schalter eine Spannung $U_0 = 227$ V gemessen. Wird der Schalter geschlossen, fließt ein Strom mit einer Stromstärke von 5,5 A. Die Spannung U beträgt dabei 223 V.

Ist der neue Anlagenteil in Ordnung? Bestimmen Sie dazu

a) die Abschaltzeit,
b) den Abschaltstrom,
c) die Schleifenimpedanz.
d) Überprüfen Sie, ob die Abschaltbedingung erfüllt ist.

Lösung: a) $U_0 = 230$ V, nach **Tabelle 1: t_a = 0,4 s**

b) I_a aus Strom-Zeit-Kennlinie des Leitungsschutzschalters Typ B, im Anhang: $I_a = 5 \cdot I_N = 5 \cdot 16\ \text{A} = \mathbf{80\ A}$

c) $Z_S = \frac{U_0 - U}{I} = \frac{277\ \text{V} - 223\ \text{V}}{5{,}5\text{A}} = \mathbf{0{,}73\ \Omega}$

d) $1{,}5 \cdot Z_S \cdot I_a \leq U_0$

$1{,}5 \cdot 0{,}72\ \Omega \cdot 80\ \text{A} \leq 230\ \text{V}$

$86{,}4\ \text{V} \leq 230\ \text{V}$ (Abschaltbedingung erfüllt)

⇒ der Anlagenteil ist in Ordnung.

Alternative Möglichkeit:

$I_K = \frac{U_0}{Z_S} = \frac{230\ \text{V}}{0{,}73\ \text{A}} = 315\ \text{A}$

$I_K \geq 1{,}5 \cdot I_a$, $315\ \text{A} \geq 1{,}5 \cdot 80\ \text{A}$

⇒ ok, der Anlagenteil ist in Ordnung.

Tabelle 1: Abschaltzeiten im TN-System

Nennspannung gegen Erde U_0:	Abschaltzeit t_a:
$U_0 > 400$ V	0,1 s
400 V ≥ U_0 > 230 V	0,2 s
$U_0 \leq 230$ V	0,4 s

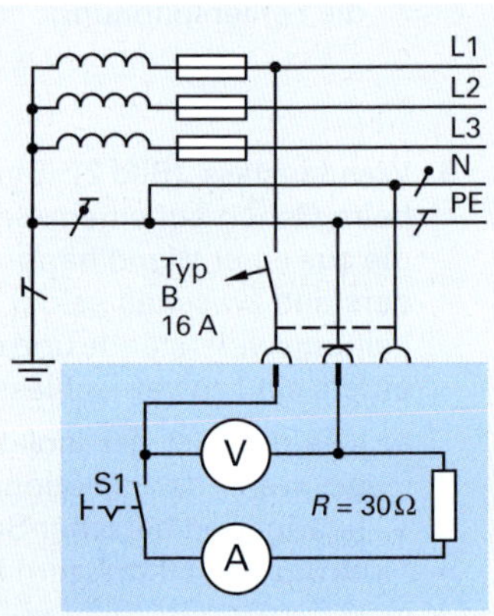

Bild 1: Schleifenimpedanzmessung

Aufgaben – Schutz durch Abschaltung mit Überstrom-Schutzeinrichtungen im TN-System

1. **Schmelzsicherung:** Ermitteln Sie mithilfe der Strom-Zeit-Kennlinien das Verhältnis von Abschaltstrom zu Nennstrom I_a/I_N von Schmelzsicherungen des Typs gL (6 A, 10 A, 16 A, 20 A und 25 A) bei einer Abschaltzeit von 0,4 s und 5 s.

2. **Leitungsschutzschalter:** Bestimmen Sie mithilfe der Strom-Zeit-Kennlinien das Verhältnis von Abschaltstrom zu Nennstrom I_a/I_N der Leitungsschutzschalter vom Typ B, C, Z und K bei einer Abschaltzeit von 0,4 s bzw. 5 s.

3. **Steckdosenstromkreise (Tabelle 1):** In einer elektrischen Anlage in einem TN-C-S-System müssen die 230 V-Steckdosenstromkreise überprüft werden. Die einzelnen Stromkreise sind mit den angegebenen Überstrom-Schutzeinrichtungen abgesichert. Die zugehörigen Schleifenimpedanzen sind angegeben.
   a) Ermitteln Sie den jeweils zugehörigen Abschaltstrom.
   b) Berechnen Sie den zugehörigen Kurzschlussstrom.
   c) Überprüfen Sie die Abschaltbedingung.

4. **Schleifenimpedanzmessung (Bild 1):** Bei einer Schleifenimpedanzmessung im 400 V/230 V-Netz wird bei geöffnetem Schalter eine Spannung von 231 V gemessen. Wird der Schalter geschlossen, so sinkt die Spannung auf 227 V ab.
   a) Bestimmen Sie die Schleifenimpedanz.
   b) Wie groß ist der Kurzschlussstrom?
   c) Löst die zugeordnete Überstrom-Schutzeinrichtung in der geforderten Zeit aus?

5. **Durchlauferhitzer:** Die Zuleitung zu einem Drehstrom-Durchlauferhitzer im 400 V/230 V-Netz ist mit einer 35 A-Schmelzsicherung Typ gL abgesichert. Beim Messen der Schleifenimpedanz mit einem Strom von 5 A ergeben sich die in **Tabelle 2** angegebenen Spannungen.
   a) Wie groß ist jeweils die Schleifenimpedanz?
   b) Berechnen Sie den jeweils zugehörigen Kurzschlussstrom.
   c) Überprüfen Sie, ob die Schutzeinrichtung jeweils in der geforderten Zeit auslöst.
   d) Welche Maßnahmen können Sie ergreifen, wenn die Schutzeinrichtung nicht in der geforderten Zeit auslöst?

6. **Industriemaschine:** Sie haben für den Anschluss einer neuen Industriemaschine mit einem Nennstrom von 21 A einen Anschlusskasten montiert und von der Unterverteilung eine neue Leitung verlegt. Bei der Bestimmung des Widerstandes der Fehlerschleife geht im 400 V/230 V-Netz die Spannung im Anschlusskasten von 231 V auf 222 V zurück, wobei der Messwiderstand 25 Ω beträgt.

   Welche Überstrom-Schutzeinrichtungen können Sie in die Unterverteilung einsetzen, damit die Abschaltbedingung im TN-System erfüllt wird?

Tabelle 1: Steckdosenstromkreise

U_0	Überstrom-Schutzeinrichtung	Z_S
229 V	LS B – 16 A	1,4 Ω
231 V	gL – 10 A	1,9 Ω
227 V	LS C – 16 A	2,1 Ω
228 V	gL – 16 A	1,7 Ω

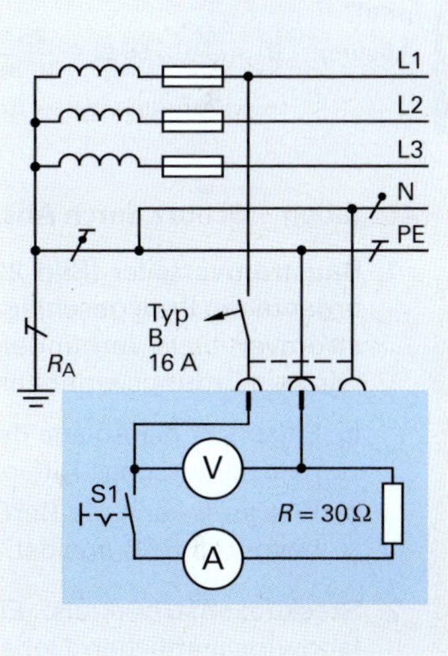

Bild 1: Schleifenimpedanzmessung

Tabelle 2: Spannungwerte bei der Schleifenimpendanzmessung

Messpunkte	U_0	U
L1-PEN	229 V	227 V
L2-PEN	228 V	227 V
L3-PEN	229 V	224 V

12.3 Schutz durch Abschaltung mit RCD[1] im TT-System

Entsteht in einem TT-System aufgrund eines Isolationsfehlers ein Körperschluss, so wird dieser zu einem Erdschluss. Aufgrund des Erdungswiderstandes R_A ist der Fehlerstrom im Vergleich zum TN-System relativ niedrig. Eine sichere Abschaltung innerhalb der geforderten Zeiten ist deshalb meist nur mit einem RCD **(Bild 1)** gewährleistet. Der Abschaltstrom I_a ist hier der Bemessungs-Differenzstrom (früher: Nennfehlerstrom) $I_{\Delta N}$ des RCDs. Fließt ein Fehlerstrom, der größer oder gleich dem Bemessungs-Differenzstrom des RCDs ist, schaltet der RCD innerhalb 0,2 s ab. Die Berührungsspannung U_B, die dann maximal auftreten kann, muss stets kleiner als die höchstzulässige Berührungsspannung U_L sein **(Tabelle 1)**.

Abschaltbedingung

$$R_A \leq \frac{U_L}{I_a}$$

wenn $I_a = I_{\Delta N}$ gilt:

$$R_A \leq \frac{U_L}{I_{\Delta N}}$$

Berührungsspannung

$$U_B = R_A \cdot I_{\Delta N}$$

$$U_B \leq U_L$$

R_A Erdungswiderstand Ω
U_L Höchstzulässige Berührungsspannung V
I_a Abschaltstrom A
$I_{\Delta N}$ Bemessungs-Differenzstrom (Nennfehlerstrom) A
U_B Berührungsspannung V

Beispiel

In einer elektrische Anlage ist ein RCD mit einem Bemessungs-Differenzstrom $I_{\Delta N}$ = 30 mA eingebaut. Der Erdungswiderstand beträgt 59 Ω.

Entspricht die Anlage den Vorschriften, wenn auch Nutztiere vorhanden sind?

Lösung: $R_A \leq \frac{U_L}{I_{\Delta N}}$; $59\,\Omega \leq \frac{25\text{ V}}{30\text{ mA}}$; $59\,\Omega \leq 833\,\Omega$

⇒ wahre Aussage ⇒ **Anlage ist in Ordnung.**

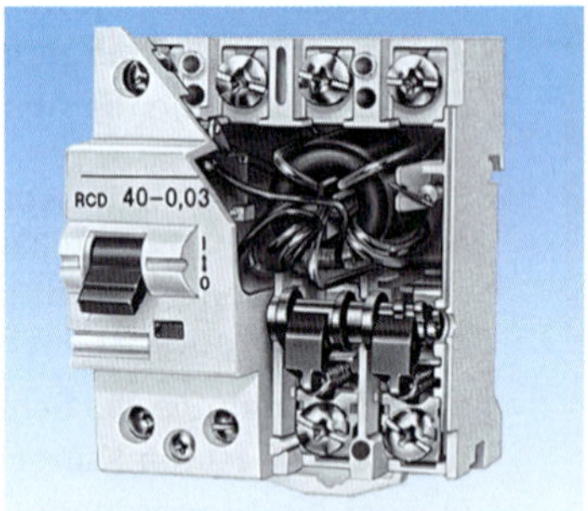

Bild 1: RCD

Tabelle 1: Höchstzulässige Berührungsspannung *U*

Für Menschen	AC60 V	50 V
	DC	120 V
Für Nutztiere	AC	25 V
	DC	60 V

Aufgaben — Schutz durch Abschaltung mit RCD im TT-System

1. **Baustromverteiler (Bild 2):** An einer Baustelle wird ein Staberder in die Erde geschlagen und mit der PE-Schiene des Baustromverteilers verbunden. Bei der anschließenden Messung wird ein Erdungswiderstand von 560 Ω ermittelt.
   a) Entspricht die Anlage den Vorschriften, wenn ein RCD mit einem Bemessungs-Differenzstrom $I_{\Delta N}$ von 30 mA eingebaut ist?
   b) Wie groß kann die Berührungsspannung maximal werden, bevor der RCD auslöst?
2. **Steckdosenstromkreis:** Ein Steckdosenstromkreis in einem landwirtschaftlichen Nebengebäude ist unter anderem durch einen RCD mit einem Bemessungs-Differenzstrom $I_{\Delta N}$ von 300 mA geschützt. Die Erdung erfolgt über einen Staberder, wobei bei feuchtem Boden ein Erdungswiderstand von 52 Ω ermittelt wird.
   a) Entspricht die Anlage den Vorschriften?
   b) Welche Berührungsspannung kann maximal auftreten?
   c) Aufgrund längerer Trockenheit verschlechtert sich der Erdungswiderstand auf das 4-fache. Welche Auswirkungen hat dies auf die Sicherheit der Anlage?
   d) Welche Maßnahmen können Sie ergreifen, um die Sicherheit der Anlage zu erhöhen?
3. **Erdungswiderstände:** Welche Erdungswiderstände sind bei einer höchstzulässigen Berührungsspannung von 25 V bzw. 50 V in einem TT-System maximal zulässig, wenn RCDs mit folgenden Bemessungs-Differenzströmen verwendet werden: 500 mA, 300 mA, 100 mA, 30 mA, 10 mA?

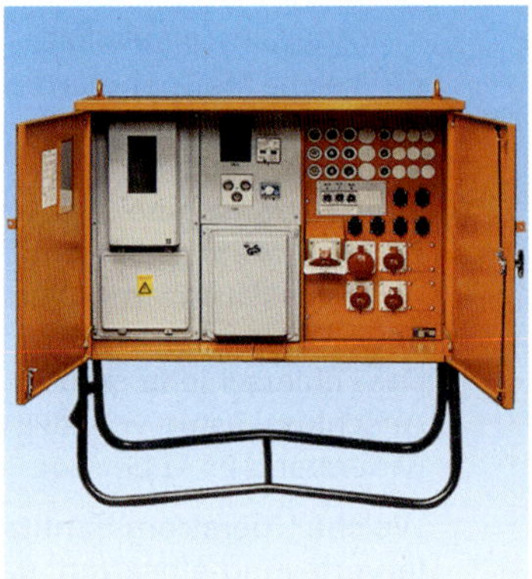

Bild 2: Baustromverteiler

1 RCD, Abk. für **R**esidual **C**urrent **P**rotective **D**evice (engl.)

12.4 Leitungsschutz

Bei der Auswahl von elektrischen Leitungen und den zugehörigen Leitungsschutzeinrichtungen muss u. a. sichergestellt werden, dass sich die Leitungen nicht unzulässig stark erwärmen. Dabei

- müssen die **Mindestquerschnitte** von Leitungen eingehalten werden,
- darf die zulässige **Strombelastbarkeit** der Leitungen nicht überschritten werden, wobei auch auf die Umgebungstemperatur und die Häufung von Leitungen geachtet werden muss,
- muss die zugeordnete Überstrom-Schutzeinrichtung die Eigenschaft besitzen, dass sie innerhalb einer Stunde abschaltet, wenn die Stromstärke das 1,45-fache ihres Nennstromes beträgt ($I_2 \leq 1{,}45 \cdot I_N$).

Diese Bedingung ist erfüllt bei Leitungsschutzschaltern Typ B, C, K und Z sowie bei Leitungsschutzsicherungen.

Die Vorgehensweise zur Auswahl von Leitung und Leitungsschutzeinrichtung ist grafisch dargestellt.

Strombelastbarkeit

$$I_Z = I_{Z30} \cdot \lambda_H \cdot \lambda_\vartheta$$

Nennstrom der Überstrom-Schutzeinrichtung

$$I_B \leq I_N \leq I_Z$$

I_Z	Zulässige Strombelast barkeit der Leitung	A
I_{Z30}	Zulässige Strombelastbarkeit der Leitung bei 30 °C	A
λ_H	Faktor für Häufung	
λ_h	Faktor für Umgebungstemperaturen	
I_B	Betriebsstromstärke	A
I_N	Nennstrom der Überstrom-Schutzeinrichtung	A

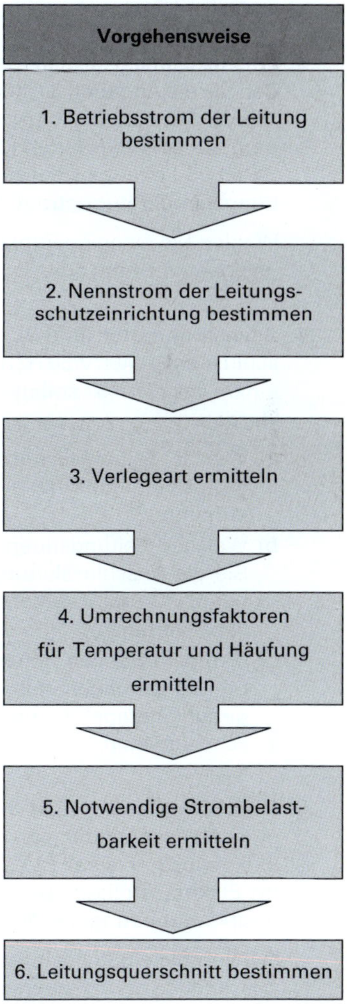

Beispiel

Ein Drehstrom-Asynchronmotor nimmt bei Nennbetrieb einen Strom von 11 A auf. Als Vorsicherung wird ein Leitungsschutzschalter Typ C gewählt.

Der Motor soll über eine vieradrige NYM-Leitung angeschlossen werden, die in einem Elektro-Installationskanal zusammen mit drei anderen Leitungen verlegt wird.

Die Umgebungstemperatur steigt im Sommer auf 35 °C an.

a) Bestimmen Sie die Verlegeart.
b) Ermitteln Sie die Nennstromstärke des Leitungsschutzschalters.
c) Ermitteln Sie den geeigneten Leitungsquerschnitt.

Lösung: a) Verlegung einer Mehraderleitung im Elektro-Installationskanal nach **Tabelle: „Verlegearten von Kabeln und isolierten Leitungen" im Anhang**: Verlegeart B2

b) $I_N \geq I_B$; Betriebsstromstärke I_B = Motornennstrom = 11 A
⇒ Nennstrom des Leitungsschutzschalters $I_N = 16$ A

c) Nach **Tabelle: „Umrechnungsfaktoren" im Anhang**: Umrechnungsfaktor für abweichende Umgebungstemperaturen: $\lambda_\vartheta = 0{,}94$ bei PVC-Isolierungen, Umrechnungsfaktor für Häufung bei insgesamt 4 Adern: $\lambda_H = 0{,}65$

$$I_Z = I_{Z30} \cdot \lambda_H \cdot \lambda_\vartheta$$

$$I_{Z30} = \frac{I_Z}{\lambda_H \cdot \lambda_\vartheta} = \frac{16\ \text{A}}{0{,}94 \cdot 0{,}65} = 26{,}2\ \text{A}$$

Nach **Tabelle: „Strombelastbarkeit von fest verlegten Kabeln und isolierten Leitungen" im Anhang**: $A = 4\ \text{mm}^2$ ($I_{Z30} = 27$ A)

Alternative Berechnung:

Geschätzter Leiterquerschnitt: 4 mm²

Rechnerische Überprüfung:

Nach **Tabelle im Anhang:** $I_{Z30} = 27$ A (B2, 30 °C)

Nach **Tabelle im Anhang:** $\lambda_\vartheta = 0{,}94$; $\lambda_H = 0{,}65$

$$I_Z = I_{Z30} \cdot \lambda_H \cdot \lambda_\vartheta$$

$$I_Z = 27\ \text{A} \cdot 0{,}94 \cdot 0{,}65 = 16{,}5\ \text{A}$$

$$I_B \leq I_N \leq I_Z$$

$$11\ \text{A} \leq 16\ \text{A} \leq 16{,}5\ \text{A}$$

⇒ wahre Aussage ⇒ **Absicherung ist in Ordnung.**

Aufgaben Leitungsschutz

1. **Durchlauferhitzer:** Ein Durchlauferhitzer für 3~, 400 V/50 Hz nimmt bei einem $\cos\varphi = 1$ eine Leistung von 18 kW auf. Die Leitung soll einzeln unter Putz in der Wand verlegt werden, die Umgebungstemperatur beträgt maximal 30 °C.

   a) Welche Nennstromstärke soll der zugehörige Leitungsschutzschalter vom Typ C besitzen?

   b) Wählen Sie eine geeignete Leitung aus.

2. **Brennofen (Bild 1):** Ein Brennofen (rein ohmsche Last) für Anschluss an 3~, 400 V/50 Hz besitzt eine Nennleistung von 9,6 kW. Er wird über eine vieradrige NYM-Mehraderleitung angeschlossen, die Umgebungstemperatur kann bis 40 °C betragen.

   Wie müssen Vorsicherung und Leitungsquerschnitt gewählt werden, wenn

   a) die Leitung einzeln auf Putz verlegt wird,

   b) die Leitung zusammen mit vier anderen Leitungen im Installationskanal verlegt wird?

3. **Fräsmaschine:** Auf dem Typenschild einer Fräsmaschine finden Sie die Angaben 3~, 400 V/50 Hz, Gesamtanschlussleistung 16 kVA. Für den Anschluss der Maschine soll eine Mehraderleitung auf einer einzelnen Kabelpritsche verlegt werden, wobei bereits 5 Leitungen auf der Kabelpritsche liegen. Die Umgebungstemperatur beträgt 35 °C.

   Wählen Sie einen geeigneten Leitungsschutzschalter und eine geeignete Leitung aus.

4. **Asynchronmotor (Bild 2):** Ein 12-kW-Asynchronmotor für Anschluss an 3~, 400 V/50 Hz mit einem Wirkungsgrad $\eta = 88\,\%$ und einem $\cos\varphi = 0{,}87$ soll über eine NYM-Leitung angeschlossen werden.

   a) Welche Leitungsschutzsicherung ist geeignet, wenn der Motor beim Einschalten kurzzeitig den 8fachen Nennstrom aufnimmt?

   b) Welchen Leitungsquerschnitt müssen Sie verlegen, wenn Sie die Anschlussleitung bei einer Umgebungstemperatur von 35 °C und 3 weiteren Leitungen in einem Installationskanal verlegen?

   c) Ermitteln Sie den notwendigen Leitungsquerschnitt, wenn Sie die Leitungen statt im Installationskanal bei einer Umgebungstemperatur von höchstens 35 °C auf einer Kabelpritsche verlegen.

5. **Gleichstrommotor (Bild 3):** Der 55-kW-Gleichstrommotor mit einer Nennspannung von 660 V und einem Wirkungsgrad von 91 % wird mit einer PVC-isolierten Mehraderleitung, verlegt im Elektroinstallationsrohr, angeschlossen. Die Umgebungstemperatur beträgt bis 40 °C.

   Wählen Sie einen geeigneten Leitungsschutzschalter und den passenden Leitungsquerschnitt aus.

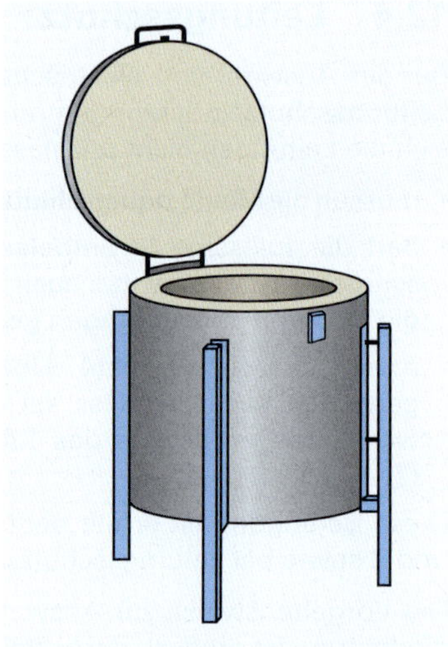

Bild 1: Brennofen

Bild 2: Asynchronmotor

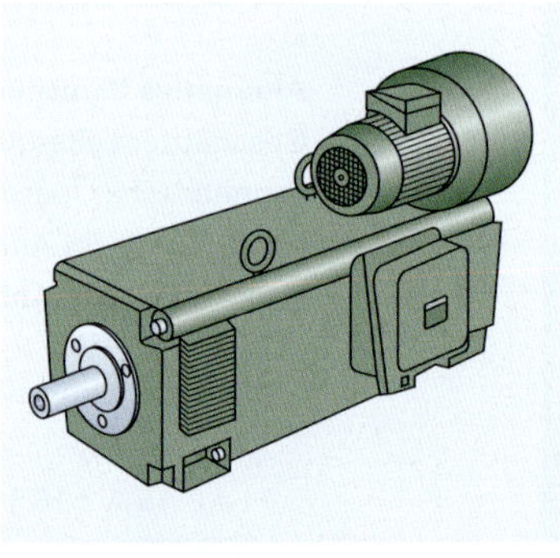

Bild 3: Gleichstrommotor

12.5 Leitungsberechnung

Nach DIN VDE 0100 sind elektrische Leitungen so zu bemessen,

- dass sie eine ausreichend hohe mechanische Festigkeit besitzen,
- dass der Spannungsfall auf der Leitung bestimmte Werte nicht überschreitet,
- dass sich die Leitungen nicht unzulässig stark erwärmen.

12.5.1 Spannungsfall auf Gleichstromleitungen

Der Spannungsfall auf Leitungen ist die Differenz aus der Spannung am Leitungsende U_2 und der Spannung am Leitungsanfang U_1 **(Bild 1)**. Nach DIN VDE 0100 dürfen folgende Werte für den prozentualen Spannungsfall auf Leitungen (bezogen auf die Nennspannung) nicht überschritten werden:

Zulässiger prozentualer Spannungsfall auf Leitungen

Hausanschluss bis Zählerplatz: (bis 100 kVA)	0,5%
Zähler bis Verbraucher	3%

Beispiel

Ein Gleichstrommotor ist über eine 20 m lange Kupferleitung mit einem Querschnitt $A = 2{,}5\ \text{mm}^2$ an eine Spannung $U_1 = 110$ V angeschlossen. Die Stromstärke beträgt 10 A.

Berechnen Sie

a) den Spannungsfall ΔU in V,

b) die Spannung U_2 am Leitungsende,

c) den relativen Spannungsfall Δu in % und überprüfen Sie, ob der Leiterquerschnitt ausreichend ist,

d) die Verlustleistung P_V der Leitung.

Die Werte für die elektrische Leitfähigkeit können der **Tabelle 1** entnommen werden.

Lösung: a) Nach **Tabelle 1**: elektrische Leitfähigkeit von Kupfer:

$$\gamma_{CU} = 56\ \frac{\text{m}}{\Omega \cdot \text{mm}^2}$$

$$\Delta U = \frac{2 \cdot l \cdot I}{\gamma \cdot A} = \frac{2 \cdot 20\ \text{m} \cdot 10\ \text{A}}{56\ \frac{\text{m}}{\Omega \cdot \text{mm}^2} \cdot 2{,}5\text{mm}^2} = \mathbf{2{,}9\ V}$$

b) $U_2 = 110\ \text{V} - 2{,}9\ \text{V} = \mathbf{107{,}1\ V}$

c) $$\Delta u = \frac{\Delta U \cdot 100\%}{U_1} = \frac{2{,}9\ \text{V} \cdot 100\%}{110\ \text{V}} = \mathbf{2{,}6\%}$$

2,6% ist kleiner als die vorgeschriebenen 3%, der Leiterquerschnitt ist deshalb in Bezug auf den Spannungsabfall ausreichend dimensioniert.

d) $$P_V = \frac{2 \cdot I^2 \cdot l}{\gamma \cdot A} = \frac{2 \cdot (10\ \text{A})^2 \cdot 20\ \text{m}}{56\ \frac{\text{m}}{\Omega \cdot \text{mm}^2} \cdot 2{,}5\text{mm}^2} = \mathbf{28{,}6\ W}$$

Spannungsfall in V

$$\Delta U = \frac{2 \cdot l \cdot I}{\gamma \cdot A}$$

Spannung am Leitungsende

$$U_2 = U_1 - \Delta U$$

Prozentualer Spannungsfall

$$\Delta u = \frac{\Delta U \cdot 100\%}{U_1}$$

Verlustleistung

$$P_V = \frac{2 \cdot I^2 \cdot l}{\gamma \cdot A}$$

U_1	Spannung am Leitungsanfang	V
U_2	Spannung am Leitungsende	V
U	Nennspannung	V
ΔU	Spannungsfall	V
Δu	Prozentualer Spannungsfall	%
l	Leitungslänge	m
A	Leitungsquerschnitt	mm^2
γ	Elektrische Leitfähigkeit	$\frac{\text{m}}{\Omega \cdot \text{mm}^2}$
P_V	Verlustleistung	W
I	Stromstärke	A

Tabelle 1: Elektrische Leitfähigkeit

Kupfer	$\gamma_{CU} = 56\ \frac{\text{m}}{\Omega \cdot \text{mm}^2}$
Aluminium	$\gamma_{AL} = 36\ \frac{\text{m}}{\Omega \cdot \text{mm}^2}$
Silber	$\gamma_{AG} = 60\ \frac{\text{m}}{\Omega \cdot \text{mm}^2}$

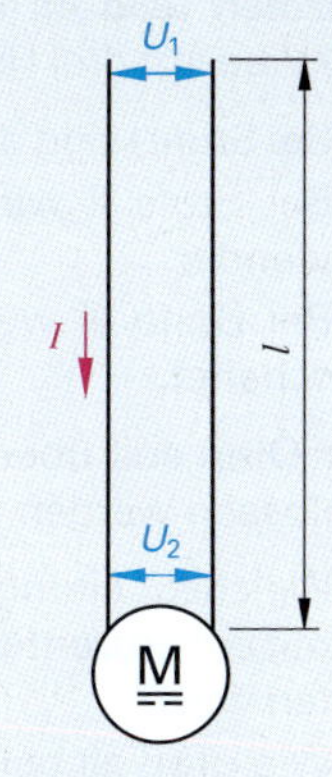

Bild 1: Spannungsfall

12

Aufgaben Spannungsfall auf Gleichstromleitungen

1. **Pumpenleitung:** Wie groß ist der prozentuale Spannungsfall bei Anschluss einer Pumpe an 200 V, den eine 85 m lange Zuleitung aus Kupfer mit einem Querschnitt von 4 mm² verursacht, wenn die Stromstärke in der Leitung 25 A beträgt?

2. **Gleichstrommotor (Bild 1):** Ein Gleichstrommotor mit dem nebenstehenden Leistungsschild soll an eine 25 m lange Leitung aus Kupfer mit einem Querschnitt von 2,5 mm² angeschlossen werden.

   Zu berechnen sind

   a) der Spannungsfall ΔU,
   b) die Spannung U_2 am Leitungsende,
   c) der Leistungsverlust P_V in der Leitung.
   d) Überprüfen Sie, ob der Leitungsquerschnitt ausreichend bemessen ist.

3. **Notbeleuchtung (Bild 2):** Die Notbeleuchtung einer Werkstatt enthält drei 24-V-Glühlampen mit einer Nennleistung von je 60 W.

   a) Welcher Leitungsquerschnitt wird mindestens benötigt, wenn die Einspeisung 38 m von der Leuchte entfernt ist und das Leitungsmaterial Kupfer ist?
   b) Wie groß sind bei dem gewählten Querschnitt der prozentuale Spannungsfall und der Leistungsverlust der Leitung?

4. **Motoren (Bild 3):** Drei Gleichstrommotoren sind über eine 30 m lange Kupferleitung NYM, $3 \cdot 2{,}5\ \text{mm}^2$, an eine Verteilung angeschlossen. Die Motoren besitzen folgende Nenndaten:

   Motor 1: 1,2 kW; 200 V; $\eta = 80\,\%$
   Motor 2: 1,0 kW; 200 V; $\eta = 79\,\%$
   Motor 3: 1,1 kW; 200 V; $\eta = 89\,\%$

   Überprüfen Sie, ob der Leitungsquerschnitt ausreichend dimensioniert ist.

5. **Heizofen (Bild 4):** Ein Heizofen mit einer Nennspannung von 230 V besitzt drei Heizstufen und zwei 40-Ω-Heizwiderstände.

   - Bei Stufe I sind die zwei Heizwiderstände in Reihe geschaltet.
   - Bei Stufe II wird nur einer der beiden Widerstände verwendet.
   - Bei Stufe III werden die beiden Widerstände parallel geschaltet.

   Der Ofen soll über eine 35 m lange Aluminiumleitung angeschlossen werden.

   a) Welcher Leitungsquerschnitt ist mindestens notwendig, damit ein prozentualer Spannungsfall von 3 % nicht überschritten wird?
   b) Wie groß ist bei dem verwendeten Leitungsquerschnitt der Leistungsverlust in der Leitung bei den Heizstufen I, II, III?

Hersteller		
Typ		
DC-Mot.	**Nr.**	
200 **V**		12 **A**
2,2 kW		**cos** φ
2000/**min**		**Hz**
Lfr		I_F 1,5 A
Isol.-Kl. B/F	**IP** 44	12 **Kg**
DIN VDE...		

Bild 1: Leistungsschild

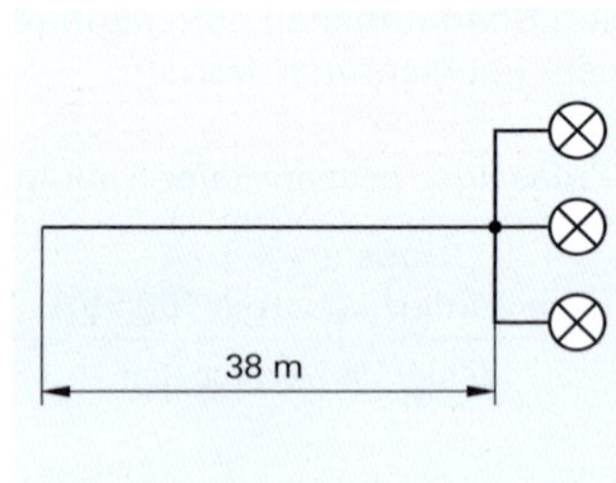

Bild 2: Notbeleuchtung

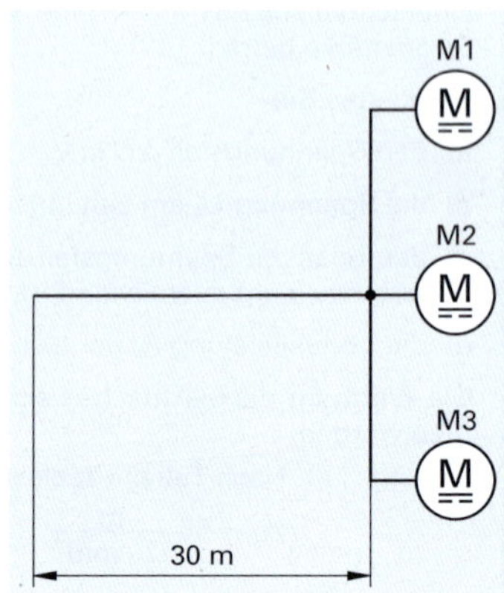

Bild 3: Motoren

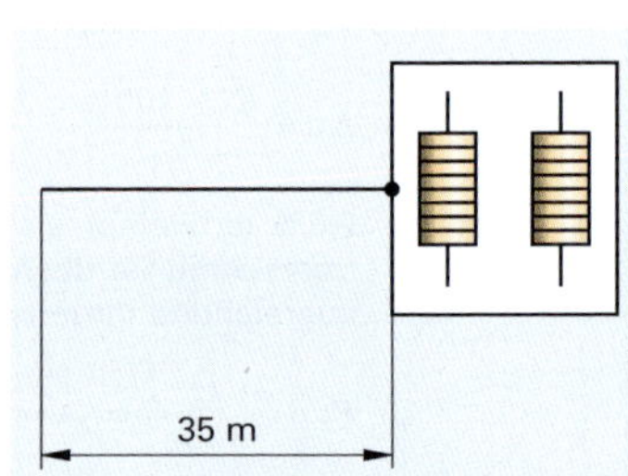

Bild 4: Heizofen

12.5.2 Spannungsfall auf Wechselstromleitungen

Für den Spannungsfall auf Leitungen bei Wechselstrom ist vor allem der Wirkanteil des Stromes $I_W = I \cdot \cos\varphi$ verantwortlich (siehe Zeigerdiagramm **Bild 1**).

Beispiel

Ein Wechselstrommotor ist an 230 V über eine 10 m lange Kupferleitung mit einem Querschnitt von 2,5 mm² angeschlossen. Der Leistungsfaktor $\cos\varphi$ beträgt 0,8; die Stromstärke in der Zuleitung 12 A. Berechnen Sie

a) den Spannungsfall ΔU in V,
b) die Spannung U_2 am Leitungsende,
c) den relativen Spannungsfall Δu in % und überprüfen Sie, ob der Leiterquerschnitt ausreichend ist,
d) die Verlustleistung P_V der Leitung.

Lösung: a) Nach **Tabelle 1**:

$$\gamma_{CU} = 56 \frac{\text{m}}{\Omega \cdot \text{mm}^2}$$

$$\Delta U = \frac{2 \cdot l \cdot I \cdot \cos\varphi}{\gamma \cdot A} = \frac{2 \cdot 10\,\text{m} \cdot 12\,\text{A} \cdot 0{,}8}{56 \frac{\text{m}}{\Omega \cdot \text{mm}^2} \cdot 2{,}5\text{mm}^2} = \mathbf{1{,}4\,V}$$

b) $U_2 = 230\,\text{V} - 1{,}4\,\text{V} = \mathbf{228{,}6\,V}$

c) $$\Delta u = \frac{\Delta U \cdot 100\,\%}{U_1} = \frac{1{,}4\,\text{V} \cdot 100\,\%}{230\,\text{V}} = \mathbf{0{,}6\,\%}$$

0,6 % ist kleiner als die vorgeschriebenen 3 %, der Leiterquerschnitt ist deshalb ausreichend dimensioniert.

d) $$P_V = \frac{2 \cdot I^2 \cdot l}{\gamma \cdot A} = \frac{2 \cdot (12\,\text{A})^2 \cdot 10\,\text{m}}{56 \frac{\text{m}}{\Omega \cdot \text{mm}^2} \cdot 2{,}5\text{mm}^2} = \mathbf{20{,}6\,W}$$

Aufgaben | Spannungsfall auf Wechselstromleitung

1. **Wechselstromleitung:** Wie groß muss der Leitungsquerschnitt einer 60 m langen Kupferleitung zu einem rein ohmschen Verbraucher gewählt werden, wenn der prozentuale Spannungsfall bei 230 V Wechselspannung und einer Stromstärke von 16 A 3 % nicht überschreiten darf?
2. **Rasenmäher:** Ein elektrischer Rasenmäher nimmt an 230 V/ 50 Hz eine Wirkleistung von 900 W bei einem $\cos\varphi = 0{,}8$ auf. Als Zuleitung soll eine schwere Gummischlauchleitung H 07 RN-F, 3 · 1,5 mm² verwendet werden. Berechnen Sie
   a) die Stromstärke in der Zuleitung,
   b) den maximalen Spannungsfall in V, wenn der relative Spannungsfall $\Delta u = 1\,\%$ nicht überschreiten soll,
   c) die zugehörige maximale Leitungslänge,
   d) den Leistungsverlust auf der Leitung mit der unter c) berechneten Leitungslänge.
3. **Wechselstrommotor:** Ein Wechselstrommotor für Anschluss an 230 V/50 Hz nimmt einen Strom von 13 A bei einem $\cos\varphi = 0{,}86$ auf. Er soll an eine 15 m lange Leitung NYM, 3 · 1,5 mm² angeschlossen werden. Zu berechnen sind
   a) der Spannungsfall ΔU,
   b) die Spannung U_2 am Leitungsende,
   c) die Verlustleistung P_V der Leitung.
   d) Überprüfen Sie, ob der Leitungsquerschnitt ausreichend bemessen ist.

Spannungsfall in V

$$\Delta U = \frac{2 \cdot l \cdot I \cdot \cos\varphi}{\gamma \cdot A}$$

Spannung am Leitungsende

$$U_2 = U_1 - \Delta U$$

Relativer Spannungsfall

$$\Delta u = \frac{\Delta U \cdot 100\,\%}{U_1}$$

Verlustleistung

$$P_V = \frac{2 \cdot I^2 \cdot l}{\gamma \cdot A}$$

U_1	Spannung am Leitungsanfang	V
U_2	Spannung am Leitungsende	V
U	Nennspannung	V
ΔU	Spannungsfall	V
Δu	Prozentualer Spannungsfall	%
$\cos\varphi$	Leistungsfaktor	–
l	Leitungslänge	m
A	Leitungsquerschnitt	mm²
γ	Elektrische Leitfähigkeit	$\frac{\text{m}}{\Omega \cdot \text{mm}^2}$
P_V	Verlustleistung	W
I	Stromstärke	A

12

Tabelle 1: Elektrische Leitfähigkeit

Kupfer	$\gamma_{CU} = 56 \frac{\text{m}}{\Omega \cdot \text{mm}^2}$
Aluminium	$\gamma_{AL} = 36 \frac{\text{m}}{\Omega \cdot \text{mm}^2}$
Silber	$\gamma_{AG} = 60 \frac{\text{m}}{\Omega \cdot \text{mm}^2}$

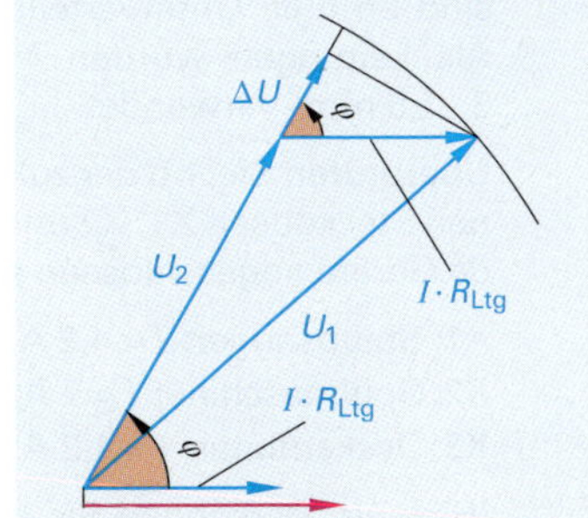

Bild 1: Zeigerdiagramm

4. **Durchlauferhitzer:** Ein Durchlauferhitzer mit den Anschlusswerten 230 V/50 Hz, 4 kW (cos $\varphi = 1$) soll mit einer 16 m langen Leitung NYM an der Unterverteilung angeschlossen werden.
   a) Berechnen Sie den Mindestquerschnitt der Leitung und wählen Sie einen geeigneten Querschnitt aus.
   b) Wie groß ist bei dem gewählten Leiterquerschnitt der prozentuale Spannungsfall in der Leitung?
   c) Berechnen Sie die Verlustleistung der Leitung.

5. **Pumpenantrieb:** Eine Bewässerungspumpe, die 45 m von der Unterverteilung entfernt ist, soll über ein 3-adriges Aluminiumkabel angeschlossen werden.
   a) Welcher Querschnitt muss gewählt werden, wenn der Pumpenmotor an 230 V/50 Hz eine Stromstärke $I = 9$ A bei einem Wirkleistungsfaktor cos $\varphi = 0{,}87$ aufnimmt?
   b) Wie groß ist bei dem gewählten Querschnitt die Spannung am Leitungsende?

6. **Lichtbänder (Bild 1):** An die Unterverteilung einer Werkstatt sind drei Lichtbänder angeschlossen. Jede Leuchte mit einer Nennleistung von 58 W nimmt an 230 V/50 Hz inklusive Vorschaltgerät eine Wirkleistung von 71 W auf. Der mittlere Wirkleistungsfaktor cos φ beträgt 0,58.
   a) Überprüfen Sie, ob bei Verwendung einer 3-adrigen Leitung NYM mit dem Querschnitt $A = 2{,}5$ mm² der maximal zulässige Spannungsfall eingehalten wird, und wählen Sie andernfalls einen geeigneten Leiterquerschnitt aus.
   b) Berechnen Sie für den geeigneten Querschnitt den Leistungsverlust in der Leitung.

7. **Wechselstrommotor (Bild 2):** Ein Wechselstrommotor für Anschluss an 230 V/50 Hz besitzt das dargestellte Leistungsschild. Er soll an eine 24 m lange Leitung NYM, 3 · 1,5 mm² angeschlossen werden. Zu berechnen sind
   a) der Spannungsfall ΔU,
   b) die Spannung U_2 am Leitungsende,
   c) die Verlustleistung P_V der Leitung.
   d) Überprüfen Sie, ob der Leitungsquerschnitt ausreichend bemessen ist und geben Sie ggf. einen geeigneten Leitungsquerschnitt an.

8. **Steckdosenstromkreis (Bild 3):** Drei Steckdosen 230 V/50 Hz sind an eine Unterverteilung wie dargestellt angeschlossen. Als Leitungen wurden Mehraderleitungen vom Typ NYM, 3 · 1,5 mm² verwendet.

   Überprüfen Sie, ob der zulässige Spannungsfall an den einzelnen Steckdosen X1, X2 und X3 eingehalten wird, wenn folgende Geräte angeschlossen sind:

   X1: Staubsauger: $I = 4{,}2$ A; cos $\varphi = 0{,}76$
   X2: Spülmaschine: $I = 7$ A; cos $\varphi = 0{,}97$
   X3: Deckenfluter: $I = 1{,}2$ A; cos $\varphi = 1$

   (Hinweis: Berechnen Sie den gesamten Wirkstrom in der Zuleitung.)

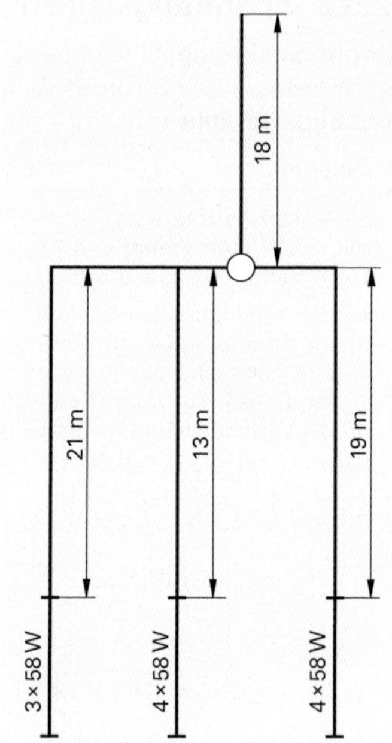

Bild 1: Lichtbänder

Hersteller			
Typ			
AC-Mot.	Nr.		
230 **V**		12 **A**	
2,2 **kW**		cos φ 0,81	
2800/**min**		50 **Hz**	
Lfr		I_F	
Isol.-Kl. B/F	**IP** 44	12 **Kg**	
DIN VDE...			

Bild 2: Leistungsschild

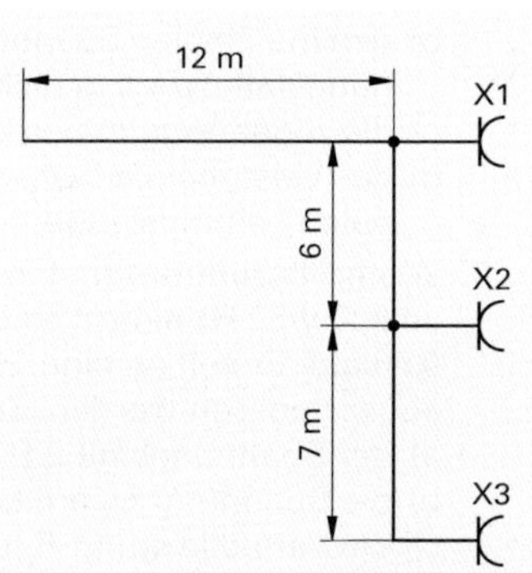

Bild 3: Steckdosenstromkreis

12.5.3 Spannungsfall auf 3~Wechselstromleitungen

Beispiel

Ein Drehstrom-Asynchronmotor wird an 400 V über eine 15 m lange Kupferleitung NYM, 5 · 2,5 mm² angeschlossen und nimmt einen Strom von 10 A auf. Sein Leistungsfaktor beträgt 0,75. Berechnen Sie

a) den Spannungsfall ΔU in V,

b) die Spannung U_2 am Leitungsende,

c) den relativen Spannungsfall Δu in % und überprüfen Sie, ob der Leiterquerschnitt ausreichend ist,

d) die Verlustleistung P_V der Leitung.

Lösung: a) $\Delta U = \dfrac{\sqrt{3} \cdot l \cdot I \cdot \cos\varphi}{\gamma \cdot A} = \dfrac{\sqrt{3} \cdot 15\,\text{m} \cdot 10\,\text{A} \cdot 0{,}75}{56 \dfrac{\text{m}}{\Omega \cdot \text{mm}^2} \cdot 2{,}5\,\text{mm}^2} = \mathbf{1{,}4\,V}$

b) $U_2 = 230\,\text{V} - 1{,}4\,\text{V} = \mathbf{228{,}6\,V}$

c) $\Delta u = \dfrac{\Delta U \cdot 100\,\%}{U_1} = \dfrac{1{,}4\,\text{V} \cdot 100\,\%}{400\,\text{V}} = \mathbf{0{,}35\,\%}$

0,35 % ist kleiner als die vorgeschriebenen 3 %, der Leiterquerschnitt ist deshalb ausreichend dimensionert.

d) $P_V = \dfrac{3 \cdot I^2 \cdot l}{\gamma \cdot A} = \dfrac{3 \cdot (10\,\text{A})^2 \cdot 15\,\text{m}}{56 \dfrac{\text{m}}{\Omega \cdot \text{mm}^2} \cdot 2{,}5\,\text{mm}^2} = \mathbf{32{,}1\,W}$

Aufgaben | Spannungsfall auf 3~Wechselstromleitungen

1. **Asynchronmotor (Bild 1):** Der Drehstrommotor mit dem dargestellten Leistungsschild soll über eine 21 m lange Leitung NYM, 4 · 1,5 mm² angeschlossen werden.

   Zu berechnen sind

   a) der Spannungsfall ΔU,

   b) die Spannung U_2 am Leitungsende,

   c) der Leistungsverlust P_V in der Leitung.

   d) Überprüfen Sie, ob der Leitungsquerschnitt ausreicht.

2. **Durchlauferhitzer:** Ein Durchlauferhitzer für 400 V/50 Hz nimmt bei einem $\cos\varphi = 1$ eine Leistung von 18 kW auf.

   a) Wie lange darf die Leitung NYM, 5 · 2,5 mm² maximal sein, damit der prozentuale Spannungsfall 0,5 % nicht überschreitet?

   b) Wie groß ist bei der berechneten Leitungslänge die Verlustleistung der Leitung?

3. **Drehstrommotor:** Ein 400-V-Drehstrommotor gibt eine Leistung $P = 5{,}5$ kW bei einem Wirkungsgrad von 0,91 und einem $\cos\varphi = 0{,}85$ ab. Er soll über eine Leitung NYM, 4 · 1,5 mm² angeschlossen werden.

   a) Wie lange darf die Leitung maximal sein, wenn der prozentuale Spannungsfall 3 % nicht überschreiten darf?

   b) Welche Spannung liegt bei der unter a) berechneten Länge am Leitungsende an?

   c) Berechnen Sie den Leistungsverlust der Leitung, wenn der Motor mit der unter a) berechneten Leitungslänge und bei Nennleistung betrieben wird.

Spannungsfall in V

$$\Delta U = \frac{\sqrt{3} \cdot l \cdot I \cdot \cos\varphi}{\gamma \cdot A}$$

Spannung am Leitungsende

$$U_2 = U_1 - \Delta U$$

Relativer Spannungsfall

$$\Delta u = \frac{\Delta U \cdot 100\,\%}{U_1}$$

Verlustleistung

$$P_V = \frac{3 \cdot I^2 \cdot l}{\gamma \cdot A}$$

U_1	Spannung am Leitungsanfang	V
U_2	Spannung am Leitungsende	V
U	Nennspannung	V
ΔU	Spannungsfall	V
Δu	Prozentualer Spannungsfall	%
$\cos\varphi$	Leistungsfaktor	–
l	Leitungslänge	m
A	Leitungsquerschnitt	mm²
γ	Elektrische Leitfähigkeit	$\dfrac{\text{m}}{\Omega \cdot \text{mm}^2}$
P_V	Verlustleistung	W
I	Stromstärke	A

Tabelle 1: Elektrische Leitfähigkeit

Kupfer	$\gamma_{CU} = 56 \dfrac{\text{m}}{\Omega \cdot \text{mm}^2}$
Aluminium	$\gamma_{AL} = 36 \dfrac{\text{m}}{\Omega \cdot \text{mm}^2}$
Silber	$\gamma_{AG} = 60 \dfrac{\text{m}}{\Omega \cdot \text{mm}^2}$

Hersteller		
Typ		
3~ **Mot.**	**Nr.**	
400 **V**		15 **A**
8 **kW**		**cos** φ 0,8
1460/**min**		50 **Hz**
Lfr Y		11 **A**
Isol.-Kl. B/F	**IP 44**	**Kg**
DIN VDE…		

Bild 1: Leistungsschild

12

4. **Y-Δ-Schaltung (Bild 1):** Ein Drehstrom-Asynchronmotor mit dem nebenstehenden Leistungsschild wird an 3~, 400 V/50 Hz über eine 20 m lange Leitung NYM, 4 · 4 mm^2 angeschlossen.

   Überprüfen Sie, ob der zulässige prozentuale Spannungsfall überschritten wird, wenn der Motor

   a) in Dreieckschaltung,

   b) in Sternschaltung betrieben wird.

5. **Pumpe:** Eine elektrische Pumpe wird über eine 40 m lange Aluminiumleitung an 3~, 400 V/50 Hz betrieben. Die Spannung am Leitungsende beträgt 389 V bei laufendem Pumpenmotor und einem cos φ = 0,78.

   Berechnen Sie

   a) den prozentualen Spannungsfall und

   b) die Stromstärke in der Zuleitung bei einem Leitungsquerschnitt A = 1,5 mm^2.

6. **Beleuchtungsanlage (Bild 2):** Eine Beleuchtungsanlage besteht aus drei Lichtbändern, wobei jedes Lichtband 4 Leuchtstofflampen enthält. Jede Leuchtstofflampe nimmt insgesamt eine Wirkleistung von 78 W bei einem Wirkleistungsfaktor cos φ = 0,56 auf. Die Lichtbänder werden in Sternschaltung an 3~, 400 V/50 Hz mit einer 38 m langen Zuleitung NYM, 5 · 1,5 mm^2 angeschlossen.

   a) Ist es notwendig, dass der Neutralleiter an den Sternpunkt der Schaltung angeschlossen wird? Begründen Sie Ihre Aussage.

   b) Wie groß sind der prozentuale Spannungsfall und der Leistungsverlust in der Leitung?

   c) Berechnen Sie den Leistungsverlust in der Leitung, wenn der Wirkleistungsfaktor durch Kompensation auf 0,98 verbessert wird.

7. **Brennofen (Bild 3):** Ein Brennofen (rein ohmsche Last) für Anschluss an 3~, 400 V/50 Hz besitzt eine Nennleistung von 9,6 kW. Er wird über eine 4-adrige NYM-Mehraderleitung angeschlossen.

   a) Welchen Leitungsquerschnitt muss die Leitung mindestens besitzen, damit bei einer Leitungslänge von 35 m der relative Spannungsfall unter 1,5 % bleibt?

   b) Berechnen Sie die Leistungsverluste bei dem in a) ermittelten Querschnitt.

8. **Fräsmaschine:** Auf dem Typenschild einer Fräsmaschine finden Sie die Angaben 3~, 400 V/50 Hz, cos φ = 0,78, Gesamtanschlussleistung 16 kVA. Es wird eine 32 m lange Anschlussleitung (Cu) mit einem Querschnitt A = 6 mm^2 verlegt.

   Berechnen Sie

   a) den Spannungsfall in V,

   b) den relativen Spannungsfall und

   c) den Leistungsverlust, wenn die Maschine mit Nennleistung betrieben wird.

Hersteller			
Typ			
3~ **Mot.**	**Nr.**		
Δ 400 **V**	19 **A**		
10 **kW**		**cos** φ 0,85	
1460/**min**		50 **Hz**	
Lfr Y		**A** 11	
Isol.-Kl. B/F	**IP 44**		**Kg**
DIN VDE...			

Bild 1: Leistungsschild

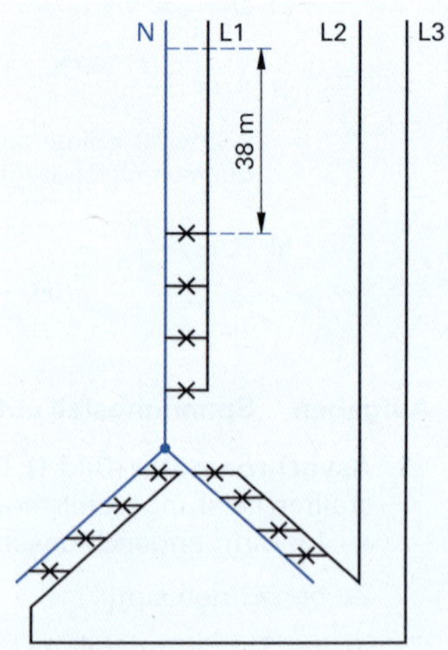

Bild 2: Lichtbänder

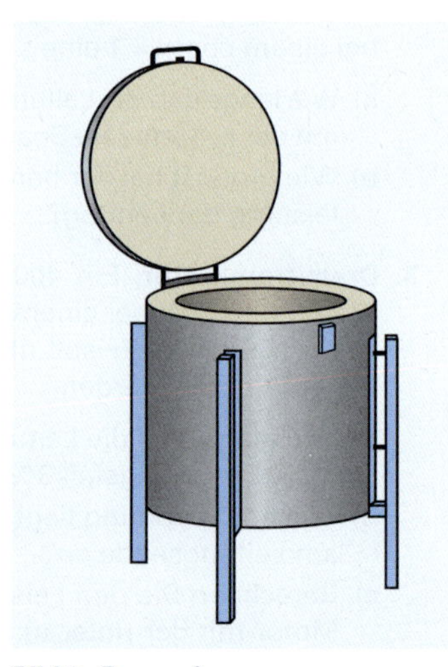

Bild 3: Brennofen

13 Gleichrichterschaltungen

Gleichrichter bestehen aus dem Transformator und der Gleichrichterschaltung **(Bild 1)**. Sie werden eingangsseitig an Wechselspannung bzw. 3-Phasen-Wechselspannung angeschlossen und liefern am Ausgang Gleichspannung. Ausgangsseitig muss zwischen dem arithmetischen Mittelwert der Gleichspannung, der von den meisten Messgeräten angezeigt wird, und dem für die Leistungsberechnung an ohmschen Widerständen entscheidenden Effektivwert der Gleichspannung unterschieden werden.

13.1 Ungesteuerte Gleichrichterschaltungen

Ungesteuerte Gleichrichter **(Tabelle 1)** sind aus Dioden[1] aufgebaut; die Ausgangsspannung kann nicht verändert werden.

Tabelle 1: Ungesteuerte Gleichrichterschaltungen

Schaltbild und Ausgangsspannungsverlauf	Kenndaten	
E1U: Einpuls-Einwegschaltung 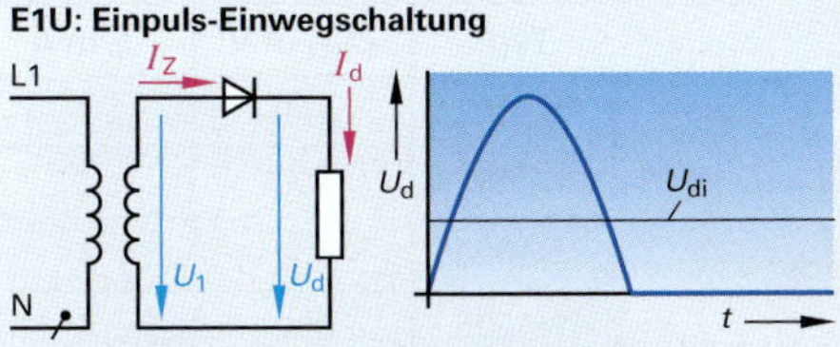	$\frac{U_{di}}{U_1} = 0{,}45$	$\frac{U_{deff}}{U_1} = \frac{1}{\sqrt{2}}$
	$\frac{I_Z}{I_d} = 1$	$\frac{S_T}{U_{di} \cdot I_d} = 3{,}1$
	$U_{Rm} = \sqrt{2} \cdot U_1$ $U_{Rm} = 2 \cdot \sqrt{2} \cdot U_1$ mit C	
M2U: Zweipuls-Mittelpunktschaltung 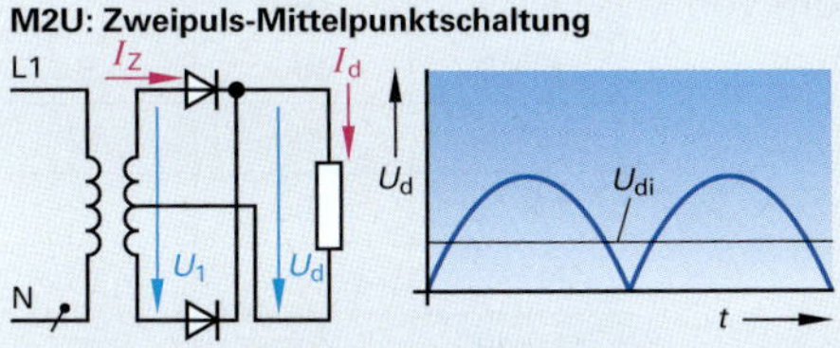	$\frac{U_{di}}{U_1} = 0{,}45$	$\frac{U_{deff}}{U_1} = 0{,}5$
	$\frac{I_Z}{I_d} = \frac{1}{2}$	$\frac{S_T}{U_{di} \cdot I_d} = 1{,}5$
	$U_{Rm} = \sqrt{2} \cdot U_1$	
B2U: Zweipuls-Brückenschaltung 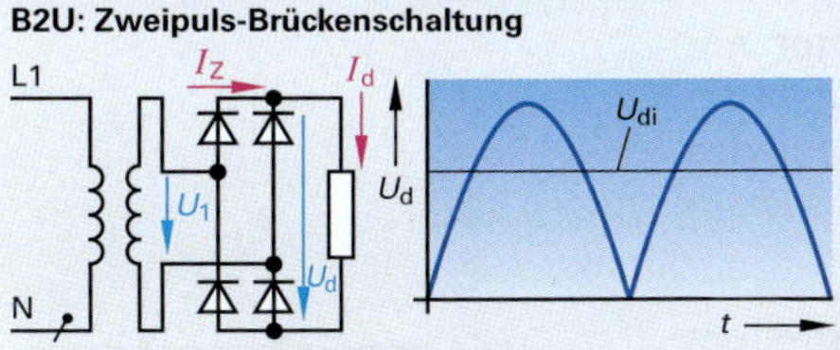	$\frac{U_{di}}{U_1} = 0{,}9$	$\frac{U_{deff}}{U_1} = 1$
	$\frac{I_Z}{I_d} = \frac{1}{2}$	$\frac{S_T}{U_{di} \cdot I_d} = 1{,}23$
	$U_{Rm} = \frac{\sqrt{2}}{2} \cdot U_1$	
M3U: Dreipuls-Mittelpunktschaltung 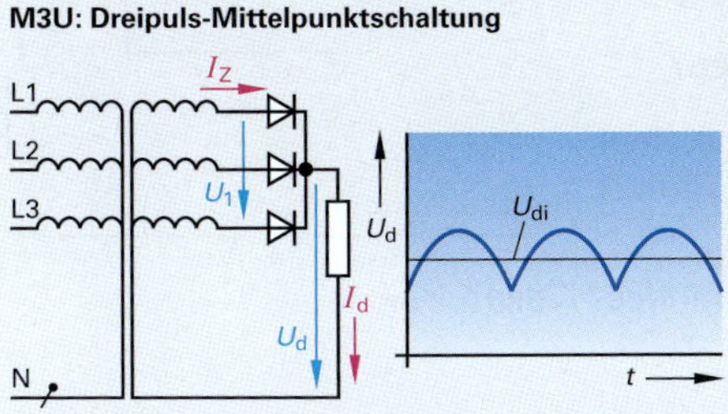	$\frac{U_{di}}{U_1} = 0{,}675$	$\frac{U_{deff}}{U_1} = 0{,}686$
	$\frac{I_Z}{I_d} = \frac{1}{3}$	$\frac{S_T}{U_{di} \cdot I_d} = 1{,}35$
	$U_{Rm} = \sqrt{2} \cdot U_1$	
B6U: Sechspuls-Brückenschaltung 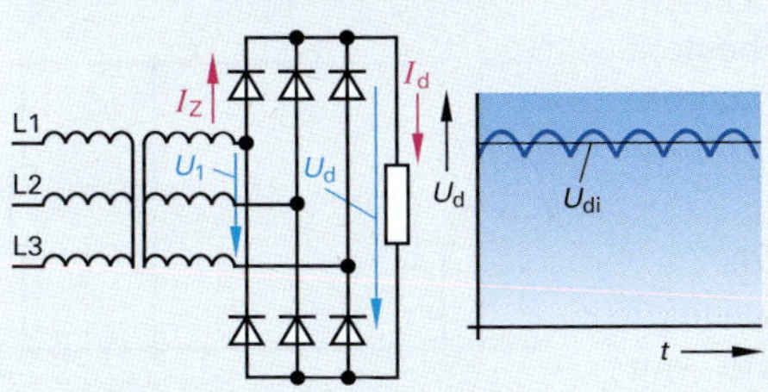	$\frac{U_{di}}{U_1} = 1{,}35$	$\frac{U_{deff}}{U_1} = 1{,}371$
	$\frac{I_Z}{I_d} = \frac{1}{3}$	$\frac{S_T}{U_{di} \cdot I_d} = 1{,}05$
	$U_{Rm} = \frac{\sqrt{2}}{2} \cdot U_1$	

1 Diode: vom griechischen: di = zwei

Gleichstromleistung

$$P_d = U_{deff} \cdot I_{deff}$$

Hinweis: Die tatsächliche Gleichspannung U_d sinkt gegenüber der ideellen Gleichspannung U_{di} bei Belastung um den Spannungsfall an den Dioden.

Bezeichnungen bei Gleichrichterschaltungen:

p	Pulszahl je Periode (genutzte Halbwellen je Periode)	–
U_1	Wechselstromseitige Anschlussspannung (Effektivwert)	V
U_{di}	Ideelle Leerlaufgleichspannung (arithmet. Mittelwert)	V
U_{deff}	Effektivwert der Gleichspannung	–
U_d	Tatsächliche Gleichspannung bei Belastung	V
U_{Rm}	Maximale Sperrspannung der Diode	V
I_Z	Zweigstrom (Strom im Gleichrichterzweig)	A
I_d	Tatsächliche Gleichspannung bei Belastung	V
I_{deff}	Effektivwert des Gleichstromes	–
S_T	Transformatorbauleistung	VA
P_d	Gleichstromleistung	W

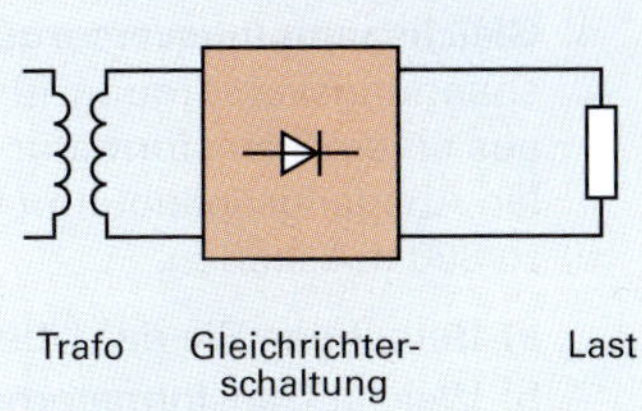

Bild 1: Gleichrichter

Beispiel

Ein Gleichrichter **(Bild 1)** soll am Ausgang eine ideelle Gleichspannung U_{di} von 9,0 V liefern. Als Gleichrichterschaltung wird eine Zweipuls-Brückenschaltung verwendet; der Lastwiderstand beträgt 150 Ω.

a) Wie groß muss die Ausgangsspannung U_1 des Transformators sein?
b) Wie groß ist der Gleichstrom I_d?
c) Welcher Strom fließt durch die einzelnen Dioden?
d) Welche Sperrspannung muss eine Diode mindestens aushalten?

Lösung: a) $\frac{U_{di}}{U_1} = 0{,}9 \qquad U_1 = \frac{U_{di}}{0{,}9} = \frac{0{,}9\ \text{V}}{0{,}9} = \mathbf{10{,}0\ V}$

b) $I_d = \frac{U_{di}}{R} = \frac{9{,}0\ \text{V}}{150\ \Omega} = 0{,}06\ \text{A} = \mathbf{60\ mA}$

c) $\frac{I_z}{I_d} = \frac{1}{2}; \quad I_Z = \frac{I_d}{2} = \frac{60\ \text{mA}}{2} = \mathbf{30\ mA}$

d) $U_{Rm} = \frac{\sqrt{2} \cdot U_1}{2} = \frac{\sqrt{2} \cdot 10\ \text{V}}{2} = \mathbf{7{,}07\ V}$

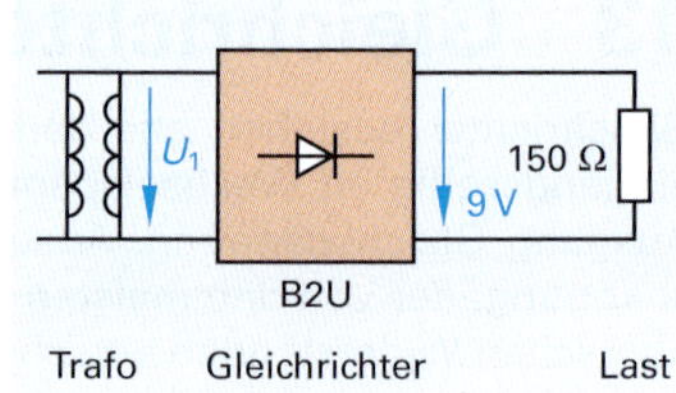

Bild 1: Gleichrichter

Tabelle 1: Kennwerte von Siliziumdioden

Typ	U_{RM} in V	I_F in A
1N4002	200	1
1N4003	400	1
1N4004	600	1
1N4005	800	1
6F20	200	6
6F40	400	6
12F20	200	12
12F40	400	12
1N1186	200	35
1N1188	400	35

Aufgaben | Ungesteuerte Gleichrichterschaltungen

1. **M2U-Schaltung:** Einer Zweipuls-Mittelpunktschaltung soll bei einer Ausgangsspannung von U_{di} = 24 V ein Gleichstrom von 1,5 A entnommen werden.

   Berechnen Sie

   a) die wechselstromseitige Anschlussspannung U_1,
   b) den Strom in einem Zweig der Schaltung,
   c) die notwendige Bauleistung des Transformators.

2. **Netzgerät:** Als 230-V-Netzgerät wird ein Transformator mit einer B2U-Gleichrichterschaltung verwendet. Ausgangsseitig sollen im Leerlauf 26 V zur Verfügung stehen, der Ausgang des Netzgerätes ist mit 1,6 A abgesichert.

   a) Welche Dioden sind nach **Tabelle 1** geeignet?
   b) Wie muss das Übersetzungsverhältnis des Transformators gewählt werden?
   c) Welche Bauleistung muss der Transformator besitzen?

3. **Fön (Bild 2):** Der Heizwicklung eines 230-V-Haarföns mit einer Nennleistung von 1500 W und zwei Heizstufen wird in Stufe 1 eine Diode vorgeschaltet.

   a) Welche Werte bezüglich U_{Rm} und I_F muss die Diode mindestens aushalten?
   b) Wie groß ist die Heizleistung mit Diode?

4. **Gleichspannungsversorgung (Bild 3):** Eine einfache Gleichspannungsversorgung für Anschluss an 230 V/50 Hz besteht aus einem Transformator und einer Diode. Bei einer maximalen Ausgangsspannung U_{di} von 48 V soll ein Strom I_d von bis zu 800 mA fließen.

   a) Berechnen Sie das Übersetzungsverhältnis des Trafos.
   b) Welche Transformatorbauleistung ist mindestens notwendig?
   c) Welche Sperrspannung muss die Diode ohne bzw. mit Glättungskondensator aushalten?

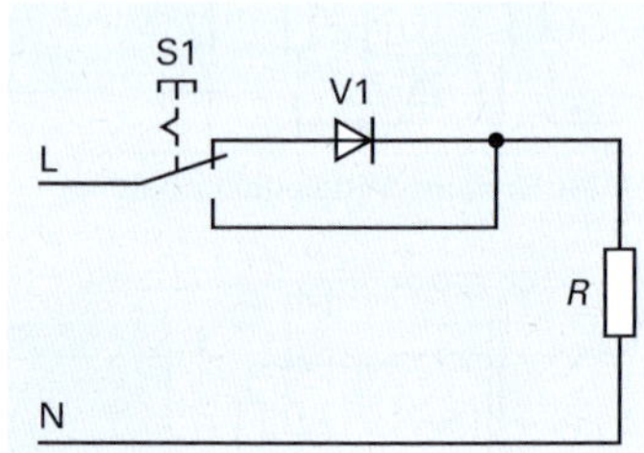

Bild 2: Fön

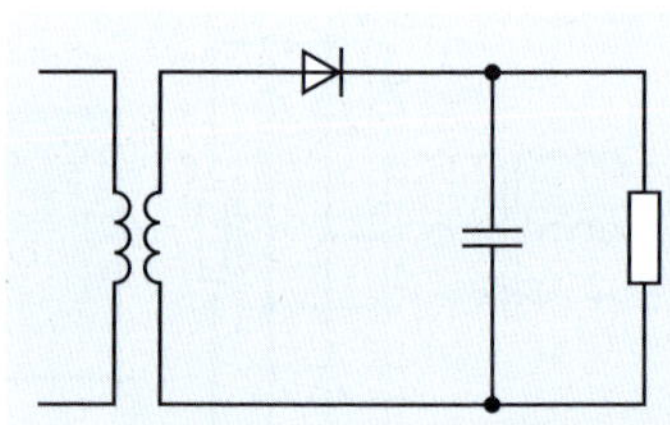

Bild 3: Gleichspannungsversorgung

5. **Gleichstrommotor (Bild 1)**: Ein Gleichstrommotor mit dem dargestellten Leistungsschild soll über eine Zweipuls-Brückenschaltung und, falls notwendig, einen Transformator an 230 V/ 50 Hz angeschlossen werden.
   a) Ist ein Transformator notwendig? Begründen Sie Ihre Aussage.
   b) Wählen Sie geeignete Dioden **(Tabelle 1 vorherige Seite)** aus. Der Anlaufstrom des Motors beträgt das 8-fache des Nennstromes!
   c) Beim Ausschalten des Motors induziert dieser eine Spannung.

   Ist eine Freilaufdiode notwendig?
   Begründen Sie Ihre Antwort.

6. **Brückengleichrichter (Bild 2)**: Gegeben sei der dargestellte Brückengleichrichter.
   a) Erläutern Sie die aufgedruckten Angaben.
   b) Welche Werte bezüglich Durchlassstromstärke und Spitzensperrspannung müssen die eingebauten Dioden mindestens aushalten?

7. **Gleichstrommotor B6U:** Bei einem Gleichstrommotor fließt bei Anschluss an 200 V ein Einschaltstrom von 42 A. Er soll über einen Transformator und eine Sechspuls-Brückenschaltung an 400 V/50 Hz betrieben werden.
   a) Welche Vorteile besitzt die B6U-Schaltung gegenüber einer B2U-Schaltung?
   b) Berechnen Sie das notwendige Übersetzungsverhältnis des Transformators.
   c) Welche Bauleistung muss der Transformator besitzen?
   d) Wählen Sie geeignete Dioden aus.

Hersteller			
Typ			
– Mot.	**Nr.**		
200 **V**			14 **A**
2,5 **kW**		**cos** φ –	
1900/**min**			**– Hz**
Lfr			I_F 0,3 **A**
Isol.-Kl. B/F	**IP** 54		**Kg**
DIN VDE...			

Bild 1: Leistungsschild

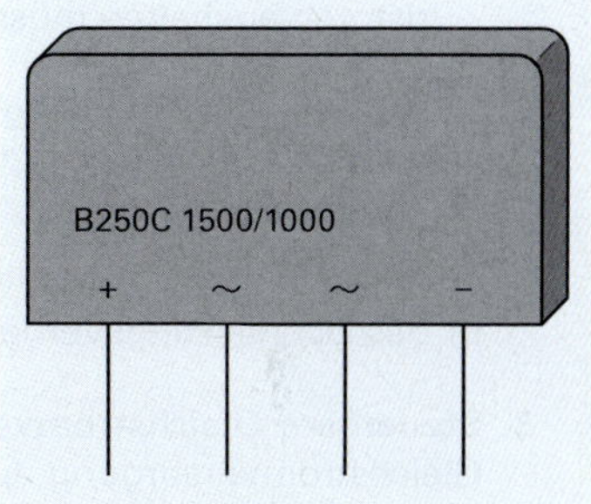

Bild 2: Brückengleichrichter

13.2 Gesteuerte Gleichrichterschaltungen

Werden die Dioden in Gleichrichterschaltungen vollständig durch Thyristoren ersetzt („vollgesteuerte Gleichrichterschaltung", C) oder teilweise durch Thyristoren ersetzt („halbgesteuerte Gleichrichterschaltung", H), kann die Höhe der Gleichspannung durch den Zündwinkel α eingestellt werden.

Beispiel

Eine vollgesteuerte Zweipuls-Brückenschaltung wird an 230 V/50 Hz betrieben.

a) Wie groß ist die ideelle Gleichspannung $U_{d\alpha}$ an einem ohmschen Widerstand, wenn der Zündwinkel $\alpha = 60°$ beträgt?
b) Welche Leistung wird in dem Widerstand bei Volllast umgesetzt?

Lösung: a) $\frac{U_{di}}{U_1} = 0{,}9$; $U_{di} = 0{,}9 \cdot U_1 \cdot 0{,}9 \cdot 230\ \text{V} = \mathbf{207\ V}$

aus Steuerkennlinien **(Bild 3)**:

Kennlinie 1 (B2C, ohmsche Last), $\alpha = 60° \Rightarrow \frac{U_{d\alpha}}{U_{di}} = 0{,}58$

$U_{d\alpha} = 0{,}58 \cdot U_{di} = 0{,}58 \cdot 207\ \text{V} = \mathbf{120\ V}$

b) Volllast: $U_{deff} = U_1 = 230$ V

$$P = \frac{U_{deff}^2}{R} = \frac{(230\ \text{V})^2}{150} = \mathbf{353{,}7\ W}$$

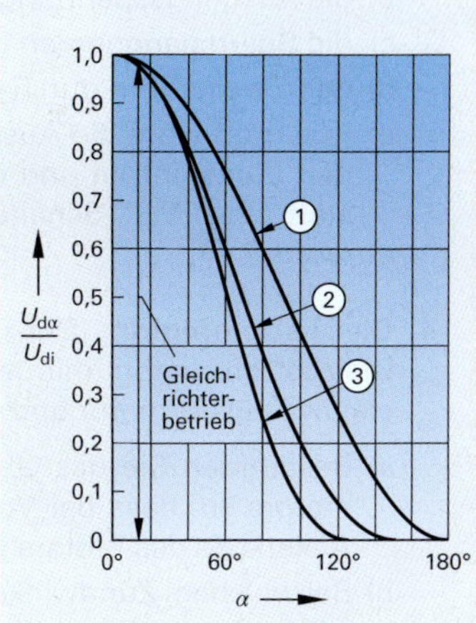

$U_{d\alpha}$: ideelle gesteuerte Gleichspannung
U_{di}: ideelle Gleichspannung bei Vollaussteuerung

1: B2H, B6H, (alle Lastarten) E1C, M2C, B2C (ohmsche Last)
2: M3C (ohmsche Last)
3: B6C (ohmsche Last)

Bild 3: Steuerkennlinien

13

Aufgaben Gesteuerte Gleichrichterschaltungen

1. **Halbgesteuerter Brückengleichrichter B2H (Bild 1):** Ein halbgesteuerter Brückengleichrichter ist über einen Transformator mit dem Übersetzungsverhältnis 9:1 an 230 V/50 Hz angeschlossen. Am Ausgang soll ein Lastwiderstand $R_L = 250\ \Omega$ liegen.
   a) Welcher Zündwinkel ist nach dem Liniendiagramm in **Bild 1** eingestellt?
   b) Ermitteln Sie die ideelle Gleichspannung $U_{d\alpha}$ für den eingestellten Zündwinkel.
   c) Welcher Gleichstrom I_{di} wird der Schaltung bei dem gegebenen Zündwinkel entnommen?
   d) Berechnen Sie die Mindestvoraussetzungen bezüglich Durchlassstrom und Sperrspannung, die Dioden und Thyristoren aushalten müssen.

2. **Vollgesteuerter Brückengleichrichter B2C:** Bei einem Zündwinkel von 45° gibt eine B2C-Schaltung die Spannung $U_{d\alpha} = 52$ V ab. Wie groß sind
   a) die ideelle Gleichspannung U_{di},
   b) das Übersetzungsverhältnis des Transformators?

3. **Steuerbare Gleichstromversorgung (Bild 2):** Eine steuerbare Gleichstromversorgung für ohmsche Lasten enthält neben dem Transformator eine M3C-Schaltung. Die maximale Ausgangsspannung U_{di} soll 250 V betragen, der maximale Gleichstrom I_{di} 16 A. Bestimmen Sie
   a) das Übersetzungsverhältnis des Transformators,
   b) die Ausgangsspannung bei $\alpha = 30°$, $\alpha = 60°$, $\alpha = 90°$,
   c) die Sperrspannung an den Thyristoren,
   d) den Zweigstrom durch die Thyristoren.
   e) Wie groß wäre die Ausgangsspannung bei den angegebenen Zündwinkeln und dem gleichen Transformator, wenn statt einer M3C-Schaltung eine B6C-Schaltung eingesetzt würde?

4. **Gleichstrommotor:** Der Ankerkreis eines Fremderregten Gleichstrommotors mit den Nenndaten 250 V, 18 A wird von einem Transformator und einer B2H-Schaltung gespeist.
   a) Bestimmen Sie das Übersetzungsverhältnis des Transformators so, dass bei Vollaussteuerung maximal 300 V am Ankerkreis des Motors anliegen.
   b) Bei welchem Zündwinkel liegt die Nennspannung am Anker an?
   c) Wie groß ist die ideelle Gleichspannung $U_{d\alpha}$ bei einem Zündwinkel $\alpha = 60°$?
   d) Skizzieren Sie den Ausgangsspannungsverlauf für einen Zündwinkel $\alpha = 60°$.
   e) Für welche Stromstärke müssen Dioden und Thyristoren ausgelegt sein, wenn die maximale Stromstärke das 3-fache der Nennstromstärke beträgt?
   f) Wie muss eine B2H-Schaltung aufgebaut sein, damit ein Freilaufzweig vorhanden ist?

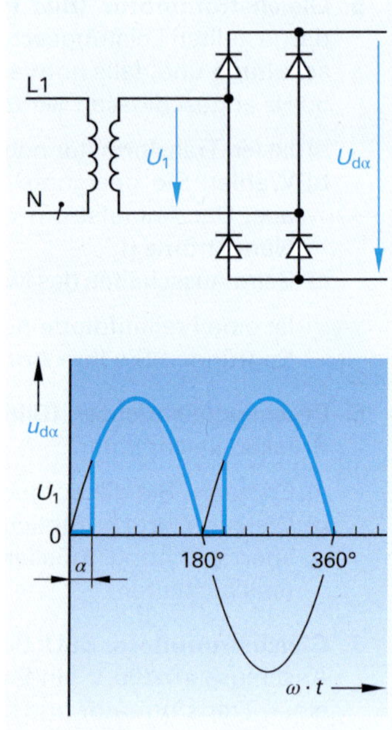

Bild 1: Halbgesteuerte Zweipuls-Brückenschaltung B2H

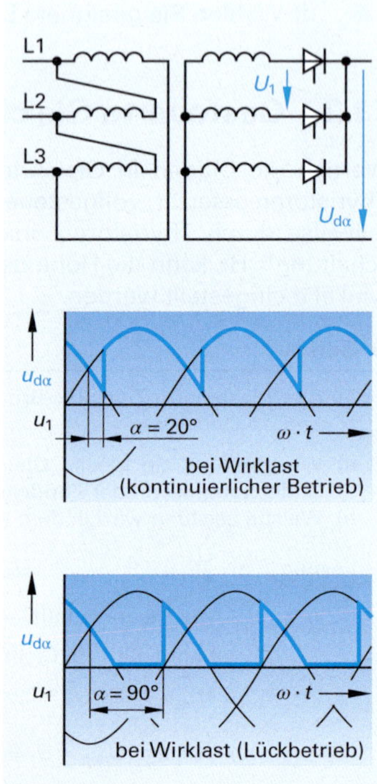

Bild 2: Vollgesteuerte Dreipuls-Mittelpunktschaltung M3C

14 Fluidtechnik: Pneumatik

Unter Fluidtechnik versteht man den Einsatz von Druckluft und Druckflüssigkeiten zum Steuern und Regeln von automatisierten Systemen. Zudem werden durch diese fluiden[1] Medien Energien übertragen und an den Bauelementen Arbeit verrichtet.

14.1 Druckarten und Druckeinheiten

Pneumatische[2] Anlagen und Bauelemente arbeiten mit Druck- oder Saugluft. Die in der Pneumatik verwendete Luft wird aufbereitet und kommt im Steuerungs- und im Leistungsteil der Anlage zum Einsatz.

Druckentstehung in der Technik

Eine eingeschlossene Gasmenge wird über eine Stempelkraft stark komprimiert: Dichte von Luft bei Normalluftdruck $\varrho = 1{,}2\ \text{kg/m}^3$.

Beispiel 1

Berechnen Sie die jeweiligen Drücke p_1 und p_2 in **Bild 1**.

Lösung: $p_1 = \frac{F}{A_1} = \frac{100\ \text{N}}{1\ \text{cm}^2} = 100\ \frac{\text{N}}{\text{cm}^2} = \mathbf{10\ bar}$

$p_2 = \frac{F}{A_2} = \frac{100\ \text{N}}{10\ \text{cm}^2} = 10\ \frac{\text{N}}{\text{cm}^2} = \mathbf{1\ bar}$

Der Druck wird umso größer, je größer die Kraft und je kleiner die Fläche ist.

Die Normdruckeinheit ist Pascal[3] (Pa). In der Technik wird meist bar[4] verwendet. Für den Technologieexport in den amerikanischen Markt ist die Einheit psi (Pfund pro Zoll im Quadrat) interessant.

Luftdruck, Überdruck, absoluter Druck

Der Zeiger eines in der Pneumatik eingesetzten Manometers steht bei Normalluftdruck auf $p_e = 0$ bar **(Bild 2)**. Man spricht von einem **relativen** Bezug auf die Umgebung: Der wahre Druck der Umgebung von $p_{amb} = 1{,}013$ bar wird nicht angezeigt.

Nimmt man einen luftleeren Raum, ein Vakuum, so hat man einen **absoluten** Bezug. Den Druck gegenüber dem Vakuum bezeichnet man als absoluten Druck p_{abs} **(Bild 3)**.

Den Druckunterschied zwischen dem absoluten Druck- und dem jeweiligen Luftdruck bezeichnet man als Überdruck p_e.

$$p_e = p_{abs} - p_{amb}$$

Die verwendeten Indices haben folgenden Ursprung:

abs = absolut = uneingeschränkt e = excedens = überschreitend amb = ambiens = umgebend.

Beispiel 1

In einem Reifen ist ein Druck von $p_{abs} = 2{,}4$ bar. Wie groß ist der Überdruck p_e?

Lösung: $p_e = p_{abs} - p_{amb} = 2{,}4\ \text{bar} - 1\ \text{bar} = \mathbf{1{,}4\ bar}$

Der Überdruck p_e ist positiv, wenn der absolute Druck p_{abs} größer als der Luftdruck p_{amb} ist. Der Überdruck p_e wird negativ, wenn der absolute Druck kleiner als der Luftdruck p_{amb} ist.

1 von fluidus (lat.) = fließend 2 von pneuma (griech.) = Luft
3 von Blaise Pascal, franz. Physiker (1623–1652) 4 von barys (griech.) = schwer

Druck

$$p = \frac{F}{A}$$

p	Druck	bar
F	Kraft	N
A	Fläche	cm², m²

Umrechnungen

1 N/m² = 1 Pa = 1/100 000 bar
1 bar = 10 N/cm² = 10^5 Pa
1 mbar = 100 Pa = 1 hPa
1 bar = 14,5 psi
(**p**ounds per **s**quare **i**nch)

Überdruck

$$p_e = p_{abs} - p_{amb}$$

p_e	Überdruck	bar
p_{abs}	absoluter Druck	bar
p_{amb}	Luftdruck	bar

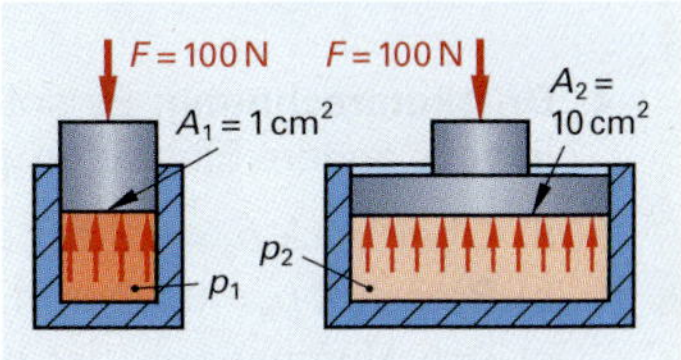

Bild 1: Druckentstehung

Bild 2: Manometeranzeige

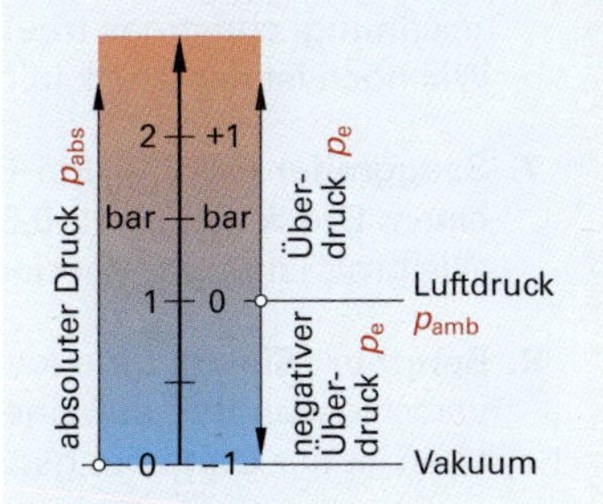

Bild 3: Absolutes und relatives Bezugssystem

14

Aufgaben Druckarten und Druckeinheiten

1. **Zylinder (Bild 1):** Ein Druckluftzylinder mit einer Kolbenfläche von 78 mm² soll eine Kraft $F = 2000$ N aufbringen können. Welcher Druck muss anliegen? Geben Sie das Ergebnis in bar und Pa an.

2. **Fahrradluftpumpe (Bild 2):** Eine Fahrradluftpumpe hat einen Kolben mit einer Fläche von 3 cm². Ein Radsportler betätigt die Pumpe mit einer Kraft von 480 N.

   Welcher Überdruck entsteht in der Pumpe bei geschlossenem Ausgangsventil?

3. **Druckeinheiten (Tabelle 1):** Die in den Aufgaben a bis c angegebenen Drücke sind in die Druckeinheiten umzuwandeln, die in der ersten Spalte aufgeführt sind. Stellen Sie die Werte und die Ergebnisse der Spalte b als Balkendiagramm dar.

Tabelle 1: Druckeinheiten

Umwandlung	a	b	c
p_{abs} in bar	$p_e = 1{,}4$ bar	$p_e = -0{,}7$ bar	$p_e = 155$ bar
p_e in bar	$p_{abs} = 8{,}6$ bar	$p_e = 350\,000$ Pa	$p_e = 125$ N/cm²
p_e in bar	$p_{abs} = 0{,}4$ bar	$p_{abs} = 0{,}16$ bar	$p_{abs} = 0{,}35$ bar

4. **Druckumrechnung:** Es sollen die angegebenen Drücke in die jeweils andere Einheit umgewandelt werden:

   a) Überdruck $p_e = 0{,}3$ bar eines Gasleiters in p_e (Pa).

   b) Pressluft $p_e = 6{,}4$ bar in p_e (kPa).

   c) Druckluftwagenheber $p_e = 1{,}03$ MPa in p_e (bar).

5. **Druckminderer (Bild 3):** Das Flaschenmanometer einer O_2-Flasche (V = 50 l) zeigt 130 bar an. Der Druckminderer ist auf 2,5 bar eingestellt.

   a) Wie groß ist der Druckunterschied in der Sauerstoffarmatur in bar und Pa?

   b) Nach einer Schweißarbeit zeigt das Flaschenmanometer noch 115 bar an. Wie viel Sauerstoff wurde verbraucht, wenn 1 bar Druckabfall bei der O_2-Flasche etwa 50 l Entnahme entspricht?

6. **Ölentnahme:** Ein Techniker installiert auf einem Ölfeld in Burgan (Kuwait) einen Druckmesser auf einen Rohrverteiler (Bezeichnung: christmas tree). Das Manometer zeigt 500 psi an. Wie hoch ist der Druck in bar, mbar und Pa?

7. **Sauggreifer (Bild 4):** Ein Greifarm hat einen Sauggreifer mit einem Druck von $p_e = -0{,}6$ bar.
   Wie groß ist p_{abs} in bar und Pa?

8. **Bergtour (Bild 5):** Eine leere Flasche wird bei $p_{amb} = 0{,}98$ bar verschlossen und auf eine Bergtour mitgenommen. Am Berg oben ist der Umgebungsdruck auf 0,81 bar gesunken.

   a) Berechnen Sie p_{abs} und p_e der Flaschenluft auf dem Berg.

   b) Was geschieht, wenn die Flasche nun geöffnet wird?

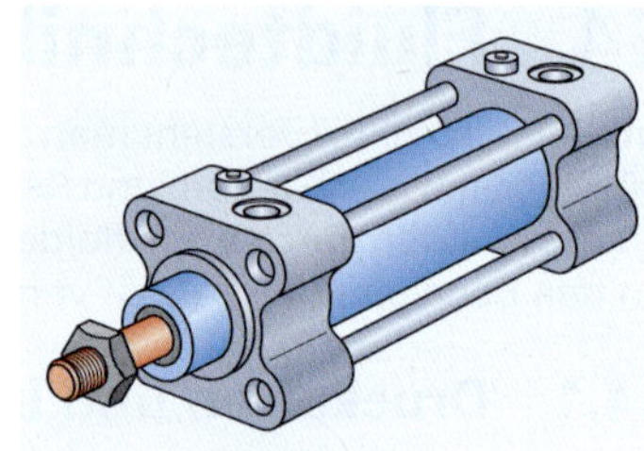

Bild 1: Zylinder

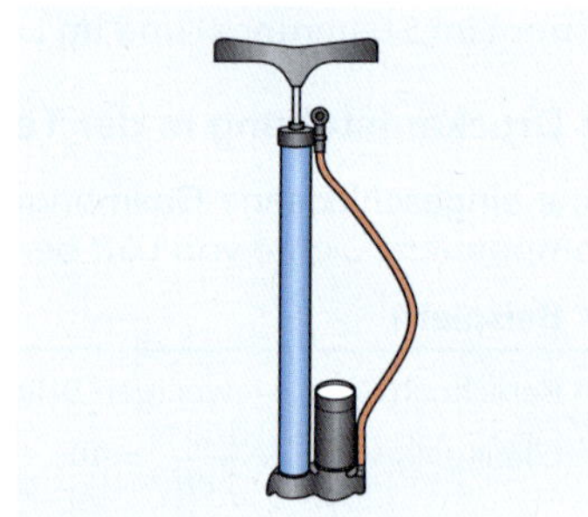

Bild 2: Fahrradluftpumpe

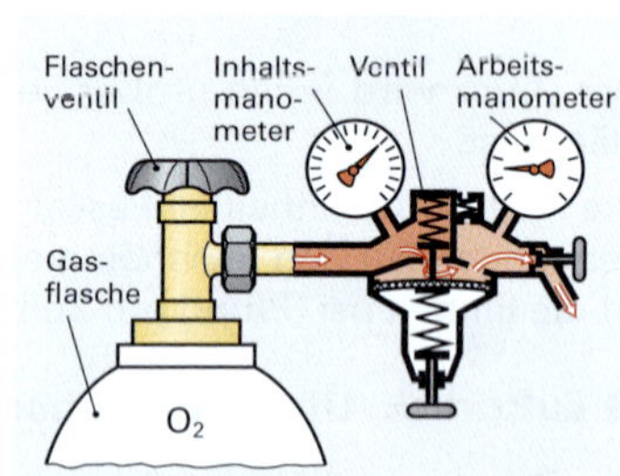

Bild 3: Druckminderer

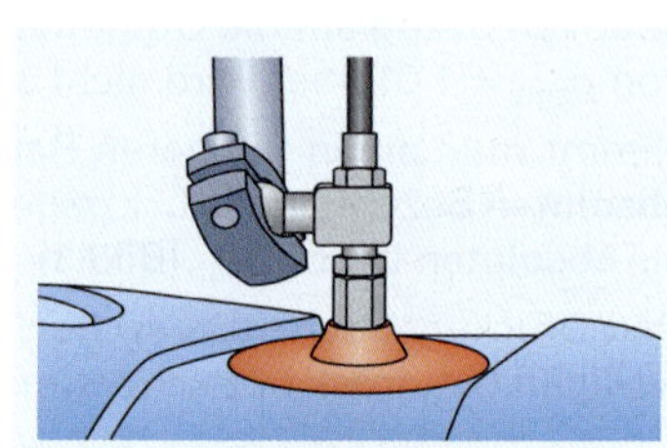

Bild 4: Sauggreifer

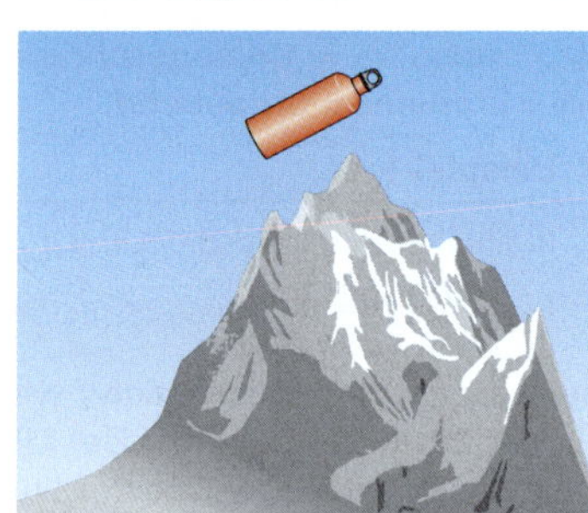

Bild 5: Bergtour

14.2 Zustandsänderungen bei Gasen

In Druckluftaufbereitungssystemen wird Luft aufbereitet und stark verdichtet. Es gilt die allgemeine Gasgleichung. Dabei werden die Drücke p_{abs} (bar) und die Temperatur T (Kelvin) absolut angegeben.

Beispiel 1

Ein Kompressor saugt $V_1 = 40\ m^3$ Luft mit $p_{abs1} = 1$ bar und $t_1 = 15\,°C$ an und verdichtet diese Luft auf $V_2 = 4{,}5\ m^3$ und $t_2 = 140\,°C$. Wie groß wird p_{abs2}?

Lösung: $p_{abs2} = \frac{p_{abs1} \cdot V_1 \cdot T_2}{T_1 \cdot V_2} = \frac{1\ bar \cdot 40\ m^3 \cdot 413\ K}{288\ K \cdot 4{,}5\ m^3} = \mathbf{12{,}7\ bar} \Rightarrow p_e = 11{,}7$ bar

In manchen Fällen vereinfacht sich die allgemeine Gasgleichung, weil eine Größe konstant bleibt. Bei der isochoren[1] Zustandsänderung bleibt das Volumen, bei der isobaren[2] der Druck und bei der isothermen[3] die Temperatur konstant.

Beispiel 2

Ein Druckbehälter hat bei $T_1 = 418$ °K einen Druck von $p_{abs1} = 22$ bar. Über Nacht kühlt der Behälter auf $T_2 = 408$ °K ab. Wie groß ist p_{abs2}? Welche Zustandsänderung liegt vor?

Lösung: $p_{abs2} = \frac{p_{abs1} \cdot T_2}{T_1} = \frac{22\ bar \cdot 408\ K}{288\ K} = \mathbf{21{,}47\ bar};$

V = konstant ⇒ isochor

Allgemeine Gasgleichung

$$\frac{p_{abs1} \cdot V_1}{T_1} = \frac{p_{abs2} \cdot V_2}{T_2}$$

p_{abs1}, p_{abs2}	absoluter Druck	bar
V_1, V_2	Volumen	m^3
T_1, T_2	Temperatur	K

Temperatur

$$T = t + 273$$

T	Temperatur	K
t	Temperatur	°C

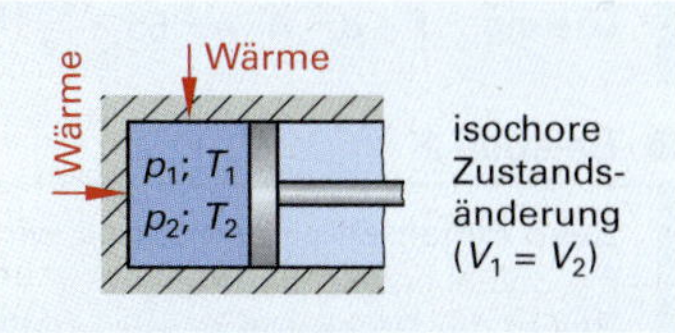

Bild 1: Isochore Zustandsänderung

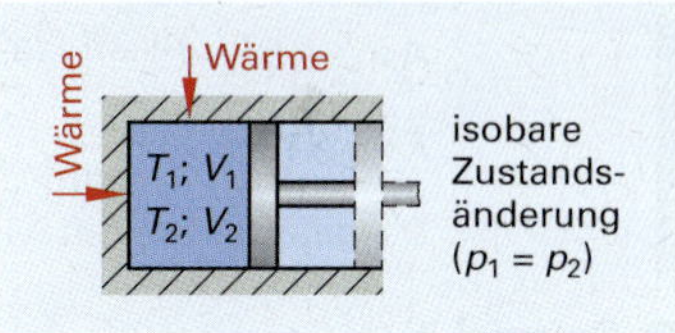

Bild 2: Isobare Zustandsänderung

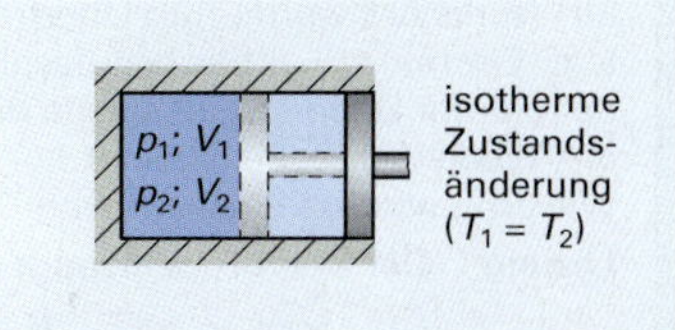

Bild 3: Isotherme Zustandsänderung

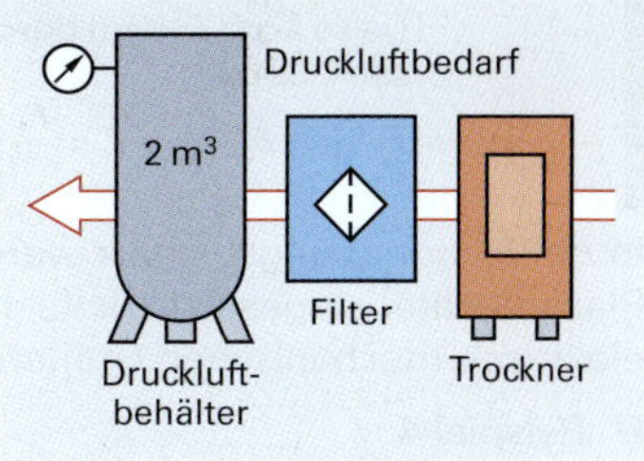

Bild 4: Druckluftspeicher

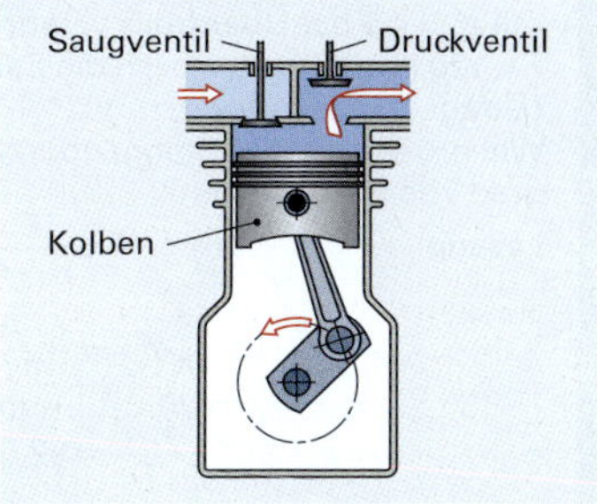

Bild 5: Hubkolbenverdichter

Aufgaben — Zustandsänderungen bei Gasen

1. **Gasmengenberechnung:** Der Luftverbrauch einer Pneumatikanlage beträgt 95 m³/h bei 5,5 bar und $t = 20\,°C$. Die angesaugte Luft hat einen Überdruck von 0,8 bar bei ebenfalls 20 °C.
   a) Wie groß ist die Ansaugmenge?
   b) Welche Zustandsänderung liegt vor?
2. **Druckluftspeicher (Bild 4):** In einem Druckbehälter von 2 m³ wird Druckluft gepumpt. Bei einem Manometerdruck von 8,2 bar schaltet der Kompressor ab. Nach der Abkühlung auf 20 °C werden 6,5 bar angezeigt.
   a) Wie hoch war die Temperatur bei der Kompression?
   b) Um welche Zustandsänderung handelt es sich?
3. **Hubkolbenverdichter (Bild 5):** Ein Hubkolbenverdichter saugt ein Volumen von 90 m³ Luft bei $p_{amb} = 1$ bar und $t_1 = 30\,°C$ an. Nach der Verdichtung auf $p_e = 12{,}5$ bar bei $t_2 = 50\,°C$ schaltet der Kompressor ab.
   a) Welches Volumen hat der Druckluftbehälter?
   b) Berechnen Sie p_e nach Abkühlung auf 30 °C.
4. **Extreme Umgebung:** Ein Kompressor mit 50-l-Kessel wird in einer Wüstenregion betrieben. Beim ersten Einschalten, ohne Überdruck im Kessel, herrscht eine Temperatur von 50 °C bei einem Umgebungsdruck von 1 bar. Der Kompressor schaltet bei $p_e = 10$ bar und $t_2 = 80\,°C$ ab.
   a) Welches Volumen wurde angesaugt?
   b) Berechnen Sie p_{e2} für eine Temperatur bei Nacht von $t_2 = 5\,°C$.

1 isochor (gr.): gleiche Fülle/gleiches Volumen habend
2 isobar (gr.): gleichen Druck habend
3 isotherm (gr.): gleiche Temperatur habend

14

14.3 Kolbenkraft

Die in einem Pneumatikzylinder **(Bild 1)** unter Druck einströmende Luft verschiebt den Kolben mit seiner Kolbenstange und erzeugt eine theoretische Kraft: $F_{th} = p_e \cdot A$.

Die Reibungskräfte zwischen Kolben, Stange und Zylinderinnenfläche verringern die theoretische Kolbenkraft und werden über den Wirkungsgrad η berücksichtigt: $F = p_e \cdot A \cdot \eta$.

Wirksame Kolbenkraft

$$F = p_e \cdot A \cdot \eta$$

F	Kolbenkraft	N
p_e	Überdruck	Pa, bar
A	Kolbenfläche	m^2, cm^2
η	Wirkungsgrad	–

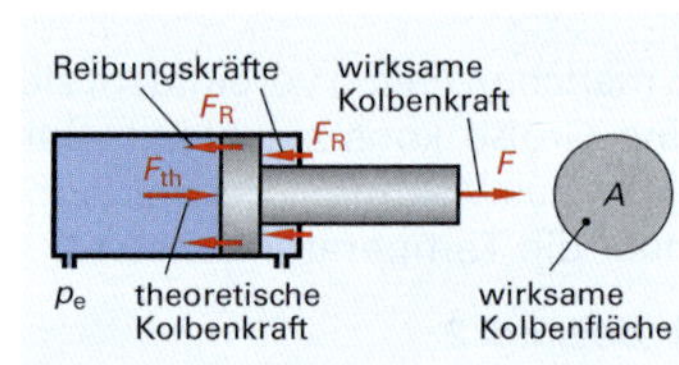

Bild 1: Pneumatikzylinder

Beispiel 1

Wie groß wird die wirksame Kolbenkraft, wenn der einfach wirkende Zylinder **(Bild 2)** mit Kolbendurchmesser 32 mm mit einem Überdruck von 5,5 bar beaufschlagt wird? Der Verlust beträgt 12 %.

Lösung: $F = p_e \cdot A \cdot \eta = 55 \frac{N}{cm^2} \cdot \frac{\pi \cdot 3{,}2^2 \cdot cm^2}{4} \cdot 0{,}88 = 389{,}26\ N \approx \mathbf{40\ kg}$

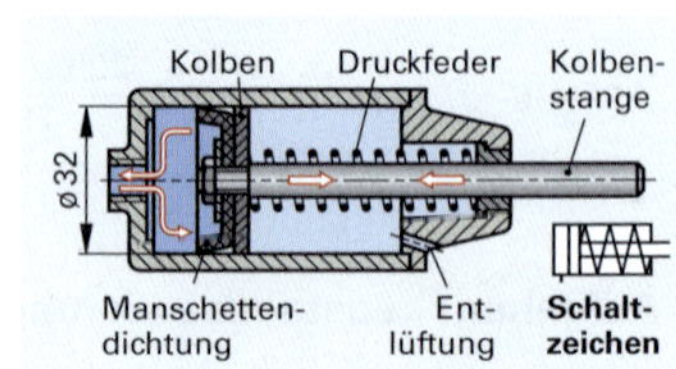

Bild 2: Einfach wirkender Zylinder

Beispiel 2

Beim Einfahren eines doppelt wirkenden Zylinders **(Bild 3)** soll eine Kraft $F = 350$ N erzeugt werden.
Reicht der Druck von $p_e = 5{,}5$ bar dafür aus?

Lösung: Die wirksame Kolbenfläche ist hier eine Kreisringfläche.

$$A = \frac{\pi}{4} \cdot (D^2 - d^2) = \frac{\pi}{4} \cdot (3{,}2^2\ cm^2 - 1{,}0^2\ cm^2) = 7{,}26\ cm^2$$

$$F = p_e \cdot A \cdot \eta = 55 \frac{N}{cm^2} \cdot 7{,}26\ cm^2 \cdot 0{,}88 = \mathbf{351{,}38\ N}$$

Die geforderte Kraft wird erreicht.

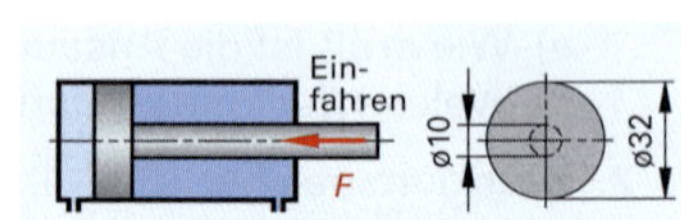

Bild 3: Doppelt wirkender Zylinder

Beispiel 3

Ein Werkstück wurde zum Überfräsen in einen Spannstock **(Bild 4)** eingelegt. Ein mit $p_e = 6$ bar beaufschlagter Kolben betätigt einen Kipphebel, der auf der kürzeren Hebelseite die bewegliche Spannbacke betätigt und das Werkstück fest einspannt.
Wie groß wird die Einspannkraft F_2, wenn der Wirkungsgrad 88 % beträgt?

Lösung: Der Überdruck erzeugt auf den Kolben eine Kraft F_1

$$F_1 = p_e \cdot A \cdot \eta = 60 \cdot \frac{N}{cm^2} \cdot \frac{\pi \cdot 14^2\ cm^2}{4} \cdot 0{,}88 = 8127{,}92\ N$$

Diese Kraft F_1 wird durch den beidseitig wirkenden Hebel übersetzt. Es gilt:

$$F_1 \cdot l_1 = F_2 \cdot l_2 \Rightarrow F_z = \frac{F_1 \cdot l_1}{l_2} = \frac{8128\ N \cdot 150\ mm}{50 mm} = \mathbf{24\,383\ N}$$

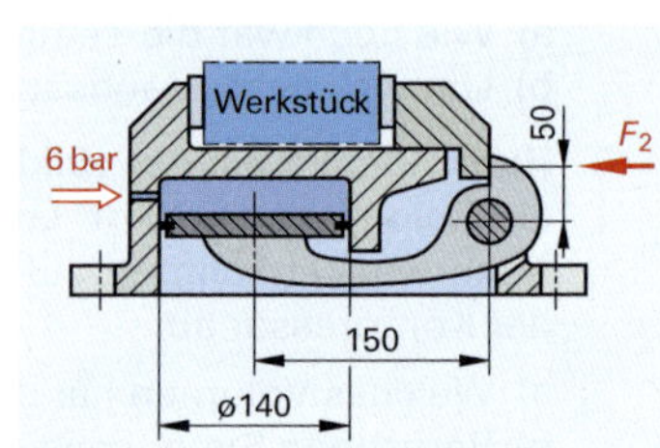

Bild 4: Pneumatischer Spannstock

In der Handhabungstechnik werden Industrieroboter oder Pick-and-Place-Geräte[1] eingesetzt. Vielfach sind diese mit pneumatischen oder elektrisch-mechanischen Greifersystemen ausgestattet.

Beispiel 4

Die Zylindereinheit eines pneumatischen Zangengreifers **(Bild 5)** wird mit $p_e = 4{,}5$ bar Überdruck versorgt. Für die Kolbenkraft in der Stange ist $F = 120$ N nötig, wenn sich die Zange schließt. Der Zylinderdurchmesser beträgt $D = 25$ mm.
Wie groß muss der Stangendurchmesser d in mm bei einem Wirkungsgrad von 92 % werden?

Lösung: $F = p_e \cdot A \cdot \eta \Rightarrow A = \frac{F}{p_e \cdot \eta} = \frac{120\ N \cdot cm^2}{45\ N \cdot 0{,}92} = 2{,}89\ cm^2$

$$A = \frac{\pi}{4} \cdot (D^2 - d^2) \Rightarrow \frac{4 \cdot A}{\pi} = D^2 - d^2 \Rightarrow d^2 = D^2 - \frac{4 \cdot A}{\pi}$$

$$\Rightarrow d = \sqrt{D^2 - \frac{4 \cdot A}{\pi}} = \sqrt{2{,}5^2\ cm^2 - \frac{4 \cdot 2{,}89\ cm^2}{\pi}} = 1{,}60\ cm = \mathbf{16\ mm.}$$

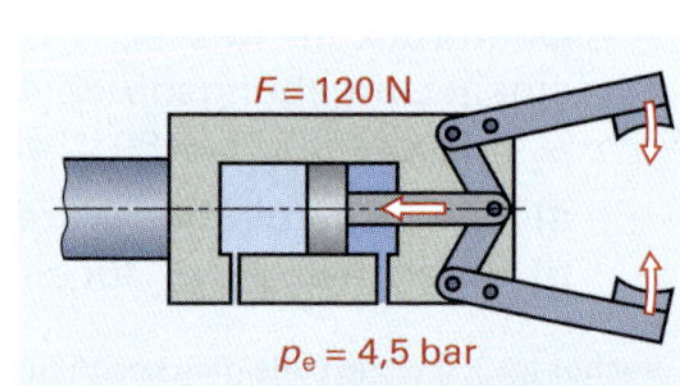

Bild 5: Pneumatischer Zangengreifer

1 to pick (engl.) = aufnehmen; to place (engl.) = ablegen

Aufgaben Kolbenkraft

1. **Pneumatikzylinder (Tabelle 1):** Wie groß sind die Kolbenkräfte für die einfach wirkenden Pneumatikzylinder a bis c?

   Der Wirkungsgrad der Zylinder beträgt jeweils 85 %.

2. **Kolbenstangenrückführung (Bild 1):** Nach dem Ausfahren des doppelt wirkenden Zylinders wird das 3/2-Wegeventil wieder losgelassen.

   Mit welcher Kraft fährt der Zylinderkolben mit $D = 25$ mm und Stangendurchmesser $d = 10$ mm in seine Endlage zurück, wenn das Druckregelventil für einen konstanten Rückstelldruck sorgt und der Wirkungsgrad 90 % beträgt?

3. **Konstante Kraft an Pneumatikzylindern:** Ein doppelt wirkender Zylinder hat die Maße 63 × 20 × 125 und einen Wirkungsgrad von 85 %. Er soll im Vorhub als auch im Rückhub die gleiche Kraft $F = 1480$ N aufbringen.

   Auf welchen Druck müssen die Regelventile **(Bild 2)** eingestellt werden, damit die gleiche Kraft erzielt werden kann?

4. **Druck-Kraft-Diagramm (Anhang):** Berechnungen über Zylinderkenngrößen lassen sich über den Einsatz von Diagrammen der jeweiligen Zylinderhersteller vereinfachen. Dabei kann man auf standardisierte Zylindergrößen zurückgreifen.

   a) Ein doppelt wirkender Zylinder soll bei einem Betriebsdruck von 6 bar eine Kolbenkraft von 1000 N erzeugen. Welcher Kolbendurchmesser ist zu wählen?
   b) Ein doppelt wirkender Zylinder hat einen Kolbendurchmesser von 32 mm. Wie groß ist die Kolbenkraft bei einem Betriebsdruck von 6 bar?
   c) Ein doppelt wirkender Zylinder soll eine Kolbenkraft von 2000 N erzeugen. Mit welchem Druck wird er versorgt, wenn der Kolbendurchmesser 70 mm betragen soll?

5. **Pneumatisch Spannen (Bild 3):** Für die pneumatische Spannvorrichtung sollen bei einem Wirkungsgrad von $\eta = 0{,}87$ folgende Werte berechnet werden:

   a) Die wirksame Kolbenkraft F_1 bei einem Kolbendurchmesser von 32 mm.
   b) Die wirksame Spannkraft F_2, wenn das Übersetzungsverhältnis des Hebels $i = l_1 : l_2 = 2{,}8 : 1$ beträgt.

6. **Pneumatischer Antrieb (Bild 4):** Eine Zahnstange, die durch zwei doppelt wirkende Zylinder verschoben werden kann, greift in ein Zahnrad ein, das den Kolbenhub in eine Rotation umwandelt. Für das Zahnstangengetriebe stehen folgende Daten zur Verfügung: Modulgröße $m = 2{,}5$ mm; Zähnezahl des Rades $z = 48$, Betriebsdruck $p_e = 4$ bar.

   a) Zu berechnen ist die Kraft F in der Zahnstange bei einem Wirkungsgrad von 88 % und einem Kolbendurchmesser von $D = 80$ mm.
   b) Wie groß wird das Drehmoment am Zahnrad?
   c) Wie groß wird der Drehwinkel α bei einem Hub s von 35 mm?

Tabelle 1: Pneumatikzylinder

	a	b	c
D in mm	80	63	50
p_e in bar	6	8	4

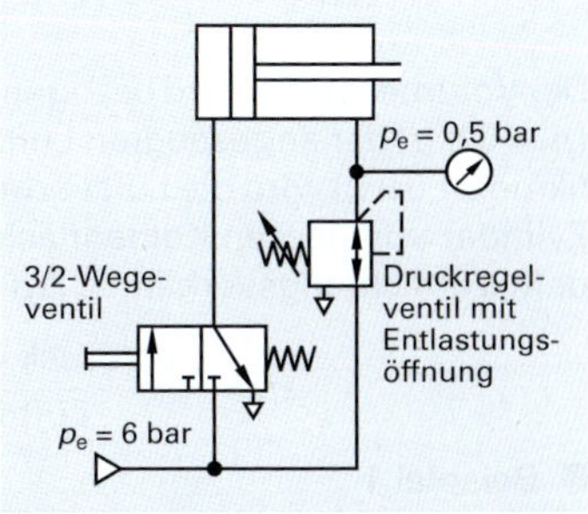

Bild 1: Kolbenstangenrückführung

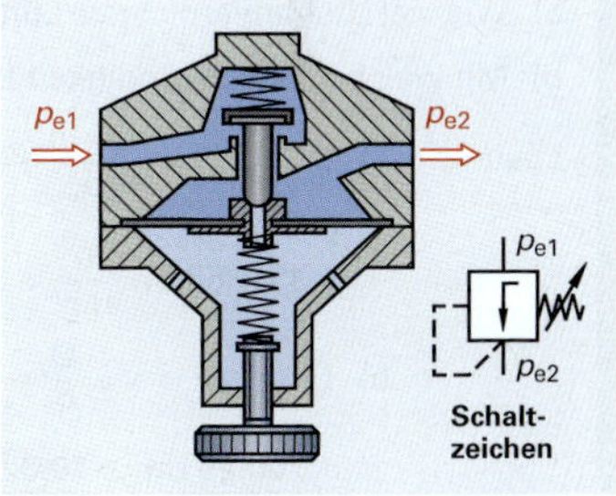

Bild 2: Druckregelventil

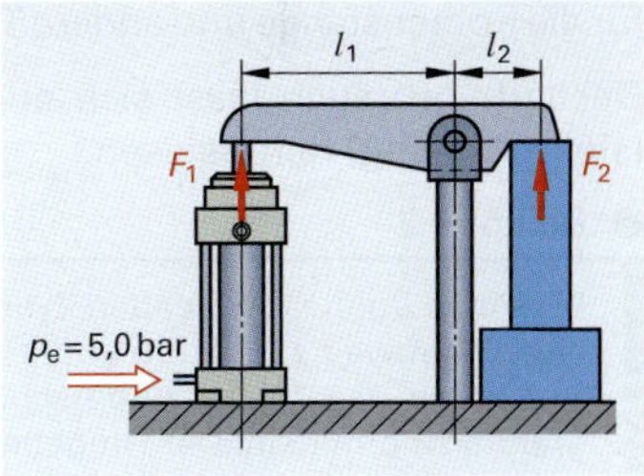

Bild 3: Pneumatisch Spannen

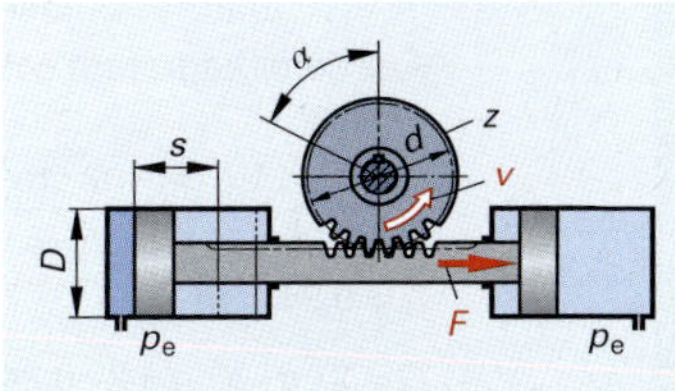

Bild 4: Pneumatischer Antrieb

14

14.4 Luftverbrauch in pneumatischen Anlagen

Verdichter **(Bild 1)** komprimieren die aus der Atmosphäre angesaugte Luft. Diese verdichtete Luft wird gespeichert und über Leitungssysteme den Verbrauchern zugeführt. Dabei fließt ein Volumenstrom Q (l/min), das heißt, dass durch den Leitungsquerschnitt A (dm²) die Luft mit einer bestimmten Geschwindigkeit v (dm/min) strömt:

$$Q = \frac{V}{t} = \frac{A \cdot s}{t} = A \cdot v \left[\frac{\text{dm}^2 \cdot \text{dm}}{\text{min}} = \frac{\text{dm}^3}{\text{min}} = \frac{\text{l}}{\text{min}}\right]$$

Der Volumenstrom wird bezogen auf den Normalluftdruck $p_{amb} = 1$ bar ($p_e = 0$ bar) der angesaugten Luft. Im Verbraucher (Zylinder, Pneumatikmotor usw.) wird die Luft verbraucht. Dieser Verbrauch hängt beim Zylinder von dessen Kolbenfläche A, Hubweg s, seiner Hubzahl und dem Verdichtungsverhältnis Δp der Luft ab.

$$\Delta p = \frac{\text{Überdruck} + \text{Luftdruck}}{\text{Luftdruck}} = \frac{p_e + p_{amb}}{p_{amb}}$$

Beispiel 1

Ein einfach wirkender Zylinder **(Bild 2)** mit einem Durchmesser $D = 80$ mm und einem Kolbenhub $s = 100$ mm wird mit dem Druck $p_e = 5{,}5$ bar 100-mal in der Minute betätigt.

a) Wie viel Liter unverdichtete Luft verbraucht der Zylinder in einer Minute?

b) Mit welcher Geschwindigkeit fährt der Kolben in die vordere Endlage?

Lösung: a) $Q = A \cdot s \cdot n \cdot \frac{p_e + p_{amb}}{p_{amb}} = \frac{\pi \cdot 8^2 \cdot \text{cm}^2}{4} \cdot 10\ \text{cm} \cdot \frac{100}{\text{min}} \cdot \frac{6\ \text{bar} + 1\ \text{bar}}{1\ \text{bar}}$

$= 351\,858{,}37 \frac{\text{cm}^3}{\text{min}} \approx \mathbf{352\ l/min}$

b) $Q = A \cdot v \Rightarrow v = \frac{Q}{A} = \frac{352\ \text{dm}^3 \cdot 4}{\text{min} \cdot \pi \cdot 0{,}8^2 \cdot \text{dm}^2}$

$= \frac{700{,}28\ \text{dm}}{\text{min}} = \frac{70{,}02\ \text{m}}{60\ \text{s}} = \mathbf{1{,}17\ m/s}$

Bei einem doppelt wirkenden Zylinder ist der Luftverbrauch vereinfacht doppelt so groß wie bei einem einfach wirkenden Zylinder. Der Raum für die Kolbenstange und andere Toträume werden nicht berücksichtigt.

Der Luftverbrauch lässt sich auch aus Tabellen oder Diagrammen **(siehe Anhang)** herauslesen.

Beispiel 2

Für einen doppelt wirkenden Zylinder mit einer Kolbenfläche $A = 32$ cm², einem Hubweg $s = 25$ mm und $n = 35$/min ist der Luftverbrauch für einen Druck von $p_e = 10$ bar zu berechnen und zum Vergleich mit einem Diagramm zu ermitteln. Der Umgebungsdruck beträgt 1 bar.

Lösung: $Q = 2 \cdot A \cdot s \cdot n \cdot \frac{p_e + p_{amb}}{p_{amb}} = 2 \cdot 32\ \text{cm}^2 \cdot 2{,}5\ \text{cm} \cdot \frac{35}{\text{min}} \cdot 11$

$= 61\,600 \frac{\text{cm}^3}{\text{min}} = 61{,}6 \frac{\text{dm}^3}{\text{min}} = \mathbf{61{,}6\ l/min}$

Aus dem Diagramm entnimmt man den Wert q über den Durchmesser D:

$D = \sqrt{\frac{4 \cdot A}{\pi}} = \sqrt{\frac{4 \cdot 32\ \text{cm}^2}{\pi}} = 6{,}38\ \text{cm} \approx 63\ \text{mm}$

$q \approx 0{,}34$ l/cm

$Q = 2 \cdot q \cdot s \cdot n = 2 \cdot 0{,}34 \frac{\text{l}}{\text{cm}} \cdot 2{,}5\ \text{cm} \cdot \frac{35}{\text{min}} = \mathbf{59{,}5\ l/min}$

Volumenstrom

$$Q = \frac{V}{t} = \frac{A \cdot s}{t} = A \cdot v$$

Luftverbrauch (Formel)

$$Q = A \cdot s \cdot n \cdot \frac{p_e + p_{amb}}{p_{amb}}$$

Luftverbrauch (Diagramm)

$$Q = q \cdot s \cdot n$$

Q	Luftverbrauch für einfach wirkenden Zylinder	l/min
q	spezifischer Luftverbrauch je 1 cm Hub	l/cm
V	Volumen	l, dm³
A	Kolbenfläche	cm²
s	Kolbenhub	cm
n	Hubzahl	1/min
v	Geschwindigkeit	m/s
t	Zeit	s
p_e	Überdruck	bar
p_{amb}	Luftdruck	bar

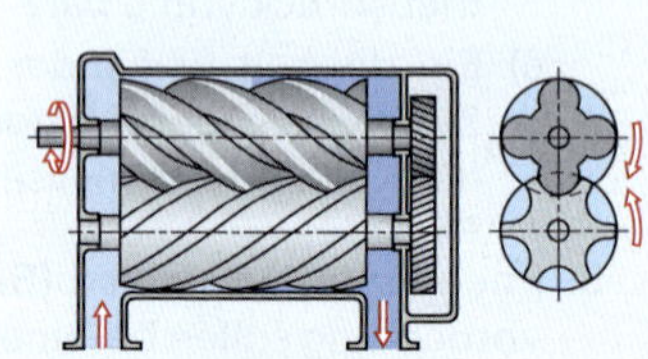

Bild 1: Schraubenverdichter

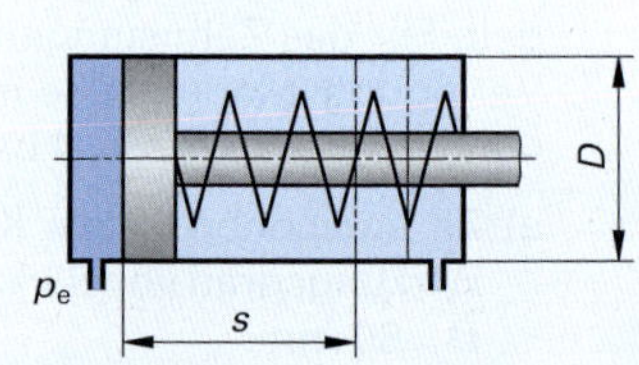

Bild 2: Einfach wirkender Zylinder

Aufgaben Luftverbrauch in pneumatischen Anlagen

1. **Luftverbrauch (Tabelle 1):** Wie groß ist jeweils der Luftverbrauch für die einfach wirkenden Zylinder in der Tabelle?

2. **Doppelt wirkender Zylinder:** Ein Zylinder soll mit einem Überdruck von $p_e = 6$ bar betrieben werden. Sein Kolbendurchmesser beträgt $D = 32$ mm, Kolbenhublänge $s = 50$ mm sowie die Hubzahl $n = 45\ \text{min}^{-1}$.
   a) Wie groß ist der Luftverbrauch Q (l/min), wenn Verluste durch Leitungen, Leckage und Kolbenstangenvolumen nicht berücksichtigt werden?
   b) Mit welcher Geschwindigkeit v (m/s) bewegt sich der Kolben in die vordere Endlage?

3. **Druckluftbehälter:** Welche Gasmenge muss ein Verdichter in einen Druckluftbehälter mit 150 l Behältervolumen fördern, bis das Manometer einen Überdruck von 10 bar anzeigt? Welche Zeit benötigt er bei einer Liefermenge von 25,44 m^3/h?

4. **Zweistufen-Kolbenverdichter (Bild 1):** Ein zweistufig aufgebauter Kolbenverdichter verdichtet in der 1. Stufe Luft auf 450 kPa und fördert sie nach einer Zwischenkühlung in einen Hochdruckzylinder, in dem sie auf 900 kPa komprimiert wird. Folgende Werte sind bekannt: Kolbendurchmesser $D_1 = 440$ mm, $D_2 = 210$ mm, Kolbenhub $s = 130$ mm, Hubzahl $n = 44\ \text{min}^{-1}$.

   Wie groß sind die mechanische Leistung der beiden Zylinder und die Motorantriebsleistung bei 30 % Verlust?

5. **Ölbremszylinder (Bild 2):** Um einen gleichmäßigen und einstellbaren Vorschub zu bekommen, läuft ein mit Hydrauliköl gefüllter Zylinder parallel zu einem Pneumatikzylinder. Das Drosselrückschlagventil ist so eingestellt, dass 0,35 l/min hindurchströmen können. Der Innendurchmesser des Bremszylinders beträgt 45 mm, der Pneumatikzylinder hat 60 mm, seine durchgehende Kolbenstange 18 mm Durchmesser.
   a) Wie groß wird die Vorschubgeschwindigkeit des Bremszylinders?
   b) Wie groß ist die Vorschubkraft F der Einheit, wenn diese einen Wirkungsgrad von 70 % besitzt?

6. **Fallmagazin (Bild 3):** Ein einfach wirkender Zylinder wirft 72 Teile pro Minute aus einem Fallmagazin. Der Kolbendurchmesser beträgt 50 mm, sein Kolbenhub 40 mm.
   a) Welcher Luftbedarf für eine Stunde errechnet sich an der Anlage für den Auswerfer, wenn der Überdruck 4 bar beträgt?
   b) Anstelle des einfach wirkenden Zylinders könnte ein doppelt wirkender Zylinder eingesetzt werden, dessen Kolbenstangendurchmesser 40 mm beträgt. Um wie viel Prozent erhöht sich der Luftbedarf?
   c) Ein Verdichter erzeugt einen Volumenstrom von 1,0 m^3/min. Wie viele der doppelt wirkenden Zylinder lassen sich damit betreiben?

Tabelle 1: Luftverbrauch

	a	b	c
D in mm	32	50	100
p_e in bar	6	6	8
Hub in mm	20	85	95
Hubzahl in 1/min	30	20	15

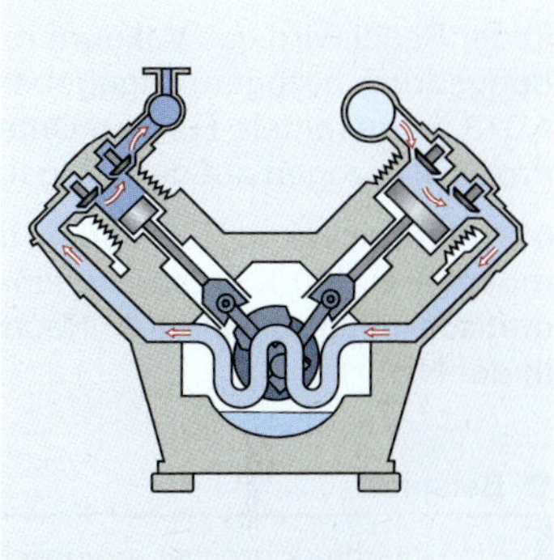

Bild 1: Kolbenverdichter

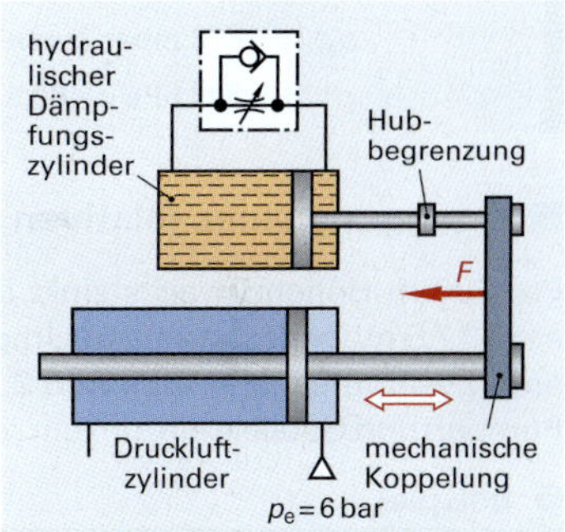

Bild 2: Ölbremszylinder

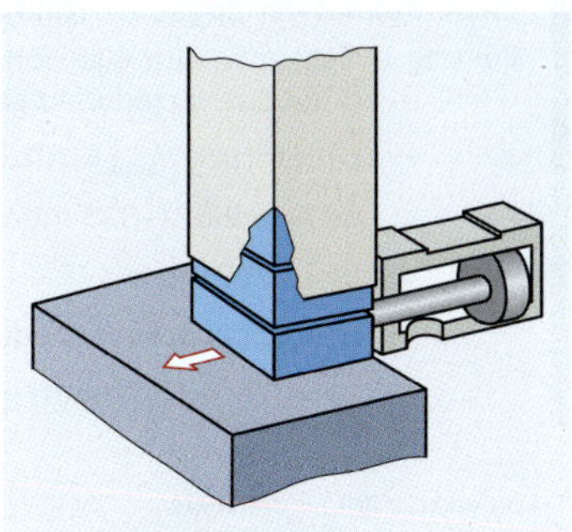

Bild 3: Fallmagazin

14.5 Vakuumtechnik – Handhabung mit Unterdruck

Vakuumgrößen

Unter Vakuum[1] versteht man den Zustand eines Gases, dessen Teilchendichte geringer ist als die der Erdatmosphäre.

Anwendungen der Handhabungstechnik bewegen sich im Bereich des Grobvakuums von p_{abs} = 1 mbar bis 1 bar **(Bild 1).** Die erforderlichen Drücke sind stark von den Materialien und deren Oberflächen abhängig. Dichte Oberflächen bei Metallen, Glas und Kunststoffen benötigen ein relatives Vakuum mit 20 % bis 40 %, poröse Oberflächen, z.B. bei Kartonagen, Spanplatten usw., ein relatives Vakuum von 60 % bis 80 %.

In der Regel wird das Vakuum relativ, als p_e (oder p_u) auf den Umgebungsdruck bezogen, angegeben. Der Umgebungsdruck p_{amb} ist auf 1,013 bar gemittelt. Für den Unterdruck findet man auch Angaben in Prozent, bezogen auf den umgebenden Normalluftdruck.

0 % relatives Vakuum entspricht dem Umgebungsdruck der Luft (= Atmosphäre), 100 % entspricht einem absoluten Vakuum (= einem theoretisch völlig evakuierten[2] Raum in der Technik oder dem Weltraum in der Natur).

Haltekräfte an Sauggreifern

$$F_V = A \cdot p_e$$

$$F_H = F_V \cdot \mu$$

F_V	theoretische vertikale Haltekraft	N
F_H	theoretische horizontale Haltekraft	N
A	Fläche	cm²
p_e	Unterdruck	N/cm²
μ	Reibungskoeffizient	–

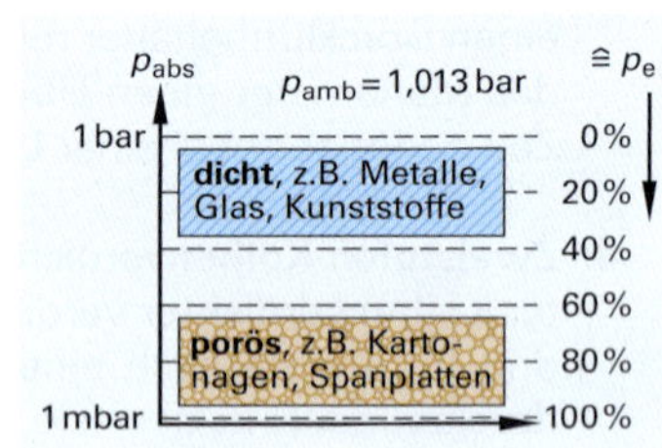

Bild 1: Grobvakuum

Beispiel

Ein Unterdruckerzeuger ermöglicht ein relatives Vakuum von 60 %.

Wie groß sind der absolute Restdruck in bar und der entsprechende Unterdruck in mbar, hPa und kPa?

Lösung: p_{abs} = **0,4 bar**

p_e = **–608 mbar (siehe Tabelle in Anhang)**

p_e = **–608 hPa = –60,8 kPa**

Erzeugung eines relativen Vakuums

Pro 100 m Höhenzuwachs sinkt der Luftdruck in der Atmosphäre um etwa 12,5 mbar bei normalen Umgebungsbedingungen. Den nicht linearen Zusammenhang zeigt **Bild 2.** In der Technik setzt man Ejektoren[3], Pumpen und Gebläse ein, um ein relatives Vakuum herstellen zu können.

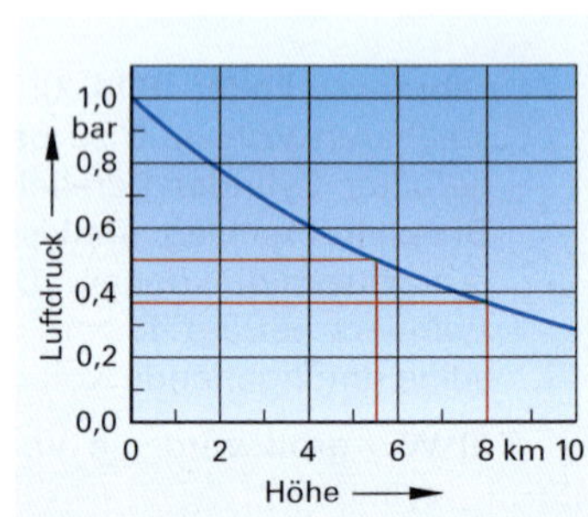

Bild 2: Höhe und Luftdruck

Beispiel

Eine Vakuumpumpe erzeugt auf Meereshöhe ein relatives Vakuum von 80 %, somit einen Unterdruck von p_e = – 811 mbar.

Welchen relativen Unterdruck erreicht man mit dieser Pumpe in München und auf der Zugspitze **(Bild 3)**?

Lösung: Geht man von 600 Höhenmetern und einem Normumgebungsdruck aus, so reduziert sich dieser um 6 · 12,5 mbar = 75 mbar:

Unterdruck p_{amb} = 1013 mbar – 75 mbar = 938 mbar

80 % ⇒ 0,8 · (–938 mbar)

p_e = **–750 mbar**

Umgebungsdruck auf der Zugspitze (3000 m) sinkt um 375 mbar:

p_e = 0,8 · (–638 mbar) = **–510 mbar**

Bild 3: Umgebungsdrücke

1 von vacuus (lat.) = die Leere
2 von evakuiere (lat.) = entleeren
3 Ejektor, von ejicere (lat.) = verdrängen

Berechnung der Haltekräfte

Über Sauggreifer lassen sich die Unterdrücke zum Festhalten von Werkstücken gut übertragen.

Beispiel

Welche theoretische horizontale Haltekraft **(Bild 1)** erzeugt ein Sauggreifer, dessen Unterdruck $p_e = -0{,}4$ bar von einem Ejektor aufgebaut wird? Der Sauggreifer hat eine Fläche $A = 28\ \text{cm}^2$, das Werkstück besteht aus Glas mit einer trockenen glatten Oberfläche und dem Reibungskoeffizient von 0,5.

Lösung: $F_H = F_V \cdot \mu = A \cdot p_e \cdot \mu = 28\ \text{cm}^2 \cdot \left(-4\ \frac{\text{N}}{\text{cm}^2}\right) \cdot 0{,}5 = \mathbf{-56\ N}$

Bei der Auslegung der theoretischen Haltekräfte bleiben viele Faktoren unberücksichtigt wie Oberflächenbeschaffenheiten, Härte der Mineralien, Eigenstabilitäten usw.

Die Unfallverhütungsvorschriften UVV schreiben daher mindestens 1,5-fache Sicherheit vor. Die Produzenten der Vakuumtechnologie empfehlen jedoch einen Sicherheitsfaktor von $S = 2$. Damit wird die horizontale Haltekraft von 56 N halbiert: $F_H = 28$ N.

Auswahl der Durchmesser für die Sauggreifer

Um die Durchmesser für die geeigneten Sauggreifer aus den Katalogen leichter zu ermitteln, steht entsprechende Software zur Verfügung oder man greift auf Zahlenwertformeln zurück, bei denen das Umrechnen von Einheiten entfällt.

Beispiel

Zwei Sauggreifer sollen eine Last von 6 kg bei 2-facher Sicherheit und einem relativen Unterdruck $p_e = -0{,}5$ bar heben. Wie groß sind die Durchmesser dieser Sauger?

Lösung: $F = \frac{p_e \cdot A}{S} = \frac{p_e \cdot d^2 \cdot \pi}{4 \cdot S} \Rightarrow d = \sqrt{\frac{4 \cdot F \cdot S}{p_e \cdot \pi \cdot n}}$

$$\sqrt{\frac{4 \cdot 6\ \text{kg} \cdot 9{,}81\ \text{m} \cdot 2 \cdot \text{cm}^2 \cdot s^2}{5\ \text{kg} \cdot m \cdot s^2 \cdot \pi \cdot 2}} = \mathbf{3{,}87\ cm}$$

Unter Benutzung der Zahlenwertformel ergibt sich:

$$d = 1{,}12 \cdot \sqrt{\frac{m \cdot S}{p_e \cdot n}} \cdot n = 1{,}12 \cdot \sqrt{\frac{6 \cdot 2}{0{,}5 \cdot 2}} = 3{,}87\ \text{cm} = \mathbf{38{,}7\ mm}$$

Aufgaben | Vakuumtechnik – Handhabung mit Unterdruck

1. **Versorgungsdruck und Unterdruck (Bild 2):** Um einen Unterdruck zu erzeugen, wird ein Ejektor wahlweise mit 2,5 bar und 5 bar versorgt. Wie groß werden die Unterdrücke im Ejektor?
2. **Hubvorrichtung:** Eine mit Sauggreifern ausgestattete Hubeinrichtung kann auf Meereshöhe eine Last von 150 kg anheben. Welche Last kann dieselbe Anlage auf 1000 m Höhe anheben?
3. **Schwenkarm mit Sauggreifer (Bild 3):** Eine Vakuumpumpe erzeugt einen relativen Unterdruck von 60 %. Der dazu gehörende Schwenkarm mit Sauggreifer bringt Kunststoffteile von einem Magazin zu einer Übergabestation. Die Fläche eines Sauggreifers beträgt 38 cm². Wie groß wird die theoretische vertikale Haltekraft?
4. **Kunststoffplatte:** Eine 65 kg schwere Kunststoffplatte wird mit einem Unterdruck von −400 mbar gehalten. Es werden sechs Sauggreifer mit senkrechtem Kraftangriff eingesetzt. Es sollen die Unfallverhütungsvorschriften berücksichtigt werden. Wie groß sollen die Durchmesser der Sauggreifer sein?

Durchmesser von Sauggreifern

vertikale Krafteinleitung

$$d = 1{,}12 \cdot \sqrt{\frac{m \cdot S}{p_e \cdot n}}$$

horizontale Krafteinleitung

$$d = 1{,}12 \cdot \sqrt{\frac{m \cdot S}{p_e \cdot n \cdot \mu}}$$

d	Durchmesser	cm
m	Masse	kg
p_e	Überdruck	bar
S	Sicherheitsfaktor	–
n	Anzahl der Sauger	–

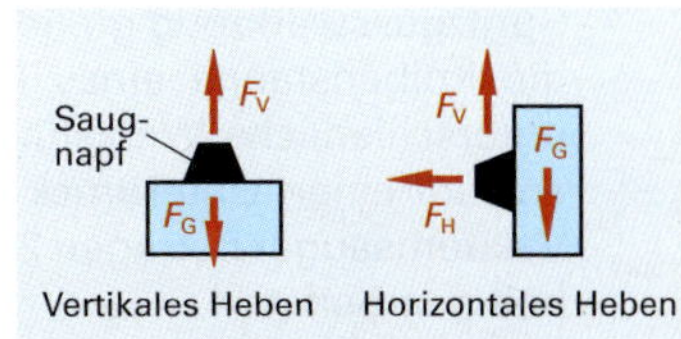

Bild 1: Kräfte am Sauggreifer

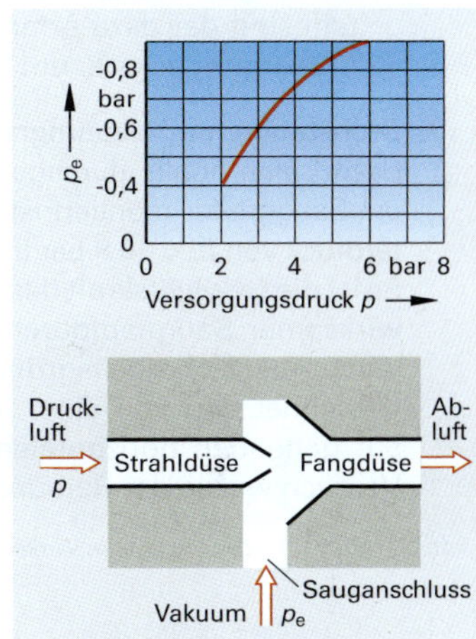

Bild 2: Versorgungsdruck und Unterdruck

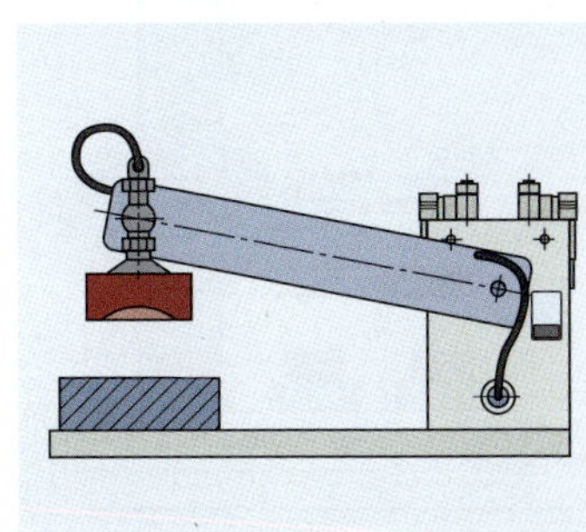

Bild 3: Schwenkarm mit Sauggreifer

5. **Robotereinsatz in einer Arbeitszelle (Bild 1):** In einer Roboterarbeitszelle werden Flachglasscheiben auf einem Tisch zur Weiterverarbeitung von einem Knickarmroboter gehoben. Es soll Verbundsicherheitsglas entstehen.
   a) Welches Problem ergibt sich bei der Entnahme vom Stapel für die Haltekraft der Sauger?
   b) Worauf muss beim Verfahren geachtet werden?
   c) Welche Masse in kg darf eine Glasscheibe haben, wenn die Hebevorrichtung mit vier Flachsauggreifern **(Bild 2)** von 120 mm ausgestattet ist und der absolute Druck p_{abs} = 400 mbar beträgt? Es wird eine Sicherheit von 1,8 bei glatten Oberflächen verlangt.

Bild 1: Robotereinsatz

6. **Greiferhand am Industrieroboter (Bild 3):** An einem Industrieroboter wird ein pneumatischer Effektor[1] angebaut. Dieser besteht aus sechs Vakuumsaugern, die Kunststoffteile aus einem Spritzgusswerkzeug greifen sollen. Drei der Sauger sind durch die Kolbenstange eines Pneumatikzylinders verfahrbar, um unterschiedliche Werkstücklängen zu handhaben. Ein Ejektor erzeugt einen Unterdruck von −60 kPa, die Durchmesser der Vakuumsauger betragen 25 mm. Es wird mit 1,5-facher Sicherheit gearbeitet.
   a) Welche Masse dürfen die Teile maximal haben?
   b) Bei langem Abstand sind die Teile um $^1/_3$ leichter. Zu ermitteln sind der dazu erforderliche Unterdruck in kPa und der Versorgungsdruck, um Energie zu sparen.

Bild 2: Flachsauggreifer

7. **Drehstation mit Vakuumgreifer (Bild 4):** Der Saugzylinder −MM1 besitzt eine hohle, durchgehende Kolbenstange, an deren Ende ein Sauggreifer montiert ist. Der Ejektor −GS1 erzeugt einen Unterdruck von p_e = −0,8 bar in der Unterdruckleitung des Saugers. Es ist die Gewichtskraft des Werkstücks zu berechnen, wenn ein wirksamer Saugnapfdurchmesser von d = 16 mm eingesetzt wird. Aus Sicherheitsgründen wird mit 1,5-facher Sicherheit gerechnet und von einer im gesamten Schwenkbereich von 90° geltenden horizontalen Krafteinleitung ausgegangen. Im Versuch wurde der Reibungswert mit 0,8 ermittelt.

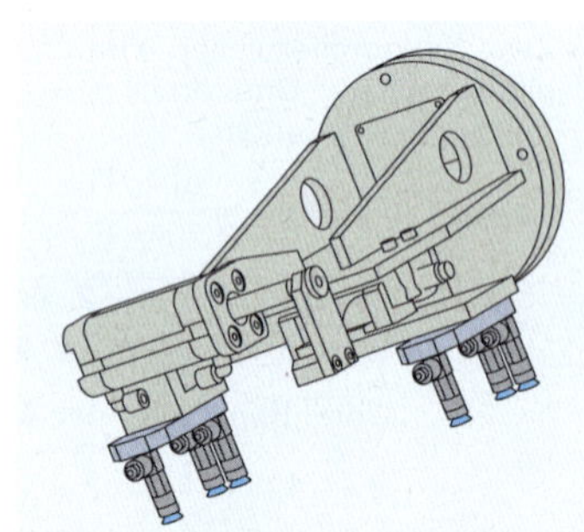

Bild 3: Greiferhand

1 von efficere (lat.) = bewirken, hier: Wirkelement Greiferhand

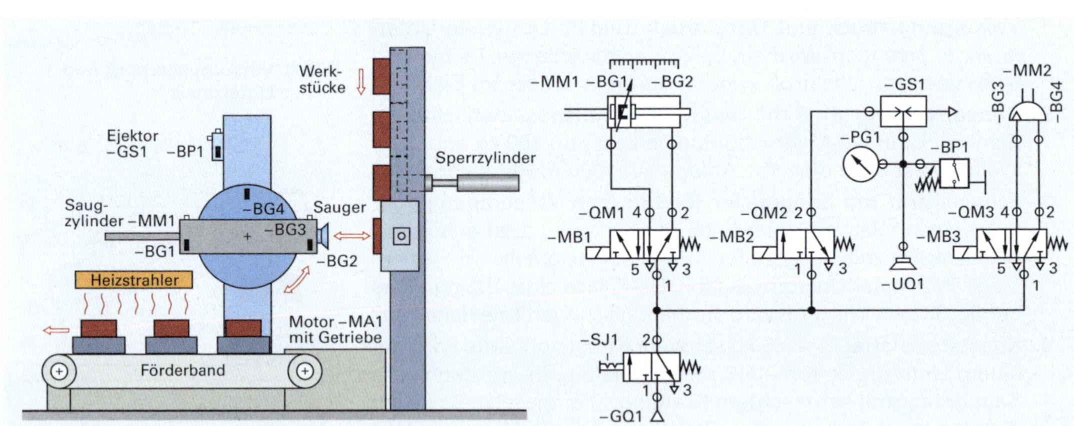

Bild 4: Drehstation mit Vakuumgreifer

15 Fluidtechnik: Hydraulik

Ein Schaufelbagger **(Bild 1)** kann mithilfe der Hydraulik große Lasten heben, greifen und bewegen. Zusätzlich ermöglicht ihm die Hydraulik die eigene Fortbewegung.

15.1 Hydrostatik – Hydrostatischer Druck, Kolbenkraft

Flüssigkeitsdruck: hydrostatischer Druck

Flüssigkeiten erzeugen auf ihrer Standfläche durch ihre Masse einen Druck. Das Paradoxe[1] ist, dass dieser Druck lediglich von der Höhe der Flüssigkeitssäule abhängt und der Dichte des Arbeitsmediums, nicht aber von seiner Gesamtmasse über der Fläche.

Der hydrostatische Druck errechnet sich aus:

$p_e = \frac{F}{A}$; mit $F = m \cdot g$ und $m = \varrho \cdot V = \varrho \cdot A \cdot h \Rightarrow p_e = \frac{\varrho \cdot A \cdot h \cdot g}{A}$

Drei gleich hohe Flüssigkeitssäulen **(Bild 2)** erzeugen bei gleichem Medium gleich hohe Überdrücke p_e.

Sind die Grundflächen A der drei Gefäße gleich groß, dann erzeugen diese Flüssigkeiten auch gleich große Kräfte: $F_1 = F_2 = F_3$

Beispiel 1

Berechnen Sie den Druck p_e einer stehenden Maschinenölsäule der Höhe von 0,70 m. Die Dichte des Maschinenöls beträgt 0,91 kg/dm³.

Lösung: $p_e = g \cdot \varrho \cdot h$

$= 9{,}81\ \frac{m}{s^2} \cdot 0{,}91\ \frac{kg}{m^3} \cdot 1000 \cdot 0{,}7\ m = 6249\ \frac{kg}{s^2 \cdot m}$

$1\ Pa = \frac{1\ N}{m^2} = \frac{1\ kgm}{s^2\ m^2} = \frac{1\ kg}{s^2 m} \Rightarrow p_e = \mathbf{62{,}5\ mbar}$

Beispiel 2

Wie hoch ist der Überdruck, dem ein Taucher beim Schweißen in 10 m Wassertiefe ausgesetzt ist? Den linearen Zusammenhang zeigt **Bild 3**.

Lösung: Dichte von Wasser $\varrho_{H_2O} = 1{,}0\ kg/dm^3$

$p_e = g \cdot \varrho \cdot h = 9{,}81\ \frac{m}{s^2} \cdot 1{,}0\ \frac{kg}{cm^3 \cdot 1000} \cdot 1000\ cm$

$= 9{,}81\ \frac{N}{cm^2} = 0{,}981\ bar = \mathbf{1\ bar}$

Kolbenkraft

Strömt Öl unter Druck in einen Zylinderraum ein, so erzeugt dieser Überdruck p_e über die Kolbenfläche A eine theoretische Kolbenkraft: $F_{th} = p_e \cdot A$

Der Kolben des Zylinders als auch dessen Kolbenstange sind mit bestimmter Toleranz gefertigt. Die Reibungsverhältnisse an den Passflächen gehen in den Wirkungsgrad des gesamten Zylinders mit ein.

Es ergibt sich folgende Kraft: $F = p_e \cdot A \cdot \eta$

Beispiel

Hydrauliköl strömt unter einem Druck von 350 bar in einen Hydraulikzylinder ein.
Wie groß wird die Kolbenkraft bei einem Kolbendurchmesser $D = 150$ mm und einem Wirkungsgrad von 89 %?

Lösung: $F = p_e \cdot A \cdot \eta = 3500 \cdot \frac{N}{cm^2} \cdot \frac{\pi}{4} \cdot 15^2\ cm^2 \cdot 0{,}89 = \mathbf{550{,}05\ kN}$

1 von paradox (griechisch, lateinisch) = unerwartet, widersinnig

Hydrostatischer Druck

$$p_e = g \cdot \varrho \cdot h$$

Wirksame Kolbenkraft F in N

$$F = p_e \cdot A \cdot \eta$$

g	Erdbeschleunigung	m/s²
ϱ	Dichte	kg/dm³
h	Höhe	m
p_e	Überdruck	bar, Pa
A	Kolbenfläche	cm²
η	Wirkungsgrad	–

1 bar	= 1000mbar	= 10N/cm²
1 mbar	= 100 Pa	= 1 hPa
10 bar	= 1 MPa	= $1 \cdot 10^6$ Pa

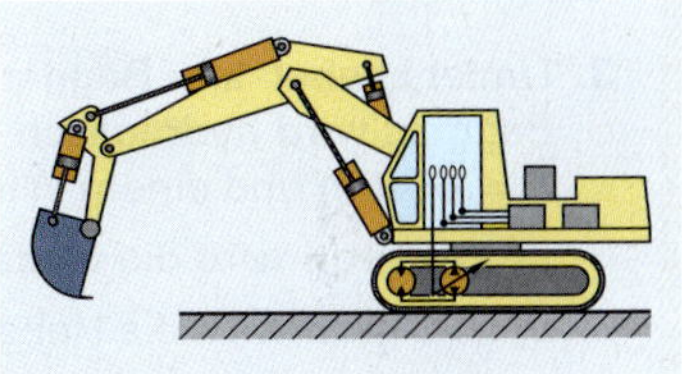

Bild 1: Schaufelbagger

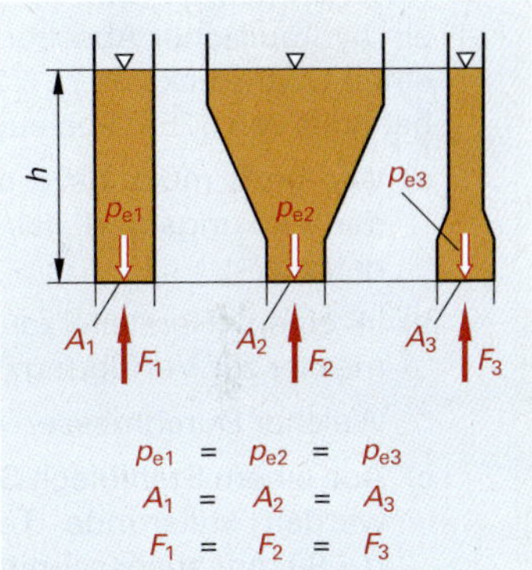

Bild 2: Flüssigkeitssäulen

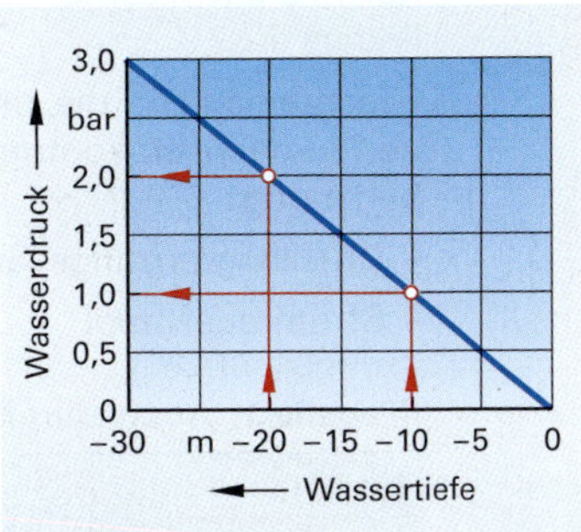

Bild 3: Zusammenhang von Wassertiefe und Druck

15

Aufgaben Hydrostatik – Hydrostatischer Druck, Kolbenkraft

Flüssigkeitsdruck

1. **Talsperre Eibenstock (Bild 1):** Im Hochgebirge und in vielen großen Flussläufen wird durch hohe Stahlbetonmauern das Wasser gestaut, um Strom zu erzeugen. Zu errechnen ist der am Boden vorhandene hydrostatische Druck einer 45 m hohen Talsperre.

2. **Druckbehälter (Bild 2):** Ein Druckbehälter wird mit einem Dieselkraftstoff befüllt. Oberhalb des Flüssigkeitsspiegels liegt ein Luftpolster, dessen Überdruck p_e = 1,75 bar beträgt.

   Zu errechnen ist

   a) der Druck am Behältergrund in Pa und in bar,

   b) die Kraft, die auf einen Auslassverschluss am Boden wirkt, der einen Durchmesser von 40 mm hat.

Kolbenkräfte

3. **Umlenkhebel am Bagger (Bild 3):** Der Umlenkhebel eines Baggers wird hydraulisch mit 160 bar über einen Zylinder mit D = 64 mm und einem Wirkungsgrad von 86 % bewegt.

   a) Wie groß wird die wirksame Kolbenkraft F_1?

   b) Wie groß wird die Hebellänge l_1 bei einem Winkel α = 28°?

   c) Welche Kraft F_2 entsteht im Gestänge?

4. **Abscherstempel (Bild 4):** Zum Abscheren von Scheiben wird ein hydraulischer Abscherstempel verwendet. Das DBV ist auf einen Überdruck von p_e = 250 bar eingestellt. Es wird eine Kolbenkraft von 375 kN erzeugt.

   a) Wie groß muss dazu der Kolbendurchmesser sein, wenn der Wirkungsgrad des doppelt wirkenden Zylinders 88 % beträgt?

   b) In einem Herstellerkatalog stehen entsprechende Durchmesser zur Verfügung **(Tabelle 1)**.

   Welcher Durchmesser wäre geeignet?

   c) Aus einem Stahlblech S275JR mit einer Dicke von s = 2 mm werden kreisrunde Teile mit einem Durchmesser von d = 90 mm ausgeschnitten.

   Wie groß ist die dazu erforderliche Scherkraft?

   Reicht die wirksame Kolbenkraft des doppelt wirkenden Zylinders aus?

   d) Beschreiben Sie die unterschiedlichen Aufgaben der beiden zum Einsatz kommenden Ventile der in Bild 4 gezeigten Schaltung:

   – Druckbegrenzungsventil

   – Stromregelventil

Tabelle 1: Auswahlreihe Hydraulikzylinder

Kolben ∅:	25	40	80	100	125	150	180
Kolbenstangen ∅:	16	18	45	50	56	80	90

Bild 1: Talsperre Eibenstock

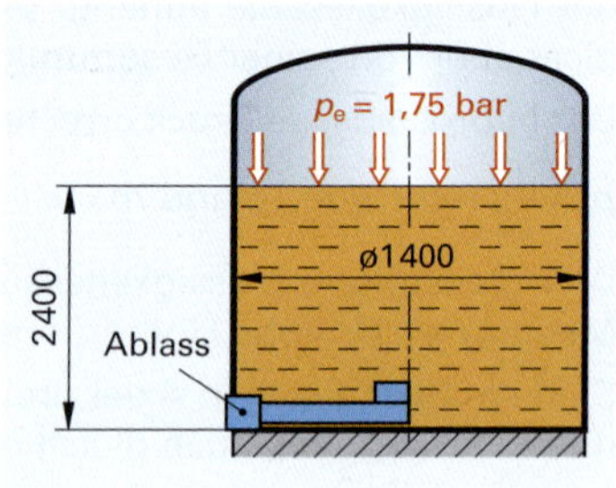

Bild 2: Druckbehälter

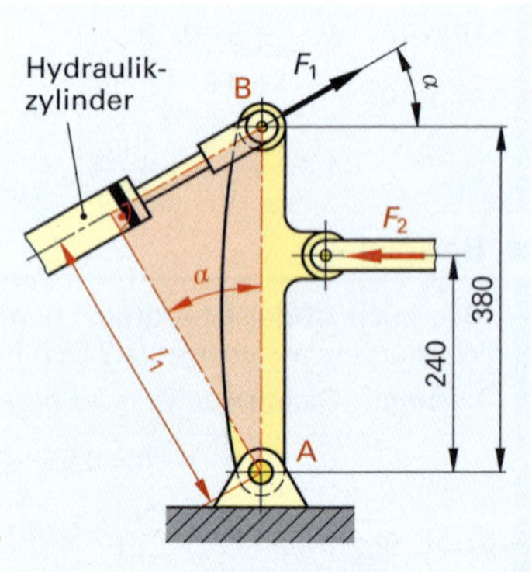

Bild 3: Baustellenfahrzeug

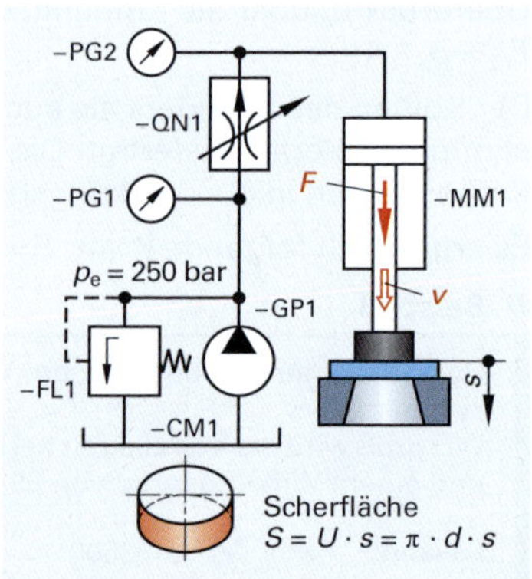

Bild 4: Abscherstempel

15.2 Hydrostatik – Hydraulische Presse

Das Gesetz von Pascal[1]

Grundlage der Hydrostatik bildet das Gesetz von Pascal, wonach die Wirkung einer Kraft F auf eine ruhende Flüssigkeit sich nach allen Richtungen gleichmäßig fortpflanzt **(Bild 1)**. Der Druck wirkt immer senkrecht auf die Begrenzungsflächen des Behälters. Unter Vernachlässigung des Schweredrucks der Flüssigkeit ist der Druck an jeder Stelle konstant gleich groß: $p_{e1} = p_{e2} =$ konstant

Kraftübersetzung

Beim Heben von Lasten oder an Bremsanlagen wird das Prinzip der hydraulischen Kraftübersetzung deutlich.

Mit einem Druckkolben 1 **(Bild 2)** wird über eine Kraft F_1 mittels einer Fläche A_1 ein Druck p_{e1} erzeugt. Nach dem Gesetz von Pascal breitet sich dieser gleichmäßig aus, sodass am Arbeitskolben 2 ein Druck p_{e2} entsteht. Es gilt: $p_{e1} = p_{e2}$

$p_{e1} = F_1 : A_1$ und $p_{e2} = F_2 : A_2$

So ergibt sich: $F_1 : A_1 = F_2 : A_2$ oder $F_1 : F_2 = A_1 : A_2$

Es kann mithilfe einer kleinen Kolbenkraft am Druckkolben eine große Kraft am Arbeitskolben erzeugt werden. Die größere Fläche auf der Arbeitskolbenseite ist der „Hebel" zur Erzeugung einer größeren Kraft.

Ist die Kraft F_1 groß genug, so bewegt sich der Arbeitskolben um s_2 nach oben **(Bild 3)**, der Druckkolben 1 senkt sich um s_1 auf seiner Seite nach unten.

Die verdrängte Flüssigkeit V_1 am Druckkolben wird vom Arbeitszylinder V_2 aufgenommen:

Für die beiden Ölmengen gilt: $V_1 = V_2$

Damit wird: $V_1 = A_1 \cdot s_1$ und $V_2 = A_2 \cdot s_2$

Es ergibt sich: $A_1 \cdot s_1 = A_2 \cdot s_2$ oder $s_1 : s_2 = A_2 : A_1$

Die Kolbenwege verhalten sich indirekt proportional zu den Kolbenflächen.

An der hydraulischen Presse wird Arbeit verrichtet:

Arbeit am Druckkolben 1: $W_1 = F_1 \cdot s_1$

Arbeit am Arbeitskolben 2: $W_2 = F_2 \cdot s_2$

Beispiel

Berechnen Sie einen geeigneten Durchmesser für den Arbeitskolben einer hydraulischen Hubbühne, wenn der Druckkolben mit $d_1 = 20$ mm und mit einer Kraft $F_1 = 175$ N bewegt wird. Am Arbeitskolben soll eine Last von 0,9 Tonnen gehoben werden. Reibungsverluste bleiben unberücksichtigt.

Lösung: $\frac{F_1}{F_2} = \frac{A_1}{A_2}$; $F_1 = m \cdot g = 900\text{ kg} \cdot 9{,}81\ \frac{\text{m}}{\text{s}^2} = 8829\text{ N}$

Da $A_1 = \frac{d_1^2 \cdot \pi}{4}$ und $A_2 = \frac{d_2^2 \cdot \pi}{4}$

folgt $\frac{F_1}{F_2} = \frac{d_1^2}{d_2^2} \cdot \frac{\pi}{4} \cdot \frac{4}{\pi}$ und $d_2^2 = \frac{F_2}{F_1} \cdot d_1^2$

daraus die Wurzel $d_2 = \sqrt{\frac{F_2}{F_1} \cdot d_1^2} = \sqrt{\frac{8829\text{ N}}{175\text{ N}}} \cdot (20\text{ mm})^2 = \mathbf{142{,}06\ mm}$

1 Blaise Pascal, französischer Physiker (1623 bis 1662)

Gesetz von Pascal

$$p_{e1} = p_{e2} = \text{konstant}$$

Pressenübersetzungen

$$\frac{F_1}{F_2} = \frac{A_1}{A_2}; \quad \frac{s_1}{s_2} = \frac{A_2}{A_1}; \quad \frac{s_2}{s_1} = \frac{F_1}{F_2}$$

Kraft-Durchmesser-Verhältnis

$$\frac{F_1}{F_2} = \frac{d_1^2}{d_2^2}$$

F_1, F_2	Kraft	N
A_1, A_2	Fläche	mm²
s_1, s_2	Weg	mm
d_1, d_2	Durchmesser	mm

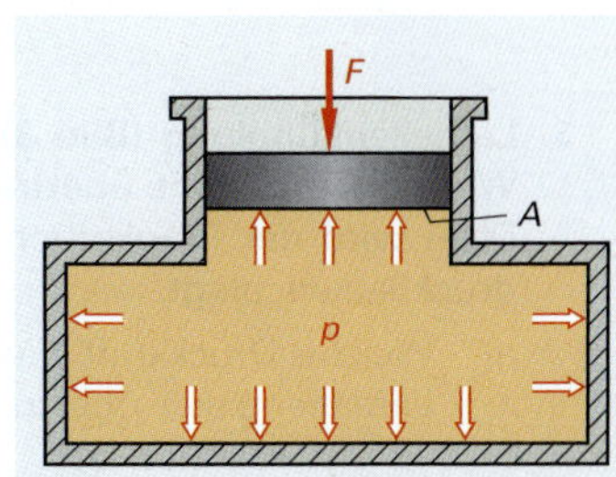

Bild 1: Druckausbreitung

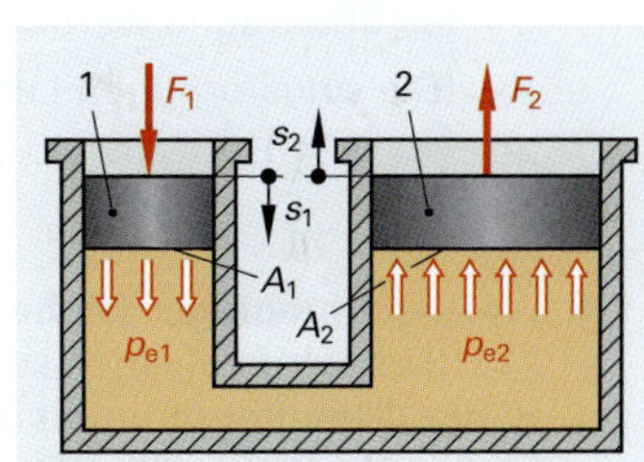

Bild 2: Hydraulikpresse

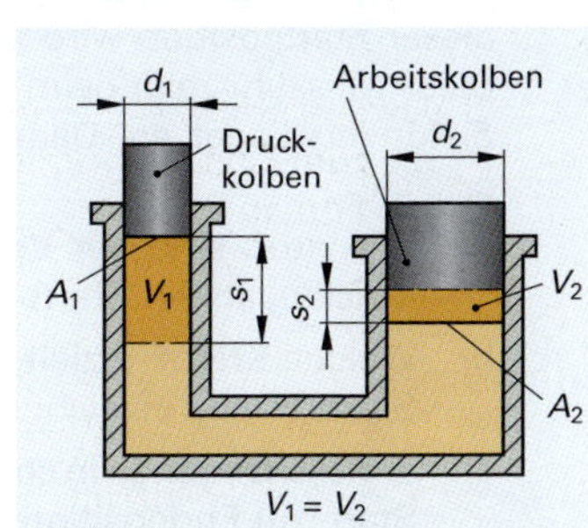

Bild 3: Kolbenwege und verdrängte Volumina

Aufgaben | Hydrostatik – Hydraulische Presse

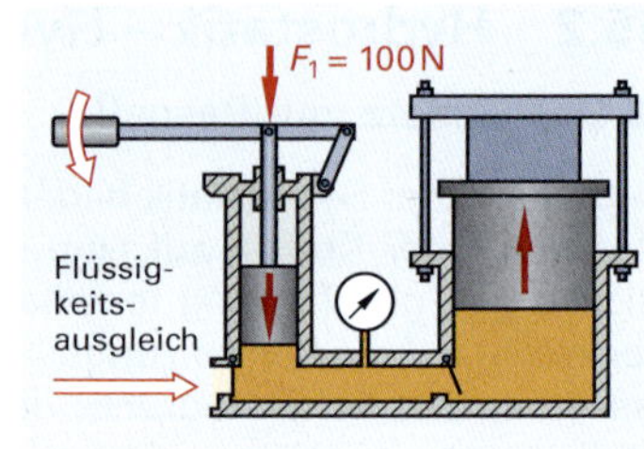

Bild 1: Hydraulische Presse

1. **Hydraulische Presse (Bild 1):** Über den Handhebel wird auf den Druckkolben eine Kraft von F_1 erzeugt. Der Druckkolben hat einen Durchmesser von 20 mm. Der Arbeitskolben presst Metallabfälle zu handlichen Packungen zusammen. Seine Presskraft entspricht einer maximalen Last von 1 t.
   a) Welchen Durchmesser hat der Arbeitskolben?
   b) Welchen Druck zeigt das Manometer bei max. Last an?

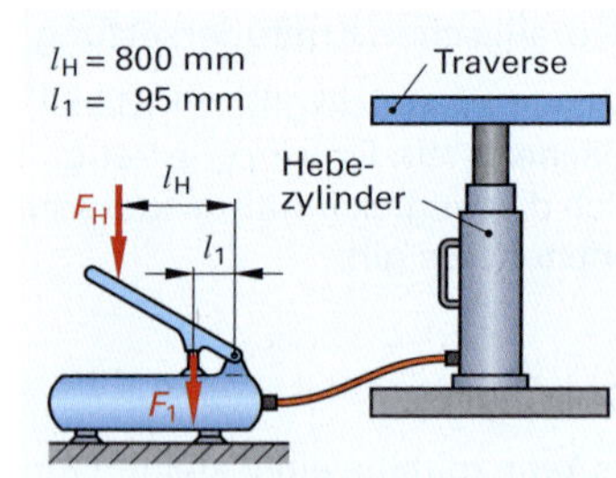

Bild 2: Hydraulikheber

2. **Hydraulikheber (Bild 2):** Mit einem hydraulischen Heber wird eine Traverse von 3 t abgestützt. Die Bedienungsperson drückt mit einer Handkraft F_H = 175 N auf den Hebel. Diese Kraft wirkt direkt als F_1 auf einen Hydraulikkolben mit d_1 = 18 mm.
   a) Wie groß muss der Durchmesser des Arbeitskolbens sein, um die Traverse anheben zu können?
   b) Welche mechanische Arbeit muss aufgebracht werden, um die Traverse auf 20 cm Höhe zu bringen?

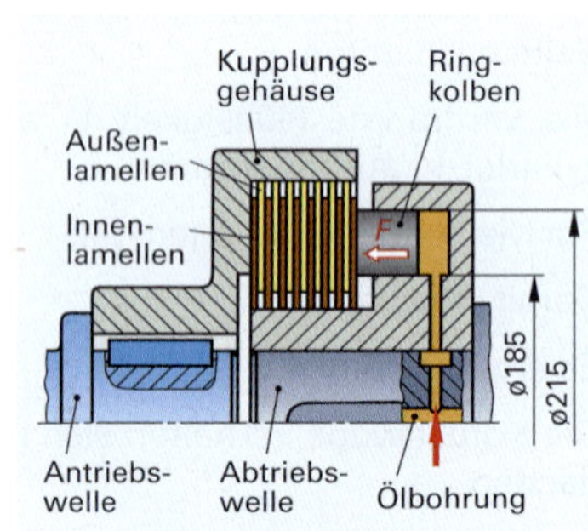

Bild 3: Lamellenkupplung

3. **Lamellenkupplung (Bild 3):** Eine Lamellenkupplung an einer Werkzeugmaschine überträgt das Reibmoment kraftschlüssig. Dazu wird der Ringkolben mit einem Überdruck von 30 bar druckbeaufschlagt.
   a) Welche Druckkraft F wird durch den Ringkolben auf das Lamellenpaket übertragen, wenn mit einem Verlust von 12 % zu rechnen ist?
   b) Wie groß werden die gesamte Reibungskraft und das Reibungsmoment, die durch die acht Außen- und Innenlamellen übertragen werden?
   (Die sinusförmigen Lamellen bestehen aus Stahl und laufen in Öl.)

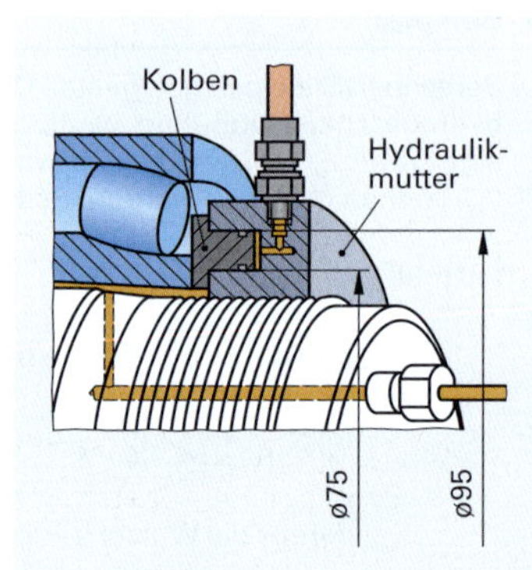

Bild 4: Wälzlagermontage

4. **Wälzlagermontage (siehe Anhang):** Das Pendelrollenlager 21312 EK wird auf einen kegeligen Wellenabsatz mithilfe einer Hydraulikmutter montiert **(Bild 4)**. Dort wird es zunächst durch Drehen der Hydraulikmutter bis zur Nullposition aufgeschoben. An die Mutter wird eine Hydraulikpumpe angeschlossen.

   Bei einem bestimmten Druck ist die Startposition erreicht. Bei dieser Startposition wird eine Messuhr auf „Null" eingestellt. Diese Messuhr zeigt beim Weiterpumpen den Verschiebewert S_s für das Lager an. Damit hat das Lager seine Endposition erreicht.
   a) Wie groß sind der Verschiebewert S_s und der Pumpendruck p_e an der Startposition für das Lager?
   b) Welche Kraft F erzielt man auf den Ringkolben, wenn die Startposition erreicht ist?
   c) Welche Ölmenge in cm^3 der Ölpumpe ist nötig, um von der Start- zur Endposition zu gelangen?
   d) Worauf ist zu achten, wenn die Endposition erreicht ist und die Montagehilfe wieder entfernt werden soll?

15.3 Hydrostatik – Druckübersetzung

Verbindet man zwei unterschiedlich große Kolben mittels einer Stange **(Bild 1)** und beaufschlagt die Fläche A_1 über die Kraft F_1 mit dem Druck p_{e1}, so entsteht in der Kolbenstange eine Kraft F_2. Die Kraft F_2 wird durch die Stange auf die Fläche A_2 übertragen und bewirkt am Ausgang den Druck p_{e2}.

Unter Vernachlässigung der gesamten Reibung gilt: $F_1 = F_2$

Mit $F_1 = p_{e1} \cdot A_1$ und $F_2 = p_{e2} \cdot A_2$ gilt:

$$\frac{p_{e1}}{p_{e2}} = \frac{A_2}{A_1}$$

Beim Druckübersetzer verhalten sich die Drücke umgekehrt wie die Flächen. Kleiner Druck auf großer Fläche ergibt über kleiner Fläche einen großen Druck (= Druckübersetzung).

Druckübersetzung

$$F_1 = F_2$$

$$\frac{p_{e1}}{p_{e2}} = \frac{A_2}{A_1}$$

F_1, F_2	Kraft	N
p_{e1}, p_{e2}	Druck	bar
A_1, A_2	Fläche	mm^2

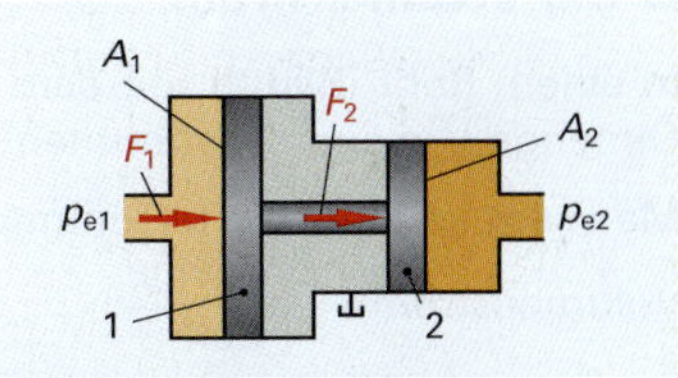

Bild 1: Druckübersetzung

Sekundärstromregelung

Bei Verwendung von Differenzialzylindern **(Bild 2)**, bei denen das abströmende Medium gedrosselt wird, kann dies zum Problem werden. Die Drücke auf der Kolbenstangenseite werden wegen der kleineren Kolbenringfläche vergrößert. Ist das Verhältnis der Flächen z. B. 2 : 1, dann verdoppelt sich der Druck auf der Stangenseite.

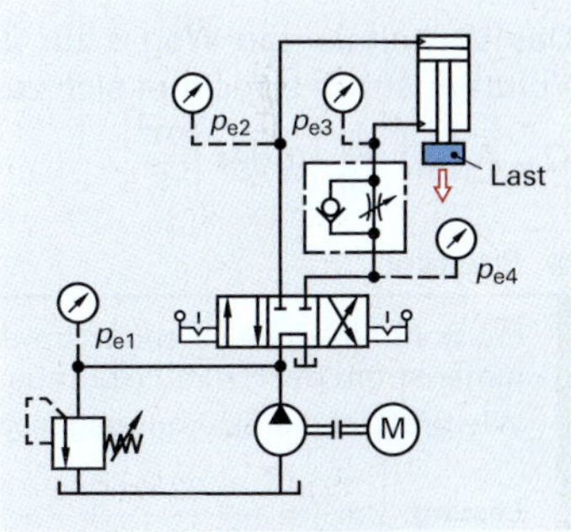

Bild 2: Differenzialzylinder

Beispiel

Der unter ziehender Last stehende Differenzialzylinder hat einen Kolbendurchmesser von $D = 60$ mm und einen Kolbenstangendurchmesser von $d = 42{,}5$ mm. An der Stelle p_{e2} werden 47,5 bar gemessen.

Welchen Druck p_{e3} in bar zeigt das entsprechende Manometer an? (Last hier vernachlässigt.)

Lösung: $A_1 = \frac{D^2 \cdot \pi}{4} = \frac{60^2 \cdot \pi}{4} = 2827{,}43 \text{ mm}^2$

$A_2 = \frac{\pi}{4} \cdot (D^2 - d^2) = \frac{\pi}{4} \cdot (60^2 - 42{,}5^2) = 1408{,}80 \text{ mm}^2$

$p_{e3} = p_{e2} \cdot \frac{A_1}{A_2} = 47{,}5 \text{ bar} \cdot \frac{28{,}27 \text{ cm}^2}{14{,}09 \text{ cm}^2} = \mathbf{95{,}30 \text{ bar}}$

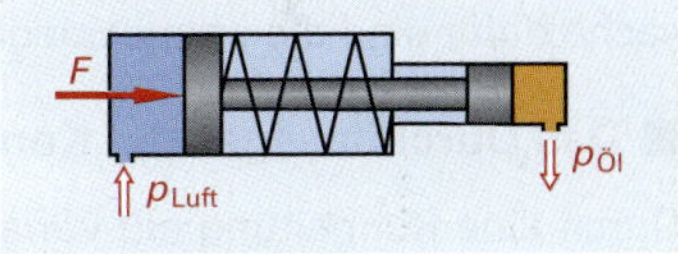

Bild 3: Pneumatisch-hydraulischer Druckwandler

Aufgaben | Hydrostatik – Druckübersetzung

1. **Pneumatisch-hydraulischer Druckwandler (Bild 3):** Der Druckübersetzer hat ein Flächenverhältnis von $i = 52:1$.
   Wie groß ist bei einem Gesamtwirkungsgrad von 82 % und einem Luftdruck von $p_{Luft} = 7$ bar der Öldruck $p_{Öl}$?
2. **Entsperrbares Rückschlagventil (Bild 4):** Das eingesetzte Rückschlagventil verhindert ein Herabsenken der Last $m = 500$ kg, wenn diese eine längere Zeit stehen soll.
   a) Wie groß ist der Druck p_{e2} in Ruhe, wenn das Verhältnis von Kolben- zu Kolbenringfläche 2 : 1 beträgt und die Kolbenfläche 32 cm^2 hat?
   b) Das Druckbegrenzungsventil wird auf 80 bar eingestellt. Wie groß wird der Druck p_{e2}, wenn das 4/3-Wegeventil auf Absenken umgesteuert wird?
   c) An der Steuerleitung X des entsperrbaren Rückschlagventils liegt der Pumpendruck an, am Eingang B des Rückschlagventils p_{e2}.
   Wie groß muss die Kolbenfläche des Entsperrkolbens bei X sein, wenn die wirksame Fläche am Rückschlagkegel 1 cm^2 beträgt?

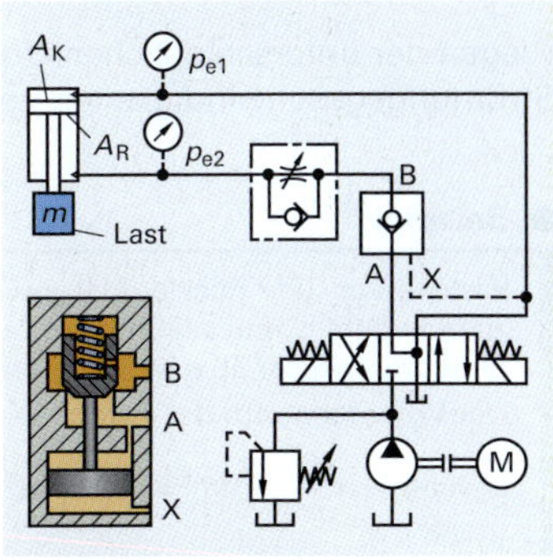

Bild 4: Entsperrbares Rückschlagventil

15.4 Hydrodynamik – Flüssigkeiten in Bewegung

Von Hydraulikpumpen wird das Hydrauliköl in Bewegung gesetzt. Dieses Öl fließt mit bestimmter Geschwindigkeit durch Rohrleitungen und Ventile. An den Kolben der Zylinder entstehen so entsprechende Verfahrgeschwindigkeiten, oder Hydromotoren rotieren mit proportionalen Drehzahlen. Werden bestimmte Grenzgeschwindigkeiten überschritten, so gehen die laminaren Strömungen in turbulente Strömungen **(Bild 1)** über. Wegen der damit verbundenen Probleme, wie Leistungs- oder Leckageverlusten, sind Grenzwerte bei der Auslegung der Anlage zu beachten.

■ Der Volumenstrom

vel.plus/ RMECH10

In einem Rohr **(Bild 2)** mit dem Querschnitt A legt eine bestimmte Ölmenge V in einer bestimmten Zeit t den Weg s zurück.

Man sagt, es fließt ein bestimmter Volumenstrom Q.

Volumenstrom $= \frac{\text{Ölmenge}}{\text{Zeit}}$: $Q = \frac{V}{t}$

Die Ölmenge V berechnet sich aus: $V = A \cdot s$

Damit wird: $Q = \frac{A \cdot s}{t}$

Das Verhältnis von Weg s zur Zeit t ist die Geschwindigkeit v. Der Volumenstrom errechnet sich zu:

$$Q = A \cdot v \left[\frac{\text{l}}{\text{min}}\right] \text{ oder } \left[\frac{\text{m}^3}{\text{s}}\right]$$

● Beispiel

Ein Rohr hat einen Innendurchmesser von $d_i = 28$ mm. Der konstante Volumenstrom der Hydraulikpumpe beträgt 22 l/min.
Wie groß ist die Strömungsgeschwindigkeit in der Rohrleitung?

Lösung: $v = \frac{Q}{A} = \frac{22\ \text{dm}^3 \cdot 4}{0{,}28^2\ \text{dm}^2 \cdot \pi \cdot \text{min}} = 357{,}29\ \frac{\text{dm}}{\text{min}} = 35{,}73\ \frac{\text{m}}{\text{min}} = \mathbf{0{,}6\ \frac{m}{s}}$

Bild 3 zeigt die Geschwindigkeitsabnahme zur Rohrwandung hin; Ursache dafür sind die unterschiedlichen Reibungsverhältnisse.

■ Das Durchflussgesetz: Kontinuitätsgleichung

vel.plus/ RMECH11

Durch eine Rohrleitung mit variablem Querschnitt **(Bild 4)** strömt zu einer bestimmten Zeit immer die gleiche Menge an Flüssigkeit.

Das bedeutet:

$$Q_1 = Q_2$$
$$A_1 \cdot v_1 = A_2 \cdot v_2$$

Wegen der unterschiedlichen Querschnitte müssen unterschiedliche Strömungsgeschwindigkeiten vorhanden sein:

$$\frac{A_1}{A_2} = \frac{v_2}{v_1}$$

● Beispiel

Welche Vor- und Rücklaufgeschwindigkeit hat der Kolben eines Differenzialzylinders, wenn sein Kolbendurchmesser 80 mm und der Kolbenstangendurchmesser 55 mm betragen?
Der Volumenstrom der Pumpe wird mit 40 l/min angegeben.

Lösung: $A_1 = \frac{8^2 \cdot \pi}{4}\ \text{cm}^2 = 50{,}26\ \text{cm}^2$ $\quad v = \frac{40\ \text{dm}^3}{0{,}5026\ \text{dm}^2 \cdot \text{min}} = 7{,}95\ \frac{\text{m}}{\text{min}}$

$A_2 = \frac{\pi}{4} \cdot (8^2 - 5{,}5^2)\ \text{cm}^2 = 26{,}50\ \text{cm}^2$ $\quad v = \frac{40\ \text{dm}^3}{0{,}2650\ \text{dm}^2 \cdot \text{min}} = \mathbf{15{,}09\ \frac{m}{min}}$

Volumenstrom

$$Q = A \cdot v$$

Kontinuitätsgleichung

$$Q_1 = Q_2$$
$$A_1 \cdot v_1 = A_2 \cdot v_2$$

Q, Q_1, Q_2	Volumenstrom,	l/min
A, A_1, A_2	Querschnittsfläche	cm²
v, v_1, v_2	Geschwindigkeit	m/min

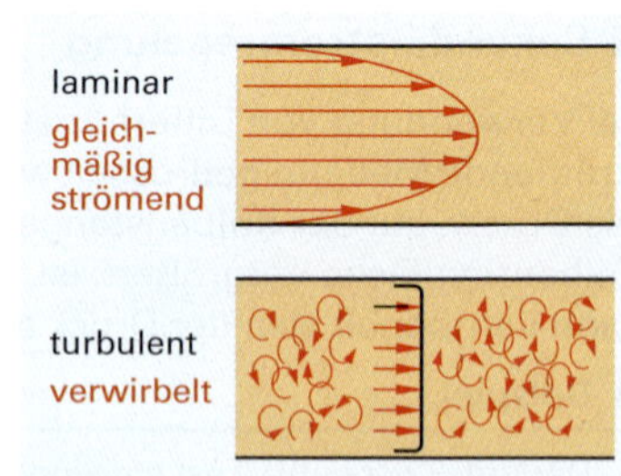

Bild 1: Strömungsarten

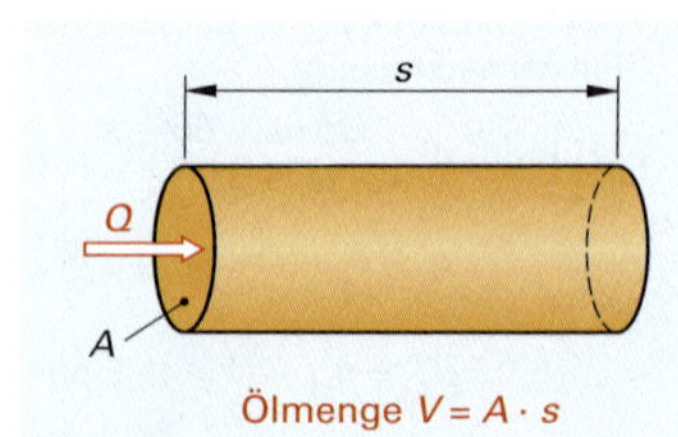

Bild 2: Leitungsdurchfluss

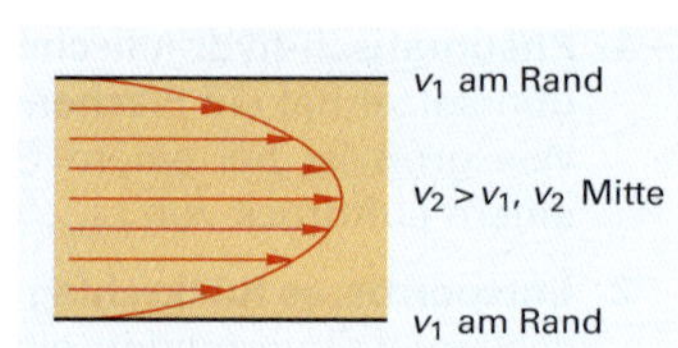

Bild 3: Unterschiedliche Strömungsgeschwindigkeiten

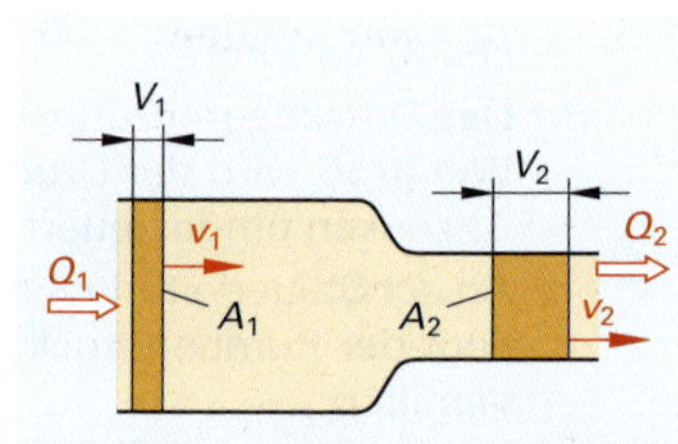

Bild 4: Querschnittsänderungen

Aufgaben Hydrodynamik – Flüssigkeiten in Bewegung

1. **Einfach wirkender Teleskopzylinder (Bild 1):** Ein Teleskopzylinder wird mit einem Volumenstrom Q = 30 l/min versorgt. Der beim Ausfahren wirksame Durchmesser des Innenzylinders beträgt 120 mm, der Kolbendurchmesser des kleinen Kolbens 80 mm.
   a) Wie groß sind die Ausfahrgeschwindigkeiten von Innenzylinder und Kolben im ersten Hub und die des Kolbens beim zweiten Hub?
   b) Beide Hubwege betragen 0,8 m.
   Wie groß ist die Gesamtausfahrzeit?

2. **Hydraulische Presse:** Eine Presse soll bei einem Druck von p_e = 200 bar eine nutzbare Kraft von 250 kN erzeugen.
   a) Wie groß muss dazu der Zylinderdurchmesser sein, wenn der Wirkungsgrad des Zylinders 87 % beträgt?
   b) Welcher Volumenstrom ist notwendig, wenn die Ausfahrgeschwindigkeit des Kolbens v = 4,0 m/min sein soll?
   c) In welcher Zeit ist der Kolben eingefahren, wenn der Stangendurchmesser halb so groß wie der Kolbendurchmesser ist?
   Der Kolbenhub beträgt 20 cm.

3. **Rundschalttisch (Bild 2):** Es wird ein Spannzylinder mit Drucköl versorgt. Die Rohrleitungen sind wie folgt bezeichnet: E355–NBK–10×1
   a) Was bedeutet die Bezeichnung NBK 10×1?
   b) In den Rohrleitungen soll zur Vermeidung von Turbulenzen und unzulässiger Erwärmung eines Öles eine Grenzgeschwindigkeit von v = 3 m/s nicht überschritten werden.
   Wie groß darf der Volumenstrom maximal werden?

4. **Digitale Druck- und Volumensteuerung (Bild 3):** Über Stromregelventile und Druckzuschaltventile lassen sich Drücke und Volumenströme an die jeweiligen Aufgaben anpassen. Beim Arbeitsvorschub soll mit kleinem Volumenstrom Q = 5 l/min gearbeitet werden. Für den Eilgang beim Anfahren an das Werkstück stehen zusätzlich Q = 10 l/min zur Verfügung.
   a) Wie groß sind die Geschwindigkeiten v_1 und v_2 der beiden Hubbewegungen bei einem Zylinderdurchmesser von 120 mm?
   b) Wie groß ist der gesamte Hubweg, wenn für das Anfahren 3 s und die Bearbeitung 10 s benötigt werden?

5. **Außenzahnradpumpe (Bild 4):** Welche Ölmenge V (cm³) fördert eine Zahnradpumpe bei einer Drehzahl des Antriebsmotors von 1450 min⁻¹?
   $z_1 = z_2 = 9$; Modul m = 2,5 mm; Zahnbreite b = 14 mm
   Die Volumenbildung V erfolgt zwischen den Zahnflanken und dem Gehäuse. Es gilt: $V_E = \pi \cdot m \cdot m \cdot b$.
   (Mit V_E kann das Fördervolumen vereinfacht ermittelt werden, auch wenn der Zahnkopf und Zahnfuß unsymmetrisch ausgebildet sind)

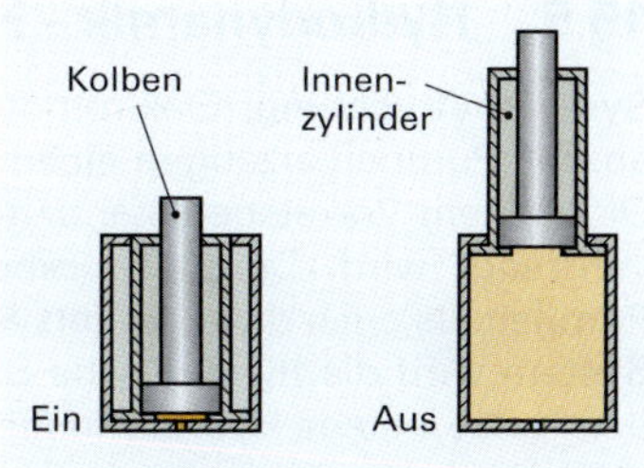

Bild 1: Einfach wirkender Teleskopzylinder

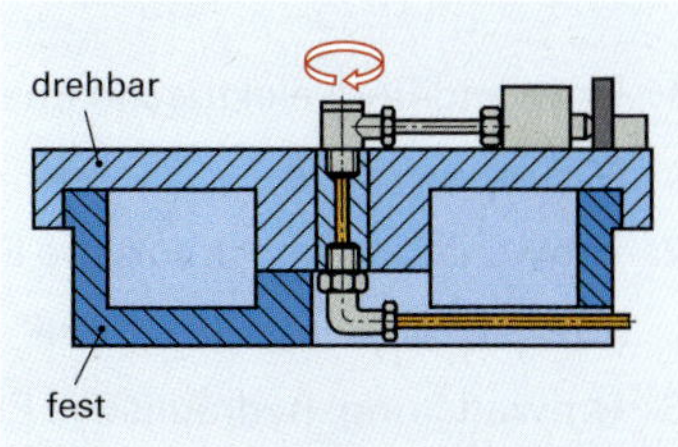

Bild 2: Rundschalttisch

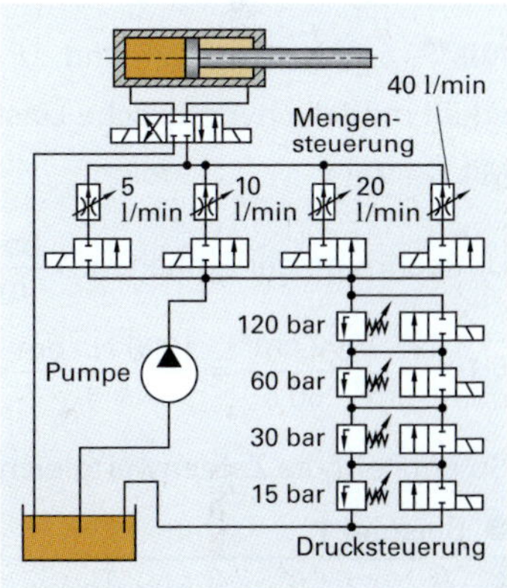

Bild 3: Digitale Steuerung von Druck und Volumenströmen

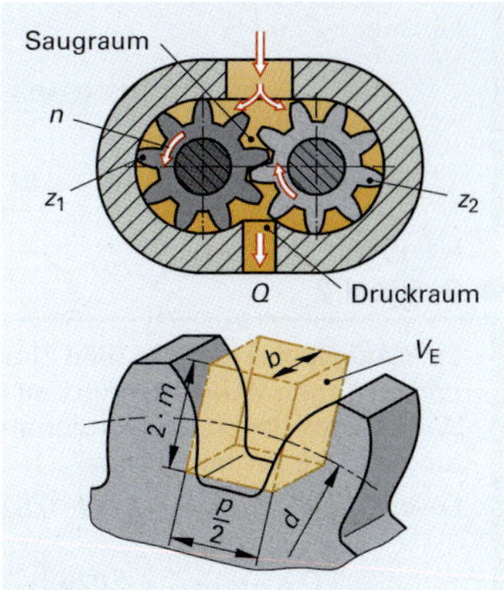

Bild 4: Außenzahnradpumpe

15.5 Hydrodynamik – Hydraulische Leistung

Systembetrachtung: Elektromotoren treiben hydraulische Pumpen an. Die Pumpen erzeugen einen Unterdruck im Ansaugrohr, sodass Öl aus dem Vorratsbehälter angesaugt und in das Hydrauliksystem verdrängt wird. Durch Druckbegrenzungsventile werden sowohl Pumpen als auch das Gesamtsystem abgesichert. Im hydraulischen System wird die hydraulische Strömungsenergie dazu genutzt, um den Kolben eines Hydrozylinders in eine lineare Bewegung zu versetzten oder Drehbewegungen an einem Hydromotor zu erzeugen.

In allen Fällen entstehen Verluste **(Bild 1)**:

1. Elektromotor → 2. Hydraulikpumpe → 3. Hydrozylinder

1. Umwandlung: elektrische Energie in mechanische Energie

   Motor: P_{ele} → P_{mech} → η_1

2. Umwandlung: mechanische Energie in hydraulische Energie

   Pumpe: P_{mech} → P_{hyd} → η_2

3. Umwandlung: hydraulische Energie in mechanische Energie

   Zylinder: P_{hyd} → P_{mech} → η_3

Aus der 3. Umwandlung lässt sich ableiten:

Aus $P_{mech} = \frac{F \cdot s}{t} = F \cdot v$ und $F = p_e \cdot A$

erhält man die hydraulische Leistung mit: $P_{hyd} = p_e \cdot A \cdot v$

Mit $Q = A \cdot v$ folgt: $P_{hyd} = p_e \cdot Q$

Umrechnung der Einheiten: $1 \frac{\text{bar} \cdot \text{l}}{\text{min}} = 10 \frac{\text{N} \cdot \text{dm}^3}{\text{cm}^2 \cdot \text{min}}$

$$= 10 \frac{\text{N} \cdot 1000\ \text{cm}^3}{\text{cm}^2 \cdot 60\ \text{s}} = \frac{1000\ \text{N} \cdot \text{cm}}{6\ \text{s}} = \frac{10\ \text{Nm}}{6\ \text{s}} = \frac{10}{6}\ \text{W} = \frac{1}{600}\ \text{kW}$$

So entsteht die Zahlenwertgleichung: $P_{hyd} = \frac{Q \cdot p_e}{600}$ [kW]

Beispiel 1

Wie groß muss die Nennleistung eines Drehstrommotors sein, der eine Außenzahnradpumpe antreibt, die gegen einen Überdruck von 65 bar arbeitet und einen Volumenstrom von 25 l/min erzeugt?
Der Wirkungsgrad des gesamten Motor-Pumpen-Systems beträgt 71 %.

Lösung: $P_1 = \frac{P_2}{\eta}$

$P_2 = P_{hyd} = \frac{Q \cdot p_e}{600}$ [kW] $= \frac{25 \cdot 65}{600}$ [kW] = 2,7 kW

$P_1 = \frac{P_2}{\eta} = \frac{2{,}7}{0{,}71}$ kW = **3,81 kW**

Beispiel 2

Eine Axialkolbenpumpe **(Bild 2)** arbeitet gegen einen Druck von 220 bar und hat einen Wirkungsgrad von 82 %.
Wie hoch ist der erzeugte Volumenstrom bei einer aufgenommenen Leistung von 1,8 kW der Pumpe?

Lösung: $P_2 = P_1 \cdot \eta = 1{,}8\ \text{kW} \cdot 0{,}82 = 1{,}476\ \text{kW}$

$Q = \frac{P_1 \cdot 600}{220} = \mathbf{4{,}025} \left[\frac{\text{l}}{\text{min}}\right]$

Elektrische und mechanische Leistung

$$P_{ele} = \sqrt{3} \cdot U \cdot I \cdot \cos\varphi$$

$$P_{mech} = \frac{F \cdot s}{t} = F \cdot v$$

Hydraulische Leistung

$$P_{hyd} = p_e \cdot Q$$

Zugeführte Leistung: an Pumpe

$$P_{mech} = \frac{P_{hyd}}{\eta}$$

P_{mech}	Leistung	W, kW
U	Spannung	V
I	Stromstärke	A
F	Kraft	N
t	Zeit	s
s	Weg	m, mm
v	Geschwindigkeit	m/min
Q	Volumenstrom	l/min
p_e	Überdruck	Pa, bar

Zahlenwertgleichung für hydraulische Leistung

$$P_{hyd} = Q \cdot \frac{p_e}{600}$$

P_{hyd}	hydraulische Leistung	kW
Q	Volumenstrom	l/min
p_e	Überdruck	bar

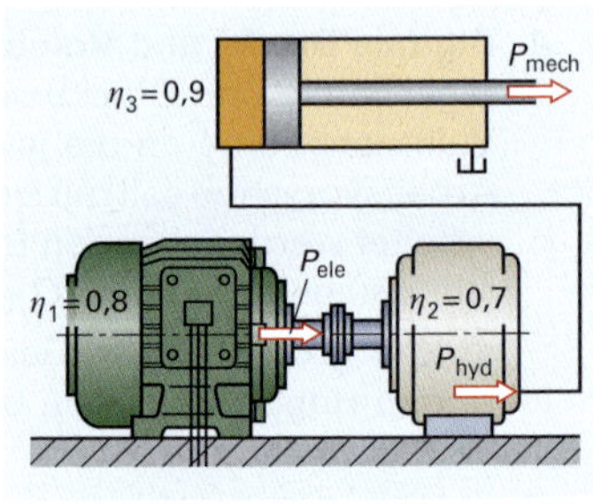

Bild 1: Hydrauliksystem

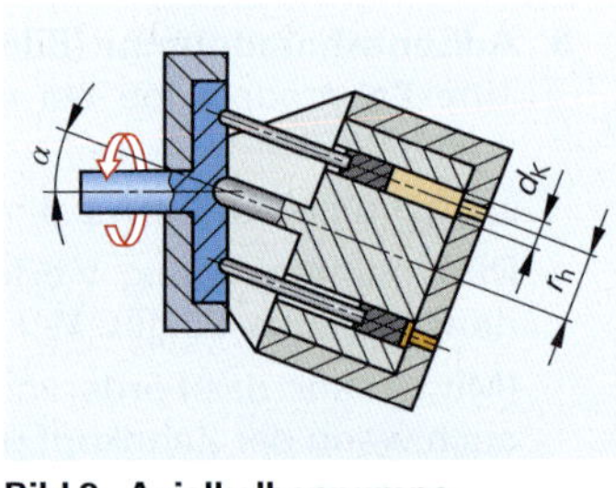

Bild 2: Axialkolbenpumpe

Aufgaben Hydrodynamik – Hydraulische Leistung

1. **Hydraulikschneidgerät (Bild 1):** Bei Rettungseinsätzen der Feuerwehr werden hydraulische Schneidgeräte eingesetzt. Ein Wechselstrommotor gibt eine Leistung $P = 0{,}9$ kW an eine zweistufige Radialkolbenpumpe ab.

   a) Wie hoch ist der Förderstrom in der ersten Stufe im Niederdruckbereich (ND) bei $p_e = 150$ bar?
   Der Wirkungsgrad beträgt 91 %.

   b) Wie hoch ist der Wirkungsgrad der Pumpe im Hochdruckbereich (HD) bei $p_e = 630$ bar und einem Förderstrom von 0,7 l/min?

2. **Tele-Hubgerüst für einen Gabelstapler (Bild 2):** Werden die beiden Hydrozylinder mit Drucköl von $p_e = 120$ bar beaufschlagt, so fahren sie die Last auf dem Gabelträger in sechs Sekunden auf eine Höhe von 2,60 m. In einem Transportbehälter sind 40 Motorgehäuse, die zur Montage gebracht werden sollen. Ein Gehäuse aus Stahlguss wiegt 4,5 kg.

   a) Wie groß ist die Hubgeschwindigkeit und welche mechanische Leistung muss ein Zylinder zum Heben aufbringen, wenn sein Wirkungsgrad 92 % beträgt?

   b) Die verwendete Zahnradpumpe hat eine Fördermenge von 18 cm³/Umdrehung. Die Motordrehzahl beim Heben gegen Überdruck beträgt 1400/min.
   Wie viel Prozent der möglichen Pumpenleistung sind für das Heben notwendig?

3. **Hydraulikaggregat (Bild 3):** Ein Hydraulikhersteller bietet folgendes Aggregat an:

Behältergröße:	25 l
Pumpentyp:	Radialkolbenpumpe (Wirkungsgrad 80 %)
Fördervolumen:	3,6 bis 9,15 cm³
Motorspannung:	400 V
Leistungsfaktor:	$\cos \varphi = 0{,}85$

   Wie groß ist die Motorleistung, wenn für eine Arbeit ein Fördervolumen von 8,3 cm³ benötigt wird?
   Das DBV wird auf $p_e = 120$ bar eingestellt. Der eingesetzte Drehstrommotor hat eine Polpaarzahl von $p = 4$ **(Tabelle 1)**.

4. **Tischantrieb (Bild 4):** Ein Zahnring – Hydromotor Pos 1 mit konstantem Schluckvolumen wird von einer Verstellpumpe Pos 3 mit einem variablen Volumenstrom angetrieben. Der Volumenstrom der Pumpe beträgt aktuell 10 l/min, der Motor nimmt je Umdrehung ein Ölvolumen von 15 cm³ auf. Das DBV ist auf 140 bar eingestellt.

   a) Wie groß ist die Drehzahl an der Hydromotorwelle?

   b) Welchen Weg hat der Tisch in 5 s zurückgelegt?
   Die Gewindespindel hat eine Steigung $P = 9{,}5$ mm.

   c) Für einen automatischen Vor- und Rücklauf des Maschinentisches soll ein Stromlaufplan erstellt werden.
   Diesem Schaltplan ist eine Bauteilliste hinzuzufügen.

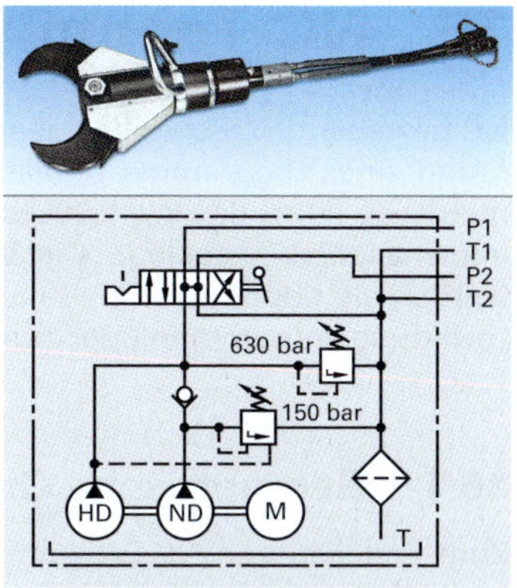

Bild 1: Hydraulikschneidgerät

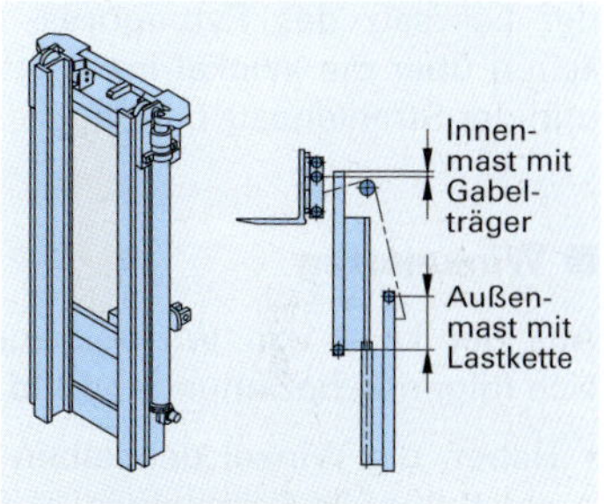

Bild 2: Tele-Hubgerüst

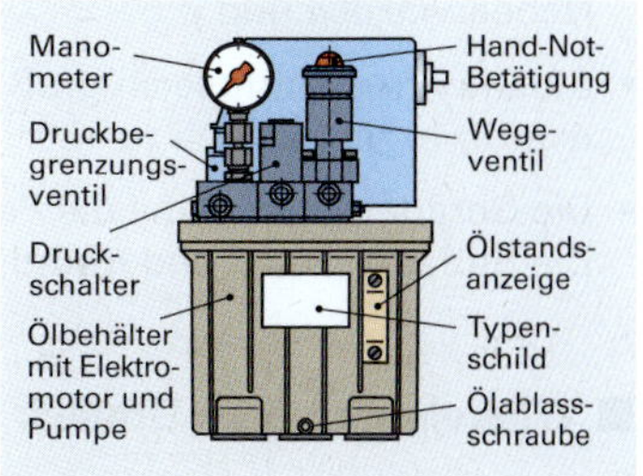

Bild 3: Hydraulikaggregat

Tabelle 1

Polpaarzahl	1	2	4	6
Drehfrequenz min^{-1}	2760	1400	690	460

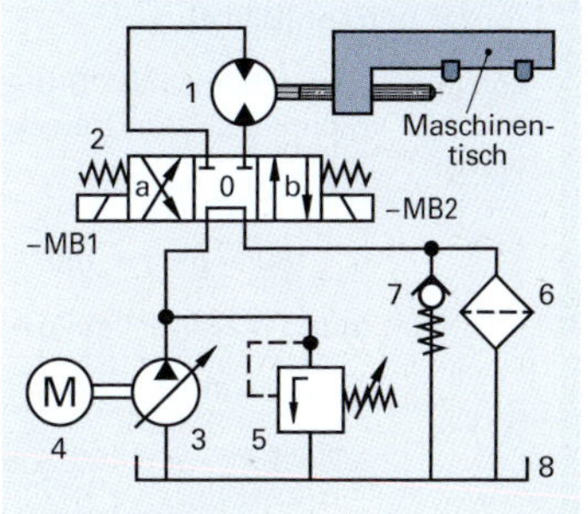

Bild 4: Tischantrieb

15

16 NC-Technik

NC-gesteuerte Maschinen stellen Werkstücke aufgrund eines Programms selbsttätig her. Die geometrische Form des Werkstücks wird durch Weginformationen festgelegt. Die Weginformationen werden als Koordinatenmaße aus der Werkstückzeichnung entnommen oder berechnet.

Stufenwinkel	Scheitelwinkel	Nebenwinkel
$\alpha = \beta$	$\beta = \delta$	$\alpha + \gamma = 180°$

Bezeichnungen:

a, b, c	Seiten im Dreieck	mm
P1, P2, P3, ...	Konturpunkte	–
A, B, C	Ecken im Dreieck	–
g_1, g_2, g_3	Geraden	–
α, β, γ	Winkel	°

16.1 Geometrische Grundlagen

Zum Erstellen von NC-Programmen müssen fehlende Konturpunkte durch Hilfsdreiecke berechnet werden **(Bild 1)**. Dazu werden die Winkelfunktionen, der Lehrsatz des Pythagoras, die Gesetzmäßigkeiten über die Winkel im rechtwinkligen Dreieck und der Strahlensatz benötigt.

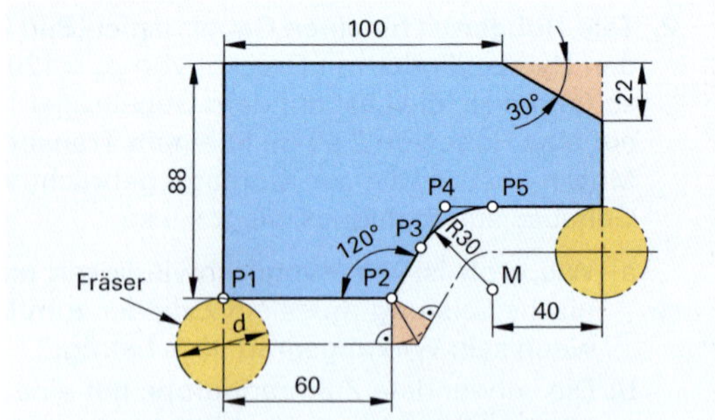

Bild 1: Fräserbahn mit Hilfsdreiecken

Winkelarten

Aus der Lage von Winkeln zueinander ergeben sich folgende Beziehungen **(Bild 2)**:

- Haben die Winkel denselben Scheitelpunkt, so entstehen die Scheitelwinkel β und δ und liegen die Winkel nebeneinander, dann entstehen die Nebenwinkel α und γ.
- Stufenwinkel sind gleich groß. Die Nebenwinkel α und γ ergänzen sich zu 180°.
- Die Gerade g_1 schneidet die Parallelen g_2 und g_3. Die Stufenwinkel α und β sind gleich groß.

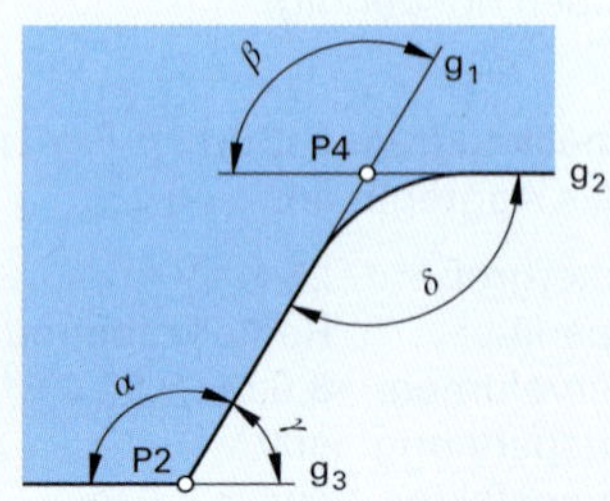

Bild 2: Winkelarten

Winkelsumme im Dreieck

Legt man durch den Punkt B des Dreiecks in **Bild 3** eine Parallele zur Seite *b*, so bilden die Winkel α und γ jeweils Stufenwinkel. Die Winkel α, β und γ ergeben zusammen 180°.

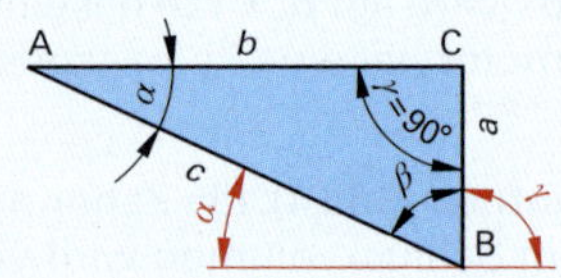

Bild 3: Winkelsumme im Dreieck

Beispiel 1

Berechnen Sie den Winkel δ des Nockens, wenn $\beta = 21°$ beträgt **(Bild 4)**.

Lösung: β erscheint als Stufenwinkel im roten, rechtwinkligen Dreieck:

$$\alpha + \beta + \gamma = 180°$$

$$\alpha = 180° - \beta - \gamma = 180° - 21° - 90° = 69°$$

α und $\delta/2$ sind Nebenwinkel:

$$a + \delta/2 = 180°$$

$$\delta/2 = 180° - \alpha = 180° - 69° = 111°$$

$$\delta = 2 \cdot \delta/2 = 2 \cdot 111° = \mathbf{222°}$$

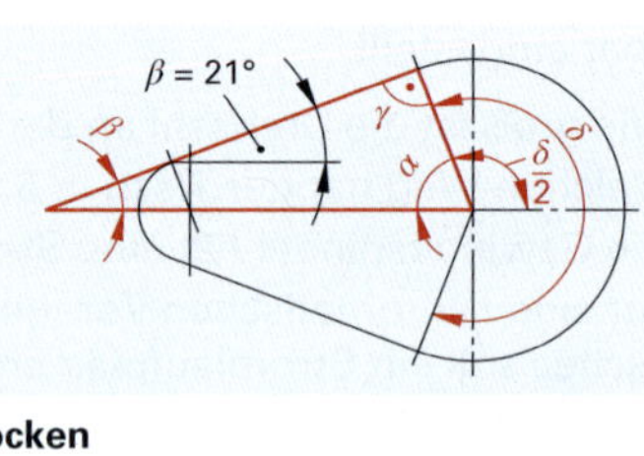

Bild 4: Nocken

Beispiel 2

Wie groß sind die Winkel β und γ im **Bild 1**?

Lösung: Zwischen dem Konturpunkt P2 und der Bahn des Fräsermittelpunktes (Äquidistante) ergeben sich die Hilfsdreiecke P2, P6, P7 und P2, P7, P8.

Beide Dreiecke sind deckungsgleich.

$\beta = \alpha = \mathbf{120°}$

$\gamma = \frac{\beta}{2} = \frac{120°}{2} = \mathbf{60°}$

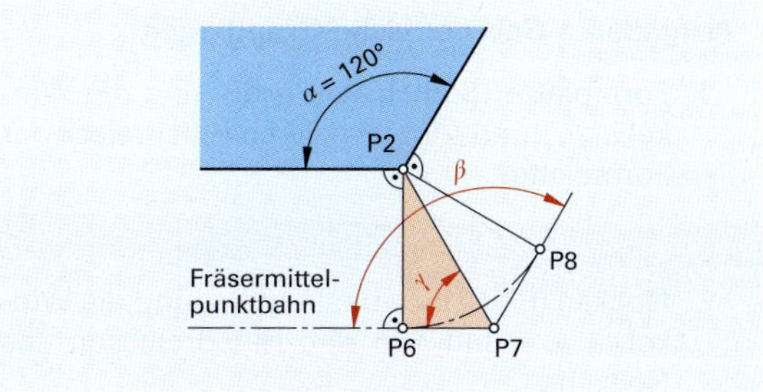

Bild 1: Fräsermittelpunktbahn

Beispiel 3

Zur Berechnung der Konturpunkte P3 und P5 **(Bild 2)** sind zu bestimmen

a) die Hilfsdreiecke,

b) die Winkel.

Lösung: a) Hilfsdreieck P3, M, P4 und Hilfsdreieck P4, M, P5 **(Bild 2)**.

b) β ist Stufenwinkel zum Winkel α:

$\beta = \mathbf{120°}$

γ ist Scheitelwinkel zum Winkel β:

$\gamma = \mathbf{120°}$

$\delta = \frac{\gamma}{2} = \frac{120°}{2} = \mathbf{60°}$

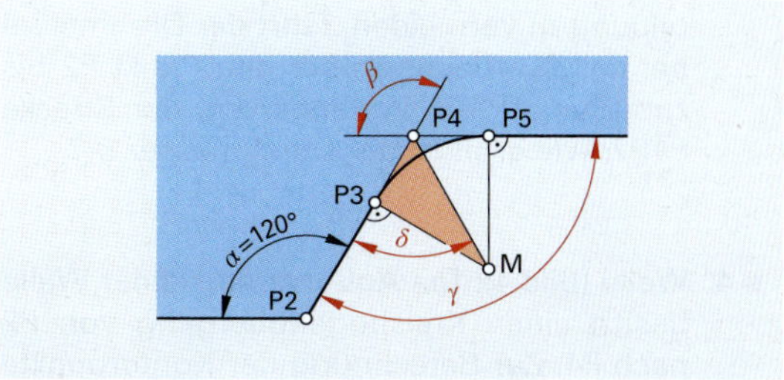

Bild 2: Kontur

Strahlensatz

Besitzen zwei Dreiecke gleiche Winkel **(Bild 3)**, so gilt nach dem Sinussatz:

$$\frac{\sin\alpha}{\sin\beta} = \frac{a}{b} = \frac{a_1}{b_1}$$

Durch Umstellen erhält man die Formel des Strahlensatzes:

$$\frac{a}{a_1} = \frac{b}{b_1}$$

Werden zwei von einem Punkt ausgehende Strahlen von Parallelen geschnitten, so bilden die Abschnitte der Parallelen und die dazugehörigen Strahlenabschnitte gleiche Verhältnisse.

Strahlensatz

$$\frac{a}{a_1} = \frac{b}{b_1} \quad \text{oder} \quad \frac{a}{b} = \frac{a_1}{b_2}$$

Bezeichnungen:

a, a_1, b, b_1 Seiten im Dreieck

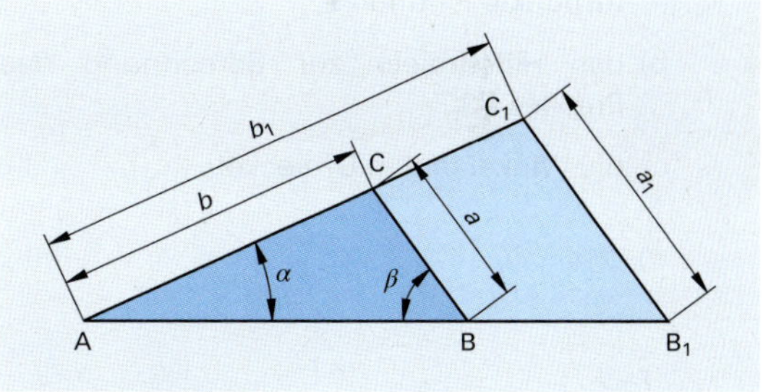

Bild 3: Strahlensatz

Beispiel

Der Kegel **(Bild 4)** wird im 1. Schnitt mit der Schnitttiefe a = 4 mm vorgedreht.

Wie groß ist das Maß x?

Lösung: $\frac{a}{a_1} = \frac{b}{b_1}$; $b = \frac{a \cdot b_1}{a_1}$

$a_1 = \frac{D-d}{2} = \frac{50\text{ mm} - 26\text{ mm}}{2} = 12\text{ mm}$

$b = \frac{4\text{ mm} \cdot 55\text{ mm}}{12\text{ mm}} = 18{,}33\text{ mm}$

$x = b_1 - b = 55\text{ mm} - 18{,}33\text{ mm} = \mathbf{36{,}67\ mm}$

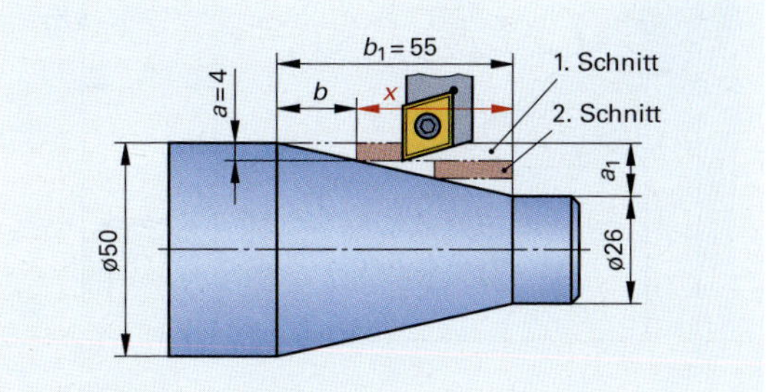

Bild 4: Kegel

Aufgaben | Geometrische Grundlagen

1. **Formplatte (Bild 1):** Wie groß sind die Winkel α, β, γ und δ im jeweiligen Hilfsdreieck der Formplatte?

2. **Nocken (Bild 2):** Zu bestimmen sind die Winkel α, β, γ und δ in den Hilfsdreiecken des Nockens.

3. **Bolzen (Bild 3):** Um beim Drehen eine Gratbildung zu vermeiden, fährt der Drehmeißel bei der Bearbeitung über den Punkt P2 bis zum Punkt P3 in Verlängerung der Strecke P1P2. Wie groß ist der Durchmesser d_3?

● 4. **Welle (Bild 4):** Die Außenkontur einer Welle besitzt einen Kreisbogenübergang von P2 nach P4. Zur Berechnung der Konturpunkte P2 und P4 sollen die Winkel α, β, γ und ε für die Hilfsdreiecke bestimmt werden.

● 5. **Schneidplatte (Bild 5):** Der Durchbruch in der Schneidplatte wird auf einer NC-gesteuerten Drahterodiermaschine herausgeschnitten.

   Zu bestimmen sind

   a) die Hilfsdreiecke zur Berechnung der Konturpunkte P1 und P2,

   b) das Hilfsdreieck zur Berechnung des Punktes P3,

   c) die Winkel in den Dreiecken.

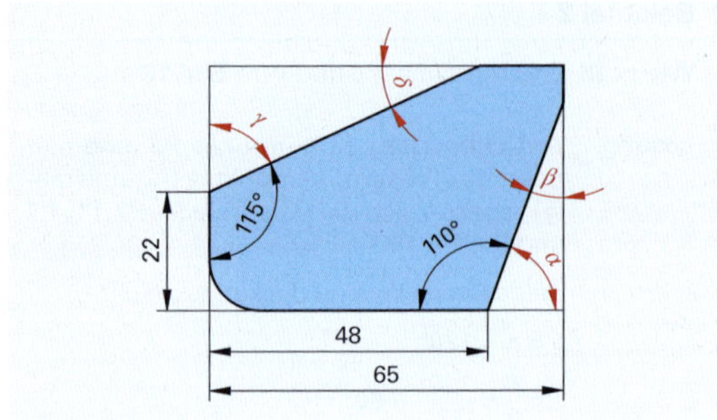

Bild 1: Formplatte

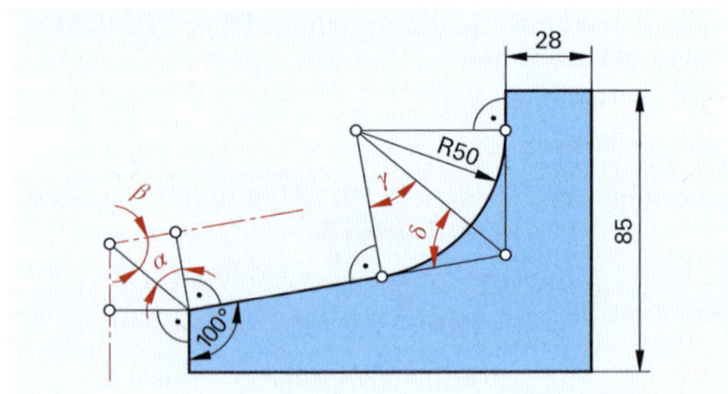

Bild 2: Nocken

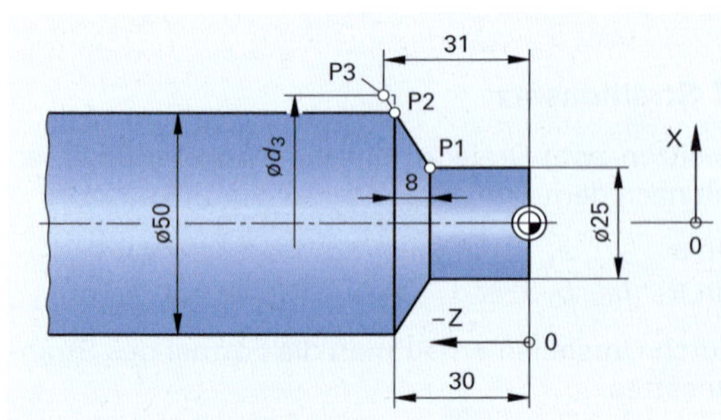

Bild 3: Bolzen

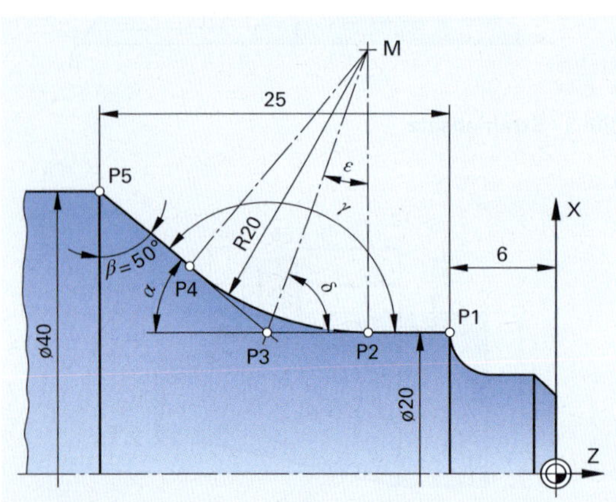

● **Bild 4: Welle**

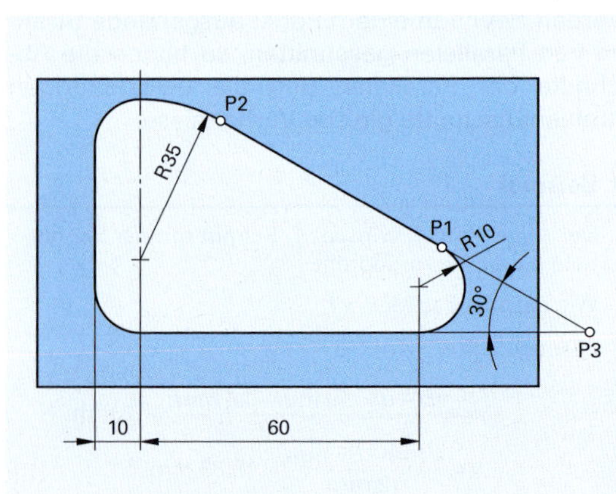

● **Bild 5: Schneidplatte**

16.2 Koordinatenmaße

Das rechtwinklige Koordinatensystem mit den Achsen X und Y in der Ebene wird im Raum ergänzt durch die Z-Achse **(Bild 1)**. Die Achsen entsprechen in der Regel den Maschinenachsen.

Die Weginformationen können in rechtwinkligen Koordinaten oder in Polarkoordinaten angegeben werden. Der Ursprung (Nullpunkt) des Koordinatensystems liegt im frei wählbaren Werkstücknullpunkt W.

Bei der Bemaßung unterscheidet man Absolut- und Kettenmaße. Die Kettenmaße werden auch als inkrementale oder relative Maße bezeichnet.

In einem Programm kann zwischen beiden Koordinatenangaben gewechselt werden.

Bezeichnungen:

X, Y, Z	Koordinatenachsen, Koordinatenmaße	mm
I, J, K	Koordinatenmaße für Kreismittelpunkte	mm
R	Radius, Entfernung vom Pol	mm
A	Richtungswinkel um die X-Achse	°
B	Richtungswinkel um die Y-Achse	°
C	Richtungswinkel um die Z-Achse	°
W	Werkstücknullpunkt	–

■ Rechtwinklige Koordinaten

Die Lage eines Punktes ist bestimmt durch seine Maße X, Y, Z in Richtung der Koordinatenachsen **(Bild 2)**.

■ Polarkoordinaten

Die Lage eines Punktes ist bestimmt durch seine Entfernung (Radius R) von einem Pol (Kreismittelpunkt) und dem Richtungswinkel A, B oder C.

Liegt der Pol nicht im Werkstücknullpunkt, müssen seine Koordinaten zusätzlich angegeben werden.

Durch Polarkoordinaten können nur Punkte in derjenigen Ebene des rechtwinkligen Koordinatensystems angegeben werden, in der die Radien und die Winkel liegen. Die Achse eines Richtungswinkels steht senkrecht auf dieser Ebene.

Der Richtungswinkel ist positiv, wenn die Drehung bei einem Blick in die positive Richtung der Drehachse (Koordinatenachse) im Uhrzeigersinn (rechtsdrehend) erfolgt, z. B. Punkt P1 **(Bild 3)**. Er ist negativ, wenn die Drehung gegen den Uhrzeigersinn (linksdrehend) erfolgt, z. B. Punkt P2 **(Bild 3)**.

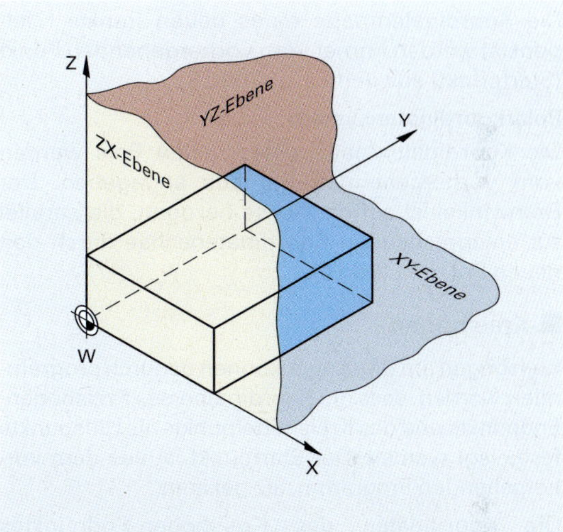

Bild 1: Rechtwinkliges Koordinatensystem

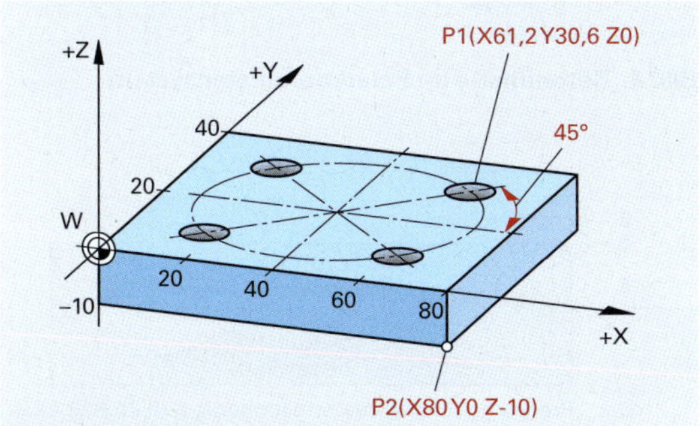

Bild 2: Rechtwinklige Koordinaten

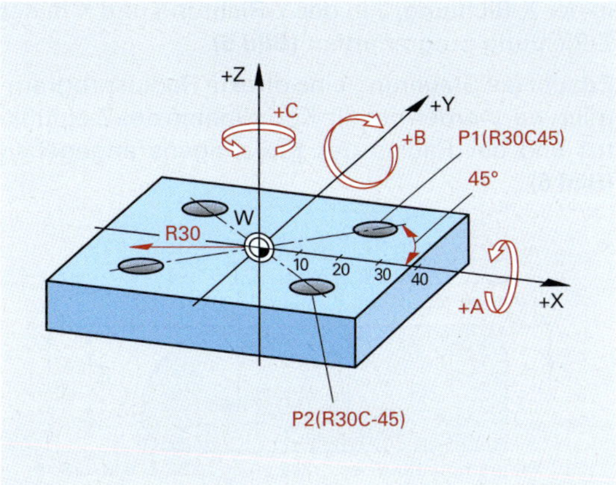

Bild 3: Polarkoordinaten

16

Im rechtwinkligen Koordinatensystem und im Polarkoordinatensystem ist eine Bemaßung in Absolutmaßen und in Kettenmaßen möglich.

Absolutmaße

Rechtwinkliges Koordinatensystem

Die Koordinatenmaße werden immer vom Nullpunkt aus gemessen **(Bild 1)**.

Polarkoordinatensystem

Die Radien beziehen sich auf einen Pol **(Bild 2)**. Die Winkel werden von der entsprechenden Koordinatenachse oder, wenn der Pol nicht auf dieser Achse liegt, von einer Parallelen zu dieser Achse durch den Pol angegeben.

Kettenmaße

Rechtwinkliges Koordinatensystem

Die Koordinatenmaße eines neuen Punkts (Zielpunkts) werden immer vom vorhergehenden Punkt (Startpunkt) aus gemessen **(Bild 3)**.

Polarkoordinatensystem

Die Koordinatenmaße eines neuen Pols werden vom vorhergehenden Pol aus angegeben. Der Drehwinkel ist auf die Achse bezogen, die parallel zur entsprechenden Koordinatenachse durch den neuen Pol geht **(Bild 4)**.

Kreisbögen

Kreisbögen am Werkstück können dadurch programmiert werden, dass die Koordinaten des Kreisbogen-Endpunkts und des Kreismittelpunkts als Hilfspunkte festgelegt werden. Der Startpunkt ist aus dem vorhergehenden Programmsatz bekannt.

Die Koordinaten des Kreisbogen-Endpunktes können nach den oben beschriebenen Verfahren angegeben werden. Der Kreismittelpunkt wird meistens inkremental auf den Anfangspunkt des Kreisbogens bezogen und mit den Koordinaten I in der X-Richtung, J in der Y-Richtung und K in der Z-Richtung programmiert **(Bild 5)**.

Erlaubt die Steuerung eine direkte Radiusprogrammierung, werden nur die Koordinaten des Zielpunktes und der Radius des Kreisbogens angegeben **(Bild 6)**.

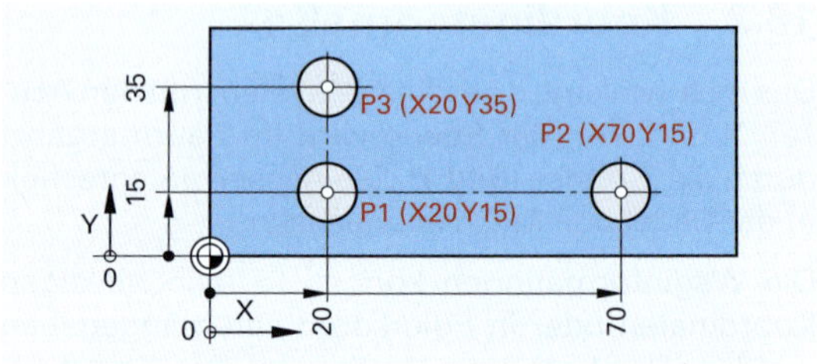

Bild 1: Absolutmaße im rechtwinkligen Koordinatensystem

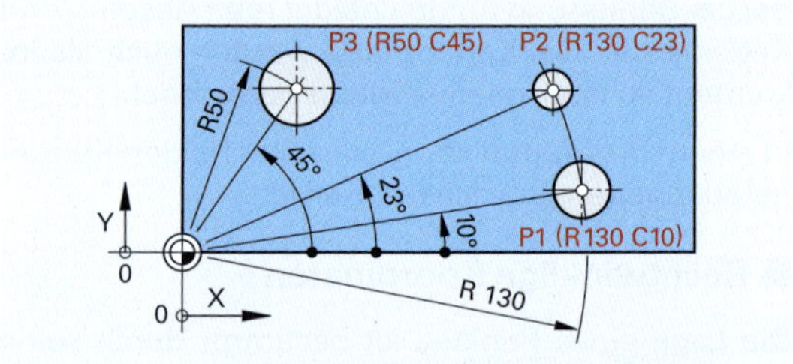

Bild 2: Absolutmaße im Polarkoordinatensystem

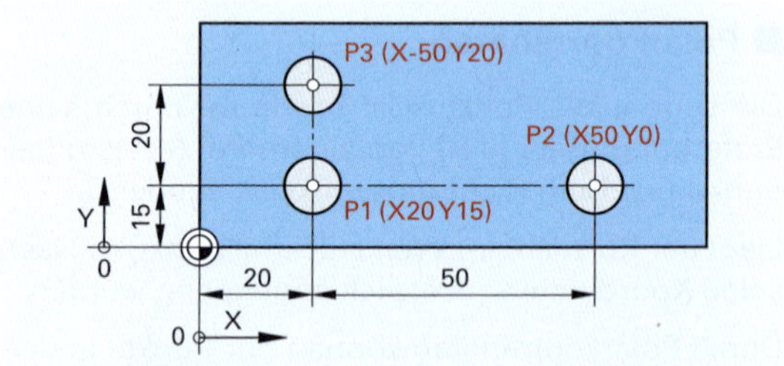

Bild 3: Kettenmaße im rechtwinkligen Koordinatensystem

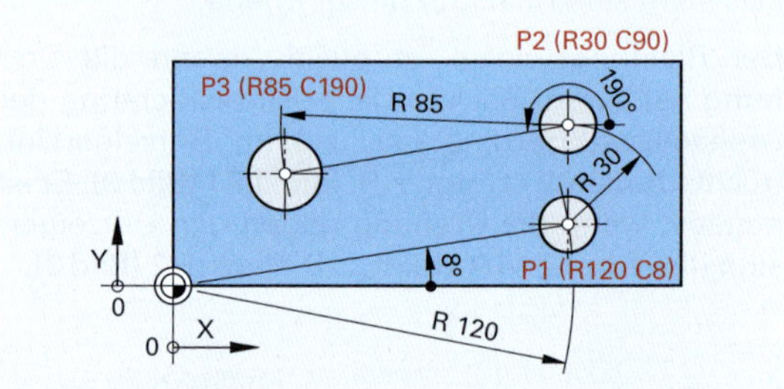

Bild 4: Kettenmaße im Polarkoordinatensystem

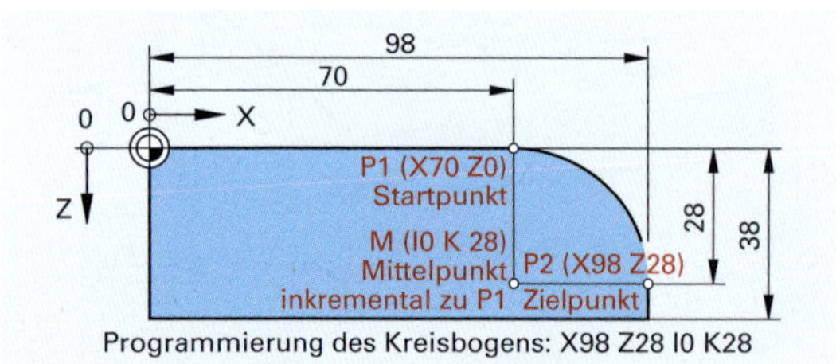

Bild 5: Inkrementale Programmierung des Kreisbogens

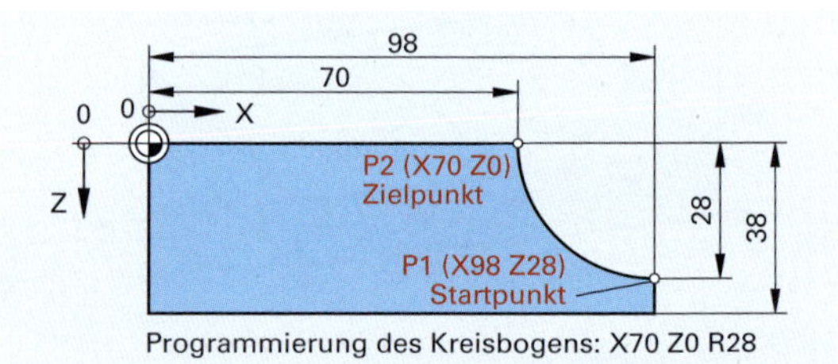

Bild 6: Radius-Programmierung des Kreisbogens

Beispiel 1

Für die Punkte P1 bis P6 der Passplatte **(Bild 1)** sind die Koordinatenmaße in rechtwinkligen Koordinaten als Absolut- und als Kettenmaße anzugeben.

Lösung:

Punkt	Absolutmaß		Kettenmaß	
P1	X 0	Y 0	X 0	Y 0
P2	X 35	Y 0	X 35	Y 0
P3	X 90	Y 15	X 55	Y 15
P4	X 90	Y 35	X 0	Y 20
P5	X 35	Y 50	X–55	Y 15
P6	X 0	Y 50	X–35	Y 0

Berechnungsbeispiel für P4:

Absolutmaß: P4 hat vom Nullpunkt die Abstände X = 90 mm und Y = 35 mm.

Kettenmaße: P4 hat vom vorhergehenden Punkt P3 die Abstände X = 0 mm und Y = 20 mm.

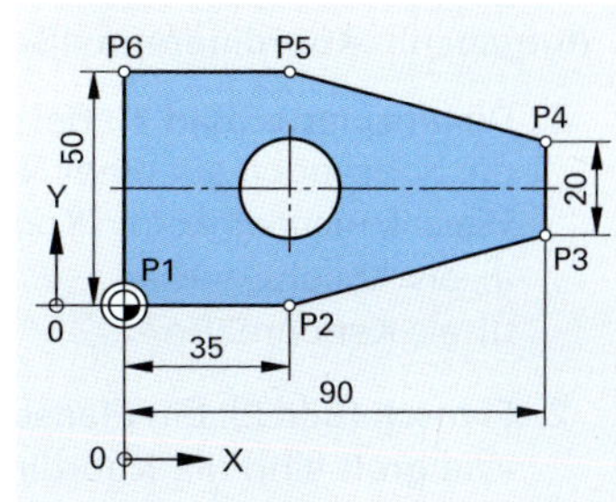

Bild 1: Passplatte

Beispiel 2

Für die Bohrungsmittelpunkte P1 bis P3 der Grundplatte **(Bild 2)** sind die Polarkoordinaten als Absolut- und als Kettenmaße anzugeben.

Lösung: **Absolutmaße (Bild 3):**

$R_1 = \sqrt{(30\text{ mm})^2 + (30\text{ mm})^2} = 42{,}426\text{ mm}$

$\tan C_1 = \frac{30\text{ mm}}{30\text{ mm}} = 1;\ C_1 = 45°$ **P1 (R 42,426 C 45)**

$R_2 = \sqrt{(140\text{ mm})^2 + (30\text{ mm})^2} = 143{,}178\text{ mm}$

$\tan C_2 = \frac{30\text{ mm}}{140\text{ mm}} = 0{,}2143;\ C_2 = 12{,}09°$ **P2 (R 143,178 C 12,09)**

$R_3 = \sqrt{(140\text{ mm})^2 + (70\text{ mm})^2} = 156{,}525\text{ mm}$

$\tan C_3 = \frac{70\text{ mm}}{140\text{ mm}} = \frac{1}{2};\ C_3 = 26{,}57°$ **P3 (R 156,525 C 26,57)**

Kettenmaße (Bild 4):

Berechnung von P1 wie beim Absolutmaß **P1 (R 42,426 C 45)**

$R_2 = (140 - 30)\text{ mm} = 110\text{ mm}$

$C_2 = 0°$ **P2 (R 110 C 0)**

$R_3 = (70 - 30)\text{ mm} = 40\text{ mm}$

$C_3 = 90°$ **P3 (R 40 C 90)**

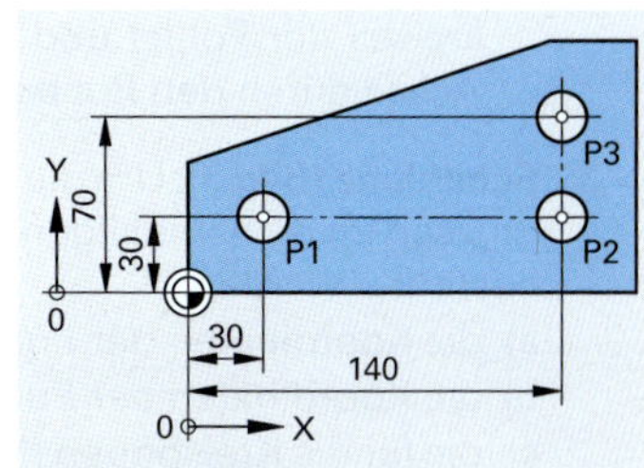

Bild 2: Grundplatte

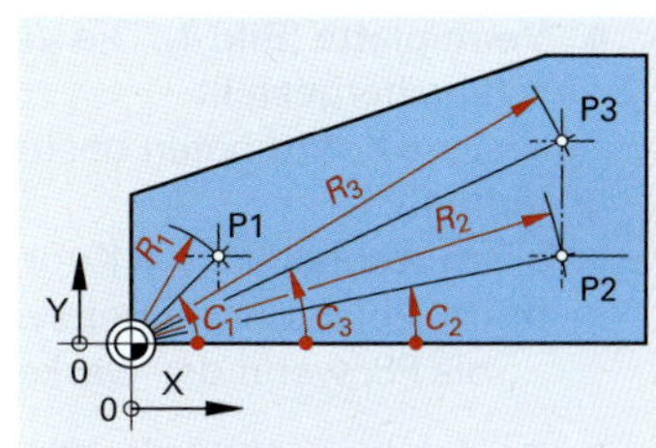

Bild 3: Absolutmaße

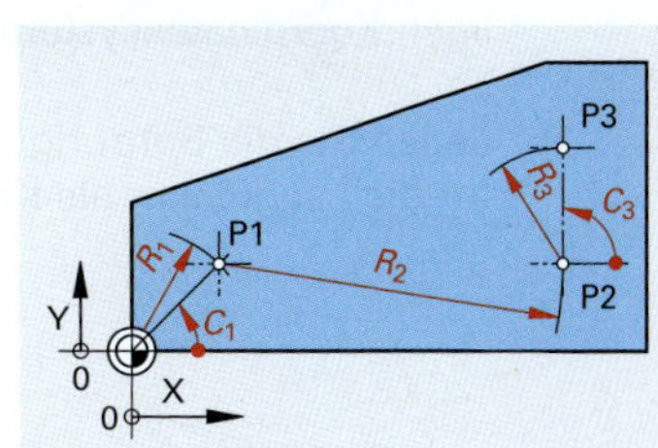

Bild 4: Kettenmaße

Beispiel 3

Für das Schild **(Bild 5)** sind die Kreisbögen festzulegen

a) durch die Anfangspunkte P1 und P3, die Endpunkte P2 und P4 und die Mittelpunkte M1 und M2,

b) durch eine Radiusprogrammierung.

Lösung: a)

Kreisbogen	$\overset{\frown}{P1P2}$:	$\overset{\frown}{P3P4}$:
Anfangspunkt P1	(X100 Y30)	P3 (X20 Y50)
Endpunkt	P2 (X80 Y50)	P4 (X0 Y30)
Mittelpunkt	M1 (I–20 J0)	M2 (I0 J–20)

b) Die Koordinaten der Punkte P1 bis P4 sind dieselben wie bei a). Es entfällt die Angabe der Kreismittelpunkte. Statt dessen wird der Radius der Kreisbögen angegeben: **Radius R20.**

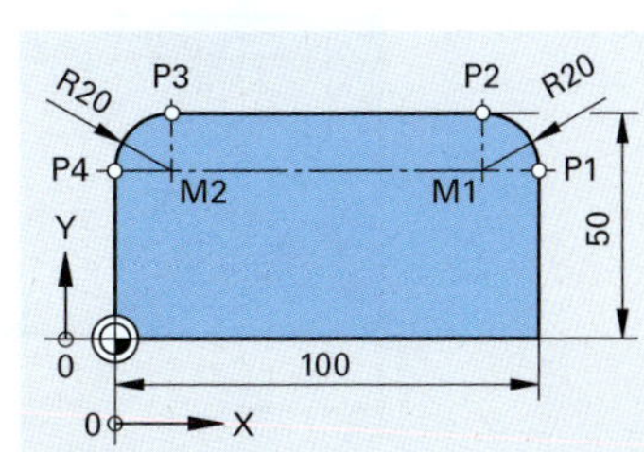

Bild 5: Schild

16

Aufgaben Koordinatenmaße

1. **Distanzplatte (Bild 1):** Bei der Distanzplatte sollen die Nut und die Bohrungen auf einer NC-Fräsmaschine hergestellt werden. Welche rechtwinkligen Koordinaten haben die Punkte P1 und P6
   a) als Absolutmaße,
   b) als Kettenmaße?

2. **Flansch (Bild 2):** Ein Flansch besitzt vier Bohrungen. Wie groß sind die Koordinaten der Bohrungsmittelpunkte als Absolutmaße
   a) im rechtwinkligen Koordinatensystem,
   b) im Polarkoordinatensystem, wenn der Mittelpunkt des Lochkreises der Pol ist und die Winkel auf eine Parallele zur X-Achse durch den Pol bezogen werden?

3. **Schablone (Bild 3):** Um die Kontur einer Schablone festzulegen, müssen im rechtwinkligen Koordinatensystem folgende Werte bestimmt werden:
   a) die Koordinaten der Punkte P1 bis P8 im Absolutmaß,
   b) die Koordinaten der Punkte P1 bis P8 im Kettenmaß,
   c) die für die Kreisbögen $\widehat{P1P2}$ und $\widehat{P3P4}$ erforderlichen Koordinaten, wenn die Konturpunkte absolut und die Kreismittelpunkte inkremental angegeben werden.

4. **Ventilplatte (Bild 4):** Die Ventilplatte wird auf einer NC-Fräsmaschine hergestellt. Welche Koordinaten besitzen, jeweils als Absolut- und als Kettenmaß,
   a) im rechtwinkligen Koordinatensystem die Punkte P1 bis P5,
   b) im Polarkoordinatensystem die Bohrungsmittelpunkte P6 bis P8, wenn der Werkstücknullpunkt der Pol ist?

5. **Grundplatte (Bild 5):** Die Grundplatte eines Stirling-Motors wird auf einer NC-Fräsmaschine gefertigt.
   a) Geben Sie die Koordinaten der Punkte P1 bis P8 im rechtwinkligen Koordinatensystem als Absolutmaße und Kettenmaße an.
   b) Legen Sie die Bohrungsmittelpunkte und die Konturpunkte für die Langlöcher als Kettenmaße fest.

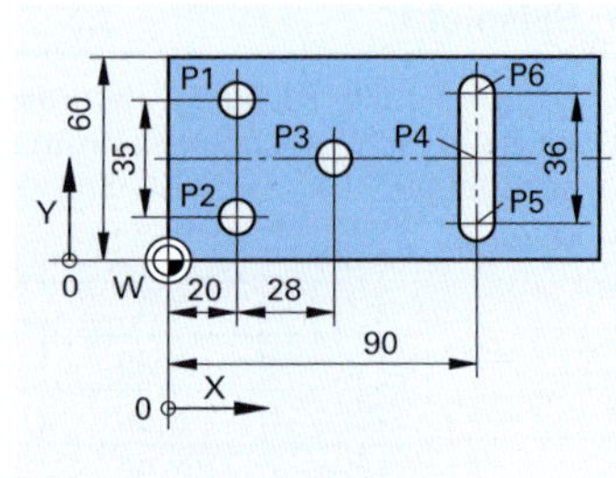

Bild 1: Distanzplatte

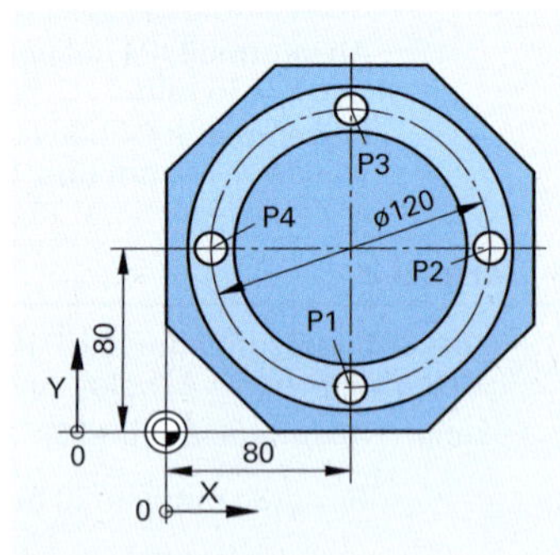

Bild 2: Flansch

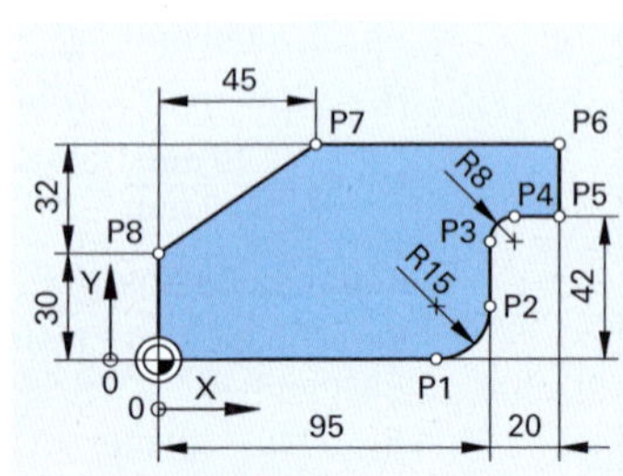

Bild 3: Schablone

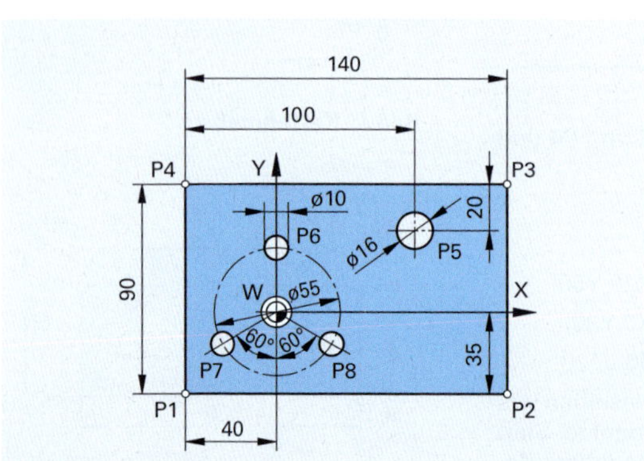

Bild 4: Ventilplatte

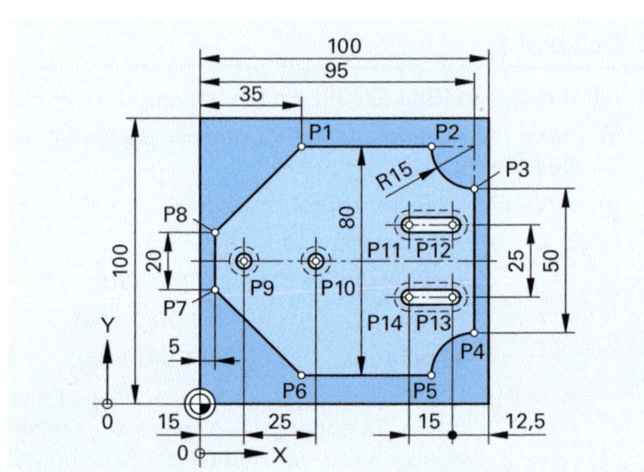

Bild 5: Grundplatte

16.3 Werkstücke mit geradlinigen und kreisbogenförmigen Konturen

Geradlinige Konturen

Bei der Konturprogrammierung entsprechen die programmierten Wege genau der Außen- oder der Innenform des herzustellenden Werkstückes. Dabei wird die Werkstückkontur in einzelne Elemente aufgeteilt und ein Werkstücknullpunkt festgelegt **(Bild 1)**. Die Konturelemente bestehen hier aus achsparallelen und schrägen Strecken. Für die Anfangs- und Endpunkte der Strecken müssen die Koordinaten festgelegt werden.

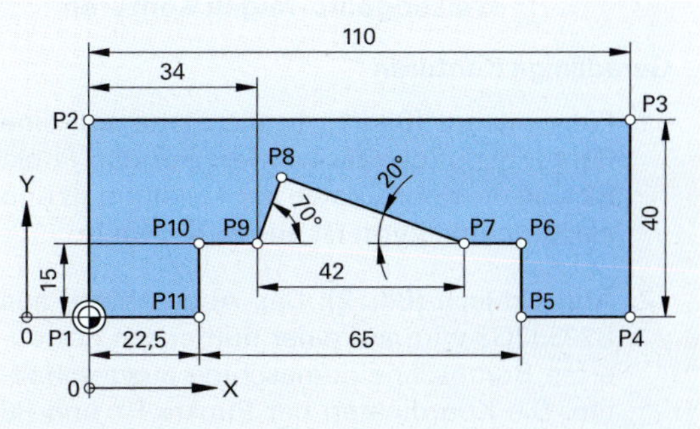

Bild 1: Lehre

Beispiel

Für die Punkte P1 bis P11 der Lehre **(Bild 1)** sind die Koordinaten im Absolutmaß zu ermitteln und in eine Tabelle einzutragen.

Lösung: Die Koordinaten der Punkte P1 bis P7 sowie P9 und P10 werden mithilfe der Maße in der Zeichnung ermittelt und die Koordinaten von P8 mit den Winkelfunktionen **(Bild 2)** berechnet.

$\sin \beta = \frac{a}{c}$; $a = c \cdot \sin \beta = 42\ \text{mm} \cdot \sin 20°$
$= \mathbf{14{,}365\ mm}$

$\sin \alpha = \frac{y}{a}$; $y = a \cdot \sin \alpha = 14{,}365\ \text{mm} \cdot \sin 70°$
$= \mathbf{13{,}499\ mm}$

$\cos \alpha = \frac{x}{a}$; $x = a \cdot \cos \alpha = 14{,}365\ \text{mm} \cdot \cos 70°$
$= \mathbf{4{,}913\ mm}$

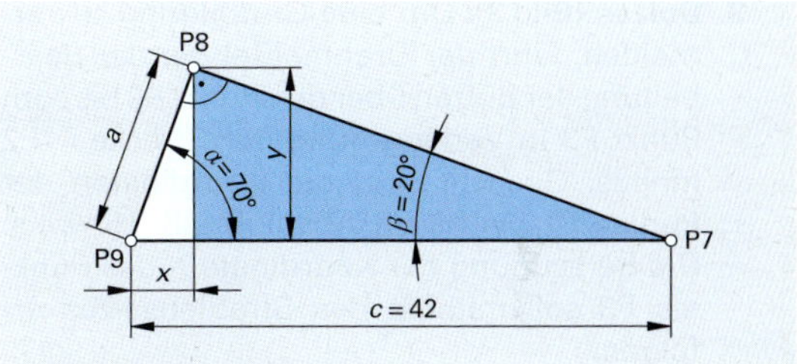

Bild 2: Hilfsdreieck

Punkt	Koordinatenmaße		Punkt	Koordinatenmaße	
	X-Achse	Y-Achse		X-Achse	Y-Achse
P1	X 0	Y 0	P7	X 76	Y 15
P2	X 0	Y 40	P8	X 38,913	Y 28,499
P3	X 110	Y 40	P9	X 34	Y 15
P4	X 110	Y 0	P10	X 22,5	Y 15
P5	X 87,5	Y 0	P11	X 22,5	Y 0
P6	X 87,5	Y 15			

Kreisbogenförmige Konturen

Kreisbogenförmige Konturen werden durch die Koordinaten des Zielpunktes und den Radius oder durch die Koordinaten des Zielpunktes und des Kreismittelpunktes programmiert **(Bild 3)**. Die Koordinaten der Kreismittelpunkte werden meist vom Startpunkt aus als Kettenmaß mit den Adressbuchstaben I, J und K für die X-, Y- und Z-Richtung angegeben.

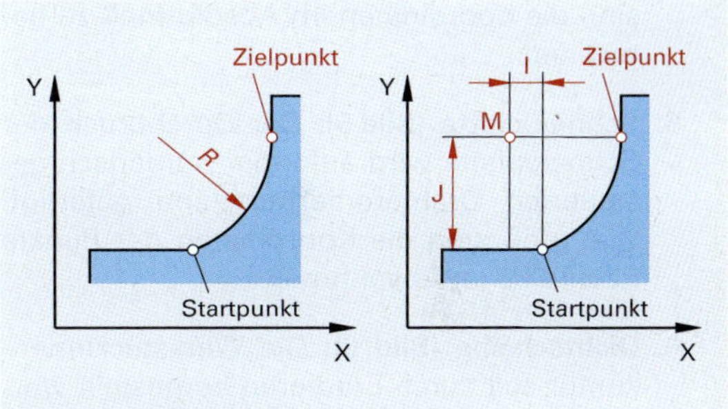

Bild 3: Kreisbogenprogrammierung

Beispiel

Für den Kreisbogen am Werkstück **(Bild 4)** sind die Koordinaten des Zielpunktes P4 und des Kreismittelpunktes zu berechnen.

Lösung: $b = \sqrt{c^2 - a^2} = \sqrt{(10\ \text{mm})^2 - (8\ \text{mm})^2} = \mathbf{6\,mm}$

Koordinaten von P4:
$x = (7 + 10 - 6)\ \text{mm} = \mathbf{11\ mm}$
$y = 25\ \text{mm}$
Koordinaten von M: $I = \mathbf{10\ mm}$; $J = \mathbf{0\,mm}$

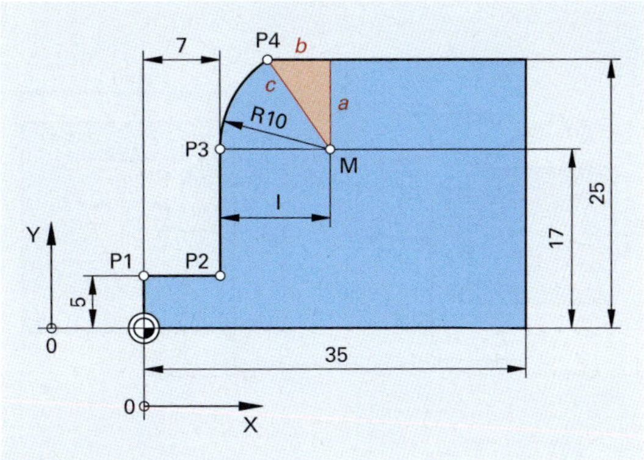

Bild 4: Kreisbogen-Koordinaten

Aufgaben – Werkstücke mit geradlinigen und kreisbogenförmigen Konturen

Geradlinige Konturen

1. **Führungsnut (Bild 1):** In die Platte soll eine Führungsnut gefräst werden. Für den Punkt P2 sind die Koordinaten als Absolutmaß und als Kettenmaß von P1 aus zu ermitteln.

2. **Abdeckblech (Bild 2):** Das Abdeckblech aus S235J2G3 wird auf einer numerisch gesteuerten Brennschneidemaschine ausgeschnitten. Die Koordinaten der Punkte P1 und P6 sind im Absolutmaß zu berechnen und in eine Tabelle einzutragen.

3. **Bolzen (Bild 3):** Um eine Gratbildung zu vermeiden, fährt der Drehmeißel bei der Bearbeitung der Bolzen über den Punkt P2 bis zum Punkt P3 in Verlängerung der Strecke $\overline{P1P2}$ hinaus. Gesucht sind die Koordinaten der Punkte P1 bis P3 im Absolutmaß. Hinweis: Die Berechnung der Koordinate X des Punktes P3 soll mithilfe des Strahlensatzes erfolgen.

4. **Welle (Bild 4):** An der Welle soll eine Fase gedreht werden. Für die Punkte P1 und P2 sind die Koordinaten im Absolutmaß zu berechnen.

5. **Schneidplatte (Bild 5):** Der Durchbruch der Schneidplatte wird auf einer numerisch gesteuerten Drahterodiermaschine gefertigt. Wie groß sind die Koordinaten der Punkte P2 und P3 im Absolutmaß?

6. **Dichtscheibe (Bild 6):** Die Werkstückinnenkontur soll durch Erodieren hergestellt werden. Die Koordinaten der Punkte P1 bis P17 sind als Absolutmaße zu bestimmen.

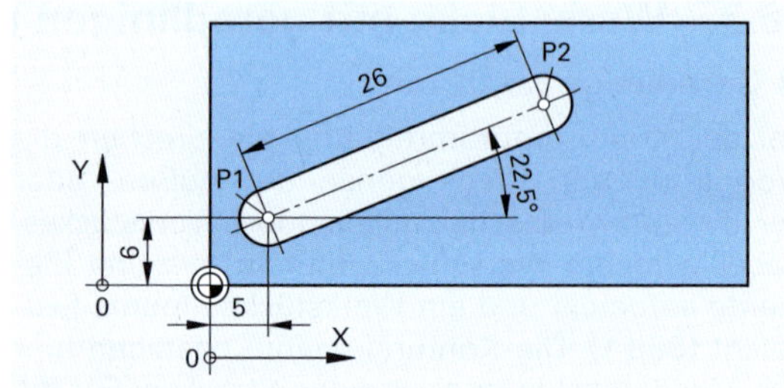

Bild 1: Führungsnut

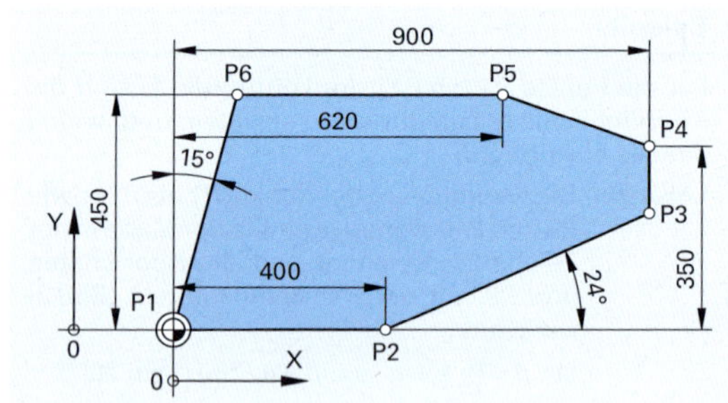

Bild 2: Abdeckblech

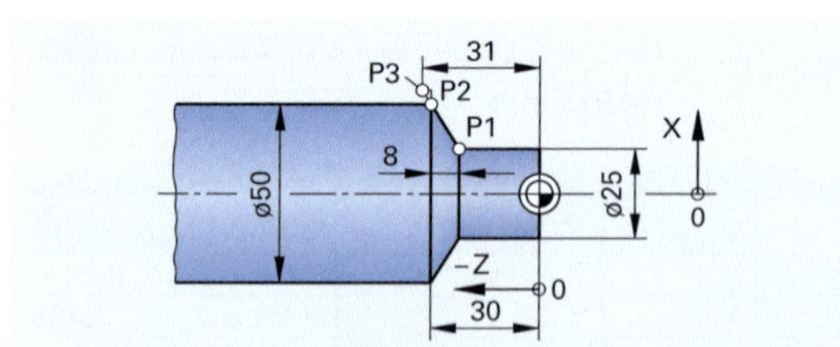

Bild 3: Bolzen

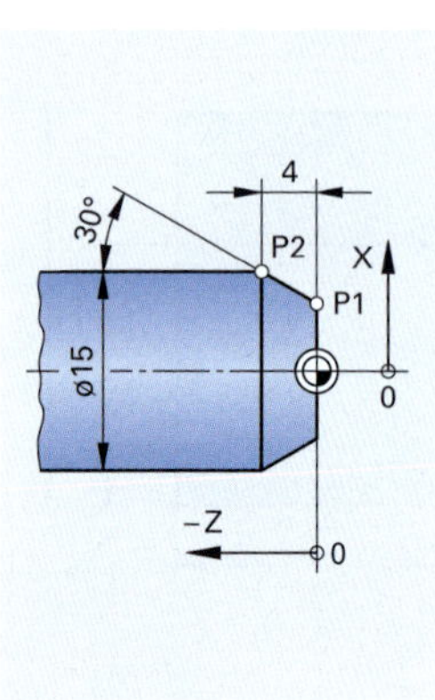

Bild 4: Welle

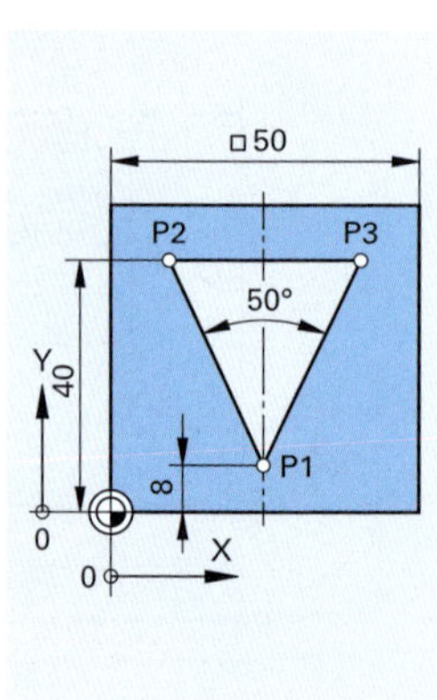

Bild 5: Schneidplatte

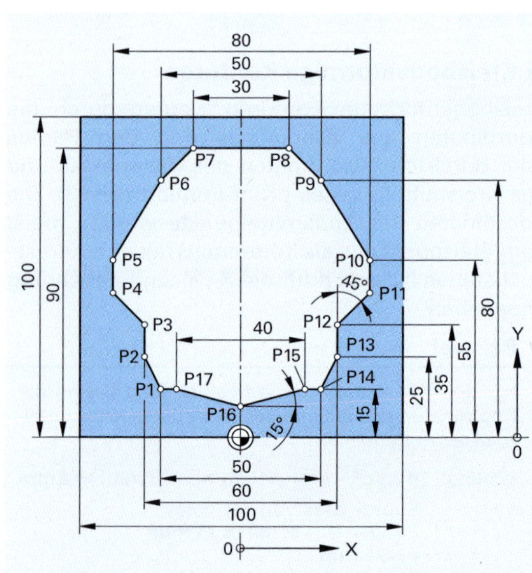

Bild 6: Dichtscheibe

Kreisbogenförmige Konturen

Die abgebildeten Werkstücke sollen mit NC-Maschinen hergestellt werden. Bestimmen Sie jeweils die Koordinaten der gekennzeichneten Konturpunkte absolut und inkremental. Fassen Sie die X- und Y-Koordinaten in einer Tabelle zusammen. Berechnen Sie fehlende Maße, die zur Bestimmung der Konturpunkte notwendig sind.

7. Frästeil I

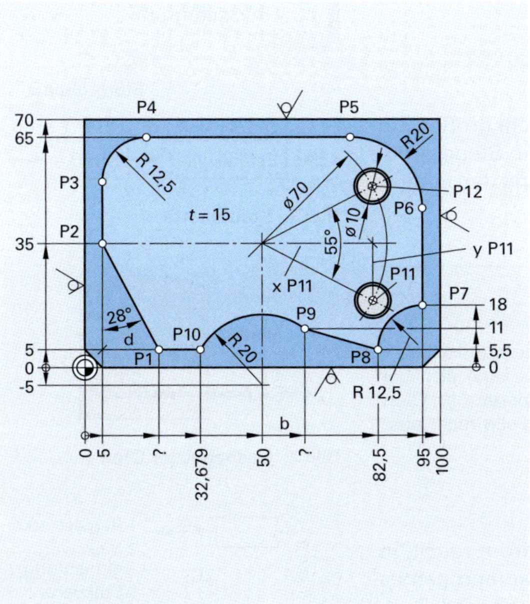

Bild 1: Frästeil I

8. Frästeil II

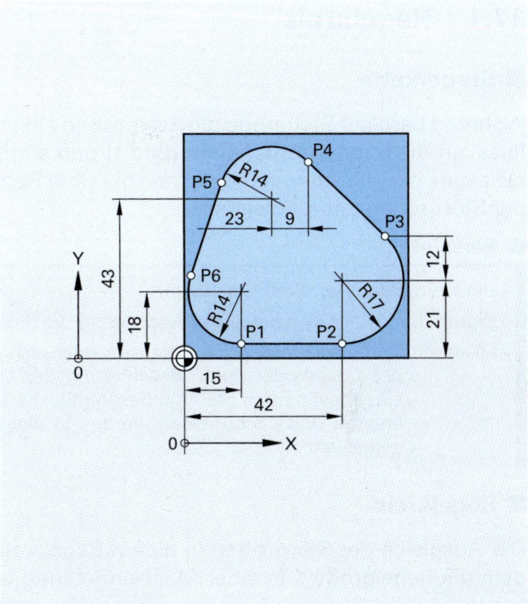

Bild 2: Frästeil II

9. Drehteil I

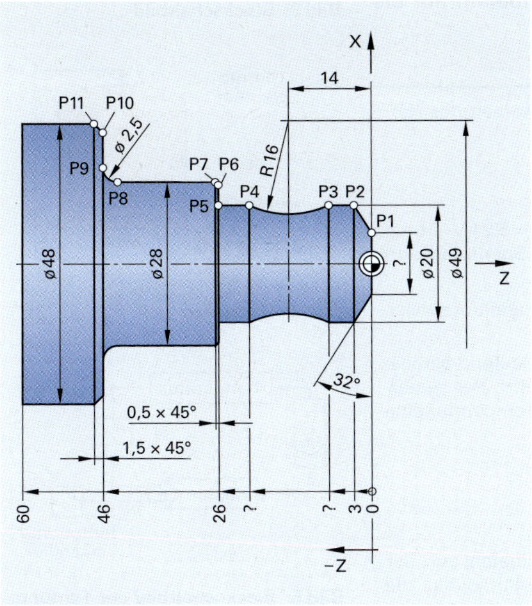

Bild 3: Drehteil I

10. Drehteil II

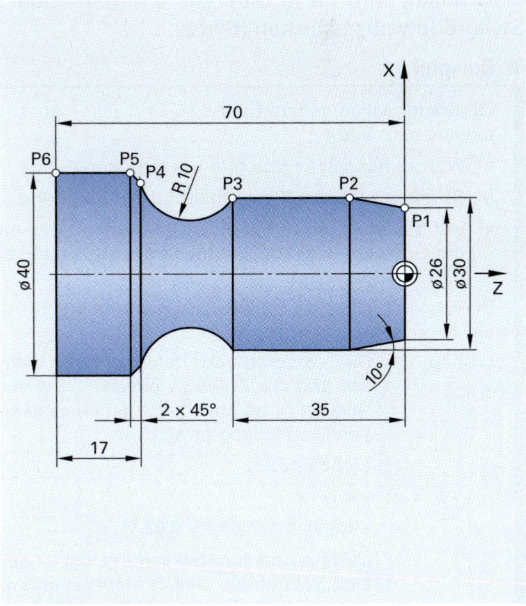

Bild 4: Drehteil II

17 Regelungstechnik

Steuerungs- und Regelungsvorgänge spielen in der Technik eine sehr große Rolle. Sie ermöglichen automatische Abläufe und Fertigungsprozesse, um Produkte rationell und maßgenau in bestimmten Toleranzen herzustellen.

Regeldifferenz

$$e = w - r$$

e	Regeldifferenz	V, A
w	Führungsgröße	V, A
r	Rückführgröße	V, A

17.1 Regelkreis

Steuerkette

Während bei einer Steuerung die Störgrößen z einen sehr großen Einfluss auf die Steuergröße haben **(Bild 1)** und somit die Steuergröße sehr stark beeinflussen, versucht man bei einer Regelung den Einfluss der Störgrößen z auszugleichen.

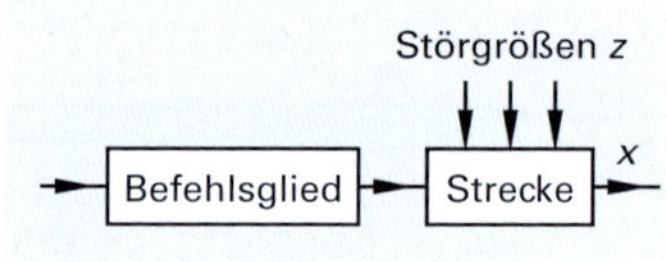

Bild 1: Steuerkette

Beispiel

Der Ofen **(Bild 2)** wird mit Gas beheizt.

Warum handelt es sich bei dieser Anordnung um eine Steuerung?

Lösung: Durch schwankenden Gasdruck oder sich ändernde Heizkraft des Gases oder durch Beschickung des Ofens kann sich bei einer bestimmten Stellung des Ventils die Temperatur im Ofen ändern. Diese Störgrößen werden in diesem Falle nicht ausgeglichen.

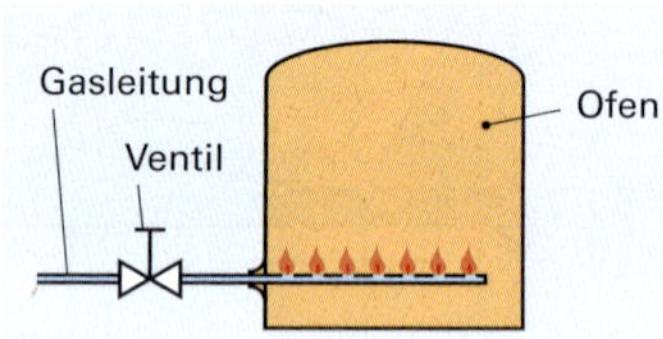

Bild 2: Gasbeheizter Ofen

Regelkreis

Der Ausgleich der Störgrößen in einem Regelkreis wird erreicht, indem die Regelgröße x in einer Messeinrichtung fortlaufend gemessen und in eine Strom- oder Spannungsgröße gewandelt wird. Diese gewandelte Größe r wird einem Vergleicher (Regler) zugeführt und mit einem vorgegebenen Wert, dem Sollwert w, verglichen. Tritt eine Abweichung zwischen gemessenem Istwert r und eingestelltem Sollwert w auf, wird diese Differenz e durch einen Stellbefehl auf die Stellgröße y ausgeglichen **(Bild 3)**.

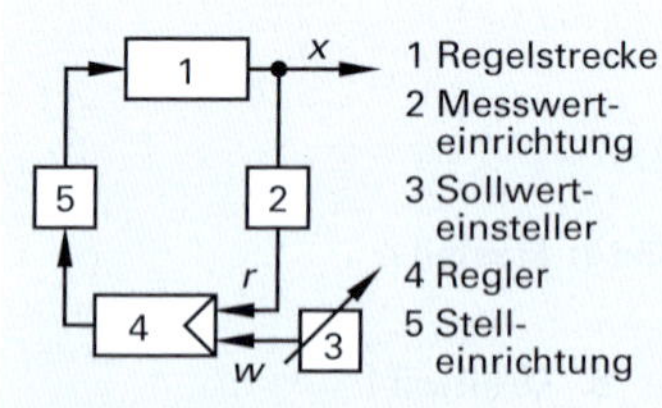

Bild 3: Blockschaltbild

Beispiel

Zahnräder sollen gehärtet werden. Den schematischen Aufbau des Härteofens zeigt **Bild 4**.

a) Warum handelt es sich hier um eine Regelung?

b) Skizzieren Sie das Blockschaltbild der Regelung.

c) Der Messwertumformer liefert eine Spannung von $U = 6{,}21$ V. Durch die Sollwerteinstellung wird dem Vergleicher eine Spannung von 6,24 V vorgegeben.

Berechnen Sie die Regelabweichung und geben Sie die Handlungsweise des Reglers an.

Lösung: a) Die Temperatur im Ofeninnenraum wird fortlaufend gemessen und das Ergebnis einem Regler zugeführt, der seinerseits bei Abweichung von der eingestellten Temperatur eine Ventilverstellung bewirkt.

b) Siehe **Bild 5**.

c) $e = w - r$

$e = 6{,}24\text{ V} - 6{,}21\text{ V} = \mathbf{0{,}03}\text{ V}$

Die festgestellte Abweichung löst einen Stellbefehl aus, der eine Verstellung des Schieberventils bewirkt, sodass die Temperatur erhöht wird.

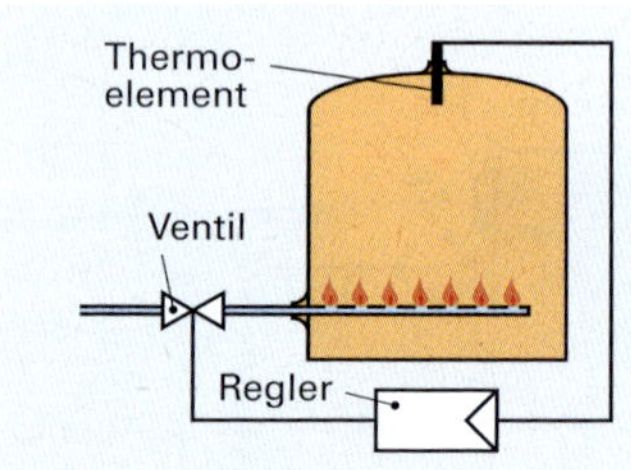

Bild 4: Härteofen

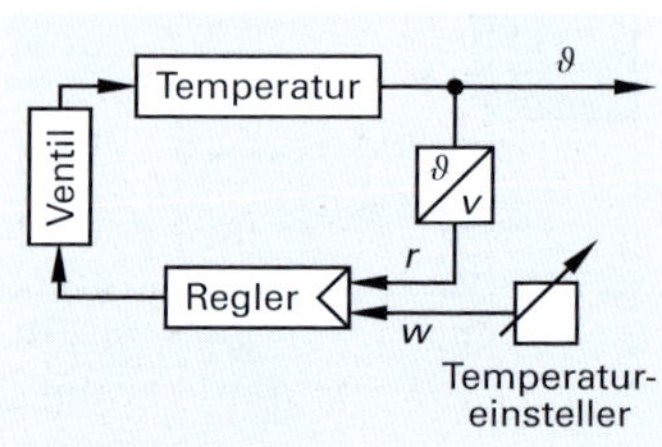

Bild 5: Blockschaltbild der Temperaturregelung

17.2 Regelungsarten

Ein Regler (Vergleicher) vergleicht die zwei am Reglereingang anstehenden Signale **Rückführgröße *r*** (die zu regelnde Größe) und **Führungsgröße *w*** (Sollwert). Nach Art der Führungsgröße *w* wird in der Regelungstechnik eine Regelung in drei verschiedene Arten eingeteilt **(Bild 1)**.

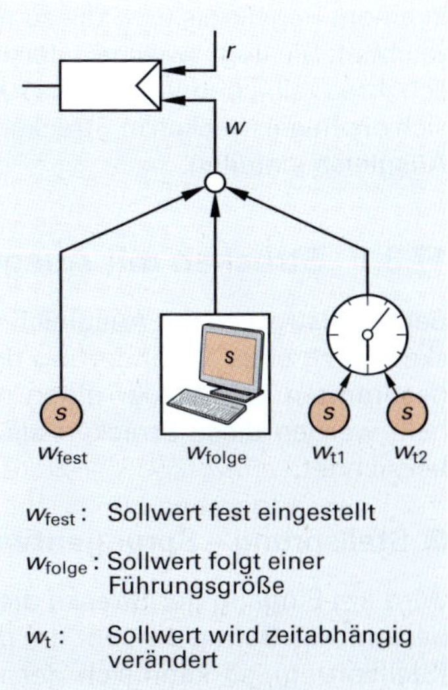

Bild 1: Regelungsarten

Festwertregelung

Unter Festwertregelung versteht man eine Regelungsart, bei der der Sollwert *w* einer Regelung konstant gehalten werden soll.

Beispiel

Ein Auto besitzt einen Tempomat (Geschwindigkeitsreguliersystem). Bei der Fahrt auf einer Autobahn wird bei der Richtgeschwindigkeit 130 km/h der Tempomat von Hand fixiert.

Um welche Regelungsart handelt es sich?

Lösung: Es handelt sich um eine **Festwertregelung**, da die Geschwindigkeit des Fahrzeuges konstant auf dem vorgegebenen Wert von 130 km/h bleiben soll.

Folgeregelung

Unter Folgeregelung versteht man eine Regelung, bei der der Sollwert *w* einer veränderlichen Führungsgröße folgt.

Beispiel

Um welche Art von Regelung handelt es sich bei der Positionsregelung eines Maschinenschlittens einer Drehmaschine **(Bild 2)**?

Lösung: Es handelt sich hier um eine **Folgeregelung**, denn das Werkzeug muss der Lageführungsgröße, welche für die Werkstückbearbeitung laufend von der numerischen Steuerung berechnet wird, möglichst schnell und genau folgen.

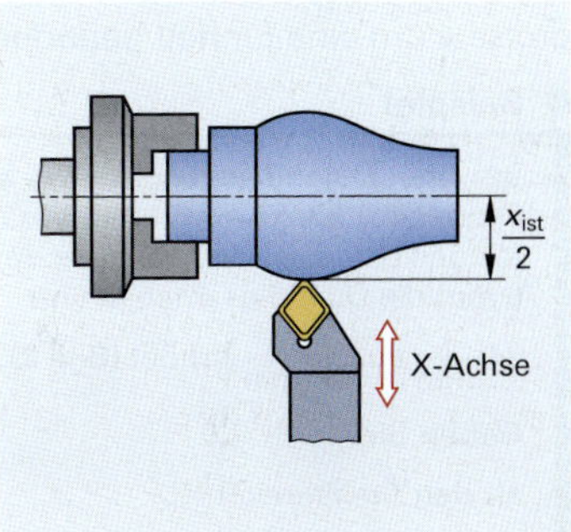

Bild 2: Positionsregelung

Zeitplanregelung

Bei einer Zeitplanregelung wird der Sollwert *w* von einer Zeitschaltuhr oder von einem Programmgeber geändert.

Beispiel

Im Bürogebäude einer Firma wird um 20 Uhr die Raumtemperatur am Tag von 20 °C auf 16 °C gesenkt (Nachtabsenkung). Um 6 Uhr erfolgt die Rückschaltung auf 20 °C.

Um welche Regelungsart handelt es sich?

Lösung: Es handelt sich um eine **Zeitplanregelung**, da die Führungsgröße *w* von einem Programmgeber zeitabhängig vorgegeben wird.

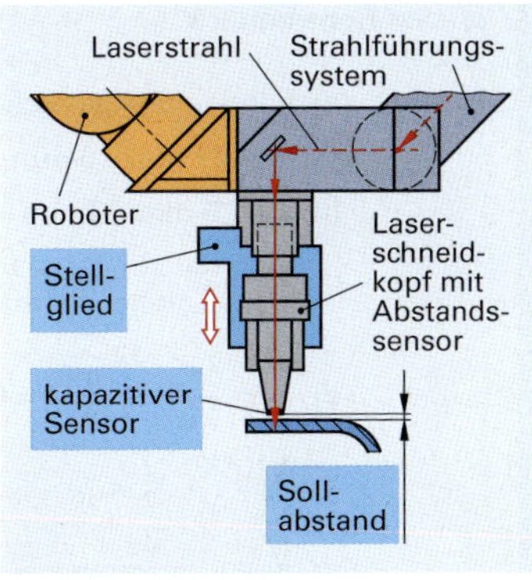

Bild 3: Abstandsregelung

Aufgaben | Regelkreis und Regelungsarten

1. **Begriffsklärungen:** Geben Sie eine Erklärung (Definition) folgender Begriffe: a) Strecke; b) Regeleinrichtung; c) Stellglied; d) Stellort; e) Regelgröße; f) Messort; g) Sollwertgeber; h) Regelabweichung; i) Stellgröße.
2. **Abstandsregelung (Bild 3):** Um welche Regelungsart handelt es sich bei der Abstandsregelung für ein Laserschneidwerkzeug?

17

17.3 Strecken

In einem Regelkreis wird die zu regelnde Anlage als Regelstrecke bezeichnet. Sie liegt zwischen dem Stellort und dem Messort. Hinsichtlich ihres zeitlichen Verhaltens bzw. des Beharrungszustandes lassen sich die Regelstrecken in Strecken mit Ausgleich und in Strecken ohne Ausgleich einteilen.

Übertragungswert

$$K_S = \frac{\Delta x}{\Delta y}$$

$$K_S = \frac{X_h}{Y_h}$$

K_S	Übertragungsbeiwert	$\frac{°C}{\%}; \frac{A}{V}; \ldots$
Δx	Regelgrößenänderung	°C; A; ...
Δy	Stellgrößenänderung	%; V; ...
X_h	Regelbereich	°C; A; ...
Y_h	Stellbereich	%; V; ...

17.3.1 Strecken mit Ausgleich

Bei Regelstrecken mit Ausgleich nimmt die Ausgangsgröße der Strecke x nach einer Veränderung der Eingangsgröße y innerhalb einer bestimmten Zeit wieder einen neuen Beharrungszustand ein. Deshalb werden diese Strecken als **P-Strecken** (Proportional-Strecken) bezeichnet.

Stellsprung – Sprungantwort

Wird am Eingang der Strecke die Stellgröße y sehr schnell um einen bestimmten Betrag Δy oder um den ganzen Stellbereich Y_h verändert (Stellsprung), so kann sich der neue Wert der Strecke (Sprungantwort) sofort oder nach einer gewissen Zeit einstellen **(Bild 1)**.

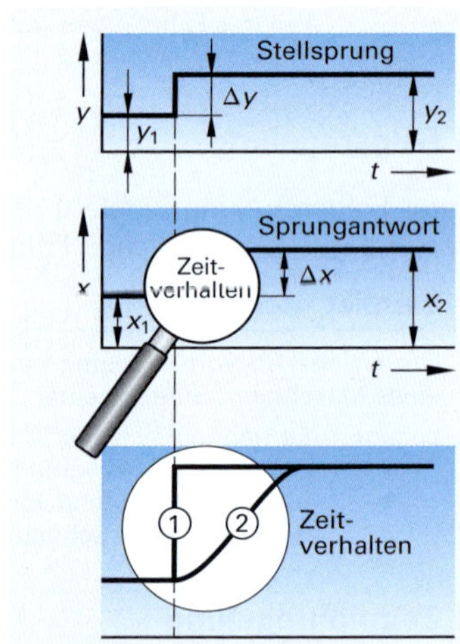

① Verzögerungsarme Regelstrecke
② Regelstrecke mit Anlaufzeit

Bild 1: Stellsprung – Sprungantwort

Übertragungsbeiwert der Strecke

Der Übertragungsbeiwert K_S einer Strecke mit Ausgleich gibt an, um wie viele Einheiten Δx sich die Regelstrecke ändert, wenn die Stellgröße y um eine Einheit geändert wird ($\Delta y = 1$).

Beispiel

Bei einer Durchflussregelstrecke kann der Ventilhub des Stellgliedes von 0 mm (ZU) bis 12 mm (AUF) verändert werden. Bei einer Messung wird festgestellt, dass sich bei einer Änderung des Ventilhubes von 4 mm auf 6 mm die Durchflussmenge von

$24 \frac{l}{min}$ auf $36 \frac{l}{min}$ erhöht **(Bild 2)**.

Geben Sie

a) den Stellbereich Y_h,

b) die Stellgrößenänderung Δy und

c) die Regelgrößenänderung Δx an.

Berechnen Sie

d) den Übertragungsbeiwert K_S der Strecke und

e) den Regelbereich.

Lösung: a) Für den Stellbereich Y_h ($\Delta y = 100\,\%$) gilt:

$Y_h = 12\text{ mm} - 0\text{ mm} = \mathbf{12\text{ mm}}$

b) $\Delta y = 6\text{ mm} - 4\text{ mm} = \mathbf{2\text{ mm}}$

c) $\Delta x = 36 \frac{l}{min} - 24 \frac{l}{min} = \mathbf{12 \frac{l}{min}}$

d) $K_S = \frac{\Delta x}{\Delta y} = \frac{12 \frac{l}{min}}{2\text{ mm}} = \mathbf{6 \frac{l}{min \cdot mm}}$

e) $K_S = \frac{X_h}{Y_h}$; $X_h = K_S \cdot Y_h$

$X_h = 6 \frac{l}{min \cdot mm} \cdot 12\text{ mm} = \mathbf{72 \frac{l}{min}}$

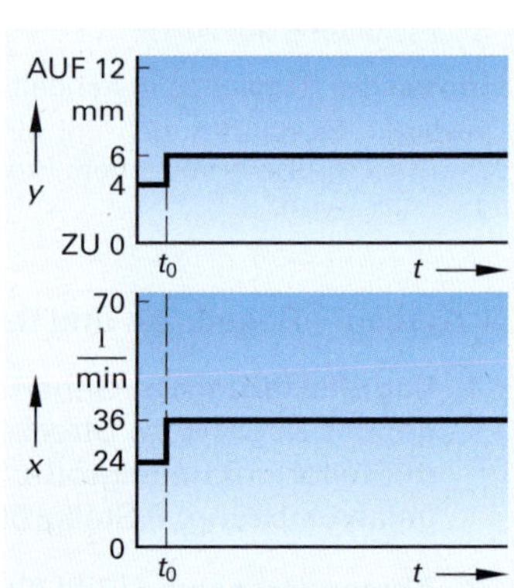

Bild 2: Durchflussregelstrecke

Von entscheidender Bedeutung für die Charakterisierung einer Regelstrecke ist ihr **Zeitverhalten**, d.h. der Verlauf der Regelgröße x über der Zeit t bei Änderung der Stellgröße y. Es wird zwischen verzögerungsfreien Strecken und Strecken mit Anlaufzeit unterschieden.

Zeitkonstante

$$\Delta x\,(T_S) = 0{,}632 \cdot \Delta x$$

$$X_h\,(T_S) = 0{,}632 \cdot X_h$$

T_S	Zeitkonstante	s, min
Δx	Regelgrößenänderung	°C, A, ...
X_h	Regelbereich	°C, A, ...

■ PT_0-Strecke

Sind in einer Strecke keine Verzögerungsglieder (Speicher), so spricht man von einer verzögerungsfreien Strecke oder **Strecke 0. Ordnung (Bild 1)**. Bei diesen Strecken folgt die Regelgröße einer Stellgrößenänderung ohne merkliche Verzögerung **(siehe Beispiel auf vorheriger Seite)**.

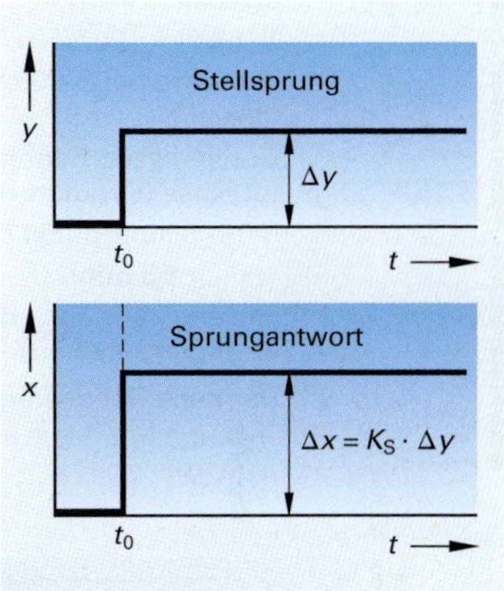

Bild 1: PT_0-Strecke

■ PT_1-Strecke

Folgt die Regelgröße x einer Stellgrößenänderung y nur verzögert, so handelt es sich um eine Strecke mit Anlaufzeit. Befindet sich nur ein Speicher in dieser Strecke, so spricht man von einer **Strecke 1. Ordnung**. Die Charakteristik des Bildes einer PT_1-Strecke **(Bild 2)** ist immer gleich. Von Bedeutung ist dabei die **Zeitkonstante T_S** der Strecke. T_S kann bestimmt werden, wenn im Anfangspunkt des Anstieges eine Tangente gelegt und mit einer Parallelen zur Zeitachse geschnitten wird. Wird durch diesen Schnittpunkt eine Parallele zur Ordinatenachse gelegt, so wird die Übergangsfunktion in einer Höhe von 63,2% vom Endwert geschnitten **(Bild 2)**. Nach einer weiteren Zeiteinheit T_S steigt der Rest der Übergangsfunktion um weitere 63,2% an. Nach $5 \cdot T_S$ hat die Strecke ihren neuen Beharrungszustand erreicht.

T_S kann auch bestimmt werden, indem die Regelgröße von 63,2% berechnet wird und dann mithilfe des Lotes auf die Zeitachse der Zeitwert abgelesen wird.

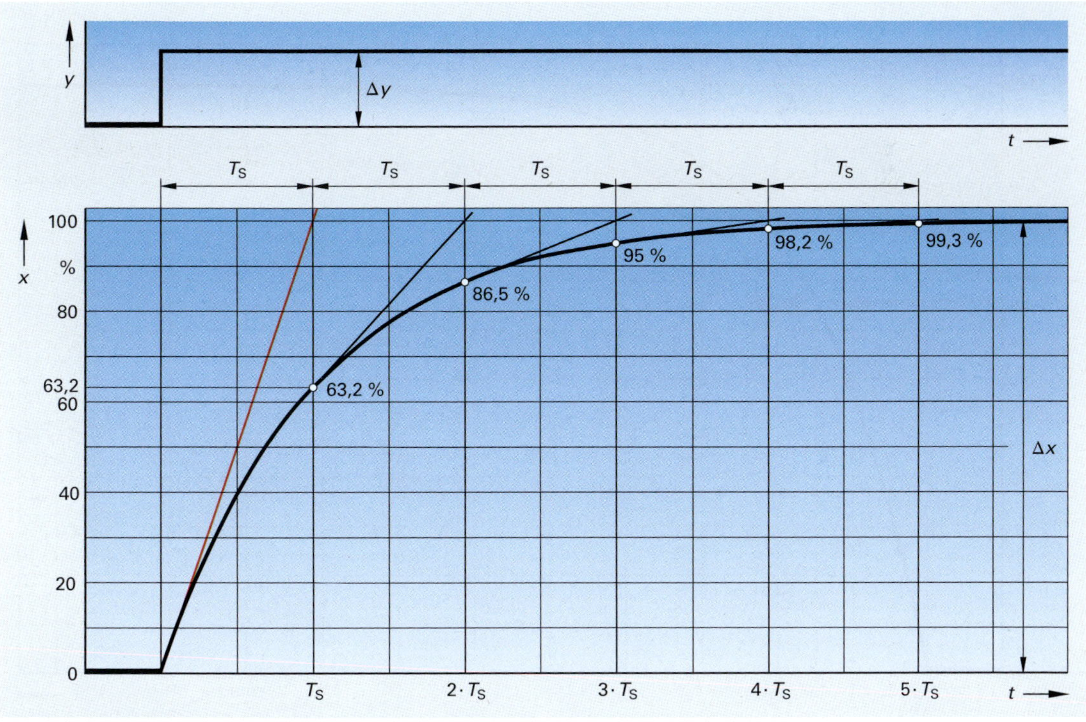

Bild 2: PT_1-Strecke

Beispiel

Beim Test der Temperaturregelstrecke eines Wärmeschranks liefert der Schreiber beim Einschalten des Heizstroms von 8 A folgenden Verlauf **(Bild 1)**.

Zu ermitteln sind:

a) der Übertragungsbeiwert K_S der Strecke,

b) die Zeitkonstante T_S und

c) die Zeit, nach der die Temperatur ihren neuen Beharrungszustand erreicht hat.

Lösung: a) $K_S = \frac{X_h}{Y_h} = \frac{140\,°C - 20\,°C}{8\,A} = \frac{120°C}{8\,A} = \mathbf{15\,\frac{°C}{A}}$

b) Nach $1 \cdot T_S$ hat eine PT_1-Strecke 63,2 % ihres Endwertes erreicht, deshalb muss diese Temperatur errechnet werden, um dann die Tangente zu zeichnen und den Wert für T_S abzulesen.

$\vartheta\,(63{,}2) = 120\,°C \cdot 0{,}632 + 20\,°C = 75{,}84\,°C + 20\,°C = 95{,}84\,°C$.

Nun wird bei $\vartheta = 95{,}84\,°C$ eine Parallele zur *t*-Achse gezeichnet und der Schnittpunkt mit der Strecke gesucht.

Durch diesen Schnittpunkt wird das Lot auf die Zeitachse gefällt (oder eine Parallele zur Temperaturachse [Ordinate] gezeichnet).

Beim Schnittpunkt dieser Geraden mit der *t*-Achse kann die Konstante T_S abgelesen werden.

$\Rightarrow T_S = \mathbf{1{,}5\,min}$

Es kann aber auch die Tangente an den Streckenverlauf angelegt werden und dann die Konstante T_S abgelesen werden.

c) Der neue Beharrungszustand der Strecke wird nach $5 \cdot T_S$ erreicht.

$\Rightarrow 5 \cdot 1{,}5\,min = \mathbf{7{,}5\,min}$

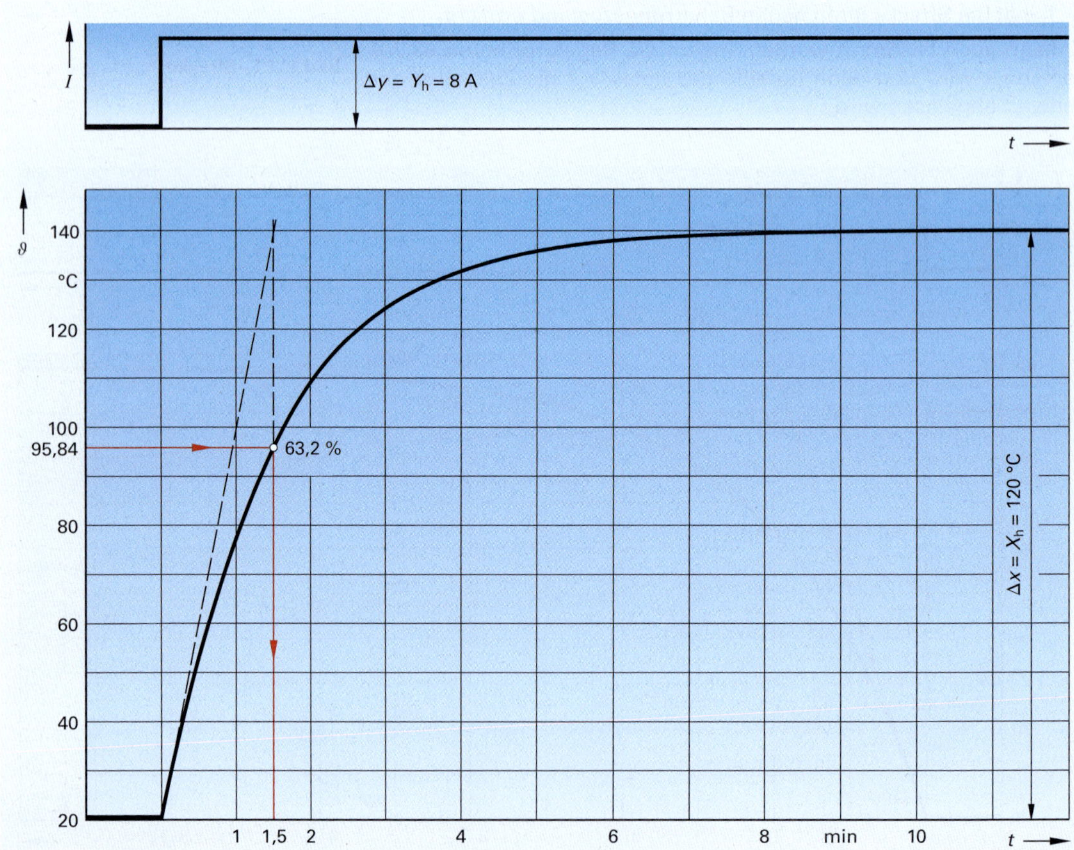

Bild 1: Temperaturregelstrecke

PT$_n$-Strecken

Einen grundsätzlich anderen Verlauf zeigt die Übergangsfunktion, wenn in einer Strecke mehr als ein Speicher vorhanden ist. Der Anstieg des Graphen nach einem Stellsprung ist sehr flach, steigt dann an bis zu einem Wendepunkt und flacht dann wieder ab **(Bild 1)**.

Legt man durch den Wendepunkt eine Tangente (Wendetangente), so kommt es zu zwei Schnittpunkten S_1 und S_2.

S_1 ist der Schnittpunkt zwischen Tangente und Zeitachse, S_2 der Schnittpunkt zwischen Tangente und Asymptote zum neuen Beharrungszustand (Parallele zur Zeitachse in Höhe des neuen Beharrungszustands). Der Zeitabschnitt T_u ist die Zeitstrecke zwischen t_0 und S_1. Der Zeitabschnitt T_g ist die Strecke zwischen S_1 und dem Schnittpunkt einer Parallelen zur Ordinatenachse durch S_2 mit der Zeitachse.

Dabei versteht man unter $\boldsymbol{T_u}$ die **Verzugszeit** (Ersatztotzeit) und unter $\boldsymbol{T_g}$ die **Ausgleichszeit** der Strecke. Diese beiden Größen geben Auskunft über den Schwierigkeitsgrad *s* der zu regelnden Strecke **(Tabelle 1)**.

Beispiel

Beim Test einer Raumtemperaturregelstrecke wird folgender Temperaturverlauf **(Bild 2)** nach dem Einschalten der elektrischen Heizleistung von 5 kW aufgezeichnet.

Ermitteln Sie

a) den Übertragungsbeiwert der Strecke,

b) aus dem Temperaturverlauf die Kenngrößen der PT$_n$-Strecke.

c) Berechnen Sie den Schwierigkeitsgrad der Strecke.

Lösung: a) $K_S = \frac{X_h}{Y_h} = \frac{42\,°C - 20\,°C}{5\text{ kW}} = \frac{22\,°C}{5\text{ kW}}$

$= \mathbf{4{,}4\,\frac{°C}{kW}}$

b) Um die Größen T_u und T_g der Strecke ermitteln zu können, wird im Wendepunkt die Tangente angelegt **(Bild 2)**. Durch die Schnittpunkte der Tangente mit der Zeitachse und der Parallelen zum Beharrungszustand können die Zeitwerte bestimmt werden.

⇒ T_u = **2 min** und T_g = **18 min**

c) $s = \frac{T_u}{T_g} = \frac{2\text{ min}}{18\text{ min}} = \mathbf{0{,}11}$

⇒ Strecke ist gut regelbar.

Schwierigkeitsgrad

$$s = \frac{T_u}{T_g}$$

$$s = \frac{T_t}{T_S}$$

s	Schwierigkeitsgrad	
T_u	Verzugszeit	s; min; d
T_g	Ausgleichszeit	s; min; d
T_t	Totzeit	s; min; d
T_S	Zeitkonstante	s; min; d

Tabelle 1: Beurteilung der Regelbarkeit einer Strecke

s	Regelbarkeit
$s \leq 0{,}1$	sehr gut regelbar
$0{,}1 < s \leq 0{,}2$	gut regelbar
$0{,}2 < s \leq 0{,}3$	befriedigend regelbar
$s > 0{,}3$	schlecht regelbar

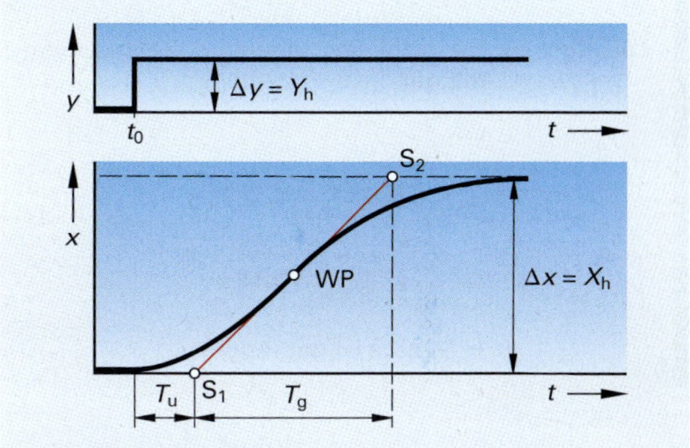

Bild 1: Übergangsfunktion einer PT$_n$-Strecke

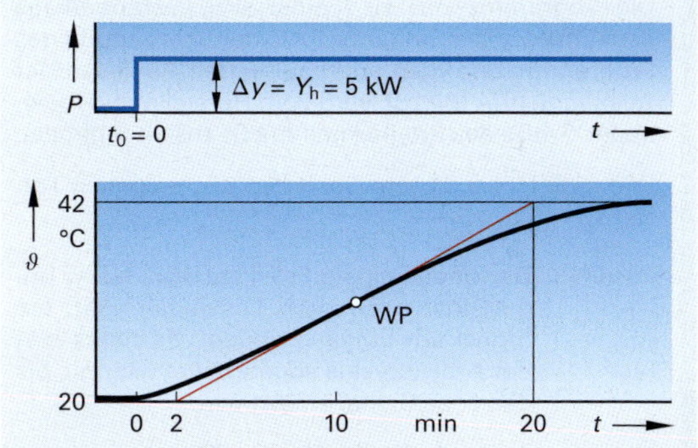

Bild 2: Temperaturregelstrecke

Strecken mit Totzeit T_t

Unter der Totzeit T_t einer Regelstrecke versteht man die Zeit, die vergeht, bis sich eine Stellgrößenänderung am Messort auszuwirken beginnt **(Bild 1)**. Die Regelbarkeit einer Strecke ist umso schwieriger, je größer die Totzeit ist.

Totzeiten treten z. B. bei Förderbändern, beim Mischen von strömenden Flüssigkeiten, bei einem Spiel in einer Lenkung, aber auch bei der Signalverarbeitung mit Speicherprogrammierbaren Steuerungen (Zykluszeit) auf.

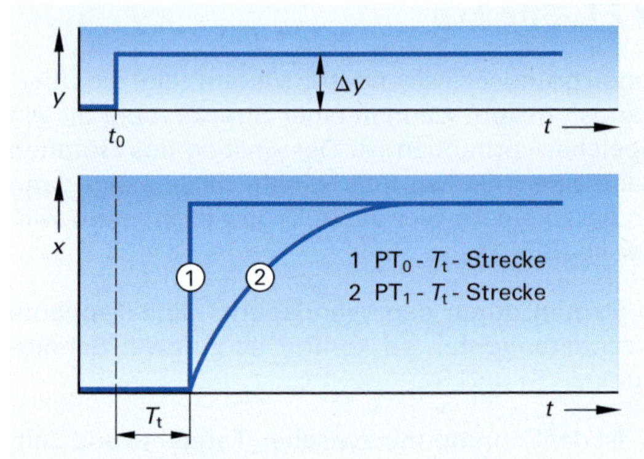

Bild 1: Übergangsfunktionen mit Totzeit

Beispiel 1

Bei der Mischung zweier Flüssigkeiten zur Regelung eines bestimmten Säuregehalts wird der Messfühler im Abstand von 2,8 m nach der Zusammenführung installiert **(Bild 2)**. Die mittlere Fließgeschwindigkeit der Flüssigkeiten beträgt 1,2 $\frac{m}{s}$.

a) Berechnen Sie die Totzeit T_t der Regelstrecke.

b) Die Auswertung der Strecke hat für T_S den Wert 18,4 Sekunden geliefert.

Berechnen Sie den Schwierigkeitsgrad *s* der Strecke.

Lösung: a) Für nicht beschleunigte Geschwindigkeit gilt:

$$v = \frac{s}{T_t}$$

$$\Rightarrow T_1 = \frac{s}{v} = \frac{2{,}8\ \text{m}}{1{,}2\ \frac{\text{m}}{\text{s}}} = \mathbf{2{,}33\ s}$$

b) $s = \frac{T_t}{T_S} = \frac{2{,}33\ \text{s}}{18{,}4\ \text{s}} = \mathbf{0{,}13}$

$\Rightarrow$ Strecke ist gut regelbar.

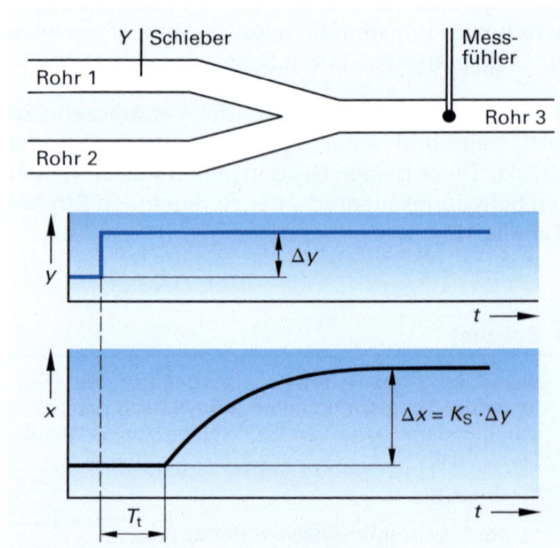

Bild 2: Totzeitstrecke

Beispiel 2

Die Programmzykluszeit T_z einer SPS, bestehend aus dem Einlesen der Eingänge PAE, der Bearbeitung des Programms und dem anschließenden Auslesen der Ausgänge PAA **(Bild 3)**, wird vom Hersteller bei maximaler Größe des Programms mit 35 ms angegeben.

Wie groß ist bei diesem Gerätetyp die maximale Totzeit T_t?

Lösung: Der ungünstigste Fall liegt vor, wenn unmittelbar nach dem Lesen der PAE ein Signal am Eingang anliegt. Es muss erst der Arbeitszyklus abgearbeitet werden, bis das neue Signal erfasst wird.

$\Rightarrow T_t = 2 \cdot T_z = 2 \cdot 35\ \text{ms} = \mathbf{70\ ms}$

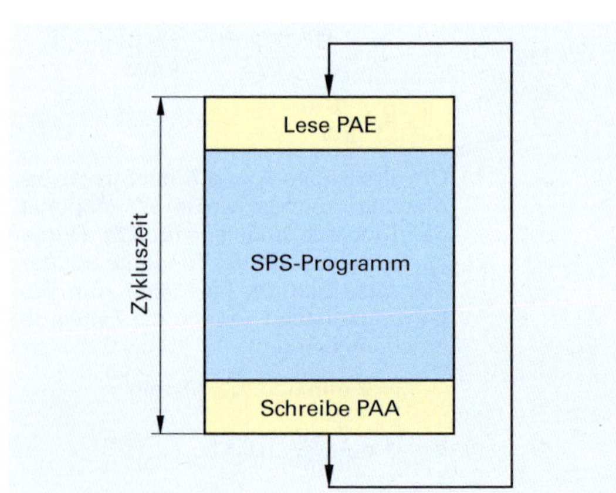

Bild 3: Zykluszeit

Aufgaben Strecken mit Ausgleich

1. **Blockschaltbilder (Tabelle):** In der Regelungstechnik wird aus Gründen der Übersichtlichkeit und der schnelleren Information das Verhalten der Strecke bei einem Stellsprung oder bei einer Störung in Blockschaltbildern angegeben.
   a) Um welche Strecke handelt es sich bei der Übersetzung eines Zahnradgetriebes?
   b) Geben Sie für jede Strecke aus der Tabelle zwei Beispiele an.

2. **Durchflussregelstrecke:** Der Antrieb eines Stellgliedes wird mit einer Stellgröße von 0 ... 20 mA angesteuert.
   Berechnen Sie den Übertragungsbeiwert der Strecke, wenn sich dabei eine Durchflussmenge von 0 ... 140 l/min einstellt.

3. **Beleuchtungsstrecke (Bild 1):** In den Unterlagen zu einer Beleuchtungsstrecke ist u.a. das Blockschaltbild der Regelstrecke gegeben.
   a) Um welche Strecke handelt es sich?
   b) Was sind bei dieser Strecke die Eingangsgröße und die Ausgangsgröße?
   c) Was bedeutet die Bezeichnung $K_S = 0{,}042$?

4. **Transistor (Bild 2):** Der Kollektorstrom I_C eines Transistors soll geregelt werden. Berechnen Sie den Übertragungsbeiwert der Strecke, wenn sich im Arbeitspunkt der Kollektorstrom um 100 mA ändert, wenn
   a) der Basisstrom I_B um 5 mA geändert wird,
   b) die Basis-Emitterspannung U_{BE} um 0,1 V geändert wird.

5. **Volumenstromregelstrecke:** Beim Test einer Volumenstromregelstrecke wird das Durchgangsstellventil plötzlich von Hand von 40 % auf 60 % geöffnet. Sofort steigt der Volumenstrom von 2 m³/h auf 3 m³/h an.
   a) Um welche Strecke handelt es sich?
   b) Geben Sie das Blockschaltbild der Strecke an.
   c) Berechnen Sie den Übertragungsbeiwert der Strecke.
   d) Geben Sie die Werte X_h und Y_h der Strecke an.

6. **Spannungsteiler (Bild 3):** Für den unbelasteten Spannungsteiler gilt die Formel: $U_{20} = K_S \cdot U$.
   a) Um welche Strecke handelt es sich bei diesem Spannungsteiler?
   b) Berechnen Sie den Übertragungsbeiwert der Strecke.
   Der Spannungsteiler mit den Festwiderständen $R_1 = 6\ \text{k}\Omega$ und $R_2 = 4\ \text{k}\Omega$ und dem NTC-Widerstand R_T ist in einem Temperaturregler eingebaut.
   c) Berechnen Sie für den belasteten Spannungsteiler den Übertragungsbeiwert der Strecke, wenn R_T bei 20 °C einen Wert von 10 kΩ aufweist.
   d) Berechnen Sie die Ausgangsgröße U_2, wenn als Eingangsgröße $U = 9$ V gilt.
   e) Geben Sie das Blockschaltbild der Strecke an.

Tabelle: Blockschaltbilder von Strecken mit Ausgleich

Strecke	Blockschaltbild
PT_0-Strecke	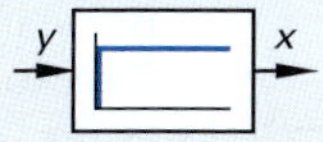
PT_0-T_t-Strecke	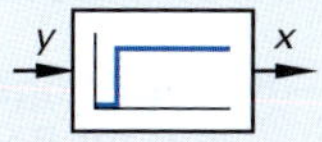
PT_1-Strecke	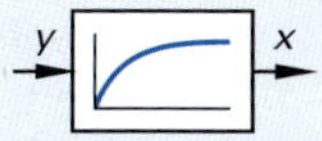
PT_1-T_t-Strecke	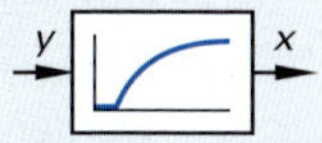
PT_n-Strecke	

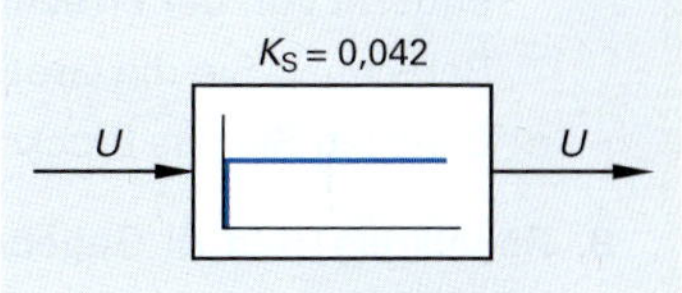

Bild 1: Beleuchtungsstrecke

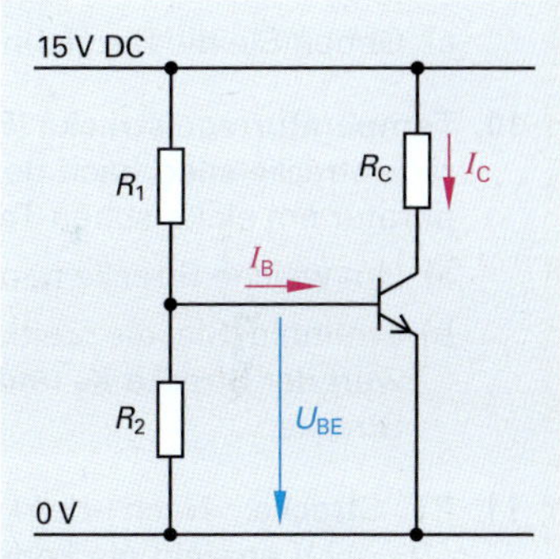

Bild 2: Transistor

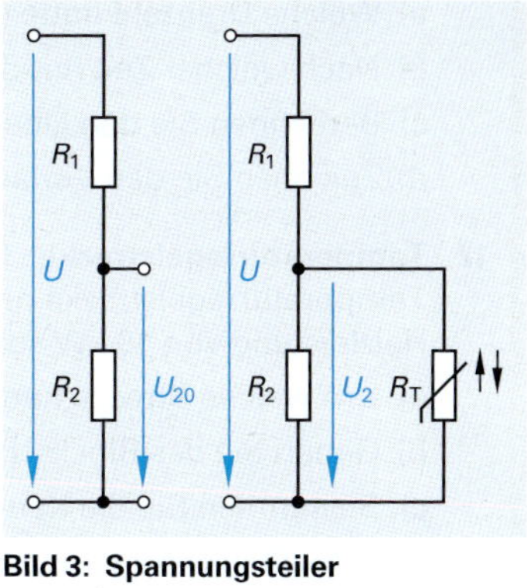

Bild 3: Spannungsteiler

7. **Förderband:** Das Förderband in einer Betonmischanlage hat einen Förderweg von 10 m und läuft mit einer Geschwindigkeit von 0,4 m/s. Bei einer maximalen Schütthöhe von 30 cm wird eine Förderleistung von 36 m^3/h erreicht.
   a) Berechnen Sie die Totzeit und den Übertragungsbeiwert der Strecke.
   b) Geben Sie das Blockschaltbild der Strecke an.

8. **Mischungsregelstrecke:** Bei der Mischung zweier Flüssigkeiten zur Regelung des pH-Wertes muss der Messwertfühler in einem entsprechenden Abstand nach der Zusammenführung der Rohre installiert werden.
   a) Um welche Strecke handelt es sich?
   b) In welchem Abstand muss der Fühler mindestens platziert werden, wenn die mittlere Fließgeschwindigkeit 0,9 m/s beträgt und zur Durchmischung eine Zeit von 2,2 s erforderlich ist?
   c) Aus Sicherheitsgründen wird der Fühler weitere 10 % weiter entfernt von der errechneten Stelle gesetzt.
   Berechnen Sie die Größen der Strecke.
   d) Erstellen Sie das Blockschaltbild des Regelkreises.

9. **Regelkreis (Bild 1):** Gegeben ist das Blockschaltbild eines Regelkreises.
   a) Um welche Regelstrecke handelt es sich?
   b) Wie wird der Messumformer bezeichnet?
   c) Geben Sie die Bezeichnung der restlichen Größen an.

10. **Temperaturregelstrecke (Bild 2):** Beim Test einer Temperaturregelstrecke stieg nach dem Öffnen des Stellgliedes die Temperatur am elektrischen Temperaturfühler nach 5 min an.
    a) Um welche Strecke handelt es sich?
    b) Ermitteln Sie die Zeitkonstante T_S, den Übertragungsbeiwert der Strecke K_S und beurteilen Sie die Regelbarkeit der Strecke.

11. **PT_1-Strecke:** Nach dem Einschalten der Ankerspannung $U_A = 42$ V erreicht ein konstanterregter Gleichstrommotor seine Enddrehzahl von 3200 min^{-1}. Die Streckenauswertung ergab die Zeitkonstante $T_S = 4$ s.
    a) Welche Drehzahl hatte der Motor nach 4 s?
    b) Nach welcher Zeit hat der Motor die Enddrehzahl erreicht?
    c) Berechnen Sie den Übertragungsbeiwert der Strecke.
    d) Zeichnen Sie den Verlauf der Strecke.

12. **Temperaturregelstrecke (Bild 3):** Die Sprungantwort einer Temperaturregelstrecke nach dem Einschalten der maximalen Heizleistung von 10 kW soll ausgewertet werden.
    a) Um welche Strecke handelt es sich?
    b) Geben Sie das Blockschaltbild der Strecke an.
    c) Bestimmen Sie die Kenngrößen der Strecke.
    d) Schließen Sie auf die Regelbarkeit der Strecke.

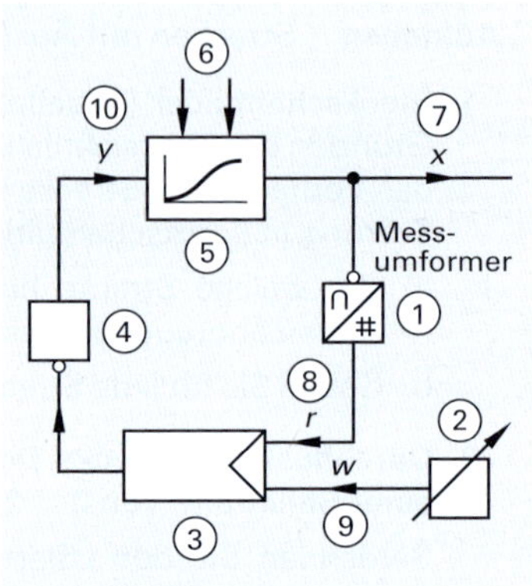

Bild 1: Regelkreis

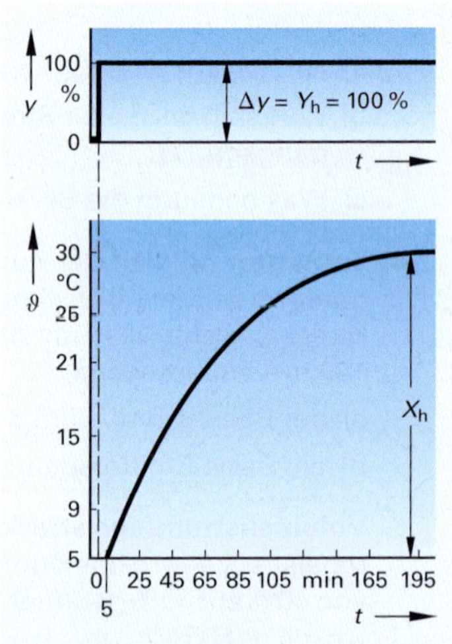

Bild 2: Temperaturregelstrecke

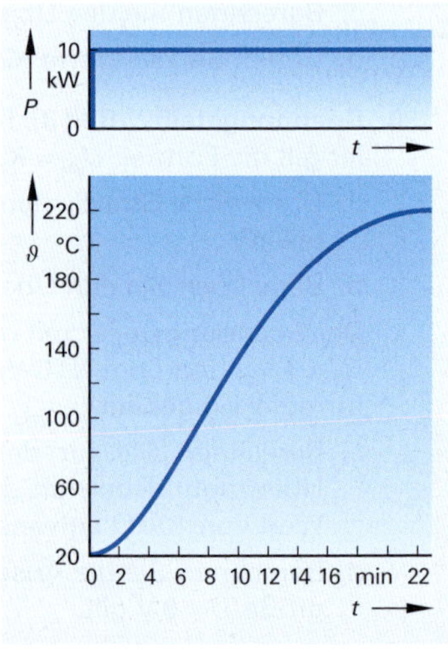

Bild 3: Temperaturregelstrecke

17.3.2 Strecken ohne Ausgleich (I-Strecken)

Bei Regelstrecken ohne Ausgleich **(Tabelle)** nimmt nach einer Stellgrößenänderung die Strecke keinen neuen Beharrungszustand ein, sondern sie steigt oder fällt mit einer bestimmten Geschwindigkeit, bis ihre technischen Grenzen erreicht sind. Dieses Verhalten der Strecke wird als integrierend (aufsummierend) bezeichnet und somit die Strecke als I-Strecke (Integral-Strecke) benannt **(Bild 1)**.

Änderungsgeschwindigkeit der Regelstrecke

Wird z.B. das Ventil für den Zufluss (Stellglied) in einen Behälter schlagartig ganz geöffnet, so steigt der Flüssigkeitspegel mit einer bestimmten Geschwindigkeit v_x an. Für diese konstante Änderung gilt $v_x = \frac{\Delta x}{\Delta t}$ **(Bild 2)**.

Beispiel

Bei einer Flüssigkeitsstand-Regelstrecke wird das Zuflussventil um den gesamten Stellbereich sprungartig verstellt. Die Regelgröße x (Flüssigkeitsstand) steigt in 3 Sekunden um 15 mm.

Wie groß ist die maximale Änderungsgeschwindigkeit?

Lösung: $v_x = \frac{\Delta x}{\Delta t} = \frac{15\ \text{mm}}{3\ \text{s}} = \mathbf{5\ \frac{mm}{s}}$

Dieses Ergebnis bedeutet, dass bei ganz geöffnetem Ventil pro Sekunde die Flüssigkeit um 5 mm ansteigt.

Integrationsbeiwert und Integrationszeit der Regelstrecke

Eine Kenngröße für eine Strecke ohne Ausgleich ist der Integrationsbeiwert K_{IS}. Der Integrationsbeiwert gibt an, mit welcher Geschwindigkeit v sich die Regelgröße x ändert, wenn die Stellgröße y eine Einheit beträgt.

$$K_{IS} = \frac{v_x}{y} = \frac{v_{x\,max}}{Y_h}$$

Bei einer Integral-Regelstrecke wird nach einer bestimmten Zeit der Maximalwert X_h der Regelgröße x erreicht. Diese Zeit T_{IS} ist eine weitere Kenngröße der Regelstrecke.

Die Integrationszeit gibt an, welche Zeit die Regelgröße x benötigt, um bei maximaler Stellgröße Y_h den gesamten Regelbereich zu durchlaufen **(Bild 2)**.

$$T_{IS} = \frac{X_h}{v_{x\,max}} = \frac{1}{K_{IS}} \cdot \frac{X_h}{Y_h}$$

Beispiel

Der Werkzeugträger einer Maschine kann maximal 500 mm in x-Richtung bewegt werden. Der Stellantrieb erfolgt über einen Gleichstrommotor mit einer Maximaldrehzahl von 800 min^{-1} und einer Gewindesteigung von 1 mm pro Umdrehung.

Zu berechnen sind

a) die maximale Änderungsgeschwindigkeit und

b) die Integrationszeit T_{IS}.

Lösung: a) $v_{x\,max} = n \cdot P = 800\ \frac{1}{\text{min}} \cdot 1\ \text{mm} = \mathbf{800\ \frac{mm}{min}}$

b) $T_{IS} = \frac{X_h}{v_{x\,max}} = \frac{500\ \text{mm}}{800\ \frac{\text{mm}}{\text{min}}} = \mathbf{0{,}625\ min = 37{,}5\ s}$

Änderungsgeschwindigkeit

$$v_x = \frac{\Delta x}{\Delta t}$$

Integrationsbeiwert

$$K_{IS} = \frac{v_x}{y} = \frac{v_{x\,max}}{Y_h}$$

Integrationszeit

$$T_{IS} = \frac{X_h}{v_{x\,max}}$$

v_x	Geschwindigkeit der Strecke	m/s
K_{IS}	Integrationsbeiwert	s^{-1}
T_{IS}	Integrationszeit	s
x	Regelgröße	m, ...
X_h	Regelbereich	m, ...
y	Stellgröße	%, ...
Y_h	Stellbereich	%, ...

Tabelle: Strecken ohne Ausgleich

Strecke	Stellgröße y	Regelgröße x
Füllstand	Zulauf	Niveau
Werkzeugmaschine	Spannung am Antrieb	Positionierung
Luft-Wasser-fahrzeug	Ruder-einschlag	Kurs

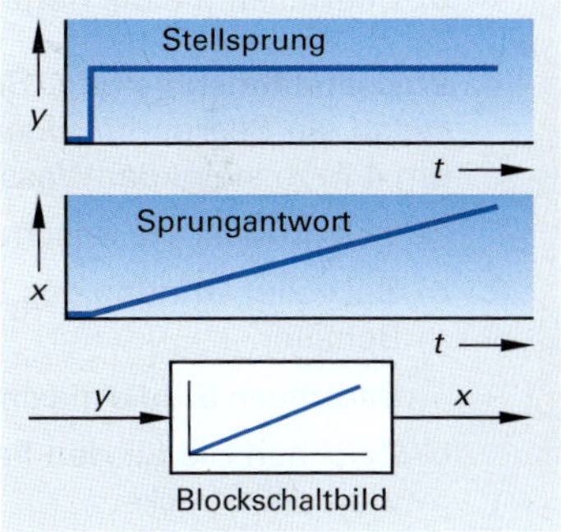

Bild 1: Sprungantwort

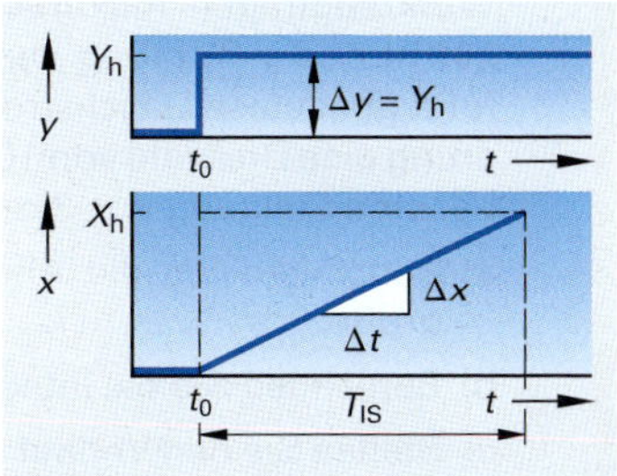

Bild 2: Integral-Regelstrecke

Aufgaben Strecken ohne Ausgleich (I-Strecken)

1. **Sprungantwort: Bild 1** zeigt die Sprungantwort einer Höhenstandsregelstrecke.
   a) Um welche Strecke handelt es sich?
   b) Beschreiben Sie das Verhalten der Strecke nach dem Stellsprung.
   c) Berechnen Sie die Änderungsgeschwindigkeit und den Integrationsbeiwert der Strecke.
   d) Das Stellglied soll für selbige Strecke nur um 20 % geöffnet werden.
   Berechnen Sie die Geschwindigkeit der Regelstrecke und zeichnen Sie für diesen Fall die Sprungantwort.

2. **Blockschaltbild (Bild 2):** In einer Fachzeitschrift ist u. a. eine Regelstrecke beschrieben. Dabei beschreibt der Autor des Artikels die Strecke mittels Blockschaltbild.
   a) Um welche Strecke handelt es sich?
   b) Erklären Sie den Begriff $K_{IS} = 0{,}6\ \frac{cm}{\% \cdot min}$.
   c) Berechnen Sie die Integrationszeit der Strecke und geben Sie eine Erklärung des Ergebnisses.
   d) Beurteilen Sie die Regelbarkeit der Strecke für $T_t = 3$ s.

3. **Niveauregelstrecke:** Nach dem vollständigem Öffnen des Zulaufventils um 10 cm bei geschlossenem Ablauf zeigt das Flüssigkeitsniveau in einem Behälter folgendes Verhalten **(Bild 3)**.
   a) Berechnen Sie die Geschwindigkeit der Regelgröße, den Integrationsbeiwert und die Integrationszeit der Regelstrecke.
   b) Beurteilen Sie die Regelbarkeit der Strecke.

4. **Wasserstandsregelung:** Bei der Erhöhung des Wasserzuflusses in ein Becken für einen Kühlwasservorrat eines Betriebes um 4 m^3/h steigt der Wasserstand in 3 min um 30 cm.
   a) Wie groß ist die Geschwindigkeit der Regelgröße?
   b) Bei voller Öffnung des Zuflussventils fließen 12 m^3/h in den Behälter.
   Berechnen Sie die maximale Geschwindigkeit der Regelgröße.
   c) Zeichnen Sie für den Fall a) und den Fall b) die Sprungantwort der Strecke.

5. **Werkzeugmaschine:** An einer Werkzeugmaschine kann der Werkzeugträger maximal um 600 mm in x-Richtung und 200 mm in y-Richtung verfahren werden. Der Stellantrieb erfolgt über einen Gleichstrommotor, der bei maximaler Ansteuerung eine Drehzahl von 1000 min^{-1} liefert. Die Gewindespindel hat eine Steigung von 3 mm pro Umdrehung.
   a) Berechnen Sie die Änderungsgeschwindigkeit der Regelgröße.
   b) Berechnen Sie die Integrationszeit in x- und y-Richtung.
   c) Stellen Sie den Verlauf der Regelgröße in einem Diagramm dar.

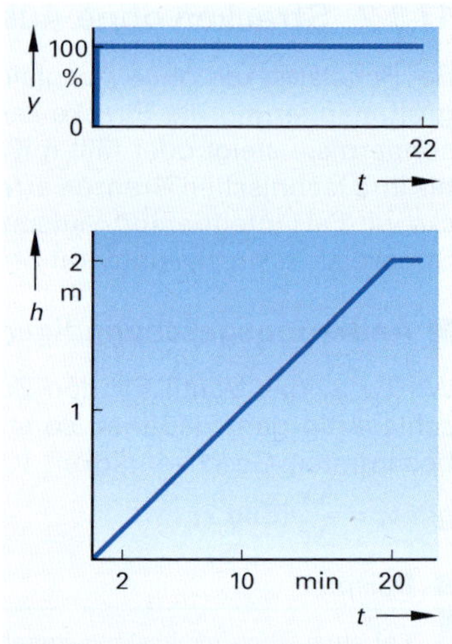

Bild 1: Sprungantwort

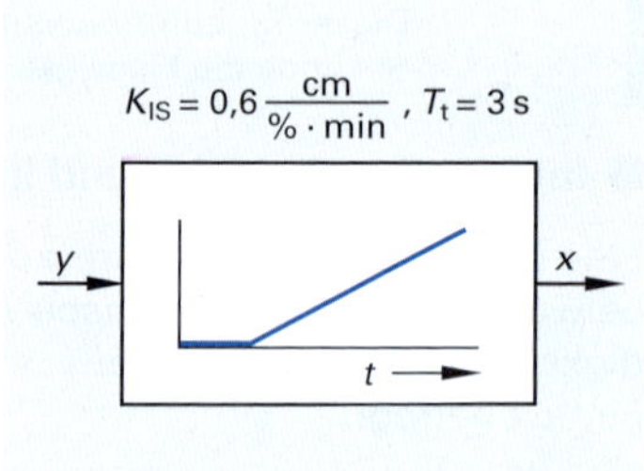

Bild 2: Blockschaltbild

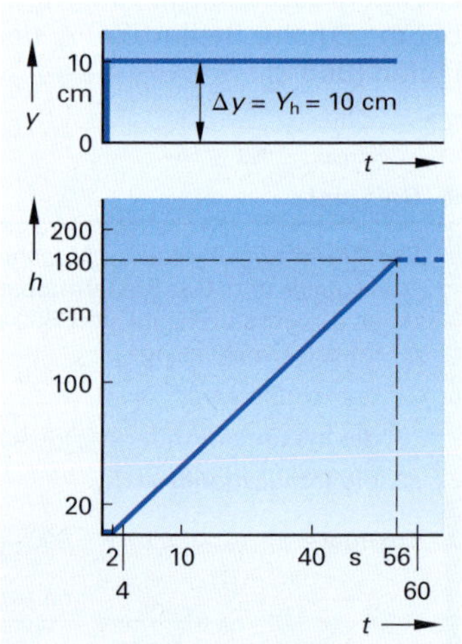

Bild 3: Niveauregelstrecke

17.4 Regler

Eine Regelung muss sicherstellen, dass auch beim Einwirken von Störgrößen in einen Regelkreis der Istwert gleich dem Sollwert ist. Deshalb muss zu einer vorgegebenen Regelstrecke der geeignete Regler gewählt werden. Für dieses Vorhaben stehen in der Praxis Zweipunktregler bzw. Dreipunktregler (unstetige Regler) oder Analogregler bzw. Digitalregler (stetige Regler) zur Verfügung.

17.4.1 Zweipunktregler

Zweipunktregler **(Bild 1)** haben zahlenmäßig in der Praxis die größte Bedeutung. Ein Zweipunktregler arbeitet wie ein Schalter. Sein Ausgang kann nur zwei Zustände einnehmen, eingeschaltet oder ausgeschaltet. Sie können nur bei PT_1-Strecken, PT_2-Strecken oder I-Strecken eingesetzt werden.

Schalthysterese

Im Idealfall würden der Ein- und Ausschaltpunkt des Reglers zusammenfallen. Praktisch sind der Ein- und Ausschaltpunkt gegeneinander verschoben. Den Abstand zwischen den beiden Schaltpunkten bezeichnet man als (Schalt-)Hysterese **(Bild 2)**.

Schaltzyklus und Schaltfrequenz

Weitere Kenngrößen bei der Regelung einer Strecke mit einem Zweipunktregler sind die Zykluszeit T_z, die sich aus der Einschaltdauer t_{ein} und der Ausschaltdauer t_{aus} zusammensetzt, und die Schaltfrequenz f_z, sie ist der Kehrwert der Zykluszeit.

Leistungsüberschuss

Bei einer Regelung liegt der Sollwert *w* der Regelgröße nicht bei 100 % des Endwertes, sondern darunter. Liegt z. B. der Sollwert bei 50 % des Endwertes, so wird mit einem Leistungsüberschuss von 100 % gearbeitet. Liegt der Sollwert über der Hälfte des Endwerts, so wird mit weniger als 100 % Leistungsüberschuss gearbeitet, und umgekehrt.

Beispiel

Ein Kompressor füllt einen Druckluftspeicher **(Bild 1, nächste Seite)**. Das Schaubild zeigt den Verlauf der Stellgröße und der Regelgröße, die mit einem Zweipunktregler auf einem Arbeitsdruck von 5 bar gehalten werden soll.

a) Um welche Strecke handelt es sich?
b) Geben Sie die Schaltdifferenz an.
c) Ermitteln Sie aus dem Stellgrößenverlauf die Schaltzyklusdauer.
d) Mit welchem Leistungsüberschuss wird gearbeitet?
e) Zeichnen Sie das Blockschaltbild des Regelkreises.
f) In **Bild 2, nächste Seite,** gelten die gleichen Bedingungen wie in Bild 1, die Strecke ist allerdings mit einer Totzeit behaftet. Welche Änderungen ergeben sich aufgrund der Totzeit?

Lösung:
a) **PT_1-Strecke**
b) x_o = 6 bar; x_u = 4 bar **(aus Schaubild)**
$x_{sd} = x_o - x_u$ = 6 bar − 4 bar = **2 bar**
c) $T_z = t_{aus} + t_{ein}$ = 0,8 min + 1 min = **1,8 min**
d) Leistungsüberschuss **kleiner 100 %**
e) Siehe **Bild 3.**
f) Siehe Erklärung **Bild 2, nächste Seite.**

Schaltdifferenz

$$x_{sd} = x_o - x_u$$

Schaltzyklusdauer

$$T_z = t_{aus} + t_{ein}$$

x_{sd}	Schaltdifferenz	s, min
x_o	oberer Schaltpunkt	s, min
x_u	unterer Schaltpunkt	s, min
T_z	Schaltzyklusdauer	s, min
t_{aus}	Ausschaltzeit	s, min
t_{ein}	Einschaltzeit	s, min

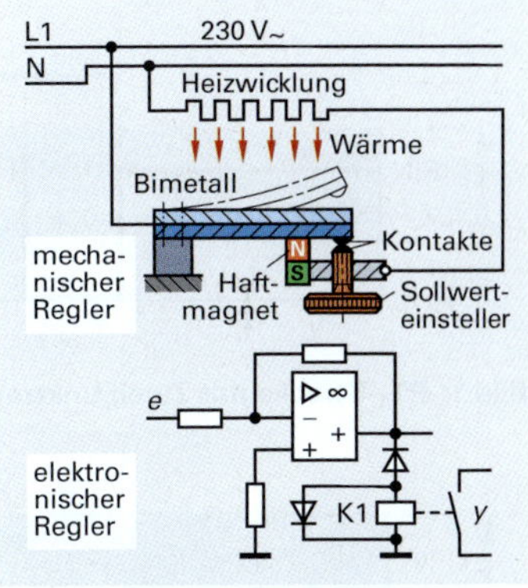

Bild 1: Zweipunktregler

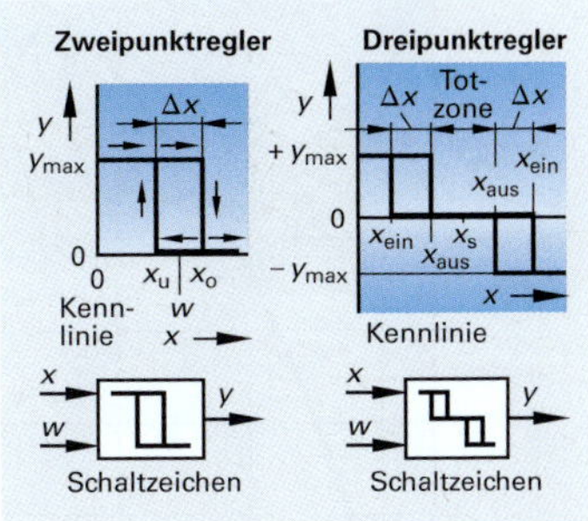

Bild 2: Hysterese unstetiger Regler

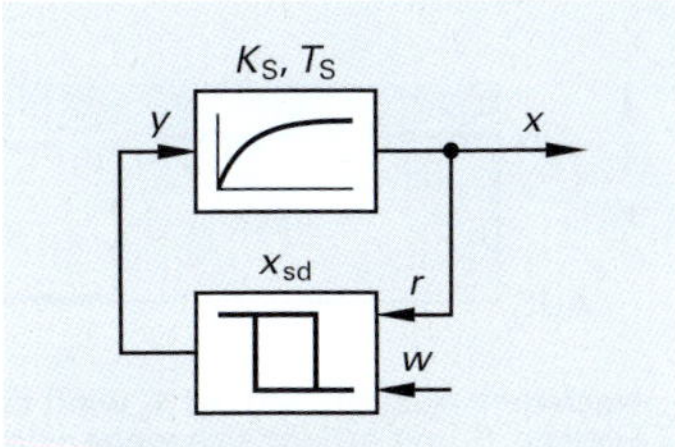

Bild 3: Blockschaltbild des Regelkreises

17

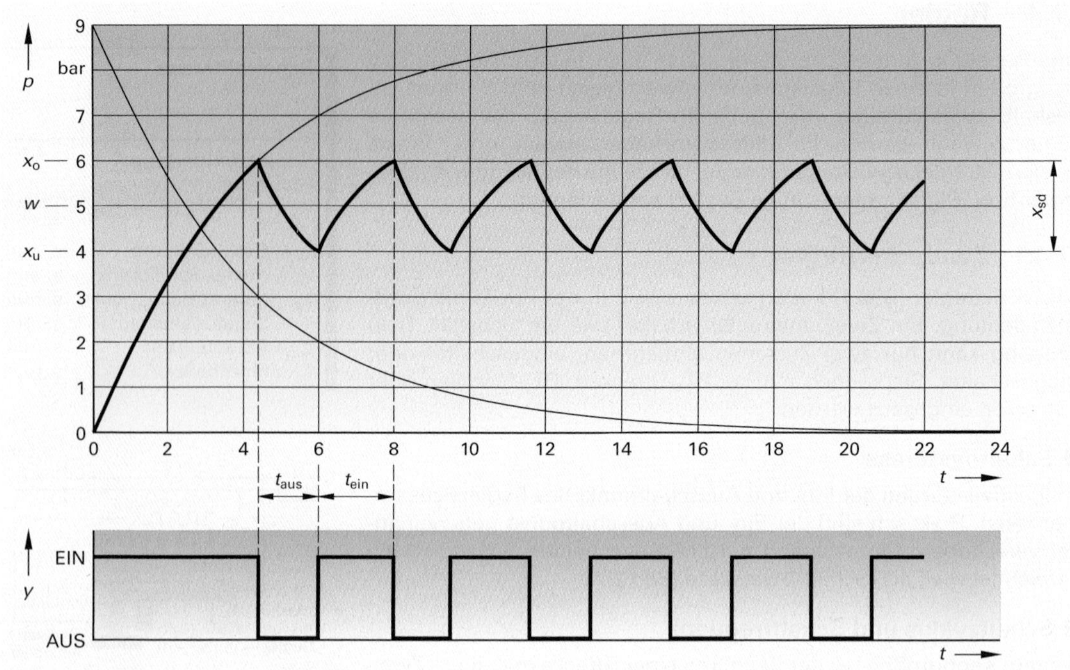

Bild 1: PT₁-Strecke mit Zweipunktregler

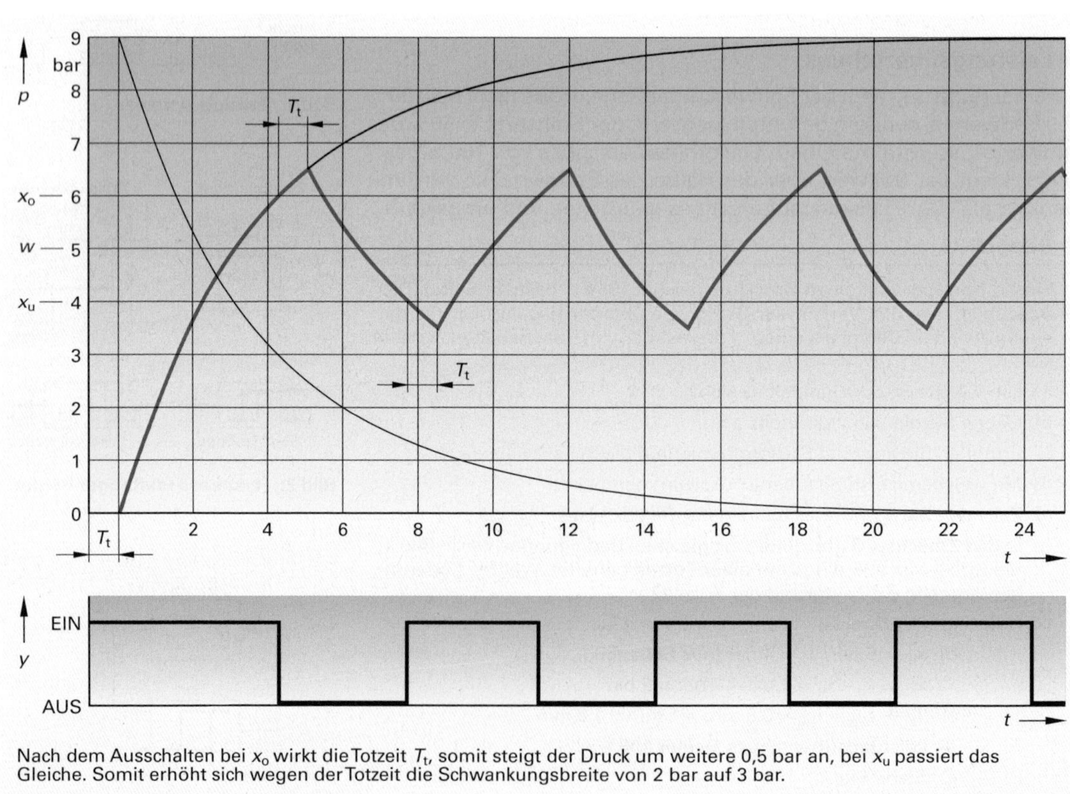

Bild 2: PT_1-T_t-Strecke mit Zweipunktregler

Aufgaben | Zweipunktregler

1. Unterschiedliche Zeitkonstanten (Bild 1): Bei der Regelung einer PT_1-Strecke mit einem Zweipunktregler ist die Schaltzyklusdauer u. a. von der Zeitkonstante der Strecke abhängig.

a) Ermitteln Sie aus dem Verlauf der Regelung die oberen und unteren Schaltpunkte sowie die Schaltdifferenz.

b) Bestimmen Sie den Verlauf der Stellgröße für beide Strecken und geben Sie jeweils die Zyklusdauer an.

c) Welche Größen einer Regelstrecke beeinflussen die Zyklusdauer bei der Regelung mit einem Zweipunktregler?

2. Unterschiedliche Führungsgrößen (Bild 2): Beim Test einer PT_1-Regelstrecke mit einem Zweipunktregler werden verschiedene Führungsgrößen gewählt und der Regelverlauf aufgezeichnet.

a) Mit welchem Leistungsüberschuss wird bei $w = 3$ V bzw. bei $w = 7$ V gearbeitet?

b) Bestimmen Sie den Verlauf der Stellgröße für beide Führungsgrößen.

Welche Aussage kann beim Vergleich der Ergebnisse gemacht werden?

3. Druckluftstrecke: Beim Test eines Druckkessels für eine Druckluftversorgung werden beim Einschalten des Kompressors folgende ungeregelten Messdaten **(Tabelle)** erfasst.

a) Zeichnen Sie den ungeregelten Druckverlauf in Abhängigkeit der Zeit auf ein Blatt Papier für $0 \leq t \leq 18$ min. Wählen Sie für die Zeitachse und für die Druckachse einen geeigneten Maßstab.

b) Um welche Strecke handelt es sich?

c) Ermitteln Sie die Zeitkonstante der Strecke.

d) Berechnen Sie den Übertragungsbeiwert der Strecke, wenn der Kompressor mit einer Drehzahl von 2000 min^{-1} arbeitet.

e) Mit einem Zweipunktregler soll nun der Druck im Behälter, bei einer Schaltdifferenz von 2 bar, auf 5 bar geregelt werden.

Skizzieren Sie den Verlauf des geregelten Drucks.

f) Zeichnen Sie das Blockschaltbild des Regelkreises.

g) Zeichnen Sie aufgrund des Druckverlaufs die Stellgröße.

h) Ermitteln Sie die Schaltzyklusdauer für die Regelung.

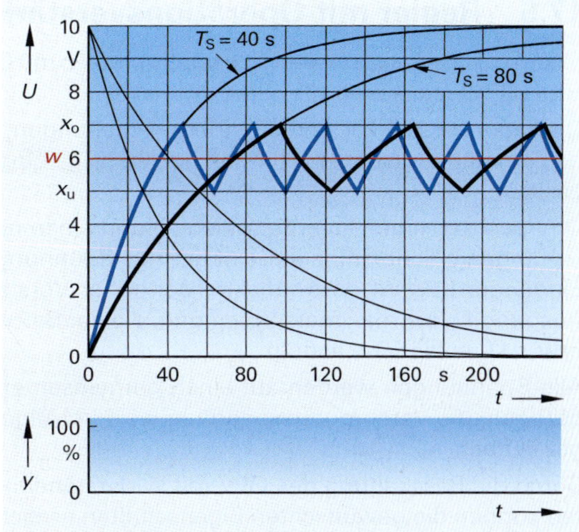

Bild 1: Unterschiedliche Zeitkonstanten

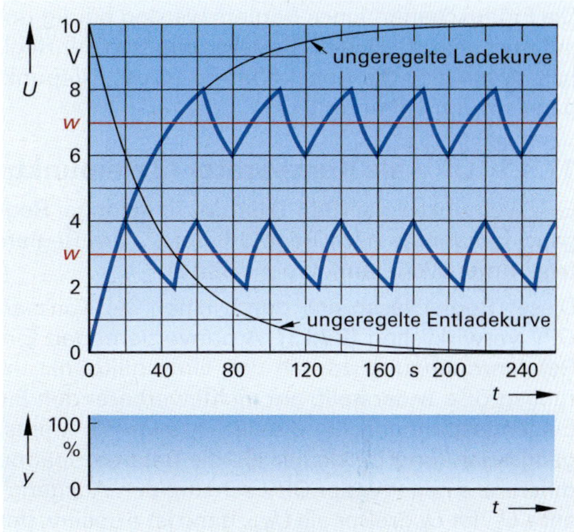

Bild 2: Unterschiedliche Führungsgrößen

Tabelle: Messdaten

t/min	0	1	2	3	4
p/bar	0	2,3	3,9	5,1	5,9
t/min	5	6	7	8	9
p/bar	6,5	6,9	7,2	7,4	7,6
t/min	10	12	14	16	18
p/bar	7,7	7,8	7,9	7,9	8

i) Mit welchem Leistungsüberschuss wird gearbeitet?

j) Welcher Sollwert müsste eingestellt werden, damit Einschaltzeit gleich Ausschaltzeit gilt?

k) Was würde sich ändern, wenn die Schaltdifferenz verkleinert würde?

17

17.5 Regler mit Operationsverstärker (OPV)

Elektronische Regler lassen sich relativ einfach mit Operationsverstärkern (OPV) realisieren.

Operationsverstärker sind integrierte Schaltungen, die einen sehr hohen Verstärkungsfaktor > 10^5 und hochohmige Eingangswiderstände besitzen.

OPV besitzen einen invertierenden (–) und einen nichtinvertierenden (+) Eingang. Schon eine äußerst geringe Spannung zwischen diesen Eingängen bewirkt, dass aufgrund des hohen Verstärkungsfaktors am Ausgang U_A die maximale Spannung, die der Betriebsspannung $+U_B$ bzw. $-U_B$ entspricht, anliegt.

Alle Spannungen werden auf einen gemeinsamen Masseanschluss bezogen; die Versorgungsspannung wird im Allgemeinen nicht eingezeichnet.

Durch die Beschaltung des OPV mit Widerständen und Kondensatoren können die gewünschten Eigenschaften erreicht werden.

Für die Beispiele und Aufgaben wird der OPV als idealisiert angenommen.

Die Eigenschaften eines Reglers werden häufig durch seine **Sprungantwort** charakterisiert. Sie zeigt, wie sich der Reglerausgang y_R verhält, wenn sich die Regeldifferenz e zum Zeitpunkt t_0 am Reglereingang sprunghaft ändert.

Komparator/Ausgangsspannung

$$U_A = -U_B \text{ wenn } U_E > U_{Ref}$$
$$U_A = +U_B \text{ wenn } U_E < U_{Ref}$$

Regeldifferenz

$$e = U_E - U_{Ref}$$

U_B	Betriebsspannung	V
U_E	Eingangsspannung	V
U_{Ref}	Referenzspannung	V
U_A	Ausgangsspannung	V
e	Regeldifferenz	–
y_R	Reglerausgang	–

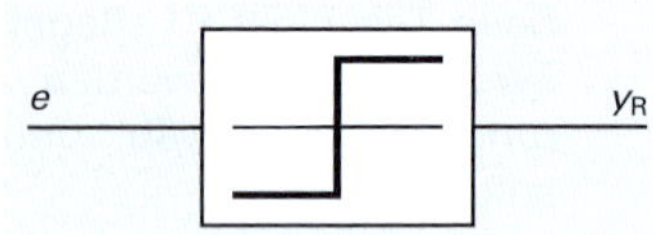

Bild 1: Zweipunktregler

17.5.1 OPV als Komparator (Zweipunktregler)

Ein Zweipunktregler **(Bild 1)** ist ein nichtstetiger Regler; der Reglerausgang y_R kann, je nach Regeldifferenz e am Reglereingang, nur zwei bestimmte Werte annehmen **(Bild 2)**.

Dieser Regler lässt sich durch einen als Komparator beschalteten OPV verwirklichen **(Bild 3)**. Am invertierenden Eingang (+) liegt die Referenzspannung an, die den Umschaltpunkt und damit die Führungsgröße w darstellt; am nichtinvertierenden Eingang (–) liegt die Eingangsspannung U_E, die der Regelgröße x entspricht. Ist die Eingangsspannung U_E kleiner als die Referenzspannung, ist die Regeldifferenz e negativ, der OPV schaltet den Ausgang U_A (entspricht y_R) auf $+U_B$. Ist U_E größer als U_{Ref}, dann ist e positiv, der OPV schaltet den Ausgang U_A auf $-U_B$ **(Bild 4)**.

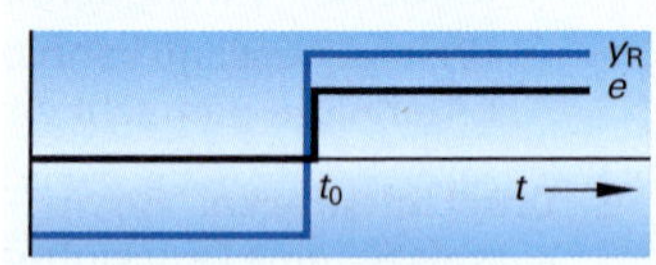

Bild 2: Sprungantwort

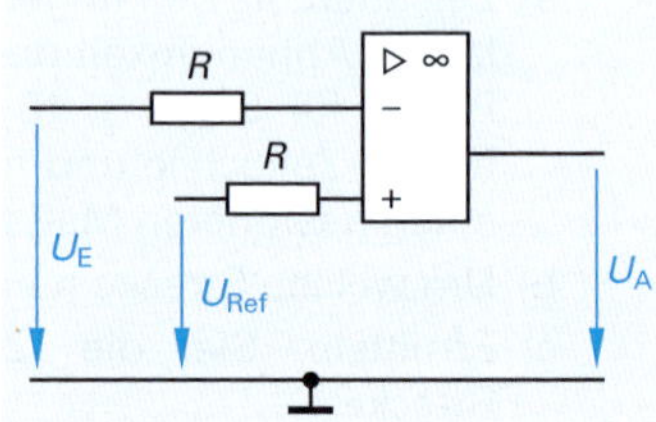

Bild 3: Komparator

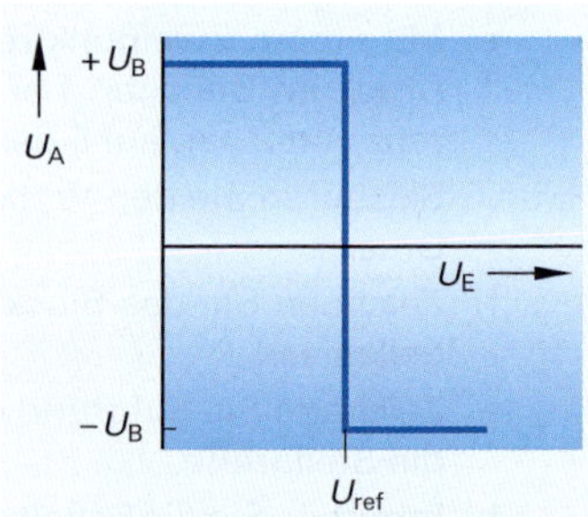

Bild 4: Spannungsdiagramm

● **Beispiel**

Eine einfache Temperaturregelung wird als Zweipunktregelung ausgeführt. Die tatsächliche Temperatur wird in eine Spannung U_E am invertierenden Eingang des Komparators umgewandelt. Der Verlauf ist im Diagramm dargestellt.

Die Referenzspannung U_{Ref} ist auf 5 V eingestellt, die Betriebsspannung beträgt: $+U_B = 10$ V, $-U_B = -5$ V.

Skizzieren Sie die Ausgangsspannung U_A des Komparators.

Lösung:

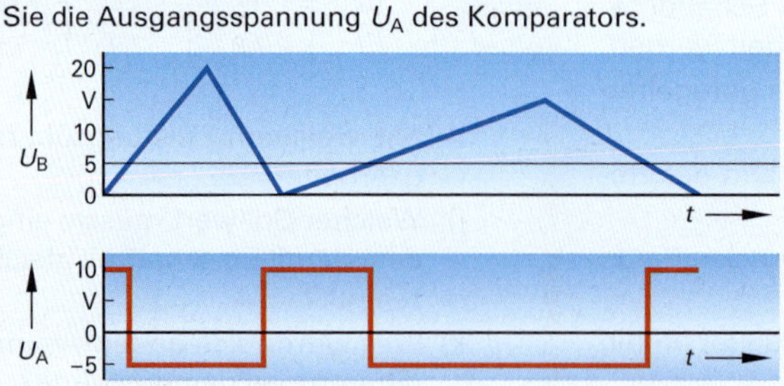

Aufgaben **OPV als Komparator (Zweipunktregler)**

1. **Ausgangsspannung:** Bestimmen Sie die Ausgangsspannung eines Komparators mit einer Betriebsspannung $\pm U_B$ = 15 V, wenn die Eingangsspannung
   a) 2,5 V
   b) 4,5 V
   c) 8 V beträgt.
   Die Referenzspannung beträgt 3,4 V.
2. **Sinusspannung:** An einem Komparator liegt eine Referenzspannung von 4 V an. Die Eingangsspannung U_E besitzt einen sinusförmigen Verlauf mit einem Spitzenwert von 8 V und einer Frequenz von 50 Hz. Die Betriebsspannung des Komparators beträgt ±12 V.

   Zeichnen Sie den zeitlichen Verlauf der Eingangs- und der Ausgangsspannung des Komparators.
3. **Temperaturregelung (Bild 1):** Die Temperatur eines Wasserbades soll mithilfe einer einfachen Zweipunktregelung konstant gehalten werden. Dazu wird die Wassertemperatur mit dem Widerstandsthermometer R_2 gemessen. Fällt die Temperatur unter den mit dem Potenziometer R_3 eingestellten Wert, soll das Relais K_1 schalten und der Heizwiderstand R_4 die Wassertemperatur erhöhen. Die Wassertemperatur soll 60 °C betragen.

   Auf welchen Wert muss das Potenziometer R_3 eingestellt werden?

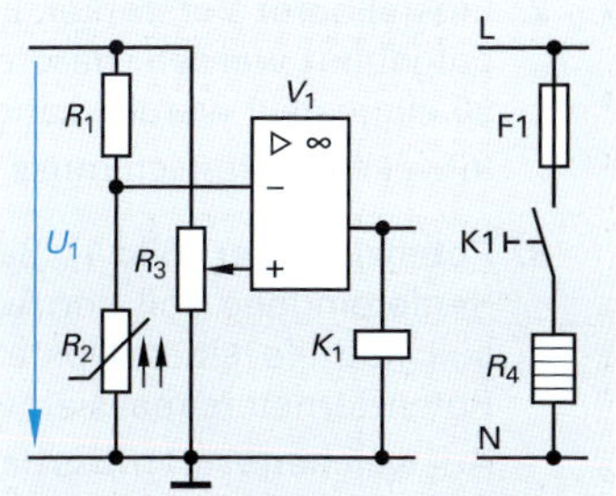

R_1 = 100 Ω
R_2 = PT100 ($\alpha_{PT} = 3{,}8 \cdot 10^{-3}$ 1/K)
R_3 = Potentiometer 10 kΩ
R_4 = Heizwiderstand
K_1 = Relais
V_1 = Komparator
U_1 = Speisespannung = 10 V
$+U_B$ = 12 V
$-U_B$ = 0 V

Bild 1: Temperaturregelung

17.5.2 Nichtinvertierender Verstärker (P-Regler)

Ein P-Regler (Proportionalregler, **Bild 2**) ist ein stetiger Regler; der Reglerausgang y_R kann, je nach Regeldifferenz e am Reglereingang, beliebig viele Werte annehmen **(Bild 3)**.

Dieser Regler lässt sich auf zwei Arten realisieren: als nichtinvertierender Verstärker **(Bild 4)**, wobei die Polarität der Ausgangsspannung beibehalten wird, und als invertierender Verstärker **(17.5.3)**, wobei sich die Polarität der Ausgangsspannung ändert.

Nichtinvertierer/ Verstärkungsfaktor K_P

$$K_P = \frac{U_A}{U_E} = 1 + \frac{R_0}{R_1}$$

Reglerausgang

$$Y_R = K_P \cdot e$$

U_A	Ausgangsspannung	V
U_E	Eingangsspannung	V
R_0	Rückkopplungswiderstand	Ω
R_1	Querwiderstand	Ω
K_P	Verstärkungsfaktor	–

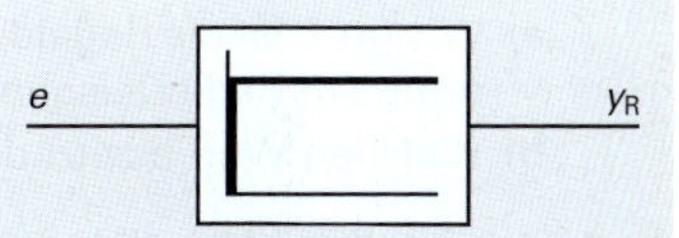

Bild 2: P-Regler

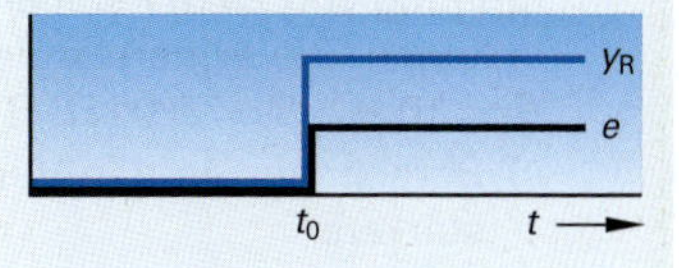

Bild 3: Sprungantwort

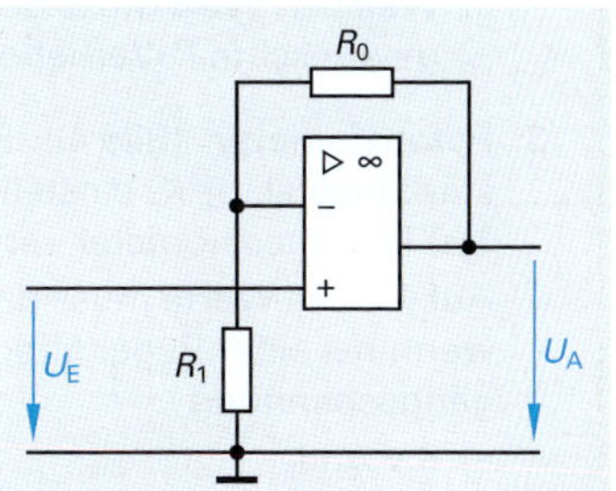

Bild 4: Nichtinvertierer

● **Beispiel**

Ein P-Regler soll bei einer Regeldifferenz e = 0,5 V eine Ausgangsspannung von 10 V liefern.

Wie groß muss der Widerstand R_0 gewählt werden, wenn der Widerstand R_1 = 22 kΩ beträgt?

Lösung: $K_P = \frac{U_A}{U_E} = \frac{10\ \text{V}}{0{,}5\ \text{V}} = 20$

$K_P = \frac{U_A}{U_E} = 1 + \frac{R_0}{R_1}$

$R_0 = (K_P - 1) \cdot R_1 = (20 - 1) \cdot 22\ \text{k}\Omega = \mathbf{418\ k\Omega}$

Aufgaben **Nichtinvertierender Verstärker (P-Regler)**

1. **P-Regler:** Ein P-Regler (Nichtinvertierer) ist mithilfe der zwei Widerstände R_0 = 100 kΩ und R_1 = 15 kΩ aufgebaut.
   a) Wie groß ist die Regeldifferenz am Eingang, wenn die Spannung am Reglerausgang 12 V beträgt?
   b) Welchen Wert besitzt der Verstärkungsfaktor K_P?

17

2. **Einstellbarer Verstärker:** Ein P-Regler (Nichtinvertierer) soll so aufgebaut werden, dass ein Verstärkungsfaktor K_P von 2 bis 20 eingestellt werden kann. Der Widerstand R_1 beträgt 12 kΩ.
   In welchem Bereich muss R_0 veränderbar sein?

3. **Potenziometer (Bild 1):** Bei einer Regeldifferenz von 1,5 V am Reglereingang soll der Ausgang 15 V betragen. Der P-Regler soll mithilfe eines Operationsverstärkers und eines 100-kΩ-Potenziometers realisiert werden.
   Auf welchen Wert muss das Potenziometer eingestellt werden?

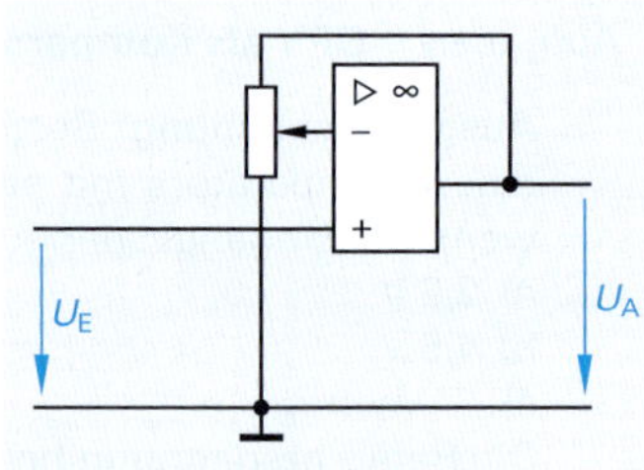

Bild 1: Potenziometer

17.5.3 Invertierender Verstärker (P-Regler)

Wird der OPV als invertierender Verstärker (Invertierer) beschaltet, ändert die Ausgangsspannung die Polarität. Er kann auch als P-Regler eingesetzt werden **(Bild 2).**

Invertierer/ Verstärkungsfaktor

$$K_P = \frac{U_A}{U_E} = -\frac{R_0}{R_1}$$

Reglerausgang

$$Y_R = K_P \cdot e$$

U_A	Ausgangsspannung	V
U_E	Eingangsspannung	V
R_0	Rückkopplungswiderstand	Ω
R_1	Eingangswiderstand	Ω
K_P	Verstärkungsfaktor	–

Beispiel

Ein Invertierender Verstärker soll so beschaltet werden, dass er bei einer Regeldifferenz am Eingang von –1 V eine Ausgangsspannung von 10 V liefert.

Wie muss der Widerstand R_0 gewählt werden, wenn der Widerstand R_1 = 22 kΩ beträgt?

Lösung:

$$K_P = \frac{U_A}{U_E} = \frac{10\ \text{V}}{-1\ \text{V}} = -10$$

$$R_0 = -K_P \cdot R_1 = -(-10) \cdot 22\ \text{k}\Omega = \mathbf{220\ k\Omega}$$

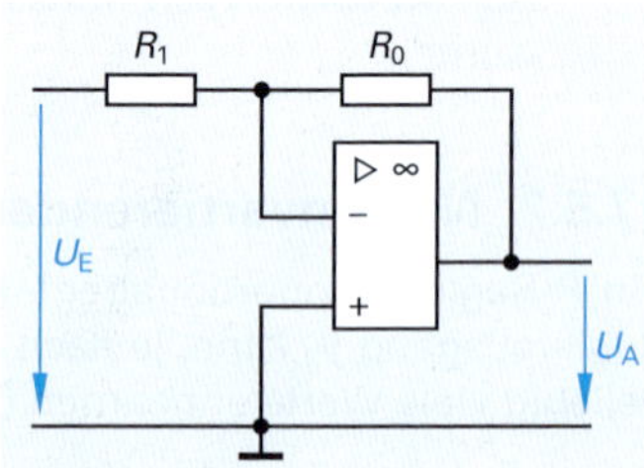

Bild 2: Invertierer

Aufgaben Invertierender Verstärker (P-Regler)

1. **P-Regler:** Ein P-Regler (Invertierer) ist mithilfe von zwei Widerständen R_0 = 100 kΩ und R_1 = 15 kΩ aufgebaut.
   a) Wie groß ist die Regeldifferenz am Eingang, wenn die Spannung am Reglerausgang 12 V beträgt?
   b) Welchen Wert besitzt der Verstärkungsfaktor K_P?

2. **Zweistufiger Verstärker (Bild 3):** Ein zweistufiger Verstärker wird als P-Regler verwendet. Bei einer Regeldifferenz am Eingang von 25 mV soll am Ausgang eine Spannung von 12 V anliegen. Die Widerstände R_1 bis R_3 besitzen folgende Werte: R_1 = 10 kΩ, R_2 = 220 kΩ, R_3 = 15 kΩ
   a) Berechnen Sie den Verstärkungsfaktor des ersten Teilverstärkers.
   b) Ermitteln Sie den Verstärkungsfaktor des gesamten Verstärkers.
   c) Welchen Wert muss der Widerstand R_4 besitzen, damit das gewünschte P-Verhalten erreicht wird?

3. **Potenziometer (Bild 4):** Bei einem P-Regler soll der Verstärkungsfaktor K_P einstellbar sein. Dazu wird ein OPV und ein 100-kΩ-Potenziometer verwendet.
   Auf welche Werte muss das Potenziometer eingestellt werden, wenn bei einer Regeldifferenz am Eingang von –0,5 V die Ausgangsspannung
   a) 8 V und
   b) 10 V betragen soll?

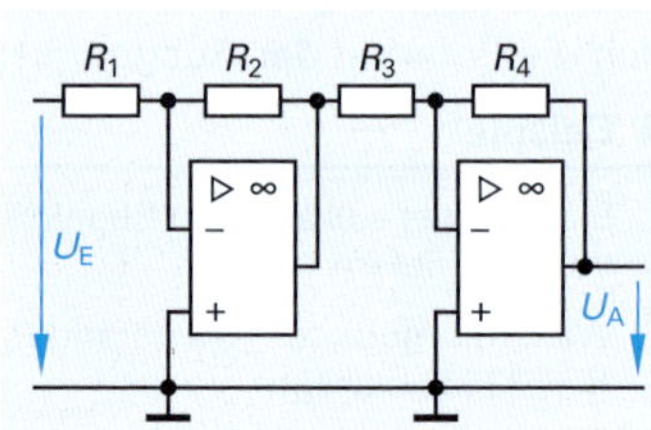

Bild 3: Zweistufiger Verstärker

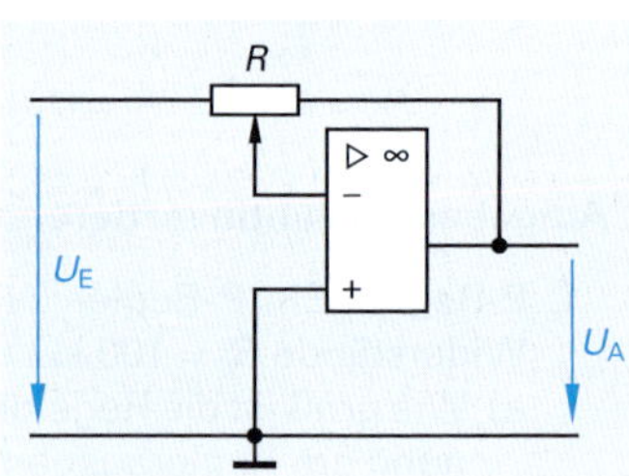

Bild 4: Potenziometer

17.5.4 OPV als Integrierer (I-Regler)

Ein I-Regler (Integrierer, **Bild 1**) ist ein stetiger Regler. Die Spannungsänderung ΔU_A am Reglerausgang y_R ist abhängig von der Spannung U_E am Reglereingang sowie dem zugehörigen Zeitintervall Δt.

Bei einer konstanten, negativen Spannung am Eingang ergibt sich als Sprungantwort **(Bild 2)** eine gleichmäßig steigende Spannung am Ausgang. Liegt eine konstante, positive Spannung am Eingang an, so ergibt sich am Ausgang eine gleichmäßig fallende Spannung.

Wird der Integrierer als I-Regler verwendet, reagiert dieser im Vergleich zum P-Regler langsamer, doch bleibt keine bleibende Regeldifferenz bestehen. Meist wird der I-Regler in Kombination mit einem P-Regler verwendet.

Der Integrierer ist ähnlich aufgebaut wie ein Invertierer **(vgl. 17.5.3)**, an Stelle des Gegenkopplungswiderstandes R_0 ist ein Kondensator C dazugeschaltet **(Bild 3)**.

Integrierer

$$\Delta U_A = -\frac{1}{R \cdot C} \cdot U_E \cdot \Delta t$$

ΔU_A	Ausgangsspannungsänderung	V
U_E	Eingangsspannung	V
Δt	Zeitintervall	s
C	Rückkopplungskondensator	F
R	Eingangswiderstand	Ω

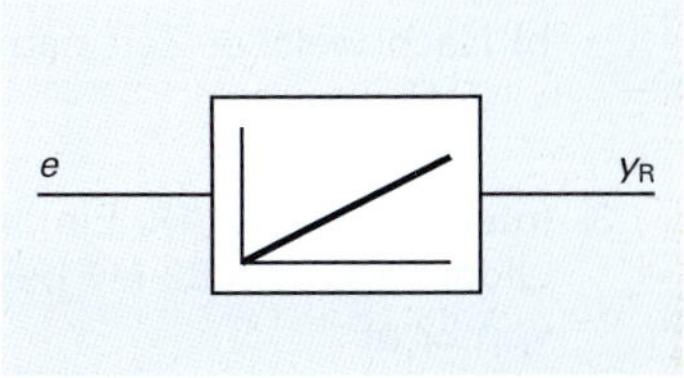

Bild 1: I-Regler

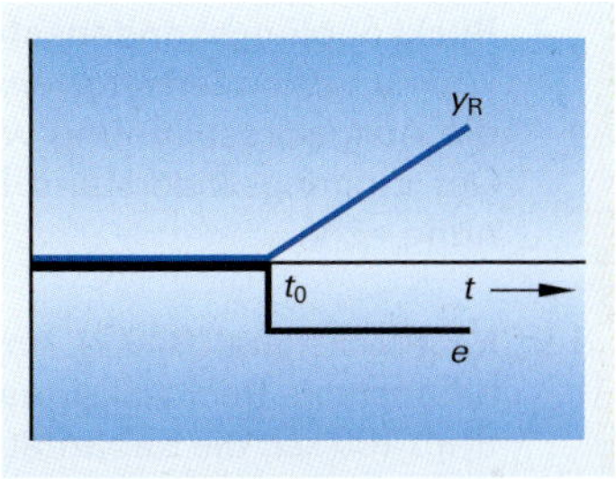

Bild 2: Sprungantwort

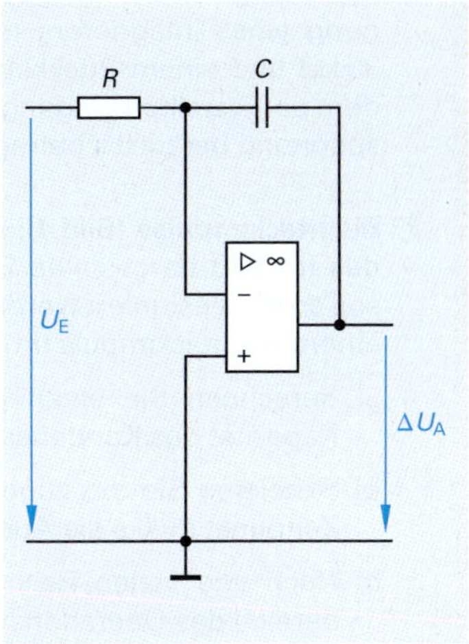

Bild 3: Integrierer

Beispiel

Am Eingang eines Integrierers mit einem Widerstand R = 150 kΩ und einem Kondensator mit C = 27 µF liegt die im Diagramm dargestellte Eingangsspannung an. Die Ausgangsspannung zum Zeitpunkt t = 0 s beträgt 0 V.

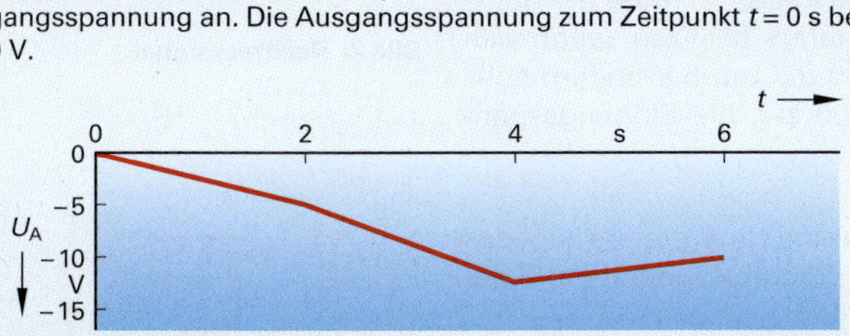

Berechnen Sie die Ausgangsspannung U_{A1} nach 2 s, U_{A2} nach 4 s und U_{A3} nach 6 s und skizzieren Sie den Verlauf der Ausgangsspannung.

Lösung:

$$\Delta U_{A1} = -\frac{1}{R \cdot C} \cdot U_{E1} \cdot \Delta t_1 = -\frac{1}{150\ \text{k}\Omega \cdot 27\ \mu\text{F}} \cdot 10\ \text{V} \cdot 2\ \text{s} = -4{,}94\ \text{V}$$

$$U_{A1} = U_0 + \Delta U_{A1} = 0\ \text{V} - 4{,}94\ \text{V} = \mathbf{-4{,}94\ V}$$

$$\Delta U_{A2} = -\frac{1}{R \cdot C} \cdot U_E \cdot \Delta t_2 = -\frac{1}{150\ \text{k}\Omega \cdot 27\ \mu\text{F}} \cdot 15\ \text{V} \cdot 2\ \text{s} = -7{,}41\ \text{V}$$

$$U_{A2} = U_{A1} + \Delta U_{A2} = -4{,}94\ \text{V} - 7{,}41\ \text{V} = \mathbf{-12{,}35\ V}$$

$$\Delta U_{A3} = -\frac{1}{R \cdot C} \cdot U_{E3} \cdot \Delta t_3 = -\frac{1}{150\ \text{k}\Omega \cdot 27\ \mu\text{F}} \cdot (-5\ \text{V}) \cdot 2\ \text{s} = 2{,}47\ \text{V}$$

$$U_{A3} = U_{A2} + \Delta U_{A3} = -12{,}35\ \text{V} + 2{,}47\ \text{V} = \mathbf{-10{,}03\ V}$$

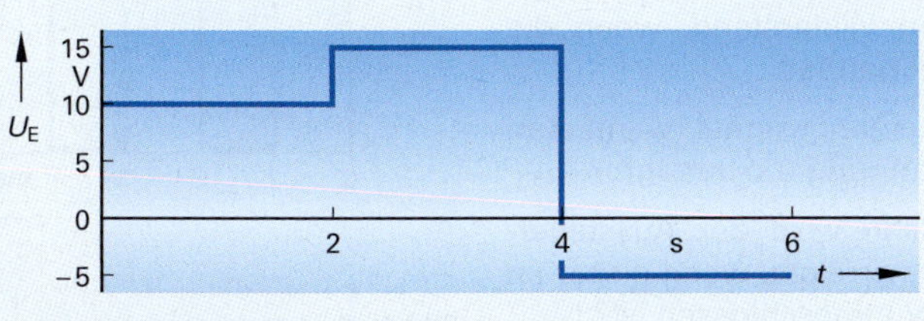

17

Aufgaben OPV als Integrierer (I-Regler)

1. **Spannungsänderung:** An einem Integrierer mit $R = 150\ k\Omega$ und $C = 1{,}2\ \mu F$ ändert sich die Ausgangsspannung während 50 ms um 2,5 V.

   Welche Eingangsspannung liegt an?

2. **Ausgangsspannung:** Zum Zeitpunkt $t = 0$ s liegt am Ausgang eines Integrierers mit $R = 100\ k\Omega$ und $C = 620$ nF eine Spannung $U_A = 0$ V an. Am Eingang liegen 60 ms lang 5 V an, anschließend schaltet die Eingangsspannung auf –10 V um.

   a) Wie groß ist die Ausgangsspannung nach 20 ms, 40 ms, 60 ms und 80 ms?

   b) Nach welcher Zeit beträgt die Ausgangsspannung wieder 0 V?

3. **Integrierer (Bild 1):** Ein Integrierer besitzt einen Eingangswiderstand von 82 kΩ bei einem Rückkopplungskondensator von 22 nF.

   Berechnen Sie die Änderung der Ausgangsspannung in dem Zeitintervall $\Delta t = 8$ ms, wenn die Eingangsspannung 2,5 V beträgt.

4. **Rückkopplungskondensator:** Welche Kapazität muss der Rückkopplungskondensator eines Integrierers besitzen, wenn sich die Ausgangsspannung während 10 ms um 5 V ändern soll? Der Eingangswiderstand beträgt 100 kΩ, die Eingangsspannung –2 V.

5. **Rechtecksignal (Bild 2):** Am Eingang eines Integrierers liegt das dargestellte Rechtecksignal an. Der Eingangswiderstand R beträgt 100 kΩ, die Kapazität $C = 4{,}7$ nF.

   Ermitteln Sie den Verlauf der Ausgangsspannung, wenn zum Zeitpunkt $t = 0$ s die Spannung $U_A = 1$ V beträgt.

6. **Spannungsverlauf (Bild 3):** Zeichnen Sie die Ausgangsspannung eines Integrierers mit einem Eingangswiderstand von 33 kΩ und einem Rückkopplungskondensator von 2,2 µF bei dem dargestellten Eingangsspannungsverlauf. (Die Ausgangsspannung bei $t = 0$ s beträgt 0 V).

7. **Rechteckimpulse (Bild 4):** Am Eingang eines Integrierers liegt das im Bild dargestellte Eingangssignal an. Der Widerstand soll so dimensioniert werden, dass die Ausgangsspannung bei einem Rechteckimpuls um –1 V abfällt.

   a) Berechnen Sie einen geeigneten Widerstand, wenn die Kapazität des Kondensators 10 nF beträgt.

   b) Skizzieren Sie das zugehörige Ausgangssignal, wenn zum Zeitpunkt $t = 0$ s die Ausgangsspannung 0 V beträgt.

   c) Nach wie vielen Rechteckimpulsen wird der Aussteuerbereich des Operationsverstärkers erreicht, wenn dieser an eine Betriebsspannung von ±15 V angeschlossen ist?

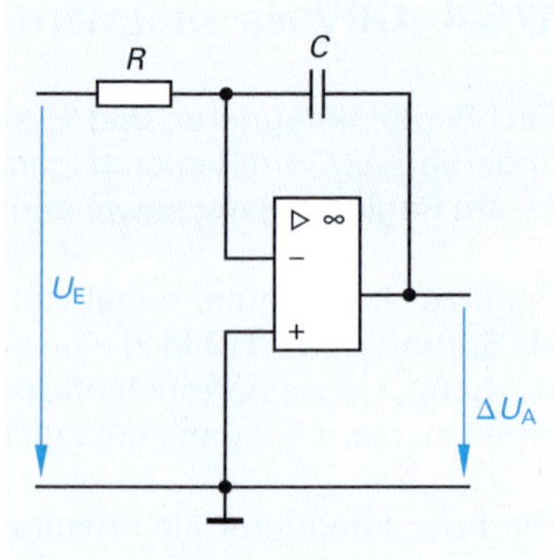

Bild 1: Integrierer

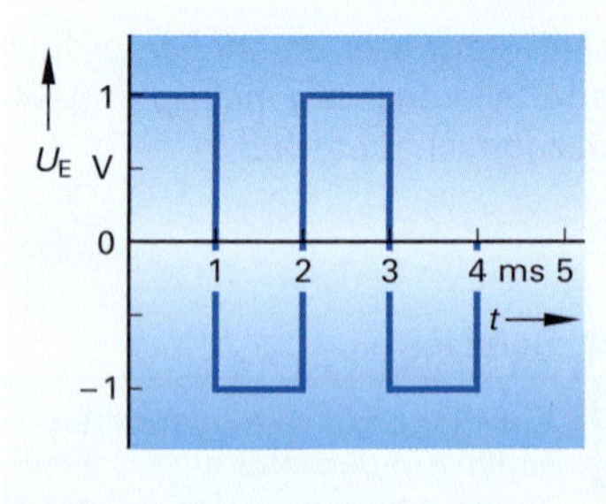

Bild 2: Rechtecksignal

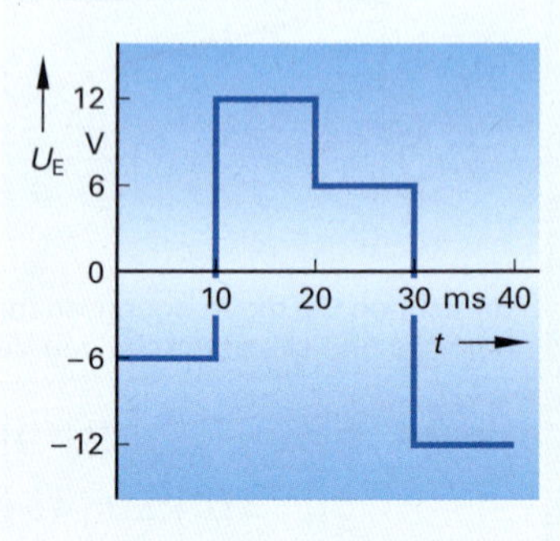

Bild 3: Spannungsverlauf

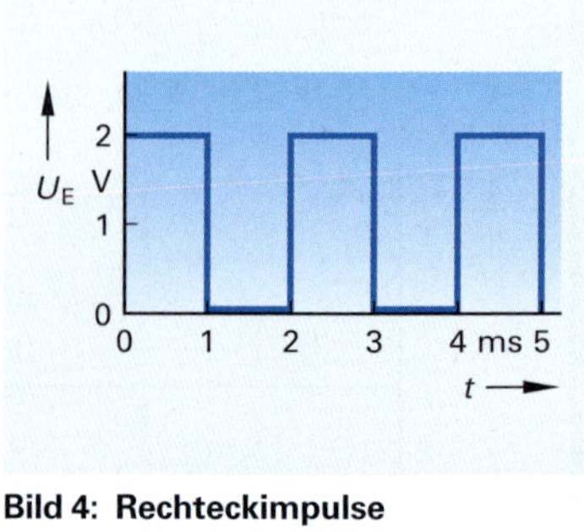

Bild 4: Rechteckimpulse

17.5.5 OPV als Differenzierer (D-Regler)

Ein D-Regler (Differenzierer, **Bild 1, Bild 2**) ist ein stetiger Regler. Die Ausgangsspannung U_A am Reglerausgang y_R ist abhängig von der Änderungsgeschwindigkeit $\Delta U_E / \Delta t$ der Eingangsspannung.

Bei einer gleichmäßig fallenden Eingangsspannung ergibt sich eine konstante, positive Ausgangsspannung.

Beispiel

Am Eingang eines Differenzierers mit einem Widerstand $R = 100\ k\Omega$ und einem Kondensator mit $C = 2{,}2\ \mu F$ liegt die im Diagramm dargestellte Eingangsspannung an:

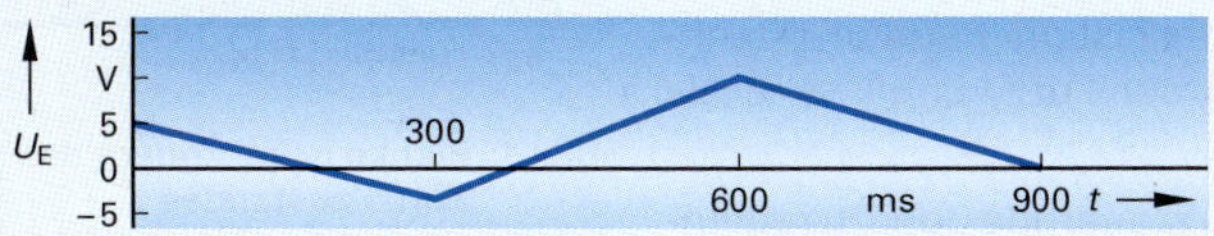

Berechnen Sie die Ausgangsspannung in den jeweiligen Zeitintervallen und skizzieren Sie den Verlauf der Ausgangsspannung.

Lösung:

$$U_{A1} = -R \cdot C \cdot \frac{\Delta U_{E1}}{\Delta t_1} = -100\ k\Omega \cdot 2{,}2\ \mu F \cdot \frac{-10\ V}{300\ ms} = \mathbf{7{,}3\ V}$$

$$U_{A2} = -R \cdot C \cdot \frac{\Delta U_{E2}}{\Delta t_2} = -100\ k\Omega \cdot 2{,}7\ \mu F \cdot \frac{15\ V}{300\ ms} = \mathbf{-11{,}0\ V}$$

$$U_{A3} = -R \cdot C \cdot \frac{\Delta U_{E3}}{\Delta t_3} = -100\ k\Omega \cdot 2{,}7\ \mu F \cdot \frac{-10\ V}{300\ ms} = \mathbf{7{,}3\ V}$$

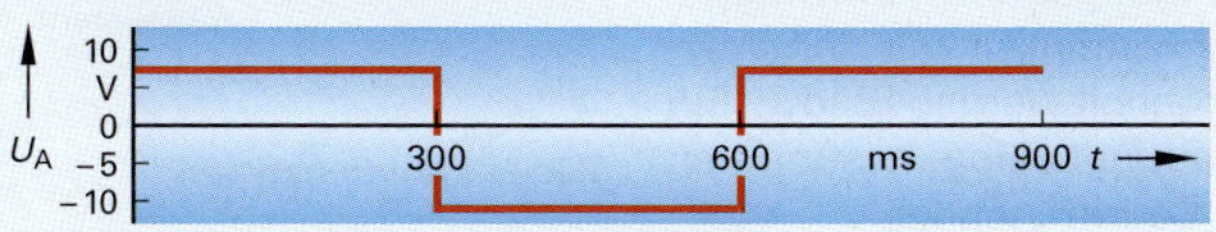

Differenzierer/ Ausgangsspannung

$$U_A = -R \cdot C \cdot \frac{\Delta U_E}{\Delta t}$$

U_A	Ausgangsspannung	V
ΔU_E	Eingangsspannungs-änderung	V
Δt	Zeitintervall	s
R	Rückkopplungs-widerstand	Ω
C	Eingangskapazität	F

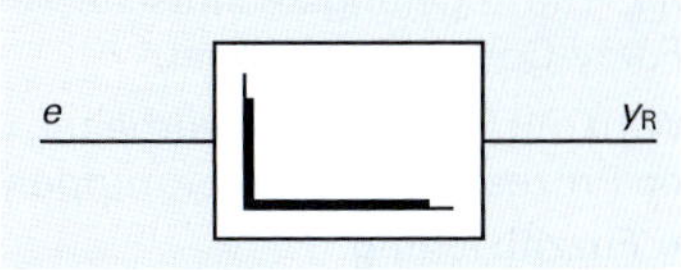

Bild 1: D-Regler

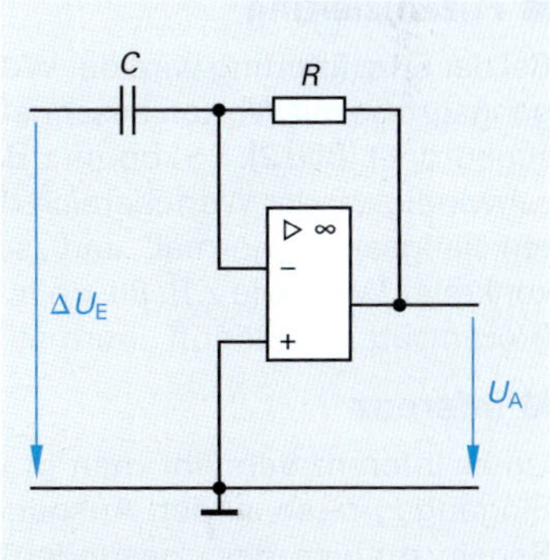

Bild 2: Differenzierer

Aufgaben OPV als Differenzierer (D-Regler)

1. **Differenzierer (Bild 2):** Die Eingangsspannung an einem Differenzierer sinkt zwischen $t_1 = 10$ ms und $t_2 = 15$ ms von 2 V auf –1 V ab. Der Widerstand R beträgt 33 kΩ, der Kondensator besitzt eine Kapazität von 22 nF.
   Berechnen Sie die Ausgangsspannung im gegebenen Zeitintervall.

2. **Rückkopplungswiderstand:** Ein Differenzierer soll so dimensioniert werden, dass er bei einer Spannungsänderungsgeschwindigkeit von 3 V/s am Eingang eine Ausgangsspannung von –10 V liefert.
   Berechnen Sie den Rückkopplungswiderstand, wenn die Kapazität des Kondensators 33 nF beträgt.

3. **Eingangsspannung (Bild 3):** An einem Differenzierer mit $R = 2{,}2\ k\Omega$ und $C = 3{,}3\ \mu F$ liegt die dargestellte Eingangsspannung an.
   Zeichnen Sie das zugehörige Ausgangsspannungssignal.

4. **Ausgangsspannung (Bild 4):** Die Ausgangsspannung eines Differenzierers ist dargestellt.
   Skizzieren Sie die Eingangsspannung des Differenzierers bei einem Rückkopplungswiderstand von 10 kΩ und einer Eingangskapazität von 1 µF.

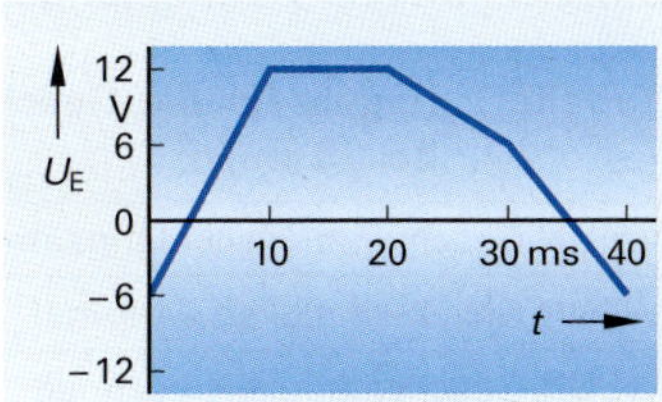

Bild 3: Eingangsspannung

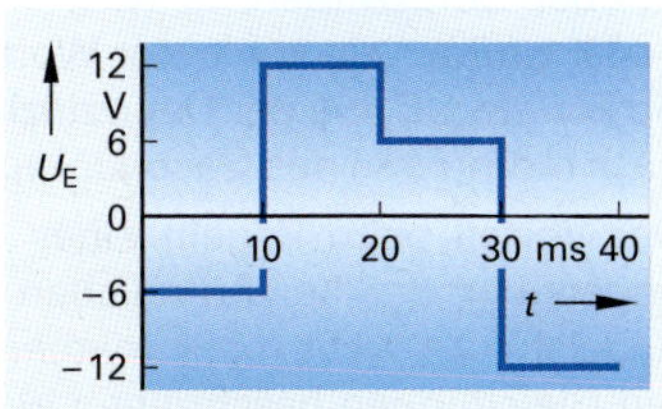

Bild 4: Ausgangsspannung

17.6 Fuzzy-Logik und Fuzzy-Control

Das Wort Fuzzy stammt vom englischen Begriff fuzzy (sprich fassi) und bedeutet unscharf, verschwommen. Deshalb wird die Fuzzy-Logik sehr häufig auch als „unscharfe" Logik bezeichnet.

In der Fuzzy-Logik gibt es die Signalzustände 0 (0% eines Signalzustandes) und 1 (100% eines Signalzustandes) wie in der herkömmlichen „scharfen" Logik. Der Übergang von 0 auf 1, der in der scharfen Logik durch die senkrechte Flanke ausgedrückt wird, wird in der Fuzzy-Logik durch eine lineare Flanke vollzogen **(Bild 1)**. Deshalb sind in der Fuzzy-Logik alle Signalzustände zwischen 0% und 100% möglich. Sie werden als Zugehörigkeitsgrad bezeichnet.

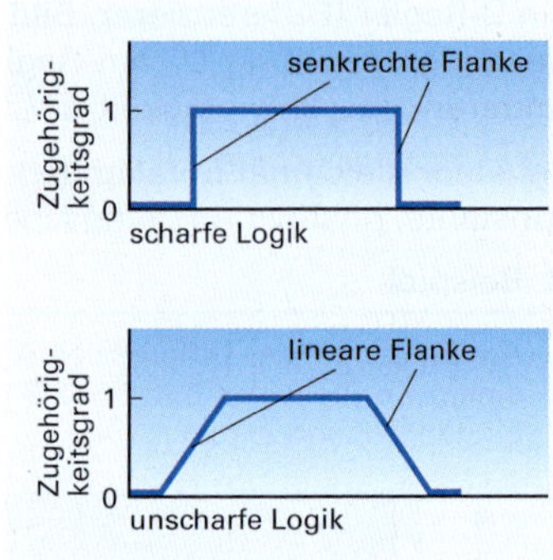

Bild 1: Flanke beim Ändern des Signalzustandes

Das Hauptanwendungsgebiet der Fuzzy-Logik ist die Regelungstechnik. Die regelungstechnische Anwendung der Fuzzy-Logik wird als Fuzzy-Control bezeichnet.

Wird mit Fuzzy-Logik gearbeitet, wird der zu steuernde oder zu regelnde Prozess in drei Hauptgruppen eingeteilt.

- **Fuzzifizierung**
- **Inferenz**
- **Defuzzifizierung**

Fuzzifizierung

Bei der Fuzzifizierung wird der Wertebereich einer Eingangs- oder Ausgangsgröße mit Worten beschrieben und bestimmten Funktionstypen zugeordnet **(Bild 2)**. So könnte z. B. bei der Eingangsgröße Fahrzeuggeschwindigkeit der Wertebereich der Geschwindigkeit mit den Worten „langsam", „normal" und „schnell" eingeteilt werden **(Bild 3)**. Ein konkreter Wert, wie z. B. 90 km/h, gehört dann mit einem bestimmten Prozentsatz zum Begriff „normal" und zum Begriff „schnell".

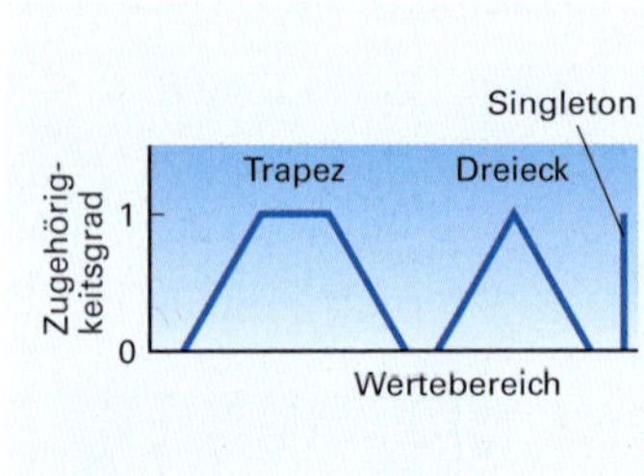

Bild 2: Funktionstypen

Inferenz

Unter Inferenz versteht man in der Fuzzy-Logik die Zuordnung der Eingangsgrößen zu den Ausgangsgrößen durch „WENN – DANN"-Regeln mithilfe des „gesunden" Menschenverstands. Die Inferenz zur Regelung der Fahrzeuggeschwindigkeit eines Autos mit der Eingangsgröße „Geschwindigkeit" und der Ausgangsgröße „Gaspedal" kann z. B. mit drei Verknüpfungen erfolgen **(Tabelle 1)**.

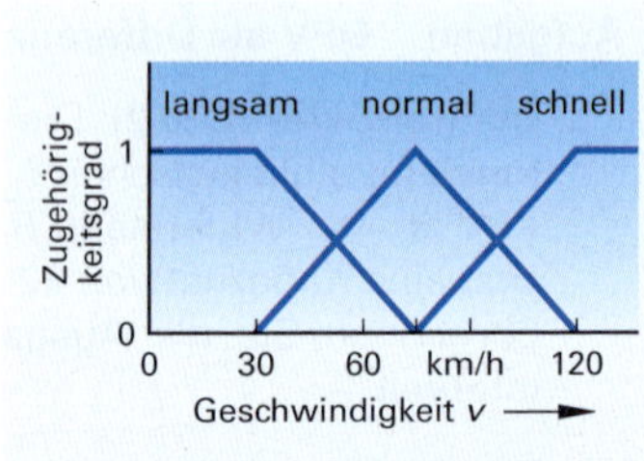

Bild 3: Fuzzifizierung der Fahrzeuggeschwindigkeit

Tabelle 1: Regeln für die Geschwindigkeitsregelung eines Autos bei 70 km/h

WENN Geschwindigkeit = langsam	DANN Gaspedal = durchdrücken
WENN Geschwindigkeit = normal	DANN Gaspedal = halten
WENN Geschwindigkeit = schnell	DANN Gaspedal = zurück

Defuzzifizierung

Bei der Defuzzifizierung wird einem unscharfen Begriff wie „Gaspedal zurück" ein konkreter Wert der Stellgröße zugeordnet **(Bild 4)**. So könnte z. B. bei der Defuzzifizierung als Ergebnis herauskommen, dass momentan das Gaspedal zu 32% durchgedrückt sein soll.

Der Vorteil beim Regeln eines Prozesses mithilfe der Fuzzy-Logik gegenüber der herkömmlichen Regelung besteht darin, dass die Regelstrecke nicht mehr mathematisch erfasst und mit komplizierten Gleichungen beschrieben werden muss, sondern mit einfachen „WENN – DANN"-Regeln beschrieben wird.

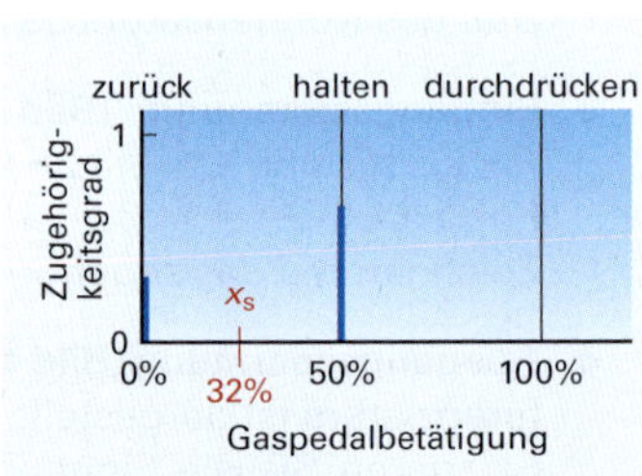

Bild 4: Stellgrößenzuordnung bei der Defuzzifizierung

17.6.1 Scharfe und unscharfe Werte

Um einen Wert aus einer Menge anzugeben, kann dieser exakt (scharf) oder allgemein (unscharf) formuliert werden **(Tabelle 1)**. Betrachtet man die einstellbaren Drehzahlen an einer Drehmaschine, so kann z. B. für einen Schlichtvorgang die Drehzahl mit $n = 2800/\text{min}$ (scharf) oder mit dem Begriff „hoch" (unscharf) angegeben werden **(Bild 1)**.

Mit dem Begriff **scharf** wird ein konkreter, fester Wert bezeichnet. Mit dem Begriff **unscharf** wird ein übergeordneter Wert oder ein Sammelbegriff bezeichnet.

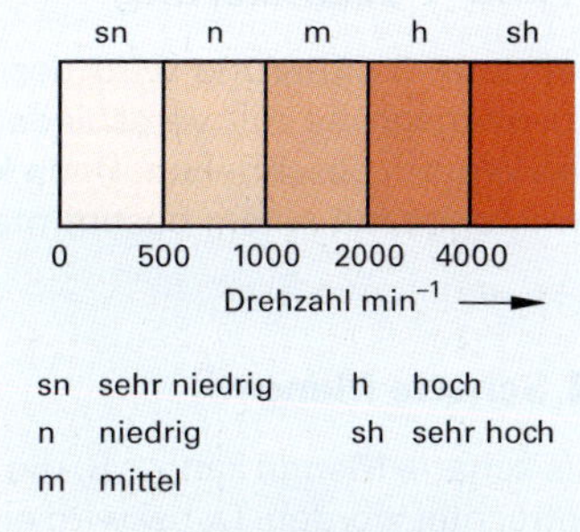

Bild 1: Unscharfe und scharfe Angaben von Drehzahlen

Beispiel

Für die scharfen Werte bzw. Begriffe 20 °C, 24 V, 30 km/h, 420 m/min, Strommessgerät, Schweißroboter sind unscharfe Werte zu finden.

Lösung: Die Lösungen sind für den Betrachter sowohl relativ als auch subjektiv zu sehen. So gilt für den scharfen Wert 20 °C (Kühlmitteltemperatur) der unscharfe Wert „**kalt**", für 20 °C (Raumtemperatur) der unscharfe Wert „**warm**" bei körperlicher Arbeit, jedoch „**angenehm**" bei sitzender Tätigkeit.

24 V (Steuerteil)
– unscharfer Wert „**Niederspannung**" oder auch „**24 V ± 1 %**"

30 km/h (Geschwindigkeit eines Autos auf einer Landstraße)
– unscharfer Wert „**langsam**"

30 km/h (Geschwindigkeit in einer verkehrsberuhigten Zone)
– unscharfer Wert „**äußerst schnell**"

420 m/min (Drehen; Schnitttiefe 2 mm; Vorschub 0,25 mm)
– unscharfer Wert „**angepasst**"

Strommessgerät
– unscharfer Wert „**Messwerkzeug**"

Schweißroboter
– unscharfer Wert „**Maschine**"

Soll ein scharfer Wert, wie z. B. die Drehzahl 720/min, beim Drehen in einen unscharfen Wert umgewandelt werden, so ist es unbedingt erforderlich, Zusatzinformationen wie etwa Schnitttiefe und Vorschub mitzuliefern, damit für die Anwendung korrekte Ergebnisse erzielt werden.

Tabelle 1: Scharfe und unscharfe Werte

scharfe Werte	unscharfe Werte
90 °C	heiß
110 kV	Hochspannung
320 km/h	schnell

Tabelle 2: Unscharfe Werte

unscharfe Werte	scharfe Werte
groß (Mensch)	
schnell (Mensch)	
heiß (Härten)	
gebraucht (Auto)	

Tabelle 3: Fuzzy-Werte

unscharfe Werte	scharfe Werte
Übersetzung in das Schnelle	
	$\eta = 0{,}7$ (Pumpe)
	10 % Verlust (Elektromotor)
Zugfestigkeit (S235JR)	
sehr hoch **(Bild 1)**	
	800/min **(Bild 1)**
	250/min (Bohren, $d = 20$ mm, $v_c = 16$ m/min)

Aufgaben – Scharfe und unscharfe Werte

1. **Scharfe Werte**: Für die scharfen Werte ist jeweils ein unscharfer Wert anzugeben:
   a) 130 km/h (Geschwindigkeit eines Autos auf der Autobahn),
   b) Schnittgeschwindigkeit $v = 420$ m/min (Drehen, Werkstoff 15S10, Wendeschneidplatte HC-P20, Schnitttiefe 2 mm, Vorschub 0,25 mm).
2. **Unscharfe Werte (Tabelle 2)**: Zu den unscharfen Werten sind scharfe Werte gesucht.
3. **Fuzzy-Werte (Tabelle 3)**: Die fehlenden unscharfen und scharfen Werte sind zu vervollständigen.

17.6.2 Fuzzifizierung

Bei der Fuzzifizierung wird der Wertebereich einer Eingangs- oder Ausgangsgröße mit verschiedenen, dem Sachverhalt entsprechenden Worten beschrieben. Dann können scharfe Werte einer unscharfen Menge mit einem bestimmten Prozentsatz zugeordnet werden.

Scharfe Mengen

Als scharfe Menge kann z. B. die Temperatur in einer Fertigungshalle betrachtet werden. Dabei wird eine Temperatur von 17 °C bis 19 °C als angenehm empfunden **(Bild 1)**. Dies bedeutet allerdings auch, dass eine Temperatur von z. B. t = 19,1 °C als nicht angenehm erfasst wird.

Unscharfe Mengen

Bei einer unscharfen Menge beginnt bzw. endet die Zugehörigkeit eines Wertes zur Menge nicht sofort mit 100 % bzw. 0 %. Der Übergang ist „gleitend" **(Bild 2)**. Die Temperatur t = 19,1 °C in der Fertigungshalle gehört größtenteils noch zur Menge „angenehm".

Zugehörigkeitsgrad

Der Zugehörigkeitsgrad μ gibt an, mit welchem Prozentsatz der betrachtete Wert x einer Grundmenge G zur unscharfen Menge A gehört **(Bild 3)**. Der ermittelte Zugehörigkeitsgrad liegt zwischen 0 und 1.

Die Gleichung $\mu_A(x) = 0{,}7$ bedeutet, dass der Wert x mit 70 % der Menge A angehört.

Zugehörigkeitsgrad

$$\mu_A(x) = n$$

μ^1_A	Zugehörigkeitsgrad (Menge A)
x	Element aus der Menge A
n	Wert zwischen 0 und 1

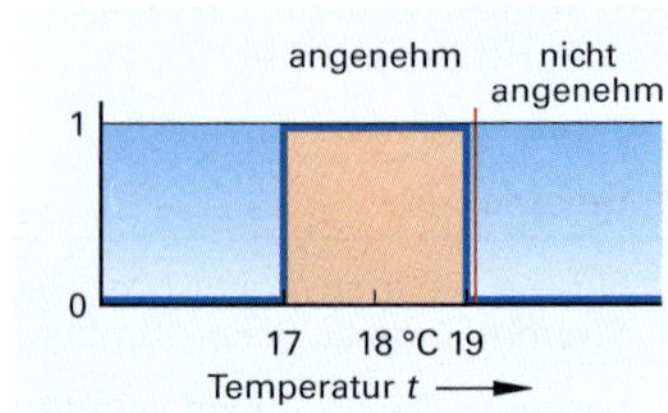

Bild 1: Scharfe Menge

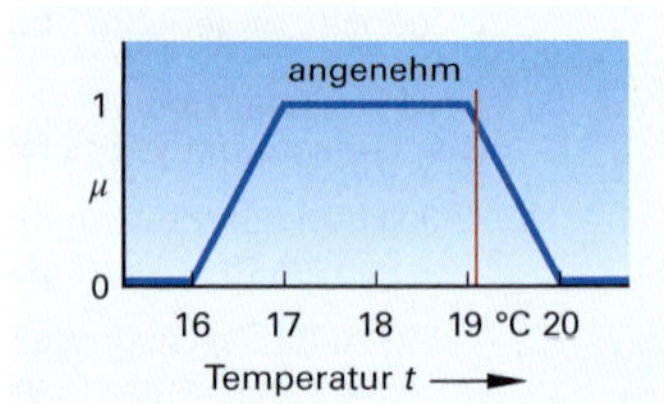

Bild 2: Unscharfe Menge

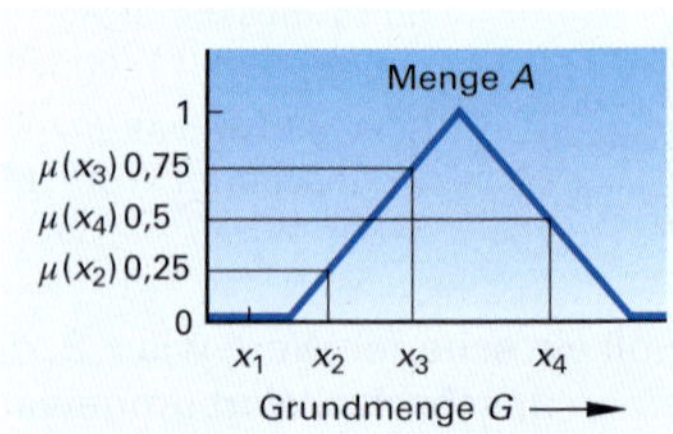

$\mu_A(x_1) = 0$ $\mu_A(x_2) = 0{,}25$

$\mu_A(x_3) = 0{,}75$ $\mu_A(x_4) = 0{,}5$

Bild 3: Zugehörigkeitsgrad

Beispiel

In einer Fertigungshalle wird es als angenehm empfunden, wenn die Raumlufttemperatur zwischen 17 °C und 19 °C ist. Temperaturen kleiner 17 °C werden als kalt empfunden, Temperaturen größer 19 °C werden als warm empfunden **(Bild 4)**. Gesucht sind die Zugehörigkeitsgrade μ_{kalt}, $\mu_{angenehm}$ und μ_{warm} für die Temperatur t = 19,5 °C.

Lösung: Um den Zugehörigkeitsgrad der Temperatur t = 19,5 °C zu den Mengen „kalt", „angenehm" und „warm" ermitteln zu können, wird die Temperatur t = 19,5 °C eingezeichnet und die Schnittpunkte mit den Mengen werden betrachtet und ausgewertet **(Bild 4)**.

Die Temperatur t = 19,5 °C gehört sowohl zur Menge „angenehm" als auch zur Menge „warm", aber nicht zur Menge „kalt".

μ_{kalt} (19,5 °C) = **0** d. h., die Temperatur 19,5 °C gehört mit 0 % zur Menge „kalt".

$\mu_{angenehm}$ (19,5 °C) = **0,75** d. h., die Temperatur 19,5 °C gehört mit 75 % zur Menge „angenehm".

μ_{warm} (19,5 °C) = **0,25** d. h., die Temperatur 19,5 °C gehört mit 25 % zur Menge „warm".

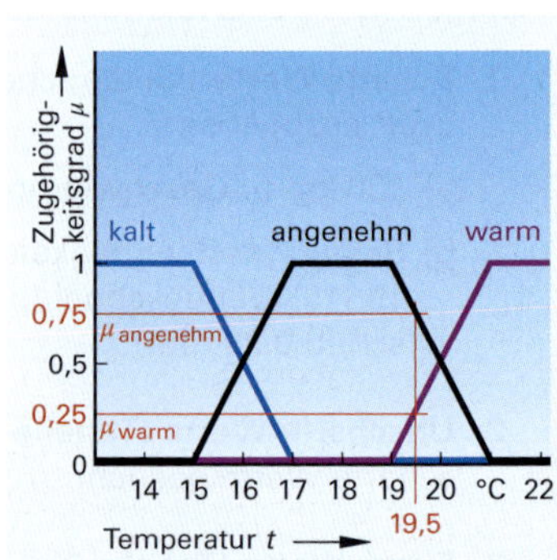

Bild 4: Raumtemperatur

1 μ griechischer Kleinbuchstabe my

Zugehörigkeitsfunktionen

Um in der Fuzzy-Logik den Zughörigkeitsgrad μ eines Elements x aus einer bestimmten Menge A exakt bestimmen zu können, wird versucht, die Form der Fuzzy-Menge A mit möglichst einfachen Funktionen zu beschreiben. Dabei greift man meist auf konstante Funktionen und lineare Funktionen zurück **(Bild 1)**.

Die am häufigst verwendeten Funktionstypen werden als Funktionsgleichungen in Computerprogrammen benützt, um genaue Werte für μ (x) zu ermitteln **(Tabelle 1)**.

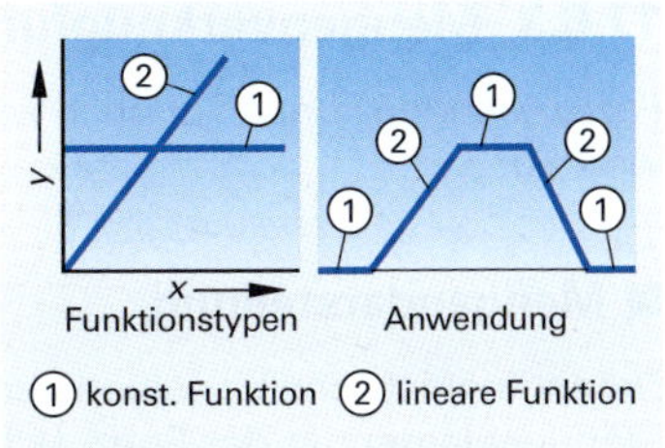

Bild 1: Einfache Funktionen

Tabelle 1: Funktionstypen

Bezeichnung	Aussehen
Z-Typ	‾‾__
Lambda-Typ oder Dreieck-Typ	__/__
π-(Pi-)Typ oder Trapez-Typ	__/‾__
S-Typ	__/‾‾

Beispiel

Für die in **Bild 2** dargestellte Abstandsmessung sind zu bestimmen

a) die unscharfen Werte,

b) die Funktionstypen.

Lösung: a) Die unscharfen Werte heißen **„sehr klein**, **„klein**, **„normal"**, **„groß"** und **„sehr groß"**.

b) 1: **Z-Typ**; 2 und 4: **Lambda-Typ**; 3: **π-Typ**; 5: **S-Typ**

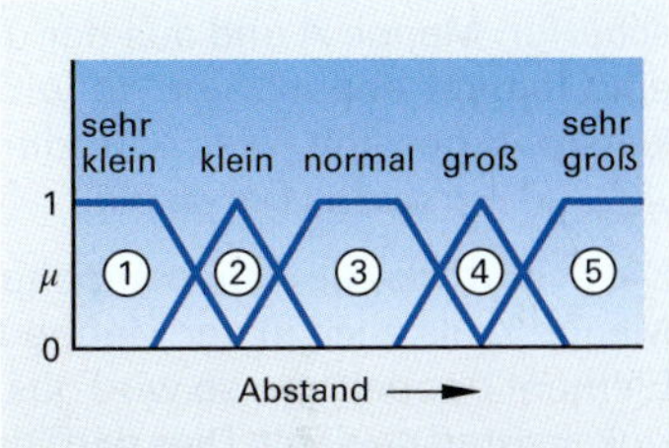

Bild 2: Zugehörigkeitsfunktionen

Linguistische[1] Variable

Die Eingangs- oder Ausgangsgrößen bei einer Steuerung oder Regelung, z. B. Temperatur, Geschwindigkeit, Druck, Drehzahl usw., werden in der Fuzzy-Logik als linguistische Variablen bezeichnet.

Beispiel

Die Drehzahl einer durch Wasserkraft angetriebenen Turbine soll bei 300/min liegen, darf jedoch 350/min nicht überschreiten. Mit fünf unscharfen Werten soll eine Fuzzifizierung durchgeführt werden.

Gesucht sind

a) die linguistische Variable,

b) fünf unscharfe Werte,

c) geeignete Zugehörigkeitsfunktionen,

d) der Zugehörigkeitsgrad μ bei 310/min.

Lösung: a) Die linguistische Variable lautet **Drehzahl**.

b) Als unscharfe Werte werden **„sehr niedrig"**, **„niedrig"**, **„normal"**, **„hoch"** und **„sehr hoch"** gewählt.

c) Als Zugehörigkeitsfunktionen werden der **Z-Typ**, der **Lambda-Typ** und der **S-Typ** gewählt **(Bild 3)**.

d) $\mu_{normal}(310) = \mathbf{0{,}5 \triangleq 50\,\%}$; $\mu_{hoch}(310) = \mathbf{0{,}5 \triangleq 50\,\%}$

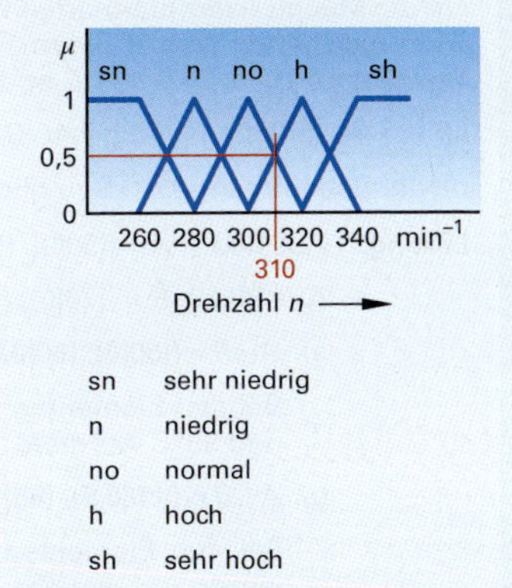

Bild 3: Fuzzifizierung einer Drehzahl

Aufgaben Fuzzifizierung

1. **Zugehörigkeitsgrad (Bild 3):** Gesucht ist der Zugehörigkeitsgrad
   a) für die Drehzahlen 270/min; 300/min und 335/min,
   b) $\mu_{niedrig}(200)$; $\mu_{niedrig}(270)$; $\mu_{niedrig}(280)$; $\mu_{niedrig}(310)$.
2. **Unscharfe Werte (Bild 3):** Wählen Sie statt der fünf unscharfen Werte sieben geeignete Ausdrücke.
3. **Abstandsfuzzifizierung:** Der Abstand zwischen zwei fahrenden Autos von 0 m bis 120 m soll mit fünf unscharfen Werten fuzzifiziert werden.

1 von lingua (lat.) = Sprache, Zunge

17.6.3 Mengenverknüpfungen

Fuzzy-Mengen können ähnlich wie scharfe Mengen logisch verknüpft werden.

Mengendarstellung

Damit linguistische Variablen verarbeitet werden können, wird jedes Mengenelement in der Form $(x \mid \mu(x))$ angegeben. Die Mengendarstellung $A = \{(x_i \mid \mu(x_i)\}$ bedeutet: A ist die Menge aller x mit dem jeweiligen Zugehörigkeitsgrad μ.

Beispiel

Die Menge A des unscharfen Wertes „normal" für die Lagertemperatur in einer Turbine **(Bild 1)** ist für die Temperaturen 50 °C, 60 °C, 70 °C, 80 °C, 85 °C und 90 °C in Mengenschreibweise anzugeben.

Lösung: **Bild 1** ergibt: $\mu_{normal}(50) = 0$; $\mu_{normal}(60) = 0{,}5$; $\mu_{normal}(70) = 1$; $\mu_{normal}(80) = 0{,}5$; $\mu_{normal}(85) = 0{,}25$; $\mu_{normal}(90) = 0$ und somit

$\mathbf{A = \{(50|0); (60|0{,}5); (70|1); (80|0{,}5); (85|0{,}25); (90|0)\}}$

Mengenoperationen

Wie in der algebraischen Mengenlehre gibt es auch in der Fuzzy-Logik die Vereinigungsmenge und die Schnittmenge.

Die **Vereinigungsmenge $A \cup B$** beinhaltet alle Elemente aus der unscharfen Menge A und aus der unscharfen Menge B **(Bild 2)**. Kommt ein Element doppelt vor, so wird das mit dem größten Zugehörigkeitsgrad gewählt. Dies wird durch die Abkürzung max angegeben: $\mu_{A \cup B}(x) = \max\{\mu_A(x); \mu_B(x)\}$.

Die **Schnittmenge $A \cap B$** beinhaltet nur die Elemente, die sowohl in der Menge A als auch in der Menge B enthalten sind **(Bild 2)**. Kommt ein Element doppelt vor, so wird das Element mit dem kleinsten Zugehörigkeitsgrad gewählt. Dies wird durch die Abkürzung min angegeben: $\mu_{A \cap B}(x) = \min\{\mu_A(x); \mu_B(x)\}$.

Beispiel

Für die Menge A des unscharfen Wertes „normal" **(Bild 1)** und die Menge B des unscharfen Wertes „warm" **(Bild 3)**, die sich aus den Elementen der Temperatur 70 °C; 80 °C; 85 °C und 90 °C zusammensetzen, sind

a) die Vereinigungsmenge $A \cup B$,

b) die Schnittmenge $A \cap B$ zu bilden.

Lösung: Aus **Bild 1**: $A = \{(50|0); (60|0{,}5); (70|1); (80|0{,}5); (85|0{,}25); (90|0)\}$

Aus **Bild 3**: $B = \{(70|0); (80|0{,}5); (85|0{,}75); (90|1)\}$

a) $\mathbf{A \cup B = \{(50|0); (60|0{,}5); (70|1); (80|0{,}5); (85|0{,}75); (90|1)\}}$

Bei den Elementen mit der Temperatur 70 °C, 80 °C, 85 °C, und 90 °C wurde μ_{max} gewählt.

b) $\mathbf{A \cap B = \{(80|0{,}5); (85|0{,}25)\}}$.

Bei den Elementen mit der Temperatur 80 °C und 85 °C wurde μ_{min} genommen. Werte, bei denen $\mu_{min} = 0$ ergibt, werden in der Schnittmenge nicht angegeben.

Mengendarstellung

$$A = \{(x_i \mid \mu(x_i))\}$$

Vereinigungsmenge der Zugehörigkeitsgrade

$$\mu_{A \cup B}(x) = \max\{\mu_A(x); \mu_B(x)\}$$

Schnittmenge der Zugehörigkeitsgrade

$$\mu_{A \cap B}(x) = \min\{\mu_A(x); \mu_B(x)\}$$

A, B unscharfe Mengen
x Wert aus unscharfer Menge
μ Zugehörigkeitsgrad

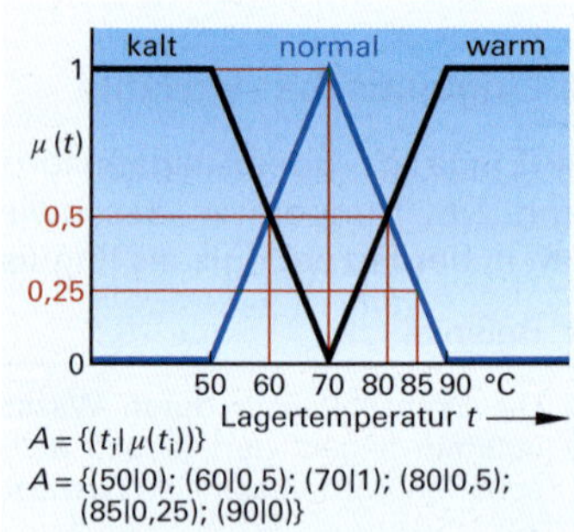

Bild 1: Unscharfe Menge „normal"

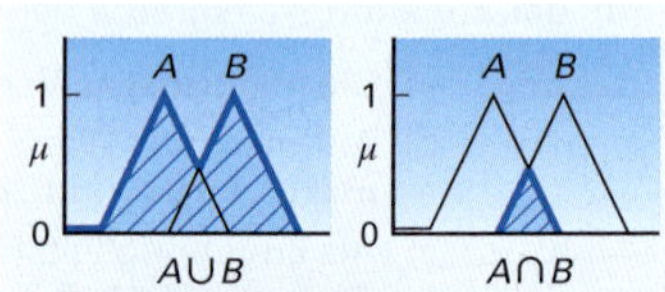

Bild 2: Vereinigungsmenge und Schnittmenge

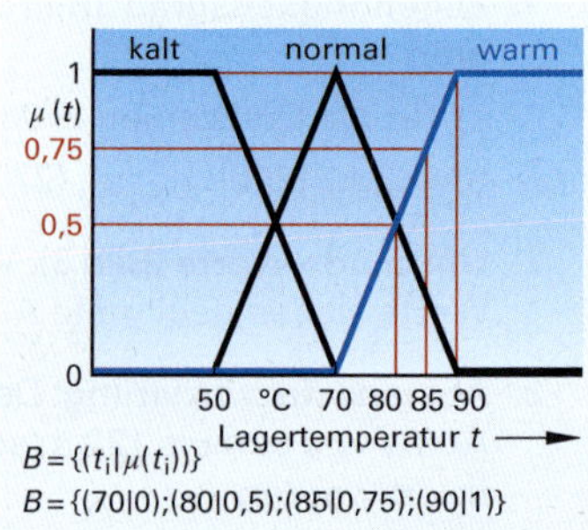

Bild 3: Unscharfe Menge „warm"

Unscharfe Logik

Wie in der scharfen Logik, so gibt es auch in der Fuzzy-Logik die logischen Verknüpfungen ODER und UND.

Die **ODER-Verknüpfung** wird von der Vereinigungsmenge abgeleitet. Deshalb gilt für zwei Zugehörigkeitsgrade $\mu_A(x)$ und $\mu_B(x)$ die Gleichung: $\mu_{A\ ODER\ B}(x) = \max\{\mu_A(x);\ \mu_B(x)\}$. Diese Gleichung bedeutet, dass der Wert mit dem größten Zugehörigkeitsgrad gewählt wird.

Dieser Sachverhalt wird als **Maximum-Operator** bezeichnet.

Die **UND-Verknüpfung** wird von der Schnittmenge abgeleitet. Deshalb gilt für zwei Zugehörigkeitsgrade $\mu_A(x)$ und $\mu_B(x)$ die Gleichung: $\mu_{A\ UND\ B}(x) = \min\{\mu_A(x);\ \mu_B(x)\}$. Diese Gleichung bedeutet, dass der Wert mit dem kleinsten Zugehörigkeitsgrad gewählt wird.

Dieser Sachverhalt wird als **Minimum-Operator** bezeichnet.

ODER-Verknüpfung

$$\mu_{A\ ODER\ B}(x) = \max\{\mu_A(x);\ \mu_B(x)\}$$

UND-Verknüpfung

$$\mu_{A\ UND\ B}(x) = \min\{\mu_A(x);\ \mu_B(x)\}$$

μ Zugehörigkeitsgrad

Beispiel

Gegeben sind die Zugehörigkeitsgrade $\mu_{kalt}(55) = 0{,}75$ und $\mu_{warm}(55) = 0{,}25$ bei 55 °C im Lager einer Turbine **(Bild 1)**.

Gesucht sind

a) die ODER-Verknüpfung bei 55 °C,

b) die UND-Verknüpfung bei 55 °C.

Lösung: a) $\mu_{k\ ODER\ n}(55) = \max\{0{,}75;\ 0{,}25\} = \mathbf{0{,}75}$

b) $\mu_{k\ UND\ n}(55) = \min\{0{,}75;\ 0{,}25\} = \mathbf{0{,}25}$

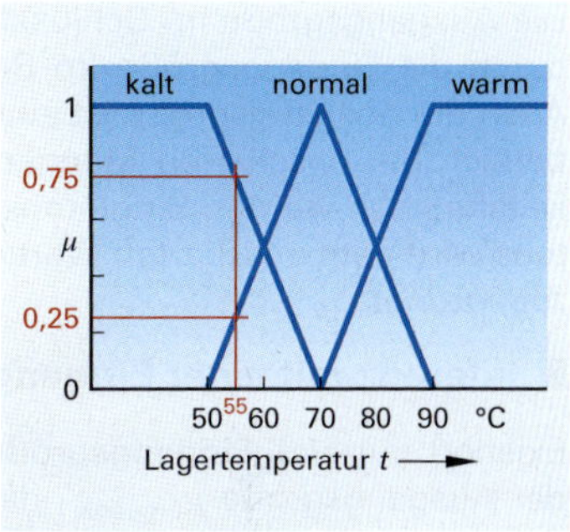

Bild 1: Lagertemperatur

Aufgaben | Mengenverknüpfungen

1. **Verknüpfungen:** Gegeben sind die Mengen A und B mit:

   $A = \{(50|0);\ (60|0{,}5);\ (70|1);\ (85|0{,}25);\ (90|0)\}$

   $B = \{(50|1);\ (60|0{,}5);\ (70|0);\ (85|0{,}75);\ (90|1)\}$

   Bilden Sie

   a) die logische Verknüpfung $\mu_{A\ ODER\ B}(x)$,

   b) die logische Verknüpfung $\mu_{A\ UND\ B}(x)$.

2. **Drehrichtung (Bild 2):** Ein Schieber kann von der Mittelstellung aus nach links bzw. nach rechts gedreht werden.

   Gesucht sind

   a) die Zugehörigkeitsgrade μ_{links}, μ_{mitte}, μ_{rechts} bei −30, −10, 10, 30,

   b) die ODER-Verknüpfung bei −30 und 10,

   c) die UND-Verknüpfung bei −30 und 10.

3. **Geschwindigkeit (Bild 3):** Die Geschwindigkeit eines U-Bahn-Triebwagens ist fuzzifiziert dargestellt.

   a) Warum ist es vorteilhaft mit einer ungeradzahligen Anzahl von unscharfen Werten zu arbeiten?

   b) Warum ist es sinnvoll als Randfunktionen den Z-Typ bzw. den S-Typ zu wählen?

   c) Geben Sie die ODER-Verknüpfung für die Geschwindigkeit 75 km/h an.

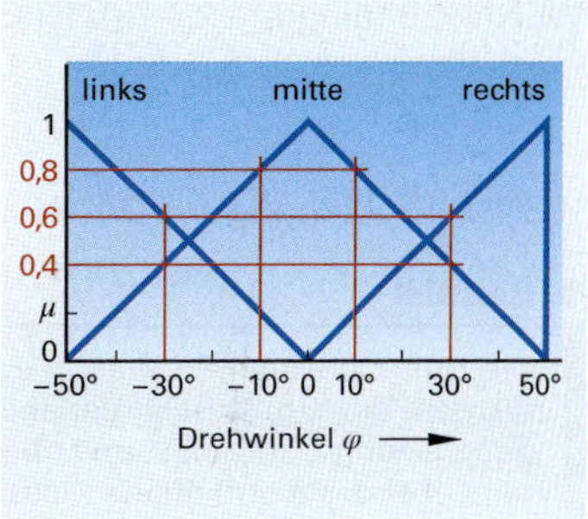

Bild 2: Drehrichtung

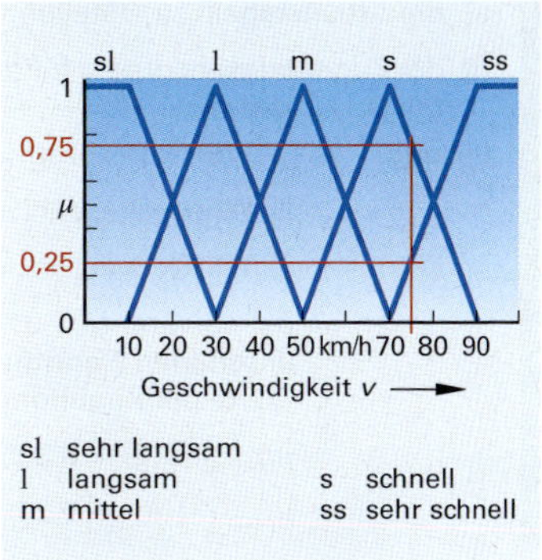

Bild 3: Geschwindigkeit

17.6.4 Inferenz

Der Begriff Inferenz[1] bedeutet in der Fuzzy-Logik die Verknüpfung von Eingängen und Ausgängen mit einfachen „WENN – DANN" Regeln **(Tabelle 1)**. Dabei sind die Eingänge der Bedingungsteil (WENN-Bedingung) und die Ausgänge der Schlussfolgerungsteil (DANN-Bedingung). Der große Vorteil dieser einfachen „WENN – DANN"-Zuweisungen basiert auf der Erfahrung des Praktikers und erlaubt ohne großen Rechenaufwand auch komplexe Regelkreisprobleme mit hoher Güte zu lösen.

Tabelle 1: Inferenz zwischen Werkstückdicke und Vorschub

Eingangsgröße: Werkstückdicke t
Ausgangsgröße: Vorschub f

WENN t = dünn
DANN f = schnell

WENN t = mitteldick
DANN f = normal

WENN t = dick
DANN f = langsam

■ Ausgangsgröße

Die Ausgangsgröße im Schlussfolgerungsteil ist die Stellgröße, die durch die Eingangsgröße im Bedingungsteil geregelt werden soll. Auch die Ausgangsgröße ist eine linguistische Variable, deren Stellbereich mit unscharfen Mengen beschrieben wird. Als Zugehörigkeitsfunktion werden Singletons verwendet **(Bild 1)**. Bei den Singletons wird dem unscharfen Wert der Ausgangsvariable nur eine Linie zugeordnet.

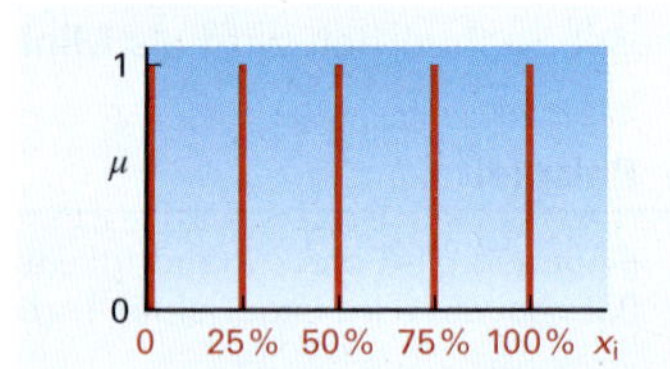

Bild 1: Singletons

■ Inferenz mit einer Eingangsgröße

Existiert nur eine Eingangsgröße, so wird dem Zugehörigkeitsgrad der Ausgangsgröße $\mu_{\text{Ergebnis 1}}$ der gleiche Wert zugeordnet, den der Zugehörigkeitsgrad der Eingangsgröße $\mu_A(x)$ besitzt.

Es wird also mit folgenden **Regeln** gearbeitet:

WENN < Bedingung 1 > DANN < Schlussfolgerung 1 >

WENN < Bedingung 2 > DANN < Schlussfolgerung 2 >

•

•

WENN < Bedingung n > DANN < Schlussfolgerung n >

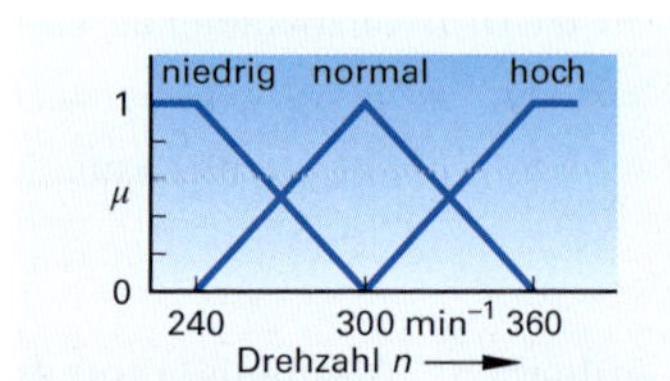

Bild 2: Drehzahl

● **Beispiel**

Die Drehzahl einer mit Wasserkraft angetriebenen Turbine soll geregelt werden. Die linguistische Variable Drehzahl wird in die unscharfen Mengen „niedrig", „normal" und „hoch" eingeteilt **(Bild 2)**. Die Regelung erfolgt über das zuströmende Wasser, das durch einen Schieber beeinflusst wird. Die linguistische Variable der Ausgangsgröße wird als Schieberstellung bezeichnet und in die unscharfen Mengen „zu", „mitte" und „auf" eingeteilt **(Bild 3)**.

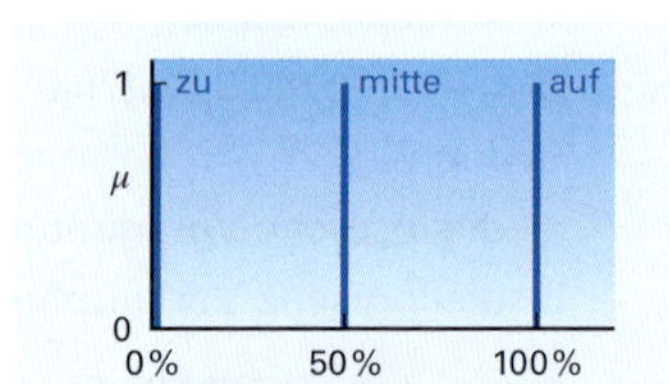

Bild 3: Schieberstellung

Für die Regelung sind

a) die Arbeitsregeln zu erstellen,

b) der Zugehörigkeitsgrad μ für die Ausgangsgröße bei der Drehzahl 310/min zu bestimmen.

Lösung: a) 1) **WENN** Drehzahl = **niedrig** **DANN** Schieberstellung = **auf**

2) **WENN** Drehzahl = **normal** **DANN** Schieberstellung = **mitte**

3) **WENN** Drehzahl = **hoch** **DANN** Schieberstellung = **zu**

b) Bei der Drehzahl 310/min greifen die Regeln 2) und 3). Den unscharfen Begriffen der Schieberstellung werden nun die Werte der Zugehörigkeitsgrade zugeordnet **(Bild 4)**.

$\mu_{\text{normal}}(310) = 0{,}80 \Rightarrow \mu_{\text{mitte}} = \mathbf{0{,}80}$

$\mu_{\text{hoch}}(310) = 0{,}20 \Rightarrow \mu_{\text{zu}} = \mathbf{0{,}20}$

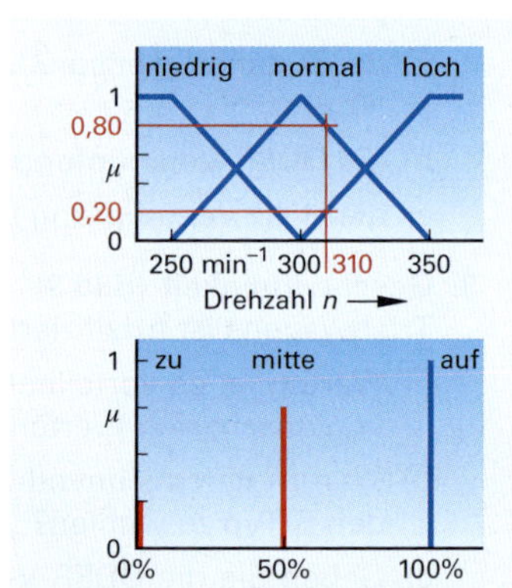

Bild 4: Auswertung

1 von interferire (lat.) = sich gegenseitig betreffen

Inferenz mit mehreren Eingangsgrößen

Handelt es sich um eine Regelung mit z. B. zwei Eingangsgrößen, so wird dem Zugehörigkeitsgrad der Ausgangsgröße $\mu_{Ergebnis}$ der durch die logische Verknüpfung ermittelte Wert der Eingangsgrößen $\mu_A(x)$ UND/ODER $\mu_B(x)$ zugeordnet **(Bild 1)**.

Es wird dann mit folgenden **Regeln** gearbeitet:

WENN < Bedingung 1 UND/ODER Bedingung 2 >

DANN < Schlussfolgerung 1 > usw.

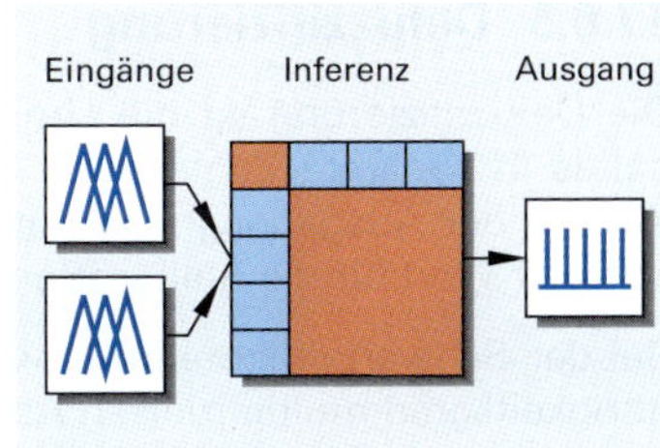

Bild 1: Inferenz mit zwei Eingängen

Beispiel

Bei der Ausgangsgröße „Schieberstellung" **(Beispiel, vorherige Seite)** soll aus Sicherheitsgründen auch noch die Temperatur im Gleitlager mit einbezogen werden. Deshalb kommt zur linguistischen Variable „Drehzahl" noch die linguistische Variable „Lagertemperatur" hinzu, die in die unscharfen Werte „kalt", „normal" und „heiß" eingeteilt wird **(Bild 2)**.

Für die Ausgangsgröße „Schieberstellung" **(Bild 3)** sind zu bestimmen

a) die Inferenzregeln,

b) der Zugehörigkeitsgrad μ für die Ausgangsgröße bei der Drehzahl 310/min und der Lagertemperatur 65 °C.

Lösung: a) Die Inferenzregeln bei zwei Eingängen lassen sich übersichtlich in Tabellenform darstellen **(Tabelle 1)**.

Die Verknüpfung hängt davon ab, was als wichtig eingestuft wird, da bei ODER der Maximum-Operator und bei UND der Minimum-Operator verwendet wird. So lautet z. B. die Regel für Drehzahl „normal" und Temperatur „normal": **WENN** Drehzahl = **normal UND** Temperatur = **normal DANN** Schieber = **mitte**.

Es ist zu beachten, dass alle auftretenden Bedingungen abgedeckt werden.

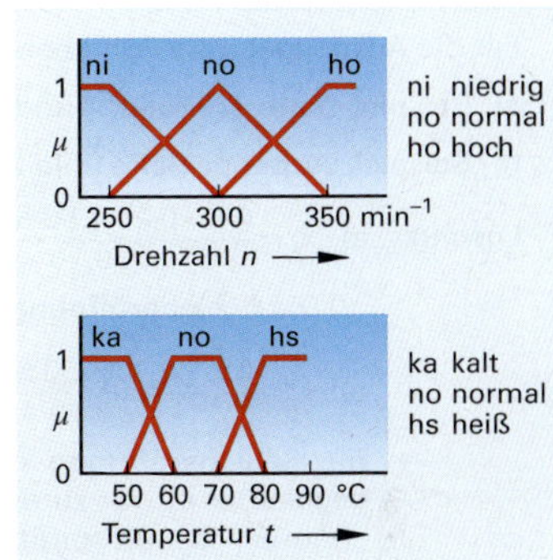

Bild 2: Eingangsgrößen

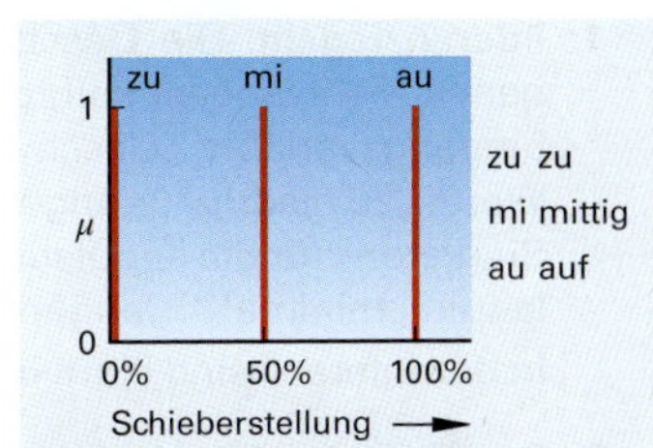

Bild 3: Ausgangsgröße

Tabelle 1: Inferenzregeln für zwei Eingänge

Drehzahl / Temperatur	niedrig	normal	hoch
kalt	UND Schieber auf	UND Schieber mitte	UND Schieber zu
normal	UND Schieber auf	UND Schieber mitte	UND Schieber zu
heiß	UND Schieber zu	UND Schieber zu	UND Schieber zu

b) Bei Temperatur 65 °C und Drehzahl 310/min sind zwei Regeln aktiv **(Bild 4)**.

1. WENN Temperatur = normal UND Drehzahl = normal DANN Schieber = mitte

2. WENN Temperatur = normal UND Drehzahl = hoch DANN Schieber = zu

1. $\mu_{mi} = \min\{\mu_{no}(65); \mu_{no}(310)\}$
$= \min\{1{,}0; 0{,}8\} = \mathbf{0{,}8}$

2. $\mu_{zu} = \min\{\mu_{no}(65); \mu_{hs}(310)\}$
$= \min\{1{,}0; 0{,}2\} = \mathbf{0{,}2}$

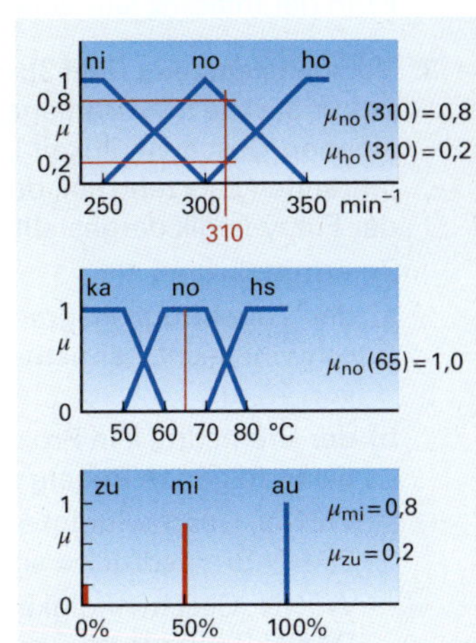

Bild 4: Inferenzzuordnung

17.6.5 Defuzzifizierung

Die Defuzzifizierung ist die Umsetzung eines unscharfen Sachverhaltes in konkrete Zahlen und Werte. Dabei wird den unscharfen Werten der Ausgangsgröße mithilfe der Schwerpunktmethode ein scharfer Wert für die Stellgröße zugeordnet.

Bei der Schwerpunktmethode wird die Summe der mit dem Zugehörigkeitsgrad multiplizierten Abszissenwerte durch die Summe der Zugehörigkeitsgrade dividiert.

Schwerpunktskoordination

$$x_S = \frac{\sum_{i=1}^{n} x_i \cdot \mu_i}{\sum_{i=1}^{n} \mu_i}$$

x_S Koordinate des Schwerpunkts
x_i Wert der Ausgangsgröße
μ_i Zugehörigkeitsgrad

Beispiel

Für die Ausgangsgröße Schieberstellung aus

a) **Beispiel, Seite 229 (Bild 1)** und

b) **Beispiel, vorherige Seite (Bild 2)** ist die Defuzzifizierung durchzuführen.

Lösung: a) $x_S = \frac{0\,\% \cdot 0{,}20 + 50\,\% \cdot 0{,}80 + 100\,\% \cdot 0}{0{,}20 + 0{,}80 + 0} = \frac{40\,\%}{1{,}0} = \mathbf{40\,\%}$

Die Schieberöffnung muss 40 % betragen.

b) $x_S = \frac{0\,\% \cdot 0{,}20 + 50\,\% \cdot 0{,}80 + 100\,\% \cdot 0}{0{,}20 + 0{,}80 + 0} = \frac{40\,\%}{1{,}0} = \mathbf{40\,\%}$

Die Schieberöffnung muss 40 % betragen. Dieses Ergebnis gegenüber a) war zu erwarten, da die Temperatur im Bereich „normal" ist und somit das Ergebnis nicht beeinflusst.

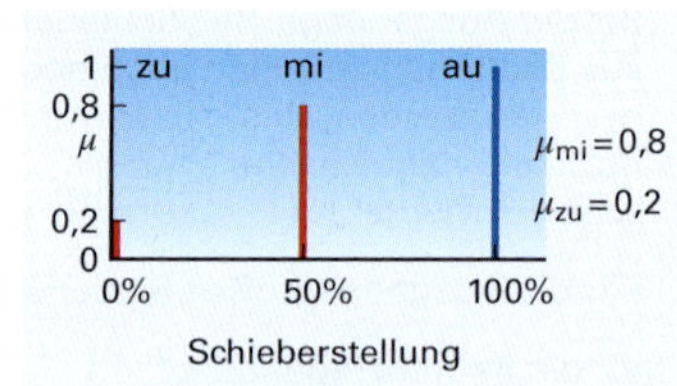

Bild 1: Schieberstellung mit einem Eingang

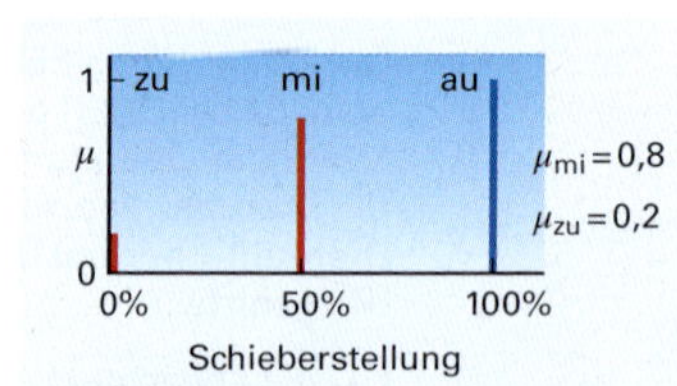

Bild 2: Schieberstellung mit zwei Eingängen

Aufgaben | **Inferenz und Defuzzifizierung**

1. **Inferenzregeln:** Die Geschwindigkeit eines mit Strom betriebenen Fahrzeuges soll geregelt werden. Die linguistische Eingangsvariable „Geschwindigkeit" ist in die drei unscharfe Werte „zu niedrig", „angepasst" und „zu hoch" eingeteilt. Die Singletons für die linguistische Ausgangsvariable Stromzufuhr lauten „minimal", „angepasst" und „maximal".
   In der Inferenz sind sinnvolle Arbeitsregeln zu bilden.

2. **Erweiterung:** Für die linguistische Variable Geschwindigkeit und die linguistische Variable Stromzufuhr aus Aufgabe 1 sind
   a) jeweils fünf unscharfe Werte zu bilden,
   b) in der Inferenz sinnvolle Arbeitsregeln zu bilden.

3. **Versuchsfahrzeug (Bild 3):** In einem Versuchsfahrzeug soll eine automatische Bremsanlage getestet werden. Abhängig von der eigenen Geschwindigkeit und dem Abstand zu einem vorausfahrenden Fahrzeug soll der Druck auf das Bremspedal mithilfe der Fuzzy-Logik dargestellt werden.
   Zu ermitteln sind
   a) der Zugehörigkeitsgrad für die linguistische Variable Geschwindigkeit bei aktuell 50 km/h und bei einem Abstand von 25 m
   b) der Bremsdruck in Prozent nach der Schwerpunktmethode, wenn folgende Regeln aktiv sind:
   WENN Geschwindigkeit = niedrig UND Abstand = klein DANN Bremsdruck = schwach
   WENN Geschwindigkeit = mittel UND Abstand = mittel DANN Bremsdruck = mittel
   c) für alle Kombinationen die Inferenz in Tabellenform.

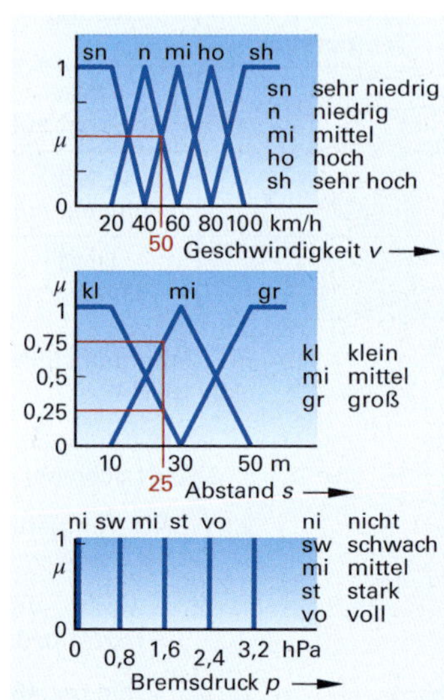

Bild 3: Versuchsfahrzeug

18 Automatisierungstechnik

Mechatronische Systeme lassen sich von verschiedenen Blickwinkeln aus analysieren:
- unter steuerungs- und regelungstechnischen Aspekten,
- nach der Art der Informations- und Energieträger: elektrisch, elektronisch, pneumatisch, hydraulisch, mechanisch,
- nach der Signalart: analog, binär oder digital.

Es werden zunächst allgemeine elementare Zusammenhänge der Schaltlogik beschrieben.

18.1 Logische Verknüpfungen

Die folgenden elementaren Grundelemente der Logik gelten unabhängig davon, ob die Signale elektrischer, pneumatischer oder hydraulischer Art sind.

Logik von Signalelementen:
Der in **Bild 1** betätigte Taster –SF1 ermöglicht bei Anliegen einer Spannung eine **Eingangsgröße** in das System, die Meldelampe –PF1 am Ausgang kann leuchten und repräsentiert somit den **Systemausgang**. Ob die Lampe nur leuchtet, solange –SF1 betätigt wird, oder auch nach dem Öffnen von –SF1, hängt mit dem Prozess der Signalverarbeitung im System zusammen und den zugrunde liegenden Bearbeitungsvorschriften, dem entsprechenden Befehlssatz.

■ Identität[1] (Tabelle 1)

Betrachtet man das Verhalten des Signalelementes –SF1, so erkennt man zwei Schaltzustände: Nicht betätigt entspricht AUS (= 0), betätigt entspricht EIN (= 1). Dieses Verhalten kennzeichnet einen binären[2] Signalzustand. Gleiches identisches Verhalten zeigt **Bild 2** für die Pneumatik.

In einer Funktionstabelle, auch als Werte- oder Wahrheitstabelle bezeichnet, kann dieses Verhalten anschaulich gezeigt werden.

vel.plus/
RMECH12

Der schaltalgebraische Ausdruck, als Funktionsgleichung E = A, beschreibt die Identität von Eingangs- und Ausgangssignal. Hintergrund dieser Schreibweise ist die Boole'sche[3] Algebra.

Der Funktionsplan (auch Logikplan) ist ein genormtes Kurzzeichen für das logische Verhalten und wird in ähnlicher Form in der SPS-Technik als Sprache verwendet (siehe dazu EN 60617-12).

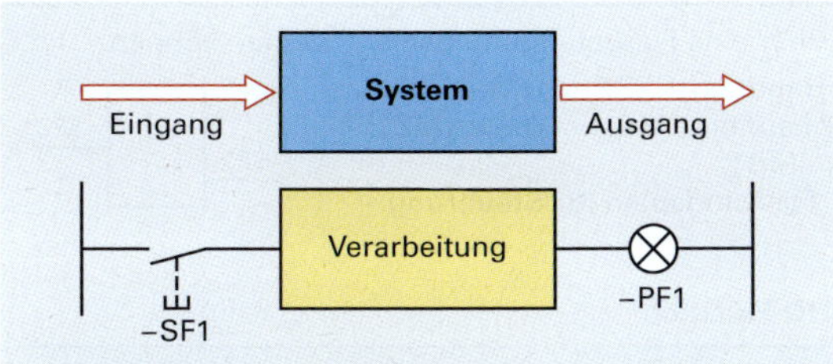

Bild 1: Systembetrachtung

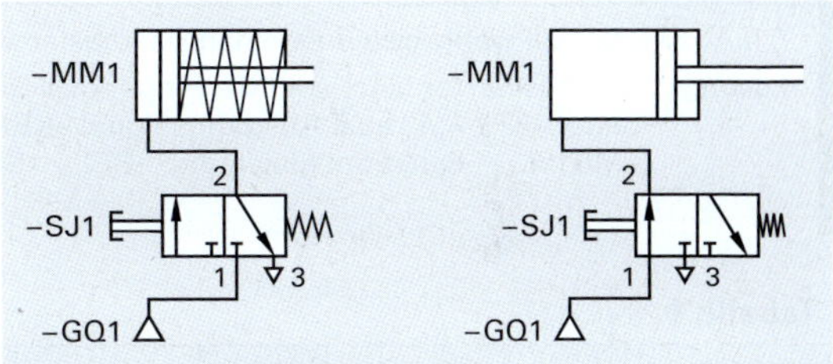

Bild 2: Identisches Schaltverhalten

Tabelle 1:	**Identität („JA"-Funktion)**						
Funktionsgleichung	Funktionsplan	Funktionstabelle		Signal-Zeit-Diagramm	Elektrik (Schließer)	Pneumatik (3/2 Wegeventil)
E = A	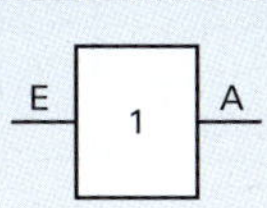	E	A	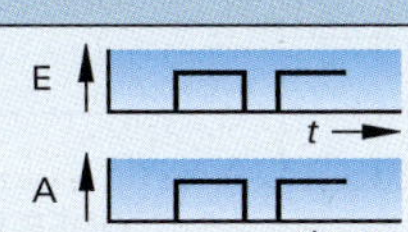	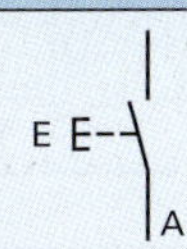	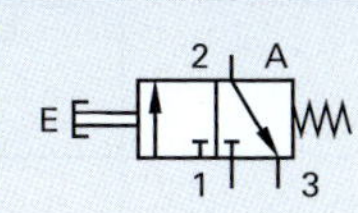
		0	0			
		1	1			
	Negation („NICHT"-Funktion)					
$\bar{E} = A$	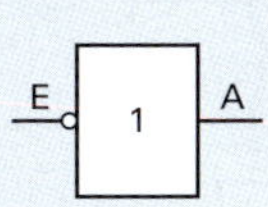	E	A	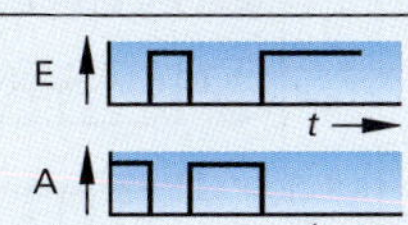	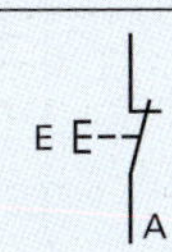	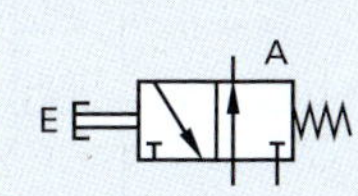
		0	1			
		1	0			

1 Identität (lat.) völlige Gleichheit 2 binär (lat.) je zwei 3 Boole, George, engl. Mathematiker (1815–1864)

18

Negation[1] (Tabelle 1, vorhergehende Seite):

vel.plus/ RMECH13

Die Umkehrung der Identität ist die Negation (NICHT oder Inversion[2]). Das Eingangssignal wird hier invertiert (= umgekehrt) zu E = „0“, wenn das Ausgangssignal A = „1“ ist, und umgekehrt. Ist –KF1 nicht unter Spannung wegen Leitungsbruch, so wird –PF1 zu „1“, die Meldeleuchte ist rot.

Beispiel

Über eine rote Meldeleuchte soll eine elektrische Leitung überwacht werden **(Bild 1)**. Bei Leitungsbruch hat die Lampe Signal A = „1“.

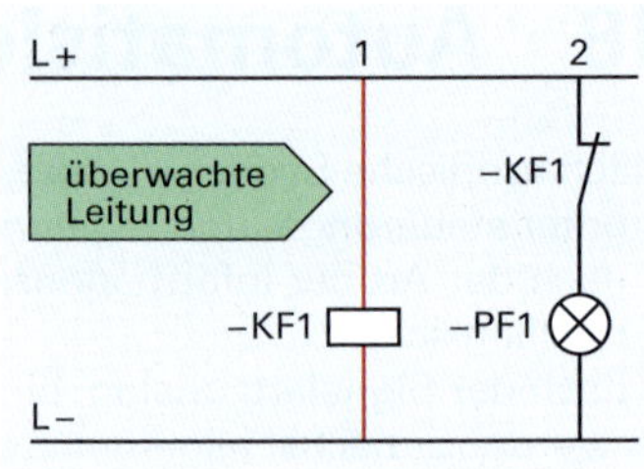

Bild 1: Drahtbruchsicherheit

Verknüpfungen von Signalelementen:

Werden binäre Zustände von Signalelementen miteinander verbunden, so spricht man von logischen Verknüpfungen.

UND-Verknüpfung (Tabelle 1):

vel.plus/ RMECH14

Der Ausgang A einer UND-Verknüpfung hat nur dann ein „1“-Signal, wenn beide Eingangssignale E1 und E2 den Signalwert „1“ haben.

Beispiel

Der Vorschub einer Bohrmaschine soll nur dann starten, wenn das Werkzeug richtig gespannt ist und der Start –SF1 gedrückt wird. Der Motor wird über –KF1 (= Ausgangssignal) angesteuert.

Lösung: Sensor –BP1 zeigt Spanndruck an: –BP1 = „1“
Starttaster –SF1 ist gedrückt: –SF1 = „1“
Funktionsgleichung: –BP1 ∧ –SF1 = –KF1

Funktionsplan für Steuerung:

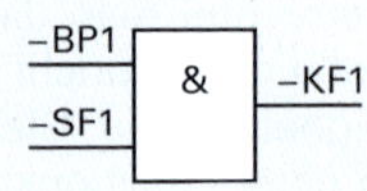

ODER-Verknüpfung (Tabelle 1):

Ein Ausgangssignal A = „1“ liegt vor, wenn entweder die Eingänge E1 oder E2 Signal „1“ haben oder beide gleichzeitig auf „1“ stehen.

Beispiel

vel.plus/ RMECH15

Ein Auswerfer soll wahlweise über einen Handtaster oder über eine Fußbetätigung bedient werden können.

Lösung: Der Auswerfer fährt über die Eingangssignale Handtaster –SF1 = „1“ oder Fußtaster –SF2 = „1“ aus. Ausgangssignal –KF1 geht auf eine Magnetspule –MB1: –MB1 = „1“ Funktionsgleichung: –SF1 ∨ –SF2 = –MB1

Funktionsplan für Steuerung:

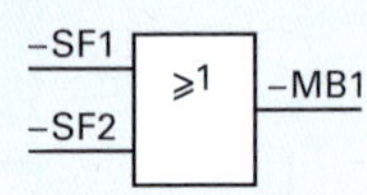

Tabelle 1:

Funktionsgleichung	Funktionsplan	Funktionstabelle E2	E1	A	Signal-Zeit-Diagramm	Elektrik (mit Schließern)	Pneumatik (mit 3/2 Wegeventil)
UND-Funktion							
∧ UND E1 ∧ E2 = A	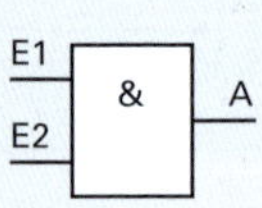	0	0	0	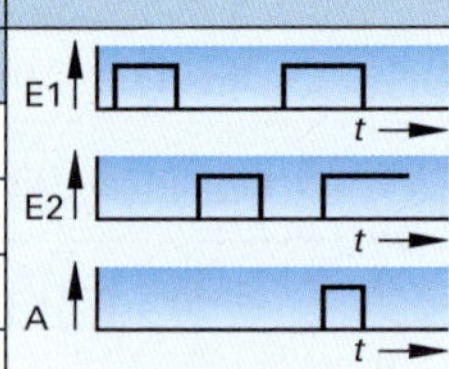	Reihenschaltung 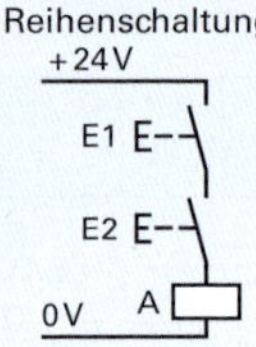	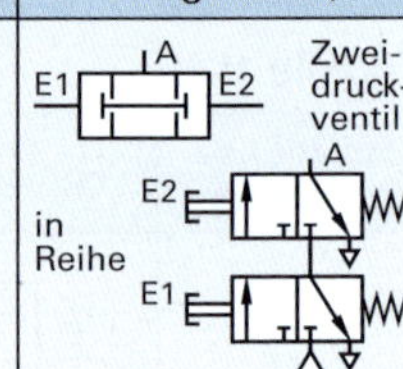
		0	1	0			
		1	0	0			
		1	1	1			
ODER-Funktion							
∨ ODER E1 ∨ E2 = A	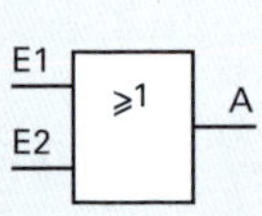	0	0	0	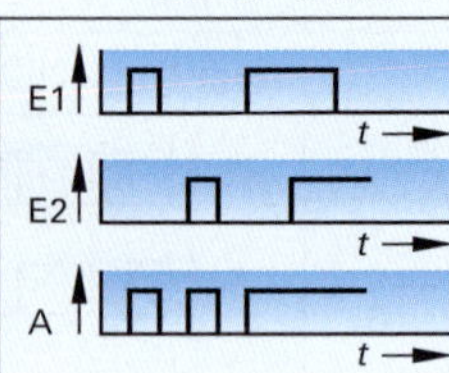	Parallelschaltung 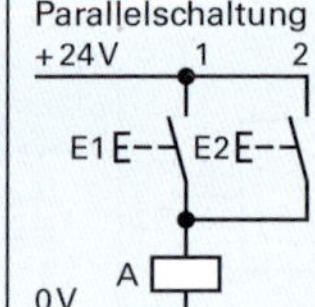	Wechselventil 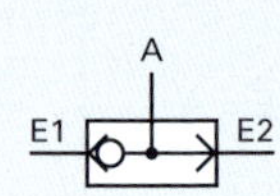
		0	1	1			
		1	0	1			
		1	1	1			

1 Negation (lat.) Verneinung 2 Inversion (lat.) Umkehrung

Einsatz von Funktionstabellen zur Problembeschreibung

Beispiel

Auf einer Sortierweiche **(Bild 1)** werden Werkstücklängen über drei Sensoren abgefragt. Immer wenn zwei Sensoren ansprechen, haben Teile eine ausreichende Länge. Ein Zylinder verstellt daraufhin die Weiche. Die Teile fahren zu einer Bearbeitungsstation.

Wie sieht dazu die Funktionstabelle aus?

Lösung: Es lassen sich mit drei Sensoren drei Eingangselemente beschreiben. Für die Anzahl der möglichen Eingangskombinationen *m* gilt bei n Eingangsvariablen die Regel: $m = 2^n$. Somit sind $2^3 = 8$ Eingangskombinationen möglich. In einer Funktionstabelle müssen somit acht Zeilen (Nr. 0–7) vorgesehen werden. Den Aufbau zeigt die **Tabelle 1**.

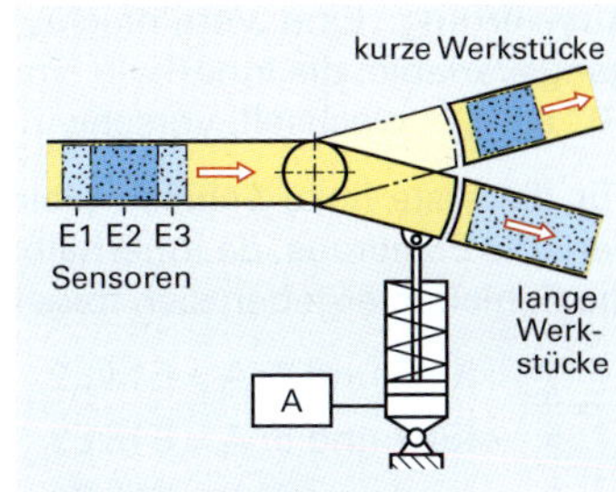

Bild 1: Sortierweiche

Tabelle 1: Sortierweiche

Nr.	E3	E2	E1	A
0	0	0	0	0
1	0	0	1	0
2	0	1	0	0
3	0	1	1	1
4	1	0	0	0
5	1	0	1	1
6	1	1	0	1
7	1	1	1	1

Die Eingangsvariablen E1 usw. werden von rechts nach links mit steigender Nummer eingetragen. In der ersten Spalte wechselt E1 nach jeder Zeile den Zustand. Die zweite Variable E2 wechselt nach jeder zweiten Zeile den Zustand, die dritte Variable E3 nach jeder vierten Zeile. Die Ausgangszustände werden nach der Aufgabe eingetragen, sodass sich in der Zeile 3 A = „1" ergibt, da zwei Sensoren, E1 und E2, ansprechen. Die Bedingung ist damit erfüllt, wie auch in den Zeilen 5, 6 und 7.

ODER-Normalform:
(auch als **D**isjunktive[1]-**N**ormal-**F**orm DNF bezeichnet)

Aus der Funktionstabelle lässt sich eine gültige Funktionsgleichung erstellen. Üblicherweise wird dazu die ODER-Normalform DNF verwendet. Es werden dabei die Zeilen betrachtet, in denen die Ausgangsvariable den Signalzustand „1" hat. In diesen Zeilen werden die Eingangsvariablen mit „UND" verknüpft. Hat eine Eingangsvariable den Zustand „0", so wird sie negiert. Die einzelnen Zeilen werden mit „ODER" verknüpft:

Zeile 3: $A = \overline{E3}\ \&\ E2\ \&\ E1$
Zeile 5: $A = E3\ \&\ \overline{E2}\ \&\ E1$
Zeile 6: $A = E3\ \&\ E2\ \&\ \overline{E1}$
Zeile 7: $A = E3\ \&\ E2\ \&\ E1$

Somit ergibt sich für A folgende DNF:
$A = \overline{E2}\ E2\ E1 \vee E3\ \overline{E2}\ E1 \vee E3\ E2\ \overline{E1} \vee E3\ E2\ E1$

Das UND-Symbol „&" oder „∧" darf weggelassen werden, da die UND-Funktion in der Schaltalgebra wie eine Punktrechnung (= Multiplikation) angewendet wird. Für ODER gelten die Vorschriften der Strichrechnung (= Addition, Subtraktion). Eine direkte Umsetzung in einen Funktionsplan zeigt **Bild 2**.

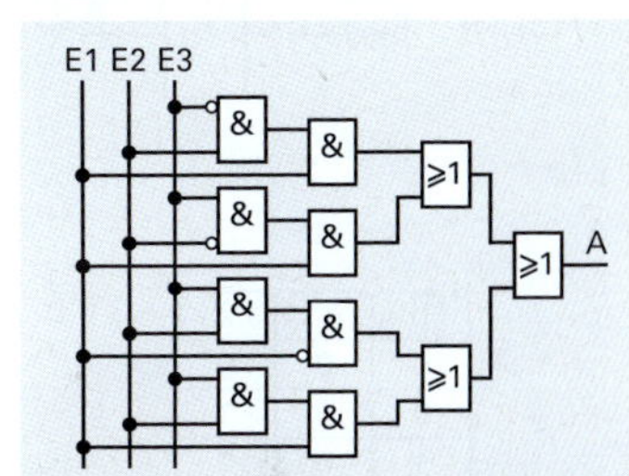

Bild 2: Funktionsplan

Schaltungsvereinfachung

In vielen Fällen lassen sich Schaltungen vereinfachen und damit der Programmumfang minimieren. Die Boole'sche Algebra hat eine Reihe von Rechenregeln entwickelt, die dabei zur Anwendung kommen können.

Besonders geeignet für die Praxis ist ein grafisches Verfahren, das KV-Diagramm[2] **(Bild 3)**. Es baut sich aus Feldern auf, deren Feldanzahl der Zeilenzahl der Funktionstabelle entspricht. In den Feldern kommen alle Kombinationen der Eingangsvariablen E1, E2 usw. vor.

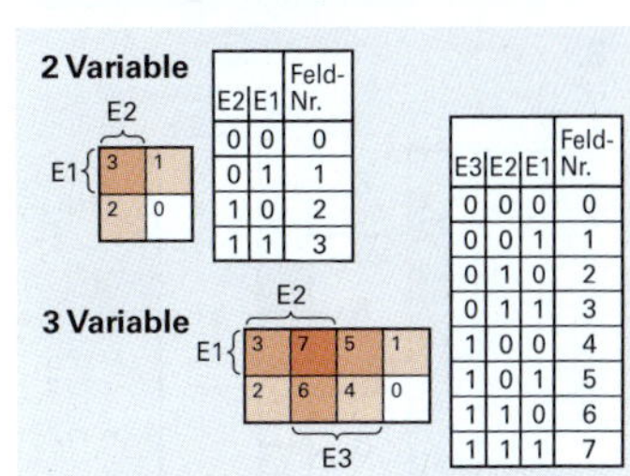

Bild 3: KV-Diagramm für 2 und 3 Variablen

Für das Beispiel der Sortierweiche entsteht das KV-Diagramm wie in **Bild 4** gezeigt: So ist im ersten linken Feld oben das Ergebnis „1" der Zeile 3 mit $A = \overline{E3}\ \&\ E2\ \&\ E1$ eingetragen. Benachbarte Felder mit „1" werden sodann über Schleifen zu 1-er-, 2-er-, 4-er- oder 8-er-Blöcken zusammengefasst. Ziel ist es möglichst große Blöcke zu schaffen.

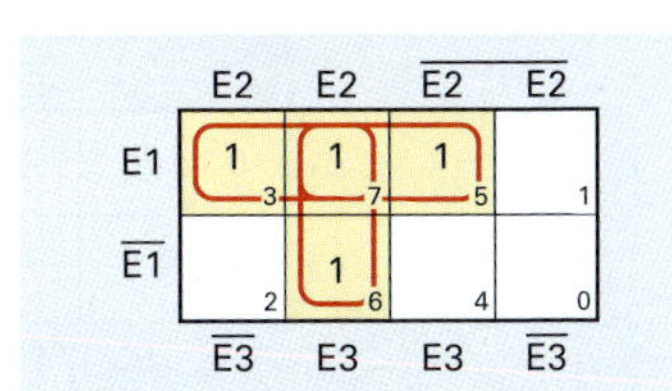

Bild 4: KV-Diagramm für Sortierweiche

1 disjunktiv (lat.) trennend, ausschließend, z. B. „oder"
2 Karnaugh-Veitch-Symmetrie-Diagramm (beides Mathematiker)

18

Auswertung: Eine Vereinfachung entsteht dadurch, dass die Eingangsvariable, die innerhalb einer Schleife von „1“ auf „0“ oder von „0“ auf „1“ wechselt, verschwindet.

Für die erste linke Schleife (Feld 3 und 7) fällt somit die Eingangsvariable E3 heraus, da innerhalb der Schleife $\overline{E3}$ auf E3 wechselt. Für die Schleifen ergeben sich folgende Lösungen:

(3 7) für 3 und 7: A = E1&E2
(7 5) für 7 und 5: A = E1&E3
(7 6) für 7 und 6: A = E2&E3

Ergebnis der Vereinfachung: A = E1E2 ∨ E1E3 ∨ E2E3

Den somit vereinfachten Funktionsplan zeigt **Bild 1**. Als Vorteil bei einer technologischen Umsetzung, z. B. in die Pneumatik, ergibt sich eine geringere Anzahl von Wechsel- und Zweidruckventilen.

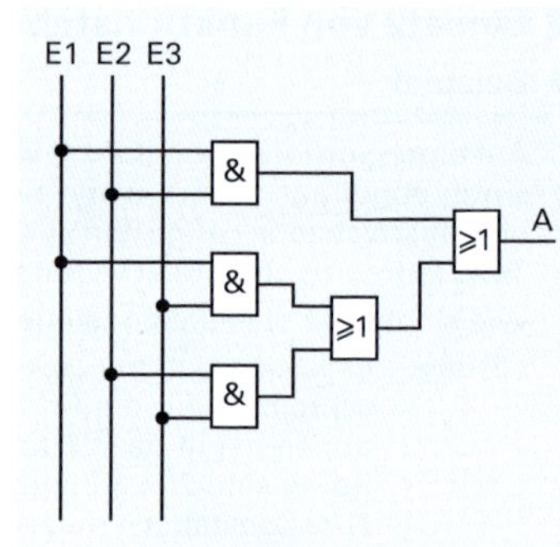

Bild 1: Funktionsplan für Sortierweiche

Aufgaben Logische Verknüpfungen

Für die folgenden Übungsaufgaben sind jeweils die Funktionstabelle, die Funktionsgleichung und der Funktionsplan zu entwickeln.

1.

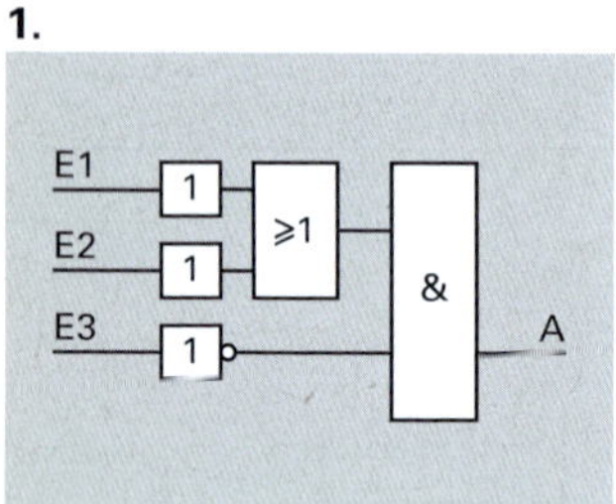

2.

E2	E1	A
0	0	1
0	1	1
1	0	1
1	1	0

3.

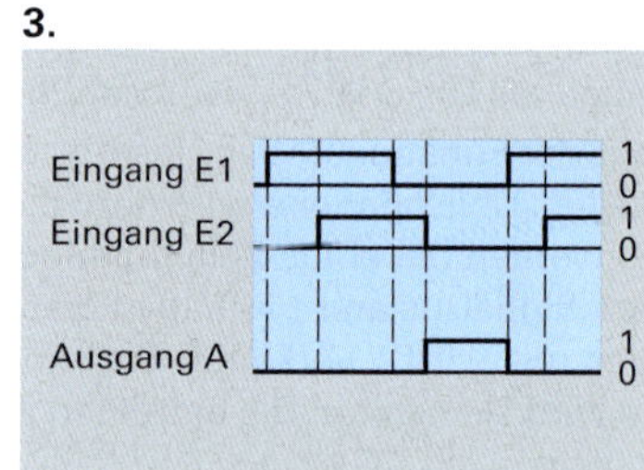

4.

b	a	x
0	0	0
0	1	1
1	0	1
1	1	0

5.

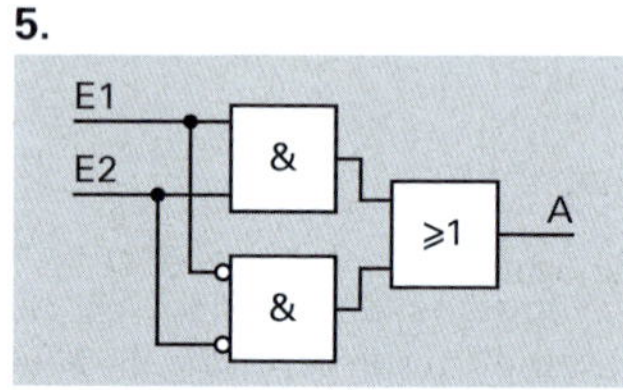

6.

E1 ∨ E2 ∧ E3 = A

7.

E1 ∧ $\overline{E2}$ ∨ $\overline{E1}$ ∧ E2 = A

8.

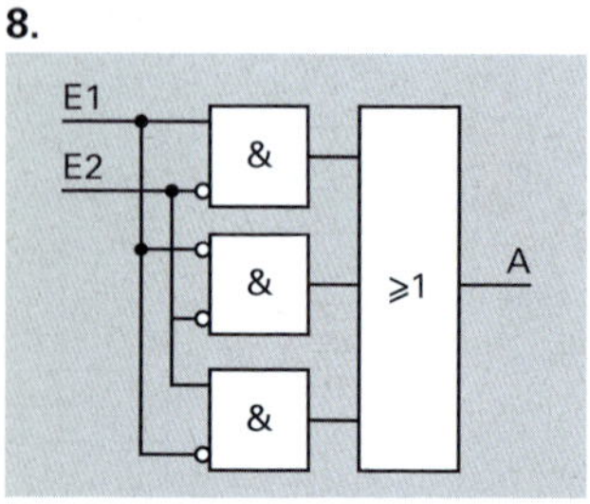

9.

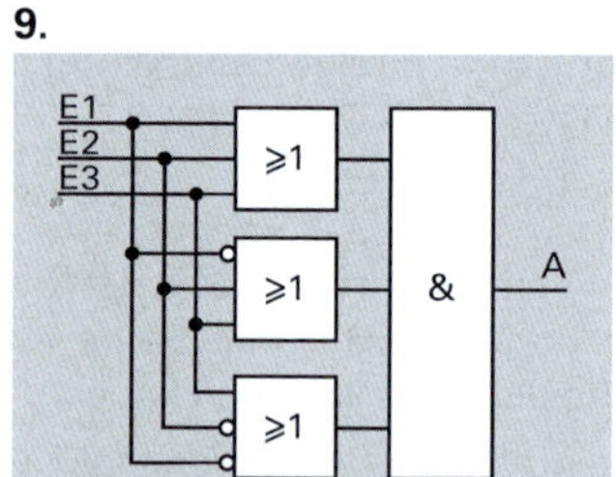

10.

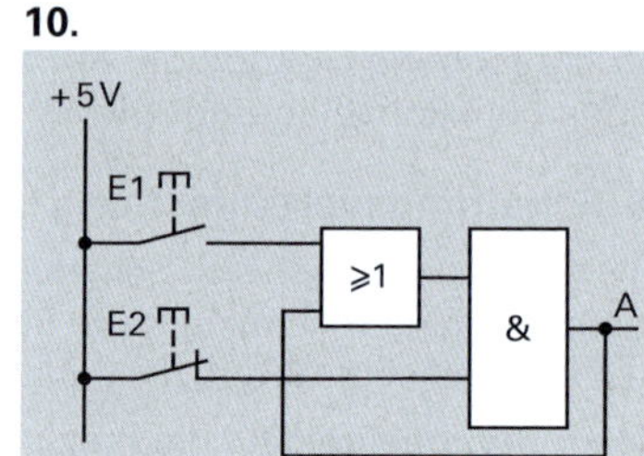

11. Folgende KV-Diagramme sind auszuwerten und zu vereinfachen.

a)

	E2	E2	$\overline{E2}$	$\overline{E2}$
E1	0 $_{3}$	0 $_{7}$	0 $_{5}$	1 $_{1}$
$\overline{E1}$	1 $_{2}$	1 $_{6}$	0 $_{4}$	1 $_{0}$
	$\overline{E3}$	E3	E3	$\overline{E3}$

b)

	E2	E2	$\overline{E2}$	$\overline{E2}$
E1	1 $_{3}$	1 $_{7}$	1 $_{5}$	0 $_{1}$
$\overline{E1}$	1 $_{2}$	0 $_{6}$	1 $_{4}$	0 $_{0}$
	$\overline{E3}$	E3	E3	$\overline{E3}$

12. Pumpenschaltung: Ein Heizofen wird über eine Pumpe mit Öl versorgt. Mit zwei Schaltern wird diese ein- und ausgeschaltet. Die Pumpe soll aber nur anlaufen, wenn die Zündflamme bereits brennt. Das Erlöschen der Zündflamme wird über einen Flammenwächter gemeldet. Dieser Wächter hat bei Zündflamme ein „1"-Signal.

13. Pneumatikschaltung (Bild 1): Die pneumatische Schaltung ist zu analysieren und über das KV-Diagramm zu vereinfachen. Die Vereinfachung soll in eine elektrische Schaltung mit Relais umgesetzt werden.

14. Steuerung einer Stanzvorrichtung: Eine Stanze soll entweder durch Fuß- oder durch Handbetätigung ausfahren. Das Ausfahren soll nur von der abgefragten Grundstellung aus möglich sein. Der Hubzylinder fährt nach dem Stanzen selbsttätig in die Endlage zurück.

15. Teilemarkierung (Bild 2): Blechteile sollen an einer Eingangsstation eine Zahlenmarkierung über einen Zylinder bekommen. Teile, die falsch auf dem Band aufliegen, werden über einen Stößel seitlich vom Band entfernt. Ein Sensor –BG1 meldet mittig sitzend die ankommenden Teile, ein zweites Signalelement –BG2 meldet in Verbindung mit –BG1 die richtige Lage.

16. Kühlhaussteuerung (Bild 3): Drei Temperatursensoren –BT1, –BT2 und –BT3 überwachen in einem Kühlhaus eine untere Grenztemperatur. Zeigen zwei der Sensoren eine überhöhte Temperatur an, so wird über ein Gebläse kühle Luft zugeführt. Sprechen alle drei Sensoren gleichzeitig an, so soll ein zweites Gebläse dazugeschaltet werden.

17. Halleneinfahrt (Bild 4): Für eine Halleneinfahrt wird ein Rollentor mit einer entsprechenden Steuerung ausgerüstet. Die Toröffnung erfolgt mit einer Handbedienung (E1) direkt oder über eine Fernbedienung (E2). Beide sollen sich gegenseitig ausschließen. Zum Öffnen wird weiterhin abgefragt, ob sich eine Person hinter dem Tor befindet (E3). Sollte das der Fall sein, so darf sich das Tor nicht öffnen lassen.

18. Maschinenvorschub (Bild 5): Werkzeugmaschinen können in unterschiedlichen Betriebsarten gefahren werden.

So kann eine NC-Fräsmaschine in der Betriebsart „FRÄSEN" oder „EINRICHTEN" angesteuert werden.

Die Schaltelemente für beide Betriebsarten befinden sich auf dem Bedienfeld der Maschine.

a) **Betriebsart „FRÄSEN":** Vorschub –MA1 für die X-Achse des Maschinentisches wird betätigt, wenn Fräser (–BP1) gespannt, die Arbeitsspindel (–BS1) läuft und das Kühlschmiermittel (–BF1) eingeschaltet ist. Ein Schutzgitter –BG1 verhindert das Eingreifen in den Zerspanungsprozess. Bei Fräsbetrieb gilt –BG1 = „0".

b) **Betriebsart „EINRICHTEN":** Der Bediener hat Zugriff auf die Maschine, das Schutzgitter ist offen, Spindel und Kühlung sind aus.

Ein Taster START –SF1 setzt beide Vorgänge in Gang.

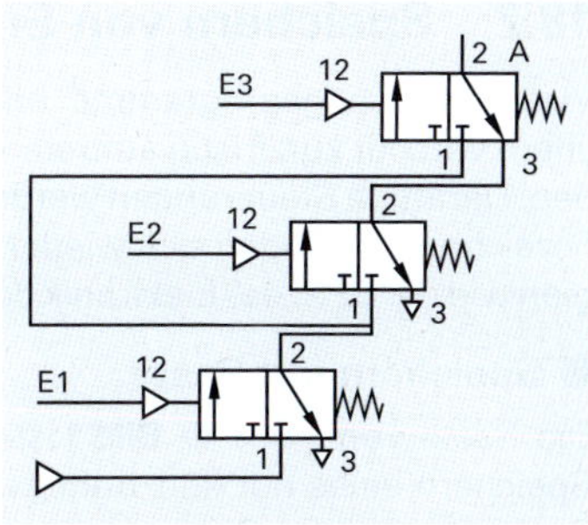

Bild 1: Pneumatikschaltung

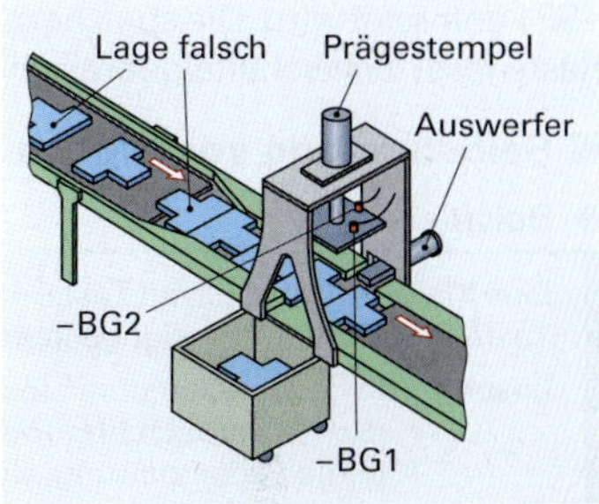

Bild 2: Teilemarkierung

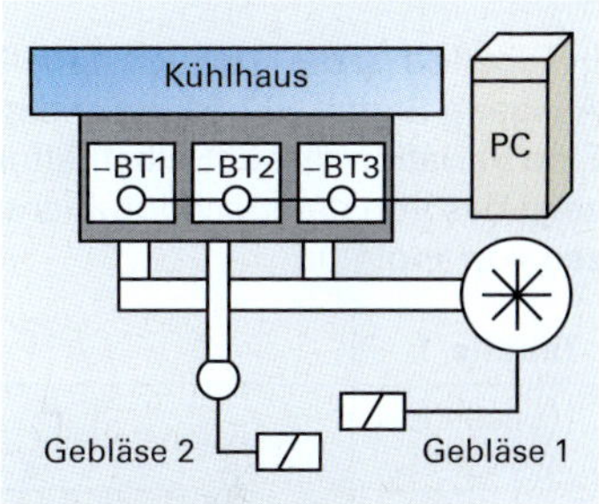

Bild 3: Kühlhaussteuerung

Bild 4: Halleneinfahrt

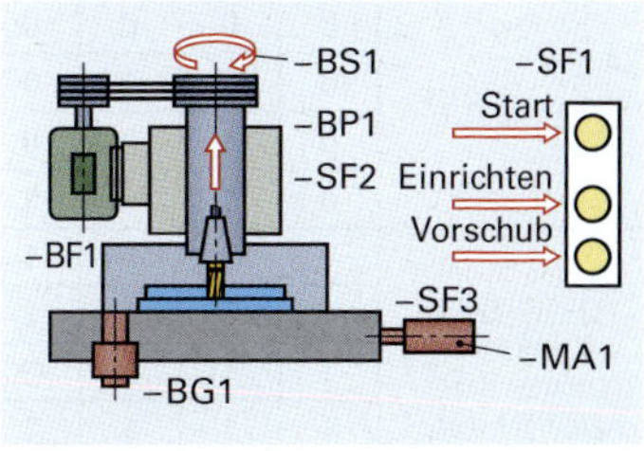

Bild 5: Maschinenvorschub

18.2 Speichern von Signalen

Viele Steuerungsprogramme erfordern das Speichern von nur kurzfristig auftretenden Signalzuständen. Derartige Steuerungen werden als Schaltwerke bezeichnet, sie finden sich wieder in allen Technologien wie der SPS, der Elektronik oder der Pneumatik.

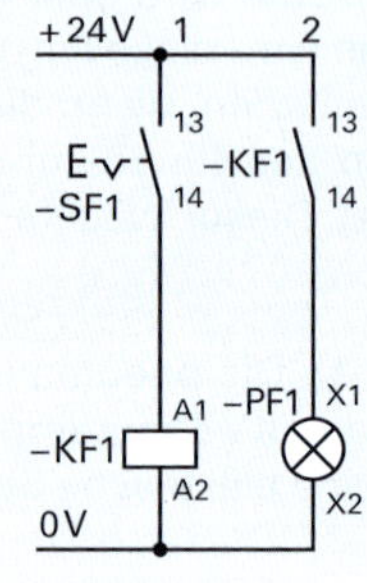

Bild 1: Raste

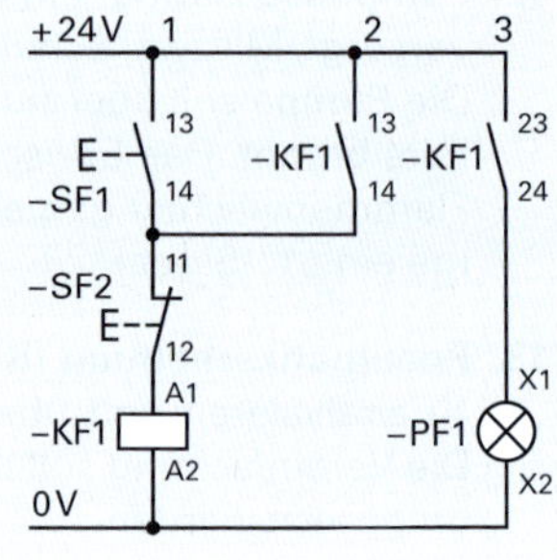

Bild 2: Selbsthaltung

■ Speichern mit Raste

Die Raste von –SF1 in **Bild 1** stellt das einfachste Speichern eines nur kurz auftretenden Signals dar. Die Meldeleuchte –PF1 leuchtet nach Betätigung von –SF1 so lange, bis durch nochmaliges Schalten von –SF1 entrastet wird. Die speichernde Funktion dieser Raste lässt sich schaltalgebraisch nicht beschreiben, sondern nur durch das bauteiltypische Verhalten.

■ Selbsthaltung von Signalen

● Beispiel

Eine Meldeleuchte soll mit Taster –SF1 eingeschaltet und mit einem Taster –SF2 ausgeschaltet werden können. Beide Taster gleichzeitig betätigt bedeutet, dass die Leuchte Signal „0" hat. –SF2 (AUS) ist drahtbruchsicher auszuführen.

Lösung: In der Relaistechnik löst man das Problem mit einer Selbsthalteschaltung, wie in **Bild 2**. Über –SF1 (Schließer) schaltet man ein (setzen = set). Das Relais zieht an und geht über –KF1 im 2. Strompfad in die Selbsthaltung, die Leuchte –PF1 in Strompfad 3 hat Spannung. Beim Loslassen von –SF1 wird der unterbrochene Strompfad 1 durch den 2. Strompfad gehalten. Mit Betätigen von –SF2 (Öffner) bricht die Selbsthaltung zusammen, –KF1 fällt ab und –PF1 ist ausgeschaltet (rücksetzen = reset).

In **Tabelle 1** ist die Funktionstabelle gezeigt. In der letzten Zeile erhält man bei Betätigung von E1 und E2 am Ausgang Signal „0". Man spricht in diesem Fall von einer Löschdominanz[1] oder „Rücksetzen vorrangig". Eine Variation dieser Selbsthaltung ist im 2. Teil der Tabelle gezeigt. Die letzte Zeile der Funktionstabelle zeigt das von der löschdominanten Selbsthaltung unterschiedliche Verhalten einer Setzdominanz („Setzen vorrangig").

Tabelle 1:

Speicher-Löschdominanz

Funktionsgleichung	A_n	E2	E1	A_{n+1}
$A_{n+1} = (E1 \vee A_n) \wedge \overline{E2}$	0	0	0	**0**
	0	0	1	**1**
	0	1	0	**0**
	0	1	1	**0**
A_n und A_{n+1} gibt Signalzustand vor und nach erneuter Signaleingabe an.	1	0	0	**1**
	1	0	1	**1**
	1	1	0	**0**
	1	1	1	**0**

Funktionsplan

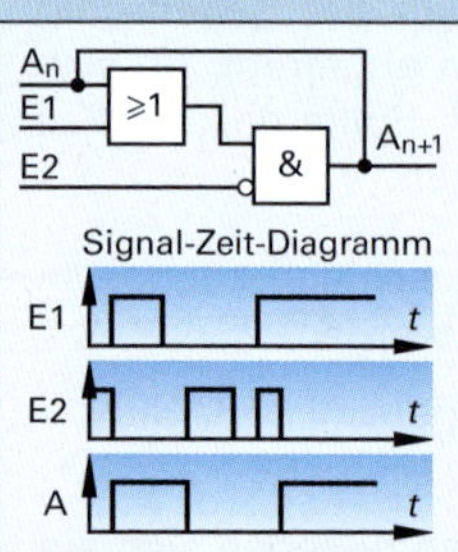

Pneumatik

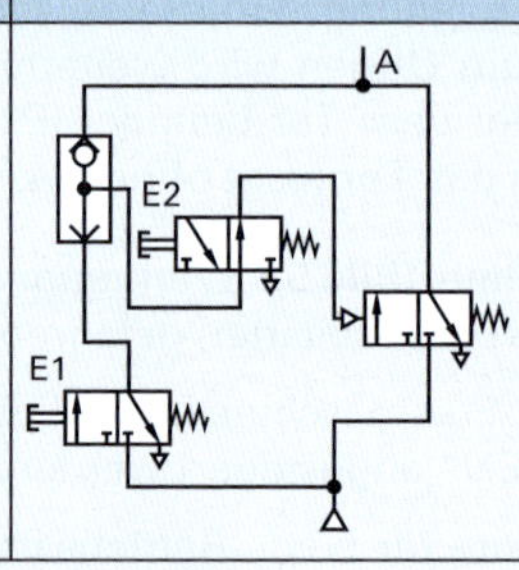

Elektrik

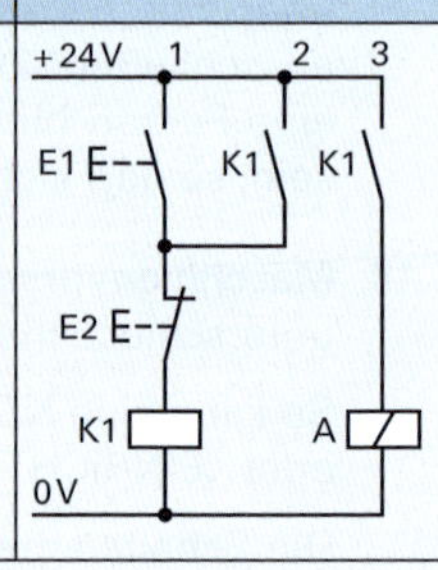

Speicher-Setzdominanz

Funktionsgleichung	A_n	E2	E1	A_{n+1}
$A_{n+1} = (E1 \vee A_n) \wedge \overline{E2}$	0	0	0	**0**
	0	0	1	**1**
	0	1	0	**0**
	0	1	1	**1**
A_n und A_{n+1} gibt Signalzustand vor und nach erneuter Signaleingabe an.	1	0	0	**1**
	1	0	1	**1**
	1	1	0	**0**
	1	1	1	**1**

Funktionsplan

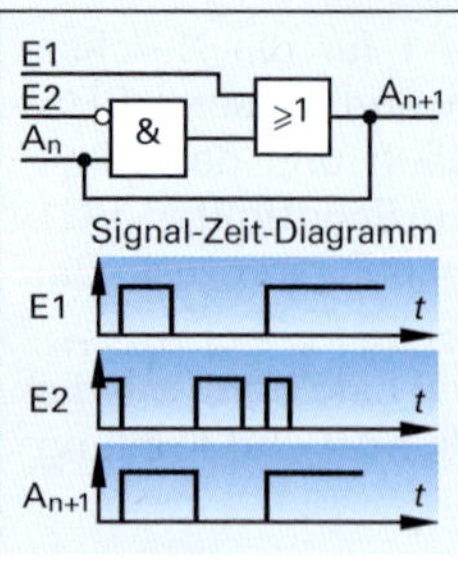

Pneumatik

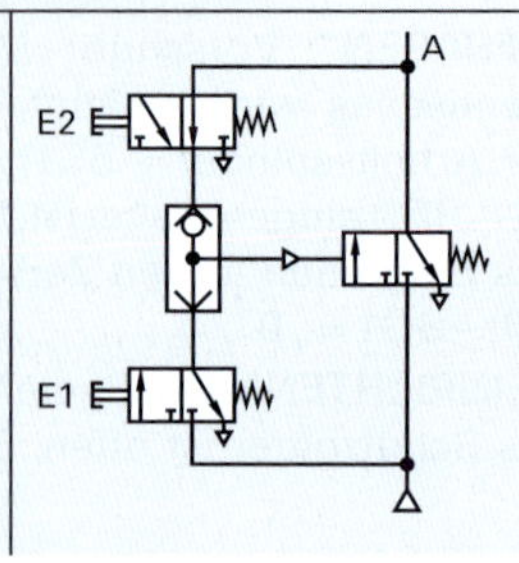

Elektrik

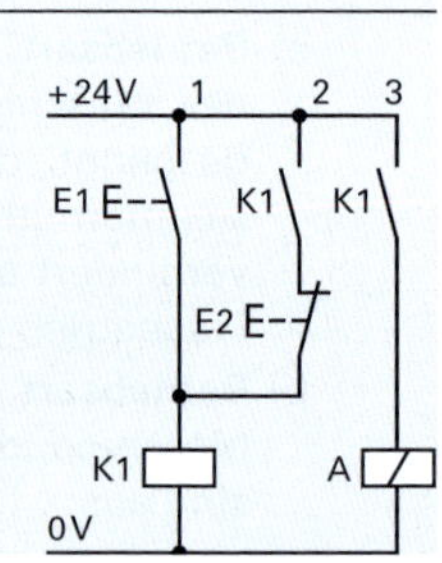

1 dominare (lat.) herrschen 2 reset (engl.) zurücksetzen

Aufgaben Speichern von Sinalen

1. **Signal-Zeit-Diagramm:** Welche Art von Selbsthalteschaltung zeigt **Bild 1**?

   Was bedeuten S und R?

   Die Schaltung ist mit NOR-Elementen aufzubauen.

2. **Beleuchtungsanlage:** Eine Halle soll mit einer langen Reihe von Halogenlampen erhellt werden. Die Anlage ist von drei getrennten Stellen aus ein- und ausschaltbar. An den drei Schaltstellen stehen dazu je ein EIN- und ein AUS-Taster zur Verfügung.

   Zunächst ist eine Zuordnungsliste wie in **Bild 2** zu erstellen. Als Lösung ist ein Funktionsplan vorgesehen.

3. **Speicherverriegelung:** Elektromotoren lassen sich im Links- als auch im Rechtslauf steuern. **Bild 3** zeigt die Definition eines Rechtslaufes. Damit der Motor nicht beide Steuerimpulse für Linkslauf (A1) und Rechtslauf (A2) gleichzeitig bekommt, sollen diese sich gegenseitig ausschalten. Man spricht von einer Verriegelung.

   Für den Links- und den Rechtslauf werden jeweils dominierend löschende Selbsthaltungen (Speicher) vorgesehen. Ein entsprechender Funktionsplan soll erstellt werden.

4. **Aluminiumtanks (Bild 4):** Drei Vorratsbehälter in einer Molkerei sind mit Sensoren ausgestattet, die den Füllstand anzeigen. E1, E3, E5 melden VOLL-, die Sensoren E2, E4 und E6 zeigen LEER-Stände an.

   Die Ventilöffnung zur Entnahme der Milch kann per Hand oder über eine automatisierte Ansteuerung erfolgen, soll aber nicht Teil der Steuerungsaufgabe werden.

   Die drei ansteuerbaren Ausgänge A1, A2 und A3 starten das Befüllen der Tanks. Die Befüllung startet mit „LEER-Stand"-Anzeige. Es kann immer nur ein Tank neu befüllt werden. Die Befüllungszeit endet mit „VOLL-Stand". Hierfür soll eine Zuordnungsliste und eine Schaltung im Funktionsplan erstellt werden.

5. **Paketförderanlage (Bild 5):** Ein System aus drei hintereinander laufenden Beförderungsbändern bringt Pakete zu einem Sammelbehälter. Jedes dieser drei Bänder wird elektromotorisch über –MA1, –MA2 und –MA3 angesteuert. An jedem der drei Bänder befinden sich je ein EIN- und ein AUS-Taster.

   Für das Betreiben der Anlage ist eine geeignete Abfolge in Form eines Funktionsplanes zu programmieren, damit es zu keinen Stauungen an den einzelnen Bändern kommt.

   a) **EIN-Betrieb:** Beim Starten des ersten Bandes ist vorausgesetzt, dass das zweite Band bereits läuft, dieses zweite Band darf aber erst laufen, wenn das dritte Band bereits in Funktion ist.

   b) **AUS-Betrieb:** Er erfolgt in umgekehrter Reihenfolge, also Band 3 wird abgeschaltet, wenn Band 2 steht, und dieses wiederum erst, wenn das Band 1 außer Funktion gesetzt ist.

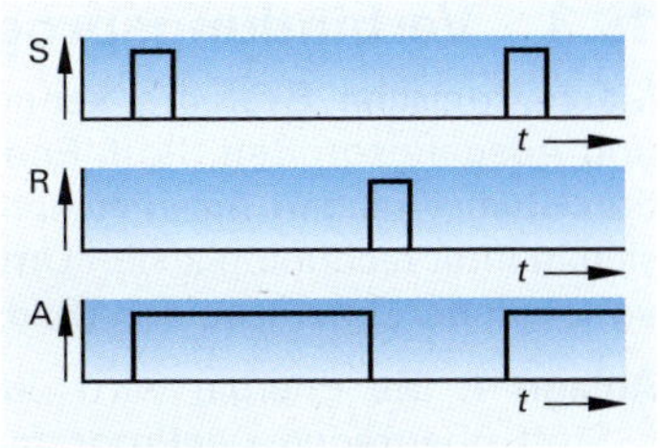

Bild 1: Signal-Zeit-Diagramm

Eingänge	Betriebsmittel	Kommentar
E1	–SF1	E1 = 1 gedrückt EIN
E2	–SF2	E2 = 1 gedrückt AUS

Bild 2: Zuordnungsliste

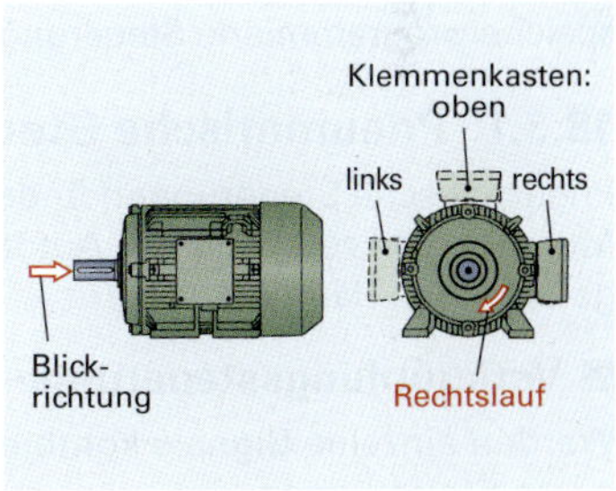

Bild 3: Rechtslauf

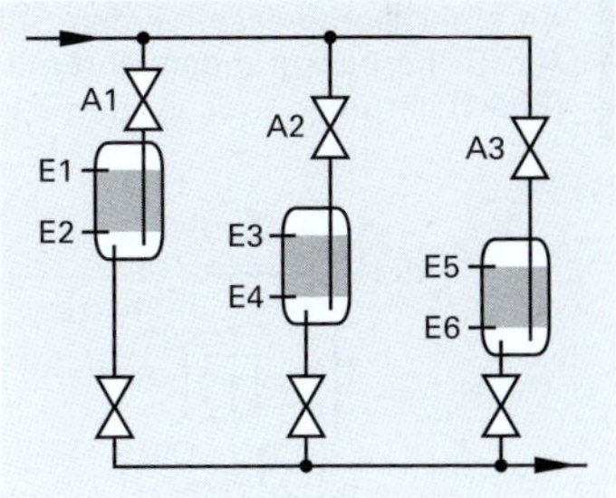

Bild 4: Aluminiumtanks

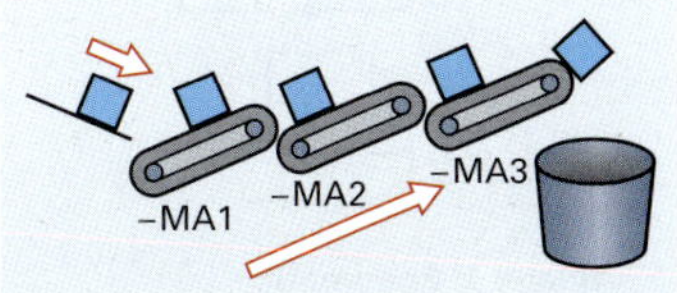

Bild 5: Paketförderanlage

18.3 Verbindungsprogrammierte Steuerungen: VPS

Mechatronische Systeme kennen die Eingangs- und Ausgangsgrößen Stoff, Energie und Information. Zwei Anlagen mit gleicher Funktion können sich in ihrer technologischen Umsetzung erheblich voneinander unterscheiden **(Bild 2)**.

Anlage 1: Die Energie wird durch die Druckluft (= Stoff) übertragen. Der Programmablauf mit spezifischer Steuerungslogik (= Information) wird durch typische pneumatische Bauelemente und deren Verschlauchung umgesetzt. Eine Programmänderung erfordert einen Umbau und Neuverschlauchung der Anlage. Eine derartige Technik bezeichnet man als **v**erbindungs**p**rogrammierte **S**teuerung (VPS).

Alle elektrischen, elektronischen oder hydraulischen Steuerungen können als VPS ausgeführt werden.

Anlage 2: Der Pneumatik verbleibt nur noch die Aufgabe die Energie zu übertragen (= pneumatischer Leistungsteil). Signalelemente und Magnetventile werden an die Baugruppen einer SPS angeklemmt. Die Steuerungslogik wird softwaremäßig gelöst, sodass Umprogrammierungen möglich sind, ohne die Verdrahtung zu ändern. Erweiterungen sind ebenfalls meist ohne großen Aufwand möglich. Solche Steuerungen werden als **s**peicher**p**rogrammierte **S**teuerungen (SPS) bezeichnet. Weitere Merkmale sind der **Tabelle 1** zu entnehmen.

Tabelle 1: Steuerungskonzepte

Art		Beispiel
Verbindungs-programmiert **VPS**	fest programmierbar	Relaissteuerung
	unprogrammierbar	Programmsteuerung mit Steckerfeld
Speicherprogrammiert **SPS** engl. Programmable Logic Controller **PLC**	austauschprogrammierbar	SPS mit EPROM[1]
	frei programmierbar	SPS mit EEPROM[2] oder mit RAM[3]

1 EPROM von Erasable Programmable Read Only Memory = löschbarer Nur-Lese-Speicher
2 EEPROM von Electrically EPROM = elektrisch löschbarer Nur-Lese-Speicher
3 RAM von Random Access Memory = Speicher mit wahlfreiem Zugriff

18.3.1 Pneumatische Steuerungen

Pneumatische Steuerungen finden Einsatz an Fördermitteln, im Bereich Montagewerkzeuge, in der Automobilindustrie speziell auch an automa gefährdeten Räumen usw.

Verknüpfungssteuerungen

Werden einzelne Signale kombiniert, über UND-, ODER-Funktionen usw nären Steuerungen.

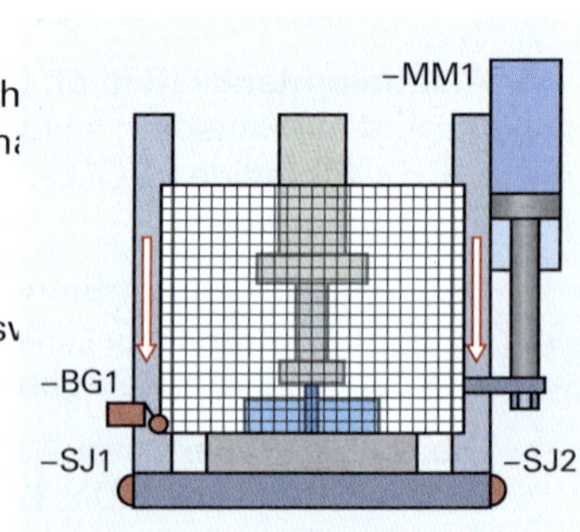

Bild 1: Schutzgitter für Dornpresse

Beispiel

An einer Dornpresse werden Stifte in einen Grundkörper eingepresst. Aus Sicherheitsgründen fährt mit einem Linearschlitten ein Schutzgitter **(Bild 1)** herunter, welches den Zugang in die Anlage verhindert.

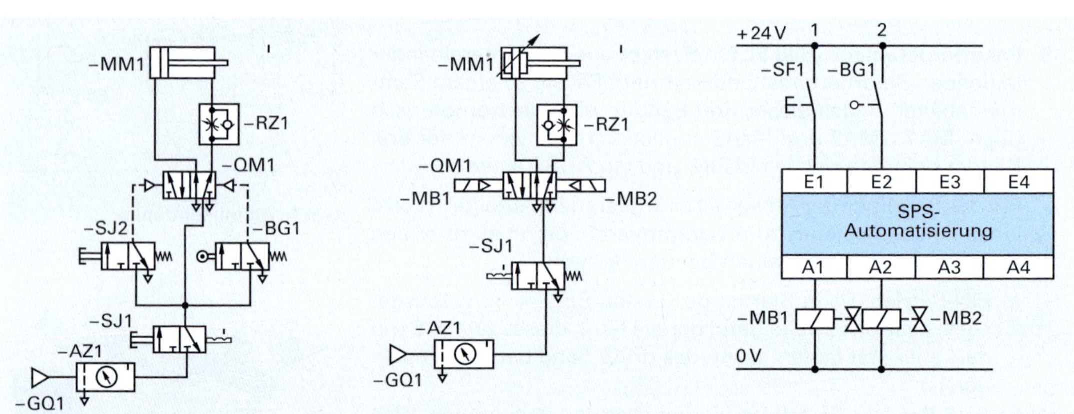

Anlage 1: Pneumatik **Anlage 2: E-Pneumatik mit SPS**

Bild 2: Vergleich VPS – SPS

Es soll der Steuerungsteil für das Absenken des Schlittens erstellt werden. Als Arbeitselement ist ein doppelt wirkender Zylinder im Einsatz, der mit geringem Vorschub ausfährt. Die beiden Handtaster -SJ1 und -SJ2 müssen gleichzeitig (in einem Abstand von höchstens 0,5 s Unterschied) betätigt werden, ansonsten ist die Anlage nicht zu starten.

Wird einer der beiden Handtaster losgelassen, fährt der Pressendorn sofort zurück. Ein erneutes Ausfahren ist nur möglich, wenn auch der zweite Handtaster losgelassen und beide Handtaster wiederum gleichzeitig betätigt werden.

Lösung:

Bei der Anlage kommen die Sicherheitsbestimmungen der Norm DIN EN ISO 13849 zur Anwendung. Es wird daher eine Zweihand-Sicherheitsschaltung eingesetzt. Über eine UND- und eine ODER-Verknüpfung sowie die Möglichkeit der zeitgesteuerten Verriegelung der beiden Handtaster -SJ1 und -SJ2 gelingt der geforderte Ablauf. Als Stellglied für den Arbeitszylinder wird ein 5/2 Wegeventil **(Bild 1)** verwendet. Der Impuls 14 wird so lange über die UND-Verknüpfung gesetzt, bis einer der beiden Handtaster losgelassen wird. Die Rückstellfeder bringt das Stellelement wieder in die Schaltstellung b, die als stabil bezeichnet wird. Das Stellelement ist **monostabil**.

Bild 2 zeigt die pneumatische Gesamtlösung. Das Schnellentlüftungsventil -RM1 garantiert ein schnelles Umschalten von -QM2, sodass der Zylinder sofort zurückfahren kann.

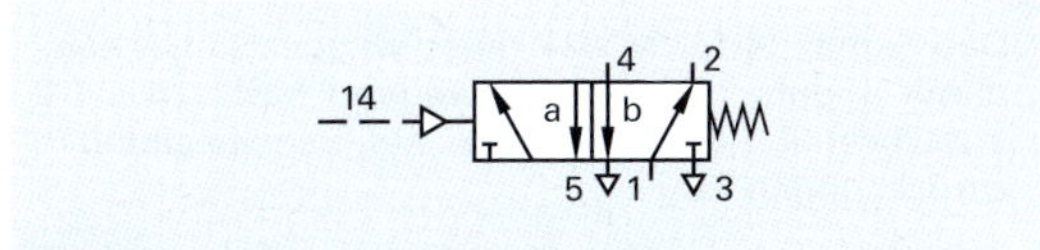

Bild 1: 5/2 Wegeventil – monostabil

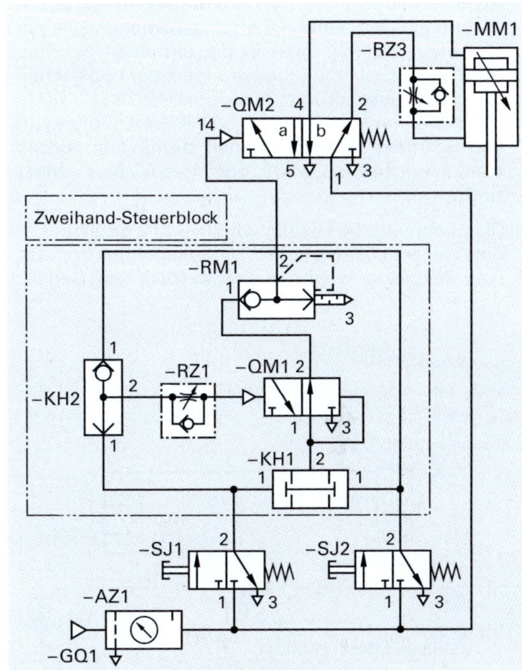

Bild 2: Zweihand-Sicherheitsschaltung

Ablaufsteuerungen

Im Unterschied zu Verknüpfungssteuerungen ist bei Ablaufsteuerungen eine exakte Reihenfolge der Ablaufschritte einzuhalten. Das Weiterschalten von einem zum anderen Schritt erfolgt prozess- oder zeitgesteuert.

Beispiel

Auf einer Rollenbahn kommen Pakete **(Bild 3)** angefahren und treffen auf einen Anschlag, der über eine Tastrolle -BG5 abgefragt wird. Ein doppelt wirkender Hubzylinder hebt die Pakete hoch. Ein gleich gebauter Verschiebezylinder fährt die Pakete auf eine höher gelegene Rollenbahn zum Weiterbefördern. Dazu soll eine pneumatische Steuerung entwickelt werden.

Lösung:

Zur Analyse einer derartigen Schaltung bringt die Gruppenbildung wichtige Erkenntnisse.

Ablaufbeschreibung: |MM1+ MM2+| |MM2– MM1–|

Gruppe I Gruppe II

Plus steht für Ausfahren, Minus für Einfahren der Arbeitselemente. Werden bistabile Stellelemente **(Bild 4)** verwendet, so können bei diesem Ablauf Signalüberschneidungen auftreten. Dies kann man am Übergang von Gruppe I auf II erkennen. Dort steht jeweils derselbe Aktor -MM2 in unterschiedlicher Bewegungsrichtung, der das gleiche Stellelement nutzt. Signal 14 und 12 treten gleichzeitig auf.

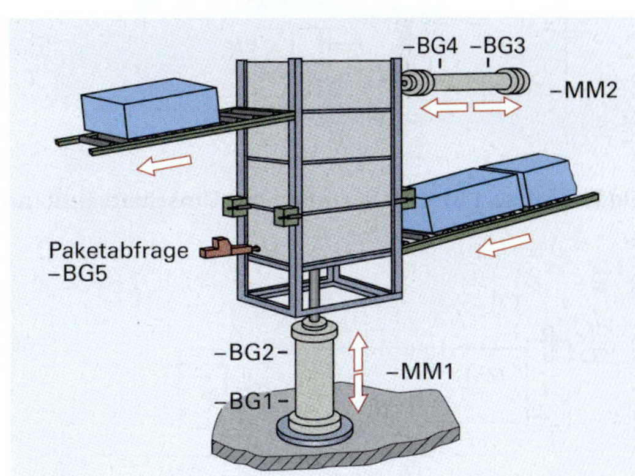

Bild 3: Paket-Hebestation

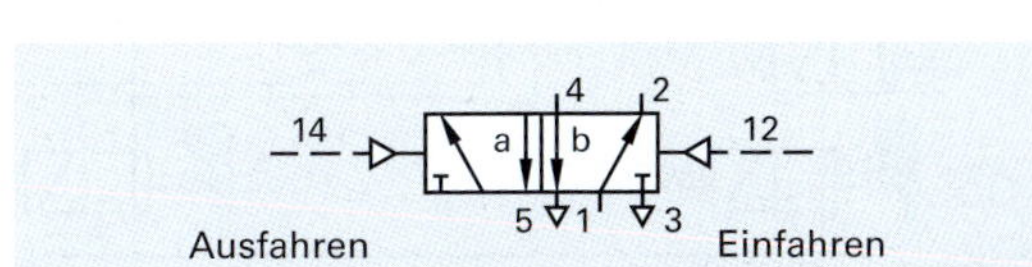

Bild 4: Impulsventil – bistabiles Stellelement für -MM2

18

Das Signal 14 für MM2+ muss weggeschaltet sein, damit Impuls 12 für die Bewegung MM2– das 5/2 Impulsventil zum Umsteuern auf Schaltstellung b zurückbringen kann.

Eine Beschreibung des Ablaufes ist auch über einen Funktionsplan, einem Grafcet nach DIN EN 60848, möglich **(Bild 1)**. Darin werden nach Ingangsetzen des Ablaufes (= Initialisierung) die einzelnen Ablaufschritte gezeigt. Mit einer Übergangsbedingung, einer Transition, gelangt man in die einzelnen Schritte. Die Transitionsbedingung wird mit einer booleschen Gleichung ausgedrückt: Transition (1): –SJ1 · –BG1 · –BG5. Der Punkt steht für eine UND-Verknüpfung. In den Schritten können Aktionen stattfinden, welche kontinuierlich z.B. –MM2 oder gespeichert –MM1 sind.

Die pneumatische Lösung wird in **Bild 2** gezeigt. Eine weitere Lösung, bei der die anliegenden Impulse über Zeitglieder weggeschaltet werden, zeigt **Bild 3**.

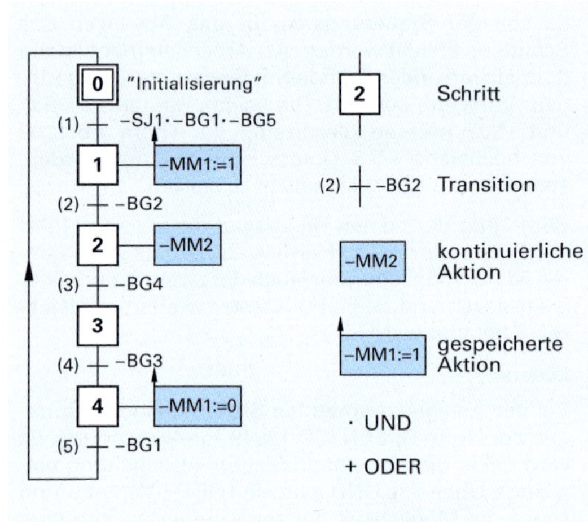

Bild 1: Funktionsplan-Grafcet DIN EN 60848

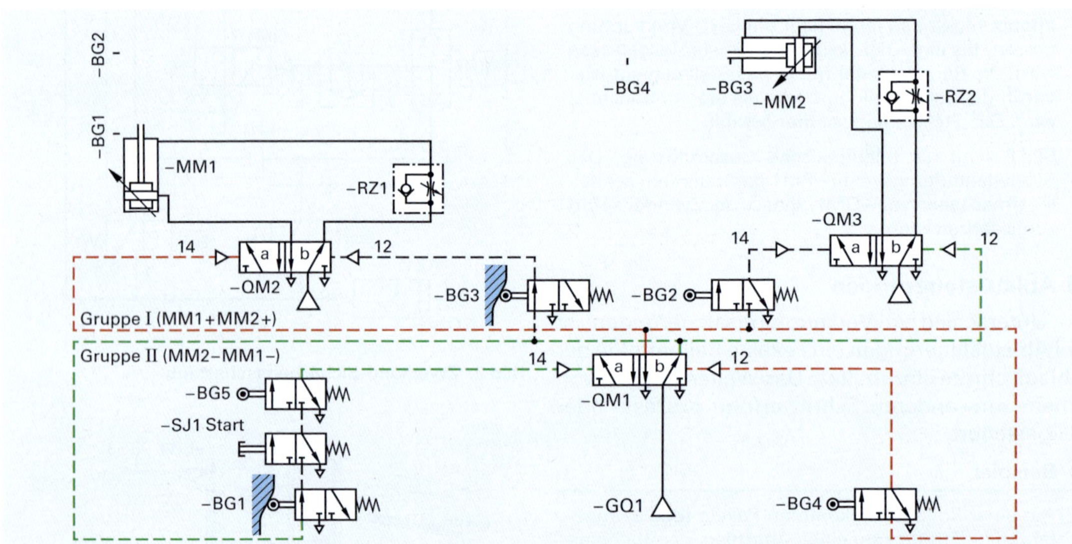

Bild 2: Lösung Paket-Hebestation mit Umschaltventil (prozessgesteuert)

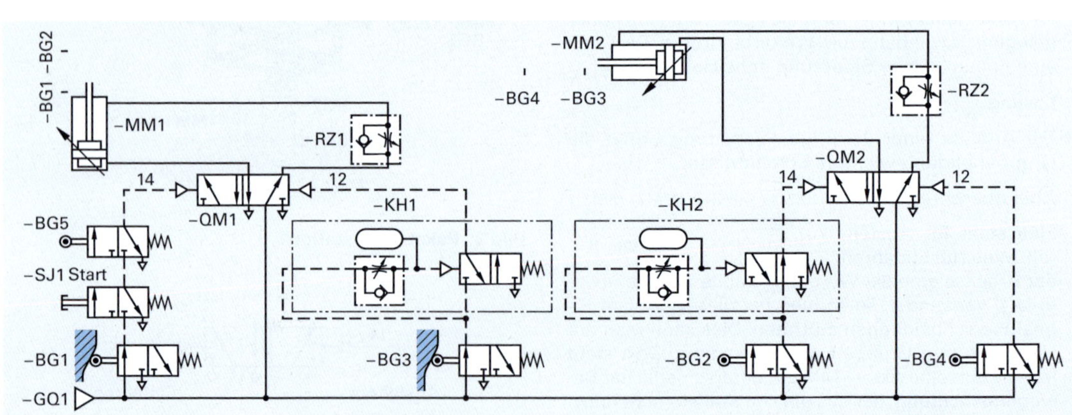

Bild 3: Lösung Paket-Hebestation mit Zeitgliedern

Aufgaben Pneumatische Steuerung

1. **Wegsteuerung:** Die Kolbenstange eines doppelt wirkenden Zylinders soll nach einem Startsignal im Wechsel gedrosselt aus- und mit größtmöglicher Geschwindigkeit einfahren. Durch das Abschalten der Steuerung bleibt der Zylinder eingefahren stehen. Dazu soll eine Pneumatikschaltung gezeichnet werden.

2. **Zeitabhängige Steuerung:** Eine pneumatische Schaltung ist zu erstellen, bei der der Kolben eines doppelt wirkenden Zylinders nach einem Startsignal ausfährt. Nach t = 3 s fährt er wieder ein und wiederum zeitgesteuert aus. Der Vorgang erfolgt im Wechsel bis zum Stopp der Anlage. Der Kolben befindet sich wieder in der hinteren Endlage.

3. **Einpresszylinder (Bild 1):** In einen vorgegebenen Rahmen werden Plaketten eingepresst. Der Pressenstempel wird von einem doppelt wirkenden Zylinder angetrieben. Der Pressvorgang ist beendet, wenn die vordere Endlage, durch ein Signalelement mit Tastrollenhebel abgefragt, und ein voreingestellter Druckwert erreicht werden. Der Druck wird durch ein Manometer angezeigt. Dann fährt der Pressenstempel automatisch wieder in die hintere Endlage zurück. Dazu wird eine Pneumatikschaltung gewünscht.

4. **Ablaufschaltplan für zwei Aktoren (Bild 2):** Für eine pneumatische Steuerung ist zu entscheiden, ob die Endlagen über Tastrollen abgefragt werden können. Dazu sind die Gruppenbildung und ein Funktionsplan nach Grafcet zu entwickeln.

   Weiterhin soll die Anlage durch einen Betriebsartenwahlschalter (5/3 Wegeventil mit Raste) erweitert werden, um einen Einzel- als auch Dauerbetrieb zu ermöglichen.

5. **Absägevorrichtung (Bild 3):** An Extrusionsanlagen werden PVC-Hohlprofile erzeugt. Die Endlosrohre sollen in einer pneumatischen Vorrichtung kurzfristig gespannt und auf einer eingestellten Länge abgesägt werden. Der Sägenvorschub soll durch einen doppelt wirkenden Zylinder mit hydraulischem Schleppzylinder erfolgen, um eine konstante Verfahrgeschwindigkeit zu erreichen.

   Die Aufgabe ist vollständig zu dokumentieren (Bauteilliste, Funktionsplan nach Grafcet, Gruppenbildung, pneumatischer Schaltplan).

6. **Schwenkantrieb mit Vakuumsaugdüse (Bild 4):** Ein Schwenkantrieb –MM1 dreht sich nach einem Startsignal zu einer Bearbeitungsstation. Dort fixiert ein Vakuumsauger die Teile mittels Unterdruck. Ist der Unterdruck vorhanden (Druckschalter –BP1), schwenkt der Arm zurück. Nach Erreichen der Endlage –BG1 wird das Teil losgelassen.

   Die Aufgabe ist vollständig zu dokumentieren wie in Aufgabe 5. Der Ejektor –GS1 zur Unterdruckerzeugung soll mit einem monostabilen Stellelement angesteuert werden. Ein Filter in der Vakuumleitung verhindert das Ansaugen von Staubteilchen.

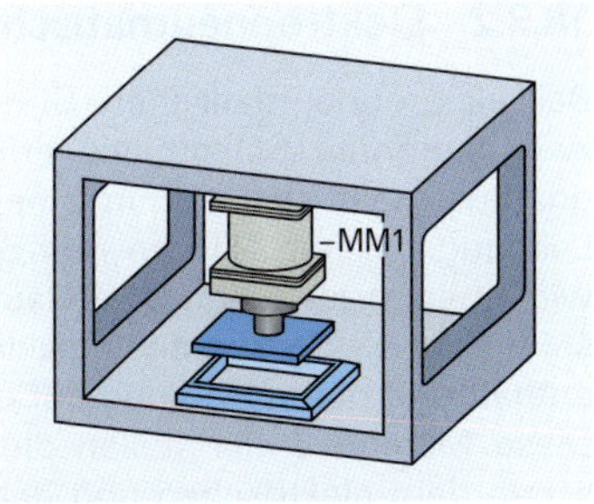

Bild 1: Einpresszylinder

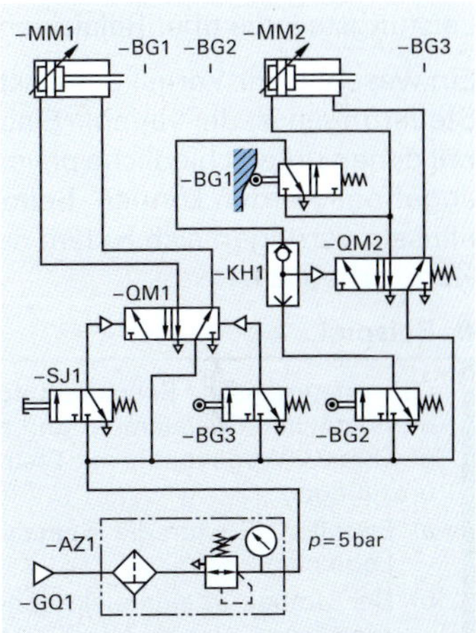

Bild 2: Ablaufschaltplan für zwei Aktoren

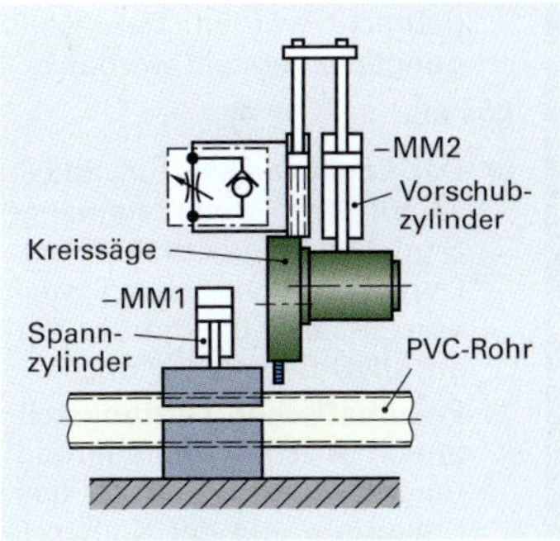

Bild 3: Absägevorrichtung

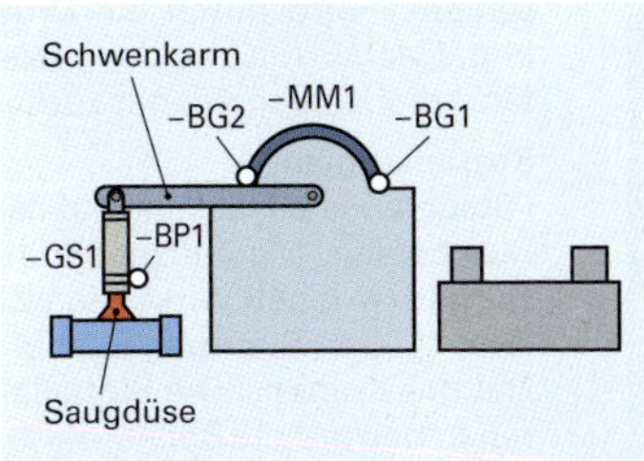

Bild 4: Schwenkantrieb mit Vakuumsaugdüse

18

18.3.2 Elektropneumatische Steuerungen

Bei elektropneumatischen Steuerungen werden zwei getrennte Schaltpläne erforderlich. Der Signalfluss teilt sich auf in einen pneumatischen Leistungsteil mit Aktoren und Stellelementen sowie einen elektrischen Stromlaufplan, der im Wesentlichen die Steuerungslogik der Signalelemente enthält und deren Wirkung auf die Magnetventile. Diese Magnetventile stellen die Verbindung zwischen dem elektrischen und dem pneumatischen Schaltungsteil dar. Im elektrischen Teil unterscheidet man außerdem einen Steuerungs- und einen Leistungsteil, die über Relais verbunden sind.

Ein wesentlicher Vorteil der elektropneumatischen Steuerungen ist der variable Einsatz von Sensoren, mit denen unterschiedliche physikalische Zustände abgefragt werden können. Beim Einsatz von Ventilinseln verringert sich zudem der Installationsaufwand erheblich.

Beispiel

Eine pneumatische Selbsthaltung **(Bild 1)** mit einem monostabilen Stellelement und der Endlagenabfrage über 3/2 Wegeventile mit Tastrollenbetätigung ist umzubauen.

a) Erstellen Sie für die Signalverarbeitung einen Logikplan.
b) Der Umbau in eine elektropneumatische Steuerung ist zu planen. Hierfür ist eine vollständige Steuerungslösung nötig. Die Endlagen werden über magnetische Näherungsschalter abgefragt.
c) Die Elektrik soll in einem Schaltschrank untergebracht werden. Dazu soll ein Klemmenbelegungsplan erstellt werden.

Lösung:

a) Der **Logikplan** wird in **Bild 2** gezeigt. Ist Impuls 14 auf Stellelement einmal gesetzt, so bleibt das Signal so lange erhalten, bis -BG2 betätigt wird. Durch die Invertierung wechselt Signalzustand von „1" auf „0" und das Verknüpfungsergebnis am UND-Baustein wird „0".
b) **Pneumatischer Leistungsteil (Bild 3)**: Über die pneumatische Vorsteuerung und den Elektromagneten -MB1 schaltet das 5/2 Wegeventil auf Stellung a und der Kolben fährt aus. Durch die pneumatische Vorsteuerung kann die Magnetspule kleiner dimensioniert werden, der Kolbenschieber wird durch die Druckenergie verschoben. Nach Erreichen der vorderen Endlage -BG2 fährt der Kolben wieder zurück.

Stromlaufplan:

I Steuerungsteil (Lösung auf **nächster Seite, Bild 3**): Die beiden Magnetsensoren -BG1 und -BG2 sind am doppelt wirkenden Zylinder angebracht **(Bild 4)**. Der Ringmagnet befindet sich in einer Nut des Kolbens. Die Signalleitungen der Sensoren gehen auf die Relais -KF1 und -KF2. Gestartet wird mit Taster -SF1. In den Strompfaden 5–6 befindet sich wegen des monostabilen Stellelements

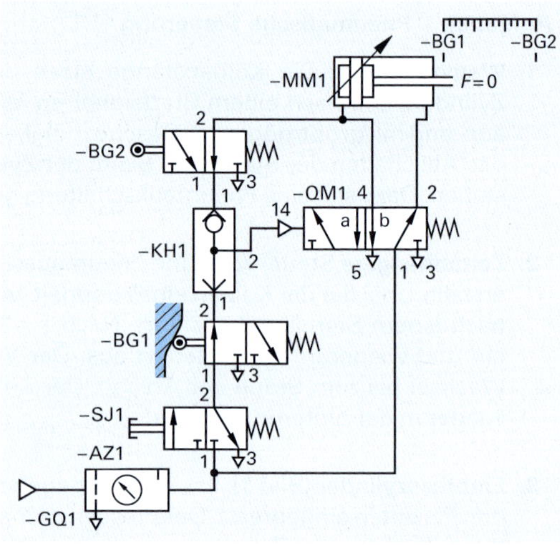

Bild 1: Pneumatische Selbsthaltung (Setzdominanz)

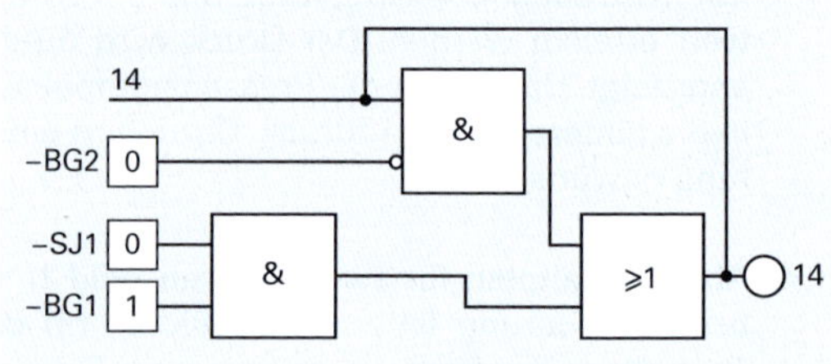

Bild 2: Logikplan

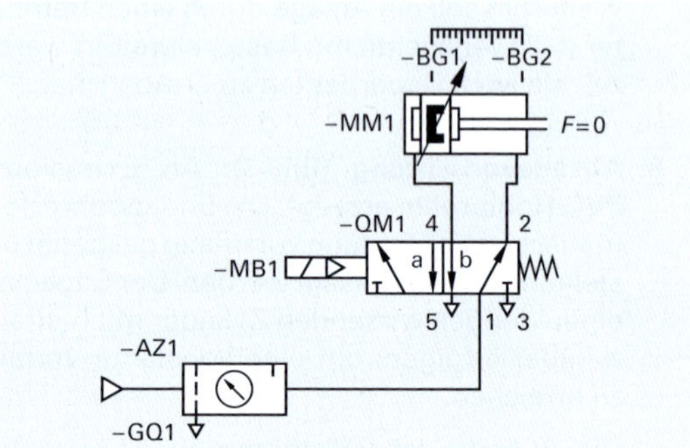

Bild 3: Pneumatischer Leistungsteil

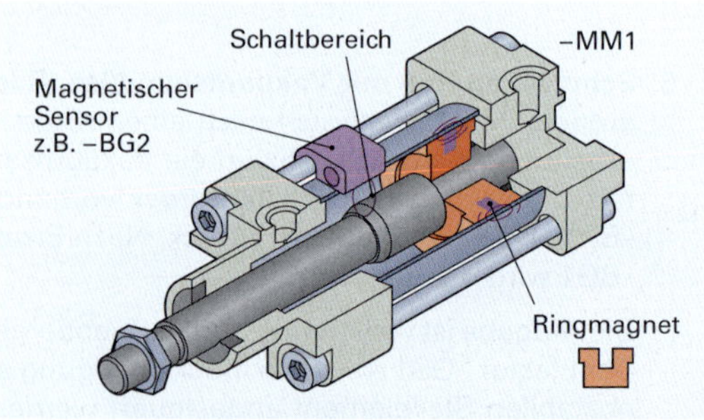

Bild 4: Magnetsensoren am Zylinder -MM1

–QM1 eine elektrische Selbsthaltung mit Setzdominanz wie in der Pneumatik. Die Selbsthaltung wird hier durch einen Öffner von –KF2 zurückgesetzt.

II Leistungsteil: Im Strompfad 7 wird über Schließer von –KF3 der Elektromagnet –MB1 des Stellelementes –QM1 mit Spannung versorgt.

In der vorderen Endlage wird Sensor –BG2 aktiv. Der Öffner –KF2 im Strompfad 6 setzt die Selbsthaltung zurück. –KF3 fällt ab, sodass das Magnetventil –MB1 spannungsfrei wird und das Stellelement über die mechanische Feder in Stellung b zurückfällt. Der Kolben fährt über die Druckenergie in Arbeitsleitung 2 zurück.

c) Im **Bild 1** wird ein Klemmenbelegungsplan gezeigt. Der linke Teil enthält alle externen Bauteile, die zu einem möglichen Schaltschrank führen. Auf der rechten Seite werden die Relaisspulen im Schaltschrank mit ihren Schließern und Öffnern angeschlossen. Zur Erstellung diese Planes beginnt man mit den Bauteilen, die an der 24 V/Plusseite anliegen und fährt mit der 0 V/Minusseite fort. Anschließend geht man die einzelnen Strompfade 1–7 von links nach rechts durch. Klemmen, die eine leitende Verbindung haben müssen, werden überbrückt, z. B. X1 bis X4.

extern: Ziel – Bauteilbezeichnung	extern: Ziel – Anschlussbezeichnung	Verbindungsbrücke	Klemmen-Nr. X	intern: Ziel – Bauteilbezeichnung	intern: Ziel – Anschlussbezeichnung
24 V	+	O	1	–KF3	13
–BG1	+	O	2	–KF3	23
–BG2	+	O	3		
–SF1	13	O	4		
0 V	–	O	5	–KF1	A2
–BG1	–	O	6	–KF2	A2
–BG2	–	O	7	–KF3	A2
–MB1	–	O	8		
–BG1	⎍	O	9	–KF1	A1
–BG2	⎍	O	10	–KF2	A1
–SF1	14	O	11	–KF1	13
–MB1	+	O	12	–KF3	24

Bild 1: Klemmenbelegungsplan

Verbindungen, wie –KF1-14 mit –KF2-12 und –KF3-A1, gehen nicht auf die Klemmleiste, sondern werden direkt von Bauteil zu Bauteil im Schrank verbunden.

Zeitfunktionen in der Elektropneumatik

Im Folgenden werden zwei typische Zeitfunktionen aus der Elektropneumatik gezeigt.

Beispiel 1

Leiterplatten werden mit Oberflächen-Montierbaren-Schaltkreisen (SMD[1]) bestückt. Dazu wird vor der Bestückung ein Kleber aufgetragen. Auf ein Startsignal hin soll sich zum schnelleren Aushärten eine Heizplatte mit Infrarotheizstrahlern mittels eines Pneumatikkolbens **(Bild 2)** langsam absenken.

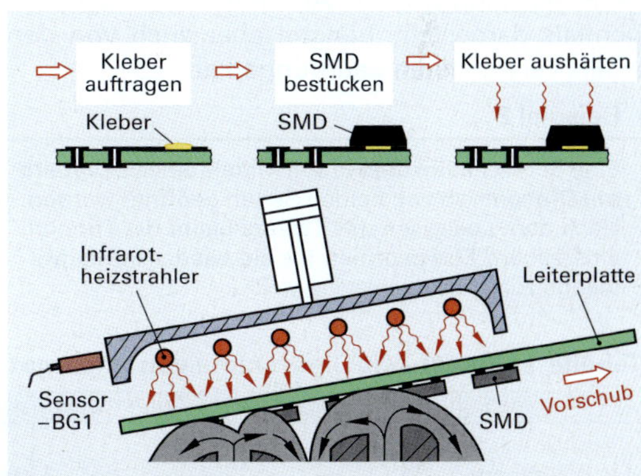

Bild 2: Aushärtung eines Klebers

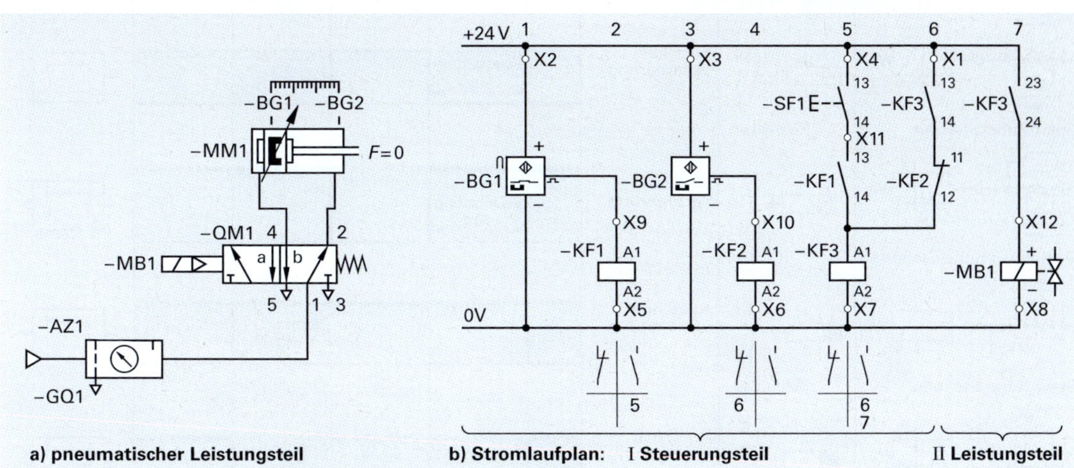

Bild 3: Elektrische Schaltungslösung für den Umbau der Steuerung

1 SMD, Abkürzung für „surface mounted devices"

18

In der Endposition verweilt dieser eine einstellbare Zeit und fährt anschließend selbsttätig in die Grundposition zurück. Dazu ist eine elektropneumatische Lösung zu entwickeln.

Lösung:

Der Kolben des doppelt wirkenden Zylinders -MM1 **(Bild 1)** fährt Abluft gedrosselt aus. Durch Start -SF1 wird die Selbsthaltung gesetzt (= **SET**-Signal). Hat die Vorrichtung ihre Lage erreicht, abgefragt durch einen induktiven Sensor -BG1, wird die Zeitfunktion gestartet. Es handelt sich hier um ein Zeitrelais mit Einschaltverzögerung. Das heißt, erst muss die eingestellte Zeit abgelaufen sein, bevor der zeitbetätigte Öffner -KF2 öffnet. Die Selbsthaltung wird zurückgesetzt (= **RESET**-Signal). Der Kolben fährt mit der Heizplatte zurück. Dadurch fällt das Signal am Näherungssensor ab und der Öffner des Zeitrelais fällt in die Ausgangslage zurück.

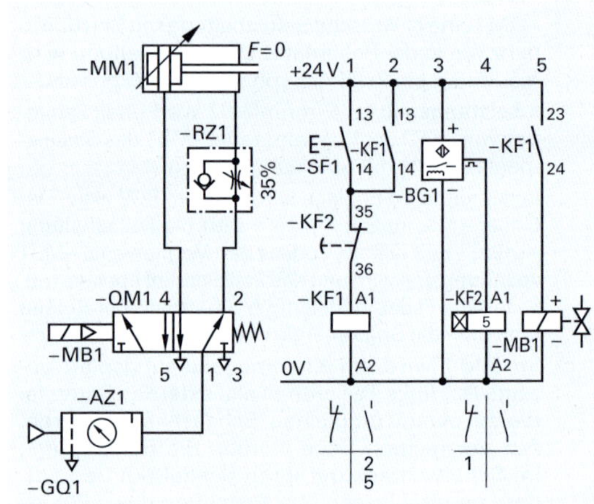

Bild 1: Schaltplan Heizplatte

Das Signalverhalten von Zeitgliedern der Pneumatik und der Elektropneumatik kann aus den Signal- Zeit-Diagrammen der **Tabelle 1** entnommen werden. Für die unterschiedlichen Zeitfunktionen stehen Symbole aus dem Logikplan zur Verfügung. Die Bezeichnungen der Anschlussklemmen sind ebenfalls dargestellt, hängen aber auch von den jeweils verwendeten Baugruppen ab.

Beispiel 2

Eine Schwenktüre **(Bild 2)** soll mittels eines Zylinders mit Drehantrieb von beiden Seiten geöffnet werden. Nach dem Loslassen des Tasters bleibt die Tür eine einstellbare Zeit geöffnet, bis sie wieder in die Mittellage zurückschwenkt.

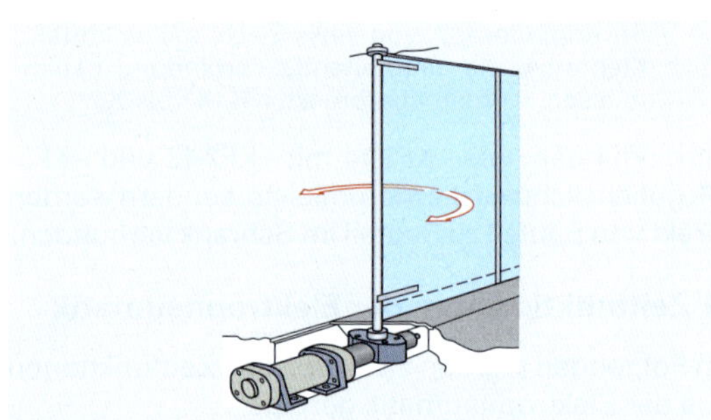

Bild 2: Schwenktüre mit Drehantrieb

Tabelle 1: Signal-Zeit-Diagramme von pneumatischen und elektropneumatischen Zeitfunktionen

Pneumatisch	Elektrisch	Zeitverhalten	t_0 t_1 t_2 t_3	Logikplan
E, a, b, 2, 1, 3	E, 3, 4	E (1 / 0)		1
12, 2, 1, 3 Sperr-Ruhe-Stellung	7, 8 Schließer	Einschalt-verzögerung A (1 / 0)	Verzögerung 10 s	t 0
12, 2, 1, 3 Durchfluss-Ruhe-Stellung	5, 6 Öffner	Einschalt-verzögerung A (1 / 0)	Verzögerung 10 s	t 0
12, 2, 1, 3 Sperr-Ruhe-Stellung	7, 8 Schließer	Ausschalt-verzögerung A (1 / 0)	Verzögerung 10 s	0 t
12, 2, 1, 3 Durchfluss-Ruhe-Stellung	5, 6 Öffner	Ausschalt-verzögerung A (1 / 0)	Verzögerung 10 s	0 t

Lösung:

Die beiden Türöffner –SF1 und –SF2 werden gegenseitig durch den Einsatz von Öffnern verriegelt, um ein gleichzeitiges Öffnen von beiden Seiten auszuschließen und eine damit mögliche Personengefährdung zu verhindern. Das Zeitrelais –KF1 startet sofort bei Betätigung von –SF1 oder –SF2. Im Strompfad 3 geht sofort der zeitbetätigte Schließer –KF1 zu und fällt erst zurück, wenn –SF1 oder –SF2 nicht mehr betätigt werden und die eingestellte Zeit abgelaufen ist.

Das Schaltverhalten dieser Zeitfunktion lässt sich ebenfalls der **Tabelle 1 der vorhergehenden Seite** entnehmen. **Bild 1** zeigt die gesamte Lösung.

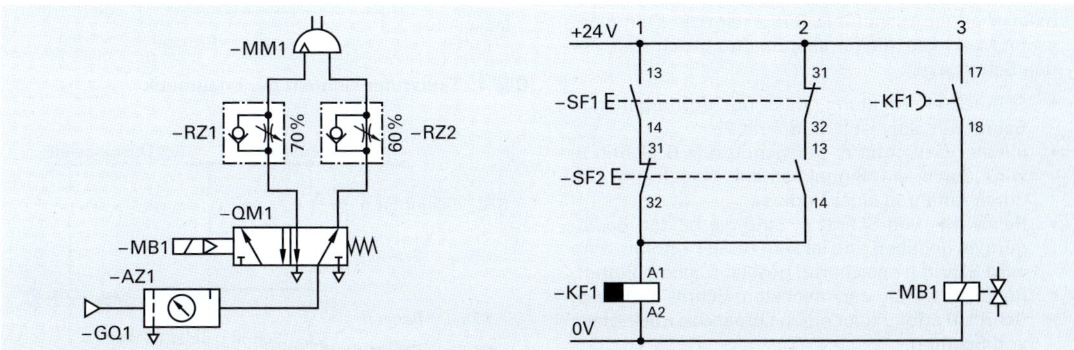

Bild 1: Pneumatischer Leistungsteil und Stromlaufplan für Schwenktürantrieb

Ablaufsteuerungen in der Elektropneumatik

Bewegungsabläufe von einzelnen Aktoren wie in der Pneumatik, wo sie in Form von Schrittketten programmiert werden, gibt es auch in der Elektropneumatik, z. B. als löschende Taktkette.

Beispiel

Über ein Transportband kommen Elektromotoren in einem Träger (Abfrage –BG5) an eine Umsetzstation **(Bild 2)**. An dieser wird über einen doppelt wirkenden Zylinder –MM1 der Werkstückträger abgesenkt. Ein Kolben eines weiteren Zylinders –MM2 schiebt die Gehäuse mit ihrem Träger auf ein fahrerloses Transportfahrzeug (Abfrage –BG6), wo sie zur nächsten Montagestation transportiert werden. Der Verschiebezylinder fährt den Kolben wieder ein und der Hebezylinder fährt seinen Kolben nach oben, um den nächsten Motor und die Rückkehr des Transportfahrzeugs zu erwarten.

Die Aufgabenstellung soll vollständig in einer löschenden Taktkette ausgeführt werden.

Lösung:

Zunächst soll der Bewegungsablauf in Form der Gruppenbildung und durch ein Funktionsdiagramm analysiert werden.

Gruppenschreibung:

–MM1––MM2+	–MM2––MM1+
Gruppe I	Gruppe II

Es ist mit Signalüberschneidungen zwischen Gruppe I und Gruppe II als auch am Gruppenende und Gruppenanfang zu rechnen. Es stehen sich dieselben Aktoren gegenüber: –MM2+ und –MM2– oder –MM1+ und –MM1–.

Der Grafcet zeigt in **Bild 3** den Ablauf in der Umsetzstation. Für die Aktionen werden nicht die Aktoren –MM1 und –MM2 verwendet, sondern die Aktivierung der Magnetspulen. Der Grafcet stellt den Ablauf für 5/2-Wege-Impulsventile dar. Bei monostabilen Stellelementen müsste man gespeicherte Aktionen verwenden.

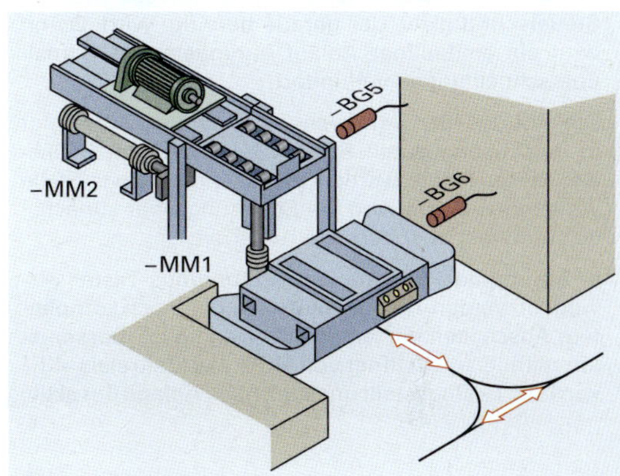

Bild 2: Umsetzstation

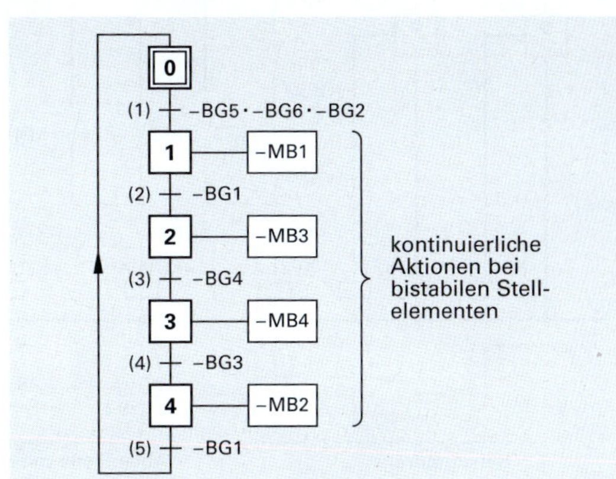

Bild 3: Grafcet für die Umsetzstation

18

Das **Bild 1** zeigt einen Taktstufenbaustein der Pneumatik. Schritt n wird durch Schrittmerker n–1 vorbereitet. Der Initiator für den Schritt n ist hier eine Endlagenabfrage. Der nächste Schritt n+1 löscht Schritt n wieder. Mit diesen Bausteinen lassen sich pneumatische Taktketten einfach aufbauen.

Zeitgemäßer sind elektropneumatische Lösungen.

Die Schritte einer Taktkette werden in einer Selbsthalteschaltung ausgeführt. **Bild 2** zeigt die exemplarischen Merkmale, die für alle Schritte gleich sind. Für den Schritt n gilt:

- Schritt n–1: Meldung, dass der vorhergehende Schritt n–1 aktiv ist (z. B. Schritt 2).
- Initiator für Schritt n: Der Schritt n (z. B. Schritt 3) wird durch ein Signalelement eingeleitet, z. B. durch Anfahren einer Endlage.
- Relais –KF_n von Schritt n: Sind die beiden Bedingungen gegeben und ist kein RESET erfolgt, dann wird Schritt n speichernd gesetzt (Selbsthaltung).
- Reset n: Durch den nächsten Schritt n+1 (z. B. Schritt 4) erfolgt über einen Öffner das Rücksetzen von Schritt n.

Bild 3 zeigt den pneumatischen Leistungsteil, **Bild 4** den gesamten Stromlaufplan der Umsetzstation.

Bei einer Taktstufensteuerung ist jeweils nur der Steuerschritt aktiv, der gerade benötigt wird. Damit wird ein eindeutiger Ablauf garantiert und Signalüberschneidungen verhindert.

Die Abfrage der Sensoren –BG5 und –BG6 erfolgt in der Lösung durch Relais. Die jeweiligen Schließer dieser Relais werden an entsprechender Stelle verwendet. Damit wird die Schaltung zwar zunächst aufwendiger, aber besser strukturiert.

In Strompfad 13 könnte ein Quittierungs-Taster verwendet werden, der für einen Neustart nach komplettem Abschalten der Anlage notwendig ist. Besser ist ein zeitbetätigter Öffner von -KF7. Das Zeitrelais -KF7 wird auf 1 s eingestellt und kurz nach Anlage Ein aktiv.

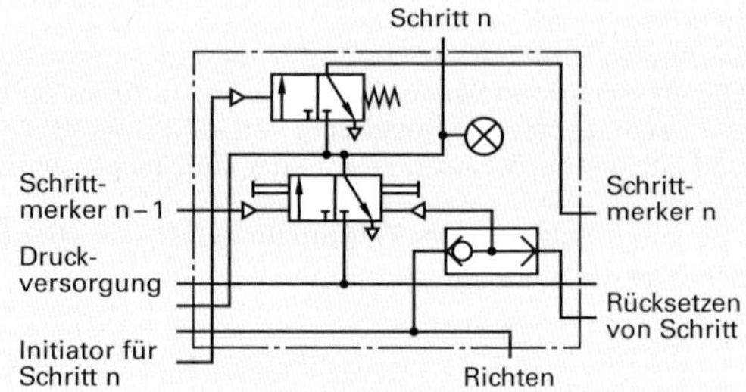

Bild 1: Taktstufenelement der Pneumatik

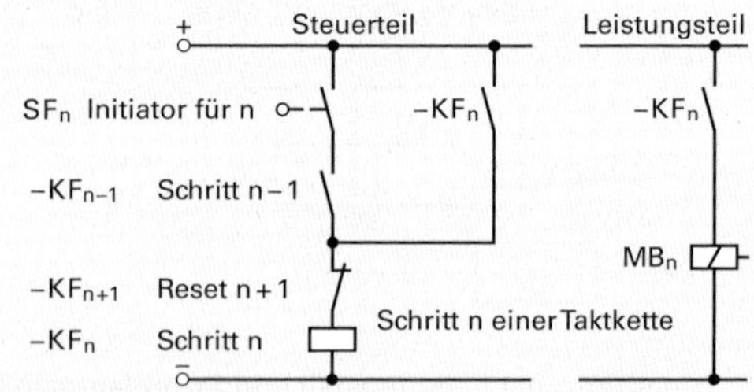

Bild 2: Schritt n in einer Taktkette, z. B. Schritt 3

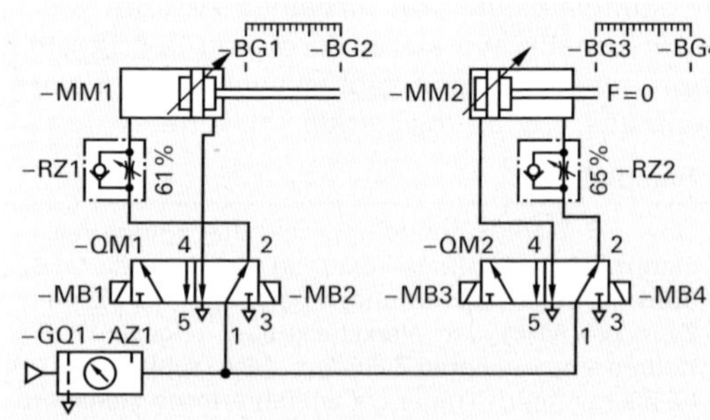

Bild 3: Pneumatischer Leistungsteil

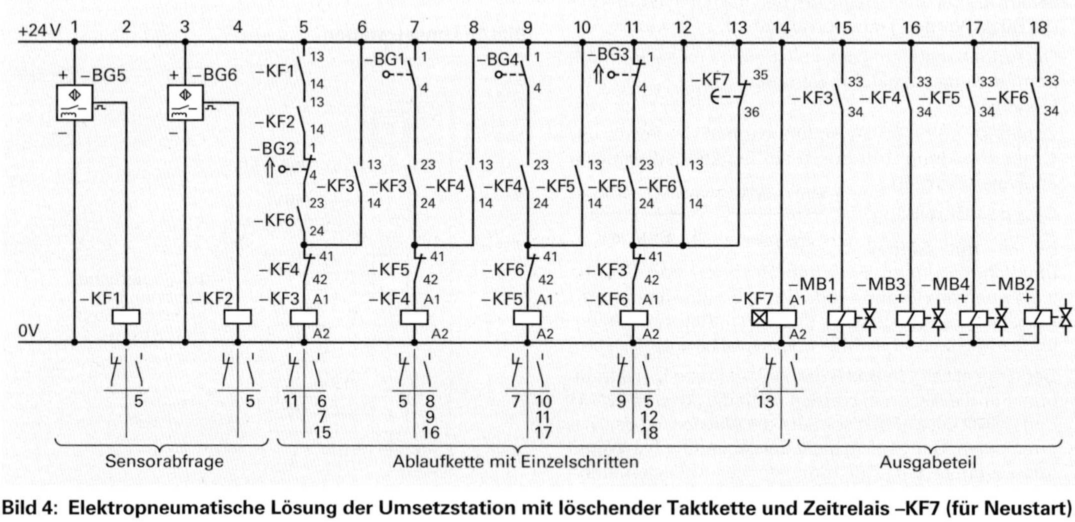

Bild 4: Elektropneumatische Lösung der Umsetzstation mit löschender Taktkette und Zeitrelais –KF7 (für Neustart)

Aufgaben Elektropneumatische Steuerung

1. **Hubeinrichtung (Bild 1):** Ein Hubzylinder (A) darf nur aus seiner hinteren Endlage (E2) ausfahren, wenn ein entsprechendes Werkstück (E3) vorhanden ist und das Startsignal (E1) gegeben wird.

   Aus dem Funktionsplan soll eine Funktionstabelle erstellt werden mit Funktionsgleichungen für Ein- und Ausfahren. Zur elektropneumatischen Lösung soll ein bistabiles Stellelement verwendet werden.

2. **Sinterofen (Bild 2):** Die Türe eines Sinterofens wird durch Betätigung des Tasters –SF1 mit einem doppelt wirkenden Zylinder langsam geöffnet. Nach Beschickung mit den vorgepressten Teilen wird die Türe über –SF2 langsam geschlossen.

   Für die Aufgabe sind eine elektropneumatische Lösung mit monostabilem Stellelement und eine Lösung mit bistabilem Stellelement zu erstellen.

3. **Behälterfüllung (Bild 3):** Die Füllanlage soll von zwei verschiedenen Stellen aus bedient werden können. Über einen der beiden Handschalter öffnet sich der Schieber, bei deren Rückstellung schließt der Schieber das Silo. Zwei Sensoren fragen die genaue Position des Behälters ab.

   a) Zur Planung sind die Funktionsgleichung, die Funktionstabelle und der Funktionsplan zu erstellen.
   b) Eine elektropneumatische Lösung soll dokumentiert werden. Dazu sind eine Bauteileliste sowie Datenblätter für die beiden Sensoren anzufügen.

4. **Kunststoffschweißvorrichtung (Bild 4):** Polyethylenteile werden an einer Vorrichtung durch einen beheizten Stempel pressgeschweißt. Der Stempel wird an einer elektropneumatisch gesteuerten Anlage mit bestimmter Kraft auf die eingespannten Teile gepresst. Die Schweißzeit, die zur Erwärmung der Teile notwendig ist, wird über ein Zeitrelais gesteuert. Während des Schweißvorganges leuchtet eine Kontrollanzeige in der Farbe „ORANGE". Aus Sicherheitsgründen ist ein NOT-AUS-Schalter einzubauen. Bei dessen Betätigung wird die Anlage spannungsfrei geschaltet, der Pressenstempel fährt zurück.

   Zur Beschreibung des Ablaufes ist ein Funktionsplan nach Grafcet erforderlich. Eine elektropneumatische Lösung wird gefordert.

5. **Verkleben von Holzprofilen (Bild 5):** An einer Arbeitsstation pressen drei Pneumatikstempel Holzprofile aufeinander. Nach dreieinhalb Minuten fährt die Anlage selbsttätig in die Grundstellung zurück. Ein alter pneumatischer Schaltplan **(Bild 1 nächste Seite)** zeigt den Ablauf der Anlage.

   a) Die vorhandene pneumatische Anlage soll durch eine elektropneumatische Steuerung ersetzt werden.
   b) Die Anlage ist vollständig mit einem Funktionsplan nach Grafcet, dem elektropneumatischen Schaltplan und einer Bauteileliste zu dokumentieren.

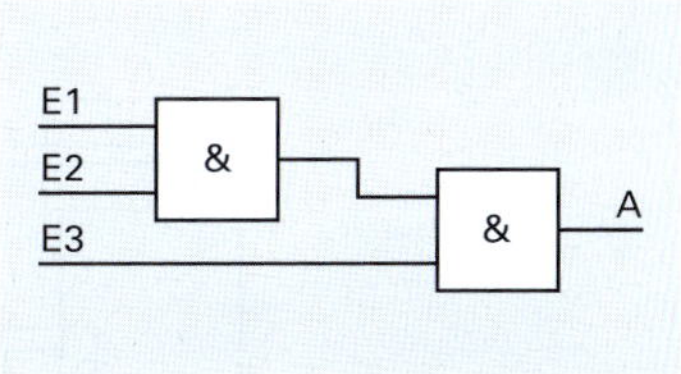

Bild 1: Hubeinrichtung

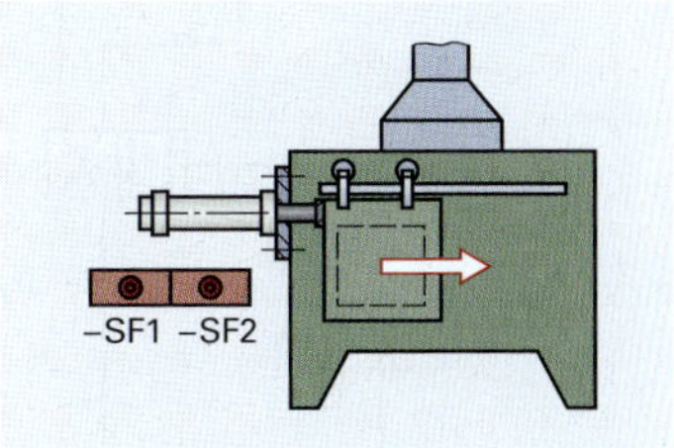

Bild 2: Sinterofen

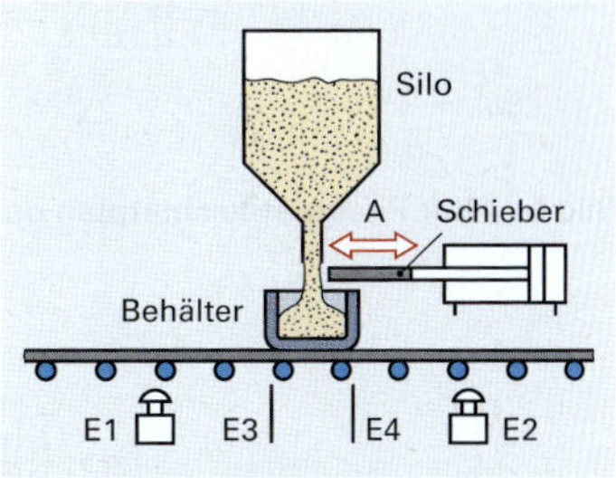

Bild 3: Behälterfüllung

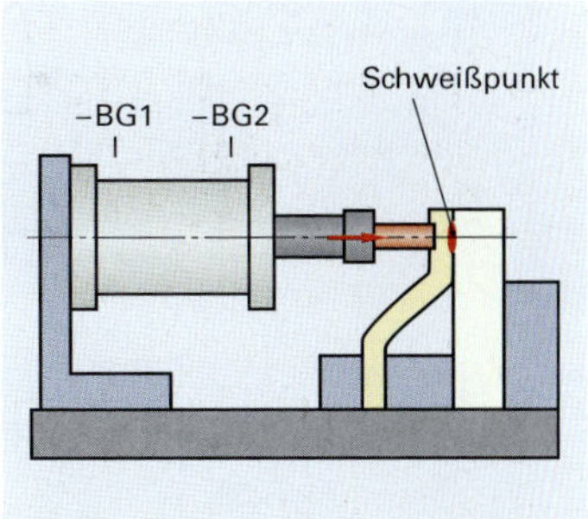

Bild 4: Kunststoffschweißvorrichtung

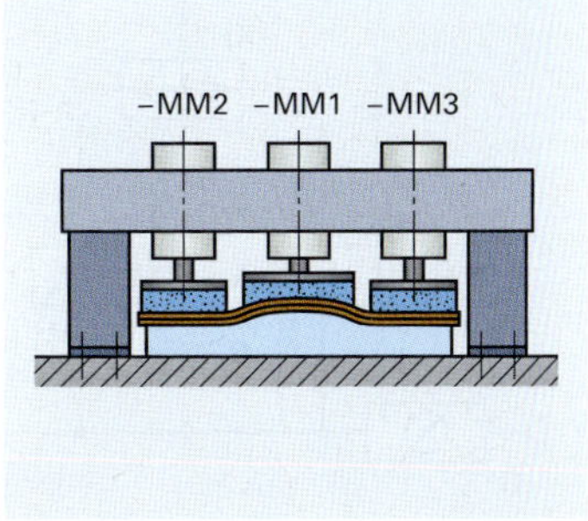

Bild 5: Verkleben von Holzprofilen

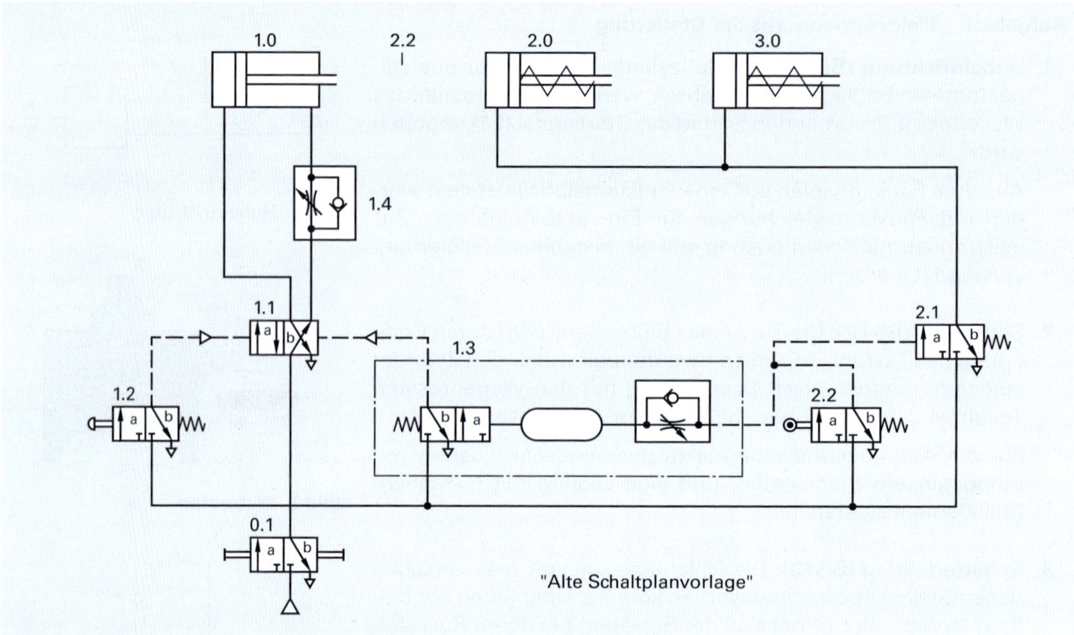

Bild 1: Alter Pneumatikschaltplan der Verklebestation für Holzprofile

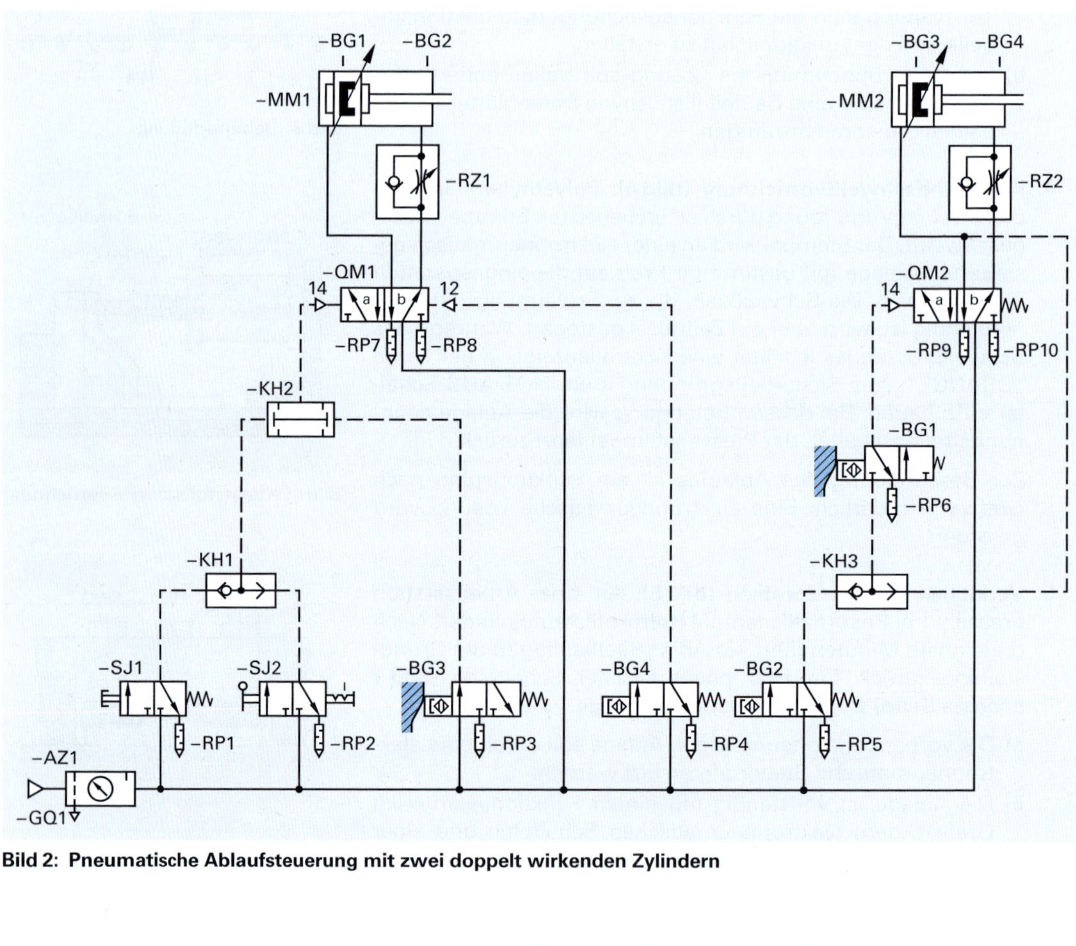

Bild 2: Pneumatische Ablaufsteuerung mit zwei doppelt wirkenden Zylindern

6. Die folgenden Aufgaben beziehen sich auf den pneumatischen Schaltplan der **vorhergehenden Seite (Bild 2)**.

Die gezeigte pneumatische Ablaufsteuerung, mit zwei doppelt wirkenden Zylindern, kann sowohl im Einzel- als auch im Dauerzyklus betrieben werden.

a) Der Gesamtablauf der Schaltung ist in einem Funktionsplan nach Grafcet darzustellen.

b) Aus welchen Einzelheiten setzt sich die in der Pneumatikanlage verwendete Aufbereitungseinheit **(Bild 1)** zusammen?

c) Die beiden Schaltkreise bestehen aus sogenannten Speicherschaltungen.
Welche Bauteile sind dafür bestimmend?

d) Die beiden 5/2 Wegeventile steuern als Stellelemente **(Bild 2)** die beiden Aktoren –MM1 und –MM2.
Könnte man für die Impulsventile auch 4/2 Wegeventile einsetzen?

e) Damit die Kolbenstangen der Zylinder –MM1 und –MM2 der Ablaufsteuerung langsam ausfahren, werden die beiden Drosselrückschlagventile –RZ1 und –RZ2 eingesetzt.
Mit welcher Maßnahme könnte dieses Ausfahrverhalten der Kolbenstangen ebenfalls erreicht werden?

f) Bei der Steuerung wird das abströmende Medium gedrosselt (Abluftdrosselung).
Aus welchen Gründen hat man sich für diese Art von Geschwindigkeitssteuerung entschieden?

g) Das beidseitig impulsbetätigte Stellelement –QM1 hat ein Eingangssignal 14, sodass es auf die Schaltstellung a umschaltet und der Aktor –MM1 ausfahren kann.
Es soll die Funktionstabelle für die logische Verknüpfung **(Bild 3)** des Signals 14 vervollständigt werden. Zusätzlich sind die Funktionsgleichung (= schaltalgebraische Gleichung) und der Funktionsplan zu erstellen.

h) Für das monostabile Stellelement –QM2 ist eine Selbsthalteschaltung erforderlich, die mit einem Relais –KF1 verwirklicht werden soll. Mithilfe der Zuordnungstabelle **(Tabelle 1)** sind für das Relais –KF1 die Funktionsgleichung, der Funktionsplan und der elektrische Stromlaufplan zu erstellen.
Um welche Art der Selbsthaltung handelt es sich bei der pneumatischen Lösung?

i) Beim Umbau der Anlage werden Elektromagnetventile **(Bild 4)** verwendet. Die beiden Magnetspulen –MB1 und –MB2 werden mit einer 24-V-Spannung angesteuert. Zusätzlich wird an diesem Ventil eine pneumatische Vorsteuerung angewendet.
Welche Bedeutung hat diese Vorsteuerung und wie funktioniert sie?

j) Die gesamte hier besprochene pneumatische Ablaufsteuerung wird durch Elektropneumatik ersetzt. Die Zuordnung der Signalelemente und Stellelemente für den elektropneumatischen Schaltplan ist der **Tabelle 1** zu entnehmen.

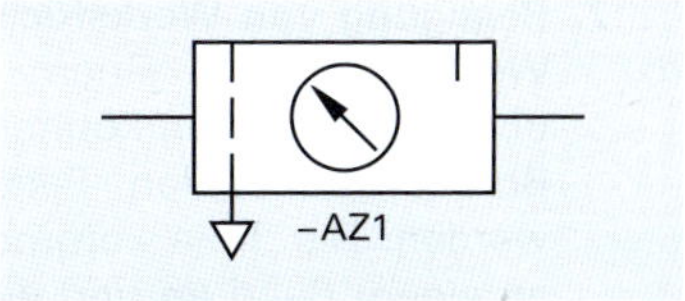

Bild 1: Aufbereitungseinheit

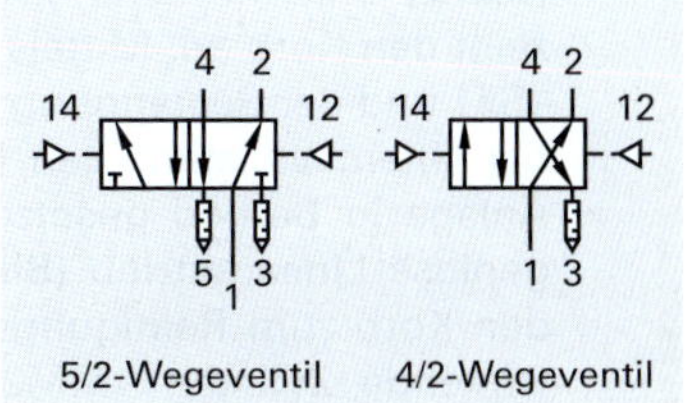

Bild 2: Stellelemente

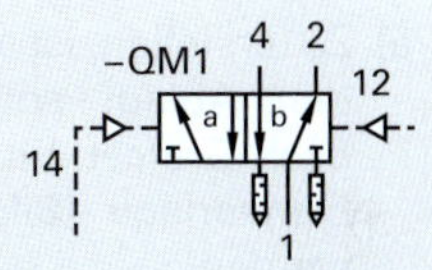

–SF1	–SF2	–BG3	E14
0	0	0	
0	0	1	
0	1	0	
0	1	1	
1	0	0	
1	0	1	
1	1	0	
1	1	1	

Bild 3: Logische Verknüpfung

Tabelle 1: Zuordnungsliste

Pneumatik	Elektrik
–BG1	–BG1
–BG2	–BG2
–BG3	–BG3
–BG4	–BG4
–SJ1	–SF1
–SJ2	–SF2
–QM1–14	–MB1
–QM1–12	–MB2
–QM2–14	–MB3

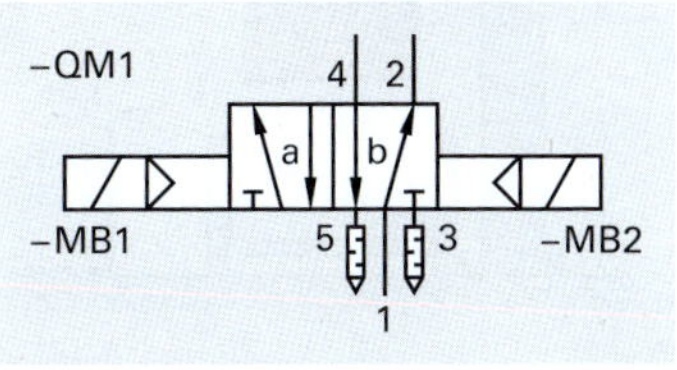

Bild 4: Elektromagnetventil

7. Reinigung von Werkstücken (Bild 3): Bevor Werkstücke mit einem Korrosionsschutz überzogen werden können, müssen sie von Bohrölbestandteilen, Fetten usw. gereinigt werden. Die Teile kommen in einem Korb an einem Band an und werden an der Aufnahmestelle durch einen induktiven Sensor **(Bild 2)** erkannt. Eine grüne Meldeleuchte zeigt den Korb an. Mittels eines Starttasters –SF1 und der Bestätigung durch Quittierung bei einem vollständigen Neustart wird die Anlage in Betrieb gesetzt. Der kolbenstangenlose Linearantrieb **(Bild 1)** –MM1 bringt den Korb zum Reinigungsbad. Der doppelt wirkende Zylinder –MM2 senkt den Korb langsam nach unten ab und fährt ihn wieder nach oben. Dort fährt Linearantrieb –MM1 wieder an die Abholposition zurück.

a) Zu erstellen ist die Gruppenbildung für den Ablauf sowie den Funktionsplan nach Grafcet. Eine pneumatische Schaltplanvorlage **(Bild 3)** kann dazu benutzt werden.

b) Was bedeutet beim induktiven Sensor **(Bild 2)** die Bezeichnung „PNP-Ausgang"?

c) Welches Problem könnte sich ergeben, wenn man den induktiven Sensor bündig einbauen würde, um eine Kollision mit dem Korb zu vermeiden?

d) Die Lösung der elektropneumatischen Steuerung ist durch einen Leistungsteil, einen Stromlaufplan mit Anschlussbezeichnungen, einen Klemmenbelegungsplan sowie eine Bauteilliste zu dokumentieren.

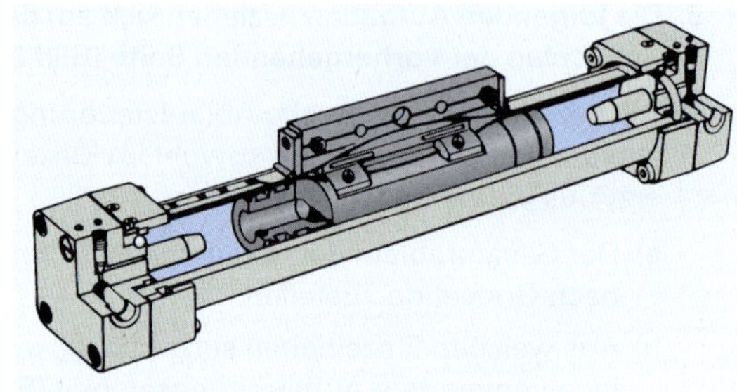

Bild 1: Linearantrieb –MM1 mit Schwerlastführung

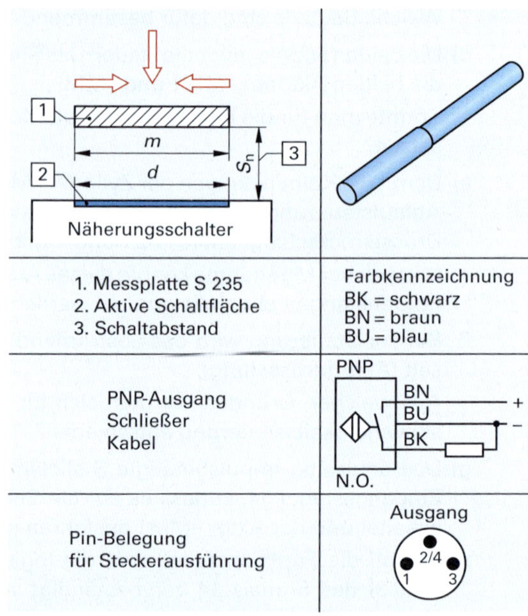

Bild 2: Induktiver Sensor für Korbabfrage

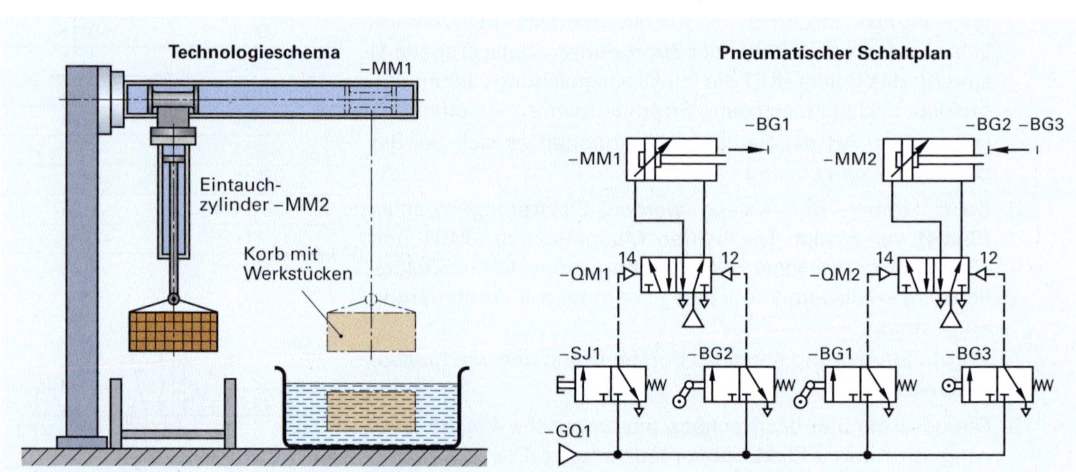

Bild 3: Handhabungseinrichtung in Portalbauweise zum Reinigen von Werkstücken

18.3.3 Hydraulische und elektrohydraulische Steuerungen

Hydraulische Steuerungen unterscheiden sich hinsichtlich ihrer Steuerungslogik nicht von anderen VPS-Steuerungen. Die besonderen Eigenschaften des Arbeitsmediums machen jedoch zusätzliche Bauelemente und Sicherheitseinrichtungen nötig.

Im Unterschied zur Pneumatik muss direkt an der Anlage die erforderliche Energie über einen Elektromotor, der eine Pumpe antreibt, erzeugt werden **(Bild 1)**. Weiterhin muss die zurückströmende Hydraulikflüssigkeit in einem Behälter gespeichert werden, wo sie sich abkühlen kann. Beim Anlaufen der Pumpe und Nichtbetätigung des Stellelementes baut sich der Druck so stark auf, dass mit Schäden an den Anlageteilen zu rechnen ist. Daher muss jede Hydrauliksteuerung mit einem Druckbegrenzungsventil (DBV) abgesichert werden. Das DBV öffnet bei einem eingestellten Druck, das Medium strömt in den Tank zurück.

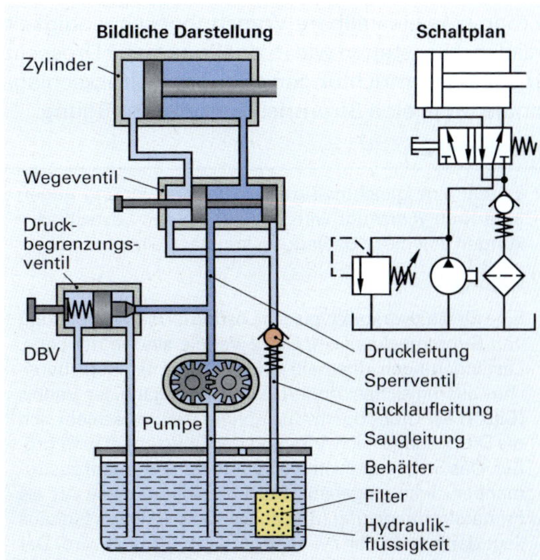

Bild 1: Elemente der Hydraulikanlage (Schema)

Beispiel 1

Druckventile können in Anlagen unterschiedliche Funktionen erhalten **(Bild 2)**. Über den Zylinder –MM1 werden Teile gegen einen Anschlag gespannt. Der Zylinder –MM2 führt die Vorschubbewegung aus. Die Zahnradpumpe ist für einen Druck von 40 bar ausgelegt.

Es sollen die Funktionen der Druckventile beschrieben und die einzustellenden Drücke an den Ventilen abgeschätzt werden.

Lösung:

Ventil –FL1 wird zur Pumpenabsicherung eingesetzt. Der Druck wird bereits vom Hersteller des Hydroaggregats auf 40 bar fest eingestellt.

Ventil –QN1 wird auf den erforderlichen Systemdruck eingestellt. Dieser kann 35 bar betragen, was vom Leistungsbedarf der Zylinder, den Verlusten in den Leitungen und den Ventilen abhängt.

3-Wege-Druckregelventil –QN2 garantiert die Haltekraft gegen den Anschlag. Der Druck wird auf 25 bar gestellt, daraus lässt sich mit bekanntem Kolbendurchmesser die maximale Haltekraft errechnen.

Das Folgeventil –QM2 wird über Steuerleitung X mit 25 bar angesteuert. Dadurch öffnet dieses Ventil und der zweite Schaltkreis kann aktiviert werden.

Bei Betätigung von –QM3 über den Handhebel fährt der Vorschubkolben gegen den eingestellten Widerstand von –QN3 aus. Das Druckbegrenzungsventil wird auf 10 bar eingestellt. Somit geht Bewegungsenergie verloren. Das Ventil hat die Funktion als Gegenhaltung gegen die ziehende Wirkung der Last an der Kolbenstange zu wirken.

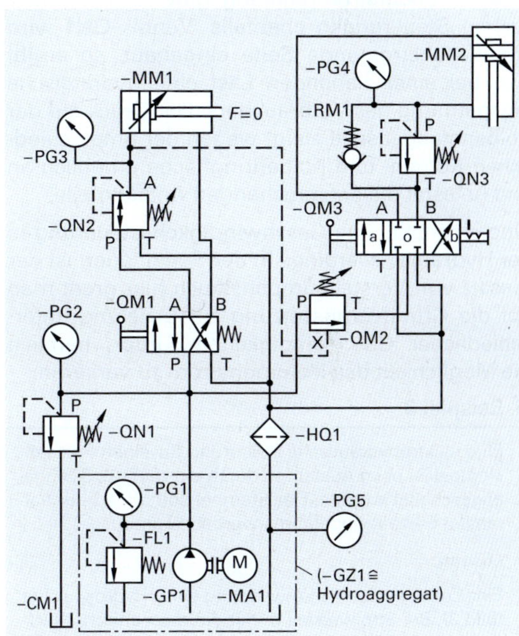

Bild 2: Druckventile im Einsatz

Grundprinzip aller Druckbegrenzungsventile ist, dass ein Eingangsdruck auf eine Messfläche wirkt, die ihrerseits über eine Feder kraftbeaufschlagt ist **(Bild 3)**. Die Ventile können als Sitz- oder als Schieberventile ausgeführt sein: Bei Schieberventilen ist zudem die Möglichkeit des feinfühligen Schaltens durch Kerben an den Kolben gegeben.

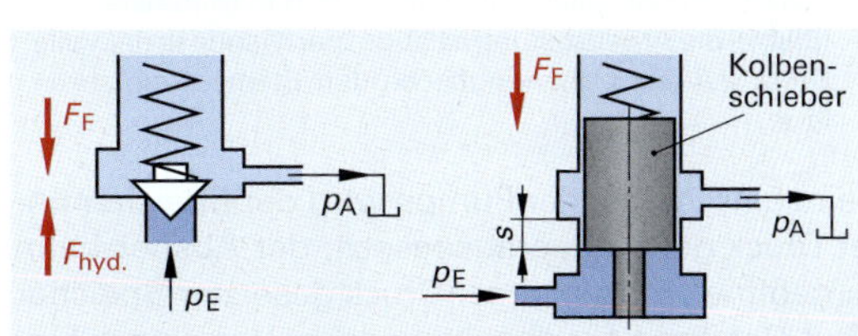

Bild 3: Prinzipien an Druckbegrenzungsventilen

Im Beispiel auf der **vorhergehenden Seite** fährt der Kolben -MM2 ungedrosselt aus. In der Regel möchte man eine einstellbare Vorschubgeschwindigkeit erzielen. Hier stehen wie in der Pneumatik Drosseln für beide Stromrichtungen oder Drosselrückschlagventile für je eine Stromrichtung zur Verfügung.

Beispiel 2

Es soll eine gleichmäßige Vorschubbewegung gegen eine Kraft *F* erzeugt werden. Bei kleinen Lastschwankungen soll diese Bewegung konstant bleiben.

Lösung:

Eine für die Hydraulik typische Lösung ist die Verwendung von Stromregelventilen. Diese Ventile sind in der Lage, Laständerungen innerhalb eines bestimmten Regelbereiches auszugleichen. Ändert sich am Ausgang des Ventils **(Bild 1)** der Druck durch eine höhere Last, verschiebt sich die Druckwaage nach links und der Querschnitt wird größer. Das Stromregelventil wird auf der dem Aktor zuströmenden Seite eingebaut. Man bezeichnet diese Art als Primärstromregelung **(Bild 2)**. Der Vorteil dieses Einbaus liegt darin, dass der Zylinder geringer belastet wird. Der Druck (-PG2) baut sich vor dem Stromregelventil auf.

Eine Sekundärstromregelung gibt es in hydraulischen Steuerungen ebenfalls. Ventil -QN1 wird auf die abströmende Seite eingebaut, so ergibt sich bei einer ziehenden Last eine hydraulische Einspannung des Verbrauchers. Der Druck auf der Kolbenstangenseite steigt wegen der unterschiedlichen Kolben- und Kolbenringfläche erheblich an und belastet die entsprechenden Anlagenteile.

Eine eigenständige Geschwindigkeitssteuerung in der Hydraulik, allerdings in der Regel teuer, ist der Einsatz von Verstellpumpen. Auch hier greift man auf die Grundvoraussetzung zur Erzielung unterschiedlicher Geschwindigkeiten zurück, nämlich die Möglichkeit den Volumenstrom zu variieren.

Beispiel 3

Eine elektrohydraulische Steuerung für einen Pressenstempel ist beim Ausfahren durch ein NOT-AUS-Signal abgeschaltet worden. Der Stempel soll ohne Einschalten der Elektrik eingefahren werden können.

Lösung:

Eine Lösung wäre die Verwendung eines Hydrospeiches **(Bild 3)**. Bei Stromausfall bringt die mechanische Rückstellfeder des 2/2 Wegeventils das unter Druck stehende Öl des Blasenspeichers zur Kolbenstangenseite des Zylinders. Das Stellelement befindet sich in Mittenstellung **(Bild 4)**, die Arbeitsleitung ist abgesperrt, sodass der volle Druck auf die Kolbenringfläche den Stempel einfahren lässt.

Beim Einschalten der Pumpe wird der Speicher unter Druck gesetzt, vorausgesetzt, der Absperrhahn ist geöffnet. Einmal unter Druck gesetzter Speicher birgt Gefahren für den Anwender. Vor einem Eingriff in die Anlage muss Druckfreiheit gegeben sein.

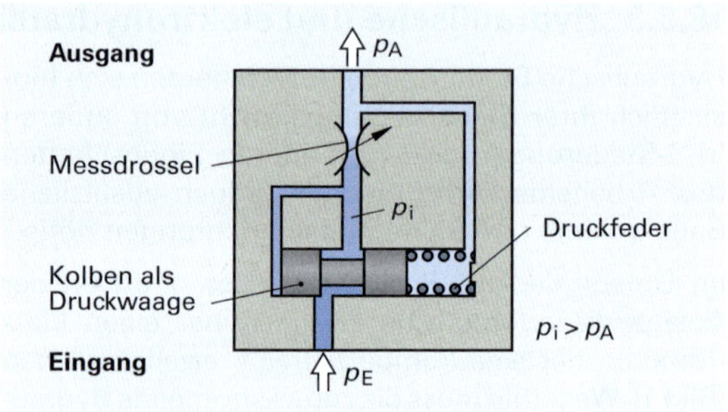

Bild 1: Prinzip Stromregelventil

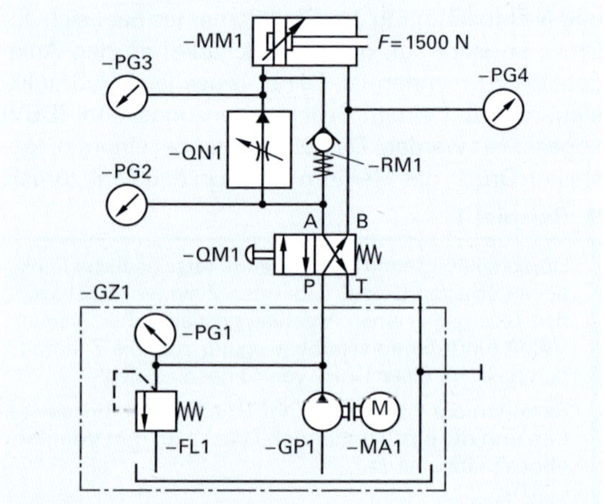

Bild 2: Primärstromregelung

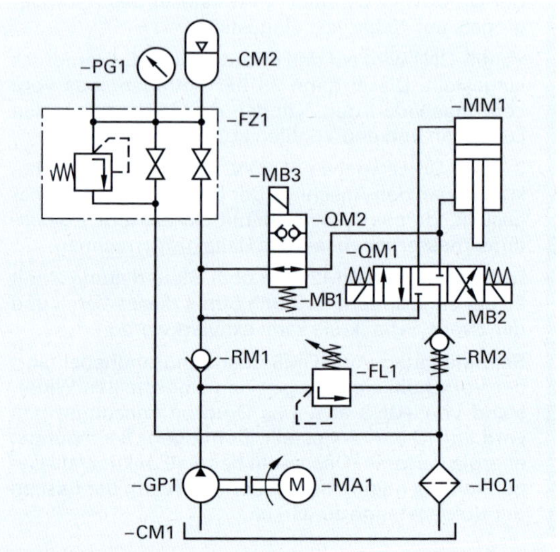

Bild 3: Einsatz eines Hydrospeichers

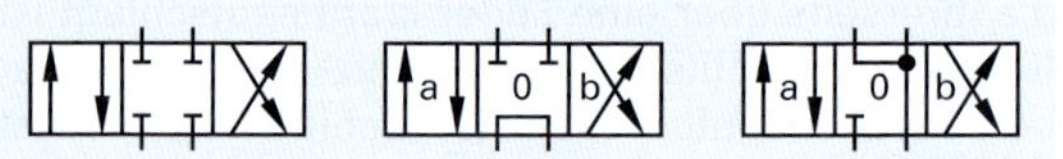

Bild 4: Alternative Mittenstellungen an Wegeventilen

Aufgaben | Hydraulische und elektrohydraulische Steuerungen

1. **Druckdifferenz Hydraulik (Bild 1):** An einem Wegeventil werden am Ein- und am Ausgang zwei Manometer eingebaut. Beim Betätigen von –QM1 ergibt sich eine Druckdifferenz von $\Delta p = p_1 - p_2$.

   Wie lässt sich dieser Unterschied begründen?

2. **Schaltüberdeckungen:** In der Hydraulik werden Sitz- und Kolbenschieberventile eingesetzt. **Bild 2** zeigt drei Kolbenschieber mit verschiedenen Überdeckungsarten.

   Es sind die Begriffe positive, negative und Nullüberdeckung zu erklären und zuzuordnen.

3. **Ventilansteuerung (Bild 3):** Es wird die elektromagnetische Ansteuerung und die hydraulische Vorsteuerung eines 4/3 Wegeventils gezeigt.

   a) Es ist die vereinfachte Darstellung dieses Ventils zu zeichnen. Welches der beiden Ventile ist das Vorsteuerventil und welches das Hauptventil?
   b) Warum findet diese Ventilbauart vor allem in der Hydraulik ihren Einsatz?
   c) Wie wird die Mittenstellung dieses Ventils bezeichnet und wo liegen deren Vor- und Nachteile?

4. **Tischantrieb (Bild 4):** Für einen Maschinentisch ist der elektrohydraulische Leistungsteil einer Steuerung zu entwerfen. Der eingesetzte Hydromotor, der durch den Volumenstrom in eine Drehbewegung versetzt wird, soll mit variabler Drehzahl betrieben werden können. Das zurücklaufende Öl soll am Hydrokleinaggregat gefiltert werden. Der Druck ist pumpenseitig auf 150 bar abzusichern.

5. **Hebebühne:** Für eine Kfz-Werkstatt ist die hydraulische Steuerung mit einem Kleinaggregat zu erstellen. Dabei ist darauf zu achten, dass sich der Hydraulikkolben in jeder beliebigen Stellung anhalten lässt. Bei Stillsetzung der Hebelast darf sich diese, über längere Zeit stillstehend, nicht absenken.

   Der Rücklauffilter ist alternativ an verschiedenen Stellen einzubauen. Die unterschiedlichen Einbaulagen sind jeweils in ihrer Qualität zu beurteilen.

6. **Montagestation (Bild 5):** In einer Vorrichtung sollen Teile mit festem Sitz eingepresst werden. Dazu schiebt die Kolbenstange von –MM1 ein Bauteil von oben in eine Büchse ein. Hat der Kolben die vordere Endlage (Abfrage –BG2) erreicht und sich dort ein Spanndruck von 15 bar aufgebaut, kann der Kolben von –MM2 ausfahren. Dabei wird ein Zylinderstift eingepresst.

   Hat der Kolben von –MM2 seinerseits in der vorderen Endlage (Abfrage –BG3) eine Presskraft von 10 bar erreicht, so fährt zunächst –MM1 wieder ein. Anschließend kann auch –MM2 in die hintere Endlage verfahren.

   Es ist ein Funktionsplan nach Grafcet, ein elektrohydraulischer Leistungsteil sowie der dazugehörige Stromlaufplan für die Steuerungsaufgabe zu erstellen.

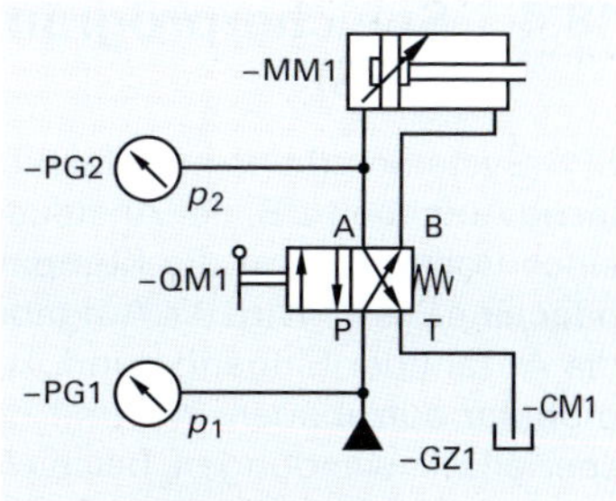

Bild 1: **Druckdifferenz**

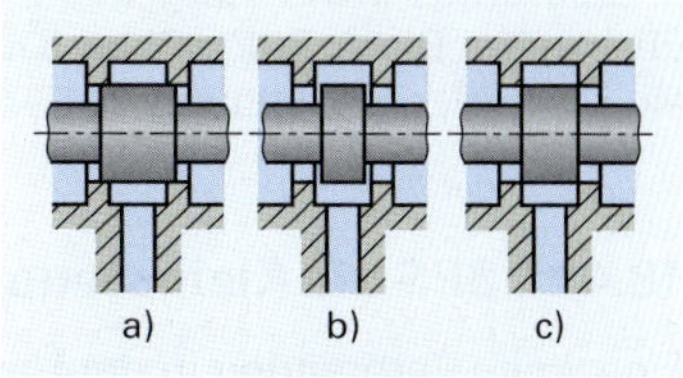

Bild 2: **Schaltüberdeckungen**

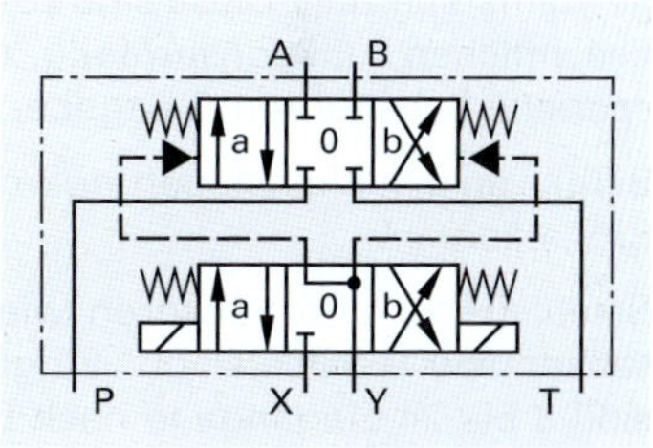

Bild 3: **Ventilansteuerung**

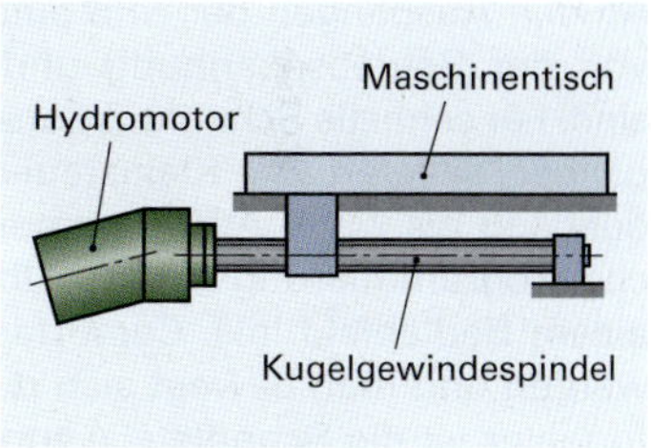

Bild 4: **Tischantrieb**

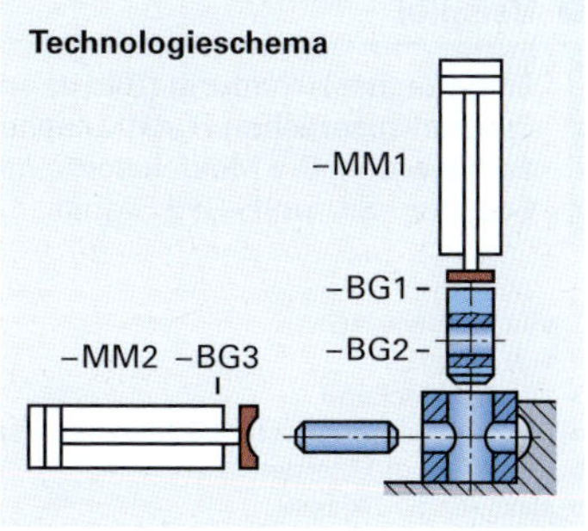

Bild 5: **Montagestation**

18.4 Speicherprogrammierbare Steuerungen (SPS)

SPS-Systeme gibt es in unterschiedlichen Bauarten **(Bild 1)**. Für einfache Aufgaben z. B. der Ansteuerung eines Pneumatikzylinders oder eines Rolltores wird die Kompakt-SPS verwendet, z. B. eine Logo![1] oder eine Easy[2]. Wird die Aufgabenstellung umfangreicher und steigt die Anzahl der Eingänge und Ausgänge, so ist es sinnvoll, die SPS modular aufzubauen, z. B. mit der S7-300[1] oder einer CX2000[3]. Für spezielle Anwendungen, beispielsweise im Werkzeugmaschinenbau, werden SPS-Funktionen softwaremäßig im Betriebsprogramm der CNC-Steuerung integriert. Hier wird die SPS auch PLC[4] genannt. Eine interessante Anwendung beim Einsatz der SPS ist die Vernetzung über einen Bus z. B. Profibus. Übergeordnet in diesem Netzwerk ist ein Master[5], der weitere SPS-Systeme als Slaves[6] anspricht.

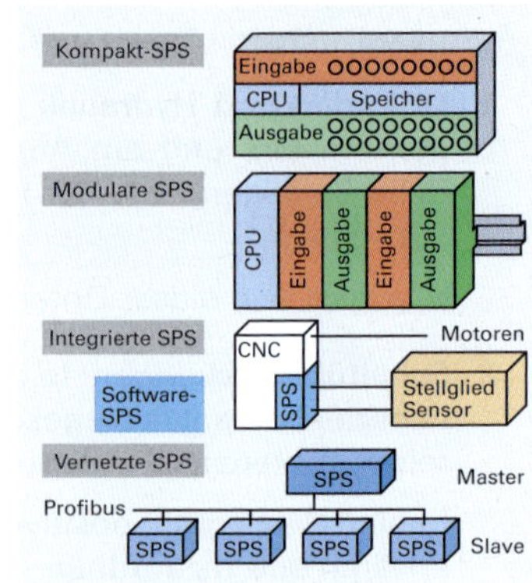

Bild 1: Bauarten von SPS

18.4.1 SPS als Kleinsteuerung (Steuerrelais)

Eine weite Verbreitung in der Haus- und Installationstechnik, im Maschinen- und Apparatebau haben Kleinsteuerungen bekommen, auch als Steuerrelais oder Logikmodul bezeichnet. **Bild 2** zeigt eine derartige Kleinsteuerung. Diese sind kostengünstig und haben bereits einen beachtlichen Funktionsumfang, z. B. unterschiedliche Zeitfunktionen, spezielle Schaltuhren, Taktgeber, Zähler, Stromstoßschalter usw.

Bereits an den Kleinsteuerungen lassen sich typische Merkmale einer SPS erkennen:

Befehlsgeber und Sensoren wie Taster oder Schalter, Näherungssensor usw. werden an den Eingangsklemmen verdrahtet **(Bild 3)**. Es sind 8 bis 24 Eingänge je nach Bauart möglich. Sie liefern logische Signalzustände „0" oder „1". Neben binären Signalen können bei vielen Bautypen ebenfalls analoge Signale verarbeitet werden.

An den Ausgängen der SPS sind oft Relaiskontakte vorhanden, die von der Betriebsspannung und den Eingängen potenzialgetrennt sind. Für schnelle Schaltfunktionen werden Geräte mit Transistorausgängen geliefert. Die Kleinsteuerung selbst wird mit 12/24 V AC/DC oder 115 bis 240 V AC/DC versorgt. Ein LCD-Display dient für einfache Programmierung und der Überwachung der Signalzustände. Mit einem Bedienfeld inkl. Cursortasten können die Menüs aufgerufen werden und man bewegt sich durch die Programmbausteine. Komfortabler ist die Schnittstelle zum PC, von dem aus die Programme erstellt, simuliert und auf das Steuergerät übertragen werden können.

Bild 2: Kleinsteuerung LOGO![1]

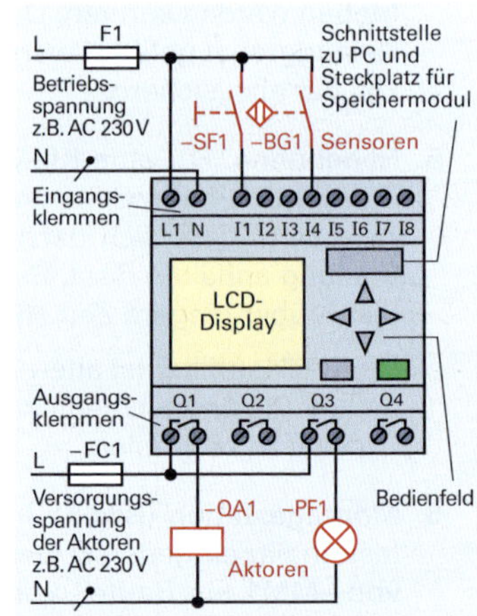

Bild 3: Verdrahtung der LOGO!

● **Beispiel**

> Eine Wechselschaltung **(Bild 4)** soll mit der Kleinsteuerung Logo! in den Programmsprachen Funktionsplan (FBD[7]) und Kontaktplan (LAD[8]) umgesetzt werden. Die Meldeleuchte hat Signal „1", wenn nur einer der beiden Schalter –SF1 und –SF2 Signal „1" hat. Die Verdrahtung ist zu zeigen.

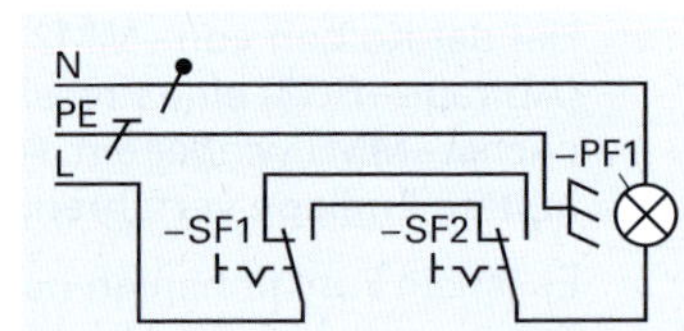

Bild 4: Wechselschaltung

1 von Siemens AG
2 von Eaton
3 von Fm. Beckhoff
4 PLC für programmable logical controller (engl.) programmierbare logische Steuerung
5 master (engl.) Meister
6 slave (engl.) Sklave
7 FBD für function block diagram (engl.) Funktionsplan
8 LAD für ladder diagram (engl.) Kontaktplan

Lösung:

Die Verdrahtung der beiden Schalter –SF1 und –SF2 sowie des Ausganges –PF1 zeigt **Bild 1**.

Die Meldeleuchte –PF1 wird an Q1 gelegt. Das gilt grundsätzlich für alle Ausgänge Q1 bis Q4.

Das Programm könnte mit dem Tastbedienfeld erstellt werden und auf einer Memory Card (MC) gespeichert werden.

Das Programm wird mit LOGO! Soft Comfort[1] erstellt und nach Feststellung der Fehlerfreiheit zur Kleinsteuerung über ein Logo!-Kabel übertragen. Die Wegumkehrung, ein Programm von der Logo! auf den PC zu laden, ist ebenfalls möglich.

Die schaltungstechnische Lösung zeigt **Bild 4**.

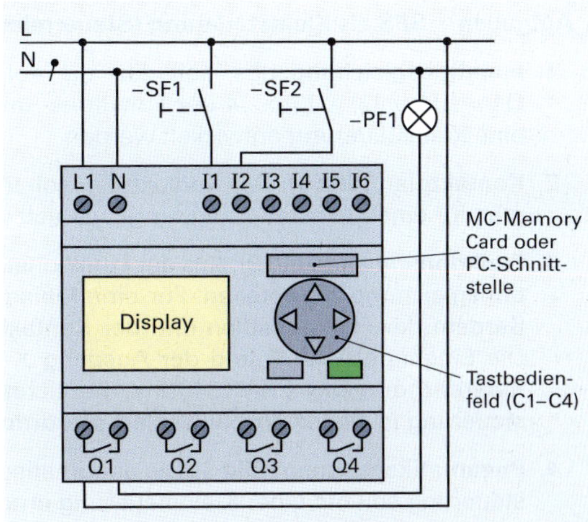

Bild 1: Wechselschaltungsersatz LOGO!

Bei der Schaltplanerstellung entscheidet man sich beim Öffnen der neuen Datei für die SPS-Sprache. Auf die Arbeitsfläche werden die beiden Eingänge I_1 und I_2 mit dem Anwahlsymbol Co für Konnektoren des Werkzeugmenüs (**Bild 2**) gewählt und platziert.

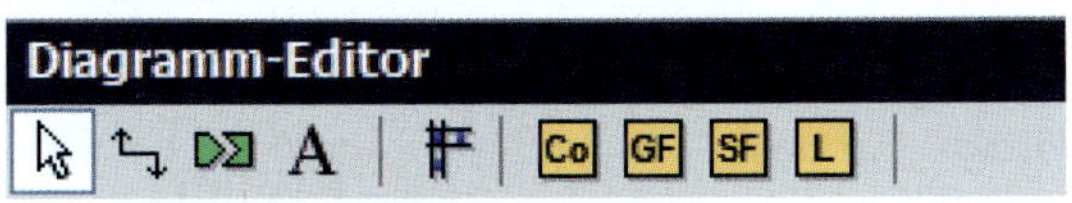

Bild 2: Hauptmenüleiste „Werkzeuge"

Das gilt ebenfalls für den Ausgang Q1.

Bild 3: Untermenü „Konnektoren"

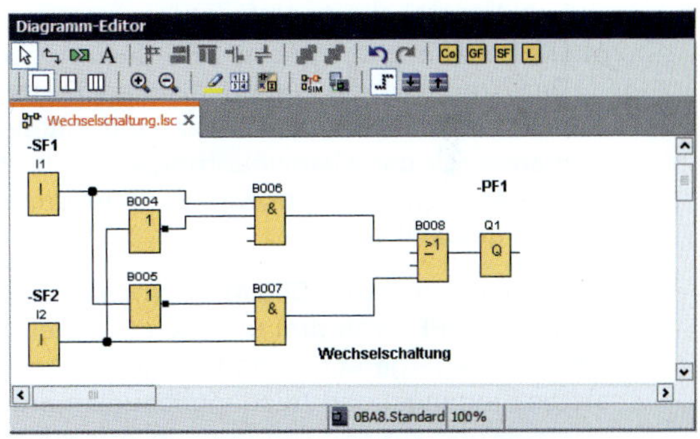

Bild 4: Schaltplanlösung für LOGO! (im FBD)

Zur Lösung werden die aus der Schaltalgebra bereits bekannten Elemente UND und ODER verwendet. Sie befinden sich nach Anwahl des Symbols GF im Menü „Werkzeuge" (**Bild 2**) in einem Untermenü (**Bild 6**).

Bild 5: Konvertierung in Kontaktplan

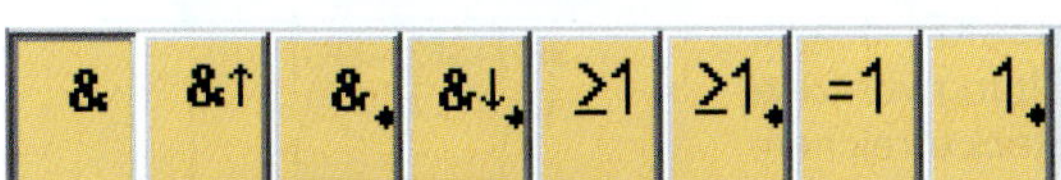

Bild 6: Untermenü „Grundfunktionen"

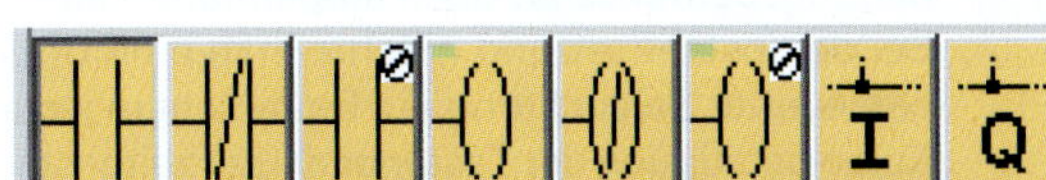

Bild 7: Grundelemente des Kontaktplanes (LAD)

Dort sind zusätzlich die Funktionen NAND, NOR, XOR und NOT möglich. Über das Symbol in der Diagramm-Editor können die Bauteile verbunden werden. Zur besseren Platzierung der Blöcke B001 usw. dient das Symbol. Die Aufgabenstellung verlangt einen Kontaktplan (**Bild 7**). Wie bei den meisten SPS-Systemen ist die Konvertierung von einer in die andere Sprache möglich. Das Symbol befindet sich in der Hauptleiste (**Bild 5**) des Programms. Bevor das Programm in das Kleinsteuergerät übertragen wird, kann man über eine Offline-Simulation (**Bild 8**) die Fehlerfreiheit feststellen. Das Symbol befindet sich in **Bild 5**.

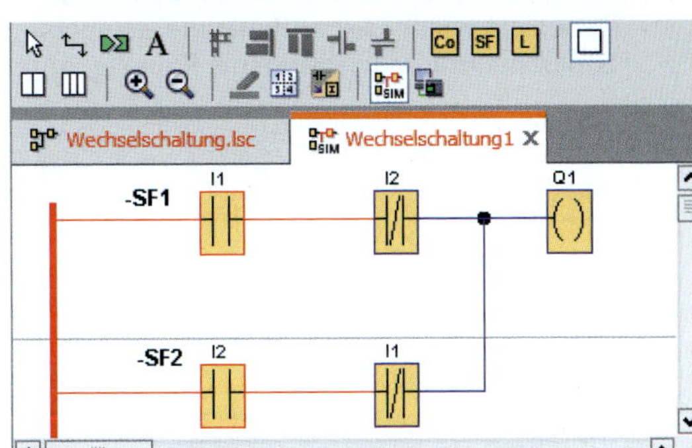

Bild 8: Simulation des Kontaktplanes (LAD)

1 von Siemens AG

18

Aufgaben SPS als Kleinsteuerung (Steuerrelais)

1. **Funktionsgleichung:** Es soll für die folgende Gleichung $Q1 = [(I1 \vee I2) \wedge I3] \wedge \overline{I4}$ der Funktions- und Kontaktplan für eine Kleinsteuerung entwickelt werden.

2. **Kontaktplan (Bild 1):** Der Kontaktplan soll in einen Funktionsplan für eine Kleinsteuerung umgewandelt werden.

3. **Funktionstabelle (Bild 2):** Aus der Funktionstabelle ist die Funktionsgleichung zu erstellen. Für eine Kleinsteuerung sind außerdem der Funktionsplan und der Kontaktplan zu zeichnen. Die Eingänge A, B, C und der Ausgang X sind korrekt nach Referenznorm DIN EN 81346-1 zu bezeichnen und der Kleinsteuerung in einem Anschlussplan zuzuordnen.

4. **Pneumatikschaltung (Bild 3):** Die pneumatische Verknüpfungssteuerung soll mit einer Kleinsteuerung umgebaut werden.
   a) Für die Eingangselemente –SJ1 und –SJ2 sowie den Impuls 14 auf –QM3 als Ergebnis der Verknüpfungsfunktion ist eine Funktionstabelle zu erstellen.
   b) Die Schaltung soll in eine SPS-Lösung übergeführt werden. Dazu müssen die pneumatischen Bauteile durch elektropneumatische Bauteile ersetzt und mittels eines Anschlussplanes mit der Kleinsteuerung verdrahtet werden. Für das Steuerungsprogramm wird der Funktionsplan und Kontaktplan gewählt.

5. **Stromstoßschaltung (Bild 4):** In einem Stockwerk soll eine Beleuchtung –PF1 von drei unterschiedlichen Schaltstellen über ein Kleinsteuergerät ein- und ausgeschaltet werden.
   a) Die Eingangs- und Ausgangsbauelemente sind einer Kleinsteuerung zuzuweisen und ein Anschlussplan ist zu zeichnen.
   b) Für die Programmerstellung wird der Funktionsplan gewählt. Das für die Aufgabenstellung notwendige Symbol für den Stromstoßschalter ist auszuwählen und zu beschreiben.

6. **Treppenhausbeleuchtung (Bild 5):** In den Stockwerken eines Ausbildungsbetriebes ist der Treppenhaus-Zeitschalter –KF1 defekt. Bei der Instandsetzung möchte man eine Umschaltung von zeitgesteuerter Beleuchtung auf Dauerlicht in jedem Stock erreichen. Kurze Betätigung der Taster bedeutet zeitgesteuerte Beleuchtung. Eine Betätigung über zwei Sekunden bewirkt Dauerlicht. Bei nochmaliger mindestens zwei Sekunden langer Betätigung schaltet Dauerlicht wieder auf zeitbetätigte Beleuchtung um. Die Installationsschaltung soll mittels einer Kleinsteuerung realisiert werden.

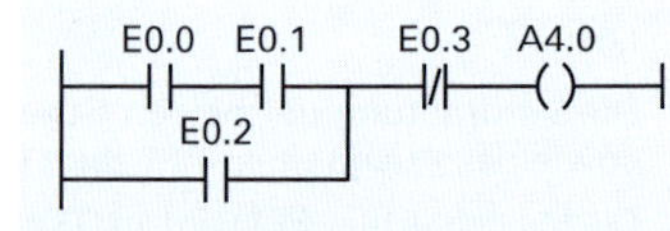

Bild 1: Kontaktplan

	C	B	A	X
0	0	0	0	0
1	0	0	1	0
2	0	1	0	0
3	0	1	1	0
4	1	0	0	1
5	1	0	1	0
6	1	1	0	1
7	1	1	1	1

Bild 2: Funktionstabelle

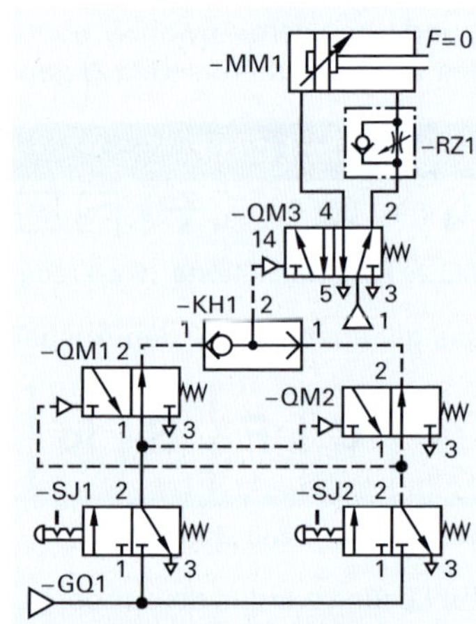

Bild 3: Pneumatikschaltung

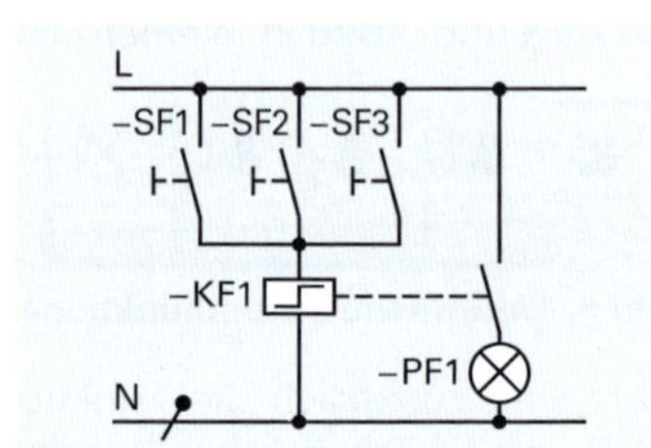

Bild 4: Stromstoßschaltung

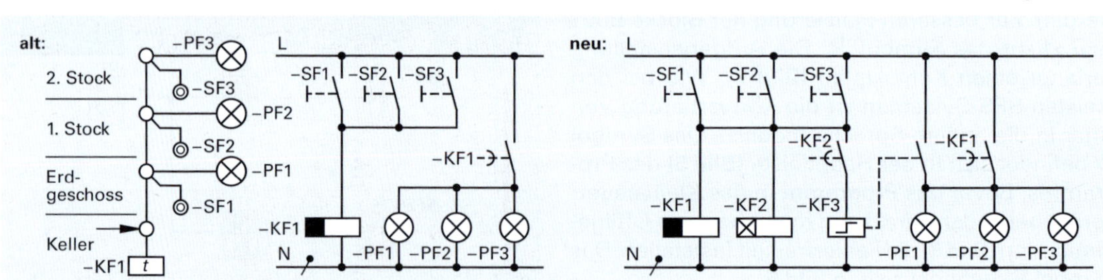

Bild 5: Treppenhausbeleuchtung in alter und neuer erweiterter Form

18.4.2 SPS als modulares System

Die modulare SPS wird heute im industriellen Bereich am häufigsten eingesetzt. Die einzelnen Baugruppen können nach Größe und Umfang der Aufgabenstellung zusammengestellt werden.

Systemaufbau

Die Baugruppen werden auf einem Träger, dem Rack, nebeneinander montiert **(Bild 1)**. Mehrere dieser Profilschienen können über ein Interface Modul IM verbunden werden. Die wichtigsten Baugruppen der S7-300 sind in **Tabelle 1** aufgelistet.

Zum Minimalbetrieb sind ein Netzteil (PS), eine CPU und eine digitale Eingangs- und Ausgangsbaugruppe notwendig. Die CPU wird im Betrieb in der Regel mit 24 V DC versorgt. Programme werden vom PC auf den Ladespeicher (MMC[1]) geladen und gesichert.

Hardwarekonfiguration

Dem äußeren Hardwareaufbau entspricht eine Konfiguration mit der Software „Simatic Manager"[2] **(Bild 2)**. In einer der Profilschiene (hier Rack 0) nachempfundenen Tabelle werden die Steckplätze der einzelnen Baugruppen aufgelistet. Die dritte Zeile bleibt frei, da das System nur einzeilig aufgebaut ist. Von den Modulen können maximal acht in beliebiger Reihenfolge eingebaut werden.

Adressierung

Aus den Spalten der E- und A-Adressen lassen sich die jeweiligen Adressierungen ablesen. Eine digitale Eingangseinbaugruppe auf Steckplatz 4 beginnt mit der Byte-Adresse 0, die Ausgangsbaugruppe auf Steckplatz 5 mit der Byte-Adresse 4. Es sind maximal vier Adressbytes für jeden Steckplatz reserviert, das entspricht 4 Bytes × 8 Bits = 32 Ein- oder Ausgängen. Die Byte-Adresse 4 ist eine Systemvorgabe (Defaulteinstellung). Neben dieser festen Adressierung ist bei neueren CPUs auch eine variable Adressierung möglich. Dazu werden die Steckplätze mit dem Mauszeiger angewählt und im sich öffnenden Eigenschaftsfenster die gewünschten Adressen vergeben.

Betriebsarten

An der CPU befinden sich die Betriebsartenwahlschalter **(Bild 3)**.

MRES Anwahl von Urlöschen (3 sec)

STOP Leuchtet nach Urlöschen, Programm wird nicht bearbeitet, alle Funktionen sind erlaubt

RUN Das Programm wird bearbeitet

1 MMC micro memory card
2 geschütztes Warenzeichen der Siemens AG oder TIA-Portal

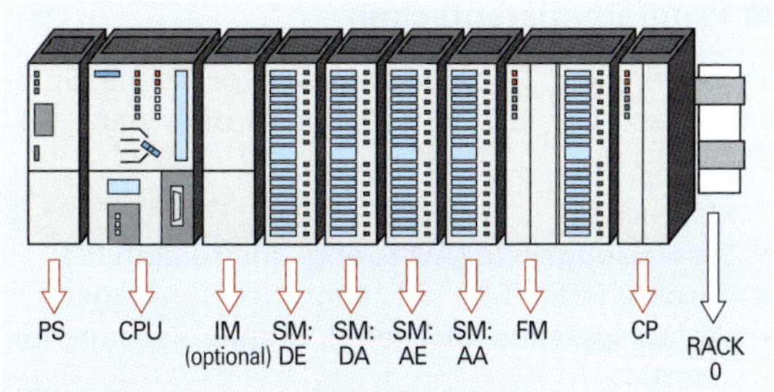

Bild 1: Aufbau einer modularen SPS

Tabelle 1: Baugruppen der S7-300

PS	Stromversorgung der S7-300 und der Sensoren/Aktoren mit DC 24 V (power suppley 2 A, 5 A, 10 A)
CPU	Zentrale Verarbeitungseinheit (central processing unit), z. B. CPU 313, 314, 315
IM	Interface Modul, für mehrzeiligen Aufbau
SM/DI	Signalbaugruppe: Digitale Eingänge
SM/DO	Signalbaugruppe: Digitale Ausgänge
SM/AI/AO	Signalbaugruppen: Analoge Ein-/Ausgänge
FM	Funktionsbaugruppen, z. B. Regeln, Position
CP	Kommunikationsbaugruppe, z. B. As-Interface, Profibus

Geräteübersicht

Baugruppe	Baugr...	Steckpl...	E-Adresse	A-Adres...
PS 307 5A_1	0	1		
▸ CPU_01	0	2		
	0	3		
DI 32x24VDC_1	0	4	0...3	
DO 32x24VDC/0.5A_1	0	5		4...7

Bild 2: Hardwarekonfiguration in der Software „Simatic Manager" für eine S7-300

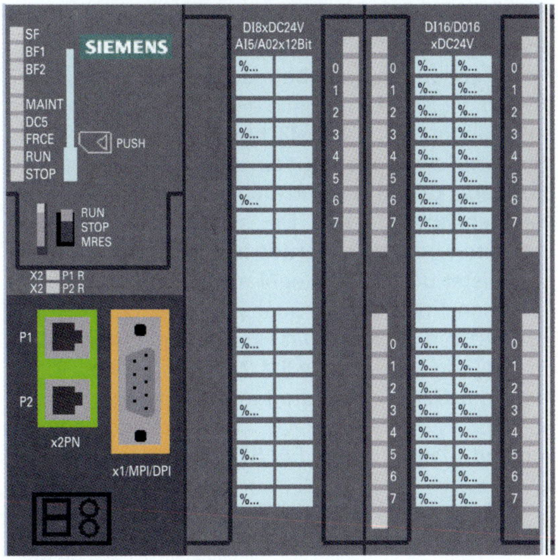

Bild 3: Betriebsartenwahl an der CPU

Programmiersprachen

Es lassen sich Textsprachen und grafische Sprachen nach der IEC[1] 1131-2 finden oder nach DIN EN 61131-2.

Textsprachen:

- **Anweisungsliste** (AWL, engl. instruction list)
- Strukturierter Text (ST, engl. structured text)
- Ablaufsprachen (AS, engl. sequential function chart)

Grafische Sprachen:

- **Kontaktplan** (KOP, engl. Ladder diagram)
- **Funktionsbaustein-Sprache** (FBS, engl. function block diagram)
- Ablaufsprache (AS, engl. sequential function chart)

Die für Mechatronik relevanten Sprachen sind hervorgehoben. In **Tabelle 1** sind drei Sprachen mit ihren elementaren Funktionen aufgelistet. Viele SPS-Systemhersteller halten sich nicht streng an die IEC 1131, sondern lassen sich durch PLCopen[2] eine „Konformität" zertifizieren. So wird aus FBS ein FUP (= klassischer Funktionsplan).

Alle Anweisungen der AWL oder der FBS müssen vom Editor aus in einen Code compiliert[3] werden, den die SPS versteht, und in einen Ladespeicher übertragen werden **(Bild 1)**. Dort werden die einzelnen Anweisungen zyklisch abgearbeitet.

Eine Steueranweisung **(Bild 2)** in der textorientierten Sprache AWL besteht aus einem **Operationsteil** (UND, ODER, NICHT usw.) und einem **Operanden**.

Anders gesagt: **Was** soll mit **wem** passieren? Der Operand besteht aus einem Kennzeichnungsteil (Frage nach der Operandenart, z.B. Eingang, Ausgang, oder einem Merker) und einem Parameter, der die Adresse des Operanden bezeichnet. Bei der Benutzung der Operanden wird die Adresse prinzipiell **absolut** angegeben, z.B. E 1.2 oder A 4.3 **(Bild 3)**. Es ist aber möglich die Adresse **symbolisch** anzugeben, z.B. **ZylMM3_hintEndlage**. Hier steht der Name symbolisch für die absolute Adresse, was die Lesbarkeit erhöht und nicht so leicht zu Namensverwechslungen führt. Die symbolischen wie die absoluten Adressen werden in einer Symboltabelle aufgelistet und in der Regel mit einem Kommentar versehen. Erkennbar ist auch der Datentyp, hier ist E 1.2 vom Typ **„BOOL"**. Das Prozessabbild zeigt, dass an der Eingangsadresse E 1.2 eine logische „1" anliegt, der Sensor, der die hintere Endlage abfragt, hat ein „1"-Signal. „BOOL" unterscheidet Signalzustand „TRUE" oder „FALSE", hier also „TRUE".

1 IEC für international electrotechnical commission
2 PLCopen (engl.) programmable logical controller open, steht für einen Verein zur Förderung der Kompatibilität der SPS-Software
3 to compile (engl.) übersetzen

Tabelle 1: SPS-Funktionen nach DIN 19239 IEC 1131-3 (Auswahl)

Benennung	Darstellung		
	AWL	FBS/FUP	LAD/KOP
UND/AND	U/A	[&]	-| |-| |-
ODER/OR	O	[≥1]	two parallel contacts
NICHT/NOT (Eingang)	N	-o[1]-	-|/|-
NICHT/NOT (Ausgang)	N	-[1]o-	-(/)-
Zuweisung	=	-[=]	-( )-
Setzen/Set	S	-[S]	-(S)-
Rücksetzen/ Reset	R	-[R]	-(R)-

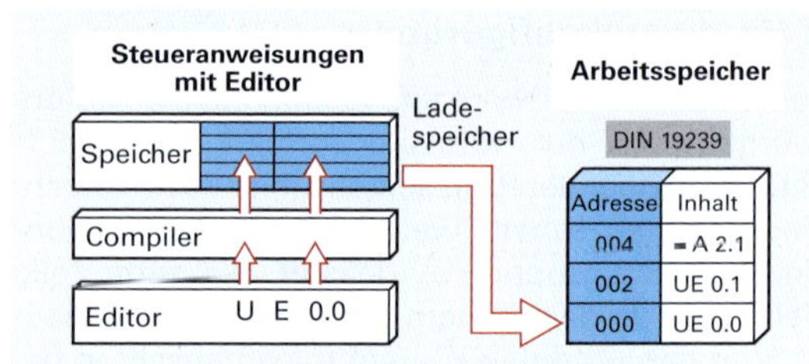

Bild 1: Übertragung von Anweisungen

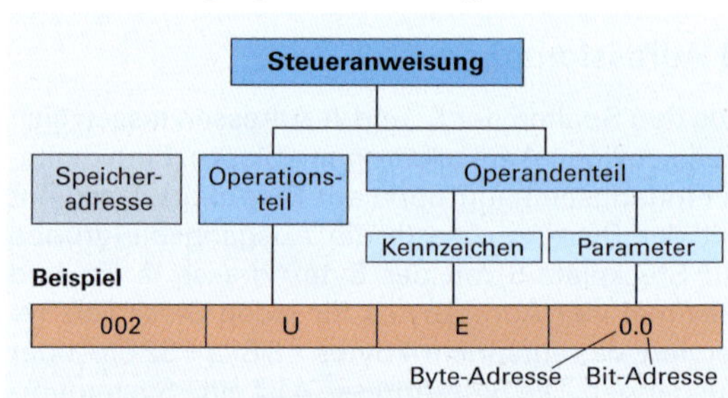

Bild 2: Steueranweisung nach DIN 19239

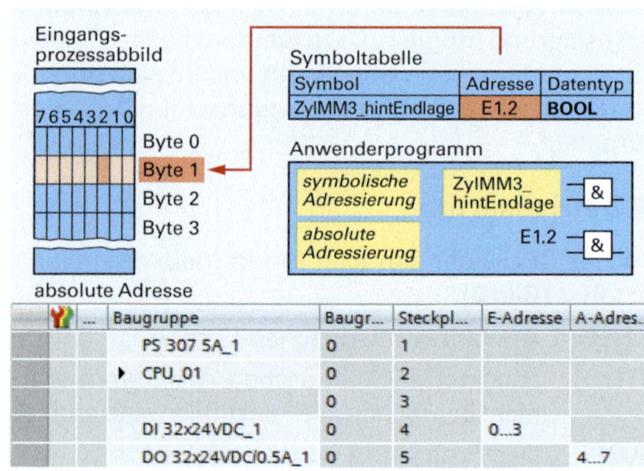

Bild 3: Absolute und symbolische Adresse im Anwenderprogramm

Aufgaben SPS als modulares System

Die folgenden Fragen und Aufgaben eignen sich zur selbstständigen Wiederholung, Erweiterung, Vertiefung und der Recherche aus verschiedenen Quellen wie SPS-Handbüchern, Manualen, Fachkundebüchern und vor allem den entsprechenden Seiten der SPS-Hersteller im Internet.

1. **VPS- und SPS-Steuerung:** Erklären Sie die Unterschiede von VPS- und SPS-Steuerungen. Wo sind die Vor- und die Nachteile dieser Steuerungstechniken?
2. **EVA-Prinzip (Bild 5):** Was bedeutet dieses Prinzip bezogen auf eine SPS? Das Funktionsprinzip ist zu erklären.
3. **Steckplätze der modularen SPS:** Wozu dienen die Steckplätze auf der Profilschiene? Für die einzelnen modularen SPS-Systeme sind die gängigsten Beispiele zu suchen.
4. **Baugruppen mit Spannungsversorgung (Bild 1):** Wie werden die einzelnen Signalbaugruppen miteinander verbunden?
5. **Adressierung der SPS:** Wie kommen die Adressen der einzelnen Eingangs- und Ausgangsbaugruppen zustande?
6. **Optokoppler (Bild 2 und Bild 3):** Wozu dienen Optokoppler in den SPS-Signalmodulen? Erklären Sie deren Funktionsprinzip.
7. **Hardwarekonfiguration:** Welche Bedeutung hat die Gerätesicht beim Arbeiten mit dem „TIA-Portal“? Warum gibt es sie nicht bei Kleinsteuerungen oder der Kompakt-SPS? Wie geht man bei der Konfigurierung vor?
8. **Steckplatz-Nummer:** Welche Bedeutung für das Gesamtsystem hat der Steckplatz 3 auf der Profilschiene?
9. **Zentrale Prozessoreinheit CPU (Bild 5):** Was sind die wichtigsten Elemente einer CPU und deren Aufgaben? Welche CPUs beim System S7-300 gibt es und wodurch unterscheiden sich diese?
10. **ROM- und RAM-Speicher (Bild 4):** Wo liegen die Unterschiede zwischen einem ROM- und einem RAM-Speicher? Wodurch werden Programme und Daten eines SPS-Systems bei Nullspannung abgesichert?
11. **Prozessabbilder:** Was versteht man unter einem Prozessabbild der Eingänge und der Ausgänge einer SPS?
12. **Zykluszeit:** Was versteht man unter der Zykluszeit?
13. **Zertifizierung:** Was versteht man unter der Zertifizierung eines SPS-Systems und welche Bedeutung hat dieses Dokument?

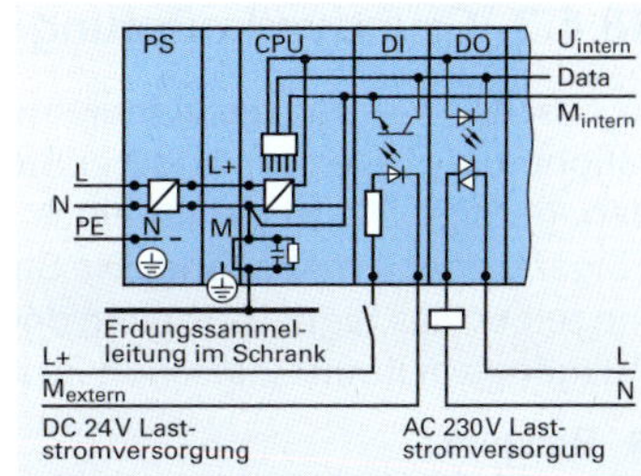

Bild 1: Baugruppen mit Spannungsversorgung

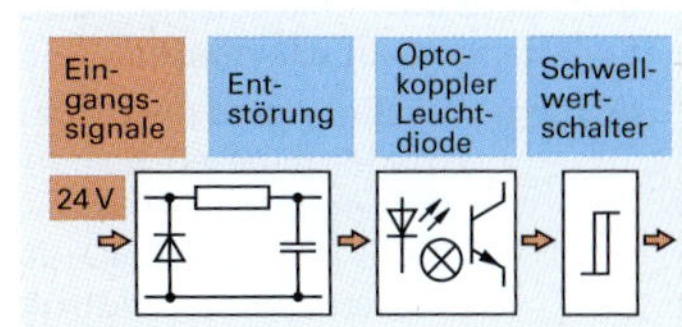

Bild 2: SPS-Eingänge

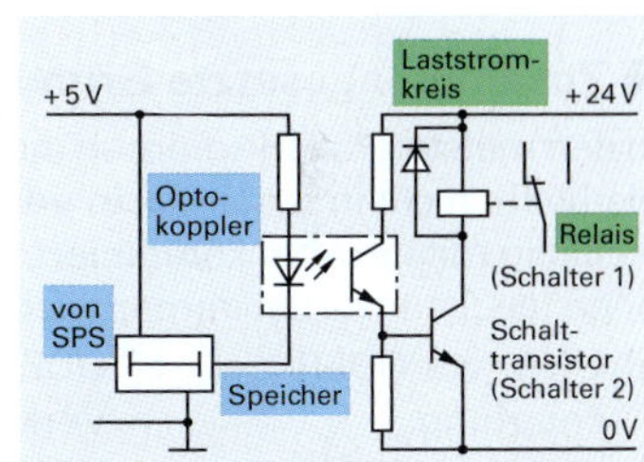

Bild 3: SPS-Ausgänge

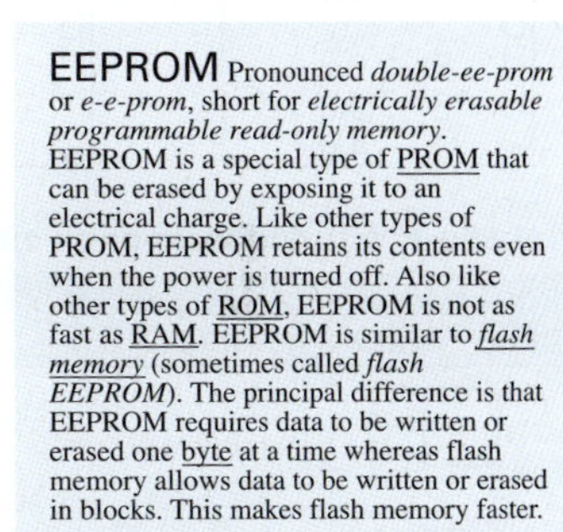

EEPROM Pronounced *double-ee-prom* or *e-e-prom*, short for *electrically erasable programmable read-only memory*. EEPROM is a special type of PROM that can be erased by exposing it to an electrical charge. Like other types of PROM, EEPROM retains its contents even when the power is turned off. Also like other types of ROM, EEPROM is not as fast as RAM. EEPROM is similar to *flash memory* (sometimes called *flash EEPROM*). The principal difference is that EEPROM requires data to be written or erased one byte at a time whereas flash memory allows data to be written or erased in blocks. This makes flash memory faster.

Bild 4: ROM und RAM

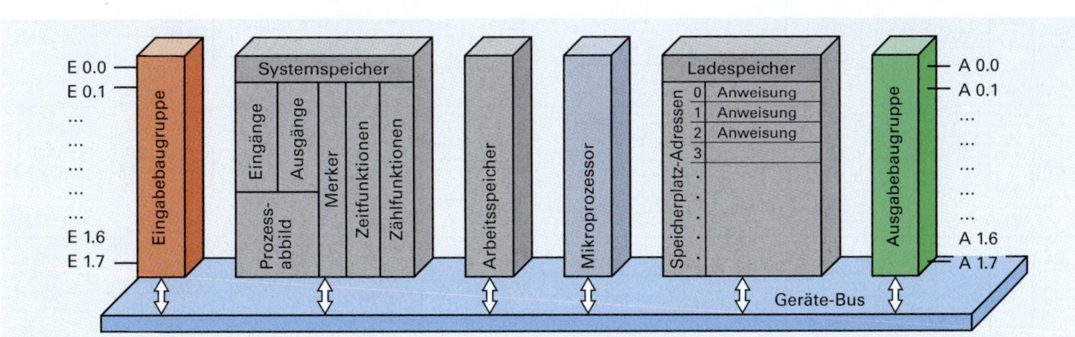

Bild 5: Innerer Systemaufbau der CPU mit Eingabe- und Ausgabebaugruppe

18.4.3 Grundverknüpfungen in einer SPS

In **Tabelle 1** werden die vier elementaren Grundoperationen, die bereits an anderer Stelle bearbeitet wurden, gezeigt. Die Negation eines Signals erfolgt am Eingang oder am Ausgang. Die Signal-Zeit-Diagramme zeigen das Signalverhalten der Eingänge und der Ausgänge in ihrem logischen Zusammenhang.

Beispiel

Für die beiden Signal-Zeit-Diagramme **(Bild 1)** sollen FUP, AWL und KOP als SPS-Lösungen erstellt werden. Über die Funktionstabellen sollen die logischen Funktionen deutlich werden.

Lösung: Im **Bild 2** sind die beiden Funktionstabellen wiedergegeben. Es handelt sich jeweils um die negierten Formen von UND und ODER, die auch als NAND und NOR bezeichnet werden. **Bild 3** zeigt die beiden Lösungen für die Schaltungen a und b in der jeweiligen SPS-Sprache FUP, AWL und KOP.

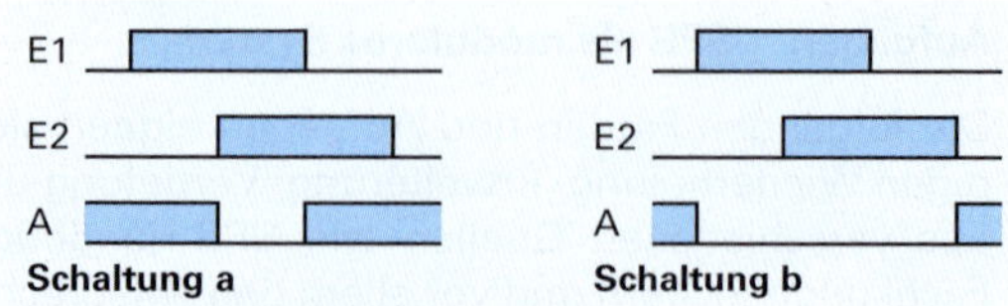

Bild 1: Signal-Zeit-Diagramme

E2	E1	A
0	0	1
0	1	1
1	0	1
1	1	0

Schaltung a

E2	E1	A
0	0	1
0	1	0
1	0	0
1	1	0

Schaltung b

Bild 2: Funktionstabellen von a und b

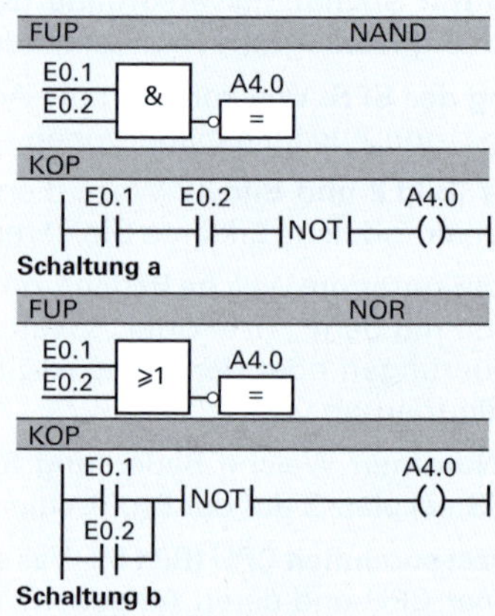

AWL (Schaltung a):

```
U  E  0.1
U  E  0.2
NOT
=  A  4.0
```

AWL (Schaltung b):

```
O  E  0.1
O  E  0.2
NOT
=  A  4.0
```

Bild 3: SPS-Umsetzungen von Schaltung a und b

Zusammengesetzte Grundverknüpfungen

In den meisten Fällen kommen die logischen Grundelemente nicht in reiner Form vor, sondern werden vielfältig miteinander kombiniert. Zwei Grundfunktionen tauchen hierbei immer wieder auf.

a) UND- vor ODER-Verknüpfung:

```
U  E  0.0
U  E  0.1
O
U  E  0.2
U  E  0.3
=  A  4.0
```

b) ODER- vor UND-Verknüpfung:

```
U  (O E  0.0
    O E  0.1)
U
   (O E  0.2
    O E  0.3)
=   A 4.0
```

Tabelle 1: Grundoperationen einer modularen SPS

Schaltzeichen DIN EN 60617	Funktionstabelle	Signal-Zeit-Diagramm	FUP/FBS	AWL	KOP
E [1] A Identität	E A: 0 0; 1 0	Eing. 1/0; Ausg. 1/0; t	E0.0 [=] A4.0	U E 0.0 = A 4.0	E0.0 ( ) A4.0
E [1]o A E o[1] A Negation	E A: 0 1; 1 0	Eing. 1/0; Ausg. 1/0; t	E0.0 o[=] A4.0	UN E 0.0 = A 4.0	E0.0 (/) ( ) A4.0
E1, E2 [&] A UND	E2 E1 A: 0 0 0; 0 1 0; 1 0 0; 1 1 1	Eing. 1 1/0; Eing. 2 1/0; Ausg. 1/0; t	E0.0, E0.1 [&] [=] A4.0	U E 0.0 U E 0.1 = A 4.0	E0.0 E0.1 ( ) A4.0
E1, E2 [≥1] A ODER	E2 E1 A: 0 0 0; 0 1 1; 1 0 1; 1 1 1	Eing. 1 1/0; Eing. 2 1/0; Ausg. 1/0; t	E0.0, E0.1 [≥1] [=] A4.0	O E 0.0 O E 0.1 = A 4.0	E0.0 / E0.1 parallel ( ) A4.0

Aufgaben | **Grundverknüpfungen in einer SPS**

1. **Signal-Zeit-Diagramm (Bild 1):** Zu welcher logischen Verknüpfung gehört das dargestellte Signal-Zeit-Diagramm? Das Schaltverhalten soll in die drei SPS-Sprachen (FUP, KOP und AWL) umgesetzt werden.

2. **Funktionsplan (Bild 2):** Der dargestellte Funktionsplan soll in den Kontaktplan und in eine Anweisungsliste umgewandelt werden. Dabei sollen die für die SPS typischen Ein- und Ausgangsbezeichnungen gewählt werden. Zur Lösung wird eine Funktionsgleichung erstellt.

3. **Anweisungsliste und Kontaktplan (Bild 3):** Die AWL und der KOP sollen in die jeweils anderen Sprachen umgesetzt werden.

4. **Kontaktplan mit Merkern (Bild 4):** Der Kontaktplan enthält die Merker M1 und M2. Der Schaltplan soll in die jeweils anderen Sprachen umgesetzt werden. Eine Funktionsgleichung vom Kontaktplan ist zu Beginn zu erstellen.

5. **Relaisschaltungen (Bild 5):** Die folgenden Relaisschaltungen sind in die SPS-Sprachen umzusetzen.

   a) Am Ausgang A 1.0 erscheint der Signalzustand „1“, wenn mindestens eine UND-Verknüpfung erfüllt ist. Ist keine der UND-Verknüpfungen erfüllt, so führt der Ausgang A 1.0 den Signalzustand „0“.

   b) Am Ausgang A 1.0 erscheint Signalzustand „1“, wenn folgende Bedingungen erfüllt sind: Der Eingang 0.0 führt „1“Signal, Eingang 0.1 und einer der Eingänge 0.2 oder 0.3 führen Signal „1“. Ist E 0.0 nicht betätigt, oder ist die UND-Verknüpfung nicht erfüllt, hat A 1.0 ein „0“-Signal.

6. **Stromlaufplan (Bild 6):** Der Stromlaufplan für eine Meldeleuchte –PF1 ist wie gezeigt in Relaistechnik ausgeführt. Aus der Hardwarekonfiguration stehen die folgende Adressen zur Verfügung:
   Eingangsadressen: 0–3 Byte
   Ausgangsadressen: 4–7 Byte
   Es sollen die Betriebsmittel –SF1, –SF2 usw. den SPS-Adressen zugewiesen, ein Anschlussplan erstellt und die Schaltung mit den SPS-Sprachen programmiert werden.

7. **Funktionsbeschreibung einer Prozessüberwachung:** Die Sicherheitseinrichtung eines chemischen Prozesses soll unter folgenden Bedingungen ansprechen:
   - Einer der drei Druckwächter (Schließerfunktion) spricht an.
   - Der Motorschutzschalter der verwendeten Umwälzpumpe gibt Signal; dieser Schalter ist aus Gründen der Drahtbruchsicherheit als Öffner ausgelegt.
   - Ein Temperatursensor spricht bei Überschreiten der Grenztemperatur an (Öffnerfunktion).

   Zu erstellen sind:
   - Eine Symboltabelle, in der die Betriebsmittel den SPS-Adressen zugewiesen sind inklusive Kommentierung
   - Eine Anschlussverdrahtung an die SPS
   - Die schaltungstechnische Umsetzung in den Sprachen AWL, KOP und FUP/FBS

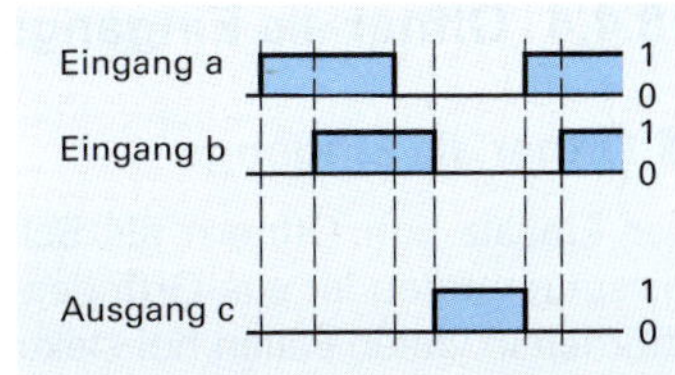

Bild 1: Signal-Zeit-Diagramm

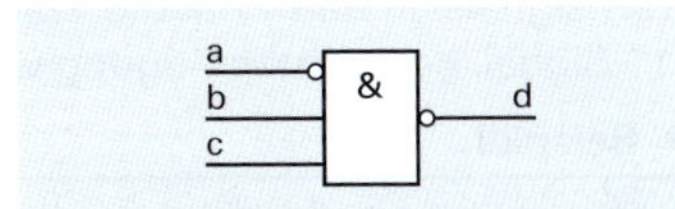

Bild 2: Funktionsplan

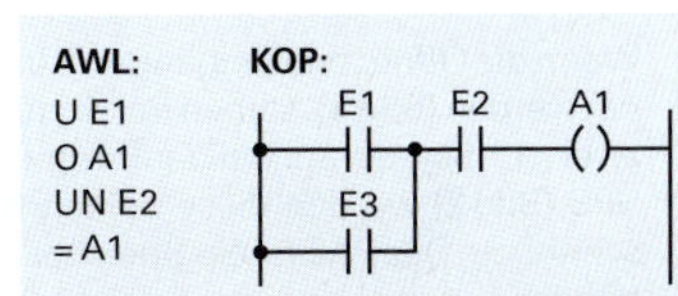

Bild 3: AWL und KOP

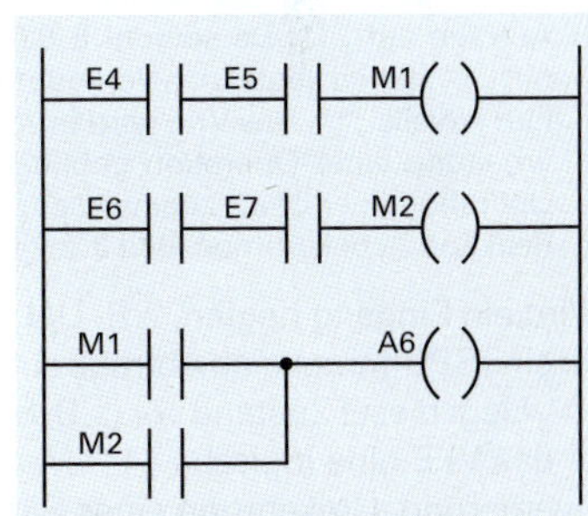

Bild 4: Kontaktplan mit Merkern

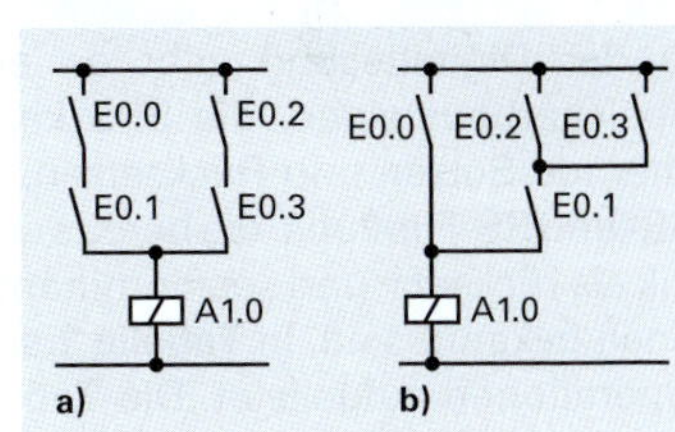

Bild 5: Relaisschaltungen

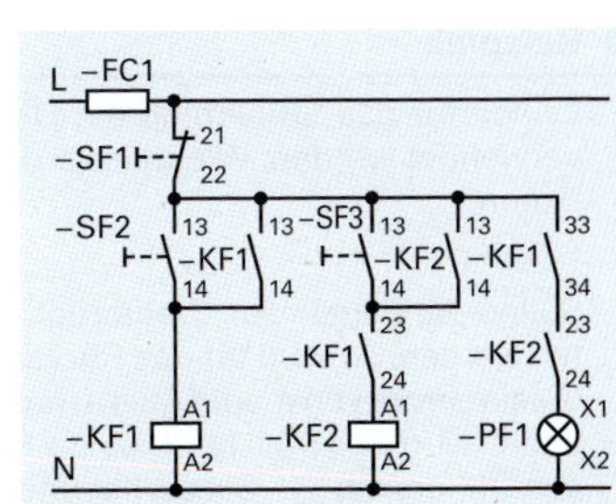

Bild 6: Stromlaufplan

18.4.4 Öffner als Eingangsvariable und Speicherfunktionen der SPS

Öffner als Eingänge

Der Einsatz von Öffnern als Schaltelement in Relaissteuerungen ist aus Gründen der Drahtbruchsicherheit in vielen Fällen bei elektrischen Maschinen und Anlagen vorgeschrieben, z.B. zum sicheren Ausschalten eines Systems oder bei Anzeige eines Warnsignals. In **Bild 1** hat die Warnleuchte –PF1 ein „1"-Signal, bei Nichtbetätigung von –SF1 und –SF2.

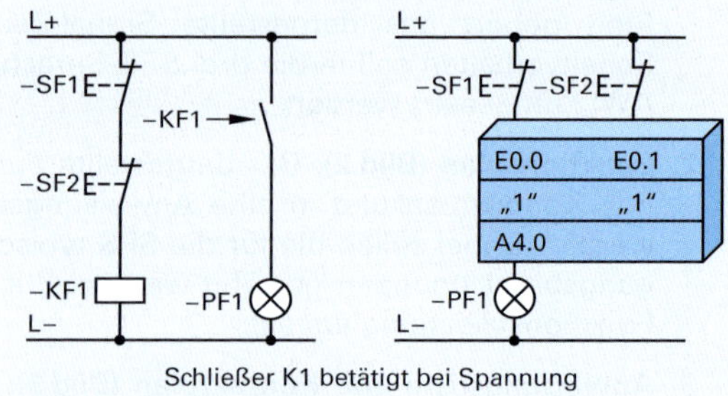

Bild 1: Einsatz von Öffnern

Beispiel

Wie ist die Programmierung der beiden Öffner, wenn diese an eine SPS verdrahtet werden?

Lösung:

Wenn die Öffner den Eingängen E 0.0 und E 0.1 zugeordnet werden **(Bild 1)**, stehen im Moment des Einschaltens zwei „1"-Signale an. Bei der Programmbearbeitung der SPS **(Bild 2)** werden diese beiden Signale ins PAE geschrieben. Das PAE ist ein Speicher mit einem Speicherbereich für die Eingänge. Speicherinhalt jeweils „1".

Die einzelnen Anweisungen des AWL-Programms werden abgearbeitet. Der Befehl **„U E 0.0"** bedeutet eine Abfrage auf „1". Da sowohl E 0.0 und E 0.1 im PAE mit „1" stehen, lautet das Verknüpfungsergebnis (VKE) hier jeweils „1". Das VKE wird immer während der Bearbeitung einer Operation gebildet und am Ende der Operation (hier UND) zugewiesen, um eine bestimmte Reaktion zu bekommen. **Bild 3** zeigt die SPS-Lösungen.

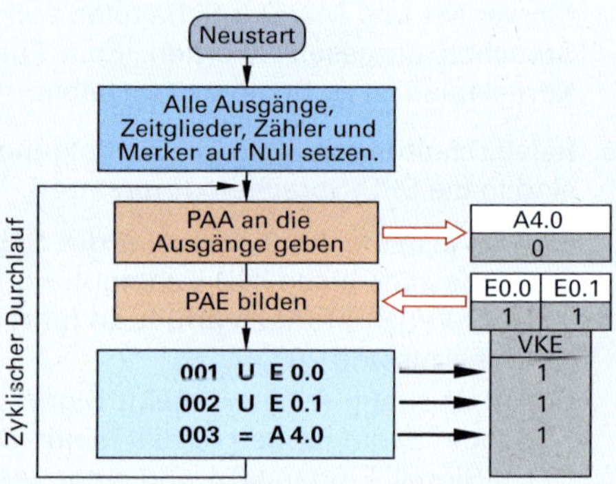

Bild 2: Programmbearbeitung der SPS (1. Zyklus)

Wird ein Eingang negiert, z.B. UN E 0.1, bedeutet das für eine SPS immer eine Abfrage auf den Signalzustand „0". Liegt dieser Zustand vor (z.B. betätigter Öffner), so ist das VKE eine logische „1". Man spricht von einer Invertierung, Umkehrung eines Signalzustandes.

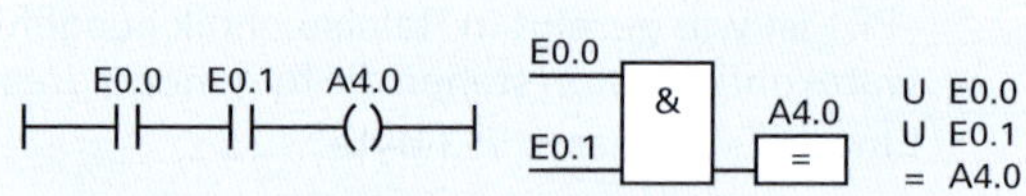

Bild 3: Signalverarbeitung bei Öffnern

Speicherfunktionen der SPS

In der Digitaltechnik gibt es eine Vielzahl von Speicherbausteinen, die SPS kennt nur das speichernde Setzen und Rücksetzen, sowie die beiden SR- und RS-Flipflops, die bereits aus der Schütztechnik als rücksetz- und setzdominante Speicherfunktionen bekannt sind. In **Tabelle 1** sind die möglichen Operationen aufgelistet. Die Tabelle ist jedoch nur dann gültig, wenn man für die Eingänge **Schließer** zum Setzen und **Öffner** zum Rücksetzen verwendet.

Tabelle 1: Speicherfunktionen

Operation	FUP/FBS	AWL	KOP
Setzen speichernd	A 4.0; E 0.0 → [S]	U E 0.0 S A 4.0	E 0.0 A 4.0 ─┤├─(S)─
Rücksetzen speichernd	A 4.0; E 0.1 → [R]	U E 0.1 R A 4.0	E 0.1 A 4.0 ─┤├─(R)─
SR-Flipflop	A 4.0; E 0.0 → S, E 0.1 → R (negiert), SR, Q	U E 0.0 S A 4.0 UN E 0.1 R A 4.0 NOP 0	A 4.0; E 0.0 ─┤├─ S, E 0.1 ─┤/├─ R, SR, Q
RS-Flipflop	A 4.0; E 0.1 → R (negiert), E 0.0 → S, RS, Q	UN E 0.1 R A 4.0 U E 0.0 S A 4.0 NOP 0	A 4.0; E 0.1 ─┤/├─ R, E 0.0 ─┤├─ S, RS, Q

Beispiel

Es soll für das SR-Flipflop ein Öffner am R-Eingang verwendet werden. Wie müsste die AWL-Anweisung lauten?

Lösung:

Sollen die Regeln zur Drahtbruchsicherheit eingehalten werden, so wird für das Rücksetzen am Eingang E 0.1 ein Öffner verwendet. Wie in der **Tabelle 1** programmiert, wird A 4.0 nicht aktiv, da E 0.1 bereits wegen des Öffners ein „1"-Signal hat und dies dominant ist.

Die Zeile heißt: **UN E 0.1**

Aufgaben | Signalinvertierung und Speicherfunktionen der SPS

1. **Parallelschaltung zweier Öffner (Bild 1):** Die Schützsteuerung mit zwei parallelen Öffnern soll in eine SPS-Lösung umgesetzt werden. Erforderlich sind ein Anschlussplan, eine Zuordnung auf die SPS-Adressen sowie die Lösung in FUP und AWL.

   Aus der FUP-Lösung und der Funktionstabelle soll herausgefunden werden, ob NOR oder NAND vorliegt.

2. **Schaltsimulation (Bild 2):** Es wird eine Schaltung gezeigt, die sich bei einer Simulation im Grundzustand befindet.
   a) Um welche Art von Schaltung handelt es sich?
   b) Die Schaltung ist in einer Anweisungsliste darzustellen.
   c) Zu beschreiben ist der Signalverlauf bei Betätigung von E 0.0 und E 0.1. Dazu soll S7_PCLSIM verwendet werden.

3. **Selbsthaltungen (Bild 3):** Zwei Selbsthaltungen sind gezeigt.
   a) Für die Schaltung a ist die Betriebsmittelzuweisung auf eine SPS und die Schaltungslösung in AWL zu schreiben.
   b) Um welche Art von Selbsthaltung handelt es sich beim Logikplan b? Dieser soll in Schütztechnik gezeichnet werden.

4. **Speicheroperationen (Bild 4):** Für die beiden Flipflops sollen die Anweisungslisten und die Kontaktpläne geschrieben werden.

   Die Bezeichnungen E 2.1 und A 6.0 sind zu erklären.

5. **Überwachung einer Anlage (Bild 5):** Die Überwachung eines technischen Systems soll dokumentiert werden. Dazu sind die folgenden Dokumente beizufügen:
   - Allgemeine Ablauf- und Funktionsbeschreibung der Anlage
   - Symboltabelle der SPS-Eingänge und -Ausgänge mit entsprechender Kommentierung
   - Ein Anschlussplan der SPS mit den entsprechenden Baugruppen
   - Zwei Schaltungslösungen in FUP/FBS und AWL

6. **Pneumatische Prägevorrichtung (Bild 6):** Ein Prägestempel wird von einem pneumatischen Kolben nach unten auf das zu kennzeichnende Teil gebracht. Der Arbeitsraum der Presse wird durch zwei Lichtschranken –BG1 und –BG2 ausreichend abgesichert, sodass auf eine weitere Sicherung verzichtet werden kann.

   Die Systemausführung soll mit einer SPS erfolgen. Für die Anlagendokumentation sind vorgesehen:
   - Pneumatischer Leistungsteil mit monostabilen Stellelementen
   - Symboltabelle der SPS-Eingänge und -Ausgänge mit entsprechender Kommentierung
   - Ein Anschlussplan der SPS mit den entsprechenden Baugruppen
   - Schaltungslösungen in FUP/FBS und KOP
   - Ein Vergleich sowie Bewertung von monostabilen und alternativen bistabilen Stellelementen

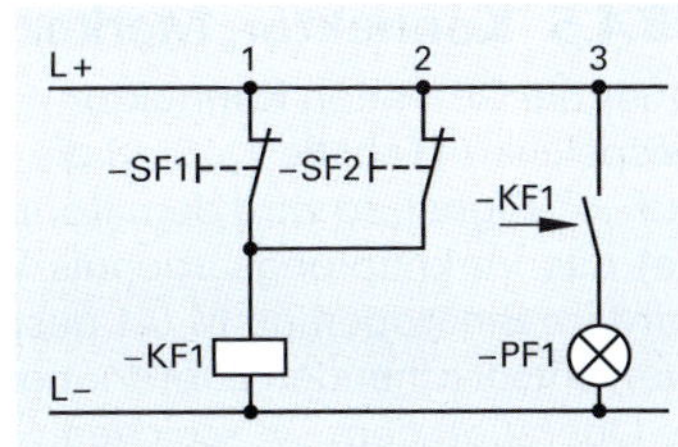

Bild 1: Parallelschaltung

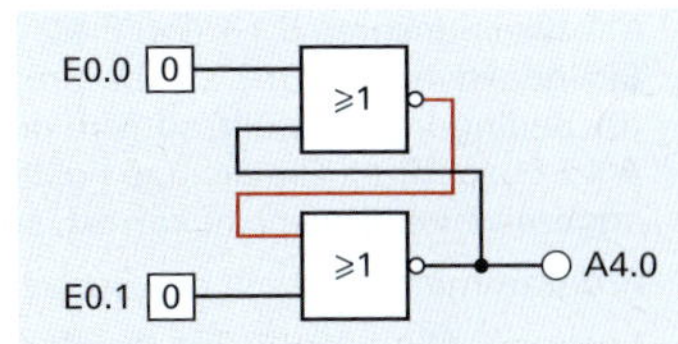

Bild 2: Schaltsimulation

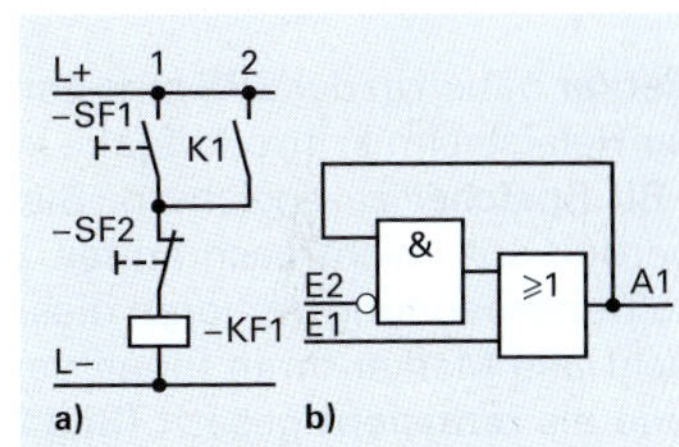

Bild 3: Selbsthaltungen

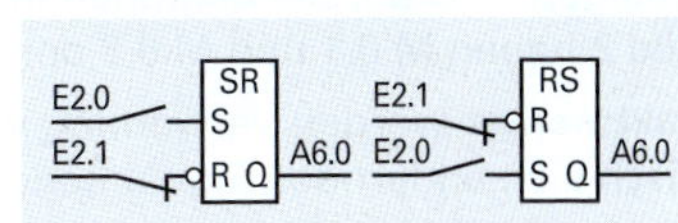

Bild 4: Speicheroperationen

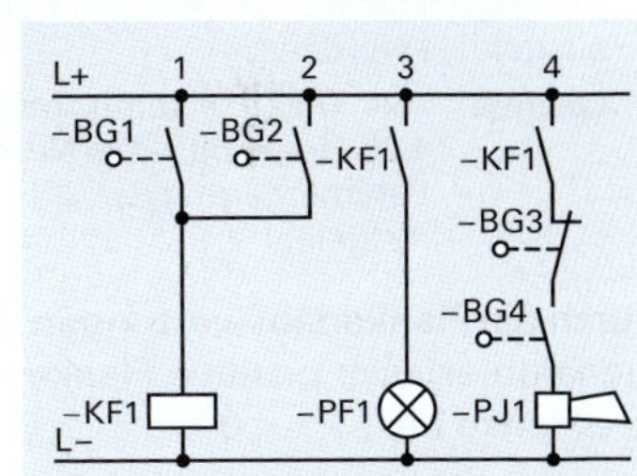

Bild 5: Überwachung einer Anlage

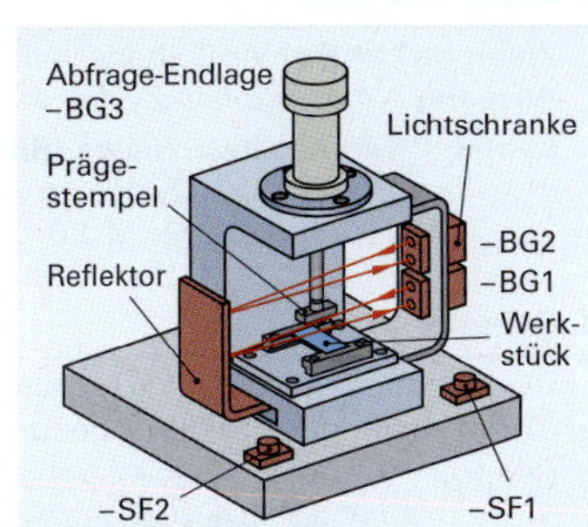

Bild 6: Prägevorrichtung

18.4.5 Konnektor, Merker und Flankenauswertungen in einer SPS

Über die Operation **Konnektor** wird das Ergebnis einer Verknüpfung gespeichert **(Tabelle 1)**. Sind die Eingangsoperanden E 1.0 und E 1.1 auf „1"-Signal, so wird dem Konnektor bei UND-Verknüpfung (in Reihe) das Verknüpfungsergebnis VKE mit „1" zugewiesen. Der Wert wird im Binäroperand M 0.1 gespeichert. Dieser Operand steht über dem entsprechenden Zuordnungselement. In der AWL entspricht diese Operation dem „="-Zeichen.

Tabelle 1: Operation Konnektor

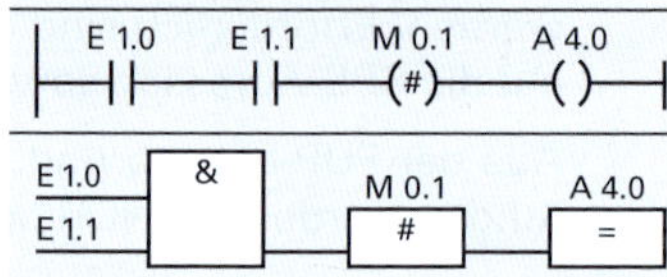

U	E	1.0
U	E	1.1
=	M	0.1
U	M	0.1
=	A	4.0

● Beispiel 1

Mit zwei Sensoren E 1.1 und E 1.2 wird die Lage von einem Bauteil geprüft. Ein induktiver Sensor E 1.3 überprüft, ob das richtige Teil vorhanden ist. Sind die Bedingungen erfüllt, so wird durch Fußbetätigung E 1.4 ein Arbeitshub A 4.5 ausgeführt. Die richtige Position wird über Meldeleuchte GRÜN A 4.6 angezeigt. Ist diese nicht korrekt, so erscheint Meldeleuchte ROT auf A 4.7.

Programmiert wird mit der Sprache FBS/FUP.

Lösung: Die Lösung für die Bauteilprüfung **(Bild 1)** benutzt den Binäroperanden M 0.1. Merker M sind Informationsspeicher, die im gesamten Programm verwendet werden können.

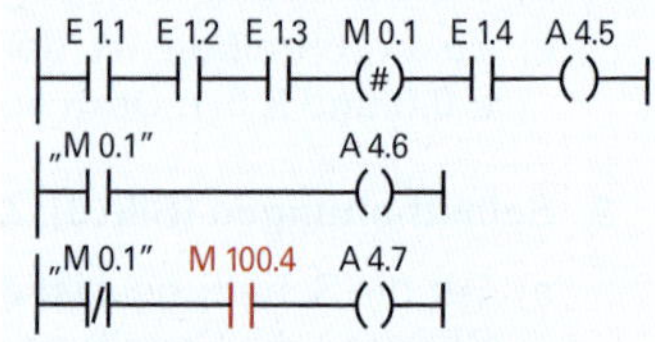

Bild 1: Bauteilprüfung

Merker haben in der SPS eine ähnliche Funktion wie „Hilfsschütze" in der Relaistechnik. Ihre Aufgabe ist es binäre Signalzustände in einem **1-Bit-Speicher** zu speichern. Sie werden wie Ausgänge behandelt, werden aber nicht nach außen zum Prozess geführt. Bei Abfall der Betriebsspannung verlieren diese Speicher ihren Inhalt. Damit dabei nicht alle Merker ihren Inhalt verlieren, wird ein Teil über eine Batterie als **remanent** gesetzt **(Bild 2)**. Sie werden auch als **Haftmerker** bezeichnet. Die Zahl und Adressierung der Merker hängt von der jeweiligen CPU ab. Sie beginnen immer mit dem Merkerbyte MB0. Im **Bild 2** haben M 0.1 und M 0.3 den Signalzustand „1".

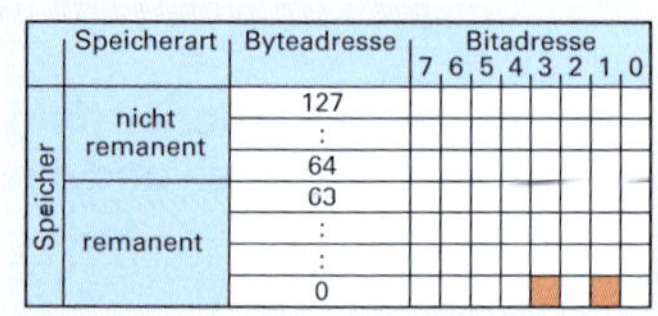

Bild 2: Merkeradressierung

Taktmerker werden verwendet, wenn auf einfache Weise ein periodisch sich änderndes Signal benötigt wird.

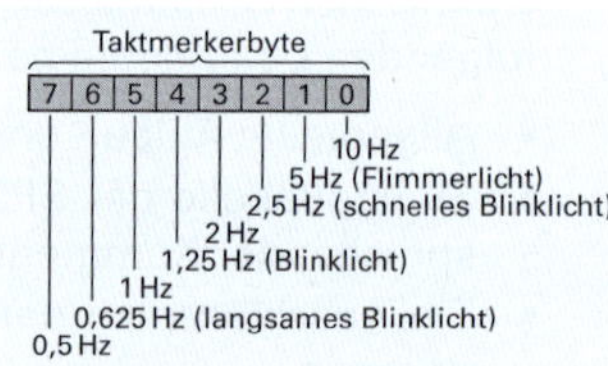

Bild 3: Taktmerkerbyte

● Beispiel 2

Die Meldeleuchte ROT A 4.7 in Beispiel 1 soll als ein normales Blinklicht ausgeführt werden.

Lösung: Aus **Bild 3** erkennt man die Zuordnung der Blinkfrequenz 1,25 Hz auf Bit 4. Die Nummer des Taktmerkerbytes wird bei der Parametrierung der CPU (siehe unter „Eigenschaften" der CPU) festgelegt: z. B. Merkerbyte 100 ⇒ Taktmerker **M100.4 (Bild 1)**.

Durch die **Flankenauswertungen (Bild 4)** werden die Änderungen von Signalen erfasst: positive Flanke bei Signalwechsel „0"→„1", negative Flanke bei „1"→„0".

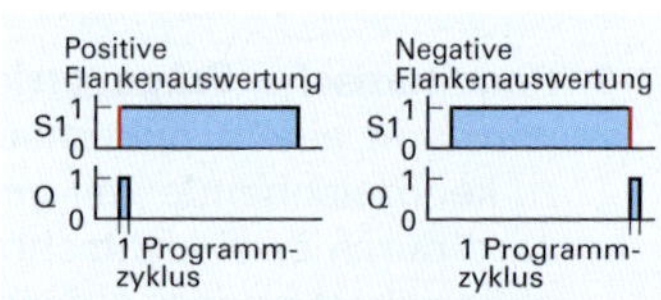

Bild 4: Flankenauswertungen

Die Auswertung ergibt einen Impuls, gültig für einen Zyklus.

● Beispiel 3

Wenn das VKE einer Reihenschaltung von „1"→„0" wechselt, liefert der Ausgang A 4.0 für einen Zyklus das Ergebnis „1".

Lösung: Die negative Flanke **(Bild 5)**, abgefragt über **FN**, liefert für die Dauer eines Zyklus an A 4.0 eine „1". Das VKE wird in einem FN-Merker, hier M 1.0, gespeichert.

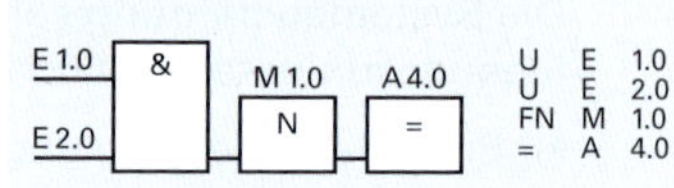

Bild 5: Negative Flanke

● Beispiel 4

Der Eingang E 2.0 wird dynamisch überwacht, jeder Wechsel von „0" auf „1" soll erkannt werden. Eingang 1.0 wirkt als Freigabe.

Lösung: Wechselt Eingang 2.0 von „0" auf „1" und ist E 1.0 auf Signal „1", so liefert Ausgang Q für einen Zyklus den Signalzustand „1" **(Bild 6)**.

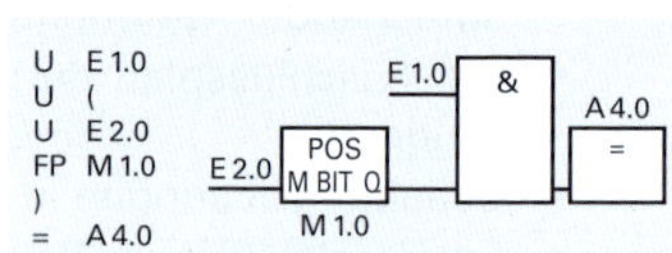

Bild 6: Positive Signalflanke

Aufgaben – Konnektor, Merker und Flankenauswertungen in einer SPS

1. **Funktionsplan mit Konnektoren (Bild 1):** Über die vier Konnektoroperationen werden den Binäroperanden M 0.0, M 1.1, M 2.2 und M 3.3 Verknüpfungsergebnisse zugewiesen.
   a) Erstellen Sie das Signal-Zeit-Diagramm für den Binäroperanden M 0.0.
   b) Wandeln Sie den Funktionsplan in eine Anweisungsliste und einen Kontaktplan um.
   c) Sind die verwendeten Merker remanente oder nichtremanente Merker?

2. **Funktionstabelle (Bild 2):** Eine Funktionstabelle beschreibt das Verhalten einer Schaltung. Diese Schaltung wird mit einer Anweisungsliste in SPS-Technik realisiert.
   a) Handelt es sich hier um eine UND-vor-Oder-Verknüpfung oder um eine ODER-vor-UND-Verknüpfung?
   b) Entfernen Sie die Klammerausdrücke und verwenden Sie Merker, um ein korrektes Ergebnis zu erhalten.
   c) Wie müsste die Ausgangsadresse lauten, wenn mit einem Baustein SM 322 DO 32 x DC24V/0.5 A gearbeitet wird? Erklären Sie diesen Baustein.

3. **Ablassschaltung (Bild 3):** Ein zylindrischer Behälter speichert eine bestimmte Menge an Salpetersäure. Zwei Signalelemente überwachen den Füllzustand. Übersteigt die Flüssigkeit die Position von –BG2, dann wird das Ventil –MB1 geöffnet. Ist der Behälter leer, so meldet der Sensor –BG1 ein „0“-Signal, das Ventil wird wieder geschlossen.
   a) Erstellen Sie dazu ein Signal-Zeit-Diagramm. Zu berücksichtigen ist, dass beim Absinken der Flüssigkeit unter den Anzeigestand von –BG2 der Behälter weiterhin geleert werden soll.
   b) Erstellen Sie einen Funktionsplan als SPS-Lösung.

4. **Drehrichtung (Bild 4):** Die Drehrichtungen einer Welle werden durch Leuchtmelder –PF1 und –PF2 angezeigt. Eine Schaltnocke an der Welle aktiviert die beiden Initiatoren –BG1 und –BG2. Gestartet wird mit der Starttaste –SF1. Bei Rechtsdrehung schaltet zunächst –BG1 und dann –BG2. Der Abstand zwischen beiden Initiatoren ist so eingestellt, dass bei entsprechender Wellenstellung beide Sensoren gleichzeitig ein „1“-Signal haben können.
   a) Erstellen Sie je ein Signal-Zeit-Diagramm für den Rechts- als auch für den Linkslauf sowie eine Symboltabelle.
   b) Erstellen Sie einen Funktionsplan als SPS-Lösung. Eine Leuchtmeldeanzeige setzt die andere Leuchtmeldeanzeige zurück.

5. **Aufzugschaltung (Bild 5):** Der Aufzug steht im 4. Stock (–BG4). Im 5. Stock wird der Rufknopf (–SF5) betätigt (Flankenwechsel „0“→„1“). Damit wird die Türe geschlossen und die Fahrt nach oben ausgelöst. Diese Fahrt stoppt, wenn Initiator –BG5 erreicht wird. Die Türe öffnet sich. Entsprechendes gilt, wenn der Rufknopf im 3. Stock betätigt wurde.
   Schreiben Sie eine FUP-Lösung für diesen Fall. Die Fahrt nach oben wird über einen Schütz –QA1 ausgelöst, Fahrt nach unten über –QA2.

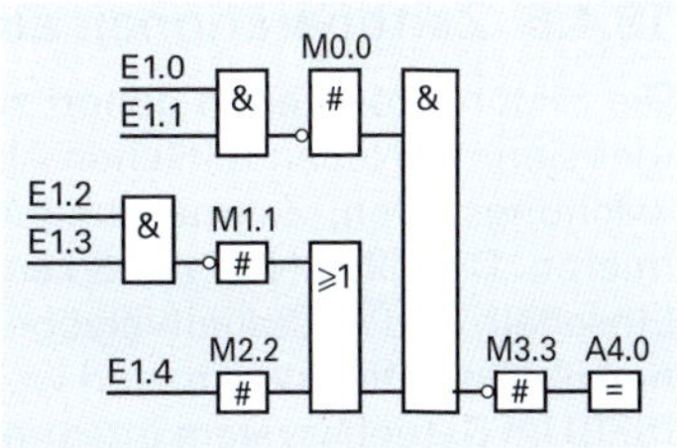

Bild 1: Funktionsplan mit Konnektoren

Funktionstabelle				AWL
E 0.2	E 0.1	E 0.0	A 0.0	U(
0	0	0	0	OE 0.0
0	0	1	0	OE 0.1
0	1	0	0	)
0	1	1	0	UE 0.2
1	0	0	0	=A 0.0
1	0	1	1	
1	1	0	1	
1	1	1	1	

Bild 2: Funktionstabelle

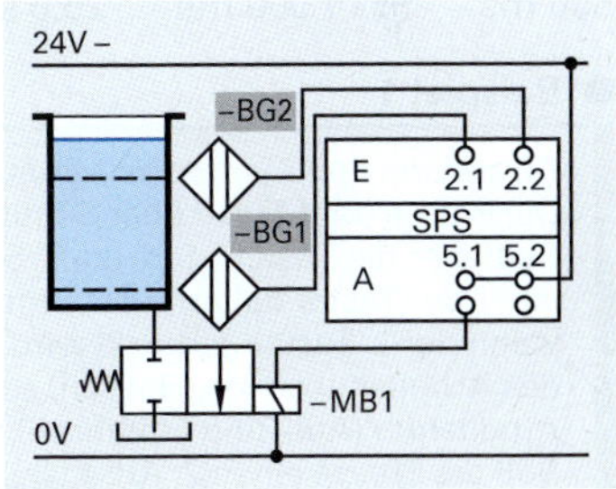

Bild 3: Ablassschaltung

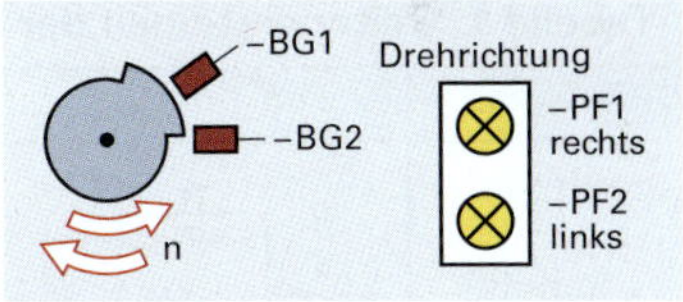

Bild 4: Drehrichtung

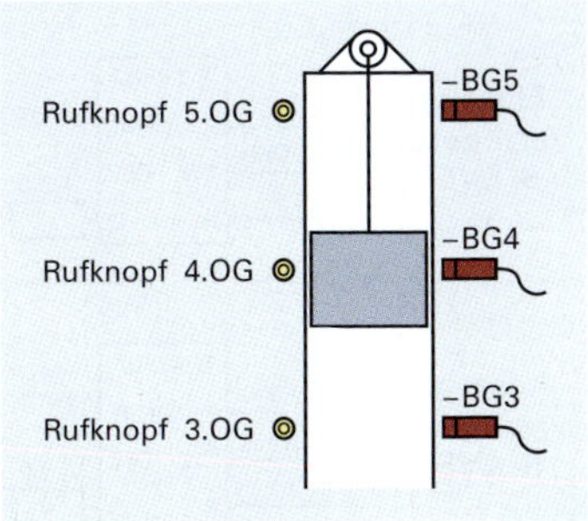

Bild 5: Aufzugschaltung

18.4.6 Zeitoperationen einer SPS

Die Bildung von **Zeiten** gehört zu den Grundfunktionen in der Automatisierung. Neben zeitlichen Abläufen lassen sich Warte- und Überwachungszeiten, Zeitmessungen oder auch Taktimpulse programmieren. Die DIN EN 61131-3 kennt drei Standardfunktionen: Impuls, Einschalt- und Ausschaltverzögerung. In STEP7 sind fünf Zeitfunktionen im Operationsvorrat und weitere drei Systemfunktionsbausteine (SFB) im Betriebssystem integriert. Die Zeitoperationen lassen sich in AWL, KOP, FUP oder in der Sprache SCL programmieren.

Aufbau von Zeitfunktionen

Die Eingangs- und Ausgangsvariablen sind bei allen Zeitoperationen gleich **(Bild 1)**. Die Zeit wird am Starteingang S gestartet. Der Timer T startet bei Impuls und bei Einschaltverzögerung mit positiver Flanke „0"→„1" **(Tabelle 1)**, bei der Ausschaltverzögerung mit negativer Flanke „1"→„0".

Die Zeitdauer wird vor dem Start in den Akkumulator 1 (= spezieller Speicher) geladen. Die Dauer setzt sich aus Zeitfaktor und Zeitbasis **(Bild 2)** zusammen und wird in einer Bitcodierung **(Bild 3)** im Akku 1 abgelegt.

Mögliche Zeiteingaben:

500 ms S5T# 500 ms 25,5 s S5T#25s500ms

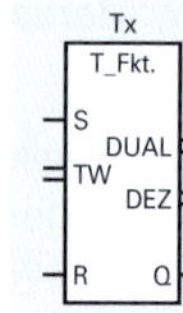

Tx: Zeitoperand T0...T15 (CPU abhängig)
T_Fkt. Zeitfunktion (SI, SV, SE, SS, SA)
S: Starteingang
TW: Vorgabewert der Zeitdauer
R: Rücksetzeingang
DUAL: Restwert der Zeit dual codiert
DEZ: Restwert der Zeit BCD-codiert (S5TIME)
Q: Abfrage des Status des Zeitoperanden

Bild 1: Variablen von Zeiten

Zeitbasis für S5TIME

Zeitbasis	Binärcode für Zeitbasis
10 ms	00
100 ms	01
1 s	10
10 s	11

Bild 2: Zeitbasis bei STEP7

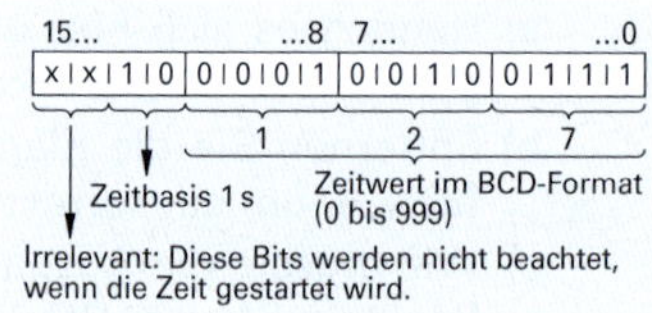

Bild 3: Bitcode für Zeitdauer

Beispiel 1

An anderer Stelle wurde bereits auf die Zweihandsicherung eingegangen. Die Presse **(Bild 4)** soll über Schütz -KF1 nur gestartet werden, wenn der Bediener die Taster -SF1 und -SF2 innerhalb von 0,1 s betätigt. Wurde einer der Taster dauernd betätigt, wird der Arbeitshub nicht ausgeführt, wenn der 2. Taster gedrückt wird. Wird einer der beiden Taster während des Arbeitshubes losgelassen, so wird der Hub unterbrochen. Für einen Arbeitshub (Aus- und Einfahren) müssen beide Taster gedrückt bleiben. Soll die Presse einen 2. Arbeitshub ausführen, müssen beide Taster losgelassen und neu betätigt werden.

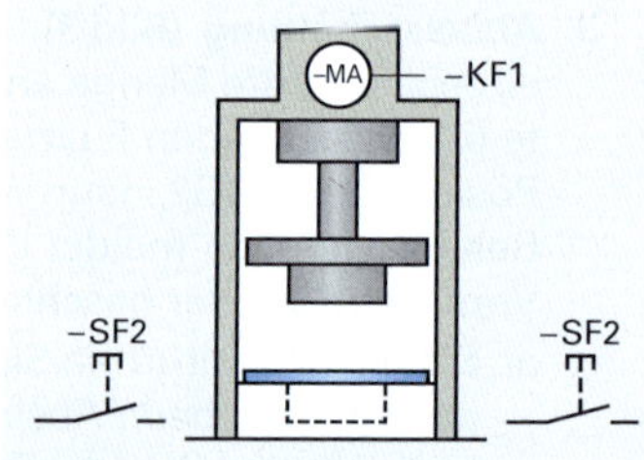

Bild 4: Pressensteuerung

Tabelle 1: Zeitoperationen der STEP7 für S-300-Systeme

Funktion	Funktionsplan	Kontaktplan	Anweisungsliste	Signal-Zeit-Diagramm
Impuls **S_Impuls**	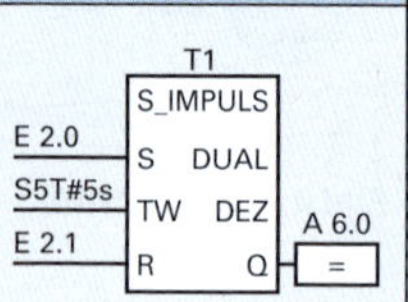	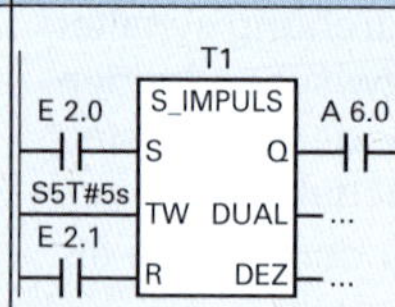	U E 2.0 L S5T#5s SI T 1 U E 2.1 R T 1 U T 1 = A 6.0	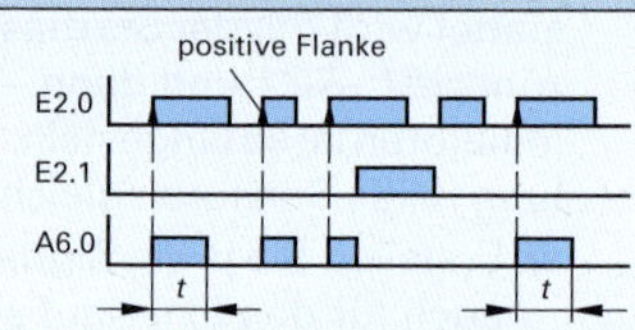
Einschalt-verzögerung **S_EVERZ**	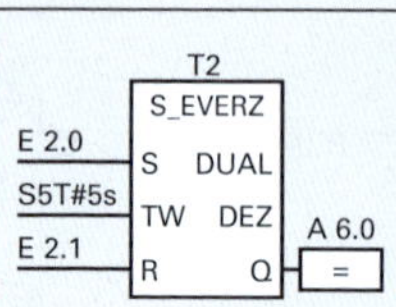	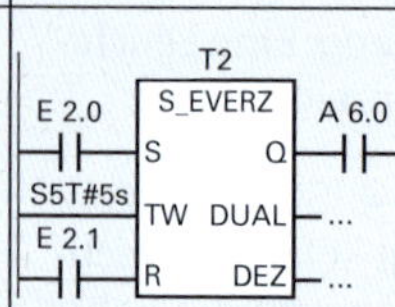	U E 2.0 L S5T#5s SE T 2 U E 2.1 R T 2 U T 2 = A 6.0	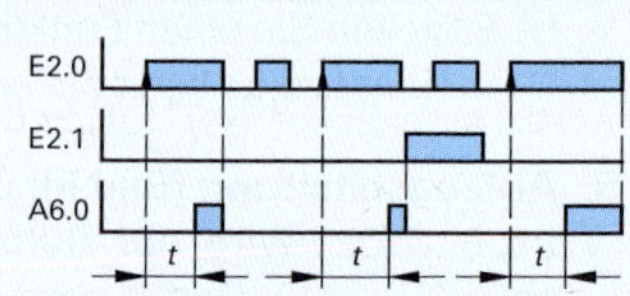
Ausschalt-verzögerung **S_AVERZ**	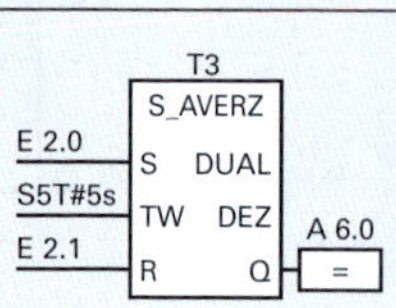	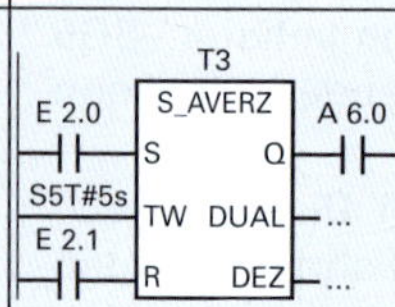	U E 2.0 L S5T#5s SA T 3 U E 2.1 R T 3 U T 3 = A 6.0	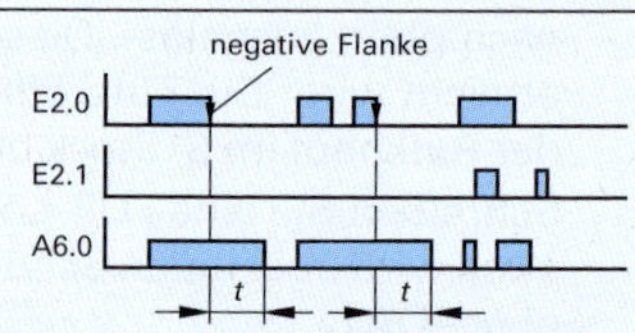

Lösung: In der Lösung wird eine Impuls-Zeitfunktion **(Bild 1)** verwendet, deren Laufzeit die geforderten 0,1 s beträgt. Das Programm wird in drei Netzwerken aufgebaut. Im 2. Netzwerk wird ein Merker 1.0 verwendet, der im 3. Netzwerk den Ausgang A 4.0 anspricht. Ein derartiger Aufbau dient der Strukturierung und der besseren Lesbarkeit des Programms.

Die Umsetzung der Zweihandsicherheit erfolgt hier mit einem Impuls, es sind generell auch andere Zeitfunktionen möglich, z. B. S_EVERZ.

Motoren in der Drehstromtechnik werden in einer Sternschaltung angefahren, wodurch sich Anlaufstrom und Anlaufdrehmoment auf ein Drittel des Wertes verringern **(Bild 2)**. Dann werden sie durch Hand- oder Schützschaltungen auf Dreieckbetrieb umgeschaltet.

Beispiel 2

Die automatische Stern-Dreieckschaltung durch Schütze wird durch eine SPS ersetzt **(Bild 2)**. Nach dem Anlaufen des Motors in Sternschaltung (Y) wird nach 4 s in den Dreiecksbetrieb (Δ) umgeschaltet. Der Start erfolgt durch –SF2, das Ausschalten über den Taster –SF1. Wird das Überstromrelais –FC2 ausgelöst, stoppt der Motor. Die beiden Schütze –QA2 (Y) und –QA3 (Δ) verriegeln sich im Verdrahtungsplan der SPS gegenseitig durch die jeweiligen Öffnerkontakte.

Lösung: **(Bild 3)** Zunächst wird über –SF2 ein „1"-Signal an E 2.1 erzeugt. Damit wird im SR-Speicher der Ausgang A 6.1 speichernd gesetzt. Netzschütz –QA1 zieht an und bleibt gesetzt bis Überstromrelais –FC2 auslöst (Störung) oder über –SF1 ausgeschaltet wird. Ein „0"-Signal an E 2.0 und E 2.2 setzt alle Ausgänge zurück. Hier lässt sich die Verwendung von Öffnern an SPS-Eingängen gut beobachten.

Mit E 2.1 wird außerdem der Sternschütz -QA21 an Ausgang A 6.2 sowie die Zeitfunktion S_EVERZ des Timers T1 gestartet. Bei der Einschaltverzögerung wird nach der eingestellten Zeit von 4 s der Ausgang A 6.2 zurückgesetzt über den R-Eingang des SR-Bausteins im Netzwerk 2. Der Timer T1 setzt im Netzwerk 4 den S-Eingang und damit den Ausgang A 6.3, den Dreieckschütz –QA3.

Bei der beschriebenen Steuerung handelt es sich um eine zeitgeführte Ablaufsteuerung in einzelnen Arbeitsschritten. Bei diesen folgt ein Schritt nur dann, wenn die Weiterschaltbedingung erfüllt ist. Diese Bedingung ist hier von der Zeitfunktion abhängig.

Neben dem binären Ausgang Q am Timer-Baustein existieren noch die digitalen Ausgänge DUAL und DEZ. Es kann hier der aktuelle Zeitwert als Dualzahl oder als BCD-Zahl abgefragt werden. Der aktuelle Zeitwert entspricht dem Anfangswert am Eingang TW, von dem der Zeitwert abgezogen wird, der seit dem Start der Zeitfunktion abgelaufen ist.

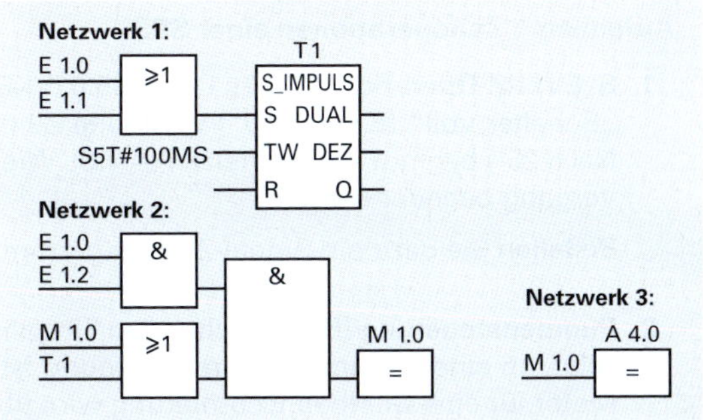

Bild 1: SI-Zeitfunktion

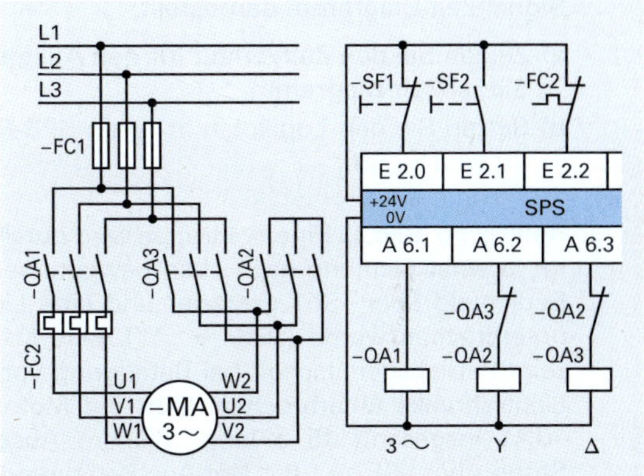

Bild 2: Anlassschaltung eines Drehstrommotors

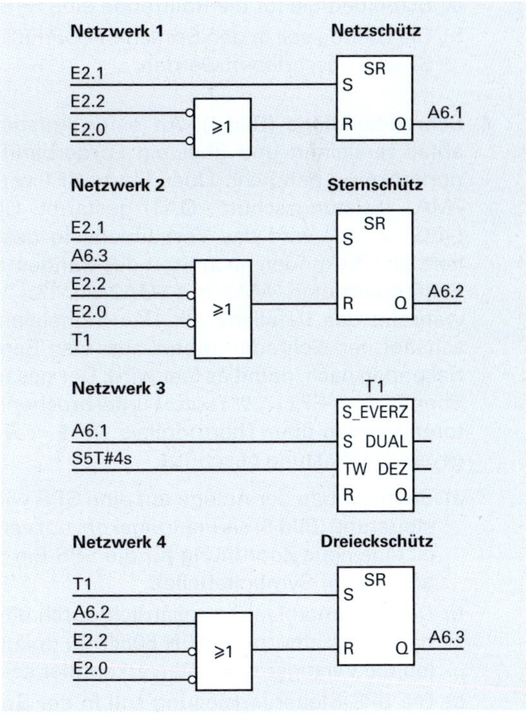

Bild 3: Netzwerke der Motorsteuerung

Aufgaben Zeitoperationen einer SPS

1. **S_EVERZ-Operation (Bild 1):** Über M5.0 (VKE) und der Abfrage „Behälter voll" (E 0.4 = „0") wird eine Zeitfunktion gestartet. Nach 25 s beginnt das Aufheizen (A 4.0). Wie kann der Aufheizvorgang beendet werden?

   Erstellen Sie dazu ein Signal-Zeit-Diagramm.

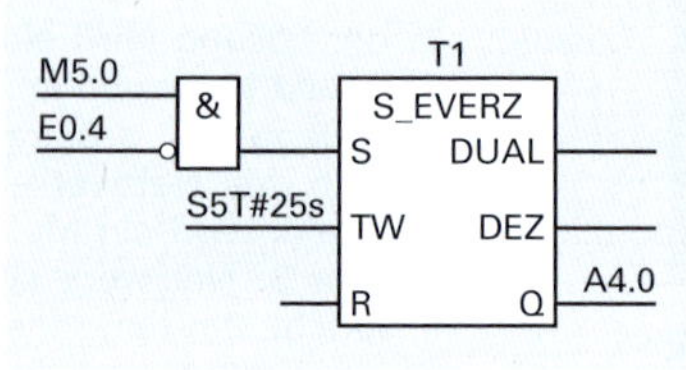

Bild 1: S_EVERZ-Operation

2. **Pumpensteuerung (Bild 2):** Über den Eingang E 3.0 wird angezeigt, ob eine Verfahrachse in Bewegung ist (E 3.0 = „1"). Der Motor für eine Gleitbahnschmierung wird über A 5.0 gesteuert (A 5.0 =„1"). Die Steuerungslösung wurde mithilfe eines Logikplanes erstellt. Das Zeitverhalten von Eingang E 3.0 ist über ein Signal-Zeit-Diagramm dargestellt.

   a) Zeigen Sie den Zeitverlauf für den Ausgang A 5.0 in einem Signal-Zeit-Diagramm.

   b) Setzen Sie den Logikplan in einen SPS-Funktionsplan/FBS für eine S7 um.

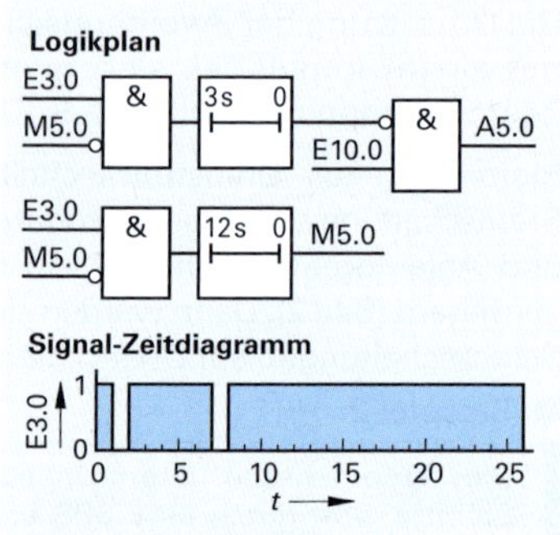

Bild 2: Pumpensteuerung

3. **Rolltreppe (Bild 3):** Eine Rolltreppe wird durch einen Elektromotor in einer Richtung nach oben bewegt, wenn die Anlage am Bedienfeld über –SF1 gestartet und eine Lichtschranke –BG1 unterbrochen wurde (–BG1 = „1"). Eine Kontrollleuchte –PF1 zeigt Betriebsbereitschaft bei Betätigung von –SF1. Wurde die Lichtschranke unterbrochen, läuft der Motor über ein Schütz –QA1 insgesamt 15 s lang. Weitere Abschaltbedingungen: Stopp über –SF2 = „0", Not-Aus-Betätigung über –SF3 = „0" oder –SF4 = „0", thermische Überlastung des Motors –FC1 = „0".

   a) Schreiben Sie für die Rolltreppe eine SPS-Symboltabelle.

   b) Die Lösung soll in den Sprachen FUP/FBS und AWL für eine S7–300 geschrieben werden.

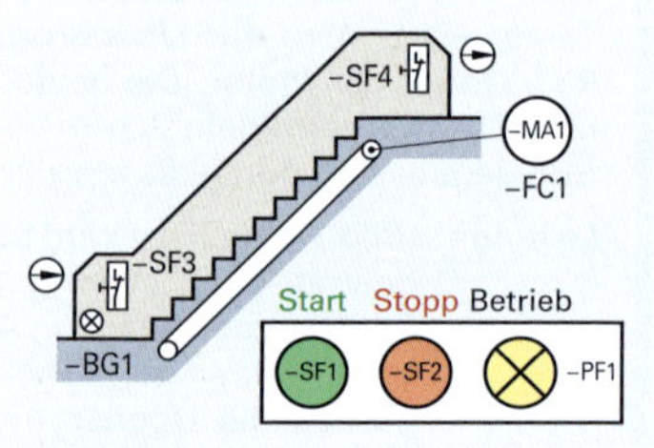

Bild 3: Rolltreppe

4. **Schredderanlage (Bild 4):** An einer Anlage wird Kunststoffabfall zerkleinert und über ein Förderband zu einem Transportfahrzeug gebracht. Über Start –SF1 wird der Bandmotor –MA1 (Leistungsschütz –QA1) gestartet. Über einen Sensor (–BG1 = „1") wird das Vorhandensein des Wagens kontrolliert. Drei Sekunden nach Start des Bandes mit –MA1 läuft der Schreddermotor –MA2 mit –QA2 an. Der Wagen senkt sich während des Befüllens ab. Das Signalelement –BG2 = „0" schaltet den Schreddermotor aus. Das Band läuft noch fünf Sekunden nach, damit es leer wird. Der gesamte Vorgang wird über Stopp (–SF2 = „0") sofort unterbrochen. Beide Elektromotoren werden über Thermorelais –FC1 = „0" und –FC2 = „0" gegen Überlastung geschützt.

   a) Beim Umbau der Anlage auf eine SPS wird die alte Schützsteuerung **(Bild 5)** als Planungskonzept verwendet. Zunächst ist eine neue Zuordnung für die SPS-Ein- und Ausgänge zu erstellen (= Symboltabelle).

   b) Der Gesamtablauf ist zusätzlich durch einen Funktionsplan nach Grafcetnorm DIN EN 60848 zu dokumentieren. Es sollen die Verzögerungszeiten erkennbar sein.

   c) Die SPS-Steuerungslösung soll in der Sprache FUP/FBS in einzelnen Netzwerken erstellt werden.

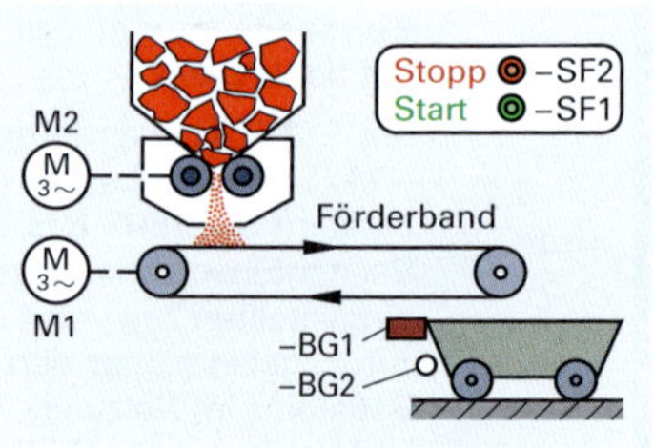

Bild 4: Schredderanlage

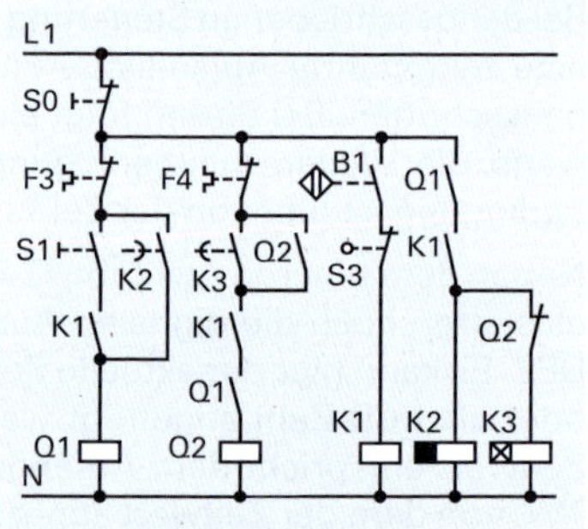

Bild 5: Schützsteuerung (alt)

18.4.7 Zähl- und Vergleichsoperationen einer SPS

Zähloperation C (counter[1])

Zähleroperationen in der Automatisierungstechnik werden benötigt, um Stückzahlen, Mengen oder Positionen durch Impulszählung zu erfassen. Zu den wichtigsten Zählerfunktionen gehören Vorwärts- und Rückwärtszähler. Den prinzipiellen Aufbau der Funktionsbausteine für die Zähler Zx (C) zeigt **Bild 1**.

Eine positive Flanke am Vorwärts- (ZV) oder Rückwärts-Zähleingang (ZR) erhöht oder verringert den aktuellen Zählerstand um 1. Am Zahlenwerteingang ZW wird ein Vorgabewert (Zählwert) in den Akkumulator 1 geladen. Die Bits 0 bis 11 enthalten den codierten Zählwert im BCD-Code **(Bild 2)**. Bei einem positiven Flankenwechsel am Setzeingang (S) übernimmt der Zähler diesen Wert, derselbe Wechsel am Rücksetzeingang (R) setzt den Zähler auf null.

Der binäre Ausgang Q hat „1"-Signal, wenn der Zählwert größer null ist, und „0"-Signal, wenn der Zählerstand null ist. Wenn beispielsweise ein Zähler von einem ZW-Wert 20 aus rückwärts zählt, wechselt der Ausgang Q von „1"-Signal auf „0"-Signal, wenn der Zählerstand null erreicht ist. Dieser Signalwechsel kann zum Schalten benutzt werden.

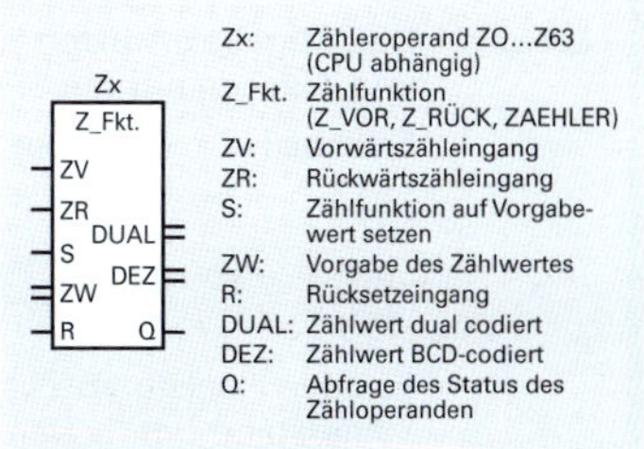

Bild 1: Zählerbaustein

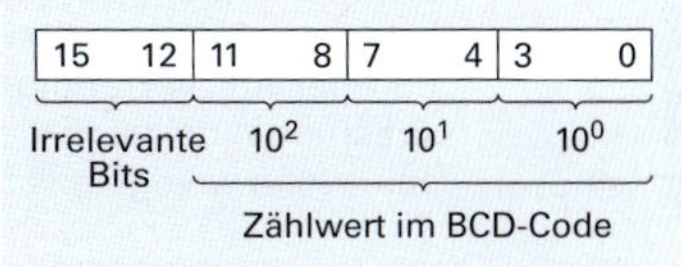

Bild 2: Bitbelegung von Vorgabewert ZW

Beispiel

An einem Drehkreuz **(Bild 3)** sollen maximal 120 Personen durchgelassen werden. Mit einem Handtaster -SF1 wird das Kreuz freigegeben. Der Sensor -BG1 zählt jeweils eine 1/4-Umdrehung pro Person. Bei Erreichen des Zählwertes 0 wird das Kreuz über -MB1 gesperrt. Ein Löschen des alten Zählwertes erfolgt über -SF2.

Lösung: Die Aufgabe erfordert zunächst eine Zuordnung der Sensoren und Aktoren auf die SPS-Baugruppen in einer Symboltabelle.

Symbol	Adresse	Datentyp	Kommentar
-SF1	E 0.1	Bool	Freigabe Drehkreuz, Ein
-SF2	E 0.2	Bool	Resetzählerstand; Sperre
-BG1	E 0.3	Bool	Signalabfrage Drehkreuz
-MB1	A 4.0	Bool	Magnetventil Freigabe

Zur Programmierung wird ein Rückwärtszähler eingesetzt, das Magnetventil zur Sperrung und Freigabe wird über einen SR-Baustein gesteuert. **Bild 4** zeigt die Lösung in der STEP7-Sprache FUP/FBS.

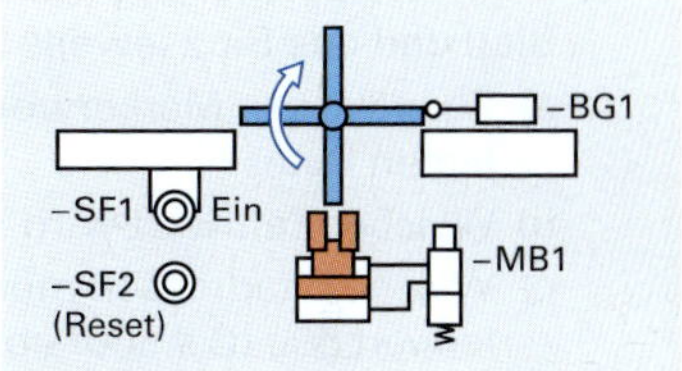

Bild 3: Drehkreuz

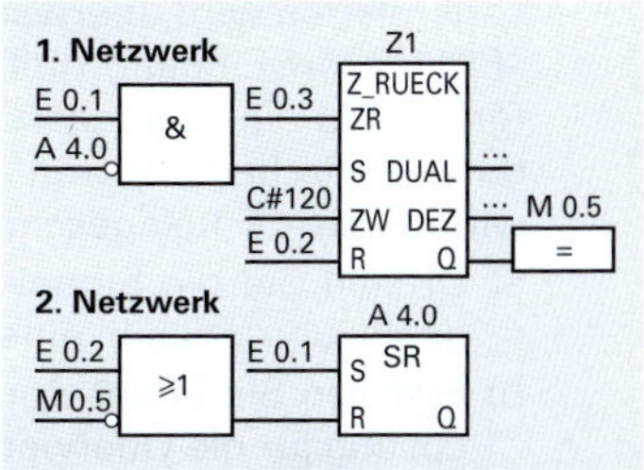

Bild 4: Lösung Drehkreuz

Vergleichsoperation CMP (comparison[2])

Bei Vorwärts- oder Vorwärts-Rückwärts-Zählern können Zählwerte codiert ausgegeben werden. Zur Weiterverarbeitung und Auswertung werden die Werte in einem Merkerwort gespeichert. Dies besteht aus 16 Merkerbits oder 2 Merkerbytes **(Bild 5)**. Das Merkerwort lässt sich mit einem konstanten vorgegebenen Wert vergleichen. An den beiden Eingaben IN1 und IN2 der Vergleichsoperation CMP **(Bild 6)** müssen die Werte gleichen Datentyp haben: I (Integer/16 Bit) für ganze Zahlen, D (Double Integer/32 Bit) und R (Real/32 Bit). Die Vergleichsrelation steht neben dem Vergleich CMP: z.B. **== I** für IN1 „gleich" IN2 und Integer als Datentyp. Ergibt sich beim Vergleich die Aussage „wahr", dann liefert CMP ein „1"-Signal, ansonsten „0"-Signal.

Merkerwort MW 4							
Merkerbyte 4 (MB4)				Merkerbyte 5 (MB5)			
M4.7	M4.6	...	M4.0	M5.7	M5.6	...	M5.0

Bild 5: Zusammensetzung von Merkerworten

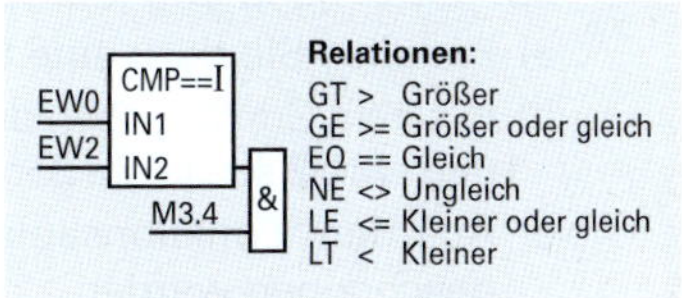

Bild 6: Vergleichsanweisung

Beispiel

In einem Trichter werden Golfbälle gespeichert **(Bild 7)**. Die oben hineinfallenden Bälle werden über Lichtschranken erfasst, ebenso diejenigen, die unten entnommen werden. Fällt der Inhalt unter 500 Bällen, so leuchtet -PF1 auf. -PF1 wird über Quit -SF1 abgeschaltet, wenn wieder 500 Bälle im Trichter sind.

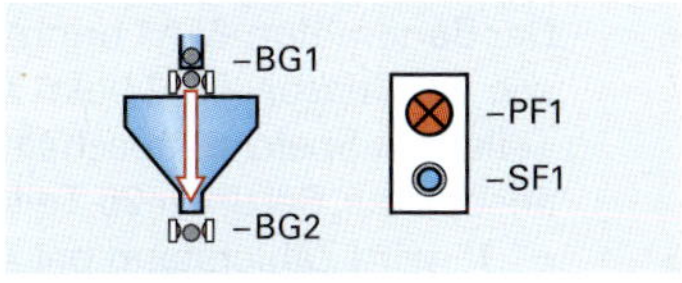

Bild 7: Ballspeicher

1 counter (engl.) Zähler 2 comparison (engl.) Vergleich

18

Lösung: Die Aufgabe erfordert zu Beginn eine Zuordnung der Sensoren und Aktoren auf die SPS-Baugruppen in einer Symboltabelle.

Symbol	Adresse	Datentyp	Kommentar
-SF1	E 0.0	Bool	Quittiertaster
-BG1	E 0.1	Bool	Lichtschranke Eingang
-BG2	E 0.2	Bool	Lichtschranke Ausgang
-PF1	A 4.0	Bool	Meldeleuchte

Positive Flanken an ZV und ZR erhöhen/verringern jeweils den Zählerstand um 1. Der Zählerstand wird im Merkerwort MW4 dualcodiert gespeichert und an einem Vergleicher mit dem konstanten Wert 500 verglichen. Ist der Zählerstand kleiner als 500, liefert die Funktion CMP ein „1"-Signal, Merkerbit 0.5 setzt am RS-Speicher, vorrangig setzend, den Ausgang A 4.0 auf „1". Diese Lampe kann durch die Quittiertaste auf E 0.0 erst gelöscht werden, wenn wenigstens 500 Bälle im Trichter sind (M 0.5 = „0").

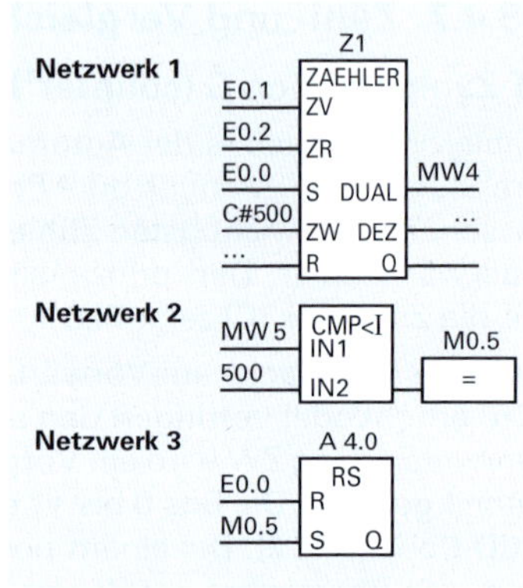

Bild 1: Lösung für Ballspeicher

Aufgaben Zähl- und Vergleichsoperationen einer SPS

1. **Zählwertspeicherung (Bild 2):** In der Byteadresse 05 haben das Bit 0 und das Bit 2 jeweils ein „1"-Signal.
   a) Zu welchem Merkerwort gehören die beiden farbig hinterlegten Bytes?
   b) Welcher Zählwert wird in diesem Merkerwort gespeichert?
   c) Welche Bitadressen müssen „1"-Signal haben, um den Zählerwert 500 (C # 500) abzubilden?

Byteadresse	Bitadresse							
	7	6	5	4	3	2	1	0
06								
05								
04								
03								

Bild 2: Zählwertspeicherung

2. **Paletteneinstelllager (Bild 3):** Ein Palettenlagerplatz mit acht Lagerplätzen wird überwacht. Sind die Plätze besetzt, leuchtet –PF1 (rot) am Eingang, gibt es noch freie Plätze, so leuchtet –PF2 (grün). Die ein- und ausfahrenden Palettenfahrzeuge werden durch optische Sensoren –BG1 und –BG2 erfasst. Die Anlage wird durch –SF1 eingeschaltet. Alle Plätze sind leer.
   a) Ordnen Sie die Signalelemente und Aktoren den SPS-Signalbaugruppen in einer Symboltabelle zu.
   b) Erstellen Sie in der Sprache FUP/FBS als auch in AWL die Lösung für die Überwachungsaufgabe.

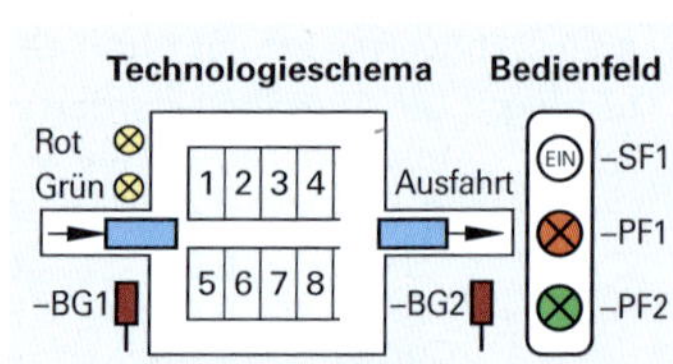

Bild 3: Paletteneinstelllager

3. **Kartonverpackung (Bild 4):** An einem Förderband werden je sechs Kartons zusammengefasst. Die Kartons werden von einem Stopper –MM1 (einfach wirkenden Zylinder) zunächst angehalten. Bei Betätigung von –SF1 fährt der Stopper seitlich weg. Der Bandmotor –MA1 startet. Die sechs Kartons passieren die Lichtschranke. Nach dem letzten Karton geht die Sperre wieder zu. Fünf Sekunden später wird der Bandmotor ausgeschaltet und der doppelt wirkende Zylinder schiebt alle Kartons auf das 2. Band und fährt wieder zurück.
   a) Erstellen Sie dazu eine Symboltabelle.
   b) In einem Grafcet sollen die beiden Zylinderbewegungen –MM1 und –MM2 sowie die Bandbewegung dargestellt werden.
   c) Aus dem Funktionsablauf soll ein Programm in FUP/FBS geschrieben werden

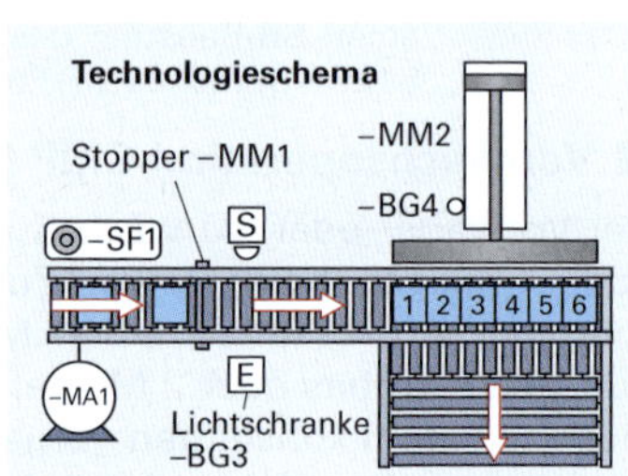

Bild 4: Kartonverpackung

4. **Zwischenspeicher für Kleinteile (Bild 5):** Anlagenstart durch –SF1. Der Bandmotor –MA1 bringt Kleinteile zu –BG1. Der Sensor erfasst wie der Sensor –BG2 beim Auslaufen. –MA1 soll bei mehr als 130 Teilen im Speicher abschalten und sich bei weniger als 40 wieder anschalten. Bei unter 25 Teilen geht die Leuchte –PF1 an, über –SF2 = „1" wird Zählerstand bei Arbeitsbeginn, wenn Speicher leer ist, auf null gesetzt. Die Lösung ist in FUP/FBS zu erstellen.

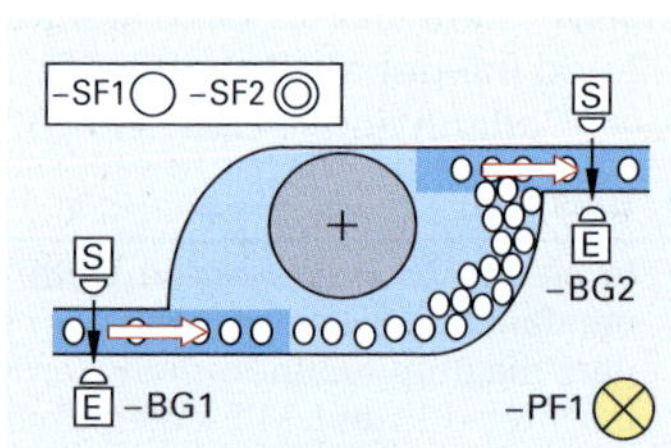

Bild 5: Zwischenspeicher

18.4.8 Ablaufsteuerungen und strukturierte Programmierung

Ablaufsteuerungen

Viele Prozesse und Aufgaben der Automatisierungstechnik lassen sich in einzelne sequentiell abfolgende Schritte unterteilen. Man spricht dann von Ablaufsteuerungen (DIN 19237). Zwei grundsätzliche Arten von Ablaufsteuerungen **(Bild 1)** können unterschieden werden:

Zeitabhängige Steuerungen, bei denen die Ablaufschritte von den Zeitfunktionen aus dem Operationsvorrat der SPS abhängig sind, und prozessabhängige Abläufe, in denen Sensoren und deren Signale den jeweilig nächsten Schritt in Gang setzen. Viele Abläufe sind sowohl zeit- als auch prozessbedingt.

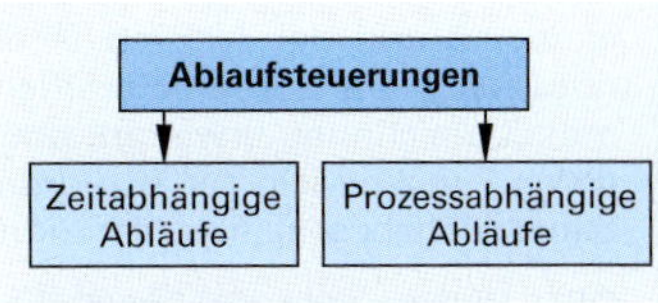

Bild 1: Ablaufsteuerungen

Strukturierung von Ablaufsteuerungen

Die Grundstruktur von Ablaufsteuerungen **(Bild 2)** besteht aus den folgenden Elementen: Betriebsarten (Manueller Betrieb, Automatik), Schritt- oder Ablaufkette, Ausgabeteil mit Befehlen für die Stellelemente sowie Meldungen aus den Prozessschritten. Diese Struktur findet sich wieder im Aufbau eines Anwenderprogramms. So wird im OB1 von STEP7 **(Bild 3)** das umfangreiche Programm nicht linear, Befehl für Befehl eingetragen, sondern es wird in einzelne Funktionen FCs untergliedert, denen man die Elemente der Ablaufsteuerung zuordnet. Eine derartige Vorgehensweise wird als **strukturierte Programmierung** bezeichnet, die prinzipiell einfacher und überschaubarer ist, ein arbeitsteiliges Vorgehen ermöglicht und sowohl die Inbetriebnahme als auch die Fehlersuche erleichtert. Neben den Organisationsbausteinen OB und den Funktionen FC gibt es weitere Bausteintypen: den Funktionsbaustein FB und den Datenbaustein DB bei Programmierung mit STEP7.

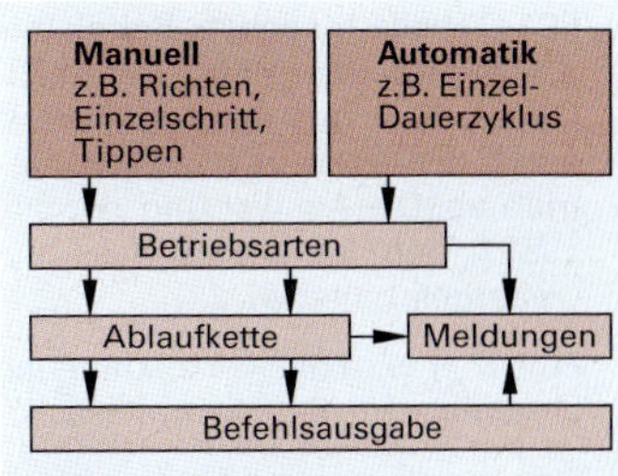

Bild 2: Grundstruktur

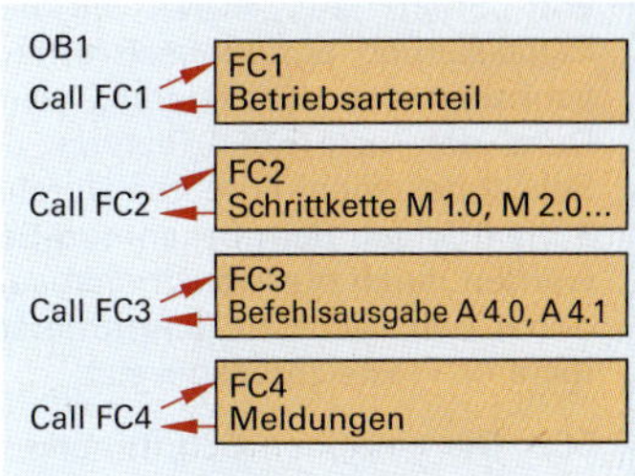

Bild 3: Struktur von OB1

Programmierung einer Ablaufkette

Die Ablaufkette ist innerhalb einer Ablaufsteuerung zentrales Element. Die Schritte dieser Kette sind genormt und finden im Funktionsplan nach DIN EN 60848 und IEC 1131 ihre grafische Anwendung. Folgende Regeln sind einzuhalten:

- Es ist immer nur ein Schritt aktiv (bei linearem Ablauf).
- Jeder Schritt löst eine oder mehrere Aktionen aus.
- Alle Schritte werden nacheinander abgearbeitet (Ausnahme: Sprünge oder Verzweigungen).
- Jeder Schritt erfordert eine Weiterschaltbedingung (Initiator) und das Setzen des vorhergehenden Schrittes.
- Der nachfolgende Schritt setzt den vorhergehenden durch Schrittmerker zurück.

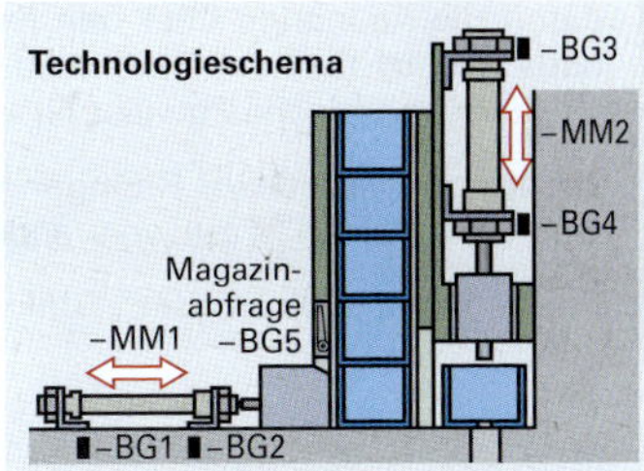

Bild 4: Ausstanzvorrichtung

Beispiel

Die Zylinderstange des Ausschiebers –MM1 einer Ausstanzvorrichtung **(Bild 4)** soll in Grundstellung mit START –SF3 ausfahren und dabei einen kubischen Behälter aus einem Stapelmagazin mitnehmen. In der vorderen Endlage wird das Teil gehalten. Die Kolbenstange des Zylinders –MM2 fährt aus. Das Stanzwerkzeug an der Stange von –MM2 drückt am Behälterboden eine Sollbruchstelle durch und zieht sich wieder in die hintere Endlage zurück. Anschließend geht der Ausschieber in seine Ausgangslage zurück. Die Anlage wird in der Betriebsart Automatik betrieben über Wahlschalter –SF1 **(siehe nächste Seite, Bild 1)**. Bei „1" ist Automatik- bei „0" Tippbetrieb möglich. Im Tippbetrieb wird schrittweise über –SF2 weitergeschaltet. Über –SF3 wird gestartet, mit –SF4 ist ein Reset möglich. Die Taster –SF5 (Stopp im Schritt) sowie –SF6 (Stopp am Zyklusende) sind als Öffner verdrahtet.

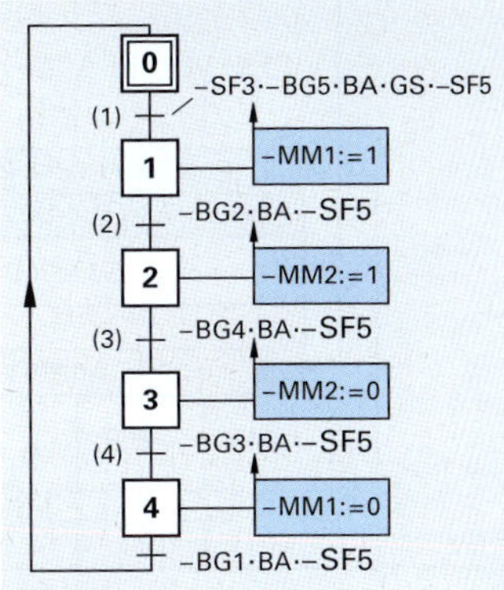

Bild 5: Grafcet

Lösung:

Für die SPS-Lösung ist eine Zuordnung der Signalelemente und der Aktoren in einer Symboltabelle notwendig. Die Symbole werden um ihre Betriebsmittelbezeichnung erweitert, um im SPS-Programm deren Funktion leichter zuzuordnen. **Bild 4** zeigt die Zuordnungsbeschaltung der Signalmodule.

OB1: Hier werden die Funktionen ohne Bedingung aufgerufen **(Bild 3)**.

FC1 (Tabelle 1, nächste Seite): Im Betriebsartenteil ist der Startmerker M50.0 mit –SF3 gesetzt und durch Öffner –SF6 zurückgesetzt. Die Variable „BA-Wahl" deckt den Automatikbetrieb als auch den Tippbetrieb ab. Die Auswertung der steigenden Flanke bei „–SF2_Tipp" garantiert, dass nur jeweils ein Schritt weitergeschaltet wird.

FC2: Hier wird die Ablaufkette nach den auf **Seite 283** beschriebenen Regeln umgesetzt.

Der Richtimpuls setzt den Merker M8.0 im ersten SPS- Zyklus nach Wechsel der Betriebsart der SPS von „Stopp" auf „RUN". Mit Merker M8.0 wird die Initialisierung automatisch erfolgen: Weitere Möglichkeiten des Initialisierens zeigt das Netzwerk 2: Durch den Taster –SF4_Richten oder durch den letzten Schritt bei einem erneuten Durchlauf. Die Netzwerke 3 bis 6 folgen dem bekannten Schema. Die Schritte werden durch die Transitionsbedingung gesetzt und durch den nächsten Schrittmerker oder der „–SF4-Richten"-Taste zurückgesetzt.

FC3: Die einzelnen Schrittmerker werden den SPS-Ausgängen zugewiesen. Bei monostabilen Stellelementen müssen SR-Bausteine verwendet werden, damit die Ausgänge über den jeweiligen Schritt hinaus gesetzt bleiben. Bei bistabilen Stellelementen würde eine einfache Zuweisung ausreichen.

Zusätzlich werden am R-Eingang des SR-Speichers die „–SF4-Richten" Taste verwendet.

Dieser Taste ist die „Reset"-Funktion zugewiesen.

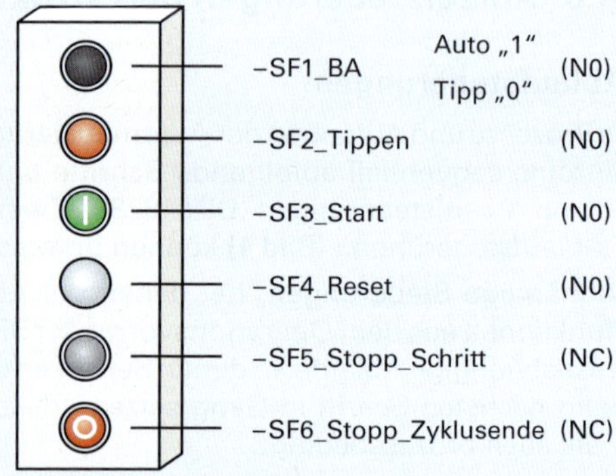

Bild 1: Belegung des Bedienfelds

Geräteübersicht

Baugruppe	Baugr...	Steckpl...	E-Adresse	A-Adres...
PS 307 5A_1	0	1		
▸ CPU_01	0	2		
	0	3		
DI 32x24VDC_1	0	4	0...3	
DO 32x24VDC/0.5A_1	0	5		4...7

Bild 2: Geräteübersicht

OB1: Ausstanzvorrichtung – Strukturierte Programmierung

Netzwerk 1: Aufruf der Funktion FC1 – Betriebsartenteil

Netzwerk 2: Aufruf der Funktion FC2 – Schrittkette

Netzwerk 3: Aufruf der Funktion FC3 – Ausgabeteil

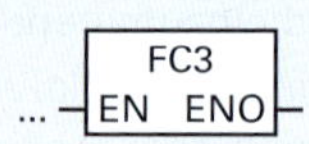

Bild 3: Aufruf der Funktionen FC1 bis FC3

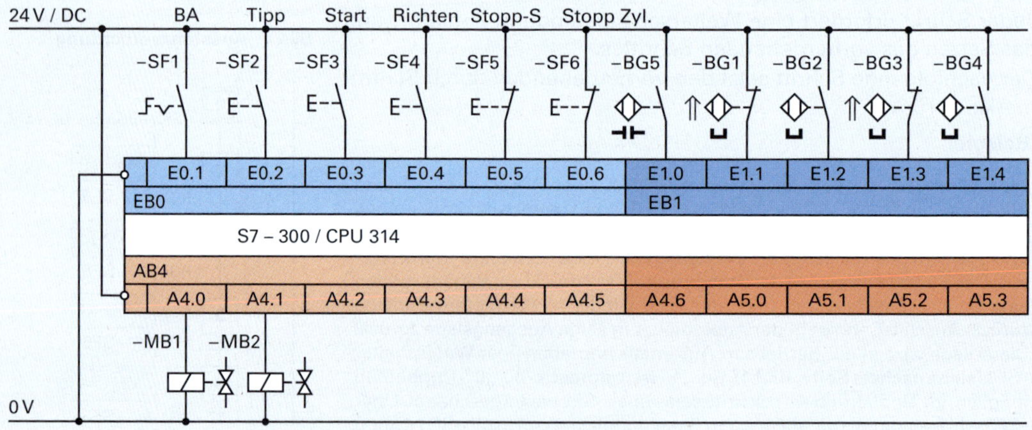

Bild 4: Zuordnungsbeschaltung der SPS-Signalbaugruppen und Bedienfeld

Tabelle 1: Problemlösung für die Stanzvorrichtung in strukturierter Programmierung

FC1: Betriebsartenteil

Netzwerk 1: Startmerker

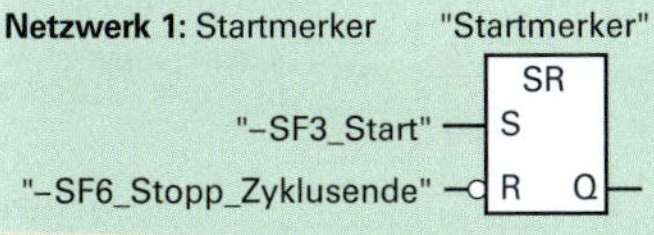

Netzwerk 2: Betriebsartenwahl - BA

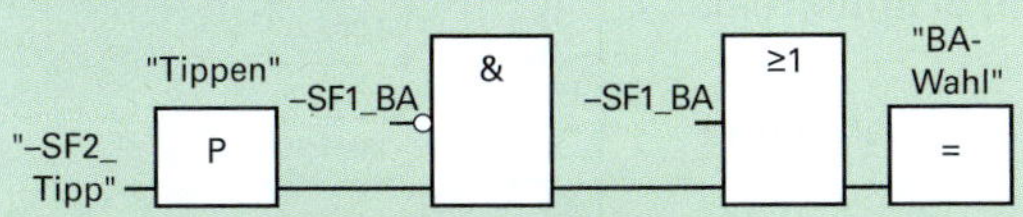

Netzwerk 3: Richten den Schrittkette: RESET

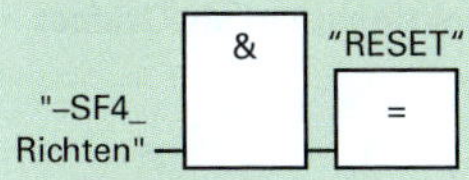

Netzwerk 4: Grundstellung der Anlage – GS

FC2 : Schrittkette

Netzwerk 1: Richtimpuls im 1. SPS Zyklus: Stopp auf RUN

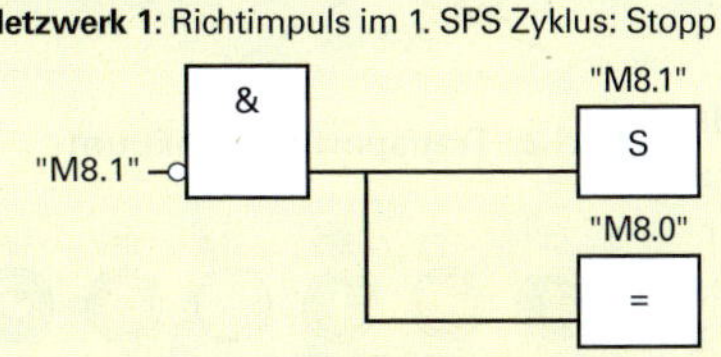

Netzwerk 2: Schritt 0 – Initialschritt: Initialisieren der Schrittkette

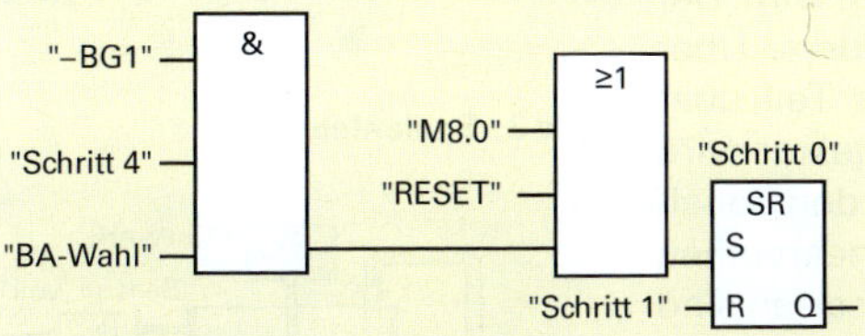

Netzwerk 3: 1. Ablaufschritt der Schrittkette: Ausschieber ausfahren

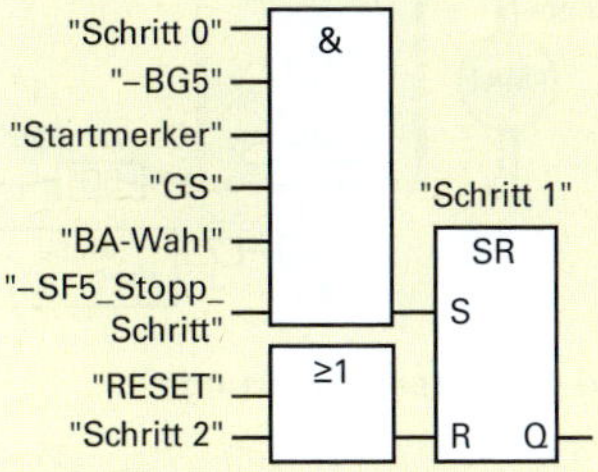

Netzwerk 4: 2. Ablaufschritt der Schrittkette: Stanze ausfahren

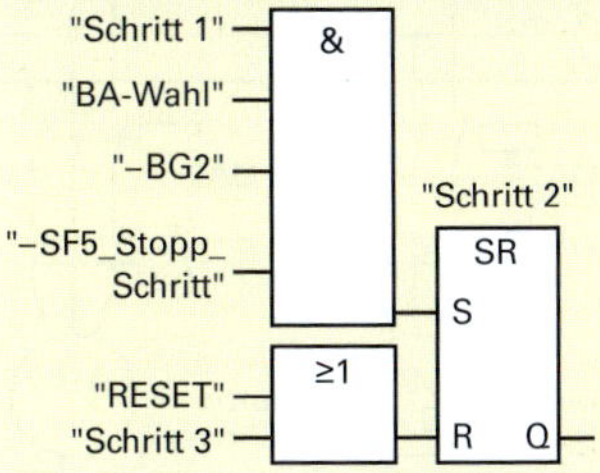

Netzwerk 5: 3. Ablaufschritt der Schrittkette: Stanze einfahren

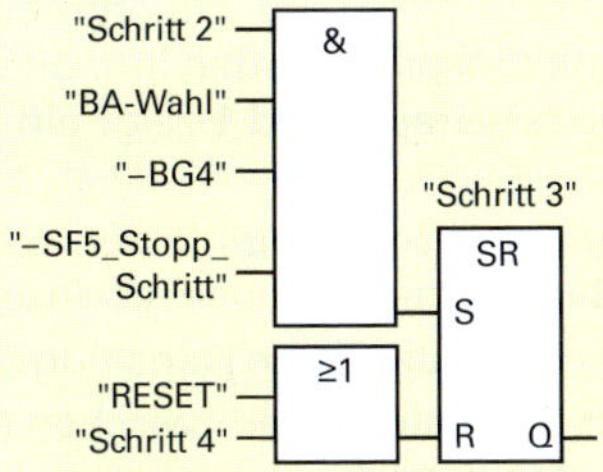

Netzwerk 6: 4. Ablaufschritt der Schrittkette: Ausschieber einfahren

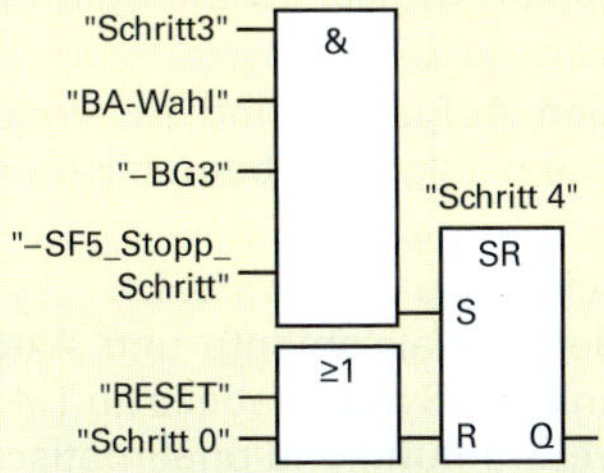

FC3: Ausgabeteil: Zuweisung der Schrittmerker auf die Ausgänge

Netzwerk 1: Ausschieber 1A1 ausfahren

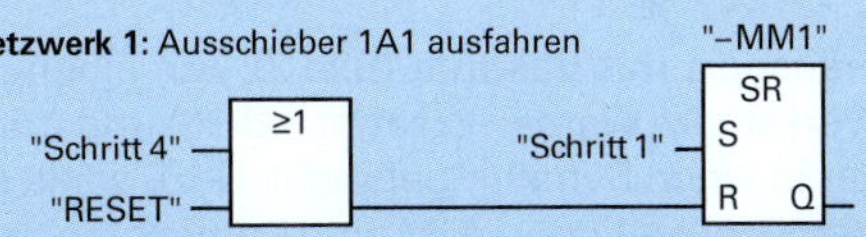

Netzwerk 2: Stanze 2A1 ausfahren

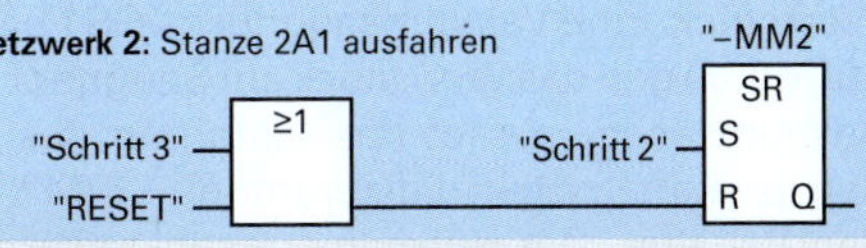

Symboltabelle (vereinfacht ohne Datentyp)

	Symbol	Adresse	Kommentar
1	–MM1	A 4.0	Magnetventil von –QM1; Ausschieber ausfahren
2	–MM2	A 4.1	Magnetventil von –QM2; Stanze ausfahren
3	–SF1_BA	E 0.1	Betriebsartenwahlschalter; AUTO="1";TIPP="0"
4	–SF2_Tipp	E 0.2	Tippen; Taster, NO
5	–SF3_Start	E 0.3	Start-Taster; NO
6	–SF4_Reset	E 0.4	Richten; Taster; NO
7	–SF5_SS	E 0.5	Stopp in jedem Schritt; Taster; NC
8	–SF6_SZyl	E 0.6	Stopp am Zyklusende; Taster, NC
9	–BG5	E 1.0	kapazitiver Sensor; Werkstückerfassung; NO
10	–BG1	E 1.1	hintere Endlage von –MM1; Ausschieber; NO
11	–BG2	E 1.2	vordere Endlage von –MM1; Ausschieber; NO
12	–BG3	E 1.3	hintere Endlage von –MM2; Stanze; NO
13	–BG4	E 1.4	vordere Endlage von –MM2; Stanze; NO
14	Schritt0	M 1.0	Initialschritt
15	Schritt1	M 1.1	Ablaufschritt1 = Ausschieber –MM1 ausfahren
16	Schritt2	M 1.2	Ablaufschritt2 = Stanzzylinder –MM2 ausfahren
17	Schritt3	M 1.3	Ablaufschritt3 = Stanzzylinder –MM2 einfahren
18	Schritt4	M 1.4	Ablaufschritt 4 = Ausschieber –MM1 einfahren
19	M8.0	M 8.0	Anlaufmerker (im 1. SPS-Zyklus = 1)
20	M8.1	M 8.1	Richtimpuls
21	Startmerker	M 50.0	Startmerker
22	BA-Wahl	M 50.1	Betriebsartenwahl
23	Tippen	M 50.2	Tippbetrieb (manuell)
24	RESET	M 50.3	Richten der Schnittkette; RESET
25	GS	M 50.4	Grundstellung der Anlage

Aufgaben Ablaufsteuerungen und strukturierte Programmierung

1. **Funktionspläne:** Funktionspläne nach Grafcet DIN EN 60848 ersetzen die aus der Normung genommenen Funktionsdiagramme. Die Funktionspläne finden ihre direkte Umsetzung in der SPS-Sprache S7-Graph. **Bild 1** zeigt ein derartiges Funktionsdiagramm.
   a) Erklären Sie die grafischen Sinnbilder. Gehen Sie exemplarisch auf die Befehle und Aktionen an einzelnen Schritten ein.
   b) Was versteht man unter einer Transition?
   c) Worin besteht der Unterschied zwischen einer linearen und einer verzweigten Kette?
   d) Erstellen Sie einen Grafcet für die Rolltreppe der Seite 280, **Bild 3**.

   Bei den folgenden Aufgaben sind zur vollständigen Lösung der Problemstellung folgende betriebliche Dokumentationen zu erstellen:
   - Gruppenschreibweise und Grafcet
   - Zuordnung der Signalelemente und Aktoren auf die SM-Baugruppen in einer Symboltabelle (in TIA: Variablentabelle)
   - Zuordnungsverdrahtung und pneumatischer Leistungsteil
   - Lösungssprache für das SPS-Programm ist FUP/FBS für STEP7

2. **Transport mit Vakuum (Bild 2):** Auf einem Band ankommende Werkstücke werden erkannt (–BG5) und mit einem Vakuumsauger in einen Behälter gebracht. Dazu senkt sich der doppelt wirkende Hubzylinder –MM1 mit Kolbenstange nach unten über das Werkstück. Eine Vakuumsaugdüse –GS1 baut einen Unterdruck auf, durch den das Werkstück am Saugnapf angesaugt wird. Der Vakuumsensor startet das Einfahren des Hubzylinders. Über den pneumatischen Linearantrieb –MM2 fährt das Teil über den Behälter. Der Hubzylinder senkt sich ab, der Ejektor wird nicht mehr mit Druckluft versorgt, sodass das Teil in den Behälter fällt. Der Hubzylinder geht nach oben und die Lineareinheit –MM2 fährt zurück in die Grundstellung. Die Betriebsarten sind am Bedienfeld **(Bild 3)** erkennbar: Automatikwahlschalter –SF1, TIPP –SF2, START –SF3, Richten –SF4 und die Öffner STOPP in jedem Schritt –SF5 und STOPP am Zyklusende –SF6.

3. **Prozesssteuerung (Bild 4):** Eine chemische Lösung soll über die Pumpe in einen Behälter gebracht werden. Die Pumpe wird von einem Motor –MA1 angetrieben, der über ein Schütz –QA1 **(Bild 5)** angesteuert wird. Meldet der Sensor –BG2 = „0" „voll", läuft ein Rührwerk, das die Lösung gleichmäßig durchmischt. Nach Ablauf der Zeit von 15 s schaltet der Rührmotor aus und das Ablassventil öffnet sich. Das Ventil ist in Grundstellung mechanisch geschlossen. Geöffnet wird es von der SPS. Der leere Behälter wird von einem Sensor –BG1 = „1" am Behälterboden erkannt (–BG1, –BG2 als Öffner).

   Mit Start –SF1 = „1" läuft der Prozess im Automatikbetrieb durch, mit Stopp –SF2 = „0" wird er abgeschaltet.

   Bei Motorenüberlastung sprechen die beiden Öffner der Motorschutzrelais –FC1 oder –FC2 an. In einem eigenen Baustein der SPS ist eine Meldeleuchte –PF2 (rot) für diese Störung zu programmieren. Dort wird für den Automatikbetrieb die Meldeleuchte –PF1 (grün) erstellt.

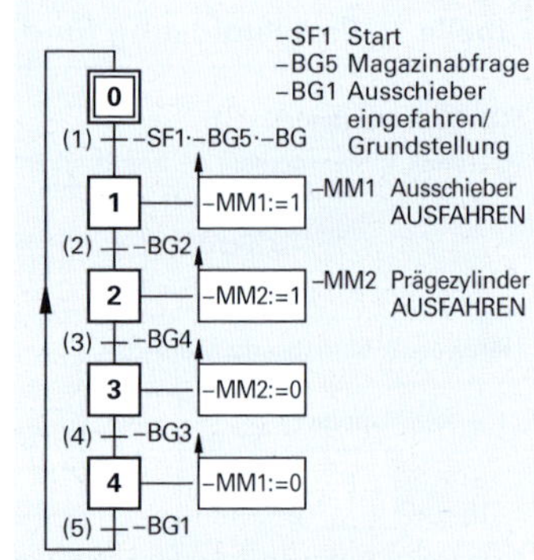

Bild 1: Funktionsplan als Grafcet

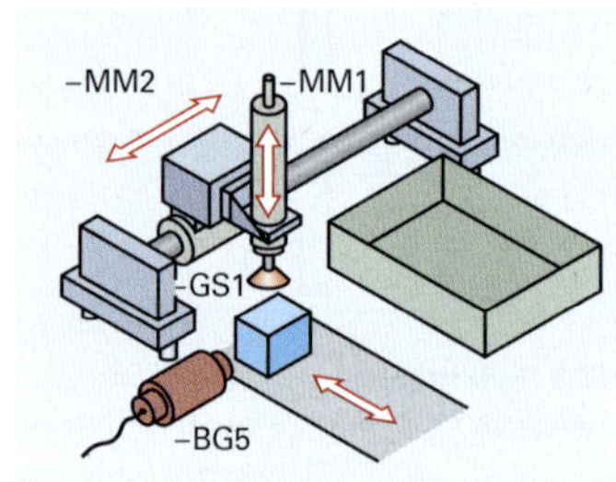

Bild 2: Transport mit Vakuum

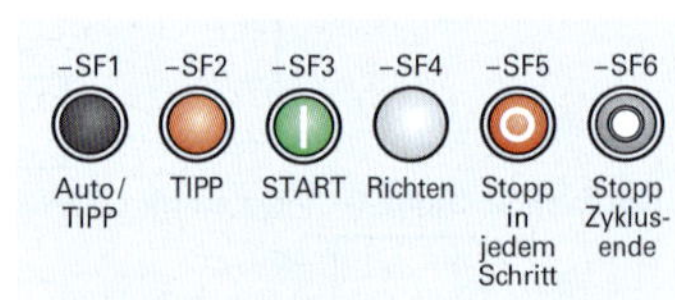

Bild 3: Bedienfeld

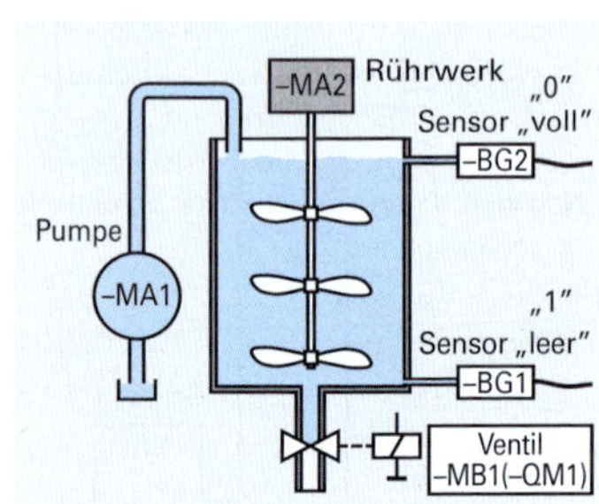

Bild 4: Prozesssteuerung

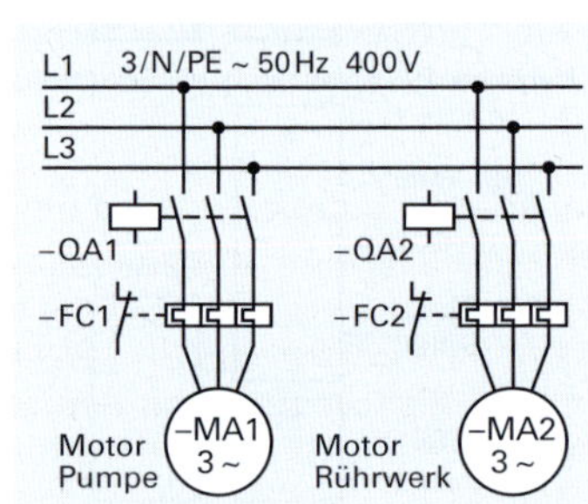

Bild 5: Motorschaltung

18.4.9 Analogwertverarbeitung mit SPS

Analogeingänge

Viele gängige Sensoren in der Steuerungs- und Regelungstechnik wandeln physikalische Größen wie z. B. Weg, Temperatur, Drehzahlen usw. in elektrische Signale um. Gebräuchlich sind die Spannungsbereiche 0–10 V und 2–10 V sowie die Stromstärkenbereiche 0–20 mA und 4–20 mA.

Analogeingänge von **S**peicher**P**rogrammierbaren **S**teuerungen bieten die Möglichkeit, diese Signale von meist 0–10 V bzw. 0–20 mA mit Analog-Digital-Wandlern zu digitalisieren und in ein gleichabständiges Raster einzuteilen. Hierbei entspricht eine Spannung von 0 V bzw. eine Stromstärke von 0 mA digitalisiert 0, eine Spannung von 10 V bzw. eine Stromstärke von 20 mA digitalisiert 27648 **(Bild 1)**.

Den digitalisierten Wert des jeweiligen Analogeingangs erhält man in Form einer 16-bit-Ganzzahl vom Datentyp „INT" an der zugehörigen Eingangsadresse als Peripherieeingangswort *PEW* abhängig von der Gerätekonfiguration:

Geräteübersicht

Baugruppe	Baugr...	Steck...	E-Adresse	A-Adres...
	0	1		
▾ PLC_1	0	2		
MPI/DP-Schnittstelle_1	0	2 X1	2047*	
▸ PROFINET-Schnittstelle_1	0	2 X2	2046*	
	0	3		
DI 8/DO 8x24VDC/0.5A_1	0	4	0	0
AI 4/AO 2x12BIT_1	0	5	256...263	256...259

In der dargestellten Gerätekonfiguration ist eine Analoginput-/Analogoutputkarte auf Steckplatz 5 mit 4 Analogeingängen und 2 Analogausgängen bei jeweils 12-bit-Wandlern vorhanden. Die Ein- und Ausgangsadressen wurden festgelegt und beginnen hier jeweils mit 256. Demzufolge besitzen

AnalogIn1: PEW 256 (PE 256.0 bis PE 257.7)

AnalogIn2: PEW 258 (PE 258.0 bis PE 259.7)

AnalogIn3: PEW 260 (PE 260.0 bis PE 261.7)

AnalogIn4: PEW 262 (PE 262.0 bis PE 263.7)

Normierung in FUP: Um aus dem Ditigalwert des Analogeingangs auf die physikalische Messgröße zu schließen, wie z. B. Abstand, Temperatur, Durchflussmenge ..., müssen die Digitalwerte noch weiterverarbeitet werden, man spricht von *Normierung*.

Zum Rechnen eignen sich Ganzzahlen in der Regel wegen der großen Rundungsfehler nicht, man wandelt die Ganzzahl vom Datentyp „INT" daher erst in eine 32-bit-Ganzzahl vom Datentyp „DINT" und anschließend in eine 32-bit-Gleitpunktzahl vom Datentyp „REAL", die dann anschließend in die gesuchte Analoggröße umgerechnet und als Gleitpunktzahl angegeben wird **(Bild 2)**. Die Eingangsvariablen müssen dabei in der Variablentabelle als INT, z. B. „AnalogIn1" PEW 256: INT, die Ausgangsvariable „Ergebnis" als REAL, z. B. MD 12 deklariert werden.

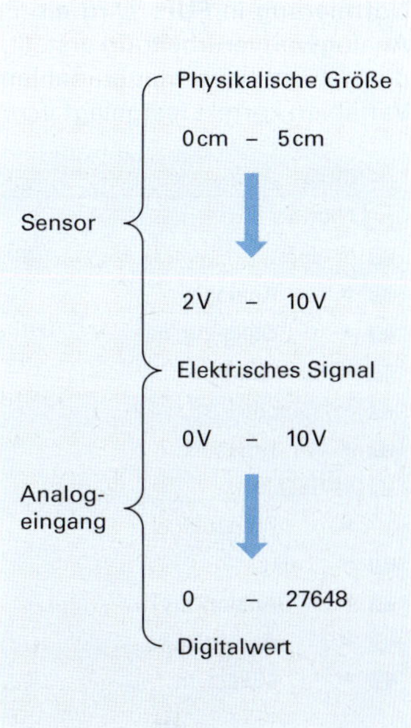

Bild 1: Digitalisierung

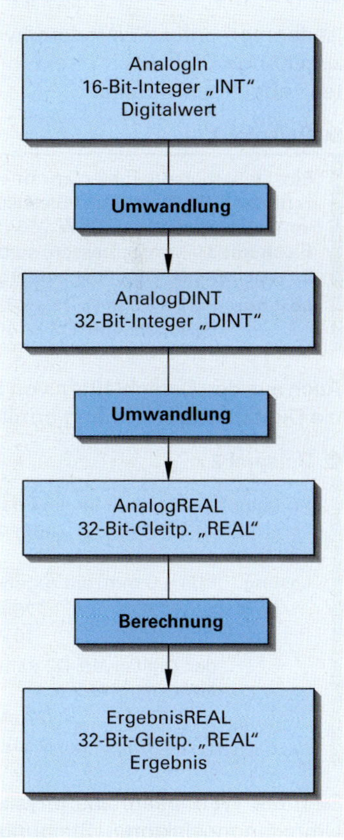

Bild 2: Normierung

18

Normierung in FUP: Wird ein Programmbaustein, z. B. ein FC5 zur Analogwertverarbeitung erstellt, müssen in der Bausteinschnittstelle die notwendigen Inputvariablen, Outputvariablen und Temporären Variablen korrekt festgelegt werden:

Analog

Name	Datentyp
▼ Input	
AnalogIn	Int
Steigung_m	Real
Offset_t	Real
▼ Output	
Ergebnis	Real
▼ InOut	
<Hinzufügen>	
▼ Temp	
AnalogDINT	DInt
AnalogREAL	Real
Multipl_m	Real

Digitalwertberechnung

$$D = \frac{27648}{10\text{V}} \cdot U$$

$$D = \frac{27648}{20\text{ mA}} \cdot I$$

Steigungsfaktor

$$m = \frac{\Delta PG}{\Delta D}$$

$$m = \frac{PG2 - PG1}{D2 - D1}$$

Physikalische Größe

$$PG = m \cdot D + t$$

U	Spannung	V
I	Stromstärke	A
m	Steigungsfaktor	–
PG	Physikalische Größe	–
D	Digitalwert	–
t	Offset	–

Der ins Format „REAL" umgewandelte Digitalwert kann in die physikalische Größe umgerechnet werden, wenn zwei Wertepaare aus Digitalwert und zugehöriger physikalischer Größe bekannt sind. Um die Wertepaare zu ermitteln, gibt es mehrere Möglichkeiten:

Ist der momentane Wert der physikalischen Größe bekannt, kann der zugehörige Digitalwert direkt in der SPS unter „Variablen beobachten" abgelesen werden:

Beispiel 1

Ein Linearpotentiometer ist an einen Analogeingang einer SPS angeschlossen (PEW 256) um Blechstärken zu messen. Bei einer Blechdicke von 1,0 mm wird am PEW 256 die Digitalzahl 4235 angezeigt, wird ein Blech mit 3,0 mm gemessen, so beträgt die angezeigte Digitalzahl 14867. Es ergeben sich somit die beiden Wertepaare

Lösung: PG1 = 1,0 mm; D1 = 4235
PG2 = 3,0 mm; D2 = 14876

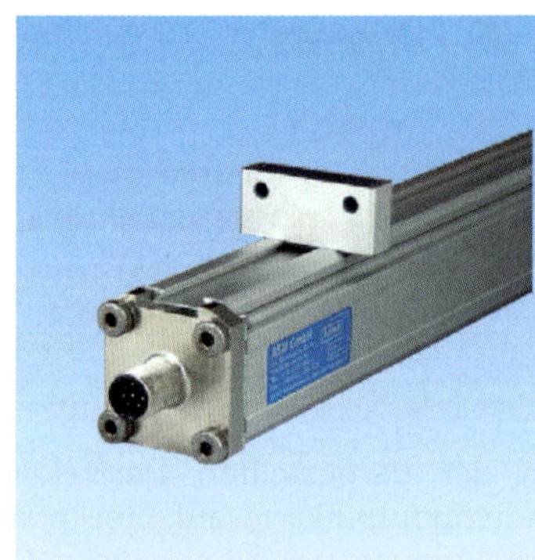

Bild 1: Positionssensor

Datenblattangaben:

Messbereich: 0 … 250 mm
Spannung: 2 … 10 V
Strom: 4 … 20 mA

Auch aus den Datenblättern von Sensoren lassen sich Wertepaare für die Digitalwertberechnung ermitteln:

Beispiel 2

An einer Lineareinheit ist ein Positionssensor **(Bild1)** angebracht. Laut den Datenblattangaben beträgt der Messbereich 0 bis 250 mm, die zugehörige Ausgangsspannung beträgt 2 V bis 10 V. Wie lauten die zugehörigen Digitalwerte?

Lösung: PG1 = 0 mm, die zugehörige Spannung U1 beträgt 2 V, daraus lässt sich der Digitalwert D1 berechnen:

$$D1 = \frac{27648}{10V} \cdot U1 = \frac{27648}{10V} \cdot 2V = 5529{,}6$$

der Digitalwert D2 kann entsprechend bei PG2 = 250 mm mit der zugehörigen Spannung U2 = 10 V errechnet werden:

$$D2 = \frac{27648}{10V} \cdot U2 = \frac{27648}{10V} \cdot 10V = 27648$$

Sind die Wertepaare aus physikalischer Größe und zugehörigem Digitalwert bekannt, lassen sich die Umrechnungsfaktoren„Steigung_m" und „Offset_t" für das SPS-Programm bestimmen und der Programmbaustein beschalten:

Nun kann über die entsprechenden SPS-Operationsbausteine in FUP das Normierungsprogramm erstellt und anschließend der Baustein entsprechend der Rechenergebnisse beschaltet werden.

Beispiel 3

Ein Geschwindigkeitssensor liefert laut den Angaben im Datenblatt bei einer Geschwindigkeit von 0 bis 10 m/s eine Ausgangsspannung von 2-10 V.

Der Sensor ist an den Analogeingang einer SPS angeschlossen, der bei einer Eingangsspannung von 0-10 V am Peripherieeingangswort PEW 252 die Werte 0 – 27648 vom Datentyp Integer (INT) ausgibt **(Bild 1)**.

Die Werte für die Geschwindigkeit sollen über ein SPS-Programm berechnet und anschließend als Gleitpunktzahl über das MD 12 an ein Touchpanel übermittelt werden.

a) Legen Sie die notwendigen Variablen in der Variablentabelle mit dem korrekten Datentyp an.

b) Legen Sie die Bausteinschnittstelle mit den notwendigen Variablen und dem korrekten Datentypen an.

c) Berechnen Sie die notwendigen Umrechnungsfaktoren für die Normierung und erstellen Sie das SPS-Programm in FUP.

d) Beschalten Sie den Baustein entsprechend Ihrer Rechenergebnisse.

Lösung: a) Variablentabelle:
AnalogIn1: PEW 252 INT
Ergebnis: MD12 REAL

b) **Input-Variablen:**
AnalogIn: Datentyp INT
Steigung_m: Datentyp REAL
Offset_t: Datentyp REAL

Output-Variablen:
Ergebnis: Datentyp REAL

Temporäre Variablen: (Zwischenergebnisse)
AnalogDINT: Datentyp DINT
AnalogREAL: Datentyp REAL
Multipl_m: Datentyp REAL

c) Bei der PG1, also 0 m/s gibt der Sensor eine Spannung von 2 V aus, der zugehörige Digitalwert ist **(Bild 1)**

$$D1 = \frac{27648}{10V} \cdot 2V = 5529{,}6$$

bei einer Geschwindigkeit PG2 von 10 m/s beträgt die Ausgangsspannung 10 V, der zugehörige Digitalwert also 27648:

$$m = \frac{PG2 - PG1}{D2 - D1}$$

$$m = \frac{10\,\frac{m}{s} - 0\,\frac{m}{s}}{27648 - 5529{,}6} = 4{,}521123 \cdot 10^{-4}\,\frac{m}{s}$$

$$PG1 = m \cdot D1 + t;\; t = PG1 - m \cdot D1$$

$$t = 0\,\frac{m}{s} - 4{,}52112 \cdot 10^{-4}\,\frac{m}{s} \cdot 5529{,}6 = -2{,}45\,\frac{m}{s}$$

Jetzt lässt sich mithilfe eines FUP-Programmes **(Bild 2)** der Digitalwert in die Messgröße (ohne Einheiten) umrechnen:

$PG = m \cdot D + t$; $PG = 4{,}521123 \cdot 10^{-4} \cdot D - 2{,}45$, wobei die Zahl $4{,}521123\ 10^{-4}$ in der Form 4.521123e-004 eingegeben werden muss.

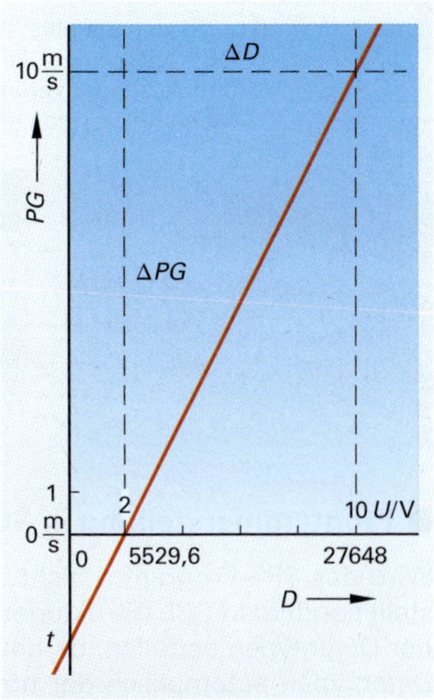

Bild 1: Umrechnung

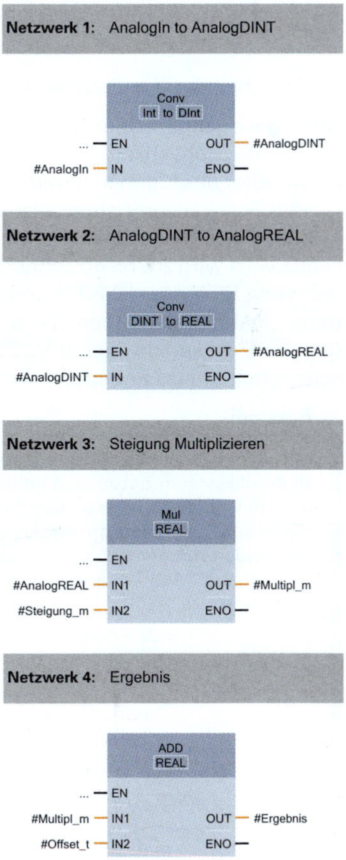

Bild 2: FUP-Programm

d) Wird der erstellte Baustein FC5 im Organisationsbaustein OB1 aufgerufen, kann er mit den zuvor deklarierten Ein- und Ausgangsvariablen sowie den errechneten Werten für Steigung_m und Offset_t beschaltet werden.

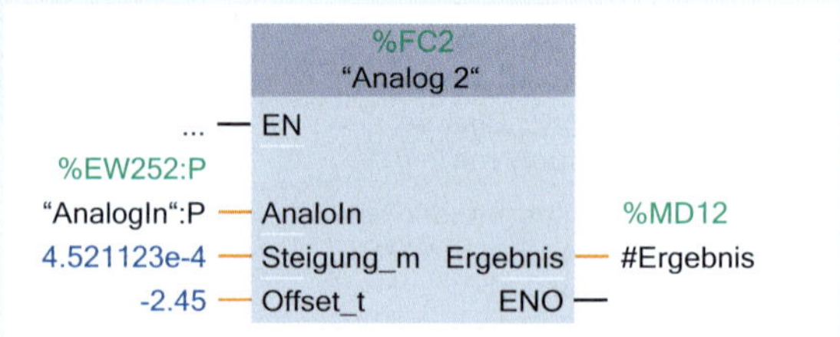

Programmerstellung in SCL

Wird das SPS-Programm nicht in der Programmiersprache FUP erstellt sondern in SCL (Strukturierter Text ST), kann die Umwandlung der Datentypen entfallen, da bei Operationen mit unterschiedlichen Datentypen automatisch der höherrangige Datentyp als Zwischenwert verwendet wird und das Ergebnis somit aus Gleitpunktzahl-Zwischenwerten errechnet wird:

```
1  #Ergebnis: = #AnalogIn · #Steigung_m + #Offset_t;
               INT · REAL          + REAL
               = REAL              + REAL
```

Die Beschaltung des Bausteins bleibt unverändert.

Analogausgänge: **S**peicher**P**rogrammierbare **S**teuerungen bieten häufig die Möglichkeit, Spannungen oder Ströme über Digital-Analogwandler auszugeben, um damit beispielsweise Proportionalventile oder Frequenzumrichter anzusteuern. Die Programmerstellung in FUP erfolgt dabei umgekehrt wie bei Analogeingängen **(Bild 2)**; der Digitalwert wird zuerst errechnet, anschließend gerundet (umgewandelt von „REAL" in „DINT") und die ersten 16 Bit an den Analogausgang „PAW" verschoben. Wird eine Integerzahl 0 an den Ausgang gegeben, entspricht dies 0 V, 27648 entspricht 10 V. Die Bausteinschnittstelle muss angepasst werden **(Bild 1)**.

Beispiel

Mit einem Proportionalventil lässt sich die Öldurchflussmenge in einem Hydrauliksystem zwischen 5 l/min und 50 l/min über eine Spannung von 0 bis10 V einstellen. Sie wollen die Durchflussmenge über einen Schieberegler am Touchpanel mit der Anzeige 5–50 l/min (MD 0, Datentyp „REAL", verbunden mit der SPS) steuern. Das Proportionalventil ist an den Analogausgang PAW 128 angeschlossen. Erstellen Sie das zugehörige FUP-Programm.

Lösung: $m = \frac{PG2 - PG1}{D2 - D1}$

$$m = \frac{50\,\frac{l}{min} - 5\,\frac{l}{min}}{27648 - 0} = 1{,}62760 \cdot 10^{-3}\,\frac{l}{min}$$

$$PG1 = m \cdot D1 + t$$

$$t = PG1 - m \cdot D1$$

$$t = 5\,\frac{l}{min} - 1{,}62760 \cdot 10^{-3}\,\frac{l}{min} \cdot 0\,V = 5\,\frac{l}{min}$$

$$PG = m \cdot D + t;\ D = \frac{PG - t}{m}$$

Name	Datentyp
▾ Input	
Vorgabe	Real
Steigung_m	Real
Offset_t	Real
▾ Output	
Ausgang	Int
▾ InOut	
<Hinzufügen>	
▾ Temp	
Offset_Sub	Real
Steigung_Div	Real
Gerundet	DInt

Bild 1: Bausteinschnittstelle für Analogausgabe

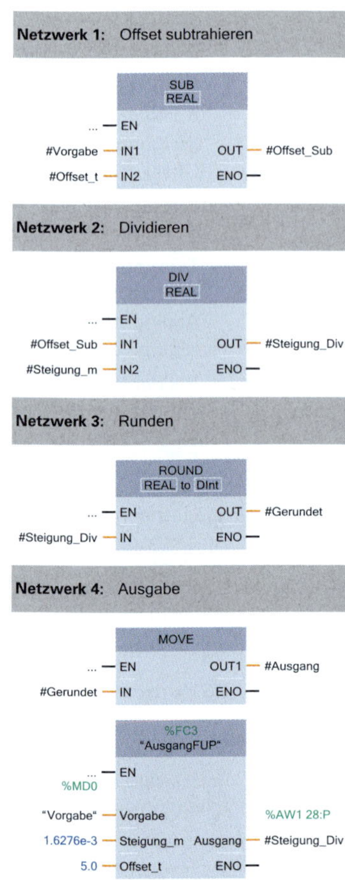

Bild 2: FUP-Programm

Aufgaben Analogwertverarbeitung

1. **Linearpotenziometer (Bild 1):** In einer Sortieranlage soll die Dicke von Blechstreifen mit einem Linearpotenziometer gemessen werden. Dabei gibt das Linearpotenziometer bei einem 2-mm-Blechstreifen eine Spannung von 1,5 V aus, bei einem 5-mm-Blechstreifen eine Spannung von 4,8 V. Die Spannungen werden in der Analogbaugruppe einer SPS (PEW 252) eingelesen und sollen mithilfe eines FUP-Programms in die entsprechende Blechdicke umgerechnet werden.
   a) Ermitteln Sie die Digitalwerte für die 2-mm-Blechstreifen und die 5-mm-Blechstreifen.
   b) Erstellen Sie das FUP-Programm mit der zugehörigen Variablendeklaration und Bausteinschnittstelle.
   c) Bis zu welcher maximalen Dicke können Blechstreifen gemessen werden (U_{max}=10 V)?

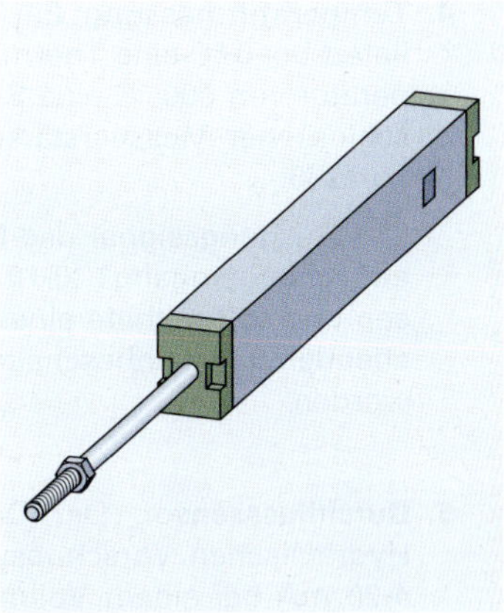

Bild 1: Linearpotenziometer

2. **Volumenstrommessung:** In einer regelungstechnischen Anlage wird der Volumenstrom einer Flüssigkeit mit einem Durchflusssensor **(Bild 2)** gemessen. Laut Datenblatt gibt dieser eine Spannung von 0,5 V bis 3,5 V bei einem Volumenstrom von 2 bis 40 l/min aus. Der Sensor ist an den Analogeingang1 einer SPS (PEW 256) angeschlossen.
   a) Ermitteln Sie die Digitalwerte für die Eingangsspannungen 0,5 V und 3,5 V.
   b) Erstellen Sie einen Baustein in FUP und SCL, mit dessen Hilfe das Spannungssignal in den gemessenen Volumenstrom umgerechnet werden kann und beschalten Sie den Baustein.

Bild 2: Durchflusssensor

3. **Ultraschallsensor (Bild 3):** Mithilfe eines Ultraschallsensors soll die Wassermenge in einem zylindrischen Behälter gemessen und auf einem Touch- Panel zur Anzeige gebracht werden. Der zylindrische Behälter besitzt einen Durchmesser von 32 cm bei einer Höhe von 40 cm. Der Ultraschallsensor ist 50 cm vom Behälterboden entfernt montiert. Er hat einen Messbereich von 0-600 mm und liefert dabei eine Ausgangsspannung von 0-10 V. Die Ausgangsspannung des Sensors ist an den Analogeingang einer SPS (PEW 252) angeschlossen.
   a) Welche Wassermenge in Litern kann der Behälter insgesamt fassen?
   b) Ermitteln Sie die Ausgangsspannung des Sensors, wenn der Behälter leer und wenn er voll ist.
   c) Welche Digitalwerte ergeben sich aus den Spannungen für den leeren und den vollen Behälter im SPS-Programm?
   d) Bestimmen Sie die notwendigen Faktoren für die Umrechnung der Digitalwerte in die Wassermenge und erstellen Sie ein FUP-Programm, so dass die Wassermenge in Litern ausgegeben wird.

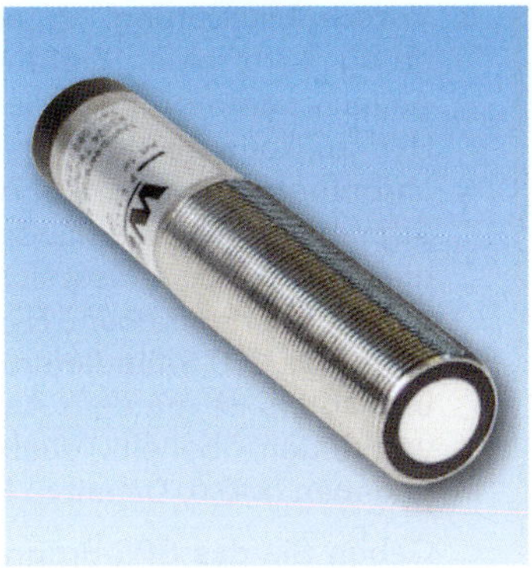

Bild 3: Ultraschallsensor

4. **Temperaturmessung:** Ein Thermoelement **(Bild 1)** vom Typ K liefert bei 0 °C eine Thermospannung von 0 V, bei einer Temperatur von 500 °C eine Spannung von 20,644 mV. Ein angeschlossener Messverstärker besitzt einen Verstärkungsfaktor von 250.

   Das Ausgangssignal des Messverstärkers wird anschließend am Analogeingang1 (0-10 V) einer SPS am PEW 256 eingelesen und soll mithilfe eines SCL-Programms und der entsprechenden Bausteinbeschaltung in die Temperatur umgerechnet werden.

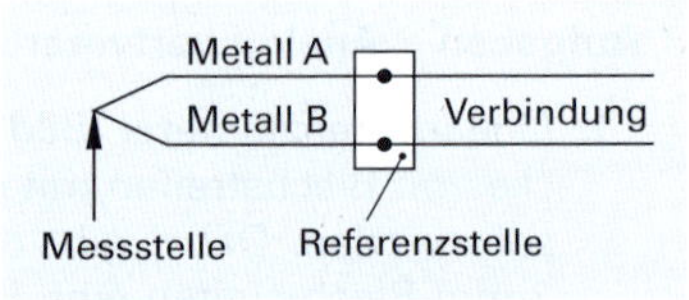

Bild 1: Thermoelement

5. **Durchflusssensor:** Der Durchflusssensor **(Bild 2)** in einem Hydraulischen Vorschubsystem liefert eine Stromstärke von 4-20 mA bei einem Volumenstrom von 2-50 l/min. Er ist an den Analogeingang einer SPS angeschlossen (0-20 mA, Digitalwerte 0-27648).

   Bestimmen Sie mithilfe eines SCL-Programmes den Volumenstrom in l/min.

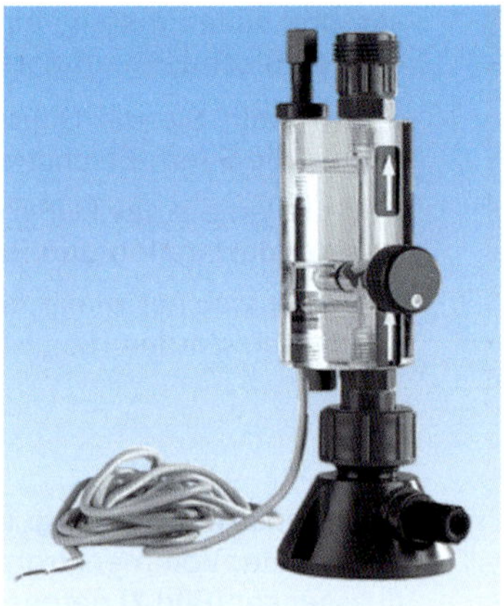

Bild 2: Durchflusssensor

6. **Spannungsversorgung:** Über den Analogausgang einer SPS (PAW 272) soll ein 5-kΩ-Linearpotenziometer mit einer konstanten Versorgungsspannung von 5 V betrieben werden.

   a) Welchen Ausgangsstrom muss die Analogbaugruppe mindestens liefern?

   b) Berechnen Sie die notwendigen Umrechnungsfaktoren und erstellen Sie den Programmbaustein in FUP und SCL.

7. **Proportionalventil:** Ein Proportionalventil wird von einer SPS angesteuert (Analogausgang, PAW 272). Das Ventil ist bei einer Spannung von 0 V vollständig geschlossen, bei einer Spannung von 5 V vollständig geöffnet.

   Über ein Touch-Panel soll vorgegeben werden, zu wie viel Prozent das Ventil geöffnet wird. Es wird dazu ein Wert von 0 (Ventil geschlossen) bis 100 (Ventil ganz geöffnet) über das MD 0, Datentyp REAL, in die SPS eingelesen.

   Erstellen Sie das zugehörige FUP- und SCL-Programm.

8. **Vorschubsteuerung:** In einer hydraulischen Vorschubsteuerung wird eine Hydraulikpumpe von einem Drehstrom-Asynchronmotor angetrieben. Um den Volumenstrom der Hydraulikpumpe stufenlos steuern zu können, wird der Asynchronmotor über einen Frequenzumrichter betrieben (siehe Signalflussplan). Der FU besitzt einen Analogeingang 0–10 V, die Motordrehzahl lässt sich dabei von 0 bis 1500 1/min steuern, wobei die angetriebene Hydraulikpumpe einen Volumenstrom von 0 bis 200 l/min liefert. Der Steuereingang des Frequenzumrichters ist mit dem Analogausgang einer SPS (PAW 272) verbunden, über ein Touch-Panel wird der Volumenstrom vorgegeben (MD 0, Datentyp REAL).

   Geben Sie das SPS-Programm und die Bausteinbeschaltung in FUP an.

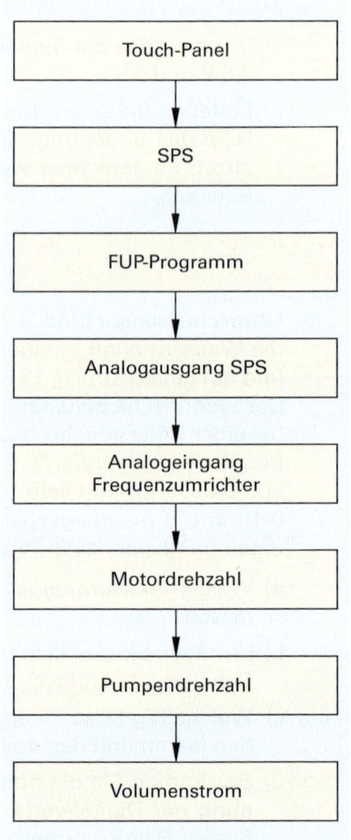

Bild 3: Vorschubsteuerung

18.5 Systematischer Entwurf von Schaltplänen und Steuerungslösungen

Sollen Schaltpläne oder Programme der Automatisierungstechnik systematisch entworfen und geplant werden, so stehen unterschiedliche Werkzeuge für verschiedene Steuerungsarten zur Verfügung.

18.5.1 Funktions- und SR-Tabellen

Für Verknüpfungssteuerungen (kombinatorische Schaltungen) werden **Funktionstabellen** verwendet. Mit ihnen können die Zusammenhänge zwischen den Ein- und Ausgangsvariablen dargestellt werden. Bis zu fünf Eingangsvariablen ist die Verwendung der Funktionstabelle sinnvoll (Funktionstabellen siehe S. 243 ff.).

Bei Verknüpfungssteuerungen mit Speicherbedingungen können **SR-Tabellen** eingesetzt werden. Für das Setzen (S) und Rücksetzen (R) der Stellelemente wird eine dreispaltige Darstellung mit den entsprechenden Variablen eingesetzt **(Bild 1)**.

SR-Tabellenzeile

Speicherelement	Setzbedingung	Rücksetzbedingung
-MB1	(-SF1∨-SF2)∧-BG1	-SF2∨-MB2

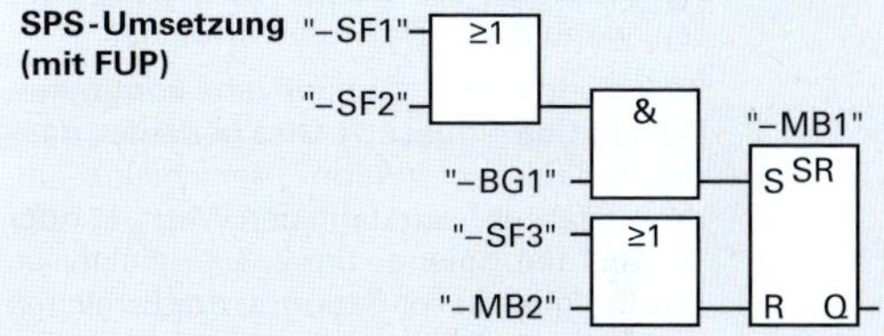

Bild 1: SR-Tabelle mit SPS-Umsetzung

18.5.2 Programmablaufplan und Struktogramm

Automatisierungsaufgaben, denen ein Algorithmus zugrunde liegt, werden mit den Methoden grafischer Ablaufstrukturen beschrieben. Ein Algorithmus ist eine aus endlich vielen Schritten bestehende eindeutige Handlungsvorschrift zur Lösung eines Problems oder einer Klasse von Problemen. Als grafische Beschreibungsmethode dient der **P**rogramm**a**blauf**p**lan PAP oder das **Strukt**o**g**ramm STG.

Der PAP besteht aus den Sinnbildern Operation (Rechteck), Verzweigung (Raute), Ablauflinie und deren Zusammenführung **(Bild 2)**.

Das STG verwendet immer Rechtecke. Die dabei entstehenden Strukturblöcke bestehen immer aus den Grundstrukturen Verarbeitung, Folge, Auswahl und Wiederholung **(Bild 3)**.

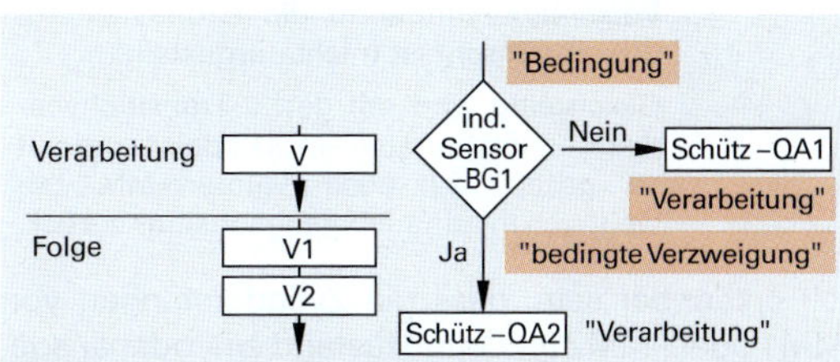

Bild 2: Programmablaufplan-Sinnbilder

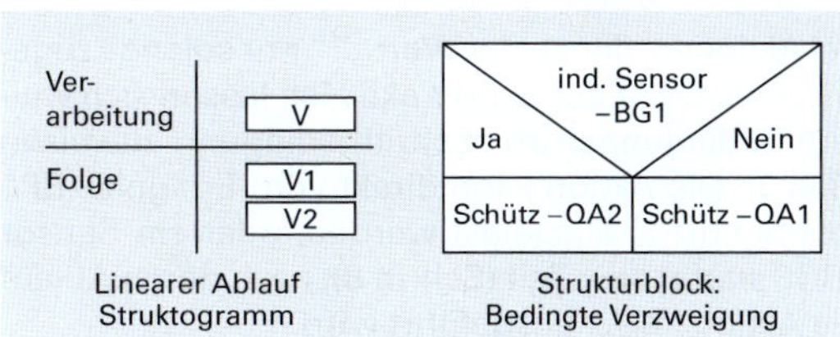

Bild 3: Struktogramm-Sinnbilder

18.5.3 Ablauf-Funktionsplan: Grafcet

Automatisierungsaufgaben, bei denen unterscheidbare Aktionen in einer prozess- oder zeitgesteuerten Reihenfolge hintereinander oder auch parallel ablaufen, werden mit der Entwurfssprache GRAFCET (DIN EN 60848) systematisch beschrieben.

Der GRAFCET wird für die allgemeine Beschreibung von Ablaufsteuerungen verwendet (siehe Seite 283 ff.), denen das Prinzip der löschenden Taktkettensteuerung zugrunde liegt. Er beinhaltet Steuerungsfunktionen mit Schritten und Weiterschaltbedingungen.

Ein GRAFCET kann **strukturiert** sein, z.B. in Teilgrafcets oder Makroschritten, er lässt sich auch **hierarchisieren**, z.B. wenn ein Automatikbetrieb durch einen NOT-AUS unterbrochen werden soll.

■ Grundelemente

Ein GRAFCET besitzt im **Strukturteil** die Elemente Schritt und Transition, im **Wirkungsteil** die Aktionen **(Bild 4)**. Schritte und Transitionen eines GRAFCET wechseln sich ab. Es ist bei linearem Ablauf immer nur ein Schritt aktiv, der beliebig viele Aktionen auslösen kann. Kommentierungen werden in Anführungszeichen neben den Aktionen gesetzt.

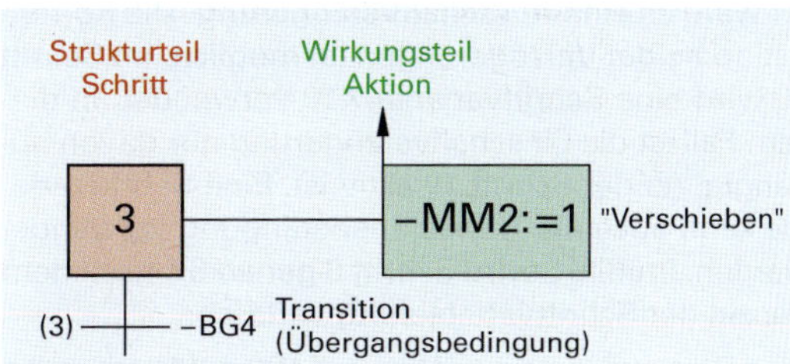

Bild 4: Grafcet-Elemente

18

Beispiel

Werkstücke werden durch den Hubzylinder -MM1 angehoben und in der oberen Endlage durch den Verschiebezylinder -MM2 auf eine Rollenbahn geschoben. Danach kehren beide Zylinder gleichzeitig in die Ausgangsstellung zurück **(Bild 1)**.

Zur grafischen Beschreibung des Ablaufes soll ein GRAFCET entwickelt werden.

Lösung: Der Schritt Null wird als Initial- oder Startschritt bezeichnet. Dort steht die Steuerung beim Start. Die Transitionsbedingung (1) wird in Form einer booleschen Verknüpfung dargestellt: Und-Verknüpfung mit einem Punkt „•", Oder-Verknüpfung mit Plus „+" **(Bild 2)**.

Im 1. Ablaufschritt wird eine **speichernde Aktion** verwendet, das bedeutet, die Aktion ist über den jeweiligen Schritt hinaus gültig, der Hubzylinder bleibt auch ausgefahren, wenn die 2. Transition erfüllt ist.

Im 2. Schritt wird dagegen eine **kontinuierliche Aktion** eingesetzt. Dies bedeutet, dass die Variable der Aktion „Verschiebezylinder ausfahren" nur dann den Wert „1" oder „TRUE" hat, solange der 2. Schritt aktiv ist. Das Ereignis dieser Aktion ist das Erreichen der vorderen Endlage des Verschiebezylinders. Damit geht die Variable -MM2 auf „0" oder „FALSE". An einer Anlage fährt der Verschiebezylinder in die Grundstellung, was erwünscht ist (nicht dargestellt).

Gleichzeitig wird mit der 3. Transitionsbedingung die Variable -MM1 speichernd auf „0" gesetzt, d.h. auch Zylinder -MM1 bewegt sich in seine Ausgangsposition zurück.

Soll erkennbar sein, dass die Zylinderstangen von -MM1 oder -MM2 im Grundzustand ein- oder ausgefahren sind, muss ein Kommentar eingefügt werden.

Kontinuierlich wirkende Aktionen

Bei Aktionen, denen der Wert „1" nur solange zugewiesen ist, wie der Schritt aktiv ist, lassen sich weitere **Bedingungen** zur Schrittbedingung zuweisen **(Bild 3)**. Die Aktion kann direkt vom Ereignis -BP1 (bei Schritt 5) ausgelöst werden, oder ein Sensor -BG8 startet eine Zeit (Schritt 8), nach deren Ablauf die Aktion -MA1 ausgeführt wird.

Hier steht die Zeit **vor** der Variablen -BG8, es handelt sich um eine **Einschaltverzögerung**, steht sie dahinter wäre es eine **Ausschaltverzögerung**. Die Kombination beider Verzögerungen ist möglich. Im Schritt 10 wird eine Schrittvariable X10 verwendet. In diesem Fall ist die Einschaltverzögerung nur davon abhängig, ob der Schritt 10 aktiv ist. Eine Schrittvariable kann auch als Transitionsbedingung verwendet werden. Im Bild 3 wird Schritt 8 genau 5 s nach dem Setzen der Schrittvariablen X8 verlassen.

Eine Begrenzung einer Aktion -MB2 auf 2 s zeigt die Zeitlimitierung in Bild 3.

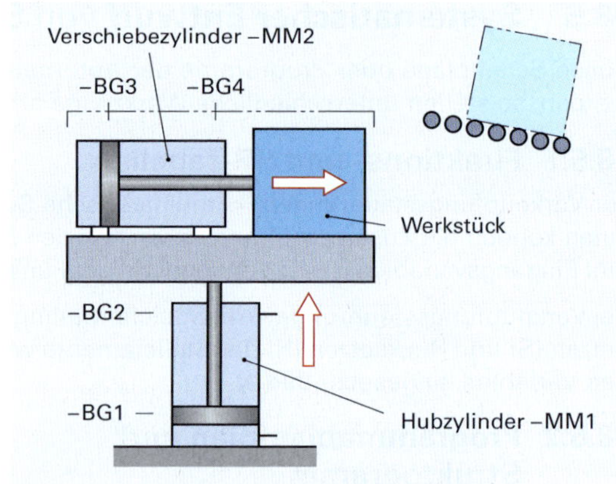

Bild 1: Technologieschema Hubeinrichtung

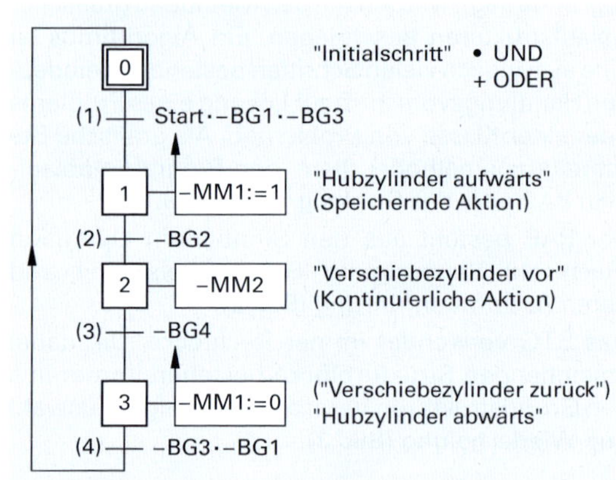

Bild 2: GRAFCET-Hubeinrichtung

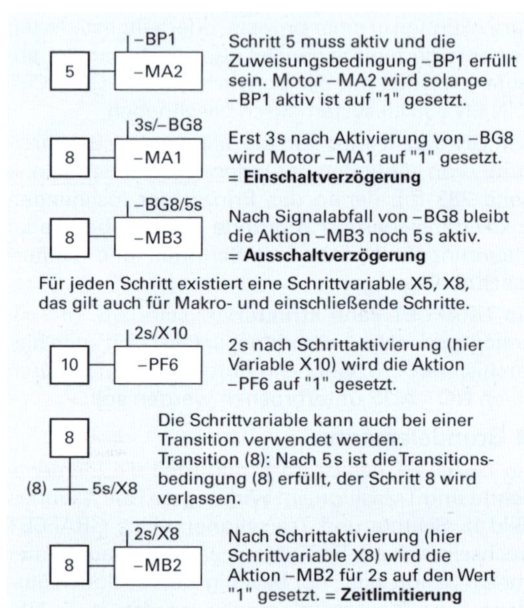

Bild 3: Bedingungen bei Aktionen

Speichernd wirkende Aktionen

Die speichernd wirkende Aktion –MA1 wird im Ablaufschritt 7 auf logisch „:=1" gesetzt und im Schritt 11 auf logisch „:=0" zurückgesetzt **(Bild 1)**. Im Schritt 7 und 11 zeigt der Pfeil nach oben, das bedeutet **„Aktivierung des Schrittes"**. Zeigt der Pfeil wie bei Schritt 15 nach unten, wird die Aktion –MA1 erst bei **„Deaktivierung des Schrittes"** 15 aktiv speichernd zurückgesetzt (dies funktioniert lediglich mit einer SPS). Der Schritt muss dazu erst verlassen werden.

Prinzipiell haben speichernd wirkende Aktionen lediglich die Voraussetzung, dass die Transitionsbedingung für den Schritt **„TRUE"** sein muss.

Möchte man weitere Bedingungen formulieren, geht das nur durch **„Aktion bei Ereignis"**. Die gespeichert wirkende Aktion –PF4 bei Schritt 9 erfordert einen positiven Flankenwechsel des Sensors –BG3 (↑ Pfeil nach oben).

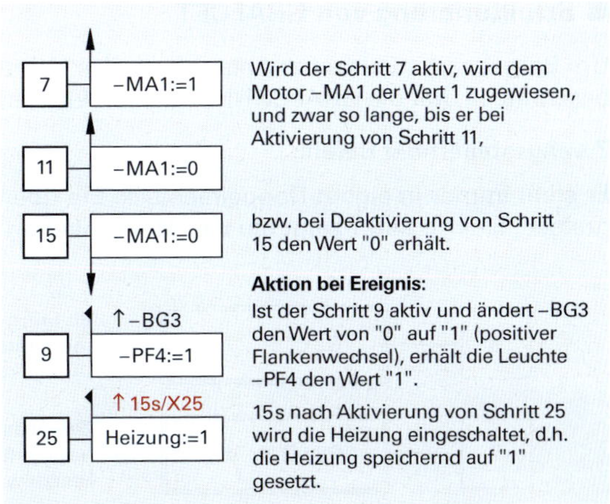

Bild 1: Speichernd wirkende Aktionen

TEIL-GRAFCETS

Die Hubeinrichtung der vorherigen Seite wird um die Betriebsarten Einzel- und Dauerzyklus (EZ und DZ) erweitert **(Bild 2)**. Im Teil-Grafcet G1 wird dazu lediglich die Startbedingung in der Transition (1) geändert. Im Teil-Grafcet G2 wird mit dem Handtaster –SF2 gestartet und im Schritt 1 geht die Variable „Dauerzyklus" auf „TRUE". Mit dem Taster –SF3 wechselt die Variable „DZ" auf „False".

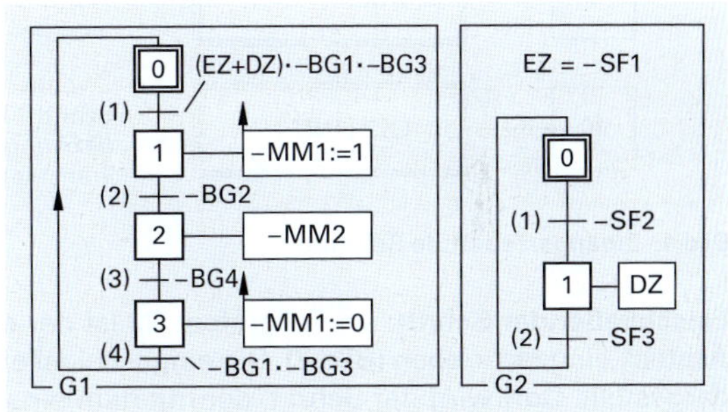

Bild 2: Teil-Grafcets für Hubeinrichtung

Lineare und verzweigte Ablaufketten

Grafcet-Funktionsabläufe können linear sein, d.h. jeder Schritt hat immer nur eine nachfolgende Transition **(Bild 3a)**. Die **Verzweigungen** bieten die Wahl zwischen mehreren Abläufen, ausgehend von einem oder mehreren Schritten. Man spricht von einer **Alternativ-Verzweigung (Bild 3b)**. Bei der **Simultan-Verzweigung (Bild 3c)** laufen generell mehrere Ketten simultan oder parallel ab. Voraussetzung für den Start dieser Verzweigungsart ist **eine** Transitionsbedingung. Die Zusammenführung erfolgt ebenfalls durch eine Doppellinie und einer nachfolgenden Transition.

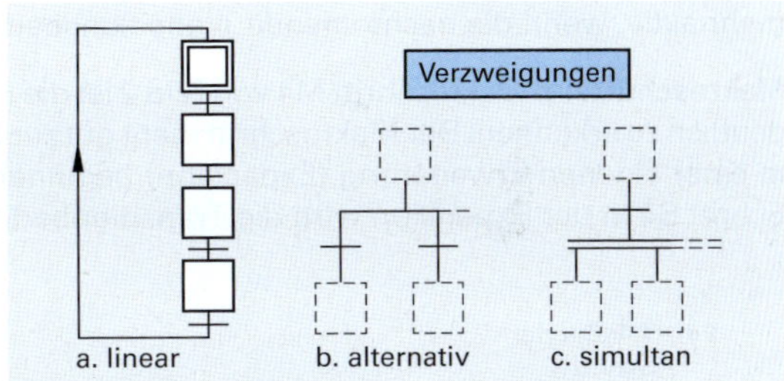

Bild 3: Lineare und verzweigte Ablaufketten

Beispiel

Ein Bandförderer (–QA1) wird gestartet. Es sollen aus drei Magazinen Materialteile ausgeschoben werden. Über die kapazitiven Sensoren –BG6, –BG7 und –BG8 werden diese erkannt. Die drei Ausstoßer werden über die Magnetventile –MB6, –MB7 und –MB8 angesteuert.

Lösung: In **Bild 4** wird die Teillösung gezeigt. In den Transitionen 3, 6 und 9 erfolgt die Magazinabfrage. Ist z.B. die Verknüpfung (–BG6 · –BG7 · –BG8) „True", dann fährt der zum Stellelement –MB6 gehörende Zylinder –MM6 aus, auf die vordere Endlage –BG4 und wieder zurück (–BG3). Zum Ablauf der mittleren Kette muss das 1. Magazin leer sein (NICHT–BG6), eine Abfrage auf „0" usw.

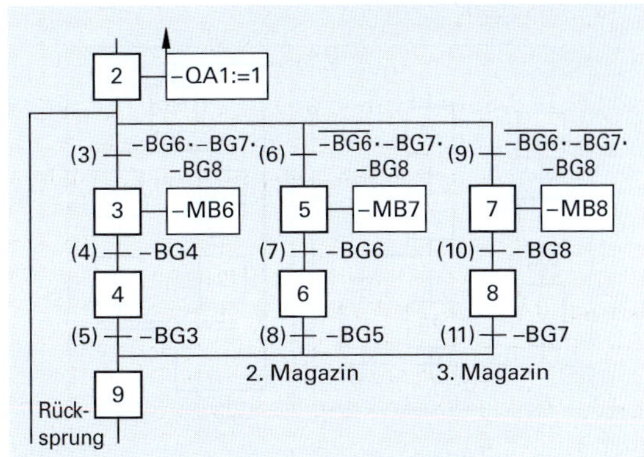

Bild 4: Alternativverzweigung Bandförderer

18

Strukturierung von GRAFCET

Um Betriebsartenteile einer Anlage oder das Verhalten einer Steuerung bei NOT-AUS in Ablaufketten zu beschreiben, hat die GRAFCET-Norm neue Elemente eingeführt:

Zwangssteuernder Befehl:

Er steht immer in einem Doppelrechteck. Ein übergeordneter Grafcet kann einen untergeordneten Teilgrafcet steuern. **Bild 1 zeigt die vier Möglichkeiten**:

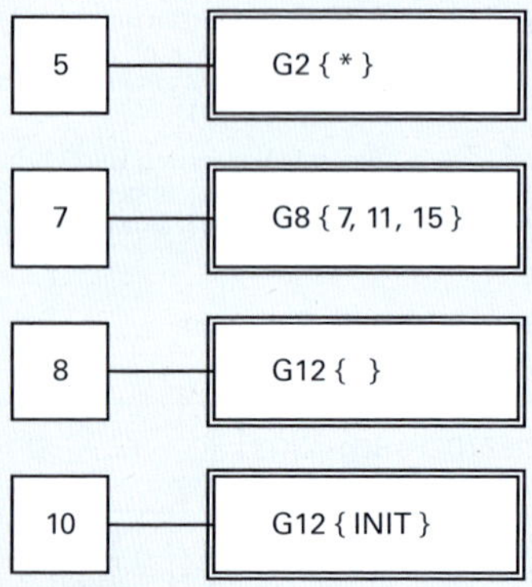

Einfrierbefehl: Im Schritt 5 wird der Teilgrafcet G2 in seine momentane Situation eingefroren. (Ablaufkette in G2 hält an, bereits aktive Aktionen laufen weiter.)

Zwangssteuerung in eine **bestimmte Situation**: Im Teilgrafcet G8 werden die Schritte 7, 11 und 15 aktiv. Hierzu wäre in G8 ggf. eine Parallelverzweigung notwendig.

Zwangssteuerung in den **leeren Schritt**: Alle Schritte von G12 sind deaktiviert. Eine Initialisierung von G12 wird nötig.

Zwangssteuerung in den **Initialisierungsschritt**: Im Schritt 10 wird Teilgrafcet G12 in den Initialschritt gezwungen. Damit G12 weiterlaufen kann muss die Transitionsbedingung nach Schritt 10 erfüllt sein.

Bild 1: Zwangssteuernde Befehle

Einschließender Schritt: Im Teilgrafcet G2 ist der einschließende Schritt 27 eingebunden. Er wird in ein Achteck eingeschrieben **(Bild 2)**. Die eingeschlossenen Schritte werden in einem eigenen Teilgrafcet G23 dargestellt. Dort wird der Schritt, der mit dem einschließenden Schritt aktiv ist, mit einem Asterikus „*" gekennzeichnet. Die eingeschlossenen Schritte des Teilgrafcets sind nur solange aktiv, wie der eingeschlossene Schritt 27 aktiv ist. Dieser Schritt 27 besitzt alle Eigenschaften eines Schrittes, d. h. er ist nicht mehr aktiv, wenn die nachfolgende Transitionsbedingung erfüllt ist.

Makroschritt: Im Makroschritt M4 von Bild 2 ist die Einteilung von Abläufen in eine Grob- und Feinstruktur deutlich zu erkennen. Der Makroschritt dient gut zur **Strukturierung**. Die einzelnen Schritte von M4 werden in einer eigenen Erweiterung (Expansion) beginnend mit E4 und endend mit S4 beschrieben. Erst nach Schritt S4 in der Expansion wird die Transitionbedingung „b" für den weiteren Ablauf relevant.

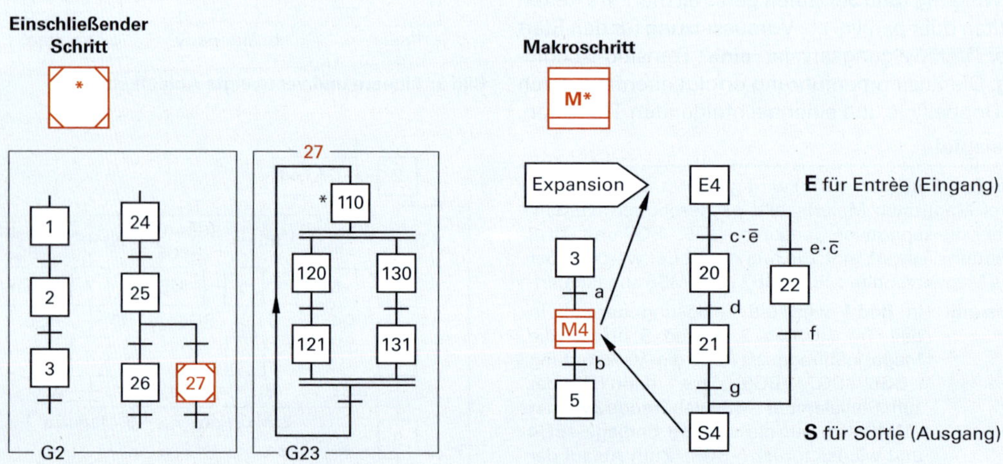

Bild 2: Einschließender Schritt und Makroschritt

Beispiel

Druckluft soll über ein Anlagenventil –QM1 in eine Pneumatikanlage zugeschaltet werden. Über Taster –SF3 soll die Anlage im Einzelzyklus, über Raste –SF4 der Dauerzyklus aktiviert werden. Ein Spannzylinder –MM1 fährt ein, der Pressenzylinder –MM2 fährt dreimal innerhalb von 9 s ein und aus, anschließend fährt der Spannzylinder wieder zurück, ein neuer Zyklus kann beginnen.

Lösung: **Bild 1** zeigt den Grafcetablauf. Ein $\overline{\text{NOT-AUS}}$ ermöglicht die Deaktivierung sämtlicher eingeschlossenen Schritte und den Rücksprung. Ob der Ablaufabbruch sicher im Sinne von Maschinenrichtlinien ist, kann hier nicht erkannt werden. Eine weitere Lösung zeigt **Bild 2** mit Makroschritten. Hier muss auf den NOT-AUS in der Transition nach dem Makro M2 verzichtet werden, da erst die Expansion bis zum Schritt S2 abgearbeitet sein muss. Erst dann kann auf ein NOT-AUS reagiert werden.

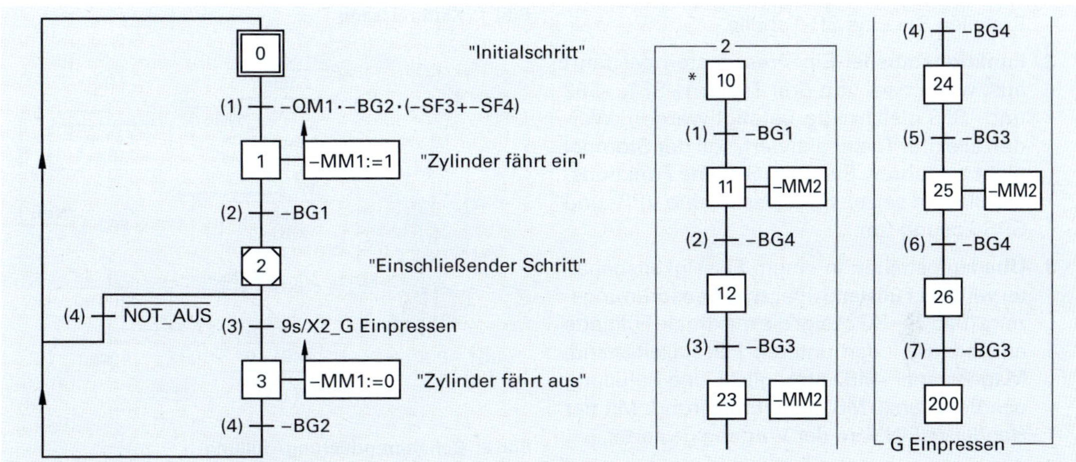

Bild 1: Pneumatikablauf mit einschließendem Schritt 2

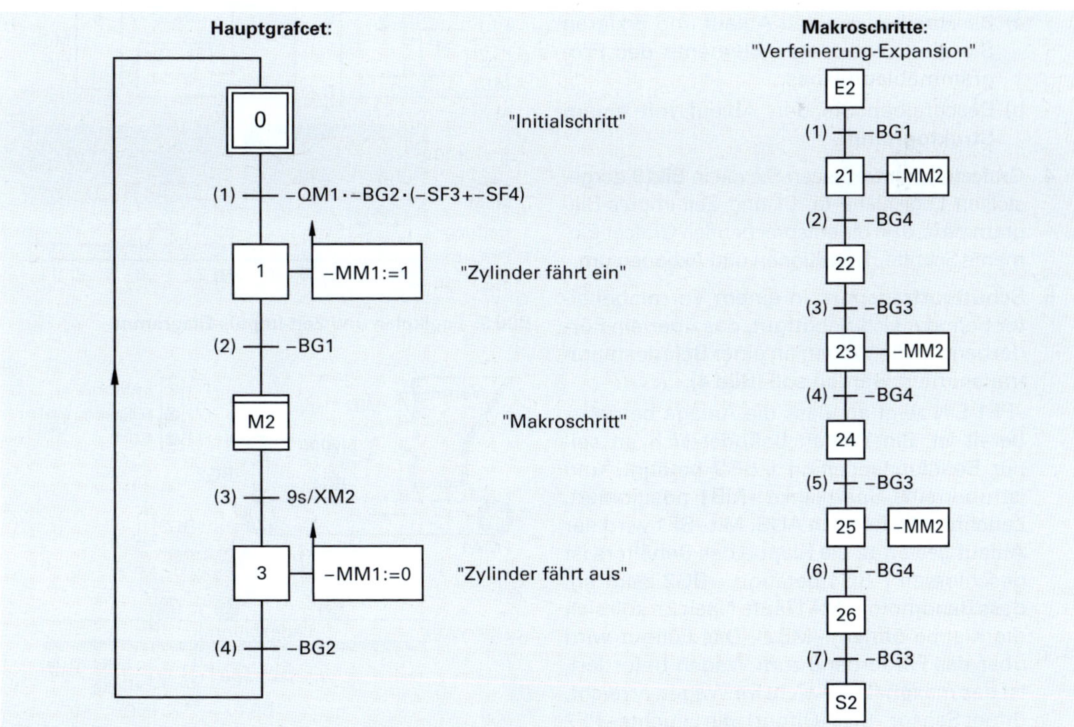

Bild 2: Pneumatikablauf mit Makroschritt M2

18

Aufgaben Programmentwurfsmethoden

1. **SR-Tabelle:** An einer Kaltkreissäge werden Werkstücke mit einer pneumatischen Spannvorrichtung festgehalten und geschnitten (**Bild 1**). Mit Taster –SF1 wird der Vorgang ausgelöst, wenn die Säge in Grundstellung ist (abgefragt mit Sensor –BG3). Mit Taster –SF2 wird entspannt, aber nur in der Grundstellung. Der Spannzylinder wird mit einem monostabilen 5/2 Wegeventil angesteuert. Erstellen Sie eine SR-Tabelle.

2. **Funktionstabelle:** Ein Pressenstempel fährt aus, wenn zwei von drei Tastern –SF1, –SF2 und –SF3 gleichzeitig betätigt werden. Werden alle drei Taster aktiviert, soll der Stempel **nicht** ausfahren. Erstellen Sie eine Funktionstabelle und setzen Sie diese in eine VPS- und SPS-Lösung um.

3. **Überlaufbehälter:** In einem Flüssigkeitsbehälter wird der Füllstand über zwei Sensoren angezeigt (**Bild 2**). –BG2 zeigt die maximale Füllhöhe an und –BG1 den unteren Flüssigkeitsstand. Magnetventil –MB2 ermöglicht eine Befüllung des Behälters, –MB1 eine Entleerung. Mit der Handtaste EIN wird der Vorgang gestartet.

   Der Ablauf wird in einem **Programmablaufplan** allgemein beschrieben.

   a) Beschreiben Sie den Ablauf und erklären Sie die verwendeten Elemente des Programmablaufplanes.

   b) Beschreiben Sie den Ablauf mit einem **Struktogramm**.

4. **Grafcetelemente:** Setzen Sie die in **Bild 3** dargestellten Logikpläne (a, b) und Zeit-Impuls-Diagramme (c, d) in die entsprechenden Grafcet-Elemente Schritte, Transitionen und Aktionen um.

5. **Schüttguttransport:** In einem Vorratsbehälter befindet sich Schüttgut, das über ein Förderband in die Wagen an einer Beladestation transportiert werden soll (**Bild 4**).

   –PF1 EIN zeigt an, dass die Anlage betriebsbereit ist. Ein Wagen befindet sich an seiner Befüllungsposition (–BG3 betätigt) und ist über eine Sperrklinke –MB1 positioniert. Leuchte –PF2 ist noch AUS. Mit –SF1 wird der Ablauf gestartet, die Klappe des Behälters ist geschlossen (–BG4 betätigt). –BG2 zeigt an, dass Bandmotor –MA1 läuft. Nach 2 s soll sich die Klappe öffnen (–MB2). Das Füllgut wird über das Förderband zum Wagen befördert. Ist das maximale Gewicht im Wagen erreicht, öffnet Sensor –BG1 (Öffner), die Leuchte –PF2 geht an und die Klappe schließt sich.

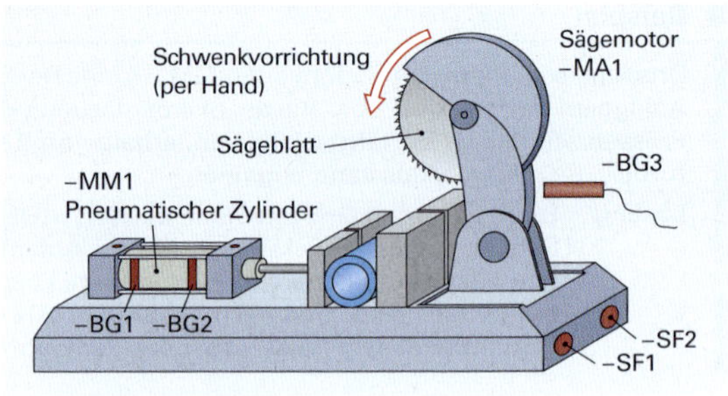

Bild 1: Kaltkreissäge

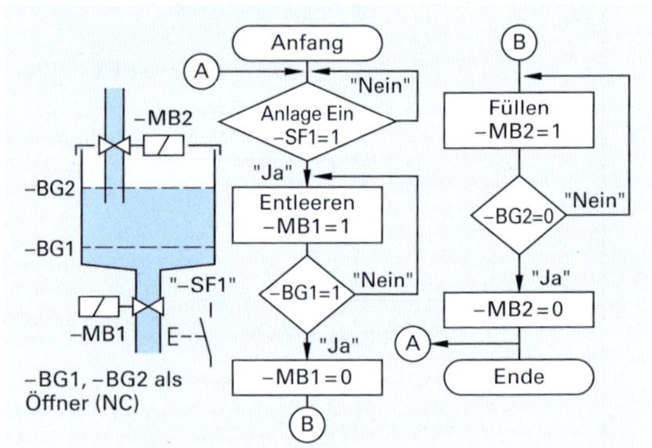

Bild 2: Behälterentleerung/-füllung

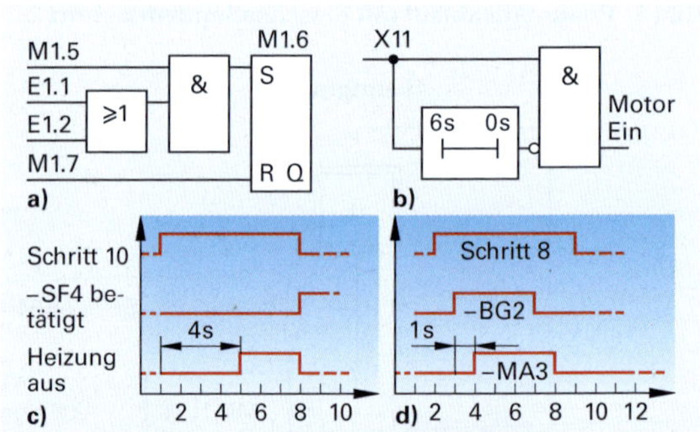

Bild 3: Logikplan und Zeit-Impuls-Diagramm

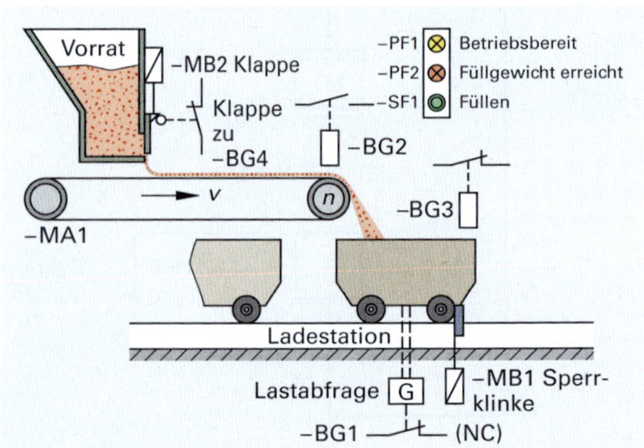

Bild 4: Schüttguttransport

Nach 3 s stoppt das Förderband und die Sperrklinke –MB1 löst sich. Der Wagen fährt weg, ein neuer wird gebracht und die Klinke schließt wieder. Ein neuer Ablauf kann beginnen. Erstellen Sie dazu einen Grafcet.

6. Beschreiben Sie die folgenden Grafcet-Elemente und Darstellungen von a bis m.

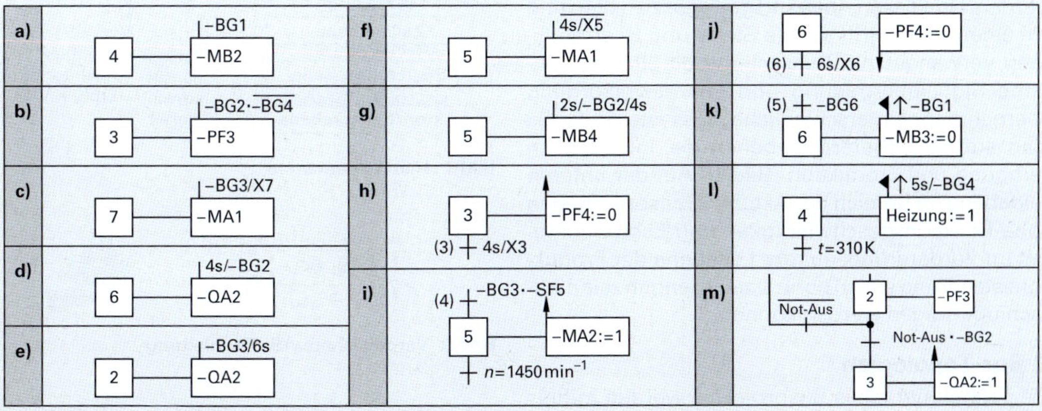

7. Beschreiben Sie die folgenden Grafcet- Abläufe und Strukturen von a bis f.

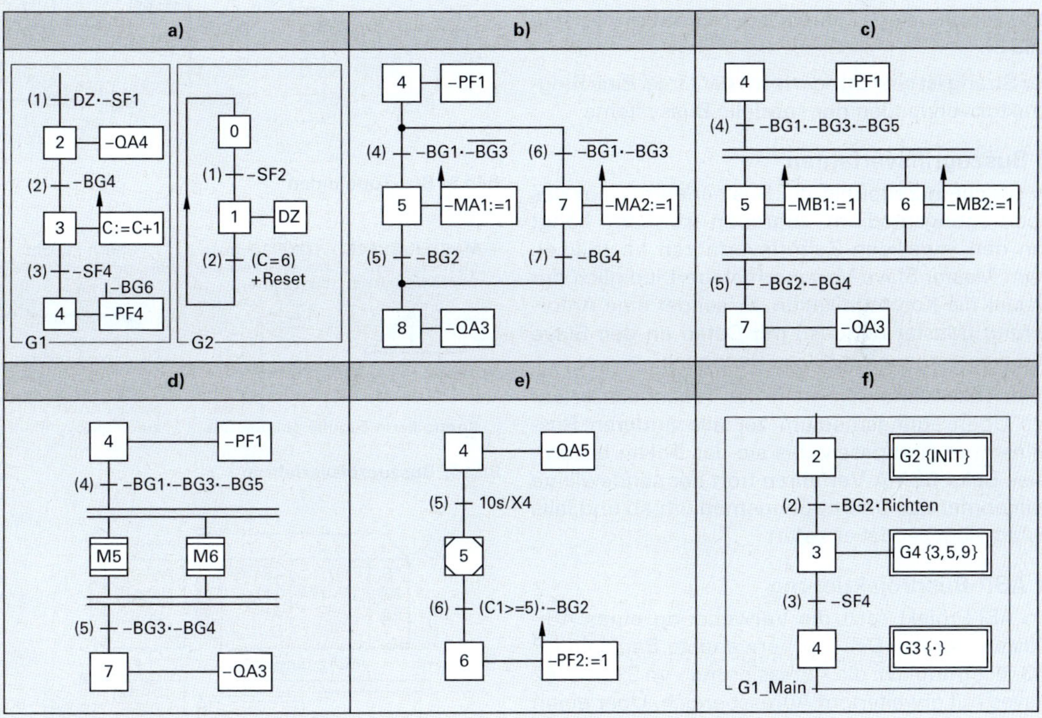

8. Wie sehen bei Aufgabe 7d) die Abläufe von M5 und M6 aus (Beginn und Ende)?

9. Beschreiben Sie bei Aufgabe 7e), wie die Struktur von Schritt 5 aussehen könnte.

18.6 Bussystemtechnik

Bei konventioneller Verdrahtung werden die einzelnen Sensoren und Aktoren einer Steuerung auf die Ein- und Ausgangssignalmodule einer SPS verdrahtet. Außerdem müssen sie mit Energie versorgt werden. Um diesen Aufwand geringer zu halten und um einen Fernzugriff auf die Steuerung zu ermöglichen, verwendet man Bussysteme, die eine gemeinsame Signalübertragung und Energieversorgung übernehmen. Unterschiedliche Bussysteme findet man auf allen Hierarchieebenen der industriellen Fertigung und Produktion **(Bild 1)**. Auf der unteren Feldebene im Bereich der Aktoren/Sensoren stehen hohe Reaktionsgeschwindigkeit und Echtzeitfähigkeit im Vordergrund, auf der Leitebene der Produktionssteuerung sollen hohe Datenmengen zeitunkritisch übertragen werden können.

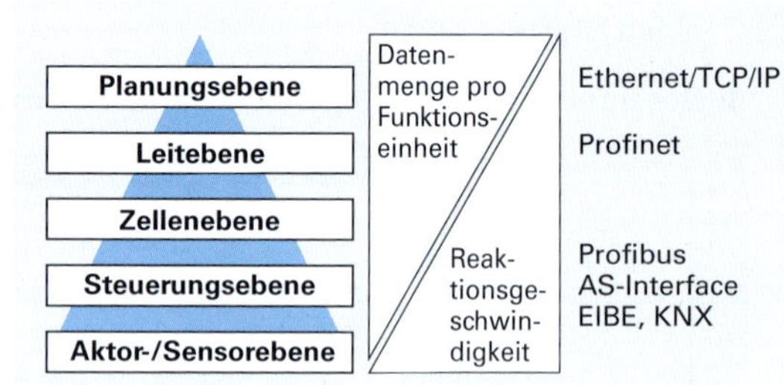

Bild 1: Hierarchieebenen

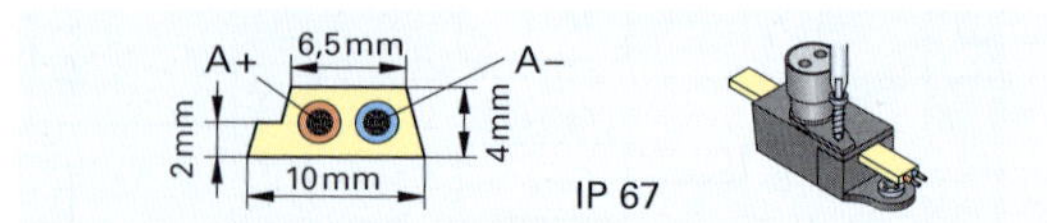

Bild 2: Verpolsichere ASi-Flachleitung

■ Bus Topologien

Die Teilnehmer eines Busprojektes werden mittels eines Übertragungsmediums, z.B. mit einer Zweidrahtkupferleitung physikalisch verbunden **(Bild 2)**. Die Netzformen (Topologien), die sich dabei ergeben, können stern-, linien- oder baumförmig sein **(Bild 3)**.

Der Strang ist eine Sonderform der Linie. Eine Ringstruktur verwenden nur spezielle Bussysteme.

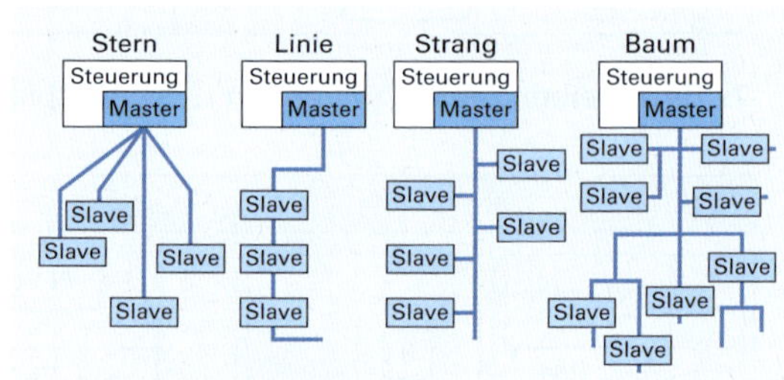

Bild 3: Bus-Topologien

■ Buszugriffsverfahren

Zu welchem Zeitpunkt die Busteilnehmer auf das Übertragungsmedium zugreifen können, hängt von den jeweiligen Zugriffsverfahren ab **(Bild 4)**. Beim Master/Slave-Verfahren steuert lediglich der Master die Kommunikation. Er sendet eine Anforderung (Master Request) mit Daten an den Slave und dieser antwortet (Slave Response).

Beim Tokenverfahren greift der Tokenbesitzer auf das Übertragungsmedium zu, alle anderen Busteilnehmer sind passiv, bis sie das Token bekommen. Beim **CSMA-Verfahren** hört der sendewillige Teilnehmer das Übertragungsmedium ab und falls nicht belegt sendet er sofort.

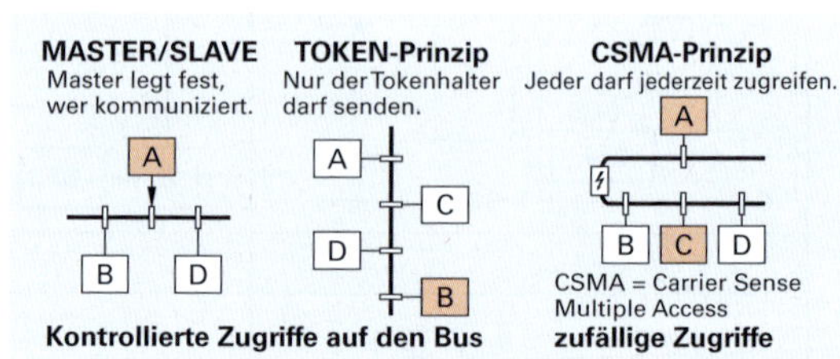

Bild 4: Buszugriffsverfahren

■ ASi[1]-Busprojektierung

Ein ASi-Projekt setzt die Verwendung eines ASi-Masters voraus. Der hier verwendete Baustein CP 343-2P ermöglicht die Adressierung von 31 bzw. 62 Slaves mit erweitertem Adressbereich. Über einen Rückwandbus ist er mit einer S7-300 CPU verbunden. In die zweiadrige ASi-Übertragungsleitung ist das 30V-ASi-Netzteil eingebunden, zwei aktive Module (4E/2E2A), sowie ein intelligenter Sensor (Lichtschranke). Auf den Modulen befinden sich sechs Standardsensoren und zwei Magnetventile.

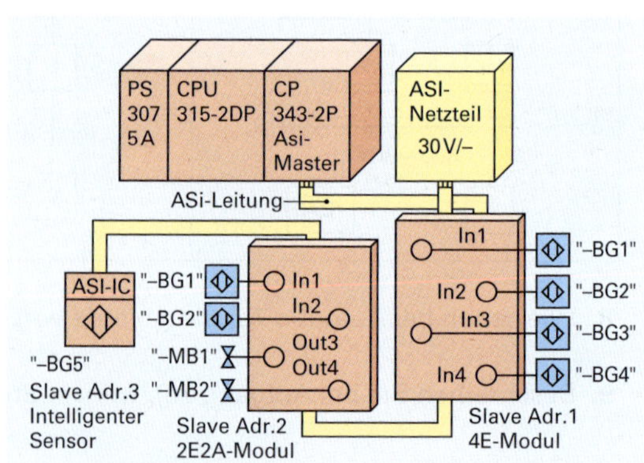

Bild 5: ASi-Projektstruktur

1 ASi steht für das Bussystem „**A**ktor-**S**ensor-**I**nterface"

Bei dem **aktiven** Anwendermodul mit der Slaveadresse Adr.1 ist ein IC-Baustein integriert **(Bild 1)**. Die Datenbits D0 bis D3 werden bei der Master-Slave-Kommunikation als Slaveantwort zum Master gesendet. Die Parameterbits P0 bis P3 sind hier nicht belegt. Der Master könnte in einem Parameteraufruf am intelligenten Sensor –BG5 entsprechende Bits übertragen **(Bild 2)**.

Bei einem **passiven** Anwendermodul könnten über M12er Anschlussbuchsen vier intelligente Sensoren/Aktoren angeschlossen werden.

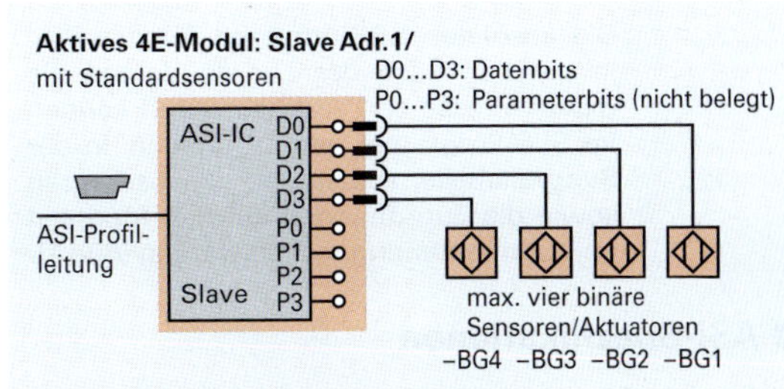

Bild 1: Digitale 4E-Anwendermodule

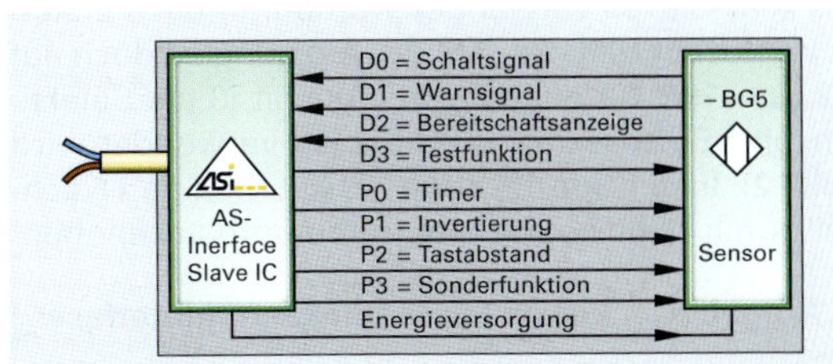

Bild 2: Intelligenter Sensor B3-Slave-Adr.3

Beispiel

Für die Projektstruktur in **Bild 5** auf der vorherigen Seite soll eine **Variblentabelle** erstellt werden. Dabei sollen die **Adressen** für die verwendeten Sensoren und Aktoren ermittelt und das Adressierungsschema der Slaves gezeigt werden.

Lösung: Aus der Hardwarekonfiguration **(Bild 3)** lassen sich aus dem Steckplatz 4 die Peripherie-Ein- und Ausgangsadressen 256 usw. des Masters entnehmen. Bei neuen CPUs lässt sich diese Peripherieadresse umdeklarieren, in eine Adresse, die zum Adressbereich der CPU gehört: z. B. 10. Nach der Slaveadressliste **(Bild 4)** ordnet man die ersten vier Bits von Byte 10 der Slave Adr. 1 zu. Der Sensor –BG1 sitzt auf dem In1-Eingang des 4E-Moduls und wird von Peripherieadresse PE256.0 zu E10.0.

Im Rahmen der **Master-Slave-Kommunikation (Bild 5)** bekommt das Bit für –BG1 eine logische „0" oder „1" zugewiesen.

Die Slaveantwort hätte dann das folgende Muster:

		I_3	I_2	I_1	I_0	
	0	0	0	0	**1**	

Sensor –BG1 hat ein Bauteil erkannt.

Steckplatz	Baugruppe ...	Bestellnummer ...	Firmware	MPI-Adresse	E-Adresse	A-Adresse
1	PS 307 5A	6ES7 307-1EA00-0AA0				
2	CPU 315-2 DP	6ES7 315-2AF03-0A	V1.2	2		
X2	*DP*				*1023*	
3						
4	CP 343-2 P	6GK7 343-2AH00-0XA0			256...271	256...271

Bild 3: Hardwarekonfiguration (Geräteübersicht)

Eingänge PA-E	Adresse PE	In/Out .7 .6 .5 .4	In/Out .3 .2 .1 .0	Adresse PA	Ausgänge PA-A
CPU 315-2DP	CP 343-2	In4 In3 In2 In1 Out4 Out3 Out2 Out1	In4 In3 In2 In1 Out4 Out3 Out2 Out1	CP 343-2	CPU 315-2DP
10	256	Slave Adr. 0	Slave Adr. 1	256	10
11	257	Slave Adr. 2	Slave Adr. 3	257	11
12	258	Slave Adr. 4	Slave Adr. 5	258	12
13	259	Slave Adr. 6	Slave Adr. 7	259	13
⋮	⋮	⋮	⋮	⋮	⋮
		Slave Adr. 30	Slave Adr. 31		

Bild 4: Slave-Liste

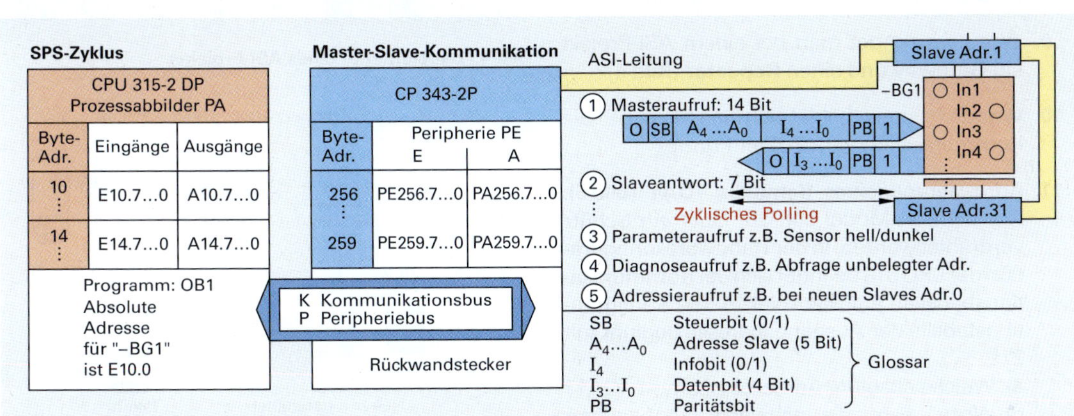

Bild 5: Master-Slave-Kommunikation und Datentransfer von CP-Master und CPU

Die absoluten SPS-Adressen für das Projekt stehen nach der Zuordnung auf die Slave-Adresse zur Verfügung und können im SPS-Programm genutzt werden. In der Symboltabelle sollten die Slaveadressen sowie die Zuordnungen auf den Modulen im Kommentar angegeben werden **(Bild 1)**.

Symbol	Adresse	Kommentar
–BG1	E10.0	–MM1 hinten, No, Slave 01, In 1
–BG2	E10.1	–MM1 vorne, No, Slave 01, In 2
–BG3	E10.2	–MM2 hinten, No, Slave 01, In 3
–BG4	E10.3	–MM2 vorne, No, Slave 01, In 4
–BG5	E11.4	kapaz. Sensor, No, Slave 02, In 1
–BG6	E11.5	Lichttaster, No, Slave 02, In 2
–MB1	A11.6	Magnetspule –QM1, Slave 02, Out 3
–MB2	A11.7	Magnetspule –QM2, Slave 02, Out 4

Bild 1: Symboltabelle mit Slaveadressen

ASi-Spezifikationen

In der ASi-Spezifikation 2.1 hat man die Anzahl der Slaves erhöht **(Tabelle 1)**. Dort können 62 Slaves als A-/B-Slaves verwendet werden. In der Version 2.1 reduziert sich die Zahl der Ausgänge jedoch auf $62 \cdot 3 = 186$, da das Informationsbit I3 als Selektionsbit SEL zwischen A-/B-Slaves verwendet wird **(Bild 2)**. In der Spezifikation 3.0 hat man den Nachteil durch einen neuen Telegrammaufbau behoben.

Tabelle 1: Vergleich der ASi-Spezifikationen

AS-Interface Spezifikation	Maximale Anzahl der Slaves			Anzahl digitaler Eingänge	Anzahl digitaler Ausgänge
	digital	analog	ASIsafe		
Version 2.0	31	31	31	31x4=124	31x4=124
Version 2.1	62	31	31	62x4=248	62x3=186
Version 3.0	62	62	31	62x4=248	62x4=248

Bild 2: Masteraufruf von Vers. 2.0 zu 2.1

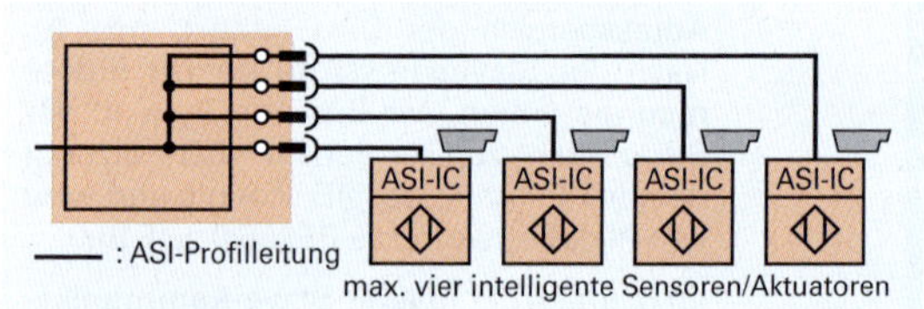

Bild 3: Passives Modul

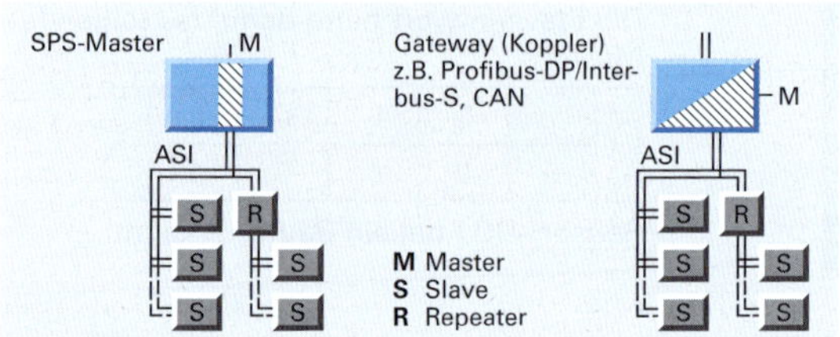

Bild 4: Bauelemente eines ASi-Projekts

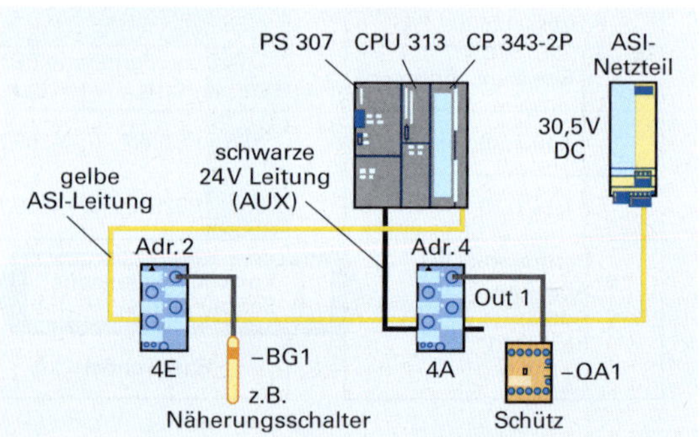

Bild 5: Schützadressierung im ASi-Projekt

Aufgaben	**Bussystemtechnik – ASi-Interface**

1. Die **Baumstruktur** eines Netzwerks soll durch eine **Stern-Topologie** ersetzt werden. Wägen Sie die Vor- und Nachteile dieses Umbaus ab.
2. Welchen Vorteil hat ein **„offener Standard"** bei Bussystemen?
3. Beschreiben Sie den Begriff **„elektronische Reaktionszeit"**.
4. Was heißt **„Echtzeitfähigkeit"**?
5. Was bedeutet der Begriff **„deterministisches Bussystem"**?
6. Was versteht man unter einem **intelligenten** ASi-Sensor?
7. Welche Funktion hat ein **passives** Modul beim Einsatz intelligenter Sensoren **(Bild 3)**?
8. Beschreiben Sie Aufbau, Funktion und Eigenschaften einer ASi-Leitungsverbindung.
9. Wozu verwendet man bei einem ASi-Projekt ein **Gateway** und einen **Repeater (Bild 4)**?
10. Wodurch unterscheidet sich eine Master-Slave Kommunikation vom **Token**-Prinzip?
11. **Adressierung eines Schützes –QA1 (Bild 5):** Auf dem 4A-Modul soll auf Out1 ein Schütz verdrahtet werden. In der Handwarekonfiguration der CPU 313 befindet sich der Kommunikationsbaustein auf Steckplatz 5. Die Konfigurationstabelle der Ausgangsadresse beginnt mit 272.
    a) Welche absolute Adresse bekommt –QA1?
    b) Wozu dient die schwarze 24-V-Leitung (AUX)?

18.7 Kommunikation in Netzen

Beim Datenaustausch in Netzen mit Ethernet kommt häufig der Protokollstack des TCP/IP-Modells zum Einsatz.

Lokale Netze:

Die MAC-Adresse (Media Access Control) ist die Hardware- Adresse jedes einzelnen Netzwerkadapters. Sie dient zur weltweit eindeutigen Identifikation des Geräts im Netzwerk. Sie ist auf Schicht 1 des TCP/IP-Modells bzw. auf Schicht 2 des OSI-Modells[1] angesiedelt. Die Kommunikation ist eine Punkt zu Punkt Verbindung. Man könnte allein mit ihr im lokalen Netz kommunizieren. Da jedoch ein Protokollstack (aufeinander abgestimmte Protokollsammlung) verwendet wird, ist zusätzlich auch eine korrekt eingestellte IP-Adresse nötig.

Format MAC: 48 Bit, Darstellung meist hexadezimal mit Doppelpunkt zwischen den Bytes.
(2^{48} = 281 474 976 710 656 Adressen)

Beispiel MAC: 08:00:20:ae:fd:7e

Globale Netze (Internet):

Will man aus dem lokalen Netz hinaus, kommt das IP-Protokoll zum Einsatz. Es ist routingfähig und wird für eine Ende-zu-Ende-Kommunikation verwendet.

In der Automatisierung spielt dabei vor allem noch die Protokollversion v4 eine tragende Rolle. Das IP-Protokoll arbeitet auf der OSI-Schicht 3 bzw. im älteren TCP/IP-Modell auf der Internetschicht.

Format IPv4: 32 Bit, Darstellung meist gepunktet dezimal.
(2^{32} = 4 294 967 296 Adressen)

Beispiel IPv4: 217.85.23.79/8

Die mit einem Slash angegebene Zahl (im Bsp. /8) ist dabei das Suffix, das zur Angabe der Netzgröße dient. Das Suffix gibt die Anzahl der Netzbits an. Diese kommen an erster Stelle gefolgt von den Hostbits, die zur Identifikation der Teilnehmer im jeweiligen Netz dienen.

Das Suffix ist die Kurzform für die Netzmaske, auch Subnetzmaske (SM) genannt. /8 im Beispiel gibt an, dass 8 Bit zur Netzkennung und folglich 24 Bit zur Rechnerkennung gehören.

● Beispiel 1

Suffix: /8
Netzmaske dual: 11111111 00000000 00000000 00000000
Netzmaske dezimal: 255.0.0.0

Sollen zwei Rechner oder Steuerungen über IP-Adressen kommunizieren können, so müssen sie sich im selben Netz befinden. Entscheidend dafür sind die IP-Adressen, sowie die Netzmaske, bzw. Notation der beiden.

● Beispiel 2

IP1: 192.168.1.7 und IP2: 192.168.76.8 liegen
- im selben Netz, wenn die Netzmaske 255.255.0.0 ist, da die ersten beiden Oktette mit der Netzadresse identisch sind.
- nicht im selben Netz, wenn die Netzmaske 255.255.255.0 ist, da die ersten drei Oktette nicht alle mit der Netzadresse identisch sind.

Die Berechnung erfolgt über eine bitweise Verundung **(Bild 1)**.

1 OSI: Open System Interconnect

OSI-Modell:

TCP/IP-Modell:

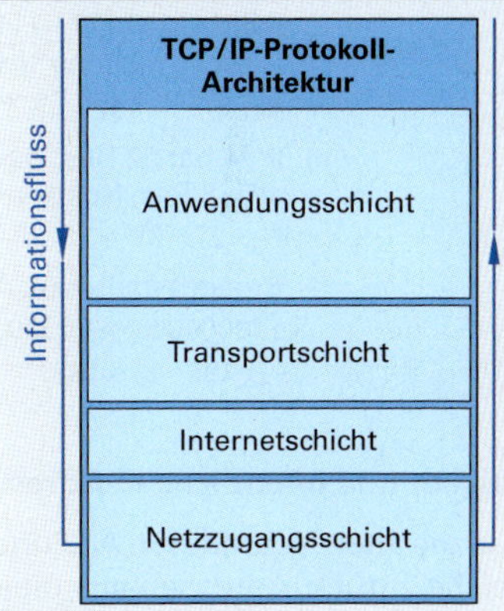

E1 (IP)	E2 (SM)	A (NA)
0	0	0
0	1	0
1	0	0
1	1	1

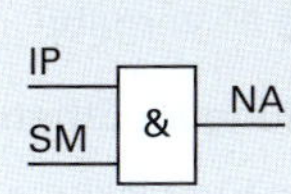

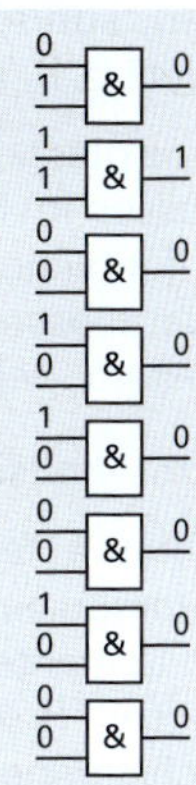

Oktett	1.	2.	3.	4.
IP-Adresse (IP)	68.	90.	4.	2
& Netzmaske (SM)	255.	192.	0.	0
= Netzadresse	68.	64.	0.	0

2. Oktett binär	
IP-Adresse (IP)	0101 1010
& Netzmaske (SM)	1100 0000
= Netzadresse	0100 0000

Bild 1: Verundung

Beispiel 3

In einem Netzwerk **(Bild 1)** hat ein Teilnehmer die IP-Adresse 192.168.178.1/24

a) Geben Sie die Adresse in dualer Schreibweise an.
b) Kennzeichnen Sie Netzanteil und Hostanteil farblich.
c) Welche Subnetzmaske liegt vor (dual/gepunktet dez.)?
d) Berechnen Sie die Netzadresse.
e) Wie viele Teilnehmer sind im Netz möglich?
f) Geben Sie die Broadcastadresse[1] an (dual/dez.).

Lösung: a) $192 = 1 \cdot 2^7 + 1 \cdot 2^6 + 0 \cdot 2^5 + 0 \cdot 2^4 + 0 \cdot 2^3 + 0 \cdot 2^2 + 0 \cdot 2^1 + 0 \cdot 2^0$

b) usw ⇒ 11000000.10101000.10110010.00000001
Netz Host
192. 168. 178. 1

c) Suffix = 24 ⇒ 11111111.11111111.11111111.00000000
dez.: 255 . 255 . 255 . 0

d) Netzadresse: Alle Hostbits auf 0. Dies entspricht einer Verundung mit der Netzmaske:

IP	11000000.10101000.10110010.00000001
&SM	11111111.11111111.11111111.00000000
= NA	11000000.10101000.10110010.00000000
dez.:	192 . 168 . 178 . 0

e) IPv4 hat 32 Bits, davon sind 24 Bits Netzkennung, der Rest, also 8 Bits, Hostkennung.
$N = 2^{\text{Hostbits}} - 2 = 2^8 - 2 = 256 - 2 = 254$

f) Broadcastadresse: Alle Hostbits auf 1:
11000000.00000000.00000000.11111111
192 . 168 . 178 . 255

NA: Alle Hostbits auf 0

IP
& SM
= NA

BC: Alle Hostbits auf 1

$N = 2^{\text{Hostbits}} - 2$

Erste IP im Netz= NA + 1

Letzte IP im Netz = BC – 1

IP: IP-Adresse
SM: Subnetzmaske (Netzmaske)
NA: Netzadresse
BC: Broadcastadresse
N: Max Anzahl Hosts im Netz

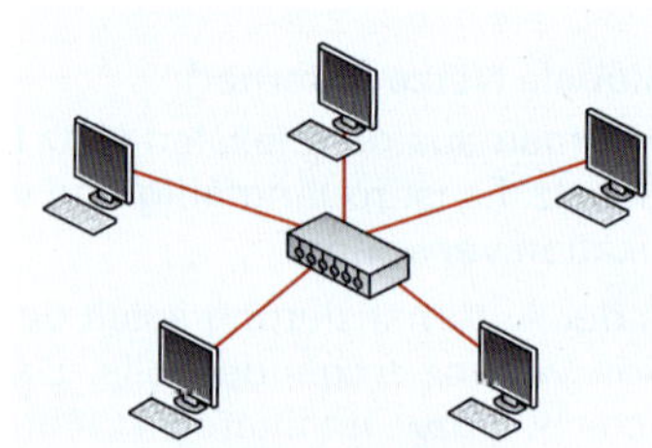

Bild 1: Netzwerk phys. Stern

Private und öffentliche IP-Adressen:

Auf die alten Netzklassen A, B und C gehen die privaten Netzadressbereiche zurück. Adressen aus diesen Bereichen können privat genutzt werden. Im öffentlichen Netz werden sie nicht weitergeleitet (geroutet), sondern verworfen. Sie dienen zur Konfiguration im privaten Netz (z. B. am DSL-Router für die eigenen PCs im Haus).

Aus diesen Bereichen können Adressen frei gewählt werden. Alle Adressen im öffentlichen Bereich (z. B. Adresse des DSL-Routers auf der öffentlichen Seite) werden von der Vergabestelle IANA[2] verwaltet. Die Netzklassen wurden 1993 durch CIDR[3] abgelöst, eine nicht an ganze Oktette gebundene IP-Vergabe.

Private IP-Adressbereiche:

von	bis
10.0.0.0	10.255.255.255
172.16.0.0	172.31.255.255
192.168.0.0	192.168.255.255

Protokollschachtelung im Ethernet mit TCP/IP-Stack

Um u. a. technische Entwicklungen besser einbringen zu können, ist die Datenübermittlung in Schichten unterteilt. Die Schichten nutzen Protokolle, um die jeweils schichtspezifischen Informationen auszutauschen **(Bild 2)**.

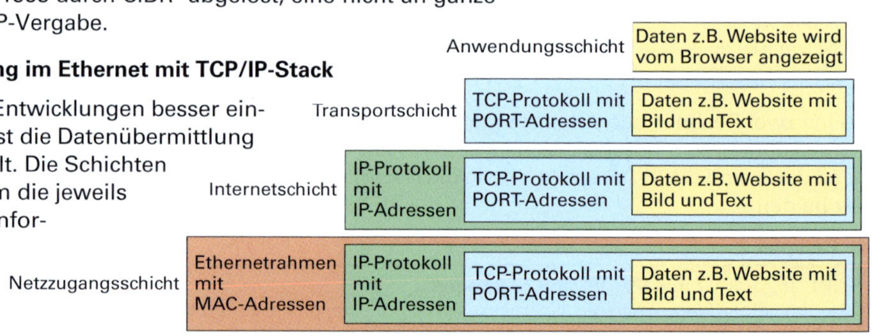

Bild 2: Schachtelung der Protokolle

1 Broadcastadresse: Rundsendeadresse an alle Teilnehmer
2 IANA: Internet Assigned Numbers Authority
3 CIDR: Classless Internet Domain Routing

Paketvermittelung über Router:
Wird eine Nachricht zu einem Empfänger außerhalb des eigenen Netzes versendet, gelangt ein Paket über die MAC-Adresse von einem Punkt zum nächsten (Punkt zu Punkt). Somit wird die MAC-Adresse im Ethernetrahmen immer angepasst. Die absolute Adresse ist im IP-Protokoll die IP-Adresse. Sie ist dafür zuständig, dass der Empfänger den Absender identifizieren kann. Die IP-Adressen bleiben auf dem gesamten Weg gleich (Ende zu Ende).

Beispiel 1

Ein Paket soll von Rechner A zu Rechner B geschickt werden. Der Weg geht über einen Router. Geben Sie die MAC- und IP-Adressen im Paket, von Absender und Empfänger, an den gekennzeichneten Stellen an.

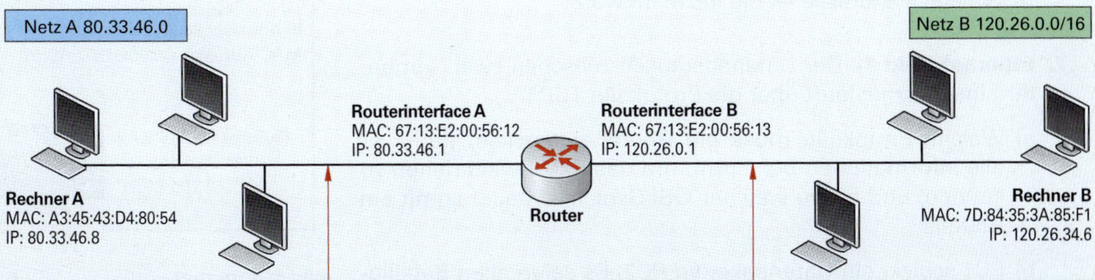

Paketadressierung:	
Sender Mac: A3:45:43:D4:80:54	Sender IP: 80.33.46.8
Empfänger Mac: 67:13:E2:00:56:12	Empfänger IP: 120.26.34.6

Paketadressierung:	
Sender Mac: 67:13:E2:00:56:13	Sender IP: 80.33.46.8
Empfänger Mac: 7D:84:35:3A:85:F1	Empfänger IP: 120.26.34.6

Aufgaben Kommunikation in Netzen

1. **Suffix und Subnetzmaske:** Errechnen Sie aus dem Suffix die Subnetzmaske gepunktet dezimal:
   a) /3 b) /6 c) /9 d) /11 e) /22 f) /27 g) /30

2. **IP-Adresse dual (Bild 1):** Stellen Sie die IP- und die Subnetzmaskenadressen in Dualschreibweise dar:
   a) 10.80.70.1/8 b) 100.43.23.7/16 c) 200.76.3.254/24

3. **Teilung nach Oktett:** Gegeben sind folgende IP Adressen:
   a) 10.80.70.1/8 b) 100.43.23.7/16 c) 200.76.3.254/24
   Wie lautet die zugehörige Netzadresse?

4. **Subnetzmasken:** Welche der folgenden Subnetzmasken ist ungültig?
   a) 255.255.128.0 b) 255.255.0.255
   c) 255.0. 255.255 d) 192.0.0.0
   e) 255.255.255.200 f) 255.255.255.128
   g) 255.32.0.0 h) 250.255.255.0

5. **Netzwerk (Bild 2):** In einem aus zwei Teilnetzen bestehenden Netzwerk soll in jedem Netzwerk ein neuer Teilnehmer, Host A4 und Host B4, aufgenommen werden.
   a) Geben Sie jeweils eine geeignete Subnetzmaske für Teilnetz A und Teilnetz B an.
   b) Aus welchem IP-Adressbereich kann für Host A4 bzw. Host B4 eine Adresse genommen werden?
   c) Wie viele Teilnehmer sind in den jeweiligen Teilnetzen möglich?

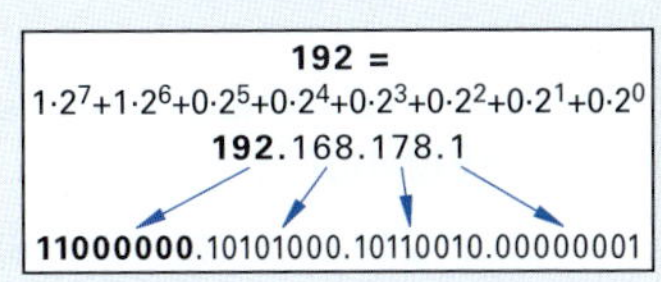

Bild 1: IP-Adresse Dezimal → Dual

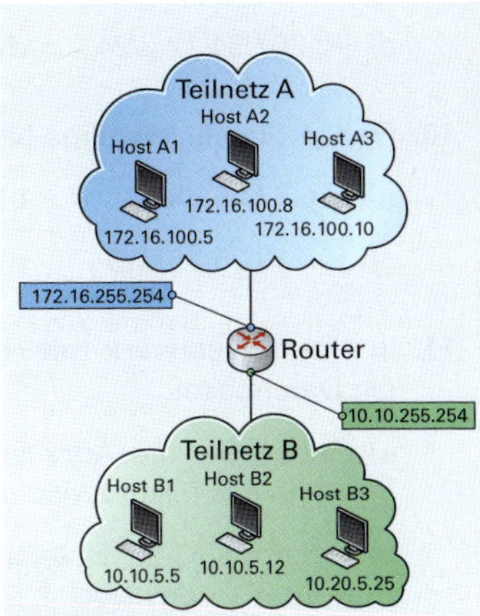

Bild 2: Netzwerk

18

6. Netzanalyse: Gegeben ist folgende IP-Adresse:

70.33.76.125/13

a) Wie lautet die zugehörige Subnetzmaske?

b) Berechnen Sie die Anzahl der möglichen Hostadressen.

c) In welchem Netz liegt die IP-Adresse?

d) Geben Sie die erste IP-Adresse im Netz an.

e) Wie lautet die Broadcastadresse?

f) Welche IP-Adresse ist die letzte im Netz?

7. Ethernet (Bild 1): Der Datenaustausch zwischen zwei Computern im Ethernet läuft über die Protokolle TCP/IP.

a) Welche Protokolle muss ein Router entpacken, damit er alle Informationen bekommt, um das Paket weiterleiten zu können, und bis zu welcher OSI-Schicht arbeitet somit ein Router?

b) PC1 schickt ein Datenpaket an PC2. Es seien allen Beteiligten alle nötigen Adressen bereits bekannt. Welche Adressen stehen im Ethernet- und im IP-Rahmen für die Ziel- und Quell-Adressen, wenn sich das Datenpaket zwischen PC1 und dem Router befindet? Welche Adressen stehen in den Rahmen, wenn es weiter läuft und sich zwischen Router und PC2 befindet?

8. Wie viele gültige IP-Adressen stehen insgesamt maximal zur Verfügung?

a) IP: 212.67.9.20 SM: 255.255.255.240

b) IP: 180.180.47.20 SM: 255.255.255.128

9. Welche der folgenden IP-Adressen gehören zum selben Netz? Geben Sie die entsprechende Netzadresse an und ordnen Sie die Adressen zu:

a) IP: 207.34.60.78/24 b) IP: 1.78.90.124 /15

c) IP: 207.34.12.3/24 d) IP: 1.79.42.1/15

10. Geben Sie die jeweilige Netzwerkadresse an:

a) 210.77.50.68/26 b) 2.3.4.5 /14

c) 10.230.25.167/16 d) 39.44.30.4 /4

11. In einem **Netzwerk mit Routern (Bild 2),** sendet PC1 an PC3 ein Datenpaket.

a) Geben Sie die Adressierung auf IP- und MAC-Ebene an, wenn das Paket zwischen Router 3 und PC 3 liegt.

b) Geben Sie die Bereiche der IP-Adressen an, aus denen Router 1 vom Netz 1 und Netz 4 eine IP-Adresse erhalten kann. Welche Adressen dürfen dabei nicht verwendet werden? Geben Sie diese mit Begründung an.

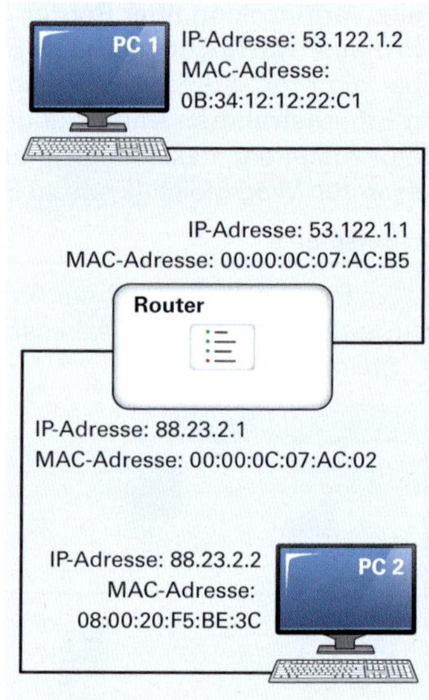

Bild 1: Ethernet

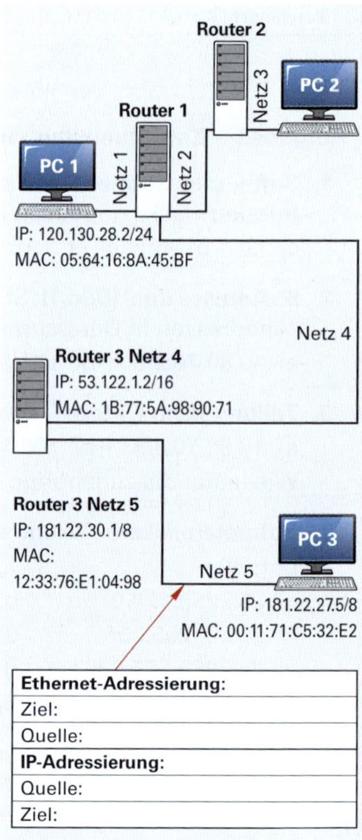

Bild 2: Netzwerk mit Routern

19 Projekt- und Prüfungsaufgaben

19.1 Drehstrom-Asynchronmotor und Riemenantrieb

Eine Last besitzt eine Gewichtskraft $F_G = 5$ kN und soll mit einer Geschwindigkeit $v = 0{,}8$ m/s angehoben werden **(Bild 1)**. Dazu wird eine Seilwinde über einen Riemen von einem Drehstrom-Asynchronmotor mit dem angegebenen Leistungsschild **(Bild 3)** angetrieben.

Die Kraftübertragung erfolgt mithilfe eines Zahnriemens und zweier Riemenscheiben, wobei die Riemenscheibe 2 einen Durchmesser von 240 mm besitzt **(Bild 2)**. Der Durchmesser der Seiltrommel beträgt 120 mm.

Der Wirkungsgrad des Getriebes wird mit 85 % angenommen.

Der Motor wird über eine 25 m lange Zuleitung NYM, $4 \cdot 2{,}5$ mm^2, verlegt in einem Installationskanal, angeschlossen. Als Leitungsschutz wurden 3 Leitungsschutzsicherungen mit einem Nennstrom $I_N = 16$ A vorgeschaltet.

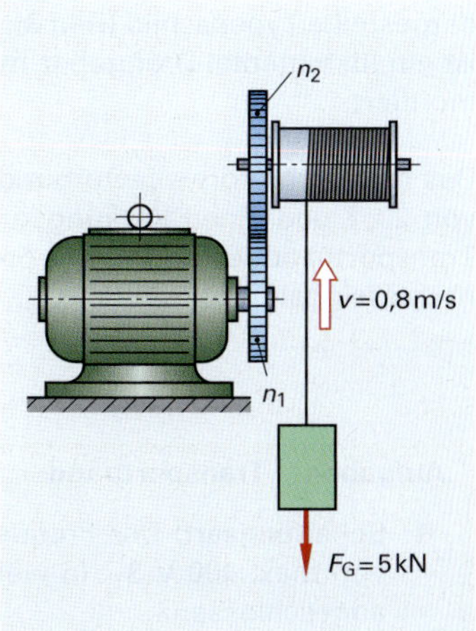

Bild 1: Seilwinde

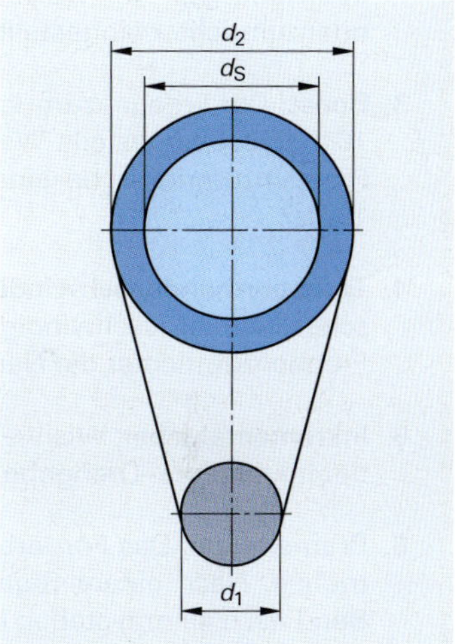

Bild 2: Vorderansicht der Riemenscheiben

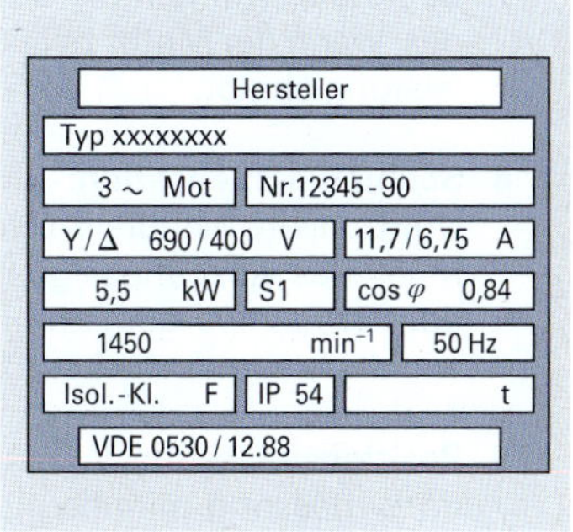

Bild 3: Leistungsschild

Aufgaben Drehstrom-Asynchronmotor und Riemenantrieb

1. **Durchmesser:** Welchen Durchmesser muss die Riemenscheibe 1 besitzen?
2. **Drehmoment:** Überprüfen Sie, ob die Leistung des Motors ausreicht, um das notwendige Drehmoment an der Seilwinde zu erzeugen.
3. **Maximales Drehmoment:** Wie groß darf die Last maximal sein, damit der Motor nicht überlastet wird?
4. **Zugkraft:** Der Riemen soll so bemessen werden, dass er mindestens das 1,5-fache derjenigen Kraft aushalten kann, die der Motor im Nennbetrieb liefert.

   Wie groß ist diese Kraft?
5. **Verlustleistung:** Ermitteln Sie die Verlustleistung des Riemenantriebes, wenn der Motor sein Nenndrehmoment abgibt.
6. **Motorwirkungsgrad:** Berechnen Sie den Wirkungsgrad des Motors bei Nennbetrieb.
7. **Gesamtwirkungsgrad:** Wie groß ist der Gesamtwirkungsgrad aus Motor und Riemenantrieb?
8. **Spannungsfall:** Berechnen Sie den relativen Spannungsfall auf der Leitung in %, wenn der Motor an der Welle sein Nenndrehmoment abgibt.
9. **Verlustleistung:** Wie groß ist der Leistungsverlust auf der Leitung?
10. **Leitungsschutz:** Da beim Einschaltvorgang häufig die Leitungsschutzsicherungen auslösen, sollen diese durch 20-A-Sicherungen ausgetauscht werden.

    Überprüfen Sie, ob dies zulässig ist.

19.2 Transportband

Ein Transportband **(Bild 1)** soll über einen Frequenzumrichter und einen Drehstrom-Asynchronmotor mit Getriebe **(Bild 2)** an der ersten Transportbandwelle angetrieben werden. Der Motor besitzt das dargestellte Typenschild **(Bild 3).** An der zweiten Transportbandwelle ist ein Inkremental-Drehgeber mit 1000 Inkrementen je Umdrehung montiert.

Das mit der Motorwelle verbundene Getriebe hat eine Übersetzung von 20:1 und einen Wirkungsgrad von 86%, der Durchmesser der Transportbandwellen beträgt 55 mm, die Förderbanddicke ist vernachlässigbar.

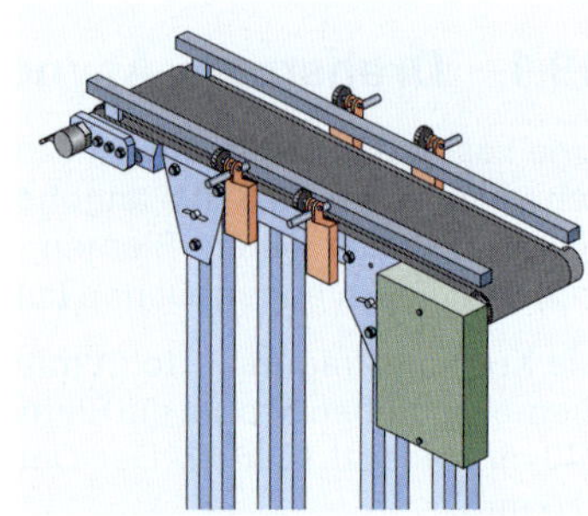

Bild 1: Transportband

Aufgaben	**Transportband**

1. **Schaltungsart:** Der Frequenzumrichter liefert eine Spannung von max. 400 V 3~. In welcher Schaltungsart wird der Motor angeschlossen?

2. **Nennstrom:** Der Motorschutz wird vom Frequenzumrichter übernommen. Auf welche Nennstromstärke muss der Frequenzumrichter eingestellt werden?

3. **Boost:** Der Frequenzumrichter ist auf linearen U/f-Betrieb mit 10% Boost eingestellt. Welche Ausgangsspannung liefert der Frequenzumrichter bei einer Ausgangsfrequenz von 25 Hz bzw. 10 Hz?

4. **Transportbandgeschwindigkeit:** Berechnen Sie die (theoretische) Leerlaufgeschwindigkeit des Transportbandes, wenn der Frequenzumrichter die Nennfrequenz von 50 Hz herausgibt.

5. **Inkrementalgeber:** Wie viele Impulse pro Sekunde liefert dabei der Inkremental-Drehgeber?

6. **Bremsrampe:** Das Förderband wird im Leerlauf mit 25 Hz betrieben. Nach einem Signal am Frequenzumrichter soll das Band nach 40 mm stehen bleiben. Auf welche Zeit t_x muss die Bremsrampe (bezogen auf die Nennfrequenz von 50 Hz, siehe **Bild 4**) eingestellt werden?

7. **Zugkraft:** Ermitteln Sie die maximale Zugkraft des Förderbandes, wenn der Motor bei 50 Hz betrieben wird und seine Nennleistung abgibt.

8. **Schlupfkompensation:** Im Vergleich zum Leerlauf sinkt die Drehzahl des Motors im Nennbetrieb ab. Auf welche Frequenz muss das Ausgangssignal des FU (durch Schlupfkompensation) erhöht werden, damit die Lastdrehzahl genauso groß ist wie die theoretische Leerlaufdrehzahl?

9. **Positionserfassung:** Welche Vor- und Nachteile besitzt die Positionserfassung mithilfe eines Inkremental-Drehgebers gegenüber einer Positionserfassung mit einem Absolut-Drehgeber?

Bild 2: Getriebemotor

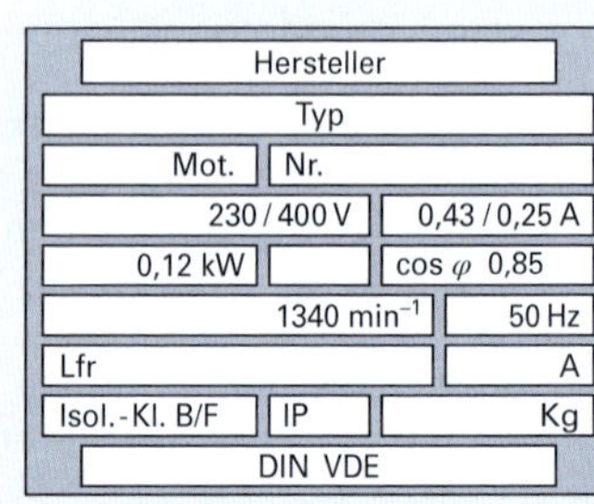

Bild 3: Typenschild

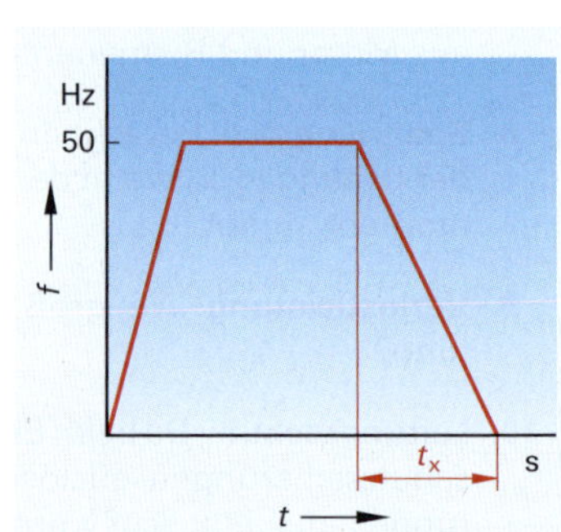

Bild 4: Bremsrampe

19.3 Qualitätssicherung

Aufgaben Qualitätssicherung

Eine Antriebswelle wird in Serie gefertigt. Die Funktionsmaße, unter anderem das Maß ∅ 40f7, unterliegen einer ständigen Kontrolle.

1. Geben Sie zwei Gründe an, die bei der Prüfung der Maße für eine Stichprobenkontrolle sprechen.

2. Die Stichprobenprüfung ergab folgende Werte zu verschiedenen Tageszeiten:

Werte-Nr.	8.00	8.30	9.00	9.30
1	39.952	39.968	39.965	39.954
2	39.947	39.962	39.952	39.957
3	39.962	39.954	39.957	39.965
4	39.957	39.957	39.954	39.968
5	39.962	39.965	39.962	39.962

Werte-Nr.	10.00	10.30	11.00
1	39.968	39.974	39.968
2	39.965	39.982	39.974
3	39.974	39.968	39.979
4	39.979	39.965	39.982
5	39.968	39.979	39.974

a) Übertragen Sie die Werte in eine Urwertkarte.

b) Zeichnen Sie das Histogramm der relativen und absoluten Häufigkeit.

c) Tragen Sie die Mittelwerte und Standardabweichungen für die Stichproben in eine $\bar{x}$-s-Karte ein. Legen Sie auf der Basis der Toleranz die obere und untere Eingriffsgrenze fest.

d) Zu welchem Zeitpunkt musste im Fertigungsprozess korrigiert werden?

3. a) Beurteilen Sie den Fertigungsprozess und begründen Sie Ihre Aussage.

b) Vergleichen Sie den Prozessverlauf mit dem Verlauf zu einem anderen Zeitpunkt **(Bild 1)**.

4. a) Mit welcher Standzeit für das Werkzeug ist zu rechnen?

b) Im Diagramm **(Bild 2)** sind verschiedene Verschleißursachen dargestellt.

Unter welchen Bedingungen entsteht dieser Verschleiß?

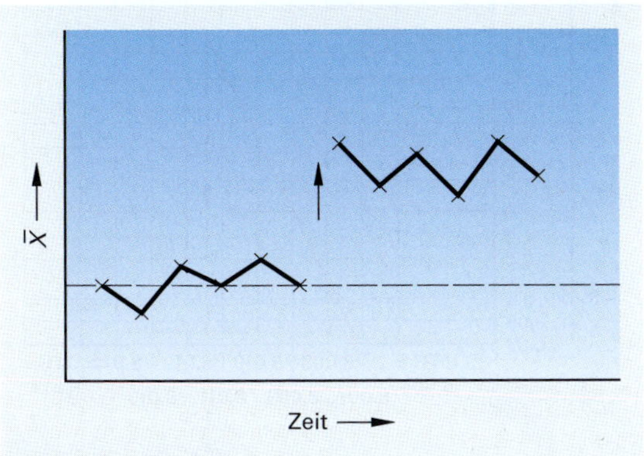

Bild 1: Prozessverlauf

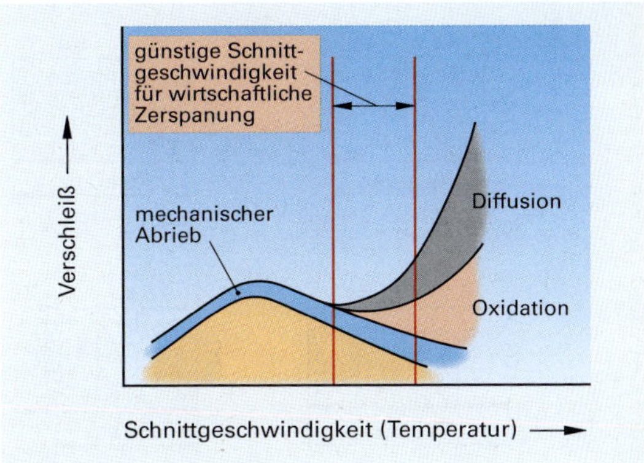

Bild 2: Verschleißursachen

5. **Gleitlagerbuchsen (Tabelle 1):** Aus der Serienfertigung von Gleitlagerbuchsen wurden Stichproben entnommen und in einer Urwertliste zusammengefasst. Bestimmen Sie für den Außendurchmesser $d_2 = 12\text{s}6$
   a) eine Tabelle mit Strichliste und Häufigkeitsverteilung in Klassen ($k = 5$; $w = 0{,}002$ mm),
   b) das Histogramm der Einzel- und Summenhäufigkeit.

6. **Stahlblech (Tabelle 2):** Die Blechdicke von 15 Stahlblechen wurde gemessen. Der Sollwert beträgt $t = 3 \pm 0{,}3$ mm. Berechnen Sie
   a) den arithmetischen Mittelwert x und
   b) die Standardabweichung s.

7. **Getriebewelle (Tabelle 3):** Der Gleitlagersitz einer Getriebewelle hat den Außendurchmesser $d = 32$ H7. Aus einer Stichprobenprüfung sind Messwerte für die Wellenabmaße bekannt.
   a) Erstellen Sie eine Strichliste mit der absoluten und relativen Häufigkeit sowie der Summenhäufigkeit.
   b) Ermitteln Sie den arithmetischen Mittelwert und die Standardabweichung.

8. **Wahrscheinlichkeitsnetz (Bild 1):** Die Auswertung einer Stichprobenprüfung von Zylinderstiften wurde als Summenlinie in einem Wahrscheinlichkeitsnetz dargestellt. Bestimmen Sie grafisch aus dem Wahrscheinlichkeitsnetz den arithmetischen Mittelwert, die Standardabweichung sowie die Überschreitungsanteile oben und unten.

9. **Maschinenfähigkeit** Zur Bewertung einer Fertigungsmaschine wird geprüft, ob die Merkmalswerte innerhalb der Grenzwerte liegen. Prüfen Sie an den unten angegebenen Beispielen (Beispiele 1 bis 4), ob die Maschinenfähigkeit gegeben ist.

a)

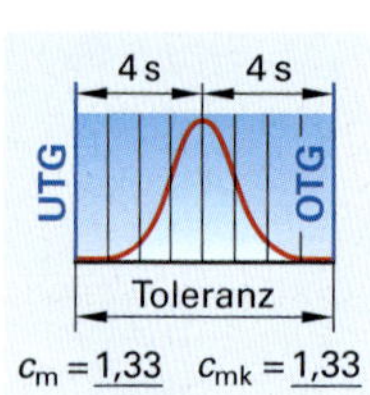

b)

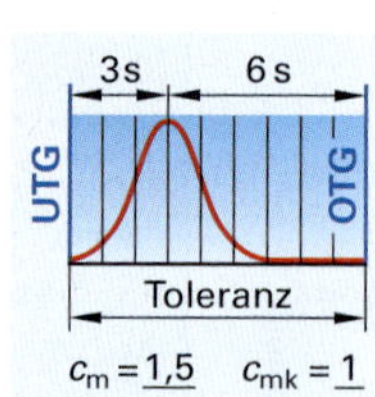

c)

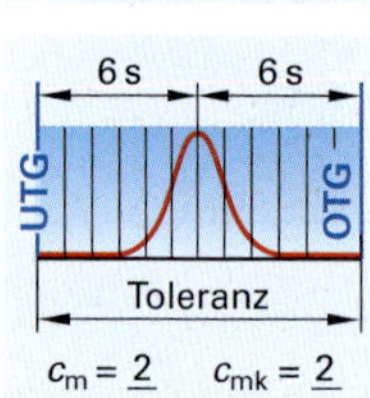

d)

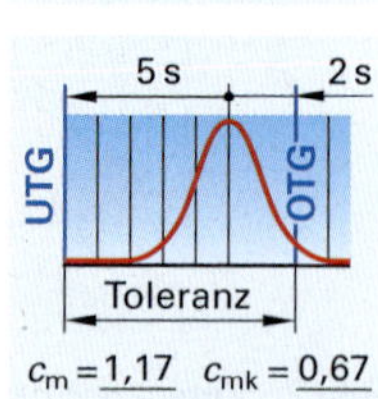

Tabelle 1: Urwertliste Gleitlagerbuchsen Außendurchmesser $d_2 = 12\text{s}6$

12,029	12,032	12,031	12,030	12,034
12,035	12,033	12,034	12,033	12,036
12,035	12,034	12,036	12,032	12,031
12,036	12,033	12,037	12,036	12,037
12,033	12,034	12,033	12,038	12,033

Tabelle 2: Urwertliste Blechdicke $t = 3 \pm 0{,}3$ mm

3,2	3,3	3,2	2,9	2,95
3,1	3,2	3,1	2,9	2,8
3,2	3,1	3,1	3,0	2,9

Tabelle 3: Getriebewellen Urwertliste Abmaße am Gleitlagersitz $d = 32$ H7

0,003	0,016	0,008	0,022	0,014
0,004	0,013	0,009	0,021	0,015
0,005	0,012	0,005	0,009	0,013
0,014	0,002	0,006	0,020	0,012
0,013	0,009	0,006	0,008	0,014
0,017	0,007	0,010	0,010	0,013
0,018	0,011	0,009	0,010	0,017
0,012	0,018	0,011	0,011	0,014
0,013	0,012	0,014	0,013	0,016
0,018	0,017	0,015	0,015	0,017

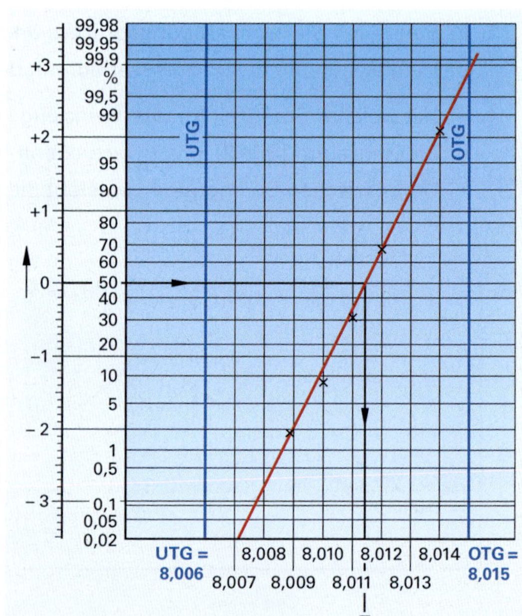

Bild 1: Wahrscheinlichkeitsnetz

10. Passfedernut (Tabelle 1): Die Länge einer Passfedernut in einer Getriebewelle hat das Passmaß 30 + 0,2 mm. Aus einer Kleinserie wurde eine Stichprobe mit 25 Getriebewellen entnommen.

a) Bestimmen Sie die Anzahl der Klassen und die Klassenweite.

b) Erstellen Sie eine Strichliste mit der absoluten und relativen Häufigkeitsverteilung.

c) Bilden Sie die absolute und relative Summenhäufigkeit und tragen Sie diese in ein Balkendiagramm ein.

d) Zeichnen Sie ein Wahrscheinlichkeitsnetz und vergleichen Sie die rechnerisch ermittelten Werte für x und s mit den grafischen Werten aus dem Wahrscheinlichkeitsnetz.

11. Wellendurchmesser (Tabelle 2): Eine Welle hat an einem Wellenende eine Übergangspassung ∅ 30k8. In der Strichliste ist eine Stichprobe von 50 Wellen dargestellt.

a) Geben Sie das obere und untere Abmaß für das Passmaß an.

b) Bestimmen Sie die absolute und relative Häufigkeitsverteilung.

c) Zeichnen Sie das Säulendiagramm mit der absoluten und relativen Häufigkeit.

d) Ermitteln Sie den Mittelwert x und die Standardabweichung von ±1 s.

12. Pareto-Analyse[1] (Tabelle 3): In der Montage eines Stirnradgetriebes treten häufig Störungen auf, die zu Produktfehlern führen. Damit man entsprechende Instandhaltungsmaßnahmen planen kann, wurde eine Fehlersammelkarte erstellt.

a) Werten Sie die Fehlersammelkarte aus und berechnen Sie die relative Fehlerhäufigkeit in %.

b) Zeichnen Sie das Pareto-Diagramm mit Angabe der jeweiligen Summenhäufigkeit in %.

c) Erläutern Sie allgemein die sogenannte 20–80-Regel.

13. AQL-Annahmeprüfung (Tabelle 4): Zwischen Kunde und Lieferant wird bei einer Stichprobenprüfung eine Vereinbarung über die Annahme eines Lieferloses getroffen. Beide Seiten legen für eine bestimmte Losgröße bei normaler Prüfung eine annehmbare Qualitätsgrenzlage AQL fest, die den Fehleranteil im Los bestimmt. Beispielsweise muss bei einem AQL-Wert von 1,0 für eine Losgröße 200 eine Stichprobe mit 50 Teilen geprüft werden. Ein fehlerhaftes Teil ist dabei zulässig.

1 Pareto: Nach Vilfredo Pareto benanntes Säulendiagramm, in dem die einzelnen Werte der Größe nach absteigend geordnet werden.

Tabelle 1: Urwertliste Passfedernut Länge l = 30 + 0,2 mm

30,01	30,10	30,10	30,07	30,13
30,05	30,08	30,10	30,10	30,14
30,15	30,11	30,11	30,08	30,05
30,18	30,12	30,11	30,09	30,06
30,07	30,10	30,12	30,11	30,09

Tabelle 2: Strichliste ∅ 30k8

Klassenbreite in µm von ... bis	Strichliste	absolute Häufigkeit
0 bis –4	ll	
–4 bis –8	~~llll~~	
–8 bis –12	~~llll~~ ~~llll~~ ll	
–12 bis –16	~~llll~~ ~~llll~~ ~~llll~~ lll	
–16 bis –20	~~llll~~ llll	
–20 bis –24	lll	
–24 bis –28	l	
–28 bis –30		

Tabelle 3: Pareto-Anaylse

Fehler	Fehlerursache	absolute Häufigkeit
F1	Getriebeöl im Lager	8
F2	Bruch der Gehäusedeckelschrauben	2
F3	Lagerschaden	6
F4	Ölaustritt	29
F5	Zahnbruch am Zahnrad	3
F6	Wellendichtung eingerissen	22
F7	Laufgeräusche	4
F8	Fehlende Verschlussschraube	14

Tabelle 4: AQL-Annahmeprüfung

Losgröße	Annehmbare Qualitätsgrenzlage, AQL (Auswahl)									
	0,25		0,40		0,65		1,0		1,5	
2 ... 8	↓		↓		↓		↓		↓	
9 ... 15	↓		↓		↓		↓		8	0
16 ... 25	↓		↓		↓		13	0	8	0
26 ... 50	↓		↓		20	0	13	0	8	0
51 ... 90	50	0	32	0	20	0	13	0	8	0
91 ... 150	50	0	32	0	20	0	13	0	32	1
151 ... 280	50	0	32	0	20	0	50	1	32	1
281 ... 500	50	0	32	0	80	1	50	1	50	2

Hinweis: Der Pfeil (↓) bedeutet, dass die erste Stichprobenanweisung dieser Spalte angewendet wird.

Bestimmen Sie für die folgenden Losgrößen die Stichprobenzahl und die maximale Fehlerzahl, bei der das Lieferlos angenommen wird.

a) Losgröße: 100, Vereinbarte AQL 1,0

b) Losgröße: 900, Vereinbarte AQL 0,40

c) Losgröße: 15, Vereinbarte AQL 1,0

d) Losgröße: 300, Vereinbarte AQL 1,5

19.4 Getriebe

In einem Stirnradgetriebe **(Bild 1)** wird die Antriebseinheit AD1 durch eine Motorbaugruppe ersetzt.

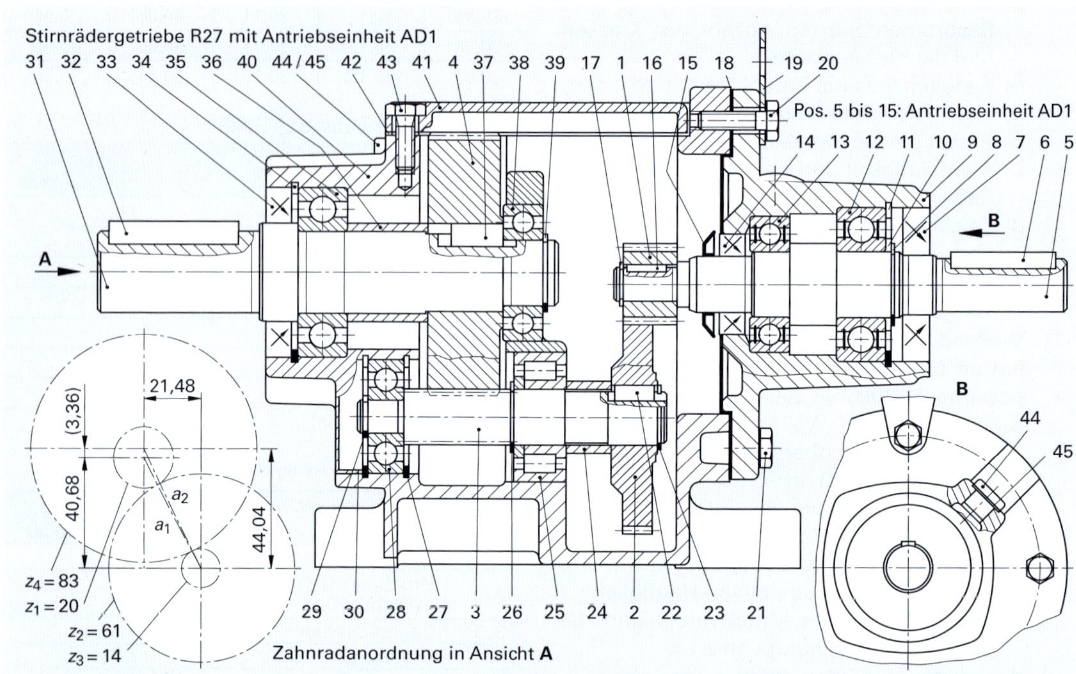

Stückliste (Auszug)					
Pos.-Nr.	**Menge, Einheit**	**Benennung**	**Sach-Nr.**	**Werkstoff/Norm-Kurzbezeichnung**	**Bemerkung, Hauptabmessungen in mm**
1	1	Ritzel	411 14	16MnCr5	$z_1 = 20$; $m_n = 1$ mm; $\beta = 28{,}3°$ rechtssteigend, einsatzgehärtet
2	1	Zahnrad	420 72	16MnCr5	$z_2 = 61$; $m_n = 1$ mm; $\beta = 28{,}3°$ linkssteigend, einsatzgehärtet
3	1	Ritzelwelle	430 75	16MnCr5	$z_3 = 14$; $m_n = 1$ mm; $\beta = 8{,}2°$ linkssteigend, einsatzgehärtet
4	1	Zahnrad	461 75	16MnCr5	$z_4 = 83$; $m_n = 1$ mm; $\beta = 8{,}2°$ rechtssteigend, einsatzgehärtet
5	1	Antriebswelle	165 001 7	SJ235J2G3	∅ 25x138
6	1	Passfeder	010 010 2	DIN 6885-A-5x5x32	
7	1	Wellendichtring	017 748 2	AS-18x47x10-NBR	≈ DIN 3760; bezogen von ...
8	1	Sicherungsring	010 271 7	DIN 471-20x1,2	
9	1	Antriebsgehäuse	165 207 9	EN-GJL-250	∅ 120x63,5
10	1	Stützscheibe	010 343 8	DIN 988--SJ20x28	
11	1	Sicherungsring	010 318 7	DIN 472x47x1,75	
12	1	Rillenkugellager	010 494 9	DIN 625-6204-2RS	
13	1	Rillenkugellager	011 744 7	DIN 625-6004-2RS	
14	1	Wellendichtring	010 606 2	DIN 3760-A-17x30x7-NBR	
15	1	Spritzscheibe	011 660 2	∅ 17	bezogen von ...
16	1	Passfeder	010 000 5	DIN 6885-A-2x2x12	
21	3	Sechskantschraube	010 105 2	ISO 4017-M6x16-8.8	
22	1	Passfeder	010 050 1	DIN 6885-B-5x5x12-55HRC	
32	1	Passfeder	010 022 6	DIN 6885-A-8x7x40	
37	1	Passfeder	010 035 6	DIN 6885-B-8x7x16-55HRC	
38	1	Rillenkugellager	011 062 0	DIN 625-6004	

Bild 1: Stirnradgetriebe

Aufgaben Getriebe

1. **Antriebseinheit AD1 (Bild 1; Pos. 5 bis 15, vorherige Seite):** Die Antriebseinheit AD1 wird durch eine Motorbaugruppe mit einem Elektromotor **(Bild 1)** ersetzt. Der Antriebsmotor des Getriebes soll mit einem Schütz K1 **(Bild 2)** so gesteuert werden, dass beim Betätigen eines Tasters S0 der Motor eingeschaltet wird. Er bleibt so lange eingeschaltet, bis er mit einem Taster S1 abgeschaltet wird.

   Zeichnen Sie den elektrischen Schaltplan für die Motorsteuerung.

2. **Antriebswelle (Bild 4):** Erklären Sie die Bedeutungen der Eintragungen ① bis ⑧ in der Darstellung der Antriebswelle **(Pos. 5).**

3. **Maße:** Geben Sie in einer Tabelle die Werte für die Abmaße, Höchst- und Mindestmaß, sowie die Toleranz der Passmaße ∅ 10h6, ∅ 17h11, ∅ 20j6 und ∅ 16h6 an.

4. **Schraube (Bild 3):** Für die Schraube **(Pos. 20; Bild 1, vorherige Seite)** mit der Festigkeitsklasse 8.8 sind die Mindestzugfestigkeit und die Dehngrenze zu bestimmen.

5. **Spannungs-Dehnungs-Diagramm:** Skizzieren Sie das für den Schraubenwerkstoff typische Spannungs-Dehnungs-Diagramm der Streckgrenze für die in Aufgabe 4 ermittelten Werte.

6. **Gesamtübersetzung:** Berechnen Sie die Gesamtübersetzung des Stirnradgetriebes.

7. **Abtriebsdrehzahl:** Berechnen Sie die Abtriebsdrehzahl, wenn am Antrieb eine Drehzahl von 1380/min vorliegt.

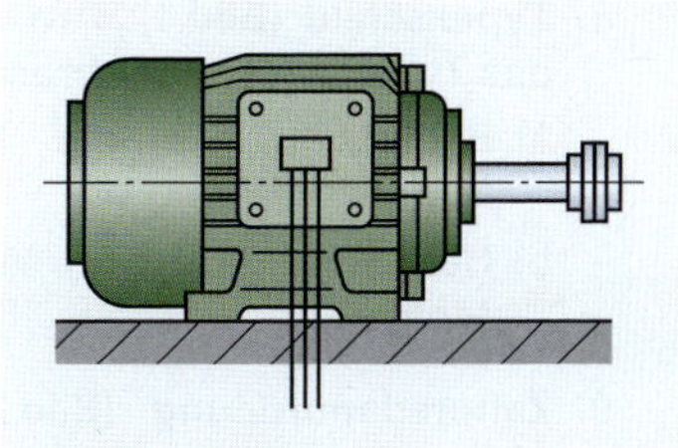

Bild 1: Elektromotor

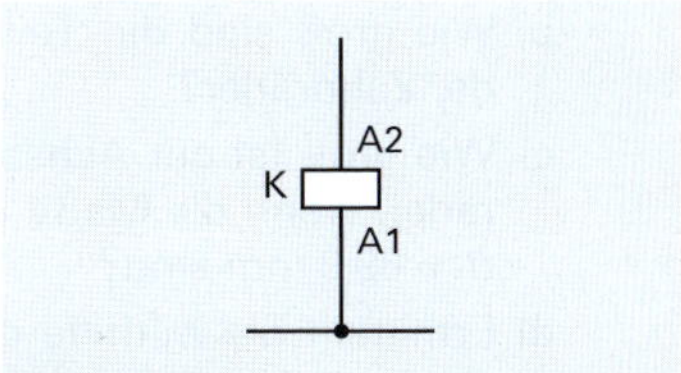

Bild 2: Schütz

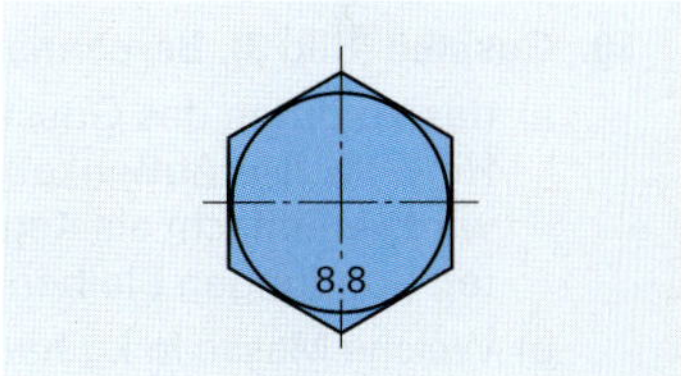

Bild 3: Schraube

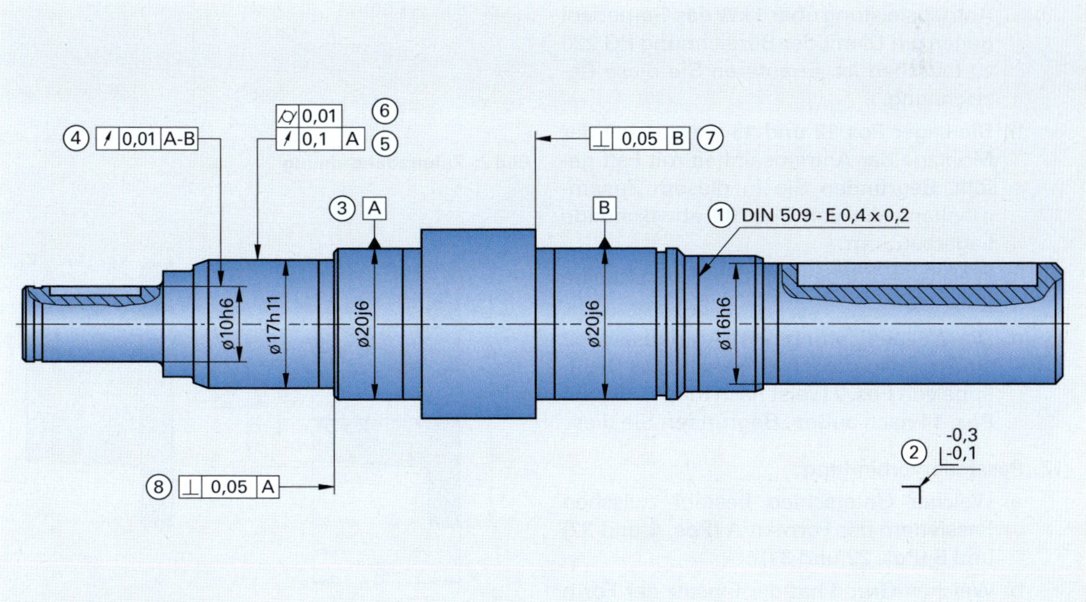

Bild 4: Antriebswelle

8. Typenschild (Bild 1): Am Antriebsmotor ist das Typenschild angebracht.

a) Berechnen Sie die Wirkleistung des Motors.

b) Berechnen Sie den Wirkungsgrad des Motors.

9. Zahnradanordnung (Bild 2): Die Zahnradanordnung ist in **Pos. 1 und Pos. 2, Bild 1, zwei Seiten vorher,** abgebildet.

a) Berechnen Sie den Stirnmodul der Zahnräder.

b) Wie groß sind die Teilkreisdurchmesser der Zahnräder?

c) Wie groß ist der Achsabstand der Zahnräder, wenn die Maße d_1 = 22,7 mm und d_2 = 69,3 mm sind?

d) Ermitteln Sie mithilfe der Maße aus der Gesamtzeichnung die Achsabstände a_1 und a_2. Vergleichen Sie das Ergebnis von a_1 aus Teilaufgabe c) und begründen Sie das Ergebnis.

10. Gussteil (Bild 3): Berechnen Sie

a) das Volumen des Gussteils von **Pos. 9**. Hinweis: Die Außenkontur des Gehäuses wird vereinfacht als Kegelstumpf betrachtet. Rundungen bleiben unberücksichtigt.

b) Welche Masse in kg hat das Gussteil?

11. Lager- und Zahnradschmierung:

a) Die Schmieranleitung des Getriebeherstellers schreibt vor, dass bei einer Antriebsleistung über 1 kW das Getriebeöl gegen ein Öl mit der Bezeichnung PG 220 zu tauschen ist. Erläutern Sie diese Bezeichnung.

b) Die Lager **Pos. 12 und 13** werden bei der Montage der Antriebseinheit mit Fett gefüllt. Begründen Sie in diesem Zusammenhang die von **Pos. 38** abweichende Lagerbauform.

c) Welche Aufgabe hat die Spritzscheibe **(Pos. 15)**?

d) Die Wellendichtringe der Antriebseinheit sind unterschiedlich eingebaut: Die Dichtlippe von **Pos. 7** weist nach innen, die von **Pos. 14** nach außen. Begründen Sie dies.

12. Passfederverbindung:

a) Welcher Unterschied besteht zwischen Passfedern der Formen A **(Pos. 6 und 32)** und B **(Pos. 22 und 37)**?

b) Welchen Grund hat der Einsatz der Form B bei den **Pos. 22 und 37**?

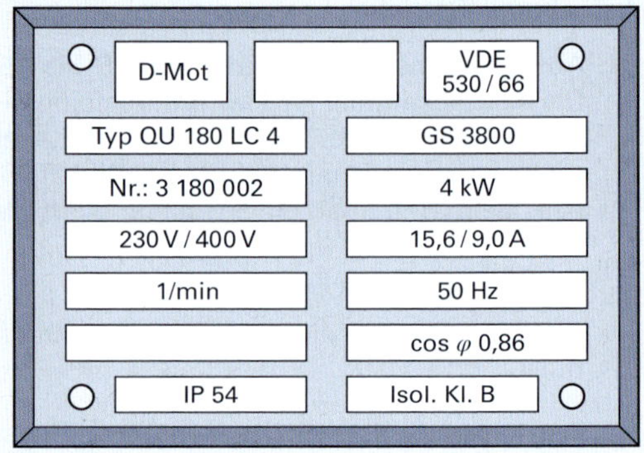

Bild 1: Typenschild

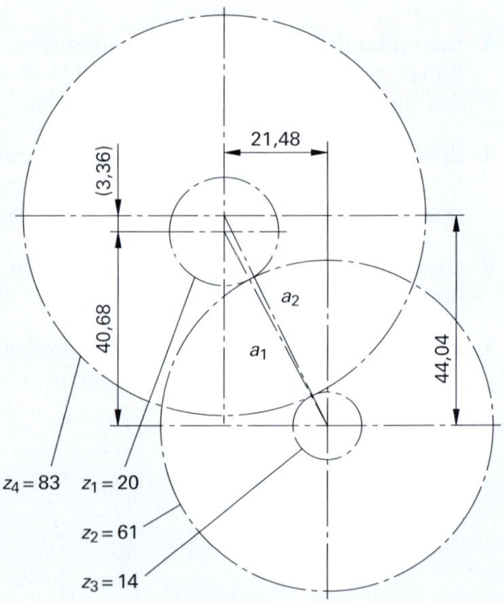

Bild 2: Zahnradanordnung

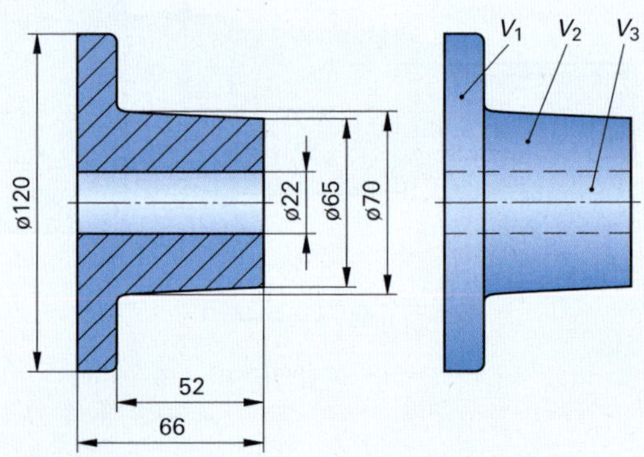

Bild 3: Gussteil

19.5 Tauchbad

In einem Tauchbad sollen Werkstücke verzinkt werden. Die Werkstücke kommen in einem Materialkorb aus der spanenden Fertigung zu einem Entfettungs- und Reinigungsbad. Der Korb wird per Hand an einen pneumatisch betätigten Zylinder gehängt **(Bild 1)**.

Nach Betätigung des Starttasters –SJ1 beginnt eine Lampe –PF1 zu leuchten und es wird der Arbeitszyklus gestartet **(Bild 2)**, der den Korb langsam in das Reinigungsbad absenkt und diesen nach einer Verweilzeit im Bad wieder hochhebt. In der hinteren Endlage des Zylinders bleibt der Korb zum Abtropfen stehen und wird dann wieder langsam abgesenkt. Dieser Vorgang wird 3-mal durchlaufen. Nach Beendigung des Zyklus bleibt der Zylinder in der hinteren Endlage und die Lampe erlischt wieder. Während sich der Korb im Reinigungsbad befindet, wird ein Ultraschallgeber eingeschaltet, um eine bessere Reinigungswirkung zu erzielen.

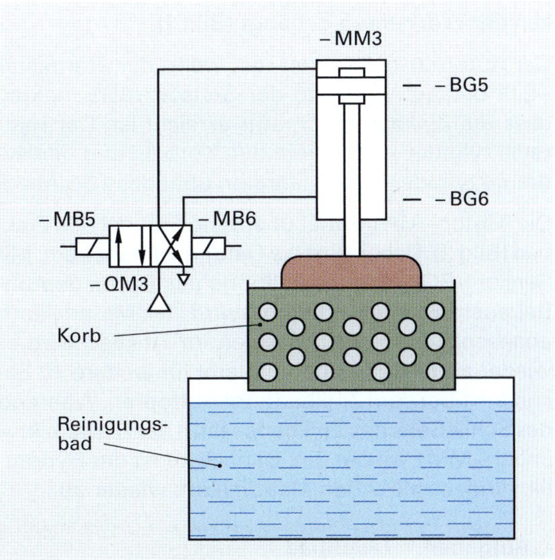

Bild 1: Technologieschema

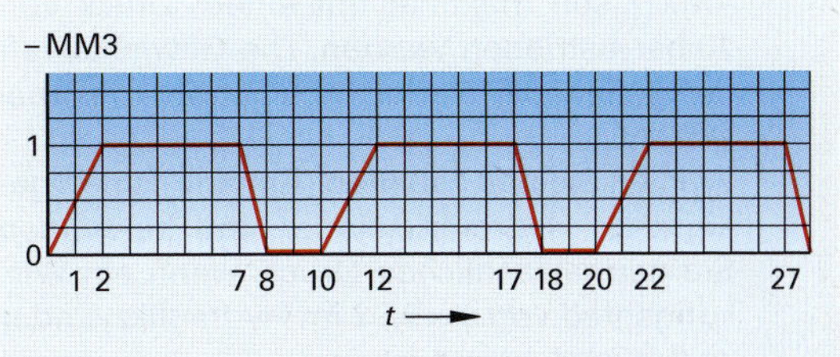

Bild 2: Weg-Zeit-Diagramm

Tabelle 1: Zuordnungstabelle

Eingänge	Betriebsmittel	Logik	
EIN/AUS	–SJ1	gedrückt	–SJ1 = 1
Endschalter 1	–BG5	Korb oben	–BG5 = 1
Endschalter 2	–BG6	Korb unten	–BG6 = 1
Ausgänge			
Spule 1	–MB5	Zylinder ausfahren	–MB5 = 1
Spule 2	–MB6	Zylinder einfahren	–MB6 = 1
Lampe	–PF1	leuchtet	–PF1 = 1
Ultraschallgeber	–BG7	EIN	–BG7 = 1

Aufgaben Tauchbad

Reinigungsbad – SPS-Programm

1. **Sicherheitsaspekte:** Welche Sicherheitsaspekte sind zu beachten,
   a) bevor die Anlage erstmalig in Betrieb geht,
   b) bevor der Arbeitszyklus gestartet wird?
2. **Weg-Zeit-Diagramm (Bild 2):** Entnehmen Sie aus dem Weg-Zeit-Diagramm die Eintauchzeit und die Abtropfzeit des Materialkorbes.
3. **Ausfahrgeschwindigkeit:** Mit welchen Bauteilen kann das langsame Ausfahren des Zylinderkolbens realisiert werden?
4. **Start des Ultraschallgebers:** Mit welchem Signalglied soll der Ultraschallgeber gestartet werden?
5. **Zuordnungstabelle (Tabelle 1):** Geben Sie die Zuordnung an, damit eine SPS programmiert werden kann.
6. **SPS-Programm:** Der Arbeitszyklus der Steuerung soll mit einer SPS realisiert werden.
   a) Mit welchen Programmiersprachen kann eine SPS programmiert werden?
   b) Erstellen Sie für den Arbeitszyklus den FUP.

19

Nach dem Reinigen und Trocknen wird der Korb mit den Werkstücken an eine Vorrichtung zum Verzinken der Werkstücke gehängt **(Bild 1)**.

Der Automatikbetrieb startet, wenn der Starttaster -SJ3 betätigt wird und der Sensor -BG9 meldet, dass die Zinkbadtemperatur erreicht ist. Der Hydraulikzylinder -MM2 hebt den Korb an und der Hydraulikzylinder -MM1 fährt ihn über das Tauchbad.

Der Motor -MA1 öffnet über eine Spindel das Zinkbad **(Bild 2)**. Dabei wird die Oxidhaut abgestreift. Mit Sensor -BG8 wird die Füllhöhe des Bades geprüft. Bei ausreichender Füllhöhe wird der Materialkorb abgesenkt. Nach 12 Sekunden im Zinkbad wird er wieder angehoben und verbleibt für weitere 10 Sekunden über dem Zinkbad zum Abtropfen. Während des Schließens des Zinkbades fährt der Hydraulikzylinder -MM1 wieder ein. Danach senkt der Hydraulikzylinder -MM2 den Materialkorb wieder ab.

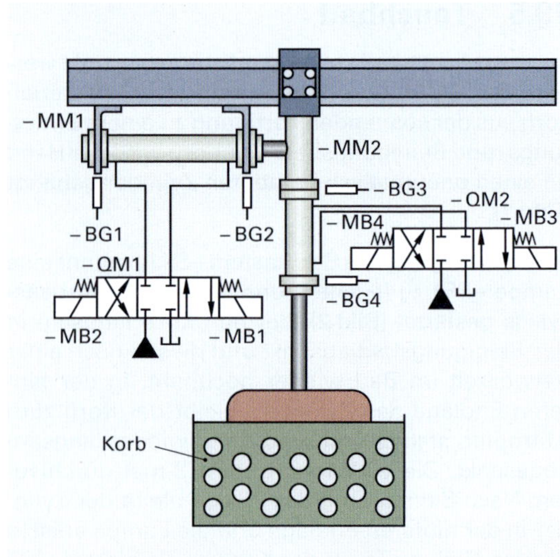

Bild 1: Technologieschema

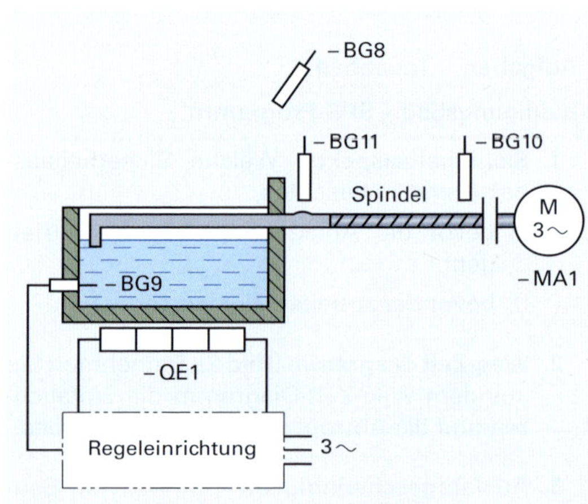

Bild 2: Zinktauchbad

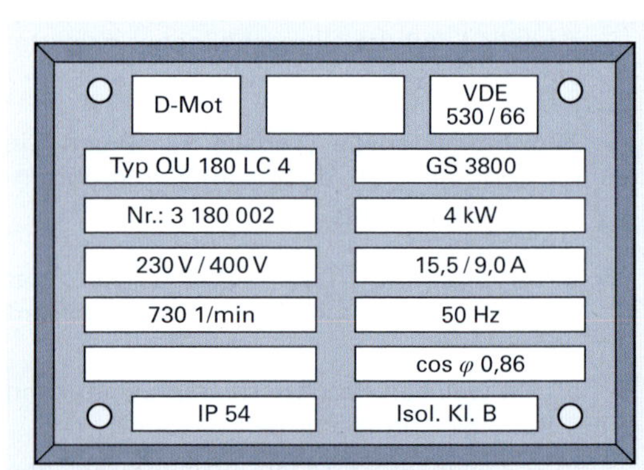

Bild 3: Leistungsschild

Aufgaben | Tauchbad

Aktoren

7. **Hydraulikzylinder:** Der Hydraulikzylinder -MM1 soll maximal mit einem Druck von 70 bar betrieben werden. Die Gewichtskraft des gefüllten Materialkorbs beträgt maximal 2400 N.
   Wählen Sie **aus Tabellen (Anhang)** einen geeigneten Hydraulikzylinder und berechnen Sie den tatsächlichen Druck, wenn ein Wirkungsgrad von $\eta = 0{,}92$ im Hydraulikzylinder zu berücksichtigen ist.
8. **Arbeitsdruck:** Welcher Arbeitsdruck muss am Druckbegrenzungsventil eingestellt werden, wenn der Systemwirkungsgrad $\eta = 0{,}9$ beträgt?
9. **Leistungsschild (Bild 3):** Am Drehstrommotor -MA1, der die Spindel antreibt, befindet sich ein Leistungsschild.
   a) Berechnen Sie den Wirkungsgrad des Motors.
   b) Wie groß ist der Strom in den Motorwicklungen?
   c) Berechnen Sie den Schlupf von -MA1 in %.
   d) Welches Nenndrehmoment gibt der Motor an die Welle ab?
   e) Was bedeutet der Begriff 4 kW?
   f) Was bedeutet der Begriff IP54?
10. **Spindeltrieb:** Der Motor -MA1 öffnet über eine Gewindespindel, Tr 36x6, die Abdeckung des Zinkbades.
    Welche Zeit wird zum Öffnen des Deckels benötigt, wenn der Verfahrweg 700 mm beträgt?

Aufgaben Tauchbad

SPS-Programm

11. Kurzschreibweise: Geben Sie die Bewegung der Zylinder –MM1 und –MM2 in Gruppenschreibweise an, wobei für die Ausfahrbewegung des Kolbens „+“ und für die Rückfahrbewegung des Kolbens „–“ gilt.

12. Weg-Schritt-Diagramm: Funktionsdiagramme werden meist als Weg-Schritt-Diagramme dargestellt.

a) Was ist der Unterschied zwischen einem Weg-Schritt-Diagramm und einem Weg-Zeit-Diagramm?

b) Geben Sie die Vorteile des Weg-Schritt-Diagramms an.

c) Geben Sie die Vorteile des Weg-Zeit-Diagramms an.

13. Funktionsdiagramm: Der Ablauf der Steuerung für das Verzinken der Werkstücke in einem Tauchbad ist in einem Funktionsdiagramm darzustellen. Die Signale sind der Symbolliste **(Tabelle 1)** zu entnehmen.

14. ZuordnungsTabelle: Damit eine SPS programmiert werden kann, müssen die Taster, Magnetspulen, Sensoren und Schütze **(Tabelle 1)** den Eingängen und Ausgängen der SPS zugeordnet werden.

Fertigen Sie für die Steuerung eine Zuordnungstabelle an.

15. Belegplan: Fertigen Sie den Belegplan für die Steuerung mit einer SPS an.

16. Schrittkette: Stellen Sie den Ablauf der Steuerung für das Verzinken der Werkstücke in einem Tauchbad in einer Schrittkette dar.

17. Programmiersprachen: Eine SPS kann mit unterschiedlichen Programmiersprachen programmiert werden.

a) Geben Sie die zwei Orientierungsrichtungen der Programmiersprachen an.

b) Nennen Sie die einzelnen Programmiersprachen nach IEC 6-1131-3.

c) Welche Programmiersprache lehnt sich an die Schrittkette an?

18. Funktionsplan: Erstellen Sie die Schrittkette in der SPS-Sprache FSB (FUP). Das Programm muss Schrittmerker und die notwendigen Verriegelungsbedingungen enthalten.

Tabelle 1: Symboltabelle

–SJ1	Anlage EIN (Schließer)
–SJ2	Anlage AUS (Öffner)
–SJ3	START (Schließer)
–BG1	Endtaster Zylinder –MM1 hinten (Schließer)
–BG2	Endtaster Zylinder –MM1 vorne (Schließer)
–BG3	Endtaster Zylinder –MM2 oben (Schließer)
–BG4	Endtaster Zylinder –MM2 unten (Schließer)
–BG10	Endtaster Tauchbad geöffnet (Öffner)
–BG11	Endtaster Tauchbad geschlossen (Öffner)
–BG8	Sensor Zinkbad (Füllhöhe erreicht: –BG8 = 1-Signal)
–BG9	Temperatursensor Tauchbad (Regelung)
–MB1	Magnetspule Zylinder –MM1 ausfahren
–MB2	Magnetspule Zylinder –MM1 einfahren
–MB3	Magnetspule Zylinder –MM2 ausfahren
–MB4	Magnetspule Zylinder –MM2 einfahren
–KF1	Schütz –MA1 Rechtslauf (öffnet Abdeckung)
–KF2	Schütz –MA1 Linkslauf (schließt Abdeckung)
–MA1	Antrieb für Zinkbad Abdeckung (schützgesteuert)
–QE1	Heizung Zinkbad

Regelungstechnik

19. Sensor: Um die Höhe des Füllstands des Zinkbades zu erfassen, wird ein Sensor eingesetzt.

a) Geben Sie die Aufgabe eines Sensors an.

b) Worin besteht der Unterschied zwischen einem passiven Sensor und einem aktiven Sensor?

c) Nennen Sie verschiedene Sensortypen.

20. Ultraschallsensor (Bild 1): Die Füllstandserfassung erfolgt mit einem Ultraschallsensor.

a) Geben Sie die Wirkungsweise eines Ultraschallsensors an.

b) Wie ist der Sensor zu montieren?

c) Nennen Sie Vorteile und Nachteile von Ultraschallsensoren.

21. Zinkbadheizung: Das Zinkbad wird mit einer Drehstromheizung erhitzt. Die am Netz 3~/N 400/230 V angeschlossene Heizung hat eine maximale Leistung von 10 kW.

a) Berechnen Sie den Strom, der bei voller Heizleistung durch die Zuleitung fließt.

b) Nach VDE müssen Schmelzsicherungen **(Bild 2)** vorgeschaltet sein. Für welchen minimalen Nennstrom müssen die Sicherungen bemessen sein?

22. Sprungantwort (Bild 3): Das Regelverhalten der Strecke soll durch die Analyse der Sprungantwort untersucht werden. Als Eingangssprung wurde die halbe Nennleistung gewählt.

a) Benennen Sie die Regelstrecke.

b) Um welche Strecke handelt es sich?

Ermitteln Sie aus der Sprungantwort der Strecke

c) den Übertragungsbeiwert K_s,

d) die Verzugszeit und die Ausgleichszeit.

e) Geben Sie die Regelbarkeit der Strecke an.

f) Fertigen Sie ein Blockschaltbild der Regelstrecke an.

23. Blockschaltbild: Geben Sie das Blockschaltbild des Regelkreises an.

24. Zweipunktregler: Die Temperatur des Zinkbades soll mit einem Zweipunktregler auf 460 °C gehalten werden. Die Schalthysterese soll ±20 °C betragen.

a) Beschreiben Sie die Arbeitsweise dieser Temperaturregelung.

b) Bei der Regelung wird mit 100 % Leistungsüberschuss gearbeitet. Wie verhält sich die Einschaltzeit zur Ausschaltzeit?

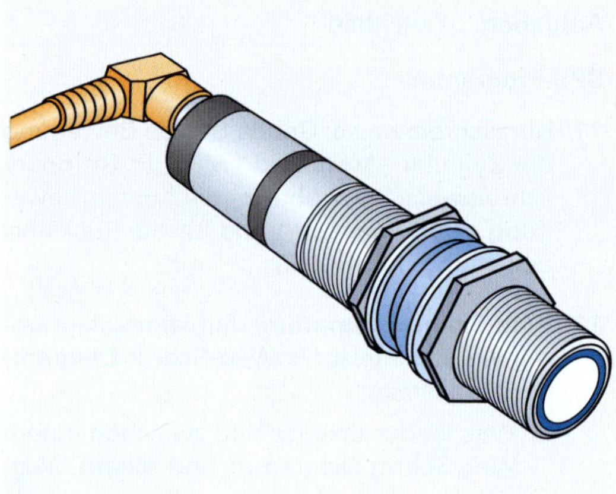

Bild 1: Ultraschallsensor

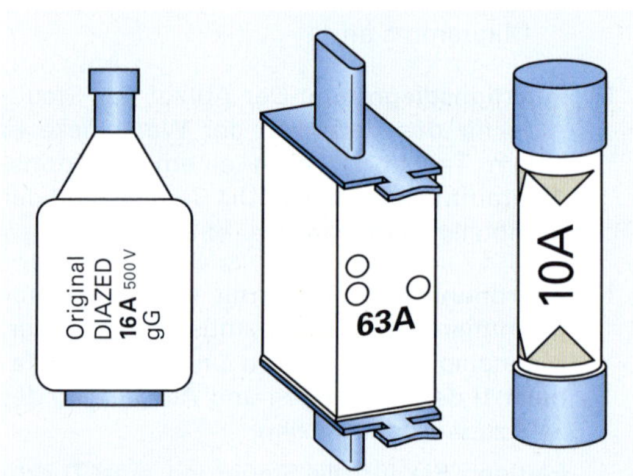

Bild 2: Schmelzsicherungen

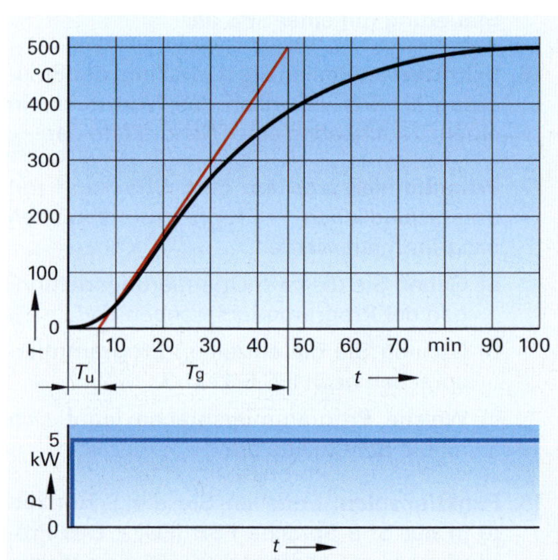

Bild 3: Sprungantwort

19.6 Paternoster

Für das Errichten und Ändern eines Paternostersystems **(Bild 4)** soll ein betrieblicher Auftrag erteilt werden. In diesem System sollen in 19 einzelnen Behältern Bauteile aufbewahrt werden können. Es sollen Kenngrößen für die Baugruppen „Energieübertragung" und „Antrieb" **(Bild 3)** berechnet werden.

In einem Lastenheft werden festgeschrieben:

Anzahl der Zellen:	insgesamt 19 **(Bild 1)**
Gesamtlast an der Kette:	300 kg
Kettenlänge:	6756,4 mm
∅ Kettenräder:	98,14 mm
Umlaufzeit:	20 s

Nach diesen Kenngrößen können Motor und Getriebeteile ausgewählt und bestellt werden.

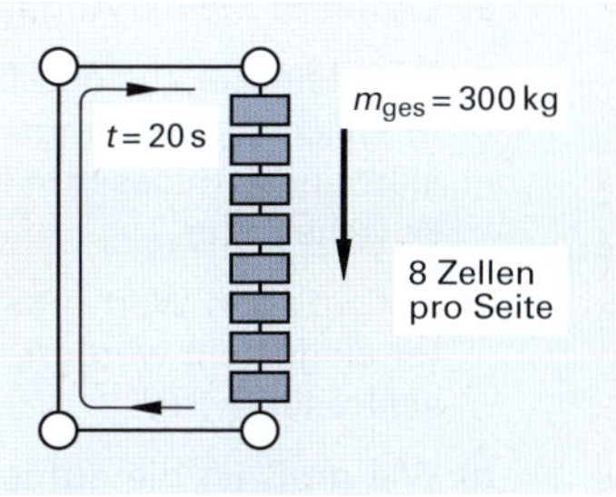

Bild 1: Zellenprinzip

Tabelle 1: Getriebedaten

SH 2 124 729 00 1	
$n = 41\ \text{min}^{-1}$ $i = 69{,}26:1$	$M = 124$ Nm

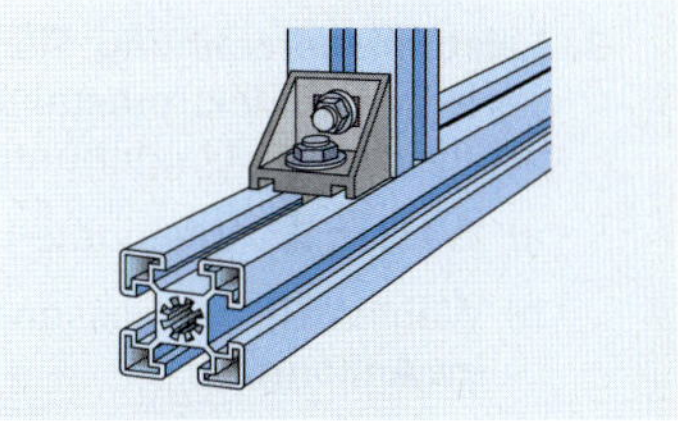

Bild 2: Aluminiumprofil

Aufgaben | Paternoster

1. **Mechanisches Gesamtsystem:** Berechnen Sie die entsprechenden Kenngrößen:
   a) Drehmoment aufgrund der Gesamtlast auf einer Seite
   b) Umlaufgeschwindigkeit der Kette
   c) Mechanische Leistung, um die acht Behälter auf einer Seite zu heben.
   d) Die notwendigen Übersetzungen des Getriebes, wenn für den Motor $n = 2800\ \text{min}^{-1}$ oder $1450\ \text{min}^{-1}$ angenommen werden.
   e) Vergleichen Sie Ihre errechneten Kenngrößen mit den Getriebedaten **(Tabelle 1)** und dem Typenschild des Motors **(Tabelle 1: Motordaten, nächste Seite)**.

   Baugruppe Tragen und Stützen:

   f) Für die Gesamtkonstruktion wurde ein Aluminiumprofil **(Bild 2)** verwendet. Beurteilen Sie diese Auswahl unter folgenden Gesichtspunkten:
   - Festigkeit und Steifigkeit des Gesamtsystems
   - Montage- und Justiermöglichkeiten für Baugruppen
   - Einflussfaktoren Umwelt

   g) Welche grundsätzliche Alternative zur Aluminiumkonstruktion hätte man in Betracht ziehen können?

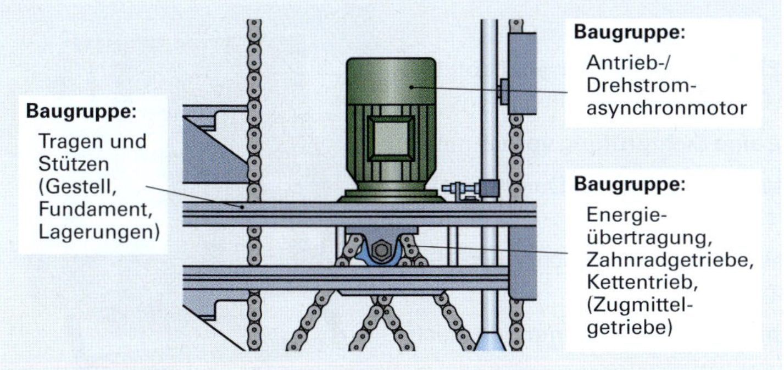

Bild 3: Baugruppen für Tragen und Stützen, Antrieb und Energieübertragung

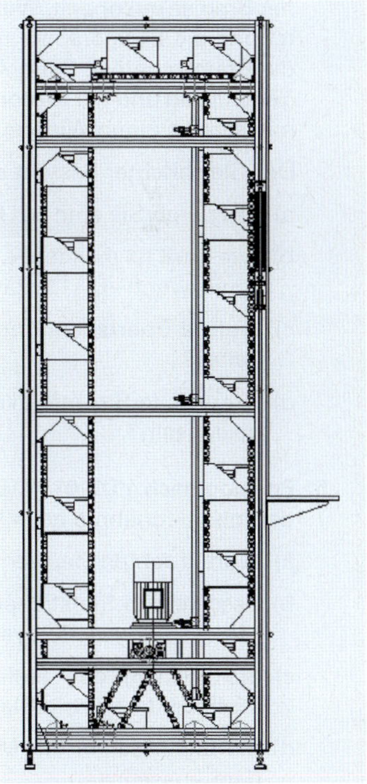

Bild 4: CAD-Konstruktionsentwurf Paternoster

2. Antriebsmotor:

a) Erläutern Sie die Angaben IP 54 und Betriebsart S3-60.

b) Ermitteln Sie aus den Daten des Typenschildes **(Tabelle 1)**, in welcher Schaltungsart der Motor an das gebräuchliche Netz angeschlossen werden kann, und begründen Sie Ihre Entscheidung.

c) Auf welchen Wert muss der zugehörige Motorschutzschalter eingestellt werden, wenn der Motor an 3~, 400 V angeschlossen wird?

d) Wie groß ist die aufgenommene elektrische Leistung des Motors bei Nennbetrieb?

e) Wie groß sind bei Nennbetrieb Schein- und Blindleistung des Motors?

f) Welche Polpaarzahl besitzt der Motor?

g) Berechnen Sie den Wirkungsgrad und das Abtriebsdrehmoment des Elektromotors bei Nennbetrieb.

3. Leistungsberechnung: Der Motor wird über eine NYM-Leitung, verlegt im Elektroinstallationsrohr, am Schaltkasten angeschlossen. Die Umgebungstemperatur beträgt maximal 30 °C.

a) Wählen Sie geeignete Leitungsschutzsicherungen aus.

b) Wählen Sie den passenden Leitungsquerschnitt aus **(Tabelle im Anhang)**.

4. Motorbremse/Gleichrichter (Bild 1): Der Motor –MA1 ist mit einer Bremse gekoppelt. Wird der Hauptschütz –QA1 eingeschaltet und die Erregerspule über den Gleichrichter betätigt, wird die Bremse gelöst. Beim Ausschalten von –QA1 fällt die Erregerspule ab und der Motor wird gebremst. Mit dem Ohmmeter messen Sie einen Widerstand der Erregerspule von 250 Ω.

Der Gleichrichter besteht aus einer B2U-Schaltung.

a) Skizzieren Sie eine B2U-Schaltung.

b) Wie groß ist die ideelle Gleichspannung U_{di} an der Erregerspule, wenn –QA1 betätigt ist?

c) Welche Sperrspannung muss eine Diode mindestens aushalten?

d) Für welche Stromstärke muss jede Diode mindestens ausgelegt sein?

5. Prüfung nach VDE 0113 (Bild 2): Das Paternosterregal soll bei der Inbetriebnahme nach VDE 0113 geprüft werden.

a) Worauf achten Sie, wenn Sie eine Sichtprüfung vornehmen?

b) Beschreiben Sie stichpunktartig, wie Sie die Durchgängigkeit des Schutzleitersystems prüfen.

c) Sie messen den Isolationswiderstand. Beschreiben Sie stichpunktartig, wie Sie vorgehen.

d) Sie untersuchen die Maschine auf Restspannungen nach dem Ausschalten.

Wie gehen Sie vor?

Tabelle 1: Motordaten

IP 54 – Isolierklasse F	
Nr. 87721.00/001/ Betriebsart S3-60	
1,2 kW	2840 1/min
cos φ = 0,85 230 V Δ/400 V Y – 4,7 A/2,7 A	

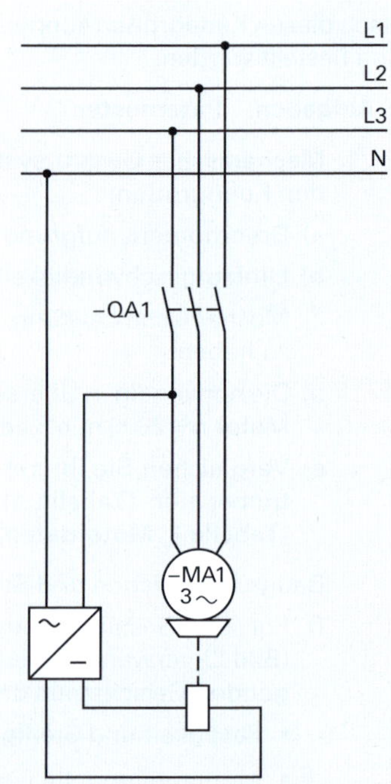

Bild 1: Prinzip Motorbremse

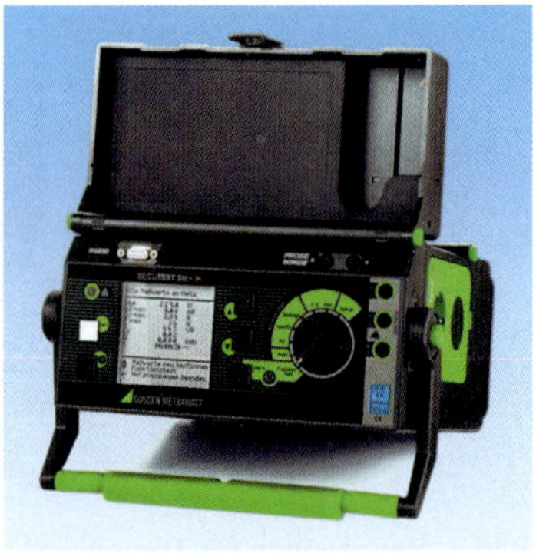

Bild 2: Prüfung nach VDE 0113

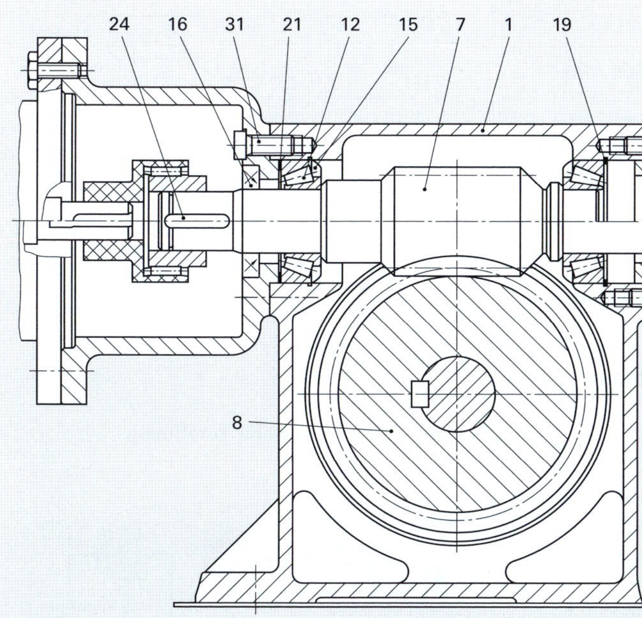

Pos. Nr.	St.	Benennung	Normblatt	Werkstoff
30	8	Zylinderschraube M6 x 12 – 8,8	DIN EN ISO 4762	
24	1	Passfeder B5 x 5 x 10	DIN 6885	
19	1	Sicherungsring 20 x 1,2	DIN 472	
16	2	Wellendichtring A 20 x 35 x 7	DIN 3760	NB
12	2	Kegelrollenlager	DIN 5418	
8	1	Schneckenrad		GD-CuSn15PbBz
7	1	Schneckenwelle	$z_2 = 208$	16MnCr5
2	1	Getriebedeckel		S235JO
1	1	Getriebegehäuse		EN-GJL-200

Bild 1: Getriebe für das Paternostersystem

Bild 2: Stückliste (Ausschnitt)

6. Getriebe- und Lagersystem:

a) Was für ein Getriebe **(Bild 1 und 2)** wird eingesetzt und wieso hat man sich für diese Bauart entschieden?
Berechnen Sie die abgegebene Leistung des Getriebes und dessen Wirkungsgrad.

b) Berechnen Sie den Achsabstand von Schnecke und Schneckenrad, wenn eine dreigängige Schnecke verwendet wird, ein Mittensteigungswinkel $\gamma_m = 12°$ und ein Modul $m = 2{,}5$ mm gegeben sind. Formel für Teilkreisdurchmesser der Schnecke: $d \cdot m_1 = m \cdot z_1/\tan \gamma_m$.

c) Wo liegen die Besonderheiten der verwendeten Zahnräder? Gehen Sie auf die Achslage der Räder ein.

d) Die Werkstoffbezeichnung für die Schneckenwelle ist zu erklären: 16 MnCr 5, einsatzgehärtet und angelassen 58 + 4 HRC.

e) Welche Bauart von Wälzlagern wird verwendet?

f) Beschreiben Sie die Anordnung der Wälzlager. Welche Vorteile hat die Verwendung dieser Lageranordnung?

g) Pos. 24 überträgt das Drehmoment vom Motorantrieb auf die Schneckenwelle. In welcher Art wird die Kraft übertragen?

h) Beschreiben Sie die Bauart der Kette unter Zuhilfenahme des Datenblattes **(Bild 3 und Anhang Projekt Paternoster)**.

i) Wie lässt sich an den Kettenrädern die Lebensdauer der Räder und der Kette erhöhen?

j) Welche Kupplung **(Bild 4 und Anhang Projekt Paternoster)** wird eingesetzt, um das Drehmoment vom Getriebe auf die Antriebswelle der Kettenräder zu übertragen? Beschreiben Sie die Vorteile dieser Kupplungsbauart.

Bild 3: Kettenräder

Bild 4: Kupplungen

7. Automatisierungstechnik:

Pneumatikschaltplan für Türöffnung

Bild 1 zeigt das Öffnen und Schließen der Türe.

a) Beschreiben Sie die Funktion der Einzelbauteile von –AZ1.

b) Beschreiben Sie die Funktion des Bauelements –QN1 mit –PG1.

c) Warum wurde als Stellelement ein 5/3 Wegeventil verwendet?

d) Erklären Sie die pneumatische Vorsteuerung von –QM2.

e) In welcher Weise könnten die beiden Endlagen von Zylinder –MM1 abgefragt werden?

Scannerdaten „Einlesen"

Bild 2 zeigt das Technologieschema für das Einlesen der Scannerdaten. Auf den Behältern befindet sich der Barcode für die 19 Behälter, der beim Durchlaufen von je einem Scanner eingelesen wird.

In Netzwerk 32 **(Bild 3)** wird der Ladebefehl L beschrieben. Im Befehl L # 36712770 wird der gelesene Inhalt des entsprechenden Teilnehmers abgefragt.

f) Schreiben Sie den Behälter „19" als Zahl im BCD-Code.

g) Die Zahl wird in MD 60 transferiert. Aus welchen Bits und Bytes besteht dieses Merkerdoppelwort?

h) Erklären Sie den Vergleichsvorgang, der zum Stillsetzen des Motors führt.

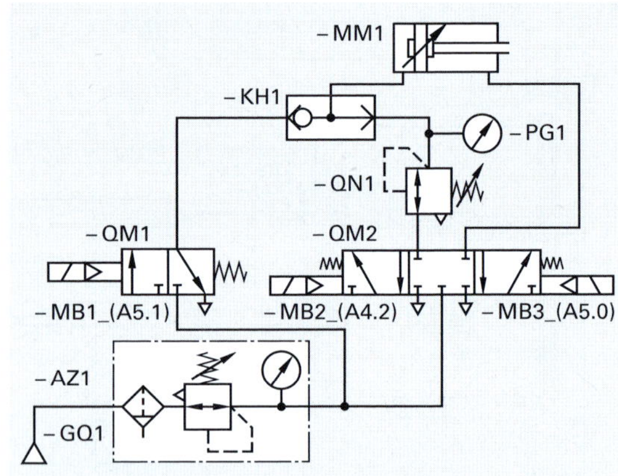

Bild 1: Pneumatikschaltplan für Türöffnung

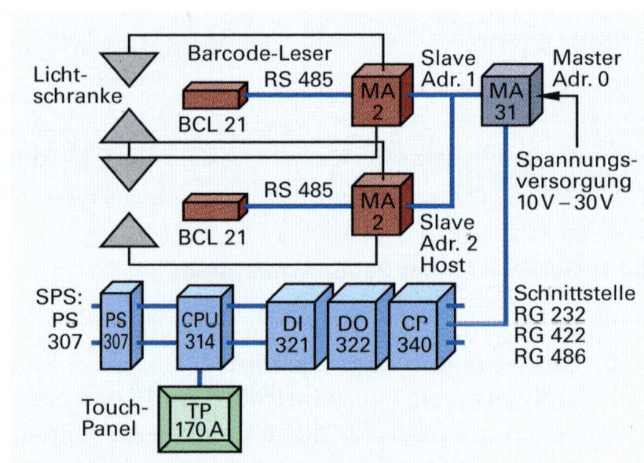

Bild 2: Einlesen der Behälter über Scanner

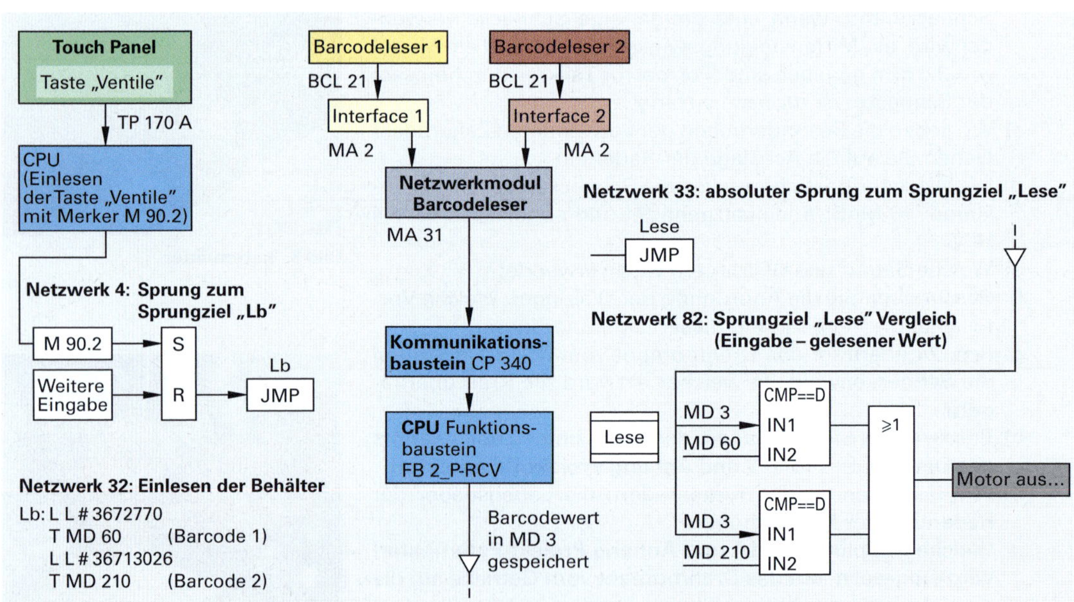

Bild 3: Programmschema für das Einlesen und Auswerten von Scannerdaten

19.7 Spannen mit Hydraulik

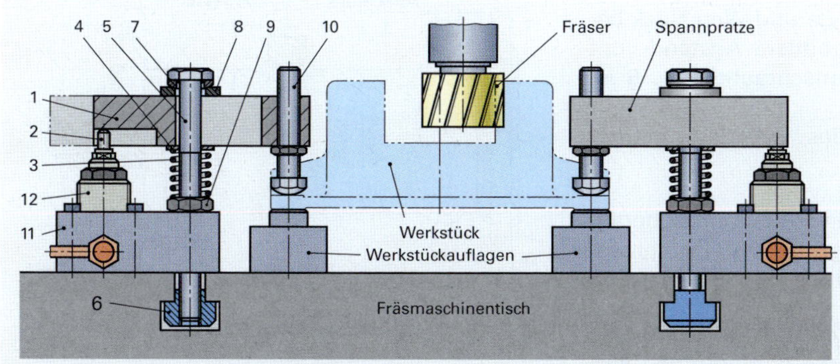

Bild 1: Einsatz hydraulischer Spannmittel

Pos. Nr.	St.	Benennung	Norm-Kurzbezeichnung bzw. Werkstoff
1	1	Spannpratze	CE45E
2	1	Druckschraube	16MnCr5
3	1	Druckfeder	DIN 2098 1,6 x 15 x 70
4	1	Scheibe	ISO 7090 13 - 200HV
5	1	Sechskant-schraube	ISO 4014 M12 x 130 x 8.8
6	1	Mutter	DIN 508 - M12 x 25
7	1	Kugelscheibe	DIN 6319 - C13
8	1	Kegelpfanne	DIN 6319 - D13
9	1	Sechskant-mutter	ISO 6768 - M12
10	1	Spannschraube	16MnCr5
11	1	Grundkörper	S235JR (St 37 - 2)
12	1	Spannzylinder	ø 30

Bild 2: Stückliste

An einem Bearbeitungszentrum werden hydraulische Spannelemente eingesetzt **(Bild 1 und Stückliste, Bild 2)**. An dem System soll eine Instandhaltung durchgeführt werden. Zur Planung und Durchführung der Maßnahme muss sich der Mechatroniker mit den Anlagedokumenten auseinander setzen.

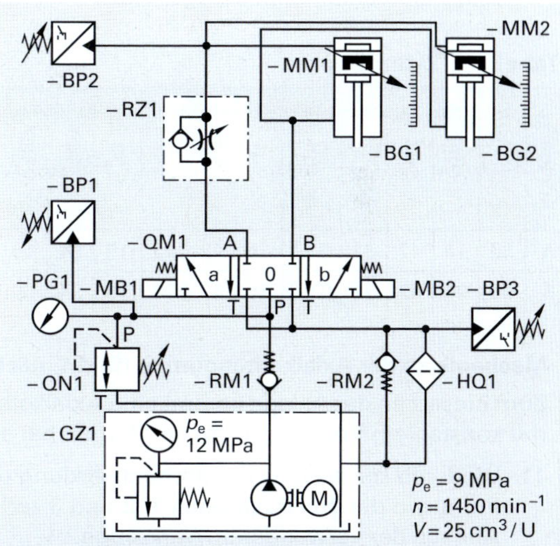

Bild 3: Hydraulischer Leistungsteil

Aufgaben | Spannen mit Hydraulik

Hydrauliksystem

1. Welche Aufgaben erfüllen die Bauteile –BP1, –BP2 und –BP3 an ihren Einbaustellen **(Bild 3)**?
2. Bei der Funktionsprüfung wurde an –BP3 eine Störung gemeldet. Wie lässt sich die Meldung interpretieren?
3. Der Hydraulikzylinder hat über den gesamten Rückhub **keine** konstant hohe Verfahrgeschwindigkeit. Was könnte die Ursache sein? Skizzieren Sie ein Weg-Zeit-Diagramm für die Zylinderbewegung.
4. Welchen Nachteil hat die Nullstellung des Stellelements –QM1?
5. Wozu dient an –QN1 das Manometer –PG1?
6. Was geschieht, wenn bei einer Störung der SPS während der Zerspanung die Ansteuerung von –MB1 ausfällt?
7. Um bei einer Störung der Anlage oder bei Druckschwankungen die Spannkraft aufrechtzuhalten, wird der Einbau eines Hydrospeichers **(Bild 4)** geplant.
   Skizzieren Sie dazu einen einfachen Schaltplan und wählen die Größe und Art des Speichers aus einem Datenblatt aus.
   Für die Größe orientieren Sie sich an dem dreifachen Zylindervolumen des Typs B. Daten dazu finden Sie in **Bild 1** und **Tabelle 1 auf der nächsten Seite**. Die Hublänge beträgt s = 35 mm.

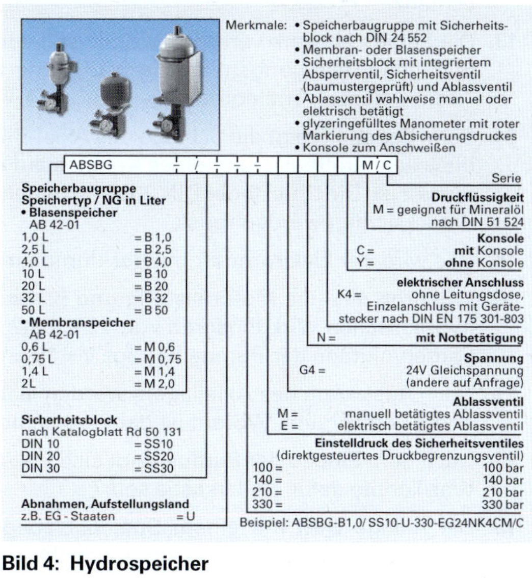

Bild 4: Hydrospeicher

8. Wie groß ist die Haltekraft eines Spannkolbens vom Typ B **(Tabelle 1)**? Der Stützabstand von Kolbenstange und Werkstück beträgt $l = 95$ mm. Der mittlere Abstand vom Zylinder zur Sechskantschraube **Pos. 5** ist $l_1 = 45$ mm.
Der Wirkungsgrad des Zylinders beträgt nach Datenblatt 88%.

9. Im Zylinderdatenblatt wird die Bezeichnung G¼" verwendet. Wie groß ist der Durchmesser des Außengewindes?

10. Beim Einbau von hydraulischen Elementen werden flexible Leitungsverbindungen verwendet. Leiten Sie aus den Beispielen in **Bild 2** elementare Einbauregeln ab.

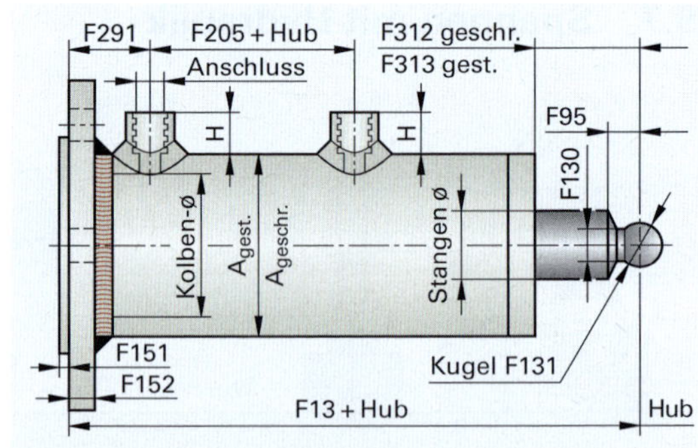

Bild 1: Datenblatt Hydraulikzylinder

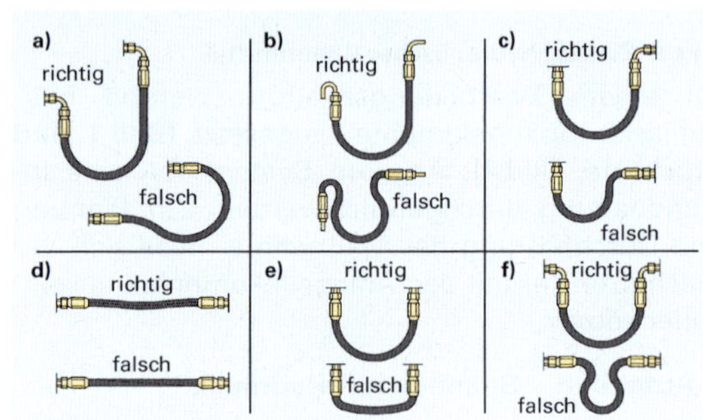

Bild 2: Hydraulikschlauchleitungen

Tabelle 1: Zylinderdaten

Kolbentyp	Kolben-Ø	Stangen-Ø	A.geschr	L1	Anschluss	H	F_95	F_130	F_131	F_149	F_150
A	30	16	42	32	G¼"	15	12	10	15	94	60
B	30	20	42	32	G¼"	15	12	10	15	94	60

Mechanik an der Axialkolbenpumpe (Bild 1, nächste Seite)

Zum Einsatz an der Anlage kommt eine Axialkolbenpumpe **(Bild 1 und Stückliste, Bild 2, nächste Seite)** mit konstantem Volumenstrom. Im Betrieb hat sie erhöhte Laufgeräusche entwickelt.

11. Wodurch könnte die Geräuschentwicklung entstehen? Um die Ursache dafür zu ermitteln, soll die Pumpe in die drei **Positionen 1, 2** und **3** zerlegt werden. Schreiben Sie einen Demontageplan mit Angabe der verwendeten Werkzeuge.

12. Bevor die Pumpe zerlegt wird, muss sie aus der Anlage ausgebaut werden. Worauf ist dabei zu achten?

13. Die Pumpe ist stark verschmutzt. Sie soll vor der Demontage gereinigt werden. Beurteilen Sie die folgenden Reinigungsmittel nach Eignung und gesundheitsgefährdender Wirkung: Heißdampf, Aceton, Benzol, Trichlorethylen.

14. Beim Zerlegen zeigt die Scheibe des Axial-Rillenkugellagers typische Schleifspuren. Berechnen Sie die axiale Kraftbelastung eines Kolbens auf die Lagerscheibe, wenn die Pumpe bei $p_e = 90$ bar im Einsatz ist. Die Druckfeder DIN 2098 übt einen zusätzlichen Spanndruck aus, der bei der Berechnung berücksichtigt werden muss.

15. Wie wird der Elektromotor mit der Pumpe mechanisch verbunden?

16. Wie groß sind die Motorleistung und das zu übertragende Drehmoment, wenn die Pumpe einen hydraulischen Wirkungsgrad von 72% hat? Die Drehzahl des Motors beträgt $n = 1450$ min^{-1}. Das Fördervolumen der Pumpe beträgt $V = 10$ cm^3 bei einer Umdrehung.

17. Nach Austausch des Axiallagers werden Gehäusenabe **Pos. 1** und Gehäuselagerteil **Pos. 2** miteinander verschraubt. Worauf ist dabei zu achten und welche Werkzeuge verwenden Sie dabei?

18. Nach dem Einbau der Pumpe zeigt sich im Probelauf, dass Öl zwischen Motor und Pumpe austritt. Was könnte dafür die Ursache sein?

19. Die Anlage wird mit einem Speicher ausgestattet. Bei der Funktionskontrolle tritt Öl aus den Verschraubungen aus. Was könnte die Ursache sein?

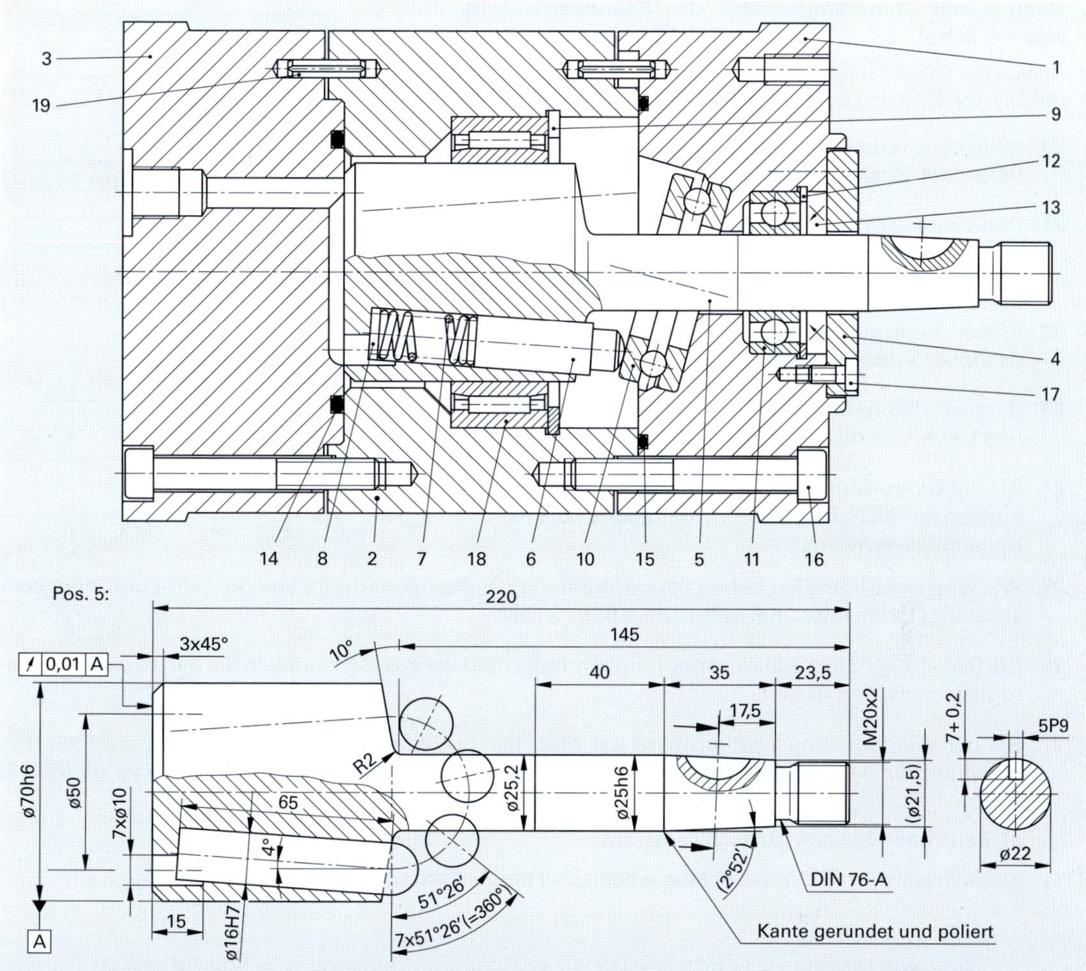

Bild 1: Gesamtzeichnung der Axialkolbenpumpe mit Position 5 (Rotor)

Pos. Nr.	St.	Benennung	Normblatt	Werkstoff	Halbzeug
19	2	Spannstift 6 x 25	ISO8752		
18	1	Nadellager NA 4914	DIN 617		
17	3	Zylinderschraube M6 x 12	DIN 6912	8.8	
16	6	Zylinderschraube M10 x 70	DIN 912	8.8	
15	1	O-Ring 106 x 3,55	DIN 3771	NBR 90	
14	1	O-Ring 80 x 5,3	DIN 3771	NBR 90	
13	1	WDR A 25 x 52 x 7	DIN 3760	NB	
12	1	Sicherungsring 52 x 2	DIN 472	Federstahl	
11	1	Rillenkugellager 6205	DIN 625		
10	1	Axial-Rillenkugellager 51208	DIN 711		
9	1	Sicherungsring 100 x 3	DIN 472	Federstahl	
8	7	Scheibe		S235JR	ø20 x 5 DIN1013
7	7	Druckfeder 2,5 x 20 x 47,5	DIN 2098	Federstahldraht	$i_f = 8{,}5$
6	7	Kolben		C60	ø20 x 52 DIN1013
5	1	Rotor		17Cr3	ø75 x 225 DIN1013
4	1	Abdeckplatte		235JR	ø80 x 13 DIN1013
3	1	Steuerscheibe		17Cr3	ø165 x 78 DIN1013
2	1	Gehäuselagerteil		C60	ø160 x 100 DIN1013
1	1	Gehäusenabe		17Cr3	ø165 x 78 DIN1013

Bild 2: Stückliste zur Axialkolbenpumpe

Elektrik und Steuerungstechnik der Spannvorrichtung (Bild 1, nächste Seite)

Nach der Wiederinbetriebnahme wird nach dem Typenschild **(Bild 1)** der Betriebsstrom überprüft.

20. Nach dem Typenschild soll der Motorstrom errechnet werden. Reicht die Motorleistung für die Pumpe aus?

21. Der Strom wird während des Betriebs gemessen. Es zeigt sich, dass er absinkt, während sich die Zylinder langsam in die vordere Endlage bewegen. Begründen Sie diese Erscheinung.

22. Welche Bedeutung hat die Angabe S9 und ist sie für den Einsatz des Motors angemessen?

23. Beim Anklemmen des Motors wurden die beiden Phasen L1 und L3 vertauscht. Hat das eine Auswirkung im Betrieb?

24. Bei der Überprüfung der Anlage werden eine Reihe von Spannungen ermittelt. Tragen Sie in die **Tabelle 1** die zu erwartenden Spannungswerte ein.

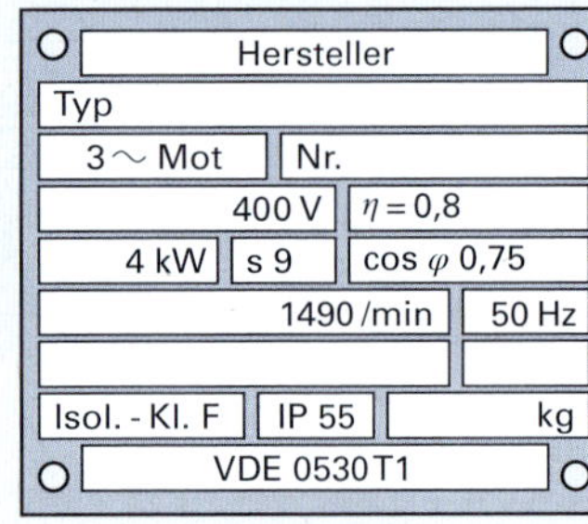

Bild 1: Typenschild

Tabelle 1: Spannungen		U
F1.2	F1.4	?
F1.2	F1.6	?
F1.4	F1.6	?
F2.2	N	?
L+	M	?

25. Wie wird der Strompfad neben der Verdrahtung des Pumpenmotors und der SPS-Zuordnungsbeschaltung bezeichnet und welche Funktion hat er?

26. Die Sicherung F2 löst während des Pumpenmotorbetriebs aus. Beschreiben Sie den weiteren steuerungstechnischen Ablauf.

27. Bei der Wiederholungsprüfung wird der Wert der Schleifenimpedanz von 0,86 Ω ermittelt. Die Zuleitung für die ortsfeste Anlage wurde mit einer 25-A-Schmelzsicherung vom **Typ gL (Bild 2)** abgesichert.

a) Berechnen Sie den Kurzschlussstrom.

b) Nach welcher Zeit muss in einem Fehlerfall die Sicherung spätestens auslösen?

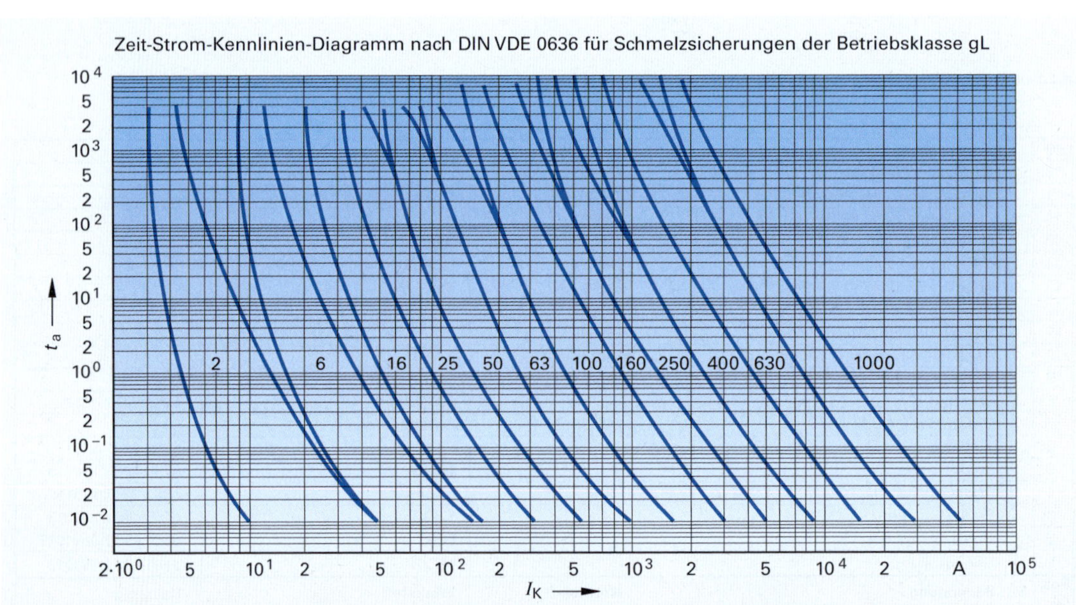

Bild 2: Zeit-Strom-Kennlinie nach DIN VDE 0636 für Schmelzsicherungen (Betriebsklasse gL)

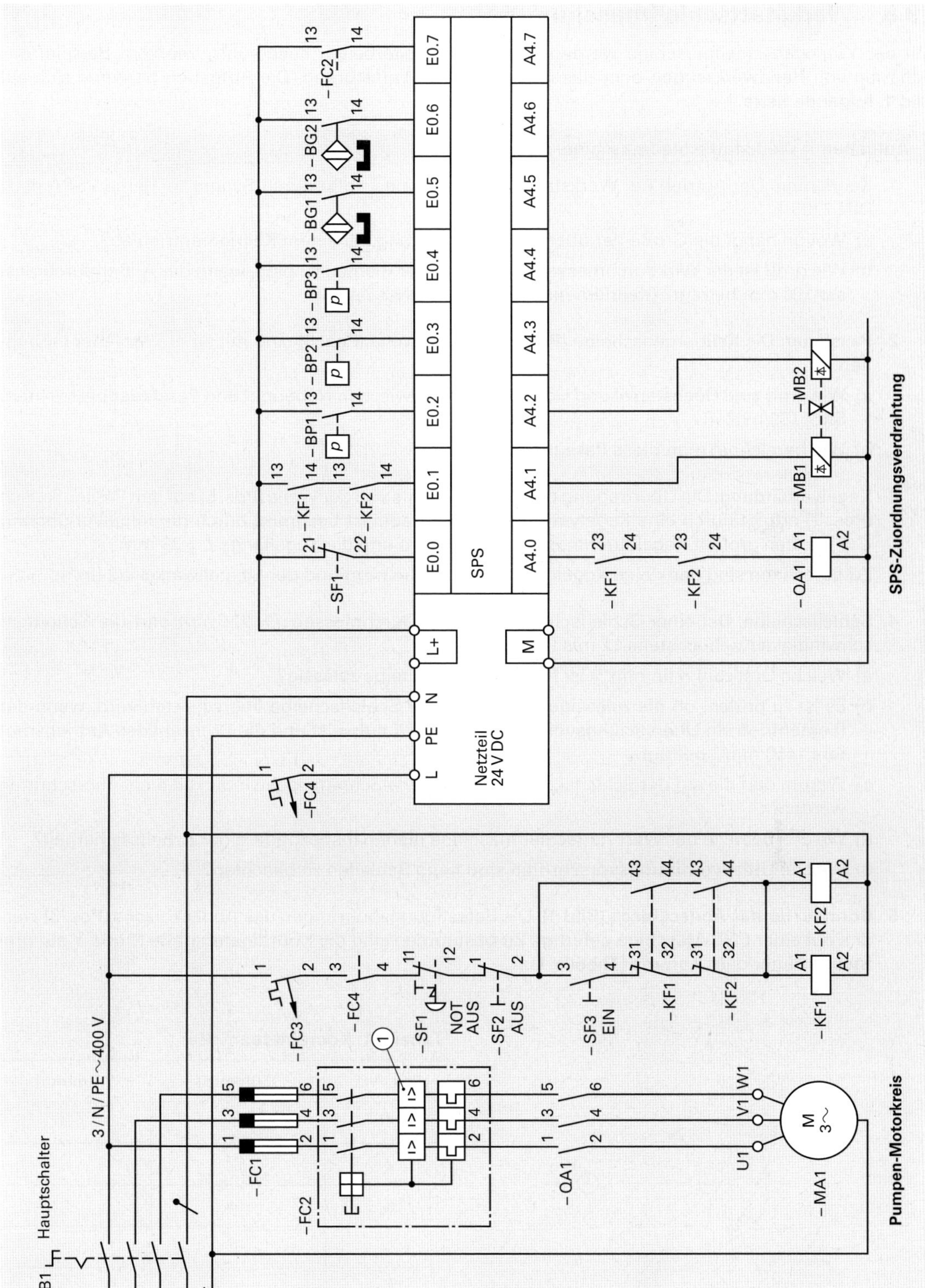

Bild 1: Stromlaufplan und SPS-Zuordnungsbeschaltung für die Spannvorrichtung

19.8 Werkstattschleifmaschine

Mit der Werkstattschleifmaschine werden einfache Schleifarbeiten ausgeführt, wie zum Beispiel das Schärfen von Handwerkzeugen oder das Entgraten von Werkstücken. Die Aufgaben beziehen sich auf **Bild 1, folgende Seite**.

Aufgaben Werkstattschleifmaschine

1. **Keilriemen:** Der Antrieb der Werkstattschleifmaschine erfolgt durch Schmalkeilriemen SPA nach DIN 7753.
   a) Wovon hängt die Größe der übertragbaren Leistung bei einem Keilriementrieb ab?
   b) Wie groß ist der Wirkdurchmesser d_W (in mm) der Riemenscheibe, wenn der Außendurchmesser 100 mm beträgt? (Keilriemenscheibe nach DIN 2211)

2. **Passfeder:** Die Keilriemenscheibe **(Pos. 8)** und die Welle **(Pos. 5)** sind mit einer Passfeder verbunden.
   a) Wie groß sind Höchstspiel und Höchstübermaß zwischen Nabennut und Passfeder bei leichtem Sitz (JS9/h9)?
   b) Wie bezeichnet man diese Passung?

3. **Kegelverbindung:** Die Übertragung des Drehmoments von der Welle **(Pos. 5)** auf den Wellenflansch **(Pos. 7)** erfolgt durch eine Kegelverbindung. Der Kegel ist bestimmt durch die Kegelverjüngung $C = 1:5$, den großen Kegeldurchmesser $D = 33{,}5$ mm und die Kegellänge $L = 38$ mm.
   Zu berechnen sind der kleine Kegeldurchmesser d (in mm) und der Einstellwinkel $\alpha/2$ (in °).

4. **Schleifscheibe:** Bei einer Schleifscheibe mit dem Durchmesser d = 220 mm darf die Schnittgeschwindigkeit v_C höchstens 12 m/s betragen.
   a) Welche Drehzahl n (in min^{-1}) ist für die Schleifscheibe zulässig?
   b) Es ist zu prüfen, ob die zulässige Drehzahl n der Schleifscheibe überschritten wird, wenn der Riementrieb ein Übersetzungsverhältnis von 1,6 : 1 aufweist und die Drehzahl des Antriebsmotors 1450 min^{-1} beträgt.
   c) Warum darf die auf der Schleifscheibe angegebene Schnittgeschwindigkeit nicht überschritten werden?
   d) Welche Bauteile der Werkstattschleifmaschine dienen insbesondere der Arbeitssicherheit?
   e) Welche Unfallverhütungsvorschriften sind beim Schleifen zu beachten?

5. **Bohrbild für das Abdeckblech (Bild 1):** Die Befestigungsbohrungen des Abdeckblechs **(Pos. 3)** werden auf einer CNC-Maschine gefertigt. Zu bestimmen sind die Koordinatenmaße X und Y auf drei Stellen hinter dem Komma **(Tabelle 1)**.

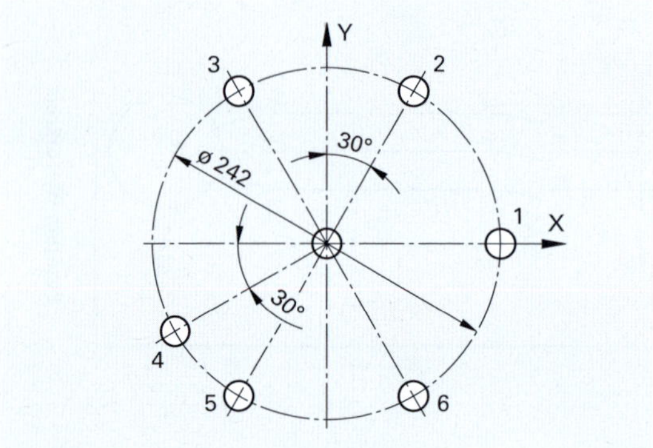

Bild 1: Bohrbild für das Abdeckblech

Tabelle 1: Koordinatenmaße

Pos.-Nr.	X [in mm]	Y [in mm]
1		
2		
3		
4		
5		
6		

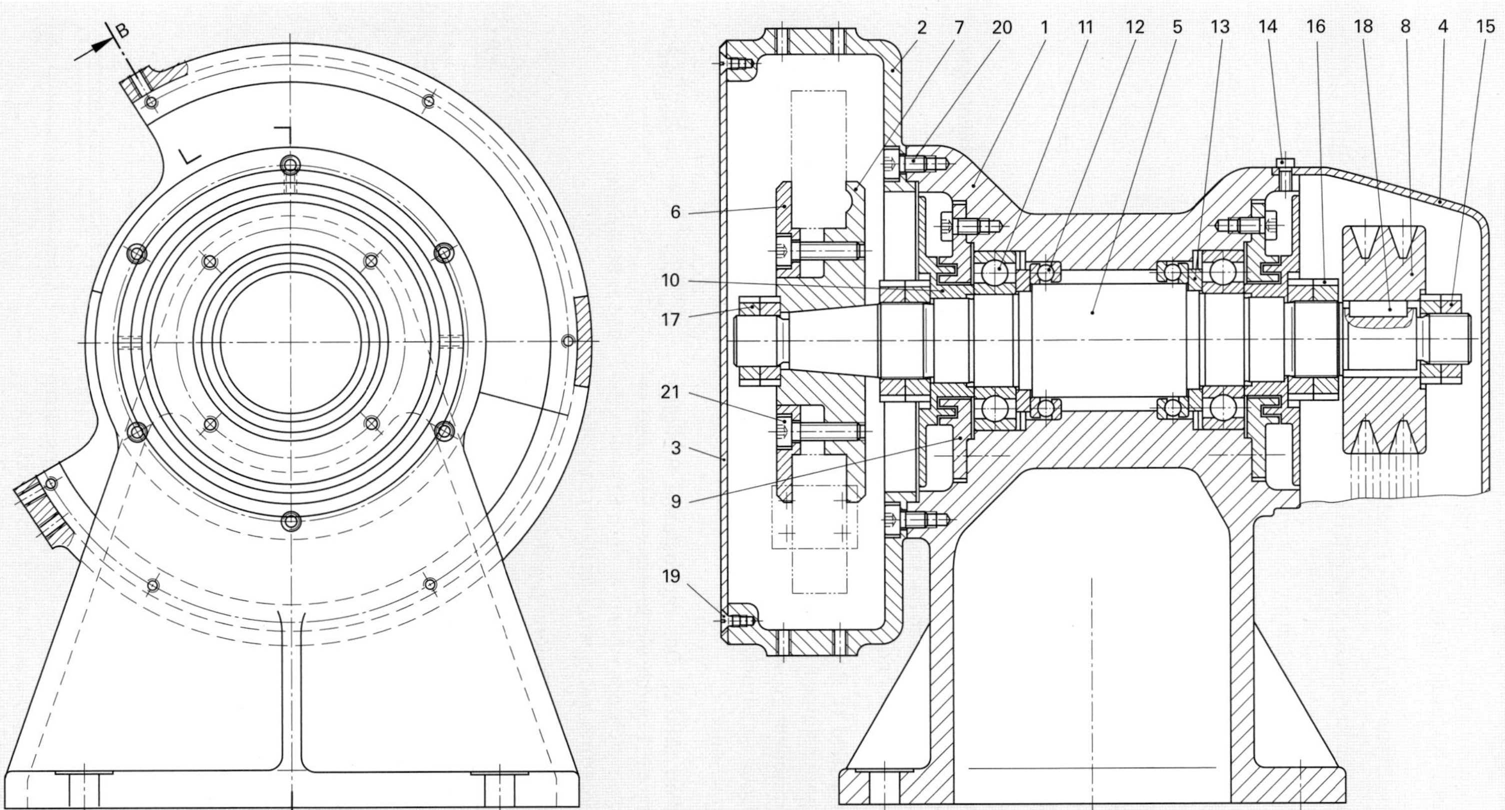

Pos. Nr.	St.	Benennung	Normblatt	Werkstoff	Halbzeug / Bemerkung
21	4	Zylinderschraube M8 x 30	ISO 47628.8		
20	14	Zylinderschraube M6 x12	ISO 47628.8		
19	6	Senkschraube M5 x 8	ISO 2009 5.8		
18	1	Passfeder A8 x 7 x 25	DIN 6885		
17	2	Nutmutter M24x 1,5 - h	DIN 1804		
16	4	Nutmutter M35x 1,5 - h	DIN 1804		
15	2	Nutmutter M22 x 1,5 - h	DIN 1804		
14	3	Zylinderschraube M5 x 8	ISO1207 5.8		
13	2	Stützscheibe	S235JR		
12	2	Axial-Rillenkugellager 51110	DIN 711		$D = 70$, $d = 50$, $B = 14$
11	2	Rillenkugellager 6208	DIN 625		$D = 80$, $d = 40$, $B = 18$
10	2	Labyrinthring – außen		11SMn30K	
9	2	Labyrinthring – innen		11SMn30K	
8	1	Keilriemenscheibe		EN-GJL-200	Kaufteil
7	1	Wellenflansch		E335	
6	1	Flansch		E335	
5	1	Welle		C45E-OT	
4	1	Schutzhaube		S235JR	
3	1	Abdeckblech		S235JR	
2	1	Haube		EN-GJL-200	
1	1	Gehäuse		EN-GJL-200	

		Blatt: 1(1)
Maßstab: 1:1	Werkstatt-Schleifmaschine	Name:
		Prüf-nummer:

Bild 1: Werkstattschleifmaschine

19.9 Pneumatische Steuerung mit zwei Schaltkreisen

Die folgenden Aufgaben beziehen sich auf den Schaltplan der pneumatischen Steuerung in **Bild 1, folgende Seite**.

Aufgaben	Pneumatische Steuerung mit zwei Schaltkreisen

1. **Grafcet:** Die pneumatische Steuerung wird mit dem 3/2 Wegeventil –SJ1 gestartet und hat folgenden Ablauf: –MM1+|–MM2| –MM1-|–MM2-. Am Zeitglied –KH3 ist die Zeit von 6 Sekunden eingestellt. Erstellen Sie den Grafcet für diese Steuerung.

2. **Steuerungsarten:** Die Ablaufsteuerung besteht aus zwei Schaltkreisen.
   a) Bestimmen Sie für jeden Schaltkreis die Steuerungsart.
   b) Welche Bauteile sind bestimmend für die Steuerungsart?

3. **JA-/NICHT-Signale:** Geben Sie an, ob es sich bei den Signalgliedern –BG1; –BG2; –SJ1; –BG3; –BG4 um JA- oder NICHT-Signale handelt?

4. **Zweidruckventil:** Das Zweidruckventil –KH1 könnte durch eine schalttechnische Anordnung der Signalglieder –SJ1 und –BG3 weggelassen werden, ohne dass sich an der Logik etwas ändert. Geben Sie die schalttechnische Anordnung an.

5. **Logische Verknüpfung (Bild 1):** Beim monostabilen Stellglied –QM1 ist für das Eingangssignal E14
   a) die gegebene Wertetabelle zu vervollständigen,
   b) der schaltalgebraische Ausdruck zu erstellen,
   c) der Logikplan zu zeichnen.

6. **Monostabiles Stellglied (Bild 2):** Das monostabile Stellglied –QM1 soll im Schaltkreis 1 durch ein bistabiles Stellglied ersetzt werden, ohne dass sich der Ablauf ändert. Erstellen Sie die pneumatische Steuerung mit einem bistabilen Stellglied.

7. **Strömungsventile:** In der Ablaufsteuerung werden Strömungsventile verwendet.
   a) Bei welchen Bauteilen handelt es sich um Strömungsventile?
   b) Welche Aufgabe haben sie zu erfüllen?

8. **Zeitglied (Bild 3):** Das Zeitglied ist aus drei Komponenten zusammengesetzt.
   a) Geben Sie die Bezeichnung der Komponenten a, b und c an.
   b) Welche Bauteile erfüllen im Bereich der Elektrotechnik denselben Zweck?
   c) Erstellen Sie das Signal-Zeit-Diagramm für das Ventil –KH3 (Maßstab auf der Zeit-Achse: 1 Sekunde = 1 cm)

9. **Luftverbrauch (Bild 4):** Die Aktoren –MM1 und –MM2 werden mit $p_e = 6$ bar betrieben. Für einen Arbeitszyklus ist der Luftverbrauch der Zylinder zu berechnen.

10. **Kolbenkräfte (Bild 4):** Der doppelt wirkende Zylinder –MM1 wird mit einem absoluten Druck p_{abs} = 7,0 bar beaufschlagt (p_{amb} = 1,0 bar). Wie groß sind die nutzbaren Kolbenkräfte beim Vorhub und beim Rückhub? Der Wirkungsgrad des Zylinders beträgt 89 %.

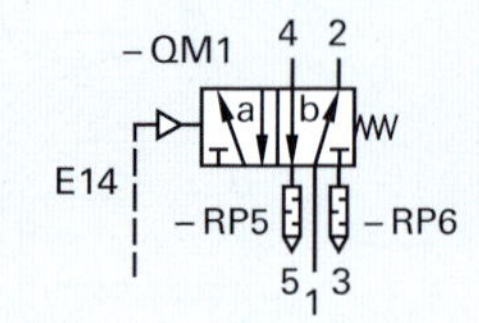

–SJ1	–BG3	–BG4	E14
0	0	0	
0	0	1	
0	1	0	
0	1	1	
1	0	0	
1	0	1	
1	1	0	
1	1	1	

Bild 1: Logische Verknüpfungen

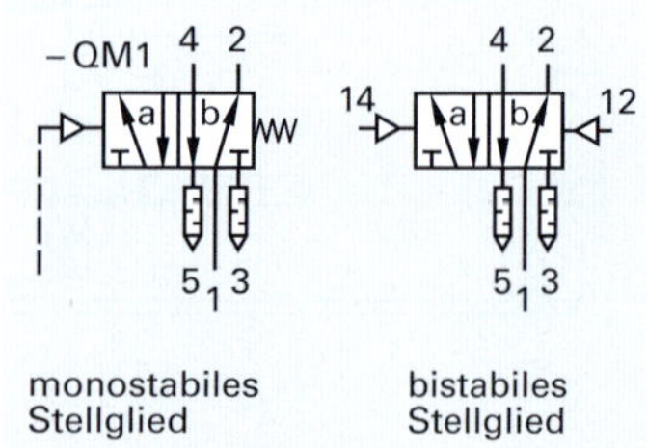

Bild 2: Stellglieder

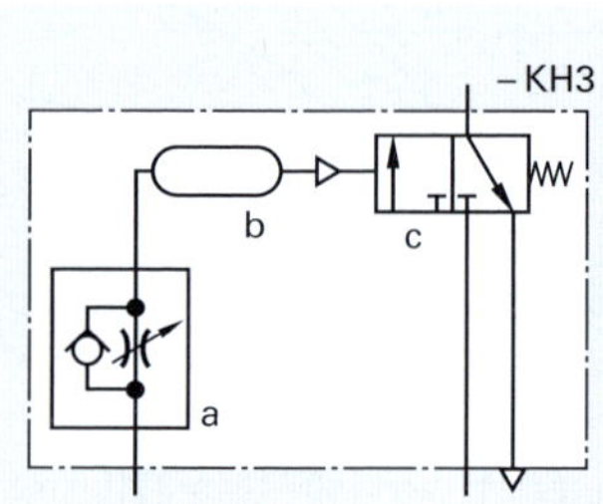

Bild 3: Zeitglied

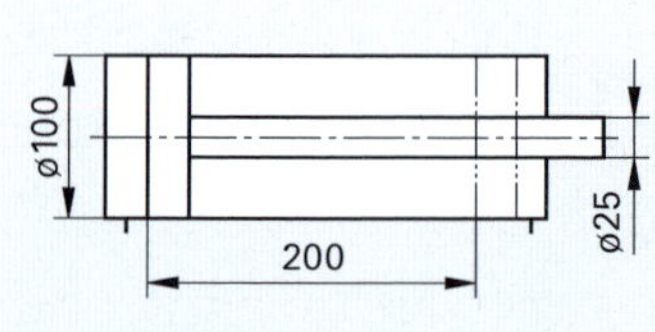

Bild 4: Luftverbrauch

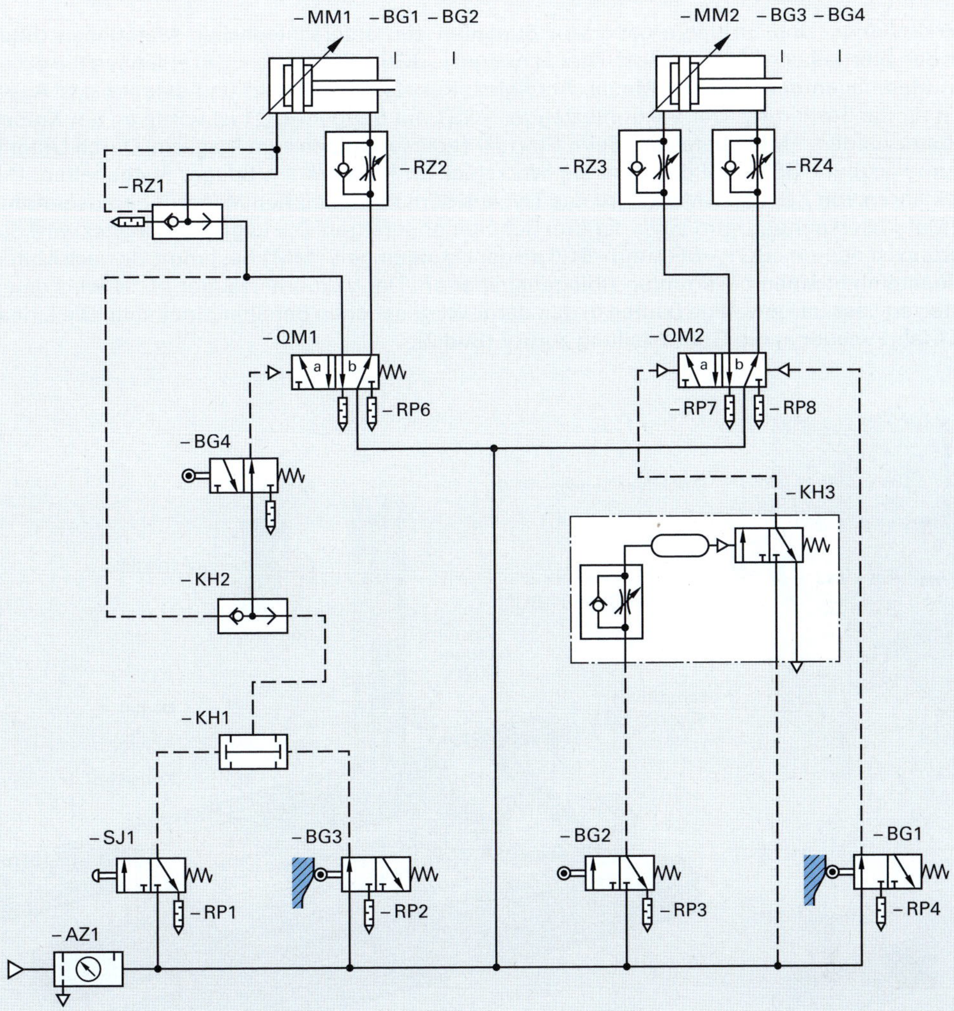

Teileliste			
Pos.	**Bezeichnung**	**Pos.**	**Bezeichnung**
-AZ1	Wartungseinheit	-KH1	Zweidruckventil
-MM1	doppelt wirkender Zylinder	-KH2	Wechselventil
-MM2	doppelt wirkender Zylinder	-QM1	5/2 Wegeventil; monostabil
-BG1	3/2 Wegeventil; Sperrnullstellung	-RZ1	Schnellentlüftungsventil
-BG2	3/2 Wegeventil; Sperrnullstellung	-RZ2	Drosselrückschlagventil
-SJ1	3/2 Wegeventil; Sperrnullstellung	-KH3	Zeitbaustein; einschaltverzögert
-BG3	3/2 Wegeventil; Sperrnullstellung	-QM2	5/2 Wegeventil; bistabil
-BG4	3/2 Wegeventil; Durchflussnullstellung	-RZ3	Drosselrückschlagventil
		-RZ4	Drosselrückschlagventil

Bild 1: Pneumatische Steuerung mit zwei Schaltkreisen

19.10 Elektropneumatik – Sortieren von Materialien

Der Erkennungs- und Sortiervorgang von Bauteilen aus unterschiedlichen Materialien **(Bild 1)** wird durch den Starttaster –SF1 ausgelöst. Drei Sensoren (–BG6, –BG7 und –BG8) erkennen die unterschiedlichen Materialien der Bauteile (Metall, Acrylglas, Kunststoff schwarz) und steuern das Auswahlverfahren für die Sortierung. Der Vakuumerzeuger –GS1 mit Sauger –UQ1 ist vorne an der Kolbenstange des Rundzylinders –MM2 befestigt. Beim Start fährt dieser Kolben zum Magazin. Durch Unterdruck im Vakuumerzeuger –GS1 wird das unterste Werkstück im Magazin am Sauger festgehalten. Durch das Zurückfahren von Zylinder –MM2 wird das Teil aus dem vorne offenen Magazin herausgenommen. Je nach Materialerkennung wird einer der drei Behälter angefahren. Die Lage der Behälter wird durch drei Näherungssensoren –BG1, –BG2 und –BG3 an der Lineareinheit –MM1 bestimmt. Je nach Material fährt die Lineareinheit einen bestimmten Ablagebehälter an. Der Vakuumerzeuger –GS1 wird dann ausgeschaltet, so dass das jeweilige Bauteil in den dafür vorgesehenen Behälter hineinfällt. Die Lineareinheit –MM1 fährt wieder in die Grundstellung zurück **(Bild 2)**.

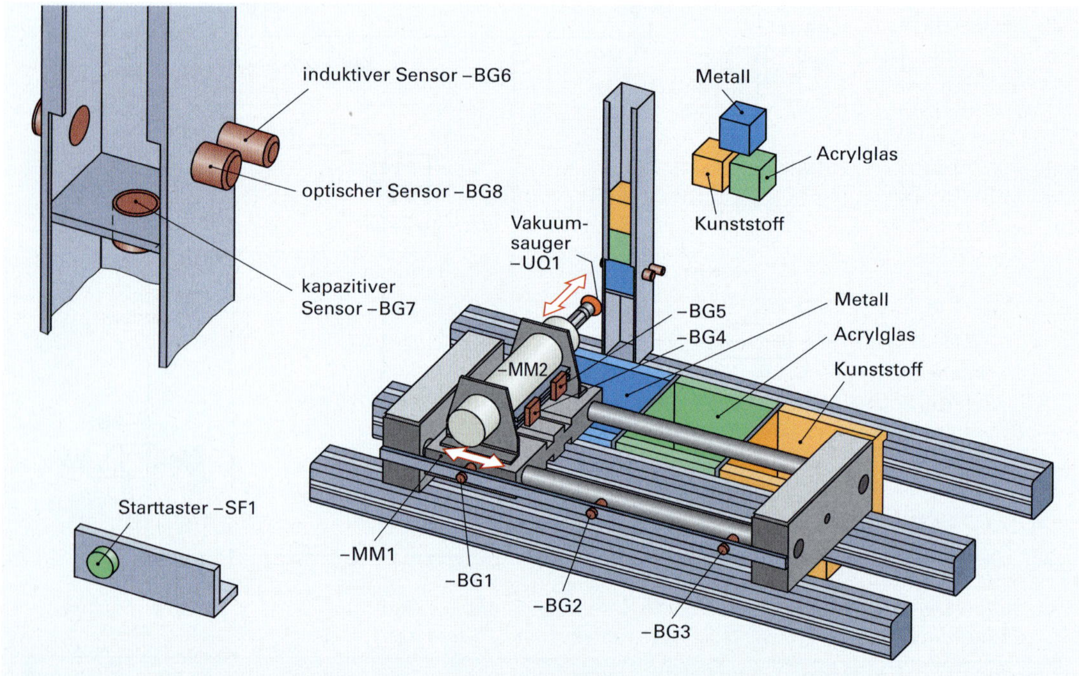

Bild 1: Technologieschema für das Erkennen und Sortieren von unterschiedlichen Materialien

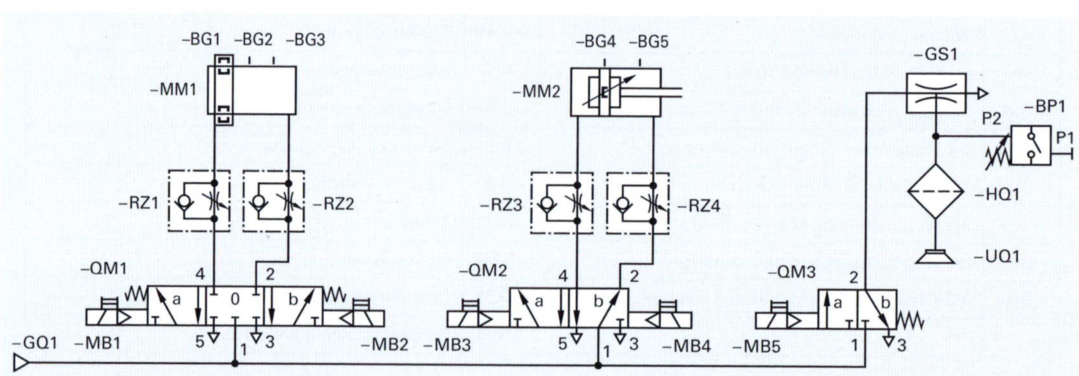

Bild 2: Pneumatischer Schaltplan der Materialerkennungs- und Sortieranlage

Aufgaben Elektropneumatik – Sortieren von Materialien

1. **Materialsortierung durch Sensoren.** Die Sortierung der Teile in einen der drei Behälter erfolgt nach den Signalen der drei Sensoren **(Bild 1)**. Je nach Material ergeben sich unterschiedliche Signalzustände an den Sensoren. Die Signale der Sensoren werden auf die Relais –KF1, –KF2 und –KF3 geführt und ausgewertet.
   a) Erstellen Sie eine tabellarische Übersicht über die Sensoren, in der Sie auf folgende Punkte eingehen: Symboldarstellung, physikalisches Wirkprinzip, Einsatz und Anwendung sowie Einbaugesichtspunkte.
   b) Erstellen Sie zur Materialerkennung durch die drei Sensoren eine Funktionstabelle.
   c) Ermitteln Sie nach dieser Tabelle die drei Funktionsgleichungen und zeichnen Sie die Funktionspläne.

2. **Einzelschritte von Ablaufsteuerungen.** Die Poblemlösung soll über eine elektropneumatische Steuerung erfolgen, die einer Ablaufsteuerung entspricht. Diese setzt sich aus der Ablaufkette (Steuerungsteil) und dem Ausgabeteil (Leistungsteil) zusammen. Die Einzelschritte einer Ablaufkette wiederholen sich für jeden Schritt und entsprechen einem Standardschema **(Bild 2)**.
   a) Beschreiben Sie den Grundaufbau des Taktbausteins für den Schritt N. Der Initiator[1] ist z. B. eine Endlagenabfrage, bedingt durch einen Aktor des vorhergehenden Schrittes.
   b) Um welche Art von Selbsthalteschaltung handelt es sich?
   c) Zeichen Sie den Funktionsplan für diesen Einzelschritt und erstellen Sie die Funktionsgleichung.

3. **Logik der Stellelemente.** Im pneumatischen Schaltplan **(Bild 2, vorherige Seite)** werden drei Stellelemente zur Ansteuerung der Aktoren verwendet.
   a) Wodurch unterscheiden sich –QM1, –QM2 und –QM3?
   b) Ordnen Sie den Stellelementen die Begriffe „monostabil“ und „bistabil“ zu.
   c) Beschreiben Sie das Verhalten der Stellelemente bei Ausfall der Netzspannung.

4. **Sensorbautyp.** Die in **Bild 1** gezeigten Sensoren werden in Dreileitertechnik ausgeführt. Bei der Materialerkennung lassen sich auch Sensortypen in der Zweileitertechnik einsetzen **(Bild 3)**.
   a) Worin unterscheiden sich die beiden Sensortypen?
   b) Die in **Bild 3** gezeigten Sensoren unterscheiden sich auch in ihrer Logik. Beschreiben Sie diese und zeichnen Sie die Funktionssymbole der beiden Sensoren.

5. **Sensorverdrahtung.** Zwei Sensoren werden auf ein Relais verdrahtet **(Bild 4)**.
   a) Handelt es sich hier um eine Reihen- oder Parallelschaltung von Dreidrahtsensoren?
   b) Erstellen Sie eine Funktionstabelle, eine Funktionsgleichung und einen Funktionsplan für die Schaltung.
   c) Erstellen Sie eine alternative Verdrahtung, bei der mehrere Relais verwendet werden und die sich an **Bild 1** orientiert.

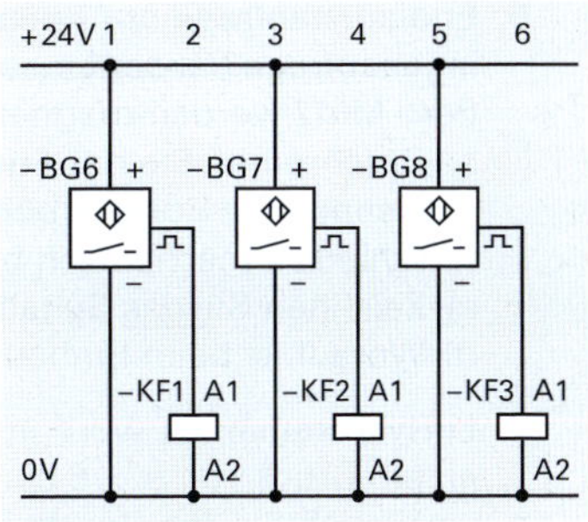

Bild 1: Materialsortierung durch Sensoren

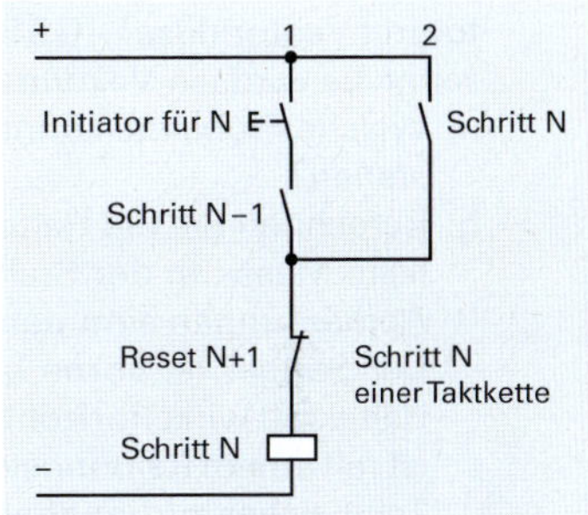

Bild 2: Einzelschritt N einer Ablaufkette (Taktbaustein)

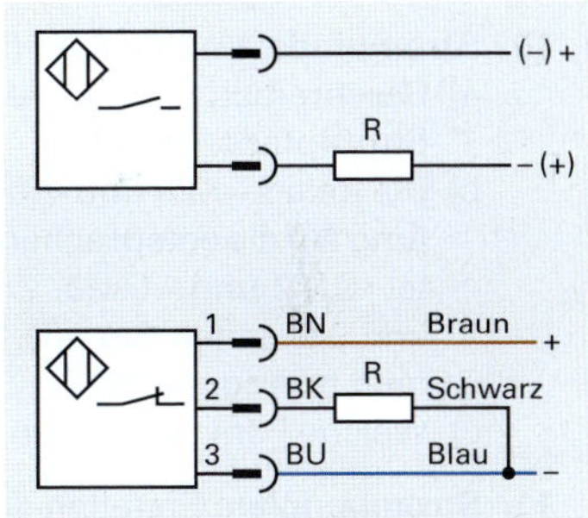

Bild 3: Zwei- und Dreileitertechnik

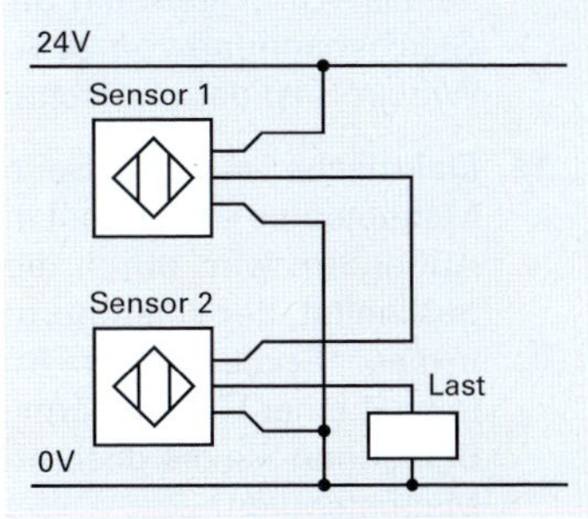

Bild 4: Verdrahtung zweier berührungsloser Sensoren

1 Initiator (lat.) Urheber, Anreger

6. Endlagenabfrage am Pneumatikzylinder (Bild 1): Für die Endlagenabfrage bei der Lineareinheit –MM1 und dem Rundzylinder –MM2 werden magnetische Sensoren verwendet.
   a) Beschreiben Sie das Funktionsprinzip dieses Sensors.
   b) Nennen Sie Vorteile beim Einsatz dieses Sensortyps im Unterschied zu mechanisch betätigten Tastrollen.
   c) Zeichnen Sie das Schaltsymbol.
   d) Worauf ist beim Einbau dieser Signalelemente zu achten?

7. Luftverbrauch: Es werden 15 Teile in der Minute sortiert, bei einem Druck von $p_e = 6$ bar. Berechnen Sie den gesamten Luftverbrauch für den Rundzylinder DSW–32 bei maximaler Hublänge. Die entsprechenden Kenngrößen entnehmen Sie einem Datenblattauszug **(Bild 2)**.

8. Unterdruck: Zum Festhalten der Bauteile wird durch einen Ejektor mit Venturidüse[1] –GS1 ein Unterdruck von $p_e = -0{,}6$ bar erzeugt. Es wird ein Vakuumsauger ESS–30 eingesetzt **(Bild 3)**.
   a) Welche Probleme können beim Einsatz von Unterdruck entstehen?
   b) Berechnen Sie die Haltekraft F in Newton (N) und die mögliche Masse m der Stahlteile in kg am Vakuumsauger. Die Abmessungen sind dem Datenblatt **(Bild 3)** zu entnehmen. Der Sauger ist vorne am Rundzylinder montiert (D1). Die Haltekraft wirkt horizontal zur Gewichtskraft der Teile, daher ist mit einem Reibungswert von $\mu = 0{,}18$ zu rechnen. Um die Teile sicher zu handhaben, wird zusätzlich eine zweifache Sicherheit angenommen.

9. Ablaufplan: Erstellen Sie den Ablaufplan nach DIN EN 60848 für den Gesamtablauf (entspricht GRAFCET).

10. Strompfade: Im **Bild 4** ist der Start des Ablaufes gezeigt.
   a) Beschreiben Sie den Teilablauf des Stromlaufplanes in den Strompfaden 9–12.
   b) Die Relais –KF5 und –KF6 gehen im Leistungsteil der Schaltung auf die entsprechenden Magnetspulen der Stellelemente –QM2 und –QM3. Zeichnen Sie die beiden Strompfade und benennen Sie alle Bauteile und deren Anschlussklemmen normgerecht.
   c) Welche Funktion haben die Öffner –KF8, –KF11 und –KF15?

11. Stromlaufplan: Erstellen Sie den gesamten Stromlaufplan für die Aufgabenstellung der Materialsortierung.

12. Spulenwiderstand: Durch die Magnetspule –MB3 des Impulsventils –QM2 fließt ein Strom von 0,19 A bei einer angelegten Gleichspannung von 24 V.
Wie groß ist der ohmsche Widerstand in der Spule?

13. Elektrische Leistung: Beim Sortieren der Teile fließt durch die Magnetspule –MB1 der Lineareinheit ein Strom von $I_1 = 0{,}48$ A. Außerdem wird durch die Spule –MB5 der Vakuumerzeuger geschaltet, der einen permanenten Unterdruck erzeugt.
In dieser Spule fließt ein Strom von $I_2 = 0{,}32$ A. Es wird ein Netzteil mit einer Gleichspannung von 24 V eingesetzt.
Berechnen Sie die gesamte elektrische Leistung für die beiden Magnetspulen.

[1] von Giovanni Battista Venturi (ital. Physiker, 1746–1822)

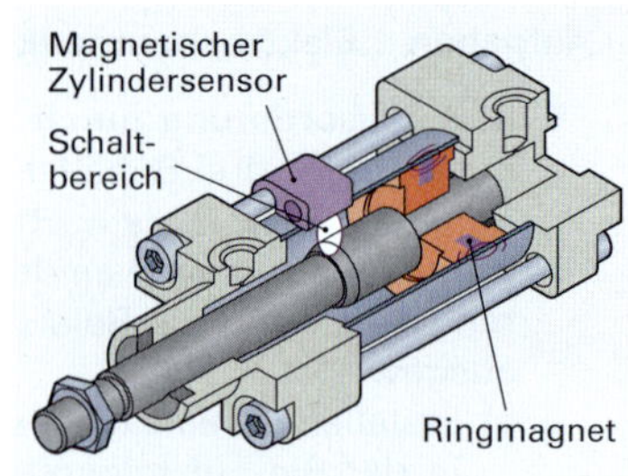

Bild 1: Endlagenabfrage am Pneumatikzylinder

Funktionsweise	doppelt wirkend
Form Kolben	rund
Form Kolbenstange	rund
entspricht Norm ISO	ISO 6431
Abfrageart	ohne
Dämpfungsart	Dämpfungsring intern (nicht einstellbar)
Verdrehsicherung	keine
Kolbennenngrösse	32 mm
X-Hub	X
Hub minimal bei X-Hub	100 mm
Hub maximal bei X-Hub	500 mm

Bild 2: Datenblatt

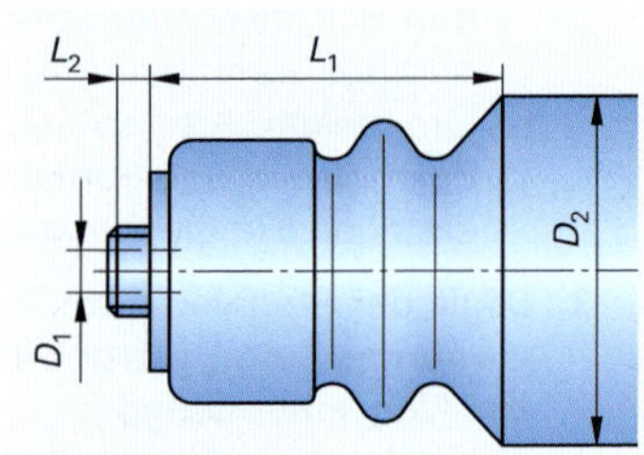

Typ: ESS -30
Material: PU
D_1: 3,000 mm
D_2: 30,000 mm

Bild 3: Vakuumsauger 30

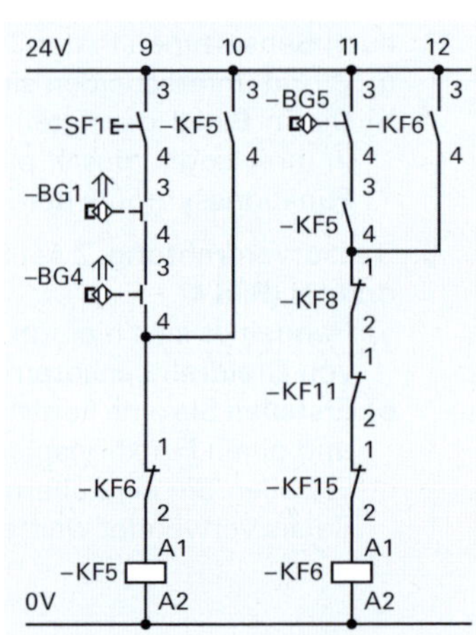

Bild 4: Schritte des Stromlaufplanes

20 Simulationsaufgaben

Simulationsaufgaben | Konstante geradlinige Bewegungen

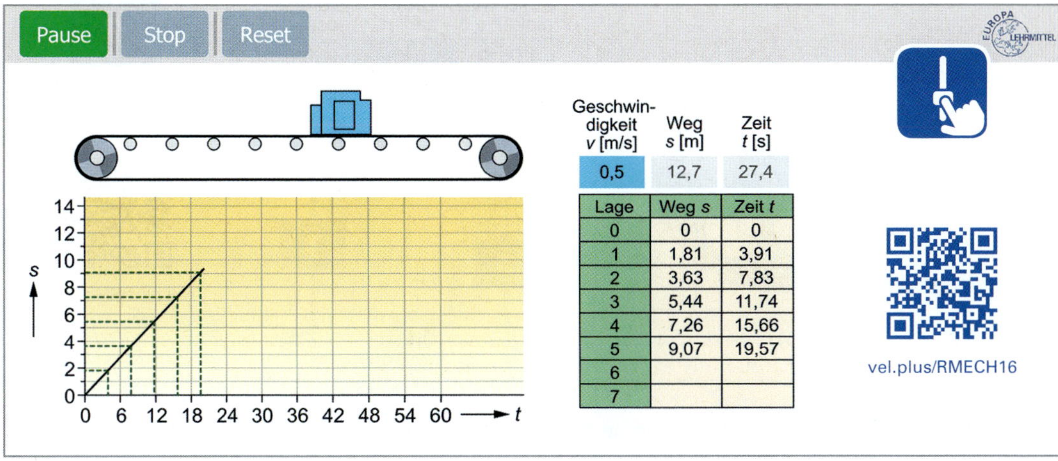

Geschwindigkeit v [m/s]	Weg s [m]	Zeit t [s]
0,5	12,7	27,4

Lage	Weg s	Zeit t
0	0	0
1	1,81	3,91
2	3,63	7,83
3	5,44	11,74
4	7,26	15,66
5	9,07	19,57
6		
7		

1. **Förderband.** Ein Greifer legt Kisten auf ein Förderband, das mit einer Geschwindigkeit von $v = 0{,}5$ m/s betrieben wird.
   a) Ermitteln Sie wie weit eine Kiste nach einer Zeit von $t_1 = 4$ s, $t_2 = 8$ s und $t_3 = 26$ s befördert worden ist.
   b) Nach welcher Zeit passiert eine Kiste die Wegpunkte $s_1 = 4$ m und $s_2 = 11$ m?
   c) Die Gesamtlänge des Förderbandes beträgt $l = 14$ m. Welche Zeit wird für die gesamte Länge benötigt?
   d) Erläutern Sie den Zusammenhang zwischen zurückgelegtem Weg der Kiste und der dafür benötigten Zeit. Zeichnen Sie mithilfe der Wertepaare aus den Aufgabenteilen a)–c) ein Weg-Zeit-Diagramm.
   e) Wie ändert sich die Transportdauer der Kisten bei einer Halbierung der Geschwindigkeit?
   f) Die Geschwindigkeit der Anlage wird auf $v_2 = 0{,}4$ m/s reduziert. Die Aufgabenteile a) bis c) sind mit der reduzierten Geschwindigkeit zu berechnen.

2. **Transportband.** Die Bewegung eines Transportbandes wird durch Weg- und Zeitangaben beschrieben **(Tabelle 1)**.
   a) Ermitteln Sie die Geschwindigkeit des Transportbandes.
   b) Die fehlenden Werte sind zu ergänzen.
   c) Zeichnen Sie das Weg-Zeit-Diagramm.

3. **Gurtförderer (Bild 1).** Drei Gurtförderer besitzen unterschiedliche Geschwindigkeiten, die in einem Diagramm dargestellt sind.
   a) Ermitteln Sie welches Band die höchste bzw. niedrigste Geschwindigkeit besitzt.
   b) Berechnen Sie die Geschwindigkeiten der Förderbänder und der jeweils zurückgelegte Weg nach t =10 s.
   c) Zeichnen Sie die unterschiedlichen Bandgeschwindigkeiten in ein v-t-Diagramm ein.

Tabelle 1: Transportband

s [m]	*t* [s]
?	10
5	25
?	30
8	?
9	?
?	60

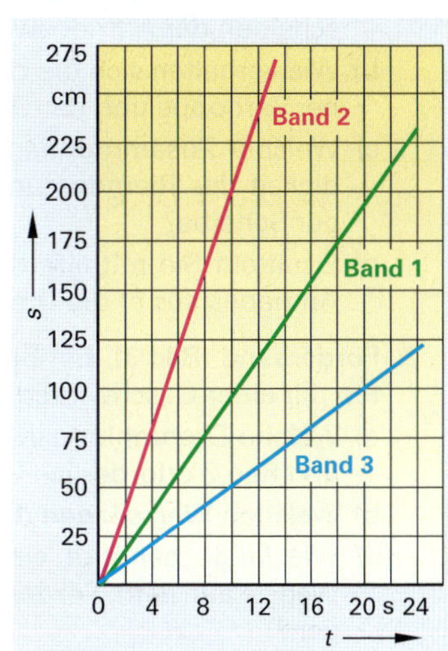

Bild 1: Gurtförderer

Simulationsaufgaben | **Konstante kreisförmige Bewegungen**

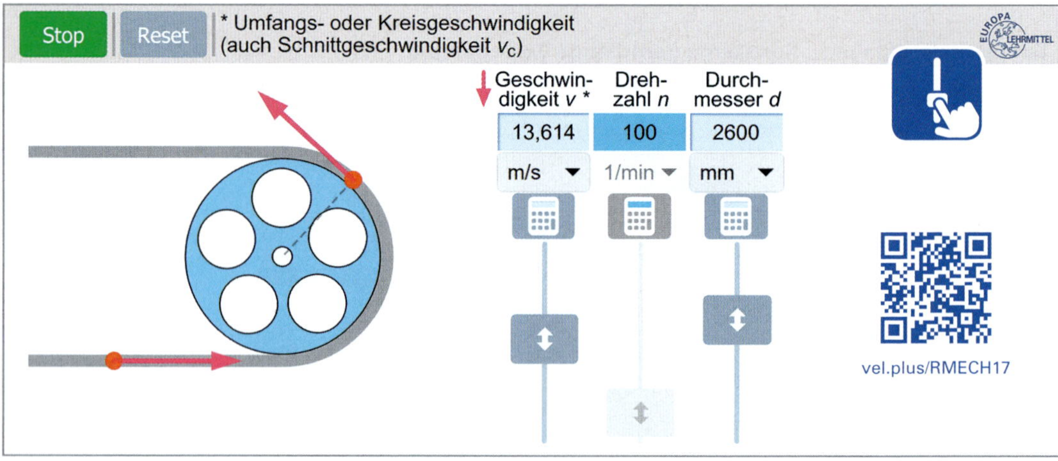

1. **Drehscheibe (Bild 1).** Eine Drehscheibe auf einem Kinderspielplatz ($d = 2\,000$ mm) dreht sich mit $n = 1\,\frac{1}{s}$.
   a) Wie verhält sich die Umfangsgeschwindigkeit eines Kindes, das sich langsam vom Drehpunkt der Scheibe in Richtung Rand bewegt?
   b) Berechnen Sie die Umfangsgeschwindigkeit am Rand der Scheibe in m/s und m/min.
   c) Welche Umfangsgeschwindigkeit in m/s und m/min stellt sich ein, wenn sich die Drehzahl verdoppelt?
   d) Wie verhält sich die Umfangsgeschwindigkeit bei $n = 1\frac{1}{s}$ am Rande der Scheibe, wenn sich der Durchmesser der Scheibe verdoppelt?
   e) Welche Strecke in mm und m hat das Kind nach 5 Umdrehungen am Rand zurückgelegt?

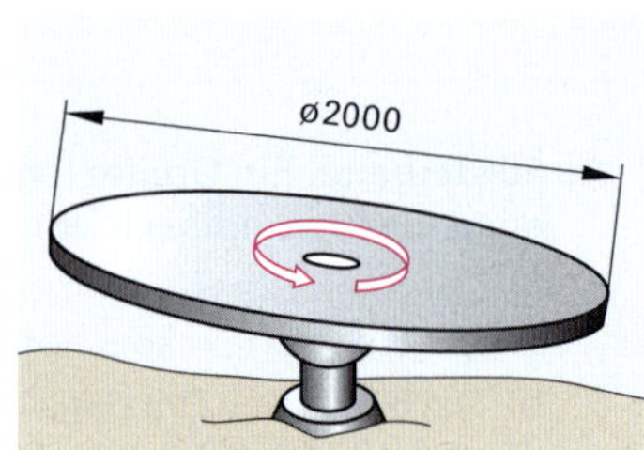

Bild 1: Drehscheibe

2. **Riementrieb.** Ein Elektromotor dreht eine Antriebswelle mit einer Drehzahl von $n = 1\,000$ 1/min **(Bild 2).**
   a) Welche Umfangsgeschwindigkeiten haben die drei Riemenscheiben der Antriebswelle in m/s?
   b) Wie verhalten sich die Umfangsgeschwindigkeiten bei $n = 1$ bei Verdoppelung der Drehzahl?
   c) Welcher Zusammenhang besteht zwischen der Geschwindigkeit des Riemens und der Umfangsgeschwindigkeit an der Scheibe?
   d) Ermitteln Sie mithilfe der Umfangsgeschwindigkeiten des Antriebes aus a) die Drehzahlen des Abtriebes in m/min.

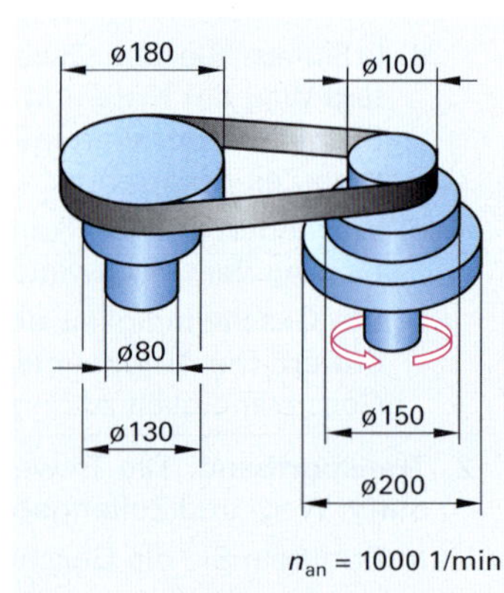

Bild 2: Riementrieb

3. **Förderband (Bild 3).** Ein Band befördert Kisten mit einer Geschwindigkeit $v = 0{,}2$ m/s.
   a) Welche Drehzahlen sind dafür am Rad 1 und Rad 2 erforderlich?
   b) Welchen Weg s legen die Kisten zurück?
   c) Wie lange benötigt eine Kiste, um den Weg s auf dem Förderband zurückzulegen?

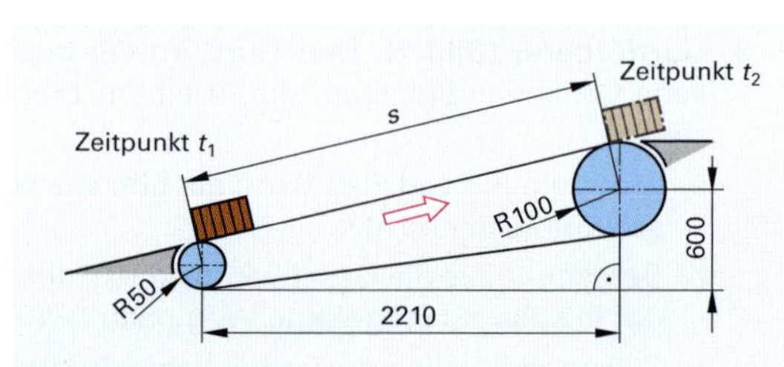

Bild 3: Förderband

Simulationsaufgaben | Hebelgesetz

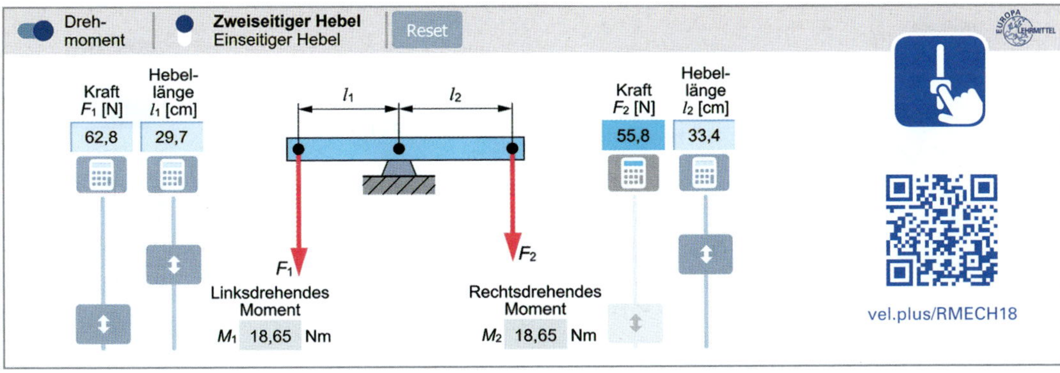

vel.plus/RMECH18

1. **Zweiseitiger Hebel (Bild 1).** An der linken Seite des Hebels wird durch Anhängen einer Masse m eine vertikale Kraft F_1 nach unten ausgeübt. An der rechten Seite wird an unterschiedlichen Stellen mit einem Kraftmesser nach unten gezogen, sodass die Stange wieder im Gleichgewicht horizontal steht. Es werden die Kräfte F_1 und F_2 sowie die dazugehörigen Hebelarme l_1 und l_2 gemessen.
   a) Wie groß ist die Kraft F_2, wenn F_1 = 20 N, l_1 = 50 cm und l_2 = 20 cm betragen?
   b) Wie ändert sich die Kraft F_2 bei kleiner werdender Hebellänge l_1?
   c) Wie ändert sich die Kraft F_2 bei größer werdender Hebellänge l_2?
   d) Skizzieren Sie den Hebel mit den wichtigsten Bezeichnungen.
2. **Versuchsreihe (Tabelle 1).** Berechnen Sie die fehlenden Werte in der Versuchsreihe von **Tabelle 1**, damit der Hebel im Gleichgewicht bleibt.
3. **Drehmoment (Tabelle 2).**
   a) Berechnen Sie die fehlenden Werte für die Aufgaben a) bis c) der **Tabelle 2**.
   b) Welcher Zusammenhang besteht zwischen links- und rechtsdrehendem Moment im Gleichgewichtszustand?
4. **Zange als Hebel (Bild 2).** Ein dünner Draht soll mit einer Zange durchtrennt werden. Die dazu notwendige Handkraft beträgt 18 N, der dabei wirksame Hebel ist 12 cm. Berechnen Sie die Kraft F_2 an der Zangenspitze, wenn dort ein Hebel von 5 cm wirksam ist.
5. **Kräfte an einem Nussknacker (Bild 3).**
   a) Wodurch unterscheidet sich der „einseitige" vom „zweiseitigen" Hebel?
   b) Eine Walnuss soll durch einen Nussknacker geöffnet werden. Erstellen Sie eine Skizze zum einseitig wirkenden Hebel, in dem Sie die Handkraft und die Kraft an der Walnuss eintragen sowie die beiden wirksamen Hebelarme.
   c) Die Handkraft F_1 soll 22 N betragen, die beiden Hebelarme 10 cm und 4 cm. Wie groß wird die Kraft F_2 zum Zerlegen der Nuss?

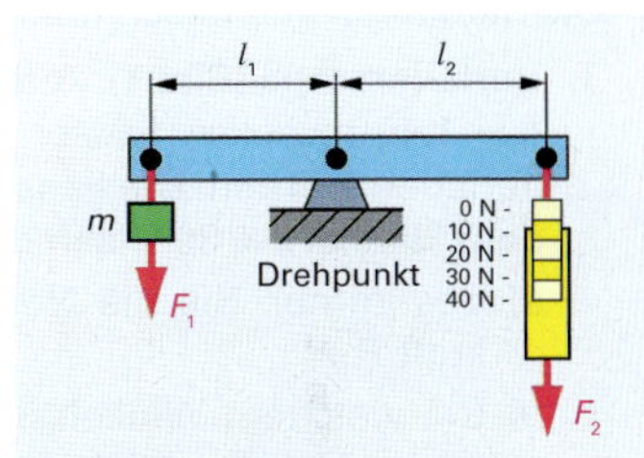

Bild 1: Zweiseitiger Hebel

Tabelle 1: Versuchsreihe

F_1 (N)	l_1 (cm)	F_2 (N)	l_2 (cm)
15	50	?	50
15	50	?	40
15	?	25	30
40	30	30	?
?	40	40	40
?	50	50	40

Tabelle 2: Drehmoment

	a	b	c
Kraft (N)	?	500	18
Hebelarm (cm)	18	?	45
Drehmoment (Nm)	100	125	?

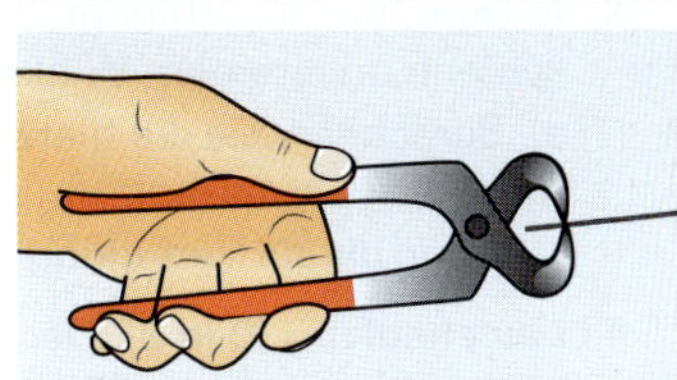

Bild 2: Zange als Hebel

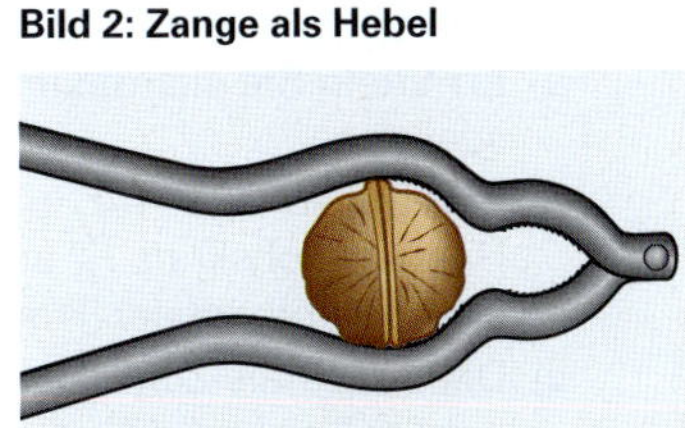

Bild 3: Nussknacker

Simulationsaufgaben | Schiefe Ebene

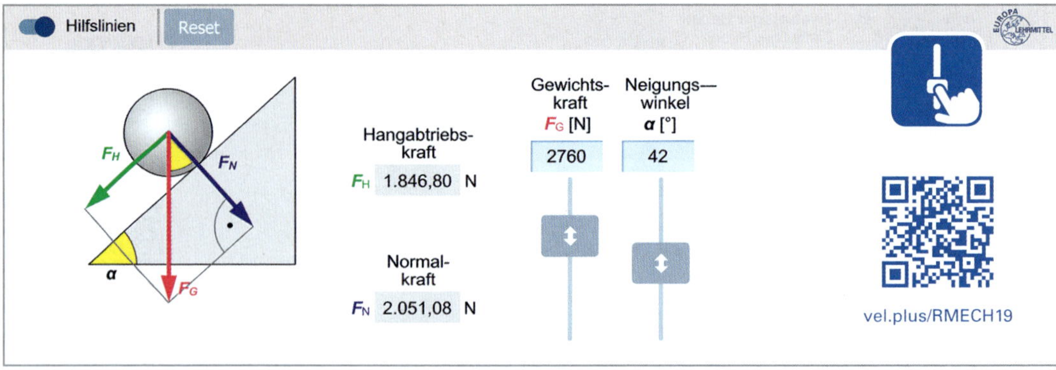

Die Reibungs- und Beschleunigungskräfte sind zu vernachlässigen.

1. **Verladerampe (Bild 1).** Auf einen Lastwagen mit der Ladehöhe h = 1,40 m sollen Fässer mit der Gewichtskraft F_G = 1000 N verladen werden. Die Fässer werden über eine Laderampe mit dem Winkel α = 30° nach oben gerollt.
   a) Bestimmen Sie die Normalkraft F_N und die Hangabtriebskraft F_H.
   b) Bei welchem Winkel sind die Normalkraft F_N und die Gewichtskraft F_G gleich groß?
   c) Ermitteln Sie die Kraft F, um ein Fass auf der schiefen Ebene zu halten.
   d) Der Winkel α = 30° an der Laderampe wird verkleinert. Wie ändert sich dadurch die Hangabtriebskraft F_H?

2. **Bandförderer (Bild 2).** Ein Bandförderer wird genutzt, um Pakete mit einer maximalen Gewichtskraft F_G = 1 000 N einzeln nach oben zu befördern. Um verschiedene Hubhöhen einzustellen, kann der Winkel α zwischen 25° und 60° verändert werden.
   a) Die fehlenden Tabellenwerte **(Tabelle 1)** für F_G = 1 000 N sind zu berechnen.
   b) Die maximale Zugkraft des Bandförderers beträgt F = 1,2 kN. Können zwei Pakete unter einem Winkel von 40° gleichzeitig nach oben befördert werden?

3. **Rampe.** Ein Maschinenteil (m = 180 kg) wird über eine Gleitschiene unter einem Winkel von 20° auf eine Rampe gezogen.
   a) Berechnen Sie die hierzu mindestens notwendige Zugkraft.
   b) Welchen Winkel dürfte die schiefe Ebene maximal besitzen, wenn die zur Verfügung stehende Zugkraft nur 500 N beträgt?

4. **Lastenaufzug (Bild 3).** Der Transportschlitten eines Lastenaufzugs wiegt leer m = 50 kg. Die maximale Traglast des Transportschlittens beträgt 250 kg.
   a) Ermitteln Sie die maximale Gewichtskraft F_G des Transportschlittens.
   b) Berechnen Sie für die Winkel 50°, 60° und 70° die Hangabtriebskraft F_H sowie die Normalkraft F_N des Schlittens bei maximaler Traglast.
   c) Die maximale Zugkraft der Winde wird mit F = 3000 N angegeben. Reicht die Zugkraft aus, um bei einem Winkel α = 70° die maximale Last nach oben zu befördern?

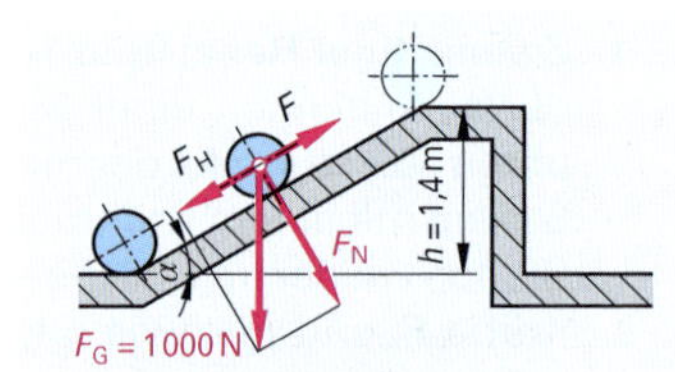

Bild 1: Verladerampe

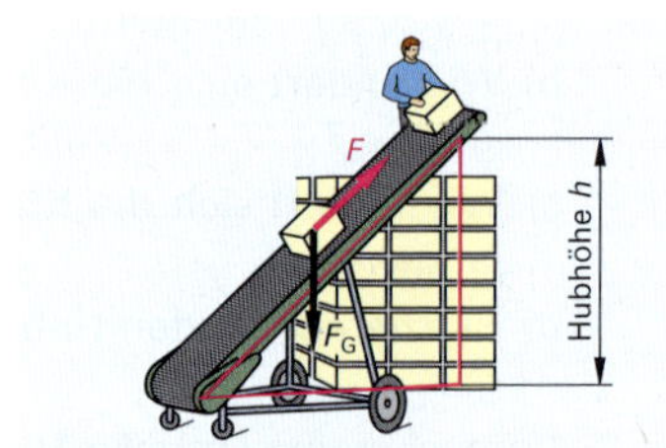

Bild 2: Bandförderer

Tabelle 1: Bandförderer

Winkel α	Hangabtriebskraft F_H in N	Normalkraft F_N in N
25°	?	?
?	500,00	?
?	573,58	?
?	?	766,04
50°	?	?
?	?	500,00

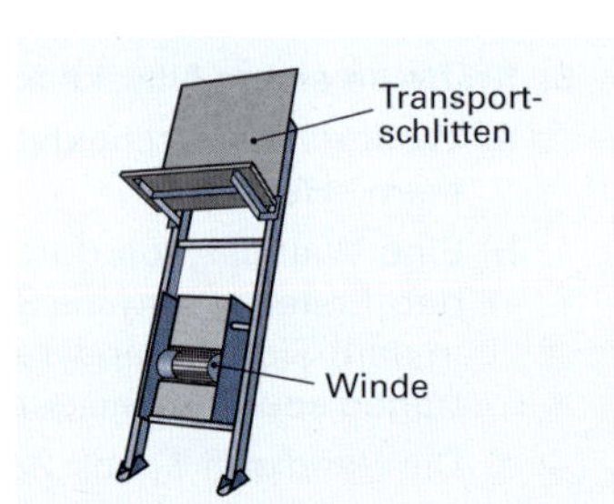

Bild 3: Lastenaufzug

Simulationsaufgaben | Druck und Kolbenkraft

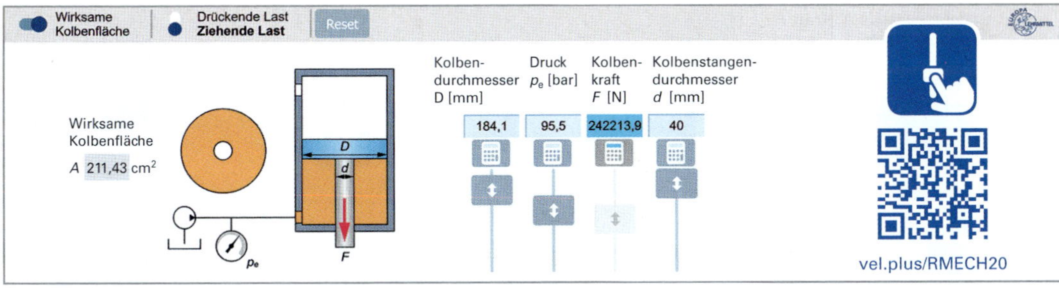

Bei allen Aufgaben sind die Reibungskräfte zu vernachlässigen.

1. Drückende Last. Folgende Werte sind für den Hubzylinder gegeben: Kolbendurchmesser $D = 20$ mm und Druck $p_e = 20$ bar.

a) Bestimmen Sie die Kolbenkraft F.

b) Wie ändert sich die Kolbenkraft F bei größer werdendem Durchmesser D?

c) Wie beeinflusst eine Erhöhung des Drucks p_e die Kolbenkraft F?

2. Drückende Last (Tabelle 1).

a) Ermitteln Sie die fehlenden Werte in der **Tabelle 1**.

b) Welche Zusammenhänge lassen sich aus den Werten ablesen?

3. Ziehende Last (Bild 1). Die Last wirkt in umgekehrter Richtung, sie „hängt" nach unten. Die Kolbenkraft F (N) wirkt ihr entgegen.

a) Warum muss zusätzlich der Kolbenstangendurchmesser angegeben werden?

b) Ermitteln Sie die fehlenden Werte für die **Tabelle 2**. Die Fläche A bezieht sich auf die Kolbenringfläche.

c) Welche Zusammenhänge lassen sich aus den Werten ablesen? Vergleichen Sie dazu die Werte mit den Ergebnissen aus der **Tabelle 1**.

4. Kolbenverdichter (Bild 2). Ein Kolbenverdichter erzeugt Druckluft mit dem Druck $p_e = 15$ bar. Der Durchmesser des Kolbens beträgt 2 dm. Der Zylinderdeckel wird mit sechs Zylinderschrauben am Gehäuseflansch befestigt.

Berechnen Sie, wie groß die Kolbenkraft F (N) ist, die von den Schrauben aufgenommen werden muss?

5. Doppelkolbenzylinder. Der Doppelkolbenzylinder **(Bild 3)** wird an eine Hydraulikleitung angeschlossen. Der Druck wird auf 40 bar eingestellt und über ein Druckbegrenzungsventil abgesichert. Die beiden Kolben haben die Durchmesser $D_1 = 50$ mm und $D_2 = 100$ mm.

a) Berechnen Sie die beiden Kolbenkräfte.

b) In welchem Verhältnis stehen die beiden Durchmesser und die beiden Kräfte?

6. Ziehende Last.

a) Reicht bei einem gegebenen Druck $p_e = 100$ bar die Kolbenringfläche aus, um die Last von 2,5 t zu heben? Vorgegeben sind der Kolbendurchmesser $D = 80$ mm und der Kolbenstangendurchmesser mit $d = 25$ mm.

b) Wie weit lässt sich der Druck verringern, um bei den gegebenen Durchmessern die Last im Gleichgewicht zu halten?

Tabelle 1:

D (mm)	A (cm²)	p_e (bar)	F (N)
50	19,63	30	?
63	31,17	?	12469
80	?	30	15079,6
?	122,72	40	49087,4

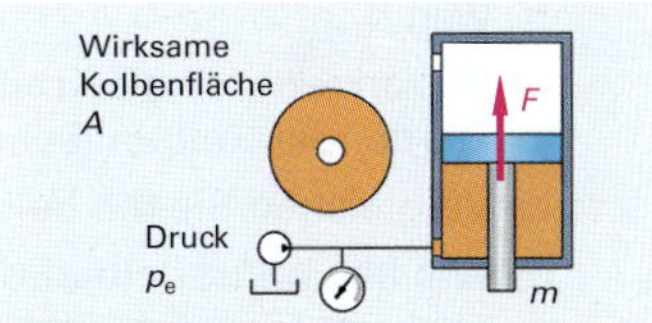

Bild 1: Ziehende Last

Tabelle 2:

D (mm)	d (mm)	A (cm²)	p_e (bar)	F (N)
50	20	16,49	30	?
63	20	?	40	11212,3
125	32	114,63	?	45870,4

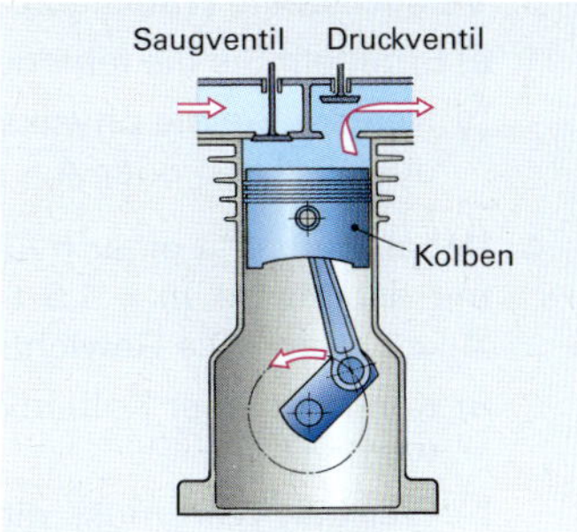

Bild 2: Kolbenverdichter

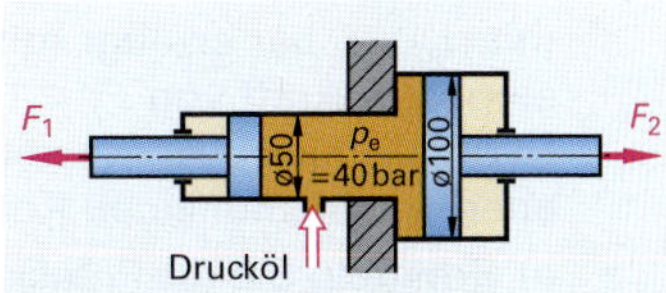

Bild 3: Doppelkolbenzylinder

Simulationsaufgaben | **Hydraulische Presse**

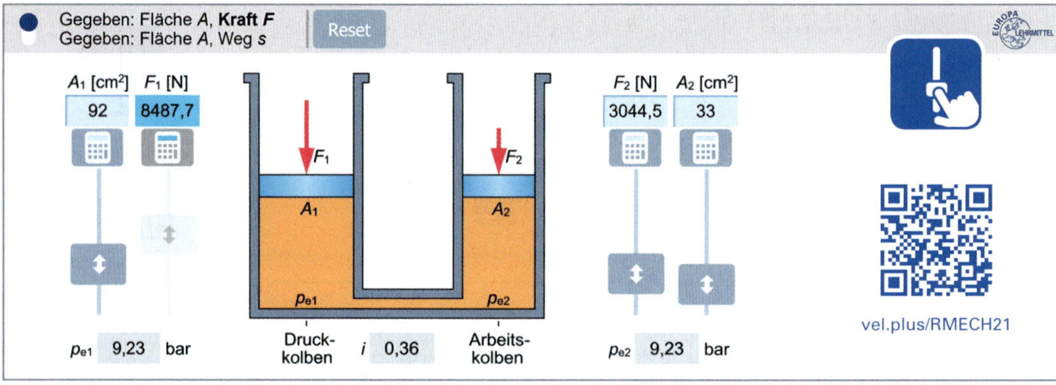

1. **Hydraulische Presse (Bild 1).** Folgende Werte sind für die hydraulische Presse gegeben: Die Kraft F_1 = 100 N, die Flächen A_1 = 10 cm², A_2 = 25 cm² und der Hubweg s_1 = 100 mm.
   a) Bestimmen Sie die Arbeitskraft F_2 und den Arbeitskolbenweg s_2.
   b) Wie ändert sich die Kraft F_2 und der Kolbenweg s_2 bei größer werdender Kolbenfläche A_2?
   c) Vergleichen Sie die beiden Drücke p_{e1} und p_{e2}.
   d) Wie beeinflusst eine Erhöhung des Kolbenwegs s_1 die Kolbenkraft F_2 und den Kolbenweg s_2?
   e) Durch welche möglichen Veränderungen kann bei gleichbleibender Kraft F_1 die Kolbenkraft F_2 erhöht werden?

2. **Versuchsreihe (Tabelle 1).**
   a) Ermitteln Sie die fehlenden Werte in der Versuchsreihe.
   b) Bei der Ermittlung der Werte verändert sich das Übersetzungsverhältnis *i*. Von welchen Größen hängt das Übersetzungsverhältnis *i* ab?

3. **Versuchsreihe (Tabelle 2).**
   a) Ermitteln Sie die fehlenden Werte in der Versuchsreihe.
   b) Nennen Sie die physikalische Größe, die sich aus den Produkten $A_1 \cdot s_1$ oder $A_2 \cdot s_2$ ergibt.

4. **Hebebühne.** Mit einer hydraulischen Hebebühne soll ein Pkw mit der Masse *m* = 1,5 t angehoben werden. A_1 = 12 cm²; A_2 = 200 cm². Die Gewichtskraft beträgt etwa F_G = 15000 N.
   a) Kann mit einer Kolbenkraft F_1 = 700 N der Pkw angehoben werden?
   b) Welchen Wert muss die Kolbenkraft F_1 mindestens haben, damit der Pkw angehoben werden kann?

5. **Pneumatik-Hydraulik-Umwandlung.** Ein Pneumatikzylinder mit p_{e1} = 5 bar erzeugt mittels Druckluft an der Kolbenstange eine Druckkraft von F_1 = 1500 N. Der Kolben 2 taucht in eine Hydraulikflüssigkeit ein mit einer Fläche A_2 = 20 cm². Die Druckenergie wirkt auf einen Kolben 3 mit einer Fläche A_3 = 80 cm².
   a) Ermitteln Sie die Presskraft am Kolben 3.
   b) Bestimmen Sie die Übersetzung *i* im Hydraulikteil?

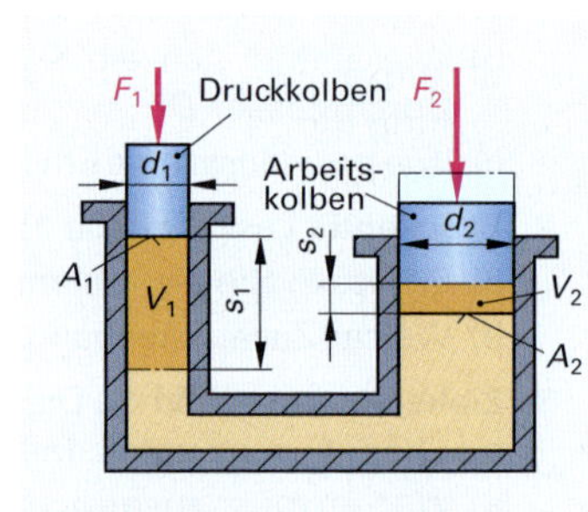

Bild 1: Hydraulische Presse

Tabelle 1: Versuchsreihe

A_1(cm²)	F_1 (N)	F_2 (N)	A_2 (cm²)
5	45	?	30
45	66	80	?
?	120	120	140
45	?	110	150

Tabelle 2: Versuchsreihe

A_1	s_1	s_2	A_2
30	15	?	50
30	45	10	?
50	?	8	150
?	45	12	60

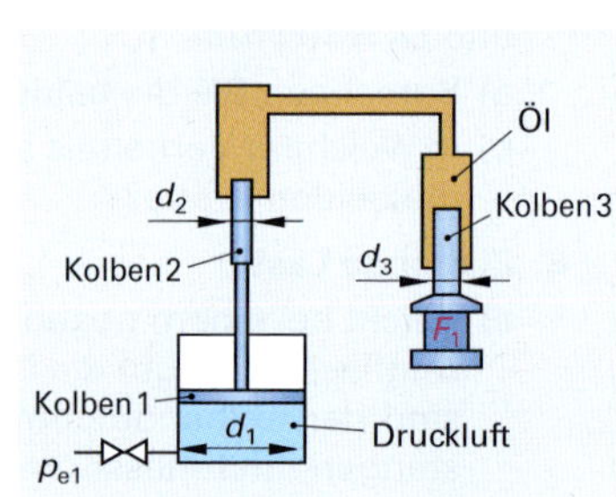

Bild 2: Pneumatik-Hydraulik

Simulationsaufgaben | Ohmsches Gesetz

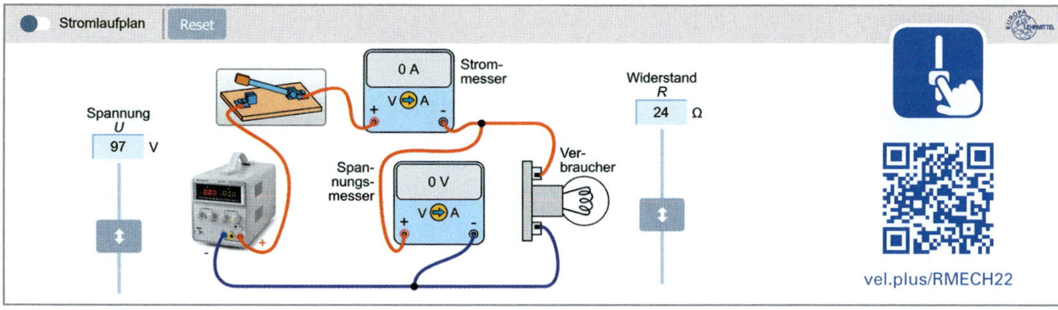

1. **Stromlaufplan.** An einer Lampe liegt eine Spannung von $U = 12$ V. Der Widerstand der Lampe beträgt $R = 20\ \Omega$.
   a) Bestimmen Sie den Strom I und die Spannung U bei geschlossenem Stromkreis.
   b) Zeichnen Sie den Stromlaufplan für die geschlossene Schaltung mit veränderlichem Widerstand und benennen Sie die wichtigsten Schaltzeichen.
   c) Ermitteln Sie die Stromwerte I für 0 V, 4 V, 6 V, 8 V, und 12 V.
   d) Wie ändert sich der Strom I bei steigender Spannung?
   e) Skizzieren Sie das Spannungs-Strom-Schaubild für $R = 20\ \Omega$.
   f) Die Lampe wird durch eine LED (R = 210 Ω) ersetzt. Auf welchen Wert muss die Spannung an der LED durch einen Vorwiderstand begrenzt werden, wenn der Strom I maximal 0,01 A betragen darf?
   g) Wie ändert sich der Verlauf der Geraden im U-I-Schaubild?
2. **Spannungs-Strom-Schaubild (Bild 1).** Für einen Widerstand ergibt sich das dargestellte U-I-Schaubild.
   a) Ermitteln Sie für die Spannungen 1 V, 2 V, 4 V und 6 V die Werte für den Strom.
   b) Erläutern Sie den Zusammenhang zwischen Spannung und Strom.
   c) Berechnen Sie für die Spannungen den Quotienten U/I.
   d) Wie ändert sich der Quotient U/I? Begründe die Beobachtung.
   e) Berechnen Sie den Widerstand der Schaltung.
3. **Versuchsreihe (Tabelle 1).** Berechne die fehlenden Werte in der Versuchsreihe (Hinweis: 1 kΩ = 1 000 Ω; 1 mA = 0,001 A).
4. **Stromkreis (Bild 2).** Es soll der Strom I im geschlossenen Stromkreis und die Spannung U am Widerstand R ermittelt werden.
   a) Skizzieren Sie den Stromkreis mit den Messgeräten für die Spannung und den Strom.
   b) Berechnen Sie den Strom, wenn die Spannung verdoppelt wird.
   c) In der Schaltung wird ein Strom $I = 325$ mA gemessen. Berechnen Sie die angelegte Spannung U.
5. **Widerstand (Tabelle 2).** Für einen unbekannten Widerstand wird die Stromstärke in Abhängigkeit von der Spannung gemessen.
   a) Zeigen Sie mithilfe des Spannungs-Strom-Schaubilds, dass für den Widerstand das Ohmsche Gesetz gilt.
   b) Berechnen Sie den Widerstand.

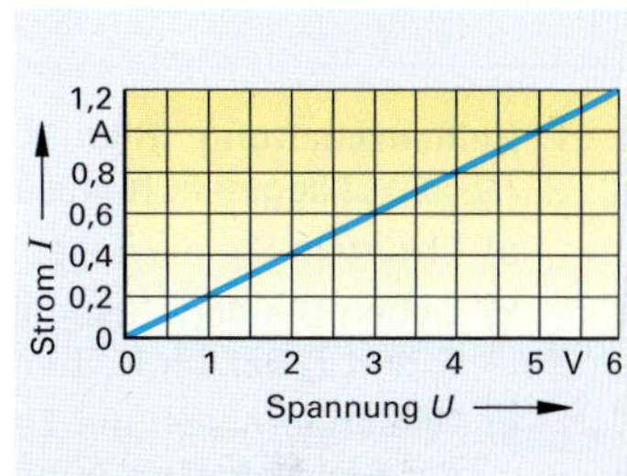

Bild 1: Spannungs-Strom-Schaubild

Tabelle 1: Versuchsreihe

Spannung U	Strom I	Widerstand R
30 V	0,3 A	?
30 V	?	20 Ω
?	1,2 A	40 Ω
48 V	?	50 Ω
1,5 V	30 mA	?
12 V	?	2 kΩ
?	1,5 mA	4 kΩ
3 V	2 mA	?
?	200 mA	120 Ω

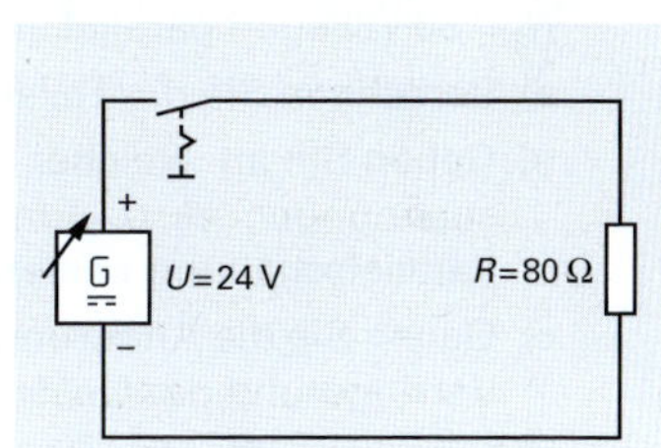

Bild 2: Stromkreis

Tabelle 2: Widerstand

Spannung U in V	Strom I in mA
0	0
1	250
2	500
4	1 000
5	1 250

Simulationsaufgaben | Reihenschaltung und Parallelschaltung von Widerständen

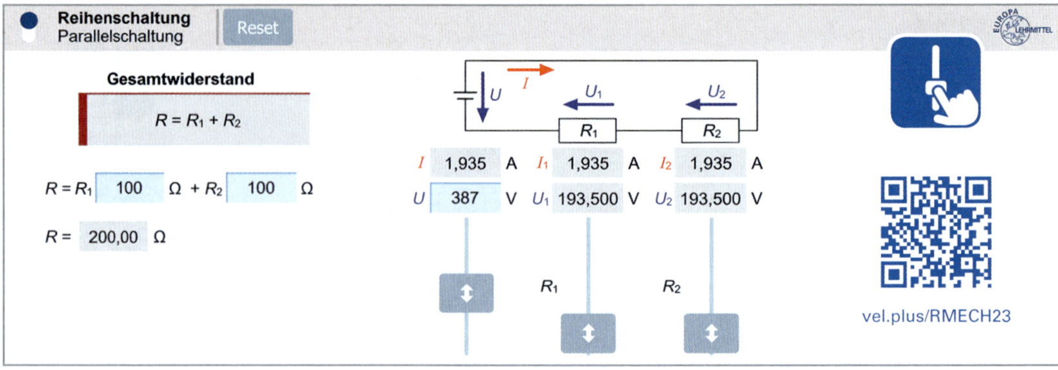

1. **Reihenschaltung (Bild 1).** Die Widerstände $R_1 = 40\ \Omega$ und $R_2 = 60\ \Omega$ liegen in Reihe an der Gesamtspannung 230 V.
   a) Ermitteln Sie die Teilspannungen U_1 und U_2.
   b) Geben Sie den Zusammenhang zwischen den Teilströmen I_1 und I_2 bei der Reihenschaltung an.
   c) Wie ändern sich die Teilströme I_1 und I_2 bei Verringerung der Gesamtspannung U?
   d) Berechnen Sie den Gesamtwiderstand der Schaltung.

2. **Versuchsreihe (Tabelle 1).** In der Reihenschaltung **(Bild 1)** werden in einer Versuchsreihe die Gesamtspannung U sowie die Teilwiderstände R_1 und R_2 verändert.
   Berechnen Sie die fehlenden Werte in der Versuchsreihe, die Teilspannungen U_1 und U_2 und den Gesamtwiderstand R.

3. **Vorwiderstand (Bild 2).** Eine LED 3,2 V 20 mA wird an eine Spannungsquelle mit 12 V angeschlossen.
   a) Geben Sie den Vorwiderstand R_v an, der in Reihe geschaltet werden muss, damit die Lampe nicht beschädigt wird.
   b) Berechnen Sie den Spannungsabfall an R_v und an der LED.

4. **Parallelschaltung (Bild 3).** Die Widerstände $R_1 = 40\ \Omega$ und $R_2 = 60\ \Omega$ liegen parallel an der Gesamtspannung 230 V.
   a) Berechnen Sie die Teilströme I_1 und I_2.
   b) Geben Sie an, welcher Zusammenhang zwischen den Teilspannungen U_1, U_2 und der Gesamtspannung U bei der Parallelschaltung besteht.
   c) Geben Sie die Änderung der Teilspannungen U_1 und U_2 bei Verringerung der Gesamtspannung U an.
   d) Berechnen Sie den Gesamtwiderstand der Schaltung?
   e) Überprüfen Sie folgende Aussage mit Hilfe der Simulation: In einer Parallelschaltung ergibt sich der Gesamtstrom I aus der Summe der Teilströme I_1 und I_2.

5. **Versuchsreihe (Tabelle 2).** In der Parallelschaltung **(Bild 3)** werden in einer Versuchsreihe die Spannung $U = 24$ V und $R_1 = 20\ \Omega$ eingestellt.
   Berechnen Sie jeweils R_2 und den Gesamtwiderstand R, sowie I_1, I_2 und den Gesamtstrom I und prüfen Sie Ihre Ergebnisse mit der Simulation.

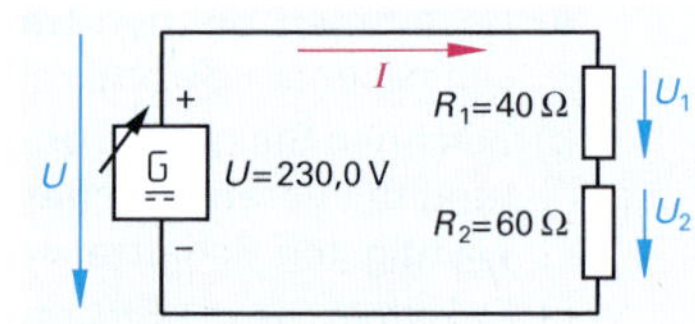

Bild 1: Reihenschaltung

Tabelle 1: Versuchsreihe

U	R_1	R_2	I
24 V	10 Ω	20 Ω	?
24 V	120 Ω	?	0,1 A
24 V	?	1 kΩ	16 mA
?	40 Ω	60 Ω	2,3 A

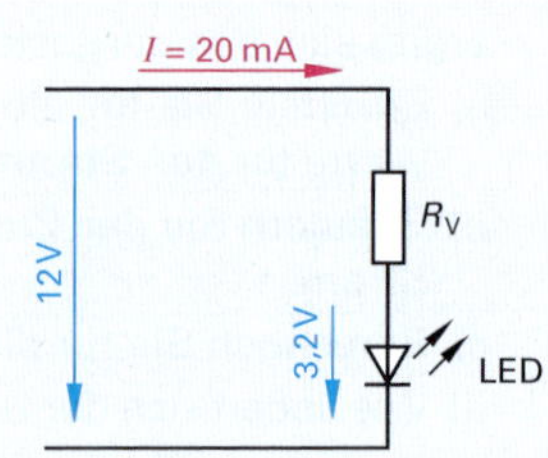

Bild 2: Vorwiderstand

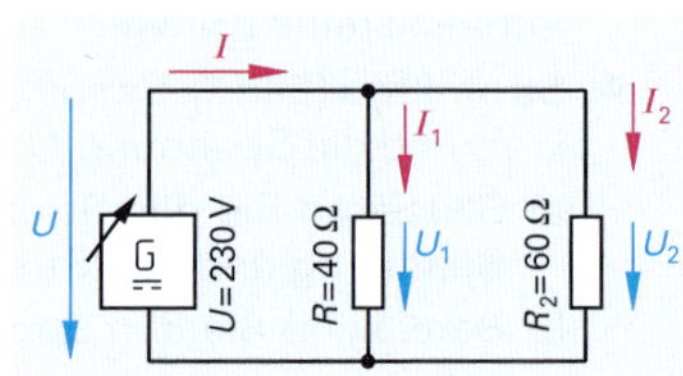

Bild 3: Parallelschaltung

Tabelle 2: Versuchsreihe

R_2	R	I_1	I_2	I
60 Ω	15 Ω	1,2 A	0,4 A	?
20 Ω	10 Ω	1,2 A	?	2,4 A
0,5 kΩ	19,23 Ω	?	0,05 A	1,25 A
200 Ω	?	1,2 A	0,12 A	1,32 A
?	6,67 Ω	1,2 A	2,4 A	3,6 A

Simulationsaufgaben | Gemischte Schaltung von Widerständen

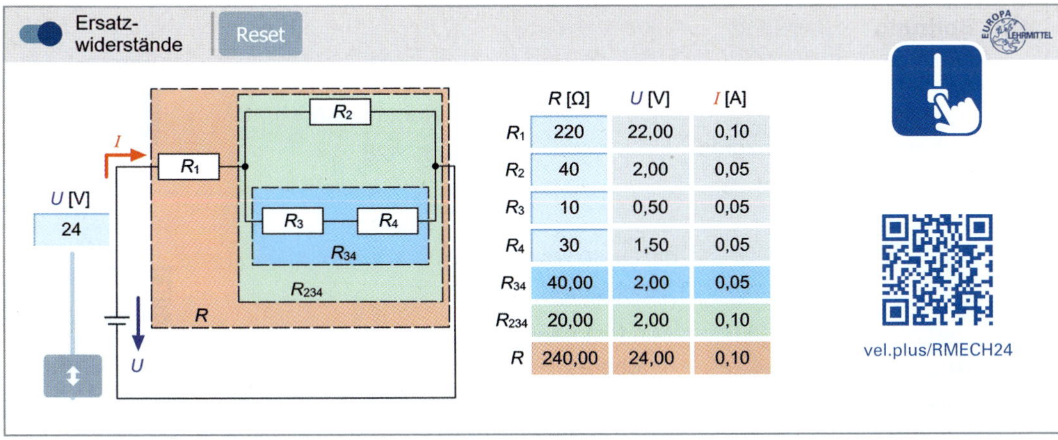

1. Ersatzwiderstand $R_{3,4}$ (Bild 1). In der gemischten Schaltung befinden sich die Widerstände R_3 und R_4.

a) Um welche Schaltung handelt es sich bei der Anordnung der Widerstände R_3 und R_4?

b) Geben Sie den Ersatzwiderstand $R_{3,4}$ in allgemeiner Form an.

c) Berechnen Sie die fehlenden Werte in **Tabelle 1**.

d) Skizzieren Sie die vereinfachte gemischte Schaltung und überprüfen Sie Ihr Ergebnis mit der Simulation.

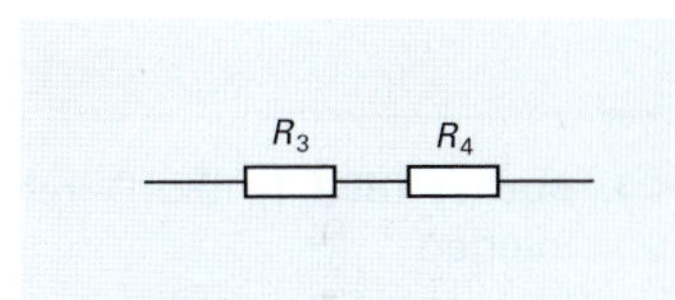

Bild 1: Zwei Widerstände

Tabelle 1: Widerstandswerte

R_3	R_4	$R_{3,4}$
20 Ω	40 Ω	?
?	60 Ω	120 Ω
2 kΩ	100 Ω	?
1 200 Ω	?	2,2 kΩ

2. Parallelschaltung (Bild 2). In der gemischten Schaltung sind die Widerstände R_2 und der Ersatzwidertand $R_{3,4}$ parallelgeschaltet.

a) Geben Sie den Ersatzwiderstand der Parallelschaltung $R_{2,3,4}$ in allgemeiner Form an.

b) Die Widerstände haben folgende Werte: R_2 = 40 Ω, R_3 = 10 Ω und R_4 = 30 Ω. Berechnen Sie den Ersatzwiderstand der Schaltung und überprüfen Sie es mit der Simulation.

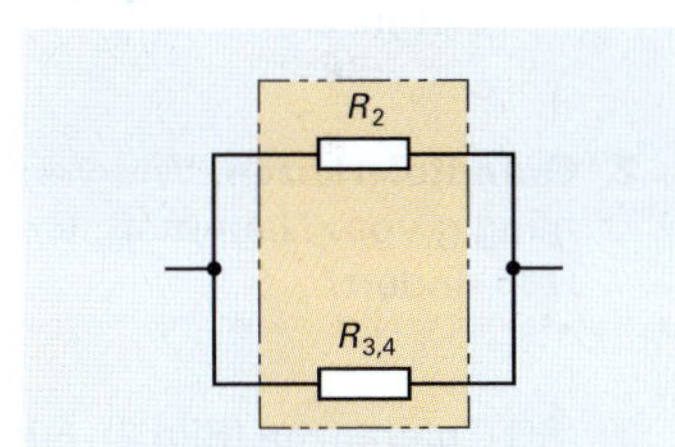

Bild 2: Parallelschaltung

3. Gemischte Schaltung.

a) Ermitteln Sie den Ersatzwiderstand R der gemischten Schaltung mit den Einzelwiderständen R_1 = 220 Ω, R_2 = 40 Ω, R_3 = 10 Ω und R_4 = 30 Ω.

b) An die gemischte Schaltung werden 24 V Gleichspannung angelegt. Bestimmen Sie die Teilspannungen.

c) Ermitteln Sie den Gesamtstrom I und die Teilströme.

4. Schaltung mit Lampen (Bild 3). Die Widerstände R_1 und R_3 werden durch Lampen mit dem gleichen Widerstandswert ersetzt.

a) An welcher Stelle müsste ein Strommessgerät angebracht werden, um den Strom zu messen?

b) Erläutern Sie, welche der beiden Lampen heller brennt.

c) Erklären Sie, was Sie in der Schaltung ändern müssten, um die Helligkeit der Lampen zu ändern.

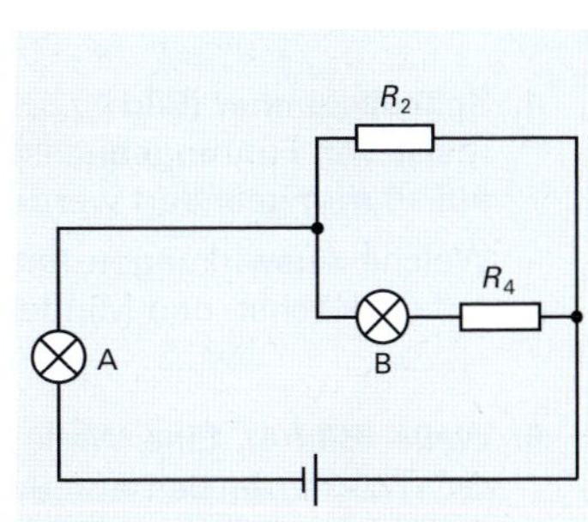

Bild 3: Schaltung mit Lampen

Simulationsaufgaben | ISO-Toleranzen

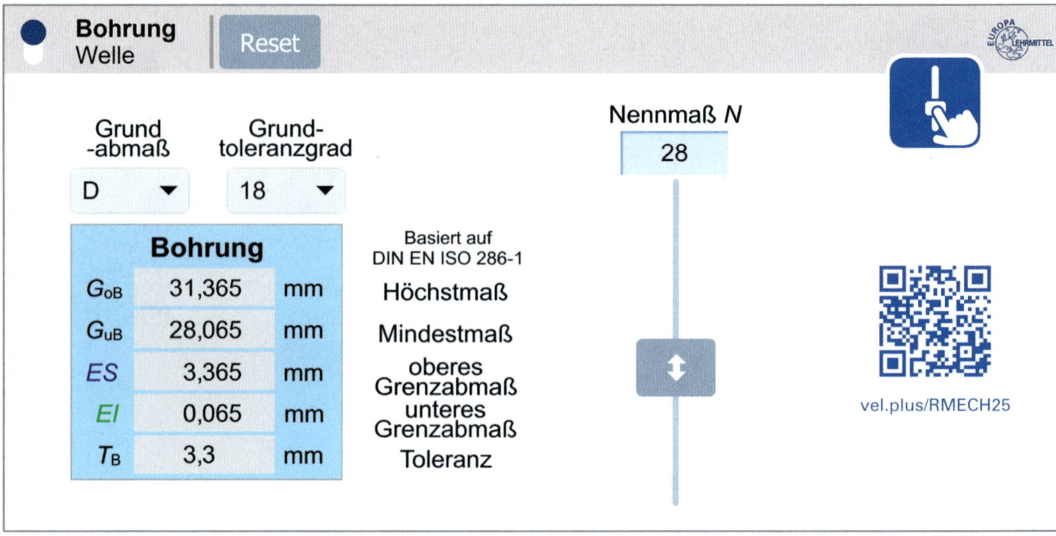

1. **Buchse (Bild 1).** Die Durchmesser der Buchse sind nach ISO toleriert.
   a) Ermitteln Sie für die beiden Durchmesse r die Toleranz, das untere und obere Grenzabmaß sowie das Höchst- und Mindestmaß.
   b) Für den Bohrungsdurchmesser ∅ 35 H6 wird der Toleranzgrad von IT6 nach IT11 geändert. Wie verändert sich die Toleranz sowie das Höchst- und Mindestmaß?
   c) Die Buchse hat einen Außendurchmesser ∅ 50 h9. Welche Auswirkungen hat eine Änderung des Grundabmaßes von *h* auf *s* auf die Höchst- und Mindestmaße, sowie auf die Toleranzen?

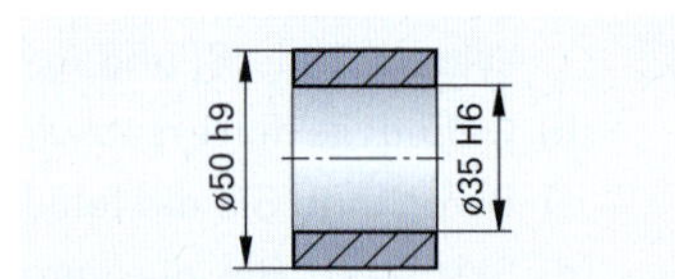

Bild 1: Buchse

2. **Grundtoleranzen.** Wie verändert sich das Toleranzfeld, unabhängig vom Nennmaß, wenn man die IT-Zahlen von IT6 nach IT11 ändert?

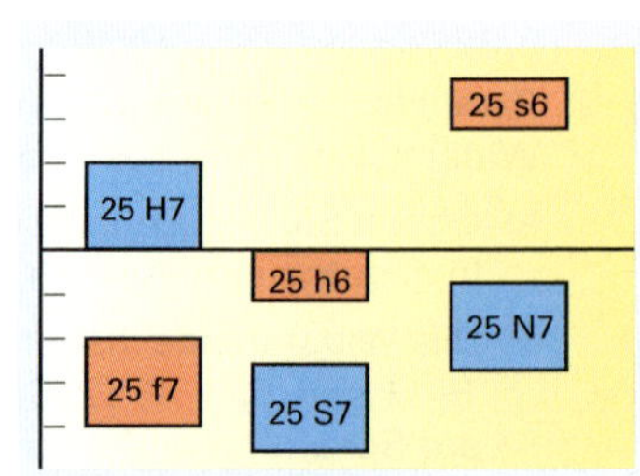

Bild 2: Toleranzfelder

3. **ISO-Toleranzen (Bild 2).** Für die sechs Toleranzfelder sollen die Grenzabmaße G_{oB}, G_{uB}, G_{oW}, G_{uW} sowie die Toleranzen T_B und T_W bestimmt werden.

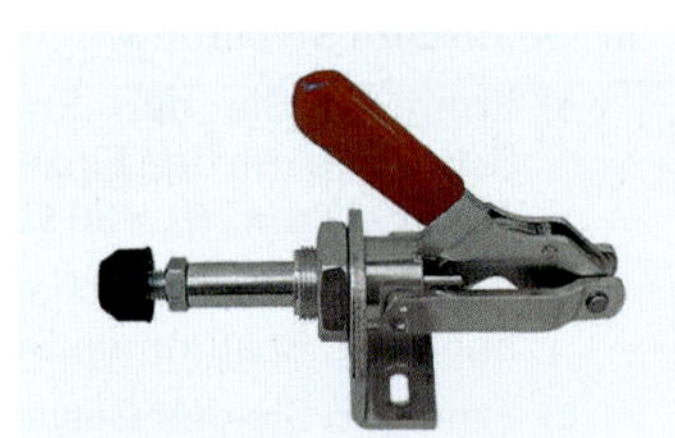

Bild 3: Schnellspanner

4. **Schnellspanner (Bild 3).** Die Nennmaße der H7- und h8-Passmaße von Führungsbuchse und Druckstange sollen von 6 mm auf 10 mm geändert werden.

   Welche Auswirkungen hat die Veränderung des Nennmaßes auf die Höchst- und Mindestmaße, sowie die Toleranz?

5. **Welle (Bild 4).** Eine Welle wird stirnseitig mit verschiedenen ISO-Toleranzen bemaßt. Bestimmen Sie für die drei Durchmesser die Grenzabmaße, die Höchst- und Mindestmaße und die Toleranzen.

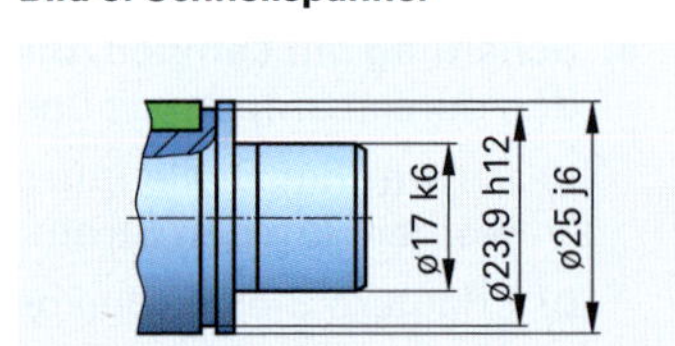

Bild 4: Welle

Simulationsaufgaben | ISO-Passungen

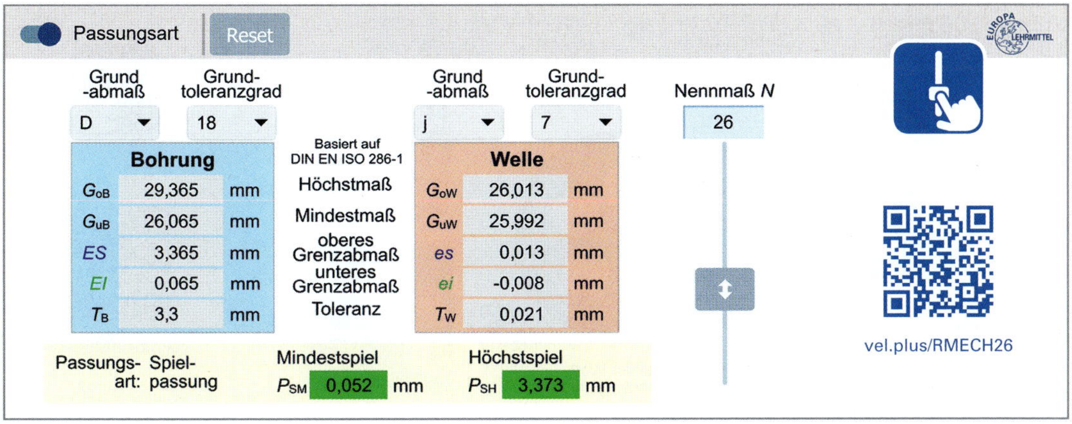

1. **Welle mit Zahnrad (Bild 1).** Ein Zahnrad mit der Bohrung 25 H7 soll auf eine Welle montiert werden. Für die Verbindung aus Welle und Zahnrad liegen drei verschiedene Passungskombinationen **(Bild 2)** vor.
   a) Zu welchem Passungssystem gehören die drei Passungskombinationen?
   b) Bestimmen Sie die Grenzpassungen (P_{SH}, P_{SM}, $P_{ÜH}$, $P_{ÜM}$).
   c) Geben Sie die jeweilige Passungsart an.
   d) Ermitteln Sie eine sinnvolle Passungsart für die Verbindung Welle – Zahnrad.

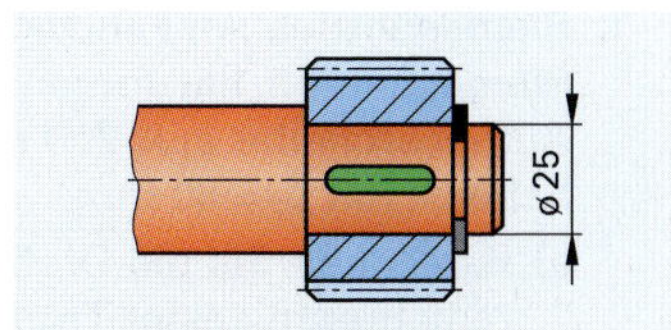

Bild 1: Welle mit Zahnrad

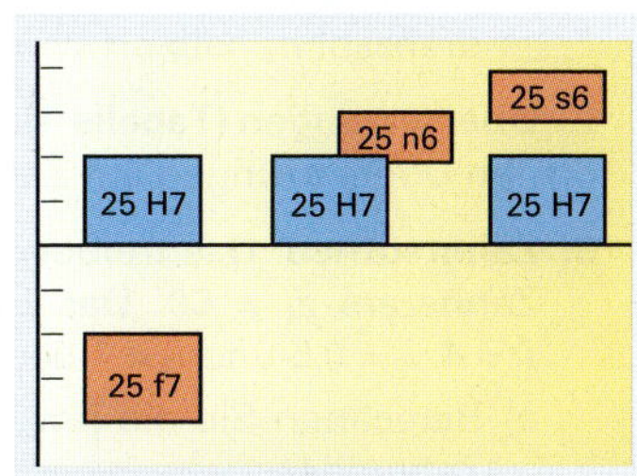

Bild 2: Passungssystem

2. **Passfederverbindung (Bild 3).** Eine Scheibe wird über eine Passfeder mit einer Welle verbunden.
   a) Geben Sie das eingesetzte Passungssystem an.
   b) Bestimmen Sie die Grenzabmaße G_{oB}, G_{uB}, G_{oW}, G_{uW} sowie die Toleranzen T_B und T_W.
   c) Ermitteln Sie die Passungsart.

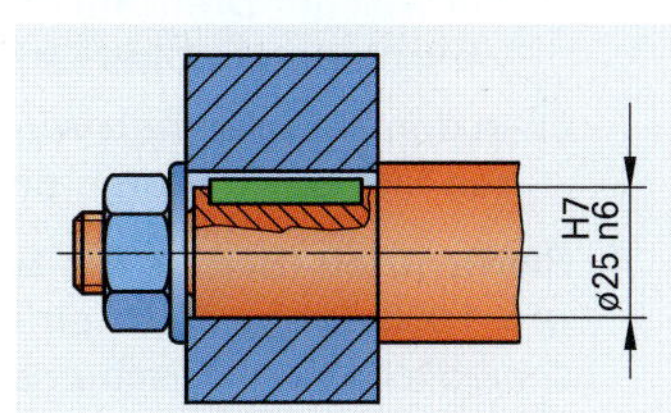

Bild 3: Passfederverbindung

3. **Passungskombinationen.** In der technischen Praxis findet man häufig gängige Passungskombinationen. Ermitteln Sie die Grenzabmaße, Höchst- und Mindestmaße, Grenzpassungen, Toleranzen und die Passungsart für folgende Passungsbeispiele: 18 H8/f7; 36 H7/g6; 60 H7/h6; 6 H8/m6; 22 H7/s6

   Stellen Sie die Werte in einer Tabelle zusammen.

4. **Biegewerkzeug (Bild 4).** Zylinderstifte nach ISO 2338 fixieren die Lage der Bauteile am Biegewerkzeug mithilfe einer Spiel- oder Übergangspassung.
   a) Wählen Sie für die Bohrung ⌀ 6 mm eine ISO-Toleranz nach dem System Einheitsbohrung aus, wenn die Bohrung durch Reiben hergestellt wird.
   b) Geben Sie die Grenzpassungen (P_{SH}, P_{SM}, $P_{ÜH}$, $P_{ÜM}$) für den ausgewählten Zylinderstift ISO 2338 – 6 x 20 an, wenn eine Spiel- bzw. eine Übergangspassung gefertigt wird.

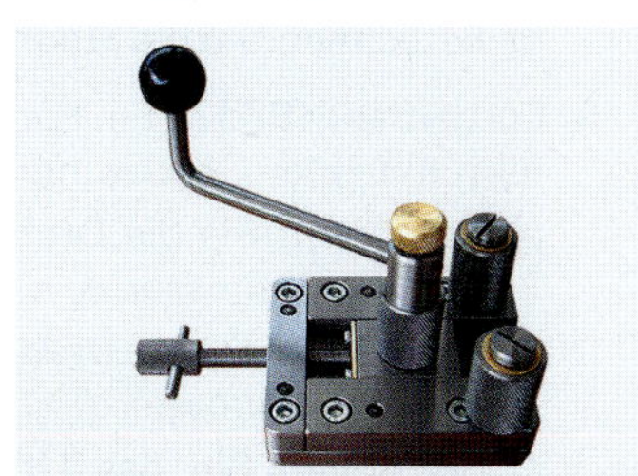

Bild 4: Biegewerkzeug

Simulationsaufgaben | Einfache Übersetzungen

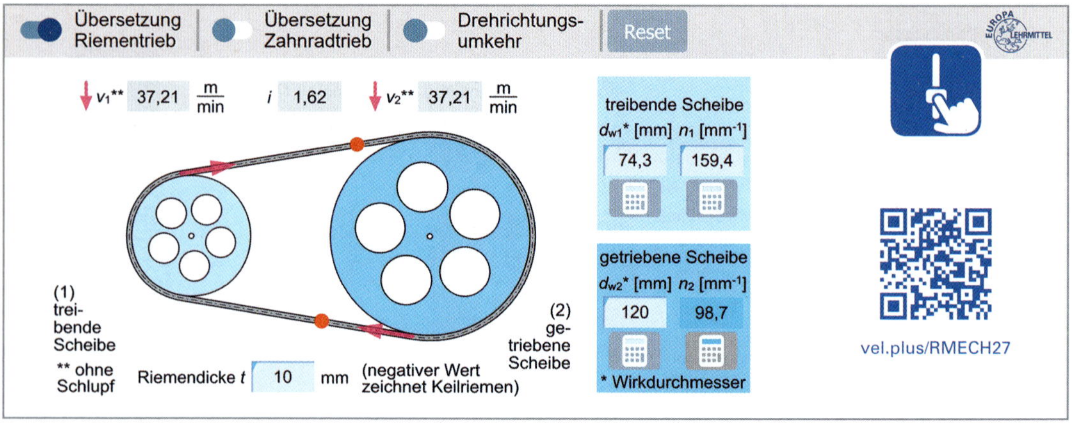

1. **Riemenantrieb am Fahrrad (Bild 1).** Ein modernes Fahrrad mit Riemenantrieb hat folgende Maße für die Riemenscheiben: Antriebsscheibe d_1 = 200 mm und an der Hinterradnabe eine Scheibe mit d_2 = 80 mm.
   a) Berechnen Sie die Drehzahl am Hinterrad, wenn der Fahrradfahrer mit einer Trittfrequenz n_1 = 60 1/min die Antriebsscheibe bewegt.
   b) Wie verändert sich die Abtriebsdrehzahl, wenn die Antriebsdrehzahl n_1 halbiert wird?
2. **Übersetzungen (Tabelle 1).** Vervollständigen Sie die Tabelle zu den Übersetzungen am Zahnradtrieb.
3. **Zahnradtrieb.** Das treibende Rad eines Zahnradtriebs hat die Zähnezahl z_1 = 60. Das Übersetzungsverhältnis soll einmal $i_1 = 4$, $i_2 = 0{,}5$ und $i_3 = 1$ betragen.
   a) Berechnen Sie die jeweilige Zähnezahl des angetriebenen Zahnrades.
   b) Das treibende Rad dreht sich mit der Drehzahl n_1 = 400 1/min. Mit welcher Drehzahl dreht sich das getriebene Rad bei den verschiedenen Übersetzungsverhältnissen i_1, i_2, i_3?
   c) In den Zahnradtrieb wird ein Zwischenrad eingebaut. Erklären Sie, was dadurch passiert.
4. **Riementrieb (Bild 2).** Ein Elektromotor mit einer Drehzahl von n = 1 000 1/min dreht eine Antriebswelle auf der drei unterschiedliche Riemenscheiben sitzen.
   a) Berechnen Sie die Drehzahlen an den getriebenen Scheiben n_{ab1}, n_{ab2} und n_{ab3}.
   b) Berechnen Sie die Übersetzungsverhältnisse i_1, i_2 und i_3.
5. **Förderband (Bild 3).** Ein Förderband zum Transport von Paketen fährt mit einer Geschwindigkeit von v = 0,4 m/s.
   a) Berechnen Sie die Drehzahl n_2 des getriebenen Rades mit dem Durchmesser d_2 = 40 mm an der Förderbandwelle.
   b) Bestimmen Sie die Drehzahl n_1 des angetriebenen Rades mit dem Durchmesser d_1 = 100 mm.
   c) Berechnen Sie das Übersetzungsverhältnis des Riementriebs.

Bild 1: Riemenantrieb am Fahrrad

Tabelle 1: Übersetzungen

Zahnrad z_1	Zahnrad z_2	Übersetzung i
24	?	1,75
?	16	0,4
20	44	?

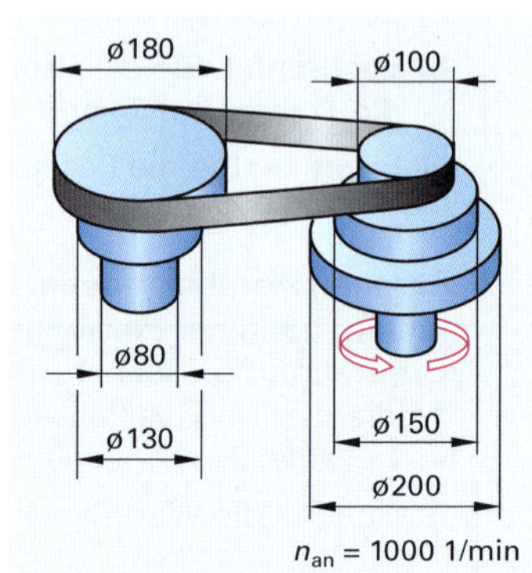

Bild 2: Riementrieb

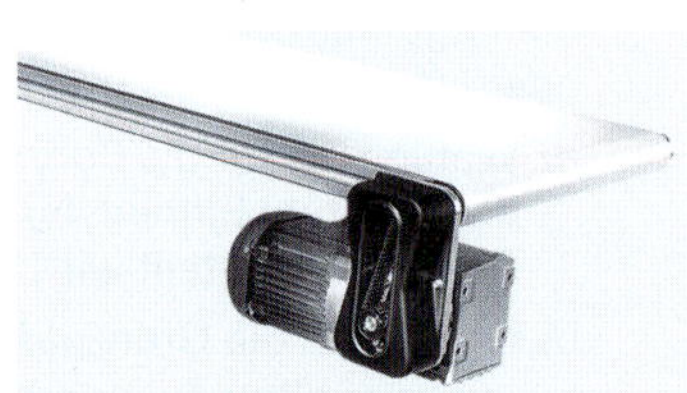

Bild 3: Förderband

Anhang

Mathematische und physikalische Begriffe

Begriffe	Erklärung	Beispiele
Physikalische Größen	Physikalische Größen sind objektiv messbare Eigenschaften von Zuständen und Vorgängen. Eine physikalische Größe ist das Produkt eines Zahlenwertes mit einer Einheit.	Länge einer Strecke, Temperatur eines Körpers. Bei der Länge l = 3 m ist 3 der Zahlenwert und m (Meter) die Einheit.
Basisgröße	Man unterscheidet Basisgrößen und Basiseinheiten. Sie sind im SI-Einheitensystem festgelegt.	**Basisgröße** – **Formelzeichen** Länge – l Masse – m
Basiseinheit		**Basiseinheit** – **Zeichen** Meter – m Kilogramm – kg
Abgeleitete Größen und deren Einheiten	Die abgeleiteten Größen und deren Einheiten setzen sich aus den Basisgrößen und deren Einheiten zusammen.	Kraft = Masse · Beschleunigung $1\ \text{N} = 1\ \text{kg} \cdot \frac{\text{m}}{\text{s}^2} = 1\ \text{kg} \cdot \frac{\text{m}}{\text{s}^2}$
Gleichungen	Gleichungen beschreiben die Abhängigkeit mathematischer oder physikalischer Größen voneinander.	$16 + 9 = 100 - 75$ $3 \cdot 4 = 36 : 3$ $x + 15 = 25$
Einheitengleichungen	Einheitengleichungen stellen Beziehungen zwischen Einheiten dar.	$1\ \text{kg} = 1\ \text{kg} \cdot \frac{1000\ \text{g}}{1\ \text{kg}} = 1000\ \text{g}$ $1\ \text{m}^3 = 1000\ \text{dm}^3 = 1000\ \text{l}$
Konstanten	Konstanten sind gleich bleibende Zahlenwerte oder Größen bei Berechnungen in der Mathematik und Physik.	π = 3,141592... (Kreiszahl)
Koeffizienten	Koeffizienten sind Größen, die den Einfluss einer Stoffeigenschaft auf einen physikalischen Vorgang kennzeichnen.	α = 0,0039 1/K (Temperaturbeiwert für Kupfer)
Formelzeichen	Formelzeichen sind aus Buchstaben gebildete Zeichen für Größen. Sie ersetzen Wörter und dienen zum Rechnen mit Formeln.	P für Leistung F für Kraft v für Geschwindigkeit
Formeln	Technische oder physikalische Gleichungen mit Formelzeichen bezeichnet man als Formeln.	$P = F \cdot v$ (Leistung = Kraft · Geschwindigkeit)
Größengleichungen	Größengleichungen stellen Beziehungen zwischen physikalischen Größen dar. Sie sind unabhängig von der Wahl der Einheit und enthalten teilweise Zahlenwerte, z. B. π, mathematische Zeichen, z. B. $\sqrt{\ }$, und Formelzeichen. Formeln als angewandte Zahlenwertgleichungen sind im vorliegenden Buch in einem „Formelkasten" mit Legende gekennzeichnet. Die Einheit der Formel ist angegeben.	**Haltekräfte an Sauggreifern** $F_V = A \cdot p_e$ $F_H = F_V \cdot \mu$ F_V theoretische vertikale Haltekraft – N F_H theoretische horizontale Haltekraft – N A Fläche – cm² p_e Unterdruck – N/cm² μ Reibungskoeffizient – –
Zahlenwertgleichungen	Bei diesen Gleichungen sind deren Zahlenwerte an vorgegebene Einheiten gebunden. Der Zahlenwert des Ergebnisses erhält die gewünschte Einheit nur dann, wenn alle Zahlenwerte der Gleichung in den jeweils vorgeschriebenen Einheiten eingesetzt werden.	$P = \frac{M \cdot n}{9549}$ P in kW; M in Nm; n in 1/min
Runden von Ergebnissen	Für das Auf- und Abrunden von Ergebnissen gelten die Regeln nach DIN 1333: Ist die über die angegebene Stellenzahl hinausgehende Ziffer 5 oder größer als 5, wird aufgerundet, ist die Ziffer kleiner als 5, wird abgerundet.	1652,5 W ≈ 1653 W 2674,8 N ≈ 2675 N 628,2 cm² ≈ 628 cm²

Metrische Gewinde

Metrisches ISO-Gewinde, Abmessungen

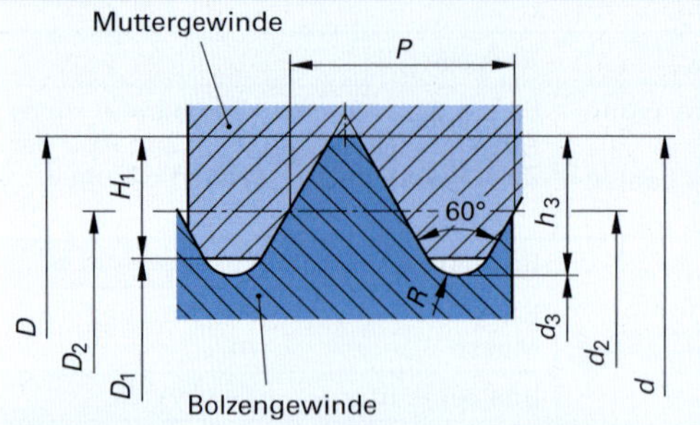

Nenndurchmesser	d	$= D$
Steigung	P	
Gewindetiefe des Bolzengewindes	h_3	$= 0{,}6134 \cdot P$
Gewindetiefe des Muttergewindes	H_1	$= 0{,}5413 \cdot P$
Rundung	R	$= 0{,}1443 \cdot P$
Flanken-∅	d_2	$= D_2 = d - 0{,}6495 \cdot P$
Kern-∅ des Bolzengewindes	d_3	$= d - 1{,}2269 \cdot P$
Kern-∅ des Muttergewindes	D_1	$= d - 1{,}0825 \cdot P$
Kernlochbohrer-∅		$= d - P$
Flankenwinkel	60°	
Spannungsquerschnitt	$s = \frac{\pi}{4} \cdot \left(\frac{d_2 + d_3}{2}\right)^2$	

Regelgewinde (Auswahl)

Maße in mm — vgl. DIN 13-1 (1986-12)

Gewindebezeichnung $d = D$	Steigung P	Flanken-∅ $d_2 = D_2$	Kern-∅ Bolzen d_3	Kern-∅ Mutter D_1	Gewindetiefe Bolzen h_3	Gewindetiefe Mutter H_1	Rundung R	Spannungsquerschnitt S mm²	Bohrer-∅ DIN 336 (1997-04)	Sechskantschlüsselweite
M 2	0,4	1,74	1,51	1,57	0,25	0,22	0,06	2,07	1,6	4
M 2,5	0,45	2,21	1,95	2,01	0,28	0,24	0,07	3,39	2,05	5
M 3	0,5	2,68	2,39	2,46	0,31	0,27	0,07	5,03	2,5	5,5
M 4	0,7	3,55	3,14	3,24	0,43	0,38	0,10	8,78	3,3	7
M 5	0,8	4,48	4,02	4,13	0,49	0,43	0,12	14,2	4,2	8
M 6	1	5,35	4,77	4,92	0,61	0,54	0,14	20,1	5,0	10
M 8	1,25	7,19	6,47	6,65	0,77	0,68	0,18	36,6	6,8	13
M 10	1,5	9,03	8,16	8,38	0,92	0,81	0,22	58,0	8,5	16
M 12	1,75	10,86	9,85	10,11	1,07	0,95	0,25	84,3	10,2	18
M 16	2	14,70	13,55	13,84	1,23	1,08	0,29	157	14	24
M 20	2,5	18,38	16,93	17,29	1,53	1,35	0,36	245	17,5	30
M 24	3	22,05	20,32	20,75	1,84	1,62	0,43	353	21	36
M 30	3,5	27,73	25,71	26,21	2,15	1,89	0,51	561	26,5	46
M 36	4	33,40	31,09	31,67	2,45	2,17	0,58	817	32	55

Festigkeitsklassen und Produktklassen von Schrauben

vgl. DIN EN ISO 898-1 (1999-11)
DIN EN ISO 3506-1 (1998-03)

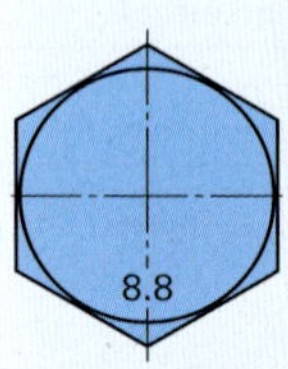

Festigkeitsklasse	3.6	4.6	4.8	5.6	5.8	6.8	8.8	9.8	10.9	12.9
Zugfestigkeit R_m in N/mm²	300	400		500		600	800	900	1000	1200
Streckgrenze R_e in N/mm²	180	240	320	300	400	480	640	720	900	1080
Bruchdehnung A in %	25	22	14	20	10	8	12	10	9	8

Die Produktklassen A, B, C legen die Qualität und die Toleranzklassen der Schrauben fest. Nach DIN EN ISO 4759-1 (2001-04) gelten für die Produktklassen folgende Toleranzen: A ⇒ fein, B ⇒ mittel, C ⇒ groß.

Bohrlochtiefe *t*

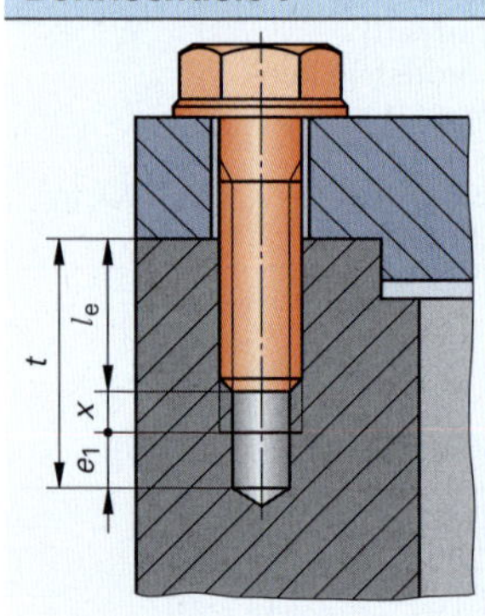

$t = l_e + x + e_1$

Gewinde d	$x \approx 3P$	e_1
M 3	1,5	2,8
M 4	2,1	3,8
M 5	2,4	4,2
M 6	3	5,1
M 8	3,75	6,2
M 10	4,5	7,3
M 12	5,25	8,3
M 16	6	9,3
M 20	7,5	11,2
M 24	9	13,1
M 30	10,5	15,2

Mindesteinschraubtiefe l_e in Grundlochgewinden

Werkstoff des Muttergewindes	Festigkeitsklasse 8.8	8.8	10.9	10.9	12.9
Gewindefeinheit $\frac{d}{P}$	< 9	≥ 9	< 9	≥ 9	< 9
Harte Aluminiumlegierungen z. B. EN AW-Al Cu 4 Mg Si	1,1 *d*	1,4 *d*		–	
Gusseisen mit Lamellengrafit z. B. EN-GJL – 200	1,0 *d*	1,25 *d*		1,4 *d*	
Stahl niedrige Festigkeit z. B. S 235 JR, C 15 + N	1,0 *d*	1,25 *d*		1,4 *d*	
Stahl mittlere Festigkeit z. B. E 295, C 35 + N	0,9 *d*	1,0 *d*		1,2 *d*	
Stahl hoher Festigkeit mit R_m > 800 N/mm², z. B. 31 Cr 4	0,8 *d*	0,9 *d*		1,0 *d*	

Fluidtechnik

Tabelle: Umrechnung für Drücke im Vakuumbereich

Restdruck absolut (mbar)	Relatives Vakuum	Unterdruck (bar)	N/cm²	hPa (= mbar)
900	10%	−0,101	−1,01	−101
800	20%	−0,203	−2,03	−203
700	30%	−0,304	−3,04	−304
600	40%	−0,405	−4,05	−405
500	50%	−0,507	−5,07	−507
400	60%	−0,608	−6,08	−608
300	70%	−0,709	−7,09	−709
200	80%	−0,811	−8,11	−811
100	90%	−0,912	−9,12	−912

Druck-Kraft-Diagramm für die Auswahl von Hydraulikzylindern

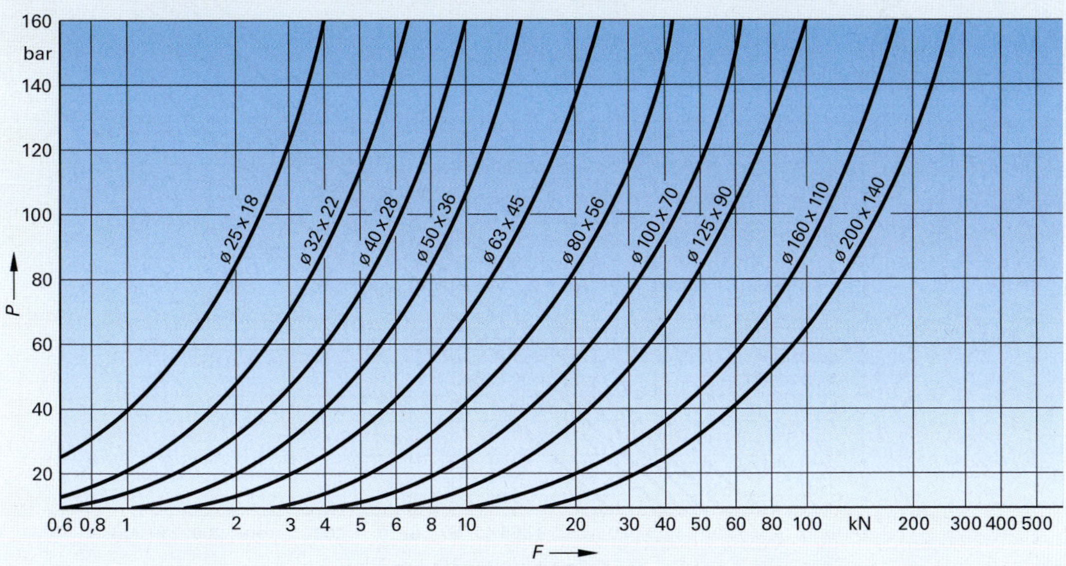

Fluidtechnik

Druck-Kraft-Diagramm (die Reibungskraft ist berücksichtigt)

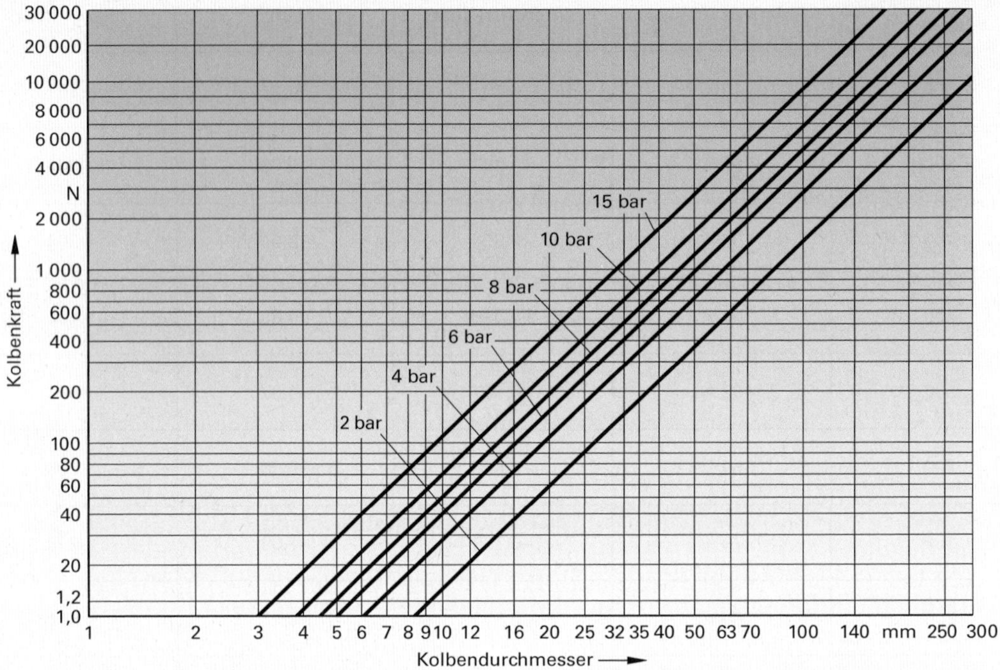

Diagramm für den Luftverbrauch pneumatischer Anlagen – Kolbengeschwindigkeiten

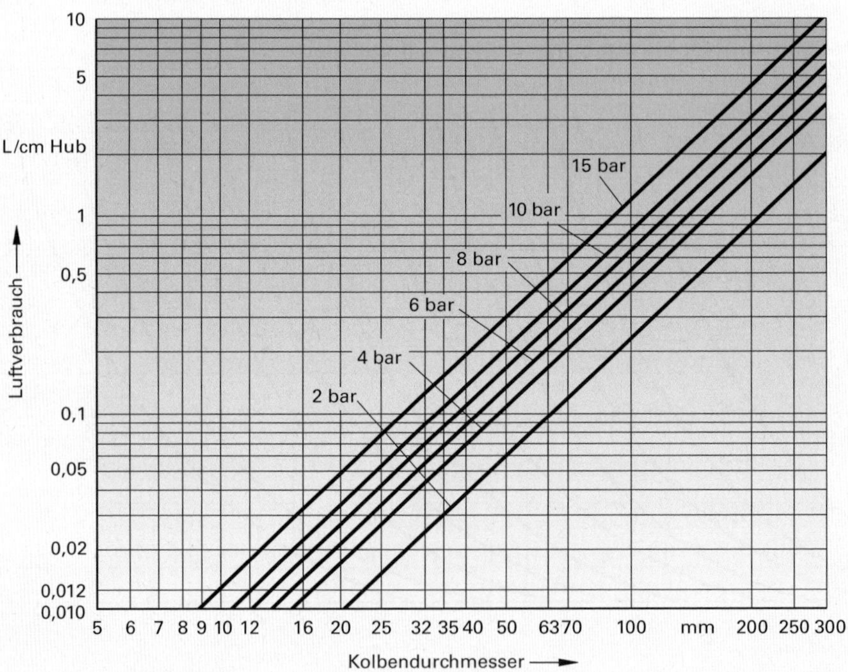

Fluidtechnik

Wälzlagermontage mit hydraulischer Presse

Schritt a)

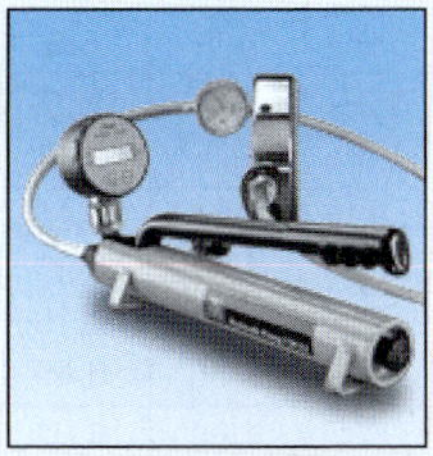

Schritt b)

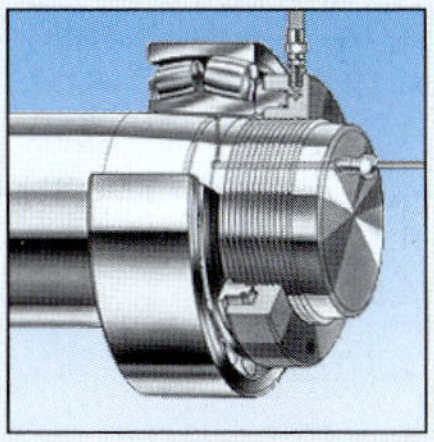

Schritt c)

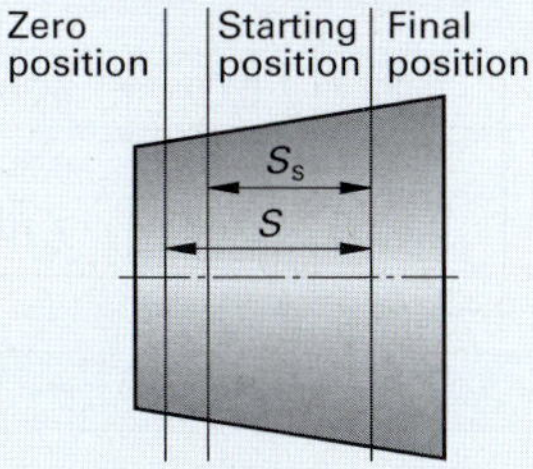

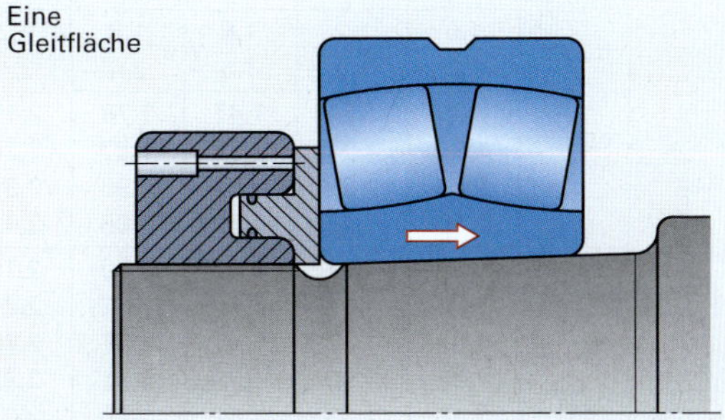

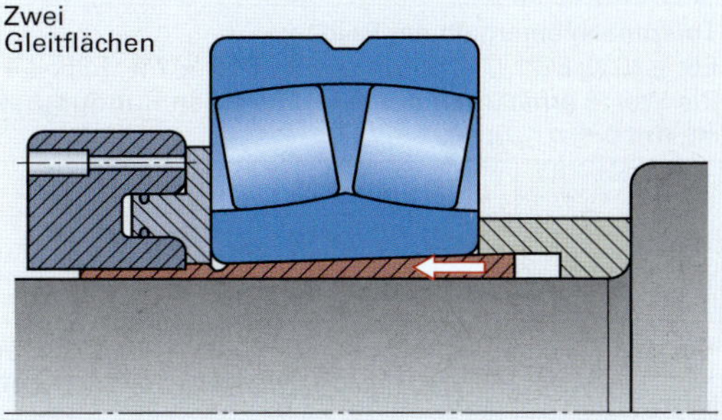

Bild 1: Schritte a), b) und c) Wälzlagermontage

Bild 2: Gleitflächen

Tabelle: Öldrücke und axiale Verschiebewerte

Lagerbezeichnung Reihe 213	Startposition: Erforderlicher Öldruck MPa, 1 Gleitfläche	Startposition: Erforderlicher Öldruck MPa, 2 Gleitflächen	Endposition: Axiale Verschiebung s_S aus Startposition mm	Endposition: Radialluftverminderung gegenüber Nullposition mm
21310 CCK	1,6	2,7	0,38	0,023
21310 EK	1,9	3,2	0,4	0,023
21311 CCK	1,6	2,8	0,4	0,025
21311 EK	1,4	2,3	0,4	0,025
21312 CCK	2,1	3,6	0,44	0,027
21312 EK	2,4	4,1	0,46	0,027
21313 CCK	2,2	3,7	0,47	0,029
21313 EK	2,5	4,3	0,49	0,029
21314 CCK	2,1	3,6	0,49	0,032
21314 EK	2,7	4,5	0,52	0,032
21315 CCK	2,2	3,8	0,52	0,034
21315 EK	2,2	3,8	0,52	0,034

Widerstände

Nennwerte

E-Reihen

Reihe												
E6	1,0		1,5		2,2		3,3		4,7		6,8	
E12	1,0	1,2	1,5	1,8	2,2	2,7	3,3	3,9	4,7	5,6	6,8	8,2
E24	1,0	1,2	1,5	1,8	2,2	2,7	3,3	3,9	4,7	5,6	6,8	8,2
	1,1	1,3	1,6	2,0	2,4	3,0	3,6	4,3	5,1	6,2	7,5	9,1
E48	1,00	1,21	1,47	1,78	2,15	2,61	3,16	3,83	4,64	5,62	6,81	8,25
	1,05	1,27	1,54	1,87	2,26	2,74	3,32	4,02	4,87	5,90	7,15	8,66
	1,10	1,33	1,62	1,96	2,37	2,87	3,48	4,22	5,11	6,19	7,50	9,09
	1,15	1,40	1,69	2,05	2,49	3,01	3,65	4,42	5,36	6,49	7,87	9,53
E96	1,00	1,21	1,47	1,78	2,15	2,61	3,16	3,83	4,64	5,62	6,81	8,25
	1,02	1,24	1,50	1,82	2,21	2,67	3,24	3,92	4,75	5,76	6,98	8,45
	1,05	1,27	1,54	1,87	2,26	2,74	3,32	4,02	4,87	5,90	7,15	8,66
	1,07	1,30	1,58	1,91	2,32	2,80	3,40	4,12	4,99	6,04	7,32	8,87
	1,10	1,33	1,62	1,96	2,37	2,87	3,48	4,22	5,11	6,19	7,50	9,09
	1,13	1,37	1,65	2,00	2,43	2,94	3,57	4,32	5,23	6,34	7,68	9,31
	1,15	1,40	1,69	2,05	2,49	3,01	3,65	4,42	5,36	6,49	7,87	9,53
	1,18	1,43	1,74	2,10	2,55	3,09	3,74	4,53	5,49	6,65	8,06	9,76

Toleranzen innerhalb der Reihen:
E6: ±20 %; E12: ±10 %; E24: ±5 %; E48: ±2 %; E96: ±1 %.
Die Werte erhält man aus $R = \sqrt[m]{10^n}$ nach Rundung, wobei m der Reihe entspricht, z. B. 24, und n eine ganze Zahl ist, mit $0 \leq n \leq m - 1$.

E-Reihen

Reihe										
R10	1,00	1,25	1,60	2,00	2,50	3,15	4,00	5,00	6,30	8,00
R20	1,00	1,25	1,60	2,00	2,50	3,15	4,00	5,00	6,30	8,00
	1,12	1,40	1,80	2,24	2,80	3,55	4,50	5,60	7,10	9,00

Bei den R-Reihen können die Toleranzen der E-Reihen gewählt werden, z. B. ±5 %.

Kennzeichnungen

Alphanumerische Kennzeichnung von Widerständen und Kondensatoren

Widerstände	R27	2R7	27R	K27	2K7	27K	M27	2M7	27M
	0,27 Ω	2,7 Ω	27 Ω	0,27 kΩ	2,7 kΩ	27 kΩ	0,27 MΩ	2,7 MΩ	27 MΩ
Kondensatoren	3p9	39p	n39	3n9	39n	µ39	3µ9	39µ	m39
	3,9 pF	39 pF	0,39 nF	3,9 nF	39 nF	0,39 µF	3,9 µF	39 µF	0,39 mF

Farb-Kennzeichnung von Widerständen, keramischen Kondensatoren und Dünnfilmkondensatoren

(Werte für 1. und 2. Ring in Ω oder pF)

Farbe der Ringe oder Punkte		schwarz (sw)	braun (br)	rot (rt)	orange (or)	gelb (gb)	grün (gn)	blau (bl)	violett (vl)	grau (gr)	weiß (ws)	gold (au)	silber (ag)	ohne Farbe
1. Ring	1. Ziffer	–	1	2	3	4	5	6	7	8	9	–	–	–
2. Ring	2. Ziffer	0	1	2	3	4	5	6	7	8	9	–	–	–
3. Ring[1]	Multiplikator	10^0	10^1	10^2	10^3	10^4	10^5	10^6	10^7	10^8	10^9	0,1	0,01	–
4. Ring[1]	Toleranz in %	–	± 1	± 2	–	–	± 0,5	–	–	–	–	± 5	± 10	± 20
5. Ring[1]	Zul. Betriebsspannung in V	–	100	200	300	400	500	600	700	800	900	1000	2000	500
6. Ring	TK[2] in ppm[3]	250	100	50	15	25	20	10	5	1	–	–	–	–

1 Bei Widerständen mit kleiner Toleranz (meist Metallfilm-Widerständen) ist der 3. Ring eine weitere Ziffer. Der 4. Ring gibt dann den Multiplikator an, der 5. Ring die Toleranz in %. Bei Kondensatoren bedeutet der 5. Ring oder Punkt die zulässige Betriebsspannung in V.
2 TK von Temperaturkoeffizient, TK = α wird in 1/K angegeben.
3 ppm = parts per million = 10^{-6}.

Mindest-Leiterquerschnitte, Strombelastbarkeit von Starkstromkabeln

Mindest-Leiterquerschnitte

Verlegungsart	Querschnitt in mm^2	Verlegungsart	Querschnitt in mm^2
feste geschützte Verlegung	Cu 1,5; Al 2,5	bewegliche Leitungen für den Anschluss von • leichten Handgeräten bis 1 A, Länge der Anschlussleitung ≤ 2 m • Geräten bis 2,5 A, Länge der Anschlussleitung ≤ 2 m	 Cu 0,5 Cu 0,5
Leitungen in Schaltanlagen und Verteilern • bis 2,5 A • über 2,5 A bis 16 A • über 16 A	 Cu 0,5 Cu 0,75 Cu 1,0		
offene Verlegung auf Isolatoren mit Isolatorabstand bis 20 m über 20 m bis 45 m	Cu 4,0 Cu 6,0	• Geräten bis 10 A • Gerätesteckdosen und Kupplungsdosen bis I_n = 10 A • Geräten über 10 A	Cu 0,75 Cu 0,75 Cu 1,0
Fassungsadern	Cu 0,75	• Mehrfachsteckdosen, Gerätesteckdosen und Kupplungsdosen bis I_n = 10 A	Cu 1,0
Starkstromfreileitungen aus Kupfer Stahl Aluminium Aluminium-Stahl	 16 16 25 25/4	Lichtketten für Innenräume • zwischen Lichtkette und Stecker • zwischen den einzelnen Lampen	 Cu 0,75 Cu 0,5

Strombelastbarkeit von flexiblen oder wärmefesten Leitungen vgl. DIN VDE 0298-4 (1998-11)

Belastbarkeit flexibler Leitungen mit $U_n \leq$ 1000 V bei Umgebungstemperatur ϑ_U = 30 °C

Anzahl Strom führender Leiter Verlegungsart	ϑ_B in °C Isolierwerkstoff	Bauart-Kurzzeichen Beispiele	Belastung in A bei einem Nennquerschnitt in mm^2												
			0,75	1	1,5	2,5	4	6	10	16	25	35	50	70	95
1 V1	70 Polyvinylchlorid	H05V-U H07V-U H07V-K	15	19	24	32	42	54	73	98	129	158	198	245	292
2 oder (3) V2, V3	60 Gummi	H05RN-F H07RN-F NMHVÖU	6 (6)	10 (10)	16 (16)	25 (20)	32 (25)	40 –	63 –	– –	– –	– –	– –	– –	– –
2 oder 3 V2, V3	70 Polyvinylchlorid	H05VVH6-F H07VVH6-F NYMH11YÖ	12	15	18	26	34	44	61	82	108	135	168	207	250

Belastbarkeit flexibler Leitungen bei Umgebungstemperatur ϑ_U = 30 °C

Anzahl Strom führender Leiter U_N Verlegungsart	ϑ_B in °C Isolierwerkstoff	Bauart-Kurzzeichen Beispiele	Belastung in A bei einem Nennquerschnitt in mm^2												
			2,5	4	6	10	16	25	35	50	70	95	120	150	185
3 ≤ 6 kV/10 kV V2	80 Ethylenpropylen-Kautschuk	NSSHÖU	30	41	53	74	99	131	162	202	250	301	352	404	461
3 > 6 kV/10 kV V2	80 Ethylenpropylen-Kautschuk	NSSHÖU	–	–	–	–	105	139	172	215	265	319	371	428	488

Strombelastbarkeit von fest verlegten Kabeln und isolierten Leitungen; Umrechnungsfaktoren

Tabelle 1: Strombelastbarkeit I_{Z30} von Kabeln und Leitungen für feste Verlegung in Gebäuden bei einer Umgebungstemperatur von 30 °C und nur einer verlegten Leitung

Kurzzeichen der Leitungen, z. B.: H07V-U, H07V-K, H07V-R, NYM, NYIF, NHYRUZY, NYBUY, NYY

Verlegeart	A1		A2		B1		B2		C		E	
belastete Adern	2	3	2	3	2	3	2	3	2	3	2	3
Nennquerschnitt in mm^2 Cu	Strombelastbarkeit I_{Z30} in A für PVC-isolierte Leitungen											
1,5	15,5	13,5	15,5	13	17,5	15,5	16,5	15	19,5	17,5	22	18,5
2,5	19,5	18	18,5	17,5	24	21	23	20	27	24	30	25
4	26	24	25	23	32	28	30	27	36	32	40	34
6	34	31	32	29	41	36	38	34	46	41	51	43
10	46	42	43	39	57	50	52	46	63	57	70	60
16	61	56	57	52	76	68	69	62	85	76	94	80
25	80	73	75	68	101	89	90	80	112	96	119	101
35	99	89	92	83	125	110	111	99	138	119	148	126
50	119	108	110	99	151	134	133	118	168	144	180	153

Tabelle 2: Umrechnungsfaktoren λ_ϑ für abweichende Umgebungstemperaturen

Zulässige Umgebungstemperatur in °C	10	15	20	25	30	35	40	45	50	55	60	65	70
Gummi-Isolation*	1,29	1,22	1,15	1,08	1,0	0,91	0,82	0,71	0,58	0,41	–	–	–
PVC-Isolation	1,22	1,17	1,12	1,06	1,0	0,94	0,87	0,79	0,71	0,61	0,50	–	–
ERP-Isolation**	1,18	1,14	1,10	1,05	1,0	0,95	0,89	0,84	0,77	0,71	0,63	0,55	0,45

* Natur-Kautschuk (NR) oder synthetischer Kautschuk (SR); ** Ethylenpropylen-Kautschuk

Tabelle 3: Umrechnungsfaktoren λ_H für Häufung von Kabeln und Leitungen

Verlegung der Leitungen auf der Wand, im Rohr oder auf dem Fußboden		Anzahl der mehradrigen Leitungen oder Anzahl der Wechsel- oder Drehstromkreise								
		1	2	3	4	5	6	7	8	9
Gebündelt direkt auf der Wand, auf dem Fußboden, im Elektroinstallationsrohr oder im Installationskanal, auf oder in der Wand	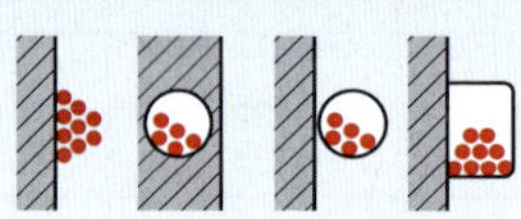	1,0	0,8	0,7	0,65	0,6	0,57	0,54	0,52	0,5
Einlagig auf der Wand oder auf dem Fußboden mit Berührung	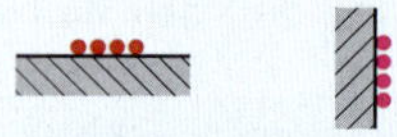	1,0	0,85	0,79	0,75	0,73	0,72	0,72	0,71	0,7
Einlagig unter der Decke mit Berührung	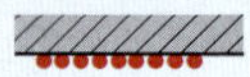	0,95	0,81	0,72	0,68	0,66	0,64	0,63	0,62	0,61

Verlegung der Leitungen auf Kabelpritschen		Anzahl der Pritschen	Umrechnungsfaktoren bei Anzahl der Leitungen					
			1	2	3	4	6	9
Kabelpritsche	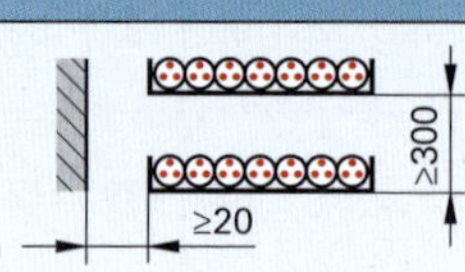	1	1,0	0,88	0,83	0,81	0,79	0,78
		2	1,0	0,86	0,81	0,78	0,75	0,73
		3	1,0	0,85	0,79	0,76	0,73	0,70
		6	1,0	0,83	0,76	0,73	0,69	0,66

Strom-Zeit-Kennlinien von Überstrom-Schutzeinrichtungen

Niederspannungssicherungen gL (Schmelzsicherungen)

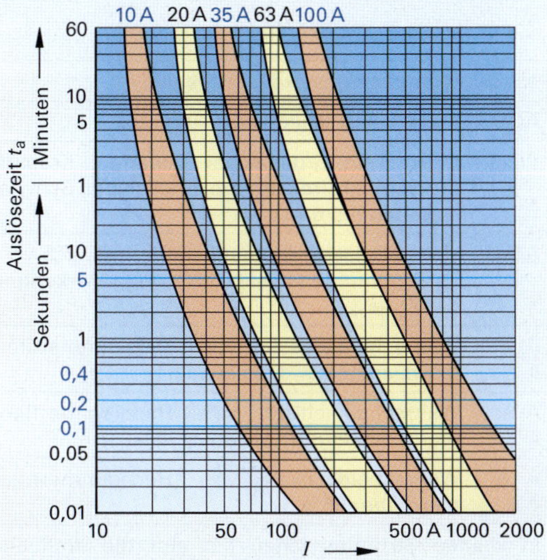

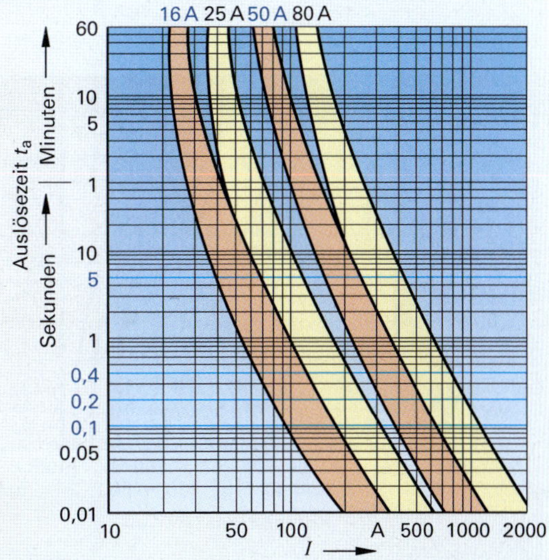

Leitungsschutzschalter (LS-Schalter)

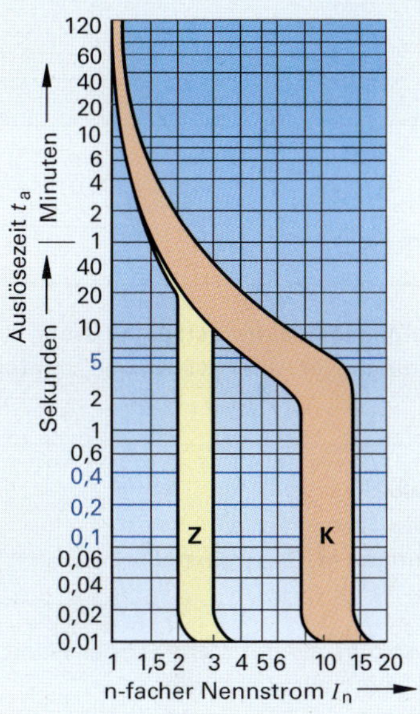

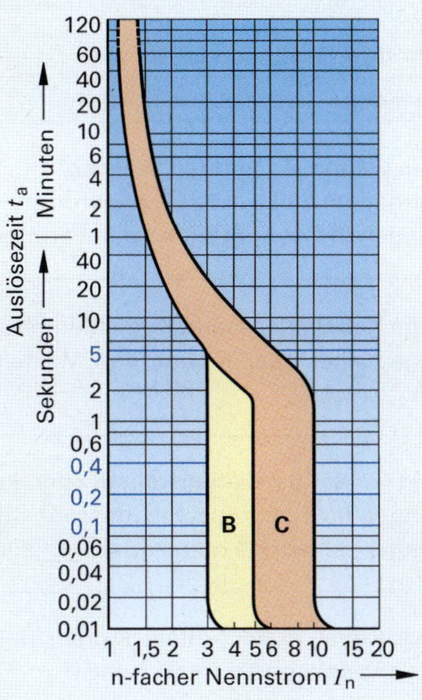

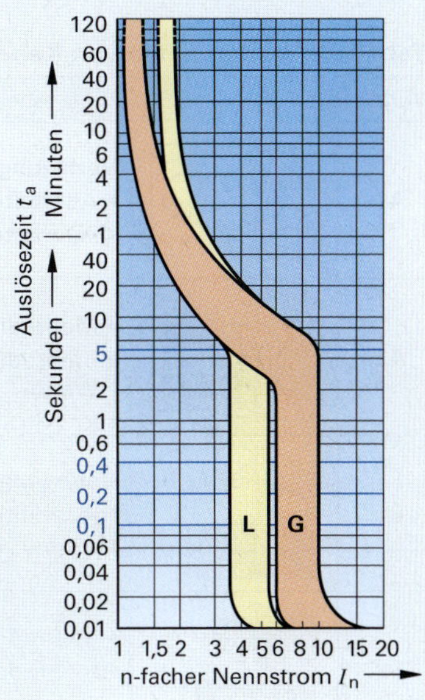

Tabelle: χ-Faktoren von LS-Schaltern zur Berechnung des Auslösestromes I_a

Charakteristik	K, Z	G	B, C	L**				U
				Nennstrom I_n in A				
				4	6, 10	16 … 25	32 … 63	
χ-Faktoren*	1,2	1,35	1,45	2,1	1,9	1,75	1,6	1,45

* für χ (griech. Kleinbuchstabe chi) auch k nach DIN VDE 0100 Teil 430 Beiblatt 1

** LS-Schalter Typ L nur noch zulässig in Altanlagen (DIN VDE 0641 A1)

Stromgefährdung des Menschen; Verlegearten von Leitungen

Tabelle 1: Stromgefährdung

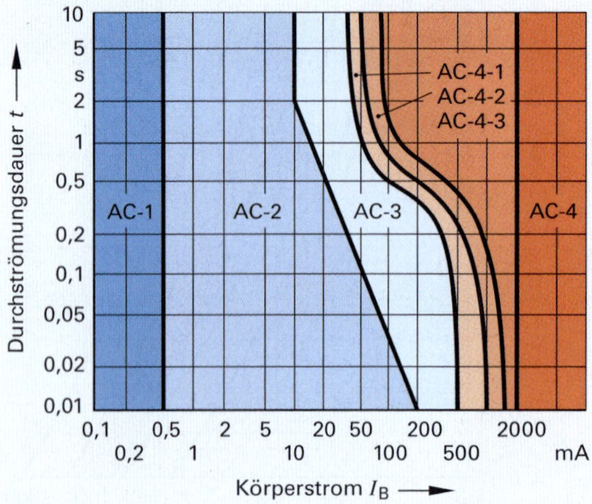

Zone	Physiologische Wirkung
AC-1	Normalerweise keine Wirkung.
AC-2	Meist keine schädliche Wirkung.
AC-3	Meist kein organischer Schaden, Krampfartige Muskelreaktionen möglich und Schwierigkeiten beim Atmen.
AC-4	Herzstillstand, Atemstillstand und schwere Verbrennungen zusätzlich zu den Wirkungen der Zone 3.
AC-4-1	Wahrscheinlichkeit von Herzkammerflimmern, ansteigend bis etwa 5%.
AC-4-2	Wahrscheinlichkeit von Herzkammerflimmern, ansteigend bis etwa 50%.
AC-4-3	Wahrscheinlichkeit von Herzkammerflimmern über 50%.

In kleinen Strombereichen hat erst die dreifache Gleichstromstärke dieselbe Wirkung wie ein Wechselstrom.

Tabelle 2: Verlegearten von Kabeln und isolierten Leitungen

Verlegeart		Verlegebedingungen (wichtige Beispiele)
A1	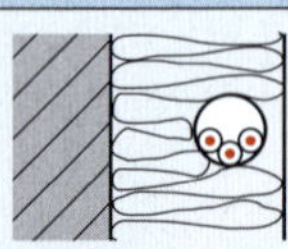	**Verlegung in wärmegedämmten Wänden** • Aderleitungen im Elektroinstallationsrohr, • Aderleitungen in Formleisten oder in Formteilen.
A2	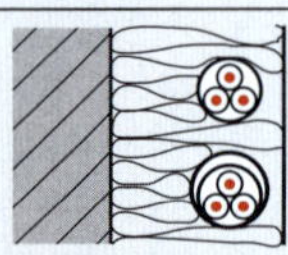	• Mehradrige Kabel oder mehradrige Mantelleitungen im Elektroinstallationsrohr, • mehradrige Kabel oder mehradrige Mantelleitungen in einer wärmegedämmten Wand.
B1	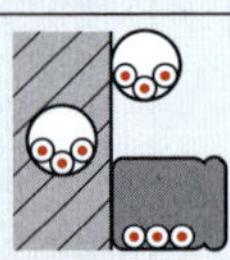	**Verlegung in Elektroinstallationsrohren oder -kanälen** • Aderleitungen im Elektroinstallationsrohr auf oder in der Wand, • Aderleitungen, einadrige Kabel oder Mantelleitungen im Elektroinstallationskanal.
B2	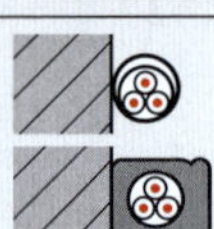	• Mehradrige Kabel- oder Mantelleitungen im Elektroinstallationsrohr auf der Wand, • mehradrige Kabel oder Mantelleitungen im Elektroinstallationskanal, • mehradrige Kabel oder Mantelleitungen im Sockelleisten- oder im Unterflurkanal.
C	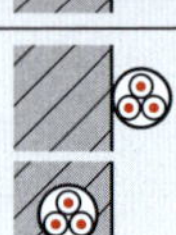	**Verlegung direkt auf dem Untergrund, z. B. auf der Wand** • Ein- oder mehradrige Kabel oder Mantelleitungen auf oder in der Wand oder unter der Decke, • Stegleitungen im oder unter Putz.
E	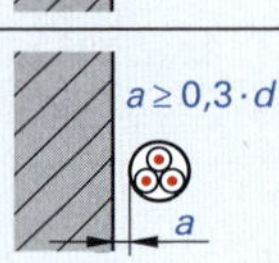	**Verlegung frei in der Luft** • Mehradrige Kabel oder mehradrige Mantelleitungen frei in der Luft verlegt mit einem Abstand zur Wand $a \geq 0{,}3 \cdot d$ (d = Kabel- oder Leitungsdurchmesser), • Kabel oder Leitungen auf gelochten Kabelrinnen oder auf **Kabelpritschen**.

Projektaufgabe: Paternoster

Rollenkette

Rollenketten nach DIN 8187, 8188 und 8181											
Förderkette	Teilung						Ausführung A		Ausführung B und C		
Bolzen Form	MMS-Kette Typ	p (Zoll)	p (min)	Breite innen b, (mm)	Rollendurchmesser d, (mm)	Bolzendurchmesser d, (mm)	l_1, (mm)	l_1, (mm)	l_2, (mm)	l_2, (mm)	l_3, (mm)
A, B, C	G 52	–	8,0	3,16	5,0	2,31	17,5	10,0	27,5	20,0	10,5
	G 67	3/8	9,525	5,72	6,35	3,31	22,0	10,0	34,0	22,0	11,5
	P 83 V	1/2	12,7	4,88	7,75	3,68	22.0	10,0	37,0	25,0	13,0
	L 85 SL	1/2	12,7	7,75	8,51	4,45	25,5	10,0	40,5	25,0	13,0
	M 106 SL	5/8	15,875	9,65	10,16	5,08	30,0	12,0	48,0	30,0	15,5
	M 127 SL	3/4	19,05	11,75	12,07	5,72	36,0	15,0	51,0	30,0	15,5
	M 1611	1	25,4	17,02	15,88	8,26	53,5	20,0	68,5	35,0	18,0
	L 85 A	1/2	12,7	7,94	7,95	3,96	25,5	10,0	45,3	30,0	15,5
	M 106 A	5/8	15,875	9,53	10,16	5,08	31,5	12,0	48,0	29,0	15,0
	M 128 ASL	3/4	19,05	12,70	11,91	5,94	38,0	14,0	48,0	24,0	12,5
	M 1610 A	1	25,4	15,88	15,88	7,92	49,5	19,0	61,3	31,0	16,0

Verlängerte Bolzen

Die abgebildeten Typen sind auch als Steck- und Außenglieder für Endmontage und Reparatur erhältlich (C nur als Außenglied).

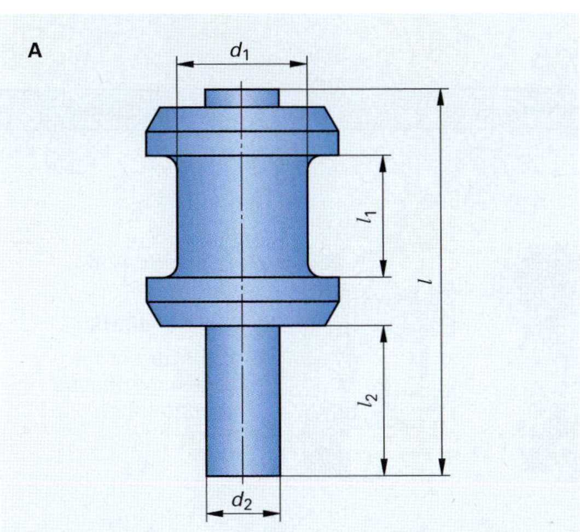

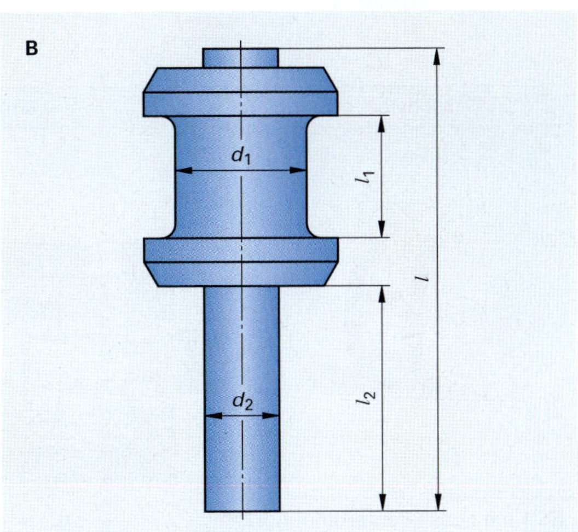

Projektaufgabe: Paternoster

Kupplungsverbindung Welle – Nabe

Funktion

Das Ausgleichselement der Elastomerkupplung ist der Elastomerkranz **(Bild 1)**. Dieser überträgt das Drehmoment spielfrei und schwingungsdämpfend.

Der Elastomerkranz bestimmt maßgebend die Eigenschaften der gesamten Kupplung bzw. des gesamten Antriebsstranges.

Die Spielfreiheit der Kupplung ist durch die Druckvorspannung des Elastomerkranzes gewährleistet.

Die Servomax-Kupplung ist in der Lage Lateral-Angular sowie Axialversatz auszugleichen.

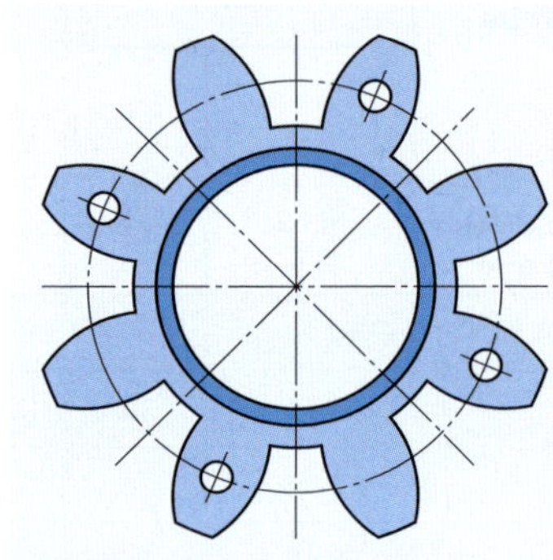

Bild 1: Elastomerkranz

Eigenschaften

- schwingungsdämpfend
- elektrisch isolierend
- spielfrei
- steckbar
- versatzausgleichend in lateral-angular und Axialausrichtung **(Bild 2)**

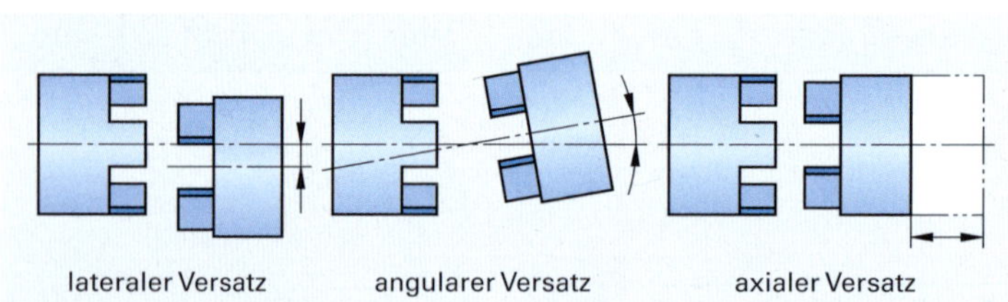

Bild 2: Versatzausgleich

Modelle	Einbausituation	Eigenschaften
 **EK 1** mit Passfederverbindung	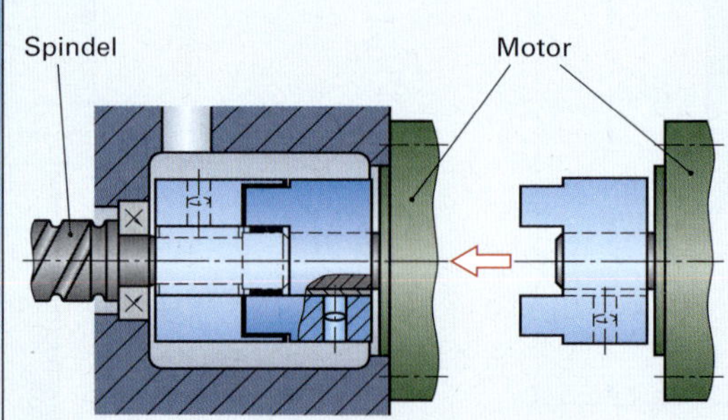	• preiswerte Ausführung • axial montierbar • modifizierbar für kundenspezifische Anwendungen

Verzeichnis wichtiger Normen und Bestimmungen – Fertigungsmechanik

DIN 13-1 bis13-10 (1999-11)	Metrisches ISO-Gewinde
DIN 103-1 (1977-04)	Metrisches ISO-Trapezgewinde; Gewindeprofile
DIN 115-1 (1973-09)	Antriebselemente; Schalenkupplungen, Maße, Drehmomente, Drehzahlen
DIN 116 (1971-12)	Antriebselemente; Scheibenkupplungen, Maße, Drehmomente, Drehzahlen
DIN 118-1 (1977-07)	Antriebselemente; Steh-Gleitlager für allgemeinen Maschinenbau, Hauptmaße
DIN 124 (1993-05)	Halbrundniete; Nenndurchmeser 10 mm bis 36 mm
DIN 267-13 (1993-08)	Mechanische Verbindungselemente; Technische Lieferbedingungen; Teile für Schraubenverbindungen mit besonderen mechanischen Eigenschaften zum Einsatz bei Temperaturen von –200 °C bis +700 °C
DIN 267 (1993-08)	Mechanische Verbindungselemente; Produktklassen für Teile für Schraubenverbindungen mit besonderen mechanischen Eigenschaften zum Einsatz bei Temperaturen von –200 °C bis +700 °C
DIN ISO 281 (1993-01)	Wälzlager; Dynamische Tragzahlen und nominelle Lebensdauer; identisch mit ISO 281: (1990)
DIN ISO 286-1 (1990-11)	ISO-System für Grenzmaße und Passungen; Grundlagen für Toleranzen, Abmaße und Passungen; identisch mit ISO 286-1
DIN ISO 286-2 (1990-11)	ISO-System für Grenzmaße und Passungen; Tabellen der Grundtoleranzgrade und Grenzabmaße für Bohrungen und Wellen; identisch mit ISO 286-2
DIN EN 292-1 (1991-11)	Sicherheit von Maschinen; Grundbegriffe, allgemeine Gestaltungsleitsätze; Teil 1: Grundsätzliche Terminologie, Methodik
DIN EN 292-2 (1995-06)	Sicherheit von Maschinen; Grundbegriffe, allgemeine Gestaltungsleitsätze; Teil 2: Technische Leitsätze und Spezifikationen
DIN 323-1 (1974-11)	Normzahlen und Normzahlreihen; Einführung
DIN 323-2 (1974-08)	Normzahlen und Normzahlreihen; Hauptwerte, Genauwerte, Rundwerte
DIN 471 (1981-09)	Sicherungsringe (Halteringe) für Wellen; Regelausführung und schwere Ausführung
DIN 505 (1973-07)	Antriebselemente; Deckellager, Lagerschalen, Lagerbefestigung mit zwei Schrauben
DIN 506 (1973-07)	Antriebselemente; Deckellager, Lagerschalen, Lagerbefestigung mit vier Schrauben
DIN 615 (1993-01)	Wälzlager; Schulterkugellager
DIN 616 (1995-01) Entwurf	Wälzlager; Maßpläne
DIN 623-1 (1993-05)	Wälzlager; Grundlagen; Bezeichnung, Kennzeichnung
DIN 625-1 (1989-04)	Wälzlager; Rillenkugellager, einreihig
DIN 628-3 (1993-12)	Wälzlager; Radial-Schrägkugellager, zweireihig, mit Käfig
DIN 628-5 (1994-06)	Wälzlager; Radial-Schrägkugellager, zweireihig, mit Trennkugeln
DIN 630 (1993-11)	Wälzlager; Radial-Pendelkugellager; zweireihig, zylindrische und kegelige Bohrung
DIN 740-1 (1986-08)	Antriebstechnik; Nachgiebige Wellenkupplungen; Anforderungen, Technische Lieferbedingungen
DIN 780-1 (1977-05)	Modulreihe für Zahnräder; Modulreihe für Stirnräder
DIN 804 (1977-03)	Werkzeugmaschinen; Lastdrehzahlen für Werkzeugmaschinen, Nennwerte, Grenzwerte, Übersetzungen
DIN EN 1403 (1998-10)	Korrosionsschutz von Metallen; Galvanische Überzüge – Verfahren für die Spezifizierung allgemeiner Anforderungen
DIN 3401 (1966-06)	Tropföler und Ölgläser; Hauptmaße
DIN ISO 8992 (1992-12)	Verbindungselemente; allgemeine Anforderungen für Schrauben und Muttern
DIN 43801-1 (1976-08)	Elektrische Messgeräte; Spiralfedern, Maße

Verzeichnis wichtiger Normen und Bestimmungen – Fluidtechnik

DIN 1304-5 (1989-09)	Formelzeichen für die Strömungsmechanik
DIN 1314 (1977-02)	Druck; Grundbegriffe
DIN 20 066 (2002-10)	Schlauchleitungen; Maße; Anforderungen
DIN 2391-1 (1994-09)	Nahtlose Präzisionsstahlrohre mit besonderer Maßgenauigkeit; Maße
DIN 2391-2 (1994-09)	Nahtlose Präzisionsstahlrohre mit besonderer Maßgenauigkeit; Technische Lieferbedingungen
DIN 24 315 (1967-03)	Ölhydraulik und Pneumatik; Einheiten-Vergleich
DIN 24 339 (1993-06)	Hydrobehälter aus Stahl; Maße, Anforderung, Prüfung; Nenngrößen 63 bis 1250
DIN 24 340-2 (1982-11)	Hydroventile; Lochbilder und Anschlussplatten für die Montage von Wegeventilen
DIN 24 340-3 (1982-11)	Hydroventile; Lochbilder und Anschlussplatten für die Montage von Druckventilen und Sperrventilen
DIN 24 343 (1982-02)	Wartungs- und Inspektionsliste für hydraulische Anlagen
DIN 24 346 (1984-12)	Hydraulische Anlagen; Ausführungsgrundlagen
DIN 24 550-1 (1998-01)	Hydraulikfilter; Begriffe, Nenndrücke, Nenngrößen, Anschlussmaße
DIN 24 550-2 (1993-11)	Hydraulikfilter; Filterelemente, Filtergehäuse, Beurteilungskriterien
DIN 24 552 (1990-05)	Hydrospeicher in Hydrosystemen; Begriffe, Allgemeine Anforderungen
DIN 24 557 (1990-11)	Belüftungsfilter; Anschlussmaße
DIN 24 950-1 (1978-07)	Schlauchleitungen; Begriffe
DIN 31 051 (1985-01)	Instandhaltung; Begriffe und Maßnahmen
DIN 31 052-1 (1981-06)	Instandhaltung; Inhalt und Aufbau von Instandhaltungsanweisungen
DIN 51 381 (1988-12)	Prüfung von Schmierölen, Reglerölen und Hydraulikflüssigkeiten; Bestimmung des Luftabscheidevermögens
DIN 51 519 (1998-08)	Schmierstoffe; ISO-Viskositätsklassifikation für flüssige Industrieschmierstoffe
DIN 51 524-1 (1985-06)	Druckflüssigkeiten; Hydrauliköle; Hydrauliköle HL; Mindestanforderung
DIN 51 524-2 (1985-06)	Druckflüssigkeiten; Hydrauliköle; Hydrauliköle HLP; Mindestanforderung
DIN 51 524-3 (1990-08)	Druckflüssigkeiten; Hydrauliköle; Hydrauliköle HVLP; Mindestanforderung
DIN EN 853 (1997-02)	Gummischläuche und Schlauchleitungen; Hydraulikschläuche mit Drahtgeflechteinlagen
DIN EN 854 (1997-02)	Gummischläuche und Schlauchleitungen; Hydraulikschläuche mit Textileinlage
DIN EN 856 (1997-02)	Gummischläuche und Schlauchleitungen; Hydraulikschläuche mit Drahtspiraleinlage
DIN EN ISO 8434-1 (1997-11)	Metallische Rohrverschraubungen für die Fluidtechnik und allgemeine Anwendungen
DIN ISO 1219-1 (1996-03)	Fluidtechnik; Graphische Symbole und Schaltpläne Teil 1: Graphische Symbole
DIN ISO 1219-2 (1996-11)	Fluidtechnik; Graphische Symbole und Schaltpläne Teil 2: Schaltpläne
DIN ISO 2909 (1997-10)	Mineralölerzeugnisse; Berechnung des Viskositätsindex aus der kinematischen Viskosität
DIN ISO 3019-2 (1991-09)	Fluidtechnik; Hydropumpen- und Hydromotoren
ISO 2941 (1974-03)	Fluidtechnik; Hydraulikfilterelemente
ISO 4021 (1992-11)	Fluidtechnik; Analyse der Feststoffverschmutzung
ISO 4406 (1999-12)	Fluidtechnik; Hydraulikflüssigkeiten; Zahlenschlüssel für den Grad der Verschmutzung durch feste Partikel

Sachwortverzeichnis

A

B

D

E

F

G

S

T

U

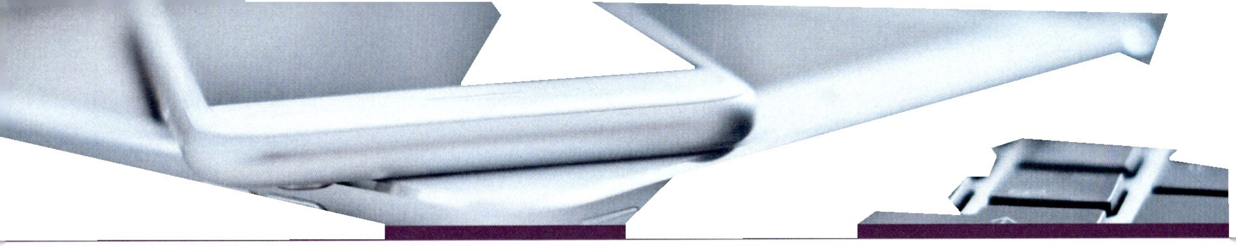

DIGITAL+

INHALT DIGITAL+

- **Simulationen und Animationen**
  - zur Bearbeitung der Übungsaufgaben des Buches
  - zum Vertiefen und Festigen des Wissens
  - für ein besseres Verständnis

Die Simulationen und Animationen können von der jeweiligen Buchseite direkt durch den Scan eines QR-Codes oder durch Eingabe eines verkürzten Links in der EUROPATHEK aufgerufen werden.

EUROPA THEK

Die ergänzenden digitalen Materialien finden Sie in unserem virtuellen Medienregal EUROPATHEK kostenlos unter

www.europathek.de

Öffnen Sie www.europathek.de auf Ihrem Gerät (PC/MAC, Smartphone oder Tablet). Melden Sie sich mit Ihrem Nutzerkonto (bestehend aus E-Mail-Adresse und Passwort) an. Sofern Sie noch nicht über ein eigenes Nutzerkonto verfügen, können Sie sich kostenlos registrieren.

Durch die Eingabe des folgenden Codes schalten Sie das Medien-Paket in Ihrer EUROPATHEK frei.

VEL-T3DP-KLL3-4L7C

Dieser individuelle Freischaltcode ermöglicht den Zugriff auf das Medien-Paket für eine Dauer von 48 Monaten.
Eine Verlängerung sowie die Kombination mit zahlreichen anderen digitalen Produkten ist möglich unter www.europa-lehrmittel.de/rechnenundprojektierenmechatronik